NOUVELLE COLLECTION

DES

MÉMOIRES

POUR SERVIR

A L'HISTOIRE DE FRANCE.

TROISIÈME SÉRIE.

III.

NOUVELLE COLLECTION

DES

MÉMOIRES

POUR SERVIR

A L'HISTOIRE DE FRANCE,

DEPUIS LE XIIIe SIÈCLE JUSQU'A LA FIN DU XVIIIe;

Précédés

DE NOTICES POUR CARACTÉRISER CHAQUE AUTEUR DES MÉMOIRES ET SON ÉPOQUE;

Suivis de l'analyse des documents historiques qui s'y rapportent;

PAR MM. MICHAUD DE L'ACADÉMIE FRANÇAISE ET POUJOULAT.

TOME TROISIÈME.

BRIENNE, MONTRÉSOR, FONTRAILLES, LA CHATRE, TURENNE, DUC D'YORCK;

PAR MM. CHAMPOLLION-FIGEAC ET AIMÉ CHAMPOLLION FILS.

A PARIS,

CHEZ L'ÉDITEUR DU COMMENTAIRE ANALYTIQUE DU CODE CIVIL,

RUE DES PETITS-AUGUSTINS, N° 24.

IMPRIMERIE D'ÉDOUARD PROUX ET COMP^e, RUE NEUVE-DES-BONS-ENFANTS, N. 3.

1838

MÉMOIRES
DU COMTE DE BRIENNE,
MINISTRE ET SECRÉTAIRE-D'ÉTAT,

CONTENANT

LES ÉVÉNEMENS LES PLUS REMARQUABLES DU RÈGNE DE LOUIS XIII,
ET CEUX DU RÈGNE DE LOUIS XIV JUSQU'A LA MORT DU CARDINAL MAZARIN;

PUBLIÉS AVEC DES ADDITIONS INÉDITES TIRÉES DE MANUSCRITS AUTOGRAPHES,

PAR MM. CHAMPOLLION-FIGEAC ET AIMÉ CHAMPOLLION FILS.

NOTICE

SUR LE COMTE DE BRIENNE

ET SUR SES MÉMOIRES.

Le comte de Brienne écrivit ses Mémoires pour l'instruction de ses enfants. On pourrait donc s'attendre à y trouver, sur les négociations dont il fut chargé, toutes les particularités qui auraient été pour eux d'utiles leçons, et pour nous des révélations piquantes. Cependant, quoique l'auteur ne montre pas dans ses Mémoires les sentiments de commande que l'on est convenu d'appeler *réserve diplomatique*, il y garde un religieux silence sur les secrets d'état. Des négociations importantes essayées à plusieurs époques, et qui furent long-temps l'objet de ses soins, y sont quelquefois à peine indiquées. Peut-être Brienne a-t-il pensé qu'en ne cherchant point à se déguiser à lui-même la gravité des circonstances et la difficulté des affaires qu'il eut à suivre ou à diriger, il suffisait, pour les faire bien connaître, de les présenter sous leur véritable jour. D'ailleurs il a pu croire que pour ses fils, nourris aux affaires dès leur plus tendre jeunesse, un mot qui réveillerait leurs souvenirs, serait souvent plus instructif que de longues et minutieuses narrations. Il est donc probable qu'il s'est uniquement proposé de rapporter les principaux événements arrivés sous Louis XIII et durant le règne de Louis XIV jusqu'à l'année 1661. Si aux détails qu'il donne il avait à en ajouter d'autres qu'il se réservait de communiquer à l'aîné de ses enfants, lequel devait lui succéder comme il avait lui-même succédé à son père, ces détails mystérieux, transmis de père en fils, ont été avec eux ensevelis dans la tombe.

Henri-Auguste de Loménie, sieur de La Ville-aux-Clercs, comte de Brienne, etc., était fils d'Antoine de Loménie, secrétaire d'Etat du roi Henri IV, huguenot converti par les soins du R. P. Coton; son aïeul, Martial de Loménie, sieur de Versailles, greffier du conseil, avait été, selon une tradition, tué à la Saint-Barthélemy comme protestant, ou, selon une autre, étranglé dans les prisons du Châtelet, à l'instigation du maréchal de Retz qui voulait avoir ses terres. La mère de Henri-Auguste de Loménie était Anne Aubourg de Porcheux; ce fut elle qui introduisit la religion catholique romaine dans la famille de son mari, élevée dans les croyances du protestantisme; elle n'eut que ce fils, qu'elle mit au monde en l'année 1595.

Le comte de Brienne fut naturellement destiné aux charges publiques, et son père, l'un des ministres habiles du règne de Henri IV, « le nour- » rit, dès sa plus tendre jeunesse, à la politique, » et lui fit succer, avec le lait, ce bel art qui fait » régner heureusement les souverains (1); » il lui apprit aussi en peu de temps tout ce qu'il n'aurait pu acquérir qu'après une longue expérience, en le faisant travailler habituellement dans sa bibliothèque, que l'on pouvait avec raison appeler l'académie des politiques, et en lui faisant étudier ces curieux manuscrits où sont contenus les plus utiles documents sur les affaires importantes de l'Etat (2). Les voyages que le jeune de Brienne fit en Allemagne, en Pologne et en Italie, par ordre de son père, durent aussi le bien préparer à la carrière qu'on lui destinait. Il était de retour à Paris vers la fin de l'année 1609; on dit qu'il fut même, dès cette époque, remarqué par Henri IV, qui lui permit d'assister quelquefois au conseil. Marie de Médicis, régente de France, le chargea, en 1614, de négocier avec quelques députés des Etats-généraux « dont les esprits étoient indisposés (3), » et son habile intervention obtint d'eux

---

(1) Le père Senault, Oraison funèbre du comte de Brienne.

(2) La belle collection des manuscrits de Brienne se compose de 360 volumes, contenant des traités de paix, des négociations, des relations d'ambassades, des mémoires et instructions aux ambassadeurs et ministres du roi, etc. Elle fut formée par les soins d'Antoine de Loménie, rangée et mise en ordre par Pierre Dupuy, sous la direction duquel elle fut transcrite, pour en former une suite de volumes. Antoine de Loménie abandonna, dit-on, à Pierre Dupuy tous les documents originaux, en

reconnaissance de la peine qu'il avait prise de les classer et faire transcrire. Henri-Auguste de Loménie hérita de cette collection, et la vendit au Roi 40,000 livres, en l'année 1661 ou 1662. Le comte de Brienne, après avoir passé plus de quarante ans dans les affaires, se retira avec une médiocre fortune, compromise même par son désintéressement, comme il le dit lui-même dans ses Mémoires. C'est ce qui le détermina sans doute à se dessaisir d'une pareille collection.

(3) Le père Senault, Oraison funèbre, page 12.

la nomination d'un président agréable à la cour. Ce succès lui valut la survivance de la charge de son père l'année suivante; et en 1617, il obtint celle de maître des cérémonies et de prévôt des ordres du Roi. Jusqu'à la mort de son père (Antoine de Loménie), sa principale occupation « étoit d'ac» compagner le Roi et d'acquérir l'honneur de ses » bonnes grâces, à quoi il réussit (1). » Les services que le jeune Loménie rendait alors ne furent pas toujours inutiles à lui et au Roi, comme on le voit par la quittance suivante: « Nous, Henri-Auguste de Loménie de La Ville-aux-Clercs, conseiller du Roy en son conseil d'Estat et secrétaire des commandemens de S. M., confessons avoir eu et reçu comptant... la somme de douze mil livres, dont il a plu à S. M. nous faire don en considération des services que nous lui avons rendus, pour nous donner moyen de supporter la despense qu'il nous convient faire à sa suite; de laquelle somme, etc.

» Le 23e jour de décembre 1621 (2). »

L'ambassade d'Angleterre, où il fut chargé de négocier sur certaines difficultés qui arrêtaient le mariage de Henriette-Marie de France avec le prince de Galles, fut pour le comte de Brienne une occasion plus importante de se signaler; sa sagesse et sa prudence firent cesser tous les obstacles (3).

A partir de cette époque, on peut étudier ce personnage dans ses propres Mémoires; nous ne le suivrons donc pas durant les différentes phases de sa longue et honorable carrière.

Dès son entrée dans les affaires il se fit cette maxime: « Qu'il n'est jamais permis de faire une chose mauvaise quelqu'avantage qu'on en puisse tirer, et que le service de Dieu doit être préféré à tous les honneurs et à toutes les gloires du monde. » Il fut fidèle à ces préceptes; aussi son panégyriste, le R. P. Senault, remarqua-t-il que: « quoiqu'il fût accablé des soins de sa charge, il disoit tous les jours son bréviaire, pendant que quelques ministres ecclésiastiques, sous prétexte des affaires, s'en faisoient dispenser (4). » Plus loin il ajoute: « qu'un homme de sa naissance et de son rang, au lieu d'envoyer des diamans, des perles ou des bijoux à la femme qu'il recherchoit en mariage, lui envoya les *OEuvres de Grenade*, œuvres qui ont répandu la dévotion dans l'église. »

Le comte de Brienne n'estimait pas que sa vie pût être proposée pour modèle; mais il la trouvait entremêlée de tant d'accidents, qu'à son avis elle pouvait servir à l'instruction de ses enfants. Il ne fut pas du nombre des ministres complaisants qui sont toujours de l'avis du prince et s'abstiennent soigneusement de choquer ses inclinations; il ne fut pas non plus d'une « *fidélité incommode* (5); » mais il se ménagea entre la complaisance et la sévérité, entre la crainte et l'audace, et « conserva toujours *une honnête liberté* (6). » Le comte de Brienne ne s'abaissa ni devant l'omnipotence de Richelieu, ni devant la faveur de Mazarin (7); il résigna sa charge quelque temps avant la mort du premier, et la reine régente Anne d'Autriche, confiante dans le zèle et l'affection de Brienne pour son service, la lui rendit en 1643. Mazarin ne l'aimait pas, et ne put cependant obtenir de la Reine son éloignement. Par condescendance pour Anne d'Autriche, et quoique le retour de ce ministre lui parût devoir être funeste à la France, Brienne signa et expédia l'ordre du Roi qui rappelait Mazarin. Il avait été chargé, en 1651, d'informer Monsieur et le parlement de l'exil de ce même ministre.

La bienveillance de la reine mère de Louis XIV pour le comte de Brienne tenait aussi à l'affection de cette princesse pour Mme de Brienne sa femme (8), que toute la cour savait être la confidente

---

(1) Mémoires de Brienne, page 2.

(2) Cette quittance fait partie des titres originaux de la Bibliothèque du Roi; on trouve dans la même collection une autre pièce de l'année 1625, portant quittance de la somme de 3,000 livres « dont il a plu au Roy nous faire don, » et la lettre patente qui y est jointe ajoute : « en considération des bons, fidèles et recommandables services qu'il nous a rendus. »

(3) Ce fut sans doute pendant cette ambassade que Brienne prit, à l'égard des Anglais, une certaine défiance dont il ne se départit jamais. On lit en effet dans ses Mémoires de fréquentes récriminations contre eux. Voici l'une des plus polies:

« Nous prîmes, dans les trois traités que nous fîmes avec les Anglois, toutes les précautions nécessaires pour n'être pas trompés par eux, car ils ne vont pas toujours droit dans leurs traités: ils se réservent d'y chercher quelque interprétation qui soit à leur avantage, suivant le génie de leurs ancêtres Normands, et se font quelquefois peu de scrupule de tromper ceux qui négocient avec eux. »

(4) C'est Mazarin que le père Senault veut désigner. Les Mémoires du fils de Brienne contiennent, sur le caractère peu religieux du cardinal ministre, des particularités assez curieuses.

(5) Le père Senault, Oraison funèbre.

(6) *Idem.*

(7) Brienne fut presque toujours sur le qui vive avec Mazarin, et les termes dont il se sert souvent en parlant de ce ministre, semblent indiquer presque du mépris pour ce cardinal. Il dit dans ses Mémoires: « La déférence de Monsieur pour le Cardinal augmentoit le crédit d'un ministre odieux aux gens de bien. »

(8) Il ne nous paraît pas sans intérêt de rappeler, à propos de madame de Brienne, un passage des Mémoires de son fils (Henri-Louis), relatif à l'intimité qui exista entre la Reine et madame de Brienne, et qui sert aussi à expliquer la grande faveur dont jouissait le cardinal Mazarin auprès d'Anne d'Autriche.

« Tout le monde sait ce que la médisance a publié de la passion mutuelle d'Anne d'Autriche et de Mazarin. Les cabinets des curieux sont remplis de libelles diffamatoires sur ce sujet. La détractation publique et particulière n'a jamais été poussée plus loin; et cette tache, que tant de plumes séditieuses se sont efforcées d'imprimer au nom d'une vertueuse princesse, lui fera moins

intime d'Anne d'Autriche. Cette influence le maintint au pouvoir jusqu'après la mort de Mazarin; mais avant cette époque, son crédit commençait à décliner. Les chansons satiriques ne cessaient de poursuivre les ministres, naguère si vivement ridiculisés par les pamphlets de la Fronde. On en trouve la preuve dans une chanson ayant pour titre: *Portrait de la cour en contre-vérité*, et qui circula pendant l'année 1659:

> Le Tellier devient magnifique;
> Brienne est homme qui voit clair;
> On croit La Vrillière un grand clerc;
> Le Plessis sçait la politique.

Les facultés affaiblies du comte de Brienne ne devaient bientôt plus suffire à la jeune et volontaire autorité de Louis XIV; de hautes capacités diplomatiques devaient aussi attirer de préférence l'attention du Roi; un grand règne se préparait, et il fallait pour réaliser et modérer à la fois les idées gigantesques du nouveau prince, une force physique et morale bien au-dessus de celle du comte de Brienne. Hugues de Lionne, si malheureux pendant son ambassade à Rome contre le cardinal de Retz, et bien plus encore tout récemment en Espagne, contre le prince de Condé, et qui avait ainsi préludé par deux échecs éclatants à une carrière diplomatique des plus justement renommées, Hugues de Lionne fut chargé, en 1663, du département des affaires étrangères (1), en remplacement du comte de Brienne. Comme c'était l'habitude et le goût du temps, des chansons célébrèrent la fortune nouvelle de Lionne, et le repos forcé que le Roi exigea d'un vieux et fidèle serviteur. D'une chanson, riche en couplets, et qui rappelle les différentes nouvelles du moment, nous ne donnerons que le couplet qui se rapporte à Brienne, remplacé dans sa charge par Lionne:

> L'attelage du soleil (2)
> N'aura jamais son pareil:
> Il est de quatre chevaux
> Précédés de deux cavales (3);
> Il est de quatre chevaux,
> Bien meilleurs qu'ils ne sont beaux.
> . . . .
> Le quatrième est Félon,
> Furieux comme un *lion*.

de tort dans les siècles à venir qu'elle ne fera de honte à notre histoire. Peut-être, et je ne le désavoue pas, la Reine accorda-t-elle son estime au cardinal avec trop peu de ménagement. Quoiqu'il n'y eût sans doute en cela rien que d'innocent, le monde, qui sera toujours méchant, ne put s'empêcher d'en parler en des termes peu respectueux; et la licence alla si loin, que chacun crut voir ce qui n'étoit pas, et que ceux même qui le croyoient le moins l'assuroient comme véritable. La galanterie de la Reine, s'il y en a eu, étoit toute spirituelle; elle étoit dans les mœurs, dans le caractère espagnol, et tenoit de ces sortes d'amours qui n'inspirent point souillure : j'en puis au moins juger ainsi d'après ce que m'a raconté ma mère. La Reine avoit pour elle beaucoup de bonté, et ma mère lui parla sincèrement: elle osa l'entretenir un jour de tous ces mauvais propos. Voici comment la chose se passa.

» C'étoit à l'époque où la faveur du cardinal auprès de la Reine éclatoit librement aux yeux de la cour, et quand le monde malin, comme j'ai déjà dit et ne puis trop le répéter, faisoit le plus de bruit de leurs prétendues amours. Madame de Brienne s'étoit un soir recueillie, selon sa coutume, quelques instans dans l'oratoire de la Reine. Sa Majesté y entra sans l'apercevoir; elle avoit un chapelet dans l'une de ses mains, elle s'agenouilla, soupira, et parut tomber dans une méditation profonde. Un mouvement que fit ma mère la tira de sa rêverie. « Est-ce vous, Madame de Brienne? lui dit Sa Majesté. Venez, prions ensemble, nous serons mieux exaucées. » Quand la prière fut finie, ma mère, cette véritable amie, ou pour parler plus respectueusement, cette servante fidèle, demanda permission à Sa Majesté de lui parler avec franchise sur ce qu'on disoit d'elle et du cardinal. La bonne Reine, en l'embrassant tendrement, lui permit de parler. Ma mère le fit alors avec tout le ménagement possible; mais comme elle ne déguisoit rien à la Reine de tout ce que la médisance publioit contre sa vertu, elle s'aperçut, sans en faire semblant, ainsi qu'elle me l'a dit elle-même après m'avoir engagé au secret, que plus d'une fois Sa Majesté rougit *jusque dans le blanc des yeux* ; ce furent ses propres paroles.

» Enfin lorsqu'elle eut fini, la Reine, les yeux mouillés de larmes, lui répondit : « Pourquoi, ma chère, ne m'as-tu pas dit cela plus tôt? Je t'avoue que je l'aime, et je te puis dire même tendrement; mais l'affection que je lui porte ne va pas jusqu'à l'amour, ou, si elle y va sans que je le sache, mes sens n'y ont point de part; mon esprit seulement est charmé de la beauté de son esprit. Cela seroit-il criminel? Ne me flatte point: s'il y a même dans cet amour l'ombre du péché, j'y renonce dès maintenant devant Dieu et devant les saints dont les reliques reposent en cet oratoire. Je ne lui parlerai désormais, je t'assure, que des affaires de l'Etat, et je romperai la conversation dès qu'il me parlera d'autre chose. » Ma mère, qui étoit à genoux, lui prit la main, la baisa, la plaça près d'un reliquaire qu'elle venoit de prendre sur l'autel: « Jurez-moi, Madame, dit-elle, je vous supplie, jurez-moi sur ces saintes reliques de tenir à jamais ce que vous venez de promettre à Dieu. — Je le jure, dit la Reine en posant sa main sur le reliquaire, et je prie Dieu, de plus, de me punir si j'y fais le moindre mal. — Ah! ç'en est trop, reprit ma mère tout en pleurs. Dieu est juste, et sa bonté, n'en doutez pas, fera bientôt connoître votre innocence. » Elles se mirent ensuite à prier tout d'une voix, et celle dont j'ai su ce fait, que je n'ai pas cru devoir taire, à présent que la Reine a reçu dans le ciel la récompense de ses bonnes œuvres, m'a dit plusieurs fois qu'elles ne prièrent jamais l'une et l'autre de meilleur cœur. Quand elles eurent achevé leur oraison, que cet incident prolongea plus que de coutume, Madame de Brienne conjura la Reine de lui garder le secret. Sa Majesté le lui promit, et, en effet, elle ne s'est jamais aperçu que la Reine en ait parlé au cardinal, ce qui, à mon avis, est une grande preuve de son innocence.

(1) La Biographie universelle contient quelques erreurs au sujet de Brienne. Elle indique inexactement la date de sa retraite; ce fut à lui que Lionne succéda, et non pas à Mazarin.

(2) Louis XIV avait pour devise un soleil qui éclairait un globe.

(3) Mademoiselle de La Vallière et madame de Montespan.

On sçait que d'un coup de pied
Il a renversé Brié....
On sait que d'un coup de pied
Il a tout estropié.

Le comte de Brienne mourut en 1666. Des témoignages éclatants de regrets lui furent donnés par ses anciens collègues. Le Tellier, devenu chancelier, dit en plein conseil, lorsqu'il en apprit la nouvelle, « qu'il n'avoit jamais vu un homme plus intelligent dans les affaires, moins ébranlé dans les dangers, moins étonné dans les surprises, et plus fertile en expédiens pour s'en démêler heureusement. » Et le roi Louis XIV ajouta : « Je perds aujourd'hui le plus ancien, le plus fidèle et le plus informé de mes ministres. »

Le comte de Brienne avait épousé, en 1643, Louise de Béon, issue de l'illustre maison de Luxembourg ; il en eut sept enfans ; quatre d'entr'eux vivaient encore en 1668.

L'aîné, Henri-Louis, avait obtenu la survivance de la charge de son père, et il l'exerça simultanément avec lui pendant les dernières années de son ministère, et quelque temps encore après qu'il se fût retiré des affaires.

Nous joindrons en conséquence à cette notice sur le comte de Brienne, quelques détails sur la vie de son fils, dont il parle souvent dans ses Mémoires.

Les dernières années de la vie de Brienne le fils furent extrêmement agitées, et on a attribué à des motifs divers les causes de la longue détention qu'il eut à subir. Des documents inédits et originaux, conservés à la Bibliothèque du Roi, éclaircissent tous ces événemens ignorés ou plutôt mal connus jusqu'ici. C'est ce qui nous a déterminés à enrichir cette notice de ces documents ; ils ne sont pas non plus sans intérêt pour la moralité de l'histoire.

Henri-Louis de Loménie (1) avait épousé Henriette Bouthillier, fille du comte de Chavigny, femme qui fut en grande réputation de beauté, si on en juge par le fragment suivant d'une chanson du temps :

> Pour mettre leur pouvoir au jour,
> Le Ciel, la Nature et l'Amour,
> De corail, d'ivoire et d'ébenne
> Firent Brienne, firent Brienne.

Mais la beauté de madame de Brienne ne trouva pas grâce devant la malignité satirique de ce temps, et à cet éloge si gracieux de la belle comtesse, ces mêmes chansons ajoutaient :

> Un prélat à Pont-sur-Seine
> Adresse souvent ses pas,
> Pour voir la chaste Brienne
> Pleine de divins appas :
> Ce n'est pas pour lui chose vaine
> S'il y va crotter ses bas.

Cette dame mourut en 1664, et sa perte ayant plongé son mari dans la douleur, il demanda des consolations à la religion et se retira cette même année à l'Oratoire, où il fut fait sous-diacre. Le feu sacré de la poésie se mêla bientôt aux inspirations de la piété. Il abandonna l'Oratoire en 1670, pour voyager en Allemagne ; il visita le Mecklembourg où il dupa le duc Christian-Louis, et revint à Paris trois ans après. Des ordres sévères du Roi l'attendaient à son arrivée ; il fut successivement exilé dans plusieurs maisons de Bénédictins, puis bientôt après enfermé à Saint-Lazare (1674), où il subit une rigoureuse détention jusqu'en 1692, sous prétexte d'aliénation mentale. On le voit du moins par la lettre suivante entièrement écrite de sa main :

A Monsieur de Pontchartrain.

Le 14 janvier 1692.

« Monseigneur,

» Le 28 de ce mois, il y aura dix-huit ans révolus depuis le jour que je fus conduit dans la maison des pensionnaires de Saint-Lazare, où je suis encore et où je resterai tant qu'il plaira à Sa Majesté. Il m'est fort indifférent en quel lieu je fasse pénitence, et je puis dire que de toutes les maisons régulières que je connois, je choisirois celle de la Mission si j'estois encore à quitter le monde. J'y avois renoncé de très bonne foi quand j'entrai dans l'Oratoire ; je m'attendois d'y finir mes jours ; Dieu ne l'a pas permis : j'adore sa conduite sur moi. Il falloit que j'eusse besoin d'une plus grande solitude que celle que je m'estois choisie. Je n'ai pu, Monseigneur, éviter de vous dire cela afin de vous faire connoître mon état. La grâce que je vous suplie de demander de ma part au Roy, est de permettre à M. le lieutenant civil de me venir entendre sur une affaire que j'ai pardevant lui. Un fermier, qui me doit et ne veut pas me payer, a cru se mettre à couvert en signifiant à mon procureur une prétendue interdiction dont je n'ai aucune connoissance, et qu'on m'avoit cachée avec beaucoup de soin jusques à présent. Je ne suis pas en peine de la faire casser, pourvu que je puisse me défendre. Sa Majesté est trop juste pour me refuser si peu de chose. Si je suis insensé (car on ne peut m'avoir interdit que sous ce prétexte), je dois estre déclaré tel par un juge en personne, et nullement sur un avis des parens qui pouvoient alors avoir des motifs de politique et d'intérest pour me traiter de la sorte, moi absent. Quand on a donné

---

(1) On a de ce Henri-Louis de Loménie des mémoires dont nous avons cité ci-dessus un fragment relatif à la reine Anne, une relation très détaillée du traité des Pyrénées, conclu dans l'île des Faisans, et la description des cérémonies du mariage de Louis XIV avec l'Infante d'Espagne.

tout son bien volontairement et qu'on ne s'est réservé qu'une pension alimentaire fort modique, on n'est plus en état d'emprunter de personne. Il s'agit uniquement de savoir si j'ay perdu la raison ou non. Et quand mesme il seroit vrai que mon chagrin m'eust fait faire des démarches irrégulières, si Dieu m'a redonné ma pleine raison, les loix me sont favorables, et je dois estre jugé sur la situation présente de mon esprit et non sur mes fautes passées. Il ne me reste plus, Monseigneur, qu'à vous témoigner la part que je prends à la justice que Sa Majesté a rendue à vostre mérite ; j'ai l'honneur d'estre dans vostre alliance par feue ma femme ; M. de Brienne, mon père, a eu l'avantage d'estre confrère de monseigneur vostre aïeul et son ami particulier. Il m'a dit souvent qu'il lui avoit de très-grandes obligations. Je ne vous parle point de ce que j'ay esté : il y a long-temps que j'ay mis au pied de la croix ces foibles avantages de ma naissance. L'unique faveur que j'espère de vostre intégrité est de parler directement au Roy de la très-humble supplication que je lui fais par votre entremise. J'aurois pu adresser un placet à Sa Majesté, mais ç'auroit esté manquer en quelque sorte à la confiance entière que je prens en vous ; je me trouve, Monseigneur, dans vostre département, et j'ay beaucoup de joie de dépendre de vostre ministère. Heureux dans mon affliction, si vous écoutez favorablement, comme je l'espère, les cris de ma douleur, et si vous ajoutez foi à mes paroles quand je vous proteste que je ne cesse de prier Dieu pour la personne sacrée et pour la prospérité des armes victorieuses du Roy, nostre incomparable Majesté, et en particulier pour vous dont je seray toute ma vie, avec un profond respect et une très-parfaite reconnoissance, Monseigneur, le très-humble, très-obéissant et très-obligé serviteur,

» DE LOMÉNIE BRIENNE.

» J'oubliois, Monseigneur, à vous dire qu'estant détenu dans cette maison par un ordre du Roy, que feu M. de Seignelay a signé, M. Joly, supérieur-général de la mission, qui a reçu cet ordre, ne me laissera pas parler à M. le lieutenant civil, à moins d'un autre ordre signé de vous, supposé, Monseigneur, que Sa Majesté m'accorde ma très-humble et très-respectueuse suplication. »

Le lieutenant civil visita l'infortuné Brienne et rendit compte, par la lettre suivante, du parfait état de sa santé et de sa raison. Le procès-verbal de l'interrogatoire subi par Brienne indique aussi les motifs de famille qui avaient amené cette injuste détention.

« Monsieur, suivant l'ordre qu'il vous a plu m'envoyer, j'ai esté à Saint-Lazare et j'ay parlé long-temps avec M. de Brienne que j'ai trouvé de très bon sens et d'une conversation fort aisée ; j'ai été mesme surpris de le voir si raisonnable, après une détention de dix-huit ans, sans avoir le moindre commerce avec ses parens ni d'autres personnes, enfermé avec tous les enfans de correction et ceux qui sont foibles d'esprit, ne sortant qu'avec eux, enfermé dans le mesme endroit et ayant toujours à ses côtés un des frères de la maison. Je suis persuadé qu'un homme fort sage en deviendroit fou ; il demande à Sa Majesté trois choses qui me paroissent très-raisonnables :

» 1° De demeurer dans Saint-Lazare, mais qu'on le loge hors de la maison où sont les insensés et les correctionnaires, et qu'on ne le mène pas se promener avec eux ;

» 2° Qu'il lui soit permis d'avoir la conversation des pères de la maison et des gens de lettres qui ont coustume d'y venir ; d'aller aux exercices et d'avoir une honneste liberté ;

» 3° Qu'on luy paye 5,000 l. qu'il s'est réservées de pension viagère lorsqu'il a fait une donation de tout son bien à son fils.

» J'ai proposé à MM. de Saint-Lazare de le mettre dans une chambre de leur maison ; il m'a paru qu'il leur convient fort d'avoir une pension de 2,000 liv., mais qu'ils ne sont pas d'humeur à se donner le moindre soing. Ils m'ont dit qu'ils avoient peur qu'il ne retombât dans quelque extravagance nouvelle ; mais comme il arrive souvent que ceux qui ont eu ces maladies en reviennent, il me semble qu'il y auroit beaucoup d'injustice de retenir un homme enfermé pour toute sa vie par cette seule appréhension. Vous trouverez, Monsieur, la famille partagée : madame de Gamache et madame de Cayen vous demandent sa liberté, et mesme elles ont pris des mesures avec MM. de Sainte-Geneviève de Paris, qui veulent bien s'en charger ; et je crois que ce seroit tout le mieux. M. l'évêque de Coutence n'est pas du mesme avis ; et comme on ne paie à son frère que 3,000 liv. par an, au lieu de 5,000 liv. qu'il s'est réservées, et qu'il veut avoir sa bibliothèque que M. de Coutence prétend avoir acheptée, il a peur qu'il ne fasse des procédures lorsqu'il sera en liberté ; mais ce n'est pas une raison pour le laisser en captivité. Je suis persuadé que la maison de Sainte-Geneviève lui conviendroit fort ; je m'en informerai si vous l'ordonnez.

» Je suis avec respect, Monsieur, vostre très-humble et très-obéissant serviteur,

» LE CAMUS, lieutenant civil.

» Le 5 février 1692. »

Interrogatoire de M. de Brienne.

« L'an mil six cens quatre-vingt-douze, le deuxiesme jour de février, nous, Jean Le Camus, chevalier, conseiller du Roy en ses conseils, maistre des requestes ordinaire de son hostel, lieutenant civil de la ville, prévosté et vicomté de Paris, pour l'exécution de l'ordre du Roy du trentiesme janvier, signé Pontchartrain, à nous adressé, sommes transporté avec maistre Nicolas Gaudion, greffier en la maison des prestres de la congrégation de la Mission, à Saint-Lazare-lez-Paris, pour voir et connoistre l'estat de la personne de M. de Brienne, détenu audit lieu, de l'ordre de Sa Majesté et pour l'entendre; où estant, le sieur de Saint-Paul, prestre de ladite congrégation, qui a soing des pensionnaires, nous a fait venir, dans une salle de ladite maison, ledit sieur de Brienne qui y auroit esté amené par un des frères de ladite congrégation de la Mission. A l'interrogatoire duquel sieur de Brienne, après lui avoir fait entendre le sujet de nostre transport, suivant les ordres du Roy, qui est demeuré attaché à la minutte des présentes, nous aurions procédé ainsi qu'il en suit:

» Interrogé de son nom et surnom, — a dit qu'il s'appelle Louis-Henry de Loménie.

» Quel âge il a, — a dit qu'il est âgé de cinquante-six ans, estant né en l'année mil six cens trente-six.

» S'il y a long-temps qu'il est en la maison de Saint-Lazare, — a dit que le vingt-huitiesme janvier dernier passé il y a eu dix-huit ans.

» S'il sait les raisons pour lesquelles il y a été mis, — a dit qu'il n'en sçait aucunes, et que néanmoins il nous dira véritablement ce qu'il en sçait, qui est que depuis le décès de sa femme il s'est retiré aux pères de l'Oratoire, où il a demeuré six années ou environ, et que, y estant, madame de Gamache, sa sœur, luy vint proposer de faire le mariage d'une de ses filles, qui depuis a esté mariée à M. de Pougny; à laquelle proposition il répondit fort simplement qu'il ne devoit pas se mesler de mariage entre cousins-germains; que quelque temps après le sieur de l'Egle, qui avoit une maison à l'Institut, le vint trouver et luy fit entendre qu'il y avoit nécessité qu'il sortit de l'Oratoire; à quoi il répondit que sa vocation estoit bonne, qu'il estoit fort content du lieu où il estoit et qu'il n'en vouloit pas sortir; mais depuis ledit temps, ledit sieur de l'Egle l'ayant encore sollicité plusieurs fois de sortir, il en prit la résolution et fut loger dans la grande rue du faubourg Saint-Jacques, vis-à-vis Saint-Magloire; et comme il devoit environ huit cens livres à ses créanciers, il fut exécuté par un en ses meubles; ce qui le fâcha extrêmement et l'obligea de se retirer chez Dalancé, chirurgien, et de se servir de ce temps-là pour se faire guérir d'un ulcère qu'il avoit à la gorge; et après qu'il eust esté guéri il se retira dans le monastère des Augustins du faubourg Saint-Germain; et ayant appris lorsqu'il y estoit, qu'il y avoit plusieurs archers qui vouloient l'arrester, il prit la résolution de sortir hors du royaume et s'en alla dans les Etats de M. le prince de Mecklembourg, où il a demeuré près de trois ans, et ensuite est revenu en France, et se mit volontairement dans l'abbaye de Saint-Germain-des-Prés; et après y avoir demeuré quelque temps, le prieur l'avertit qu'il avoit un ordre verbal de le faire rester dans la maison; mais quelque temps après il alla à Saint-Benoît-sur-Loir, sur la promesse qu'on luy avoit faite qu'il y passeroit les étés et qu'il reviendroit passer les hivers à Paris. Où estant demeuré à Saint-Benoît jusqu'au mois de décembre, le père Brachet luy apporta un ordre pour rester à Saint-Benoît, ce qui lui donna l'occasion de prendre la résolution de venir trouver le Roy pour se jetter à ses pieds et luy demander ses ordres directement; et pour le faire avec prudence, il s'adressa au sieur Bontemps, qu'il pria de dire à Sa Majesté son arrivée, et l'assura qu'il demeureroit à l'hostellerie du Pélican jusqu'à ce qu'il eût reçu l'ordre de Sa Majesté, lequel ordre il attendit pendant trois jours. Un exempt du sieur grand prévost vint le prendre à Versailles et l'amena en la maison de Saint-Lazare, où il est demeuré depuis ledit temps.

» Si il se trouve bien dans la maison de Saint-Lazare où il est, et si il veut y demeurer, — a dit qu'il consent fort de demeurer dans la maison dudit Saint-Lazare où il est, pourvu qu'on l'oste de l'appartement des pensionnaires où il est, qui est celuy des personnes qu'on enferme par correction, et qu'on lui donne une liberté honneste d'aller et venir dans la maison, voir des personnes de mérite et bonne conversation, amis, et qui ont coustume de venir en ladite maison.

» Interrogé sy il se trouve l'esprit libre et en estat de gouverner ses affaires et d'entrer en conversation avec les prestres de la mission de Saint-Lazare, — a dit qu'ouy, mais que quoiqu'il ayt l'esprit fort sain et en fort bon estat d'estre en conversation avec messieurs de Saint-Lazare et capable de gouverner ses affaires, néantmoins il a des infirmités corporelles qui ne le laissent pas en repos, en sorte qu'il ne peut pas dire qu'il soit trois jours en santé, et qu'il ne demande qu'à demeurer en la maison où il est et de songer à y mourir.

» Interrogé sy il a quelque réquisition à nous faire, ou quelque demande dont nous puissions rendre compte à Sa Majesté, — a dit qu'il souhaiteroit seulement avoir la consolation de vivre en communauté avec messieurs de Saint-Lazare, de converser avec eux et de faire les exercices ordinaires de la maison, autant que sa santé luy pourra permettre, et de n'estre pas obligé de demeurer avec ceux qui sont enfermés ou pour démence ou pour correction, de ne sortir et de n'aller promener qu'avec eux, ne demandant néantmoins qu'une liberté honeste pour demeurer dans l'intérieur de la maison.

» Interrogé avec quelles personnes il voudroit converser, — a dit qu'il voudroit converser avec des gens de lettres et avec son procureur et gens d'affaires.

» Interrogé pourquoy il veut voir ses gens d'affaires, — a dit qu'il ne sçait pas quelle procédure on a pu faire contre luy pendant le temps qu'il a esté enfermé; mais que sy on a fait une interdiction, il veut se pourvoir contre; et comme il a fait une donnation de tout son bien à ses enfans et ne s'est réservé que cinq mil livres de rente viagère, et une fois mil escus, pour disposer par testament, et l'usufruit de sa bibliothèque, il souhaite de faire les procédures nécessaires pour s'en faire payer et faire casser l'interdiction, sy aucune a esté contre luy prononcée, parce qu'à présent on ne paye que deux mil livres pour sa pension aux pères de Saint-Lazare et mil livres pour ses entretiens, au lieu de cinq mil livres qu'il s'est réservées; et qu'à l'esgard de sa bibliothèque, il demande qu'on la luy rende, parce qu'il n'a de plaisir que celuy de l'estude.

» Interrogé sy il a quelque chose à se plaindre sur sa nourriture et de la manière dont il est traicté dans la maison, — a dit qu'il n'a point à se plaindre du tout, et au contraire il se loue de la charité de M. Joly; qu'il espère de la bonté du Roy qu'il ordonnera qu'on le séparera d'avec les gens de correction et qu'on luy accordera une liberté honneste et convenable dans ladite maison de Saint-Lazare.

Lecture faite de ce que dessus, — a dit qu'il y persévère et a signé; après quoy nous nous sommes retirés.

» De Loménie Brienne et Le Camus.

» En la minute: Gaudion. »

Le ministre Pontchartrain se montra très-favorable à la juste réclamation de Brienne; mais des influences plus grandes neutralisèrent ses bonnes dispositions. Le prisonnier semblait les deviner; aussi, dès le 16 février, il écrivit au ministre :

« Monseigneur,

» J'apris, dimanche dernier, par madame de Cayen, ma fille, que monsieur le lieutenant civil avoit reçu des ordres de Sa Majesté, qu'il devoit me venir signifier le lundi 11, ou le jour ensuivant au plus tard. Il a mesme dit la mesme chose à mon procureur; cependant, Monseigneur, voilà la semaine entière écoulée sans que j'aye reçu de ses nouvelles. Cela joint aux avis que j'avois eus précédemment, et qui m'obligèrent à me donner l'honneur de vous écrire ma seconde lettre du 7ᵐᵉ, dont je joins icy ma minute, craignant qu'elle ne vous ait pas été rendue; cela, dis-je, auroit augmenté mes justes appréhensions, n'estoit que M. Joly, supérieur-général de la Mission, m'envoya, dès le lundy matin, la copie de l'article de vostre dépesche du 8, qui me concerne. J'ay été confus, Monseigneur, des termes obligeans dans lesquels cet article est conçu, et je ne puis en rendre grace à Sa Majesté et à vous que par un respectueux silence, beaucoup plus éloquent que ne le seroient mes paroles. Je vous supplie, Monseigneur, les larmes aux yeux, de détourner, par vostre charité, dont j'ay déjà reçu tant de preuves, l'orage nouveau dont je suis menacé; et de vouloir, s'il vous plaist, adresser à M. Joly la réponse dont j'espère que vous voudrez bien honorer encore une fois, Monseigneur, vostre très-humble, très-obéissant et très-obligé serviteur,

» De Loménie Brienne.

» Ce samedi 16 février 1692 (au soir). »

Dès le 19 mai de la mesme année, Brienne donna un nouveau témoignage de résignation et du parfait état de ses facultés mentales, par une lettre de remerciment qu'il adressa au même personnage, et dont voici le texte :

« Monseigneur,

» La lettre que vous m'avez fait l'honneur de m'écrire, en date du 17 avril dernier, a eu son effet à l'égard de M. le lieutenant civil. Il m'a rendu prompte justice, conformément aux intentions de Sa Majesté. L'interdiction insoutenable prononcée contre moy fut cassée samedy dernier, 17 du courant, ensuite de l'assemblée de mes parens et amis, tenue le jour précédent en l'hostel de mondit sieur le lieutenant civil. Comme c'est à vous, Monseigneur, après Sa Majesté, à qui j'en ay toute l'obligation, je n'ay pu différer plus longtemps à vous en rendre mes très-humbles actions de grâces. L'autre partie des ordres du Roy en ma faveur reste à exécuter. M. Joly, supérieur général de la Mission, diffère à me tirer de la maison des correctionnaires et des inseusés, pour me mettre dans le bastiment des ordinaires, où loge actuellement M. le curé de Saint-Hypolite, qui est à Saint-Lazare par ordre du Roy depuis plus de six mois, et où je dois estre mis, en conséquence des ordres de Sa Majesté du 8 février, dont mondit sieur Joly m'a donné un extrait et qui sont conformes à ceux du mesme jour que vous avez eu la bonté d'envoyer à M. le lieutenant civil. Je vous supplie, Monseigneur, très-respectueusement, de vouloir prendre la peine de luy en escrire un mot, et de me le faire remettre par M. Hersan, qui a bien voulu se charger de vous rendre cette lettre de ma part. Il a esté du nombre de mes amis qui ont déposé en ma faveur, et il vous rendra compte, comme je l'en ay prié, de tout ce qui s'est passé dans l'assemblée de mes parens. Comme je remettray moy-mesme vos ordres entre les mains de M. Joly, il ne pourra pas en différer l'exécution. Du reste, Monseigneur, j'observeray très-régulièrement la volonté du Roy qui m'est connue. Je ne demande d'autre liberté dans la maison, que celle qui m'a esté accordée. Je ne sortiray point dans le clos ni dans les jardins pour y prendre l'air sans estre accompagné du frère qui a soin de moy. Je n'entreray point dans les chambres des prestres ni des clercs de la Mission, et s'il fault mesme que je ne sorte point de l'appartement où l'on me mettra, sans que je sois accompagné, j'y consens de tout mon cœur; mais au moins je n'auray plus le chagrin d'estre détenu dans une prison. Les chaisnes de la charité sont beaucoup plus fortes que ne le sont les barreaux et les verroux. Je resteray avec joye dans le logement qu'on m'accordera jusqu'à ce que j'aye entièrement effacé, par ma bonne conduite, toutes les mauvaises impressions qu'on a tasché de donner de moy à Sa Majesté. Je ne nomme personne ; mais en vérité, Monseigneur, des calomnies si atroces se détruisent d'elles-mêmes, et j'espère que la patience que vous m'avez recommandée avec tant de charité viendra à bout de tout. Au reste, Monseigneur, je ne puis finir sans vous tesmoigner que je prens toute la part que je dois aux grandes obligations que vous a M. Hersan. Son mérite et sa probité me sont connus depuis long-temps. Je vous en dirois davantage si ce n'estoit pas luy qui deust vous rendre cette lettre, et si je ne venois pas tout récemment d'estre justifié par son suffrage.

» Je suis, avec un très-profond respect et une très-particulière reconnoissance, Monseigneur, vostre très-humble, très-obéissant et très-obligé serviteur,

» DE LOMÉNIE BRIENNE.

» Le 19 mai 1692. »

Ce ne fut que le 17 juin 1692 qu'intervint la sentence de levée d'interdiction du lieutenant civil ; elle fut précédée de trois jours seulement par une autre sentence du même lieutenant civil, qui ordonnait que Brienne aurait un autre appartement et pourrait agir dans la maison de Saint-Lazare sans être suivi de surveillants. Mais les hauts personnages qui tenaient le comte de Brienne sous clef s'empressèrent d'agir auprès du Roi, et de nouveaux ordres de restreindre sa liberté intervinrent bientôt après. Ils furent aussi sollicités par le supérieur de Saint-Lazare, comme on le voit par la lettre suivante adressée à M. de Pontchartrain :

« Monseigneur,

» Si je n'étois pas au lit comme j'y suis depuis quelques semaines à cause d'une fluxion qui m'est tombée dans une jambe, j'aurois eu l'honneur d'aller à vostre audience vendredy, et de vous porter la sentence rendue, il y eut hier huit jours, par M. le lieutenant civil, en faveur de M. de Brienne qui me la fit donner. Je prens la liberté d'en enfermer icy une copie, par laquelle vous verrez, Monseigneur, si vous avez agréable de vous la faire lire, que mondit sieur le lieutenant civil, se fondant sur les lettres du 8ᵉ février dernier que vous escrivistes de la part du Roi, permet à mondit sieur de Brienne de se promener dans nostre enclos, et d'aller et venir dans nostre maison sans avoir de frère à sa suite, encore que j'eusse demandé, dans l'interrogatoire du mesme M. de Brienne, postérieur aux susdittes lettres, auquel mondit sieur le lieutenant civil voulut que j'assistasse, que si M. de Brienne souhaitoit d'avoir la liberté d'aller dans nostre enclos et dans nostre maison sans avoir de frère avec lui, nous fussions deschargés de l'obligation de le garder, comme il nous est ordonné de faire par la lettre de cachet du Roi, du 27 janvier 1674, contresignée par feu M. Colbert ; ensuitte de quoi, Monseigneur, vous vous donnastes la peine d'escrire au mesme M. de Brienne, qui me communiqua vostre lettre, et de lui mander que le Roy ne jugeoit pas à propos de luy donner, pour le présent, une entière liberté, et que nous avions raison de le faire accompagner par un de nos frères. Je lui ai fait représenter tout ceci, et que ce n'estoit pas sur les premières lettres du 8 février qu'il devoit se régler, mais sur la dernière que vous lui aviez escrite, Monseigneur, de la part de Sa Majesté, après avoir vu son interrogatoire et nos très-humbles remontrances. Il persiste à dire que nous devons obéir à la sentence de M. le lieutenant civil, ce que nous n'avons pas sujet de croire estre l'intention du Roy, ny la vostre, après ce que vous avez escript de la part de Sa Majesté. J'ay cru qu'il estoit de mon devoir de vous rendre compte de cecy, Monseigneur ; sur quoy, et sur toute autre chose, j'attendray l'honneur de vos commandemens pour les exécuter fidèlement, et je suis tousjours, avec un très-profond respect, Monseigneur, vostre très-humble et très-obéissant serviteur,

» JOLY,
» Indigne prestre de la congrégation de la Mission. »

Plus tard, Brienne eut permission de se retirer à l'abbaye de Saint-Séverin de Château-Landon, et il y mourut en 1698. « C'étoit un homme d'un beau génie, dit le généalogiste, d'une grande érudition, poète, et la poésie le perdit. »

Ainsi finit malheureusement le fils du comte de Brienne, ce fils pour lequel il avait écrit ses Mémoires, confiant qu'il était dans l'avenir de l'enfant auquel il destinait tant de leçons de savoir, d'expérience et de probité.

Les Mémoires (1) du comte de Brienne furent écrits après sa retraite, en 1663 (2), comme il l'indique dès les premières lignes de son travail. Ils embrassent un espace de plus de quarante années. Les événements marquants du règne de Louis XIII et de la première moitié de celui de Louis XIV y sont rapportés avec une grande exactitude ; et les singularités caractéristiques du génie, si différent, des deux premiers ministres, Richelieu et Mazarin, y sont parfaitement exposées. Brienne exprime son opinion sur ces deux personnages avec une *honnête liberté*.

---

(1) La Bibliothèque historique (édit. Fontette) indique mal à propos les Mémoires de Brienne comme faisant partie de la collection Gaignière. Nous avons vérifié ce fait.

(2) Ils ont été imprimés pour la première fois en 1717, trois volumes in-12, puis réimprimés en 1723.

Les mutilations que ces Mémoires ont subies privaient le lecteur de la connaissance de quelques renseignements peu répandus, sur l'état des rapports de la France avec des puissances voisines ou alliées. L'Angleterre, où le comte de Brienne avait conduit la malheureuse Henriette-Marie de France, femme de Charles Ier, attira constamment, dès l'année 1644, l'attention du gouvernement français, qui voyait s'avancer à grands pas une révolution menaçante pour un trône occupé par une fille de France; les relations intimes de la France avec ce pays devaient fournir un chapitre intéressant aux Mémoires de Brienne; cependant tous les documents qui se rapportent aux affaires de ce royaume avaient disparu de ces Mémoires; nous avons eu le soin de les rétablir.

On peut suivre dans ces fragments nouveaux les différentes phases de la mauvaise fortune de Charles Ier; ils nous révèlent aussi l'impuissance des efforts de la France pour amener une réconciliation entre la chambre des communes et l'autorité royale en Angleterre; et lorsque le Roi est arrêté, que les communes se sont emparées du pouvoir, un grand intérêt s'attache, dans le récit de Brienne, aux lettres pressantes adressées par Louis XIV à Cromwell et aux autres membres influents du parlement, lettres accompagnées de menaces aussi impuissantes que dédaignées. La mort de Charles Ier suspendit toutes les relations avec l'Angleterre. En attendant qu'elles soient reprises, Brienne nous retrace les efforts du Roi de France pour faire réussir l'entreprise du duc de Guise sur Naples, en 1647 et 1648, autre affaire non moins malheureuse, qui se termine par la prison du duc. Les troubles de 1648 éclatèrent; et Louis XIV, par les mains de son secrétaire d'État, demande au Pape des prières pour le succès de ses armes devant sa ville capitale qu'il tient assiégée. Il n'est pas moins curieux de voir en quels termes le roi de France prie le Pape de s'intéresser au rétablissement de l'ordre dans son royaume, et de quelles raisons il se sert pour démontrer au Saint-Père qu'il est intéressé au repos et à la prospérité de la France. Mais la Provence s'engage contre son gouverneur; les ordres et les instructions du Roi et de son ministre se succèdent pour pacifier cette partie du royaume, et un traité, garanti par le Roi, intervient enfin entre le comte d'Alais et le parlement d'Aix. Le prince de Condé, mécontent de Mazarin, soulève de nouveau la Guienne; ses relations avec l'Angleterre inquiètent le ministère. Mazarin fait tous ses efforts pour entamer des négociations avec le Protecteur; des envoyés partent pour Londres chargés de lettres du Roi pour l'usurpateur de la couronne des Stuart, et d'instructions secrètes et pressantes pour gagner l'assistance de l'Angleterre; mais, jalouse de profiter des malheurs de la France, elle croit avoir plus à gagner avec le prince de Condé, et deux fois les tentatives de Louis XIV furent repoussées. Enfin, le prince de Condé perd la Guienne; Cromwell alors devient plus traitable.

Tous ces faits sont *nouveaux* et d'une authenticité aussi irrécusable que les Mémoires eux-mêmes, puisqu'ils sont puisés à la même source: aussi avons-nous profité avec empressement de cette occasion d'en intercaler le récit à la place que l'histoire leur assigne et d'où ils n'auraient jamais dû être rejetés. Ces fragments ont été copiés sur les manuscrits *autographes* du comte de Brienne, momentanément déposés entre nos mains; son écriture maigre et serrée est une des plus difficiles à lire de cette époque; les nombreuses lettres autographes du comte de Brienne, qui existent dans différentes collections publiques, nous ont permis d'en vérifier l'authenticité; ils lui appartiennent réellement.

On trouvera également dans ce même volume (page 297), un travail de Brienne d'une moins grande étendue, mais qui ne mérite pas moins d'être étudié. Ce sont ses *Observations sur les Mémoires de La Châtre*.

Ancien ami de ce dernier personnage, Brienne eut occasion de lui rendre quelques services; mais il se brouilla avec lui lorsque La Châtre fit partie de la cabale des *Importants*, et fut exilé comme toutes les autres personnes de la même faction.

La Châtre écrivit ses Mémoires pendant l'exil; il y maltraita assez fortement la reine Anne d'Autriche et Brienne son ministre. Longtemps après la mort de La Châtre, les amis de Brienne lui firent voir ces Mémoires, et Brienne se crut obligé d'en écrire la réfutation. C'est ce petit discours, qui contient quelques particularités oubliées dans les Mémoires écrits par ce ministre pour l'instruction de ses enfants, que l'on retrouvera page 297; mais on reproche généralement à ces *Observations* d'être une apologie trop déclarée de la reine Anne d'Autriche.

Ainsi ces Mémoires, comme tous les autres ouvrages dont nous donnons une édition nouvelle dans cette Collection, se recommanderont, aux littérateurs de notre époque et des temps à venir, par des *additions inédites* qui ajoutent quelques nouvelles vérités à celles dont chaque jour s'enrichit notre histoire.

A. C.

MÉMOIRES DU COMTE DE BRIENNE.

PREMIÈRE PARTIE.

Mes enfans, je crois que Dieu m'a conservé la vie jusques à présent et m'a donné du repos, afin que je puisse vous mettre par écrit les choses que j'ai vues et auxquelles j'ai eu part, et les adversités que j'ai ressenties. Je ne présume point que ma vie soit de celles qu'on propose pour modèle ; mais elle se trouve entremêlée de tant d'accidens, qu'elle pourra contribuer en quelque façon à votre instruction, et vous porter peut-être à rendre à d'autres le même service. Je souhaite que vous y imitiez ce que vous approuverez, et que vous y joigniez ce que vous jugerez à propos.

Je vous dirai d'abord qu'il faut que vous soyez persuadés qu'il n'est jamais permis de faire une chose mauvaise, quelque avantage qu'on en puisse tirer ; et que le service de Dieu doit être préféré à tous les honneurs et à toute la gloire du monde.

Je commencerai ces Mémoires par des actions de grâces que je dois à la bonté divine de ce que, quoique mon père professât la religion prétendue réformée, je fus néanmoins baptisé et élevé dans la catholique, apostolique et romaine, dans laquelle j'espère, avec le secours de la grâce, vivre et mourir. J'eus aussi la consolation de voir que mon père en fit profession, et qu'il y persévéra le reste de ses jours, reconnoissant qu'elle seule nous montre la voie du salut qui nous est acquis par le sang de Notre Seigneur Jésus-Christ, qu'il a répandu pour nous sur la croix, et qu'il a offert à son père pour la rédemption de tous les hommes ; que s'ils n'en font pas l'usage qu'ils doivent, ils ne peuvent l'attribuer qu'à leur peu de foi, au peu d'amour qu'ils ont pour Dieu et de charité pour le prochain.

Je dois dire, à la gloire de celui auquel je rapporte toutes mes actions, que je suis né d'une mère catholique dont la vie est en odeur de sainteté, qui a eu le bonheur de servir Dieu, et la consolation d'avoir eu un mari qui lui étoit très-cher, rentré dans le sein de l'église dont il étoit sorti par le malheur des temps. L'assurance qu'elle avoit que la conversion de son époux étoit utile à ses enfans, augmenta sa joie, et la fit mourir de la mort des justes. Elle fut favorisée dans ce passage terrible par les sacremens de l'Eglise, et par une entière confiance dans les miséricordes infinies de Jésus-Christ, dont elle reçut le corps et le sang adorable.

J'entrai au collége en l'année 1601, d'où mon père me tira en 1604, pour m'envoyer en Allemagne, contre la volonté de ma mère, à qui mon éloignement fit beaucoup de peine. Je trouvai dans mon voyage plusieurs princes si zélés pour le service du Roi, qu'ils embrassoient toutes les occasions d'en donner des preuves dans leurs cours ; et parce qu'ils savoient que mon père étoit en considération dans celle de France, il n'y avoit point de bons traitemens que je ne reçusse d'eux, jusque-là que plusieurs m'envoyoient quérir, et que d'autres me faisoient l'honneur de me venir visiter, quoique je ne fusse encore qu'un écolier qui n'avoit point de train et ne faisoit aucune dépense. J'allai d'Allemagne en Pologne, d'où je rentrai dans l'Empire ; de Vienne, je fus en Hongrie, d'où je revins pour passer en Italie. J'arrivai à Venise le jour que M. de Champigni, ambassadeur de France, y faisoit son entrée ; et l'on y entendoit de toutes parts le peuple chanter les louanges du roi Henri-le-Grand, à qui la république étoit redevable de son repos, ayant par sa puissance et par sa sagesse pacifié le différend qu'elle avoit eu avec le Pape.

Je n'eus pas la consolation de trouver ma mère en vie à mon retour, Dieu en ayant disposé dès l'année 1608 ; et je ne revins à Paris que le dernier du mois de novembre de l'année suivante. C'étoit dans le temps du voyage que le roi Henri-le-Grand faisoit en Picardie.

Je parus à la cour dans la quinzième année de mon âge. Les entretiens les plus ordinaires étoient des grands préparatifs de guerre que le Roi faisoit, des grandes levées de cavalerie et d'infanterie qu'il avoit ordonnées, et d'un corps considérable de Suisses dont il vouloit augmenter l'armée qu'il devoit commander en personne. Il en faisoit former deux autres, dont l'une étoit pour entrer en Italie, sous le commandement de Lesdiguières, qui devoit être joint par le duc de Savoie, à qui Sa Majesté avoit fait promettre, pour le prince de Piémont son fils, madame Elisabeth de France, sa fille aînée, qui fut depuis mariée au prince d'Espagne.

Cette princesse devoit avoir en dot le Milanais, ou du moins une partie de ce fertile duché, dont le Roi se réservoit quelques portions pour les distribuer aux princes italiens qui, dans l'envie d'assurer leur liberté, voudroient joindre leurs armes aux siennes. Ce grand monarque n'avoit d'autre dessein que d'affoiblir ceux qui, contre toute sorte de justice, avoient engagé par force leurs sujets rebelles à lui manquer de fidélité, après avoir signé avec Sa Majesté la paix qu'elle observoit très-religieusement de sa part.

Je sais bien qu'on a voulu reprocher à ce prince l'assistance qu'il avoit donnée aux Provinces-Unies depuis le traité de Vervins; mais c'est parce qu'on ignoroit qu'il avoit déclaré aux Espagnols, qu'en excluant les Etats-généraux de la paix qu'ils demandoient, il ne pouvoit en abandonner la protection, ni refuser son assistance à la reine de la Grande-Bretagne, qui dans les occasions lui avoit rendu le même service, aussi bien que cette république naissante; à moins que les différends de ces deux puissances ne fussent terminés par un bon traité.

Je discontinuerai de parler de ce grand Roi, mon dessein n'étant point d'écrire sa vie. Je ne dois pas toutefois passer sous silence que, dans le temps qu'il tenoit conseil avec ses ministres, il me permettoit souvent d'y rester; et un jour que je voulus me retirer par discrétion, il m'en fit une sévère réprimande, en me disant qu'il ne pouvoit se fier à moi, puisque je paroissois me défier de moi-même.

Une mort violente l'enleva à ses sujets. La joie de la Reine fut changée en deuil; les grands desseins que ce monarque avoit formés s'évanouirent, et les peuples se trouvèrent dans l'étonnement et dans la douleur. Quelques rois et quelques souverains, qui s'en réjouirent, ne laissèrent pas de le regretter, et ils ne tirèrent point de cette mort les avantages qu'ils s'en étoient promis, car ses armées triomphèrent des leurs, et rétablirent dans Juliers les héritiers légitimes, qui, étant assurés de la protection du Roi, avoient pris les armes pour se mettre en possession de cette principauté et pour en chasser l'empereur Rodolphe, qui, sous un prétexte spécieux de la vacance du fief, croyoit que la disposition lui en étoit dévolue, ou que du moins il étoit le seul juge qui pourroit prononcer sur le différend des parties. Il y avoit plusieurs prétendans: l'électeur de Brandebourg, le duc de Neubourg, alliés à la France; l'électeur de Saxe, et quelques autres princes protégés par l'Empereur et par le Roi Catholique, dont les projets connus tendoient à rétablir la monarchie universelle; ce qui a fait répandre tant de sang et épuiser de si grands trésors.

J'entrai au service du roi Louis XIII, qui me reçut avec bonté, en considération de ceux que mon père avoit eu l'honneur de rendre à Henri-le-Grand et à la reine Marie de Médicis, qui, étant déclarée régente, avoit marqué les avoir agréables. Pendant les premières années du règne je n'avois point d'autre occupation que de suivre Sa Majesté, et m'appliquer à acquérir l'honneur de ses bonnes grâces, à quoi j'ai réussi. Je fis un voyage en Angleterre, et je trouvai ce royaume affligé de la mort du prince Henri; mais son père et le public s'en consolèrent aisément, parce que ce prince avoit fait paroître en plusieurs occasions trop de fierté, et l'envie qu'il avoit de régner en monarque absolu. Il s'entretenoit souvent de ce qu'il falloit faire pour y parvenir, des moyens de se mettre en crédit en Hollande, et d'être considéré par les religionnaires en la province de Guienne, qu'il regardoit toujours comme l'ancien héritage de ses pères.

[1613] Je me trouvai au mariage de la princesse Elisabeth, dont l'esprit et l'ambition ont causé beaucoup de troubles à la chrétienté. Le prince Maurice et le maréchal de Bouillon lui conseillèrent d'engager son mari à accepter la couronne de Bohême, que les grands et le peuple lui offroient. Le premier fut d'avis qu'il se fît couronner, et le second qu'il se contentât du titre de capitaine-général jusques à ce que ses affaires fussent bien établies.

[1614] Les grands, ne pouvant souffrir d'être exclus entièrement de l'administration de l'Etat et d'être gouvernés par les conseils du marquis d'Ancre, s'éloignèrent de la cour. Ils eurent pour chef le prince de Condé; et, s'étant assemblés à Mézières, ils publièrent un manifeste appuyé d'un arrêt du parlement qui ordonna aux princes, aux ducs et pairs et aux officiers de la couronne, de se trouver dans les assemblées pour voir et examiner ce qu'il faudroit faire pour la réformation de l'Etat.

Le marquis d'Ancre voyant bien que les princes ne manqueroient pas de soutenir le duc de Longueville, avec lequel il s'étoit brouillé à cause de la préférence qu'il avoit eue de la lieutenance générale de Picardie et du gouvernement de la citadelle d'Amiens, ce marquis se réunit à ceux qui, sous le nom de ministres, gouvernoient l'Etat. C'étoient le chancelier de Sillery, le duc de Villeroy et le président Jeannin, tous consommés dans les affaires, dont ils avoient acquis une connoissance parfaite par une longue expérience, et qui par leur mérite avoient gagné l'estime et la confiance du roi Henri-le-Grand.

L'entreprise du parlement fut blâmée. Il lui fut fait défense de continuer ses délibérations, et néanmoins il ordonna que très-humbles remontrances seroient faites au Roi de bouche et par écrit. Les grands appuyèrent cette délibération; et s'étant éloignés de la cour, on leur envoya des députés pour les obliger à revenir. Ils firent un traité par lequel il fut résolu qu'on assembleroit les Etats-généraux, et que le château d'Amboise seroit remis entre les mains du prince de Condé, pour lui servir de place de sûreté, jusqu'à ce que les Etats eussent été convoqués et assemblés.

Il se passa quelque chose à Poitiers qui fit croire que le duc de Rohan, de concert avec le prince de Condé, avoit résolu de s'en rendre le maître, et que M. de Vendôme formoit un parti en Bretagne. Le voyage de Poitiers avec celui de Nantes furent résolus; la présence du Roi apaisa les troubles du Poitou, et l'assemblée des Etats de Bretagne, dans la ville de Nantes, rétablit le calme et la tranquillité dans cette province. On expédia cependant les commissions nécessaires pour la convocation des Etats-généraux, qui furent tenus à Paris sur la fin de l'année 1614 et au commencement de la suivante. Les députés des bailliages et sénéchaussées qui ont voix et séance dans les douze gouvernemens furent à peine arrivés, que le Roi, les princes et la cour firent leurs brigues pour faire tomber la présidence aux plus gens de bien. Les princes tâchèrent de la faire donner à leurs créatures. Je fus moi-même, malgré ma jeunesse, employé à assurer au service de Sa Majesté quelques-uns des députés, en recommandant plusieurs d'entre eux pour être élus présidens de leurs chambres. L'ordre que l'on observa dans la dernière assemblée des Etats fut avantageux à la cour, parce que les cardinaux et l'archevêque de Lyon y furent déclarés présidens du clergé: les premiers, à cause de leur dignité, sans aucune contestation. Le rang et les fonctions du second avoient fait naître quelque difficulté; et les protestations qu'on fit au contraire ayant été enregistrées, on ne laissa pas de passer outre, sans tirer à conséquence ni préjudicier au droit des parties.

L'archevêque de Lyon, en qualité de président, fit la harangue de l'ouverture des Etats; le baron de Pont-Saint-Pierre parla pour la noblesse, sans avoir la qualité de président; et pour le tiers-état le prévôt des marchands de Paris et le lieutenant civil furent élus présidens; mais ce fut seulement par le suffrage des députés, et non pas parce que l'un étoit le premier officier de l'Hôtel-de-Ville, et l'autre le premier administrateur de la justice: ce qui même souffrit quelque contestation. Je n'entreprends point de faire ici le détail ni l'histoire abrégée de tout ce qui s'y passa, plusieurs autres en ayant parlé; mais je dirai seulement que le Roi déclara qu'il n'avoit convoqué ses sujets que pour écouter leurs plaintes et leur rendre justice. Plusieurs députés prétendoient quelque chose de plus, et demandèrent à être conservés dans leurs députations jusques à ce que leurs cahiers eussent été répondus. Mais la nécessité, les anciens usages et l'autorité prévalurent; et le Roi, ayant été déclaré majeur avant l'ouverture des Etats, leur ordonna de dresser leurs cahiers et de les lui présenter, leur promettant qu'il auroit soin de les faire examiner, et d'y répondre favorablement.

[1615] Les députés se séparèrent sur cette espérance, et s'en retournèrent dans leurs provinces. Ceux qui avoient fait de fortes instances pour la tenue des Etats-généraux n'étant point assez satisfaits des grâces qu'ils avoient reçues, particulièrement le prince de Condé, qui étoit fâché de ce qu'on l'avoit obligé de remettre Amboise, ils firent tous leurs efforts pour rétablir leur parti dans le parlement, qui rendit un arrêt par lequel il ordonna que très-humbles remontrances seroient faites au Roi, de bouche et par écrit, tant sur la malversation de ses finances et le renversement des lois de l'Etat, que sur la licence que ceux qui avoient soin du gouvernement se donnoient de disposer des biens du public et de celui des particuliers; de ce que les étrangers étoient élevés aux dignités au préjudice des François, à la honte de la nation et au grand dommage de l'Etat, et de ce que les places les plus considérables leur étoient confiées. L'on agita long-temps dans le conseil du Roi si cet arrêt seroit cassé, ou bien si on en permettroit l'exécution: la modération prévalut à l'autorité, et Sa Majesté indiqua un jour pour se rendre auprès d'elle et pour exposer ce qu'il avoit à lui dire.

Le sieur président de Verdun fit une longue harangue, ensuite de laquelle il présenta à ce monarque un grand cahier qui contenoit ce qu'il avoit oublié de dire, ou bien ce qu'il n'avoit pas jugé à propos d'exposer. Le Roi ayant pris ce cahier, on mit en délibération si l'on renverroit le parlement, où si l'on feroit en sa présence lecture de cet écrit, qui ressembloit à un libelle diffamatoire. La règle et la bienséance vouloient que Sa Majesté prît du temps pour l'examiner; mais elle résolut d'ordonner sur-le-champ la satisfaction qu'elle désiroit. Mon jeune âge ne me permettant pas alors de discerner la vérité, je ne puis dire précisément si dans ce cahier le parlement avoit dressé des piéges à ses ennemis en dissimulant, ou bien si quelques-uns des ministres, qu'on appeloit du nom de barbon croyoient qu'on l'eût épargné, et que les autres y eussent été maltraités.

Le cahier commençoit par chagriner le maréchal d'Ancre, qui, pour s'attirer l'amitié du parlement et se venger de ses ennemis, parut être du même sentiment. Le Roi me commanda d'en faire lecture à la place de mon père, qui ne le pouvoit que très-difficilement à cause de la foiblesse de sa vue : ce qui donna occasion à prédire que j'aurois bientôt la survivance de sa charge, comme en effet elle me fut accordée peu de temps après, tout le monde ayant paru satisfait de la manière dont je m'étois acquitté de ce qui m'avoit été ordonné. La réponse que le chancelier rendit au parlement par ordre du Roi, fut que ses remontrances avoient été entendues, et que Sa Majesté y auroit tel égard qu'il conviendroit ; et ensuite il lui ajouta, non pas par forme de remontrance, mais en termes forts et précis, que la compagnie s'étoit trop émancipée, et que le Roi songeroit à maintenir son autorité suivant la puissance légitime que Dieu lui avoit donnée.

Pendant le temps de la harangue du premier président et de la lecture de cette remontrance qui étoit par écrit, tout le monde resta debout, excepté le Roi et la Reine, qui dans de telles occasions doivent toujours être assis. Il est vrai que le maréchal d'Ancre se fit apporter un siége derrière Leurs Majestés : et en cela il perdit le respect. Mais il lui échappa encore de dire des paroles offensantes contre le parlement, qui en fut fort irrité. Cette compagnie s'étant retirée, ceux qui s'étoient trouvés présens à cette audience se donnèrent la liberté de parler suivant leur caprice. Les plus sages furent surpris, et en conclurent la guerre ; les moins expérimentés ne firent qu'en rire. Mais il parut bientôt après qu'on avoit eu raison d'en craindre les suites : car les princes tinrent conseil entre eux, et ceux de la religion prétendue réformée demandèrent le permission de s'assembler. On députa inutilement vers les premiers, et on essaya de maintenir les autres dans leur devoir. La crainte de l'avenir, qui naturellement devoit faire suivre des avis utiles et prudens, n'empêcha pas la cour de faire le voyage des Pyrénées pour y conclure deux mariages : celui du Roi avec l'infante d'Espagne (C'est la Reine dont il sera tant parlé dans la suite), et celui de madame Élisabeth, sœur de ce monarque, avec le prince d'Espagne, au nom duquel elle avoit été épousée par procureur, à cause du jeune âge de ce prince.

Ce fut dans ce temps-là que la Reine-mère, ayant égard aux services que mon père avoit eu l'honneur de rendre au feu Roi son mari, me procura la survivance de la charge de secrétaire-d'État, avec la permission de signer en sa présence et en son absence, quoique je n'eusse pas encore vingt ans accomplis. Leurs Majestés prirent le chemin de la Loire, après avoir fait expédier des commissions pour mettre sur pied une armée considérable sous le commandement du maréchal de Bois-Dauphin. Le président Jeannin faisoit son possible pour la faire commander par le duc de Guise, qui devoit avoir sous lui le maréchal de Brissac ; et la raison qu'il en donnoit étoit qu'il falloit opposer un homme aussi brave que M. de Guise, et un capitaine aussi expérimenté que Brissac au maréchal de Bouillon, dont la réputation étoit bien établie ; et qu'il en résulteroit un avantage, en ce que le duc de Vendôme suivroit Leurs Majestés, personne ne pouvant lui contester son rang à la cour, et étant porteur du pouvoir du prince d'Espagne pour épouser Madame en son nom. Mais le duc de Guise, prétendant les mêmes honneurs, demanda de faire le voyage ; ce qui fut accordé, et ce qui obligea M. de Vendôme à se retirer dans son gouvernement de Bretagne. Il y avoit toujours conservé les amis du duc de Mercœur, son beau-père, auquel il avoit succédé ; mais il n'avoit pu mettre dans ses intérêts ni le maréchal de Brissac, lieutenant-général de la même province, ni le duc de Montbason, que Henri-le-Grand avoit fait lieutenant de roi du château de Nantes, dans le même temps qu'il avoit accordé le gouvernement de la province à M. de Vendôme, et donné la lieutenance-générale de l'évêché et comté de Nantes au même duc de Montbason, en la séparant de la lieutenance-générale du duché dont Brissac avoit été pourvu.

On fixa un jour pour le départ de Paris, et l'on résolut de faire arrêter le président Le Jay, qu'on savoit être partisan du prince de Condé, et dans les intérêts des ducs de Mayenne et de Bouillon. On donna ordre à un lieutenant des gardes du Roi d'accompagner mon père, qui devoit tâcher à le persuader de suivre la cour, et, en cas qu'il y fît quelque difficulté, s'assurer de sa personne. Mais soit que mon père fût malade en effet, ou qu'ayant été averti de la résolution qu'on avoit prise, il fît semblant de l'être, son indisposition prétendue ou véritable lui servit d'excuse pour le dispenser d'obéir.

On exécuta cependant l'ordre qui concernoit le président, qui fut conduit au château d'Amboise, où il resta jusques à la paix de Loudun. Sa femme se présenta au parlement, dont la séance avoit été continuée par le Roi; et ayant exposé que des personnes qui lui étoient inconnues et qui se disoient être gardes de Sa Majesté, avoient enlevé son mari, qu'elle avoit cru en devoir demander justice à la compagnie qu'elle supplioit d'y pourvoir; il y fut délibéré qu'un président et quatre conseillers iroient trouver le Roi pour lui exposer la requête verbale de la femme du président, et lui demander la grâce de vouloir bien renvoyer leur confrère à l'exercice de sa charge, la compagnie se rendant caution de sa fidélité. Ce fut à Amboise que ces députés allèrent trouver Sa Majesté, qui leur répondit que c'étoit elle qui avoit ordonné qu'on arrêtât le président Le Jay, s'y trouvant obligée par de justes considérations et par l'intérêt même du prisonnier; qu'elle donneroit ses ordres pour qu'il fût bien traité, et que pour eux ils n'avoient qu'à s'en retourner à l'exercice de leurs charges, et à continuer à la servir avec toute la fidélité qu'elle en espéroit.

Ils partirent donc; et ayant fait leur rapport et présenté à la cour les lettres fermées de Sa Majesté, le parlement continua de rendre la justice à son ordinaire, sans faire de nouvelles instances en faveur du président Le Jay.

D'Amboise, Leurs Majestés continuèrent leur voyage; et, après avoir séjourné un peu de temps à Tours, elles se rendirent à Poitiers, où elles furent à peine arrivées qu'on y vit paroître un manifeste publié sous le nom du prince de Condé et de plusieurs autres princes, ducs et pairs, et officiers de la couronne, par lequel ils protestoient de leur fidélité au service du Roi, et déclaroient qu'ils avoient été contraints de prendre les armes pour se défendre des violences qu'on exerçoit contre eux, qui étoient si grandes, qu'on avoit empêché par différens artifices que Sa Majesté ne fît justice aux Etats et ne procédât à la réformation du royaume, qui étoit la même chose que ces mêmes Etats et eux avoient demandée; que le parlement, pour avoir fait des remontrances sur les mêmes désordres, avoit été maltraité, et quelques-uns de cette compagnie arrêtés prisonniers sans qu'il y eût eu d'information faite, ni de décret prononcé contre eux; et, que voyant une administration aussi violente que l'étoit celle-ci, et dont on ne pouvoit trop craindre les suites, ils avoient eu recours aux armes pour assurer leur liberté et garantir leur fortune contre la haine de leurs ennemis: promettant de les quitter et de se rendre auprès de la personne du Roi toutes les fois qu'ils le pourroient faire avec sûreté, et que leurs ennemis auroient été chassés du royaume; protestant qu'ils vouloient vivre et mourir dans l'obéissance qu'ils devoient à leur souverain.

La nouvelle de cette ligue ne fut point reçue agréablement, et fit résoudre le Roi à donner une déclaration contre ceux qui avoient pris les armes et qui étoient nommés dans le manifeste. Cette déclaration fut expédiée à Poitiers, où la petite-vérole dont Madame fut attaquée obligea la cour de séjourner; et aussitôt que cette princesse fut en état de souffrir le mouvement du carrosse, elle en partit: et pour faire diligence et être plus en sûreté, elle crut devoir préférer la route d'Angoulême à celle de Saintes.

Le duc d'Epernon, qui étoit un des plus considérables seigneurs de la cour, fut extrêmement surpris d'apprendre, quand elle arriva à Rufée, que le duc de Candale, son fils, étoit du parti des soulevés, et qu'il avoit voulu ménager le commandant du château d'Angoulême, à dessein d'en empêcher l'entrée au Roi et de forcer cette ville à prendre le parti des révoltés. Je laisse à penser à ceux qui liront ces Mémoires quel fut l'étonnement de ce vieux courtisan: car le Roi se crut obligé de l'aller consoler, et de faire de grandes journées pour mettre la ville et le château d'Angoulême en assurance. Sa Majesté y fut fort bien reçue, et y resta quelques jours pour faire dresser des ponts à Guistres et en quelques autres endroits, afin de faciliter à la cour le passage des rivières. Mais lorsqu'elle fut arrivée à Montlieu, on eut une fausse alarme qu'il paroissoit des troupes qui venoient s'opposer à son passage: de sorte que, pour ne rien hasarder, le Roi alla du côté de Bourg, où il s'embarqua pour passer à Bordeaux. Il y fut reçu avec les acclamations ordinaires; il s'y arrêta plus long-temps qu'il ne l'avoit résolu, à cause de l'indisposition de la Reine, et en partit néanmoins le plus tôt qu'il put; mais il fut obligé de séjourner en des lieux qu'il eût bien voulu éviter.

Cependant la guerre s'alluma de toutes parts; peu de provinces en furent exemptes, et enfin ceux de la religion prétendue réformée se déclarèrent pour les princes. Il fallut former un corps d'armée pour aller quérir la Reine, et on se servit pour cela des troupes que le Roi avoit auprès de sa personne. Le commandement en fut donné à M. de Guise, qui, comme procureur du prince d'Espagne, épousa à Bordeaux madame Elisabeth de France, sœur aînée de Sa Majesté. L'échange des princesses se fit dans le courant de la rivière qui sépare les deux royaumes; et nous ne prîmes pas les mêmes précautions d'Antoine, roi de Navarre, qui protesta que ce qui se faisoit ne porteroit point préjudice à nos droits : ce qu'il déclara encore dans la ville de Fontarabie quand il y remit madame Elisabeth de France, fille de Henri II, à Philippe II, roi d'Espagne.

On fit quelques jours après, dans la même ville de Bordeaux, une cérémonie solennelle, dans laquelle Sa Majesté confirma son mariage, qui fut consommé le soir. J'eus séance à l'église avec messieurs les secrétaires d'état, quoique mon père y eût aussi la sienne, ses confrères ne pouvant rien refuser à l'amitié qu'ils avoient pour lui.

Le mariage étant célébré, la cour se disposa à partir et à s'approcher de la Loire. Les ennemis la passèrent à Boni, après avoir traversé les rivières d'Yonne et de Seine, et s'être avancés dans le Poitou, où plusieurs villes se déclarèrent pour eux, aussi bien que la Saintonge, où ils furent soutenus par les Rochelois. Comme il fallut marcher en corps d'armée, le commandement en fut donné au duc d'Epernon, qui avoit augmenté de quelques régimens les troupes qui étoient auprès du Roi.

Lorsqu'on fut arrivé à Poitiers, le duc de Guise fut déclaré et reconnu lieutenant-général de l'armée; et comme la saison étoit trop rude pour rien entreprendre, aussi s'écoula-t-elle sans qu'il se passât rien de remarquable. L'hiver eut un très-grand rapport avec l'été par sa sécheresse, les eaux ayant été si basses qu'elles donnèrent lieu à l'armée des princes de passer les rivières qui se déchargent dans la Loire, et celle-ci même au-dessous de l'Allier.

[1616] On avoit déjà fait quelques propositions d'accommodement, et l'on étoit convenu d'un lieu pour l'assemblée; ce fut celui de Loudun, où le Roi, qui souffroit avec peine la durée de la guerre, envoya des députés, qui furent, si ma mémoire ne me trompe, MM. de Villeroy, de Boissise, et de Pontchartrain, secrétaire d'état, qui fut choisi plutôt que les autres, parce que les princes et les protestans avoient des places de sûreté qui étoient de son département. Ceux-ci demandoient quantité de choses préjudiciables à la monarchie, et les princes ne pensoient qu'à l'affoiblir. M. de Villeroy, s'entretenant avec le prince de Condé, lui en fit voir les conséquences, et se servit pour cela de l'amitié qui avoit été de tout temps entre lui et le maréchal de Bouillon, avec lequel il disposa ce prince à songer à ses véritables avantages et à mériter les bonnes grâces du Roi, en favorisant ceux qui vouloient le bien de l'État, et en s'opposant à ceux qui n'en demandoient que la ruine. Le nombre de ceux-ci étoit trèsgrand, les religionnaires en ayant, ce semble, formé le dessein, par la division du royaume en plusieurs cerles ou provinces, dans chacune desquelles ils avoient établi des gouverneurs, ordonné de fondre du canon, de fortifier des places, de battre de la monnoie, néanmoins aux armes du Roi, mais qui n'étoit pas de l'aloi réglé par les ordonnances.

Plusieurs d'entre les grands demandoient des places de sûreté, et quelques-uns même d'entre eux ne dissimuloient point d'avoir des prétentions sur des provinces, et se flattoient de s'y pouvoir maintenir, pourvu qu'ils en fussent mis en possession. M. de Vendôme, qui avoit levé des troupes avec des commissions qu'il avoit obtenues du Roi, s'éloignant de son devoir et ne songeant point à ses propres intérêts, se déclara aussi pour les soulevés. Dans le temps que ceci arriva, son frère, le grand prieur de France, parut à la cour à son retour de Malte où il avoit commandé les galères, et étoit allé de là à Rome, où il avoit rendu l'obéissance que les rois sont tenus devoir au Saint-Siége, ce qui fut fait deux fois sous le pontificat du pape Paul V : la première sous le règne de Henri-le-Grand par M. de Nevers, et la seconde par le grand prieur.

Cependant M. de Nevers, quoique engagé dans les intérêts des révoltés, comme il parut peu après dans les différends qu'il eut avec le chancelier et M. de Villeroy, sembloit ne respirer que le service du Roi, et faisoit continuellement des voyages à la cour pour en obtenir des grâces pour lui et pour ses amis, qu'il tâchoit de résoudre à se contenter de ce qu'on leur donnoit, sans exiger ce que le Roi ne pouvoit leur accorder.

La mort de madame de Puisieux, fille aînée du premier mariage de M. d'Alincourt, avoit refroidi l'amitié que le chancelier, père de

M. de Puisieux, et celui-ci lui avoient jurée. On les soupçonna même d'avoir des desseins bien différens les uns des autres ; car l'on croit que chacun, pour conserver son autorité, la vouloit acheter aux dépens de son compétiteur. Le chancelier rechercha la protection du maréchal d'Ancre, et lui promit de soutenir ses intérêts. M. de Villeroy s'assura du prince de Condé et de ses confédérés, et lui promit de son côté de procurer la disgrâce du chancelier et de ce maréchal, qui étoient odieux au peuple : le premier, parce qu'il étoit accusé de ne pas rendre la justice avec assez d'intégrité ; et le second, pour s'être trop enrichi et trop élevé, ayant d'ailleurs pour ennemi déclaré le duc de Longueville. Chacun d'eux, pour parvenir à la fin qu'il s'étoit proposée, vint faire des ouvertures à la cour ; et le chancelier fit ce qu'il put afin qu'elle ne souffrît point que les intérêts du maréchal d'Ancre fussent traités indifféremment, et afin qu'on ne lui attribuât point la rupture si elle arrivoit : ce qui lui auroit attiré la haine des sujets de Sa Majesté.

Villeroy remontroit au contraire qu'il ne falloit point faire, au commencement d'un traité, une difficulté qui seroit dans la suite facilement surmontée ; et, soit que celui-ci eût plus de bonheur que l'autre, ou bien que le maréchal d'Ancre eût pris des mesures avec le prince de Condé et M. de Bouillon, comme on le tenoit pour assuré, la paix se conclut, dont l'une des conditions fut que l'on ôteroit les sceaux au chancelier, qui seroit relégué dans une de ses maisons de campagne, pour les donner au président Du Vair. Ceci néanmoins fut tenu fort secret jusques à la publication de la paix. L'envie que M. de Bouillon avoit que le roi d'Angleterre en fût garant, fit naître un incident qui pensa faire rompre le traité. Il le proposa même aux confédérés, qui l'acceptèrent ; mais Villeroy s'y opposa, et dit qu'il ne signeroit aucun des articles s'il y étoit fait la moindre mention du roi d'Angleterre. Le courage que M. de Villeroy fit paroître en cette occasion ne doit point être ignoré de la postérité. Le maréchal de Bouillon, surpris de cette fermeté dont il ne l'avoit pas cru capable, chercha un autre expédient qui devoit, suivant les apparences, produire le même effet, quoiqu'il fût aisé de faire voir le défaut de ce traité, qui devoit être signé en présence de l'ambassadeur d'Angleterre, et de quoi il y devoit être fait mention. Mais Villeroy s'y opposa avec la même vigueur ; et Edmond, ambassadeur du roi de la Grande-Bretagne, fut obligé de sortir de l'hôtel du prince de Condé, où le traité fut tout-à-fait fini.

Je ne dois point omettre ici que ce prince, pour revenir, disoit-il, à la cour avec quelque sorte de gloire, y paroître avec autorité et être en état de soutenir ses créatures et ses amis, avoit long-temps insisté pour obtenir le pouvoir de signer les arrêts du conseil avec le chancelier ou le garde-des-sceaux. La Reine fut surprise de cette proposition, aussi bien que ceux qu'elle honoroit de sa confiance, et qui, pour s'y maintenir, travailloient à détruire M. de Villeroy. Ils firent remarquer à Sa Majesté ce que l'on pourroit craindre d'un pareil dessein s'il avoit lieu. Ils représentèrent encore à cette princesse qu'elle se forgeoit des fers qui la tiendroient captive ; et ne s'étant pas fait une affaire de découvrir leurs sentimens en présence de M. de Villeroy, il n'y eut rien qu'il ne fît pour faire consentir à cette condition, étant d'ailleurs piqué du peu d'expérience qu'avoient ceux qui le contrarioient. Il leur dit qu'il ne s'étoit jamais imaginé qu'il y eût du danger de lever la main quand on tenoit le bras : ce qui fut entendu par Barbentin, qui conseilla à la Reine de consentir à ce qu'on lui proposoit ; et Sa Majesté le fit.

L'édit de paix ayant été résolu et enregistré dans tous les parlemens, la cour se rendit à Paris ; où le président Le Jay se fit bientôt voir, et où non-seulement le prince de Condé, mais ses créatures se montrèrent, à la réserve du chancelier, qui resta dans son exil, où Puisieux, son fils, eut ordre de l'aller trouver.

Le président Du Vair fut ainsi fait garde-des-sceaux, et Mangot, maître des requêtes, qui avoit été destiné pour être premier président du parlement de Bordeaux, exerça la charge de M. de Villeroy par commission, dont la survivance avoit été accordée à Puisieux. On croiroit presque entrer dans un nouveau règne : la cour ne paroissoit plus dans son premier lustre ; le souvenir du passé faisoit craindre Leurs Majestés pour l'avenir, et les grands, se méfiant du pardon qui leur avoit été accordé, se liguoient entre eux, présumant beaucoup de l'autorité dans laquelle ils se croyoient affermis. Ils se promirent toutes choses ; ils firent des festins où l'on buvoit à la santé de leurs amis, et où l'on faisoit ouvertement des souhaits en faveur du prince de Condé. Les ambassadeurs des princes étrangers y furent conviés ; et comme l'on recherchoit ceux à qui la bienséance défendoit de s'y trouver, on chercha aussi un prétexte pour recommencer la guerre, ou pour demander qu'on fît des changemens à la cour. On n'en trouva point de plus plausible que d'engager le duc de Longueville à s'emparer de la ville de Péronne, sous prétexte que la garde en avoit été commise au maréchal d'Ancre : et ce dessein réussit comme il avoit été projeté. Le Roi, en ayant été averti, commanda qu'on fît avancer des troupes pour investir cette place. Les habitans prièrent qu'on leur permît d'envoyer vers le duc de Longueville, dont ils blâmoient l'entreprise, quoiqu'on fût persuadé qu'elle étoit faite de concert avec eux ; et le duc de Nevers, qui avoit paru entièrement dans les intérêts du Roi, s'étant déclaré ouvertement pour eux, ils choisirent le duc de Bouillon pour s'aboucher avec M. de Longueville. Le premier, en acceptant la commission, pour y donner des marques de son zèle pour le Roi, considéra la place, en fit remarquer les défauts, et proposa ce qu'il faudroit faire pour la mettre en état de défense ; mais, jugeant bien qu'on seroit obligé d'y employer un temps considérable, et que le maréchal d'Ancre en presseroit le siége, il fut d'avis que la chose se terminât par un accommodement : ce qui lui réussit. L'avantage étant resté du côté des princes, le maréchal fut dans la nécessité d'en ôter son frère ; et, nonobstant la liberté qu'il eut d'y laisser un François de ses amis, la foiblesse du gouvernement engagea M. de Guise dans leur parti. Mais comme il arrive d'ordinaire que, lorsque l'on perd l'espérance de conserver ce qui appartenoit légitimement, on pense à faire des choses extraordinaires pour ne pas déchoir de ses droits, la Reine, par le conseil de Mangot, de Barbentin et de l'évêque de Luçon, depuis cardinal de Richelieu, et étant aussi animée par le maréchal d'Ancre, prit la résolution de faire arrêter le prince de Condé et ceux qui s'étoient attachés à lui depuis la paix.

On délibéra long-temps à qui l'on confieroit ce secret, et l'on ne trouva personne plus capable d'entreprendre une action aussi hardie que Thémines, qui étoit venu par hasard à la cour. La proposition lui en ayant été faite avec la récompense qu'il en devoit attendre, on s'assura, pour le soutenir, de M. de Créqui, mestre-de-camp des gardes françoises, et de Bassompierre, colonel-général des Suisses, desquels on devoit se promettre tout, et avec d'autant plus de raison qu'ils eussent exécuté la chose, si l'on eût pu se résoudre à leur en donner le commandement scellé par une patente ; mais le peu de confiance qu'on avoit au garde-des-sceaux ne permit pas qu'on lui en fît l'ouverture. On se souvint que d'Elbène, lieutenant de la compagnie des chevau-légers de Monsieur, étoit ennemi déclaré du prince, qui se plaignoit même ouvertement qu'il lui avoit manqué de respect en plusieurs occasions : et c'en fut assez pour qu'on lui ordonnât de venir avec sa compagnie pour servir à cette exécution. Il arriva, par je ne sais quelle raison, que la cour changea de résolution, et que cette même compagnie eut ordre de se retirer à sa garnison ; mais, par un changement subit et encore plus précipité que le premier, on lui ordonna de rester à Paris, et à chaque cavalier de se trouver au Louvre où l'on devoit leur donner de l'argent, et de s'y rendre sans avoir d'autres armes que leurs épées.

L'un d'entre eux, ayant rencontré un gentilhomme de ses amis, lui déclara le secret qu'on ne lui avoit pas recommandé ; et celui-ci, qui étoit de la connoissance de Valigny, écuyer de M. de Bouillon, le lui découvrit, sans savoir néanmoins qu'il faisoit mal, parce qu'il n'étoit pas averti des intentions de la cour. Valigny, dont le courage et l'esprit étoient connus, le pressa de se rendre auprès de lui, persuadé qu'il étoit qu'il n'y avoit rien à négliger. Il trouva M. de Bouillon en son hôtel, avec plusieurs seigneurs qui étoient venus lui rendre visite. Valigny lui fit des signes qui furent inutiles pendant du temps, mais qui ayant été enfin remarqués par son maître, il se dégagea de sa compagnie et s'enferma avec Valigny ; et ayant jugé que l'avis qu'il lui donnoit ne devoit pas être négligé, il lui ordonna de l'aller découvrir au duc de Mayenne, et il lui dit qu'il avoit résolu d'aller à Charenton le lendemain, jour ordinaire du prêche. Valigny, s'étant acquitté de l'ordre qui lui avoit été donné, rapporta à M. de Bouillon que M. de Mayenne coucheroit chez le nonce, qui logeoit à l'hôtel de Cluny, et que le lendemain il retourneroit chez lui sur les quatre heures du matin, et lui feroit savoir ce qui seroit venu à sa connoissance. Valigny avertit dès le soir les domestiques de son maître de se tenir prêts pour le suivre à Charenton ; et ce maréchal leur fit un discours pour les exciter à la dévotion, en leur disant qu'il étoit arrivé de grands malheurs à ceux qui avoient abandonné le service de Dieu. Ce qui se passoit aux environs de La Rochelle, où le duc d'Épernon paroissoit avec des gens de guerre, sous le prétexte apparent de prendre possession du gouvernement du pays d'Aunis, excitoit les plaintes des huguenots. Le Roi lui ayant commandé de se retirer, il obéit, après avoir fait les fonctions de gouverneur dans cette province, dont La Rochelle est la ville capitale.

M. de Bouillon fut cependant à Charenton ;

et les cavaliers de la compagnie d'Elbène se rendirent au Louvre, armés seulement de pertuisanes et de hallebardes. Le prince de Condé y vint aussi pour assister au conseil des finances, et monta dans le cabinet de la Reine après qu'il fut fini. Dans le même moment les degrés, les salles, les antichambres furent remplis de gens de guerre; la garde du dehors se mit en bataille, et il ne fut plus permis à personne de sortir du Louvre, quoique l'entrée n'en fût pas défendue. Quelques soupçons qu'avoient eus les confédérés qu'on vouloit attenter sur leur liberté, les empêchèrent de s'y rendre en même temps : et c'est ce qui les sauva. Le duc de Mayenne s'étant avancé à la rencontre de M. de Bouillon, sur le premier avis qu'il avoit eu de ce qui se passoit au Louvre, et le duc de Guise ayant grossi leur troupe, ils passèrent sur le fossé de la porte Saint-Antoine, et ils gagnèrent Soissons.

M. de Vendôme se rendit à La Fère, par le conseil de Saint-Géran, sous-lieutenant des gendarmes du Roi; et le marquis de Cœuvres à Laon. Le seul duc de Rohan, qui avoit été du parti, se trouva au Louvre lorsque le prince de Condé fut arrêté. J'étois si près de lui, que j'entendis qu'il demanda à M. de Rohan s'il souffriroit qu'on lui fît violence en sa présence. A quoi il ne répondit qu'en baissant la tête : ce qui signifioit qu'il s'étoit remis dans son devoir, et qu'il se tenoit assuré de n'être point arrêté prisonnier.

On dépêcha au dedans et au dehors du royaume pour donner avis de ce qui s'étoit passé, et le Roi fit savoir par une déclaration les motifs des conseils qu'il avoit pris. Il tint son lit de justice, fit enregistrer l'arrêt de la détention du prince, et promit de pardonner à ceux qui rentreroient dans leur devoir. On ménagea le duc de Guise, qui revint à la cour; et l'on accommoda les affaires en promettant que, lorsque l'innocence du prince de Condé seroit reconnue, on lui rendroit la liberté.

Le jour de sa détention, la princesse douairière, sa mère, fit ce qu'elle put pour exciter le peuple de Paris à prendre les armes; mais son dessein ne lui réussit pas : il n'y eut seulement que les ouvriers qui travailloient au bâtiment du palais de Luxembourg qui allèrent en hâte piller l'hôtel d'Ancre. Je fus témoin de la diligence qu'ils firent dans le temps que j'eus ordre d'aller à l'hôtel de Condé avec MM. Barentin, maître des requêtes, et Launay, lieutenant des gardes-du-corps, pour me saisir des papiers du prince, pour les apporter au Roi. Le temps qu'il fallut employer pour trouver le concierge et les valets-de-chambre, pour avoir les clefs de ses appartemens et de son cabinet, servit à donner le loisir de brûler les papiers. Je n'en trouvai aucun dans les tables ni ailleurs; mais je vis dans les cheminées ce que le feu ne consume pas entièrement quand on y brûle des lettres. Je revins ensuite au Louvre, où je vis les secrétaires-d'état occupés à faire celles dont il a été ci-devant parlé. J'en signai plusieurs qui devoient être envoyées dans le département de mon père, et sur le soir chacun se retira dans sa maison. Le prince de Condé, qu'on avoit gardé dans un cabinet qui étoit proche de celui de la Reine, fut conduit en bas, dans l'appartement qui étoit destiné à la Reine-mère. Il eut quelque frayeur quand il passa les degrés, parce qu'il y vit des gens armés, et il en reconnut quelques-uns de la compagnie d'Elbène. Ceux qui furent employés à négocier avec les princes eurent le bonheur, sinon de les faire rentrer dans leur devoir, du moins de faire un accommodement plâtré qui, comme nous le verrons bientôt, ne fut pas de longue durée.

Les personnes tant soit peu éclairées connurent bien qu'on alloit reprendre les armes, et ceux même qui avoient le plus d'intérêt à cacher leurs sentimens les faisoient éclater en toutes sortes d'occasions. Le duc de Nevers, qui avoit, en l'année 1614, tiré de force de la citadelle de Mézières le marquis de La Vieuville, depuis élevé à la charge de capitaine des gardes-du-corps, soupçonnant toujours qu'il formoit des entreprises pour y rentrer, et voulant l'éloigner de la place, aux environs de laquelle il avoit du bien, lui fit saisir une terre qu'il avoit mouvante du Rethelois, faute de devoirs rendus, dont La Vieuville se plaignit, en disant que ce duc ne cherchoit qu'à l'opprimer. Sur le conseil qui fut donné au Roi de prendre La Vieuville en sa protection, on dépêcha à M. de Nevers, Bavanton, exempt des gardes-du-corps, pour lui faire commandement de donner la main-levée des fiefs saisis, et pour lui déclarer que, faute d'y satisfaire, le Roi feroit procéder contre lui comme contre un désobéissant et un perturbateur du repos public. M. de Nevers s'excusa en disant qu'il ne savoit pas ce que les lois lui permettoient, protestant de se pourvoir devant le Roi quand il en auroit la liberté, et faisant des invectives contre tous ceux qui avoient part au gouvernement du royaume. Ceci fut mal reçu; et Bavanton, étant pressé de dresser son procès-verbal, y satisfit. Le Roi commanda qu'on l'examinât, et que, par une commission qui lui seroit adressée, le duc de

Nevers fût déclaré criminel de lèse-majesté.

Pendant qu'on délibéra sur cette affaire, Bavanton se tua lui-même ; et ceux à qui on en avoit donné le soin, comme aussi de concerter les termes de cette commission, s'assemblèrent chez le garde-des-sceaux : c'étoient MM. de Villeroy, le président Jeannin, de Seaux ; Pontchartrin, secrétaire-d'État ; Mangot, qui exerçoit par commission la charge de M. de Villeroy ; Barbentin, qui, sous le titre de contrôleur-général, faisoit la surintendance des finances ; mon père et moi. La patente ayant été apportée par Barbentin, elle parut au garde-des-sceaux impropre et contre les règles du royaume ; et comme M. Du Vair n'avançoit rien qu'il ne lui fût facile de prouver, le naturel de ce magistrat, prompt et impatient, et le chagrin où il étoit de n'avoir aucune part au secret, lui émurent la bile de telle sorte que, n'étant plus maître de lui, il lui échappa de dire *que les grands Etats ne se gouvernoient pas avec précipitation, ni par des faquins et des gens de basse naissance.* Barbentin, prenant pour lui les termes offensans dont le garde-des-sceaux s'étoit servi, y répondit avec vigueur, se leva, interrompit le conseil, et alla au Louvre pour rendre compte à la Reine-mère de ce qui s'étoit passé. Mangot, fâché de tout ceci, demanda à ceux qui étoient présens le remède qu'il eût été capable de donner, en adoucissant les esprits qui paroissoient fort aigris. Il suivit Barbentin ; et l'heure du conseil étant venue, chacun se prépara à s'y rendre. Nous ne fûmes pas sitôt dans le lieu où l'on devoit s'assembler, que la Reine y vint avec un visage si changé et si irrité, que ses yeux jetoient feu et flammes. On jugea bien que la colère de cette princesse se déchargeroit sur le garde-des-sceaux, dont la vie austère et stoïque ne pouvoit compatir avec ceux qui ne vouloient pas que la volonté des souverains eût des bornes. Sa Majesté se retira, et rentra dans son cabinet sans qu'on eût parlé d'aucune affaire. Elle n'employa point l'après-dînée à délibérer sur ce qu'il convenoit, mais à qui l'on donneroit les sceaux, et Mangot en étant honoré, qui seroit celui qui lui succéderoit dans la commission qu'il avoit exercée depuis la retraite de Puisieux. On crut que ce seroit l'évêque de Luçon : et ce fut en effet le sentiment de la Reine. Sur les six heures du soir, mon père eut ordre d'aller au Louvre, où il voulut que je le suivisse. Il passa dans un cabinet, où il trouva assemblés le prélat, Mangot et Barbentin, auxquels il demanda, après les avoir salués, s'ils ne savoient point ce que l'on souhaitoit de lui ; et sur ce qu'ils lui répondirent que non, je crois qu'il n'en fut point surpris. Il entra dans la chambre où le Roi étoit avec la Reine, sa mère. Je l'y suivis, et je ne trouvai avec leurs Majestés que M. de Guise et le maréchal d'Ancre. La Reine lui commanda d'aller redemander les sceaux à M. Du Vair ; et sur ce qu'il demanda aussi ce qu'il y avoit à faire si ce magistrat les vouloit reporter lui-même, on lui répondit qu'il n'y avoit qu'à le laisser faire. Le maréchal d'Ancre ayant ajouté qu'il falloit commander au capitaine de la garde de suivre mon père, et de faire investir le logis de M. Du Vair avec une partie de sa compagnie, afin que, s'il faisoit difficulté d'obéir, on forçât sa maison, et qu'on le pût arrêter s'il en vouloit sortir, n'y ayant rien qu'on ne dût appréhender d'un esprit tel qu'étoit celui de ce magistrat ; mon père répliqua que cette précaution étoit inutile, et qu'on ne trouveroit dans la personne de M. Du Vair qu'une entière soumission (1) et une parfaite obéissance. Ce capitaine de la garde étoit le marquis de La Force, rentré dans le service du Roi, aussi bien que son père, après la publication de la paix.

On ne trouva en effet dans ce magistrat que la résignation d'un grand philosophe aux volontés du Roi. J'allai faire part à messieurs de Villeroy et Jeannin de ce qui alloit être exécuté, et je fis assez de diligence pour me rendre au Louvre en même temps que M. Du Vair, lequel, s'étant mis à genoux, parla à Leurs Majestés avec la gravité d'un stoïcien, et finit son discours par une prière qu'il adressa à Dieu, afin qu'il lui plût de donner au Roi un bon conseil, dont en effet Sa Majesté avoit un très-grand besoin ; ensuite de quoi il se retira chez lui et se logea dans une maison des Bernardins, qu'il occupa jusqu'à ce qu'il fût rappelé à la cour ; ce qui arriva six mois après qu'il en eut été éloigné. Si ceux qui avoient conseillé la disgrâce de M. Du Vair en parurent bien aises, les personnes de vertu en témoignèrent au contraire une extrême douleur ; et non-seulement les grands, mais même les moindres d'entre le peuple déplorèrent alors les maux dont la France leur sembloit menacée.

Les sceaux furent donnés dès le lendemain à M. Mangot, et l'on différa de quelques jours à déclarer l'évêque de Luçon secrétaire-d'état. Je ne sais si ce fut pour ma gloire ou pour mon malheur que l'ordre me fut donné d'en expédier les provisions ; car ayant eu l'esprit assez

---

(1) Du Vair affecta beaucoup de philosophie. On dit qu'il déclara « qu'il avoit trop de droiture pour être » long-temps du goût de la cour. » (A E.)

présent pour demander quelle charge on lui donnoit, Barbentin, qui étoit entré avec lui dans la chambre de la Reine, me répondit que c'étoit celle de M. de Villeroy. Et sur ce que je lui répliquai s'il en avoit retiré la démission, il me dit qu'il l'auroit le lendemain : ce qui m'obligea de lui ajouter qu'il falloit nécessairement l'avoir avant que de rien expédier ; mais, après une longue contestation, je me tirai d'affaire en proposant de faire une commission pareille à celle qui avoit été donnée à M. Mangot : à quoi la Reine consentit. Barbentin ayant dit dans ce moment qu'il y falloit ajouter une clause de préséance en faveur de l'évêque de Luçon, notre contestation s'échauffa de plus en plus. Je soutins fortement la justice de la cause d'un autre et la mienne propre, sans manquer au respect que je devois à la Reine, qui, pour adoucir la peine qu'elle croyoit que j'avois, me dit, par la suggestion de Barbentin, que c'étoit seulement à cause de la dignité dont ce prélat étoit revêtu. Je répliquai alors qu'elle l'obligeoit à résidence ; et qu'ayant dans son église ses habits pontificaux, il précéderoit là non-seulement les gentilshommes et les princes, mais encore le Roi lui-même. La Reine, ennuyée d'entendre nos contestations, nous ordonna de nous retirer. Nous trouvâmes dans son cabinet l'évêque de Luçon et Richelieu, son frère. Barbentin s'adressant à l'évêque lui fit le récit de ce qui s'étoit passé en présence de Sa Majesté. Celui-ci oublia pour lors ce qu'il m'avoit souvent protesté, qu'il vouloit être de mes amis, et l'expérience qu'il avoit faite de ma bonne foi en m'adressant les lettres qu'il écrivoit à la Reine pendant le voyage de Guienne ; car il me dit, d'un ton fier, qu'il y avoit long-temps qu'il savoit que plusieurs personnes (et moi particulièrement) qui approchoient de celle du Roi, avoient peu de considération pour l'Eglise. Ma réponse fut modérée, et je me contentai de lui repartir que, le regardant comme évêque et le trouvant dans la maison de Sa Majesté, je n'avois rien à lui dire ; mais que je ne conseillois pas à son frère, vers lequel je me retournai, de me tenir un pareil langage. Je donnai avis à messieurs de Villeroy, Potier, de Seaux et de Ponchartrain, de ce qui s'étoit passé. Le premier, qui étoit à Conflans, me remercia, par une lettre, de la fermeté avec laquelle j'avois soutenu ses intérêts ; et il me manda qu'il se rendroit le lendemain de grand matin à Paris, où il me demandoit une entrevue avec ces messieurs, et qu'il falloit tout hasarder plutôt que de consentir à l'outrage qu'on vouloit nous faire. Je me crois obligé de dire à la louange de M. de Seaux, qu'il ne put être ébranlé ni par prières ni par menaces, et qu'il défendit notre droit avec beaucoup de vigueur. Il me rendroit la justice, s'il étoit encore en vie, de déclarer que je ne l'abandonnai point ; mais les autres furent tellement pressés par le maréchal d'Ancre de se conformer aux volontés de la Reine, qu'il les entraîna par son crédit et par son adresse à signer, malgré eux, la commission telle qu'elle leur fut présentée, et par conséquent à payer à M. de Villeroy la qualité de premier secrétaire-d'état, qui ne lui avoit point été contesté depuis la mort de M. de Beaulieu-Ruzé.

L'évêque de Luçon fut aidé du secours de Barbentin, après qu'il fut entré dans les fonctions de sa charge. Ce Barbentin, quoique d'une naissance très-basse, étoit d'un esprit fort relevé. L'évêque se prévalut aussi de la fierté de celui de Mangot, et s'appliqua à disposer les choses à une rupture dont le prétexte, qui lui en fut donné par les princes, étoit les différends que les grands avoient avec le Roi. Ceux-ci faisoient de continuelles instances pour la liberté du prince de Condé : sa mère et sa femme demandoient qu'on lui fît son procès, s'il étoit coupable, et s'il étoit innocent, qu'on le mît en liberté. Les confédérés, pour rendre leurs prières plus efficaces, s'assuroient de leurs amis ; et Leurs Majestés, pour ne pas être prévenues, se disposoient à faire des levées. La semence de la guerre avoit déjà germé, et l'on n'attendoit que le retour des beaux jours pour commencer la campagne. On nomma deux généraux, qui furent M. de Guise et le comte d'Auvergne [1617] : le premier, pour attaquer les places de la Champagne et pour s'opposer aux Allemands qu'on assuroit y devoir entrer; et le second, qu'on avoit tiré de la Bastille à la prière du duc de Montmorency, son beau-frère, auquel il eût été difficile de refuser ce qu'il demandoit, parce qu'il étoit toujours demeuré attaché à son devoir et qu'il avoit épousé la fille de la cousine-germaine de la Reine-mère (1), sans avoir pu être engagé par le prince de Condé, qui avoit épousé sa sœur, d'entrer dans son parti. Il sortit, dis-je, de la Bastille, où le roi Henri-le-Grand l'avoit fait mettre pour n'avoir pas voulu exécuter l'arrêt qui avoit été rendu contre lui, et dont les motifs sont assez connus (2) à tous ceux qui savent l'his-

---

(1) Marie-Félicie des Ursins ; sa maison étoit alliée à celle des Médicis. (A. E.)

(2) Henri IV ne fit pas exécuter l'arrêt rendu contre le comte d'Auvergne, parce qu'il aimoit Henriette d'En-

toire. Celui-ci donc, sous lequel le duc de Rohan commandoit la cavalerie, devoit attaquer Soissons. Pendant qu'on travailloit à faire réussir tous ces desseins, un gentilhomme qui s'appeloit Luynes (1) en formoit un autre avec Sa Majesté et Villeroy, et recevoit des conseils qui tendoient à s'assurer de la personne du maréchal d'Ancre, et à procurer le bien et le repos du royaume par la mort d'un homme qui étoit en horreur aux gens de bien. Le Roi s'y étant déterminé, Villeroy en avertit le maréchal de Bouillon, lequel ne jugea pas à propos de le faire savoir à ceux de son parti ; mais il leur donna seulement de belles espérances qu'ils seroient bientôt délivrés de la crainte que quelqu'un d'eux, recherchant son accommodement, ne donnât une ouverture pour rompre l'union qui seule les pouvoit garantir.

Luynes avoit aussi quelque liaison avec M. Chevalier, premier président de la cour des aides de Paris, et avec les sieurs Deageant et Du Tronçon, qu'il éleva dans la suite ; et ceux-ci firent pour lui toutes les diligences qu'il n'eût pu faire lui-même sans que l'on s'en fût aperçu. Ayant délibéré entre eux à qui ils confieroient l'exécution d'arrêter le maréchal d'Ancre, ils ne trouvèrent personne qui y fût plus propre que le baron de Vitry, capitaine des gardes du corps, et qui étoit pour lors en quartier ; car, outre qu'il avoit un naturel des plus bouillans, l'envie de s'élever le dominoit de telle manière, que rien ne lui paroissoit impossible, ni à mépriser pour y réussir. Il manda son frère, le baron Du Hallier, qui amena avec lui quelques hommes qu'il commandoit en qualité d'enseigne ; et, s'étant assuré d'un nombre suffisant d'officiers des gardes, il fit savoir au Roi qu'il étoit prêt à exécuter ce qu'il lui ordonneroit. Sa Majesté l'embrassa en l'assurant de sa protection, et ne lui commanda pas de tuer le maréchal d'Ancre, mais seulement de s'assurer de sa personne ; et sur ce qu'il demanda avec Luynes ce qu'il y auroit à faire, supposé qu'il se mît en défense, il fit tomber le Roi dans le piége qu'il lui tendoit, qui étoit de tuer ce maréchal si cela arrivoit. Ils l'avoient ainsi résolu entre eux, afin de mettre les affaires hors d'état de pouvoir être jamais accommodées entre la mère et le fils, craignant avec raison que le sang et le souvenir des peines que la Reine représenteroit avoir souffertes pour conserver l'État ne portassent son fils à se réconcilier avec elle, ce qui auroit été sans doute la cause de leur ruine.

Le maréchal d'Ancre, quoique averti que l'on voyoit des gens armés aller et venir par le Louvre, et que ce pouvoit être pour lui faire insulte, ne laissa pas d'y venir. A peine y fut-il entré, que le lieutenant de la porte, qui étoit du secret de Luynes, la ferma ; et Vitry s'étant avancé le premier, Du Hallier et Guichaumont l'en blâmèrent ; mais il dit dans le moment au maréchal : « Je vous fais prisonnier, de la part du Roi. » Et dans le même instant on tira deux ou trois coups de pistolet qui le jetèrent par terre. Il reçut aussi un coup d'épée au travers du corps. On a dit qu'il chercha la sienne, se voyant attaqué ; mais aucun de ceux qui en pouvoient rendre témoignage n'en est convenu en particulier. Quelques-uns de sa suite voulurent le défendre ; mais sur ce qu'on leur dit que ce qui se faisoit étoit par les ordres du Roi, ils remirent leurs épées qu'ils avoient tirées. Sa Majesté ayant paru à une fenêtre d'un cabinet qui étoit au bout de la salle des gardes qui a vue sur la cour, on cria : *Vive le Roi ! le tyran est mort;* et Vitry, s'avançant vers la salle des gardes de la Reine-mère, leur demanda leurs armes, qu'ils refusèrent de donner sans l'ordre de leurs officiers. Ceux-là eurent aussitôt celui de se retirer avec leurs compagnons, et de rester dans l'antichambre de leur maîtresse. Le bruit qui se répandit attira beaucoup de monde au Louvre, et l'on manda ceux dont on voulut suivre les avis. On tint conseil après que Sa Majesté eut demeuré quelque temps dans la galerie des Rois, appuyée sur Luynes ; et lorsque je l'abordai : « Je suis maintenant roi, me dit-il, il n'y a plus de préséance. » L'évêque de Luçon ayant paru, eut ordre de se retirer, et dans le même instant les secrétaires d'État eurent celui d'écrire dans les provinces ce qui venoit d'arriver.

On rendit à M. Du Vair les sceaux que l'on ôta à M. Mangot ; et le chancelier, qui étoit à Brie-Comte-Robert, ayant été rappelé à la cour aussi bien que Puisieux, son fils, ils ne se firent pas dire deux fois de revenir. Les princes et ceux qui étoient éloignés, de même que les généraux des armées, furent avertis de ce qui se passoit ; et les soldats qui étoient dans les tranchées devant Soissons et Mézières, posant leurs armes à terre, les assiégés les imitèrent : et comme si la paix avoit été publiée, ils s'entretinrent familièrement, et burent à la santé du Roi.

---

tragues, marquise de Verneuil, sa sœur. Le comte d'Auvergne obtint peu de temps après le titre de duc d'Angoulême. (A. E.)

(1) A cette époque il n'étoit que capitaine au Louvre et chef des ordinaires. (A. E.)

On députa vers les princes, contre lesquels on procéda par la justice et par les armes. Ils déclarèrent que, leur conduite étant justifiée, ils étoient prêts à recevoir la loi qu'il plairoit au Roi de leur imposer; et ils obtinrent que les déclarations qui avoient été publiées contre eux seroient révoquées, mais non pas la liberté du prince de Condé, quelques instances qu'ils en fissent, le monarque n'ayant jamais voulu y consentir. On fit courir aussitôt une espèce de manifeste de ce qui avoit été exécuté par Vitry, que l'on colora de la nécessité spécieuse où l'on s'étoit trouvé d'en user de la sorte pour maintenir l'autorité royale, parce que le maréchal d'Ancre s'étoit, disoit-on, mis en défense. Cependant on arrêta la veuve de ce maréchal, et après quelques informations faites contre elle, on la conduisit à la conciergerie du Palais, où elle fut condamnée à la mort, non pas de toutes les voix, quoique les juges en eussent été sollicités au nom et de la part du Roi, à qui il n'en devoit être rien imputé, mais à Luynes, à qui la confiscation des biens des accusés avoit été accordée d'avance, de même que les charges de premier gentilhomme de la chambre et de lieutenant-général de la province de Normandie, desquelles le maréchal d'Ancre étoit revêtu.

Vitry fut fait maréchal de France; Du Hallier, capitaine des gardes du corps, et plusieurs autres s'enrichirent par le pillage qu'ils firent des meubles et des cabinets de la maréchale d'Ancre. On fouilla même dans les poches du mort, dans lesquelles on trouva des promesses en blanc et des diamans de grand prix; et sur ce que le bruit se répandit que la Reine-mère devoit rester à la cour, ce qui étoit fort à craindre pour Luynes, il eut le crédit de l'en faire éloigner, et de la séparer du Roi, son fils, qui ne fit que lui dire un mot, ensuite de quoi il se retira : tant Luynes appréhendoit que ce monarque ne fût attendri par les larmes de cette princesse. La Reine, sa belle-fille, la vit comme elle montoit en carrosse; mesdames Christine et Marie-Henriette, ses filles, et Monsieur, frère unique du Roi, lui firent leurs adieux; et La Carce eut ordre de la conduire à Blois.

Je fus un de ceux qui reçurent les ordres de Sa Majesté. Elle me pria (je rapporte le même terme dont Sa Majesté se servit), elle me pria, dis-je, de lui faire avoir les réponses des lettres qu'elle écrivoit au Roi, se promettant de mes soins, que je la regarderois comme la mère de mon Roi, et comme la veuve de celui qui l'avoit été. Ces paroles me firent fondre en larmes, et me mirent tout en sueur. Une partie de la cour répandit aussi des larmes en abondance. Mais laissons aller cette princesse où sa destinée la conduira, commençons à parler d'un nouveau gouvernement qui paroîtra terrible aux gens de bien, et qui n'aura d'approbation que des créatures de Luynes.

On forma un nouveau conseil, dans lequel le chancelier et le garde-des-sceaux eurent séance. On eut de la peine à régler leurs fonctions; l'injure que l'un avoit reçue de l'autre, et le mépris que celui-ci faisoit du premier, tout cela, dis-je, étoit cause qu'ils n'étoient jamais d'un même avis. Villeroy fut celui qui parut avoir le plus de part aux affaires; Jeannin y entra en qualité de surintendant des finances, et les secrétaires d'Etat y prirent les places qui étoient dues à leurs charges. Luynes fit semblant de n'en vouloir pas être, et de se contenter de la qualité de favori. Il me dit un jour qu'il me donneroit part aux affaires, à condition que je ferois un journal de ce qui seroit résolu et arrêté dans le conseil, et que je le lui remettrois entre les mains. Je me trouvai si offensé de cette proposition, que je lui répondis qu'il feroit mieux de se rendre lui-même chef du conseil que d'exiger une pareille chose de ceux qui y avoient séance; et que je lui conseillois de faire ce qu'il avoit résolu avec Deageant et Du Tronçon, comme la chose arriva dans la suite.

Puisieux, étant rentré en charge, ne songea plus qu'à s'élever et qu'à opprimer ses confrères : ce qui lui étoit d'autant plus aisé, que le chancelier, son père, faisoit valoir ses prétentions. Villeroy, dont il avoit acheté la charge, n'osoit le contredire; cependant l'amitié qu'il avoit pour Scaux, et l'estime qu'il faisoit de mon père, partagea son affection. On accorda au premier la grâce qu'il demanda d'être envoyé en Espagne; et quoique ce fût avec le titre d'ambassadeur extraordinaire qu'on lui avoit donné, le marquis de Senecai ne laissa pas de le précéder en qualité d'ambassadeur extraordinaire, lorsqu'il y accompagna madame Elisabeth de France. Scaux s'y soumit en apparence, et fit le voyage; mais il y resta si peu, qu'il fut aisé de connoître qu'un emploi aussi limité ne convenoit guère à un génie aussi transcendant que le sien. La France fut peu d'années après privée des services qu'il auroit pu lui rendre.

Quelques jours avant que la Reine-mère se fût retirée, le Roi catholique ayant déclaré la guerre au duc de Savoie, ce prince demanda du secours à la France : ce qui lui fut d'abord refusé, mais il l'obtint à la fin par le moyen de M. de Lesdiguières, qui dit nettement que c'étoit abandonner les intérêts de l'Etat que de ne point assister le souverain opprimé. Il leva des troupes, il passa en Piémont, et enfin il engagea la cour à suivre le conseil qu'il lui donna de mettre en usage ce qui avoit été négligé pendant la dernière régence.

Dans la persécution qui me fut faite pendant la vie du maréchal d'Ancre, M. de Lesdiguières m'offrit de me donner retraite : c'est une obligation que je lui ai, et dont je n'ai jamais perdu la mémoire. J'ai tâché de la reconnoître autant qu'il m'a été possible dans les personnes de messieurs ses descendans.

Schomberg, qui avoit amené au service du Roi un régiment d'Allemands, reçut un ordre de faire passer en Piémont l'armée du duc de Savoie et de M. de Lesdiguières, renforcée de ce corps et de quelque cavalerie conduite par le comte d'Auvergne. Il entra dans l'Etat de Milan, Il y fit des progrès considérables, et il réduisit le roi d'Espagne à traiter avec M. de Savoie. Cette protection, que la France accorda au plus foible contre le plus fort, lui fut très-honorable.

Ceux qui étoient à la tête des affaires, jugeant à propos de travailler à la réformation de l'Etat, proposèrent la convocation de tous les ordres du royaume ; et, afin d'y mieux réussir, ils la firent résoudre par le conseil, qui prit un tempérament : ce fut la convocation des notables. Ce dernier parti ayant été accepté, le Roi choisit un nombre de prélats et de gentilshommes pour y assister. Il manda le premier et le second président du parlement de Paris, et les premiers des autres cours souveraines avec leurs procureurs-généraux. Ils se rendirent tous à Rouen, où il y eut une grande contestation entre les gentilshommes et les officiers de judicature, ceux-ci alléguant à leur avantage ce qui fut pratiqué sous le règne de Henri-le-Grand, qui leur donna séance vis-à-vis du clergé. Les gentilshommes soutinrent que leur ordre étoit le second du royaume, et que jusques au règne de Henri-le-Grand les officiers de judicature n'avoient été considérés que comme faisant partie du Tiers-Etat. Ils alléguoient pour raison la harangue du premier président du parlement de Paris, faite en remercîment de ce que la magistrature avoit été séparée de ce corps, et avoit obtenu sa séance après la noblesse. On trouva un expédient, qui fut que le jour de l'ouverture celle-ci seroit placée sur deux bancs près de la personne du Roi et des présidens, en lui donnant une déclaration que cette pièce étoit très-honorable : le tout sans tirer à conséquence, pour ne point faire de peine au clergé ni aux officiers. Du Plessis-Mornay, avec qui cette déclaration fut concertée, parla pour la noblesse, et fit les remontrances de sa part. Monsieur, frère unique du Roi, fut élu président de l'assemblée, ayant pour collègues le cardinal Du Perron, le duc de Montbason et le maréchal de Brissac. On proposa dans cette assemblée divers réglemens, non pas dans le dessein de faire du bien à l'Etat, mais seulement pour avoir un prétexte honnête pour continuer les impôts ; on y résolut de ne pas appeler la Reine-mère à la cour, et de ne point mettre en liberté le prince de Condé. On accorda à la princesse son épouse la grâce qu'elle demanda de tenir compagnie à son mari. Elle fit paroître en cela beaucoup de fermeté et de grandeur d'ame, pouvant s'en dispenser légitimement, après tous les mauvais traitemens qu'elle en avoit reçus.

Comme il est difficile que je ne parle pas quelquefois de certaines choses ou trop tôt ou tard, je me crois obligé d'avertir ceux qui liront ces Mémoires, que ce que j'en fais n'est seulement que pour éviter la confusion qui pourroit s'y trouver, si je voulois m'assujétir à suivre l'ordre des temps. Luynes, qui n'étoit pas encore duc, épousa, vers le mois de juillet ou d'août, la fille de M. de Montbason (1) ; sa nouvelle épouse et la comtesse de Rochefort, sa belle-sœur, eurent le tabouret, par un privilége accordé depuis long-temps à la maison de Rohan, quoique aucune femme ni fille de cette famille n'eût point encore joui de cette prérogative, excepté Marguerite de Navarre et ses descendans sous le règne de Henri-le-Grand, qui avoit beaucoup de considération pour ceux qui étoient sortis de la branche des cadets. Ceux-ci étoient néanmoins en possession des biens des aînés, à cause d'un contrat de mariage passé entre les cousins, ce monarque les regardant comme habiles à lui succéder à la couronne de Navarre et aux souverainetés de Béarn, d'Andaye et Donnejan, qu'il n'avoit point encore réunies à la couronne de France, quoiqu'il eût fait expédier une déclaration pour la réunion des terres qui en étoient mouvantes, et qu'il possédoit avant son avènement ; à la réserve toutefois de celles qu'il avoit données à César de Bourbon, duc de Vendôme, son fils, sur lesquelles terres madame la princesse de Navarre, sa sœur, pouvoit prétendre une légitime, dont il s'accommoda dans la suite avec elle.

[1618] La cour revint à Paris peu après la mort de M. de Villeroy, qui décéda à Rouen.

(1) Marie de Rohan. Après la mort de Luynes, elle devint très-fameuse sous le nom de duchesse de Chevreuse. (A. E.)

Le Roi recevoit souvent des lettres de la Reine sa mère, et l'envoyoit très-fréquemment visiter sous différens prétextes, et avec des vues bien contraires à celles de cette princesse, qui ne songeoit qu'à amuser tout le monde, et ne s'occupoit qu'à tâcher de se faire des créatures qui pussent la tirer de captivité. Luynes, au contraire, ne songeoit qu'à mettre auprès d'elle des personnes affidées pour l'observer et pour épier ses actions et ses desseins.

Le duc d'Epernon craignit alors d'être arrêté prisonnier, sur ce qu'avant de se retirer de la cour, où il s'étoit rendu un peu après la mort du maréchal d'Ancre, il avoit eu un démêlé avec le garde-des-sceaux, parce que le duc soutenoit que ce magistrat devoit être assis dans le conseil au-dessous du chancelier et non pas vis-à-vis de lui, comme il s'en étoit mis en possession. Le garde-des-sceaux soutenoit le contraire, et alléguoit sa dignité qui le mettoit en état de faire comme le chancelier qui avoit la préséance. M. d'Epernon répondit à cela que, quoique le garde-des-sceaux fît la fonction du chancelier en partie, il ne pouvoit avoir de séance où ce chef de la justice se trouvoit, et qu'en tous cas celle qu'on lui accordoit étoit assez honorable pour ne pas être refusée; et, pour soutenir sa prétention, il n'oublia point d'alléguer que les grands du royaume précédoient anciennement les chanceliers dans les conseils : ce qui s'étoit pratiqué sous le règne précédent et jusques à celui du roi Henri III, que les ducs avoient conservé cet avantage. Il fit voir un titre d'un de nos rois en faveur du comte de Laval, dont le garde-des-sceaux, se tenant offensé, dit au chancelier que c'étoit lui qui avoit attiré cette affaire. Ces deux magistrats en vinrent à de grosses paroles en présence de Sa Majesté; et le chancelier, plus modéré par politique que de son naturel, ne put s'empêcher de dire à l'autre qu'il étoit un méchant homme, prenant Dieu à témoin qu'il les jugeroit un jour : ensuite de quoi le conseil se leva. Et M. d'Epernon, qui soupçonnoit qu'on vouloit l'arrêter, s'étant retiré à Fontenay-en-Brie, en partit pour se rendre à Metz, où on lui fit des propositions de la part de la Reine-mère, aussi bien qu'à l'archevêque de Toulouse son fils, qui avoit une inclination particulière pour ce parti naissant. Rouchelay (1) le pressa d'y entrer, en lui représentant la gloire et les avantages qu'il en retireroit, les grandes obligations qu'il avoit à la Reine-mère; que plusieurs personnes considérables étoient attentives à ce qu'il feroit pour se déclarer en sa faveur et pour travailler à son élévation : et tout cela sans hasarder beaucoup, ni s'exposer à un grand péril.

[1619] M. d'Epernon ne se laissa pas persuader d'abord; mais à la fin il donna son consentement, n'ayant pu oublier que Luynes s'étoit déclaré en faveur du garde-des-sceaux qu'il regardoit comme son ennemi, quoiqu'il n'eût pas conservé la place qu'il avoit prise dans le conseil.

Luynes, ayant obtenu de la Reine-mère qu'elle se démît du gouvernement de Normandie, le fit offrir à M. de Longueville, à condition de remettre celui de Picardie; et, pour tirer de lui son consentement, on ajouta au gouvernement de Normandie celui de la ville et château de Dieppe. La passion qu'avoit M. de Longueville d'être gouverneur d'une place d'importance lui fit oublier l'attachement et l'affection que les Picards, et particulièrement les habitans de la ville d'Amiens, avoient toujours eus pour sa personne.

Luynes se fit pourvoir de ce gouvernement, et fit donner à M. de Montbason celui de l'Ile-de-France et des villes de Soissons, Chauhy et Coussi, que le duc de Mayenne avoit remis pour celui de Guienne et du Château-Trompette, bâti sur la rivière de Garonne qui passe à Bordeaux, où l'on voit un port admirable.

M. d'Epernon ayant pourvu à la sûreté de la ville et citadelle de Metz, et s'étant assuré de ses amis, résolut d'en partir, et s'en alla à Angoulême, où, ayant donné ses ordres pour la réception de la Reine-mère, il s'avança avec de la cavalerie, et envoya l'archevêque de Toulouse pour recevoir Sa Majesté, qui s'étoit sauvée par une fenêtre du château de Blois. Elle fut conduite à Loches, et ensuite à Angoulême. Le comte de Chiverny et les échevins de Blois dépêchèrent à la cour, et me dirent ce qui étoit arrivé et ce qu'on savoit déjà. Je portai la confirmation de cette nouvelle au Roi, qui étoit pour lors à Saint-Germain-en-Laye. La nouvelle y fut reçue diversement : les plus gens de bien en craignirent les suites, d'autres ne purent s'empêcher de marquer la joie qu'ils avoient de se flatter que l'autorité de Luynes seroit limitée. Enfin l'espérance des désordres causés par la guerre civile qui étoit allumée dans plusieurs provinces du royaume, réjouit les esprits mal-intentionnés.

Ce qui m'oblige à parler de ceci n'est seulement que parce que j'ai omis de dire que les émissaires de Luynes faisoient de grandes menaces à la Reine-mère, pour l'obliger de se soumettre à la loi que ce favori vouloit lui donner. Cette princesse fut un jour extraordinaire-

---

(1) Ruccelai étoit un ecclésiastique florentin très-intrigant. Il avoit été attaché au maréchal d'Ancre. (A.E.)

ment pressée par le colonel d'Ornano, qui lui parla avec plus de fierté que n'avoit fait Roussi, qui avoit resté long-temps auprès d'elle; et il échappa à d'Ornano de la menacer de la main en la touchant, et de lui dire que, si elle entreprenoit de faire la moindre chose à Luynes, elle deviendroit plus sèche que du bois, en lui montrant le busc qu'elle tenoit.

Le Roi, étant de retour à Paris, y fit assembler des personnes de toute sorte d'états, pour savoir ce qu'il seroit à propos de faire dans la présente conjoncture. Le duc de Mayenne offrit de se mettre à la tête d'une armée pour faire rentrer M. d'Epernon dans son devoir. M. de Vendôme suivit son exemple, et M. de Longueville se laissa persuader comme les autres. La maison de Guise n'abandonna point la cour; et ainsi il y avoit lieu de croire que tous les grands s'étoient réunis pour conspirer la perte de M. d'Epernon. Le cardinal de Retz, qui avoit pris séance dans le conseil aussi bien que le chancelier, paroissoit du même avis. Le garde-des-sceaux animoit Luynes pour mettre ce duc à la raison, et pour assurer sa fortune. Le seul président Jeannin fut d'un avis contraire, et montra en cette rencontre que les années ne lui avoient rien fait perdre de cette générosité qui avoit toujours été remarquée en lui. Ceux qui avoient le plus de probité remontrèrent qu'il falloit chercher toutes les voies d'accommodement, et, bien loin de consentir à la perte de M. d'Epernon, ils dirent qu'un des premiers articles du traité de paix devoit être d'y comprendre ce duc. On nomma le cardinal de La Rochefoucauld pour aller trouver la Reine, et on lui donna, si je ne me trompe, pour collègues le père de Bérulle et M. de Béthune, qui revenoit d'Allemagne, où il avoit été envoyé avec le duc d'Angoulême, qu'on appeloit auparavant le comte d'Auvergne, et M. de L'Aubespine, chevalier des ordres du Roi. Ils y avoient été envoyés tous trois en qualité d'ambassadeurs de Sa Majesté vers l'Empereur, pour faire en sorte qu'il abandonnât le dessein où il étoit de mettre sur pied une armée qui devoit servir à repousser l'entreprise des Bohémiens, et faciliter celle des princes qui marchoient à son secours, et auxquels les protestans vouloient opposer leurs troupes qui avoient déjà passé le Rhin sous le commandement du marquis de Bade-Dourlac.

Le Roi, craignant que le feu qui étoit prêt à s'allumer ne fût bien fatal à la chrétienté, faisoit tous ses efforts pour l'éteindre. Ses ambassadeurs obtinrent du marquis de Dourlac qu'il laisseroit passer le comte de Bucquoy, sur l'assurance qu'ils lui donneroient que, si l'Empereur attentoit à la liberté de l'Empire, Sa Majesté le secourroit, quoiqu'elle ne pût approuver la révolte des Bohémiens; et comme elle avoit pris sous sa protection le duc de Savoie, en réduisant le roi d'Espagne à le laisser en paix, ce marquis ne crut pas devoir refuser ce qu'on lui proposoit. Cette conduite pensa, dans la suite des temps, élever la maison d'Autriche à la monarchie universelle, à laquelle on sait qu'elle aspiroit.

Le cardinal de La Rochefoucauld, M. de Béthune et le père de Bérulle s'acquittèrent si bien de leur négociation, que les différends que le Roi et la Reine sa mère avoient ensemble furent terminés. M. d'Epernon fut compris dans le traité, et cette princesse s'en alla à Tours, où le Roi s'étoit rendu pour la voir. Elle fut ensuite à Angers, cette ville lui ayant été donnée pour une place de sûreté. Le prince de Piémont, qui venoit d'épouser madame Christine de France, y vint saluer la Reine après que Madame l'eut vu partir. Elle se rendit à Turin, où l'on lui fit une magnifique réception.

Pendant qu'on traitoit avec la Reine, on négocioit aussi avec le prince de Condé; et Luynes, croyant qu'on pouvoit s'y fier, fit résoudre le Roi à aller à Compiègne, et ensuite à Chantilly, où ce prince rentra dans les bonnes grâces de Sa Majesté. Ce monarque, peu de jours avant son départ pour Tours, me permit de traiter de la charge de maître des cérémonies et de prévôt de ses ordres. Il voulut ajouter à cette grâce celle d'en payer lui-même la plus grande partie du prix. Je me crois obligé de dire ici que Luynes, qui en usoit honnêtement avec moi, m'aida de ses bons offices; et cependant j'avois très-peu de part à sa confiance, parce que je n'ai jamais voulu dépendre des favoris. C'est une chose dont je ne puis me repentir, quoiqu'elle ait servi d'un grand obstacle à ma fortune.

[1620] La Reine-mère, dans le voyage qu'elle fit pour se rendre auprès du Roi, fut suivie par l'évêque de Luçon qui, pour sortir d'Avignon, où il avoit été relégué, avoit accepté le parti qu'on lui avoit proposé de se rendre auprès de cette princesse, dans l'espérance que ce prélat n'y seroit pas inutile, et auroit le pouvoir, par son esprit, de détruire dans celui de la Reine le duc d'Epernon. Luynes et ceux dont il prenoit conseil étoient persuadés qu'il y avoit plus à craindre de l'un que de l'autre, et cela avec d'autant plus de raison que l'évêque de Luçon réussit à faire perdre tout le crédit de ce duc, qui ne laissa pas pour cela de rester toujours dans les intérêts de la Reine. Le prince de Condé fut tout-à-fait mis en liberté; et Luynes, comme duc et pair depuis cinq ou six mois, persuada le Roi de faire une promotion de chevaliers de ses ordres. Quel embarras le grand nombre de prétendans n'auroit-il pas causé, si l'on ne s'étoit servi d'un expédient qui avoit été autrefois mis en usage? C'étoit que le Roi laisseroit à la liberté du chapitre le choix de ceux qui avoient été nommés pour remplir les places vacantes.

Il fut indiqué à Saint-Germain-en-Laye, où l'on en fit l'ouverture; et le Roi y déclara ses intentions, qui étoient de faire quatorze chevaliers, dans le nombre desquels les ducs étoient compris. Luynes ne voulut point s'assujetir aux règles pratiquées par les autres, parce que tous les grands seigneurs dépendoient de lui, ni le comte de Rochefort, son beau-frère : ce qui parut tout-à-fait extraordinaire. On laissa une entière liberté aux commissaires; nous n'étions que dix-sept, et nous en reçûmes, par nos suffrages, quarante-cinq, et entre autres un cardinal et quatre prélats. On reçut aussi le marquis de Mouy, qui s'étoit retiré du service de la Reine-mère, l'évêque de Luçon n'ayant pu souffrir la liberté que ce seigneur et quelques autres prenoient de blâmer le choix qu'elle avoit fait de son frère(1), à leur exclusion, pour commander dans Angers. Celui-ci fut tué par Thémines, dans le temps que cette princesse étoit à Angoulême. Sa Majesté ne fut pas plus tôt à Angers qu'elle fut sollicitée de plusieurs endroits pour rétablir son autorité. Le duc de Mayenne et le cardinal de Guise se déclarèrent pour elle, et attirèrent dans leur parti le comte de Soissons et M. de Vendôme. Celui-ci sortit de Paris avec le grand prieur son frère. Il passa par Vendôme, et il se rendit à Angers. On publia, pour la justification de ces princes, des écrits qui ne servoient qu'à les faire blâmer; et l'on fit de toutes parts des levées de gens de guerre.

Le duc de Longueville crut pouvoir faire déclarer la ville de Rouen, mais il fut obligé d'en sortir, et de se retirer à Dieppe. Les bons serviteurs du Roi le conjurèrent de s'avancer pour s'assurer de la fidélité des habitans de cette ville; et cependant ce monarque entra dans le parlement, et régla la maison de ville de telle manière qu'il n'y eût rien à craindre dans la suite.

On agita si Sa Majesté iroit dans la basse Normandie ou bien à Dieppe; et je me souviens d'avoir entendu dire au prince de Condé qu'il avoit été d'avis qu'on fît le siége de Caen, par la seule raison qu'il haïssoit le grand prieur. Il est certain qu'il fit dire à M. de Longueville qu'il avoit empêché celui de Dieppe, parce qu'il étoit dans ses intérêts. Celui de la ville de Caen ne se trouva ni difficile ni de longue durée, cette ville n'ayant point de munitions de guerre, ni une garnison capable de faire une forte résistance : de manière que le corps de ville vint au-devant du Roi. Le commandant reçut Sa Majesté dans le château, et Matignon vint s'excuser de l'intelligence qu'il avoit eue avec M. de Longueville. Les plus grands seigneurs du pays firent la même chose; et cette province ayant été calmée, le Roi alla en Anjou.

Bassompierre amena avec lui les troupes qu'il commandoit en Champagne; les recrues des gardes arrivèrent, et l'on fut bientôt en état de chercher les ennemis et d'attaquer leurs places. On ne laissa pas cependant de parler d'accommodement; et l'évêque de Luçon disposa les choses d'une telle manière, que tout l'avantage fut de son côté.

La négligence des députés du Roi donna lieu à l'attaque d'un retranchement que les ennemis avoient fait devant le Pont-de-Cé. Le duc de Retz, piqué de ce que l'accommodement de la Reine s'étoit fait sans sa participation, se retira; et ce retranchement n'ayant point assez de troupes pour se bien défendre ne resta pas long-temps sans être forcé. Saint-Aignan y fut pris prisonnier, et pensa y périr, mais la Reine empêcha les princes et la noblesse, qui avoient embrassé ses intérêts et qui se tenoient à Angers, d'en sortir. Ils parurent en escadron, et cependant ils n'osèrent attaquer les troupes du Roi, qui avoient ordre de les charger s'ils faisoient mine de s'avancer au secours des leurs. On dit que l'évêque de Luçon s'étoit conduit avec tant d'adresse, qu'il se justifioit de la paix qu'il avoit conclue, en la faisant paroître nécessaire.

Du Pont-de-Cé, le Roi se rendit chez Brissac, qui fut le lieu de l'entrevue; et après que la Reine eut salué le Roi son fils, étant accompagnée des princes et des grands-seigneurs qui l'avoient suivie, on se fit des excuses de part et d'autre, et en particulier sur tout ce qui s'étoit passé. Le Roi reçut parfaitement bien le duc de Retz, qui lui fut présenté par le cardinal son oncle. Ceux que la publication de la paix étonna le plus furent les ducs de Mayenne et d'Epernon, qui se trouvoient par-là dans la nécessité de congédier leurs troupes. Mais leur surprise ne fut

---

(1) Le marquis de Richelieu, frère aîné de l'évêque de Luçon. (A. E.)

pas moindre d'apprendre que le Roi avoit eu dans la ville de Tours une seconde entrevue avec la Reine sa mère, et que Sa Majesté prenoit incessamment le chemin de la Saintonge et de la Guienne. Le duc d'Epernon, faisant alors, comme on dit, de nécessité vertu, vint au devant du Roi, l'accompagna à Saint-Jean-d'Angely, dont les portes lui furent ouvertes, et y donna ses ordres en qualité de gouverneur. Le Roi s'assura de Blaye en passant, et en tira d'Aubeterre pour le faire maréchal de France. Sa Majesté fit peu de séjour à Bordeaux ; mais elle s'arrêta à Preignac, où elle attendit des nouvelles de ce qui se passoit en Béarn. Peu de personnes ignoroient que la reine Jeanne, mère de Henri-le-Grand, avoit, du vivant de son mari Antoine, embrassé la religion prétendue réformée, et banni ensuite de ses Etats l'exercice de la catholique, s'étant appropriés les biens ecclésiastiques, dont elle avoit disposé en faveur des ministres et des académies qu'elle avoit fondées pour l'instruction de la jeunesse, et pour l'élever dans la religion qu'elle professoit. Peu de personnes ignorent aussi que le Roi son fils s'étoit emparé de ces biens dont sa mère avoit disposé, en laissant toutefois toucher les revenus pour les usages auxquels ils avoient été auparavant destinés. J'ajouterai encore que l'une des conditions que le pape Clément VIII avoit exigées du roi Henri-le-Grand, en lui donnant l'absolution, étoit qu'il rétabliroit le libre exercice de la religion catholique dans ce qu'il possédoit du royaume de Navarre et de la principauté de Béarn, qui étoit divisé en six portions. On avoit donc assigné aux catholiques, dans chaque justice de la basse Navarre, un lieu pour faire en liberté l'exercice de leur religion ; et le prince fournissoit de son vivant aux évêques, abbés et prêtres, de quoi s'entretenir par forme de pensions ; mais ils ne laissoient pas toutefois de solliciter la main-levée des biens ecclésiastiques. L'édit en fut à la fin dressé par le crédit du garde-des-sceaux Du Vair et de quelques autres du conseil. On ne sait point si ce fut par principe de religion, ou bien pour faire de la peine au chancelier, que le garde-des-sceaux s'y détermina ; mais ce qui est de certain, c'est que, quelque diligence que pût faire le conseil ordinaire de Pau, composé d'officiers de la religion prétendue réformée, l'enregistrement lui en fut toujours refusé ; et, pour intimider les commissaires nommés pour en solliciter l'exécution, l'on avoit souffert qu'une troupe d'écoliers fît venir dans les rues de Pau un grand nombre d'archers qui, ayant menacé les commissaires, les avoient obligés à se retirer. Cependant La Force, gouverneur de la province, se rendit à Bordeaux pour s'excuser d'avoir pris le parti de la Reine, et demanda des lettres de jussion, moyennant quoi il se faisoit fort de faire recevoir l'édit de main-levée : ce qui lut fut accordé ; et parce que le sceau de Navarre étoit resté entre les mains du chancelier qui l'avoit gardé en remettant celui de France, on le scella de celui-ci : de quoi le garde-des-sceaux fit paroître beaucoup de joie. Cet édit fut présenté par La Force, qui disposa les esprits à se soumettre, et dépêcha un courrier au Roi pour l'assurer qu'il recevroit dans peu une très-bonne nouvelle. Sur cette assurance, Luynes fit donner les ordres pour le départ des équipages, dont le bruit se répandit en Béarn. Cependant les officiers catholiques et quelques-uns de la religion prétendue réformée furent d'avis qu'on suspendît l'exécution des ordres du Roi ; mais, ayant été maltraités par La Force, ils ne songèrent plus qu'aux moyens d'abaisser son pouvoir : à quoi ils ne crurent pas réussir, à moins que le Roi ne fît le voyage de Béarn. Pour l'y attirer, ils cabalèrent avec plusieurs de leurs confrères, et firent rendre un arrêt qui déclara qu'il n'y avoit point lieu à l'enregistrement de l'édit. Ils furent poussés en cela par des personnes zélées qui, croyant Sa Majesté déjà partie ou du moins à la veille de partir, s'imaginèrent qu'ils pouvoient maintenir les choses comme elles étoient. La Force se plaignit des serviteurs du Roi qui rendoient compte des raisons qu'ils avoient eues d'être de l'avis qui avoit prévalu, étant appuyés par le garde-des-sceaux. Enfin ils firent si bien que Sa Majesté se détermina à aller en Béarn ; et Luynes, qui ne pouvoit souffrir que Montpouillan, fils de M. de La Force, revint à la cour sous le moindre prétexte, parce que le Roi lui avoit toujours témoigné de la bonne volonté, anima ce monarque contre le père et contre ses enfans. On m'ordonna de prendre les devans pour préparer toutes choses pour la réception de Sa Majesté ; et je partis de Roquefort, d'où je me rendis à Pau peu de jours après. Le Roi n'y fut pas plus tôt arrivé qu'il y fit assembler les Etats. La Force prétendit que c'étoit à lui à expliquer les intentions de Sa Majesté : à quoi le garde-des-sceaux s'opposa, en remontrant que cela étoit dû à sa charge ; et celui-ci l'emporta sans avoir pourtant la permission de parler assis, parce que c'est la coutume en Espagne qu'il n'y a que le Roi qui le soit, et que les députés de *las Cortes*, c'est-à-dire des Etats, et les officiers du prince demeurent debout à ses pieds.

Le monarque les assura qu'il vouloit observer les *fors* (c'est ainsi qu'ils appellent leurs priviléges), et confirma les grâces qu'il avoit accordées aux religionnaires d'être payés sur les domaines des sommes qu'ils tiroient des revenus des biens ecclésiastiques. Il résolut aussi d'aller voir Navarreins, qui est une place fortifiée par les rois de Navarre, dans le dessein de s'en rendre le maître. Mon avis étoit que l'on renforçât de trois compagnies la garnison de cette place, et que ces compagnies monteroient la garde tour à tour, afin de pouvoir mieux cacher le dessein de Sa Majesté. Les catholiques ayant souhaité que je restasse à Pau pour y faire enregistrer la réponse que le Roi leur avoit faite, ils obtinrent ce qu'ils demandèrent, car le conseil s'y conforma ; et ils prirent en bonne part la réprimande que je leur fis de ce qu'ils avoient plus appréhendé de châtier ceux qui méritoient punition, que de désobéir au Roi qui ne leur demandoit rien que de juste. Je me souviens que, pour les engager à ne plus suivre à l'avenir les avis des esprits mal intentionnés, je leur dis ce que César avoit répondu aux Suisses enflés d'orgueil des avantages qu'ils avoient remportés sur les Romains : *que les dieux permettent souvent que les méchans prospèrent, afin de leur faire mieux ressentir la rigueur du châtiment auquel ils doivent s'attendre.*

Le Roi fut à peine arrivé à Navarreins qu'il déclara au gouverneur le dessein dans lequel il étoit de le récompenser : ce que celui-ci refusa d'abord, mais qu'il accepta dans la suite, non pas comme une chose qui lui fût due, mais comme une marque que Sa Majesté agréoit ses services. Le monarque, en s'en retournant à Pau, laissa dans Navarreins quatre compagnies d'infanterie, jusques à ce que les soldats qui en devoient composer la garnison eussent été levés par Poyanne, qui obtint le gouvernement de cette place, et peu de temps après la lieutenance-générale de Navarre, de Béarn et de plusieurs villes considérables, comme Orthez, Senneterre, Morlac et Nuy, dans lesquelles on mit aussi des garnisons. Les choses étant ainsi réglées, Sa Majesté reprit la route de Bordeaux, passa par Saintes, et, ayant pris la poste à Mesle, se rendit en diligence à Paris, où les Reines l'attendoient.

Ce fut alors que l'on crut la parfaite réconciliation de la mère et du fils, et que l'on reconnut que l'évêque de Luçon avoit beaucoup de crédit sur l'esprit de la Reine-mère; car, en exécution du traité, il écrivit au Pape pour avoir un chapeau de cardinal pour l'archevêque de Toulouse, et il obtint ensuite qu'on feroit pour lui la même demande à Sa Sainteté. C'est ainsi que ces prélats furent tous deux cardinaux dans la suite. On loua beaucoup la modération de l'évêque de Luçon, d'avoir consenti que l'archevêque de Toulouse passât le premier.

Luynes engagea le Roi à faire un voyage en Picardie, afin d'être mis par Sa Majesté en possession du gouvernement de Calais, dont il avoit été pourvu. Pendant ce voyage, on parla du mariage d'un neveu de ce favori avec une nièce de l'évêque de Luçon. Ce fut aussi en ce temps-là, mes enfans, qu'on fit les premières propositions du mien avec madame votre mère, de l'esprit et de la conduite de laquelle je ne vous dirai rien, non plus que de ses belles qualités, qui vous sont assez connues. Mais vous ne pouvez trop l'aimer et la respecter, tant parce que les lois divines et humaines vous y obligent, que par rapport à l'amitié qu'elle a toujours eue pour moi, et dont elle m'a donné de très-grandes preuves dans mes disgrâces et dans mes maladies. La cour étant retournée à Paris, on ne songea plus qu'à se divertir ; mais les esprits remuans pensèrent à recommencer les troubles.

La Force espéra de surprendre Navarreins par l'intelligence qu'il eut avec Sensery, et peu s'en fallut qu'il n'y réussît. Il se mit en devoir de l'assiéger dans un poste où il s'étoit retiré, y étant soutenu par Poyanne. Il se sauva néanmoins contre les apparences, et par là tout redevint tranquille dans le Béarn. Les religionnaires prenant occasion de se mêler des affaires des Béarnois (ce qu'ils n'avoient jamais osé faire), ils convoquèrent une assemblée à La Rochelle. On n'y avoit point encore publié l'édit de Nantes, ni les autres qui avoient précédé en faveur de ceux de la même religion, qui s'y étoient habitués. Cependant La Force, ayant entrepris, en 1621, de faire recevoir à Saumur leurs députés, n'y put réussir; et d'autres députés qu'ils envoyèrent à Loudun n'y furent pas reçus non plus.

[1621] Le Roi ordonna à cette assemblée de se séparer; mais, bien loin d'obéir, elle résolut de se maintenir par les armes. Le monarque la déclara criminelle de lèse-majesté, et il ordonna qu'on fit des levées de gens de guerre. Cependant le prince de Condé, pour gagner de plus en plus l'amitié de Luynes, demanda et obtint pour ce favori l'épée de connétable (1); et l'on regarda comme une chose bien nouvelle qu'un homme

---

(1) Luynes fut fait connétable le 2 avril 1621. Ses ennemis répandirent le couplet suivant :

Je suis ce que le Roi m'a fait,
Je fais ce que je veux en France;
Car le Roi j'y suis en effet,
Et lui ne l'est qu'en apparence.

(A. E.)

qui n'avoit jamais tiré l'épée pour le service du Roi fût élevé à la première charge de l'épée. Il en prêta le serment entre les mains de Sa Majesté; après quoi l'on proposa au nouveau connétable de faire la guerre. Il n'eut pas de peine à s'y résoudre, espérant de la terminer promptement; et il engagea pour cet effet le Roi à se rendre en Poitou, où l'on résolut et où l'on commença presque en même temps le siége de Saint-Jean-d'Angely.

Le duc d'Epernon, après avoir fait la conquête du Béarn où Sa Majesté l'avoit envoyé, s'y rendit aussi; et, peu de jours après, cette place, qui fut défendue par Soubise, frère de M. de Rohan, capitula. Les huguenots, nonobstant cela, ne voulant point entendre parler de paix, la guerre fut continuée, et plusieurs villes des environs, dont les fortifications et les murailles furent rasées, se rendirent.

Le Roi s'étant ensuite avancé sur la Dordogne, la ville de Bergerac, dont les fortifications n'étoient point encore assurées, lui ouvrit ses portes, et celle de Tonneins en fit de même. On résolut le siége de Clérac, et l'on ordonna que cette place seroit reconnue par Lesdiguières, maréchal général des camps et armées de Sa Majesté. Cependant on fit des couvertures de feuilles et de verdure pour mettre la Reine et les dames de la cour à l'abri de l'ardeur du soleil. Les gens de guerre furent commandés, les attaques ordonnées, et la cour sortit de Tonneins pour être témoin de ce qui se passeroit. Lesdiguières s'avança suivi d'un grand nombre de gentilshommes, et fut obligé de chercher un abri, parce que le Roi, la Reine et le connétable n'étoient pas encore arrivés. Les ennemis firent d'abord quelques décharges, dont il n'y eut que deux ou trois des nôtres de blessés. Lesdiguières, piqué de leur hardiesse et ne voulant pas reculer, fit monter à cheval ceux qui étoient à sa suite, et fit commander à quelque infanterie qui étoit dans le vallon de commencer l'attaque. Les ennemis la reçurent à la faveur d'une barricade qu'ils gardoient. Le haut fut gagné et perdu; le combat s'opiniâtra, et le maréchal de Saint-Geran se joignit à Lesdiguières. Il lui demanda et il obtint une partie de la noblesse qui étoit auprès de lui pour soutenir les nôtres, et chacun voulut être de la partie; ce qui ne plut pas à Lesdiguières qui avoit permis à quelques-uns de nous de se détacher; le maréchal de Saint-Geran fut plus tôt aux ennemis que M. de Lesdiguières. Celui-ci m'ordonna, comme aussi au comte de Saulx, son fils, et au baron de Palmor, qui s'est fait depuis père de l'Oratoire, et qui avoit été lieutenant des gendarmes de M. de Nemours, il nous ordonna, dis-je, de nous porter devant lui, et aux autres de le suivre; et il nous commanda de marcher à une barricade qui étoit gardée par les ennemis, et de l'attaquer. On ne pouvoit rien voir de plus leste que l'étoit notre escadron. La noblesse étoit parée de plumes et montée sur des coureurs équipés magnifiquement; et le comte de Saulx, quoique vêtu de deuil, brilloit autant que les autres. Termes, grand écuyer de France et maréchal de camp, qui s'étoit posté sous le rideau sur le haut duquel nous étions, crut qu'il étoit de son honneur d'avoir part à la gloire que M. de Lesdiguières vouloit remporter. Il poussa à la barricade, étant accompagné seulement de deux ou trois gentilshommes. Les ennemis lui firent une décharge qui le blessa à mort; mais ils l'abandonnèrent, nous voyant venir à son secours. Nous les poussâmes, et étant soutenus par quelques soldats du régiment des Gardes, commandés par deux lieutenans qui furent tués, nous emportâmes une seconde barricade, où nous eûmes ordre de nous loger. Le connétable, se tenant offensé de ce qu'on avoit commencé le combat sans sa permission, blâma ce qui avoit été fait; mais l'on m'envoya rendre compte au Roi de la nécessité qu'il y avoit eu de combattre, et Sa Majesté me parut satisfaite des raisons que je lui donnai. Il n'en fut pas de même du connétable, qui, cherchant un prétexte apparent pour blâmer notre action, n'en trouva point de meilleur que de dire qu'il n'avoit rien vu de ce qu'on exposoit au Roi. Je pris alors la liberté de représenter à ce monarque qu'il falloit qu'il se donnât la peine de se transporter sur le lieu du combat, et qu'il en jugeroit par ses yeux; ce qui étoit dire honnêtement au connétable qu'il étoit trop éloigné pour en pouvoir parler justement. Cependant on continua le siége de la place, qui capitula peu de jours après.

Celui de Montauban fut résolu aussitôt, sans considérer que l'armée étoit beaucoup diminuée, tant par les attaques qu'elle avoit faites que par ses longues marches; et l'on répondit à ceux qui disoient qu'elle étoit trop affoiblie, et qu'elle avoit besoin de rafraîchissement, qu'elle seroit soutenue par les troupes que commandoit M. de Mayenne, et par celles que M. de Montmorency amenoit du Languedoc.

L'armée s'avança; elle fut suivie de la cour qui, ayant resté deux jours à Agen, s'arrêta à Moissac, où elle passa la fête de l'Assomption. Le lendemain elle parut devant Montauban. Le quartier du Roi étoit à Riquier : c'est un bourg éloigné de cette ville de deux grandes lieues.

Les Gardes françoises, les Gardes suisses et quelques régimens d'infanterie furent logés entre ce bourg et la place assiégée. Le maréchal de Praslin commandoit la gauche, qui étoit le long du Tar, en venant vers l'abbaye de Moutier érigée en cathédrale, et qui fut depuis ruinée par les religionnaires. C'étoit dans ce lieu du Moutier que messieurs les maréchaux de Lesdiguières et de Saint-Geran, qui commandoient alternativement avec le duc de Chevreuse, étoient logés. M. de Mayenne, qui attaquoit le faubourg de Ville-Bourbon, étoit campé au-delà de la rivière en tirant vers Toulouse. Le siége de cette place fut très-rude, et M. de Mayenne y fut tué comme il montroit les travaux au duc de Guise.

Nous fûmes repoussés en plusieurs attaques; et, nonobstant les régimens qu'amena avec lui M. de Montmorency, notre armée s'affoiblit de telle manière qu'on commença à parler de lever le siége, et cela avec d'autant plus de raison qu'il étoit entré dans la ville douze cents hommes de secours, qui marchoient en trois bataillons. Les deux premiers y entrèrent sans peine; mais nos gardes ayant donné sur le troisième, il fut défait. Quoique le comte d'Orval eût le titre de gouverneur, tout se passoit néanmoins par les avis de La Force, qui s'étoit jeté dans la place. Il se trouva des personnes qui, ne le connoissant point, proposèrent au connétable de traiter avec lui, et qui l'assurèrent que La Force, dans l'envie qu'il avoit de rentrer dans ses charges, disposeroit les bourgeois de la ville à se rendre. Mais je dis au connétable que je ne croyois pas qu'il tirât de cette entrevue tout l'avantage qu'on lui promettoit, parce que La Force demanderoit qu'on renouvelât les édits, que la paix se fît avec son parti, et que le Roi se contentât d'une obéissance apparente. J'ajoutai que La Force ayant été bien reçu par ceux de Montauban, il se donneroit bien de garde de faire aucune proposition qui leur pût être préjudiciable.

Le connétable, ayant préféré le conseil des autres au mien, convint du lieu et de l'heure qu'il s'aboucheroit avec La Force; mais, après une longue conférence qui n'aboutit à rien, le connétable revint dans le camp, et La Force rentra dans la ville, dont le siége fut enfin levé, parce que notre armée n'avoit pas suffisamment d'hommes pour le continuer, et que la saison étoit déjà trop avancée. Il mourut pour lors deux secrétaires d'Etat: le premier étoit M. de Seaux dont il a été ci-devant parlé, et dont il est aisé de faire l'éloge, ayant été d'une capacité consommée et d'une probité qui lui servit de règle dans toutes ses actions; le second fut M. de Pontchartrain, qui, de secrétaire des commandemens de la reine Marie de Médicis, étoit parvenu par son mérite, du vivant de Henri-le-Grand, à la dignité de secrétaire d'Etat, à laquelle succéda, après sa mort, d'Herbault son frère, trésorier de l'épargne: ce fut l'avantage que d'Herbault retira de s'être fait un grand nombre d'amis. Après cela le Roi s'en alla à Toulouse, où des personnes expérimentées lui proposèrent de passer dans le bas Languedoc, dont les places n'étoient pas encore fortifiées. On ajouta que Châtillon, qui étoit tout puissant dans cette province, songeroit à ses propres affaires, rechercheroit de se soumettre, et, remettant au Roi Aigues-Mortes et Peccais, donneroit un exemple qui seroit suivi par Montpellier et par plusieurs autres villes. Il se trouva aussi des personnes qui conseillèrent à Sa Majesté de descendre la Garonne pour se rendre maîtresse de Monheur, qui est une très-petite place, et dans laquelle il étoit resté plusieurs amis de Baisse, qui avoit été malheureusement assassiné pour n'avoir pas voulu manquer de fidélité au Roi. On préféra l'avis de ceux-ci, et l'on forma le siége de cette ville, pendant lequel le connétable tomba malade, et mourut peu de jours après (1) qu'elle eut été rendue.

Le prince de Condé ne fut pas sitôt averti de ce qui se passoit, qu'il s'avança en diligence pour se faire déclarer chef du parti opposé à la Reine-mère. Ceux qui y étoient entrés pour l'amour du connétable, qui avoit contribué à leur élévation, résolurent qu'avant l'arrivée du prince on en donneroit avis à cette princesse, qui témoigna, seulement par politique, être fâchée de sa mort.

On ne songea point encore à remplir sa charge, mais bien celle de garde-des-sceaux, vacante par la mort de M. Du Vair, charge que le connétable avoit exercée avec une assiduité extraordinaire; car, au lieu de se tenir au camp

---

(1) Le connétable mourut le 14 décembre 1621. On fit sur sa mort et sur la prise de Monheur les vers suivans:

Monheur est pris, la Garonne
Est remise en sa liberté:
Toutefois le peuple s'étonne
Du *Te Deum* qu'on a chanté

Pour cette victoire notable,
Vu, dit-on, que le connétable
A trouvé la mort en ce lieu.
Mais pour dire ce qu'il m'en semble,
La perte et le gain mis ensemble,
On a sujet de louer Dieu.

(A. E.)

comme connétable, il présidoit au conseil, et tenoit le sceau, à la satisfaction des officiers, qui le méprisoient; et s'il interrompoit jamais les maîtres des requêtes qui rapportoient une affaire, c'étoit seulement pour mettre la tête à la fenêtre quand il entendoit tirer un coup de canon, et voir si le coup venoit des tranchées ou de la ville.

[1622] Le Roi se rendit avec le prince de Condé à Bordeaux avant les fêtes de Noël. Il tint conseil avec le cardinal de Retz et Schomberg, surintendant des finances, et qui exerçoit encore par commission la charge de grand-maître de l'artillerie. Ils craignirent que, si Sa Majesté revenoit à Paris sans avoir disposé des sceaux, on ne les rendît au chancelier. Pour Puisieux, son fils, il ne les demandoit pas pour son père, mais seulement qu'on n'en disposât point sans lui en parler. L'adresse de son esprit étoit connue du prince de Condé, qui, l'ayant offensé, comme il a été remarqué ci-devant, craignoit qu'il ne redevînt en crédit et ne se raccommodât avec la Reine-mère; car, quoiqu'il l'eût abandonnée, elle ne pouvoit oublier qu'il avoit contribué à son mariage, et que le feu Roi avoit eu jusques à sa mort une très-grande considération pour lui. Le choix en étoit d'autant plus difficile, qu'il y avoit pour lors à la suite de la cour très-peu de personnes dignes de cette charge, laquelle fut enfin donnée à M. de Vic, ancien conseiller d'Etat, mais qui ne la posséda que très-peu de temps, comme on le verra dans la suite de ces Mémoires. Le nouveau garde-des-sceaux alla, en arrivant à Paris, descendre chez le chancelier, de qui il fut très-bien reçu. Il ne pouvoit rien arriver, dans la conjoncture présente, de plus avantageux à ce chef de la justice, à moins qu'on ne lui rendît les sceaux à lui-même, que de les voir entre les mains de M. de Vic, qui étoit un médiocre sujet et un esprit foible. On remarqua, devant même que le Roi fût de retour à Paris, que quelques dames qui avoient de grands accès auprès de la Reine, entretenoient entre elles d'étroites liaisons: ce qui servit de prétexte pour en éloigner quelques-unes, et pour faire tomber la charge de dame d'honneur de Sa Majesté à la comtesse de Lanoy. On se servit du prince de Condé pour faire entendre au Roi qu'il alloit de son service de faire retirer de la cour la veuve du connétable, mademoiselle de Verneuil et quelques autres dames; mais le conseil du prince ne fut suivi que dans ce qui regardoit l'éloignement de quelques-unes, car on lui refusa ce qu'il demandoit pour la connétable de Montmorency, belle-mère de sa femme, qui étoit fâchée qu'elle rentrât dans la charge de dame d'honneur qu'elle n'avoit plus voulu exercer, quand madame de Luynes fut pourvue de celle de la surintendance de la maison de la Reine. Le crédit de Puisieux parut beaucoup en cela, car il fit donner la préférence à une dame qui avoit toutes les qualités nécessaires pour remplir dignement cette charge, mais non pas tant de mérite que la connétable, qui sans contredit effaçoit toutes les autres dames de la cour. Après tous ces changemens, le Roi fut passer les fêtes de Pâques à Blois; et ayant été averti que Soubise, frère de M. de Rohan, s'avançoit avec des troupes et faisoit contribuer, vers La Rochelle, le pays d'Aunis, le Poitou et la Saintonge, Sa Majesté se rendit promptement à Nantes, et alla en diligence dans le bas Poitou. Soubise, posté dans un lieu très-avantageux pour lui, et de très-difficile accès pour les troupes du Roi, fit mine de se vouloir défendre, ayant même coupé toutes les avenues de l'île de Ré; mais, aux approches du Roi, ce seigneur, après avoir fait semblant de combattre, prit la fuite, et abandonna les siens à la merci des troupes de Sa Majesté, qui, ayant passé un endroit qu'on appelle le Grand-Bras, donna la charge aux ennemis, et ordonna qu'on épargnât le sang de ses sujets: ce qui acquit au Roi autant de gloire qu'auroit pu faire la victoire qui lui fut dérobée en partie par Soubise, qui craignoit de tomber entre ses mains. Le prince de Condé commandoit l'armée sous les ordres du Roi, et avoit avec lui le comte de Soissons, les maréchaux de Praslin et de Saint-Geran, et un grand nombre d'officiers subalternes. Le Roi logea à Apremont, et résolut d'aller ensuite en Saintonge pour y faire le siége de Brian, place située sur la Gironde, et qui étoit regardée comme très-importante. Sa Majesté l'attaqua et s'en rendit la maîtresse; mais comme elle me commanda de suivre en Guienne le prince de Condé, je ne puis rien dire des exploits de ce monarque, ni faire la description d'une attaque où il périt quantité de gens de marque qui voulurent empêcher La Force et les autres chefs du parti huguenot de reprendre une brèche.

Le Roi, en partant de cette province pour retourner à Paris, laissa deux généraux: le duc d'Elbœuf pour commander dans la basse Guienne, et dans la haute le maréchal de Thémines, dont les deux enfans avoient été tués l'année précédente: l'aîné au siége de Montauban, et le cadet à celui de Monheur. On donna ordre à ces deux généraux de s'entr'aider. La Force étant résolu de continuer la guerre,

M. d'Elbœuf l'assiégea presque dans sa propre maison. La Force, qui s'avança pour la secourir, fut défait; et néanmoins sa maison, qui ne fut pas prise, resta en neutralité, à la prière de la noblesse du Périgord.

M. d'Elbœuf, ayant résolu de faire le siége de Tonneins, vint joindre le maréchal de Thémines avec les troupes qu'il commandoit. Ils firent ensemble les approches, et gagnèrent quelques dehors. La Force, venu au secours, fut défait, et le siége continué. On peut dire que si Tonneins fut bien attaqué, il se défendit bien aussi; et outre que les assiégés firent des choses extraordinaires, le Roi, qui en fut averti, et qui craignoit que les assiégeans n'y reçussent quelque affront, parce que la vigoureuse résistance des ennemis avoit beaucoup affoibli son armée, résolut de la renforcer; et pour cela Sa Majesté détacha quelques régimens de cavalerie et d'infanterie de la sienne, sous le commandement du prince de Condé, avec ordre de se rendre maître de la place à quelque prix que ce fût, d'en faire un exemple, et d'écouter les raisons de La Force s'il vouloit traiter. Il demanda que je le suivisse, et cela lui fut accordé. Il me fut donné pouvoir d'offrir à La Force le bâton de maréchal de France et deux cent mille écus. On crut que je serois plus propre que tout autre à cette négociation, parce que mon père étoit son ancien ami, et que je lui avois rendu service en plusieurs occasions.

A peine M. le prince fut-il arrivé à Bordeaux, qu'il y apprit avec chagrin que Tonneins s'étoit rendu par composition à d'Elbœuf et à Thémines. On lui ordonna de prendre des vaisseaux des états-généraux, pour les faire équiper devant Royan; et les capitaines hollandois faisant difficulté de les abandonner, on attaqua ceux de leurs marchands: mais ils baissèrent leurs pavillons à la faveur de la marée, après avoir tiré quelques volées de canon, pour faire voir qu'ils ne craignoient point notre artillerie.

Il ne restoit plus rien à faire dans la basse Guienne, après la reddition de Tonneins, que d'attaquer Sainte-Foy. On manda donc au prince de Condé de tâcher à faire capituler cette place avant l'arrivée du Roi, qui, ayant déjà pris Royan, marchoit par le même chemin que nous. Je fis alors savoir à La Force qu'ayant ordre de lui parler, je lui demandois une entrevue dans un endroit d'où je pusse me retirer sûrement si je ne concluois rien avec lui. Il y consentit, et il me donna un rendez-vous à La Bouse, qui est distante de Sainte-Foy de deux heures de chemin. Nous ne convînmes de rien le premier jour, car il me proposoit de donner liberté de conscience aux protestans; et moi je lui disois qu'en s'accommodant il assureroit sa fortune et celle de sa famille, et qu'il procureroit aux habitans de Sainte-Foy des conditions avantageuses, qu'ils méritoient d'autant plus, qu'ils lui avoient donné retraite: ce que n'avoient point fait ceux de Montauban, qui l'avoient payé d'ingratitude après avoir défendu et sauvé leur ville. Nous nous retirâmes ensuite, et nous convînmes pourtant de nous revoir dans un camp. Il allégua pour raison qu'il ne devoit pas s'éloigner de la place qu'il commandoit, et qu'il en pouvoit être blâmé, parce que le prince de Condé lui avoit fait savoir qu'il en feroit bientôt les approches. Cela l'obligea même à mettre le feu à un faubourg; mais, comme nous ne pouvions pas parler en sûreté dans l'endroit où nous étions, il me proposa d'entrer dans la ville sur sa parole: à quoi je consentis. Je refusai cependant l'offre qu'il me fit de me montrer les fortifications de la place, en lui disant que, comme elles n'étoient pas achevées, je serois obligé d'en rendre compte, et que, ne les ayant point considérées, je les pouvois croire en état de défense. Il m'a avoué depuis que je lui fis plaisir de ne le pas prendre au mot, et qu'il reconnut qu'il s'étoit trop avancé. Comme donc il vit qu'il ne pouvoit rien obtenir pour les églises protestantes, dont il me dit qu'il n'étoit point autorisé, nous parlâmes des intérêts particuliers de la ville de Sainte-Foy; et j'en usai si bien, que je m'attirai par là la confiance des habitans. Je refusai d'abord une abolition qui me fut demandée pour Savignac-Damesse, qui avoit assassiné Baisse; mais enfin je lui promis qu'il auroit la liberté de se retirer: ce qui l'apaisa, et contenta quelques-uns de ses parens et amis qui étoient restés dans la ville avec lui. Pour ce qui est de La Force, il se tint ferme quand il fut question de parler de ce qui le regardoit, ayant été averti par le prince de Condé de ce que j'avois pouvoir de lui offrir. Il s'en tenoit même si assuré qu'il tâchoit à m'engager de lui offrir davantage; mais je me servis d'une ruse opposée à la sienne, en disant que ce qu'il croyoit n'étoit pas vrai. Mais enfin nous tombâmes d'accord que j'irois rendre compte au Roi, et que s'il plaisoit à Sa Majesté de lui accorder ce qu'on lui avoit fait espérer, et même davantage, qu'il en seroit très-content. Je me retirai ensuite, et je fis une si grande journée que je me rendis de Sainte-Foy à Montlieu, où étoit le Roi. Je lui dis les choses dont La Force m'avoit chargé, et j'obtins de Sa Majesté qu'elle hâteroit sa marche; et comme je fus averti que le prince de Condé m'avoit accusé d'être dans les intérêts de La Force, je crus ne pouvoir mieux faire que d'engager celui-ci à rendre sa place au Roi, et non pas à ce prince.

En entrant dans la ville pour la seconde fois, je trouvai que les ministres avoient soulevé le peuple. Je crus alors que les peines que je m'étois données deviendroient inutiles, et que La Force, qui s'étoit mis au lit, faisoit semblant d'être malade; mais je vis qu'il l'étoit en effet d'une fièvre qui pensa l'emporter peu de jours après. Cependant je ne jugeai point que j'eusse d'autre parti à prendre que d'user de menaces avec ceux que je ne pouvois persuader, et de tâcher à gagner les autres le mieux qu'il seroit possible. Mais comme j'avois beaucoup à craindre, tant de l'inconstance du peuple que du soin que les ministres prenoient de l'animer, je me retirai dans la maison qui m'avoit été préparée, en attendant le point du jour pour en sortir. La Force et les habitans, n'ayant pas voulu qu'on ouvrît les portes pendant la nuit, les plus séditieux tinrent cependant conseil; mais la nouvelle qui se répandit que le Roi s'approchoit donna de la crainte aux plus déterminés. On m'avertit alors que les ministres demandoient à me parler: et comme je ne savois point si c'étoit pour me préparer à la mort, on ne peut être plus surpris que je le fus de la demande qu'ils me firent de leur donner des passe-ports pour se retirer en telle ville qu'ils voudroient de l'obéissance du Roi. Je leur accordai dans le moment leur demande, et le lendemain je me rendis auprès de Sa Majesté, et lui présentai d'Aymet, fils de La Force, pour servir de caution de la fidélité de son père. Peu de temps après que cet otage eut été remis entre les mains du Roi, nous eûmes nouvelle que les troupes de Sa Majesté étoient entrées dans la ville, et qu'on se préparoit à recevoir le Roi lui-même.

Pour signaler sa piété, ce monarque, au lieu d'aller à l'église, descendit dans une place qui avoit été autrefois consacrée à Dieu; et la fête du Saint-Sacrement, qui arriva le lendemain, y fut solennisée avec un éclat et une pompe surprenante. Ce fut assurément une belle chose à voir que le triomphe de Jésus-Christ dans le temps et dans le lieu même où il avoit été le plus blasphémé.

Le Roi partit de Sainte-Foy après y avoir mis une garnison et établi des consuls. Il alla ensuite à Agen, et, ayant passé par Moissac, il résolut de se rendre en Languedoc. Les habitans de Montauban furent bien aises de voir qu'on n'investissoit point leur ville; mais Nègrepelisse ayant eu l'insolence de refuser aux fourriers du Roi l'ouverture de ses portes, elle fut prise d'assaut, pillée et brûlée. On pendit et massacra les hommes, on viola les femmes et les filles. Douze des principaux de ces misérables, qui, après s'être retirés dans le château, s'étoient rendus à discrétion, furent pendus comme les autres pour rendre l'exemple plus parfait.

La garnison et la bourgeoisie de Saint-Antonin ayant capitulé parce que ses dehors furent emportés brusquement, le Roi ordonna que cette place seroit rasée et démantelée, afin d'apprendre à la postérité que ces sortes de villes, quoique fortifiées, ne doivent jamais avoir l'audace de tenir devant une armée royale, et à plus forte raison quand un roi légitime la commande lui-même en personne. Le chemin de Sa Majesté pour aller en Languedoc étant de passer par Toulouse, elle s'y arrêta quelques jours, et ensuite à Castelnaudary pour rétablir sa santé altérée par tant de fatigues. Le cardinal de Retz mourut pendant le séjour que le Roi fit dans cette ville. Après la mort de Luynes, il avoit travaillé à se rendre maître de la faveur de Sa Majesté; mais il ne se trouva pas assez fort, parce que le Roi, aidé du conseil de quelques courtisans, vouloit essayer alors de ne plus être gouverné. Sa Majesté alla ensuite à Béziers pour y laisser passer les grandes chaleurs. On crut pour lors que ce monarque songeroit à la paix, et cela parce que, bien que le prince de Condé, Schomberg et quelques autres fussent d'avis qu'on continuât la guerre, leur parti étoit affoibli, et celui de Puisieux fortifié par un contre-coup des amis de Bassompierre qui faisoient dire à Lesdiguières ce qu'ils vouloient, c'est-à-dire qu'il ne respiroit rien tant que la paix; et pour empêcher qu'il ne se déclarât en faveur des huguenots, le Roi lui avoit envoyé du Poitou, où il étoit pour lors, offrir l'épée de connétable et tous les autres avantages qu'il possédoit dans sa religion, pourvu qu'il voulût embrasser la catholique, et faire en sorte que les religionnaires du Dauphiné restassent dans l'obéissance qu'ils devoient au Roi, aussi bien que les places dont Lesdiguières avoit le gouvernement avant qu'il se déclarât. Tout cela lui fut proposé par Bullion, ancien conseiller d'État, qu'on lui envoya exprès.

Lesdiguières voulut, avant que de se déterminer, se faire instruire et se convaincre des vérités de notre religion; mais à force d'en être sollicité par sa femme et par Créqui, son gendre, il en fit enfin profession. Le Roi lui envoya aussitôt l'ordre du Saint-Esprit, ayant fait expédier une commission à messieurs de Créqui et de Saint-Chaumont pour faire la cérémonie de lui donner la croix et le collier, et le revêtir des habits. Cela se fit à Grenoble, où d'Alincourt, gouverneur du Lyonnois, se rendit. Créqui se hâta de porter au Roi la nouvelle de ce qu'avoit fait M. de Lesdiguières, et qu'il ne manqueroit pas de le suivre bientôt, pour rendre à Sa Majesté les services auxquels il étoit obligé par sa naissance et par toutes les dignités dont elle avoit bien voulu l'honorer.

Il n'y eut que le seul duc d'Epernon, qui avoit suivi le Roi dans son voyage, qui y trouvât à redire; mais ce fut sans faire aucun éclat, par discrétion. Il disoit seulement à ses meilleurs amis qu'il étoit surprenant qu'on eût si fort élevé un homme qui s'étoit toujours trouvé dans toutes les brouilleries de l'Etat, et qui n'avoit pu encore effacer par ses services le mal qu'il avoit fait. Mais, d'autre côté, l'avantage qui en pouvoit résulter, en ce que les catholiques rentrèrent dans les places dont le connétable étoit gouverneur, et qui étoient occupées auparavant par des huguenots; tout cela, dis-je, obligeoit peut-être M. d'Epernon à taire son mécontentement.

Le Roi partit de Béziers, et s'approcha de Montpellier; mais il passoit outre avec douleur, ayant toujours le dessein d'en faire le siége. L'envie qu'il en avoit fut augmentée par ceux qui approchoient de Sa Majesté, et leur avis fut préféré à celui de ceux qui en proposèrent un contraire. La ville fut donc investie, le quartier du Roi établi à Castelnau, et le siége en fut commencé. Ceux qui étoient dans la place et la bourgeoisie se résolurent à une bonne défense. M. de Rohan leur promettant du secours, et les assiégés ayant eu d'abord quelque avantage, Créqui s'avisa de dire que cette place étoit attaquée par l'endroit le plus foible. Bassompierre, à qui un semblable discours déplaisoit, soutint modestement le contraire, pour ne pas faire de peine à Puisieux, et proposa au Roi d'écouter les propositions de paix que Créqui lui faisoit par l'ordre du connétable. La crainte qu'on avoit de ne pas être plus heureux qu'on ne l'avoit été l'année dernière, fit que l'on écouta les propositions, quoique Châtillon, à qui on donna ensuite le bâton de maréchal de France, eût remis au Roi Aigues-Mortes et Peccais, où se fait le sel qui se débite dans le Languedoc et dans le Lyonnois: ce qui rend cette place très-considérable; et d'ailleurs elle est telle par son assiette, car les marais l'environnent en plusieurs endroits. Autrefois c'étoit un port; mais la mer s'étant retirée, il s'est trouvé une grande distance entre le rivage et ses murailles.

Le prince de Condé fit cependant tout ce qu'il put pour obliger le Roi à continuer la guerre. Il crut, aussi bien que Schomberg et quelques autres de la cour, du nombre desquels j'étois, que le chancelier étoit disgracié et le crédit de Puisieux tombé, parce que le Roi avoit résolu de donner à M. d'Aligre les sceaux, qui étoient vacans par la mort de M. de Vic. On avoit si bien concerté les choses, que le jour avoit été même arrêté pour lui en expédier les provisions et lui en faire prêter le serment; mais l'exécution en ayant été différée faute de cire pour les sceller, ceci vint à la connoissance de Puisieux, qui s'en plaignit, et qui se servit du même artifice qui lui avoit déjà réussi l'année précédente: c'étoit qu'il ne demandoit pas qu'on rendît les sceaux à son père, mais qu'on ne les donnât point à un de ses ennemis, tel qu'étoit M. d'Aligre, qu'on savoit être dans les intérêts de la maison de Soissons. Enfin Puisieux obtint que les sceaux seroient donnés à Caumartin, qui étoit le plus ancien conseiller d'Etat de ceux qui se trouvèrent à la suite de la cour. Le nouveau garde-des-sceaux étoit un homme de mérite, mais que les plus habiles gens n'avoient pas cru capable de monter à une telle dignité par son esprit et par sa capacité. Cependant M. d'Aligre étoit fort considéré du Roi.

Sa Majesté jugeant bien que la prise de la place qu'on assiégeoit étoit fort incertaine, et que cette conquête lui attireroit autant de peine que de profit, elle consentit aux propositions que l'on fit d'accommodement, pourvu qu'elle y pût mettre une garnison, en conservant néanmoins aux habitans leurs priviléges, et promettant de ne rien innover touchant l'Hôtel-de-Ville, dont les catholique ne seroient cependant point exclus; que les édits renouvelés, et généralement toutes les grâces accordées ci-devant à ceux de la religion prétendue réformée, et dont ils ne s'étoient pas rendus indignes, leur seroient accordées; qu'on leur continueroit les places de sûreté, mais que celles qui avoient été prises ne leur seroient point rendues. Le prince de Condé, n'ayant pu parer un tel coup, s'emporta contre Puisieux et Bassompierre. Il blâma le connétable et le maréchal de Créqui, et partit pour faire son voyage d'Italie, sous prétexte d'accomplir un vœu à Notre-Dame-de-Lorette.

Après la réduction de la ville de Montpellier, le Roi y entra et y fit quelque séjour. Il y mit quatre compagnies d'infanterie des régimens de Picardie et de Normandie, dont il donna le commandement, aussi bien que de la ville, à Valençay, beau-frère de Puisieux, qui étoit chevalier de l'ordre, et qui avoit servi de maréchal de camp. Il étoit si digne de cet emploi et il s'en acquitta si bien, qu'il fit en sorte que cette ville demanda d'elle-même qu'on y bâtît une citadelle, voyant bien qu'elle ne seroit jamais, sans cela, déchargée d'une garnison qui l'incommodoit beaucoup.

M. de Rohan ayant voulu s'en rendre maître par surprise, Valençay le découvrit, et peu s'en fallut que l'on n'en vint aux armes; mais comme on parlera de ceci dans un autre endroit, je dirai seulement ici en passant que cela doit suffire à ceux qui liront ces Mémoires, pour leur faire comprendre que, quelque paix que les huguenots aient signée, ils n'ont jamais eu d'autre intention que d'y contrevenir quand ils le pourroient; et qu'ils ont toujours été dans le dessein, ou de former une république, ou de diminuer au moins l'autorité du Roi, de telle manière qu'ils ne fussent obligés de s'y soumettre qu'autant qu'ils le voudroient et qu'il pourroit convenir à leur intérêt. Mais il leur est arrivé ce qui arrive toujours dans les communautés mal réglées, où la multitude se jette souvent dans l'anarchie : c'est que leurs propres passions ont contribué à détruire leurs projets.

Le Roi fit après cela le voyage de Provence, où l'on lui proposa quelques changemens; mais le tout ayant été bien examiné, il crut qu'il y alloit de l'intérêt de son service de laisser les choses comme elles étoient. Sa Majesté prit ensuite le chemin du Dauphiné, et de là se rendit à Lyon où la Reine l'attendoit, et où la princesse de Condé lui avoit amené mademoiselle de Verneuil, dont le mariage fut fait avec le marquis de La Valette, et où la duchesse de Chevreuse acquit beaucoup de gloire, en épousant, toute veuve qu'elle étoit du connétable, un prince de la maison de Lorraine.

Le Roi fut reçu dans le Dauphiné par M. de Lesdiguières; mais Sa Majesté fut fort surprise quand elle sut que le parlement de Grenoble demandoit qu'on détruisît l'arsenal, et qu'on fît un changement dans les places dont ce connétable étoit gouverneur. Cependant Sa Majesté s'étant déclarée une fois en faveur de cette compagnie, et s'étant d'ailleurs souvenue du service que M. de Lesdiguières venoit de lui rendre tout nouvellement, elle consentit au tempérament que M. de Lesdiguières proposa de mettre des Suisses dans l'arsenal, en y laissant toutefois une compagnie de François, et en y mettant un lieutenant catholique, qui étant caution de ceux qui seroient dans la place, les choses demeu-

roient dans le même état qu'on les avoit trouvées.

[1623] On fit au Roi une belle réception en Avignon, où se rendit Charles-Emmanuel, duc de Savoie, qui fit de très-beaux présens à Sa Majesté, et qui n'épargna rien pour mettre dans ses intérêts quelques-uns de ses ministres. Comme c'étoit un prince très-ambitieux et très-adroit, il fit tous ses efforts pour engager le Roi à faire la guerre; mais s'il avoit bien su qu'autant que ce monarque avoit d'impatience d'en entreprendre quand il n'en avoit point sur les bras, autant avoit-il d'empressement à les finir quand elles étoient une fois commencées, il n'eût pas manqué de prendre toutes les précautions nécessaires pour lui servir d'assurance dans cette occasion. Il fut accompagné de Madame, sœur du Roi, laquelle vint à Lyon rendre ses devoirs à Sa Majesté et aux deux Reines. On y célébra le mariage de mademoiselle de Verneuil avec le marquis de La Valette; et M. d'Epernon, qui avoit été pourvu du gouvernement de Guienne, vacant par la mort de M. de Mayenne, s'étant démis de celui d'Angoumois, Saintonge, pays d'Aunis, haut et bas Limousin, s'y rendit aussi par l'Auvergne. Candale, son fils, qui avoit la survivance de celui d'Angoumois et des autres dont nous venons de parler, se plaignit à ce sujet, et cela fit qu'on le partagea en deux : on donna la Saintonge et l'Aunis au maréchal de Praslin, et à Schomberg l'Angoumois et le Limousin. Quoique ce dernier n'eût été gratifié qu'en apparence, et qu'on ne lui eût point accordé le bâton de maréchal de France, comme on avoit fait à Bassompierre, ses ennemis, suivant ce qu'il m'a dit souvent lui-même, ne laissèrent pas de travailler à le faire disgracier, mais particulièrement Bassompierre et Puisieux, qui se réunirent en cette occasion au marquis de La Vieuville, pour faire entendre au Roi que Schomberg avoit mal administré les finances. Ainsi, peu de jours après le retour de Sa Majesté à Paris, La Vieuville, Puisieux et le chancelier, à qui on avoit rendu les sceaux vacans par la mort de M. de Caumartin, entrèrent dans le cabinet de la Reine-mère, où l'on peut dire que La Vieuville fit parfaitement bien le personnage d'un comédien : car il jeta par terre un grand nombre d'états, d'ordonnances et plusieurs autres papiers; et l'on y prit la résolution de faire éloigner Schomberg de la cour, afin de donner la surintendance des finances à La Vieuville. On expédia donc le brevet de celui-ci, et l'on donna ordre à Schomberg de se retirer. Ce dernier, quelques jours après sa disgrâce, fut appelé en duel dans sa maison de Nanteuil par le duc de Candale. Ils se battirent à l'épée; et le second du duc ayant été tué sur la place, Schomberg, qui avoit l'avantage du combat, en usa en brave gentilhomme, et blâma Pontgibaut, son neveu, qui lui servoit, parce qu'il le pressoit de s'en prévaloir. Comme Schomberg étoit aimé, et qu'on parloit avec honneur de cette action belle et courageuse, tout le monde se mit à le louer en présence du Roi, qui en entendit parler avec plaisir, ayant toujours conservé beaucoup d'estime pour lui.

Cependant Puisieux, qui ne songeoit uniquement qu'à l'établissement de sa fortune, fut bien surpris quand le Roi le pressa d'engager le chancelier à remettre les sceaux, qui ne lui avoient été donnés qu'à cette condition. Il est bien vrai que le fils voulut persuader qu'il en avoit sollicité son père; mais j'avouerai que je n'en sais rien, puisque ce n'est pas une chose étonnante qu'on ignore les secrets des familles. Quoi qu'il en soit, La Vieuville, dont l'ambition étoit extrême, anima le Roi, et l'année s'écoula sans qu'il se passât rien d'extraordinaire, chacun des concurrens ne songeant qu'à supplanter son compétiteur. Ce fut dans le commencement de l'année 1623 que s'accomplit mon mariage; et je puis dire que si Dieu a voulu me récompenser dès ce monde-ci, il l'a fait d'une manière qui m'a été très-avantageuse, en me donnant pour épouse une personne aussi distinguée par son mérite que par sa naissance, et de laquelle je me crois obligé de dire, pour rendre témoignage à la vérité, que je n'ai eu que toute sorte de satisfaction depuis trente-huit ans que nous sommes ensemble.

L'aversion que le Roi avoit conçue contre le chancelier, et l'estime dont il honoroit d'Aligre, engagèrent Sa Majesté à ôter les sceaux à ce chef de la justice pour les donner à celui-ci; mais comme le chancelier étoit un homme d'expérience, il ne voulut point s'éloigner de la cour : et il fit de nécessité vertu, en supportant son malheur avec patience. Mais enfin, quoiqu'il donnât dans le conseil des marques de sa capacité, son adresse et l'assiduité de Puisieux ne l'empêchèrent point d'être disgracié, et d'entraîner son fils avec lui.

Le prince de Galles, accompagné du duc de Buckingham, passa dans ce temps-là par Paris pour aller en Espagne y demander en mariage la seconde fille du Roi Catholique, qu'on lui faisoit espérer, le comte de Bristol, ambassadeur d'Angleterre à la cour de Madrid, assurant que sa présence aplaniroit toutes les difficultés qui se pourroient trouver. Le prince, ayant su que la Reine répétoit un ballet qu'elle devoit danser, alla au Louvre *incognito*, et y fut placé par hasard. Le prince et le duc furent surpris de la beauté des dames qui y étoient; mais aucune ne donna plus dans la vue au prince que madame Henriette, dernière fille du roi Henri-le-Grand et de la Reine-mère. La crainte qu'eut le prince d'être reconnu le fit partir de Paris plus tôt qu'il ne voulut pour continuer son voyage en Espagne; et comme l'on sait quel en fut le sujet, je n'en dirai rien.

La Vieuville continua à faire sa cour auprès du Roi, aux dépens du chancelier et de Puisieux, et à lui donner des impressions à leur désavantage. Voici une affaire qui hâta beaucoup la disgrâce de ces deux ministres : les ducs de Chevreuse et de Montmorency, frustrés de l'espérance, l'un que sa femme, et l'autre que sa belle-mère fussent rétablies dans les charges qu'elles possédoient auprès de la Reine, en demandèrent récompense, et le Roi promit à M. de Montmorency que celle qu'il donneroit à sa belle-mère ne seroit point différente de celle qu'il accorderoit à madame de Chevreuse, dont le mari obtint ce qu'il demandoit : c'étoit d'être pourvu de la charge de premier gentilhomme de la chambre, vacante par la mort du connétable de Luynes. M. de Chevreuse pressant le Roi d'exécuter ce qu'il avoit promis, Sa Majesté, pour satisfaire à sa parole, ordonna à Souvray et à Blainville, qui étoient premiers gentilshommes de la chambre, de lui remettre une pareille charge dont ils avoient été pourvus par la mort de M. d'Humières, tué au siége de Royan, en leur rendant l'argent qu'elle leur avoit coûté. Sa Majesté fit dire en même temps à M. de Montmorency qu'il y avoit de la différence entre les charges dont ces deux duchesses avoient été pourvues, et qu'ainsi elle vouloit qu'il payât le tiers de la somme qu'elle s'étoit engagée de faire rendre à Souvrai et à Blainville. Il obéit ; et le prix de cette charge ayant été fixé à quatre-vingt-dix mille écus, M. de Montmorency offrit de payer comptant les trente mille qui lui furent demandés. Blainville ne fit point aussi de difficultés de se soumettre aux ordres du Roi, soit par le respect qu'il avoit pour M. de Montmorency, ou bien parce qu'il ne croyoit pas avoir assez de crédit pour s'en pouvoir défendre; mais Souvrai, beau-frère de Puisieux, n'en usa pas de même, et chercha toutes sortes de moyens pour l'éviter. Les ennemis du chancelier et de Puisieux se prévalurent de ceci pour faire entendre au Roi que ces deux ministres animoient Souvrai; et ils réussirent si bien, que la colère de Sa Majesté éclata contre ce dernier, dont les discours firent comprendre au Roi que le chancelier et Puisieux s'entendoient avec lui.

M. de Chevreuse s'apercevant que la faveur de ces ministres diminuoit, et craignant que le Roi ne se prévînt contre lui, il me vint prier de promettre de sa part les quarante-cinq mille écus qu'il devoit donner. Je me chargeai de cette affaire, et je la terminai à sa satisfaction; mais ayant dans la suite essuyé des paroles fâcheuses du Roi, et fait tout son possible pour m'engager à parler contre Puisieux, il se sentit piqué de ce que je ne voulois pas le faire; et il me dit, pour m'y engager, que si ce ministre avoit en main une pareille occasion de me nuire, il en profiteroit. Je lui répondis alors qu'il n'y avoit point de comparaison de ma probité à celle de Puisieux, qui avoit fait son temps; que dans la suite je pourrois lui plaire. « Mais quant à présent, il faut, s'il vous plaît, lui ajoutai-je, que Souvrai soit payé, qu'il donne la démission de sa charge, et que M. de Montmorency en soit pourvu. »

Après que M. de Chevreuse eut prêté son serment, M. de Montmorency prêta aussi le sien. Les parens et amis de ce duc, qui étoient en grand nombre, affectoient aussi bien que lui de publier que sa belle-mère avoit traité comme la duchesse de Chevreuse, et lui comme le mari de cette dame; car c'étoit une ancienne prétention des Montmorency d'aller de pair avec ceux qui avoient le nom de princes. Il est bien vrai qu'ils cédoient le pas aux Lorrains, qui possédoient des duchés plus anciens que les leurs, et qu'ils ne disputoient rien non plus à MM. de Vendôme, d'Angoulême et de Longueville, parce qu'ils descendoient de la maison de France.

[1624.] Peu de jours après que ces messieurs eurent obtenu ce qu'ils demandoient, le chancelier et Puisieux, son fils, eurent ordre de se retirer de la cour. Le premier voulut s'éclaircir avec le Roi sur les mauvais offices qu'on lui avoit rendus. J'étois dans le cabinet, et je fus témoin de ce qui s'y passa; mais je m'aperçus que ses raisons ne parurent pas fort bonnes. Je rendis compte de tout ceci à mon père, en l'assurant que La Vieuville seroit bientôt tout-puissant. Cela ne paroissoit pas vraisemblable aux vieux courtisans, qui n'en croyoient rien; mais ils changèrent bien vite de sentiment quand ils apprirent la disgrâce du chancelier, qui entraînoit celle de son fils. La Vieuville vouloit non seulement être le maître des finances, mais aussi gouverner l'Etat, et même la personne du Roi. Il proposa à ce monarque de diviser les départemens de Puisieux, de les partager à trois de ses confrères, et de faire un quatrième secrétaire-d'Etat qui n'auroit que les affaires de guerre. On donna au département de mon père l'Angleterre, les couronnes de Suède, de Danemarck et de Pologne, et le Levant; à celui d'Herbaut, l'Italie, l'Espagne et les Suisses et les Grisons; et à celui d'Ocquerre, l'Allemagne, les Pays-Bas espagnols et la république des Provinces-Unies.

Le prince de Galles, piqué du mauvais traitement qu'il avoit reçu en Espagne, et de la manière dont il y avoit été pris pour dupe (car il n'avoit pu y conclure son mariage avec l'Infante), s'en revint en Angleterre, après avoir eu du Roi Catholique une audience de congé fort civile en apparence, et des assurances qu'on aplaniroit toutes les difficultés qui étoient survenues dans la négociation de ce mariage. Buckingham, outré de son côté du mépris qu'on avoit eu pour lui, et de ce qu'il avoit hasardé sa fortune en s'éloignant du roi de la Grande-Bretagne, son maître, avec l'héritier de la couronne, et par conséquent d'avoir fourni à ses ennemis un prétexte fort plausible de le blâmer d'imprudence, car il avoit été le seul qui avoit porté le conseil à résoudre le voyage du princes de Galles pour l'Espagne, en donnant plus de créance qu'il ne devoit aux avis du comte de Bristol, et aux ménagemens spécieux du conseil d'Espagne; Buckingham, dis-je, ne songea qu'à se venger. L'Angleterre, c'est-à-dire le parlement de ce royaume assemblé, insistoit à déclarer la guerre au roi d'Espagne, parce que depuis plusieurs années ce monarque promettoit, sans en venir à aucune exécution, de restituer le Palatinat, qui étoit le patrimoine des enfans de la fille du roi de la Grande-Bretagne. Celui-ci soutenoit avec raison que, quoique son gendre eût pris les armes en faveur des Bohémiens, et que son fief fût tombé en commis, la maison d'Autriche n'avoit point été en droit de s'en emparer. Il soutenoit même que, pour avoir attaqué le roi de Bohême, celui-ci ne pouvoit cependant être mis au ban de l'Empire, dont les princes, et particulièrement les électeurs, sont les plus forts appuis; car ces princes doivent bien respecter Sa Majesté Impériale comme chef de l'Empire, mais non pas lui rendre une obéissance absolue, le pouvoir du chef du corps germanique étant limité, aussi bien que la dépendance des membres. Il est vrai que l'Empereur étoit actuellement en possession de la couronne de Bohême; mais les Etats, qui ont droit de faire l'élection, soutenoient qu'ils avoient été forcés : ce qui rendoit cette élection nulle. D'ailleurs, puisqu'il est libre aux électeurs de contracter des alliances avec les rois étrangers, il doit aussi leur être libre de faire la guerre aux mêmes rois et à leurs voisins, sans que l'Empereur y puisse trouver à redire, parce que, comme roi ou archiduc, il n'est pas d'une autre condition qu'eux ; mais que, ne lui devant rendre aucun service qu'en qualité d'empereur, aussi d'autre côté ne peuvent-ils s'attaquer à sa dignité sans se rendre coupables. On disoit aussi que, soit que cette cause fût défendue avec de bonnes raisons ou seulement par subtilité, chacun d'eux devoit avoir la liberté d'en porter son jugement. Voilà les raisons qui firent oublier l'ancienne amitié qui subsistoit depuis long-temps entre les Anglois et les Espagnols, et mépriser tous les avantages du commerce que ces deux nations faisoient ensemble. Ces raisons engagèrent le roi de la Grande-Bretagne à consentir que le baron de Rich, qui fut depuis créé comte de Holland, et honoré ensuite de l'ordre de la Jarretière, passât à la cour de France pour pressentir si l'on consentiroit à la recherche qu'on pourroit faire de mademoiselle Henriette-Marie pour le prince de Galles. Buckingham en fit aussi quelques ouvertures au comte de Tillières, ambassadeur du Roi en Angleterre, qui dépêcha sur-le-champ un de ses gentilshommes à Sa Majesté, pour lui en porter la nouvelle. La réponse fut qu'elle estimoit autant qu'elle le devoit l'alliance d'un si grand roi. Sa Majesté Britannique fit aussitôt passer la mer au comte de Carlisle, en lui donnant pouvoir d'engager cette affaire, pour peu qu'il y trouvât de disposition.

La Vieuville, qui vouloit à quelque prix que ce fût que le Roi fît la guerre aux Espagnols, sinon ouvertement, au moins pour soutenir les intérêts du palatin, fut favorable aux Anglois, tant dans les propositions qu'ils firent pour le mariage, que dans la demande du comte de Mansfeld, qui promettoit de chasser dans peu de temps du Palatinat les Espagnols avec des forces médiocres. Il proposa ensuite de faire joindre à celles de France les forces de l'Angleterre qui avoit déjà sur pied une armée fort considérable.

Cette alliance, qui paroissoit ne devoir point être négligée, et l'occasion qui se présentoit de donner des bornes à la trop grande puissance que la maison d'Autriche vouloit s'attribuer en Allemagne, firent que tout le monde donna les mains à la proposition de mariage ; et les comtes de Carlisle et de Holland ayant fait la demande de la princesse, le Roi nomma des commissaires pour traiter avec eux. Cela arriva quelque temps après un voyage que Sa Majesté fit à Compiègne, où il se passa plusieurs choses qui ne doivent point être omises dans ces Mémoires.

La plus importante de toutes fut que La Vieuville proposa à la Reine-mère, qu'il vouloit mettre dans ses intérêts, et au Roi, d'appeler dans son conseil le cardinal de Richelieu, comme il avoit fait, depuis la mort du cardinal de Retz, à l'égard du cardinal de La Rochefoucauld, créé, peu auparavant, grand aumônier de France. L'intention de La Vieuville n'étoit pas, selon que le Roi voulut bien nous le dire, de donner au cardinal de Richelieu le secret des affaires, mais de juger les affaires avec lui, comme il faisoit avec le cardinal de La Rochefoucauld et le connétable, qui n'avoient pas son entière confiance. Mais le Roi répondit à La Vieuville qu'il ne falloit pas faire entrer ce cardinal dans le conseil, si l'on ne vouloit point se fier en lui entièrement, parce qu'il étoit en effet trop habile homme pour prendre le change. Au contraire, le Roi témoigna dès-lors qu'il étoit dans la résolution de lui donner sa confiance, se tenant déjà comme assuré qu'il la méritoit, et qu'il en seroit bien servi. On verra comment il sut dans la suite chasser du conseil ceux qui l'y avoient fait entrer. Le cardinal de Richelieu n'y fut pas entré, que La Vieuville lui proposa de le réformer, et, pour y donner plus d'éclat, d'y faire entrer les secrétaires-d'État, mais en leur donnant place au-dessous des autres conseillers. Le bruit de cette nouveauté se répandit dans le Louvre ; et ceux qu'elle intéressoit en étant bientôt avertis, chacun songea à défendre les prérogatives de sa charge. Je crus en devoir parler au cardinal de Richelieu ; et voyant bien que La Vieuville seroit obligé de changer de sentiment si je lui mettois en tête un plus habile homme que lui, je dis à ce premier ministre ce que j'avois représenté au Roi, et qu'il étoit étonnant qu'un homme qui n'avoit pu garder sa place me voulût ôter la mienne. C'est ce qui fut bientôt répandu dans la cour.

La Vieuville ayant fait courir le bruit que Sa Majesté vouloit éloigner de son service trois secrétaires-d'État, et n'y conserver seulement que d'Ocquerre, qui avoit succédé à Puisieux, le Roi, qui ne s'étoit pas encore déclaré en aucune manière, demanda à d'Herbaut et à d'Ocquerre quels étoient leurs sentimens sur cette nouvelle : à quoi ils ne répondirent que par de grandes révérences. Je fus plus hardi que mes confrères ; car ce monarque m'ayant tenu le même discours, je lui répondis que je n'avois ni cru ni craint ce que l'on en divulguoit, parce que je me fiois à sa bonté et à mon innocence; que celui qu'on disoit être l'auteur d'un pareil conseil n'auroit jamais la hardiesse de s'en vanter. Sa Majesté me parut satisfaite de ma réponse; et le duc de Nevers, qui s'étoit raccommodé avec La Vieuville, y ayant voulu trouver à redire, M. de Guise prit la parole, et dit que j'avois répondu en vrai gentilhomme, et que si l'on prétendoit m'en faire une querelle, il s'offroit de me servir de second. Je le remerciai de l'honneur qu'il me vouloit faire, et me donnai pourtant bien garde de le prendre au mot, parce que c'eût été donner à mes ennemis un moyen de me desservir auprès du Roi.

Sa Majesté me nomma commissaire avec le cardinal de Richelieu, le garde-des-sceaux d'Aligre et La Vieuville, pour traiter avec les Anglois; et après la disgrâce de celui-ci on nous donna à sa place Schomberg qui fut rappelé à la cour.

Le connétable prétendoit que, suivant les usages pratiqués sous les règnes précédens, il devoit être assis proche la personne du Roi, dont le fauteuil étoit toujours placé au bout de la table. Le cardinal soutenoit le contraire, en disant que les places honorables devoient être occupées par les cardinaux, parce qu'aucun prince du sang n'étoit admis dans le conseil. Sa prétention étoit appuyée du crédit de la Reine; mais on se servit de MM. de Créqui et de Bullion pour trouver quelque accommodement avec le connétable, qui y avoit beaucoup de répugnance. Il se soumit à la fin aux ordres du Roi, à condition qu'on lui donneroit un acte qui porteroit que ce seroit sans tirer à conséquence, et que ce qu'il en faisoit n'étoit que pour obéir aux ordres de Sa Majesté, qui étoit bien aise d'avoir cette complaisance pour la Reine, sa mère. On nous ordonna, à d'Ocquerre et à moi, d'expédier cet acte, et de n'en point délivrer de copie au connétable: mais le secret fut mal gardé, quoiqu'il eût été bien recommandé; car le cardinal, ayant été averti de la chose, obtint du Roi que cet acte seroit lacéré, quoique nous l'eussions déjà signé. Ce ne fut pas moi, mais d'Ocquerre, qu'on soupçonna d'avoir découvert ceci au premier ministre.

Les Etats des Provinces-Unies, qui étoient rentrés en guerre avec l'Espagne en 1621 ou 1622, nous envoyèrent alors des ambassadeurs pour demander au Roi d'être assistés de sa part, comme ils l'avoient été par Henri-le-Grand, son père. Le connétable, La Vieuville, Bullion et d'Ocquerre ayant été nommés pour entrer en conférence avec eux, et ayant appuyé leur demande, il y eut bientôt un traité de conclu avec les ambassadeurs. Par ce traité, le Roi s'engageoit de prêter à leurs maîtres une somme considérable, qu'ils s'obligèrent de rendre aussitôt qu'ils seroient en paix ou en trêve avec leurs ennemis. On stipula par ce même traité une manière de liberté de conscience pour les sujets de Sa Majesté qui étoient actuellement ou qui seroient à leur service. On accorda aussi à Mansfeld le pouvoir de faire des levées de soldats qui seroient payés pendant six mois par le Roi, pourvu que Sa Majesté Britannique voulût joindre ses troupes à celles de France; et ces troupes, jointes ensemble, devoient entreprendre la conquête du Palatinat, sous le commandement du comte de Mansfeld.

Les ambassadeurs d'Angleterre ne trouvèrent point d'autres obstacles à leur négociation pour le mariage de Madame, que celui de n'avoir pas la liberté qu'ils souhaitoient de traiter avec le cardinal de Richelieu, n'osant point le visiter qu'il ne leur donnât la main chez lui, ni lui-même la leur offrir à cause de la nouveauté. Comme ils voulurent bien s'en rapporter à moi au sujet de ce point de cérémonie, et connoissant que cette Eminence s'attireroit dans peu toutes les affaires, j'engageai ces messieurs à prendre un tempérament, qui étoit que le cardinal, sous prétexte d'une indisposition, les recevroit au lit, et qu'ils écriroient au Roi, leur maître, qu'ils se trouvoient dans la nécessité de suivre ce qui étoit pratiqué par le nonce du Pape et par les ambassadeurs de l'Empereur et du roi d'Espagne, si Sa Majesté vouloit que les affaires dont ils étoient chargés réussissent promptement. Ces ambassadeurs reçurent de leur maître les ordres qu'ils demandèrent; et le cardinal, que j'en avertis, en eut une extrême joie.

Nous convînmes dans plusieurs conférences de beaucoup d'articles; mais il en restoit un que nous voulions absolument, et qu'on nous refusoit avec opiniâtreté: c'étoit qu'on feroit pour les catholiques anglois la même chose qui leur avoit été accordée en Espagne, c'est-à-dire qu'on leur donneroit une église où Madame auroit le libre exercice de la religion catholique, et dans laquelle les catholiques anglois seroient reçus. Les ambassadeurs répondirent que cela étoit contraire aux lois de leur pays, et qu'ils ne pouvoient y consentir; mais que si l'on vouloit seulement qu'on se contentât de dire qu'en considération du Roi et de Madame les catholiques seroient aussi favorablement traités qu'ils le pouvoient être en conséquence des articles concertés avec l'Espagne, qu'on pourroit alors s'accommoder, pourvu qu'il n'en fût fait aucune mention dans le contrat, et que l'on consentît que la chose fût écrite dans une lettre, par laquelle le roi d'Angleterre et le prince de Galles s'y obligeroient.

Cette difficulté fut extrêmement débattue : et la différence qu'il y avoit entre une lettre qu'on pourroit aisément désavouer, et un acte solennel comme un contrat de mariage, pensa faire échouer toute la négociation. On souhaitoit bien le mariage, mais l'on vouloit encore obtenir tout ce qu'on demandoit d'ailleurs. La Vieuville promit pourtant aux ambassadeurs que, pourvu que la lettre en question fût écrite en termes forts et précis, on feroit en sorte que le Roi s'en contenteroit ; et, pour nous y engager, ce ministre proposa au comte de Holland d'aller en Angleterre pour en donner les assurances à Sa Majesté Britannique ; et, afin qu'il n'en fît point de difficulté, on ajouta qu'il seroit chargé d'une lettre de créance du Roi. Cependant, Sa Majesté, ennuyée du séjour de Compiègne, alla faire un petit voyage à Versailles, d'où La Vieuville, qui y étoit allé aussi, me rapporta un ordre d'expédier la lettre telle qu'elle avoit été concertée avec lui et les ambassadeurs d'Angleterre. J'en connus bien les conséquences : c'est pourquoi, me prévalant de ce que le comte de Holland n'entendoit que fort imparfaitement la langue françoise, au lieu de lui donner une lettre de créance, j'en fis une qui ne parloit point d'affaires, mais seulement des divertissemens que le Roi prenoit pour lors.

Cet ambassadeur partit donc pour l'Angleterre ; et le cardinal s'étant rendu à Paris, je ne pus m'empêcher de lui faire mes plaintes contre La Vieuville, de ce qu'il m'avoit fait une finesse d'avoir donné son consentement à ce qui s'étoit passé. Il en fut surpris ; et, me louant de ce que j'avois fait, il me jura qu'il m'aideroit à en avoir raison. Il ne différa pas long-temps à me tenir parole ; car, ayant reconnu que le Roi s'accommodoit avec peine des manières d'agir de ce ministre, le cardinal le décria de plus en plus dans son esprit, et il fit prendre enfin à Sa Majesté la résolution de l'éloigner de la cour : ce qui fut exécuté comme le Roi étoit à Saint-Germain-en-Laye. Avant son départ de Compiègne, il avoit rappelé d'Angleterre le comte de Tillières, contre lequel La Vieuville s'étoit déclaré, aussi bien que contre le maréchal de Bassompierre, son beau-frère : leur imputant toujours comme un grand crime de continuer à être les amis de Puisieux. Sa Majesté envoya en Angleterre, en la place de M. de Tillières, le marquis d'Effiat, confident de La Vieuville, mais attaché aux intérêts du cardinal. Le nouvel ambassadeur du Roi, s'insinuant dans l'esprit de Sa Majesté Britannique, du prince son fils et de Buckingham, avança beaucoup les affaires ; mais il ne put faire passer le monarque par dessus la répugnance qu'il avoit à favoriser si ouvertement les catholiques : car, quoiqu'il n'eût point dans son cœur d'animosité contre eux, la crainte qu'il avoit d'aliéner son parlement et les évêques, sur lesquels il avoit beaucoup de crédit, l'empêcha de se déclarer en leur faveur.

M. d'Effiat, averti de la disgrâce de La Vieuville, et étant persuadé que le cardinal soutiendroit les intérêts des catholiques et en feroit une des principales conditions sans lesquelles le mariage ne s'accompliroit point ; cet ambassadeur, dis-je, demanda d'être rappelé. Je lui reprochai son imprudence ; et, du consentement du cardinal même, je l'assurai de son amitié et je l'exhortai de continuer à servir, en lui promettant de grandes récompenses. D'Effiat se rendit enfin au conseil de ses amis : et il fit bien recevoir Bauton que le Roi envoyoit en Angleterre pour faire des complimens à Sa Majesté Britannique, sur une chute que le prince son fils avoit faite à la chasse.

Pour terminer enfin ce qui nous paroissoit de plus important, nous nous contentâmes qu'il seroit dit que les catholiques recevroient un plus favorable traitement qu'ils n'auroient eu sans doute, quand même le mariage du prince de Galles auroit été conclu avec l'infante d'Espagne. Nous n'en expliquâmes aucunes conditions, et les ambassadeurs consentirent que cet article seroit ainsi rédigé dans le contrat. Nous avions déclaré ne pouvoir le conclure que préalablement le Pape n'eût accordé la dispense, sans laquelle les parties ne pouvoient valablement contracter. On proposa donc plusieurs personnes pour aller solliciter cette dispense auprès de Sa Sainteté : et enfin on s'arrêta au père de Bérulle que j'avois nommé, et qui fut cardinal dans la suite. Je lui donnai une instruction bien ample, dans laquelle je n'oubliai pas de dire qu'une fille de France avoit déjà beaucoup contribué à la conversion de l'Angleterre. Le Pape nomma une congrégation de cardinaux pour examiner cette affaire : et de leur avis, il accorda la dispense à condition qu'il seroit dit expressément que le mariage est un lien indissoluble. Cela fut consenti par les Anglois. Et parce que les moindres choses ne sont pas aisées à obtenir à Rome, où l'on faisoit en cette occasion quelques difficultés de suivre les intentions du Roi, à cause que nous ne représentions pas les actes que nous avions passés avec l'Angleterre, et que de plus nous nous étions faits forts du consentement de Sa Majesté Britannique, on m'ordonna de passer la mer sous prétexte de faire confirmer les articles, mais particulièrement pour avoir un acte scellé du grand sceau d'Angleterre, qui assurât la condition des catholiques anglois, et que les enfans qui naîtroient du futur mariage, lors même que le prince parviendroit à la couronne, seroient élevés dans la religion catholique et romaine, jusqu'à ce qu'ils eussent atteint l'âge de treize ans.

Je m'embarquai le premier dimanche de l'Avent, et j'arrivai le lundi aux Dunes, où je fus reçu par le marquis d'Effiat, qui me mena à Douvres. Il y avoit laissé son équipage. De là je me rendis avec lui à Londres. Il avoit ménagé la chose en sorte que, bien que le roi d'Angleterre n'y fût pas pour lors, je devois être reçu à Gravesende par un comte; et à mon arrivée à Londres, je devois être servi par les officiers de Sa Majesté. Je fis peu de séjour dans cette capitale, et je me rendis à Cambridge, université célèbre, où étoient pour lors le Roi et le prince son fils. Je fus visité par ordre de ce monarque, et le même jour de mon arrivée, par le comte de Montgommery, chambellan de Sa Majesté, et par le duc de Buckingham, qui me conduisirent au logis qui m'avoit été préparé. J'eus le lendemain ma première audience, et je fus introduit par le même comte de Montgommery, suivi du maître des cérémonies et d'un grand nombre de seigneurs de la cour. Je fus surpris d'y voir le prince de Galles tête nue, parce qu'il ne se couvroit jamais en présence du Roi, son père, qui me pressa de mettre mon chapeau : ce que je ne voulus pas faire qu'après en avoir demandé la permission au prince par une profonde révérence que je lui fis, et dont il parut si satisfait qu'il m'en remercia. Il se retira aussitôt après de la salle de l'audience, pour ne causer aucun trouble à la cérémonie.

J'expliquai à Sa Majesté le sujet de ma commission : et le Roi parut si content de mon discours, que, dès le jour même, il nous donna audience particulière, dans laquelle nous fîmes si bien, qu'il commanda à milord Conway, son secrétaire-d'Etat, de nous donner la ratification des articles et la patente que nous demandions en faveur des catholiques. Sa Majesté assista le lendemain à une dispute, où nous fûmes aussi conviés; mais, pour ne pas l'importuner davantage, nous lui demandâmes la permission de retourner à Londres, permission qui ne nous fut accordée qu'après que nous aurions eu l'honneur de dîner avec le Roi. Le jour en fut arrêté; mais la goutte à laquelle ce monarque étoit sujet, l'ayant empêché de s'y trouver, le prince son fils y prit sa place, et fut servi comme Roi. Cependant Sa Majesté Britannique but à la santé du roi de France notre maître, et envoya sa coupe à son fils. Elle lui fut présentée par le duc de Buckingham à genoux. Après qu'il l'eut reprise des mains du prince, il me la présenta aussi; et ensuite il la porta au marquis d'Effiat.

Après le repas, le prince, suivi des ambassadeurs et du duc, entra dans la chambre du Roi, qui nous fit connoître par plusieurs discours très-obligeans la joie qu'il avoit, tant du mariage de son fils que du secours qu'on promettoit de donner au palatin. Nous partîmes pour Londres le lendemain. Comme nous étions dans le temps de la fête de Noël, nous la célébrâmes dans cette ville capitale avec autant de pompe et la même solennité qu'on eût pu faire dans un pays catholique, notre chapelle n'ayant point désempli de monde depuis minuit jusqu'à midi.

Le garde-des-sceaux, qui étoit évêque de Lincoln, m'ayant prié à souper chez lui, je ne pus m'en défendre, non plus que de l'engagement où me mit M. d'Effiat d'assister à une prière qui se faisoit pour le roi d'Angleterre, dans l'église de laquelle le garde-des-sceaux étoit doyen. J'en fis reproche à M. d'Effiat, en lui faisant voir de quelle conséquence il étoit que les ambassadeurs du Roi n'assistassent point aux prières des protestans. Pour éviter donc le piège dans lequel nous allions tomber, je me déterminai à partir fort tard de notre logis, et à suivre le chemin qui conduit au Doyenné, et non pas à l'église. Mais le garde-des-sceaux, revêtu de ses habits pontificaux, suivant l'usage du pays, s'avançant avec son clergé pour nous recevoir à la porte de l'église, nous obligea d'aller à lui, et nous conduisit malgré nous dans des chaises qu'il nous avoit fait préparer : ce qui me fit prendre la résolution, pendant qu'on chantoit quelques hymnes, psaumes ou motets, de me mettre à genoux; et, pour faire voir que je ne participois point en rien à leurs prières, je dis mon chapelet. Cela édifia fort les catholiques anglois, qui ne manquoient pas d'épier les actions des ministres de France, pour les rapporter aux Espagnols, avec lesquels ils étoient fort unis.

[1625] Je n'avois pas encore achevé les visites

que je devois faire, ni même rendu celles où la bienséance m'engageoit, que le Roi et toute la cour arrivèrent à Londres. Nous avions été jusques à Théobald au devant de Sa Majesté, pour lui porter la nouvelle que le Pape avoit accordé ce qu'on lui demandoit; et cela fit tant de plaisir au Roi, qu'il me pressa de partir, à quoi je n'eus pas de peine à me résoudre, d'autant que l'on avoit inséré dans la ratification qui me fut remise la qualité de *roi de France et de Navarre*, contre l'ancien usage de l'Angleterre, qui prétendoit ne donner que celle de *roi des François* à Sa Majesté Très-Chrétienne, parce que, disent-ils, si les peuples reconnoissent ce prince et lui obéissent, nous prétendons légitimement que les pays et terres de France appartiennent pourtant à Sa Majesté Britannique. Elle ordonna aussi qu'on mît en liberté les prêtres qui étoient en prison à cause de la religion. Mais les officiers anglois y avoient tant de répugnance, qu'ils cherchoient toutes sortes de moyens pour tirer la chose en longueur, persuadés qu'ils étoient que je m'impatienterois, et que je partirois avant que l'ordre eût été expédié; mais s'apercevant que leur retardement étoit inutile et ne servoit qu'à me faire presser davantage, ils eurent recours à un artifice dont je ne fus pas la dupe. Ce fut de me dire que ces prisonniers n'étoient retenus que pour la dépense qu'ils avoient faite dans les prisons. J'en demandai l'état, et j'offris de l'acquitter : dont ils eurent tant de honte que, dès ce jour même, les prêtres et les autres ecclésiastiques catholiques furent élargis. Après cela, rien ne me retenant plus à Londres, je me disposai à partir, après avoir assisté avec le prince à une course de bague. Buckingham, qui m'avoit fait amener son fils et sa fille comme la plus grande marque d'amitié qu'il me pouvoit donner, me convia, M. d'Effiat et moi, à un souper magnifique, auquel grand nombre de dames et seigneurs des plus qualifiés de la cour se trouvèrent. Cela n'empêcha pas que la résolution que j'avois prise de partir le lendemain ne fût exécutée ; mais cette fête pensa être troublée par un ordre que je reçus du Roi de déclarer que, nonobstant toutes nos conventions, on ne permettroit pas aux six mille Anglois commandés par le comte de Mansfeld de débarquer à Calais. Cet ordre, qui me fut apporté par un courrier du même Mansfeld, étoit contenu dans une lettre signée de M. de Schomberg. Je me trouvai dans une telle surprise, que j'envoyai sur-le-champ un gentilhomme pour savoir en quel état étoit M. d'Effiat, et pour lui dire que, s'il se trouvoit habillé, je le priois de monter à ma chambre, mais que, s'il étoit encore au lit, il s'habillât en diligence, parce que j'irois le trouver. Il étoit déjà par bonheur en état de sortir, et il accourut aussitôt pour savoir quelles étoient les nouvelles que j'avois reçues. Sur ce que je lui dis qu'elles me paroissoient bien mauvaises, il me répondit que je n'avois qu'à le laisser faire, et qu'il s'en démêleroit bien. « Vous verrez aujourd'hui, lui répliquai-je, que le Roi, le prince et le duc ne sont pas trois têtes dans un bonnet, comme vous le croyez ; et pour ce qui est de moi, je vous donne parole de suivre exactement ce que vous me prescrirez. — Il faut, me dit-il, aller tout présentement chez Buckingham, le surprendre, et lui exposer le contenu de votre dépêche ; et s'il ne veut pas faire ce que nous souhaiterons de lui, je ferai mon possible pour l'y réduire. » Je suivis le conseil d'Effiat, et nous prîmes le parti d'aller ensemble chez le duc, qui n'étoit pas encore habillé. Il nous envoya le secrétaire-d'Etat Conway, avec lequel nous nous promenâmes dans une galerie, en ne nous entretenant que de choses indifférentes. La première que je dis à Buckingham en l'abordant fut : que la longue expérience qu'il avoit dans les affaires du monde lui pouvoit bien faire concevoir que, par des considérations importantes à la cause commune, le Roi Très-Chrétien, notre maître, ne pourroit consentir que les Anglois levés pour passer en Allemagne débarquassent à Calais. Le duc, surpris de ce discours, me repartit qu'il ne falloit donc plus parler du dessein que nous avions de joindre nos armées ; que l'Angleterre n'étoit pas en droit d'imposer la loi au Roi Très-Chrétien, mais qu'il lui étoit permis de se plaindre d'un manquement de parole, et de ce qu'on ne vouloit plus exécuter ce que l'on s'étoit engagé de faire. Je regardai alors d'Effiat pour lui faire entendre qu'il étoit temps qu'il se servît de toute son éloquence, et de l'ascendant qu'il croyoit avoir sur l'esprit du duc, pour le faire changer de sentiment. D'Effiat, après avoir beaucoup flatté Buckingham, lui représenta qu'il seroit aisé aux ennemis de s'opposer à la jonction des troupes et d'empêcher d'entrer dans leur pays, si l'on concertoit ensemble le lieu où l'on devoit se trouver et le chemin qu'on pourroit prendre. Mais tout ce que dit d'Effiat fut inutile et ne servit qu'à mettre le duc en colère. Je pris la parole à mon tour. « Vous ne persistez, dis-je, à Buckingham, dans votre sentiment que parce que vous êtes persuadé que toutes choses en iront mieux ; et nous persistons dans le nôtre pour ne point faire de peine aux Espagnols ; mais prenons, pour nous accorder, l'expédient de laisser à Mansfeld la liberté de faire ce qu'il jugera à propos. » Le duc, après avoir un peu rêvé, dit en anglois au secrétaire-d'Etat qui avoit assisté à notre conférence, qu'il croyoit pouvoir prendre ce parti, se tenant assuré que Mansfeld feroit ce qu'il lui prescriroit. « Hé bien, Messieurs, nous dit-il en reprenant la parole, il faut faire ce que vous voulez ; mais notre infanterie ne débarquant point en France, comment la ferez-vous suivre par votre cavalerie ? — Nous le ferons aisément, lui répliquai-je, si vous nous fournissez des vaisseaux dont nous paierons le fret. » Buckingham consentit, et cela fit que je crus qu'il étoit dans le dessein qu'il avoit fait paroître de ménager Mansfeld, et de m'amuser cependant, afin d'en pouvoir avoir réponse avant mon départ pour Douvres, ce qui me donnoit une très-grande impatience de sortir de Londres. Mais je me trouvai dans la nécessité d'y passer le reste de la journée et une partie de la matinée suivante, après le souper et un bal que nous donna le duc, et qui dura jusques après minuit. Je pris congé de lui, et je priai M. d'Effiat, qui vouloit à toute force me venir conduire jusques à Douvres, de n'en rien faire, mais de se trouver plutôt à une fête que le prince de Galles avoit résolu de donner et à laquelle il étoit convié. Tout ce que je pus gagner de son honnêteté fut qu'il ne viendroit que jusques où je devois coucher le lendemain, et qu'il en partiroit le jour d'après de très-grand matin pour être rendu d'assez bonne heure à Londres, afin de pouvoir assister à cette fête, qui étoit une course de bague. A mon égard, au lieu d'aller à Douvres en trois jours, comme on le fait d'ordinaire, je m'y rendis en trente-six heures.

J'y trouvai le comte de Mansfeld, qui m'attendoit au logis qui m'avoit été préparé. Nous nous entretinmes sur ce qu'il avoit à faire ; et comme ce comte n'avoit point été averti par Buckingham, je le trouvai fort éloigné de faire ce qu'on souhaitoit de lui. La principale raison qu'il en donna fut qu'il dépendoit des deux rois, et qu'il ne pouvoit faire que ce qu'ils avoient concerté ensemble. Sur ce que je lui demandai s'il étoit assuré de se rendre maître du Palatinat dans les six mois qu'ils avoient pris pour payer l'infanterie qu'il avoit levée, il me répondit : « Vous êtes François, vous allez bien vite ; ce n'est pas là l'ouvrage d'un jour. » Cela m'obligea de lui répliquer que, si cette expédition n'étoit finie promptement, il faudroit de nécessité convoquer un nouveau parlement qui ne seroit peut-être pas d'humeur à accorder de nouvelles impositions pour le paiement des troupes, et que je le priois de me dire comment il empêcheroit l'armée de se débander si elle ne recevoit pas ses montres ; qu'il savoit même par expérience que Sa Majesté Britannique avoit eu beaucoup de peine à obtenir une somme médiocre destinée au recouvrement de l'héritage de ses petits-enfans, et que son parlement n'y avoit consenti que sur l'assurance qu'on lui avoit donnée que cette entreprise seroit exécutée en peu de temps, et qu'elle ne seroit point un sujet de guerre entre l'Espagne et l'Angleterre ; qu'il falloit donc conclure de là que, la guerre étant finie, il n'y auroit plus rien à espérer pour lui en Angleterre ni même en France, à moins qu'il n'entrât tout de bon et sans réserve au service du Roi ; que les étrangers sont généralement en aversion en Angleterre, mais qu'il n'en est pas de même en France, où ils sont bien traités pourvu qu'ils aient du mérite ; et que le Roi étoit assez riche non-seulement pour faire du bien à ses serviteurs, mais encore pour leur donner des dignités qui les élèvent au-dessus du commun de la noblesse ; et qu'enfin il n'y avoit point de grâce qu'un homme comme lui ne fût en droit d'espérer. « Mais le prince d'Orange, me dit-il, voulant que je forme le siège de Dunkerque, je ne le puis faire si j'exécute ce que vous me proposez. — Breda, lui répondis-je, tient au cœur de ce prince ; il veut se sauver à vos dépens, sachant bien que les Espagnols lèveront le siège de cette place pour secourir Dunkerque. Ainsi il parviendra à ses fins sans que vous en partagiez la gloire avec lui, comme vous fîtes quand vous obligeâtes le marquis de Spinola de se retirer devant Bois-le-Duc ; et peut-être même que si par un combat vous réduisiez les ennemis à abandonner leur entreprise, la principale gloire vous en seroit attribuée. » Je m'aperçus que Mansfeld goûtoit mes raisons. Il me promit de faire ce que le Roi lui ordonneroit, ajoutant qu'il se croyoit obligé de me dire que, ne pouvant faire son débarquement qu'à Emden, il ne pourroit se rendre dans le Palatinat sans passer sur les terres de l'électeur de Cologne : ce que Sa Majesté lui avoit expressément défendu. « Attendez-vous, lui répliquai-je, de recevoir une forte réprimande ; mais faites toujours à bon compte ce que le métier de la guerre vous obligera de faire. » Voilà le résultat de la conférence que j'eus alors avec Mansfeld. Je m'embarquai à Douvres, j'abordai à Calais, et je me rendis en diligence à Paris, où, après avoir eu l'honneur de saluer Leurs Majestés, je leur fis un récit fidèle de ce que j'avois négocié pour leur service.

Je conjecturai avec raison que Buckingham, cherchant quelque honnête prétexte pour se dédire de ce dont il étoit convenu avec le marquis d'Effiat et moi, n'en trouveroit point de meilleur ni de plus prompt que de me faire savoir qu'ayant, de son côté, donné les ordres nécessaires pour apprêter les bâtimens qu'il falloit pour le transport de notre cavalerie, j'eusse à faire donner, du nôtre, ceux qu'il convenoit pour faire remettre en Angleterre l'argent du fret. Le duc m'en écrivit effectivement une lettre fort pressante, à laquelle je fis réponse que nous ne manquerions pas de faire ce que nous avions promis.

Cependant le peu d'intelligence qu'il y avoit entre Buckingham et le comte de Carlisle fit que l'on oublia de faire avertir celui-ci de ce qui avoit été arrêté. Le comte fut bien surpris, en pressant l'exécution des ordres qu'il avoit eus touchant le débarquement des troupes angloises, quand on lui dit qu'on avoit consenti en Angleterre que ces troupes ne débarquassent point à Calais. Le comte en écrivit à Buckingham, qui, n'osant tomber d'accord de la parole qu'il avoit donnée, nia d'en avoir entendu parler. Le premier montra cette lettre, et se plaignit agrement de moi en me mettant en jeu; et par-là il me réduisit, contre mon intention, à découvrir tout le mystère, c'est-à-dire que je ne fus que mieux persuadé de tout ce que j'avois déjà reconnu des sentimens de Buckingham.

Le Roi son maître ne l'estimoit plus tant qu'il faisoit auparavant; mais il n'en étoit pas de même du prince de Galles, qui continuoit à l'aimer sincèrement et à lui donner des marques de sa confiance. C'est pourquoi, s'imaginant que s'il désavouoit ce que j'avois avancé il en seroit cru sur sa parole, il le fit hardiment à la cour d'Angleterre, et il envoya en France Montaigu pour se plaindre de moi. Je me trouvai par-là obligé de lui faire voir la lettre que Buckingham m'avoit écrite de sa propre main. Cela rendit Montaigu confus; il me pria de la lui remettre. Je le refusai, en lui disant que je ne le ferois que pour obéir aux ordres du Roi, quoique ce me fût une chose bien fâcheuse de me dessaisir d'une pièce qui servoit à me justifier et à faire voir que je n'étois point un menteur, qualité indigne d'un gentilhomme.

Montaigu repassa la mer peu de temps après; et le roi d'Angleterre mourut en ce même temps, c'est-à-dire en avril 1625, laissant après lui des jugemens bien différens sur la conduite qu'il avoit tenue pendant vingt-trois années de règne. Les ennemis de Buckingham ne manquèrent pas de publier que c'étoit lui qui avoit fait empoisonner son maître; mais le duc se voyoit hors de leurs atteintes, étant assuré du crédit qu'il avoit auprès du nouveau Roi, qui continua toujours à l'aimer. Le cardinal de Richelieu me pressant de lui dire quel étoit le génie de ce monarque : « Il m'a paru très-réservé, lui répondis-je, et cela m'a fait juger que c'est un homme extraordinaire ou d'une médiocre capacité. S'il affectoit sa retenue, continuai-je, pour ne causer aucune jalousie au feu Roi son père, c'est un trait d'une prudence consommée; mais si elle lui est naturelle et sans finesse, on en doit tirer des conséquences toutes contraires. »

Le prince ordonna au comte de Carlisle et de Holland de faire savoir au roi de France la mort de celui d'Angleterre, son père, et de le faire ressouvenir de ce qui avoit été résolu dans le dernier chapitre de l'ordre du Saint-Esprit, c'est-à-dire que le marquis d'Effiat y seroit associé. Il faut remarquer que le feu roi Jacques m'avoit recommandé, dans une audience secrète qu'il me donna exprès pour cela, de faire en sorte que le Roi lui accordât cette grâce pour d'Effiat. Je suivis les intentions du roi de la Grande-Bretagne, sans être retenu par la menace que me fit le Roi mon maître d'encourir son indignation, si je le pressois davantage sur cet article. Je ne laissai pas de représenter encore à Sa Majesté que, pour ne pas vouloir donner une aune de ruban bleu, on perdroit peut-être le travail de plus d'une année. Le cardinal prit mon parti, et fit valoir ce que j'avois dit. Le Roi changea d'avis, et témoigna aux ennemis de M. d'Effiat, qui étoient en grand nombre, et particulièrement au maréchal de Bassompierre, qui s'étoit fort déclaré contre lui, qu'ils ne lui feroient point de plaisir s'ils s'avisoient de blâmer ce qu'il avoit résolu de faire. Le marquis d'Effiat fut déclaré chevalier, et il reçut ensuite l'ordre par les mains de M. de Chevreuse dans la ville de Londres, lorsque celui-ci accompagna la reine de la Grande-Bretagne. Le contrat du mariage de cette princesse ayant été signé par le Roi et les deux Reines, par elle-même, par Monsieur, son frère, et par les ambassadeurs extraordinaires d'Angleterre, suivant le pouvoir qu'ils en avoient reçu, on ordonna les préparatifs nécessaires pour faire les fiançailles et les noces. Le duc de Chevreuse fut honoré de cette commission par le roi de la Grande-Bretagne, et, étant assisté des comtes de Carlisle et de Holland, il fiança et épousa Madame à la porte de l'église de Paris, où l'on avoit dressé un théâtre pour ce sujet. Madame y fut conduite par le Roi et par Monsieur, accompagnés des princesses du sang et des autres princesses et duchesses qui étoient alors à la cour.

Après que cette princesse eut renoncé aux successions de père et de mère, comme il avoit été stipulé, la cérémonie s'acheva par le cardinal de La Rochefoucauld, grand-aumônier de

3.

France, qui avoit eu un bref du Pape par lequel il étoit autorisé à le faire, à cause de la contestation survenue entre lui et l'archevêque de Paris, qui s'absenta en cette occasion : et parce que le Roi avoit jugé en faveur du cardinal, ce bref fut tenu secret. Le comte de Soissons fit supplier Sa Majesté de le dispenser de faire sa charge de grand-maître, ne pouvant oublier qu'on lui avoit autrefois fait espérer de parvenir à l'alliance de Madame ; et le Roi permit à ce prince d'envoyer son bâton au grand prieur qui remplit sa place.

Les Anglais, s'intéressant pour les princesses de la maison de Lorraine, obtinrent qu'elles seroient assises sur le même banc que les princesses du sang, qui, après avoir fait leurs protestations, souffrirent cette nouveauté pour n'apporter aucun trouble à la cérémonie. Cependant il leur fut donné un acte par lequel le Roi déclaroit ne l'avoir voulu ainsi que parce que les princesses de Lorraine étoient parentes à Sa Majesté Britannique. Le festin se fit dans la salle de l'évêché ; les grands y servirent le Roi, les Reines et les ambassadeurs d'Angleterre.

La cérémonie fut à peine achevée, qu'on apprit, avec quelque sorte d'étonnement, que le duc de Buckingham venoit en France, accompagné de quelques gentilshommes de sa nation. Les ambassadeurs du Roi son maître et madame de Chevreuse firent en sorte qu'il fût bien reçu. Cet Anglais parut à la cour, l'esprit rempli de beaucoup de chimères, et c'est ce qu'on reconnut encore mieux par son entretien. Il pressa fort le départ de la reine d'Angleterre, et la chose paroissoit juste par elle-même ; mais on ne pouvoit dissimuler la joie que l'on auroit eue de se défaire de cet étranger présomptueux et de le renvoyer dans son pays.

Le départ de Sa Majesté Britannique fut retardé par une indisposition qui survint au Roi. Ce prince, s'étant trouvé un peu mieux, dit qu'il falloit aller à Compiègne, qui étoit le lieu jusqu'où il vouloit accompagner la Reine, sa sœur. De là, les deux reines de France, la mère et l'épouse du Roi, devoient aller avec celle d'Angleterre jusques à Boulogne ou Calais. Je crus qu'il étoit de mon devoir en cette occurrence de dire à la Reine que, si l'incommodité du Roi son époux continuoit, elle demandoit que Sa Majesté se dispensât de faire ce voyage, afin de rester auprès du Roi, et d'être en état de satisfaire par là à ce qu'elle lui devoit et à l'inclination de son époux. Si cette princesse eût suivi mon conseil, elle en eût tiré de grands avantages ; mais elle préféra le conseil de madame de Vervet au mien. Les raisons qu'on eut de le suivre sont trop foibles pour mériter d'être rapportées ici. Quelque soin que madame de Chevreuse et d'autres dames de la cour prissent de détourner la Reine d'aller à Amiens, elles n'y purent pas plus réussir que moi ; et lorsque cette princesse eut été avertie que le Roi la blâmoit d'avoir suivi un pareil conseil, on ne put s'empêcher de parler contre madame de Vervet, et contre celles qui se trouvèrent dans les mêmes sentimens.

La cour ne resta que deux jours à Compiègne. Les Reines en partirent pour Amiens, et le Roi, dont les forces étoient un peu rétablies, pour Fontainebleau. Il avoit sujet de craindre que ce mariage ne fût aussi fatal à la France que l'avoit été celui de la fille du roi Charles VI. La Reine-mère tomba dangereusement malade en arrivant à Amiens ; mais ses médecins faisant espérer que cette maladie ne seroit pas de longue durée, on s'y disposa à prendre les divertissemens dont le lieu étoit capable. La duchesse de Chaulnes y pria Buckingham de tenir sur les fonts un fils dont elle étoit accouchée depuis peu ; et elle donna ensuite un bal où les dames parurent, à l'envi les unes des autres, avec tout l'éclat que leur beauté naturelle et les artifices leur pouvoient fournir, et si couvertes de pierreries que les Anglais en furent surpris. Mais la Reine brilla sur toute la cour. La nature, qui lui avoit donné une blancheur capable d'éblouir, effaça toutes les autres beautés, et Sa Majesté parut, surprenant tout le monde, ainsi qu'un astre nouveau.

Le duc de Buckingham y brilla de même, et par la magnificence de ses habits, et par sa bonne mine. Il dansa avec beaucoup d'applaudissement ; mais il devoit se tenir dans les bornes du respect (1), et la vanité qu'il en eut n'auroit pas dû s'étendre plus loin. Il pressa fort le départ de la reine d'Angleterre ; mais il ne laissa pas de faire comprendre sous main qu'il avoit ordre de l'attendre, pourvu que la Reine-mère fût bientôt en état de se mettre en chemin.

La manière d'agir de cet étranger me déplut

(1) Il eut l'effronterie d'affecter une grande passion pour Anne d'Autriche, reine régnante. (A. E.)

Le cardinal de Retz rapporte même, d'après ce que lui avait dit madame de Chevreuse, que « l'effronterie de Buckingham fut beaucoup loing pendant un rendez-vous que la Reine lui avoit donné dans les jardins du Louvre. » (Voyez ce passage inédit des Mémoires, qui fait partie de notre édition de Retz.) D'autres chroniqueurs racontent une anecdote à peu près semblable, qui paraîtrait donner une certaine authenticité au récit du cardinal de Retz.

beaucoup. Je représentai à la Reine-mère que c'étoit une chose honteuse que les Anglois présumassent qu'elle dût hasarder sa vie pour faire honneur à leur maîtresse; qu'elle devoit du moins autant au Roi son fils qu'à la Reine sa fille, et qu'elle étoit obligée de se conserver pour la consolation et pour le bien de l'Etat. Cette princesse me répondit que j'avois raison; qu'elle entendoit fort bien ce que je voulois lui dire, et que la Reine sa fille partiroit d'Amiens sans aucune remise dans deux jours. En effet elle manda Buckingham dès le lendemain, pour lui dire qu'il falloit se résoudre d'attendre sa parfaite guérison, qui, à ce que ses médecins disoient, ne pouvoit être d'un mois, ou se disposer à s'embarquer sans délai avec la Reine sa fille; que cette princesse étoit elle-même dans l'impatience de se voir auprès du Roi son époux; qu'en son particulier elle étoit très-fâchée de ne pouvoir pas achever ce qu'elle avoit commencé, c'est-à-dire d'accompagner la reine d'Angleterre tant qu'elle seroit sur les terres du Roi, son fils. L'Anglois, surpris de ce discours, prit le parti que la bienséance vouloit, et demanda que la Reine sa maîtresse partît donc incessamment pour se rendre dans les Etats du Roi son époux.

L'ordre du départ fut donné pour le lendemain; les Reines se disposèrent à accompagner Sa Majesté Britannique jusqu'à une lieue de la ville d'Amiens. Elle eut un beau cortége. Grand nombre de seigneurs la suivirent. La bourgeoisie et la garnison firent de concert ce qui se devoit dans une pareille rencontre. Le premier logement de la reine d'Angleterre à sa sortie d'Amiens fut Abbeville. Des personnes rapportèrent que Buckingham, en prenant congé de Leurs Majestés, s'étoit mis à genoux, suivant la coutume de son pays; et l'on prit cela pour des marques de s'être repenti d'avoir trop pressé le départ de la Reine sa maîtresse. Cependant ce duc se résolut de retourner le lendemain à Amiens. Il en avertit M. de Chevreuse, et prit pour prétexte qu'il avoit eu un courrier du Roi son maître qui lui ordonnoit de faire quelque ouverture à la Reine-mère, pour parvenir à une plus étroite liaison avec la France que celle qui avoit été concertée. Je fus d'avis d'en écrire au Roi pour l'informer de ce qui étoit venu à ma connoissance, et que le voyage de Buckingham ne retarderoit en rien celui de la Reine sa sœur, puisqu'il se rendroit à Montreuil le jour même qu'elle y devoit coucher.

Aussitôt que Buckingham fut arrivé à Amiens, il fit demander audience à la Reine-mère. Elle lui fut accordée, quoique Sa Majesté fût dans son lit. Il entretint cette princesse des ordres qu'il avoit reçus, et fit demander aussitôt après audience à la Reine sa belle-fille, qui voulut s'en excuser sous prétexte qu'elle gardoit aussi le lit; mais, pour ne point être blâmée, soit en refusant l'audience, soit en l'accordant sans avoir auparavant consulté la Reine sa belle-mère, elle lui envoya la comtesse de Lanoy, sa dame d'honneur. Cette dame représenta à Sa Majesté que c'étoit une chose sans exemple, et que peut-être il ne plairoit point au Roi que la Reine permît l'entrée de sa chambre à des hommes dans le temps que Sa Majesté étoit encore au lit. « Eh! pourquoi, dit la Reine-mère, ne le feroit-elle pas, puisque je le fais bien moi-même? » La différence d'âge et d'état pouvant être alléguée fort à propos, la comtesse de Lanoy s'en abstint pourtant par discrétion, mais elle envoya quérir toutes les princesses et dames qui étoient alors à Amiens, pour assister à cette audience; et, l'heure en ayant été donnée, l'Anglois se rendit dans la chambre de la Reine. Après que Buckingham eut fait les révérences accoutumées, madame de Lanoy lui fit apporter un siége, parce que l'ordre veut que quand les reines donnent des audiences elles fassent asseoir ceux qui se couvrent devant elles. Le duc fit quelque difficulté d'accepter le siége, et voulut se mettre à genoux, alléguant l'usage de son pays, où les reines sont toujours servies de cette manière. Mais la comtesse de Lanoy le fit relever promptement. L'audience ne fut pas longue; et, pendant qu'elle dura, les princesses de Condé et de Conti, si je ne me trompe, avec plusieurs duchesses et dames, se mirent dans la ruelle du lit. Quelques-unes d'entre elles voulurent s'excuser de se rendre à cette audience, sous prétexte de quelques indispositions; mais la comtesse de Lanoy leur fit dire que la Reine le trouveroit mauvais et qu'elle seroit obligée d'en avertir le Roi. Après cela, Buckingham et ceux de ses gens qui l'avoient suivi reprirent leur voyage, et firent une si grande diligence qu'ils arrivèrent à Montreuil devant que la reine d'Angleterre en fût partie. Elle se rendit le même jour à Boulogne, où elle fut obligée de faire quelque séjour, parce que le vent étoit si contraire à la flotte qui la devoit conduire, qu'elle ne pouvoit aborder la rade; mais le temps ne se fut pas sitôt mis au beau, que nous la vîmes paroître. Nous remîmes, M. de Chevreuse et moi, la reine d'Angleterre entre les mains de Buckingham et des deux autres ambassadeurs, suivant la commission que le Roi nous en avoit donnée, scellée du grand sceau, après qu'ils nous eurent fait voir celle qu'ils avoient pour recevoir cette princesse. La flotte ayant mouillé, Sa Majesté, avec sa suite et ceux qui avoient ordre de l'accompagner, entrèrent dans les chaloupes, qui les portèrent à bord des vaisseaux. La Reine entra dans l'amiral, et passa au milieu des autres bâtimens, qui, étant tous à la voile, la saluèrent de leur artillerie et dressèrent leurs manœuvres vers Douvres, où la flotte aborda en moins de sept heures, la mer n'ayant jamais été plus calme. Un petit vent qui souffloit favorisant la marée, plusieurs barques longues portèrent à terre la Reine avec toute sa suite, et Sa Majesté trouva sur la grève une chaise préparée, dans laquelle elle fut conduite au château, qui étoit meublé des meubles de la couronne et où il y avoit un magnifique souper. Après s'être un peu délassée, elle se mit à table et se coucha. Nous descendîmes, M. de Chevreuse et moi, avec le marquis d'Effiat dans le bourg, où quelques grands seigneurs anglois, qui nous étoient venus joindre, nous ayant régalés, nous nous retirâmes chacun dans le logis qui nous avoit été destiné.

Etant averti le lendemain que le Roi venoit d'arriver au château, les ambassadeurs de France s'y rendirent en diligence; et étant entrés dans la chambre de la Reine, où ce monarque étoit pour lors, nous lui fîmes les complimens ordinaires de la part du Roi, notre maître, et des Reines, sa mère et son épouse. Sa Majesté Britannique répondit à ces complimens dans tous les termes de civilité, de politesse et de respect qu'on pouvoit attendre d'un prince aussi civil qu'il l'étoit. L'heure qu'on devoit partir pour aller à Cantorbéry, où le mariage devoit être consommé, étant arrivée, Buckingham nous dit que l'intention du Roi, qui devoit monter dans le carrosse de la Reine, étoit que les principales dames angloises y eussent place aussi bien que M. et madame de Chevreuse, et la maréchale de Thémines, qui avoit voulu faire ce voyage pour l'amour de Sa Majesté. Nous lui répondîmes qu'il en falloit une aussi pour madame de Saint-Georges, qui avoit été gouvernante de la Reine, et ensuite sa dame d'honneur; qu'on avoit consenti, à la vérité, qu'elle n'en prendroit point le titre, qui paroissoit nouveau en Angleterre; mais qu'il avoit été accordé qu'elle auroit celui de *groom of the stool*, qui revient assez bien à ce que l'on appelleroit en notre langue, le gentilhomme ou la dame de la chaise percée. Cette charge est très-considérable en Angleterre; elle fait jouir de grands priviléges, comme de commander dans la chambre de la Reine, de lui donner sa chemise, etc. Nous ajoutâmes que madame de Saint-Georges devant être toujours auprès de cette princesse, s'il n'y avoit qu'une place dans le carrosse, elle devoit être pour cette dame ou pour madame de Chevreuse. Je dis de plus que le duc de Chevreuse ne devoit point se séparer des autres ambassadeurs, n'ayant point de titre particulier, et que le marquis d'Effiat et moi nous ne souffririons jamais qu'on lui rendît un honneur qui ne nous fût commun avec lui. Buckingham nous fit dire alors que nous contraindrions le Roi si nous ne suivions pas sa volonté; mais comme nous demeurâmes fermes dans notre sentiment, madame de Saint-Georges eut place dans le carrosse de la Reine, et M. de Chevreuse resta avec nous, ce qui étoit plus dans l'ordre.

La cour ayant fait la moitié du chemin de Cantorbéry s'arrêta en un lieu où plusieurs dames attendirent la Reine, qui, étant descendue de carrosse, fut avertie par le Roi de celles qu'elle devoit saluer en particulier, et de celles qui ne lui devoient pas baiser la main. Elle commença par toutes les femmes des pairs, c'est-à-dire celles des ducs, des marquis, des comtes, des vicomtes et des barons. Cela dura assez long-temps. Cette cérémonie étant finie, Leurs Majestés remontèrent en carrosse et se rendirent à Cantorbéry. Le maire et les échevins de cette ville firent leurs harangues à la Reine à l'entrée de la ville : après cela, cette princesse alla descendre au palais de l'archevêque, mais madame de Chevreuse resta auprès de la Reine toute la soirée; elle lui donna la chemise et la coucha.

Le lendemain, à la prière de M. d'Effiat, nous partîmes pour Londres, M. de Chevreuse et moi, après avoir dépêché un courrier à la Reine, mère du Roi, chargé des lettres de plusieurs dames, qui contenoient que le mariage de Leurs Majestés Britanniques avoit été consommé à leur commune satisfaction; qu'elles doivent rester ce jour-là à Cantorbéry, où l'on leur devoit faire une entrée magnifique; et que ce qui avoit obligé M. d'Effiat de nous presser, M. de Chevreuse et moi, d'aller à Londres, c'étoit afin de s'y trouver revêtu du même caractère que nous, qui voulions bien avoir cette complaisance pour lui.

La cérémonie se fit dans la chapelle de Danemarck, où nous étions logés, M. de Chevreuse et moi. Le Roi ne voulut point que la bourgeoisie prît les armes, ni que la cour se mît en état de recevoir la Reine; et cela avec d'autant plus de raison que, quoique la saison fût peu avancée, il régnoit une maladie contagieuse qui pensa désoler l'Angleterre, et dont, si on en croyoit quelques vieillards et certains savans, ce royaume pouvoit avoir été affligé sous le règne de la reine Elisabeth et sous celui du roi Jacques.

Le Roi de la Grande-Bretagne se crut obligé de convoquer un parlement, et de faire confirmer dans cette assemblée publique toutes les conditions auxquelles le feu Roi son père, et Sa Majesté elle-même, s'étoient obligés pour parvenir à son mariage. Le jour fut arrêté. On publia un acte authentique que le Roi fit dresser en présence de tous les grands de sa cour; après cela il dîna en public avec la Reine, et nous eûmes, MM. de Chevreuse, d'Effiat et moi, place au repas en qualité d'ambassadeurs du roi Très-Chrétien. Les grands y servoient, et les hérauts et les trompettes marchoient devant le grand-maître. Sa Majesté, voulant ensuite faire paroître son adresse à cheval, comme elle l'avoit montrée au bal où les ambassadeurs de France dansèrent, rompit des lances, et se fit autant admirer dans ces exercices que la Reine son épouse le fut au bal. Cette princesse y dansa sans rien démentir de la gravité qui doit être gardée par les personnes de son rang.

Le Roi parut dans le parlement d'une manière à charmer l'assemblée, couvert de son manteau royal qui étoit de velours rouge doublé d'hermine sans broderie, la couronne sur la tête et le sceptre à la main, environné des officiers du royaume, dont l'un présentoit l'épée royale, l'autre la couronne à l'impériale, et l'autre un globe qui représente le monde : c'est la marque de l'empire que les Anglois prétendent avoir sur la mer.

Plusieurs autres grands officiers portoient aussi les marques de leurs dignités et de leurs charges, comme : le maréchal, un bâton d'or dont les deux bouts sont de fer; le grand trésorier, le grand chambellan d'Angleterre et le chambellan de la maison du Roi, leurs bâtons blancs. Ceux-ci précèdent les pairs dans toutes les occasions, parce qu'ils sont eux-mêmes pairs du parlement, où personne ne peut être assis en présence du Roi que le chancelier, qui est à côté et un peu derrière Sa Majesté, et ensuite le garde-des-sceaux. C'est lui qui prit la parole, parce que le chancelier étoit pour lors éloigné de la cour, et qui remontra l'état des affaires, l'alliance contractée avec la France, et l'engagement où l'on étoit de rétablir le roi de Bohême, la Reine son épouse, sœur du Roi, et les princes ses neveux, dans l'héritage de leurs pères, dont ils avoient été dépouillés. Il ajouta que c'étoit pour la seconde fois qu'il en parloit; car dans le parlement précédent, dont celui-ci n'é-

toit qu'une suite, on avoit déjà représenté le traitement indigne qui avoit été fait en Espagne à l'héritier de la couronne.

La maladie contagieuse, augmentant de telle sorte qu'elle emportoit par jour plus de six cents personnes dans la ville de Londres, obligea le Roi de remettre son parlement et de se retirer à Hampton-Court, l'une de ses maisons de campagne, où il fit sa demeure. Sa Majesté nous fit donner pour la nôtre le château de Richemont, qui n'en est éloigné que de trois milles, et où madame de Chevreuse, qui étoit près d'accoucher, eut aussi soulagement. Nous eûmes quelque difficulté avec les Anglois pour le paiement de la dot de la Reine, parce qu'ils soutenoient que l'argent de France n'étoit pas d'un si bon aloi que le leur; mais, étant convenus de nous en rapporter aux termes du contrat, nous sortîmes assez tôt d'affaires.

Il faut remarquer que, dans le cours de ces affaires, je fus toujours en froideur avec Buckingham, dont je ne puis taire l'imprudence. Je me souviens donc à cette occasion que ce duc étant retourné à Amiens, y fit quelque ouverture à la Reine-mère, sous prétexte d'établir une liaison encore plus étroite entre les deux couronnes que celle dont on étoit convenu. Il déclara même à Sa Majesté qu'il avoit reçu un ordre précis de lui en parler, par un courrier qu'on lui avoit envoyé exprès pour cela. Cette princesse ne lui fit point d'autre réponse, sinon qu'elle en donneroit avis au Roi son fils, et qu'ensuite elle nous feroit savoir ses intentions. Après avoir vu la réponse que cette princesse avoit eue, et reçu les ordres de la cour à ce sujet, MM. de Chevreuse et d'Effiat furent d'avis de demander audience à Sa Majesté Britannique pour nous acquitter de notre commission. Je fus d'un avis contraire; mais je proposai simplement de la demander à Buckingham, et leur en dis de si bonnes raisons qu'ils s'y rendirent. Ces raisons étoient que, puisque depuis que nous étions à la cour d'Angleterre nous n'avions point entendu parler de cette affaire, nous pouvions croire que cette affaire ne lui tenoit pas fort au cœur; que nous pourrions faire de la peine à ce monarque en lui en parlant, non pas comme d'une chose à laquelle on consentoit pour lui plaire, mais qu'on lui refusoit, quoique la proposition eût été faite de sa part; que je croyois donc qu'il étoit bien plus à propos d'en parler à Buckingham, et que si ce duc insistoit à ce que, pour se disculper, nous en parlassions au Roi, son maître, nous le ferions pour lors, ne pouvant nous en défendre.

Comme nous nous entretenions de tout ceci,

Buckingham nous vint prendre pour nous mener coucher dans une maison de plaisance qui appartenoit au comte de Carlisle, éloignée seulement de Londres de trois ou quatre lieues. Je me servis de cette occasion pour lui expliquer les volontés du Roi, mon maître. Il nous répliqua à l'instant que la résolution que nous avions prise étoit la meilleure, parce que Sa Majesté Britannique auroit été dans le dernier étonnement d'entendre parler de cette proposition, qui en effet eût été nouvelle au Roi, et qu'elle venoit uniquement de lui Buckingham, qui ne l'avoit faite que parce qu'il la jugeoit utile aux deux couronnes, et qu'elle lui donnoit un prétexte honnête de retourner à Amiens, où il avoit déjà résolu de la faire quand il en partit après avoir pris congé des Reines ; et parlant ensuite en bon courtisan : « Il est, ajouta-t-il, du devoir des ministres de travailler à conserver la bonne intelligence entre les rois qu'ils servent, et ils ne doivent jamais rien faire qui la puisse altérer. »

Messieurs de Chevreuse et d'Effiat ayant été d'avis qu'on avertît le Roi de ceci, je leur dis que j'allois faire la dépêche et qu'ils ne songeassent seulement qu'à se bien divertir. Nous la signâmes tous trois avant que de sortir de Londres. Je rendis compte dans cette dépêche à Sa Majesté de la raison que nous avions eue de parler à Buckingham plutôt qu'au Roi, son maître, qui ne songeoit point à cette affaire ; et que le duc n'en avoit rien dit non plus depuis son retour de France.

Nous vîmes sur notre route plusieurs belles maisons de campagne, et nous arrivâmes dans celle du comte de Carlisle, qui nous reçut parfaitement bien. Étant retournés à Londres, nous continuâmes à faire notre séjour à Richemont, d'où nous allions souvent à la cour de Leurs Majestés Britanniques. On nous accorda, quelques jours après, la permission de retourner en France : nous devions, M. de Chevreuse et moi, suivre la route ordinaire, et M. d'Effiat devoit conduire les vaisseaux dont le roi d'Angleterre vouloit bien aider celui de France pour réduire les Rochelois, qui s'étoient soustraits à leur devoir.

Nous avions déjà fait demander notre audience de congé à Buckingham, qui vivoit avec nous fort civilement en apparence et qui nous combloit d'honnêtetés, MM. de Chevreuse, d'Effiat et moi, quand le duc nous rendit visite au château de Richemont où nous étions logés. M. de Bonneuil, gentilhomme fort considéré à la cour, autant par sa charge d'introducteur des ambassadeurs et par sa naissance, que parce qu'il étoit d'un esprit vif et poli, et qu'il avoit eu part à toutes ces intrigues, voulant donner des louanges à Buckingham, ou plutôt faire semblant de le flatter, lui parla ainsi : « Il faut avouer, Milord, que vous êtes beau et bien fait. Je ne suis point surpris que les premières de nos dames aient conçu de l'amour pour vous. — Il m'eût été difficile d'y réussir, répondit alors cet Anglois avec une fierté insupportable, car je n'étois qu'un pauvre étranger, et tous mes maux s'étoient réunis contre moi. » J'étois trop bien instruit de ce qu'on savoit et qu'on disoit assez ouvertement à la cour touchant la présomption du duc, pour ne pas comprendre ce qu'il vouloit dire. Cela m'obligea de lui parler en ces termes : « Il faut pourtant avouer, Milord, que vous avez l'esprit, la taille et l'air d'un grand seigneur ; vous êtes, de plus, beau, agréable et bien fait, et par conséquent, capable de donner de la jalousie à des maris qui seroient d'humeur à en prendre. Je suis même persuadé que vous pouvez y avoir réussi ; mais il faut pourtant que je vous apprenne une chose qui est très-constante : c'est que les dames françoises font gloire de donner de l'amour sans en prendre ; et si quelques unes ne peuvent pas se défendre d'en prendre, elles ne cherchent pourtant, en accordant leurs bonnes grâces, qu'à être courtisées par un cavalier qui réside à la cour, et non par un étranger qui n'est regardé chez nous que comme un passe-volant. » Plusieurs gentilshommes françois qui furent présens à notre entretien s'aperçurent bien à la mine de Buckingham qu'il avoit été percé jusques au cœur. Il ne put même s'empêcher de me dire que je cherchois les occasions de lui faire de la peine ; à quoi je lui répondis que l'occasion qui venoit de se présenter étoit trop belle pour ne pas s'en prévaloir.

Notre audience de congé m'ayant été accordée, Buckingham fit tous ses efforts pour obtenir, de MM. de Chevreuse et d'Effiat, qu'ils prieroient de la part du Roi Sa Majesté Britannique de mettre son épouse en tel poste qu'il lui plairoit auprès de la Reine avec la comtesse de Denbigh, sa sœur, et la marquise d'Hamilton, sa nièce. Ils le lui promirent et même de m'en faire un secret, se flattant, ou que je le découvrirois, ou que je serois assez discret pour ne les point démentir. Il est d'autant plus étonnant que cela eût pu être exécuté, qu'on nous l'avoit expressément défendu par notre instruction et par plusieurs dépêches. Les raisons qu'en avoient Leurs Majestés étoient déduites bien au long dans le contrat de mariage du roi d'Angleterre, où l'on avoit stipulé que la Reine son épouse n'auroit à son service que des François et des Françoises faisant profession de la religion catholique, de peur que la fréquentation qu'elle pourroit avoir avec des personnes protestantes ne lui fît naître de mauvaises opinions et avoir des complaisances pour le Roi, son époux, que nous avions assuré le Pape qu'elle n'auroit jamais, Sa Sainteté n'ayant accordé la dispense que sur cette assurance. On n'avoit pas même beaucoup de peine à voir quel étoit le dessein du roi de la Grande-Bretagne, qui n'avoit jamais voulu consentir que la comtesse de Buckingham, mère du duc, ni même la duchesse sa femme, fussent ordinairement auprès de la Reine, comme nous en avions prié Sa Majesté, parce que l'une faisoit profession de la religion catholique, et que l'autre en étoit soupçonnée aussi, étant fille du comte de....., qui en étoit regardé comme le défenseur, étant sorti d'une maison catholique qui avoit toujours signalé son zèle pour la pureté de la foi. Quoi qu'il en soit, je m'aperçus bien qu'il se négocioit quelque chose de conséquence, et, faisant semblant de savoir ce que j'ignorois encore, je m'adressai à Gordon, qui étoit un Ecossois. Je lui dis qu'on connoîtroit particulièrement quelle avoit été notre intention. Gordon, ayant cru que MM. de Chevreuse et d'Effiat m'avoient fait la confidence du secret, me découvrit tout le mystère, et ceci m'obligea d'aller trouver ces messieurs. Je leur parlai avec toute la force qui convenoit au caractère dont le Roi m'avoit honoré. Je dis à M. de Chevreuse que sa qualité lui feroit peut-être éviter la Bastille, mais qu'il falloit que nous y allassions, M. d'Effiat et moi; qu'ils n'avoient pu ni dû s'engager à mon insu à faire une chose de cette conséquence, qui infailliblement déplairoit beaucoup à Leurs Majestés; et que, en un mot comme en cent, je ne prétendois pas jouer la comédie; qu'ils n'avoient qu'à voir lequel ils aimoient le mieux, ou de tenir la parole qu'ils avoient donnée à Buckingham, ou bien de satisfaire à leur devoir, les assurant que, s'ils y manquoient, je dépêcherois sur-le-champ un courrier au Roi pour l'avertir de ce qui s'étoit passé; que d'ailleurs je ne trouverois pas extraordinaire qu'ils fissent arrêter mon courrier, et qu'ils envoyassent de leur part pour donner les premières impressions, mais que l'événement dans la suite feroit connoître qui de nous auroit plus de raison.

On ne peut être plus étonné que le furent ces messieurs. « Je n'ai fait, disoit le marquis d'Effiat pour s'excuser, que donner dans le sentiment de M. de Chevreuse. » Celui-ci soutint au contraire que c'étoit M. d'Effiat qui l'avoit engagé; mais enfin ils convinrent que, puisque la chose devoit déplaire au Roi, il valoit encore mieux manquer à la parole qu'ils avoient donnée. Nous fûmes conduits à l'audience par Buckingham, à qui la familiarité dans laquelle il vivoit avec le Roi, son maître, donna lieu de s'approcher de si près de ce monarque, qu'il put entendre distinctement ce que M. de Chevreuse disoit au Roi; mais il fut bien surpris quand il nous vit prendre congé sans parler de ce qu'on lui avoit promis. Dans la colère et le transport où il étoit, au lieu de nous conduire dans l'antichambre de la Reine, comme il devoit, il resta avec le Roi; mais de savoir pourquoi, c'est ce qui n'est pas venu à notre connoissance. Il vint peu de temps après où nous étions en tenant la main sur la garde de son épée, et il me dit, adressant la parole à moi seul : « Le Roi croit que c'est vous, Monsieur, qui êtes l'auteur de toutes les difficultés que nous rencontrons. » Je ne puis dire si c'étoit dans le transport de sa colère que, parlant ainsi, il avoit croisé la porte par laquelle il étoit entré; je lui répondis à mon tour, en mettant aussi la main sur la garde de mon épée : « Il faut, Monsieur, que je me sois trompé jusqu'à présent. J'avois toujours cru que les rois ont assez de puissance pour faire du bien à des gentilshommes, mais je n'avois pas cru qu'ils pussent leur donner de l'honneur. Je reconnois enfin que leur pouvoir s'étend jusques là; mais je m'estimerois bien plus glorieux encore d'entendre ce que vous me dites, si c'est par l'ordre de votre Roi, que de posséder une de ses couronnes, quand il me la donneroit. — Mes paroles, me répliqua Buckingham piqué au vif, peuvent être prises différemment. — Et moi, lui répondis-je, je les prends dans le sens que les doit prendre un honnête homme. » S'il n'avoit pas poussé son ressentiment plus loin, je n'aurois eu garde de faire remarquer à M. de Chevreuse qu'il avoit manqué de respect au Roi, notre maître, en nous offensant; mais il nous quitta brusquement. Et de nous avoir laissé partir de Hampton-Court, sans nous conduire à Richemont : « C'est, dis-je à M. de Chevreuse, un procédé si extraordinaire, qu'il offense Sa Majesté personnellement. Je n'y vois qu'un seul remède, que je vous proposerai si vous êtes d'humeur à vous en servir. » M. de Chevreuse, qui connut bien qu'il étoit lui-même offensé dans ce qui avoit été fait au Roi, me jura que je n'avois qu'à lui dire ce que j'en pensois, et qu'il n'y auroit rien qu'il ne fît de son côté pour repousser l'injure faite à Sa Majesté. « Ce remède seroit, lui dis-je, de partir en diligence et de passer la mer, en laissant à M. d'Effiat la conduite des vaisseaux qui nous ont été promis ; et quand nous serons débarqués à Calais, il faudroit dépêcher un courrier au Roi pour lui rendre compte de ce que nous avons négocié pour son service. Ensuite nous nous rendrions dans un lieu tiers, comme Dunkerque, d'où nous ferions savoir à Buckingham que nous voulons avoir satisfaction de la conduite qu'il a tenue à notre égard ; et, afin qu'il ne puisse pas désavouer qu'on lui a parlé, il faudra que ce soit un trompette de l'archiduc, assisté d'un gentilhomme françois, qui lui fasse savoir notre intention. Mais, continuai-je, il faut un très-grand secret pour réussir en ceci. » Je ne puis dire précisément par qui ce projet vint à la connoissance de Buckingham ; et si ce fut par d'Effiat, fâché de ne pas être de la partie, ou par Bonneuil, qui par tempérament ne pouvoit s'empêcher de parler, ou enfin par M. de Chevreuse lui-même, qui le dit à sa femme. Quoi qu'il en soit, Buckingham vint dès le lendemain nous faire des excuses, et nous donna pour raison de la brusquerie avec laquelle il nous avoit quittés, que c'étoit parce qu'il avoit eu nouvelle que sa femme se trouvoit malade à l'extrémité, et qu'étant persuadé qu'on ne prendroit pas en mauvaise part ce qu'il pourroit faire en cette occasion, il étoit parti brusquement sans nous en dire le sujet et sans nous en demander la permission. Comme les moindres paroles d'excuse satisfont ceux qui veulent s'accommoder sincèrement, tous nos grands projets s'évanouirent, et M. de Chevreuse ne manqua pas de publier la satisfaction qu'on avoit reçue de Buckingham.

Quelques jours auparavant, Sa Majesté Britannique avoit fait M. de Chevreuse chevalier de l'ordre de la Jarretière, sur la permission que le Roi donna à ce duc de l'accepter, et sur ce que je mandai à ce monarque qu'il est porté, par les statuts de l'ordre du Saint-Esprit, que ceux qui en sont honorés pourront aussi posséder celui de la Toison d'Or et de la Jarretière. Le roi de la Grande-Bretagne n'en demeura pas là à son égard. Ayant résolu de faire un présent de sa main à M. de Chevreuse et à d'Effiat, il leur fit dire à cet effet qu'il les vouloit encore voir ; et madame de Chevreuse ayant dit que ce prince avoit acheté deux diamans, outre le présent qu'il vouloit faire au duc son mari, je crus qu'elle ne me tenoit ce langage que pour avoir occasion d'en plaisanter dans la suite à mes dépens. En effet, si j'eusse pris le parti d'aller à l'audience avec les autres, elle n'eût pas manqué de dire, supposé qu'on m'eût fait un présent, que j'y avois été exprès pour le mendier. Elle eût fait encore de plus mauvaises plaisanteries si le contraire étoit arrivé. C'est pourquoi je déclarai à cette duchesse que je ne voulois point aller à Hampton-Court, et que nous verrions lequel des deux diamans seroit pour M. d'Effiat. On ne peut exprimer le bon accueil qui fut fait à ces messieurs, mais particulièrement au duc de Chevreuse, qui reçut un présent d'une grande valeur. Il n'en fut pas de même du présent du marquis d'Effiat, qui se tint fort offensé de ce que le diamant qu'on lui donnoit n'étoit pas du prix qu'il l'avoit espéré.

Nous partîmes de Richemont tous trois dès le lendemain, quoique madame de Chevreuse fût accouchée d'une fille. M. d'Effiat nous accompagna jusques à Gravesende, où nous trouvâmes des carrosses qui nous conduisirent à Douvres. Pour lui, il prit le chemin des ports de mer, où l'on avoit armé les vaisseaux que l'on s'étoit engagé de fournir au Roi. Nous arrivâmes heureusement en France, après avoir été près de quarante heures sur la mer, et nous débarquâmes à la rade de Saint-Jean. Nous partîmes de Boulogne le lendemain pour nous rendre à Fontainebleau, où Leurs Majestés étoient pour lors. Il ne me fut pas difficile de remarquer, par le froid accueil qui fut fait à M. de Chevreuse à son retour, que l'on n'étoit guère content de lui ; car, quoiqu'il fût revêtu de la charge de grand chambellan, il n'entra point dans la chambre du Roi, et il fut obligé de faire demander auparavant si Sa Majesté l'agréeroit.

Je trouvai à mon retour un grand changement dans le conseil. Non seulement le cardinal avoit toute la confiance du Roi et de la Reine, sa mère, mais il étoit encore le chef du conseil, et il y avoit une autorité si absolue, qu'on lui portoit toutes les dépêches. Il ne se faisoit rien que par ses avis ; il ordonnoit de toutes choses, et ne gardoit aucune mesure en quoi que ce pût être, sinon en ce qui regardoit la volonté du Roi, qu'il tâchoit de pénétrer en donnant dans le sentiment de Sa Majesté, à laquelle il n'étoit point alors importun par les graces qu'il lui demandoit : car il ne lui proposoit point encore aucun de ses proches pour être auprès de sa personne, parce qu'il avoit remarqué que l'esprit de ce monarque étoit si méfiant et si délicat sur cette matière, que c'eût été rendre un très-mauvais office à ceux qu'il auroit présentés, quand même ils auroient été agréés. De plus, ce premier ministre changeoit volontiers de séjour par complaisance pour le Roi, qui n'aimoit pas à rester long-temps dans un même endroit. Il n'alloit point à la cour quand Sa Majesté n'y étoit pas, afin qu'on n'eût pas sujet de dire qu'il faisoit sa cour aux Reines ; et quoiqu'il eût obligation de sa fortune à la Reine-mère, il ne faisoit guère que sauver les apparences avec cette princesse. Il avoit ensuite l'adresse de faire entendre au Roi qu'il ne dépendoit et ne vouloit dépendre que de lui seul.

Après que j'eus resté deux jours à Fontainebleau, j'allai à la Maison-Rouge où le cardinal étoit. Il me pressa fort de lui dire quelle avoit été la conduite de M. de Chevreuse, et ce qui en avoit été remarqué par le marquis d'Effiat. Pour m'engager à lui parler plus ouvertement, il me fit assez connoître qu'il avoit eu des informations qui ne leur étoient pas avantageuses ; mais je ne lui voulus rien dire qui pût leur nuire. Au contraire, je les louai de s'être une fois emportés en présence du roi d'Angleterre, pour un mauvais traitement que l'un des huissiers de ce prince avoit fait à une femme catholique, qui venoit entendre la messe dans la chapelle de la Reine. A la vérité, je ne pus désavouer que la conduite de M. de Chevreuse n'avoit point déplu à la cour d'Angleterre, et je déclarai de plus à Son Excellence que le comte de Carlisle blâmoit hautement celle du comte de Holland ; mais j'évitai de tomber dans le piége que le cardinal me tendit en me questionnant sur quantité de choses qui n'étoient point venues à ma connoissance, et en faisant à peu près à mon égard comme on en use à l'inquisition à l'égard de ceux qu'on y défère.

Les vaisseaux qui nous avoient été promis ayant été amenés par M. d'Effiat, servirent à faire gagner à M. de Montmorency la victoire qu'il remporta sur les Rochelois (1) : mais cette liaison entre la France et l'Angleterre causa dans la suite une grande guerre entre les deux couronnes ; car les Anglois crurent qu'ayant servi le Roi, ils étoient en droit de faire un accommodement entre ce monarque et les Rochelois. Comme cela flattoit en quelque façon la passion que l'on connoissoit au cardinal de Richelieu avoit de faire la guerre à l'Espagne, les Anglois obtinrent qu'on accepteroit leur garantie pour l'exécution de ce qui avoit été promis à ceux de la religion prétendue réformée. Mais ils prirent les armes en leur faveur, sous prétexte qu'on leur avoit manqué de parole.

Je ne sais point ce que M. d'Effiat put rapporter de si agréable au cardinal, mais ce qui est certain, c'est qu'il en fut fort considéré, et qu'ensuite ce premier ministre témoigna une très grande envie de faire venir à la cour le duc de Buckingham. Le Roi, au contraire, montroit beaucoup de répugnance pour cet étranger, parce que, outre la fierté de l'Anglois, sa conduite peu respectueuse et sa manière d'agir lui déplaisoient. D'ailleurs le Roi n'étoit pas encore résolu de rompre avec l'Espagne, dont la puissance lui étoit suspecte à la vérité, mais celle du Roi d'Angleterre, qui avoit des intelligences en France, l'étoit aussi. Cependant Sa Majesté, qui agissoit avec beaucoup de prudence, et qui par conséquent ne vouloit et ne devoit point contribuer à l'avancement des Anglois, ne laissoit pas d'aider le prince palatin à rentrer dans ses Etats ; en quoi il étoit pourtant combattu par deux contraires qui lui passoient continuellement dans l'esprit. D'un côté il voyoit la trop grande élévation de la maison d'Autriche, et de l'autre celle de l'Angleterre ; voilà ce qui fut cause que le cardinal ne put obtenir du Roi la permission d'écrire à Buckingham pour le faire venir en France.

[1626] L'ambassadeur de Sa Majesté en Hollande, où cet Anglois étoit allé, lui fit entendre que le plus sûr moyen d'avancer les affaires c'étoit d'envoyer à sa place en France une personne de considération, et non pas d'y aller lui-même. Il y a aussi grande apparence que madame de Chevreuse lui manda la même chose. C'est pourquoi Buckingham y envoya le vice-chancelier d'Angleterre, lequel demanda de négocier directement avec le cardinal, et d'être dispensé de me venir voir, parce qu'on le lui avoit expressément défendu. J'en fus averti par ce premier ministre, et l'ambassadeur se trouva bien surpris de la réponse que je lui fis, qu'il étoit absolument nécessaire pour le service du Roi que les affaires étrangères ne passassent que par les mains d'un secrétaire d'Etat ; et bien que je ne m'attendisse pas que cela dût me regarder, je ne laissois pas de le conseiller, parce qu'il seroit autrement très difficile que Sa Majesté fût bien servie : car quand on veut faire les choses par des voies extraordinaires et qui ne sont point en usage, il en arrive des inconvéniens auxquels il est impossible de remédier ensuite. Soit que la force de mes raisons persuadât le cardinal, ou que de lui-même il eût envie de suivre le plan que je conseillois, il proposa la chose au Roi, qui s'y rendit facilement ; mais d'Herbault eut l'avantage d'être préféré aux autres. Dans les conférences qu'eut le premier ministre avec l'ambassadeur d'Angleterre, on

---

(1) Il s'agit du combat naval livré près de l'Ile de Ré. L'armée royale, commandée par le duc de Montmorency, reprit cette Ile dont les protestans s'étoient emparés. (A. E.)

prit des mesures contre l'Espagne, dont Blainville, qui étoit celui de France auprès de Sa Majesté Britannique, n'eut que très peu de connoissance. Il fut même révoqué, dans la crainte que le cardinal avoit d'y laisser un homme aussi éclairé que celui-là.

Ce fut en ce temps-là que la duchesse de Guise engagea la Reine-mère à demander que sa fille Marie de Bourbon-Montpensier fût mariée à Monsieur, frère unique du Roi, ou bien qu'on lui laissât la liberté d'en disposer. Nous remarquerons ici que Henri de Montpensier, dernier de sa branche, avoit épousé Catherine de Joyeuse, fille du comte de Bouchage et de mademoiselle de Nogaret, duquel mariage étoit venue une fille qui épousa dans la suite Monsieur, parce que le duc de Montpensier mourant demanda en grâce au roi Henri-le-Grand que le mariage de cette princesse fût fait avec M. le duc d'Orléans, qui étoit le second fils de Sa Majesté. Henri-le-Grand, y ayant donné son consentement, laissa mourir M. de Montpensier avec la consolation d'en voir dresser les articles avant sa mort. Ce prince disposa de ses biens en faveur de son gendre, de madame son épouse et de la couronne; mais M. d'Orléans étant décédé pendant la minorité du roi Louis XIII, la Reine-mère engagea son dernier fils, devenu pour lors duc d'Orléans, à épouser celle qui avoit été promise à son frère, et c'est de cela que madame de Guise demandoit l'exécution. La chose, qui paraissoit très juste en elle-même, ne laissoit pas de recevoir ses difficultés, parce que personne n'osoit proposer au Roi, qui n'avoit point d'enfans, de consentir au mariage de Monsieur, son frère, dans la juste appréhension où l'on étoit que ce prince, venant à en avoir, ne fût trop considéré. On n'osoit pas aussi, d'un autre côté, ne point consentir à une chose qui paroissoit si raisonnable, d'autant plus que la Reine-mère dit publiquement que ceux qui y avoient de la répugnance ne donnoient que trop à connoître qu'ils avoient plus d'inclination pour la branche de Condé, que d'attachement pour le Roi et pour Monsieur, son frère.

Le cardinal, étant pressé par Leurs Majestés d'en dire son avis, différoit de s'expliquer nettement, et attendoit du temps le remède et le conseil qu'il pourroit donner; cependant le Roi faisoit assez connoître qu'on lui feroit plaisir de trouver des détours pour éloigner ce mariage. Ayant su que le grand prieur, son frère naturel, avoit beaucoup de pouvoir sur l'esprit de Monsieur, et qu'il étoit porté pour le comte de Soissons, le seul prince que madame de Guise pouvoit souhaiter pour sa fille, supposé qu'elle fût exclue de l'alliance de Monsieur, Sa Majesté crut pouvoir découvrir au grand prieur le sujet de son chagrin. Celui-ci, d'autre côté, ne croyant pas pouvoir avoir un meilleur garant que le Roi-même, usa de tant d'adresse qu'il persuada à Monsieur de dire qu'il n'avoit aucune inclination pour le mariage. La Reine, qui savoit l'attachement qu'avoit pour le frère du Roi M. d'Ornano, fait depuis peu maréchal de France, après avoir été arrêté prisonnier quelques années auparavant, et depuis élargi sur les protestations qu'il fit d'être toujours fidèle au Roi, la Reine, dis-je, crut qu'il avoit eu part au conseil que Monsieur avoit pris de déclarer qu'il renonçoit au mariage, et que, pour ses intérêts particuliers, la maison de Vendôme profitoit du crédit que le maréchal avoit sur l'esprit de ce jeune prince, qui d'ailleurs avoit prêté l'oreille aux propositions qui lui avoient été faites de se retirer de la cour et de faire son séjour à La Rochelle, parce que par là il nécessiteroit le Roi de lui donner un apanage avec de grosses pensions, et d'autres établissemens qu'il n'avoit pu encore obtenir.

La Reine-mère s'entretint donc de tout ceci avec le cardinal de Richelieu, qui, voyant bien l'inconvénient qu'il y avoit que Monsieur se retirât de la cour, conseilla au Roi de faire arrêter le maréchal d'Ornano, et de promettre au grand prieur qu'il auroit le commandement de l'armée navale si son frère renonçoit à l'amirauté de Bretagne dont il avoit été pourvu avec le gouvernement de cette province, et que le cardinal souhaitoit fort pour lui-même, dans l'espérance où il étoit d'être élevé à la dignité de surintendant du commerce et de la navigation de France, avec tous les pouvoirs et prééminences accordés à l'amiral. Cette dernière charge avoit donc été supprimée pour donner lieu à la création de la première, que le cardinal ambitionnoit violemment; et comme dans cette nouvelle charge il ne pouvoit pas lui-même commander les flottes, Son Eminence laissoit le Roi maître de leur donner pour général qui il vouloit.

Le grand prieur, étant donc flatté de l'espérance de commander les armées de mer une seule fois au moins, et d'avoir ensuite un bon gouvernement à la place de celui de Caen qu'on lui avoit ôté, prit le parti d'aller ménager Monsieur et de le faire revenir à la cour. La première chose que Monsieur demanda fut la liberté du maréchal d'Ornano, qui lui fut promise. Mais comme je savois qu'on ne se servoit en cette occasion du grand prieur que pour le faire disgracier, je crus le devoir avertir, en lui faisant entendre que le Roi se laisseroit toucher par les larmes de la Reine sa mère ; que le cardinal éviteroit de donner conseil à Sa Majesté sur une matière aussi délicate que le mariage de Monsieur, son frère ; ce qui ne l'empêchoit pas de faire un écrit par lequel il se serviroit de bonnes raisons pour la conclusion du mariage, et de très faibles pour soutenir le contraire ; et qu'ainsi le dessein de la Reine réussissant, il attireroit son indignation, dont il seroit accablé dans la suite aussi bien que la maison de Vendôme ; que, donnant les mains à ce qu'il ne pourroit empêcher, M. de Soissons, son ami, se trouveroit par-là engagé à rechercher sa nièce, ce qui seroit un très grand avantage pour sa maison ; et qu'il ne devoit point appréhender que mademoiselle de Guise fût préférée à sa nièce, parce que M. de Soissons avoit pour suspect tout ce que lui consulloit. « Vous ne me connoissez ni la cour ni Monsieur, me répondit le grand prieur. — Je ne serois pas, lui répliquai-je, si aisément trompé à la cour que vous, Monsieur ; mais pour ce qui regarde le caractère de votre esprit, il me seroit facile de l'être, puisque vous faites vous-même tout ce qu'il faut pour ruiner votre maison. » Depuis que j'eus cet entretien avec le grand prieur, je ne le vis que dans le moment qu'il partit de Blois avec M. de Vendôme son frère, pour être mis prisonnier dans le château d'Amboise.

Les sceaux, que l'on ôta au chancelier d'Aligre pour les donner à M. de Marillac, firent croire que l'on avoit de grands desseins, celui-ci étant aussi sévère que l'autre avoit paru doux. La résolution que l'on avoit prise d'aller sur la rivière de Loire, inspira aussi de la crainte à plusieurs personnes ; mais quand on vit que Monsieur suivoit le Roi, et que Chalais avoit eu des éclaircissemens avec Sa Majesté avec le cardinal, on crut que les affaires étoient accommodées. La détention de MM. de Vendôme, qui de Blois furent conduits à Amboise, fit naître d'autres soupçons qui augmentèrent, parce que la cour partit pour Nantes, et que le nouveau garde-des-sceaux fut nommé pour interroger MM. de Vendôme, ayant pour adjoint Beauclair, secrétaire-d'Etat.

Je dirai, à propos de M. de Marillac, que je me souviens de deux choses qui méritent d'avoir place dans ces Mémoires. L'une, qu'en prenant possession de la dignité de garde-des-sceaux, au lieu de dire qu'il craignoit de n'en pouvoir supporter le poids, comme font pour l'ordinaire ceux qui en sont revêtus, il fit un compliment au Roi qui fit connoître qu'il ne se méfioit point du tout de ses forces ; car il dit à Sa Majesté qu'il espéroit que Dieu lui feroit la grâce de s'en bien acquitter. La seconde chose qui est à remarquer, c'est que le grand prieur devoit faire et fit en effet difficulté de répondre devant lui, tant à cause de sa qualité de chevalier de Saint-Jean-de-Jérusalem que parce qu'il pouvoit objecter à Marillac qu'étant entré dans la Ligue, il avoit juré non seulement de ne jamais reconnoître pour roi celui à qui la couronne appartenoit de droit, ni même ses enfans, mais encore de lui être contraire en toutes occasions : et c'est de quoi il avoit pu être accusé par le roi Henri-le-Grand ; que de plus, il s'étonnoit de ce qu'il vouloit être son juge, puisque lui, grand prieur, ne devoit point en avoir d'autre que le parlement. Il pouvoit dire sur son sujet beaucoup d'autres choses encore qui couvroient Marillac de confusion. Le garde-des-sceaux étant revenu avec cette réponse, je fus soupçonné d'avoir donné des avis au prisonnier ; et le cardinal en parla au Roi qui n'en crut rien, et qui lui dit : « Je le connois aussi bien que je sais de quoi l'autre est capable. D'ailleurs, lui ajouta-t-il, je suis assuré de la fidélité de ceux qui gardent mes frères de Vendôme, et je suis persuadé qu'ils n'ont reçu ni avis de ce qui a été résolu, ni mémoires sur ce qu'ils doivent répondre. »

La cour fit alors un voyage à Nantes, où les Etats de la province de Bretagne furent convoqués. Par la première requête qui fut présentée au Roi, et qui étoit en quelque façon mendiée, Sa Majesté fut suppliée de donner une déclaration par laquelle aucun des descendans des anciens ducs de Bretagne ne pourroit être gouverneur de la province. Le Roi fit ce règlement par une déclaration qui fut insérée dans les registres des Etats. Pendant qu'ils travailloient au secours extraordinaire qu'ils pourroient donner à Sa Majesté, on pressa Monsieur de se marier. On fit la découverte d'un complot contre la vie du cardinal. Chalais, qui étoit entré dans le complot, fut arrêté prisonnier, et tous ceux que l'on soupçonna d'avoir eu connoissance du complot. On composa une chambre d'un certain nombre de présidens, de conseillers du parlement de Bretagne et de plusieurs maîtres des requêtes, qui avoient suivi le garde-des-sceaux qui présida à cette chambre.

Monsieur se maria pendant qu'on travailla à l'instruction du procès de Chalais, qui fut condamné à mort et exécuté. On croyoit qu'une des conditions du mariage de ce prince seroit la liberté de MM. de Vendôme, du maréchal d'Ornano et de Chalais ; mais ils furent oubliés, ou, si l'on parla d'eux, ce fut si foiblement que cela ne servit qu'à resserrer davantage les premiers, et qu'à avancer la condamnation de Chalais.

La maison de Guise commença pour lors à chanter victoire, et se donna même la liberté de se laisser emporter si vivement à la joie, que le duc d'Elbœuf m'ayant rencontré dans la cour du château, me dit : « Vous voyez que ce que vous craigniez tant, et que vous n'avez jamais cru, est enfin arrivé. Monsieur ôte, par son mariage, à la maison de Condé l'espérance de parvenir à la couronne. » Je lui répondis à mon tour sur le même ton : « Je n'ai jamais cru, Monsieur, qu'il pût arriver ni bien ni mal du mariage de Monsieur avec mademoiselle de Montpensier. J'espère toujours que Dieu donnera des enfans au Roi, et qu'il voudra se laisser fléchir enfin par les larmes et les prières d'un peuple qui a le bonheur d'être gouverné par le meilleur prince du monde et par une Reine d'un grand mérite. »

Cependant le Roi se disposa de s'en retourner à Paris peu après le mariage de Monsieur, et passa par Rennes, où je ne suivis point Sa Majesté, lui ayant demandé la permission d'aller voir madame du Massez, ma belle-mère, qui demeuroit en Saintonge. Ce monarque apprit pour lors la mort du maréchal d'Ornano, et donna ordre à madame de Chevreuse de se retirer dans sa maison de Dampierre, avec défense d'en sortir. La mort du maréchal d'Ornano fut une occasion de parler aux uns, et contribua à la fortune des autres; et il y a beaucoup d'apparence que, si cette mort n'eût prévenu le ministère, on auroit fait le procès de M. d'Ornano, et qu'il n'auroit pas manqué peut-être de charger par ses dépositions plusieurs personnes avec lesquelles il avoit eu de très-grandes habitudes.

Monsieur fut très-content de son mariage et de l'apanage qu'il avoit eu; mais il oublia ses serviteurs : à quoi son humeur le portoit assez. Madame ménageoit son esprit, et en tiroit tout ce qu'elle en pouvoit tirer par son adresse.

[1627] Sa grossesse, qui parut bientôt, ne fit qu'augmenter le crédit qu'elle avoit auprès de son mari et de la Reine, sa belle-mère. Personne n'osoit dire que cette princesse n'accoucheroit pas d'un fils : car elle en étoit si persuadée, qu'il n'y avoit rien qu'elle ne mît en usage pour savoir ce que l'on disoit d'elle sur cet article, et pour donner ensuite des marques de son ressentiment à ceux qui ne parloient pas dans son sens. Cependant elle n'eut qu'une fille, contre son attente et celle de ceux qui la regardoient comme étant destinée à donner des rois à la France. Elle mourut peu de jours après. Quoique le cardinal de Richelieu eût contribué beaucoup au mariage de cette princesse, il n'en étoit pas moins pour cela l'objet de son aversion ; car elle lui envioit non-seulement son crédit, mais elle fut même cause, à ce que l'on croit, que la Reine-mère commença à se dégoûter de ce ministre et à prêter l'oreille à ceux qui lui parloient à son désavantage.

On fut alors averti des préparatifs de guerre qu'on faisoit en Angleterre, qu'un grand nombre de huguenots, sujets du Roi, y avoient passé, et que plusieurs d'entre eux la demandoient et s'y disposoient, sous prétexte de donner ordre à leur sûreté. Cependant le Roi tomba dangereusement malade, et se trouva autant agité par la fièvre qui le tourmentoit que par l'envie qu'il avoit d'aller en Poitou. La Reine sa mère fit ce qu'elle put pour l'en empêcher ; mais le cardinal le pressa au contraire de s'avancer, ne trouvant que ce seul moyen pour sauver l'île de Ré, dans laquelle les Anglois avoient déjà fait une descente, et pour se faire craindre aux Rochelois qui les avoient appelés.

La descente fut contestée ; mais enfin ils prirent terre, étant favorisés par la marée et par leur canon. L'armée ennemie étoit commandée par Buckingham, qui parut en cette expédition avec l'équipage d'un homme amoureux, plutôt que dans l'équipage d'un général. Ce duc, méprisant le fort de La Prée, résolut d'attaquer celui de Saint-Martin : ce qui lui fit recevoir un affront, car il se retira sans avoir réussi dans son entreprise. Je me crois obligé de dire ici, pour rendre témoignage à la vérité, que ce succès fut autant dû à la vigilance du cardinal qu'à la résolution que le Roi prit de se faire voir dans le pays d'Aunis. Les assiégés firent une vigoureuse défense, et le régiment de Champagne, commandé par Thoiras, qui fut dans la suite maréchal de France, y acquit beaucoup d'honneur. On fit passer des troupes au fort de La Prée, et l'on fit un embarquement à Brouage, dont le commandement fut donné à M. de Schomberg, qui apprit à son arrivée que les gardes ayant été attaquées sous ce fort, où elles étoient campées, avoient repoussé l'ennemi, lequel, pour jouer de son reste, attaqua par un assaut général le fort de Saint-Martin, d'où il fut aussi repoussé. Ayant ensuite voulu se retirer à la tête de l'île, il fut défait entièrement ; et l'on peut dire que le maréchal de Schomberg reçut dans cette occasion beaucoup de gloire, et la France un grand honneur. Si le Roi fut admiré pour avoir entrepris ce secours, le cardinal ne fut pas moins loué d'y avoir contribué. Je ne suivis point le Roi dans ce voyage, ni quand il partit de Saint-Germain, où il étoit venu reprendre ses forces, parce que je n'étois pas moi-même encore guéri d'une incommodité qui m'obligea de garder la chambre dix mois entiers, outre que le Roi ne m'avoit pas fait l'honneur de me nommer pour être de ce voyage. Je ne dirai point si la prison du grand prieur ou quelque autre raison en fut la cause, mais seulement que j'en tirai un grand avantage, qui fut que je commençai dès-lors à mépriser le monde. Je n'avois point de plus grande consolation que quand des personnes de vertu et de piété me venoient visiter; et je puis dire que, dans cette occasion, je le fus bien plus que je ne le méritois par les plus qualifiés du royaume. Enfin je recouvrai ma santé, sans avoir le moindre ressentiment d'un grand abcès qu'il fallut m'ouvrir à plusieurs reprises. Ce fut dans un voyage que je fis à Notre-Dame-de-Liesse, pour remercier Dieu, que j'eus la certitude de ma guérison. Madame de La Ville-aux-Clercs fut du voyage, et je suis obligé de dire à sa louange que, pendant le cours de ma maladie, elle ne quitta point le chevet de mon lit, dans lequel j'étois presque toujours, parce que je m'y trouvois bien plus soulagé que dans quelque situation que je pusse être.

Le Roi m'ordonna de rester auprès de la Reine, sa mère, qui exerçoit la régence sous le titre de gouvernante des provinces de deçà la Loire. Cependant madame de Chevreuse, ennuyée du séjour de Dampierre, en partit brusquement, et alla à Nancy, où elle fut parfaitement bien reçue de M. de Lorraine. Quoique la parenté servit de prétexte, ce fut sa beauté qui lui acquit tout le pouvoir qu'elle eut dans la suite, et qu'elle conserva long-temps sur l'esprit de ce prince. Ce souverain ayant, ainsi que ses pères, fait de grandes usurpations sur les évêchés de Metz, Toul et Verdun, dont la protection étoit dévolue à nos rois, qui n'en possédoient presque plus que la souveraineté, dans laquelle ils étoient bien fondés, on conseilla à Sa Majesté de revendiquer ce qui lui appartenoit. Des commissaires ayant été nommés de part et d'autre pour en prendre connoissance, ils adjugèrent tant de terres au Roi que M. de Lorraine crut qu'on le vouloit dépouiller entièrement. Il est vrai que ce prince faisoit d'ailleurs tant d'usurpations sur les droits et sur la souveraineté de Sa Majesté, que sa crainte pouvoit être assez bien fondée. Le duc de Lorraine crut donc que l'occasion se présentoit d'obtenir des déclarations en sa faveur, ou bien de se maintenir par la force dans la possession de ce qu'il prétendoit lui appartenir. Il s'en déclara ouvertement, et le bruit de la cour étoit qu'il agissoit par le conseil de madame de Chevreuse. Mais le père de cette duchesse, craignant que l'événement ne répondît pas à son attente, lui conseilla d'envoyer en Espagne pour s'assurer de la protection du Roi Catholique, et de faire passer par Paris ou par La Rochelle M. de Ville, pour saluer Sa Majesté de la part du duc son maître, en glissant toujours quelques paroles qui signifioient qu'il n'y avoit point de meilleur moyen pour rendre l'amitié éternelle que de faire justice à M. de Lorraine sur ses prétentions.

Je répondis à cet envoyé, avec qui j'eus ordre de conférer, que ses paroles ressembloient à un défi; mais qu'il devoit plutôt se ressouvenir que son maître avoit l'épée trop courte pour la mesurer avec celle du Roi; que d'ailleurs avant que les Anglois et les Espagnols, naturellement temporiseurs, eussent délibéré s'ils l'assisteroient ou non, il se trouveroit dépouillé et de ce qui lui appartenoit et de ce qui ne lui appartenoit point. M. de Ville ne fut pas mieux reçu à La Rochelle, le Roi étant indigné de ce qu'un duc de Lorraine osoit faire le fier contre lui, parce qu'il le croyoit engagé fort avant dans une guerre avec le roi d'Angleterre et avec une partie de ses Etats révoltés. Pendant que le blocus de La Rochelle fut continué [1628], le Roi vint faire un tour à Paris et s'en retourna promptement, sans que les prières des deux Reines le pussent retenir. Le marquis de Spinola ayant été rappelé des Pays-Bas en Espagne, passa par Paris. En s'en allant à Madrid, il vit le camp de La Rochelle, où le Roi lui fit un très-bon accueil, lui permettant même de visiter les tranchées et les travaux. On battit aux champs : ce qui étoit le plus grand honneur qu'on lui pût faire, et dont il ne manqua pas de rendre à Sa Majesté ses très-humbles remercîmens. Quand il fut arrivé à la cour du Roi son maître, plusieurs conseillers de Sa Majesté Catholique étant d'avis que l'on tentât le secours de La Rochelle, alléguant pour leur principale raison qu'il falloit empêcher la trop grande puissance de la France et ses vues, dont on ne pouvoit douter sur la réponse qui avoit été faite à M. de Ville, on demanda à Spinola si cette entreprise pouvoit réussir : à quoi ce général répondit qu'il y trouvoit de grandes difficultés qui ne manqueroient pas de traverser les desseins du Roi Catholique, auquel ensuite on reprocheroit toujours d'avoir inutilement envoyé une flotte pour le secours des Rochelois. On lui proposa de se charger de l'entreprise; mais il s'en excusa, donnant pour raison de son refus qu'il avoit vu les travaux et donné son avis sur ce qu'il y avoit à faire; qu'ainsi il ne pouvoit pas honnêtement se charger de l'exécution de ce qu'on lui ordonnoit. Tout ceci fut cause que Sa Majesté Catholique n'entreprit rien dont on pût se plaindre en France, ou qui pût lui faire beaucoup de mal; mais il n'en fut pas de même du côté de l'Italie. Les Espagnols croyant que l'occasion étoit favorable de s'emparer de la ville et citadelle de Casal, le sergent-major de cette place fut sollicité de la part du Roi Catholique pour la livrer; et le duc de Savoie consentit, d'autre côté, de lui laisser faire la conquête du pays, à condition qu'il déclarât ne prétendre aucun droit, ou de renoncer à celui qu'il pourroit avoir sur la ville et sur la citadelle. Ces deux princes, suivant le bruit de la renommée, qui n'épargne personne, ne songeoient qu'à se tromper l'un l'autre; car le Roi Catholique, voyant que son dessein lui avoit réussi, ne pensoit qu'à empêcher M. de Savoie de faire la guerre dans un pays qu'il regardoit comme le sien propre; et cependant le duc de Savoie, dans la crainte qu'il en avoit ensuite, crioit au secours pour empêcher la trop grande puissance de l'Espagne en Italie. Il se sauvoit ainsi de l'un aux dépens de l'autre; mais, pour rendre sa condition meilleure, il étoit souvent joué des uns et des autres. Il n'y avoit point de puissance qui fût plus en état de faire tête à l'Espagne que celle de la France. Cependant Sa Majesté Catholique traita avec le duc de Rohan et lui fournit de l'argent, afin que la guerre civile ne fût pas sitôt terminée qu'il y avoit lieu de croire qu'elle le seroit. Le duc fit à la vérité la guerre en Languedoc; mais il ne put empêcher que La Rochelle ne se rendît, après qu'on y eut appris la mort du duc de Buckingham, et vu que les efforts des Anglois étoient inutiles contre la digue qu'on avoit construite pour enfermer le port, et contre les vaisseaux que le Roi avoit armés pour s'opposer à la flotte ennemie. Cette ville rebelle fit enfin de nécessité vertu, et ouvrit ses portes à son souverain.

FIN DE LA PREMIÈRE PARTIE.

MÉMOIRES
DU COMTE DE BRIENNE.

DEUXIÈME PARTIE.

[1629] Sa Majesté se ressouvint alors de la protection qu'elle devoit à M. de Mantoue injustement attaqué, et n'oublia point cependant ce qu'elle devoit à son Etat. Après avoir reçu à composition La Rochelle, et donné ses ordres pour l'île de Ré, elle fit aller son armée par le Languedoc pour se rendre dans le Dauphiné, dans l'intention de forcer les passages des Alpes, si M. de Savoie l'y contraignoit. Le Roi vint aussi faire un tour à Paris pour y voir les Reines ; mais il en repartit aussitôt, malgré la rigueur de la saison, pour se mettre à la tête de son armée.

Ce monarque, feignant d'ignorer ce qui se passoit à sa cour, courut au plus pressé; et, n'ayant pu faire entendre raison au duc de Savoie, il tenta de forcer le pas de Suse, fortifié de barricades et défendu par une bonne citatadelle et par un grand nombre de gens de guerre : ce qui lui réussit, et le mit en état de voir Casal délivré d'un siége qui se faisoit sous les ordres du marquis de Spinola. Pendant la durée de ce siége, ce général se plaignit souvent qu'on le laissoit manquer de tout ce qu'il lui falloit : ce qu'il attribuoit aux artifices de M. de Savoie. Ce grand capitaine eut peu de satisfaction du côté de l'Espagne, et ne fut heureux qu'en ce qu'il tomba malade avant que les ordres du Roi Catholique fussent arrivés et exécutés par un autre.

Casal fut donc secouru sans qu'il fût nécessaire que le Roi allât plus loin que Boussolenque, où M. et madame de Savoie et le prince leur fils vinrent rendre leurs devoirs à Sa Majesté, qui, sous la foi d'un traité, repassa en France avec le cardinal, et sans prendre le moindre repos alla dans le Vivarais, où plusieurs places se rendirent, à la réserve de Privas qui, ayant voulu se défendre, servit malheureusement d'exemple aux autres et à la postérité.

Le duc de Rohan et tout son parti, étonnés de tant d'avantages, firent demander une amnistie : et cette amnistie lui fut accordée, à condition que le duc de Rohan, chef des rebelles, sortiroit du royaume, et que toutes les places dont il étoit gouverneur ouvriroient leurs portes aux troupes de Sa Majesté et auroient le tiers de leurs fortifications rasées. Mais parce que chaque ville avoit la liberté de se soumettre ou de ne le pas faire, le cardinal prit lui-même le soin de les aller faire expliquer. Il mena des troupes capables de les intimider et de les faire obéir de force, si elles ne vouloient pas le faire autrement. Le Roi vint alors faire un tour à Paris pour y voir les Reines et s'y rafraîchir. Il mena avec lui la Reine son épouse à Versailles ; et un jour qu'il paroissoit se disposer à revenir à Paris, il en partit aussitôt pour aller prendre le divertissement de la chasse où il le prenoit ordinairement.

Il est à propos de remarquer ici, à cette occasion, que la comtesse de Lanoy étant morte dès l'année précédente, la marquise de Senecay eut sa charge de dame d'honneur ; et celle que madame de Senecay avoit auparavant fut donnée à la comtesse de Rochepot, connue pour lors sous le nom de madame Du Fargis. La Reine, qui avoit souffert avec peine qu'on eût éloigné de son service madame de Vervet, eut alors un nouveau déplaisir ; car non-seulement la dame de Vervet ne fut point rappelée, mais on mit auprès d'elle une dame qu'on pouvoit soupçonner d'être dans la dépendance du cardinal de Richelieu, à cause de la liaison qui étoit entre elle et madame de Combalet, qui fut depuis duchesse d'Aiguillon. La Reine s'emporta fort; mais les dames qui essuyoient sa colère et ses chagrins tâchoient à la servir comme elles y étoient obligées. Cependant madame Du Fargis fit si bien qu'elle gagna la confiance de sa maîtresse par son assiduité et par quelques complaisances. Après cela, elle ne songea plus qu'à la réconcilier avec la Reine, sa belle-mère; et il y a beaucoup d'apparence qu'elle suivit en cela les conseils du cardinal de Bérulle, quoique la dame eût par elle-même assez de résolution pour l'entreprendre.

On connut pour lors que l'on s'étoit mépris de croire que le Roi fût absolument insensible à la passion de l'amour, mademoiselle de Hautefort ayant donné dans la vue de ce monarque. Cette dame, qui avoit beaucoup d'esprit et un entretien très-agréable, étoit au service de la Reine-mère, et sous la conduite de madame de La Flotte, gouvernante des filles d'honneur de Sa Majesté. Madame Du Fargis conseilla prudemment à la Reine de fermer les yeux à la passion apparente du Roi son époux, lui disant, pour la fortifier dans ce sentiment : « S'il est capable d'aimer, c'est à vous seule qu'il est capable de le marquer. » Cette princesse avoit d'autant plus de raison de le croire, qu'il n'y avoit effectivement à la cour aucune personne plus belle et plus charmante qu'elle, la nature lui ayant donné tout l'esprit et tout l'avantage nécessaire, et pour se faire aimer et pour se faire respecter. Le cardinal revint alors glorieux et triomphant à la cour, ignorant ce qui s'y passoit, aussi bien que la passion que Monsieur faisoit paroître pour épouser la princesse Marie, fille aînée du duc de Mantoue. La Reine-mère, au contraire, avoit beaucoup d'aversion pour cette princesse. Monsieur, son fils, témoigna aussi dans la suite de l'inclination pour épouser une princesse florentine.

Les huguenots, désunis entre eux et se trahissant les uns les autres, rentrèrent insensiblement sous l'autorité du Roi qu'ils avoient méprisée si long-temps, bien que le duc de Rohan fît son possible pour les retenir et ne cessât d'agir par ses émissaires en faveur de son parti, tantôt auprès des Espagnols, et tantôt auprès des Anglois. Mais il eut beau faire, toutes les villes de la Guienne et du Languedoc, même Nîmes, Uzès et Montauban, suivirent la loi qu'on voulut leur imposer. Cependant les services et la capacité du cardinal ne le mettant point à couvert de l'envie, il songea bientôt à engager le Roi dans une nouvelle guerre, de l'événement de laquelle il se chargeoit. Il loua fort la Reine-mère de ce qu'elle s'étoit opposée au mariage de Monsieur avec la princesse Marie, en faisant renfermer celle dont ce prince paroissoit être épris; mais, dans les entretiens que le cardinal eut avec le Roi, il lui fit remarquer que, tant que le cardinal de Bérulle et les Marillac conseilleroient la Reine-mère, elle seroit capable de tout entreprendre; que c'étoit une cabale qu'il falloit rompre absolument, en commençant par diviser la belle-mère et la belle-fille. Le Roi n'eut pas de peine à se laisser persuader, et le hasard seconda les desseins du premier ministre. Le cardinal de Bérulle mourut sur ces entrefaites. A peine eut-il rendu l'esprit que beaucoup de gens se donnèrent la liberté de parler contre lui, les uns l'accusant d'ingratitude et les autres d'hypocrisie, sans pourtant l'en pouvoir convaincre.

Le cardinal de Richelieu, se tenant toujours très-assuré des bonnes grâces de son maître, s'avança du côté de Lyon, et pria le Roi de vouloir le suivre de près, à moins qu'il ne voulût se résoudre à voir Casal, ce grand ouvrage de sa gloire, tomber sous la puissance des Espagnols. Le Roi déclara son voyage, et que les Reines en seroient, et que la cour passeroit par Troyes, où elle séjourneroit les fêtes de Pâques. Sur un bruit qui courut que Monsieur avoit amassé quelques troupes pour enlever la princesse Marie qui étoit auprès de la Reine-mère, Sa Majesté, qui en prit l'alarme, dépêcha au Roi qui, étant déjà à Trenel, revint à Fontainebleau, d'où il envoya un corps de cavalerie pour mettre la Reine en assurance. La chambre que l'on donna à la princesse Marie fut préparée avec si peu de soin, qu'elle eut toutes les peines du monde à se résoudre d'y entrer. Chacun, se donnant la liberté de raisonner sur ce que l'on voyoit, concluoit que tout ceci se passoit avec la participation du Roi. Pour moi, je donnai aussi dans ce même sentiment; mais je reconnus ensuite que je m'étois mépris, parce qu'étant allé un jour au lever du Roi, il me demanda si j'avois cru qu'il approuveroit tout ce qui avoit été fait. Je lui avouai sans détour que j'avois eu cette pensée; mais que j'en avois changé sur ce que, venant dans la chambre de Sa Majesté, j'avois passé devant celle de cette princesse, et que je n'y avois point vu de garde. « Vous avez raison, me dit le Roi; car on en use bien mal avec elle. » Je remarquai dès lors que la parfaite intelligence que l'on avoit crue si fort établie entre la mère et le fils étoit de beaucoup diminuée; mais j'avois agi contre les règles de la prudence, et ce n'étoit pas à moi d'en rien témoigner.

[1630] Le Roi, qui traversa la Bourgogne pour se rendre à Lyon, fut accompagné dans son voyage par les enfans de M. de Vendôme (quoique leur père fût encore prisonnier, et que le grand prieur, leur oncle, fût mort à Vincennes), et par le comte de Soissons revenu dès l'année précédente dans le royaume, d'où il étoit sorti par le conseil de Senneterre, qui le suivit dans le voyage qu'il fit en Italie. Ce prince resta fort long-temps à la cour de Savoie, où l'on dit qu'il s'amouracha de Madame Royale, après avoir recouvré la santé, contre l'opinion des médecins, qui, dans une violente maladie dont il fut attaqué, l'avoient condamné à mort.

Le cardinal de Richelieu, glorieux d'avoir, par la prise de Pignerol, assuré un passage en Italie à l'armée du Roi, se rendit à Lyon, où il fit prendre à Sa Majesté la résolution d'y aller en personne. On examina quel chemin on devoit suivre, et l'on se détermina à celui de Grenoble, pour être à portée de faire le siége de Chambéry, de bloquer Montmélian, et d'aller au devant du prince Thomas, qui faisoit semblant de vouloir défendre la Savoie; ou d'entrer en France si le Roi s'avançoit du côté de Saint-Jean-de-Maurienne.

Sa Majesté se sépara des Reines, et laissa à Lyon le garde-des-sceaux de Marillac et le conseil. Je ne puis dire sûrement si c'étoit pour rendre justice aux sujets du Roi, ou bien si l'on ne pensoit pas déjà à se défaire de ce magistrat. Ce qui est certain, c'est qu'il eût très-bien fait de s'abstenir de voir les Reines; mais son ambition lui faisoit suivre toujours de mauvais avis, qui lui furent dans la suite très-nuisibles, parce que le pauvre homme ne connoissoit pas les manières de la cour ni l'esprit du Roi.

On envoya de Grenoble le maréchal de Créqui faire le siége de Chambéry, qu'il fit capituler avec son château. Sa Majesté y ayant fait quelque séjour, ordonna ensuite au maréchal de Châtillon de bloquer Montmélian; et, continuant sa marche par Aix, Romilly, Annecy, Conflans et la Tarantaise, elle s'arrêta à Saint-Maurice. Le prince Thomas abandonna ces mêmes postes, n'osant pas les défendre ni accepter la bataille que Sa Majesté avoit envie de lui donner à Saint-Maurice. Les troupes du Roi ayant attaqué l'arrière-garde de l'armée ennemie, la défilèrent, et le prince Thomas se retira dans la vallée d'Oulx, où le Roi l'auroit poursuivi s'il avoit eu assez de vivres pour y faire subsister son armée pendant huit jours, ne craignant point que la difficulté des passages le pût empêcher d'entrer dans le Piémont; mais Sa Majesté en ayant été détournée par cette considération, elle se contenta de faire fortifier l'entrée de la vallée, dont le commandement fut donné à M. Du Hallier. Ensuite, reprenant le même chemin jusqu'à Conflans, le Roi se rendit à Chambéry et ensuite à Lyon. Sa Majesté y fut accompagnée par le cardinal de Richelieu, par plusieurs maréchaux de France, et entre autres par M. de Schomberg qui avoit passé les monts, et auquel le premier ministre proposa de retourner en Piémont; mais ce maréchal y ayant de la répugnance, M. d'Effiat s'offrit : et cela plut fort au ministre qui ne pouvoit se résoudre à quitter le Roi, dont il craignoit l'esprit susceptible de toutes les impressions, et fougueux. Comme le cardinal étoit bien informé de ce qui s'étoit passé à Lyon, il fit tout ce qu'il put pour empêcher le Roi de repasser les monts; mais n'ayant pu en venir à bout, il le suivit. L'humeur fière et naturellement inquiète de ce prince donna dans la suite au cardinal les moyens de le faire revenir, et de lui faire suivre ses conseils plus aveuglément qu'auparavant.

Le Roi se rendit de Grenoble à Saint-Jean-de-Maurienne, et y fit assez de séjour pour y rassembler une armée capable de combattre celle de M. le duc de Savoie. Cette armée, jointe à une autre qui étoit au-delà des monts sous le commandement de MM. les maréchaux de La Force et de Marillac, pouvoit donner de la crainte au duc et au gouverneur de Milan. Le duc de Montmorency s'offrit de la commander, et le marquis d'Effiat de l'accompagner, pourvu qu'on le fît lieutenant général, persuadé qu'il étoit que cette dignité, jointe à celle de grand-maître de l'artillerie et de surintendant des finances, lui donneroit assez d'autorité pour partager celle de M. de Montmorency. Le jour que M. de Schomberg s'avança, nous reculâmes jusqu'à Grenoble, après avoir resté à Barrault le temps qu'on nous demandoit, pour voir l'effet d'une mine qui devoit faciliter la prise de Montmélian; mais ce dessein ne réussit pas.

Dans l'envie que le Roi avoit de retourner à Lyon, sur les avis qu'il avoit eus que le garde-des-sceaux s'insinuoit de plus en plus dans l'esprit des Reines, ce magistrat reçut un ordre d'aller à Grenoble y attendre Sa Majesté : ce qui fit que les soupçons qu'on avoit eus de sa conduite à Lyon ne furent pas sans fondement. Il parut bien alors que M. de Marillac n'avoit point l'air de la cour en saluant le Roi; car il témoigna trop de joie de son retour, et combien il avoit appréhendé que le séjour de ce prince au pied des Alpes n'eût été nuisible à sa santé. Je ne doute point que le pauvre homme n'en fît de même en abordant le cardinal; mais ni ses souplesses ni ses artifices ne le purent faire changer à son égard. La cour se rendit à Lyon, où le maréchal de Schomberg promit de retourner en Italie. M. de Montmorency y défit M. de Savoie, qui s'étoit campé sous Veillane; et M. de Schomberg y fut joint par les autres maréchaux, qui y furent seulement témoins de son courage, et ne contribuèrent que par leurs vœux à l'heureux succès de ses entreprises.

L'armée victorieuse, s'avançant vers Carignan, y prit un fort que les ennemis y avoient construit pour défendre le passage du Pô. L'on commença pour lors à bien espérer des secours de Casal, assiégé pour la seconde fois par les Espagnols. M. de Montmorency repassa ensuite les monts et il se rendit à Lyon, où il ne donna point à M. d'Effiat toutes les louanges que, dans son cœur, il croyoit lui être dues.

Le Roi fut pour lors attaqué de cette grande maladie qui nous fit extrêmement craindre pour sa vie, et qui causa autant d'alarmes à son conseil que d'espérance à Monsieur, qui étoit resté à Paris, de posséder dans peu la plus belle couronne de la chrétienté; mais cette maladie eut un cours heureux. Lorsque le Roi crut se trouver hors d'espérance de guérison, il fit de grandes excuses à la Reine son épouse de n'avoir pas bien vécu avec elle. Il lui promit de se conduire mieux et de suivre à l'avenir ses conseils. Cette princesse, se tenant alors comme assurée de la sincérité et de la tendresse du Roi son époux, lui déclara tous les sujets de plaintes qu'elle avoit contre le cardinal, et fit promettre au Roi que ce ministre seroit congédié; mais il est vrai que le monarque ne s'y engagea qu'à condition que ce ne seroit qu'après qu'il auroit fait la paix avec l'Espagne. Pendant la maladie du Roi, la Reine-mère s'assura aussi de plusieurs personnes pour arrêter le cardinal, s'il arrivoit que le Roi vînt à mourir. M. d'Alincourt, gouverneur de Lyon, et quantité de seigneurs de la cour s'y engagèrent. Le cardinal, de son côté, soit qu'il en eût connoissance, ou bien qu'il voulût se délivrer des craintes continuelles dans lesquelles il étoit, s'assura du plus grand nombre de gens qu'il put, et n'exigea d'eux autre chose, à ce qu'il parut, que de lui aider à se retirer dans un lieu de sûreté, à cause de la haine qu'il savoit bien que la Reine et Monsieur avoient pour lui. Le duc de Montmorency leur offrit aussi ses services et ceux de plusieurs de ses amis qu'il avoit mis dans leurs intérêts. A chaque accident qui survenoit dans cette maladie, les créatures de Monsieur lui dépêchoient des courriers que je faisois aussitôt suivre par d'autres, pour rassurer les bons serviteurs du Roi, et pour ôter à Monsieur l'espérance de la grandeur dont il se laissoit flatter. Enfin Dieu rendit assez de santé et de force à ce monarque pour sortir de Lyon, et pour aller prendre l'air de la Loire, qu'on assuroit lui être meilleur que tout autre.

Bien que Sa Majesté se ressouvînt des bons services que le cardinal lui avoit rendus, il n'oublia pas la parole qu'il avoit donnée à la Reine, quoiqu'il en fît un secret à son premier ministre; mais il l'avertit pourtant que la Reine sa mère étoit mal satisfaite de sa conduite, et lui conseilla de se réconcilier sincèrement avec elle. Soit que le cardinal ajoutât foi à ce que le Roi lui avoit dit, ou qu'il voulût connoître par lui-même qui étoient ceux qui le desservoient, ou qu'il crût que la bienveillance dont cette princesse l'avoit honoré lui faciliteroit les moyens de rentrer dans ses bonnes grâces, il prit le parti de la suivre, et il s'embarqua dans le même bateau qui avoit été préparé à cette princesse. Il y mit en usage tout son jeu, et examina la contenance de toutes les dames qui y étoient: ce qui lui fut très-inutile; car la Reine, qui étoit née Florentine, lui fit voir que, quoiqu'elle eût passé trente années en France, elle n'avoit pas encore oublié l'art de dissimuler, qui s'apprend dans tous les pays du monde, mais qui est naturel en Italie.

La cour étant arrivée à Paris, le Roi aima mieux loger dans l'hôtel des ambassadeurs extraordinaires, qui est proche du Luxembourg, que dans le Louvre; et cela apparemment pour ses vues particulières. Il y visitoit souvent la Reine sa mère, qui ne manquoit pas de le faire souvenir de ce qu'il lui avoit promis et à la Reine son épouse; mais le Roi leur représentoit sous quelle condition il avoit donné sa parole. Non seulement ceux qui jugeoient des choses suivant les apparences, mais même les plus éclairés, regardoient la disgrâce du cardinal comme inévitable, pendant que d'autres lui voyoient un moyen pour se maintenir, en ce que ceux qui agissoient pour le perdre le faisoient trop ouvertement et témoignoient beaucoup de passion : ce qui paroissoit une cabale, dont le nom seul étoit odieux au Roi.

La Reine fut conseillée par la princesse de Conti, par la duchesse d'Elbœuf, et même, à ce que l'on dit, par le garde-des-sceaux, d'avoir un éclaircissement avec le Roi; et pour faire connoître à ce monarque et au cardinal qu'il n'y avoit point de lieu d'espérer de réconciliation, elle éloigna de son service la dame de Combalet, nièce de ce premier ministre. Celui-ci surprit Leurs Majestés comme elles parloient ensemble de ce qu'il y avoit à faire contre lui. Les larmes et les soumissions du cardinal ne fléchirent point la Reine; et le Roi ne s'étant point alors déclaré en sa faveur, il se retira de leur présence, et donna ordre qu'on tînt son équipage prêt pour s'en aller au Havre. Le cardinal de La Valette, son ancien ami, s'opposa à cette retraite précipitée, et lui dit qu'il ne falloit point se décourager, mais suivre le conseil qu'il lui donnoit d'aller à Versailles trouver le Roi, et de se servir dans cette occasion de tout l'ascendant que la supériorité de son génie et ses grands services lui donnoient sur l'esprit de ce monarque. Le cardinal de Richelieu se trouva très-bien d'avoir suivi le conseil généreux de son ami. Les choses changèrent aussitôt de face. Ayant détrompé Sa Majesté, il en obtint un ordre pour faire aller le garde-des-sceaux à Glatigny, qui étoit une maison peu éloignée de Versailles, où l'on nous fit commandement de nous rendre, le président de Chevry et moi.

Le cardinal se servit de toute la force de son esprit, qui, comme l'on sait assez, étoit des plus transcendans, pour rendre le garde-des-sceaux et son frère auteurs de tout le mal. Il engagea le Roi à ôter les sceaux à l'un et à faire arrêter l'autre, qui pour lors commandoit l'armée d'Italie avec les maréchaux de La Force et de Schomberg. On m'ordonna d'aller à Glatigny reprendre les sceaux. On laissa un exempt avec des gardes auprès de M. de Marillac, qui le conduisirent à Châteaudun, où il mourut. L'expérience consommée de ce magistrat lui fit regarder sa perte comme assurée dès qu'il vit que le cardinal étoit à Versailles, et que la Reine-mère, restée à Paris, l'avoit laissé maître du champ de bataille. Il écrivit au Roi une lettre pour lui demander la permission de se retirer, et il me la remit avec les sceaux, après s'être entretenu avec moi assez long-temps; mais quand il entendit qu'il y avoit un exempt qui devoit l'accompagner jusques au lieu où il devoit être conduit, il changea de couleur, et, faisant pourtant semblant de ne se pas croire prisonnier, il me dit : « Si on a peur que je ne parle à quelqu'un, on ne me rend pas justice. Je ne puis avoir de plus sûre garde que moi. » Bouthillier eut ordre d'écrire à M. de Schomberg de faire arrêter le maréchal de Marillac : ce qu'il exécuta après en avoir averti M. de La Force et les principaux officiers de l'armée. Pour moi, je remis les sceaux entre les mains du Roi, et je lui dis que M. de Marillac m'avoit chargé d'une lettre pour Sa Majesté. Ce monarque voulut la voir, aussi bien que le cardinal; je m'en défendis sur ce qu'elle m'avoit été donnée fermée, et que, pouvant s'y trouver quelque chose qui leur seroit désagréable, on pourroit me soupçonner de m'en être chargé à dessein. Mais le Roi m'ayant assuré qu'il étoit persuadé de ma fidélité, et le cardinal de mon affection, je l'ouvris, et j'en fis lecture en présence du premier ministre. Cette lettre étoit conçue en termes extrêmement soumis. M. de Marillac y demandoit au Roi la permission de se retirer, parce que, disoit-il, son grand âge ne lui permettoit plus d'exercer sa charge avec toute l'assiduité qu'elle demandoit.

Sur la proposition que l'on fit à M. de Châteauneuf de le faire garde-des-sceaux, il se défendit assez fortement, soit parce qu'il étoit difficile de se maintenir long-temps en faveur avec le Roi et le cardinal, ou peut-être parce qu'il se croyoit encore trop jeune pour soutenir le poids d'un pareil fardeau. J'eus cependant ordre de venir à Paris pour faire savoir à la Reine-mère, de la part du Roi son fils, le changement qu'il avoit fait dans son conseil, en ôtant les sceaux à M. de Marillac, et qu'il ne rempliroit point cette charge ni celle de premier président, sans lui dire auparavant sur quels sujets Sa Majesté jetteroit les yeux. Ces paroles furent prises en deux sens bien différens; car les uns crurent qu'elles signifioient que le Roi en délibéreroit avec la Reine sa mère, et les autres crurent qu'elles marquoient seulement que Sa Majesté lui diroit ce qu'elle vouloit faire. Je trouvai, en arrivant au Luxembourg, une cour extrêmement grosse. La Reine étoit environnée de quantité de dames et d'un grand nombre de seigneurs, dont M. le duc d'Epernon étoit le plus qualifié. Je l'abordai, après avoir dit à cette princesse ce qui m'avoit été ordonné. Elle me commanda de me trouver dans son appartement, au retour de sa promenade, pour y recevoir sa réponse. Après cela je ne pus m'empêcher de demander à M. d'Epernon ce qu'il prétendoit de faire par sa manière d'agir. « Pousser à bout le cardinal, me dit-il avec cette fierté qui lui étoit naturelle. — L'occasion en est passée, lui répliquai-je; il est le maître. M. de Marillac est congédié, et je ne vois point d'autre parti à prendre pour vous que de vous retirer et de laisser débrouiller les cartes à ceux qui les ont mêlées, mais qui ne pourront peut-être pas en venir à bout. » Je retournai au Luxembourg à l'heure qui m'avoit été donnée par la Reine, qui tenoit pour lors son cercle où il y avoit un grand nombre de princesses, de dames et de seigneurs qui faisoient leur cour à Sa Majesté. La Reine ayant témoigné qu'elle vouloit se retirer sur les six heures du soir, tous ceux qui étoient auprès d'elle prirent congé. Je fus au désespoir d'avoir vu tant de monde au Luxembourg, n'aimant point à faire le personnage d'un espion, personnage qui me paroît tout-à-fait indigne d'un gentilhomme. Je m'attendois cependant d'être fort questionné à mon retour; mais heureusement on ne me dit rien. Si cette commission eût été donnée au lieutenant civil Morteau, il ne l'auroit jamais exécutée à son honneur. Il s'y seroit infailliblement perdu, comme ceux qui y furent remarqués. Lorsque je fis ma commission auprès de la Reine, Sa Majesté, étant entrée dans son cabinet, me commanda de lui répéter ce que j'avois eu l'honneur de lui dire. C'étoit apparemment pour me persuader, aussi bien qu'au Roi et au cardinal, qu'elle n'en avoit rien témoigné aux princesses qui l'avoient suivie à la promenade. Mais comme cet artifice étoit trop grossier, je n'en fus pas la dupe. Je lui répétai pourtant tout ce que j'avois dit. Sa réponse fut que le Roi ne pouvoit rien faire qui ne dût être approuvé; mais qu'il en usoit bien mal avec elle, non-seulement parce qu'elle étoit sa mère, mais encore parce qu'il manquoit à ce qu'il avoit promis; que les finesses du cardinal lui étoient connues, et qu'il seroit bien difficile que le Roy son fils n'y fût pas trompé dans la suite; qu'elle le remercioit de tout ce qu'il lui avoit bien voulu faire savoir, et que c'étoit là tout ce qu'elle avoit à me dire. Elle ajouta que c'étoit encore lui faire un très-grand outrage, et montrer le peu de crédit qu'elle avoit sur l'esprit du Roi son fils, puisqu'il reléguoit le garde-des-sceaux, qui auroit dû, par sa probité et sa suffisance, être à couvert d'un pareil orage.

« Je vous ai fait entendre, continua Sa Majesté, ce que je veux que vous disiez au Roi de ma part; mais vous considérant comme mon serviteur et comme fils du plus zélé serviteur qu'ait jamais eu le feu Roi monseigneur, je vous dirai franchement que j'aurai encore plus à souffrir que je n'ai eu du temps de Luynes. » Je pris la liberté de ne point tomber d'accord de ce que me dit cette princesse, et je lui représentai les obligations que lui avoit le cardinal. « Vous ne le connoissez pas, me répliqua-t-elle: comme il n'y a pas d'homme plus abattu que lui quand la fortune lui est contraire, aussi est-il pire qu'un dragon quand il a le vent en poupe. » Elle ne me permit de la quitter que sur les dix heures du soir; et les larmes qu'elle répandit abondamment, en se plaignant avec amertume du cardinal, me firent connoître qu'elle étoit véritablement touchée et outrée.

Je me rendis le lendemain de grand matin à Versailles, où je trouvai M. de Châteauneuf résolu non-seulement d'accepter les sceaux, mais même dans l'impatience de les avoir. Le cardinal étoit aussi dans celle de les lui procurer; mais le Roi se trouvoit encore incertain de ce qu'il devoit faire. Cela m'obligea de dire à M. de Châteauneuf que, tant que les sceaux seroient dans les coffres de Sa Majesté, les partisans de M. de Marillac espéreroient toujours qu'on les lui rendroit. « Il faut, continuai-je, avouer la vérité: c'est un homme de mérite, et dont la probité sera un obstacle à la réconciliation du Roi notre maître et de la Reine sa mère; mais lorsque les partisans de M. de Marillac ne se flatteront plus de lui voir rendre les sceaux, ceux qui paroissent les plus animés conseilleront à la Reine de rechercher la bienveillance du Roi et de se conformer à ses intentions. » M. de Châteauneuf me demanda si je voulois bien dire ceci au cardinal. Je le lui promis, et il me pressa fort de le faire. Cela m'obligea de lui parler en ces termes: « Vous n'êtes plus le même que vous étiez: Dieu en soit loué! » J'informai cependant le cardinal de ce que j'avois fait à Paris et d'une partie de ce qui m'y avoit été dit. J'ajoutai ce que je croyois qu'il falloit faire; mais ce n'étoit pas tant pour favoriser M. de Châteauneuf que parce que j'étois persuadé que le service du Roi le demandoit. Le cardinal me recommanda de dire à Sa Majesté ce que je croyois qu'il étoit à propos qu'elle fît, après lui avoir rendu compte de la manière dont j'avois exécuté ses ordres.

Dans l'impatience où le Roi étoit de me voir, pour savoir ce que j'avois fait à Paris, il vint à ma rencontre, et fut fort aise d'apprendre comme je m'étois acquitté de la commission qu'il m'avoit donnée. Il parut encore plus content de la proposition que je fis à Sa Majesté de remplir au plus tôt les dignités de garde-des-sceaux et de premier président du parlement. Le Roi envoya quérir sur-le-champ le cardinal et lui déclara la résolution qu'il avoit prise. Il l'appuya de toutes les raisons dont je m'étois servi. Je fis en cette rencontre le personnage d'un courtisan, qui est d'applaudir à ce que les maîtres veulent; mais je le fis avec tant de circonspection pour la Reine-mère, qu'il ne m'échappa de rien dire qui pût lui nuire, ni qui fût contraire au respect que je lui devois. Cette princesse ne se contenta pas d'avoir congédié de son service madame de Combalet, nièce du cardinal, elle ordonna aussi à Rancé, son secrétaire et créature de cette Eminence, de se retirer, en l'assurant pourtant qu'elle auroit soin de le récompenser.

Plusieurs de ceux qui avoient paru les plus assidus au Luxembourg cessèrent alors d'y aller; même le duc d'Epernon fut à Versailles rendre ses devoirs au Roi. Il eut un long entretien avec le cardinal de Richelieu, et il y a beaucoup d'apparence que l'étroite amitié qui étoit entre le premier ministre et le cardinal de La Valette, fils de M. d'Epernon, ne fut pas inutile à ce duc qui étoit fort mal dans l'esprit du premier ministre, parce que, dans le voyage que la cour avoit fait à Bordeaux en 1629, il avoit constamment soutenu les droits de sa charge dans les civilités qu'il avoit rendues à cette Eminence, qui depuis ce temps-là en avoit toujours témoigné son mécontentement au duc d'Epernon.

M. de Châteauneuf ayant enfin accepté la charge de garde-des-sceaux dont il étoit digne, on m'ordonna d'aller dire à la Reine-mère le choix que le Roi avoit fait de la personne de ce ministre pour remplir la susdite charge, et de celle de M. Le Jay pour être premier président du parlement de Paris. On m'ordonna aussi de faire expédier les provisions de ces deux charges, et d'avertir les officiers du sceau qu'ils eussent à se trouver le lendemain à Versailles, le Roi voulant lui-même sceller le brevet de M. de Châteauneuf. Le cardinal souhaita que j'entretinsse le père Suffren, jésuite, de ce que j'avois dit à la Reine, étant persuadé que la manière avec laquelle on agissoit avec elle devoit l'adoucir, parce que le public pourroit être détrompé par là de l'opinion qu'il ne manqueroit pas d'avoir que tout ceci se faisoit sans la participation de Sa Majesté.

Je n'arrivai à Paris qu'à deux heures de nuit. J'en restai bien autant au Luxembourg et à me faire ouvrir les portes du noviciat des jésuites, où le père Suffren logeoit. Je le trouvai parti pour Versailles. Je fus ensuite éveiller le président Le Jay, et de là j'allai au Louvre, où j'eus pitié de l'aveuglement de madame Du Fargis, qui se tenoit comme assurée que son crédit et celui de sa mère seroient assez puissans pour perdre le cardinal. J'avois averti, dès Lyon cette dame que l'on n'étoit pas content de sa conduite, et que l'ordre donné à Biringhen de se retirer de la cour faisoit assez connoître l'autorité absolue de l'Eminence. Je lui avois dit encore que, si elle ne changeoit, elle auroit sans doute occasion de s'en repentir. La dame me dit que j'étois moi-même un aveugle et trop persuadé du crédit du cardinal. Mais enfin, ne la pouvant convaincre, je lui répliquai qu'elle en pourroit faire bientôt l'épreuve à ses dépens.

La reine Anne d'Autriche commença de s'apercevoir alors que les conseils qu'elle avoit suivis dans tout cet enchaînement d'intrigues n'étoient pas les meilleurs; mais elle s'en excusoit en disant: « Qui auroit pu croire, après tout ce que l'on voit, ce que le Roi a dit à la Reine sa mère dans le temps qu'il croyoit mourir, et depuis qu'il a recouvré sa santé? » Je fis ce que j'avois à faire à Paris, et j'en partis de si bonne heure que j'arrivai à Versailles avant les officiers du sceau. Les provisions de garde-des-sceaux et de premier président du parlement étant scellées, M. de Châteauneuf et M. Le Jay prêtèrent leur serment entre les mains de Sa Majesté, et dînèrent avec le cardinal qui partit de Versailles et, qui, ayant accompagné le Roi au Luxembourg, fut témoin de ce qui se passa quand il présenta à la Reine sa mère ces deux nouveaux magistrats.

Le maréchal de Schomberg ayant exécuté l'ordre qu'il avoit d'arrêter M. de Marillac, repassa en France, glorieux d'avoir obligé le marquis de Sainte-Croix à lever le siège de Casal, que ce général avoit formé avec l'armée d'Espagne. La prise et le sac de Mantoue par celle de l'Empereur nous affligea moins que M. de Savoie, qui mourut alors dépouillé d'une partie de ses Etats, et presque à la discrétion de la maison d'Autriche, mais toujours plein de projets aussi spécieux que peu solides. On ne peut dire si ce prince mourut de vieillesse ou bien de chagrin; mais ceux qui avoient le plus de part à sa confiance ont cru que le mauvais état de ses affaires avoit avancé ses jours.

Le Roi ayant résolu de rester du temps à Saint-Germain-en-Laye, le cardinal y demanda un logement pour ne pas s'éloigner de Sa Majesté, à ce qu'il disoit; mais c'étoit plutôt pour sa sûreté, quoiqu'il se vît bien assuré de tous ceux qui approchoient de sa personne. Le duc de Montmorency, et MM. de Toiras et d'Effiat, qui étoient de retour à la cour, demandèrent pour lors le bâton de maréchal de France. Le premier représentoit les services de ses pères et les siens personnels, ayant beaucoup contribué à la réduction des villes du Languedoc occupées par les religionnaires, gagné une bataille sur les Rochelois, et cette même année-ci celle de Veillane, où les armées du roi d'Espagne et du duc de Savoie avoient été défaites. Toiras demandoit le même honneur pour avoir défendu les citadelles de Casal et de Ré contre l'effort des armées espagnole et angloise; et d'Effiat y prétendoit pour avoir eu part à la dernière victoire de M. de Montmorency, dont il se faisoit encore plus d'honneur qu'il ne lui en appartenoit, sans dérober rien à M. de Montmorency de ce qui lui étoit dû. Le Roi, ayant pris enfin la résolution d'accorder cette dignité aux deux premiers, me commanda d'en venir faire part à la Reine sa mère. Le troisième fut informé de cette résolution par Bullion, connu autrefois par le nom de Cinq-Hérauts, et recommandable alors par plusieurs services qu'il avoit rendus. Je lui dis l'ordre qui m'avoit été donné. Bouthillier, et surtout d'Effiat, qui espéroit que le

Roi lui accorderoit la même grâce qu'aux autres, me conjurèrent de ne point partir sans avoir vu auparavant le cardinal, qui s'étoit déjà retiré. Cela me surprit beaucoup. Je ne laissai pas de leur promettre ce qu'ils me demandoient, en leur disant que j'avois de la peine à croire qu'ils pussent réussir dans leur dessein, parce que le Roi, pour l'ordinaire, ne se déterminoit pas si promptement. J'aurois pu encore leur objecter bien d'autres raisons, mais je m'en abstins, autant par bienséance que parce que j'aurois souhaité de m'être trompé dans mon jugement, à cause de l'amitié qui avoit toujours été entre M. d'Effiat et moi.

Je ne manquai donc pas de me rendre chez le cardinal à son réveil, et je lui dis ce qui m'amenoit chez lui de si bonne heure. « Bon Dieu, me répondit-il dans la surprise où il étoit, qu'il y a dans ce monde de gens prévenus de leur mérite et qui connoissent peu la cour! Allez-vous-en en diligence, faites ce qui vous a été ordonné, et assurez d'Effiat que dans le commencement de l'année prochaine (nous étions bien avancés dans le mois de décembre) il aura satisfaction, ou je n'aurai point de crédit. » M. d'Effiat ne fut pas content de cela et pressa toujours ; mais pourtant il n'oublia pas ce que je lui avois dit de la part du cardinal.

Pendant le voyage de Savoie et le séjour que fit le Roi à Versailles, M. de Soissons ne discontinua point de demander la liberté de M. de Vendôme. L'abolition que ce prince avoit bien voulu accepter, l'assiduité de ses enfans auprès de la personne de Sa Majesté, et le grand prieur mort en prison, excitoient la compassion et l'indignation de tout le monde, qui ne pouvoit supporter qu'on punît par une si longue captivité une chose dont on faisoit un grand crime à M. de Vendôme, qui étoit de penser seulement aux prétentions qu'il avoit sur la Bretagne. M. de Vendôme obtint enfin sa liberté par les soins de M. de Soissons, et fut rétabli dans tous ses honneurs, à la réserve du gouvernement de cette province, dont il conserva seulement le titre. On étoit pour lors fort attentif à ce que feroit Monsieur, ce prince paroissant attaché aux volontés du Roi, louant tout ce qui se faisoit, et affectant même de suivre les avis du cardinal; mais on fut encore plus surpris d'apprendre, lorsqu'on s'y attendoit le moins, qu'il avoit été rendre visite à ce premier ministre et qu'il lui avoit parlé en ces termes : « Je viens retirer la parole que je vous avois donnée d'être de vos amis. Je ne puis l'être avec honneur, à cause du mauvais traitement que reçoit de vous la Reine ma mère. » A quoi le cardinal répondit avec modération qu'il ne laisseroit pas d'être toujours son très-humble serviteur ; qu'il n'avoit aucune part à tout ce qui se faisoit à la Reine, et qu'il ne croyoit pas (en cela il se trouva conforme aux sentimens du Roi) qu'elle eût aucun sujet de se plaindre de ce qui se faisoit, puisqu'il ne tenoit qu'à elle d'entrer dans le secret des affaires et dans l'étroite confiance du Roi son fils. Monsieur étant resté à Paris nonobstant la hauteur avec laquelle il avoit parlé au cardinal, il ne laissa pas de prendre la résolution de se retirer à Blois : à quoi Sa Majesté ne s'opposa point.

Soit que cette Eminence eût envie de se réconcilier tout de bon avec la Reine, ou qu'elle n'en voulût faire que le semblant, elle employa plusieurs personnes pour adoucir l'esprit de cette princesse. Mais elle se tint fort offensée et si méprisée qu'elle crut ne le pouvoir faire sans blesser sa réputation. Ainsi la peine qu'on s'y donna fut très-inutile, étant d'ailleurs obsédée par les ennemis du cardinal, qui flattoient sa passion en lui disant que le public la plaignoit et blâmoit le Roi son fils, dont l'esprit inconstant lui pouvoit faire espérer qu'il se réconcilieroit avec elle aussi facilement qu'il s'étoit brouillé.

[1631] Cependant le cardinal proposa au Roi d'aller à Compiègne, et l'engagea d'inviter la Reine sa mère à être de ce voyage. On n'a point su précisément si ce ministre en usa de la sorte pour priver cette princesse des mauvais conseils qu'on lui donnoit à Paris, ou bien pour la faire arrêter, comme cela fut exécuté ensuite. Le premier ministre, pour faire voir que son crédit augmentoit au lieu de diminuer, persuada à Sa Majesté d'ôter à la Reine son épouse madame Du Fargis. On croit que le cardinal donna ce conseil au Roi (conseil encore plus subtil que tout ce qu'on a jamais attribué à l'empereur Tibère) pour mettre à la place de cette personne madame de La Flotte, et avec elle sa petite-fille, pour laquelle le Roi avoit conçu de l'amour. Le cardinal avoit en vue de faire perdre par ce moyen à Sa Majesté l'envie de revoir la Reine sa mère : ce qui pouvoit exciter en même temps la jalousie de la Reine son épouse, et entretenir dans la maison royale une division qui favorisoit ses vues et tenoit l'esprit du Roi dans sa dépendance. La Reine-mère, pour s'exempter du voyage de Compiègne, feignit une incommodité; mais plusieurs de ses créatures, persuadées qu'elle se repentiroit de n'y avoir pas accompagné le Roi, et que cette séparation donneroit gain de cause à ses ennemis, lui en représentèrent de si fortes raisons que cette princesse changea à la fin de sentiment. Elle ne fut pas sitôt arrivée à Compiègne qu'on fit de nouveaux efforts pour réconcilier le cardinal avec elle, et pour l'engager par-là insensiblement à abandonner ses serviteurs; mais les prières et les menaces ne pouvant rien gagner sur l'esprit de Sa Majesté, et le Roi étant ennuyé de ne la pouvoir persuader, il prit la résolution de la faire arrêter, d'envoyer la princesse de Conti à Eu, et la duchesse d'Elbœuf dans une de ses maisons de campagne; de donner à madame de La Flotte la charge de dame d'atour de la Reine, et d'engager cette dame à garder auprès d'elle mademoiselle de Hautefort, sa petite-fille. C'est ce que ce monarque lui-même déclara à la Reine son épouse en montant dans son carrosse aux Capucins, où il l'attendoit, et d'où il la mena coucher à Senlis. On résolut d'y faire une dépêche générale; et le cardinal, par un aveuglement qui n'est que trop ordinaire à ceux qui sont en faveur, consentit non-seulement, mais proposa même que l'on insérât dans cette dépêche (1) que l'emprisonnement de la Reine ne venoit que du refus qu'elle avoit fait de le recevoir dans ses bonnes grâces.

Etant persuadé que Vautier, premier médecin de cette princesse, avoit un grand ascendant sur son esprit, il le fit aussi conduire prisonnier à Senlis; et comme il lui sembla que cette demeure de la Reine proche Paris ne la priveroit point des conseils ordinaires qu'elle recevoit, et que le peuple seroit touché de compassion de son malheur, il fit résoudre le Roi à m'envoyer vers elle pour lui proposer de se retirer à Moulins, en l'assurant que son premier médecin lui seroit rendu, et elle bien payée de toutes ses pensions.

Mon ordre étant de ne parler à la Reine qu'en présence du maréchal d'Estrées, je descendis dans la maison du vicomte de Brigueil, gouverneur de la ville, chez qui ce maréchal étoit logé. Je lui communiquai ma lettre de créance et mon instruction. Nous fîmes, de concert, avertir de mon arrivée Cottignon, secrétaire de la Reine, qui avoit succédé à Rancé, afin qu'il nous fît savoir à quelle heure nous pourrions parler plus commodément à Sa Majesté. Cette princesse nous ordonna de l'aller trouver dans le moment, soit qu'elle fût dans l'impatience de nous faire ses plaintes, ou bien d'apprendre des nouvelles. Elle se tint aussi offensée de la proposition qu'on lui fit d'aller à Moulins, que de la rigueur dont on avoit usé à son égard en lui ôtant son premier médecin. Mais elle témoigna encore plus de douleur de ce qu'on la séparoit du Roi son fils, « de la bonté du naturel de qui, ajouta-t-elle, je suis si persuadée, que jamais je ne lui imputerai mes malheurs. Je ne les dois qu'au pouvoir que le cardinal s'est acquis sur l'esprit du Roi mon fils; et je suis assurée qu'on ne m'envoie à Moulins qu'à dessein de me renvoyer ensuite en Italie. Mais je souffrirai les derniers outrages avant que de m'y résoudre, » jusqu'à se laisser, dit-elle, tirer de son lit toute nue, assurée qu'elle étoit qu'elle exciteroit à compassion les plus insensibles. Nous fîmes, le maréchal et moi, tout notre possible pour adoucir son chagrin; et je pris la liberté de lui dire : « Mais, Madame, si l'on avoit intention de vous manquer de respect, pourquoi ne l'auroit-on pas fait à Compiègne comme à Moulins? » Je la suppliai ensuite de prendre le temps nécessaire pour réfléchir à ce qu'elle avoit à nous répondre, et nous nous retirâmes.

Nous tâchâmes de persuader Cottignon, qui nous avoit suivi, que la Reine ne pouvoit rien faire de mieux que de se conformer à la volonté du Roi. Cottignon étoit un homme franc, mais colère et emporté, et de plus ami de Vautier. Nous le trouvâmes si attaché à son sens, que je fus contraint de lui demander s'il vouloit passer pour être le seul conseiller de sa maîtresse. « Et ne craignez-vous point, lui ajoutai-je, qu'il ne vous en arrive de mal? car il y a beaucoup d'apparence que Sa Majesté ne se soucie guère de revoir Vautier, puisque nous offrons de le lui rendre dès le lendemain qu'elle se sera mise en état d'exécuter ce que nous lui proposons pour son repos et pour le bien de la France. La division qui paroît entre les deux frères ne peut être accommodée que par son moyen. Sa Majesté en reviendra encore plus glorieuse à la cour. »

Cottignon, ayant fait ses réflexions, engagea la Reine à examiner nos raisons, qui lui parurent si bonnes qu'elle m'envoya quérir et me chargea d'une lettre pour le Roi, auquel elle me commanda de dire qu'elle n'avoit point de plus forte passion que de lui plaire et de se conformer à sa volonté; qu'elle le prioit de se souvenir qu'elle étoit sa mère; qu'elle avoit essuyé beaucoup de peines et de travaux pour lui conserver son Etat; et enfin qu'elle lui demandoit en grâce de ne point prendre les avis du cardinal de Richelieu dans les choses qui la concer-

---

(1) Richelieu s'aperçut, mais trop tard, de cette inconvenance. Il fit supprimer la déclaration, mais il en avoit été déjà distribué près de deux mille exemplaires.
(A. E.)

noient, parce qu'elle savoit par sa propre expérience que quand il haïssoit il ne pardonnoit jamais, son ingratitude et son ambition n'ayant point de bornes. Je suivis l'ordre que j'avois reçu du Roi. Je lui dépêchai Lucas, qui fut dans la suite secrétaire du cabinet; et, dans la lettre que j'écrivois au cardinal, je n'oubliai rien de tout ce que la Reine m'avoit dit.

Je montai à cheval dès la pointe du jour pour me rendre à Senlis, où le Roi m'avoit assuré qu'il m'attendroit; mais les coups de canon que j'entendis tirer, m'en paroissant éloignés d'une bonne lieue, me firent juger que Sa Majesté en étoit partie et que Vautier avoit été conduit à la Bastille. J'appris en arrivant à Senlis ce qui s'y étoit passé, et je trouvai que je ne m'étois point trompé dans le jugement que j'avois fait. Je n'y restai que le temps qu'il me fallut pour dîner, et je suivis le chemin de la cour, sans espérer de la pouvoir rejoindre qu'à Paris seulement.

Le cardinal, qui craignoit de donner de la jalousie au Roi, laissa un de ses gentilshommes pour m'avertir d'aller au Louvre avant que de me rendre chez lui; mais cette précaution étoit très-inutile à mon égard, car je ne m'étois point encore mis sur le pied d'aller chez personne, sans m'être acquitté auparavant de ce que je devois au Roi mon maître. Cependant, sans s'arrêter à ce que j'avois écrit, on changea de résolution en ne promettant de rendre Vautier à la Reine que quand elle seroit à Moulins; et il y a même toutes les apparences qu'on étoit dans le dessein de le retenir toujours prisonnier, parce qu'on le regardoit comme un homme dangereux, et qui n'avoit perdu aucune occasion de faire paroître le peu de déférence qu'il avoit pour le cardinal. Je fus chez le premier ministre au sortir du Louvre, et je le trouvai aussi content de sa fortune qu'il paroissoit l'être de voir tous les grands seigneurs de la cour s'estimer heureux de pouvoir entrer dans son antichambre pour lui faire leurs révérences quand il passoit pour aller au Louvre. Le Roi étant averti que Monsieur s'avançoit du côté de la Bourgogne pour entrer dans la Franche-Comté, où il avoit jugé à propos de se rendre, parce qu'il n'avoit pas cru pouvoir être en sûreté dans la ville de Bellegarde, où il avoit été reçu par celui qui en étoit alors gouverneur et seigneur propriétaire, Sa Majesté poursuivit ce prince, et elle déclara rebelles tous ceux qui l'assisteroient, s'ils ne rentroient en France dans le temps marqué par son édit, et s'ils ne déclaroient qu'ils n'étoient point engagés à d'autre service qu'à celui du Roi. M. de Bellegarde envoya au Roi un homme de qualité pour s'excuser d'avoir suivi Monsieur et de l'avoir reçu dans la ville, disant pour ses raisons qu'étant attaché au service de ce prince, il n'avoit pu faire autrement. On répondit à ce gentilhomme que Bellegarde étant une place de guerre dont le duc étoit gouverneur, elle n'avoit dû servir d'asile ni de retraite à ceux qui servoient contre le Roi ou qui se déclaroient contre lui, dont Monsieur ne pouvoit donner de plus grande marque que de sortir du royaume et de passer dans un pays étranger sans la permission de Sa Majesté. Le parlement de Paris fit d'abord quelque difficulté d'enregistrer cette déclaration; mais enfin il suivit l'exemple de celui de Bourgogne, en se conformant aux volontés du Roi, qui ordonna ce qu'il falloit faire pour maintenir cette province dans l'obéissance qu'elle lui devoit. Sa Majesté fut fort contente de ce que les choses avoient réussi à son gré. Elle revint ensuite à Sens où la Reine étoit restée, dans la pensée qu'elle avoit d'être grosse; mais ayant appris par le chemin qu'elle ne l'avoit point été, ou bien qu'elle s'étoit blessée, il en fut très-affligé. Sa Majesté résolut ensuite de passer les fêtes de Pâques et une partie de l'été à Fontainebleau, d'où elle envoyoit souvent savoir des nouvelles de la Reine sa mère : ce qui faisoit croire qu'ils pourroient se raccommoder.

Il se répandit alors un bruit dans le château que cette princesse s'étoit sauvée en Flandre. Plusieurs personnes y ajoutèrent foi; et le cardinal même m'en faisant paroître sa surprise, je lui soutins que cela ne pouvoit être, « à moins, dis-je, que le maréchal d'Estrées ne fût de la partie, lequel, supposé que la Reine eût surpris sa vigilance, n'auroit pas manqué de donner avis de ce qui étoit arrivé. Et quand même il auroit été d'intelligence avec elle, le vicomte de Brigueil, les gouverneurs et les commandans des places en auroient écrit au Roi. » On eut bientôt des avis contraires à ce bruit, qui cessa après avoir été répandu par le marquis d'Oisant, qui avoit la réputation d'ajouter autant de foi à un mensonge qu'à une vérité; car il lui suffisoit d'avoir inventé ou entendu dire une nouvelle pour la croire.

Soit que le cardinal s'imaginât que la retraite de la Reine en Flandre avanceroit ses affaires, ou bien qu'il se feroit à lui-même un tort considérable de la retenir prisonnière plus longtemps, il se détermina à supplier le Roi d'envoyer à cette princesse une personne de poids et de confiance pour lui proposer un accommodement, étant persuadé qu'elle l'accepteroit, ou que du moins le Roi seroit justifié de tout ce qui pourroit arriver après qu'elle l'auroit refusé. La commission en fut donnée au maréchal de Schomberg, avec une instruction signée par Bouthillier. Je ne fus point employé en cette occasion, parce que le cardinal m'avoit reconnu trop zélé pour la gloire du Roi pour lui céler la vérité, et trop attaché aux intérêts de la Reine mère pour ne les pas soutenir. Cependant je ne fis semblant de rien, et je remerciai Dieu de bon cœur de n'avoir plus à me mêler d'une affaire aussi délicate et aussi épineuse.

La Reine persista toujours dans sa résolution de souffrir toutes choses plutôt que de se réconcilier avec le cardinal. On ne sait point si ce fut par l'ordre de cette Eminence que Bezançon proposa à Sa Majesté de se retirer à La Capelle, ou bien s'il le fit de son propre mouvement; mais ce qui est certain, c'est qu'il en fit l'ouverture à cette princesse, en l'assurant du service du fils aîné du marquis de Vardes, qui en étoit gouverneur, et qui lui fit voir la chose si claire que Sa Majesté résolut de sortir de Compiègne, d'où l'on avoit retiré la garnison; et parce que la chose fut aussitôt sue que ménagée, on soupçonna Bezançon de n'avoir agi que par les ordres du cardinal. En effet, le marquis de Vardes étant averti de ce que son fils, qui étoit reçu en survivance, avoit résolu de faire, il le fit (suivant un ordre qu'il avoit eu du Roi) devancer par Dubec, qui étoit un autre de ses enfans. Celui-ci, ayant pris le serment de la garnison, réduisit son frère à suivre la Reine, qui se trouva par là dans la nécessité de s'arrêter au conseil que lui donna Bezançon de se retirer en Flandre. Elle y reçut tous les bons traitemens et tout le bon accueil qu'elle put désirer de l'archiduchesse, qui n'oublia rien pour adoucir tous les chagrins dont Sa Majesté étoit pénétrée.

Le duc de Lorraine, qui avoit armé, ne croyant avoir jamais une plus belle occasion pour tirer raison du mal qu'il croyoit lui avoir été fait, se mit en campagne; mais quand il apprit que le Roi alloit du côté de Langres, il envoya assurer de sa fidélité, et lui déclarer qu'il n'avoit armé que pour le service de l'Empereur; et pour faire voir qu'il ne disoit rien que de vrai, il fit marcher ses troupes dans les terres de l'Empire. Le Roi, qui n'avoit que très-peu de monde sur pied, parut se contenter de ce qui lui fut dit de la part de ce souverain, et prit cependant la résolution de ne se point éloigner des frontières, pour être mieux en état de lui empêcher l'entrée du royaume s'il se mettoit en devoir de l'entreprendre. Sa Majesté donna ordre à plusieurs régimens de se tenir prêts à marcher quand cela leur seroit commandé. Le Roi revint ensuite à Fontainebleau; et le domaine de Château-Thierry lui étant échu par la mort du comte de Saint-Paul, il témoigna avoir envie de voir cette nouvelle maison, et il fut confirmé dans cette pensée par le cardinal, qui apprenoit de divers endroits qu'il se traitoit entre l'Empereur et M. de Lorraine quelque chose qui pouvoit être préjudiciable à la France : ce qui lui faisoit conclure qu'il étoit à propos de ne se pas tenir éloigné du pays du duc, en se servant du prétexte de se défier de l'Empereur.

M. de Lorraine ayant commencé par faire fortifier Moyenvic, le Roi soutint avec justice que cette place appartenant en propre à l'évêque de Metz, dont on savoit qu'il étoit protecteur, on n'avoit rien dû entreprendre de semblable sans sa participation. L'Empereur soutenoit de son côté, que l'évêque étant son sujet et son vassal, il avoit droit de faire fortifier, pour la sûreté de l'Empire, tel poste qu'il croyoit nécessaire. Ce prince parloit bien haut, parce qu'il étoit armé, aussi bien que M. de Lorraine, et que la saison étoit déjà très-avancée : et comme il s'étoit persuadé qu'il n'avoit rien à craindre, il avoit fait avancer son armée vers le Danube pour tenir en respect plusieurs princes de l'Empire, qui commençoient à s'apercevoir que Sa Majesté Impériale ne songeoit uniquement qu'à les assujettir.

Le Roi, se prévalant de leur imprudence, partit de Château-Thierry et se rendit en peu de jours à Metz, d'où il fit reconnoître la situation et l'état des fortifications de Moyenvic; et voyant que le siège de cette place seroit d'autant plus difficile qu'elle étoit en défense et construite dans un marais, il ne laissa pas de l'entreprendre. M. de Lorraine s'avança pour la secourir; mais, ayant trouvé l'armée du Roi plus forte qu'il ne croyoit, il proposa de faire rendre cette place sous les conditions que le Roi accepta (1), persuadé qu'il étoit d'avoir beaucoup fait de s'en rendre maître. Pendant le séjour qu'il fit à Metz, il y reçut l'évêque de Wurtzbourg en qualité d'ambassadeur des électeurs. Sa Majesté lui donna une seconde audience, dans laquelle il parla couvert : ce qu'il n'avoit pas fait dans la première, où il ne fut regardé simplement que comme ministre des électeurs.

[1632] J'appris, dans le temps que la cour étoit à Metz, que mon père étoit malade à l'extrémité, et la mort de deux de mes filles. Le Roi,

(1) Traité de Vic, 31 décembre 1631. (A. E.)

croyant aussi que j'avois perdu mon fils aîné, évitoit de me voir; et Sa Majesté, se trouvant un jour pressée de dire le sujet du changement qui paroissoit à mon égard, répondit : « Il faut attendre que sa douleur soit calmée. La perte de trois enfans paroît excessive à qui n'en a point d'autres; et quand on les aime comme je sais que La Ville-aux-Clercs aime les siens, il en est comme d'une toile où un fil étoit mal passé : on est dans la nécessité de travailler à un autre. »

Cependant le Roi et le cardinal, jugeant bien que l'inquiétude de M. de Lorraine et les grandes idées que l'Empereur avoit conçues de l'éloignement de la Reine-mère hors du royaume et de celui de Monsieur, pourroient susciter de grandes affaires, pensèrent sérieusement aux moyens d'empêcher l'Empereur de nous attaquer, et de faire alliance avec les princes qui recherchoient celle de la France en leur offrant des secours d'hommes et d'argent, si l'Empereur les vouloit inquiéter dans leur liberté et dans la possession paisible de leurs Etats. L'archevêque de Trèves ayant fait son traité le premier, on laissa sur la frontière pour encourager les autres princes à suivre son exemple. Il n'y avoit rien à craindre du côté de l'Espagne, où l'on étoit occupé à faire la guerre aux Hollandois, à qui le Roi prêtoit des sommes considérables, ayant même consenti que le baron de... lèveroit un régiment pour leur service, qui seroit néanmoins entretenu à leurs dépens. Le prince d'Orange avoit fait la proposition d'assiéger Maëstricht; et Sa Majesté y consentit, aussi bien que les Provinces-Unies, qui y trouvèrent leur avantage : premièrement, parce que la prise de cette place leur donnoit le moyen de s'entre-secourir, et secondement parce que le prince d'Orange craignoit que l'Empereur n'aidât le roi d'Espagne d'une partie de ses forces; ce qui fit qu'on stipula que Sa Majesté Très-Chrétienne, le cas arrivant, seroit obligée de soutenir ce prince avec son armée.

Les choses se trouvant ainsi disposées, M. de Lorraine, désespéré de n'avoir pu tenir la parole qu'il avoit donnée, prit la résolution de se faire voir armé; et se croyant bien assuré que Monsieur entreroit en France, ce prince tint de mauvais discours et commit des actions si indignes qu'il obligea le Roi de retourner en Lorraine. On peut bien dire, à l'occasion de ce souverain, que le cœur de l'homme pense tout autrement qu'il n'eût fait, quand il voit par ses yeux arriver le contraire de ce qu'il avoit cru.

M. de Lorraine, surpris de la diligence que fit le Roi, qui avoit déjà ordonné qu'on attaquât son armée, fit rechercher Sa Majesté, qu'elle pria d'oublier le passé, sur les assurances qu'il lui donna de lui être fidèle à l'avenir et attaché à son service. Mais n'ayant pu obtenir qu'on se contentât de sa seule parole, il donna des places d'otage, et il aima mieux remettre au Roi Marsal que La Motte : ce qui fit juger qu'il étoit encore dans le dessein de nous traverser. Cependant on trouva que c'étoit assez faire pour lors que de diminuer la puissance de ce prince.

Après que Sa Majesté eut ordonné ce qu'elle jugea nécessaire pour son service, elle reprit le chemin de Fontainebleau. Le Roi y apprit la mort du maréchal d'Effiat qui commandoit son armée en Allemagne, et que Monsieur, frère de Sa Majesté, étoit entré en France et alloit en Languedoc, sur l'assurance qu'il avoit d'y être reçu par M. de Montmorency, gouverneur de cette province. On ne fit qu'augmenter le feu qui, commençant à s'allumer, pouvoit dans peu causer un grand embrasement dans le royaume; car, au lieu de l'éteindre en traitant avec Monsieur, on punit du dernier supplice ceux qui s'étoient déclarés pour ce prince, et l'on fit marcher des troupes pour le combattre sous le commandement du maréchal de Schomberg : et quelques jours après M. de La Force eut ordre de s'avancer. Le premier se rendit en diligence dans le haut Languedoc, et le second marcha par le bas, pour empêcher les huguenots de prêter l'oreille aux propositions qu'on leur faisoit de se déclarer en faveur de Monsieur. Le Roi, s'étant aussi avancé du côté de Lyon, fit expédier une déclaration par laquelle M. de Montmorency étoit reconnu criminel de lèse-majesté. Cette déclaration fut enregistrée au parlement de Toulouse avant que ce monarque fût arrivé à Lyon. C'est là qu'il reçut la nouvelle du combat donné entre ses troupes et celles de M. de Montmorency, la prise du duc et leur défaite. Cette nouvelle étoit circonstanciée d'une telle manière que, quoiqu'on ne l'eût pas eue de la part de M. de Schomberg, on ne laissa pas d'y ajouter foi. Enfin le courrier de ce maréchal arriva, et apporta le détail du combat, des morts et des prisonniers; et il ajouta que M. de Montmorency avoit été conduit au château de Lectoure. Le cardinal, qui n'ignoroit point que plusieurs personnes avoient été témoins de l'offre que ce duc avoit faite de le faire sortir de Lyon lorsque la santé du Roi y fut désespérée, feignit alors de plaindre son malheur, et me dit même, un jour que j'allai lui rendre visite : « Je plains M. de Montmorency; mais il ne peut éviter une prison perpétuelle. — Il a l'honneur d'appartenir, lui répondis-je, à ceux qui ont celui d'être de vos parens. Ils vous seront tous infiniment obligés, Monseigneur, si vous obtenez cela du Roi. — Pourquoi, me dit cette Eminence, parlez-vous ainsi? — Parce que, lui répondis-je, si c'est un grand honneur à M. de Montmorency d'avoir pour sœur madame la princesse et madame d'Angoulême, il n'y a point aussi de gentilhomme en France qui ne tienne à très-grande gloire s'il veut bien e reconnoître pour son parent. »

Cependant le Roi s'étant déterminé à descendre le Rhône, à pardonner à Monsieur et à ceux qui l'avoient suivi, ce prince se laissa couper le chemin de sa retraite dans le Roussillon. Etonné du combat qu'il avoit perdu, et dans lequel on disoit que le comte de Moret avoit été tué, il résolut de suivre, avec tous ceux de son parti, la loi qu'on voudroit lui imposer. On accorda une abolition à ceux-ci, à condition qu'ils diroient la vérité dans leur interrogatoire. Le premier qui le subit fut Puylaurens, qui, étant interrogé s'il avoit connoissance que Monsieur eût épousé la princesse Marguerite de Lorraine, répondit que non; parce que, dès le temps que la cour étoit proche de Nancy, on tenoit ce mariage pour consommé, ou du moins pour tout-à-fait résolu.

[1633] L'on avoit donné ordre à M. de Saint-Chaumont, qui commandoit l'armée du Roi, de prendre garde à ceux qui sortiroient de cette ville; mais cette princesse ayant eu le bonheur de n'être pas reconnue dans le carrosse du duc François, son frère, qu'on nommoit pour lors le cardinal de Lorraine, elle passa en Flandre, où depuis elle a fait un long séjour, et où Monsieur déclara qu'il l'avoit épousée. Le cardinal de Richelieu, dont la vigilance fut dupée alors, eut beau en être averti, il n'en voulut jamais rien croire qu'après que la chose fut confirmée à n'en pouvoir plus douter. Cependant on procéda (1) extraordinairement à Toulouse contre M. de Montmorency; et Monsieur, en étant averti, dépêcha La Vaupot, proche parent de Puylaurens, pour demander sa grâce. Ce prince s'étoit abstenu jusque-là de la demander, parce qu'on l'avoit assuré en Roussillon qu'on ne l'obtiendroit jamais; mais comme il croyoit qu'elle lui avoit été promise, il se flattoit par là d'être en droit de l'espérer de la bonté du Roi.

Dans le temps que La Vaupot se rendit à Toulouse, M. de Montmorency, qui avoit su

(1) Ces faits appartiennent à l'année 1632. Montmorency périt sur l'échafaud le 30 octobre de cette année.
(A. E.)

que Monsieur étoit marié, crut qu'il étoit de son devoir d'en avertir Sa Majesté; et il se servit pour cela de Launay, lieutenant des gardes-du-corps, lequel, étant parent de Puylaurens, fit reproche à La Vaupot du mystère qu'il lui en avoit fait, et lui en montra les conséquences : dont La Vaupot fut si étonné, qu'il prit sur-le-champ congé du Roi et s'en alla à Blois, où il fut cause que Monsieur se retira promptement en Flandre. Le cardinal de La Vallette et le comte de Guiche allant rendre visite à madame la princesse le même jour que le Roi arriva à Toulouse, je priai ce comte de faire mes excuses à Sa Majesté si je n'étois pas du voyage; mais que j'avois cru qu'il étoit à propos pour son service que j'attendisse l'arrivée du cardinal, pour voir quels ordres l'on donneroit à des troupes qui étoient en bataille devant l'archevêché où le Roi étoit logé. Me doutant bien qu'on les enverroit à Lectoure y prendre M. de Montmorency pour l'amener à Toulouse, j'allai le lendemain rendre mes devoirs à madame la princesse, dont les larmes ni les soumissions, non plus que celles de la plus illustre noblesse du royaume, ne purent fléchir le cœur du Roi, qui vouloit que l'arrêt de mort rendu contre M. de Montmorency fût exécuté. Le cardinal fit semblant d'en être affligé; mais on a trop bien su depuis que, surprenant à son ordinaire l'esprit du Roi, il avoit empêché Sa Majesté de faire un acte de clémence que toute la cour auroit acheté de son sang.

Le Roi honora dans ce temps-là du bâton de maréchal de France le marquis de Brézé, qui avoit servi sous M. de Schomberg; mais il arriva, malheureusement pour le nouveau maréchal, que peu de personnes dirent l'avoir vu agir dans le combat. La haine que l'on portoit au cardinal s'étendoit sur sa famille et sur ceux qui étoient alliés à Son Eminence, outre que ce n'est pas une chose extraordinaire de voir que ceux qui sont en charge et qui commandent, quoique appliqués à ce qui est de leur devoir, manquent à être loués, ou parce qu'ils ne se sont pas assez distingués, ou bien parce que les subalternes leur portent envie.

M. de Schomberg fut pourvu du gouvernement de Languedoc, qu'il ne garda pas longtemps; mais le duc d'Halluin lui succéda, quoiqu'il n'eût pas été au voyage du Roi, étant resté à Paris, à cause d'un coup de pistolet qu'il avoit reçu au bras en défaisant un des quartiers où étoient logées les troupes de M. le duc de Lorraine, dont nous avons parlé ci-devant.

Avant que Sa Majesté se rendît à Toulouse, elle séjourna au Pont-Saint-Esprit, où le bon homme Deshayes (1) demanda au Roi la grâce de Courmenin, son fils, qui avoit été pris chargé de plusieurs papiers contraires au service de Sa Majesté, comme il revenoit d'Allemagne, où il étoit allé négocier pour Monsieur. L'amitié que j'avois pour le vieux Deshayes le persuada qu'il pourroit descendre chez moi, et que je voudrois bien dire au cardinal qu'il étoit arrivé pour solliciter la grâce de son fils, et qu'il l'espéroit des bontés de Son Eminence. Il ne fut pas trompé dans ce qu'il attendoit de moi, car je le reçus fort bien, et je m'acquittai de même de la commission qu'il m'avoit donnée pour le premier ministre. Son Eminence me demanda pourquoi ma maison avoit servi de retraite à Deshayes, et je lui répondis sans hésiter : « Monsieur, ma maison ne pouvoit être fermée à mon ami. Il m'auroit offensé d'en prendre une autre. » J'ajoutai que Deshayes se promettoit autre chose de sa générosité. Le cardinal se radoucit, et me fit dire de lui conseiller de s'en retourner à Paris; mais il ne me répondit rien sur l'article de Courmenin. Nous jugeâmes, son père et moi, qu'il périroit : comme en effet il fut jugé et exécuté à mort pendant le séjour que le Roi fit à Béziers.

M. de Rebé, archevêque de Narbonne, demanda, dans l'assemblée des Etats de Languedoc, grâce pour les coupables, et crut avoir assez fait par là pour la satisfaction de la famille de M. de Montmorency, qui n'en jugea pas de même, puisqu'il chargea en même temps le duc de tout le mal de la province. Cela, joint aux récompenses qu'il reçut dans la suite, fit juger, avec beaucoup de raison, qu'il avoit été gagné par ceux qui vouloient la perte de M. de Montmorency.

Le Roi partit de Toulouse, et, dans l'impatience où il étoit de se rendre à Versailles, il passa par le Limosin, pour gagner deux ou trois journées de chemin. La Reine, pour faire plaisir au cardinal, descendit la Garonne jusques à Bordeaux, et fut à Brouage, où ce premier ministre s'étoit préparé pour la recevoir; mais, étant tombé malade à Bordeaux, il fut obligé de faire ses excuses à Sa Majesté de ne pouvoir se trouver à Brouage à son passage, et il chargea le garde-des-sceaux d'y faire pour lui les honneurs de sa maison.

Le cardinal fut extrêmement surpris d'apprendre que la Reine n'avoit pas été plus tôt embarquée que M. d'Epernon avoit fait prendre les armes à ses gardes et se promenoit par la ville. L'esprit de Son Eminence étoit autant agitée par la crainte que par toutes ses autres passions. Il se persuadoit que M. d'Epernon avoit senti jusqu'au vif la mort de M. de Montmorency. Il résolut donc de partir et de s'embarquer pour Blaye, sans oublier jamais que si M. d'Epernon n'avoit pas eu intention de lui faire du mal, il avoit du moins eu celle de lui en faire la peur.

La maladie du cardinal ayant été de longue durée, il accorda au garde-des-sceaux la permission qu'il lui demanda de se rendre auprès du Roi, quoiqu'il soupçonnât ce magistrat d'être attaché à la Reine et d'avoir pris des mesures avec madame de Chevreuse. Il fit même remarquer à ceux qui avoient sa confiance que M. de Châteauneuf, le voyant en danger, pensoit à prendre sa place; et il y a beaucoup d'apparence qu'il en fit avertir le Roi, qui reçut très-froidement le garde-des-sceaux.

Le cardinal, se trouvant enfin soulagé et en état de rejoindre la cour, engagea Sa Majesté à donner la confiscation des biens de feu M. de Montmorency à mesdames ses sœurs; mais de telle manière que l'aînée ne fût pas traitée comme la cadette, ni la seconde, qui étoit la duchesse de Ventadour, comme madame d'Angoulême. Les lettres de don et de remise en furent expédiées, et madame la princesse se rendit à Paris, où elle reçut, avec beaucoup de mortification, les visites de ses plus cruels ennemis. Et même, pour ne pas déplaire à M. le prince son mari, elle fut obligée d'aller voir M. le garde-des-sceaux, qui avoit été juge de M. de Montmorency son frère, et élevé page de son père. Cependant, soit que le cardinal ne fût pas content de M. de Châteauneuf, ou que d'ailleurs sa manière d'agir lui déplût, il prit des mesures, dans le voyage qu'il fit à Metz avec le premier président, le président Séguier et quelques autres députés du parlement de Paris, pour faire entendre au Roi que beaucoup de gens faisoient des plaintes de ce magistrat; et par là il engagea le monarque, non-seulement à éloigner le garde-des-sceaux de la cour et des affaires, mais même à le faire arrêter prisonnier. Il y avoit peu d'apparence que deux gardes-des-sceaux, destitués sous le même ministre, fussent traités différemment. Hauterive, frère de M. de Châteauneuf, n'eût pas évité non plus d'être arrêté, s'il n'eût été averti par un de ses

---

(1) On a de lui un voyage très-intéressant de la Terre-Sainte; Paris, 1621. M. de Châteaubriand a parlé de cet ouvrage avec éloge dans son *Itinéraire de Paris à Jérusalem*, tome 2, et il en a cité une description de l'église du Saint-Sépulcre. (A. E.)

amis de la disgrâce du magistrat : ce qui l'obligea de songer à sa sûreté.

[1634] Le président Séguier, qui fut élevé à la dignité de garde-des-sceaux, n'eut pas plus tôt prêté le serment que le Roi alla à Chantilly, où l'on continua à penser de faire une promotion de chevaliers, comme on l'avoit résolu avant la disgrâce de M. de Châteauneuf. Le cardinal fut d'avis que la cérémonie en fût différée, y ayant alors trop de personnes qui avoient assez bien servi pour y avoir part; et il engagea le Roi à la faire à Fontainebleau le jour de la Pentecôte. Sa Majesté ayant donné sa parole à plusieurs personnes, du nombre desquelles j'étois, le cardinal y voulut faire comprendre aussi ses parens et ses créatures, particulièrement ceux qui avoient servi contre M. de Montmorency. Il y réussit par son adresse, et de manière qu'on peut dire que ses parens et ses amis furent préférés aux bons et fidèles serviteurs du Roi. Il est pourtant vrai qu'on ne laissa pas de recevoir dans cette promotion plusieurs sujets qui avoient mérité cet honneur. Sa Majesté déclara que je serois de la suivante, et elle voulut que cela fût inséré dans le registre de ses ordres.

Je me rendis à Fontainebleau le lendemain de la cérémonie, et, faisant ma cour à mon ordinaire, je fus parfaitement bien reçu du Roi : le cardinal même m'ayant fait dire que, si j'avois quelque chose à désirer, il m'offroit ses services et son crédit; je répondis à ceux qui m'en parlèrent que je ne lui demandois que l'honneur de ses bonnes grâces; car je ne jugeai point à propos de me plaindre, afin que le bruit ne se répandît point à la cour que j'avois du mécontentement, ni que l'on crût que je voulois être élevé par l'entremise d'autrui, étant persuadé que cela étoit dû à mes services. M. le prince me fit compliment, et le comte de Soissons me témoigna du chagrin de celui que je devois avoir. Généralement tout ce qu'il y avoit de personnes considérables à la cour en firent de même.

Le Roi apprit pour lors la mort de Walstein, duc de Fridland, qui fut tué par le commandement de l'Empereur; et comme Sa Majesté, dont le naturel étoit craintif et l'humeur sévère, croyoit que l'autorité ne se maintenoit que par la crainte, elle loua beaucoup ceux qui avoient obéi à l'Empereur; mais cela fut désapprouvé par le cardinal. Il en fit même ses plaintes au Roi, qui s'expliqua tout autrement qu'il n'avoit fait le jour précédent. On soupçonna pourtant le premier ministre d'avoir eu d'étroites liaisons avec le gentilhomme qui avoit commis cet assassinat, dont il avoit cru pouvoir se servir dans les occasions. Comme ce jour-là je fus un de ceux devant qui Sa Majesté s'expliqua, j'attendis d'être seul avec le Roi pour lui dire ce que j'avois sur le cœur, et je le fis en ces termes : « Sire, ce n'est que la bouche qui parle, mais nous en savons la raison. » Cela ne déplut point à ce monarque.

L'été s'avançant, le cardinal, tout malade qu'il étoit, détermina le Roi à envoyer en Lorraine M. de Soissons, pour soutenir, en cas de besoin, le cardinal de La Valette, qui étoit entré en Allemagne afin de favoriser les desseins du duc Bernard de Weimar, ou pour attaquer, si l'occasion s'en présentoit, les places du duc de Lorraine qui, étant entièrement dévoué à l'Empereur, retardoit et empêchoit les progrès de l'armée des confédérés. Mais parce que le Roi avoit toujours de la jalousie contre le comte de Soissons, et qu'il étoit bien difficile d'empêcher, autrement que par l'éloignement de ce comte, qu'il ne passât par l'esprit de Sa Majesté beaucoup d'imaginations qui déplaisoient à ceux qui vouloient gouverner, le voyage du Roi en Lorraine fut résolu; et ce monarque ne fut pas plus tôt arrivé à Châlons, qu'il ordonna à M. de Soissons d'aller investir Saint-Michel. Il le suivit de près pour se trouver à l'ouverture de la tranchée.

Cette place, étant de son assiette assez mauvaise et peu fortifiée, mais défendue pourtant par une garnison de douze cents hommes de pied et de cavalerie, fît croire, avec quelque sorte de fondement, que M. de Lorraine basarderoit une bataille pour la sauver. On ne laissa pas de l'investir et de l'attaquer; et le temps s'étant passé dans lequel ce prince devoit se présenter pour contraindre le Roi à en lever le siège, le gouverneur fit offre de rendre sa place à composition. Sa Majesté voulut l'avoir à discrétion, et que les officiers et les soldats fussent prisonniers de guerre, en conservant cependant aux habitans leur vie et leurs biens. Le garde-des-sceaux et quelques-uns de ceux qui avoient suivi le Roi lui mirent dans l'esprit que la capitulation ne seroit point violée, si l'on envoyoit aux galères tous ces misérables, qui, à la vérité, ne méritoient pas un moindre châtiment pour avoir osé défendre une telle place contre une armée royale, et le Roi présent.

J'arrivai dans le temps qu'on expédioit cette ordonnance; et ceux qui y avoient donné lieu voulant absolument que ce qu'ils avoient proposé fût approuvé de tout le monde, on me demanda mon sentiment. « A Dieu ne plaise, m'écriai-je, que je sois de votre avis; car c'est là une injustice qui crie vengeance devant Dieu et devant les hommes. » Le Roi, qui m'entendoit, me dit en colère : « Vous blâmez volontiers ce que les autres font ; et cela me paroît surprenant, en ce que j'ai suivi l'avis de tous ceux de mon conseil. — Sire, lui répondis-je, ce sont les avis de ceux qui portent la robe, et qui savent bien qu'ils ne peuvent être exposés à une pareille disgrâce ; mais s'il plaisoit à Votre Majesté de me permettre d'aller prendre les voix de ceux de son conseil qui sont d'épée, je suis assuré qu'ils condamneroient tout ce qui a été arrêté, et vous feroient de très-humbles supplications pour la révocation d'un tel ordre. Les pauvres malheureux, continuai-je, qui sont prisonniers de guerre peuvent être échangés contre d'autres, et gardés tant et si long-temps qu'il plaira à Votre Majesté ; mais ils ne doivent être soumis à aucune peine afflictive qui emporte avec soi confiscation de biens, etc., ni même à être maltraités, puisqu'ils se sont rendus prisonniers de guerre. » Cependant j'eus beau faire, ma remontrance ne fut point écoutée.

Dans le temps que Sa Majesté se trouvoit encore à Saint-Michel, après que la place fut rendue, le cardinal de La Valette vint au quartier du Roi et apprit à Sa Majesté une chose très-véritable. « J'ai, dit-il, battu trois fois les ennemis dans ma retraite. » Mais il lui céla qu'ils avoient toujours pris les devans, et que Galas étoit en état d'entrer en France. Chavigny, pour qui M. de La Valette n'avoit point de secret, dépêcha au cardinal de Richelieu, afin de savoir ce qu'il étoit à propos de faire, sans lui déguiser que les troupes ramenées par le cardinal de La Valette, ni celles que commandoient MM. d'Angoulême et de La Force, n'étoient pas suffisantes pour faire tête à l'armée impériale, d'autant plus que la cavalerie françoise n'étoit composée que des gentilshommes de l'arrière-ban, qui demanderoient la permission de se retirer quand le temps de leur service seroit expiré.

M. de Chavigny reçut bientôt la réponse qu'il attendoit, et qui portoit qu'il falloit engager le Roi à rester en Lorraine et même à se loger à Toul, pour faire craindre ses armes et pour donner de la terreur à ses ennemis. Pendant qu'il attendoit des nouvelles du cardinal, il faisoit tenir des conseils à Sa Majesté pour l'amuser. La nécessité qu'il y avoit de réparer Saint-Michel aidoit aussi à favoriser ses desseins, quand il arriva, un jour que le Roi étoit enfermé dans son cabinet avec le cardinal de La Valette et Chavigny, que le comte de Soissons vint dans la chambre de Sa Majesté et lui fit dire qu'il avoit à lui parler. On répondit à ce prince d'attendre, et que le Roi étoit empêché pour des affaires importantes qui ne regardoient point la guerre. M. de Soissons, piqué d'un tel mépris, auroit pris le parti de quitter l'armée et de se retirer d'abord, si ses créatures ne lui eussent donné à entendre qu'il feroit mieux de dissimuler. Cependant il n'eut pas la moindre satisfaction en cette affaire, et l'on cessa même de lui communiquer ce qu'on avoit résolu de faire, le dessein d'aller à Bar et celui d'en retirer les troupes que ce prince y commandoit. Ce dessein surprit d'autant plus que le comte de Cramail reçut l'ordre de les remettre au cardinal de La Valette, sans avoir auparavant celui de venir trouver le Roi. La cour fit quelque séjour à Bar, où le courrier dépêché par le cardinal étant arrivé, le garde-des-sceaux et MM. de La Meilleraye et de Chavigny, entreprirent de persuader à Sa Majesté de s'en aller loger à Toul : ce qui étonna beaucoup ceux qui connoissoient la situation et la foiblesse de cette place. Le Roi, après leur avoir témoigné le mécontentement qu'il avoit d'un pareil conseil, et qu'il ne pouvoit se résoudre à le suivre, me fit l'honneur de m'en parler comme j'entrois dans son cabinet : ce qui me surprit fort. Sa Majesté, en me demandant mon avis, m'expliqua bien au long les raisons dont on se servoit pour le persuader. J'agis en cette rencontre comme font pour l'ordinaire ceux qui craignent de se méprendre ; et je connoissois d'ailleurs le crédit du cardinal, son adresse, et les moyens dont il se servoit pour accabler ceux qui avoient le malheur de lui déplaire ; mais pour ne pas demeurer court entièrement, et ne rien dire aussi dont je pusse me repentir dans la suite, je demandai à Sa Majesté de quelles troupes on se serviroit. « Des compagnies des gardes, me dit-elle, qui sont auprès de moi, et de mes mousquetaires, avec cinquante de mes gendarmes et autant de mes chevaux-légers. Croyez-vous que je puisse et que je doive faire ce que l'on me propose ? » Mais, voulant encore éviter de découvrir mon sentiment, sur ce que M. de Chavigny m'avoit dit deux choses, la première qu'il parloit par l'ordre du cardinal, et la seconde que la France étoit perdue si l'on ne conservoit la ville de Toul, je crus qu'il étoit de mon devoir de parler ainsi au Roi : « Votre Majesté, qui est aussi expérimentée que les plus grands capitaines, peut juger si elle seroit en état de hasarder une seconde bataille, s'il arrivoit (ce que je ne craindrois point, s'il plaît à Dieu) que malheureusement elle vînt à être battue avec les troupes qu'elle conduiroit, et celles que lui fourniroit son armée. — Qu'en croyez-vous? me répliqua le Roi. » Et Chavigny répéta ce qu'il m'avoit déjà dit. « Mais, Monsieur, lui répondis-je, si ce lieu étoit si mauvais qu'il fût impossible de le défendre, en cas que l'armée du Roi vînt à être battue, quel parti pourroit prendre Sa Majesté? — De se retirer, me dit-il. » A quoi je lui répartis : « A Dieu ne plaise que je puisse être de votre sentiment! » Et puis, adressant la parole au Roi, je lui parlai ainsi : « Sire, M. de Chavigny ne prétend pas obtenir de Votre Majesté ce qu'il lui demande, mais seulement qu'elle paroisse en avoir envie, étant assuré que tout ce qu'il y a de braves gens auprès de Votre Majesté se mettront à genoux pour vous en détourner, et offriront de sacrifier leur vie pour la défense de la ville de Toul, si cela est nécessaire pour votre service. Que Votre Majesté ait donc, s'il lui plaît, agréable de se déclarer ; et moi je m'engage à donner l'exemple aux autres, et à ne point demander de grâce, si je suis assez malheureux pour signer la capitulation. — J'en suis bien persuadé, me répondit le Roi. » M. de La Meilleraye, voyant qu'il seroit impossible d'obliger ce monarque à faire ce que l'on souhaitoit, lui proposa de faire du séjour à Saint-Dizier ; à quoi ayant consenti, la cour partit le lendemain pour s'y rendre. Le Roi reprit ensuite le chemin de Paris, où M. de Soissons l'ayant devancé, et s'étant plaint au cardinal du mauvais traitement qu'il avoit reçu, celui-ci engagea Sa Majesté à lui en faire quelque sorte d'excuse et de réparation.

Le comte de Cramail fut mis alors à la Bastille pour avoir parlé trop librement au Roi, et pour n'avoir pas fait assez d'état de ce que ce monarque avoit voulu lui dire. Je l'avois averti de ne se point trop arrêter à ce que Sa Majesté lui pourroit témoigner dans la colère, de peur qu'on ne s'en prévalût ; parce que les temps étoient tels que l'on s'en prenoit souvent à ceux qui n'étoient pas coupables. Ma prévoyance fut cependant des plus inutiles. De très-habiles courtisans courent souvent d'eux-mêmes à leur perte, sans pouvoir l'éviter. On s'entretint des affaires d'Allemagne pendant l'hiver : et le cardinal, étant bien averti que le roi d'Angleterre étoit dans les intérêts de l'Espagne, songea à lui susciter des affaires, et y réussit ; mais les choses allèrent bien plus loin qu'il n'avoit prévu et qu'il ne l'eût souhaité. Les Ecossois, se tenant comme assurés de la France, refusèrent au roi de la Grande-Bretagne de recevoir des évêques, et de leur donner la même autorité qu'ils avoient en Angleterre. Les ministres d'Ecosse, qui de tout temps y ont eu un très-grand pouvoir, s'y opposèrent, et prirent des mesures contre l'Etat qui l'ont presque abymé, et qui enfin, de libre qu'il étoit auparavant, l'ont rendu une province soumise à l'Angleterre.

La guerre fut continuée en Allemagne sous différens prétextes, et le Roi fit assurer de sa protection les princes protestans qui voulurent en profiter. Il traita encore avec l'électeur de Trèves, lequel, s'étant laissé surprendre par les troupes impériales, a été le sujet apparent d'une longue guerre, qui sans cela n'eût pas laissé de s'allumer dans la suite.

Le cardinal n'avoit cependant point oublié que le Roi ne s'étoit excusé de l'éloigner de la cour, que parce qu'il avoit des affaires sur les bras qu'il vouloit finir avant que de songer à la réformation de l'Etat. M. de Lorraine fournit encore lui-même à ce monarque un prétexte d'affaires dans son pays ; et quoique Sa Majesté n'eût guère de troupes avec elle, elle ne laissa pas de faire commencer une circonvallation autour de Nancy. Il y avoit beaucoup d'apparence que le cardinal étoit bien informé que ceux qui y commandoient n'étoient pas en trop bonne intelligence ; autrement c'eût été une action des plus téméraires d'entreprendre de siéger dans une saison aussi avancée qu'elle l'étoit : et peut-être que Son Eminence se seroit vue fort embarrassée et exposée aux reproches du Roi naturellement fort impatient, si M. de Lorraine, sachant les armées d'Espagne éloignées, et ne présumant pas que la sienne pût faire un affront à celle du Roi, n'eût proposé de traiter. Ayant donc obtenu un sauf-conduit, il vint trouver le cardinal dans un lieu qui s'appelle Charmes. Ce prince, après divers pourparlers, faisant semblant de vouloir se retirer et d'aimer mieux tout perdre que d'accepter les conditions auxquelles on vouloit qu'il se soumît, le cardinal lui fit dire qu'il étoit le maître de faire ce qu'il lui plaisoit ; que la foi qu'on lui avoit donnée lui seroit gardée ; mais que, s'il traitoit une fois et s'il vouloit après cela se dédire, le Roi seroit aussi le maître d'en user comme bon lui sembleroit. La pensée de M. de Lorraine étoit de se jeter dans Nancy, quoiqu'il convînt pourtant de faire rendre la place. Ce prince se rendit au quartier du Roi, dont la défiance naturelle fit que Sa Majesté prévint ce que le duc de Lorraine avoit résolu de faire ; car il fut si bien gardé que, malgré lui, il ne put exécuter ce qu'il n'avoit promis qu'à dessein de nous tromper.

Quand je vis le duc entrer dans le quartier du Roi, j'approchai de Sa Majesté, et je lui dis à l'oreille : « La bête est dans les toiles, je suis assuré qu'elle sera bientôt liée. » Je m'aperçus que j'avois parlé un peu trop librement, ce monarque se piquant d'une profonde dissimulation : mais si Sa Majesté en eut quelque chagrin contre moi, il ne dura pas long-temps ; car lui ayant dit le lendemain que j'avois vu dans le quartier plusieurs officiers avec des bandoulières, il me demanda si je trouvois qu'il avoit bien fait son devoir. « Oui, Sire, lui répondis-je franchement, car je ne doute plus que Votre Majesté ne soit bientôt maîtresse de Nancy. » Les portes en ayant été ouvertes au Roi, son armée y entra et y logea, et l'on fit mettre la cavalerie en bataille pour la faire voir à M. de Lorraine. Il est bon, pour faire connoître le génie de ce prince, de remarquer que, le même jour de sa détention, il avoit dit à la Reine : « J'ai dans ma poche un traité que j'ai signé avec le roi d'Espagne votre frère. Si je m'y arrête, vous ne me verrez plus ; mais si je me tiens à celui que j'ai signé ici, je compte de passer l'hiver à Paris. » On laissa cependant une grosse garnison dans Nancy ; et comme le Roi reprit le chemin de Paris, il résolut de s'arrêter à Château-Thierry, afin d'être moins éloigné du cardinal qui étoit tombé malade.

[1635.] L'hiver se passa sans qu'il arrivât rien de considérable, sinon qu'on s'aperçut bien que le premier ministre faisoit tous ses efforts pour engager le Roi à déclarer la guerre à l'Espagne, les Hollandois lui ayant dit franchement qu'ils ne pouvoient plus la faire, quelque assistance qu'on leur donnât, si le Roi n'y entroit, en s'obligeant de ne faire ni paix ni trève qu'ils n'y fussent compris.

Le prince Frédéric-Henri d'Orange, qui s'étoit plaint du cardinal, proposa donc de se réconcilier avec lui, à condition qu'il y auroit une rupture entre les couronnes : ce que le Roi accepta, comme il parut par les manifestes qui déclarèrent les motifs de la rupture. Les plus éclairés furent étonnés de cette résolution, prévoyant bien les malheurs que cause la guerre et les difficultés qui se trouvent toujours à faire la paix. Mais, s'attendant de ne point être écoutés, ils prirent le parti de se taire et d'attendre quel seroit l'événement. On donna aux maréchaux de Châtillon et de Brézé le commandement de l'armée qui devoit entrer en Flandre par le pays de Luxembourg, et l'on fut averti que celle des Etats-généraux qui la devoit joindre étoit en marche. Les ennemis, qui croyoient nous pouvoir combattre avec avantage, parurent ; mais ils furent trompés dans leur attente : car les François furent victorieux (1), et le Roi en apprit la nouvelle à Château-Tierry, où il étoit tombé malade, après avoir visité une partie des villes de Picardie et s'être rendu en Champagne. Pour rendre cette nouvelle encore plus agréable, on fit courir un bruit que le prince Thomas de Savoie, qui commandoit l'armée ennemie, avoit été tué ou pris prisonnier. M. de Soissons, son beau-frère, le regrettant beaucoup, fut averti de se contraindre en cas que le Roi lui en parlât. Il le promit et l'exécuta. On dépêcha aux généraux de l'armée de France pour les avertir de se poster sous Louvain, où le prince d'Orange les devoit joindre pour en faire le siège ; et ce prince, y prévoyant des difficultés, conseilla à nos généraux de profiter de leur bonne fortune, d'assiéger plutôt Namur ; mais ils avoient des ordres si précis d'entrer dans le Brabant qu'ils n'osèrent y contrevenir. Les deux armées firent donc le siège de Louvain pour avoir l'affront de le lever. Chacun en rejeta la faute sur son compagnon, et le Roi ne put s'en consoler.

[1636.] La guerre continuant de plus en plus, on ne pensa de part et d'autre qu'à pousser son ennemi. Nous fîmes des traités de campagne avec les Etats-généraux, qui tinrent bien ce qu'ils avoient promis. Les Espagnols s'étant aperçus qu'ils ne recevoient que du mal de la France, qu'elle assistoit les Hollandois, qu'elle répandoit son argent en Allemagne, où elle avoit une armée qui devoit se joindre à celle du Roi pour s'emparer de la Flandre, se déterminèrent alors à entrer dans le royaume pour se venger de nous. Nos troupes ne se trouvant point en état de résister aux leurs, nous fûmes obligés de nous retirer ; mais ils nous poursuivirent, et, s'étant emparés de Brai-sur-Somme, ils résolurent le siège de Corbie, et ils emportèrent cette place en peu de jours. L'alarme en étant venue à Paris, l'on songea aux moyens de remédier au mal, et l'on tint plusieurs conseils, comme on a de coutume de faire quand les choses sont désespérées. On y fit entrer des personnes de différentes conditions : et chacun se mêlant de proposer son avis, on en donna plusieurs qui parurent des plus ridicules. Pour moi, qui étois fort persuadé de n'être point aimé du cardinal, et que Son Eminence avoit dans le

---

(1) Bataille d'Avein, 20 mai 1635. Les François forcèrent les retranchemens des Espagnols : ceux-ci eurent quinze cents hommes tués, trois mille prisonniers. On leur prit leur canon, leur bagage, quatre-vingt-dix-neuf drapeaux, douze cornettes et trois guidons.

(A. E.)

cœur beaucoup de honte de voir un pareil désordre, je pris le parti de ne point aller chez ce ministre, mais de me préparer à suivre le Roi s'il alloit à l'armée. M. de Chavigny m'ayant rencontré au Louvre, me dit que l'on s'étonnoit et que le cardinal avoit même remarqué que je n'allois plus chez lui. Je lui en dis mes raisons; mais Chavigny ne les ayant pu approuver, je lui promis, en le remerciant, de suivre le conseil qu'il m'avoit donné. Je ne dois pas oublier de dire ici que le peuple de Paris s'emportant contre le premier ministre, il eut pourtant le courage de se faire voir dans la place de Grève sans être suivi que de deux gentilshommes de ses pages et de ses valets de pied. Je fus donc un matin chez cette Eminence, où je trouvai messieurs de Bullion, Bouthillier, et Le Jay, conseiller d'Etat, assis avec le père Joseph, capucin, des avis duquel le cardinal se servoit ordinairement, se rapportant à sa suffisance de la conduite d'un grand nombre d'affaires. Le premier ministre m'ayant fait donner un siége vis-à-vis de lui, me dit qu'on étoit dans la résolution de demander aux bourgeois de Paris, et généralement à tous ceux qui avoient des carrosses, un cheval qui serviroit à monter les grands laquais en quelques heures de temps.

Tout le monde fit sa cour au cardinal en applaudissant à cet avis. Pour moi, ne pouvant suivre un pareil exemple, je lui répondis qu'il ne seroit pas inutile d'avoir les chevaux, parce qu'on les distribueroit à des capitaines qui trouveroient plus facilement des cavaliers; mais que, pour les laquais, le service qu'on en tireroit seroit bien médiocre. « J'ai pourtant, me répliqua le cardinal, entendu dire à Feuquières qu'on tire de bons soldats de la livrée. — Oui, Monsieur, lui répondis-je, quand ils ont été plusieurs années dans le service; mais au sortir de leur condition, ce sont pour l'ordinaire de grands coquins. » La même question ayant été toujours agitée, il fut résolu qu'on mettroit la chose à exécution. Le cardinal, qui ne m'aimoit pas, comme je l'ai dit et remarqué ci-devant, ou qui peut-être étoit alors agité de mille inconvéniens qu'il prévoyoit, craignant d'ailleurs les reproches que le Roi lui pourroit faire de l'avoir embarqué dans une guerre qui lui seroit peut-être fatale, ne sachant sur qui décharger sa colère, me dit : « Je m'aperçois que vous vous moquez de ce qu'on fait. Vous eussiez agi plus sagement de ne pas venir ici. » Je lui répondis qu'il me faisoit tort, et que je n'avois garde de lui manquer de respect. « Mais, ajouta-t-il, je saurai bien dire au Roi ce que vous faites. » A quoi je lui répliquai hardiment : « Monsieur, c'est une chose dont je me mettrai peu en peine tant que je ferai mon devoir. » Son Eminence continua toujours sur le même ton, et me demanda, en m'interrogeant, ce que je croyois donc qu'il étoit à propos de faire dans la conjoncture présente. Je n'aurois rien dit à Son Eminence si j'avois été le maître de mon ressentiment; mais comme je m'étois senti piqué au vif de me voir insulté de la sorte, je lui dis : « Monsieur, je conviens qu'il n'y a rien de meilleur à faire, puisqu'on n'a pas évité la faute dans laquelle on est tombé. » Tout le monde se leva pour lors; et Chavigny, trouvant que je n'avois point de tort, et se souvenant d'ailleurs que je n'étois venu chez le cardinal que par son conseil, s'approcha du premier ministre et lui fit comprendre qu'il m'avoit querellé sans raison. Cela obligea Son Eminence à me rappeler, en me disant néanmoins que j'avois tourné en ridicule ce qu'il avoit proposé. « Non, Monsieur, lui dis-je; si je n'ai point été du sentiment de Votre Eminence, ce n'est seulement que parce que je suis persuadé qu'étant mis en exécution il ne produira pas tout l'effet que vous vous en promettez. Je sais trop bien le respect que je vous dois pour y manquer jamais. » Après ce petit éclaircissement, Bouthillier s'en vint à moi, et me dit tout bas : « Je vous plains, mais nous en essuyons bien d'autres. — Cela est juste, lui répondis-je, puisque vous en retirez et de l'honneur et du profit; mais cela est bien rude pour moi qui, au lieu d'en avoir des grâces, n'en reçois que des duretés. — Mais, me répliqua-t-il, ne vous en reste-t-il rien sur le cœur? — Je sais, lui dis-je, avoir du respect pour qui je dois en avoir. » Et, continuant toujours à tenir le même discours, je crus n'avoir point d'autre parti à prendre que de couper court avec lui. L'heure étant arrivée que le cardinal devoit se rendre chez le Roi, Son Eminence y alla accompagnée de ceux qui avoient été de son conseil. On en tint un de guerre, où deux gouverneurs de places (1) furent condamnés à mort pour les avoir mal défendues. L'exécution en fut faite en effigie. M. d'Angoulême y eut séance au conseil au-dessus des maréchaux de France; mais le duc de La Valette ne voulut point assister à ce jugement et refusa de se placer après lui. Les raisons qu'il en donna ne furent pas approuvées. Il disoit qu'étant officier de la couronne devant les maréchaux de France, il ne leur devoit pas céder, et que de plus il n'étoit point persuadé que Du Bec, l'un de ces

---

(1) Le baron Du Bec, gouverneur de La Capelle; Saint-Léger, gouverneur du Castelet. (A. E.)

gouverneurs, eût manqué à son devoir. Cependant les levées qui avoient été ordonnées, et qui furent mises sur pied en peu de jours, se trouvèrent en état de servir. Elles étoient si considérables qu'elles donnèrent de la crainte aux ennemis. Le Roi se mit en campagne, et le cardinal, se disposant à le suivre, crut qu'il étoit à propos que la Reine restât à Paris et qu'elle eût un conseil auprès d'elle pour s'en servir en cas de besoin, et pour contenir le peuple, supposé que cela fût nécessaire. Bullion, qui devoit avoir la direction de ce conseil, et qui en étoit très-capable, m'ayant averti qu'il avoit été résolu que je resterois aussi auprès de la Reine, je lui répondis que je ne pouvois m'y résoudre, ne me soutenant à la cour que par quelque estime dont le Roi m'honoroit; et qu'ainsi je ne jugeois pas à propos de m'éloigner de sa présence dans un pareil temps. « Allez du moins, me dit-il, chez le cardinal pour vous excuser et pour savoir ce que vous aurez à faire. » Je suivis son conseil, et je trouvai ce premier ministre qui s'en alloit chez le Roi pour lui dire qu'il alloit coucher à Royaumont, parce que Sa Majesté s'en alloit à Chantilly où elle devoit rester deux jours. Le cardinal m'ayant aperçu me dit : « Vous resterez auprès des dames. Cela ne doit pas vous déplaire. — Il n'y a, Monsieur, lui répondis-je, rien à gagner auprès d'elles, car elles sont trop fières. » Il n'eut pas de peine à comprendre que je lui voulois reprocher qu'il avoit été mal reçu d'une certaine dame qu'il eût bien voulu engager à être de ses amies. « Si vous aimez mieux, me répliqua l'Eminence, suivre le Roi, je le supplierai de vous le permettre. Aussi bien M. de La Vrillière a-t-il grande envie de rester à Paris, madame sa femme étant près d'accoucher. » Cette manière de conversation me paroissant très-offensante me fit prendre la résolution de ne point aller au Louvre, et de différer au lendemain pour demander au Roi ce qu'il vouloit que je fisse, en lui déclarant ce que le cardinal m'avoit dit. Ainsi je me rendis de grand matin à Chantilly, où je trouvai Sa Majesté qui venoit d'entendre la messe, et qui me dit en l'abordant : « Il faut avouer que les bons serviteurs ne manquent jamais au besoin. Je suis ravi de vous voir. — Et moi, Sire, répondis-je à ce monarque, je suis le plus heureux et le plus malheureux gentilhomme de votre royaume, puisque Votre Majesté me témoigne avoir agréable que je sois auprès d'elle dans le temps qu'elle m'a fait dire qu'il étoit de son service que je restasse à Paris. — Je me suis mépris, me répliqua le Roi, car je veux que vous restiez auprès de moi. — Sire, ajoutai-je, ce sont mes ennemis qui veulent m'éloigner de votre personne, dans un temps où chacun est obligé de se rendre auprès d'elle. Et Votre Majesté seroit peut-être la première à me reprocher que j'aurois manqué à mon devoir ; mais je prendrai la liberté de la faire ressouvenir que je m'y suis mis, et qu'elle n'a pas eu agréable que j'eusse l'honneur de rester auprès d'elle : ce qui m'est d'autant plus sensible que je m'y suis toujours trouvé quand il a fallu exposer ma vie pour son service. — Si je passe la rivière d'Oise, me dit le Roi, je vous enverrai quérir, et je ferai connoître par là combien je vous estime. » Je pris la liberté de lui répondre : « Votre Majesté l'oubliera, et il ne m'en restera que du chagrin. » Je me baissai ensuite, et ayant pris la main du Roi, je la baisai et me retirai le cœur saisi de douleur.

Je n'étois pas encore sorti de la route qui conduit à Paris que je vis paroître le cortège du cardinal. Je l'évitai par un sentier, et je me rendis chez moi, où je pris garde de si près à ma conduite que l'on n'eut pas occasion de me blâmer. Je n'allai plus que très rarement au Louvre, et je n'y allois point quand les créatures de cette Eminence y étoient. Après que l'armée du Roi se fut assemblée, il s'avança pour donner bataille aux ennemis, qui n'osèrent l'accepter ; et Sa Majesté, ne pouvant souffrir qu'ils fussent les maîtres d'une ville dans son royaume, fit former le siége de Corbie, qui fut obligée de capituler, quoique la rigueur de la saison l'eût mise en état de faire une plus longue défense.

Mes enfans, comme je n'ai point entrepris d'écrire l'histoire, et que je n'écris que pour vous instruire, je n'entrerai pas dans le détail de ce qui se passa pendant l'hiver, ni de la crainte qu'eut le Roi que M. de Soissons n'entreprît sur la vie du cardinal. Ce qui est certain, c'est qu'il en avoit formé le dessein ; mais il ne l'exécuta point.

[1637] Après cela, M. de Soissons, ne se croyant pas en sûreté à la cour, se retira à Sedan : et ce fut en ce temps-là que le cardinal, qui faisoit venir toutes les dépêches étrangères, et quantité d'autres lettres écrites par les sujets du Roi, en trouva une du marquis de Mirabel, qui avoit été ambassadeur d'Espagne en France, adressée à la Reine, en réponse à une dont Sa Majesté l'avoit honoré. On fit mystère de cette lettre, laquelle fut rendue à la Reine après qu'on en eut tiré une copie ; et l'on se servit de ce prétexte pour faire entendre au Roi que cette princesse avoit des intelligences criminelles avec les ennemis de l'Etat. Ce monarque, qui étoit pour lors à Chantilly, ordonna au garde-des-sceaux

Seguier d'aller au Val-de-Grâce faire fouiller dans la cellule de la supérieure et dans la chambre de la Reine, pour voir si on n'y trouveroit point une copie des lettres qu'elle avoit écrites dans les pays étrangers, ou les réponses qu'elle avoit reçues. Le garde-des-sceaux entra dans ce monastère assisté de l'archevêque de Paris, et n'y trouvant autre chose, après une exacte recherche, que beaucoup de surprise de la manière dont on agissoit, il alla à Chantilly rendre compte au Roi de ce qu'il avoit exécuté par ordre de Sa Majesté. En vertu d'un second ordre qu'il y reçut, il entreprit d'interroger la Reine. Elle répondit qu'elle n'avoit aucune mauvaise intelligence avec les ennemis de l'Etat, mais ne désavoua point d'avoir écrit au marquis de Mirabel et d'en avoir reçu des lettres. Là-dessus on lui exagéra la grandeur de sa faute, en lui faisant entendre qu'on répudioit les reines en Espagne pour un bien moindre sujet. Elle s'excusa en pleurant; mais cela ne lui fit rien dire ni faire de ce que l'on souhaitoit d'elle, qui étoit d'avoir recours au crédit du cardinal pour rentrer dans les bonnes grâces du Roi. Cette affaire n'eut pas été plus tôt divulguée que je me rendis en diligence à Chantilly, parce que le Roi avoit dit que je ne manquerois pas d'aller voir la Reine. Cette princesse étoit alors comme abandonnée de toute la cour, et même à peine ses propres officiers la servoient-ils. Je dois dire ici, à la louange de la marquise de Senecai, que je n'eusse jamais cru qu'une femme entêtée comme elle, eût été capable de ressentir aussi vivement qu'elle fit l'affliction de sa maîtresse. Je pris la liberté de demander à la Reine quel étoit le procédé qu'on avoit tenu avec elle, et de quelles procédures on s'étoit servi pour la convaincre. Mais je ne pus m'empêcher de blâmer Sa Majesté de n'avoir désavoué ni les lettres qu'elle avoit écrites au marquis de Mirabel, ni celles qu'elle en avoit reçues, puisqu'on ne lui représentoit que des copies qui pouvoient être facilement falsifiées. « J'exposois à la question, me répondit-elle, celui à qui je les avois confiées; et j'aime mieux, pour l'en garantir, m'exposer à tout ce que l'on peut m'arriver. » Je consolai cette princesse le mieux qu'il me fut possible, et lui dis en prenant congé d'elle : « Espérons, Madame, que tant de larmes répandues par Votre Majesté seront bientôt récompensées. »

Le Roi se rendit ensuite à Saint-Germain-en-Laye où il faisoit son séjour le plus ordinaire, et vint à Paris. La Reine l'y accompagna. J'allai le lendemain faire ma cour à cette princesse. Je la trouvai qui s'entretenoit avec un bon prêtre qui s'appeloit M. Bernard. Elle étoit plus rêveuse qu'elle n'avoit coutume de l'être et avoit les yeux fort chargés. Cela me fit soupçonner dès lors que cette princesse étoit grosse. L'ecclésiastique s'étant retiré, je pris la liberté de dire à la Reine ces propres paroles : « Madame, une pensée que j'ai que vous seriez enceinte seroit-elle vraie ? » (Il est à observer que, dans ce même temps, M. Bernard avoit assuré qu'un carme déchaussé avoit eu une révélation de cette grossesse, et la chose avoit été découverte au cardinal de La Rochefoucauld par le supérieur du religieux). La Reine rougit de ma demande et changea aussitôt de discours. Ceci arriva au commencement du mois de décembre 1637. Enfin, soit que ce religieux découvrît à quelques autres ce qu'il savoit, ou que l'espérance empêchât que la chose se tînt plus long-temps secrète, le bruit devint général avant que l'on eût des indices infaillibles de cette heureuse grossesse; et les bons serviteurs de Leurs Majestés en eurent tant de joie, qu'ils ne la purent plus dissimuler. Il n'en fut pas de même de ceux qui étoient attachés à Monsieur : car ils en furent très-étourdis, et plusieurs s'avisèrent de faire des plaisanteries de cette grossesse. Le cardinal et ses créatures parloient aux uns d'une manière, et aux autres d'une autre. D'un côté, ils en témoignoient de la joie à Leurs Majestés, et disoient au contraire à Monsieur que c'étoit une chose si ordinaire qu'il ne devoit point s'en chagriner. Mais enfin, comme les marques de cette grossesse paroissoient de plus en plus tous les mois, on s'avisa de dire que, quand même elle viendroit à bien, la Reine n'auroit qu'une fille.

[1638] Je perdis pour lors mon père, qui étoit si fort estimé par sa probité, qu'il fut extrêmement regretté des gens de bien, et j'eus la consolation de les voir entrer véritablement dans ma douleur. Nous restâmes, mes sœurs et moi, avec peu de bien; mais nous nous trouvâmes assez riches, en ce que la mémoire de mon père étoit en vénération à tous ceux qui l'avoient connu.

Le printemps étant déjà fort avancé, les armées se mirent en campagne, et le Roi fut au rendez-vous de la sienne, après avoir promis à la Reine qu'il ne manqueroit pas d'être à Saint-Germain pour ses couches. Le cardinal auroit eu peut-être bonne envie de l'en détourner; mais Dieu, qui a toujours les moyens de faire réussir les desseins de son adorable providence, permit que le monarque fût attaqué d'une grosse fièvre qui, l'obligeant à quitter l'armée, le fit revenir à Saint-Germain. Sa Majesté supporta avec une extrême patience les accès de cette fièvre, dans l'espérance d'avoir bientôt un fils. Le Roi fut suivi de Monsieur, son frère, des princesses et de plusieurs autres personnes du premier rang, qui continuèrent d'assurer Monsieur que la Reine n'auroit qu'une fille. Plusieurs néanmoins ne pouvoient s'empêcher, par l'attachement qu'ils avoient pour le cardinal, de témoigner de l'inquiétude de ce que la santé de cette princesse donnoit à ses bons serviteurs l'espérance d'une heureuse délivrance. Et comme elle n'avoit pas l'habitude d'avoir des enfans, ceux-ci disoient avec raison : « C'est une œuvre de Dieu, qui ne laissera pas la chose imparfaite. » Je prenois aussi la liberté de dire à Sa Majesté : « Espérez, Madame ; ceci est la récompense de vos larmes et de vos souffrances. »

Enfin ce jour si attendu et si désiré, qui devoit combler le Roi et la France de consolation, arriva, la Reine ayant mis au monde un Dauphin, après un travail de quelques heures et assez rudes. Cela causa autant de surprise à Monsieur et à ses créatures que de joie au Roi et à ses bons serviteurs. La Reine ayant eu la bonté de me demander un moment après que Dieu l'eut exaucée et délivrée, me présenta sa main à baiser. Le Roi, qui étoit au chevet de son lit, me donna aussi la sienne, et me dit : « Vous participez à ma joie ; elle cause du chagrin à bien des gens. » Et sur ce que ce monarque me désigna ceux qu'il soupçonnoit, je lui répondis : « Il n'y a, Sire, qu'à les faire jeter par les fenêtres. » Le garde-des-sceaux, devenu chancelier par la mort de M. d'Aligre, s'étant avisé de me dire : « Qui l'eût cru, il y a un an ? » s'attira de moi pour réponse : « On n'eût point été au Val-de-Grâce. — Vous jetez, me répliqua-t-il, une pierre dans mon jardin. — Non, lui dis-je, mais dans celui de la personne qui vous y a envoyé. »

Le Dauphin fut baptisé le même jour qu'il naquit. On dépêcha de toutes parts pour annoncer cette bonne nouvelle aux étrangers alliés du Roi et à toutes les provinces du royaume. Le cardinal envoya à Leurs Majestés pour leur témoigner la part qu'il prenoit à leur joie. Monsieur se retira à Blois. Comme il semble qu'un bonheur n'arrive jamais sans l'autre, le Roi se trouva heureusement délivré de la fièvre.

Je suis persuadé que cette Eminence ne manqua pas de faire savoir aux alliés (qu'on désignoit sous le nom de ceux qui appuyoient le bon parti, comme les Etats-généraux des Provinces-Unies, le duc de Savoie, et les princes d'Allemagne) qu'ils ne devoient plus craindre ce qu'ils avoient tant appréhendé, qui étoit de voir l'héritier de la couronne entre les mains de l'ennemi. Les alliés firent de grandes réjouissances ; et le cardinal, pour revenir de l'armée plus tôt qu'il n'eût fait, prit pour prétexte l'empressement qu'il avoit de venir témoigner sa joie au Roi. Ce premier ministre établit sa demeure à Ruel, afin d'être plus à portée d'aller à Saint-Germain. C'est là que le Roi recouvra la parfaite santé. La Reine y reprit aussi ses forces et son embonpoint. On fit pendant l'hiver les préparatifs nécessaires pour la campagne suivante ; et Sa Majesté ayant témoigné qu'elle vouloit y aller, le cardinal prit toutes les mesures qu'il falloit pour réussir. On donna promptement l'argent qu'on avoit promis ; et les capitaines ayant été pressés de mettre leurs compagnies en état de servir, je me crois obligé de leur rendre la justice de dire que chacun s'acquitta parfaitement bien de son devoir.

Sur les propositions qui furent faites pour la paix, et les parties intéressées s'y trouvant disposées, chacun s'entretint en état pour la conclure, mais sans y réussir. La retraite de M. de Soissons à Sedan releva les espérances des Espagnols et fit craindre aux François une guerre civile. On eut des pourparlers avec ce prince pour en venir à un accommodement ; mais comme ils furent inutiles, on vit se former un nuage capable de produire un grand orage.

[1639] Tout le monde sut quand les Espagnols entrèrent en France, ils s'y rendirent maîtres de plusieurs places, et entre autres du Castelet, du gouvernement de laquelle un oncle du duc de Saint-Simon étoit pourvu. Soit donc que le cardinal fût dans le dessein de faire occuper la place de favori par le marquis de Cinq-Mars, fils du maréchal d'Effiat, ou que le Roi en eût déjà par lui-même la pensée, ce fut un prétexte dont on se servit pour envoyer M. de Saint-Simon à son gouvernement de Blaye, et pour faire un procès à son oncle, en l'accusant de foiblesse ou de trahison.

[1640] Cinq-Mars fit en ce peu de temps un si grand progrès dans l'esprit du Roi, que Sa Majesté ayant consenti qu'il traitât de la charge de maître de la garde-robe, elle lui acheta encore celle de grand écuyer de France, dont M. de Bellegarde s'étoit laissé persuader de se démettre. Cinq-Mars ne fut pas plus tôt revêtu de cette grande dignité, qu'il ne pensa qu'à s'élever davantage : et comme il étoit très-bien fait de sa personne, il eut la témérité de prétendre au mariage de la princesse Marie de Nevers, et il en fit l'ouverture au cardinal, qui en fut des plus surpris. Son Eminence lui conseilla de s'en désister, en lui donnant à entendre que, bien loin de lui être favorable en cette affaire, il traverseroit son dessein. Cinq-Mars étouffa pour lors son ressentiment, et fit si bien par son assiduité qu'il gagna de plus en plus les bonnes grâces du Roi.

Le cardinal avoit eu la pensée de faire le siége de Clermont au commencement du printemps de l'année 1640, remarquable par la prise d'Arras, et de s'ouvrir par là le chemin des autres places que les Espagnols occupoient sur la Meuse, pour les priver de la facilité qu'elles leur donnoient de tirer des secours d'Allemagne. L'armée s'étant avancée sous le commandement des maréchaux de Châtillon et de La Meilleraye, le Roi la suivit; mais les grandes pluies qui tombèrent pendant cette saison rompirent les mesures de ces généraux : dont le cardinal leur ayant témoigné du chagrin, ils lui proposèrent, pour l'apaiser, de faire le siége d'Arras, et ils lui firent connoître clairement que c'étoit un dessein qui pouvoit réussir. On le tint si caché que, bien que le maréchal de Chaulnes eût ordre de se joindre aux autres, les ennemis, qui en pouvoient inférer que l'on avoit en vue d'attaquer quelqu'une de leurs places d'Artois ou de Flandre, furent surpris quand ils virent Arras investi et qu'on en alloit faire le siége.

Le Roi s'étant rendu à Amiens avec le cardinal, on y prépara un grand convoi; les enfans de M. de Vendôme se disposèrent à l'accompagner; et le commandement, qui en fut refusé au grand écuyer qui le demandoit, en fut donné à M. Du Hallier, qui le conduisit heureusement à l'armée avec un autre qu'il amenoit de Champagne. Ayant suivi le conseil que l'on me donna d'aller à Amiens, je pris congé de la Reine. Sa Majesté étoit grosse pour la seconde fois, et accoucha dans la suite de l'année de Monsieur, frère unique du roi Louis XIV. Je trouvai le Roi fort inquiet de l'événement de son entreprise : et, peu de jours après, ce prince, touché de la manière dont le cardinal en usoit avec moi, m'ordonna de me retirer; mais comme il tomba malade, je crus qu'il ne me seroit ni permis ni honorable d'obéir à un pareil commandement. C'est pourquoi je me rendis encore le lendemain au matin dans la chambre du Roi, qui me dit : « L'incommodité que j'ai vous empêche de vous en aller. Je vous en remercie; mais puisqu'elle est diminuée, ne laissez pas de continuer votre voyage. » J'obéis, et je partis d'Amiens le jour même qu'on y reçut la nouvelle de la réduction d'Arras. Après cela, le Roi s'en revint à Saint-Germain-en-Laye, où la Reine accoucha d'un second fils; de quoi Sa Majesté témoigna plus de joie encore que du premier, parce que la tendresse de père, qu'il avoit commencé de sentir depuis deux ans, se fit connoître davantage dans cette rencontre. En ce temps-là le cardinal fit plusieurs avances pour engager la Reine à l'honorer de sa confiance : à quoi Sa Majesté lui répondit fort civilement, mais toutefois sans vouloir dépendre en rien de ses conseils.

Je crois, autant que je m'en puis souvenir, que l'année précédente madame de Hautefort, à qui le Roi avoit témoigné de la bonne volonté, eut ordre de se retirer de la cour. J'eus charge du Roi de lui en porter la nouvelle. Cette dame me pria de faire souvenir Sa Majesté qu'elle lui avoit souvent promis que sa disgrâce n'arriveroit point. « Il est vrai, me répondit ce monarque, je l'ai promis; mais c'étoit à condition qu'elle seroit sage, et qu'elle ne me donneroit aucun sujet de me plaindre de sa conduite. S'est-elle imaginé qu'il suffisoit d'être reconnue pour une femme de vertu, pour avoir part à mon amitié? Il faut encore éviter d'entrer dans les cabales, et c'est ce que je n'ai jamais pu gagner sur elle. »

Madame de La Fayette, quoique dans une très-grande considération, avoit eu pareillement envie de se retirer entièrement de la cour. Elle en fit demander au Roi la permission, et cette permission lui fut accordée. Son esprit et ses autres agrémens lui avoient attiré l'estime de Sa Majesté, qui lui témoigna beaucoup d'affection. Je ne sais par quelle raison cette dame ne plaisoit pas, non plus que la marquise de Senecai. Il est vrai que la première faisoit ombrage au cardinal; et pour l'autre, la fidélité qu'elle avoit témoignée en toutes sortes de rencontres à la Reine, sa maîtresse, étoit un crime qui ne se pardonnoit point alors; et si l'on n'avoit craint de prématurer l'accouchement de cette princesse, on l'auroit congédiée bien plus tôt. Mais la Reine fut à peine délivrée que cette dame eut ordre de se retirer.

On fit aussi madame de Lanzac gouvernante des enfans de France, contre l'intention de cette princesse, qui la croyoit dans la dépendance du cardinal. Son Éminence ne voulant avoir auprès de la Reine que des gens à sa volonté, fit si bien que la charge de dame d'honneur de Sa Majesté fut donnée à madame de Brassac.

[1641] On menaçoit souvent la Reine de lui ôter ses enfans; mais l'adresse de Montigny, capitaine du régiment des Gardes, lui en épargna le chagrin. Le Roi le considéroit toujours comme un ancien et fidèle serviteur, et cela, joint aux autres raisons, l'avoit rendu suspect au cardinal; mais Montigny sut si bien, par son habileté, ménager madame de Lanzac, qu'elle obtint de cette Éminence qu'il auroit la garde des enfans de France en quelque endroit qu'ils fussent. Le Roi proposa à Montigny de les envoyer à Vincennes ; et cet officier, feignant de n'en point comprendre d'autre raison que la sûreté du lieu, remontra à Sa Majesté que la sûreté n'y seroit que pareille à celle de Saint-Germain-en-Laye, où l'air étoit bien meilleur. Cela fit que le monarque consentit qu'on continuât à y élever ses enfans.

L'année 1641 pensa être bien funeste à la France ; car le comte de Soissons ne pouvant, à ce qu'il croyoit, être en sûreté à la cour, ni le duc de Bouillon pour lui avoir donné retraite à Sedan, ces deux princes prirent la résolution de se liguer et de se déclarer pour les ennemis de l'Etat. Ils donnèrent des commissions pour faire des levées de gens de guerre, et ils s'y préparèrent tout de bon. Le Roi, en étant averti, destina une armée pour l'opposer à la leur, et en donna le commandement au maréchal de Châtillon, lequel s'approcha de Sedan pour s'opposer aux desseins des ennemis ; et sur le bruit qui courut qu'ils vouloient entrer en France, ou soit que le Roi crût qu'il y avoit du danger et de la honte à le souffrir, M. de Châtillon eut plusieurs ordres réitérés de les combattre s'ils faisoient mine de l'entreprendre. Ce maréchal, qui vouloit rester dans un poste où l'on n'eût pu le forcer, et qui, en cas qu'ils se fussent avancés, vouloit les attaquer en flanc et les suivre en queue, croyoit qu'il les feroit périr et les réduiroit à se rendre à discrétion. Mais la cour se trouvant d'un sentiment contraire, M. de Châtillon fut obligé de changer de poste et d'en venir aux mains avec l'armée ennemie, qui eut la gloire de défaire celle du Roi. Le comte de Soissons y fut tué. Pour lors M. de Bouillon commença de faire entendre qu'il souhaitoit de rentrer dans les bonnes grâces de Sa Majesté, et il s'excusa, le moins mal qu'il put, sous divers prétextes. On fit passer des troupes d'une armée à l'autre.

Le Roi ayant échauffé la négociation par sa présence, et donné de la crainte à M. de Bouillon, le traité fut bientôt conclu. Ce monarque, après avoir mis ordre aux affaires de la frontière, revint à Saint-Germain-en-Laye. La plus grande partie de la cour alla à Paris, où des personnes malintentionnées commencèrent à faire des cabales, et s'efforcèrent de faire entrer M. de Bouillon dans le parti de Monsieur et du grand écuyer. On se servit du prétexte spécieux de défendre les enfans du Roi et la Reine leur mère de l'oppression du cardinal, et l'on publia que le roi d'Espagne les prenoit sous sa protection : ce qui acheva de persuader M. de Bouillon qu'il rendroit un service considérable à la Reine, si sa ville de Sedan pouvoit être destinée pour une place de sûreté pour Sa Majesté et pour les princes ses enfans. Il faut ici remarquer que la Reine n'en dit pas le moindre mot à M. de Bouillon, cette princesse se contentant seulement de le recevoir honnêtement quand il venoit lui faire sa cour.

M. de Thou ayant été choisi pour ménager une entrevue entre M. de Bouillon et le grand écuyer, y réussit si bien qu'ils se donnèrent parole l'un à l'autre et s'engagèrent au service de Monsieur, prenant pour prétexte de leur union le dessein qu'ils avoient de détruire la trop grande puissance du cardinal, et de délivrer le Roi d'une captivité dans laquelle il étoit retenu malgré lui. Mais comme on ne savoit point encore par où l'on devoit commencer, Fontrailles fut envoyé en Espagne, du consentement des ligués, à l'insu de M. de Thou, et le duc de Bouillon, qui avoit accepté le commandement de l'armée du Roi en Italie, se déclara aussitôt.

Fontrailles, revenu d'Espagne, raconta à M. de Thou ce qu'il y avoit négocié (1), ne sa-

---

1) [*Articles accordés entre le comte duc pour le Roy d'Espagne, et le sieur de Fontrailles, pour et au nom de Monsieur.* (Pièce tirée des papiers de Brienne.)

« Le sieur de Fontrailles ayant esté envoyé par M. le duc d'Orléans vers le Roy d'Espagne, avec lettres de Son Altesse pour Sa Majesté et monseigneur le comte duc de San-Lucar, datées de Paris le 20 janvier, a proposé, en vertu du pouvoir à lui donné, que Son Altesse désirant le bien général et particulier de la France, de voir la noblesse et le peuple de ce royaume délivrés des oppressions qu'ils souffrent depuis long-temps par une si sanglante guerre, pour faire cesser la cause d'icelle et pour establir une paix générale et raisonnable entre l'Empereur et les deux couronnes au bénéfice de la chrestienneté, prendroit volontiers les armes à cette fin, si Sa Majesté Catholique vouloit concourir de son costé avec les moyens possibles pour advancer les affaires ; et après avoir déclaré le particulier de sa commission, en ce qui est des offres et demandes que font ledit seigneur duc d'Orléans et ceux de son party, à estre accordé et conclud par ledit seigneur comte duc, pour Leurs Majestés Impériale et Catholique, et au nom de Son Altesse, par ledit sieur de Fontrailles les articles suivans :

I.

» Comme le principal but de ce traité est de faire une forte paix entre les deux couronnes d'Espagne et de France, pour leur bien commun et de toute la chrestienneté, on déclare unanimement qu'on ne prend en cecy aucune chose contre le Roy Très Chrestien et au préjudice de ses estats, ni contre les droits et autorités de la Reine Très-Chrestienne régnante ; mais au contraire, on aura soing de les maintenir en tout ce qui lui appartient.

II.

» Sa Majesté Catholique donnera douze hommes de pied et six chevaux effectifs des vieilles troupes ; le tout

chant point que MM. de Bouillon et de Cinq-Mars étoient convenus ensemble de lui en faire un secret : non pas qu'ils se méfiasssent de lui, mais parce qu'ayant un grand nombre d'amis, il y avoit à craindre qu'il ne leur en découvrît quelque chose. M. de Thou voulut aller à l'armée (1642), persuadé que le grand-écuyer étoit tout puissant auprès du Roi, et qu'il avanceroit sa fortune en s'attachant à lui; mais après qu'il m'eut communiqué son dessein, parce que nous étions parens et amis, je fis tout ce que je puis pour l'en détourner, en lui disant que le Roi, bien loin d'avoir toujours la même amitié pour M. de Cinq-Mars, l'avoit en aversion, et ne le pouvoit plus souffrir. J'eus beau faire, et de mon mieux, pour lui découvrir tout ce que je savois, jamais il ne voulut me croire : ce qui m'obligea de lui dire : « Vous convenez que le cardinal hait

venant d'Allemagne, ou de l'Empire, ou de Sa Majesté Catholique; que si par quelque accident il manquoit de ce nombre deux ou trois hommes, on n'entend point pour cela qu'on ayt manqué à ce qui est accordé, attendu que l'on fournira le plus tost qu'il sera possible.

III.

» Il est accordé que dès le jour que monsieur le duc d'Orléans se trouvera dans la place de seureté, où il doit estre en estat de pouvoir lever des troupes, Sa Majesté Catholique lui baillera quatre cent mille escus comptant, payables au contentement de Son Altesse, pour estre employés en levées et autres frais utiles pour le bien commun.

IV.

» Sa Majesté Catholique donnera le train d'artillerie avec les munitions de guerre propres aux corps d'armée, avec les vivres pour toutes les troupes, jusques à ce qu'elles soient entrées en France, là où Son Altesse entretiendra les siens et Sa Majesté Catholique les autres, comme il sera spécifié cy-après.

V.

» Les places qui seront prises en France par l'armée de Sa Majesté Catholique ou celles de Son Altesse, seront mises entre les mains de Son Altesse et de ceux de son parti.

VI.

» Il sera donné audit seigneur duc d'Orléans douze mille escus par mois de pension, outre ce que Sa Majesté Catholique donne en Flandre à madame la duchesse d'Orléans sa femme.

VII.

» Est arrêté que cette armée et les chefs d'icelle obéiront absolument au seigneur duc d'Orléans, et néantmoins, attendu que ladite armée est levée des deniers de Sa Majesté Catholique, les officiers d'icelle presteront le serment de fidélité à Son Altesse de servir aux fins du présent traité; et arrivant faute de Son Altesse, s'il y a quelque prince du sang en France dans le traité, il commandera en la manière qu'il avoit esté arrêté dans le traité faict avec monsieur le comte de Soissons; et au cas que l'archiduc Léopold, ou autre personne fils, frère ou parent de Sa Majesté Catholique, vienne à estre gouverneur pour Sadite Majesté en Flandre, comme il sera là par mesme moyen général de ses armées, que Sa Majesté Catholique a tant de part en ce lieu, est accordé que ledit seigneur duc d'Orléans et ceux de son parti, de quelque qualité et condition qu'ils soient, ayent esgard à ces considérations, tiendront forme correspondance avec ledit Archiduc ou autre que dit est, et lui communiqueront tout ce qui se présentera, en retenant tous ensemble les ordres de l'Empereur et de Sa Majesté Catholique, tant pour ce qui concerne la guerre que pour l'employ de cette armée et tous ses progrès.

VIII.

» Et d'autant que Son Altesse a deux personnes propres à estre maréchaux-de-camp en cette armée, que ledit seigneur déclarera après la conclusion du présent traité, Sa Majesté Catholique se charge d'obtenir de l'Empereur deux lettres patentes de mareschal-de-camp pour eux.

IX.

» Il est accordé que Sa Majesté Catholique donnera quatre-vingt mille ducats de pension à départir par mois aux deux seigneurs susdits.

X.

» Comme aussi on donnera dans trois mois cent mille livres pour pourvoir et munir la place que Son Altesse a pour seureté en France; et si celuy qui baille la place ne se satisfait de cela, on baillera ladite somme comptant, et de plus six quintaux de poudre et vingt-six livres par mois pour l'entretien de la garnison.

XI.

» Il est accordé de part et d'autre qu'il ne se fera point d'accommodement en général ny en particulier avec la couronne de France, si ce n'est d'un commun consentement, et qu'on rendra toutes les places et pays qu'on aura pris en France, sans se servir contre cela d'aucun prétexte, toutefois, et quand que la France rendra les places qu'elle a gagnées en quelque pays que ce soit, mesme celles achetées qui sont occupées par les armées qui ont fait serment à la France; que ledit seigneur duc d'Orléans et ceux de son party se déclareront maintenant ennemis des Suédois et de tous autres ennemis de Leurs Majestés Impériale et Catholique et de tous ceux qui leur donnent aide et protection; et pour les détruire, Son Altesse et ceux de son parti donneront toutes les assistances possibles.

XII.

» Il est convenu que les armées de Flandres et celles que doit commander Son Altesse, ainsi que dit est, agiront de commune main et à même fin avec bonne correspondance.

XIII.

» On taschera de faire que les troupes soient prestes au plus tôt et que ce soit à la fin de mai; sur quoi Sa Majesté Catholique fera escrire au gouverneur de Luxembourg, afin qu'il dist à celuy qui lui portera un blanc signé de Son Altesse ou de quelqu'un des deux seigneurs, le temps auquel tout pourra estre en estat : lequel blanc signé Son Altesse envoiera au plus tôt, afin de gagner temps, si les choses sont pressées, ou si elles ne le sont point encore, lorsque la personne arrivera, elle s'en retournera en la place de seureté.

le grand-écuyer et qu'il engage le Roi d'aller en Roussillon pour y faire le siége de Perpignan. Si cette entreprise réussit, l'éloignement de Cinq-Mars son ennemi sera sa récompense. Mais si au contraire elle ne réussit point, on s'en disculpera sur les cabales du cabinet, et l'on croira qu'il n'y aura point de moyen plus sûr pour les détruire que d'en éloigner le chef. Vous verrez que le grand-écuyer, qui affecte de gagner les gens de guerre, ne fait autre chose que préparer des pierres qui serviront un jour à l'accabler; car le Roi ne peut plus souffrir la manière hautaine avec laquelle il se conduit. » Sur ce que je m'aperçus que mes raisons ne pouvoient vaincre son opiniâtreté, je me mis à genoux pour le conjurer d'ajouter plus de foi qu'il ne faisoit à mes paroles; et je lui prédis enfin que son attachement pour le grand-écuyer le

XIV.

» Sa Majesté Catholique donnera aux troupes de Son Altesse, un mois après qu'elles seront dans le service, et ensuite neuf livres par mois pour leur entretien et pour les autres affaires de la guerre. Et Son Altesse aura agréable de déclarer après le nombre d'hommes qu'elle aura dans ladite place de seureté et celuy de ses troupes, s'il le trouve bon, demeurant dès maintenant accordé que les logemens et les contributions se distribueront esgalement entre les deux armées.

XV.

» L'argent qui se tirera du royaume de France sera en la disposition de Son Altesse, et sera desparti également entre les deux armées, comme il est dit en l'article précédent, et est déclaré qu'on ne pourra imposer aucuns tribus que par l'ordre de Sa Majesté.

XVI.

» Au cas que ledit seigneur duc d'Orléans soit obligé de sortir de France, et qu'il entre dans la Franche-Conté ou autre part. Sa Majesté Catholique donnera ordre à ce que Son Altesse et les deux autres grands du parti soient reçus dans tous les estats et pour les faire conduire de là dans la place de seureté.

XVII.

» D'autant que ledit seigneur duc d'Orléans désire un pouvoir de Sa Majesté Catholique pour donner la paix ou neutralité aux villes des provinces de France qui la demanderont, et qu'il ayt auprès de Son Altesse un ambassadeur de Sa Majesté, avec plein pouvoir, Sa Majesté s'accorde à cela.

XVIII.

» S'il arrive faute, ce que Dieu ne veuille, dudit seigneur duc d'Orléans, Sa Majesté promet de conserver les mesmes pensions auxdits seigneurs, et à un seul d'eux si le party subsiste ou qu'ils demeurent au service de Sa Majesté Catholique.

XIX.

» Ledit seigneur duc asseure en son nom ledit sieur de Fontrailles, qu'en mesme temps que Son Altesse se descouvrira, il lui fera livrer une place des meilleures de France pour sa seureté, laquelle sera déclarée à la conclusion du présent traité, et au cas qu'elle ne soit trouvée suffisante, ledit traité demeurera nul, comme aussy ledit sieur de Fontrailles déclarera lesdits deux seigneurs pour lesquels on demande les pensions susdites, dont Sa majesté demeure d'accord.

XX.

» Finallement est accordé que tout le contenu en ces articles sera approuvé et ratifié par Sa Majesté Catholique et ledit seigneur duc d'Orléans, en la manière ordinaire et accoustumée en semblables traités. Le comte duc le promet aussy, au nom de Sa Majesté, et le sieur de Fontrailles, au nom de Son Altesse, s'obligeans respectivement à cela comme de leur chef, et l'approuvent dès à présent, le ratiffient et le signent.

» A Madrid, le 13e jour de mars 1640.

» *Signé* DOM GASPARD DE GUTZMAN.

» *Et par supposition de nom,*

» DE CLERMONT *pour* FONTRAILLES. »

» Nous, Gaston, fils de France, frère unique du Roy, duc d'Orléans, certifions que le contenu cy-dessus est la vraye copie de l'original du traité qui fut fait et passé en nostre nom avec M. le comte duc de San Lucar; en tesmoignage de quoy, nous avons signé la présente de nostre main et fait contresigner par notre secrétaire.

» *Signé* GASTON.

» *Et plus bas*, GOULAS. »

CONTRE-LETTRE.

« D'autant que par le traité que j'ay signé cejourd'huy pour et au nom de monseigneur le duc d'Orléans, je suis obligé de déclarer les noms des deux personnes qui sont compromises par Sa Majesté dans ledit traité, et la place qu'elle a prise pour sa seureté, je déclare et asseure, au nom de Son Altesse, à M. le comte duc, affin qu'il le dise à Sa Majesté Catholique, que les deux personnes sont le seigneur duc de Bouillon et le sieur de Cinq-Mars, grand escuyer de France, et la place de seureté est Sedan, qui est asseurée à Son Altesse, que ledit seigneur duc de Bouillon lui met entre les mains. En foy de quoy j'ay signé cest écrit.

» A Madrid, le 13 mars 1642.

» *Signé par supposition du nom,*

» DE CLERMONT. »

« Nous, Gaston, fils de France, frère unique du Roy, duc d'Orléans, recognoissons que le contenu cydessus est la vraie copie de la déclaration de monseigneur de Bouillon et de monseigneur Legrand. Et nous, soussignez, avons donné pouvoir audit sieur de Fontrailles de faire des noms desdits sieurs de Bouillon et Legrand à monseigneur le comte de San Lucar, après qu'il aura passé le traité avec luy, auquel traité ils ne sont compris que soubz le titre de deux grands seigneurs de France. En tesmoing de quoy, nous avons signé la présente certification de nostre main et icelle fait contresigner par nostre secrétaire,

» A Villefranche, le 29 août 1642.

» *Signé* GASTON.

» *Et plus bas*, GOULAS. »]

perdroit infailliblement. Tout ce que je pus dire à M. de Thou ne l'empêcha point de courir à son malheur, qui n'est ignoré de personne. Étant persuadé, comme toute l'armée, que le Roi étoit depuis long-temps malade d'une maladie qui le mettroit bientôt à l'extrémité, il s'avisa de me dépêcher un courrier pour m'en avertir, et pour me donner avis que le cardinal faisant tous ses efforts pour s'assurer des officiers de l'armée, il étoit de l'intérêt de la Reine de les ménager, et que pour cela il lui falloit une lettre de cette princesse qu'il pût montrer aux principaux : et parce qu'il faudroit qu'elle fût conçue en termes différens, selon qu'elle seroit pour les uns ou pour les autres, il ajouta qu'il croyoit que je devois proposer à Sa Majesté de lui envoyer des blancs signés. Je me trouvai extrêmement choqué d'une pareille proposition, et je me serois bien donné de garde d'en rien témoigner à cette princesse, si je n'eusse appréhendé que, bonne et facile comme elle étoit, Sa Majesté n'eût pu être surprise par un autre que moi. Je me rendis donc à Saint-Germain, et je n'eus pas sitôt ouvert la bouche sur cette proposition à Sa Majesté qu'elle me parut y consentir. Je lui dis alors : « Gardez-vous bien, Madame, de confier un écrit de cette nature à qui que ce puisse être, quand même ce seroit à moi ; car, quoique je ne me sente pas capable d'en abuser, il pourroit tomber en telles mains que vous auriez sujet de vous en repentir. Mais s'il arrivoit par malheur que la maladie du Roi augmentât, je ne manquerois pas alors de me rendre à l'armée en diligence, pour y faire tout ce qui seroit votre service. »

Après avoir vu les enfans de France, et témoigné à madame de Lanzac la joie que je ressentois de la convalescence du Roi, dont la nouvelle avoit succédé à celle de l'extrêmité de sa maladie, je revins à Paris, où l'on fut averti deux jours après que la conjuration dont j'ai parlé avoit été découverte, et qu'on avoit donné l'ordre pour arrêter M. de Bouillon. Monsieur ne fut point trahi comme on le publia ; mais ce mystère fut découvert par une voie que l'on ne devoit pas craindre naturellement : ce qu'il faut entendre de ceux qui ignoroient comment les choses se passoient.

Le chancelier ayant exécuté le commandement qu'il avoit reçu d'aller recevoir la déposition de Monsieur, se mit en campagne une seconde fois pour aller à Lyon condamner à mort MM. de Cinq-Mars et de Thou. On en eût fait autant à M. de Bouillon, si la ville de Sedan ne lui eût servi à racheter sa tête. Ainsi on lui accorda une abolition après qu'il eut avoué tout et donné ordre que la place fut remise aux troupes du Roi. Il regarda comme une grâce de ce monarque, que Sa Majesté voulût bien se contenter d'être maîtresse des fortifications et des murailles de la place, pour en user dans la suite comme bon lui sembleroit.

La nouvelle de l'exécution de MM. de Cinq-Mars et Thou fut suivie de celle du départ de Lyon du cardinal, qui se rendit à Fontainebleau, où le Roi le fut visiter, malgré la répugnance que Sa Majesté y avoit : et d'ailleurs ce prince étoit alors affligé de la mort de la Reine sa mère (1). Quoiqu'il la crût coupable, la nature et le sang ne laissèrent pas de l'attendrir en cette occasion.

Le cardinal vint ensuite de Fontainebleau à Paris, où, ses incommodités s'étant augmentées considérablement, il finit sa vie (2), et ne fut regretté que de très-peu de personnes. Le Roi, tout ravi qu'il étoit d'en être défait, ne laissa pas d'exécuter le testament du défunt, et de pourvoir les proches du cardinal des charges et des gouvernemens auxquels il les avoit destinées, aussi bien que des bénéfices qu'il leur avoit donnés.

[1643] Sa Majesté s'étant rendue de Paris à Saint-Germain, ne prit plus conseil que du cardinal Mazarin et de MM. de Chavigny et des Noyers : ce qui déplut fort à toute la cour. Cependant on lui eut à peine proposé de mettre en liberté ceux que le cardinal de Richelieu avoit retenus en prison, que la chose fut exécutée. Messieurs de Bassompierre, de Vitry, de Cramail, et quelques autres qui étoient à la Bastille, eurent permission de revenir à la cour. M. de Châteauneuf, qui étoit à Angoulême, obtint aussi sa liberté, mais à condition d'aller faire sa demeure dans une de ses maisons de campagne.

Le Roi ayant cru que j'avois le dessein de lui proposer quelqu'un pour entrer dans les affaires, le dit au cardinal Mazarin, qui me l'a redit depuis ; mais je n'eus pas de peine à me justifier là-dessus, en faisant connoître le peu de mérite qui se trouvoit dans le sujet qu'on soupçonnoit.

M. de Vendôme fit supplier le Roi de lui accorder la grâce de revenir en France, d'où il

---

(1) Cette princesse mourut à Cologne le 3 juillet 1642, âgée de soixante-huit ans. Elle étoit tombée dans la plus affreuse détresse. (A. E.)

(2) Le cardinal de Richelieu mourut le 4 décembre 1642, âgé de cinquante-huit ans. (A. E.)

étoit exilé, aussi bien que M. d'Epernon et la duchesse son épouse. Il se rendit même à Saint-Germain, et fit savoir à Sa Majesté le sujet qui l'y avoit amené. On m'accusa sans fondement de lui en avoir donné le conseil, afin, disoit-on, de surprendre ce monarque sur la réponse qu'il auroit à faire aux ennemis de la maison de Vendôme, supposé qu'ils voulussent prévenir. Comme je remarquai alors que le Roi ne me regardoit plus de si bon œil, je pris la résolution de me défaire de ma charge, après en avoir eu le consentement de la Reine. La raison que je lui en donnai étoit que je serois hors d'état de la pouvoir servir tant que le Roi vivroit; mais que si Dieu venoit à disposer de ce prince, je serois toujours prêt de faire ce qu'elle me commanderoit.

Le marché de ma charge étant conclu avec M. Du Plessis-Guénégaud, M. de Chavigny lui fit obtenir la permission d'en traiter avec moi par le moyen du cardinal Mazarin. Je me crus cependant obligé de remercier Sa Majesté de la grâce qu'elle m'avoit accordée; mais ce ne fut pas sans quelque peine de part et d'autre, le Roi se souvenant, aussi bien que moi, du long temps qu'il y avoit que j'étois attaché à son service. Je le suppliai d'agréer que, quand je viendrois lui faire ma cour, je ne fusse pas traité différemment de ce que je l'avois été auparavant. Sa Majesté eut la bonté de me le promettre, et même de le dire tout haut, afin que les officiers de sa chambre fussent informés de ses intentions.

La maladie du Roi augmentant aussi bien que le crédit du cardinal Mazarin, Sa Majesté donna toute sa confiance à Chavigny. Des Noyers ne le put souffrir. Il demanda la permission de se retirer : ce qui lui fut accordé. Il fit en cela une démarche dont il eut tout le temps de se repentir. On proposa au Roi plusieurs sujets pour remplir la place de celui-ci, et entre autres M. d'Avaux, qui n'eut pas le bonheur de plaire à Sa Majesté. Le Roi se détermina à la faire exercer par commission à M. Le Tellier, intendant de l'armée d'Italie, fort connu du cardinal et beau-frère de Tilladet, capitaine aux Gardes, que le Roi considéroit beaucoup. Le Tellier étoit homme de mérite, et l'événement a fait connoître dans la suite qu'il étoit digne de remplir une pareille charge.

J'allois de temps en temps à Saint-Germain pour obéir à l'ordre que la Reine m'en avoit donné. Un jour que je proposai au cardinal le retour de M. de Vendôme, il me reçut assez bien, sur ce qu'il crut que, la maladie du Roi augmentant, Sa Majesté rappelleroit infailliblement ce prince par principe de conscience, ou ne pourroit du moins se défendre d'avoir égard à la prière qui lui en seroit faite par Monsieur, son frère. Sur ce fondement, le cardinal en voulut faire l'ouverture à ce monarque, et les ordres furent expédiés tels qu'on les pouvoit désirer.

La cour grossissoit continuellement, tant par le rappel des exilés que par un grand nombre d'autres personnes qui s'y rendoient, les unes pour voir quel changement la mort prochaine du Roi y apporteroit, et les autres parce qu'elles espéroient d'y faire une plus grande fortune. Ce n'étoit plus un secret de dire que la vie de ce prince ne pouvoit être de longue durée. A la vérité cela troubloit le cardinal, mais non pas de manière qu'il oubliât ce qu'il falloit faire pour sa conservation. Etant averti que la Reine avoit beaucoup de confiance dans l'évêque de Beauvais, qui étoit d'ailleurs d'un esprit simple et facile et d'un tempérament prompt, il crut qu'il lui seroit bien plus aisé de s'assurer de ce prélat que de tout autre pour qui Sa Majesté auroit de l'affection. Mais ne sachant qui employer pour cela, il s'adressa au nonce, qui fut depuis le cardinal Grimaldi. Le nonce voulut bien se charger de la commission, et lui faire le plaisir de dire à l'évêque de Beauvais la passion qu'avoit le cardinal Mazarin de rendre ses services à la Reine; et le prélat, peu fin, en eut tant de joie qu'il l'alla d'abord déclarer à Sa Majesté, en conseillant de s'assurer de Mazarin, qui fut ravi d'apprendre que les choses réussissoient à son gré. M. de Beauvais me fit part de ceci et de ce qui avoit été ménagé par de plus habiles gens que lui. J'en fus extrêmement surpris; mais ayant eu assez de force pour dissimuler ma pensée, et me trouvant dans la nécessité de prendre un parti, je dis à ce prélat que je souhaitois qu'il n'eût pas un jour sujet de s'en repentir. Je fus promptement trouver la Reine, dans l'impatience où j'étois de savoir de Sa Majesté même si ce que M. de Beauvais m'avoit dit étoit véritable, et ce qui avoit pu engager la Reine à suivre le conseil de ce prélat. « Deux raisons, me répondit cette princesse : la première, que, sur la parole du nonce, je suis persuadée que le cardinal Mazarin est mon serviteur; et la seconde, qu'ayant envie de me défaire de Bouthillier, de Chavigny et de tous ceux qui n'ont point été dans mes intérêts, je serai bien aise d'y conserver quelqu'un qui puisse m'informer des intentions que pourra avoir le Roi à la mort, pour les suivre. Je veux me servir pour cela d'une personne qui ne soit point dans la dépendance de Monsieur ni du prince de Condé. » Je crus faire beaucoup de ne point louer un conseil qui me paroissoit très-pernicieux, mais je crus aussi qu'il étoit de la prudence de ne le pas blâmer ; et me contentant de ne point oublier ce qui m'avoit été confié pour m'en servir au besoin, je n'en parlai à personne.

Cependant la maladie du Roi devenoit plus dangereuse. Le cardinal lui conseilla d'établir une régence ; et, supposé que cette dignité fût déférée à la Reine, de limiter le pouvoir de sa régence. Ce monarque n'eut pas de peine à faire ce qu'on lui proposoit ; car il ne pouvoit confier ses enfans ni à Monsieur, ni au prince de Condé, qui lui avoit souvent donné sujet de se plaindre. Il n'eut pas non plus de peine à mettre des bornes à l'autorité de la Reine, étant persuadé qu'elle useroit mal de son pouvoir ; et sur ce qu'on lui demanda s'il agréeroit que Monsieur fût déclaré chef des conseils sous la régente, et lieutenant-général représentant sa personne dans toute l'étendue du royaume ; qu'en l'absence de Monsieur, frère du Roi, le prince de Condé occupât la même place, et le cardinal Mazarin celle de ce prince ; qu'il y eût un conseil nécessaire auquel assisteroient Bouthillier, surintendant des finances, et Chavigny, son fils, où toutes les affaires passeroient à la pluralité des voix, Sa Majesté donna son consentement à tout, et le Roi ajouta qu'il vouloit que le cardinal eût la nomination des bénéfices jusqu'à la majorité du Roi, son fils. Pour donner plus de force à cette déclaration, on jugea à propos de la faire enregistrer au parlement. Outre ce que je viens de remarquer, il y avoit encore quelques clauses qui me paroissoient assez à l'avantage de la Reine : entre autres, il étoit dit qu'elle auroit la disposition des charges qui viendroient à vaquer, à la réserve de celles de secrétaires d'État, qui ne pourroient être remplies que par des personnes dont le conseil nécessaire seroit convenu. Je ne fus point du tout surpris de cette restriction, car la charge de Des Noyers n'étant point encore donnée, on voulut prendre une précaution pour m'empêcher d'y entrer ; et en cela je fus obligé à ceux qui s'en mêlèrent, le Roi ayant eu la bonté de se souvenir de mes services dans son testament et de les récompenser.

Au moment que cette déclaration parut elle fut blâmée, et le parlement, en l'enregistrant, ne songea qu'aux moyens dont il faudroit se servir pour rendre illusoire le dispositif de son arrêt. Des jurisconsultes soutenoient que le père et le fils ne devoient point délibérer ensemble, et le public trouvoit que le conseil qu'on auroit établi seroit trop foible pour avoir une autorité aussi absolue. Quelques-uns de ceux qui mouroient d'envie d'être en possession des charges qui leur étoient destinées, témoignèrent au Roi qu'il falloit assembler ce conseil ; et, suivant l'ordre qu'ils en reçurent, ils dirent à la Reine que ce monarque l'avertissoit de ne jamais consentir que M. de Vendôme, ni aucun de sa maison, fût pourvu du gouvernement de Bretagne, dont le maréchal de La Meilleraye avoit été gratifié depuis peu ; et comme on ne se soucia point de ménager M. de Vendôme, on divulgua sur-le-champ ce qui devoit être tenu secret. On proposa aussi de déclarer les généraux des armées. Le cardinal, pour mettre dans ses intérêts le prince de Condé, fit déterminer le Roi à donner le commandement de la plus considérable au duc d'Enghien, qui devoit avoir sous lui M. Du Hallier, qui fut maréchal de France peu de temps après son départ de la cour.

Le roi Louis XIII, surnommé le Juste, mourut en cette année-ci (1). On peut dire que ce prince n'étoit méchant que par accident. Dans tout le cours de son règne, qui fut assez agité, il ne fit que le mal qu'on lui fit faire. A peine eut-il rendu son dernier soupir qu'il courut un bruit, dans le faubourg Saint-Germain, que Monsieur avoit mandé à ses créatures de s'y rendre, à dessein d'être maître de la personne du roi Louis XIV, son neveu, et du duc d'Anjou, frère unique de Sa Majesté, et d'ôter l'autorité à la Reine. Cela donna lieu aux serviteurs de cette princesse, qui de longue main lui avoient ménagé les Gardes françaises et suisses, de redoubler la garde et d'ordonner que les soldats fussent dans leurs quartiers sous leurs enseignes, pour se rendre à Saint-Germain au premier ordre, et y appuyer par la force des

---

(1) Nous avons trouvé dans les papiers du comte de Brienne la lettre suivante de la Reine d'Angleterre, écrite à Louis XIV, au sujet de la mort du feu Roi.

[*Au Roi Très Chrestien, monsieur mon neveu.*

« Monsieur mon neveu,

» Tost que j'ay appris la mort du feu Roy, monsieur mon frère, par le sieur de Gressy, je vous ay despêché Craset pour me condouloir avec vous de la perte que nous avons faite, et puis pour remercier Vostre Majesté des assurances qu'elle m'a données de son affection, la suppliant de croire que je tâcheray à la mériter, estant, monsieur mon neveu, votre très-affectionnée tante,

» HENRIETTE-MARIE, R.

» *Newarke, ce 28 juin 1643.* »]

armes ce que le feu Roi y avoit ordonné très-instamment, qui étoit que la Reine seroit maîtresse de l'administration du royaume et de l'éducation de ses enfans.

Cette princesse, pour marquer la confiance qu'elle avoit au duc de Beaufort, lui commanda de se tenir auprès de la personne du Roi, et à tous ceux qui dépendoient d'elle de lui obéir. Il eût été à souhaiter que M. de Beaufort eût pu se contenir; mais n'étant pas maître de sa joie, on prit la résolution de conduire le Roi et le duc d'Anjou à Paris; et les troupes de la garde ayant été mandées, on les mit en bataillon, au milieu duquel marchoit le carrosse où étoient Leurs Majestés avec Monsieur. Ils arrivèrent à Paris dans cet équipage, qui avoit quelque chose de grand et de foible tout ensemble.

A peine la Reine fut-elle retirée que le président Le Bailleul, son chancelier, lui proposa de mener le Roi au parlement qui, suivant l'exemple de ce qui s'étoit pratiqué en l'année 1610, ne manqueroit pas de la déclarer régente, avec le pouvoir entier de gouverner toute seule; en suppliant pourtant le Roi que Monsieur, son oncle, fût déclaré lieutenant-général dans toute l'étendue de son royaume, pays et terres de son obéissance, et, en son absence, M. le prince chef des conseils. M. le duc d'Orléans et le prince de Condé, qui d'ailleurs offroient de remettre à la Reine toute l'autorité qui leur avoit été donnée, consentirent que le Roi allât tenir son lit de justice : à quoi le cardinal avoit lui seul de la répugnance, parce qu'il avoit été averti qu'on n'y parleroit point de lui. Plusieurs conseillers voulurent l'animer, mais ils étoient trop foibles pour empêcher une délibération consentie par les plus considérables de l'Etat, et que le parlement avoit déclaré vouloir publier.

Le cardinal crut que, les choses étant en cette situation, il n'avoit point d'autre parti à prendre que de demander à la Reine la permission de se retirer en Italie. Sa Majesté étant persuadée que le service de cette Eminence lui seroit utile, et se trouvant pressée, me dit l'embarras où elle étoit, d'où pourtant elle concluoit que son autorité en seroit bien plus puissante. Je lui répondis que si elle étoit résolue à continuer de se servir du cardinal, je ne croyois pas les choses si difficiles qu'elles paroissent. « Mais, me répliqua la Reine, comment cela se pourra-t-il faire? car le cardinal se tient offensé, il le publie partout et demande la permission de se retirer. » Je lui dis : « Madame, si vous lui offrez ce qu'il perd, Votre Majesté conviendra qu'il doit être satisfait; et s'il vous refuse, c'est une marque qu'il ne veut point vous avoir d'obligation. En ce cas-là, vous ne perdrez rien quand il se retirera; mais Votre Majesté me permettra de lui dire que je le crois trop habile homme pour ne pas accepter ses offres avec de très-humbles remercimens. » Je me retirai, et le cardinal se rendit chez la Reine pour la presser de lui accorder la permission qu'il lui avoit demandée de s'en aller à Rome, où il feroit, disoit-il, paroître son zèle pour le service du Roi, et sa reconnoissance pour les bienfaits et les honneurs dont il étoit comblé. Mais Sa Majesté lui ayant fait l'ouverture que je lui avois proposée, il ne délibéra point sur ce qu'il avoit à répondre. Il la remercia en lui protestant que cette nouvelle grâce l'attachoit encore plus fortement que toutes les autres qu'il avoit reçues au service du Roi, au sien, et à celui de toute la France; et, continuant son discours, il demanda à la Reine qui lui avoit donné ce conseil. Sa Majesté lui dit que c'étoit moi. Il m'en remercia dès le jour même, en me protestant que j'aurois toute sa confiance; qu'il savoit bien que la Reine m'avoit honoré de la sienne, et que je n'en avois jamais abusé; qu'il supplioit même Sa Majesté d'être sa caution; qu'il ne manqueroit à rien de tout ce qu'il m'avoit promis, ne me demandant d'autre assurance que ma parole, parce que la renommée, qui ne se trompe jamais, avoit publié si hautement la constance et la fidélité avec lesquelles j'avois servi mes maîtres et aimé mes amis, qu'il n'exigeoit point de moi d'autre assurance, celle-là lui paroissoit la meilleure. Je fis de mon côté mille protestations de services au cardinal, étant persuadé que cela feroit plaisir à la Reine. Présentement qu'elle est établie sur le trône, nous parlerons de la régence de cette princesse, et de la part qu'elle voulut bien me donner aux affaires.

Sa Majesté témoigna d'abord qu'elle n'avoit rien plus à cœur que la grandeur du Roi son fils et de procurer la paix à la France, pourvu que ces deux choses pussent s'accorder ensemble. Elle promit de mettre dans ses intérêts, autant qu'elle le pourroit, M. le duc d'Orléans et M. le prince. Elle déclara aussi qu'elle avoit des serviteurs particuliers dont elle vouloit se servir, comme l'évêque de Beauvais, le président Le Bailleul et moi. Le second, qui s'attendoit d'avoir les sceaux, accepta avec plaisir la surintendance des finances, dont il fut pourvu conjointement avec M. d'Avaux, qui néanmoins fut nommé pour aller négocier la paix suivant les préliminaires qui en avoient déjà paru. M. de Longueville fut aussi destiné pour être plénipotentiaire, et obtint du Roi qu'il auroit séance dans le conseil secret. Il fut par là récompensé d'avance des services qu'on attendoit de lui.

Bouthillier eut ordre de se retirer : ce qui surprit d'abord le chancelier; mais il se rassura quand il vit qu'on avoit mis en sa place MM. Le Bailleul et d'Avaux. L'évêque de Beauvais, qui s'attendoit à être tout puissant dans l'Etat, rechercha M. le duc d'Orléans et le prince de Condé, en leur promettant des gouvernemens de place, et généralement tout ce qu'ils pourroient désirer. Il assura encore Monsieur que, sans avoir le titre de régent, il en auroit toute l'autorité. Mais le pauvre prélat déchut de ses espérances quand il vit que le cardinal avançoit de plus en plus dans la confiance de la Reine, et que l'on croyoit avoir déjà trop fait pour lui que de lui avoir accordé l'entrée du conseil, en le flattant de l'espérance de l'élever à la pourpre. Le cardinal Mazarin l'assura bien d'y vouloir contribuer; mais reconnoissant que ce prélat avoit un petit génie, il le méprisa dans la suite. Chavigny fut étourdi de la disgrâce de son père, et Servien revint en diligence à la cour, espérant de rentrer dans la charge de secrétaire-d'Etat qu'il avoit eue par le crédit du cardinal de Richelieu, et dont il avoit été obligé de se défaire par ordre du feu Roi, qui l'avoit soupçonné d'avoir rapporté à son premier ministre quelque chose qui avoit été dit dans la chambre de Sa Majesté. Servien fut aussi bien étonné de voir que le cardinal Mazarin affectionnoit Le Tellier, et qu'il y avoit encore bien des personnes qui disoient que des Noyers, qui ne s'étoit pas démis, prétendoit la même chose que lui. Il perdit enfin toute espérance quand il sut que la Reine étoit dans le dessein de me gratifier de cette même charge.

Chavigny ne trouvant point Sa Majesté disposée en sa faveur, comme il s'en étoit flatté, s'adressa au cardinal pour obtenir de la Reine, par son moyen, la permission de se démettre de sa charge, s'imaginant peut-être que cette Eminence le blâmeroit de la résolution qu'il prenoit; mais il s'adressa mal, car le cardinal ne pouvoit souffrir qu'on allât publiant partout que M. de Chavigny étoit l'auteur de sa fortune et de son élévation. Ce premier ministre, se possédant, lui fit plusieurs questions qui l'engagèrent de plus en plus à persister dans sa même résolution, comme de lui dire jusqu'où il prétendoit que devoit aller son crédit, dont on lui ôtoit jusqu'à l'espérance. Ainsi le cardinal s'étant contenté de satisfaire à ce que la bienséance vouloit, il le chargea de parler de la démission de Chavigny à la Reine, qui témoigna une grande joie de ce que l'occasion se présentoit de me faire entrer dans les affaires.

Sa Majesté envoya, mes enfans, chercher votre mère, pour savoir d'elle si j'étois en état d'avancer une partie de la récompense que M. de Chavigny demandoit. Ensuite elle me commanda de l'aller offrir à l'intéressé : ce que je fis, en le priant de me dire franchement s'il avoit bien pensé à ce qu'il avoit fait. Il me remercia de l'offre que je lui fis de ne le point presser de quelques jours de donner sa démission, seulement pour se ménager quelques avantages qui ne me regardoient point. Mais comme M. de Chavigny étoit chancelier de M. le duc d'Orléans, ceci vint bientôt à la connoissance de ce prince, qui envoya sur-le-champ le duc de Bellegarde faire ses plaintes à la Reine et au cardinal de ce qu'on disposoit sans sa participation d'une charge aussi considérable que celle de secrétaire-d'Etat. « J'ai usé de mon pouvoir, répondit cette princesse, en ayant été suppliée par celui qui y est le plus intéressé. La manière dont vous me parlez de la part de Monsieur me surprend si fort, que je trouve à propos que vous lui disiez de la mienne de ne le pas faire une seconde fois. » Le cardinal prit la parole, et raconta, pour se justifier, les choses comme elles s'étoient passées, en ajoutant qu'il seroit bien difficile d'engager la Reine à changer de résolution. M. de Bellegarde étant retourné trouver son maître, il convint avec lui de revenir auprès de la Reine, à laquelle il parla ainsi : « Votre Majesté ne sauroit défendre le procédé de M. de Brienne, qui n'a pas daigné faire un compliment à Monsieur. » La Reine m'envoya querir et, blâmant ma manière d'agir, elle m'ordonna d'aller au Luxembourg et de prier Monsieur de ne point avoir de répugnance à ce qu'elle vouloit faire pour moi. Je lui répondis, et ensuite au cardinal, qui me reprochoit que j'avois mis la Reine dans un grand embarras : « J'avois toujours cru l'union de Monsieur avec Sa Majesté si nécessaire pour le service du Roi, qu'il la faudroit préférer à toute autre chose. A mon égard, la Reine, par l'honneur qu'elle m'a fait, a récompensé mes services, dont je lui suis très-obligé; mais elle n'aura jamais le pouvoir sur moi de me faire entrer dans une charge comme celle de secrétaire-d'Etat contre le consentement de Monsieur. Sa Majesté est donc la maîtresse d'en disposer comme il lui plaira; car, au reste, pour ce qui est d'aller dans la conjoncture présente faire un compliment à M. le duc d'Orléans, c'est une bassesse dont je ne suis pas capable; et ce seroit mal reconnoître les obligations que j'ai à la Reine, de donner lieu au monde de dire qu'elle ne peut avoir de bonne volonté pour ses serviteurs sans l'agrément de Monsieur. Mais quand ce prince aura fait les excuses auxquelles son compliment l'oblige, de mon côté je ne manquerai pas à mon devoir. » Mes raisons furent trouvées si bonnes que l'affaire fut mise en négociation. Monsieur, ne pouvant espérer de la faire réussir comme il l'avoit projeté, me fit dire de l'aller voir, et qu'il la termineroit à ma satisfaction. Je refusai de lui obéir jusqu'à ce qu'il eût rendu à la Reine ce qu'il lui devoit, et j'ajoutai que je ne voudrois point de l'épée de connétable à ce prix-là, et à plus forte raison d'une plume que j'avois eue tant d'années dans ma main.

M. le duc d'Orléans se résolut enfin de faire des excuses à la Reine de la conduite qu'il avoit eue; dont je n'eus pas plus tôt été averti par Sa Majesté que j'obéis sur-le-champ à l'ordre qu'elle me donna d'aller au Luxembourg. Je parlai à ce prince de la manière qui suit : « Je ne sais par où commencer mon discours, en parlant à Votre Altesse Royale ; car depuis que je suis au monde j'ai toujours évité toutes sortes d'éclaircissemens, et néanmoins je me trouve dans la nécessité d'en avoir un avec un prince pour qui j'ai toujours eu un profond respect. Je dirai donc à Votre Altesse Royale que, si les bienheureux voient ce qui se passe en ce monde-ci, le Roi votre père aura peine à souffrir que vous ayez porté les intérêts du fils de M. de Bouthillier contre ceux du fils de M. de Loménie, après avoir été servi avec beaucoup de fidélité par celui-ci, et ayant à peine connu l'autre. Mais, pour reprendre la suite de mon discours, je me crois obligé de dire à Votre Altesse Royale qu'étant allé trouver M. de Chavigny pour lui déclarer l'ordre que j'avois de lui remettre une somme considérable, en me donnant la démission de la charge de secrétaire-d'Etat, dont monsieur son père et lui étoient pourvus, il me pria de ne le point presser de quelques jours, dont il avoit besoin, pour ménager de certains intérêts qui ne me regardoient point. Or, y ayant consenti, eût-il paru raisonnable que j'eusse accouru à Votre Altesse Royale pour lui faire part de l'ordre que j'avois reçu de la Reine ? Je prends même cette princesse à témoin que je l'ai suppliée de me décharger du fardeau qu'elle vouloit m'imposer, parce que vous ne l'aviez pas agréable. Mais à présent que vous avez vu Sa Majesté, je dirai à Votre Altesse Royale ce que j'ai pris la liberté de lui dire à elle-même : c'est que je ne consentirois jamais à accepter cette charge si vous y aviez la moindre répugnance ; et le pouvoir que la Reine a sur moi ne seroit pas assez puissant pour m'y obliger, parce que je serois très-fâché que Votre Altesse Royale eût le moindre chagrin à mon occasion. Et comme j'ai toujours cru que votre union avec la Reine contribueroit au bien de l'Etat et affermiroit l'autorité royale, me pouvoit-il être reproché qu'après l'avoir appuyée le plus qu'il m'a été possible, je voudrois être cause que cette union pût être troublée ? — Quoi donc, me dit ce prince, Chavigny vous a-t-il demandé du temps ? » Je lui répondis qu'il n'y avoit rien de plus vrai, et que je le suppliois de l'envoyer quérir, afin que je le lui soutinsse en sa présence, persuadé que j'étois qu'il n'en disconviendroit pas. « Ce n'est point vous, me répliqua Monsieur, mais moi qui suis dans le tort ; car M. de Chavigny me devoit dire sincèrement ce que vous aviez concerté ensemble. Je ne puis voir personne dans le conseil qui me soit plus agréable que vous ; car j'ai remarqué que vous avez toujours eu de l'amitié pour moi dans le temps de mes adversités, et que vous avez favorisé ceux qui m'appartenoient, quand vous l'avez pu faire avec justice et bienséance. »

Je revins au Louvre au sortir du Luxembourg, et mes provisions ayant été expédiées, je prêtai le serment entre les mains de la Reine, qui n'eut point désagréable la liberté que je pris de les baiser. Je fus ensuite chez le cardinal, qui me reçut de la manière du monde la plus obligeante ; et j'eus la satisfaction de ne rencontrer personne dans mon chemin qui ne me témoignât approuver le choix que la Reine avoit bien voulu faire de moi pour me confier en partie son secret et sans réserve celui de l'Etat. Mon élévation à cette dignité ne fut pas plus tôt divulguée que le nonce et les ministres des autres princes étrangers me firent demander audience. Chacun d'eux m'exposa ce qu'il avoit espéré du feu Roi et ce qu'il pouvoit souhaiter de la Reine.

[Une dépêche générale, signée du Roi, fut adressée à tous les ambassadeurs, résidens, agens et serviteurs du Roi au-dehors, dans laquelle on donnoit avis de la démission de M. de Chavigny en faveur de M. de Brienne, et qu'ils eussent doresnavant à m'adresser leurs dépêches, en même temps qu'on les informoit de la victoire de Rocroy et du projet de traiter la paix générale à Munster. Elle étoit ainsi conçue :

« Le sieur de Chavigny m'ayant remis la charge de secrétaire de mes commandemens, j'en ay incontinant faict pourvoir, par l'avis de la Reyne régente, madame ma mère, le sieur comte de Brienne, de quoy je vous ay voulu donner avis et vous dire que vous ayez doresnavant à luy adresser vos despesches et me tenir averty par luy de toutes les choses qui concernent mon service. Vous ferez part de ce changement à tous ceux que vous estimerez à propos par delà, afin qu'ils sachent à qui ils auront à s'adresser pour les affaires qui se présenteront.

» Encore que j'aye esté fort occupé, avec la Royne régente madame ma mère, à rendre les devoirs funèbres au feu Roy, monseigneur et père (que Dieu absolve), je n'ay pas laissé d'agir aux affaires de cet Etat, et de donner ordre à mon cousin le duc d'Enghien, ensuite de cette grande et signalée victoire qu'il a gaignée sur mes ennemis à Rocroy, d'entreprendre le siége de Thionville, dont les approches ont esté faictes sans perte d'hommes, et le travail, et la circonvallation commencée et continuée avec tant de diligence que les lignes sont acheyées, avec espérance de veoir bientost cette place réduite. Vous ferez cognoistre à ceux qu'il sera besoing que l'on agit de deçà avec toute la vigueur possible pour obliger les ennemis à se porter tout de bon à la paix générale, à laquelle il semble qu'ilz se laissent mieux entendre qu'auparavant, ayant envoyé leurs passeports en bonne forme. Pour mes députés plénipotentiaires, j'ay commandé aux sieurs comtes d'Avaux et de Chavigny de partir pour se rendre à Munster, pendant que mon cousin le duc de Longueville s'apprestera pour y aller tost après: je ne veux pas que de ma part il y ayt aucun retardement à cet ouvrage, afin que si tous les intéressés s'y portent aussy franchement que moy, le traité s'achève par une bonne conclusion. Sur ce, je prie Dieu qu'il vous ait, etc.

» Escrit à Paris, le dernier juin 1643. »]

J'appris bientost que M. le duc d'Orléans avoit établi un conseil pour délibérer de ce qui estoit à faire pour le maintien des gens de guerre, et que l'heure en étoit marquée tous les vendredis après midi. On ajouta à ceux qui devoient assister à ce conseil, qui estoit déjà beaucoup diminué de puissance, messieurs les maréchaux de France, et même Bezançon, en qualité de commissaire général des troupes, et aussi les secrétaires d'Etat. La première fois que je m'y rendis, je fus fort étonné de voir qu'on les laissoit debout. Je ne pus m'empêcher de parler de la cause commune, dont je fis la mienne propre, en faisant entendre à Monsieur qu'il ne devoit point exiger de nous ce qui n'avoit pas été demandé en 1630 à M. de Beaucler; et que si, pour rester debout et tête nue en présence du Roi, on vouloit nous obliger à quelque chose de semblable où Sa Majesté ne se trouveroit point, nous nous en défendrions par des raisons convaincantes et par des exemples. D'où je concluois que son Altesse Royale auroit le déplaisir de ne pas réussir dans une affaire de cette nature, qu'elle ne devoit jamais entreprendre. M. le duc d'Orléans, ayant pris l'avis de ceux de son conseil, nous dit de nous asseoir et de prendre nos places. Je crois que ce que je fis pour la défense de la cause commune ne contribua pas peu à engager messieurs de La Vrillière et Du Plessis-Guénégaud à me céder la préséance dans tous les endroits où nous paroissions en qualité de secrétaires d'Etat, comme ils le faisoient dans les conseils, où elle m'appartenoit de droit sur eux. M. Le Tellier n'eut pas de peine à faire comme les autres, avec d'autant plus de raison que, n'ayant encore qu'une commission, il eût été de mauvaise grâce à lui de prétendre la préséance sur les officiers pourvus en titre et reçus. Je ne laissai pas néanmoins de lui en faire une honnêteté, comme aux deux premiers.

Peu de jours après que je fus en charge, il arriva à Paris un courrier de l'Empereur pour apporter les passe-ports, sans lesquels les plénipotentiaires du Roi n'eussent pas pu se rendre en sûreté dans les villes où l'on devoit traiter la paix. La Reine m'envoya quérir pour les recevoir, et le courrier fut bien régalé et renvoyé. Ceci nous ayant fait penser tout de bon à ce que nous avions à faire, on parla de presser le départ des plénipotentiaires de France, dont le nombre avoit été arrêté. M. de Chavigny, ayant envie d'être employé dans cette négociation ou d'être envoyé ambassadeur à Rome, me demanda auquel de ces deux emplois je croyois qu'il dût s'arrêter. Je lui conseillai de préférer la paix à une ambassade ordinaire, par la raison que ce premier emploi me paroissoit le plus honorable; et qu'étant fini, s'il ne trouvoit pas à la cour la place qu'il y pouvoit désirer, il pouvoit toujours prétendre à l'ambassade de Rome. Je ne sais de qui il prit conseil, mais il cessa tout d'un coup de penser à l'un et à l'autre de ces emplois, et préféra de rester à la cour.

Les plénipotentiaires pour la paix furent messieurs de Longueville, d'Avaux et Servien. L'ambassade de Rome fut donnée au marquis de Saint-Chaumont, chevalier des ordres du Roi. Il fut question de travailler à leur instruction; et le cardinal Mazarin en ayant présenté une qui avoit été faite du temps du cardinal de Richelieu, elle fut approuvée aussi bien qu'un petit discours que j'y mis au commencement. Je m'aperçus bientôt qu'il y auroit peu d'intelligence entre messieurs d'Avaux et Servien, celui-ci affectant de prétendre les mêmes titres d'honneur qui avoient été accordés à son confrère après plusieurs années de service. Cela me fit juger, par la connoissance que j'avois de la hauteur de son esprit, que tout ce qui ne tomberoit pas dans le sens de Servien lui déplairoit, et qu'il ne manqueroit pas de traverser M. d'Avaux. A l'égard de l'esprit de celui-ci, on n'en pouvoit faire qu'un très-bon jugement, parce qu'il avoit toujours paru fort modéré, et qu'on ne pouvoit point lui reprocher que sa gloire ou sa réputation lui eussent été plus chères que son devoir dans tous les emplois qu'il avoit exercés.

On ordonna aux plénipotentiaires de descendre la Meuse, de s'embarquer à Mézières, et de séjourner quelque temps à La Haye pour disposer les Etats-généraux à faire partir leurs ambassadeurs, afin que, si l'ouverture de l'assemblée venoit à être retardée, la faute n'en pût être imputée à la France ni à ses alliés.

La Reine étoit bien persuadée que les Suédois ne seroient pas les derniers à y envoyer leurs ministres : mais il ne falloit point en conclure absolument qu'ils voulussent la paix ; car, en matière de politique, on paroît souvent désirer les choses pour lesquelles on est le plus éloigné. Ce que l'on demandoit aux Etats paroissoit trop juste pour qu'ils fissent la moindre difficulté de s'y engager, d'autant plus qu'ils étoient redevables à la France de l'avantage qu'ils avoient de traiter une seconde fois avec les Espagnols, qui faisoient voir par là la disposition dans laquelle ils étoient de les reconnoître pour libres et souverains : ce qu'ils n'avoient pas voulu jusques alors accorder au roi de Portugal. Il fut toutefois aisé de s'apercevoir que les Etats n'inclinoient point à la paix, soit que le prince Henri d'Orange la traversât, ou bien qu'elle déplût à leurs peuples, qui eussent volontiers préféré une trêve de plusieurs années à une paix solide, quand même elle leur eût été proposée sous des conditions justes et raisonnables.

Le prince d'Orange manda à la cour que l'on pressoit trop leurs députés, et qu'il se croyoit obligé d'avertir que telles conditions leur pourroient être offertes de la part des Espagnols, qu'elles seroient acceptées, sans se mettre autrement en peine si cela accommoderoit leurs alliés ou non. On écrivit donc aux Etats, on parla à leurs ambassadeurs, et enfin on leur déclara qu'il falloit qu'ils se trouvassent à l'assemblée, dans l'intention d'y conclure la paix ; qu'au reste, ils ne devoient point espérer une trêve si l'ennemi commun ne se mettoit à la raison. Et afin que les Etats envoyassent leurs députés, on leur fit espérer que les ambassadeurs qu'ils avoient à la cour de l'Empereur seroient mis en possession de tous les honneurs et prérogatives qui leur avoient été refusés jusques alors. Le cardinal, qui étoit très-libéral à promettre et même accorder de pareilles grâces, s'excusoit là-dessus en disant, pour ses raisons, que si nous n'en donnions pas l'exemple à l'Empereur et au roi d'Espagne, nous serions peut-être forcés de suivre le leur : ce qui aliéneroit de nous et attacheroit peut-être à d'autres puissances cette république naissante que nous avions grand intérêt de ménager. Après que tout ceci eut été débattu long-temps, les plénipotentiaires de Sa Majesté crurent qu'il étoit temps de s'avancer. Nous craignions aussi bien qu'eux que leur séjour à La Haye ne fût reproché comme s'il leur avoit été ordonné, afin d'impatienter les ministres des impériaux et des médiateurs, dont quelques-uns s'étoient déjà rendus dans les villes où la négociation devoit être ouverte.

M. d'Avaux, pour suivre l'exemple du président Jeannin, crut qu'en prenant congé des Etats il falloit leur recommander, de la part du Roi, leurs sujets catholiques, dont la condition paroissoit mauvaise à ceux qui ne savoient pas que, sans avoir la liberté de conscience, ils ne laissoient point d'en jouir. Il en parla à son collègue et à La Thuillerie, ambassadeur ordinaire du Roi auprès des mêmes Etats. Ils ne le contredirent pas, mais toutefois ils n'approuvèrent point la résolution qu'il avoit prise. D'Avaux, ayant regardé leur silence comme un tacite consentement, s'étendit beaucoup sur cette matière : et cela surprit fort Servien et obligea les Etats de s'en plaindre, comme si l'on avoit voulu leur soustraire une partie de leurs sujets ; car on avoit déjà vu chez eux des marques d'une division qui depuis a été si nuisible au service du Roi, et que messieurs des Etats nous ont toujours conservée entre eux.

Servien, qui se sentoit appuyé des Etats, disoit que d'Avaux avoit fait ceci de sa tête, dans l'espérance que, si la chose n'étoit pas utile aux catholiques, du moins elle serviroit à l'élever au cardinalat ; car il n'avoit effectivement entrepris cette affaire que pour plaire au Pape, et pour avancer par ce moyen à sa promotion. D'Avaux soutenoit au contraire n'avoir rien fait sans la participation de ses collègues : ce que La Thuillerie ne désavouoit point ; mais il donnoit assez à entendre qu'on avoit fait connoître à d'Avaux qu'il n'en résulteroit que du mal, les esprits n'étant pas disposés, en Hollande, à favoriser les catholiques au-delà de ce qu'ils les favorisoient déjà, ni même à suivre les conseils du Roi, qui témoignoit vouloir la paix, dont les plus autorisés dans le gouvernement paroissoient bien éloignés.

Je reçus de leurs lettres en commun, et une autre en particulier de chacun d'eux, qui n'étoit que pour me faire savoir leurs différends personnels; mais les premières étoient pour mander au Roi qu'ils partiroient incessamment pour se rendre à Munster, suivant l'ordre qui leur en avoit été donné. Je me souviens que je leur mandai, dans une lettre commune, que j'avois vu souvent des personnes d'une très-grande capacité ne point convenir entre elles du droit dans des affaires soumises à leur jugement; mais qu'il n'étoit jamais arrivé qu'à eux de disconvenir dans les faits : dont tout le monde étoit d'autant plus surpris qu'ils faisoient l'un et l'autre profession d'avoir beaucoup d'honneur et de probité.

Je m'aperçus dès-lors que le cardinal déféroit plus aux avis de Servien qu'à ceux de d'Avaux : dont je ne fus pas surpris, parce que le génie du premier avoit plus de rapport au sien que celui de son confrère. Le premier ministre aimoit constamment les longs raisonnements qui n'aboutissent à rien, qui égarent l'attention, et qui peuvent recevoir une double interprétation. De même, l'esprit de Servien excelloit en équivoques et en duplicités : au lieu que celui de d'Avaux affectoit une grande netteté et évitoit de tromper personne, ce qui est d'un honnête homme ; tâchant en même temps d'être trompé le moins qu'il pouvoit, ce qui est d'un homme d'esprit. L'Eminence avoit de plus attaché à son service Lyonne, neveu de Servien, avec lequel il avoit fait connoissance lorsque Lyonne étoit à la cour de Parme pour les affaires du Roi. Il avoit ensuite cultivé cette amitié dans un voyage qu'il fit à Rome. Lyonne étoit d'un caractère d'esprit qui approchoit fort de celui de son oncle ; il faisoit assidument sa cour au cardinal, et s'appliquoit uniquement à gagner ses bonnes grâces.

Les plénipotentiaires du Roi étant arrivés à Munster, le baron de Roite fut destiné pour demeurer à Osnabruck, en qualité d'agent. Saint-Romain et Meules eurent ordre de rester auprès de nos ministres, à Munster, et de faire tout ce qu'ils leur ordonneroient pour le service de Sa Majesté. Ils avoient encore plusieurs résidens, afin qu'ils fussent plus considérables s'ils les députoient vers quelques princes de l'Empire à leur arrivée à Munster, qui ne fut pourtant pas dans un même jour. Ils furent bien reçus de la ville, des ministres de l'Empereur et des médiateurs, et, affectant d'y faire parade d'une grande livrée et d'une grosse suite de gentilshommes, ils s'en firent honneur en le mandant au Roi. Ils trouvèrent à Munster le nonce Chigi, qui fut depuis élevé au cardinalat, et ensuite à la papauté, très-disposé à favoriser les intérêts de Sa Majesté ; de quoi néanmoins ils n'eurent d'autre assurance que des paroles générales et de simples compliments : car quoique l'un des neveux du Pape se fût déclaré serviteur du Roi en acceptant la protection des affaires de France à la cour de Rome, le cardinal Barberini (1), son frère aîné, avoit celle d'Espagne, et bien plus d'ascendant sur l'esprit de son oncle que n'en avoit le cadet. Cela nous faisoit éprouver souvent que les inclinations du Pape étoient portées à favoriser nos ennemis.

A l'égard du nonce Contarini, il s'ouvrit davantage avec les plénipotentiaires du Roi ; mais les médiateurs vouloient la paix sans se soucier lequel des partis auroit l'avantage, le leur étant que la paix fût promptement conclue. L'état de la chrétienté, attaquée par le Turc, leur servoit d'une excuse légitime à bien des choses qui, sans cela, eussent pu être blâmées dans leur conduite.

Ce fut pour lors que parut l'aversion que le cardinal avoit pour l'évêque de Beauvais, qui, faisant connoître en diverses rencontres son peu de capacité, donnoit à son ennemi tous les avantages qu'il pouvoit prétendre sur lui, s'étant même ligué avec quelques-uns de ses confidens qui avoient manqué au respect qu'ils devoient à la Reine leur maîtresse. La résolution ayant été prise de révoquer la nomination qui avoit été faite de ce prélat pour être élevé à la pourpre, et le cardinal mettant en doute si le marquis de Fontenai, ambassadeur du Roi à Rome, exécuteroit les ordres qu'il recevroit à cette occasion, je l'en assurai, et je dis à Son Eminence qu'il n'y avoit seurement rien à craindre, sinon qu'il ne les anticipât. On lui envoya

---

(1) L'ambassadeur de France à Rome écrivait au comte de Brienne à ce sujet :

« J'ai appris que le Pape a déclaré en plein consistoire le cardinal Rosetti légat, pour la paix générale. C'est de quoi je vous donne advis par ce billet. Je croy, Monsieur, que ce procédé vous fera bien juger ce que la France doit attendre de monsieur le cardinal Barberin, puisque les instances qui luy sont faites de la part de la Royne servent seulement pour le hâter à faire les choses contre ce qu'il sçait estre des intentions de Sa Majesté, ainsy qu'il a bien fait voir en l'affaire de M. de Beauvais, et en celle-cy. Je suis.

» Rome, le 1er septembre 1643. »

aussitôt ordre de déclarer au Pape que le Roi révoquoit la nomination qu'il avoit faite de l'évêque de Beauvais pour être élevé au cardinalat, parce que ce prélat s'en étoit rendu indigne par sa mauvaise conduite; mais d'attendre, pour le dire à Sa Sainteté, qu'elle eût indiqué le consistoire dans lequel elle devoit remplir les places vacantes. L'ambassadeur ayant reçu la dépêche, et sachant que le Pape presseroit la promotion s'il croyoit faire de la peine au cardinal Mazarin en y comprenant l'évêque de Beauvais; craignant d'ailleurs d'être soupçonné d'avoir voulu favoriser les intérêts de ce prélat s'il différoit, il fit demander audience aussitôt que le courrier fut arrivé; et ayant présenté au Pape la lettre que le Roi lui écrivoit, et la sienne de créance, l'affaire du cardinalat fut mise hors d'état de pouvoir réussir. M. de Fontenai nous manda que Sa Sainteté en avoit été si transportée de colère et de surprise, qu'elle avoit envoyé quérir le cardinal Barberini, pour lui reprocher qu'il lui avoit ôté par ses mauvais conseils les moyens de se venger du cardinal Mazarin. Le transport de Sa Sainteté alla jusqu'à jeter son bonnet par terre et à le fouler aux pieds. Le même courrier ayant rapporté la réponse qu'on attendoit avec impatience, on ne fit plus de difficulté d'ordonner à l'évêque de Beauvais de se retirer à sa résidence, où il mourut bientôt après. Ce prélat étoit un homme de bonnes mœurs, et propre à conduire un diocèse; mais il n'entendoit rien aux affaires d'État: et l'on peut juger de l'étendue de son esprit sur ce qu'il s'étoit vanté qu'il viendroit à bout de ces affaires aussi facilement que de gouverner ses curés.

Sur ce que l'on pressa M. de Longueville d'aller à Munster, il n'en fit point de difficulté; mais il demanda de prendre sa séance au conseil avant que de partir, et cela lui fut accordé. Sa raison étoit fondée sur ce qu'il y avoit d'autres personnes de son rang qui faisoient leurs instances pour y entrer, et qu'il présumoit qu'on feroit observer entre eux la séance du jour qu'ils y auroient été reçus, se doutant bien, avec quelque fondement, qu'on ne décideroit point en sa faveur qu'il dût précéder les autres. M. de Vendôme se tourmentoit aussi beaucoup. Il avoit obtenu, pour se récompenser du gouvernement de Bretagne, qu'on lui donneroit la charge d'amiral, et qu'on traiteroit avec le duc de Brézé, afin qu'il l'a remît; et les choses étoient si fort avancées, que ce duc étoit convenu de certains articles qu'il se faisoit fort de faire ratifier par son fils: ce qu'il est à propos qu'on n'oublie pas, parce que cette même affaire fut agitée dans un autre temps; et ce qui avoit été projeté fut demandé ensuite comme une chose due, dont il étoit pourtant très-aisé de se défendre.

Quiconque a été élevé à la cour ne doit point être surpris d'y voir arriver des changemens causés par l'impétuosité et la présomption de nos François, qui s'attirent souvent de mauvaises affaires sur les bras par cette humeur. M. de Beaufort, qui étoit sans doute animé par M. de Vendôme, son père, se figura qu'il n'y avoit que la seule faveur du cardinal qui diminuoit la sienne, et que, s'il pouvoit réussir à la faire tomber, il s'élèveroit et auroit toute l'autorité. Je n'ai point su quelle diligence il fit pour y parvenir, ou s'il se servit de la demoiselle de Saint-Louis; mais, ce qui est de certain, c'est que M. de Beaufort et cette demoiselle ne discontinuoient point de blâmer la Reine de ce qu'elle prenoit confiance au cardinal. Ils en tenoient de mauvais discours, et travailloient, suivant les apparences, pour détruire ce que l'Eminence vouloit, et pour empêcher que sa faveur et son crédit n'augmentassent.

M. de Beaufort, pour réussir donc dans le dessein qu'il avoit contre le cardinal, rassembla tous ses amis, qu'il fit venir à Paris, soit pour se défaire de cette Éminence, ou pour l'intimider assez, afin qu'elle prît le parti d'abandonner la cour, où M. de Beaufort vouloit absolument dominer. Cela étant venu à la connoissance de la Reine, et que des gens armés, qui avoient à leur tête M. de Beaufort, se tenoient proche la barrière du Louvre, Sa Majesté se détermina à le faire arrêter (1), et à commander à son père et à son frère de se retirer dans une de leurs maisons de campagne.

Guitaut, capitaine des gardes de la Reine, exécuta l'ordre qu'il en reçut de conduire M. de Beaufort à Vincennes, d'où il se sauva ensuite. Dujon, l'un des gentilshommes ordinaires du Roi, alla trouver M. de Vendôme pour lui faire savoir les volontés de la Reine, à laquelle il obéit. Et comme tout le monde se persuada que ce qui avoit été fait serviroit, non-seulement à affermir le cardinal, mais encore à augmenter sa puissance, tous les grands de la cour le furent trouver, et lui offrirent leurs services: ce

---

(1) Nous avons donné, dans notre édition des Mémoires du cardinal de Retz, le fragment d'une dépêche de Brienne, dans laquelle il informe les ambassadeurs de l'arrestation de Beaufort, et des prétextes sous lesquels la Reine se détermina à consentir à cette prison.

qui l'éleva où il aspiroit d'être. Etant appuyé et soutenu par M. le duc d'Orléans et par le prince de Condé, il commença par disposer des charges, ayant persuadé à la Reine qu'il seroit inutile à son service si elle ne lui donnoit de l'autorité, et que c'étoit en manquer que de ne pas être maître de la distribution des grâces. Sa Majesté fit cette fausse démarche sans prendre conseil de ses bons serviteurs; et M. le duc d'Orléans, aussi bien que le prince de Condé, qui croyoient, et avec fondement, que le cardinal n'oseroit leur rien refuser de tout ce qu'ils lui pourroient demander, louèrent ce qu'ils devoient naturellement blâmer. Mazarin, se voyant ainsi élevé, prit de grands airs, et voulut être reconnu et traité comme premier ministre, mais, toutefois, en sauvant les apparences avec M. le duc d'Orléans et le prince de Condé. Voici de quels artifices il se servit pour parvenir à ses fins :

Il commença par abuser de la facilité du premier, en lui disant qu'il auroit seul connoissance du secret de l'Etat, à l'exclusion du prince de Condé, qui, n'ayant point d'autre but que de faire ses affaires, ne se soucieroit pas de ce qui se passeroit dans le cabinet, pourvu qu'il réussît dans son dessein. Il mit encore dans l'esprit de Monsieur, à qui aucune grâce n'étoit refusée, qu'il falloit qu'il priât la Reine de le pourvoir du gouvernement de quelques places considérables, comme une marque assurée qu'elle l'honoroit de sa confiance. Ce prince suivit le conseil du cardinal; mais il ne put ou même ne sut jamais se conduire avec tant de secret que la chose ne fût découverte. Comme je jugeai bien que l'on ne pourroit pas obtenir de la Reine qu'elle déclarât qu'elle ne conféreroit aucune dignité pendant sa régence, et qu'elle réserveroit au Roi toutes les charges pour en gratifier ceux qui les auroient méritées quand le Roi seroit parvenu à l'âge de majorité, je résolus d'éprouver la discrétion du prince de Condé et de voir si je pourrois obtenir de lui qu'il fît ouverture à la Reine de ce que j'avois à lui proposer. Pour y réussir, je lui dis qu'il avoit déjà deux gouvernemens, celui de Bourgogne et celui de Berry; que dans le premier il y avoit les places de Bellegarde, de Saint-Jean-de-Losne et le château de Dijon, et dans le second la grosse tour de Bourges; que, de plus, il étoit pourvu de la charge de grand-maître, et que toutes ces dignités, jointes à celle de premier prince du sang, le rendoient égal à Monsieur, qui n'avoit ni gouvernement ni établissement; que s'il arrivoit que celui-ci fût gratifié de ces deux choses en même temps, la disproportion qui étoit entre eux seroit très-grande, en ce que Monsieur seroit bien mieux partagé, et qu'ainsi il auroit du moins autant que lui; que de plus, étant frère unique du feu Roi, Monsieur se trouveroit tellement élevé au-dessus de lui, qu'il ne paroîtroit plus son compagnon, et qu'il faudroit au contraire en dépendre et en recevoir la loi ; mais que, s'ils demeuroient en l'état qu'ils étoient l'un et l'autre, les avantages qu'il avoit au-dessus de M. le duc d'Orléans le tiendroient égal à celui qui en avoit déjà de très-grands par les prérogatives de sa naissance. Ce prince me répondit: « Vous dites vrai, il ne faut jamais laisser échapper l'occasion de s'élever et de se rendre recommandable. » Je crois bien qu'il pensoit à se faire craindre, et qu'il ne le disoit pas par discrétion. L'envie qu'il avoit d'être pourvu du gouvernement de Languedoc, de la citadelle de Montpellier, du fort de Brescou et du château du Pont-Saint-Esprit, l'aveugloient de telle manière qu'il ne pouvoit entendre raison. Il fit pressentir le maréchal de Schomberg, pour savoir s'il voudroit bien s'en démettre; et celui-ci étant persuadé que M. le duc d'Orléans s'opposeroit à ce que tant de charges passassent dans la personne du prince de Condé, et que la Reine n'y consentiroit jamais, par la raison qu'elle devoit avoir pour suspect celui qui aspiroit à tant d'établissemens : tout cela fit que M. de Schomberg répondit qu'il y donneroit les mains si on lui faisoit un bon parti. Le prince de Condé en étant venu faire la proposition à la Reine, elle eut d'autant plus de peine à s'en défendre, qu'elle s'étoit déclarée qu'elle acheteroit volontiers des gouvernemens pour en pourvoir M. le duc d'Orléans et le prince de Condé, nonobstant ce que ses serviteurs lui dirent de n'en rien faire, et de ne s'engager à donner ces dignités que quand elles seroient vacantes. Mais Sa Majesté, étant conseillée par le cardinal de tout accorder à ces deux princes, pour s'assurer de leur amitié et de leurs services, fut bien surprise quand Monsieur lui demanda d'en vouloir traiter pour lui. Ce prince donc fit dire à M. de Schomberg qu'il ne pouvoit lui refuser ce qu'il avoit offert au prince de Condé; et à celui-ci, qu'il lui demandoit son suffrage pour faire réussir la chose, lui promettant le sien quand il y auroit occasion de lui rendre service. Le prince de Condé fut dans une aussi grande surprise que M. de Schomberg; mais il n'y eut que le cardinal seul qui ne s'aperçut pas des inconvéniens qui pouvoient arriver si M. le duc d'Orléans étoit établi dans une province aussi grande que le Languedoc, éloignée de la cour, et dont les dispositions pouvoient faire connoître à Son

Éminence un mal inévitable, qui dans la suite en attireroit un autre. Enfin personne ne fut si étonné que le prince de Condé, qui se vit par là privé de la chose du monde qu'il souhaitoit le plus, et même de l'espérance d'y pouvoir jamais revenir. Mais, faisant de nécessité vertu, il promit à Monsieur de le servir; et Monsieur, de son côté, lui donna une parole positive qu'il se joindroit à lui pour faire avoir au duc d'Enghien, fils de M. le prince, un gouvernement de province et une place.

La blessure que le maréchal de L'Hôpital avoit reçue à la bataille de Rocroy faisant croire qu'il en perdroit la vie, on promit au prince de Condé le gouvernement de cet officier de la couronne. C'étoit celui de Champagne; mais comme on vit que la plaie se fermoit et que le maréchal recouvroit ses forces, on traita avec lui et avec le gouverneur de Stenay: et, sur la démission qu'ils donnèrent, le duc d'Enghien fut pourvu de leurs charges. Le cardinal eut pourtant quelque appréhension que cette seconde faute ne lui fût imputée, parce que la Champagne, jointe à la Bourgogne, donnoit une trop grande étendue de pays à la maison de Bourbon-Condé; et comme il cherchoit des raisons pour se défendre, il fut ravi de ce que je lui dis que si la paix qui se traitoit, et qui me paroissoit nécessaire, venoit à se conclure, et que la restitution de la Lorraine au duc Charles en fût une condition, il ne pourroit être blâmé d'avoir établi un prince du sang de Bourbon dans une province d'où l'on pût empêcher la jonction des forces de Monsieur avec celles du duc de Lorraine, si celui-ci levoit un jour des troupes pour le service du duc d'Orléans; en cas que ce prince, las d'obéir, vînt à former un parti dans le royaume. Le cardinal trouva mes raisons si concluantes qu'il me pria de les mettre par écrit, et de faire un journal de tout ce qui avoit été fait pour s'opposer à l'agrandissement des princes, et pour prendre les précautions nécessaires pour empêcher la trop grande union qu'ils ne manqueroient pas de contracter au préjudice de l'État.

On avoit résolu que le vicomte de Turenne iroit servir en Italie: à quoi il paroissoit assez disposé, désirant de s'élever, ou du moins d'assurer sa fortune, et de faire en sorte que les services qu'il y rendroit ne lui fussent pas infructueux. Il n'ignoroit point que le feu Roi avoit souvent déclaré qu'il ne lui donneroit ni le bâton de maréchal de France, ni même un gouvernement, tant qu'il feroit profession de la religion prétendue réformée, et que la Reine avoit connoissance de cela. Cherchant donc quelqu'un qui pût lui servir pour engager cette princesse à avoir des sentiments qui lui fussent plus favorables, après y avoir bien pensé, il jeta les yeux sur moi. Je lui promis de l'aider en tout ce que je pourrois; mais j'ajoutai que je croyois qu'il falloit qu'il commençât par faire quelque chose qui fût agréable à la Reine, en acceptant l'emploi qu'on vouloit lui donner en Italie, et qu'ensuite il me laissât faire. Il suivit mon conseil: si mon conseil qu'avant qu'il partît de Paris on l'assura que, si on ne lui donnoit pas le bâton de maréchal de France, personne du moins ne l'auroit avant lui. Il partit satisfait, et après la campagne il le fut entièrement. Ceci doit être remarqué pour faire connoître qu'il se trouvoit sans excuse, manquant ensuite aux obligations qu'il avoit à la Reine. La même dignité ayant été demandée par le duc d'Enghien pour Gassion, qui avoit servi sous lui, cette princesse s'y engagea un peu légèrement; et comme tous ses serviteurs l'en blâmoient, elle chercha les moyens de se dédire. Mais Sa Majesté étant cependant pressée de tenir sa parole, ceux qui y avoient été le plus contraires ne changèrent pas d'avis. On représenta à Sa Majesté que les services de Gassion pourroient être récompensés par quelque chose de moindre, et que sa naissance n'ayant rien d'illustre, c'étoit avilir cette dignité que de la lui conférer, à moins qu'il ne l'eût méritée par de longs, heureux et continuels services. Gassion ne laissa pas que d'en être honoré au même temps que M. de Turenne; et le marquis de Gesvres auroit reçu comme eux le bâton, s'il n'avoit pas été tué au siège de Thionville, que le duc d'Enghien prit avec autant de bonheur qu'il y donna de preuves de son courage, comme il avoit déjà fait à la bataille de Rocroy.

Les armes de la France prospéroient de toutes parts, et la prédiction que le feu Roi avoit faite (1), que le duc d'Enghien donneroit et gagneroit les batailles en même temps, se trouva juste. Il est vrai que les affaires de Sa Majesté n'alloient pas si bien en Allemagne, les Impériaux ayant repris toutes les places dont nous étions les maîtres. Le maréchal de Guébriant, qu'on y envoya, y fut tué, aussi bien que le maréchal de Rantzau, son successeur. Enfin les affaires étant réduites dans un plus mauvais état qu'elles n'étoient auparavant, on jeta les

---

(1) Cette prédiction est racontée très au long dans la partie inédite des *Mémoires de Pierre Lenet*, que nous venons de publier. (Tome 2 de la 3ᵉ série de la Collection de MM. Michaud et Poujoulat, page 482.)

yeux sur le vicomte de Turenne, élevé depuis peu, comme je l'ai dit, à la dignité de maréchal de France, pour l'envoyer commander en Allemagne : commission qu'il accepta avec plaisir.

[On fit écrire par le Roy au Pape, vers ce temps-là, en réponse au bref de Sa Sainteté en condoléance sur le décez du Roy, une lettre par laquelle il fesoit de nouvelles instances, en faveur de M. de Beauvais ; je la rédigeai ainsi :

« Très-Saint-Père, il a pleu à Votre Sainteté, par son bref, d'essayer d'alléger nostre juste douleur, et, pensant la diminuer vous l'avez accreu en déduisant les vertues vrayement royales du feu Roy, nostre très-honoré seigneur et père, de glorieuse mémoire. Il est vray qu'il a soutenu la cause de Dieu, qu'il a combattu pour son église et pour la liberté publique ; que, par ses actions, il a tant mérité des princes et potentats, qu'ils recognoissent combien il leur seroit à présent nécessaire. Dieu l'a voulu retirer à luy pour le récompenser de sa piété, nous laissant héritier de sa couronne, avec dessein d'imiter sa vertu. La Royne régente, nostre très-honorée dame et mère, prenant, comme elle fait, le soing de nous élever dans les vrais sentimens de dévotion, nous serons toujours disposé à honorer le Saint-Siége, et en imitant les roys nos prédécesseurs nous voulons mériter à titre de défenseur de l'église ; et Vostre Sainteté se peut assurer que, pour lui conserver en son entier le patrimoine de saint Pierre, nous n'obmettrons aucuns debvoirs ny offices, sans néantmoins prétendre autres advantages de nos actions que la gloire immortelle de les avoir faites. Cependant nous avons à remercier Vostre Sainteté de ce qu'elle a bien receu les supplications qui lui ont été faites de nostre part en faveur de nostre cousin, l'évêque et comte de Beauvais, pair de France ; mais la grâce n'estant point encore accomplie, nous vous lassons penser que nous nous promettons sur son sujet de Vostre Sainteté, pour laquelle, du plus profond de nostre cœur, nous supplions incessamment Sa Majesté Divine qu'il vous continue, Très-Saint-Père, longuement et heureusement au règne de son église, au bien et advantage et repos de tous les peuples qui y sont soumis. »

Les affaires d'Angleterre se brouilloient de plus en plus ; on envoya au roy d'Angleterre une lettre du roy de France, en date du 4 de septembre, en créance sur M. de Grecy, pour l'exhorter à s'accommoder et lui donner part de la destination de M. le comte d'Harcourt pour son ambasade extraordinaire :

« Très-hault, très-excellent et très-puissant prince, nostre très-cher et très-amé bon oncle, cousin et ancien allié, la satisfaction que nous avons de vos bonnes intentions nous ont incontinent faict résoudre de destiner nostre très-cher et bien-aimé cousin, le comte d'Harcourt, chevalier de nos ordres et grand escuyer de France, en qualité d'ambassadeur extraordinaire pour agir de nostre part à la pacification des troubles d'Angleterre, et pendant qu'il s'apprestera pour faire le voyage, nous ferons retourner vers vous, en diligence, le sieur de Grecy, affin de maintenir la négociation qu'il a commencée, chargé de cette lettre que nous vous escrivons par l'avis de la Reyne régente, nostre très-honorée dame et mère, pour vous assurer de plus en plus de nostre attention et singulière bienveillance, et que nous n'espargnerons rien pour vous en donner des marques en toutes les rencontres où nous pourrons procurer vostre contentement, et par nostre entremise contribuer tout autant qu'il nous sera possible à remettre les choses hors de la confusion, pour les veoir restablir dans l'ordre de la vraye justice, et pour parvenir à la paix et au repos que nous vous souhaittons et à vos Estats : sur quoy vous prendrez, s'il vous plaist, toute créance à ce que ledit sieur de Grecy vous fera plus particulièrement entendre de nostre part, auquel nous remettant, nous prions Dieu qu'il vous ait, etc. »

Les résidens, les sieurs Dumoulin et de Grecy, rendoient compte des mouvemens des partis à chaque ordinaire. Voici les principales nouvelles qui nous furent envoyées jusqu'à la fin de cette année :

De Monsieur Dumoulin, de Londres, le 4 septembre 1643.

« Ceste ville de Londres est le ressort de tous les mouvemens des partis de l'Angleterre opposés au roy de la Grande-Bretagne, et ce qu'elle faict ou résould avec le parlement est l'instruction et modèle sur lesquels tout le reste de leur gouvernement est réglé, sans excepter mesme l'Escosse, laquelle, par une certaine union, contractée avec ce pays depuis deux ans et plus, s'est intéressée avec ces gens-cy, en tel point que, quand ils se trouvent pressés, ils menacent d'appeler leurs frères Ecossois à leur secours, ainsy qu'ils ont faict depuis un moys par leurs commissaires partis pour cest effect et arrivés depuis peu de jours en Ecosse : de sorte que, Monseigneur, en vous donnant advis de ce qui se passe icy, vous pouvez juger en gros du bien ou du mal des affaires du Roy ou du parlement.

» Ensuite de ce que je vous ai mandé par mes dernières du dessein dudit parlement de se mettre en estat de pouvoir faire une bonne paix ou une bonne guerre, ils ont pressé deux mille hommes de ceste ville et ordonné que sept mille de la nouvelle milice levée pour la garde de Londres et de la ville partiront présentement pour aller joindre l'armée du comte d'Essex, composée de quatre mille cinq cens, tant sains que malades, affin que tous ensemble, avec les deux mille chevaux que le comte de Manchester, sergeant-major-général, et à la tête des provinces associées, ils puissent faire une armée considérable pour secourir Glocester, que Sa Majesté de la Grande-Bretagne tient toujours assiégé. Les sages d'icy jugent que quand ceste armée, qui commence desjà à marcher, sera toute assemblée, l'on pourra proposer quelque sorte de paix de la part dudit parlement.

» Il fust ordonné avant-hier, par un cry public, que toutes les boutiques de ceste ville seront fermées jusques à ce que ledit Gloscester soit secouru, affin de trouver plus de gens pour y aller, de sorte que, depuis deux jours, elles n'ont point été ouvertes.

» Vous serez, avec cest ordinaire, instruit des affaires de ce pays : il vous dira les difficultés qu'il y a de sçavoir la vérité des choses qui se passent hors de Londres, dont ces messieurs tiennent sévèrement les passages bouchés à ceux de qui ils se deffient.

» Plusieurs se réjouissent icy de l'envoy de M. le comte d'Harcourt, et souhaittent qu'il vienne avec diligence. Il sera à propos, quant il sera résolu du temps de son départ, qu'il m'en donne advis pour luy trouver un logis, autrement il se trouveroit fort incommodé. »

De Monsieur de Grecy, de Londres ce 6-16 *septembre* 1643.

« Il y a deux jours que je suis arrivé en ce lieu, auquel j'ai trouvé pareille disposition à bien recevoir M. le comte d'Harcourt que celle que j'avois pressenti à Douvre, sur le sujet de laquelle je vous ay envoyé un courrier. Il est vray qu'on avoit donné de grands ombrages de sa venue ; mais à présent tout cela est dissipé, et je suis assuré qu'il sera receu aussi favorablement qu'il se peut désirer d'une nation que vous cognoissez.

» J'ai obtenu aujourd'huy mon passeport, de sorte que demain, sans faute, j'espère partir et aller trouver Leurs Majestés de la Grande-Bretagne. Je crains que mon voiage ne soit plus long que je ne l'ai creu, à cause qu'ils sont, à ce qu'on dit icy, plus esloignés que je ne pansois. Je feray le plus de diligence que je pourrai pour retourner à Douvre au-devant de M. le comte d'Harcourt, afin qu'il ne s'impatiente pas d'attendre à Calais. »

De Monsieur Dumoulin, de Londres le 17 *septembre* 1643.

« Le comte d'Essex s'advance tousjours vers Glocester que le Roy tient encore assiégé, sans néantmoins s'y estre retranché, ce qui fait qu'il grossit son armée des garnisons de toutes ses petites places qui ne sçauroient aussy bien résister à une puissante armée, pour prendre un poste advantageux, laissant six mille hommes devant ladite ville, et se mettant en estat d'attendre de pied ferme les forces du parlement, que le milord Willemot et le colonel Hurey suivent en queue avec de la cavallerie et infanterie capable de les incommoder.

» Le comte de Neufchastel a pris Beverley, et tient, par ce moyen, Hall comme bloqué par la terre ; mais on ne tient pas pour cela qu'il le veuille assiéger aultrement, parce que son armée pourra estre utile à Sa Majesté en cas de nécessité.

» Le parlement a pris le covenant des Ecossois, dont le peuple de Londres se resjouit et se tient bien fort ; mais il s'accordera mal aisément quand il faudra agir, d'aultant que *lesdits Escossois entendent de préserver l'authorité et postérité royale avec la relligion et priviléges des peuples*, et ledit parlement n'entend que *l'Eglise, la liberté du parlement, les priviléges des peuples.*

» J'ay advisé M. de Grecy d'adresser à M. le comte de Pembroches la lettre que vous avez escrite à monseigneur, pour response à celle que messieurs du parlement ont fait à la Reyne, d'autant qu'en l'absence du comte de Manchester, qui préside en la chambre haulte, c'est un des plus éminens seigneurs, et celuy aussy qui vous cognoist plus que les aultres, qui a pris ceste adresse en très-bonne part, et s'en tient fort honnoré. »

De monsieur Dumoulin, de Londres, le 19 *novembre* 1643; *reçue le* 10 *décembre.*

« Les comtes d'Essex et de Manchester sont venus faire un tour en cette ville, pour résoudre leurs quartiers d'hiver, et comment ils employeront leurs troupes. Le prince Maurice, qui tenoit Plemuth assiégé, s'en est retiré, et s'est contenté de laisser les communes du pays affectionnées au roi de la Grande-Bretagne, et à la prise de ceste place, qui est un port de mer d'importance, en charge de la tenir toujours incommodée, et s'en est venu prendre ses quartiers d'hiver en la province de Ham, où s'est déjà rendu le milord Hopton, avec les forces qu'il avoit en Cornevalle, pour deffendre le château de Barinstote qui tient pour Sa Majesté, lequel le chevalier Waler a dessin d'attaquer; on dit mesme aujourd'hui qu'ils sont aux mains en ces quartiers-là. Après la prise de Neuport, Panel repris sur ledit Roy, ainsy que je vous ay mandé par mes dernières, le prince Robert, qui voltige aux environs de ce pays-là, a surpris la compagnie du colonel Herney qu'il a défaicte.

» Le comte d'Holland, ennuyé de la continuation du mauvais traitement qu'il a reçu en arrivant auprès dudit Roy, a enfin quitté sa cour pour s'en revenir chez luy, mais il a esté arrêté en chemin et amené devant messieurs du parlement, qui l'ont desjà examiné sans résoudre ce qu'ils feront de luy, qu'ils ont mis en bonne et seure garde chez le grand huissier du parlement. »

De monsieur Dumoulin, de Londres, le 4 décembre, reçue le 11 décembre 1643.

« Les nouvelles de ceste guerre sont que Plemuth est un peu incommodé, ayant perdu tous ses dehors par terre, et estant empesché aussy d'avoir tout l'ayde dont il a besoing par mer; on envoye de ceste ville des gens pour l'aller secourir, mais les forces de ce Roy sont en campagne pour s'y opposer.

» Les Irlandois entrent toujours petit à petit en ce pays, depuis la cessation d'armes accordée; ceste nouvelle est plus assurée que l'entrée des Ecossois audit pays, que l'on a publiée il y a huit jours. On tient qu'il y a encore quelques divisions parmy eux dans leur pays. Ce n'est pas qu'ils n'ayent receu l'argent qu'ils demandoient, mais c'est qu'ils veulent venir forts ou point du tout.

» Le prince Robert s'estoit un peu engagé aux aproches de Nortumpton, et en sorte qu'il estoit quasy enfermé; mais trois mille chevaux de son party l'ont délivré avec la peur et fuite de ceux du party contraire.

» Leurs Majestés de la Grande-Bretagne sont en parfaite santé et en quelque impatience de savoir ce qui se passe icy, sur le subject des affaires de monseigneur le prince d'Harcourt, qui leur envoyera bientost un gentilhomme pour leur en faire part. »

De monsieur Dumoulin, de Londres, le 17 décembre; reçue le 24.

« Monseigneur, j'ay veu par la vostre de l'unzieme de ce moys, que vous écriviez que M. Faret estoit party d'icy pour retourner incontinent; j'estime que monseigneur le prince d'Harcourt l'a dépesché pour luy donner liberté d'aller solliciter ses affaires particulières et les siennes aussy, plustost que pour autre sujet, la principale pour laquelle il est venu icy, n'estant pas encore assez advancée pour requérir de nouvelles instructions, dont je m'asseure vous vous apercevez bien.

» Les affaires du roy de la Grande-Bretagne deviennent tous les jours en meilleur estat; elles ont prospéré à veue d'œil depuis ceste ambassade. Sa Majesté s'aproche de Londres, et est venu visiter au chasteau de Farnon le chevalier Waler, lequel, après avoir levé le siége de devant Buzin, se trouve maintenant assiégé et foible audit Farnon, qui est une place importante pour être limitrophe, de trois ou quatre provinces qui faciliteront le passage des forces de Sadite Majesté au pays de Kent, s'ils en chassent les parlementaires.

» Nous nous sommes estonnez icy de n'avoir point eu advis de ce qui se passe en Ecosse, qui pourroit servir à l'affaire que l'on veult accommoder. Je ne feray ceste-cy plus longue, m'imaginant que monseigneur le comte vous informe parfaitement de toutes choses; quand il sera absent, je n'obmettray pas les moindres particularités dans mes lettres qui pourroient servir à vous donner lumière des affaires. Cependant je me contenteray de le servir et obéir, avec desir de veoir une heureuse conclusion à l'affaire qu'il veult traicter. »

De Monsieur de Grecy, du dernier décembre 1643; reçue le 7 janvier de l'an 1644.

« Vous avez apris par les courriers que nostre négociation semble eschouée, dans la difficulté de la recognoissance, opiniastrée de part et d'autre, ce qui est cause que monsieur le comte envoie demander son congé. S'il se parle de moy en ceste occasion, comme je n'en doute point, je vous prie très-humblement de vouloir appuier l'effet de ce qu'on m'a promis. Il est difficile qu'on se passe icy d'un ambassadeur ordinaire, eu esgard au dessein qu'on a, la considération du traitté qui va se faire à Munster, l'événement de cette guerre qui mérite d'estre observé pour en tirer le fruit qu'on désire, et la faction espagnolle qu'il fault abatre ou contrecarer, demandent la résidence d'une personne qui ait ce caractère, pour agir en cet occurrence avec authorité. Ce qui, estant ainsy, j'espère de mes amis, mais particulièrement de vous, Monsieur, l'assistance et protection nécessaires en ce rencontre pour nos advantages.

» Si vous me voulez faire l'honneur de penser aux termes dans lesquels je vous ay parlé des affaires de ce païs, il vous souviendra que je n'ay jamais estimé qu'on deust fonder l'envoy de monsieur le comte d'Harcourt, sur l'apparence certaine de l'accommodement entre le roi de la Grande-Bretagne et ses sujets; l'humeur de la nation, et la matière du différent, m'ont tousjours rendu doubteux l'événement du traitté. Il est vray qu'ils y estoient plus disposés de part et d'autre quand je partis d'icy pour retourner en France, que nous ne les avons trouvés à nostre retour; mais il fault considérer que depuis le temps le covenant fait avec les Ecossois, la levée du siége de Glocester, la bataille ou passage de Nieubourg, la cessation d'armer en Irlande, et la nouvelle promotion aux principales charges de l'Estat, a tellement enorgueilly et irrité ceux du parlement, qu'ils ont absolument changé de sentiment, de quoy je ne puis estre guarend.

» Quant à la ligue que je croy estre l'effect asseuré du voyage de Janotce, qui a esté l'object du mien premier vers la chambre haute, il n'a tenu qu'à la France de la conclure; mais comme on nous l'a fait entendre, qu'on ne la veut plus sans la paix, permettez-moy aussy que je vous dise qu'on ne croit pas qu'elle se fasse jamais après que la paix sera faite. On allègue force raisons capables de confirmer la vérité de ce sentiment, et de persuader qu'une ligue bien conditionnée, conclue avec le roy d'Angleterre, suivant le premier dessein, est un moyen apparent pour parvenir à la paix d'Angleterre, remettant ainsy le Roy dans son authorité légitime, et maintenant les priviléges du parlement, avec la liberté des sujets, qui est, ce me semble, ce qu'on demande en France. Pardonnés, Monsieur, si je parle de la sorte, sans faire pourtant jugement qu'on doive arguer de témérité. Lorsque vous me l'ordonnerés, je ferai voir le fondement de ceste opinion. »

[1644] Au commencement de l'année, monsieur le maréchal de Turenne nous escripvit de Brisac qu'il recognoissoit une obéissance parfaite à ses commandans et à tous les chefs et officiers de notre armée, qu'il tireroit de bons et utiles services quand il aura renforcé le nombre, à quoi nous travaillâmes avec tant de promptitude et de diligence, que nous eûmes une armée plus forte et plus puissante qu'auparavant pour entrer dans l'Allemagne, y establir de bons postes et donner moyen à M. Tartenson de continuer ses heureux progrès; notre malheur, qui avoit causé quelque défaicte, étoit plus à plaindre qu'à blâmer, puisque ça esté en suitte de l'accident de la mort de notre général, qu'on peut dire bien extraordinaire; mais comme de la part de la Reyne et conseil de Suède, M. Grotius tesmoigna à Leurs Majestés une constante résolution de s'unir de nouveau de force, de moyens et de crédit pour réparer notre perte, et que madame la Lantgrave monstra la vigueur de son courage en ce rencontre, et messieurs des Estats de Hollande nous ayant donné de grandes assurances de leur bonne résolution de contribuer pour faire quelque chose de leur part, et nous de notre costé ayant déjà grandement agy, pour augmenter le nombre de nos trouppes, je crois que cet estat servit à nous animer à faire de plus belles actions qu'auparavant, pour le bien de la cause commune. Le duc de Lorraine revint prendre ses anciens quartiers à Varms, et renvoya tous les prisonniers de son partage, comme Ransau, Maugiron et les autres, ayant composé de leur rançon en argent. Hasfeld prit le chemin de Franconie et Bavière, songea à asseurer ses quartiers; de sorte que nous fûmes en calme jusqu'au printemps, où nous projetions d'agir avec grand effort et grande apparence de succès; de manière que quand M. Tartenson et le général-major Komsniart, avec le comte d'Eberstein voudroient commencer en action contre les ennemis, il est à propos que ce fut en bonne intelligence et de concert avec notre général.

Enfin, Dumoulin nous informa que les affaires du Roy et la Grande-Bretagne étoient en grande décadence: « Si le chasteau d'Arondelle se prend par les parlementaires, nous annonçoit-il, et que Plimuth soit manqué par les royalistes, elles iront encore pis. Je suis assuré que si ces gens-cy ont le dessus, que vous aurez par delà plus de peine à vous garder d'eux que de l'autre party, dont le chef est bon, pacifique et juste, où les aultres sont entreprenans, amis des religionnaires et ennemis de notre estat dont ils sont envieux, et qu'ils craignent plus que celuy d'Espagne, qui est plus esloigné d'eux que nous. Monseigneur le prince d'Harcourt attend avec impatience son courrier Rochefort, le passeport duquel j'ay desjà commencé à demander, affin qu'il ne tarde point icy. Je prie Dieu qu'il vous conserve et me face la grâce d'estre cogneu de vous comme je suis véritablement, Monseigneur, vostre très-humble et très-obéissant serviteur. »

Cette dépêche, du 14 janvier 1654, fut reçue le 22, et on résolut aussitôt de le rappeler en France, les ordres du Roi lui en furent ainsi expédiés :

« Ayant permis à mon cousin, le comte d'Harcourt, de se retirer d'Angleterre, pour retourner près de moy, j'ay résolu de laisser par delà le sieur de Grecy, en qualité d'agent pour mes affaires, lequel pourra continuer les négotiations commencées et travailler à disposer les choses en sorte qu'il en puisse réussir quelque bon accomodement, que je désire procurer, tant pour le bien et repos du roy de la Grande-Bretagne, que pour celui du parlement; et pour ce que je n'auray pas besoing de vostre service par delà, estant bien satisfaict de celuy que vous m'avez rendu, je vous escris celle-cy pour vous dire que vous ayez à revenir en France, laissant audict sieur de Grecy le soing de tout, et luy donnant les avis et instructions de ce que vous sçavez et cognoissez être pour le bien de mon service; je feray pourvoir à ce qui vous pourra estre deu de vos appointemens à vostre retour. Sur ce, je prie Dieu qu'il vous ayt, Monsieur Dumoulin, en sa sainte et digne garde. »

Par ma dépesche particulière, j'ajoustai :

« Puisque l'estat des affaires d'Angleterre n'a peu comporter que l'entremise du Roy ayt esté utile au repos de l'Angleterre, et qu'une si célèbre ambassade ayt été fructueuse, Leurs Majestés ont permis au comte d'Harcourt de retourner en France. »]

L'hiver se passa assez tranquillement, et pendant ce temps-là Monsieur et M. le prince faisoient avec soin leur cour à la Reine, aussi bien que le duc d'Enghien, qui prétendoit commander l'armée le printemps suivant. Monsieur faisant aussi entendre qu'il vouloit faire la campagne, on proposa au duc d'Enghien d'aller en Allemagne : à quoi il n'eut point de répugnance, non plus que le premier à aller en Flandres, où la guerre se faisoit de concert avec les États-Généraux. Le prince d'Orange, ayant été consulté pour savoir quelle place on attaqueroit d'abord, fut d'avis que l'on commençât par Dunkerque et par Gravelines, assurant que si l'on commençoit par la première, elle feroit infailliblement prendre la seconde : et sur ce que la difficulté d'y conduire des vivres paroissoit bien grande, ce prince disoit qu'il seroit impossible aux ennemis d'être maîtres de la mer; que lorsque le vent seroit au sud, Calais et la côte de Picardie fourniroient l'armée; que quand il seroit au nord, on auroit des vivres en abondance de Hollande et de Zélande. M. le duc d'Orléans, étant persuadé qu'il valoit encore mieux dépendre du Roi que d'être à la discrétion des étrangers, se détermina à faire le siége de Gravelines.

Le parlement de Paris commença cet hiver à s'en faire trop accroire, en prenant des délibérations bien hardies et qui lui étoient défendues par les ordonnances. Le cardinal fut d'avis de le menacer; mais le ministre se relâcha pourtant aussitôt après, et montra même les conséquences de ces menaces à la Reine, ajoutant qu'il étoit du service du Roi de dissimuler plusieurs choses pendant la minorité; mais que si après cela Sa Majesté faisoit la moindre démarche pour soutenir son autorité, il falloit hasarder tout au monde pour la conserver. M. le duc d'Orléans et M. le prince, voulant se ménager avec le parlement, entroient toujours dans les sentimens foibles et emportés du cardinal, pour lui attirer le mépris et la haine du public.

La saison s'avançant, on dressa l'état de guerre pour les armées; et Monsieur, suivi des maréchaux de La Meilleraye et de Gassion et de plusieurs autres officiers, fit investir Gravelines, qui fut prise, parce que les ennemis, étant pressés de toutes parts, couroient risque de perdre encore davantage. Son Altesse Royale revint ensuite à la cour, où elle fut parfaitement bien reçue. Le prince de Condé, étant arrivé en Allemagne, examina avec les maréchaux de Gramont et de Turenne ce qu'il étoit à propos de faire. Celui-ci proposa le siége de Fribourg : il fut résolu. Son raisonnement le plus apparent étoit fondé sur la gloire qu'il y avoit de l'entreprendre, et sur le fruit que le prince de Condé ou lui prendroient des quartiers; mais que, s'il étoit contraint de se retirer de l'Allemagne, il le suivroit sans qu'on dût lui en rien imputer. Le duc d'Enghien y acquit beaucoup de réputation : ce qui lui fit oublier le mécontentement où il devoit être de ce que le combat avoit commencé sans qu'il l'eût ordonné; mais ce fut une adresse de M. de Turenne, pour les raisons qui ont été expliquées ci-devant.

J'ai entendu dire qu'il se passa plusieurs choses dans l'armée que commandoit M. le duc d'Orléans, qui faisoient assez connoître qu'il vouloit tout ce qui ne devoit pas coûter beaucoup. Avec cela, sa vie étoit si précieuse à ses officiers, qu'ils le détournoient des grandes choses quand il falloit la hasarder.

La Reine étant allée passer une partie de l'été à Ruel pour donner le temps de nettoyer le Palais-Royal, on rapporta à Sa Majesté qu'il s'étoit fait une sédition à Paris, sur ce qu'on avoit ordonné le toisé des maisons bâties au-delà des bornes. On pensa d'abord à la réprimer par la force ; mais on changea aussitôt d'avis, et l'on aima mieux que le peuple se dût son soulagement à lui-même que de le faire châtier. On prit pour prétexte que la Reine lui faisoit grâce, à cause de l'affection qu'elle avoit pour lui ; mais le peuple n'en fut que plus fier, et cette foiblesse du ministère causa dans son temps plusieurs maux qui tinrent l'Etat dans un très-grand péril.

Les grands paroissoient divisés : et à Munster, nos plénipotentiaires étoient si déconcertés, que ceux des autres princes en faisoient des railleries ; car il paroissoit clairement qu'on n'avoit nulle confiance ni au duc de Longueville ni à M. d'Avaux, mais tout entière à M. Servien. Il est bien vrai que si les deux premiers s'étoient bien entendus ensemble, ils auroient pu conclure la paix, parce qu'ils avoient un ordre commun qui portoit que le troisième seroit obligé de suivre l'avis des deux autres, quoiqu'on eût remontré les raisons qui pouvoient y être contraires.

La nouvelle de la mort du pape Urbain VIII ne fut pas plus tôt arrivée à Paris, qu'on écrivit à Rome pour empêcher que le cardinal Pamphilio, depuis nommé Innocent X, ne fût élevé au pontificat. Mais soit qu'il eût l'adresse de ménager le cardinal Antoine Barberini, ou de faire craindre à Bichi que ses parens seroient maltraités par le grand duc s'ils lui donnoient l'exclusion, ou soit enfin qu'il eût engagé l'ambassadeur de France à ne s'acquitter qu'avec mollesse de sa commission, nous sûmes bientôt à Fontainebleau qu'il avoit été élu.

Bagni, destiné par le défunt pape pour la nonciature de France, prit les premières audiences sous le nom d'Innocent, et fut reçu avec beaucoup de froideur. Afin que le nouveau Pape ne doutât point de la mauvaise volonté qu'on avoit pour lui, on ôta au cardinal Antoine Barberini la protection des affaires de France. Pour ce qui est du nonce Bichi, il s'excusa si bien qu'on fut satisfait de sa conduite.

Le cardinal Mazarin étant tombé si dangereusement malade, qu'on crut qu'il n'en relèveroit point, on ne peut dire l'inquiétude qu'en eut la Reine, qui s'aperçut que plusieurs de ceux qui avoient été attachés au cardinal de Richelieu mettoient déjà tout en œuvre pour succéder à Mazarin et pour surprendre Sa Majesté. Mais, pour empêcher cette princesse de se déterminer à rien dont elle eût sujet de se repentir dans la suite, je lui dis que le cardinal ne me paroissoit pas si malade qu'on le faisoit ; que je lui trouvois beaucoup de force, et que les médecins disoient que les parties nobles n'étoient point attaquées : d'où je concluois qu'il y avoit bien plus à espérer qu'à craindre de sa santé ; mais qu'il étoit du devoir des médecins qui le traitoient, et particulièrement du sien, d'avertir le cardinal s'ils le croyoient en péril, parce qu'en cas que Dieu vînt à en disposer, il y avoit des choses dont Sa Majesté devoit être avertie ; que, si elle ne vouloit point gouverner par elle-même, plusieurs personnes lui devoient être suspectes, et qu'il falloit qu'elle eût le choix de celle qui lui seroit la plus propre, parce qu'elle devoit se méfier de tout homme qui étoit soutenu par M. le duc d'Orléans, qui avoit des liaisons avec M. le prince, et qui n'avoit point été auparavant dans ses intérêts. La Reine n'eut pas la peine de préférer l'un à l'autre, puisque le cardinal guérit. Il fut visité plusieurs fois par cette princesse en sa maladie, et dans ce temps-là toutes les grandes affaires furent négligées. Pour lui faire voir qu'on ne prenoit aucune résolution sur les choses de conséquence que par son avis, on ne l'entretenoit que de celles qui ne pouvoient point lui faire de peine, et on suivoit les ouvertures qu'il en donnoit lui-même.

On fit cette année ou l'autre, d'après tout ce que l'on put, suivant les apparences, pour avancer la négociation de Munster. Les Etats-généraux se tenoient fermes à préférer absolument une trêve à la paix, quoiqu'on leur eût offert que, s'ils donnoient leur consentement à ce que les couronnes fissent la paix, la France s'obligeroit de rentrer en guerre avec l'Espagne, si, cette trêve étant expirée, Sa Majesté Catholique ne vouloit consentir à une seconde de pareille durée, laquelle, devant être de douze années, leur assureroit du repos pour vingt-quatre. Les députés des Etats commencèrent donc à écouter les propositions du comte de Pignoranda (qui avoit été substitué à l'archevêque de Cambrai) et de Castel-Rodrigo, revêtus de la dignité de plénipotentiaires du roi d'Espagne ; et l'on s'aperçut par leur manière d'agir qu'il y avoit beaucoup à craindre de leur part. Le prince d'Orange remarqua aussi que son crédit diminuoit ; et la princesse, sa femme, pour profiter de la conjoncture des affaires, prit des liaisons avec l'Espagne, au préjudice de son mari et des Provinces-Unies. Les Espagnols persistant, aussi bien que les médiateurs, à vouloir que les Portugais fussent exclus du traité, nous fûmes contraints d'y consentir ; mais nous ne laissâmes pas d'obtenir de ces médiateurs qu'ils nous donneroient un écrit par lequel il seroit porté qu'il avoit été convenu, entre nous et les Espagnols, que nous aurions la liberté d'assister réciproquement nos alliés, à la tête desquels Sa Majesté Très-Chrétienne avoit mis le roi de Portugal. Les Espagnols y consentirent, étant persuadés d'avoir beaucoup fait que ce prince ne fût point compris dans le traité de paix, et de ce qu'il n'y seroit fait aucune mention de lui.

[1646.] Il y a toutes les apparences qu'ils se seroient encore relâchés bien davantage si on ne les avoit pressés, parce que leur intention n'étoit pas de conclure la paix avec nous, mais de nous détacher nos alliés, pour continuer ensuite la guerre, dans l'espérance d'en retirer de grands avantages. En effet, le comte de Pignoranda ayant persuadé aux Etats-généraux de convertir en articles de paix ceux dont il étoit convenu avec eux pour parvenir à une trêve, il commença à faire paroître le peu d'inclination qu'il avoit pour un accommodement avec nous : ce qui donna lieu de soupçonner qu'il avoit des ordres secrets de la cour de Madrid très-différens de ceux qu'il montroit, et qu'il ne feroit seulement qu'amuser les médiateurs.

L'Empereur étoit obligé d'aller plus rondement ; car les armées du Roi ayant paru sur le Danube, il craignoit qu'elles ne s'avançassent jusqu'en Bohême, où l'on paroissoit disposé à une révolte. L'électeur de Bavière, qui jusqu'alors avoit fait la guerre sur les terres d'autrui, commença à la ressentir dans son propre pays : de telle manière qu'il pressoit que l'on s'accommodât avec les François et les Suédois, donnant à entendre que si ses conseils étoient négligés, il en prendroit de convenables à la nécessité présente de ses affaires. On vit en ce temps-là quatre choses surprenantes : la première fut que les Etats des Provinces-Unies avoient traité la paix (1) avec l'Espagne sans que nous l'eussions conclue ; et, croyant avoir satisfait à tout ce qu'on pouvoit prétendre d'eux, ils offroient de presser les Espagnols de s'accommoder avec nous aux conditions qui leur avoient été accordées, ou bien de rentrer en guerre avec nous contre eux. La seconde, que l'Empereur cédoit de grandes provinces aux Suédois, et consentoit que quelques-uns de ceux qui avoient été dépouillés pour l'agrandissement de cette nation, fussent dédommagés aux dépens de l'Eglise. La troisième fut le peu de bonne foi dont les ministres de l'Empereur usèrent à notre égard, en avertissant les Suédois que nous offrions de nous joindre à eux pour faire en sorte que les biens ecclésiastiques leur demeurassent, et de ne pas désapprouver ce qui avoit été consenti par Sa Majesté Impériale, et accordé par le roi d'Espagne. Nous eûmes encore une autre disgrâce, qui fut que les médiateurs nous donnèrent le tort, sans considérer que l'Empereur, par un procédé malhonnête, nous avoit obligés de nous engager de nouveau avec les Suédois, lesquels, ayant attaqué, comme ils firent, le roi de Danemarck, augmentèrent le nombre de nos ennemis, et fut cause que ce monarque le devint, après avoir été choisi pour l'un des médiateurs de la paix. Il arriva encore par malheur que deux de nos plénipotentiaires se divisèrent, et allèrent si loin que chacun d'eux fît des écrits pour justifier sa conduite aux dépens de son collègue, sans être retenu par l'autorité de M. de Longueville, qui les exhortoit à l'union. Les Hollandois, ravis d'avoir conclu la paix avec l'Espagne, et voulant seulement conserver les apparences avec nous, continuèrent de nous presser à nous servir de leur entremise, et déclarèrent ouvertement que si nous remettions à leur jugement la difficulté que nous avions avec l'Espagne, ils marqueroient n'avoir pas oublié les obligations qu'ils avoient à la France. N'osant pas les refuser absolument, nous leur écrivîmes des lettres qui pouvoient être interprétées diversement en acceptant les Etats pour juges, à la réserve de ceux qui avoient signé avec l'Espagne, quoique l'un des députés eût protesté contre ses collègues. Nous eussions bien voulu en pareille conjoncture avoir le prince d'Orange pour juge, et qu'on lui eût donné pour adjoints quelques-uns de ceux qui représentoient l'Etat ; mais nous remarquâmes bientôt après que nous n'y aurions pas trouvé notre compte, car la princesse son épouse s'étoit laissée gagner par les Espagnols, et cette princesse, à mesure que l'esprit de son mari baissoit, avoit toute l'autorité et lui faisoit faire tout ce qu'elle vouloit.

[1647] M. de Longueville, avant qu'il partît de Munster, fut l'arbitre du sort public, car il ne tint qu'à lui de signer la paix à des conditions très-avantageuses, dont il fut sollicité non-seulement par les médiateurs, par madame sa femme, et par tous ceux qui souhaitoient le repos de la chrétienté, mais aussi particulièrement par M. d'Avaux, auquel il avoua que les conditions qui leur étoient offertes lui paroissoient très-raisonnables. Mais M. Servien lui ayant fait entendre qu'il y en avoit encore de plus avantageuses à espérer, et ayant dit avec adresse que la cour s'en flattoit, M. de Longueville prit la résolution de suivre les conseils que Servien lui inspiroit, et partit de l'assemblée,

---

(1) Cette paix particulière des Hollandois avec l'Espagne, ne fut conclue qu'en 1648. (A. E.)

qu'il laissa mortifiée et dans une grande confusion. Il se servit du prétexte que M. d'Avaux, qui étoit allé à Osnabruck pour conférer avec les Suédois, avoit dit que sa voix étoit aussi considérable que la sienne; ayant oublié que la chose avoit été ainsi concertée entre eux, afin d'obtenir des Impériaux et des Suédois des avantages qu'ils croyoient ne devoir pas être négligés. D'Avaux s'en justifia fort bien, quoiqu'il restât seul chargé des affaires, Servien ayant eu ordre d'aller à La Haye. Si ce dernier y eût pris autant de soin de ménager les esprits des Etats qu'il s'en donna d'invectiver contre Pauw et Knuit, peut-être eût-il obtenu qu'ils eussent désavoué leurs députés; mais en offensant les particuliers il offensa aussi l'Etat, qui étoit gouverné par les amis de ces messieurs. Après avoir fait en Hollande un séjour inutile, il retourna ensuite à Munster, d'où il fut permis à M. d'Avaux de revenir.

L'Alsace leur fut offerte pour notre satisfaction, mais avec tant de restriction qu'on ne nous donnoit que fort peu. On les avertit de ne se pas laisser surprendre au nom spécieux d'une grande province, dans laquelle différens princes ayant des Etats situés, ils étoient exceptés de l'offre : comme les villes impériales et la franche noblesse, de laquelle les fiefs relevoient directement de l'Empire. Mais ils ne jugèrent point devoir insister que l'Alsace nous fût entièrement cédée, soit en souveraineté, soit en fief, pour n'offenser pas, disoient-ils, les villes qui sont puissantes dans l'Empire; et celles-ci conservant leur liberté et leur souveraineté, il n'étoit pas possible ni juste de donner atteinte à celle des autres. MM. de Longueville, d'Avaux et Servien disputèrent longtemps ensemble si l'Alsace devoit être demandée en souveraineté, ou possédée comme mouvante de l'Empire. La chose fut aussi débattue dans le conseil du Roi.

On ne doit point être plus surpris de ce que M. de Longueville croyoit que c'étoit un plus grand avantage pour la couronne de posséder cette province en souveraineté que comme mouvante de l'Empire, qu'il y a lieu de s'étonner qu'il se crût si distingué de ceux de son rang par le titre de souverain de Neufchâtel, quoiqu'il n'exerçât pas la souveraineté sur ses sujets. Ce n'est donc pas une chose surprenante qu'il eût pour son maître les mêmes sentimens qu'il avoit pour lui. Il n'est pas non plus étonnant que M. Servien ait été d'un même avis que M. de Longueville; car il lui suffisoit seulement que M. d'Avaux fût d'un autre sentiment pour lui en faire prendre un contraire; mais il a paru fort étrange qu'il se soit trouvé dans le conseil du Roi des personnes qui aient pu faire de même que Servien. Ils ne manquoient pas à la vérité de raisons, dont la plus forte étoit qu'il n'est point honnête à un grand roi d'être vassal d'un autre, parce qu'il peut encourir la commise; et que si, dans une guerre arrivée en suite de la confiscation, on avoit perdu le fief, on ne seroit pas reçu par une paix à le redemander. Les autres, du nombre desquels j'étois, disoient que les Allemands s'ouvriroient plus volontiers avec un prince qui seroit du corps de l'Empire, qu'avec un étranger que nous aurions député dans les diètes où les affaires les plus importantes seroient délibérées, et que cette occasion ne devoit point être négligée. Que, pour détruire les raisons sur lesquelles ces messieurs s'appuyoient, il ne falloit que leur opposer que le roi d'Espagne possédoit, comme vassal de l'Empire, le duché de Milan et partie des Pays-Bas; que la couronne de Suède en relevoit aussi par les provinces qui lui avoient été cédées, et qu'une imagination de grandeur ne devoit point empêcher qu'on ne profitât d'avantages aussi solides que ceux qui avoient été représentés.

[1648] Le cardinal, qui ne pouvoit dédire Servien, étant peu éclairé ou peu zélé pour la grandeur de la France, ayant emporté la balance, manda que le Roi accepteroit non pas l'Alsace, mais le Landgraviat, pour sa récompense; et qu'il vouloit le posséder en toute souveraineté, de même que Brisach et son territoire, qui fait partie du Brisgaw, et Philisbourg, sous le titre de garde, selon qu'il est plus amplement porté par le traité, qui ne fut signé que de Servien, et depuis ratifié par le Roi, de même que par l'Empereur et les princes de l'Empire : en conséquence duquel traité la maison d'Autriche cédoit à Sa Majesté ce qui lui appartenoit en propriété dans l'Alsace. Sous le nom de protecteur, l'Empereur et l'Empire lui en abandonnèrent la souveraineté, à la charge qu'il seroit payé par le Roi à l'archiduc de Tyrol trois millions de livres pour son dédommagement, aussitôt que le roi d'Espagne auroit renoncé à tous les droits qui lui appartenoient ou pourroient appartenir sur les terres cédées à Sa Majesté.

[Dans l'intervalle M. le comte d'Avaux fut rappelé par la lettre suivante du Roy que je fus obligé de contresigner, la résolution en ayant été prise dans le conseil :

« M. le comte d'Avaux, je vous ay cy-devant mandé de vous retirer de Munster, pour vous rendre icy le plus tost qu'il vous seroit possible, mais parce que vous avez tenu une conduite qui ne m'a pas satisfaict, je me trouve obligé de vous escrire celle-cy, de l'advis de la Reine régente notre dame et mère, et pour vous dire qu'ayant sceu que vous êtes beaucoup advancé de votre chemin, je ne trouverai pas mauvais que vous veniez en cette ville et que vous y demeuriez, pourtant avec cette condition, que vous ne me verrez point, et que vous ne ferez aucune fonction de vos charges jusqu'à ce que j'en aye autrement ordonné, et cependant je prieray Dieu qu'il vous ayt, M. le comte d'Avaux, en sa sainte garde.

» Escrit à Paris, le 16 may 1648. »]

Servien, glorieux d'avoir mis la dernière main à ce grand ouvrage (1), obtint la permission de revenir à la cour, et laissa les médiateurs dans l'étonnement de ce qu'on cessoit de s'appliquer à faire finir la guerre qui étoit entre les deux couronnes. On jugeoit bien, comme firent les personnes éclairées, que quelques promesses que l'Empereur eût faites de ne point assister l'Espagne contre la France, il y donneroit cette interprétation que ce seroit en qualité d'Empereur; mais que, comme roi de Bohême, et possédant différens Etats dans l'Empire, il jouiroit de la liberté que chacun de ces princes avoit d'assister ses alliés.

Je ne juge point à propos de raconter de quelle manière M. de Turenne perdit une bataille, et l'accueil qui lui fut fait par le landgrave de Hesse, parce qu'il a rendu depuis d'assez grands services pour faire oublier le revers de fortune qu'il eut pour lors. Je passerai aussi sous silence les belles et grandes actions que fit le duc d'Enghien, particulièrement à Nordlingen, où il défit le général Mercy et ses vieilles troupes, sous l'effort desquelles l'Allemagne avoit plié. Je ne veux seulement parler que des choses où j'ai eu part.

[Madame avoit accouché d'une fille, le 26 du mois de décembre 1646, quinze heures avant la mort de feu M. le prince de Condé, lequel eut cette grâce de Dieu de voir approcher sa dernière heure pendant deux jours : ce qui luy donna moyen, après avoir pensé aux affaires importantes et fait son testament, de recevoir les sacremens et la bénédiction de M. le nonce, de M. l'archevêque de Paris et de son curé avant que d'expirer.

Monseigneur le duc d'Enghien, qui ressentit cette perte avec de grands sentimens de douleur, se trouva revestu de la dignité de premier prince du sang et de la charge de grand-maistre; et les gouvernemens de Bourgogne et Berry furent partagés entre luy, le prince de Conty et le duc d'Albret. Le Roy et la Reine sa mère firent la visite de condoléance à madame la princesse la veuve, aux princes ses enfans, comme aussy à madame la duchesse d'Enghien, en son hostel.

On se disposa à tout ce qui fut nécessaire pour la pompe funèbre. Et on peut dire que Leurs Majestés perdirent un de leurs proches, qui a paru très-affectionné au bien de leur service, et qui avoit des qualités très-élevées.

Cela n'apporta aucun changement aux affaires du dedans ni du dehors du royaume. La négociation pour la paix s'étoit continuée toujours, avec peu d'espérance d'y réussir si promptement qu'on avoit cru, par la longueur affectée des Espagnols, et par quelques autres obstacles venus de la part des Suédois. Et l'on commença d'agir pour préparer ce qu'il faloit pour la campagne prochaine, avec résolution de pousser si vigoureusement les ennemis qu'ils seroient forcés de conclure le traicté général.

L'affaire de Naples tenoit les yeux des princes de l'Europe occupés à considérer quelle en seroit l'issue, et on peut dire que les Espagnols tomboient en sens réprouvé. Ils ne sentoient point le mal réel et pressant qui leur arrivoit, et se flattoient des espérances d'une diversion qu'ils s'imaginèrent debvoir arriver en France, bastie sur des fondemens si légers que ce fut une pure chimère. Cependant la paix en fut retardée. On sut qu'un secrétaire de M. de Vendosme, qui passoit en Allemagne avec lettres de créance, ayant esté arresté et mené à Halbron, fit une confession ingénue de toute la négociation dont il estoit chargé, par laquelle parut le désir qu'avoit ce prince de brouiller et d'en faire concevoir les facilités aux ennemis. Et en mesme temps, un François, solicité de mesme part, fit croire à l'archiduc que Monsieur et M. le prince estoient malcontens, et avoient passé en Picardie avec le secrétaire de Salamanca pour faire un abouchement avec Leurs Altesses; mais ledit secrétaire, ayant esté arresté à Péronne, desclara qu'il avoit esté séduit par cet homme, qui ne luy avoit rien fait voir de tout ce qu'il lui avoit promis. Ces amusemens frivoles ne laissèrent pas que d'entretenir quelque temps les esprits dans la pensée d'en profiter. Mais après que la chose fut découverte, ils durent estre détrompés de toutes ces faulses espérances.

Cependant la révolte de Naples continua

---

(1) Les traités d'Osnabruck et de Munster. Le premier fut signé le 16 août 1648, le second le 24 octobre de la même année. (A. E.)

toujours, et le peuple élut douze d'entre eux qui prirent l'authorité. Le vice-roy avec la noblesse ne furent pas les plus forts, et les choses furent disposées à telle aigreur et defflance, que par la crainte du chastiment ils se décidèrent à changer. Notre armée navale estoit assez proche d'eux pour les assister dans ce dessein, s'ils demandoient notre secours et notre protection.

En attendant, le Roi, informé de tout par le marquis de Fontenay, son ambassadeur à Rome, envoya promptement ses ordres au duc de Guise (1), qui étoit à Rome. Ils sont contenus dans la lettre suivante :

« Mon cousin, ayant eu avis par vos lettres et par celles du sieur marquis de Fontenay, mon ambassadeur à Rome, de la recherche qui vous est faite par ceux de la république de Naples pour aller commander leur armée contre les Espagnols, j'ay bien voulu vous tesmoigner par celle-cy, que je vous escris par l'avis de la Reine-régente madame ma mère, que j'aggrée que vous acceptiez les offres qui vous sont faites de leur part, et que vous ne différiez pas plus longtemps de vous rendre près d'eux, estimant qu'il y va du bien de mon service qu'il y ayt une personne de vostre condition, en qui je me puisse confier, pour faire réussir à leur advantage l'establissement de leur repos et de leur liberté, toutes les assistances que j'ay résolu de leur donner, soit de trouppes qui seront en vostre commandement, soit de toutes les autres commoditez qui seront en ma puissance, affin que cette affaire se face avec toutes les précautions nécessaires.

» Je désire que vous conferiez des voyes que vous aurez à suivre avec mon cousin le cardinal Grimaldi, Sainte-Cecille, et le marquis de Fontenay, mon ambassadeur à Rome, avec lesquelz ayant pris vostre résolution, vous exécuttiez ce qui sera à faire en ceste occasion pour l'advantage de mon service. La présente estant à ceste fin, je prie Dieu, etc.

» Escripte le 10e jour de février 1648.

« Louis,

» Et plus bas, de Loménye. »

Le duc de Guise, avec toute la résolution et la bravoure que l'on devoit attendre de lui, s'empressa de se conformer aux volontés du Roi, et parvint, non sans péril, à arriver à Naples. Aussitôt que la nouvelle en fut arrivée à Paris, où la cour étoit pour lors, le Roi lui en témoigna sa satisfaction en lui renouvelant ses promesses de secours :

« Mon cousin, j'ay reçu beaucoup de joye d'avoir appris par votre lettre votre heureuse arrivée en la ville de Naples, et la réception qui vous y a esté faite, ce qui me donne lieu d'espérer des effects advantageux de ce bon commancement ; et affin de vous secourir promptement, je fais travailler aux préparatifs nécessaires pour tenir mon armée navale preste de bonne heure, et assez forte pour combattre celle des ennemis, cependant que vous disposerez les choses à attaquer les postes occupés par les Espagnolz, faisant en sorte de vous rendre maistre des châteaux le plus promptement qu'il se pourra, et pour vous en faciliter les moyens, je ferai débarquer de l'infanterie et passer beaucoup d'officiers et de gens de guerre au royaume de Naples, qui vous obéiront suivant le pouvoir que je vous envoye, et de vous faire aussy fournir toutes munitions de guerre et de bouche, et toutes autres choses nécessaires pour l'exécution d'un si grand dessein, duquel me reposant sur votre prudente valeur et bonne conduite, je prie Dieu qu'il vous ayt, etc.

» Louis,

» Et plus bas, de Loménye. »

Mais la trahison de Vencenzo et d'Annère livra M. le duc de Guise aux Espagnols, ce qui leur donna quelqu'advantage. Quoiqu'il fût faict prisonnier, et que les Espagnols eussent été mis en possession de plusieurs postes, ils ne furent pas encore les maistres ; il sembla que le peuple fût encore plus aigri qu'auparavant, puisqu'il s'opiniâtra à demander la tête dudit Annère, et qu'il refusa d'obéir aux commandemens de don Jouan d'Austria, de ne plus porter d'armes courtes ; si bien que ceux du bon parti demandoient toujours le secours de notre flotte, qui partit sous le commendement de M. le prince Thomas de Savoye, qui fut fait général de nos armées de terre et de mer. Nous attendîmes les nouvelles de l'effet que devoit produire le secours de nos vaisseaux et galères, envoyés devant Naples au secours de ce peuple fidèle. Notre ambassadeur à Rome fut chargé de suivre de près l'utilité qui en adviendroit, si l'espérance qu'on

(1) L'expédition du duc de Guise à Naples perdra un peu de son aspect romanesque, lorsque l'on verra que ce personnage ne l'entreprit qu'à la sollicitation du Roi de France et sur la promesse formelle qu'on lui donna de lui fournir tous les secours nécessaires à l'accomplissement d'un projet auquel la France était intéressée ; les ordres de Louis XIV déterminèrent seuls le duc de Guise à céder enfin à la demande des Napolitains.

nous avoit donnée de leur disposition à établir leur repos et leur liberté se trouvoit véritable. Quant à ce qu'il nous avoit mandé au sujet d'une ligue qui se pourroit former entre les princes d'Italie, relativement aux mouvemens que les uns et les autres peuvent avoir dans les conjonctures présentes, on lui recommanda aussi de les observer et pénétrer tant qu'il lui seroit possible, pour estre esclairci quelles seroient leurs véritables intentions, celles de Leurs Majestés ne tendant qu'à la paix et leur plus grand désir étant de la procurer à leurs peuples, persuadés que si les Espagnols en vouloient toujours retarder la conclusion, ce ne seroit qu'à leur honte et au dommage de leurs affaires, d'autant que leur plus grande prospérité estoit, en recouvrant une place, d'en perdre une autre, et que ce qui se passoit alors en Allemagne, par la deffaicte de l'aile droicte de l'armée impérialle et bavarroise par messieurs les mareschaux de Turenne et Chtangel, donnoit moyen aux confédérés de se prévaloir de cet advantage, et de réduire nos ennemis communs à ne plus s'opiniâtrer à la résistance, et à vouloir tout de bon préférer la douceur d'un accommodement à la rigueur des armes qui augmentoit tous les jours leur ruine. Vers ce temps-là, M. le duc de Beaufort s'échapa du château de Vincennes, se sauva le jour de la Pentecoste, en plain midy, par le courage et l'adresse d'un garde qu'il avoit gagné; lequel prit son temps d'enfermer tous les compagnons dans la salle, et de lier et bâillonner l'exempt pendant qu'il prist dans sa poche les clefs de la porte du donjon par où il descendit dans le fossé, et feut recueilli sur la contrescarpe par sept hommes habillés en femmes, et trouva à quelque distance de là plusieurs cavalliers qui firent monter ledit duc à cheval, l'accompagnèrent hors le parc, d'où il passa le pont de Charenton, gaigna un petit bois, et de là on ne sçut point quelle fut esté sa route; mais comme cela ne fust de nulle suitte ny conséquence pour les affaires générales, Sa Majesté ne s'en esmeut point.

Nous eûmes bientôt après l'avis de la jonction des trouppes de Modène aux nostres, et de la fuite précipitée des Espagnols; ce qui fut d'un très grand avantage à la réputation de nos armes, au commencement de cette campagne. Nous attendîmes impatiamment quel effet auroit produit le secours qui estoit allé à Naples, où nous voyons que les peuples seroient contraints de faire un dernier effort pour secouer le joug qu'ils ne pouvoient pas supporter. Mais M. le duc de Guise fut emmené prisonnier par les Espagnols, et enfermé dans le château de Ségovie.]

L'Allemagne étant en paix, il ne nous restoit de guerre que contre l'Espagne; mais l'on voyoit déjà paroître les étincelles d'un feu qui peu après causa un grand embrasement. C'étoient les officiers du parlement qui l'entretenoient, en se donnant la liberté de traverser les affaires du Roi, et de rendre des arrêts qui excédoient leur pouvoir, qu'ils entreprirent encore plus d'étendre qu'ils n'avoient fait après la mort du prince de Condé, père du duc d'Enghien, arrivée dans l'année 1646. Ce prince s'étoit retiré de la cour mal content ; en voici le sujet :

Le duc de Brézé, beau-frère du duc d'Enghien, que le roi Louis XIII avoit pourvu du gouvernement de Brouage, La Rochelle et îles voisines, et de la charge d'amiral, sous le titre de surintendant de la mer, commerce et navigation de France, ayant été tué sur mer, après la mort du cardinal de Richelieu, la Reine, mal conseillée par Mazarin, se voulant faire pourvoir de la charge vacante de surintendant des mers, etc., sur la nouvelle qu'elle eut de cette mort, ne voulut point faire arrêter Du Dognon, quoiqu'on l'eût avertie que c'étoit une chose qu'il falloit faire, et qui pouvoit être facilement exécutée avant qu'il eût gagné Brouage. Sa Majesté donc, après avoir écouté la demande que lui fit des charges du duc de Brézé, le prince de Condé pour le duc d'Enghien son fils, me commanda de l'aller trouver, et de lui dire qu'ayant pourvu M. le duc d'Orléans du gouvernement de Languedoc, et le duc d'Enghien de celui de Champagne et de quelques places importantes, elle croyoit qu'il étoit temps qu'il songeât à elle-même : ce qui l'avoit fait résoudre à garder pour elle ce qui vaquoit par la mort du duc de Brézé. A quoi elle se portoit d'autant plus volontiers, qu'ayant fait pour les autres ce qu'ils avoient souhaité, elle ne se trouvoit point dans la nécessité de moins faire pour elle-même que ce qu'elle avoit bien voulu faire pour eux ; et qu'elle étoit persuadée qu'il seroit le premier à la louer de sa modération et de la résolution qu'elle avoit prise; d'autant plus qu'il l'avoit pressée et conseillée plusieurs fois de n'en pas user autrement. Ce prince me répondit qu'il étoit vrai qu'il avoit conseillé à la Reine de prendre un établissement, mais qu'il ne lui étoit jamais venu dans la pensée que ce dût être aux dépens de sa maison; que Sa Majesté étoit la maîtresse, et qu'elle pouvoit user du pouvoir qu'elle avoit; mais qu'il ne pouvoit croire qu'elle ne conservât point à son fils ce qui vaquoit par la mort de son beau-frère. Je me crus obligé de lui remontrer que les charges ne passent point aux héritiers de ceux qui les ont possédées, et que sa maison avoit reçu tant de marques de la libéralité de la Reine que j'étois persuadé qu'il s'étoit déjà repenti de ce qu'il m'avoit dit. Bien loin de profiter de mon avis, il me répondit avec aigreur et emportement : et comme je vis qu'il me tenoit des discours menaçans, je le quittai, dans la résolution de dire la vérité à la Reine, mais de m'expliquer dans des termes si généraux qu'il ne lui pût rester aucune mauvaise impression de ce qui m'avoit été dit par ce prince. J'avois appris de mon père, qui étoit un homme très-sage, et dont je ne puis m'empêcher de louer la prudence en cette occasion, qu'un serviteur ne doit jamais rien rapporter à son maître qui le puisse aigrir contre quelqu'un, à moins qu'il n'y soit forcé pour le bien public ou par l'éclat de la vérité : ce qui le rend excusable de tout ce qui en peut arriver.

Je rapportai donc à la Reine, en présence du cardinal, que les premières paroles de M. le prince avoient été telles qu'on les pouvoit attendre d'un homme très-sage ; que les secondes m'avoient paru mêlées d'un peu d'aigreur ; et que, prévoyant que les troisièmes en auroient beaucoup plus encore, je l'avois interrompu, et m'étois séparé de lui ; que je croyois qu'il n'y avoit plus rien à faire que d'expédier les provisions de l'amirauté sous le nom de la Reine, aussi bien que celles du gouvernement de Brouage. Je ne dois pas oublier de dire que feu M. le prince m'avoit avoué qu'il y auroit de la justice de ne les pas donner à son fils ; mais que, pour la charge d'amiral, il n'en comprenoit point la raison.

Je ne fus pas sorti de son hôtel qu'il envoya quérir le président de Nesmond. Ne pouvant croire que j'eusse eu assez de discrétion pour ne rien rapporter, il fit savoir à la Reine tout ce qu'il m'avoit dit, en commençant par mettre en avant que je l'avois fait parler, ou comme il croyoit que je l'avois fait, ou bien comme il croyoit que je l'eusse désiré pour le priver des bonnes grâces de Sa Majesté. Quand j'abordai la Reine, elle me reprocha que je lui avois déguisé ce que j'avois entendu ou dû entendre des discours de ce prince. Je suppliai la Reine de vouloir bien se souvenir de ce que je lui avois exposé, et qu'elle trouveroit que je ne lui avois rien caché de ce qui devoit venir à sa connoissance. « Mais, ajoutai-je, puisque M. le prince a douté de ma bonne foi et de ma discrétion, pour m'acquitter entièrement de mon devoir, je me trouve dans la nécessité de rapporter à Votre Majesté jusqu'aux moindres de ses paroles. » Et pour lors je les rapportai telles que ma mémoire me les put fournir. Soit que ce prince eût du chagrin de ce qui s'étoit passé, ou que l'heure de sa mort approchât, il n'eut plus de santé depuis sa retraite de la cour. Il est vrai que Leurs Majestés étant allées à Fontainebleau, il y fit un voyage de peu de jours, et se retira dans sa maison de Vallery, d'où il revint à Paris où il mourut. Sur le bruit de sa maladie, et la campagne étant finie, le duc d'Enghien s'y rendit en diligence. Il fut bientôt consolé de la mort de son père, toutes ses charges lui ayant été conservées. Il dit au cardinal qu'étant comblé de grâces comme il venoit de l'être, il n'avoit plus rien à prétendre ; et cette Eminence, au lieu de tirer de lui une parole positive, lui répondit qu'on auroit égard aux prétentions qu'il pourroit avoir sur les charges qui avoient vaqué par la mort de son beau-frère.

Les choses étant en cet état, rien ne donnoit de la peine, à ceux qui avoient l'administration, que la liberté que le parlement se donnoit de rendre des arrêts qui autorisoient la compagnie en abaissant le conseil du Roi. Quoique la cour eût fait exiler ceux qui s'étoient le plus distingués par leur emportement, elle n'avoit pas laissé de souffrir que l'autorité royale eût été méprisée, en ce que les chambres avoient cessé de rendre la justice, et que le parlement, non content d'avoir fait des supplications pour le rappel de ses confrères, avoit déclaré que leur exil étoit injuste et nul ; que la compagnie étant seule en droit de corriger ceux qui en étoient, ils ne pouvoient ni ne devoient plus travailler aux jugemens des procès pendans en la cour. Comme on manda à cette compagnie de faire ce que la conscience et ses obligations exigeoient, elle reçut en apparence avec respect les ordres du Roi, et par mépris se dispensa d'y obéir.

Soit que les plus considérables du corps voulussent avoir encore plus d'autorité que n'en avoit le cardinal, dont la puissance leur déplaisoit, ou qu'ils eussent dessein d'augmenter la leur dans les désordres de l'Etat, ils n'appuyoient point, comme ils y étoient obligés, les délibérations qui se prenoient dans le conseil. Ils recevoient les visites de ceux dont les actions étoient blâmées ; et, ayant l'esprit plein de leurs raisons, ils les venoient débiter au conseil : de manière que l'autorité, d'une part, et la foiblesse du ministère, de l'autre, causoient de continuels désordres. Pour les apaiser on accorda au parlement ce qu'il demanda, c'est-à-dire, que ceux d'entre la compagnie qui auroient été exilés par des lettres de cachet seroient rappelés par d'autres lettres dans l'exercice de leurs charges.

Le cardinal, croyant régner par cette manière foible, et ne voyant pas qu'il succomboit, ne s'occupa à rien avec tant de soin qu'à tenir dans la division et en jalousie ceux qui étoient dans le service, avançant et inventant hardiment ce qui pouvoit les animer les uns contre les autres. Il se conduisoit avec les princes avec plus de retenue. Il se servoit de leurs créatures pour empêcher qu'ils ne fussent unis. Il n'y avoit point de grâces qu'il ne promît à l'abbé de La Rivière (1) et à ceux qui étoient en liaison avec M. le prince : et quand il arrivoit quelque mécontentement avec celui-ci et M. le duc d'Orléans, celui dont chacun d'eux se tenoit assuré se mêloit de les accommoder.

Quelques considérations ayant obligé Son Altesse Royale à ne plus aller à l'armée, le commandement en fut donné au prince de Condé. A peine ce prince y fut-il arrivé qu'il s'avança dans le pays de l'ennemi, qui, n'ayant pas osé en venir à une bataille, se campa avantageusement. Le prince s'étant avancé demeura en présence, croyant attirer au combat l'ennemi; mais il ne changea point la résolution qu'il avoit prise de l'éviter : ce qui obligea ce prince à défiler et à se retirer. Il l'entreprit en plein jour; et l'ennemi, ayant voulu profiter de l'occasion, attaqua son arrière-garde et la mit en déroute. Le prince de Condé accourut, fit avancer ses troupes et défit l'armée ennemie, signalant son courage et sa capacité dans cette fameuse journée de Lens; car c'est là qu'il remporta une victoire des plus complètes.

Cependant le cardinal, animé par quelques personnes de la cour, crut que l'occasion étoit favorable pour prendre une autorité absolue. Au lieu qu'il se contentoit auparavant de faire exiler les officiers du parlement dont il n'étoit pas satisfait, il résolut de faire arrêter le sieur Pierre Broussel. Le maréchal de La Meilleraye fut du même avis; et afin que la chose fît plus d'éclat, il voulut que l'emprisonnement se fît le jour que le *Te Deum* seroit chanté dans l'église de Paris, en actions de grâces de la victoire remportée par le prince de Condé. Après donc que le Roi fut sorti de Notre-Dame, l'ordre d'arrêter Broussel fut donné à Comminges, lieutenant des gardes de la Reine, qui l'exécuta avec autant de courage et d'expérience qu'il en falloit dans l'endroit où devoit arrêter Broussel, qu'il fit monter dans un carrosse pour le conduire au lieu ordonné.

Le bruit de la détention de ce magistrat se répandit bientôt dans Paris, parce que Broussel étoit fort aimé dans son quartier, et qu'en plusieurs occasions il avoit été regardé comme le tribun du peuple, qui prit les armes et commença à faire des barricades aux environs de l'Archevêché. La Reine, en étant avertie, fit doubler la garde; mais on laissa aux capitaines la liberté de se porter comme ils le jugeroient à propos : et cela arrive ordinairement quand des gens sans expérience commandent.

L'archevêque de Corinthe, coadjuteur de Paris, prélat dont l'ambition étoit extrême, trouvant que l'occasion se présentoit de se faire valoir à la cour, ou croyant par là s'acquérir l'amitié du peuple, se fit voir par la ville, et parla comme s'il eût voulu apaiser ces troubles, sur lesquels il établissoit pourtant sa fortune. Il se rendit au Palais-Royal, de même que le parlement, et se persuada qu'il falloit faire dire au peuple et aux bourgeois qu'ils devoient se barricader pour assurer leurs vies et leurs biens. Le parlement et les officiers de la ville n'eurent pas le temps, ou peut-être la volonté de s'y opposer. L'ordre fut donc délivré et exécuté; et la compagnie, après avoir délibéré dans le Palais-Royal, tira parole de la liberté de Broussel, qui fut élargi dès le lendemain. Le chancelier, qui avoit eu ordre d'aller au parlement, courut risque de la vie, et fut réduit à se réfugier dans l'hôtel de Luynes, d'où il fut tiré par le maréchal de La Meilleraye. Celui-ci fut à la fin de même avis que les autres du conseil, qui étoit de mettre en liberté Broussel et de calmer la ville; mais il y eut quelques personnages plus éclairés ou plus fermes, qui dirent à la Reine qu'il ne le falloit rendre qu'après l'avoir fait étrangler : jugeant bien que l'autorité étoit abattue, puisque l'on se relâchoit de ce que l'on avoit entrepris. C'est ce que la cour fit assez connoître en se retirant à Ruel et puis à Saint-Germain-en-Laye, où le prince de Condé se rendit (2).

Le parlement y envoya des députés qui firent

---

(1) Louis Barbier étoit favori de Gaston, duc d'Orléans. (A. E.)

(2) On verra par la dépêche suivante adressée au comte d'Alaix et aux autres gouverneurs des provinces par le secrétaire d'Etat des commandemens du Roi, comte de Brienne, sous quelle apparence insignifiante les ministres s'empressèrent d'expliquer aux gouverneurs des provinces et aux ambassadeurs de France près les cours étrangères, un mouvement populaire, qui suspendit l'autorité royale pendant plusieurs jours dans la capitale du royaume, força la cour à capituler et à rendre les prisonniers qu'elle avait si maladroitement fait arrêter.

.... « J'ajouste ce qui s'est passé ces trois derniers jours en cette ville, selon la vérité, afin que vous ayez de quoi la faire cognoistre et faire cesser tous les faux bruits qui pourroient estre mandés au contraire.

» Leurs Majestés ayant grand subjet de réprimer la

des demandes entièrement contraires à l'autorité royale ; mais ils obtinrent ce qu'ils voulurent, peu de personnes s'y étant opposées. Le prince de Conti, le duc de Longueville et plusieurs autres s'étoient engagés dans leur parti ; et M. le duc d'Orléans et le prince de Condé, qui jusques alors étoient demeurés attachés à celui du Roi, furent néanmoins d'avis que la déclaration de 1648 fût scellée, par laquelle Sa Majesté s'obligeoit de faire interroger les coupables dans les vingt-quatre heures, et de remettre aux juges ordinaires la connoissance des crimes desquels on pourroit être accusé à l'avenir, sans avoir égard que cet article étoit entièrement opposé à l'autorité royale, et qu'il servoit de fondement à quantité d'inconvéniens qui en sont arrivés.

M. le prince dit à la Reine qu'elle prît bien garde à ce qu'elle feroit, et déclara assez librement au parlement qu'il seroit pour lui, et qu'il feroit observer cette déclaration si elle lui étoit accordée ; donnant pourtant à entendre par ses discours qu'il la condamnoit, mais qu'il vouloit se conserver du crédit dans la compagnie. La Reine m'ayant commandé d'examiner cette déclaration, je le fis en homme qui ne pouvoit s'éloigner de la fidélité qu'il avoit toujours conservée pour le Roi. Je répondis donc à Sa Majesté : « Cette loi me paroît juste. » Et comme je me regardois aussi en homme qui ne manqueroit pas d'être mal dans l'esprit de ceux qui gouvernoient si je disois trop librement la vérité, j'ajoutai à la Reine : « Mais j'eusse souhaité pourtant que cette loi eût pu être publiée sous les règnes précédens. Je ne puis plus être d'avis que le Roi s'y engage présentement : et il vaut encore mieux pour lui qu'il sacrifie une partie du royaume que de faire un tel préjudice à son autorité. Cependant, si la nécessité l'y réduit absolument, le Roi doit toujours avoir intention de l'annuler, et de rétablir cette même autorité qui, sans cela, seroit entièrement abattue. » Enfin, soit que la nécessité y contraignît ou que la foiblesse du gouvernement l'emportât, le parlement revint à Paris chargé des dépouilles de notre honte, et enregistra cette déclaration.

[Vers ce temps-là, nous reçûmes diverses nouvelles importantes d'Angleterre et de notre résident à la Haye. Les premières portoient que le général Cromwel, avec huit mille six cents Anglois, avoit livré bataille au duc d'Amilton, commandant l'armée d'Ecosse, laquelle estant forte de vingt-deux mille homme ne laissa pas de perdre le combat, trois mille étant de-

---

mauvaise volonté qui a paru en quelques-uns du parlement, dans toutes leurs assemblées, en se rendant directement contraires à ses volontés, prirent résolution, mercredi dernier, d'arrester prisonniers MM. Broussel, Blancménil et Charton. Les deux premiers furent enlevés hors de la ville, et le troisième trouva moyen de s'eschapper. Quatre autres conseillers furent aussi relégués, sçavoir : M. Lesné à Compiègne, M. Benoist à Senlis, M. Loisel à Mante, et M. de Charny à Provins. Le passage de ces prisonniers esmut quelque populace ; ce qui obligea MM. les mareschaux de La Meilleraye et de L'Hospital d'aller par la ville, et après leur retour, le reste de la journée et de la nuict demeurèrent calme. Mais le lendemain survint un accident nouveau en la personne de M. le chancelier, qui, s'en allant au palais, selon l'ordre qu'il en avait reçu, trouva quelque obstacle au tournant du quay des Orphèvres ; ce quy luy fit prendre son chemin par le Pont-Neuf, et le long du quay des Augustins, où quelques gens attroupés le suivirent, et par leurs discours tesmoignèrent en vouloir à luy ; ce qui l'obligea d'entrer dans l'hostel d'O. Et l'avis estant venu à la Reine, elle lui commanda des compagnies des gardes pour le desgager ; et M. le mareschal de La Meilleraye, assisté de dix ou douze cavaliers, voulut y aller pour ce mesme effet, et le ramena au Palais-Royal. Cependant, pour se garantir de cette canaille, qui déjà estoit au pillage de l'hostel d'O, et empêcher que le désordre ne vint plus avant, les bourgeois prirent les armes au quartier du Palais, et du Pont-Nostre-Dame, et rue Saint-Honoré.

» Le parlement, assemblé en corps, vint au Palais-Royal, par très-humbles remonstrances, demander leurs prisonniers et relégués, à la Royne, qui demeura ferme au refus pendant quelque temps, et à la fin, se laissant vaincre par les prières et supplications de la compagnie, consentit leur délivrance, à la charge que la déclaration portée par le Roy au parlement n'y seroit plus contredite. En marchant en corps vers le palais, ils trouvèrent tous de la difficulté à passer, à cause que le bourgeois avoient tendu les chaisnes, fait quelques barricades à la Croix du Tirouer, de sorte qu'ils retournèrent dans la maison du Roy où la matière fut mise en délibération par ceux du parlement, qui estoient au nombre de plus de cent cinquante, présidés par M. le chancelier, et honorés de la présence de Son Altesse Royale et de plusieurs ducs et pairs.

» Il fut convenu que très-humbles remonstrances seroient faites à Sa Majesté, de la bonté qu'elle avoit eue de faire revenir leurs confrères, et que la déclaration dernière seroit exécutée sans nouvelle délibération ; que la compagnie continueroit à rendre la justice jusques aux vacations, sans faire assemblée des chambres, que pour procéder au tarif et au réglement des rentes, ainsi qu'il avoit esté fait : et toutes choses se sont pacifiées, de telle façon que les marchands ont posé les armes, ouvert leurs boutiques, et tous les artisans retournèrent à leur travail, sans qu'il y ait le moindre vestige d'esmotion. La Reyne a usé de clémence ; le parlement s'est mis dans l'obéissance, et l'autorité est demeurée à nostre maistre.

» Je n'ai pu parler de l'ordre qui doit estre envoyé pour le nouvel estat de la ville d'Aix ; et vous pouvez vous assurer que ce qui s'est passé ici rendra Leurs Majestés encore plus fermes à vouloir l'exécution de leurs volontés, tant en Provence qu'ailleurs. Vous aurez donc à y conserver leur autorité, et user du pouvoir que vous avez par vostre naissance et par vostre charge, avec vostre courage et prudence accoustumée. Je suis, etc.,

» DE LOMÉNIE.

» *A Paris, ce 28 août 1648.* »

meurez sur la place et trois mille demeurez prisonniers. Ce mauvais événement, qui fut au désavantage du roy d'Angleterre, ne divertit pas les parlementaires de continuer leur traité comme auparavant.

La seconde fut une dépêche chiffrée de M. Brasset, notre résident, qui m'informoit d'un projet de l'archiduc sur Saint-Quentin, et d'un complot contre la vie de M. le prince de Condé et contre le cardinal Mazarin; on fesoit aussi offrir de livrer à la France le château de Tournay. Voici cette dépêche:

A M. le comte de Brienne.

« Monsieur, quelques intérêts, joints à l'inclination de servir la France, ont fait prendre résolution à un maistre-de-camp et à son officier-major de déclarer à quelques uns des ministres du Roy Très-Chrestien, ce qui est venu à leur cognoissance, qui conserve entièrement Sa Majesté et le bien de la couronne, et de faire en outre quelque proposition qui ne lui sera pas moins glorieuse et utile, si elle réussit.

» Et pour ce subjet ont passé lesdits nommez de Bruxelles à La Haye, pour communiquer avec M. Brasset, auquel ilz ont faict entendre ce qui s'ensuit : premièrement, que des choses venues à leur connoissance, l'une étoit que *depuis un an* l'archiduc ayant formé dessein sur Saint-Quentin, l'avoit faict recognoistre au-dedans et au-dehors, et voyant que l'entreprendre à force ouverte il lui estoit impossible, il le voulut faire par intelligence, et renouvella celle qu'un capitaine Bourguignon y avoit commencée du temps du gouvernement de dom Francisco de Mello, avec un nommé Caboche, bourgeois et eschevin de la ville; mais celuy qu'il envoya à cet effect ayant trouvé ledict Caboche mort, il s'avisa de pratiquer un hôte duquel il jugea l'humeur et la maison propres à son dessein.

» Cet hôte ayant continué dans sa pratique, l'affaire avoit esté mise en terme d'exécution au mois de juillet dernier, raison pourquoy l'archiduc, après la prise d'Ipre, tira son armée de Flandres, la conduisit en Haynaut, et fit avancer pour aller attenter à la vie de son Eminence le cardinal Mazarin, et peut-estre du prince de Condé : et sont tous faits de la cognoissance dudit Piguenet.

» Quant à la proposition, c'est qu'on peut remettre le chasteau de Tournay dans l'obéissance du Roy Très-Chrestien, aux conditions qui seront desduites et présentées par celuy que M. Brasset fera conduire à Paris. »

Le Roi continua à faire son séjour ordinaire à Saint-Germain-en-Laye; mais, se rendant aux prières de la Maison-de-Ville, il revint à Paris la veille de la Toussaint. La Reine ne pouvoit oublier la conduite que l'on avoit tenue à son égard, et le cardinal, au lieu de l'apaiser, lui inspiroit continuellement la vengeance, s'étant persuadé que tous les grands ne manqueroient pas de prendre son parti. Mais il étoit bien mal informé de ce qui se passoit; car il ignoroit que le prince de Conti et M. de Longueville avoient pris des engagemens avec le parlement, et que le duc de Bouillon n'étoit point content de ce qu'on ne l'avoit pas encore mis en possession des domaines qui lui avoient été promis en échange de Sedan. Il ne savoit pas non plus que M. de Turenne suivroit les mouvemens de son frère, et il le laissoit, cependant, commander l'armée d'Allemagne, et, pour mieux cacher le dessein qu'il avoit de se venger de Paris, il permettoit que toutes les choses dont cette capitale avoit besoin pour sa subsistance y entrassent. Cependant il projetoit d'en faire sortir le Roi et de faire venir des troupes auxquelles on donneroit la liberté de piller les lieux voisins, étant persuadé qu'elles retourneroient volontiers au camp après s'être enrichies de dépouilles.

Il proposa à ses plus intimes amis, du nombre desquels étoit le maréchal de La Meilleraye, de se retirer de Paris ou bien de s'en rendre maîtres : ce qui souffroit sa difficulté de part et d'autre. Le prince de Condé et le maréchal furent du second avis, prévoyant bien que l'exil de quelques conseillers et la détention de plusieurs autres rétabliroient l'autorité royale et remettroient le calme dans la ville. M. le duc d'Orléans n'approuvoit ni l'un ni l'autre de ces avis, et M. le prince s'étoit réuni à lui pour empêcher la sortie du Roi, à laquelle la cour paroissoit résolue.

Ce fut en ce temps-là que le cardinal fit arrêter prisonnier et conduire au Hâvre un officier du parlement, parce qu'après lui avoir conseillé de faire arrêter Broussel, et ayant ensuite loué la résolution que Son Eminence en avoit prise, jusqu'à l'animer continuellement contre plusieurs autres membres de la compagnie, il ne laissoit pas de les avertir de ce qui avoit été résolu, et qu'ainsi une pareille perfidie ne devoit point être dissimulée. Le parlement s'en choqua, et fit des remontrances pour son élargissement. Cependant M. le prince avoit obtenu la cession et le don des lettres de Stenay, Clermont et autres places; j'eus ordre de les expédier et de les lui porter. J'avois pris plusieurs fois la liberté de représenter à la Reine qu'elle excédoit son pouvoir, et qu'elle pourroit bien s'en repentir un jour, le

Régent pouvant tout faire à l'avantage de son peuple, mais non pas en détériorer la condition. J'allai donc, comme il m'avoit été ordonné, chez M. le prince, qui me retint, ayant envie de me pressentir sur ce qui se passoit : et comme il commença à entamer le discours assez librement, je lui répondis avec la même liberté que ce seroit à lui à qui je m'adresserois pour savoir ce qui se passoit, si je pouvois me flatter qu'il eût toujours pour moi la même confiance dont il m'avoit honoré jusques alors; et que d'ailleurs il savoit que j'avois si peu de part aux affaires, que je ne pouvois pas satisfaire sa curiosité, à moins qu'il ne voulût se fier à moi autant que tout le monde étoit persuadé qu'il le faisoit; et sur ce qu'il me dit qu'il falloit lui parler plus ouvertement : « Je ne craindrai point, lui répliquai-je, pour vous obéir, de m'avancer, et de vous dire que la peur du cardinal fera sortir le Roi de Paris; à quoi vous consentirez, vous et Monsieur : ce qui sera la ruine du royaume. — Nous ne sommes point, me dit-il, Monsieur ni moi, capables d'un si pernicieux conseil; car il faudra que le cardinal prenne confiance dans notre crédit. — La peur, lui ajoutai-je alors, en est incapable, et vous ne manquerez point d'avoir cette complaisance pour le cardinal. — Par Dieu, tenez-moi, reprit-il en jurant, pour un *schelme* si je consens que le Roi se retire de Paris. — Souvenez-vous de ce que vous affirmez, lui dis-je, car je suis assuré que Votre Altesse suivra les sentimens du cardinal.

Ce prince ayant été conseillé de poursuivre au parlement l'enregistrement du don que le Roi lui avoit fait, madame de Lorraine s'y rendit opposante, et y fut reçue; dont M. le prince se tint si offensé, qu'il prit alors la résolution de se joindre au cardinal. Celui-ci, se trouvant appuyé de l'avis du prince, persista de plus en plus à vouloir que le Roi sortît de Paris; mais ceci ne se trouva pas du goût de M. le duc d'Orléans, qui n'étoit pas fâché de l'arrêt qui avoit été rendu par le parlement. Car, quoiqu'il ne fût pas satisfait de la conduite de M. de Lorraine, il ne laissoit pas de prendre part à ses intérêts, à cause de l'amitié qu'il avoit pour sa femme, qui étoit sœur de ce souverain. Cependant la Reine, ayant entrepris d'attirer Monsieur dans ses sentimens, l'alloit visiter souvent, et gagna l'abbé de La Rivière, qui lui conseilla de le faire. M. le duc d'Orléans lui remontra d'abord la nécessité qu'il y avoit de réprimer l'audace des Parisiens et du parlement; mais enfin il se rendit, n'ayant pas la force de se défendre, et par une fatalité qui a pensé perdre l'Etat.

La chose ne fut dite qu'à ceux qu'on nommoit les confidens, c'est-à-dire à M. le duc d'Orléans, au prince de Condé, au maréchal de La Meilleraye et à M. Le Tellier. Elle fut exécutée avec tant de précipitation et d'imprudence, que, le jour même que le Roi se rendit à Saint-Germain, on trouva qu'il n'y avoit point d'argent à l'épargne. Les flatteurs, dont les cours des princes sont toujours remplies, louèrent la résolution qui avoit été prise, aussi bien que les foibles et les intéressés, pour s'acquérir les bonnes grâces de ceux qui pouvoient contribuer à leurs fortunes; mais les gens de bien plaignirent l'Etat et prirent la liberté d'en dire leurs raisons à la Reine.

[1649] L'ordre m'ayant été donné d'aller à Saint-Germain, le jour des Rois, à six heures du matin, je n'y obéis qu'après avoir été à la messe demander à Dieu qu'il prît le Roi sous sa protection et qu'il l'assistât de son conseil, puisque ceux de qui il pouvoit en espérer de salutaires avoient, par un aveuglement extrême, mis les affaires en un point qu'on en pouvoit craindre la perte de l'Etat. Je fus un de ceux à qui la Reine voulut justifier ce qu'elle avoit fait, en me disant que je la louois sans doute. Je répondis à Sa Majesté que, comme les raisons de la louer m'étoient inconnues, je ne pouvois ni louer ni blâmer ce qui avoit été fait; mais que, par le respect que j'avois pour elle, j'étois persuadé que ce qu'elle avoit entrepris étoit entrepris à bonne fin; que cependant le peu de lumières que j'avois me faisoit craindre les suites, parce qu'après la complaisance que les princes avoient eue pour le cardinal, ils croiroient qu'il ne pourroit plus leur refuser aucune grâce, et que Sa Majesté elle-même auroit bien de la peine à s'en défendre, quelque injuste que pût être leur demande. « J'ai vu souvent, continuai-je, un avaricieux, pressé du désir d'augmenter son bien, hasarder cent mille écus, dans l'espérance d'en gagner autant; mais de mettre son argent contre rien, de ma connoissance cela n'est arrivé à personne. Le royaume est en péril par la démarche que Votre Majesté vient de faire, et l'on verra des villes et des provinces entières se soulever, parce qu'elles se régleront sur ce que Paris fera. Et puisque Votre Majesté agrée ma liberté, je prendrai celle de lui dire que la peur et l'intérêt ont été les bases sur lesquelles tout ceci a été entrepris. Ce sont là les plus dangereux conseillers qu'un prince puisse écouter. » A peine eus-je témoigné qu'il étoit lâche et honteux d'avoir peur, que l'on me proposa de rentrer dans Paris pour une affaire si importante, à la vérité, qu'elle ne pouvoit être confiée à un gentilhomme particulier comme à moi. Il s'agissoit de consoler la reine d'Angleterre, et de l'assurer que le Roi prendroit toujours beaucoup de part aux intérêts de sa maison. Quelques-uns de mes amis furent surpris du parti que je prenois, et me demandèrent si j'y avois bien pensé. Je leur répondis qu'oui, et qu'ayant blâmé la peur dans les autres, je blesserois ma réputation si j'en faisois paroître. « Le dé est jeté : je suis résolu de voir ce qu'il amènera. »

Le maréchal de Villeroy, que je trouvai étonné de ce qui avoit été fait, quoique vraisemblablement il y eût part, m'ayant demandé en particulier ce que je prévoyois que feroient les Parisiens, et quel parti je croyois qu'on dût prendre pour sortir de ce mauvais pas : « Vous ne tarderez point, lui répondis-je selon mon sentiment, à avoir bientôt les gens du roi du parlement qui vous demanderont quelle raison a obligé Sa Majesté de sortir de Paris pendant la nuit, et qui l'inviteront à y rentrer. Ils offriront d'en chasser ceux dont la conduite a déplu. Si l'on savoit ménager les esprits, on trouveroit son salut dans une grande faute ; mais si l'on s'emporte, comme je suis persuadé que l'on fera, on tombera dans la guerre civile, et Paris ne manquera ni d'hommes ni d'argent pour se défendre. Tant de villes se trouveront intéressées à la conservation de cette capitale, qu'elles prendront les armes en sa faveur. Si vous ne pouvez obtenir qu'on prenne en bonne part ce qu'ils diront, empêchez du moins qu'on ne rompe avec eux ; car, pourvu que le fuseau tienne à un fil, nous le tournerons si bien, que nous garantirons la monarchie du précipice dans lequel on l'a jetée. » Au lieu de prendre ce tempérament, la Reine s'emporta et menaça de châtier ceux qu'elle croyoit coupables ; et, dans le même instant, on fit avancer des troupes pour investir Paris. J'y arrivai sur le soir, et je m'y acquittai de ce qui m'avoit été ordonné. J'y fus visité par les présidens de Bellièvre et de Nesmond, qui eussent bien désiré de savoir ce que le Roi vouloit, afin de contribuer à lui donner satisfaction, mais en me faisant entendre pourtant que, si l'on en venoit à la dernière extrémité, ils ne pourroient s'empêcher d'opposer une défense légitime à une oppression sans exemple. Il leur paroissoit injuste qu'un particulier ayant fait une faute, on en fît une querelle publique, et que l'on affectât une vengeance qui ne pouvoit qu'être tyrannique et désagréable à Dieu. M'étant, dès le lendemain, disposé à sortir de Paris pour retourner à Saint-Germain, j'appris que les avenues du faubourg étoient gardées, mais qu'il y avoit toujours un moyen de gagner la campagne en passant par des rues que la rivière avoit inondées. Je les fis reconnoître ; et sur le rapport d'un gentilhomme qui avoit sondé l'eau, par où on pourroit remonter dans une rue plus haute, je voulus hasarder de passer par cet endroit. Mais des personnes sages m'en détournèrent, en me disant que si je demandois un passeport au prévôt des marchands qui avoit la conduite de la ville, il ne me le refuseroit pas, et que j'en sortirois librement. Je me rendis à leur avis, et j'obtins le passeport qui me fut pourtant inutile, la populace nous ayant poussés, sans nous permettre seulement d'aller au corps-de-garde, où nous devions le montrer au commandant. Heureusement Dieu conserva la raison à l'abbé de L'Escalle ; car sans cela nous eussions été tués, quelques gentilshommes et moi, parce que, nous sentant poussés et nos chevaux frappés, nous eûmes envie de tourner bride ; mais nous suivîmes le conseil de cet abbé, et nous fûmes tous surpris de trouver les chaînes levées et le chemin de notre retraite coupé. Nous présentâmes les chaînes à nos chevaux, qui les franchirent. En nous retirant, nous vîmes la ville tout en émeute, et le peuple dans le dessein d'arrêter les serviteurs du Roi, qu'on appeloit Mazarins, pour les rendre plus odieux.

Je trouvai un officier de ma connoissance qui commandoit la garde de mon quartier, auquel ayant montré mon passeport, il permit de me laisser sortir, pourvu que je me rendisse avant quatre heures proche du poste où il commandoit. L'envie que j'avois de me rendre auprès du Roi me fit prendre ce parti, et cet officier me tint parole. Quand je fus à Saint-Germain, je trouvai que la guerre y étoit résolue, et qu'on se mettoit peu en peine de ce qui arriveroit aux serviteurs du Roi. On y faisoit même des railleries de ceux qui s'exposoient à quelque péril pour s'y rendre ; et enfin, comme si Dieu avoit ordonné la ruine de l'Etat, il fut résolu, pour intimider la ville de Paris, de la faire sommer par un héraut que ceux qui commandoient empêchèrent d'entrer.

[En même temps, je fus chargé d'écrire à monsieur Davaugour pour l'informer qu'on ramassoit le plus de force qu'il estoit possible, pour réduire ceux du parlement et du peuple de Paris qui s'opiniâtroient dans la rébellion, qu'il faloit réprimer pour conserver l'autorité royale, et lui recommander de travailler à ce que nous ayons le plus qu'il se pût des trouppes étrangères, et que tout fût si bien conduit, que nous en tirions le fruit que l'on espéroit. Je lui disois aussi que : « Les autres parlemens, villes et provinces du royaume demeuroient fermes dans l'obéissance (1), si bien qu'il n'y auroit rien qui empescha au Roy de faire sentir à cette ville célèbre de Paris le poids de sa main de justice et de chastiment ; et après cela, que nous serions plus puissamment armez pour la campagne prochaine, et les Espagnols n'auront pas les avantages qu'ils pensoient de nostre division, qui sera bientost assoupie, pour aller contre eux avec plus de force ; qu'il ne faloit point que nos ennemis s'immaginassent tirer avantage du désordre présent de nos affaires, car elles se relèveront en peu de jours à leur confusion, ceux de Paris estant en estat de craindre un chastiment plus rigoureux, devoient avoir bientost recours à la bonté et à la clémence de Leurs Majestés par la voye de la soumission et de l'obéissance, ne pouvant plus long-temps demeurer en leur opiniastreté, sans tomber dans une ruine inévitable ; et qu'ils estoient persuadés de leur foiblesse, puisque deux mille cinq cens hommes enfermés dans Charenton avoient été forcés, à la vue de six mille Parisiens, qui n'osèrent attaquer nos trouppes pour deffendre les leurs. Il est vrai que Son Altesse Royale et monseigneur le prince de Condé y estoient en personne, et que rien ne leur pouvoit résister ; mesme qu'un grand convoi, qui voulloit entrer dans Paris, fut entièrement deffait par les soins de Son Altesse et du prince de Condé, se trouvant toujours où il y a de la gloire à acquérir et des avantages à emporter sur les ennemis du Roy. »

Enfin le Roi écrivit aussi à Sa Sainteté pour l'informer de ses projets contre Paris, par la lettre suivante :

« Très-Saint Père, comme Vostre Sainteté a intérest à la conservation de cette monarchie, qui a tousjours reçu beaucoup d'assistance du Saint-Siége, lorsqu'elle a esté esbranlée par les émotions civiles qui s'y sont formées en divers temps, nous avons creu estre à propos de l'informer présentement des justes raisons de l'employ de nos armes contre ceux du parlement qui est en nostre ville de Paris. C'est pourquoy nous escrivons celle-ci, par l'advis de la Reyne régente, madame ma mère, à Vostre Sainteté, pour lui faire sçavoir que ceste compagnie, par plusieurs attentats contre nostre autorité, s'est inconsidérément précipitée dans le crime, et, pour s'y mettre à couvert du chastiment, a suscité la révolte générale de tous les habitans, qui se sont intéressés dans leur cause, et ont attiré à leur parti un prince de nostre sang et quelques officiers de nostre couronne, qui, contre les obligations de leurs naissances et de leurs sermens, travaillent maintenant à la détruire. Et pour colorer davantage leur rébellion, qui a son fondement dans leur propre ambition, ils ont tourné leurs plaintes contre nostre très-cher et très-amé cousin le cardinal Mazarin, premier ministre de nostre Estat, qu'ilz ont accusé d'estre nostre ennemi et perturbateur du repos public, afin de l'exposer aux yeux du monde coupable de la faute qu'ils commettent eux-mesmes ; sous ce faulx prétexte, se sont engagés à soustenir par les armes la demande qu'ils font de son esloignement, comme si des subjets avoient quelques droits de contraindre leur souverain au choix des personnes à qui il confie le soing de ses affaires. Cependant ils ont ordonné des levées de gens de guerre et de deniers, et par diverses circulaires recherché d'unir les autres parlemens et les principales villes de nostre royaume, pour en avancer la désolation, pensant, dans un si grand excès de confusion, mieux establir leur puissance et anéantir la nostre. Ainsi, pour esviter un plus grand péril, nous nous sommes résolus de bloquer cette ville rebelle, et de faire cognoistre à nos amis subjects, aux princes nos alliés, et à Vostre Sainteté mesme, comme quoy nous sommes tombés dans cette nécessité fatale d'employer nos principales forces à fléchir des cœurs obstinés, qui ne peuvent trouver leur salut que dans un véritable repentir de leurs fautes, et dans une parfaite soumission. Nous supplions donc Vostre Sainteté d'entrer en considération des malheurs auxquels ces peuples s'exposent en manquant à leur légitime debvoir, qui les tient assubjectis, et de les rammener à l'obéissance par vos exortations paternelles, et par toutes les voies que Vostre Sainteté jugera les meilleures et les plus promptes, afin qu'ils ne s'escartent pas davantage du chemin qui les doibt conduire dans leur repos et tranquilité ; n'estant pas possible qu'ils puissent accomplir les préceptes de Dieu et de la religion, en prévaricant, comme ils le font, au princi-

---

(1) On trouve encore parmi les papiers de Brienne les lettres que Louis XIV écrivit au prince Charles palatin et à la reine de Suède, *pour faire passer à son service toutes leurs troupes, lorsqu'elles seront arrivées, en exécution du traité de paix, pour qu'il ait plus de force, pour s'en servir à réduire quelques-uns de mes officiers et sujets de ma ville capitale à leur devoir, et se deffendre en même temps des attaques de ses ennemis.*

On peut voir aussi par les fragments inédits ci-après des Mémoires de Brienne relatifs aux troubles de Provence et à ceux de Bordeaux, comment *les autres parlemens, villes et provinces du royaume demeurent fermes dans l'obéissance.*

pal, qui est le fondement de tous les autres.

» Nous voulons bien encore tesmoigner à Vostre Sainteté que nous sommes obligés, par beaucoup de respect, à maintenir nostredit cousin à sa place, non-seulement à cause que nous le debvons à nous-mesme pour le recevoir point de contradiction à nos volontés, mais encore parce qu'il a assez justifié sa bonne conduite par tant de succès glorieux arrivez depuis nostre règne, et que ses bons conseils ont esté si fort approuvés de nostre très-cher oncle le duc d'Orléans, et de nostre très-cher et très-amé cousin, le prince de Condé, qui ont pris sa deffense, voyant que par tant de signalés et recommandables services, il s'est acquis nostre protection royale. Nous ne doubtons pas aussi que Vostre Sainteté et tout le sacré collège ne s'intéressent à ne pas souffrir qu'un cardinal, qui a tant mérité de nostre Estat, reçoive un traitement si injurieux, sans nous aider à réprimer l'audace de ceux qui l'ont ausé entreprendre. C'est ce qui nous fait supplier de nouveau Vostre Sainteté d'entrer dans des sentimens si justes, et de prononcer contre les coupables, après avoir béni nos bons desseins, qui n'ont point d'autre but que celui d'établir nostre domination dans les termes que Dieu nous l'a prescrit, d'empêcher la ruine propre de nos subjets, à laquelle ils travaillent avec trop d'aveuglement.

» C'est le seul fruit que nous comptons remporter de nos travaux, et que tout nostre royaume puisse, en paix, prier avec nous sa divine bonté, qu'il vous conserve, Très-Saint-Père, longuement et heureusement au règne et gouvernement de la Sainte-Eglise. »]

M. de Longueville, qui étoit allé à Coulommiers en Brie, évita de passer par Paris, et alla à Saint-Germain-en-Laye, quoiqu'il eût promis aux chefs de la cabale opposée au Roi d'être de leur parti. Je crois que ce qu'il en faisoit n'étoit seulement que pour assurer les créatures qu'il avoit dans la ville de Rouen, qu'il vouloit emmener avec lui le prince de Conti son beau-frère, qui s'étoit aussi engagé à accorder sa protection aux Parisiens. M. de Longueville fit sa cour; et quand je le complimentai sur ce que le parlement de Normandie avoit députe au Roi pour l'assurer de son service, il me dit avec une entière confiance et avec beaucoup d'imprudence : « Ce ne sont que ceux du semestre; » d'où je conclus qu'il n'étoit pas autant attaché à Sa Majesté qu'il affectoit de le paroître. Je lui dis à cette occasion un mot en plaisantant : et comme je ne croyois point que son discours dût être relevé, je n'en dis rien à la reine; mais je fus bien surpris d'apprendre le lendemain que le prince de Conti et le duc de Longueville, accompagnés du duc de La Rochefoucauld, s'étoient venus enfermer dans Paris, qui avoit déjà accepté pour commandans les ducs d'Elbœuf et de Bouillon.

Le prince de Conti fut prendre sa séance au parlement, et y protesta qu'il étoit résolu de mourir pour la défense de la cause commune et pour les intérêts du public. M. de Longueville y alla aussi; mais il ne put obtenir de la compagnie de s'asseoir sur le banc des princes du sang, pairs de France et conseillers d'honneur, soit de robe ou d'épée. Le parlement ayant donné à M. de Bouillon une place pareille à celle de celui-ci, M. de Longueville en témoigna du mécontentement. Il partit peu de jours après pour se retirer à Rouen, quoiqu'il fît déclarer pour Paris, quoiqu'on n'eût pas laissé de lui témoigner de la méfiance, et que madame son épouse eût été obligée à faire sa demeure à l'Hôtel-de-Ville, pour servir en quelque façon d'otage à la fidélité de son frère et de son mari.

La maison de Vendôme se déclara aussi pour le parlement dans la personne de M. de Beaufort, et la cour ne songea plus qu'aux moyens de réduire Paris; mais on fut bien surpris quand on apprit qu'on faisoit marcher des troupes en Flandre pour secourir cette capitale; et l'on vit pour lors ce qu'on n'auroit point dû croire ni appréhender : le parlement recevoir des lettres des étrangers, et député des personnes de considération pour demander du secours à ces mêmes étrangers qui faisoient actuellement la guerre au Roi.

La cour s'appliqua de son côté à réduire cette capitale par la force. Pendant que ceux qui y étoient enfermés firent des merveilles pour avoir des vivres, ceux qui étoient au dehors faisoient tout ce qu'ils pouvoient pour l'empêcher; mais parmi ceux-ci il y en avoit toujours quelques-uns qui, poussés par le désir de s'enrichir, et par l'affection qu'ils portoient aux assiégés, trouvoient les moyens d'y faire entrer des provisions. Je fus surpris d'apprendre que le président Le Bailleul, qui avoit été lieutenant civil et prévôt des marchands, s'étoit persuadé, ou feignoit de l'être, qu'en empêchant les boulangers de Gonesse d'y porter du pain, la ville pâtiroit et seroit contrainte de se rendre. M. Le Tellier, qui avoit beaucoup d'esprit, n'étoit point de cet avis; mais il s'étoit imaginé que les troupes s'engraisseroient si elles séjournoient aux environs de Paris, qui, disoit-il, seroit contraint de demander grâce après six mois de souffrance. Il croyoit qu'ensuite ces mêmes troupes seroient en état d'aller servir où l'on voudroit : de quoi M. Le Tellier s'étant ouvert à moi, je ne pus m'empêcher de lui dire que je ne concevois pas comment un homme aussi éclairé que lui, pouvoit croire qu'une pareille affaire pût durer seulement quatre mois.

On ne songea plus, comme il a déjà été dit, qu'à chercher à Saint-Germain les moyens de réduire à l'extrémité Paris, qui ne pensoit qu'à se bien défendre. Le cardinal crut pendant quelque temps que le prince de Condé étoit alors d'intelligence avec son frère et avec M. de Longueville; mais il connut dans la suite qu'il s'étoit mépris. Ce prince faisoit tout ce qui pouvoit dépendre de lui pour réduire les Parisiens à rentrer dans leur devoir : et, autant que j'ai pu en avoir connoissance, il n'épargnoit ni sa peine ni sa vie pour faire réussir son dessein.

La peur prit de telle manière au cardinal Mazarin, qu'il envoya ses nièces à Sedan. M. le prince fut recherché pour se rendre médiateur de l'accommodement des Parisiens, et parut disposé à le faire; mais, quelque envie qu'il en eût, il n'oublia pour lors aucune des choses qui pouvoient convenir à un homme de guerre et à un fidèle serviteur du Roi. On s'aperçut bien toutefois qu'il n'approuvoit pas la conduite du cardinal, qui n'omit rien de ce qui dépendoit de lui pour faire en sorte que les Parisiens eussent recours à son intercession, affectant de vouloir procurer leur paix, sans que M. le duc d'Orléans et M. le prince y eussent aucune part.

Cependant les ennemis, ayant fait avancer leurs troupes, proposèrent d'envoyer quelqu'un à Saint-Germain, pour essayer de trouver les moyens d'ajuster les différends qui étoient entre les couronnes. On ne jugea point à propos de refuser cette ouverture, et l'on dépêcha aussi quelqu'un sur la frontière pour recevoir cet envoyé, pour le conduire à la cour, et pour prendre garde qu'il n'écrivît ni ne reçût des lettres de ceux qui étoient dans Paris. Ce fut Triquet que l'archiduc députa. Le cardinal lui donna une première audience où j'assistai, et dans laquelle cette Eminence témoigna assez de disposition de la part de Leurs Majestés à entendre à une bonne paix, sans néanmoins faire comprendre, sinon en termes généraux, qu'on rendroit quelques-unes des places occupées par les armées du Roi : ce qui ne contenta pas Triquet, parce qu'il prétendoit, avant que d'entrer en matière, d'être assuré que ce qui avoit été conquis seroit rendu. Je ne puis pas dire ce qui se passa dans une seconde audience que lui donna le cardinal, ne m'y étant pas trouvé; mais il y a beaucoup d'apparence que cette Eminence lui fit des offres considérables pour engager l'archiduc à abandonner les intérêts du parlement et de la ville de Paris. C'est pourtant de quoi on ne peut parler avec certitude.

Triquet ayant été congédié et reconduit jusques à Cambrai, l'on continua à faire deux choses, l'une d'incommoder Paris, et l'autre d'écouter les propositions qui étoient faites d'une conférence dans laquelle on espéroit de pacifier tous les différends. Elle fut enfin résolue, et le lieu de Ruel indiqué pour en faire l'ouverture. Le parlement et la ville envoyèrent des députés, comme aussi les princes qui étoient dans leurs intérêts. Ceux du Roi furent M. le duc d'Orléans, M. le prince le cardinal, le chancelier de France, le maréchal de La Meilleraye, l'abbé de La Rivière, M. Le Tellier et moi. Nous trouvâmes d'abord une difficulté qu'on ne put surmonter, quoi qu'on eût fait pour l'éviter, en cherchant des tempéramens pour ne pas blesser l'autorité royale. Cette difficulté étoit que les députés du parlement avoient fait défense de traiter avec le cardinal, déclaré ennemi de la patrie et criminel de lèse-Majesté, et comme tel condamné et sa tête mise à prix, contre ce qui s'étoit pratiqué de tout temps dans le royaume. A cela nous leur répondîmes que ce n'étoit point à eux à prescrire au Roi de qui il devoit se servir, et que même c'étoit leur faire une grâce que d'entrer seulement en conférence avec eux. Leur opiniâtreté nous contraignit d'en passer par où ils voulurent, sur les raisons que l'on nous dit que si la conférence se terminoit de manière que le calme et la tranquillité se rétablissent dans le royaume, toute la gloire en resteroit à Sa Majesté. Mais, pour ne point autoriser leur délibération, il fut arrêté que le chancelier et M. Le Tellier passeroient dans une autre chambre pour entendre les propositions des députés de Paris, dont ils nous viendroient faire le rapport; et qu'ensuite ils retourneroient leur dire ce que nous aurions accordé ou refusé. On tint plusieurs conférences où les affaires furent assez avancées; mais il se présenta une difficulté, qui étoit de faire consentir la Reine à ce qui étoit demandé aux députés, en leur faisant commandement de s'y soumettre; à quoi ils avoient déjà consenti. Comme, pour conserver leur réputation, ils vouloient blesser celle de la Reine, l'on me choisit pour aller disposer cette princesse, et je fus chargé de lui déguiser ce qui étoit venu à ma connoissance. N'étant point capable d'une pareille infidélité, je conseillai à la Reine, après lui avoir fait mon rapport, de s'en rapporter à ses ministres pour faire ce qu'ils jugeroient à propos, et qu'elle approuveroit; mais que d'elle-même, et sans leur avis, elle ne pouvoit se porter à ce que l'on souhaitoit. Le terme du sauf-conduit étant expiré, on se sépara, et l'on convint que, si Leurs Majestés l'avoient agréable, on enverroit une prolongation, et que les séances se tiendroient à Saint-Germain-en-Laye.

On s'y rassembla, et les affaires générales étant réglées (1), on discuta les intérêts des particuliers avec les députés des princes. Le comte de... (2), portant la parole, demanda l'expulsion du cardinal hors du royaume. On lui répondit que le Roi donnoit la loi à ses sujets, et ne la recevoit pas d'eux. Les députés du parlement et de la ville, ayant tenu le même discours que le comte, demandoient encore que le semestre établi à Rouen fût supprimé; ce qui leur ayant été accordé, ce fut le seul avantage que M. de Longueville remporta de s'être éloigné de son devoir. On demanda aussi qu'il fût fait droit à M. de Bouillon sur ses prétentions, comme aussi à la maison de Vendôme. Chacun donna les mains à la dernière de ces demandes; mais, à l'égard de celle de M. de Bouillon, le premier président Molé ayant dit, pour le favoriser, que c'étoit une souveraineté de laquelle on augmentoit la monarchie, et qu'on avançoit que j'avois promis au propriétaire qu'il seroit bien traité, je lui répondis que cela étoit vrai, et que je n'avois fait en cette occasion que ce qui m'avoit été ordonné; mais que je m'étois bien donné de garde de convenir que Sedan fût une souveraineté, étant trop instruit des droits du Roi pour faire une pareille bévue; et que lui-même ne pouvoit pas avancer honnêtement cette proposition, puisqu'ayant été procureur-général il avoit souvent vu les titres de Sa Majesté, desquels il pouvoit avoir appris que le roi Charles VI n'avoit que permis aux seigneurs de Sedan (cette terre étant pour lors possédée par indivis par deux frères) d'y construire des murailles. D'où il paroissoit clairement que ces gentilshommes ne prétendoient pas la posséder dans ce titre éminent qu'on faisoit sonner si haut pour en augmenter le prix. A l'égard de M. de Vendôme, je dis qu'il étoit bien vrai que, traitant avec M. de Vendôme de la récompense qu'il prétendoit du gouvernement de Bretagne, je lui avois dit que la Reine feroit en sorte que l'amirauté lui seroit résignée; mais que je me croyois obligé de dire deux choses, dont je m'assurois qu'on conviendroit infailliblement. C'est que, qui offre son entremise pour faire réussir une affaire, ne se rend pas responsable de l'événement, et que je n'avois pas pu prévoir que la maison de Vendôme se détacheroit du service du Roi, et manqueroit de respect à la Reine: dont je tirois telles conséquences que je devois, me remettant à Sa Majesté de déclarer sa volonté. L'accommodement fut enfin résolu après plusieurs conférences, et le cardinal se détermina à s'allier à la maison de Vendôme. Ce que M. le prince approuva d'abord, mais qu'il blâma dans la suite.

Le comte d'Harcourt, ayant déjà servi le Roi, fut destiné à commander l'armée, et le prince de Condé, ayant déclaré qu'il vouloit aller prendre possession de son gouvernement de Bourgogne, et profiter de la saison de l'été pour travailler au rétablissement de sa santé et de ses affaires, s'employa aussi avec chaleur à ménager les intérêts de ceux qui avoient été les chefs de la révolte de Paris.

Je suppliai la Reine de bien examiner ceci et d'en tirer les conséquences nécessaires, ajoutant que j'étois persuadé que ce prince se trouvoit en liaison avec eux. Car ce qui étoit soutenable pour son frère et pour son beau-frère, ne me le paroissoit pas quand il prenoit avec chaleur les intérêts de M. de Bouillon. Je me crois pourtant obligé de dire, à la louange de M. le prince, qu'il déconseilla pendant quelque temps le roi de pourvoir M. de Longueville du gouvernement du Pont-de-l'Arche; mais depuis il changea d'avis, et cela sera expliqué dans la suite. A l'égard de M. de Bouillon, il appuya ses demandes, quoique très-injustes, comme nous l'allons remarquer.

La terre de Sedan, qui avoit été évaluée à une somme considérable, fut, à la prière du duc, portée à trois mille livres de rente de plus que ne montoit l'estimation du revenu; de sorte que le cardinal, sans savoir pourquoi, lui fit donner cent quatre-vingt mille livres, ce qui fit espérer à M. le prince et à M. de Bouillon qu'on en passeroit par tout ce qu'ils voudroient sans aucun examen. Le prince de Condé se tenant assuré de M. Le Tellier, lui proposa de lire, à la requête de M. de Bouillon, le procès-verbal dressé par les commissaires du Roi. Mais M. Le Tellier s'en excusa, disant que Sedan étoit de mon département, et que ce seroit entreprendre sur ma charge; ce qu'il n'avoit garde de faire. M. le prince, ne l'ayant pu persuader, me vint trouver, et me fit la même demande qu'à mon confrère. Je lui répondis que je serois toujours prêt à lire et le procès-verbal et la requête, mais que, pour appuyer les prétentions de M. de Bouillon comme il me paroissoit le souhaiter,

---

(1) Cet arrangement fut conclu le 11 mars. (A. E.)

(2) Il est question du comte de Maure. (A. E.)

il falloit que je susse ses raisons, aussi bien que celles des commissaires du Roi, pour approuver et pour blâmer ce qu'ils avoient fait. Ils se retirèrent en me laissant les papiers de M. de Bouillon, par lesquels ses prétentions, excepté la première, me parurent mal fondées. C'est ce que je fis entendre au duc qui, n'étant pas satisfait de ma réponse, s'en fut en diligence chez M. le prince pour lui en faire ses plaintes, et l'amena chez moi. Je lui expliquai mes raisons, auxquelles n'ayant su que répondre, Son Altesse me dit en colère : « Il paroît que vous ne voulez pas favoriser M. de Bouillon. » A quoi je lui répliquai, en me possédant le plus qu'il me fut possible, que, faisant la fonction de juge, je ne voulois me déclarer ni pour ni contre, mais être équitable ; et que si j'étois capable de corruption, ce ne seroit qu'au profit de mon maître, persuadé que j'étois que Dieu me le pardonneroit bien plutôt qu'il ne le feroit, si j'abandonnois ses intérêts pour ceux d'un autre. M. le prince et M. de Bouillon, commençant à craindre que si je faisois mon rapport de cette affaire elle ne tourneroit point à leur satisfaction, s'avisèrent d'aller trouver le cardinal, et de lui dire qu'ils recevroient comme une grâce ce qui seroit ajouté à l'augmentation faite par les commissaires. Il leur fit réponse qu'il falloit m'entendre, mais qu'ils pouvoient tout espérer de son crédit et de la joie qu'il avoit de leur faire plaisir. Ce premier ministre, ne pouvant se donner la patience d'écouter ce que j'avois à dire, me fit bien comprendre qu'il croyoit que je voulois favoriser M. de Bouillon : à quoi je répondis qu'il se donnât au moins le temps d'entendre mes raisons. Cela lui fit juger qu'il s'étoit mépris, ou laissé surprendre par M. le prince et par M. de Bouillon, et comme il leur avoit promis satisfaction, il dit à la Reine que, sans entrer en discussion du droit du Roi et de celui de ce duc, il falloit accorder à celui-ci cinq mille livres de rente au-dessus de l'évaluation. Outre cela, il lui fit donner un présent de cent mille écus, sans en pouvoir alléguer d'autres raisons que la passion qu'il avoit de faire voir que les grâces dépendoient de lui seul.

On sera toujours étonné que le cardinal ait ménagé des grâces à la maison de Bouillon, quand on saura que M. de Turenne fit son possible pour débaucher l'armée du Roi (1) qu'il commandoit, et pour prendre le parti des révoltés, aussi bien que son frère, auquel ce monarque avoit pardonné le crime de lèse-majesté ; car il avoit fait ligue avec les ennemis de l'Etat, et paru se déclarer le chef de la révolte de Paris. On s'étonnera, dis-je, de la conduite de cette Eminence, à moins qu'on ne l'accusât de s'être voulu assurer des deux frères pour les opposer au Roi en cas de disgrâce ; ou bien aux ennemis qu'il pourroit avoir. Il s'étoit aussi persuadé que par leur entremise il se raccommoderoit avec M. le prince, lequel disoit hautement que le cardinal n'avoit pu avoir la pensée de s'allier à la maison de Vendôme que pour s'assurer de la protection de M. d'Orléans et de celle de cette même maison, en méprisant la sienne.

Le comte d'Harcourt ayant eu ordre d'investir et d'assiéger Cambrai, cette entreprise eût réussi s'il eût pu mieux espérer de la bonne fortune du Roi ; car un petit secours de cavalerie ne devoit pas empêcher d'en continuer le siège. Mais, pour avoir cru le secours plus considérable qu'il n'étoit, il estima devoir se retirer, après que ses gardes eurent été forcées dans l'endroit où les troupes commandées par M. de Turenne étoient postées. La cour en apprit la nouvelle avec douleur (2) ; mais il y a beaucoup d'apparence que M. le prince n'en fut pas fort sensiblement touché. Madame sa mère, qui, pendant le voyage de Bourgogne, n'aban-

---

(1) Turenne raconte dans ses Mémoires que, malgré les offres du cardinal, il le traita toujours très-froidement, et lui fit comprendre qu'il ne devait pas compter sur lui.

(2) Dépêche de M. de Brienne à ce sujet, tirée des papiers de ce personnage :

A Monsieur de La Barde, résident.

« Je vous avois mandé le siége de Cambray, et qu'il n'y avoit pas quinze cents hommes dans la place, si bien que nous espérions la forcer dans un mois au plus : mais il est arrivé que les ennemis ayant attaqué deux quartiers d'où ils ont été repoussés, se sont présentés à celui du colonel Flek, dans le temps qu'il estoit allé au secours de ceux qui estoient attaqués, et ont fait entrer dans la place mille chevaux et cinq cents hommes de pied. Si bien que M. le comte d'Harcourt n'ayant pas jugé devoir s'attacher davantage à cette entreprise, a levé le siège. Je sais bien que les Espagnols en tireront beaucoup de gloire, car ils sont accoutumés à faire grand bruit, quand ils en ont assez pour se garantir de pertes ; mais nous verrons dans peu de jours ce qui se pourra entreprendre, car nous sommes plus forts qu'eux, en résolutions de faire quelque effort qui fasse cognoistre que nous avons les advantages tels sur nos ennemis, qu'ils ne peuvent rien attendre de favorable, bien qu'ils se soyent toujours flattés d'espérer faire de grands profits durant nos divisions qui sont totalement cessées

» DE LOMÉNIE.

» A Compiègne, ce 5 juillet 1649. »

donna pas la Reine, le raccommoda avec le cardinal, de l'amitié duquel il se crut ensuite assuré. Le gouvernement de Damvilliers, donné par le traité au prince de Conti, persuada même toute la maison de Condé que le prince étoit en faveur, quoiqu'il est bien vrai que madame sa mère avoit l'esprit plein de méfiance ; mais elle la dissimula. M. de Longueville continua de son côté à demander le Pont-de-l'Arche ; et le gouverneur de cette place, qui avoit résisté pendant quelque temps, se rendit à la fin.

Ce fut pour lors que les troubles dont le royaume étoit agité s'augmentèrent et se firent sentir dans les provinces les plus éloignées, et même jusque dans celle de Provence, qui entreprit de faire ce que l'on n'auroit jamais cru. C'est ce qui engagea M. d'Emery de proposer au Roy d'y créer un semestre, en alléguant pour ses raisons que Sa Majesté en tireroit des sommes considérables, et que son autorité s'affermiroit pour toujours dans cette province ; parce que, si l'un des semestres étoit capable de prendre un mauvais parti, le second s'y opposeroit, et qu'à l'envi l'un de l'autre, pour se maintenir et pour obtenir la suppression l'un de l'autre, ils ne songeroient uniquement qu'à bien servir le Roy. Le chancelier s'étant laissé gagner par Emery, un jour que nous nous trouvâmes ensemble dans la chambre du cardinal où cette affaire fut agitée, je contredis à ce chef de la justice et à Emery, et je fis connoître à l'Eminence que si le Roi prétendoit faire réussir ce dessein, la Provence se soulèveroit infailliblement. Je dis, pour mes raisons, que le parlement d'Aix étoit rempli de gens de qualité, et que leur ruine étant inévitable si la chose avoit lieu, ils ne manqueroient point de prendre parti ; que leurs femmes, voyant leurs biens diminuer, animeroient leurs maris et leurs poches à s'y opposer, et que tout ceci attirant enfin sur quelques-uns l'indignation du Roi, qui les voudroit punir, cette province ne manqueroit pas de se soulever. Le chancelier et Emery, ne se voulant point rendre à mes raisons, attirèrent le cardinal dans leurs sentimens, et Son Eminence me dit : « Ils sont deux contre vous, et vous voulez encore que votre opinion prévale dans les affaires de cette conséquence ? — Il faut, lui répliquai-je, peser les voix et non pas les compter. » Ce que je viens de rapporter me fait souvenir d'une chose qui donnoit assez à connoître le peu de lumières qu'avoit le cardinal sur nos affaires. Lui disant un jour qu'il falloit faire la paix, il en tomba d'accord, et ne laissa pas de me demander pourquoi je la conseillois avec tant d'empressement. A quoi lui ayant répondu que je la conseillois non-seulement parce qu'elle me paroissoit nécessaire, mais encore parce que j'étois assez éclairé pour comprendre que la guerre ne se pouvoit continuer sans laisser les impôts qu'on levoit sur les peuples, qu'étant épuisés et par conséquent hors d'état de supporter un tel fardeau, ils ne manqueroient pas de se soulever, et que le Roy ayant alors deux guerres sur les bras, il seroit bien empêché de se défendre de tant d'ennemis : « Eh ! quoi, me dit le cardinal, une charge qui subsiste depuis vingt années peut-elle donc être insupportable ? C'est ce que je ne puis croire. » Je changeai là-dessus de discours.

M. le prince, qui avoit appuyé pendant un certain temps les intérêts de M. le duc d'Angoulême, s'en détacha quand il se fut lié avec le parlement de Paris. Cette compagnie ayant pris l'affirmative pour les autres parlemens, mais particulièrement pour ceux de Rouen et d'Aix, le semestre établi à Rouen du vivant du feu Roi fut révoqué aussi bien que celui de Provence.

[Mais avant cette révocation, la mésintelligence du parlement d'Aix avec M. le comte d'Alais, excita de nouveaux ressentimens, et des troubles assez graves eurent lieu dans la Provence. J'en fus informé par différens personnages de cette province, comme on le verra par les dépêches que je rapporterai textuellement :

« Monsieur, bien qu'on ne me communique pas beaucoup les affaires qui regardent le service du Roy dans cette province, je ne laisse pas de le passionner et de le faire valoir tout autant qu'il m'est possible.

» Je ne pense pas que messieurs du parlement ayent aulcun desseing de se restablir par violence ; ce sont des voyes, Monsieur, trop dangereuses et qui ne peuvent être aprouvées par les bons serviteurs du Roy, quant à moy je m'y opposeray tousjours avec vigueur à tout ce qui se pourroit faire contre le respect et l'obéissance que nous luy debvons.

» Je m'asseure, Monsieur, que vous me cautionnerez tousjours pour ce point-là, et je vous proteste que vous n'y aurez jamais point de regret, et que je serai toute ma vie avec grande passion vostre, etc.

» CARCES. »

Lettre de Monsieur d'Oppède.

« Monsieur, je suis contraint de recourir à vous pour vous demander et protection et justice d'une procédure la plus inouie et la plus estrange du monde. Vous sçavez, Monsieur, l'exil que je souffre depuis Pasques, et le sujet qui me cause toutes les poursuites de M. le comte d'Alais vous est connu, ce qui est cause que je ne vous diray point avec quelle chaleur il s'est servi des ordres du Roi pour satisfaire sa passion particulière. Nous avons trouvé quelque abri contre cette tempeste par la protection de monseigneur le cardinal de Sainte-Cécile, qui a obtenu de Leurs Majestés que notre séjour seroit libre dans le comtat. Maintenant, Monseigneur, pour nous priver de cette grace, M. le comte d'Alais a fait courir le bruit que notre compagnie avait fait dessein d'authorité privée d'aller reprendre ses places, et qu'à cet effet nous faisions levées de gens de guerre dans le Comtat, nous ayant, pour raison due, voulu rendre de très mauvais offices auprès de M. le vice-légat.

» Je viens aussi d'apprendre comme M. le comte d'Alais fist procéder contre nous à une information par le sieur de Sencé, notre ennemi capital, et avec qui nous sommes tous hors de salut, et que même ils emprisonnent des gens pour leur servir de tesmoings ; cette procédure me fait souvenir de toutes les autres qui ont esté cy-devant faites, où ils ont achepté des témoings à prix d'argent ; je n'advance rien que nous ne prouvions quand il vous plaira de nous y admettre. Cette violente poursuite, qui nous est faite par nos partis et non pas par nos juges, nous oblige de vous suplier, en cas de plainte contre nous, de nous en donner qui ne nous soyent pas suspects, et dépendans de nos partis ennemis, comme est le sieur de Sève, et devant lesquels nous puissions faire paroitre la vérité de notre innocence et la sincérité de nos actions. Ce qui a donné pied à M. le comte d'Alais à cette nouvelle procédure, c'est que dans une visite qui lui fut rendue par monseigneur le cardinal de Sainte-Cécile, pour le prier de nous procurer la paix et le repos dans nos familles, M. le comte d'Alais auroit répondu avec une telle aigreur et une telle passion contre nous, que toute la province en auroit demeuré extrêmement surprise, jusque-là même de tesmoigner qu'il empêcheroit l'exécution des ordres du Roy en cas que nos députés en obtinssent quelqu'un, ce qui a donné sujet à quelques-uns de nos amis et de nos parens de nous rendre visite et de nous tesmoigner le desplaisir qu'ils prenoyent à cette mauvaise humeur de M. le comte d'Alais ; personne ne peut dire que nous lui ayons répondu que nous ne demandions autre protection que celle du Roy, et que quand nous l'aurions, nous ne craindrions pas que personne nous inquiétast ; que nous avions mandé des députés vers Leurs Majestés pour obtenir notre rétablissement, et que quand nous aurions receu là-dessus les ordres nécessaires, nous croyons que, quoi que M. le comte d'Alais eût dit, nous ne trouverions, dans l'exécution, aucune difficulté. Voylà, Monsieur, la vérité de toutes choses ; je vous supplie de croire que toutes les informations ou verbaux qu'ils vous pourront mander au contraire sont faux. M. le comte d'Alais se debvroit bien contenter de nous avoir esloignés de nos parens, de nos biens et de nos amis, et qu'après la perte de la moitié de nos charges, nous avons ce déplaisir de consumer dans un exil ce peu qu'il nous reste de bien. Si je n'estois point officier, je pourrois passer fort doucement mes jours ; seray-je si malheureux qu'une charge que je n'ay prise que pour y servir le Roy, comme les miens ont toujours fait, ne me produise que des disgrâces et persécutions de mes ennemis ? Que si, Monsieur, on est en estat de doubter de ma fidélité, je vous conjure de me donner un parlement où, sans crainte de la corruption des juges, je puisse faire voir sur la calomnie et la fausseté des dépositions fabriquées et achetées ; je m'iray remettre dans la Conciergerie comme le plus infâme criminel, et après qu'on aura examiné toutes mes actions, on trouvera qu'il n'y en a jamais eu qui ayent empiré au service du Roy, et j'aymeray mieux mourir que de m'en estre jamais destaché.

» J'espère, Monsieur, de vous la protection de mon innocence et la continuation de vos bontés, et que vous responderez de ma fidélité sur le serment que je vous fais que je ne vous causeray jamais du déplaisir d'avoir protégé, Monsieur,

» Votre très-humble et très-obéissant serviteur,

» OPPÈDE. »

« Monsieur, nous avons tant de subject d'appréhender dans cette province, voyant que, dès que nous sommes aimés de quelques-uns, les autres nous croyent ennemis, que en cette pensée j'ay voulou prévenir les orages qu'on me pourroit susciter, parce que j'ay creu le sinistre mauvais pour ce pays, quelques parentés et amitié que j'ay avec les vieux officiers m'attirent tant de haine, que ce venin pourroit bien me nuire jusque dans la cour. Je sçay que cette affaire passe le service du Roy, et le bien publique s'en esloigne ; on voile toutes choses du manteau de la justice ; tous ceux qui ne sont adhérans sont criminels, et ce malheur se répand sy fort partout, que toutes nos familles sont divisées. J'ai grand déplaisir de me voir en charge en une si mauvaise saison, où l'on blasme les meilleurs sentimens, s'ils ne se laissent entraîner aux passions particulières; qui parle de paix et d'union est un méchant homme. Les maximes retenues ne se publient plus icy sans danger; faire le service du Roy doucement et en repos, c'est estre un mauvais subject. Enfin, Monsieur, je vous promis, en respectant vos commendemens, de faire mon possible pour bien servir; mais quoique mon zèle soit grand, il faut estre monstré par des personnes qui font de la vertu un monstre, sy ceulx qui la pratiquent ne leur sont point agréables. Je vous suplie très-humblement, Monsieur, de ne condempner que par les œuvres et soubçons de quelque intérest particulier, les rapports qui vous seront faicts, et je vous responds, Monsieur, sur la foi que je doibs à Dieu, que vous me cognoistrez toujours, s'il vous plaist de me faire cet honneur, très-fidèle subject du Roy, très-intéressé et obéissant aux volontés de nosseigneurs les ministres, et particulièrement, Monsieur, votre très-humble et très-obéissant serviteur,

» BRAS. »

Toutes ces divisions, qui existoient en Provence, ne firent que s'accroître, et l'opiniâtreté du comte d'Alais amena enfin des troubles sérieux. L'archevesque d'Arles m'en rendit compte dans une lettre, et le parlement en écrivit à la Reine la relation. En voici les principaux points :

« Monsieur, je m'estois donné l'honneur de vous escrire, il y a quelques temps, que j'appréhendois grand désordre en cette ville, si l'affaire du semestre n'étoit promptement terminée; et vous sçaurez maintenant que mon appréhension n'estoit pas mal fondée, puisqu'il est vray que, sans les soins extraordinaires de monsieur le comte de Carces, qui ont été secondés par messieurs les présidens de Séguiran, et de Déanville et monsieur de Sève, il y auroit eu une estrange confusion dans la journée d'hier et d'aujourd'huy. Et je crois vous dire, Monsieur, que j'y ay contribué des miens, *à un point que j'en ai demeuré vingt-quatre heures de manger et dormir,* pour esviter le plus grand malheur qui pouvoit arriver en cette ville.

Et pour vous informer du détail, je vous dirai que monsieur le comte d'Alais, se promenant à la place des Pêcheurs, un lacquais d'un conseiller du vieux corps, n'ayant pas salué, un garde luy donna quelques soufflets, et ce lacquais, qui à mon advis estoit yvre, ayant voulu résister, le garde lui lâcha un coup de carrabine, et on le mena en prison. Cela fit quelque bruit dans la place, qui augmenta dans le reste de la ville; et quelques-uns de ces messieurs du vieux corps, ayant creu qu'on les vouloit arrester, se retirèrent dans la maison de monsieur le président d'Oppède, avec leurs amys, quoique ledit sieur président fust absent. Quelques autres se retirèrent dans la maison de Beauveureil, advocat-général; et ces derniers se rendirent à la maison d'Oppède, qui, estant de retour chez eux et se voyant enveloppé de tant de gens, fust contraint de demeurer avec eux. Et la troupe grossit sy fort, qu'il y eust de huit cens à mil hommes, et il y en avoit bien quinze cens ce matin.

Monsieur le comte d'Alais l'ayant sceu, ramassa tout son monde et les vouloit aller attaquer. Je vous advoue que je vis l'heure que toute la ville estoit en feu. J'allai dans le commencement chez M. d'Oppède, et envoyé prier monsieur le comte de Carces de s'y rendre. J'eus peine d'en pouvoir sortir : ce fust encore à condution que M. le comte de Carces ne les quiteroit pas. L'ayant prié de demeurer là, pour empêcher qu'ils ne sortissent pas pour venir faire désordre dans le reste de la ville, je fis divers voyages, le jour et la nuit, chez M. le comte d'Alais; et enfin, ce matin, nous les avons séparés avec des peines incroyables, parce qu'ils vouloient aller remettre les anciens officiers au palais. Ce fut à condition qu'ils ne pourroient pas estre recherchés de ceste journée, et qu'il n'en seroit faict aucune information ni escrit à la cour, monsieur le comte d'Alais nous ayant remis un escrit de sa main pour leur assurance, et je suis certe obligé de dire, que sans monsieur le comte de Carces, nous ne pouvions pas les faire séparer, et qu'il a très-bien servi le Roy en cette occasion, aussi bien que tous ceux que je vous ai nommés cy-devant. La ville est maintenant assez calme; mais je ne rien desguiser, il est à craindre qu'on ne tombe bientost dans un semblable malheur, si les affaires du parlement ne s'achèvent bientost. Et vous voyez bien que j'avois grande raison de vous en escrire aux termes que j'ai faict. Je ne crois pas qu'il faille faire recherche de cette action, puisque monsieur le comte d'Alais a donné sa parole et nous la nostre sur la sienne; nous nous rendrions autrement tout à fait inutils dans des pareilles occasions, qui n'arriveront peut-estre que trop souvent : et je puis vous asseurer que sy la chose feust allé de longue, la province eust esté en danger. Je vous ay déjà escrit que je ne puis plus demeurer en ceste ville, et je prie le comte d'Alais...., inviolable pour le service du Roy, et que je serai, avec passion et respect, vostre, etc.

» DE GRIGNAN, *archevesque d'Arles.* »

A la Reyne.

« ...... Deux jours après, qui estoit le jour de saint Sébastien, qui se fait une procession génerale pour la peste en laquelle tout le menu peuple a de coustume d'adsister et faire au dehors des murailles de la ville, le bruit courut qu'il y avoit des soldats cachez dans la maison de ville, comme, en effet, il s'y trouva vingt corps de garde de trente soldats. Le peuple d'abord esclame et s'en plaint; les consulz les vouleurent rudoyer; et, comme ils n'ont pas l'aprobation du public, ilz sont d'abord poursuivis et mal menés jusques dans la sacristie de l'église Saint-Sauveur, où les gens de la ville eurent de la peine de les garantir de la fureur du peuple; lequel gagne le clocher de la mesme église pour sonner le tocsin. Sur ce bruit, toute la ville fut en mesme temps en armes : ledict sieur comte d'Alais est investi dans le palais sans qu'il peut sortir, non plus que les officiers du semestre qui se trouvoient enfermés auprès dudict sieur comte d'Alais. Le sieur comte de Carces va par la ville avec quantité d'officiers de nostre compagnie, et se rendent à ladite maison de ville pour arrester ce désordre; et comme ce peuple n'estoit pas satisfait, pour n'avoir peu assouvir sa passion sur la personne des consulz, il demande que les gens de guerre ayent à sortir de la ville le jour mesme. Et, après que messieurs du parlement sont restablys, quatre de messieurs sont contrains, avec ledit sieur archevesque d'Arles, le sieur de Séguiran, président, et de Barbantane, d'aller chez ledit sieur comte d'Alais, en robe rouge, pour le suplier d'esviter la ruyne de la ville et consantir au dessin du peuple : de sorte que, l'ayant treuvé bon, nous entrons le mesme jour dans le palais, en robe rouge, et le lendemain se fist l'ouverture du palais. Le peuple ayant tousjours demeuré soubz les armes, le mesme jour est fait arrest, portant supression du semestre, et qu'il sera procédé à nouvelle élection du consulat, soubz le bon plaisir de Votre Majesté; et encore il a esté nécessaire, pour mettre le calme dans vostre ville, de casser une imposition sur la farine, establie pour les nécessités de vostredite ville.

» Nous vous suplions très-humblement, Madame, de croire que ce nous est ung extreme desplaisir que toutes ces choses soient arrivées; mais, comme nous n'y avons auculnement contribué, et que les petits incidens, qui estoient survenus, rendent la faulte du peuple escusable, nous espérons de vostre bonté le moyen de conserver le repos en ceste province. Elle vous tend les mains aussi bien que nous, pour asseurer Vostre Majesté que nous manquerons plustost de vie que de fidellité et obéissance, ainsy que nous avons déclaré audit sieur comte d'Alais; et que nous tiendrons pour ennemis de l'Estat ceux qui s'opposent à vostre authorité, et que nous y employerons et nos biens et nos vies, n'ayant plus grande gloire que celle d'estre, etc.

» *Les gens tenant la cour du parlement de Provence,*

» ESTIENNE. »

Mais le comte d'Alais ne songeoit qu'à tirer vengeance des gens qui s'estoient mutinés. Il m'escrivit que je verrois, par la dépesche de M. de Sève, ce qui estoit arrivé en ce pays. « J'espère, ajoustoit-il, tirer un grand bien du mal qui est arrivé. Je vous conjure d'apporter toutes les facilités qui se pourront, et de renvoier promptement les expéditions que nous demandons : c'est le moien qui reste pour estoufer les divisions passées, et d'empescher que les ennemis ne s'en puissent prévaloir. »

Pour arrêter le cours d'un mal si dangereux, Sa Majesté envoya ses ordres à M. le cardinal Bichi, pour se transporter en la ville d'Aix, avec plein pouvoir de composer toutes choses par les voies les plus convenables au bien et repos de la province, lequel accorda, au nom de Sa Majesté, la suspension des semestres et l'abolition de ce qui s'estoit passé. Aussitôt les expéditions en furent envoyées et portées dans Aix par le sieur Le Féron, des mains duquel aucuns dudit parlement ayant pris ladite délibération et icelle enregistrée secrettement, se servirent du temps et continuation des troubles de Paris pour améliorer encore leurs conditions. Enfin ledit cardinal fut réduit à accepter cinq cent mille livres, savoir : deux cents en deniers clairs pour Sa Majesté et trois cents pour servir au remboursement des parties des affaires des requettes supprimées, laissant à Sa Majesté de pourvoir à tous les autres offices ; et l'accord ayant été signé en cette sorte, nouvelles expéditions furent délivrées. Aussitôt qu'elles furent arrivés à Aix, ceux du vieux corps firent mettre les armes bas aux bourgeois et mirent en liberté ledit sieur comte d'Alais, qui depuis fut dans plusieurs villes de la Provence et dans celle de Tarrascon. Ceux du vieux corps conservèrent beaucoup d'aigreur contre ledit sieur comte d'Alais à l'occasion dudit semestre, s'estant imaginé qu'il avoit favorisé ce nouvel établissement à leur préjudice, pour diminuer leur puissance et autorité, et avantager la sienne, et que pour son propre intérêt il s'étoit porté en toutes rencontres à les maltraiter; aussi ils le regardoient comme l'auteur et l'exécuteur de tout le mal qu'ils avoient souffert, et cette même raison d'autorité par laquelle ils combattoient les engageoit à fortifier la leur et diminuer celle du gouverneur. Ce qui les obligea encore plus à suivre ce mouvement, c'est qu'ils estoient touchés de crainte de s'estre attiré par leur conduite l'indignation du Roy et le désir de vengeance dudit sieur comte d'Alais, comme les consuls d'Aix me le témoignèrent par la lettre qu'ils m'adressèrent à ce sujet :

« Monsieur, nous avons cru nécessaire d'envoyer ce courrier exprès pour vous advertir de ce qui se passe icy depuis que monseigneur le comte d'Alais est hors de la ville et que nous avons obéy aux ordres du Roy. Premièrement les officiers de l'armée venant de Modène ont dict à celluy que nous avons comis pour leur faire prendre route, affin de sortir de la Provence, qu'ils y vouloient séjourner : ce qui est au préjudice de la promesse qui nous a esté faicte. La ville de Tarascon, qui devoit désarmer à l'exemple de celle d'Aix, est encore sous les armes, ce qui ne cause pas peu de trouble en ce pays. La cour du parlement a faict arrest portant inhibitions à M. de Sève de s'ingérer de quoy que ce soit, si ce n'est au fait de la guerre, bien que monseigneur le comte d'Alais l'ayt comis pour adsister tant à l'assemblée du clergé que de la noblesse; ce quy pourra causer beaucoup de désordre. M. de Grilles, gentilhomme d'Arles, a dit, partant pour la cour, qu'il y alloit pour demander qu'il plust au Roy de restablir le régiment qui a esté liscentié, pour le faire servir à la place des quinze compagnies qu'on doibt envoyer pour garder la côte et pour obtenir que l'assemblée quy a esté assignée par monseigneur le comte d'Alais dans Aix, au vingt-deuxième du courant, et du depuis renvoyée au douze du mois prochain, soit tenue ailleurs. Ces considérations touchent sy sensiblement les esprits qui s'étoient persuadés un asseuré repos et une entière et ferme exécution de tout ce qui avoit esté résolu, qu'il est à craindre qu'il ne nous arrive quelque nouveau malheur, si la bonté et la justice du Roy, en préviennent les inconvéniens qui peuvent arriver, n'apportent les tempéramens et les remèdes propres à telles occasions. Nous apprenons icy journellement que tous les officiers qui estoient au régiment qui a esté licencié sont toujours auprès de monseigneur le comte; que les soldats ont esté retenus pour la garde de Tolon, d'Antibes et aultres lieux autour de la coste; qu'on parle d'Aix avec grande passion et aigreur, que tous ceux qui sont auprès de monseigneur le comte et plusieurs autres dans la province, portent du ruban bleu pour se distinguer et faire un party : ce qui a aussitost produit la monstre de plusieurs rubans blancs. Tout ça est plus propre à produire une guerre civile qu'à maintenir en paix les subjets du Roy, qui, n'ayant qu'un mesme maistre, ne doibvent avoir d'austre livrée que celle de son service, et n'espouser en rien les ressentimens et querelles particulières qui ne vont qu'à la ruine du public. On nous advertit et menasse de toutes parts que l'assemblée de la noblesse, qui a esté convoquée à Marseille au quatre du mois prochain, aux fins de desputer pour les Etats-généraux, doit estre le théâtre de quelques sinistres événemens; qu'à ces fins on ramasse du monde partout, et que mesme plusieurs gentilshommes du Languedoc et du Dauphiné ont esté conviés de s'y trouver. Il faut que nous vous disions franchement, Monsieur, que cella nous perce le cœur de voir qu'au lieu de nous unir, on pratique de tous costés la division, et que les mauvais esprits font plus de mal dans un quart d'heure que tous les gens de bien ne sauroient réparer dans un long espace de temps; pourvoyez-y, s'il vous plaist, Monsieur, et faites tomber les armes des mains de ceux qui ne se nourrisent que dans le désordre et la confusion. Nostre province jouiroit maintenant du bonheur où vostre prudence et les grâces du Roy l'ont mise, sy quelques esprits ne faisoient cognoistre par leurs menées qu'on veut entreprendre au préjudice de ce restablissement que toute la cour a approuvé et dans lequel les gens de biens commencent de ressentir les fruitz de la justice divine inspirée à Leurs Majestés; si bien qu'aujourd'huy il seroit très aisé, si on vouloit porter les espritz à la paix et union, de faire concourir tout le monde au véritable service. Ce seroit par ce moyen que les assemblées produiroient de bons effects, autrement il faudra ou en *dillayer* la tenue, ce quy fera tort aux affaires du Roy et à celles de la province, ou s'asseurer en la tenant d'y voir arriver quelques estranges événemens, ou du moins de sy grandes contentions, qu'il sera impossible que cella n'altère les effects que le Roy se peut promettre pour les advantages de son service. Nous avons depuis deux jours procédé à la création du second et troisième consuls de nostre ville, conformément aux lettres patentes du Roy qu'il vous a plu, Monsieur, de nous procurer. Ces charges ont esté remplies d'un consentement universel des personnes des sieurs de Momplesant, Duranti et Barthellemi : ce qui nous faict croire qu'ils s'acquitteront très-dignement de leur employ pour le service de Sa Majesté et le bien de cette province. Nous sommes, Monsieur, vos très-humbles et très-obéissans serviteurs,

» *Les consuls d'Aix, procureurs du pays de Provence,*

» BRAS. SEGUIRAY.

» *Aix, le 20 avril* 1649. »

Après avoir pris les ordres de l'Eminence sur la réclamation des consuls et procureurs d'Aix, il fut résolu que l'on enverroit en Provence M. d'Estampes, pour tâcher de pacifier les esprits. On lui remit la lettre suivante du Roy, en créance sur M. le comte d'Alais :

« Mon cousin, ayant jugé nécessaire d'envoyer en Provence quelque personne des plus qualifiées, j'ay faict choix du sieur d'Estampes, conseiller de mon conseil d'État, pour agir avec auctorité et travailler efficacement à la réunion des esprits, ajuster et dominer tous différens et contestations qui pourroient troubler le repos de cette province, ramener tous ceux qui s'escartent de leur devoir, expliquer mes intentions sur le traicté signé par mon cousin le cardinal Bichi avec ceux de ma cour de parlement et en faciliter l'exécution, assister aux conseils que vous tiendrez, présider en toutes assemblées, et généralement faire tout ce qu'il jugera à propos pour le bien de mon service. Je vous envoie celle-cy, par l'advis de la Reine régente notre dame et mère, pour vous dire que vous ayez à apporter de vostre costé tout ce qui dépendra pour donner le calme à la Provence, à ce que chacun y puisse vivre en repos, oublier tout ce qui est couvert par ledit traicté, donner vos ressentimens au bien public, et pour cet effet, defférer aux bons avis dudit sieur d'Estampes, qui vous expliquera plus particulièrement mes intentions, portant créance de conflance à tout ce qu'il vous dira de ma part. Auquel me remettant, je prieray Dieu qu'il vous ayt, mon cousin, en sa sainte garde.

» Ecrit à Compiègne, le 7 juing 1649. »

Dans l'intervalle, de nouvelles réclamations nous arrivèrent de la part du parlement de Provence :

« Monsieur, vous ne doubterez plus du dessein de M. le comte d'Alais, quand vous saurez qu'il a faict saisir des chasteaux, faict faire des prisonniers de son auctorité privée, a faict soulever Brignolle et prendre les armes, où il a mis pour gouverneur le chevalier de Vins, et faict tanter plusieurs aultres lieux pour s'en saisir. Il faict faire des levées de gens de guerre dans le Languedoc, le Dauphiné et Provence, où il donne des commissions de son auctorité privée, ayant sucité les huguenots, et faict entrer, sans ordre du Roy, des troupes de cavallerie dans la province, qui ont causé tant d'actes d'hostilité par les lieux qu'ils ont passé, que toute la Provence s'est émue, et a prins les armes pour leur commune deffanse. Il a envoyé une lettre à toutes les communautés pour n'obéir point à nos arrests, sans considérer qu'il n'appartient qu'à Sa Majesté. De quoy nous croyons, Monsieur, être obligés de vous donner cognoissance, et comme la ville d'Aix a esté nécessitée de recourir aux armes pour se deffendre des maux dont on la menasse, et d'un dégast universel par toute la province dans la saison des fruits, quy seroit réduire les peuples à une estrange extrémité, quy tous, d'un commun concours, demandent justice à Sa Majesté, cependant que M. le comte de Carces a couru pour esteindre le feu dans son commencement, attendant qu'il plaise à Sa Majesté luy donner ses ordres pour y faire valloir son auctorité violée, aussy bien que la déclaration de pacification octroyée sur les derniers mouvemens. Ce procédé a sy fort agité les esprits, qu'il sera bien difficile de les arrester, sy, par vostre prudence et par vostre bonté ordinaires, vous ne daigniez promptement y pourvoir par la volonté expresse du Roy. De quoy nous vous supplions comme le seul remède pour finir une guerre civile qui pourroit s'estendre dans les provinces voisines, d'où pourroient naistre d'estranges maux par ceux de la relligion prétendue, qui sont ravis d'aise de trouver occasion pour armer ; outre que, Monsieur, vous ferez une action très-agréable à Dieu, nous vous en serons obligés comme estant vos très-obéissans serviteurs,

» *Les gens tenant la cour du parlement de Provence.*

» *D'Aix, le 15 juin* 1649. »

Dans cet estat, ils songèrent à s'acquérir les communautés en soulevant la brigue pour les consulats d'Aix qui leur sont affectionnés, et se précautionnèrent en faisant amas de munitions dans la ville, s'assurant de leurs amis et des soldats, et cherchant tous moyens pour se maintenir en puissance et accroistre le nombre de leurs partisans, affin de prévenir les menaces qu'ils disent leur estre faictes, et qu'ils se trouvent en estat d'en empescher l'effet; et déjà dans toute la province les uns et les autres se divisent pour le gouvernement et pour le parlement, et s'en déclarent par le ruban des deux différentes couleurs, qui marquent ceux de chacun des partis.

Cependant, comme il étoit de la prudence du Roy d'aller au-devant de ces émotions, qui pourroient mettre toute la province en confusion dans peu de temps, Sa Majesté envoya des instructions audit sieur d'Estampes, lequel ayant la naissance, la suffisance, la probité et le zèle au bien de l'Estat, donne lieu de croire qu'il saura si bien mesnager les esprits, qu'il rétabliroit et le repos et le calme dans cette province. Ces instructions portoient : « M. d'Estampes saura premièrement que l'intention de Sa Majesté est d'observer ponctuellement le traicté faict par M. le cardinal Bichi, et de régler les fonctions du gouverneur et du parlement.

» Et pour y parvenir, ledit sieur d'Estampes aura une particulière connoissance, sur les lieux, de ce qui s'est fait, tant par ledit sieur comte d'Alais que par ceux du parlement, au préjudice les uns des autres, et essayera de remettre chacun dans sa naturelle fonction, guérira la méfiance, rassurera les esprits, et les persuadera, par toutes sortes de raisons, de ne plus rien entreprendre ni innover, et fera cognoistre à ceux du parlement que, s'ils continuoient de blesser l'authorité du Roy, Sa Majesté seroit obligée de se servir de la puissance que Dieu lui a mise en main pour les châtier; mais qu'elle désire auparavant les exhorter à vivre en bons et loyaux subjects, et jouir paisiblement de la grâce de l'oubli de toutes leurs fautes passées.

» Si ledit sieur d'Estampes trouvoit ledit sieur comte d'Alais irrité contre ceux du parlement, et que ceux qui l'approchent, et mesme la plupart de la noblesse du pays, voulussent suivre ce mouvement pour trouver employ dans les armées, s'imaginant qu'il la faut employer en ce rencontre, il fera bien comprendre audit sieur comte qu'il doit faire céder au bien public ses passions particulières, et qu'il importe présentement au service du Roy de ne point entrer dans la voye de fait, mais plutôt différer les contestations, de telle sorte qu'il ne reste plus aux uns ni aux autres de sentiments d'animosité ou de vengeance, et que, quand il jouira du commandement et du pouvoir sur les armées, ainsi que luy donne sa charge, et que de son côté le parlement ne se mêlera que des ordonnances, ils doivent être tous satisfaits; et à l'égard de ceux dudit parlement, ledit sieur d'Estampes les persuadera que la compagnie se doit renfermer dans les seules bornes du pouvoir de leur charge, sans les étendre au-delà; et que tout ce qu'elle pourroit faire par méfiance et pour se prémunir contre l'authorité de Sa Majesté et celle du gouverneur de la province, ne leur peut servir qu'à exciter d'avantage l'envie de réprimer leurs entreprises par la force, et que le meilleur pour eux seroit de se tourner du costé du respect, de la soubmission et de l'obéissance qui est due à Sa Majesté, laquelle a accoustumé de pardonner à ceux qui s'humilient, et de renverser les desseins de ceux qui s'opposent à ses volontés.

» Ainsi, toute cette conduitte consiste à remettre un chacun dans son droit, et qu'il ne reste aucun ombrage, ny soubçon, ny crainte, au contraire, une conflance toute entière à la parole qu'il leur donnera de la part de Sa Majesté, qu'elle est bien éloignée de cette pensée d'envoyer des gens de guerre, et qu'elle veut protéger et conserver son pays en usant de sa bonté paternelle; néanmoins, si on s'opiniâtroit à mépriser les voyes de douceur qu'elle employe en cette occasion, il est sans doute qu'elle se résoudra de faire sentir la pesenteur de sa main à tous ceux qui se rendront coupables de désobéissance et de rébellion.

» Ledit sieur d'Estampes suppléera encore d'une infinité de raisons que son bon esprit lui suggérera, et pour s'instruire d'avantage de cette affaire, passera à Carpentras pour y veoir M. le cardinal Bichy, lequel lui pourra dire tous les sentimens des uns et des autres, et lui donner ses bons advis et conseils, que ledit sieur d'Estampes suivra, comme venans d'une personne en qui Sa Majesté a pleine confiance, et qui, outre sa grande suffisance et dextérité, fait continuellement paroître une très forte passion pour les intérêts du bien du service de Sa Majesté.

» Il sera bon aussi de conférer avec le sieur de Sève, intendant en Provence, qui a veu la naissance et le progrès de toutes ces esmotions, et donnera une connoissance exacte de toutes choses audit sieur d'Estampes, lequel, conférant aussi avec le sieur archevêque d'Arles, qui a souvent esté employé en cette affaire, pourra, estant éclairé de tant de diverses choses, trouver avec plus de facilité l'ajustement de toutes choses, et surtout conserver audit sieur comte d'Alais tout ce qui est attaché à sa personne et à la dignité de sa charge, de telle façon qu'il puisse en continuer les fonctions et se faire obéir sans répugnance de tous ceux de son gouvernement, en tout ce qu'il leur commandera pour le service de Sa Majesté, et fera si bien, que l'union et l'intelligence qui doit estre entre luy et ceux dudict parlement paroisse, par les effets, et qu'elle soit establie en sorte que rien ne la puisse plus altérer.

» Le sieur d'Estampes prendra grand soin de faire entendre au sieur comte de Carces, lieutenant-général audit gouvernement, qu'il doit bien prendre garde de ne pas appuyer ceux dudit parlement contre le gouvernement, non seulement parce que leurs entreprises seroient préjudiciables au repos de la province, mais aussi par son propre intérest, parce qu'il ne peut consentir à l'affoiblissement de l'authorité dudit gouvernement, que la sienne, qui est la même, n'en souffre ; si bien, qu'il sera aisé de lui faire tenir une conduicte telle qu'il balance et modère l'emportement de ceux de la compagnie, qui ont quelque créance et attachement à sa personne.

» Le seul et unique but que doit avoir ledict sieur d'Estampes, en tout son employ, est de conserver la province dans l'obéissance de Sa Majesté, empescher qu'elle ne se divise et qu'il ne s'y fasse aucun parti ; que la noblesse, les magistrats, consuls et syndics des communautés, se rangent chacun à leur devoir et trouvent son repos dans une véritable soubmission.

» Il a esté expédié audit sieur d'Estampes une commission du Roy pour avoir entrée et voix délibérative au parlement, comme conseiller d'Estat honoraire, afin qu'il puisse, toutes les fois que bon luy semblera, conférer et faire résoudre les difficultés qui pourroient survenir avec ceux de cette compagnie.

» Il a esté aussi expédié une commission plus générale pour agir en tout ce qu'il jugera estre à propos pour le bien du service de Sa Majesté, assister aux conseils qui se tiendront chez ledit sieur comte d'Alais, présider aux assemblées des communes et réunions des consuls, comme en tous siéges et justices ; et parce que les expéditions pour les assemblées des communautés ont esté déjà faictes et adressées audit sieur de Sève, il se servira de ces mêmes lettres et instructions, et effectuera ce qui lui auroit esté ordonné pour le service de Sa Majesté. En cas qu'il juge devoir retarder ladite assemblée, il en donnera son advis à Sa Majesté, et si la tenue des Etats de la Provence se peut faire avec facilité ou non pour le repos de la province.

» Il y a encore un autre différent dans la ville d'Arles, pour la suppression du quatrième chaperon et rétablissement d'iceluy ; mais comme il a été renvoyé audit sieur comte d'Alais, on croit qu'il aura faict cet accord ; néanmoins, en cas qu'il ne fust point achevé, ledit sieur d'Estampes y contribuera en tout ce qu'il pourra, à ce que cette affaire se termine au contentement universel de ceux de ladite ville, qu'il importe de contenter ; ledit sieur d'Estampes sera soigneux d'advertir Sa Majesté de tout ce qu'il aura faict, et réglera tout ce qu'il pourra sur les lieux avec promptitude et diligence, entièrement en sa prudence et bonne conduite. »

Enfin, M. d'Estampes dressa des articles avec messieurs du parlement, cour des comptes, aides et finances, ville d'Aix et pays de Provence, pour parvenir à une bonne paix, lesquels furent ajustés et signés à Aix, le 30 juillet, et dont voici les articles secrets :

« Messieurs du parlement, ville d'Aix et païs de Provence, déclarent qu'encores que, par leur response à l'article sixième des propositions à eux faictes par M. d'Estampes de Vallençay, ils ayent dit qu'ils n'y pouvoient entendre de faire présent à Sa Majesté de la somme de cent mille escus pour survenir à ses affaires présentes, néanmoings, pour tesmoigner leur zèle et passion au service du Roy, encore que, pour leur défense légitime, ils ayent beaucoup consumé d'argent, et que leurs biens à la campagne ayent esté grandement gastés par les troupes que M. le comte d'Alais a fait venir dans le païs au temps de leur récolte, promettent de mettre ès coffres de Sa Majesté, dans la Saint-Michel prochain, la somme de cent cinquante mille livres, qui lui seront payés et portés en son espargne par M. Baillon, trésorier de la bourse commune dudit païs, à prendre sur les deniers de la dernière imposition de cent livres par feu, laquelle sortira à son effet et à ses fins. Sa Majesté en accordera les expéditions nécessaires pour l'entière exécution, et fera cesser tous empeschemens.

» *Item*, sur l'article huictième concernant les évocations générales demandées, le parlement déclare qu'encore qu'il n'ayt consenti qu'à celle pour les officiers du semestre, qu'ils veullent bien les étendre jusqu'à vingt personnes que M. le comte d'Alais nommera, et mesme jusqu'à trente, si ledit sieur d'Estampes le trouve ainsi se devoir faire ; et sera monseigneur le chancelier supplié par lui de vouloir restraindre que lesdites évocations ne seront que pour sommes excédant deux cents livres en principal, et dix livres de rente foncière, et non pour les provisions alimentaires.

» *Item*, sur l'article neuvième touchant les consulats, déclarent qu'ils consentent que les consuls de Montauroux estant en charge soient continuez, encore qu'il y ayt arrest du parlement sur l'appel interjetté sur leur élection, achevant le reste de leur année. Et pour ce qui est des consuls de l'année, est remis à la prudence de M. d'Estampes seul d'en user comme il trouvera bon pour le service du Roy et repos de ladite ville. Et messieurs du parlement ont signé sur l'original.

» Faict à Aix, le vendredy trentième jour de juillet mil six cens quarante-neuf. »

Bientôt après le calme se rétablit un peu dans ce pays et à Paris même, et j'informois les ambassadeurs que quand l'on sauroit l'entrée triomphante du Roi, son remerciement à Notre-Dame et sa cavalcate à Saint-Louis, et puis encores le divertissement des bateliers à faire la jouste et tirer l'oye, avec tant d'acclamations publiques et de marques d'affection des peuples, et le festin royal qu'on lui proposoit pour le jour de sa feste, dans l'Hostel-de-Ville, le bal, la comédy et un feu d'artifice, on croiroit certainement chez tous les étrangers qu'il n'y avoit rien de plus véritable que le zèle du peuple envers Leurs Majestez, et un désir universel de leur rendre toutes sortes d'obéissance et de respect. Quand on sçauroit de plus, que la Provence est tout-à-faict pacifiée; que le parlement et ceux de la ville d'Aix avoient receu en joye les conditions de la paix que Sa Majesté leur avoit voulu imposer; que les députés du parlement étoient venuz faire excuses et soubmissions à M. le comte d'Alais, et des bourgeois en grand nombre venus luy demander pardon de tout ce qui s'estoit passé; qu'on donnoit ordre à Bordeaux pour y establir le calme par la mesme voye; il faudroit aussi que nos ennemis avouassent qu'ils s'étoient mespris, et que nous ne manquions ny de moyens, ny de force pour les pousser aux extrémités où ils nous vouloient réduire, si eux-mesmes ne nous prévenoient par la paix, laquelle nous souhaittions toujours, quelque prospérité qui nous arrivât; et que nos alliez auroient maintenant plus de confiance en nous qui avions faict parroistre notre constante fidélité envers tous ceux à qui nous l'avions promise.

La cour fit dans ce temps-là un voyage à Amiens. Il ne se passa rien d'extraordinaire pendant la campagne, sinon que, tandis qu'elle dura, il y eut des personnes qui s'entremirent pour réunir parfaitement M. le prince avec le cardinal. Le premier, s'étant persuadé que l on traitoit sincèrement avec lui, revint à Paris, où son frère et M. de Longueville se rendirent aussi. Le prince de Conti fut admis dans le conseil; et, par malheur, l'on eut l'adresse de détacher M. le duc d'Orléans d'avec le prince de Condé. Le coadjuteur de Paris se déclara l'ennemi de celui-ci. Ce qui se passa entre eux est un événement des plus remarquables de l'histoire, que je n'entreprendrai pas d'écrire, mon intention, comme je l'ai déjà dit, n'étant que de parler seulement des choses auxquelles j'ai eu part.

[Le roy d'Angleterre avoit été arrêté dans l'île de Wight et enfermé dans le château Hurst, puis transféré à Windsor, où il resta jusqu'au 19 janvier 1649. De là, on le conduisit à Londres, où soixante-dix juges, dont Cromwel étoit le chef, lui firent son procès.

Il fut interrogé, eux couverts et assis, dans la salle de Woestmenster. Ce prince les confondit par ses réponses fermes et hardies, leur demandant de qui ils tenoient l'auctorité de juger leur souverain; mais ces gens-là avoient prémédité leur action et rien ne pouvoit les empêcher de l'achever, sans quelque coup du ciel qui peut détourner leur fureur.

Leurs Majestés firent faire divers offices par M. de Bellievre, ambassadeur à Londres, et envoyèrent exprès M. de Varenne, avec lettre de créance, pour faire des instances vives et affectionnées en faveur dudit roy. La seule pensée de l'estat où il étoit réduict fesoit horreur, et on ne sauroit assez s'estoner d'un attentat si funeste. M. de Varennes partit chargé de lettres signées du Roi pour Cromwel, Jerton, le général Fairfax, et pour ceux de la chambre des communes, dont suit la teneur :

« Monsieur Cromwel, j'ai le cœur si touché du mauvais état auquel est réduit mon frère, oncle et cousin, le roy de la Grande-Bretagne, que je ne puis plus long-temps dissimuler sans estre esclairé des véritables intentions de ceux qui ont sa personne royale en leur pouvoir, ne pouvant pas m'imaginer que ce qui s'est dict icy puisse avoir autre fin que de justifier son innocence, affin de faire honte à tous ses accusateurs; et comme vous êtes un de ceux qui y pouvez beaucoup contribuer, je vous escris celle-cy en particulier, de l'avis de la Reyne régente notre dame et mère, qui vous sera rendue par le sieur de Varenne, conseiller de mon conseil d'Etat et l'un de mes gentilshommes ordinaires, que j'envoye exprès pour vous faire cognoistre que vous avez en main une occasion de vous signaler, en faisant une action juste en faveur de votre souverain, en usant bien du pouvoir que les armes vous ont donné sur luy, pour le remettre dans sa dignité et dans ses droicts : ce qui vous seroit avantageux par la récompense que vous auriez meritée et par le bien qui en reviendroit à vostre patrie, le repos de laquelle vous devriez procurer : et ce faisant, je vous en seray obligé et vous donneray de solides effets de ma bonne volonté. Je veux bien juger de votre intérieur, et croire que vous vous servirez de l'occasion pour redonner à votre prince les marques de la grandeur et de l'autorité qui lui appartiennent, faisant une chose fort glorieuse et qui vous rendra digne de toutes les grâces et faveurs, particulièrement de la royauté, et qui vous seront asseurées par la parole que je vous ai donnée et parce que mes intentions vous seront plus particulièrement expliquées par M. de Bellièvre, mon ambassadeur, et par ledit sieur de Varenne, en qui vous prendrez toute créance, je m'en remets à eux de s'étendre davantage sur ce sujet; et ce pendant je prieray Dieu qu'il vous ait, etc.

» *A Saint-Germain, le 2 février* 1649. »

« Monsieur Jerton, j'envoye exprez le sieur de Varenne, conseiller de mon conseil d'Etat et l'un de mes gentilshommes ordinaires, pour faire instance en mon nom partout où sera besoing, avec toute la chaleur d'amitié qui m'engage aux intérêts de mon frère, oncle et cousin, le roy de la Grande-Bretagne, à ce que son innocence soit recogneue, et que la paix entre luy et ses sujets se puisse terminer par une voye convenable à sa dignité, et qui soit glorieuse et utile à son parlement et à ceux qui commandent les armées, ne pouvant pas m'imaginer que ceux qui tiennent sa personne en leur pouvoir ayent d'autre pensée que celle de la restablir dans sa puissance légitime, et d'assurer par ce moyen le repos de ses sujets. Je veux croire que vous prendrez un conseil généreux, et que vous vous servirez de vos avantages pour contribuer au rétablissement de sa dignité, ainsy que je vous en prie, et d'ajouter créance à tout ce qui vous sera dict par le sieur de Bellièvre, mon ambassadeur, et le sieur de Varennes, et aux asseurances qu'ils vous donneront de ma bonne volonté, priant Dieu, etc. »

« Monsieur le général Fairfax, nous avons tousjours creu que vous aviez pris le commandement des armées d'Angleterre avec cette seule intention d'asseurer le repos des peuples sous la juste et légitime domination de leur Roy, et nous ne pouvons pas nous imaginer que sa personne royalle estant tombée sous votre pouvoir puisse davantage estre maltraictée, et que, si vous avez quelques raisons qui vous ayent engagé d'en venir si avant, vous serez maintenant plus éclairé, et après avoir recogneu ce qui est seul de sa dignité, ne perdrez pas l'occasion d'agrandir vostre fortune en rétablissant la sienne. En quoy, si mes prières peuvent être efficaces et qu'il se traicte quelqu'accommodement en la conjoncture présente, non-seulement je vous en sauray gré, mais je veux estre le garant de l'exécution des promesses qui vous seront faictes par ledit Roy, mon frère, oncle et cousin ; et faisant réflexion sur ce qui vous sera plus particulièrement exposé par M. de Bellièvre, mon ambassadeur, et par le sieur de Varenne, conseiller de mon conseil d'Etat et l'un de mes gentilshommes ordinaires, que j'envoye exprez vers vous, je prens sujet de bien espérer de vostre humeur généreuse, qui donnera beaucoup d'éclat à sa réputation, si l'innocence dudit Roy est manifestée ; et ne pouvant m'imaginer qu'on voullût mespriser mes instances en une chose si juste et raisonnable, et qui me tient au cœur par le lien du sang et de la fraternité, aussy je me persuade qu'aprez avoir ouy ce que j'ay mis en créance sur mon ambassadeur et sur ledit sieur de Varenne, vous prendrez des résolutions conformes à l'honneur de nostre profession, et à ce que doibt un subject à son roy et à sa patrie. Sur vos assurances, je prieray Dieu qu'il vous ayt, etc.

» *A Saint-Germain, le 2 février* 1649. »

« Cher et bien amé, ayant sceu l'état auquel se trouve réduicte la personne de nostre frère, oncle et cousin, le Roy de la Grande-Bretagne; le mauvais traictement qu'il continue de recevoir nous faisant craindre qu'il ne soit encore pire, nous a obligé d'envoyer exprez ledit sieur de Varenne, conseiller en nostre conseil d'Etat et l'un de nos gentilshommes ordinaires, lequel nous avons chargé de celle-cy que nous vous écrivons de l'avis de la Reyne régente notre mère, pour vous prier d'entrer en considération de ce qui est dû audit Roy, et de contribuer de tout vostre pouvoir à faire en sorte qu'il puisse changer sa mauvaise fortune en une meilleure, et que le respect dont les Anglois ont esté tousjours jaloux pour leur souverain ne se perde pas en celui-cy ; vous assurant que nous nous tiendrons très-obligés, si vous défférez à nos prières très-instantes et affectionnées en faveur dudit Roy, et nous en conserverons un ressentiment parfait pour vous faire cognoistre en toute occasion nostre bonne volonté envers vous, laissant à vostre prudence de penser combien il nous seroit sensible si nous n'estions pas assez considérés en une demande si juste et à la poursuite de laquelle nous sommes intéressés par le sang et la fraternité. Et parce que ceux de la chambre des Communes du parlement d'Angleterre, à qui vous communiquerez ces présentes seront plus particulièrement informés de nos intentions par le sieur de Bellièvre, nostre ambassadeur, et par ledit sieur de Varenne, nous nous en remettrons à ce qui sera dict par eux de nostre part, leur donnant créance pour cette affaire. Cependant nous prierons Dieu qu'il vous ait, très-chers et bons amis, en sa très-sainte garde. »

Nous eûmes bientôt après avis de la condamnation à mort du roy de la Grande-Bretagne, par les commissaires constitués ses juges, qui luy prononcèrent l'arrêt le huictième février, et firent faire l'exécution le lendemain, en place publique, vis-à-vis de la porte de son palais. Cette Majesté souffrit avec beaucoup de patience et de courage les derniers efforts de la malice de ses ennemis, lesquels depuis ordonnèrent que tous les actes ne se feroient plus soubz le nom de Roy, mais soubz le nom de *Custodes libertatis Angliæ, auctoritate Parlamenti.* Cet accident est si estrange qu'on ne peut y penser sans horreur.

Ce fut notre résident de La Haye qui nous en informa le premier par sa lettre du 1er février, dont voici l'extrait :

« Monsieur, vous aurez seu, en droicture de Londres, la mort pitoyable du roy d'Angleterre. Les uns disent que cette barbarie s'est comise dans la salle de Wintal, d'autres dans une place publique. J'ai veu deux lettres : l'une à la contesse d'Arondel, l'autre de l'ambassadeur Paw à son fils, qui demeure en cette ville; toutes deux ne marquent rien de cette circonstance, qui est bien vaine dans une si haute inhumanité. On nous a dit qu'il y avoit lettre de Necuastel à Roterdam, par laquelle les députés d'Ecosse devoient venir à La Haie, vers leur nouveau Roy; nous n'en avons aucune certitude. »

Les affaires d'Ecosse continuèrent de fixer notre attention. Je mandai à M. de Graymont que « les affaires de ce pays, encore chancelantes, avoient fait un grand pas pour leur sûreté et leur repos, en proclamant roy le prince de Galles; mais que, s'ils manquoient à l'affermir en ses droicts et en sa dignité, leur seconde faute deviendroit pire que la première ; que les intentions de Sa Majesté étoient toutes bonnes et avantageuses à cette nation, qui devroient récompenser, par un excès de fidélité et d'amour pour le fils, ce qu'ils ont perdu de réputation en livrant le père aux Anglois. Vous continuerez à nous donner avis de la pente que prendront les affaires, et direz à M. le marquis d'Argueil qu'il y a tousjours plus de fortune et d'honneur à espérer dans les bonnes grâces de son souverain et dans l'amitié d'un Roy de France, que dans le tumulte populaire dont le caprice faict tousjours périr les grands seigneurs. »

En réponse à cette dépêche, M. de Graymont me rendoit compte de ce qui se passoit en ce pays, par sa lettre du 23-13 mars 1649, reçue à Saint-Germain le 4 avril, et que voici :

« Monseigneur, je raisonnois fort mal dans une de mes précédentes lettres : je disois que la différence de religion susciteroit tousjours assez de querelles entre l'Ecosse et les Indépendans, desquelles le roy d'Angleterre pouvoit tirer beaucoup d'avantages; mais à présent je vois que le Covenant est une chose qui sert à diminuer l'autorité du Roy, traverser les Malignans, qui sont ses serviteurs, donner quelque appréhension aux Indépendans, s'acquérir beaucoup de bonne opinion vers le peuple, bref, à se deffendre et offenser soubz ce spécieux tittre de religion, sans épouser des querelles contraires aux intentions des Covenantaires. Les chefs de ce parti disent tout nettement que si le roy d'Angleterre ne l'accepte pas et ne donne toute sorte de satisfaction à l'Eglise, ils n'ont que faire d'entreprendre une nouvelle guerre contre leurs voisins, et ne parlent pas de ce qu'ils feroient pour luy s'il vouloit signer le Covenant, sinon en termes généraux; si bien que je ne sçay comment il se comportera avec eux.

» Le chevallier Flaming, qui arriva icy dimanche pour ses affaires particulières, comme il dit, mais en effet pour espier la contenance de ces messieurs-cy, témoigne que le roy d'Angleterre veut donner toute sorte de satisfaction à l'Eglise; mais qu'il se veut conserver son autorité toute entière. S'ils en demeurent là, et eux dans les termes et fins du Covenant, ils sont bien loing de s'accorder, puisque ledit Covenant déroge entièrement à son auctorité ; si bien qu'il pourroit peut-estre faire un tour en Irlande devant que de venir en Escosse ou autre part. Mais il y a aussy danger que cela n'aigrist ce parlement, qui, après tout, a grand subject de désirer son prince en l'état qu'il le prétend avoir, c'est-à-dire sans autre pouvoir que celuy de les autoriser en toutes choses : ce qui les feroit redouter de ceux qui peuvent devenir leurs ennemis et les mettroit à l'abry de la hayne des Malignans, qui seroient par ladite prise du Covenant qu'auroit fait leur Roy, exclus de toutes charges et dénués des moyens de se venger des injures qu'ils ont reçues. Partant, Monseigneur, il me semble qu'il n'y a pour luy que deux voyes de venir en Escosse : la première est d'y entrer bien accompagné, tant des forces étrangères que de ses anciens serviteurs, ce qui, estant directement contraire au Covenant, donneroit subject à ce parlement de prendre actuellement les armes contre eux, et de se joindre avec l'Angleterre, qui ne pourroit pas avoir une meilleure occasion d'exécuter ses desseins ; l'autre est de venir lui seul avec commissionnaires des Estats du parlement qu'on luy veut envoyer cette semaine, et se jetter entre les bras de ceux qui ont vendu son père : car de croire qu'il obtiendra d'eux, par traité, des conditions plus douces, comme seroient celles de maintenir ses serviteurs et de passer un acte d'oubli de toutes les vieilles querelles et de ce nom de Malignan, il n'y a pas grande apparence, parce que cela reculeroit bien loing du gouvernement des affaires ceux de ce party-cy, et les apauvriroit beaucoup, la pluspart de leurs rentes estant fondées sur des Malignans, qu'ils se sont confisquées. Je n'ay point, Monseigneur, fait cy-dessus particulière mention du parti de Innernesse, parce que s'il n'est assisté de son Roy, il ne pourra pas subsister, et s'il en est aydé, cela dérogera au Covenant et sera un fondement à ceux-cy d'entrer en guerre ouverte contre leur prince. Les dernières nouvelles qui en sont venues disoient que les Malignans avoient démantelé la ville, et s'étoient retirés de l'autre costé de la Spare, ayant rompu le pont après eux, et qu'ils gardoient les passages de cette rivière, et par mesme moyen trois provinces derrière eux, qu'ils veulent faire souslever contre le lieutenant-général David Leslay, qui est arrivé là : ce qui me fait croire qu'ils ne sont pas cinq ou six mille hommes comme on disoit, et je vois que les autres Malignans rabattent beaucoup de la joye qu'ils avoient conceue au premier bruit de ce remuement. Cromwell a envoyé icy le colonel Roc pour voir si ce parlement vouloit maintenir tout de bon la protestation de ses commissionaires. On doit expédier aujourd'hui et luy donner réponse à la lettre qu'il a présentée. Je ne sçay pas quelle elle sera, mais on m'a dict de bonne part que, outre celle qu'on a envoyée avec une qui auctorisoit la protestation faicte, laquelle adoucit touttes choses, il y a apparence qu'on luy en donnera encore une autre pour asseurer les indépendans de leur bonne volonté, et affermir la bonne intelligence qu'ils sont obligés d'entretenir avec eux pour parvenir à leurs intentions, quelles qu'elles soient.

» Ce parlement a disposé, la semaine passée, entre ses membres, des principaux offices du royaume, dont je remets à vous entretenir quand j'en auray l'imprimé. Il est à présent à ordonner de ceux de la justice dans lesquels il ne souffrira pas un qui ait seulement quelque bonne volonté pour les Malignans, c'est-à-dire pour les serviteurs et service de leur Roy. Sur quoy, Monseigneur, je vous prie de remarquer qu'il a disposé de ces offices de sa propre auctorité sans le consentement dudit Roy, ce qui est absolument contre les lois et coustumes du royaume. Au reste, on travaille tousjours aux levées sans donner à connoître précisément à quelle fin, lesquelles se font, pour la pluspart, aux dépens des Malignans et de quelques nouveaux impôts.

» On disoit ce matin que le party qui estoit à Innernesse estoit dissipé, et que les principaux chefs d'iceluy s'estoient rendus à David Leslay. On rapporte d'Hollande que M. Montross est en grande auctorité vers son Roy ; que les inimitiés entre luy et les Hamiltons ne sont pas encore assoupies, et que le chevalier Douglas, qu'on me vient de dire arriver, en estoit parti pour Escosse, avec commissions du roy de la Grande-Bretagne au parlement. On parle du marquis d'Hunteley. Reste, Monseigneur, à vous souhaiter toutes sortes de prospérités, et vous demander la permission de me dire, avec toute sorte de respect, votre, etc. »

Par ma dépêche datée de Compiègne le 14 mai, je recommandois surtout à M. de Groullé, qui étoit aussi chargé de nos affaires en Ecosse, qu'en s'expliquant avec les Anglois de ce qu'on pensoit d'eux en ce royaume, de ne point advouer que nous eussions le désir d'assister le roy de la Grande-Bretagne, affin que ces gens-là ne songeassent point à nous prévenir ; mais leur laisser croire que nous étions occupés à nos propres affaires, et que nous n'étions pas pour nous ingérer des leurs, ny contrarier tout ce qu'ils fesoient. Et pour moy, je croiois qu'il suffisoit de les abandonner à leur propre confusion, et qu'elle devoit croistre parmi eux si fort, qu'il ne faudroit point d'autres voyes ni pratique pour les destruire ; qu'il faloit continuer de m'avertir avec soin de tout ce qu'il pouvoit pénétrer. « Si le roy d'Angleterre, lui écrivois-je, vient en cette cour, ce ne sera que pour faire compliment à Leurs Majestés, qui sont à présent occupées au principal effort de la guerre, qui sera faite en Flandres. Notre armée allemande ayant passé dès avant-hier la rivière, est entrée dans le Haynault, et va joindre notre armée françoise pour entreprendre quelque grand siége. »

Nous eûmes, vers ce même temps, avis par le résidant de La Haye, que « le nommé Dauristaus, hollandois, et qui, servant de fiscal dans l'armée de Fairfax, a poursuivi en jugement le feu roy d'Angleterre, fut atrapé, le 12ᵉ du mois, à dix heures du soir, à La Haie, en soupant, et percé de cinq coups, dont il mourut à la mesme heure; qu'il étoit envoyé par la République angloise vers les Etats, et que l'on faisoit perquisition de ceux qui l'ont paié. Enfin le roy de la Grande-Bretagne arriva en France et vint dîner à Compiègne, au mois de juillet, avec Leurs Majestés, monsieur le duc d'Anjou, monsieur et madame d'Orléans et Mademoiselle. Cette Majesté fut fort bien reçue en la cour, et en partit satisfaite, pour aller trouver la Royne, sa mère, à Saint-Germain, et prendre avec elle ses résolutions pour son voyage d'Irlande. »]

M. le prince ne fut pas plus tôt de retour à Paris, qu'il s'aperçut que M. le duc d'Orléans avoit du refroidissement pour lui, et néanmoins ils vivoient en apparence avec beaucoup de civilité. Le cardinal, dont l'esprit étoit fort capable de causer leur mésintelligence, fit naître des soupçons dans celui de M. le prince, et lui persuada que le coadjuteur, qui étoit ennemi de Mazarin, avoit beaucoup de crédit sur Monsieur, et que ce prélat avoit résolu de faire assassiner Son Altesse, un jour qu'elle passeroit dans son carrosse sur le Pont-Neuf. Dans ce même temps-là, le cardinal, pour mettre dans ses intérêts les ducs d'Epernon et de Bouillon, la maison de Rohan de la branche de Guémené, et la comtesse de Fiesque, fit consentir Sa Majesté qu'ils se couvriroient tous aux audiences, et que leurs filles auroient le tabouret, de même que cette comtesse. Ils furent donc mis en possession de cet honneur; mais la noblesse s'en formalisa, en disant, entre autres raisons, que sous le gouvernement d'une femme et d'un enfant on oseroit tout entreprendre. Elle forma une assemblée qui se joignit à celle du clergé, qui se tenoit pour lors. Ces deux corps députèrent conjointement pour faire des plaintes communes sur les désordres de l'Etat, qui ne pouvoient être corrigés que par une assemblée des notables du royaume. Les nobles firent une plainte, en particulier, de ce qu'on vouloit distinguer de certaines maisons d'avec d'autres qui ne leur cédoient en rien. On fit toutes les diligences possibles pour faire cesser cette assemblée; mais tous les moyens qu'on s'étoit proposés s'étant trouvés inutiles, les grâces furent révoquées, et l'on promit la convocation des Etats-généraux.

Il est bien vrai que M. le prince n'approuvoit pas que ces honneurs eussent été communiqués à tant de maisons; mais il y en avoit aussi qu'il vouloit favoriser, comme celle de Bouillon : ce qui fut cause qu'il ne cessa de supplier la Reine que l'acte par lequel le Roi s'étoit engagé d'élever les uns au préjudice des autres fût supprimé. J'en avois, par malheur pour lui, été rendu le dépositaire, et je ne craignis point de dire à cette princesse que ceux qui me pressoient de rendre cet acte se mettoient peu en peine de ce qui pouvoit lui en arriver, et négligeoient son service pour des intérêts particuliers.

Sa Majesté m'ayant pressé deux différentes fois de lui remettre cet écrit que nous avions signé M. Le Tellier et moi, je lui dis pour m'en défendre qu'il pouvoit être révoqué par un postérieur : ce qui ne satisfaisant point ceux qui s'y trouvoient intéressés, ils eurent recours au cardinal pour l'obliger à m'en parler. C'est ce qu'il fit, en me blâmant de la difficulté que je faisois d'obéir à la Reine. Mais, après qu'il eut épuisé toute son éloquence pour me faire consentir à ce qu'il vouloit, je ne pus m'empêcher de lui répondre, en me servant des termes des païens, qu'il parloit. . . . .
Mais qu'il se trompoit, s'il croyoit pouvoir m'obliger par force à faire pour lui ce que j'avois refusé à la Reine; que Sa Majesté étoit en droit de me commander; que les autres pouvoient tâcher de me persuader, mais qu'il ne seroit pas aisé d'y réussir. Cette Eminence eut alors recours à la Reine, qui me dit : « J'ai une preuve à désirer de votre affection; voyez si vous me la devez refuser. » J'eusse volontiers répondu à cette princesse comme Eole fit à Junon (1); mais, sans me servir des paroles du poète, j'assurai la Reine qu'il n'y avoit rien que je ne fisse quand il s'agiroit de lui plaire. « Eh bien, me dit-elle, remettez à M. le prince l'écrit qu'il y a si long-temps qu'il presse pour le ravoir. » Je m'y engageai, et je le dis à M. Le Tellier, qui m'en sollicitoit continuellement, et qui crut me pouvoir porter à ce prince une nouvelle qui lui fût plus agréable, en lui disant que je lui avois même offert de le lui remettre. Son Altesse

(1) . . . . . Tuus, o Regina, quid optes
Explorare labor : mihi jussa capessere fas est.
(*Enéide*, livre 1, vers 76.)
(A. E.)

m'envoya un de ses officiers pour m'avertir de l'attendre le lendemain matin, ajoutant qu'elle ne vouloit point que j'allasse à son hôtel. Je fus surpris de ce discours, et je m'engageai d'attendre M. le prince, qui ne manqua pas de venir chez moi à neuf heures précises. J'allai à sa rencontre, et je lui remis les papiers qu'il avoit souhaités avec tant d'empressement, et lui ayant demandé, en lui faisant mon compliment, pour quelle raison il s'étoit donné tant de peine, et n'avoit point voulu que j'allasse chez lui : « C'est, me dit-il, qu'on n'eût pu croire que vous y seriez venu pour négocier. — Bien d'autres, lui répondis-je, s'en donnent la liberté; et quand je la prendrois, je ne croirois pas qu'on y dût trouver à redire. Mais j'entends bien ce que cela signifie : c'est que, ne l'ayant pas fait, vous le trouverez mauvais. J'aurai à l'avenir une conduite plus régulière. — Faisons, me dit-il, deux tours dans votre cabinet, et fermez la porte. » Ensuite, continuant son discours, il m'ajouta : « Vous avez blâmé la manière dont j'en ai usé avec la Reine; mais c'est sans doute parce que vous ignorez qu'elle m'avoit promis le gouvernement du Pont-de-l'Arche, dont elle s'est dédite. » Je lui avouai que la nouvelle m'en surprenoit, et que j'en étois d'autant plus surpris qu'il eût insisté pour le faire donner à M. de Longueville, après ce que je lui avois entendu dire qu'il valoit mieux hasarder le tiers du royaume que de le faire; que je ne comprenois pas, par plusieurs raisons que je lui alléguai, quelles étoient celles qui avoient pu le faire changer de sentiment; mais que je le suppliois de ne point trouver mauvais si je doutois que la Reine s'y fût engagée. « Il est vrai, me dit-il, que ce n'est pas à elle à qui je me suis adressé, mais au cardinal, qui m'a promis de faire tout ce qu'il pourroit pour me contenter. — Il peut, lui répondis-je, y avoir fait de son mieux sans l'avoir obtenu de Sa Majesté. Et en cela vous n'avez aucune raison de vous plaindre de la Reine, mais beaucoup de vous louer du cardinal. » Il me fit une réponse qui me surprit autant que les paroles aigres et emportées dont il se servit pour exprimer sa colère; ce qui m'obligea de lui dire : « Vos expressions et vos pensées, Monsieur, sont outrageantes par rapport aux obligations que vous avez à la Reine; car Votre Altesse sait bien que la Reine ne mérite pas d'être maltraitée. Quand il arrive que le maître, pour empêcher qu'un ancien serviteur ne soit opprimé par un plus puissant, fait quelque chose qui pourroit être blâmé, il s'en disculpe sur l'amitié qu'il porte à celui qu'on veut opprimer; mais lorsqu'il s'agit d'une femme, l'interprétation est toujours mauvaise; parce que si on lui doit du respect, on est blâmé de lui en manquer. Vous savez bien que la Reine ne doit point être traitée de la sorte, n'y ayant bienfaits ni grâces que vous ayez désirés d'elle que vous ne les ayez obtenus. — Quelles sont ces grâces? me dit-il; voudriez-vous mettre en ligne de compte qu'elle m'a donné le gouvernement d'une province et d'une place? C'est ce qu'on avoit promis à feu mon père avant la mort du feu Roi. » Je lui dis que j'en convenois, que l'évêque de Beauvais l'avoit promis, mais que la Reine avoit tenu parole à ce prélat. Ce prince, transporté de colère, me dit alors : « N'estimez-vous donc point mes services? — Bien plus, lui répondis-je, que Votre Altesse ne le pourroit faire elle-même, parce que la modestie l'en empêche. Mais, puisque l'occasion s'en présente, je me crois obligé de vous dire, Monsieur, que ce n'est point votre fortune qui fait la grandeur de l'Etat, mais qu'au contraire la puissance royale a contribué à votre gloire. Tel autre auroit pu commander les armées du Roi, qui auroit été aussi heureux que Votre Altesse. Avant que vous eussiez rendu à l'Etat des services considérables, d'autres l'auroient pu faire aussi; mais s'il avoit fallu les récompenser comme vous l'avez été, on se seroit vu contraint de démembrer la monarchie. » L'horloge sonnant midi, comme c'étoit un dimanche et que M. le prince n'avoit pas encore entendu la messe, le prince de Conti, qui étoit dévot, et qui attendoit dans la salle, frappa à la porte de mon cabinet, pour avertir son frère d'aller à la messe : cela finit notre conversation. Il me parut que depuis ce jour-là le prince de Condé n'eut plus la même confiance en moi. Cependant il se croyoit assuré de la cour qu'il s'imaginoit gouverner absolument, et n'avoir rien à craindre de M. le duc d'Orléans, persuadé qu'il étoit que Son Altesse Royale avoit moins de crédit que lui. Madame la princesse douairière entra en quelque méfiance, parce qu'elle remarqua que la Reine avoit du refroidissement pour elle; mais le cardinal se conduisoit avec tant de dissimulation à l'égard de M. le prince, que les plus éclairés entroient dans les sentimens de celui-ci, qui raisonnoit de cette manière : «On ne peut m'arrêter que très-difficilement, à moins que M. le duc d'Orléans n'y consente. Et comme il n'auroit pas de secret pour l'abbé de La Rivière, je suis assuré que je n'ai rien à craindre; car il ne manqueroit pas de m'avertir de ce qui pourroit venir à sa connoissance. » Il y eut pourtant de ses créatures qui entrèrent dans la méfiance, et qui lui conseillèrent de se tenir plutôt à Saint-Maur qu'à Paris, afin d'être plus en état de se retirer s'il venoit à découvrir qu'on eût quelque dessein de l'arrêter. Mais on n'évite jamais ce que la providence de Dieu a résolu (1).

[1650] Le cardinal fit naître du soupçon dans l'esprit de M. le duc d'Orléans pour l'abbé de La Rivière, en ce qui regardoit M. le prince de Condé, et sut ensuite l'engager à consentir que le prince fût arrêté prisonnier. L'Eminence lui représenta que c'étoit un esprit altier qui, en plusieurs occasions, lui avoit manqué de respect, et que le consentement qu'il donneroit à ce que le prince fût arrêté, étoit un moyen pour faire voir que lui, Monsieur, étoit uniquement attaché au Roi; que cela affermiroit l'autorité royale. D'ailleurs M. le duc d'Orléans étant obsédé par les amis du coadjuteur, qui étoient ennemis déclarés du prince, Monsieur n'en consentit que plus facilement à tout ce que l'on souhaitoit de lui. L'exécution d'un pareil dessein étoit pourtant très-difficile; car il falloit faire arrêter en même temps les deux frères, et M. de Longueville, leur beau-frère. Tout autre lieu que le Palais-Royal y paroissoit peu propre. Il falloit des forces considérables pour les conduire à Vincennes, parce que le prince de Condé avoit à sa dévotion, dans la ville de Paris, un grand nombre d'officiers des troupes qui avoient été levées sous son nom, et dont la bravoure pouvoit faire craindre qu'elles ne fussent capables de tout entreprendre pour procurer la liberté de ce prince. Le jour de l'exécution étant arrêté, on fit monter à cheval les compagnies de la maison du Roi, qui se mirent en bataille au marché aux chevaux. M. le prince, en étant averti, en demanda la raison au cardinal, qui lui répondit qu'on avoit eu avis que Descoutures vouloit se sauver, et qu'on avoit assemblé des troupes pour l'arrêter. Comme il étoit ennemi déclaré de ce prince, Son Altesse en témoigna beaucoup de joie, et n'examina pas davantage la chose. On l'avoit long-temps amusé de l'espérance de faire arrêter Descoutures, et l'on avoit même fait toutes les diligences apparentes pour y réussir. Beaucoup de gens croyoient qu'on affectoit de paroître désirer ce qu'on ne vouloit pas exécuter; mais il n'y avoit que M. le prince qui, étant persuadé de la bonne foi du cardinal, prenoit pour argent comptant les raisons qu'on lui donnoit.

Je me souviens que, s'en étant un jour entretenu avec moi, et ne croyant pas la chose si difficile qu'on la lui représentoit, je lui demandai si c'étoit tout de bon qu'il désiroit que Descoutures fût pris; et m'ayant dit qu'oui, je l'assurai qu'il ne me falloit que trois jours pour découvrir l'endroit où il étoit retiré; que, quand

---

(1) Le comte de Brienne parle peu dans ses Mémoires du prétendu assassinat de Joly, événement assez important, puisqu'il prépara l'arrestation du prince de Condé. La dépêche suivante de ce personnage, adressée à M. Matharel, suppléera à ce silence. Elle est également tirée des papiers de Brienne:

« Cet ordinaire vous portera des nouvelles de cette ville qui estonneront nos ennemis. Jeudi dernier, sur l'occasion d'un coup de pistolet tiré dans le carrosse du sieur Joly, conseiller au Châtelet, par quelques personnes incognues, sans toutefois le blesser, quelques séditieux vinrent au palais pour y esmouvoir le peuple, et s'en trouva d'assez insolens pour crier aux armes, et qu'on avoit assassiné des conseillers, pour faire l'effect qu'on s'estoit promis. Les bourgeois se mocquèrent du bruit et dirent tout hault qu'ils n'avoient que faire des querelles particulières, et qu'ils n'armeroient point sans le commandement du Roy.

» Le lendemain, plusieurs vagabons s'assemblèrent sous le mot de Bordeaux, en place Dauphine, à dessein d'assassiner monseigneur le prince; lequel, en ayant esté adverti, envoya M. Violard, son escuyer, recognoistre. Il fut poussé par cette canaille qui tira sur luy, et après s'estre retiré, fit passer un des carosses de Son Altesse avec cinq valets de pied derrière et deux devant, portant des flambeaux. Ces gens-là vinrent au carosse au milieu du Pont-Neuf, et ayant veu qu'il n'y avoir personne dedans, attaquèrent le carosse de M. le marquis de Duras qui le suivoit, et tirèrent deux coups de pistolet dedans, croyant que monseigneur le prince y seroit, et blessèrent un laquais qui estoit seul, lequel en mourut quelques heures après.

» Tout cela obligea Son Altesse Royale et monseigneur le prince d'aller au parlement, où les chambres estoient assemblées, pour y demander justice et de l'assassinat contre M. Joly, et des actions séditieuses de ceux qui avoient crié aux armes. Il fut arresté qu'il en seroit informé, et deux conseillers députés à cet effet: lesquels ont aujourd'huy rapporté lesdites informations, en présence de Leurs Altesses, et a esté décrété prise de corps contre le sieur de La Boulaye et un nommé Germain Lagneau et autres.

» Si bien que voilà les meschans escartés et l'autorité du Roy restablie, aussi bien que celle de la cour de parlement qui veut faire justice des auteurs et complices de ces désordres, afin que la punition en soit exemplaire et retienne chacun dans son debvoir.

» Les colonels des quartiers sont venus asseurer Leurs Majestés de la fidélité des bourgeois, et qu'ils ne se mesleront en aucune sorte des affaires de particuliers, et qu'ils ne prendront les armes que par le commandement du Roy par son service, tous prests d'exterminer tous les Frondeurs et les perturbateurs du repos public. C'est la vérité de tout ce qui s'est passé, et s'il en estoit écrit autrement, vous aurez de quoi destromper celuy qui en auroit des informations contraires.

» Ceux de Bordeaux sont bien estonnés de ce que M. le comte Du Dognon a combattu dans la rivière et coulé deux de leurs grands vaisseaux à fond. Ils viendront bientost au repentir et à demander grâce, et nous croyons que tout sera calme dans deux jours.

» DE LOMÉNIE.

» Du 14 décembre 1649, à Paris. »

cela seroit fait, je manderois des officiers du guet de ma connoissance, qui me donneroient les moyens dont il faudroit se servir pour arrêter Descoutures. C'est à quoi je m'employai : et ils me promirent de faire toutes les diligences qui dépendroient d'eux. Elles ne furent pas inutiles, puisqu'ils découvrirent sa demeure, et me dirent ce qu'il falloit faire pour s'assurer de sa personne. L'ayant redit à M. le prince, il en parla au cardinal, qui lui répondit : « Ce seroit commettre l'autorité royale que de vouloir faire prendre un homme logé dans la ville, proche l'église métropolitaine. » Ce prince, sans y faire beaucoup de réflexion, se contenta de cette raison, et me la redit. Je lui répondis : « On n'a pu croire qu'un homme qui a peur ne cherche et ne prenne sa retraite dans un lieu où il ne pourroit pas facilement être arrêté ; mais, puisque c'est une affaire à peser, c'est aussi à vous de voir si la monnoie qu'on vous présente est d'un bon aloi. Quant à moi, je vous avouerai franchement que je ne la prendrois pas en paiement. »

Les princes de Condé (1) et de Conti, et M. de Longueville se rendirent au Palais-Royal, sous prétexte de tenir conseil. Avant que le premier sortît de chez lui, il fut averti par madame sa mère qu'il se passoit des choses qui pouvoient faire soupçonner qu'on les vouloit arrêter. Madame la princesse ajouta qu'elle connoissoit la cour par sa propre expérience. « Qu'ai-je à craindre ? lui répondit le prince : le cardinal est mon ami. — J'en doute, lui dit-elle. — Vous avez tort, lui répliqua son fils, car je compte autant sur lui que sur vous. » Madame la princesse finit son discours en lui ajoutant : « Dieu veuille que vous ne vous y trompiez pas ! »

La Reine feignit une incommodité et demeura toujours sur son lit, afin qu'on ne remarquât point de changement à son visage. Tous les ennemis du prince se trouvèrent au palais avec leurs épées. Ceux qui devoient assister au conseil s'y rendirent à l'heure qui leur avoit été donnée, qui étoit celle dans laquelle la chose devoit être exécutée. La Reine ayant dit que l'on passât dans la galerie, afin qu'elle se pût lever, M. le prince s'avança, et peu après lui l'abbé de La Rivière.

Comme nous étions entrés, M. d'Avaux et moi, avant M. le chancelier, nous fûmes surpris de n'y point trouver le cardinal. Mais, faisant réflexion qu'on y pouvoit passer de son appartement, nous jugeâmes qu'il l'auroit fait. Ce fut là que ce saint ministre déclara à La Ri-

(1) L'arrestation des princes eut lieu le 18 janvier 1650.

vière ce qui avoit été résolu. Celui-ci lui répondit : « Vous m'en avez fait un secret, je suis perdu avec mon maître. » Le cardinal le voulut rassurer ; mais l'événement fit connoître que l'abbé de La Rivière connoissoit à fond l'esprit de M. le duc d'Orléans, et que la cour l'avoit voulu perdre.

Nous avions commencé une conversation, M. d'Avaux et moi. Nous nous mîmes sous la cheminée pour la finir. Le chancelier s'en approcha, et messieurs les princes. Celui de Condé dit à ce magistrat : « Il se passe une affaire qui intéresse les rentiers, et qui me paroît d'une assez grande conséquence pour l'examiner avec plus de loisir qu'on ne le fait, car elle pourroit avoir des suites fâcheuses. » Le chancelier, voulant justifier la conduite du conseil, M. le prince lui répondit, en témoignant la désapprouver : « Cette affaire mérite bien d'être examinée à tête reposée : mais, quoi qu'il en puisse arriver, je n'en serai pas plus blâmé, et peut-être encore moins que ceux qui s'en mêlent. »

Pendant que ce prince parloit au chancelier, Guitaut, capitaine des gardes de la Reine, accompagné de Comminge et de quelques officiers de sa compagnie, entra dans la galerie, et le prince de Condé, qui s'y promenoit, s'étant avancé vers lui, fut fort surpris quand il lui dit qu'il avoit ordre de l'arrêter, avec M. le prince de Conti et M. de Longueville. Celui de Condé revint où nous étions, pour dire aux autres qu'ils étoient prisonniers de la part du Roi, et que M. Guitaut avoit ordre de s'assurer de leurs personnes. Le chancelier, surpris de ce discours, et qui n'avoit aucune part à la résolution qui avoit été prise, lui dit que c'étoit une plaisanterie que Guitaut faisoit ; et sur cela le prince lui répondit : « Allez donc trouver la Reine, pour l'avertir de la plaisanterie qui se fait. Pour moi, je tiens pour une chose très-sûre que je suis arrêté. » Alors Guitaut s'avança pour faire descendre M. le prince dans le jardin. Il y avoit un carrosse prêt à la porte. Le prince me dit, avec beaucoup de bonté et de fierté tout ensemble : « Monsieur, comme j'ai souvent reçu des marques de votre amitié et de votre générosité, je me promets que vous direz un jour au Roi les services que je lui ai rendus. » Le prince de Conti m'embrassa, et me dit adieu. Jamais personne, de quelque naissance qu'elle ait été, n'a reçu un revers de fortune avec moins d'étonnement que ces princes. M. de Longueville ayant dit qu'il falloit songer à se sauver, M. le prince répondit : « Il n'y a point d'avenues qui ne soient gardées. » Et celui de Conti ajouta :

« Dieu m'a exaucé, car j'ai souvent souhaité, s'il vous arrivoit quelque disgrâce, de la partager avec vous. » Guitaut les pressa de marcher. Ils n'y témoignèrent aucune répugnance ; et comme ils descendoient dans le jardin, la Reine, M. le duc d'Orléans et le cardinal vinrent dans la galerie. Celui-ci voulut exposer les raisons que Sa Majesté avoit eues d'en user de cette manière ; et, témoignant ouvertement la joie qu'il ressentoit de celle que le peuple feroit paroître, il me demanda ce que j'en pensois. Ma réponse fut que je n'avois pas accoutumé de blâmer ce que les maîtres faisoient ; que la joie publique ne venant que de la haine qu'on avoit conçue contre le prince, parce qu'on le croyoit ami de Son Éminence, dans huit jours on plaindroit son malheur, et que dans quinze il le monde le regretteroit, et ne s'entretiendroit que des grandes actions qu'il avoit faites pour le service du Roi. Le cardinal, piqué de ce que je n'étois pas de son avis, me dit : « Le prince ne vous aimoit pas. — J'en conviens, lui répondis-je, et je vous en avois l'obligation ; mais nos querelles n'étant marquées qu'avec de la craie, nous avons passé par dessus une éponge mouillée. Ainsi elles sont oubliées et effacées. » Le cardinal fut fâché de ce que je n'avois pas pris feu à son discours, et m'ajouta : « Le prince ne vous estimoit pas. » Alors je fus obligé de lui répondre que j'avois sujet d'être persuadé du contraire, non-seulement parce que la conduite qu'il avoit tenue à mon égard dans le moment de sa disgrâce m'en donnoit des assurances, mais parce que d'ailleurs, en examinant ma manière d'agir, je la trouvois si pure, que je ne pouvois avoir perdu l'estime de ceux qui faisoient profession d'honneur et de vertu. Le premier ministre, pour mettre fin à la conversation, me dit : « La Reine veut que ce soit vous qui alliez trouver madame la princesse, pour lui faire savoir ce que Sa Majesté a ordonné, et qu'on n'a rien fait que pour l'avantage des princes et de leurs maisons. Car il est bien plus à propos que des nouvelles de cette nature nous soient annoncées par des amis que par des ennemis, quand ce ne seroit que parce que ceux-là font des rapports fidèles, et que ceux-ci y peuvent ajouter ou diminuer : ce qui cause souvent beaucoup de mal. » J'exécutai l'ordre qui me fut donné, et j'allai à l'hôtel de Condé, où j'attendis assez long-temps madame la princesse, qui étoit sortie, et qui n'apprit pas de moi cette nouvelle désagréable, mais de madame de Longueville, qui lui dit un mot à l'oreille avant que j'eusse commencé à lui parler. Elle en parut troublée ; mais la présence et la force de son esprit firent qu'elle ne dit rien qui ne pût être rapporté.

Madame de Longueville sortit de Paris et se détermina d'aller en Normandie. Elle fut cause en partie que le Roi fit le voyage de Rouen, d'où il envoya sommer les villes de Dieppe et de Caen, qui se rendirent. Cette princesse, après s'être tenue un temps considérable cachée en différens endroits du royaume, alla à Stenay, d'où elle fit la guerre, sous le prétexte de l'injuste détention de messieurs ses frères et de monsieur son mari. Le Roi, ayant fait quelque séjour à Rouen, revint à Paris, d'où il partit pour aller en Bourgogne. M. de Vendôme, qui avoit le gouvernement de cette province, assiégea la ville de Bellegarde, qui capitula, et suivit l'exemple du château de Dijon et des autres places qui en avoient fait de même. La province de Bourgogne étant calmée, Sa Majesté revint à Paris, d'où elle alla en Guienne, sur la nouvelle qu'elle reçut que Bordeaux s'étoit déclaré pour les princes, après avoir donné retraite à madame la princesse et à madame de Longueville. Le Roi se détermina à en faire le siége ; et, pour ôter tout sujet de méfiance aux habitans, il en retira le gouvernement des mains de M. d'Epernon, dont la maison, de même que le Château-Trompette, avoit été rasée par le peuple, qui avoit député en Espagne et en Angleterre pour avoir du secours. M. de Bouillon, s'étant enfermé dans cette ville avec les princesses du sang qui y étoient, prit les armes contre le Roi, aussi bien que le vicomte de Turenne son frère, qui passa dans le service d'Espagne. Le commandement de l'armée de terre fut donné au maréchal de La Meilleraye. Celle de mer fut donnée à Du Dognon. Après quelques jours de siége, Bordeaux capitula et ouvrit ses portes au Roi, auquel le parlement de Paris avoit envoyé quelques-uns de son corps qui favorisoient en tout ceux de Bordeaux.

Sa Majesté se rendit en Guienne par le chemin ordinaire. Je la suivis, aussi bien que Servien qui, prétendant être logé avant les secrétaires d'État, se servit du cardinal pour en faire donner l'ordre aux maréchaux de logis. Cela lui réussit à Angoulême : et comme c'étoit une chose inouïe, on la tint fort secrète. La cour en étant partie pour aller à Aubeterre, ce fut là que la dispute commença tout de bon, et qu'une affaire de très-petite conséquence donna lieu à une querelle à laquelle Servien ne s'étoit point attendu. Le bruit fut excité par mes gens, qui me rapportèrent l'ordre donné aux maréchaux de logis, et je me trouvai obligé d'en faire mes plaintes à la Reine, à laquelle (je ne puis m'empêcher de l'avouer) je parlai avec plus de chaleur que je ne devois. Mais on ne garde pas toujours les règles de la bienséance quand on est véritablement offensé. Je dis donc à Sa Majesté que je n'aurois jamais cru qu'elle eût voulu m'ôter l'honneur. « Comment, me dit cette princesse, cela pourroit-il être arrivé? Je n'en eus jamais la pensée. — Cela est arrivé en commandant, lui ajoutai-je, que M. Servien fût logé avant moi, lequel a si bien reconnu mon droit, qu'ayant souvent logé ensemble, il a souffert que mon nom fût écrit avant le sien; et sans que j'aie été entendu, ni messieurs les secrétaires d'État, nous apprenons, Madame, qu'il a obtenu un jugement en sa faveur. » La Reine me dit ce qu'on lui avoit exposé pour l'engager à donner gain de cause à Servien, et ajouta qu'il étoit ministre. Je lui répondis, avec un peu trop de chaleur, que je n'en connoissois qu'à Charenton et aux Mathurins. Cela déplut à Sa Majesté; mais elle n'en fit rien paroître alors, compatissant peut-être à ma peine. J'obtins même de sa bonté que nos raisons seroient écoutées, et qu'elle nous feroit droit. Le lendemain matin j'allai chez le cardinal pour lui faire mes plaintes de ce qu'avoit pris le parti de M. Servien contre moi. Il fit ce qu'il put pour me lasser, et pour faire en sorte que mon impatience me fît retirer; mais j'étois résolu de lui parler : de manière que, voyant que son artifice lui étoit inutile, il ne put se défendre de me voir. Je lui remontrai mon droit et le sujet de mes plaintes, et, voyant qu'il ne me répondoit rien : « M. Servien, lui dis-je, a voulu m'attaquer, mais je me défendrai, puisqu'on ne me rend pas justice. » Le cardinal prit occasion de me répondre : « Il s'en tirera bien; et s'il n'étoit pas assez fort, je lui servirois de second. » Alors, sans m'étonner, je lui répondis : « Monsieur, avec la qualité dont vous êtes revêtu et celle que vous avez en France, vous ne devriez point me tenir un tel langage. Mais ce que Votre Eminence me dit ne m'empêchera point d'aller mon chemin, et nous verrons ce qui en arrivera. » Je me retirai; et le jour que le Roi alla coucher à Coutras je fus remis en possession de mon droit, celui de Servien demeurant pourtant en son entier; c'est-à-dire que la liberté lui fut laissée de contester au fond. La cour se rendit de Coutras à Libourne, où les députés du parlement de Paris eurent audience.

Les sceaux qu'on avoit ôtés au chancelier furent donnés à M. de Châteauneuf, qui resta à Paris avec M. Le Tellier, pour voir ce qui s'y passeroit et pour contenir M. le duc d'Orléans, c'est-à-dire pour prendre garde qu'il ne se laissât surprendre ni par les factieux du parlement, ni par les amis du princes, ni par ceux du coadjuteur; car, quoiqu'il eût peu d'amitié pour eux, on s'aperçut qu'il avoit aussi de la haine et du mépris pour le gouvernement. M. Le Tellier remarquoit que, lorsqu'il parloit le premier à Monsieur, il avoit assez sujet d'être content de ses raisons; mais qu'il paroissoit tout autre, aussitôt que le garde-des-sceaux ou quelque autre l'avoit entretenu.

Notre retour à Paris fut précipité, sur une terreur panique que le cardinal ne sut dissimuler étant à Bordeaux, et par l'envie qu'il avoit d'empêcher que M. le duc d'Orléans ne se fît chef de parti dans les provinces qui sont au-delà de la Loire. Je n'eus aucune part à l'accommodement de Bordeaux parce que je n'étois pas dans les bonnes grâces du cardinal qui ne prenoit conseil que de Servien, et aussi parce que je tombai malade à Bourg. Je me trouvai hors d'état d'entendre parler d'affaires, et j'étois même si foible, quand le Roi en partit pour Bordeaux, que je ne pus le suivre. Je reçus pendant ma maladie tant de marques des bontés de Leurs Majestés, que je me crois obligé de n'en rien dire par modestie. La Reine m'ayant commandé de me rendre auprès d'elle aussitôt que ma santé pourroit me le permettre, je m'embarquai à Blaye, où j'étois allé pour changer d'air; et je ne fus pas plus tôt arrivé à Bordeaux, que j'appris que les synodes de la haute Guienne et du haut Languedoc s'étoient assemblés, quoique cela leur fût défendu par les édits, et qu'ils avoient eu même la témérité de députer au Roi. Je fus d'avis qu'on ne reçût point leurs députés; mais Servien, ayant soutenu l'affirmative au contraire, obtint qu'ils auroient audience. Je fis ce que je pus pour l'empêcher; et comme le droit étoit en cela de mon côté, on me dit pour raison que si le Roi n'entendoit pas ces députés, cela produiroit un mauvais effet, et seroit mal reçu non-seulement par ceux qui les avoient députés, mais généralement par tous les religionnaires; que, dans l'état présent des affaires, il n'étoit pas du service du Roi de les aliéner, et qu'il y avoit même un tempérament à prendre avec eux, dont ils ne paroissoient pas bien éloignés : c'étoit de se servir de ces termes, *ceux qui nous ont été députés*, sans nommer les synodes de Guienne et de Languedoc assemblés. Je répondis que c'étoit sauver en quelque façon les apparences; mais qu'il falloit pourtant s'assurer d'eux, et prendre garde de les faire taire s'ils venoient à manquer à ce qu'ils avoient promis. Cela fut ainsi accordé, à ce qu'on nous rapporta, mais ne fut pas exécuté de même; car le Roi eut le déplaisir de voir qu'un de ses sujets lui manqua de respect.

La cour se disposa à revenir à Paris, où les amis des princes avoient tellement gagné l'esprit de M. le duc d'Orléans, qu'il demanda que la garde lui en fût donnée. La cour en vit les conséquences, et ceci donna matière à plusieurs affaires. La Reine tomba malade sur la route, et fut obligée de séjourner à Amboise, où elle eut des accidens qui firent craindre pour elle à ses serviteurs, et que le Roi ne tombât sous la conduite de monsieur son oncle. Ils tinrent entre eux des conseils pour contribuer à la liberté des princes si ce malheur arrivoit: voyant bien que pour affermir l'autorité royale il falloit qu'il y eût deux partis dans la cour, puisqu'il y en avoit un de formé dont tout étoit à craindre; que plusieurs officiers s'étoient donnés à M. le duc d'Orléans; que des esprits factieux recherchoient sa protection, et que tous concouroient à le rendre puissant et à réduire la Reine à abandonner les affaires. La santé de cette princesse s'étant un peu rétablie, Sa Majesté partit d'Amboise, et résolut, pour se fortifier, de faire quelque séjour à Fontainebleau. M. Le Tellier vint au devant de la cour, et ne manqua pas de confirmer ce qu'il avoit mandé qu'il ne seroit point difficile de gouverner M. le duc d'Orléans, pourvu qu'il n'y eût personne auprès de lui qui pût prendre sur son esprit un ascendant pareil à celui que le garde-des-sceaux savoit prendre. Celui-ci ne disoit rien contre M. Le Tellier, et le prenoit à témoin comment il lui avoit offert de faire arrêter M. de Beaufort. M. Le Tellier convenoit de l'offre, mais il doutoit qu'il en fût jamais venu à l'exécution, et croyoit en avoir des preuves bien sûres. Monsieur, ayant de la répugnance pour venir à Fontainebleau, faisoit bien connoître que sa conscience lui reprochoit beaucoup de choses; et il n'y avoit rien de plus sûr qu'il prenoit des liaisons avec les Frondeurs, et des mesures pour éloigner des affaires le cardinal. Celui-ci, ne songeant qu'à se maintenir, disposa la Reine, pendant qu'elle étoit à Bourg, à voir madame la princesse et madame de Longueville, non pas dans l'intention de leur faire des honnêtetés, mais pour gagner M. de Bouillon; et cela donna lieu à beaucoup de gens de croire que c'est là qu'ils commencèrent à jeter les fondemens de cette amitié qui a duré jusqu'à la mort de ce duc, qui ne put pas retirer sitôt du service espagnol M. de Turenne, son frère, quelque envie qu'il eût

le dernier de s'accommoder et de suivre ses conseils. Madame de Longueville s'en alla de Bordeaux à Stenay, et fit au contraire tous ses efforts pour engager M. de Turenne à rester dans le parti d'Espagne, se promettant de cette couronne une entière protection pour messieurs ses frères. Le cardinal, ne se croyant point en sûreté à Paris, dit que les affaires du Roi l'appeloient en Champagne. Il y alla, et, ayant gagné sur lui de faire de la dépense, il causa la prise de Rethel. M. de Turenne, qui craignit que, s'il ne s'avançoit pour secourir cette place, on ne lui en imputât la perte, se mit en chemin pour la secourir; mais il fut attaqué et défait par le maréchal Du Plessis-Praslin (1), qui avoit eu le commandement de l'armée destinée pour la conservation des frontières. Cette victoire enflant le cœur du cardinal, il demanda qu'on fît maréchaux de France ceux qui avoient commandé sous M. Du Plessis; et, pour faire sa cour à M. le duc d'Orléans, il fut d'advis que d'Etampes fût du nombre. Grancey, qui crut l'avoir aussi bien mérité que ceux-là, demanda la même grâce en menaçant, et l'obtint à cause du peu de vigueur du gouvernement. Comme il commandoit dans Gravelines, il se mit en chemin pour y aller, et dit tout haut qu'il feroit ce qu'il jugeroit à propos s'il n'étoit fait maréchal. On le fit revenir en lui accordant sa demande.

[1651] La maladie de la Reine continuoit, et M. le duc d'Orléans, qui lui rendoit tous les jours visite quand elle étoit dans son redoublement, ne lui parloit d'ordinaire que de choses désagréables. Le cardinal, croyant avoir beaucoup fait pour l'Etat, s'attribuoit la gloire d'avoir vaincu une armée qu'il n'avoit jamais vue, et, sous ce prétexte, ses amis avoient été élevés à la première dignité de l'Etat. Son Eminence se réconcilia avec Monsieur par le moyen du maréchal d'Etampes, et cela le détermina de revenir à Paris; mais parce qu'il craignoit le peuple, on fit si bien que le Roi alla à sa rencontre: et la présence de Sa Majesté le mettant en sûreté, il reparut en public et reprit le maniement des affaires qu'il n'avoit point abandonnées, tout éloigné de la cour qu'il étoit; car il ne s'y faisoit rien sans la participation de Son Eminence. Cependant le cardinal y reçut deux mortifications. Le parlement ne cessoit de faire des remontrances contre lui, même en sa présence, et de le marquer comme l'auteur des troubles de l'Etat. Les Frondeurs faisoient de continuelles instances afin que les princes qui

(1) Cette bataille fut livrée le 15 décembre 1650. (A.E.)

étoient à Vincennes fussent amenés à la Bastille, et qu'on leur en confiât la garde, disant ouvertement que le cardinal se rendoit le maître de leur destinée, et que, venant à former un parti avec eux, le leur s'affoibliroit de beaucoup.

La mort de madame la princesse douairière augmenta les espérances des ennemis de ses enfans, et ceux-ci craignoient avec raison que la cour ne les livrât à la fin à ceux qui étoient contre leurs intérêts. Il étoit assez extraordinaire de voir que les Frondeurs vouloient paroître les défenseurs des princes quand ils croyoient offenser le cardinal, ne pouvant cacher la haine qu'ils avoient pour lui. Un jour je demandai à Son Eminence si elle ne se lassoit point de voir décrier sa conduite, et s'il ne vaudroit pas mieux se raccommoder avec les princes que de souffrir tant d'outrages de leurs ennemis communs. Le cardinal me répondit : « Si dans deux jours précis les Frondeurs n'en passent par ce que l'on souhaite, je prendrai le parti que vous me proposez. » Je lui répliquai qu'il prît bien garde qu'il n'en fût plus temps. Il obtint de la duchesse d'Aiguillon qu'elle confieroit la citadelle du Havre au sieur de Bar, en qui il avoit une entière confiance, qui gardoit les princes à Vincennes, et qui continua de les garder au Havre. Cela surprit et les serviteurs et leurs amis. Il y en avoit qui les croyoient perdus sans ressource, puisqu'on les changeoit de prison; et un des plus attachés à leur service m'en témoigna son chagrin. Je lui dis qu'il se consolât, parce que les princes seroient bientôt en liberté. Les raisons que je lui donnai pour le convaincre furent que nous en étions sollicités par leurs ennemis, et que l'intérêt du cardinal s'y rencontrant, il ne manqueroit pas de s'y déterminer après en avoir arrêté les conditions, et pris ses précautions avec eux. C'est en quoi les ennemis des princes ne purent cacher leur désespoir; car ils craignoient avec raison que, ne cessant de maltraiter le cardinal et d'offenser la cour, on ne vînt à leur opposer des personnes capables d'arrêter leur insolence et leur présomption.

Dès que les Frondeurs surent que les prisonniers avoient été transférés au Havre, ils firent au cardinal de continuelles remontrances pour obtenir la liberté des princes, disant pour raison qu'il falloit qu'ils fussent innocens, puisque, depuis un an qu'on les tenoit en prison, on n'avoit point fait leur procès.

Le premier ministre, ne voyant pas de pouvoir se soutenir plus long-temps par l'autorité de la Reine qu'il avoit affoiblie pendant son ministère, résolut de sortir du royaume après avoir obtenu les ordres nécessaires pour mettre les princes en liberté. Il prit même la résolution de se rendre auprès d'eux et de voir s'il pourroit les disposer à entreprendre sa défense et de le protéger. Il tint ceci fort secret; mais le jour étant arrivé qu'il avoit fait dessein de se sauver dans la nuit, il s'en ouvrit à quelques-uns et m'en parla en présence de la Reine, ajoutant que, dans les occasions où je voudrois être conseillé pour le service de Sa Majesté, il me manderoit sincèrement ses sentimens. Il voulut que je lui disse quels étoient les miens sur ce qu'il alloit exécuter, m'ayant auparavant déclaré qu'il n'en avoit point d'autres que de faire connoître au public que ce n'étoit pas à lui qu'on en vouloit, mais à l'autorité royale, étant assuré que les esprits mal intentionnés ne s'empêcheroient pas de faire des choses qui ne pourroient être tolérées dans une monarchie. Je le louai en le remerciant des honnêtetés qu'il m'avoit faites; mais pour cela Son Eminence ne voulut pas être de mes amis, ni que je fusse son serviteur. Il ne put dissimuler la haine qu'il portoit à la marquise de Gamaches, ma fille; car il me dit : « Elle s'est bien déchaînée contre moi dans le carosse de mademoiselle d'Orléans. » Je l'assurai que cela n'étoit pas véritable, et que ma fille et M. de Gamaches étoient trop serviteurs de Son Eminence pour cela. Mais il me répliqua que je me trompois si j'étois dans cette opinion. Je lui répondis alors que je ne me trompois point; mais que, s'ils s'étoient oubliés en quelque façon à l'égard de Son Eminence, ils en étoient excusables par ce qu'ils avoient été très-maltraités. Le feu lui monta pour lors au visage, et la colère lui ôtant la raison, il me dit : « Vous montrez bien que vous êtes mauvais courtisan; je veux que vous sachiez que je vous considère moins que la terre sur laquelle je marche. — Vous devriez, Monsieur, répondis-je, être persuadé de ma probité, et ne point ignorer que vous ne parlez pas à un faquin. Mais, après vous être emporté comme vous avez fait, je suis bien aise que vous sachiez que, sans le respect que j'ai pour la Reine, vous ne sortiriez pas de la ville aussi facilement que vous y êtes entré. » Cependant, pour ne point faire de peine à Sa Majesté, je sortis de son oratoire, et j'attendis dans la chambre pour voir si elle n'avoit rien à me commander.

J'appris que le cardinal, étant en particulier avec Sa Majesté, lui avoit témoigné son chagrin de ce qu'elle ne m'avoit pas grondé de la bonne sorte, et que la Reine lui avoit dit : « Vous avez voulu pousser à bout un gentilhomme dont les actions ont dû vous faire connoître qu'il n'étoit pas d'humeur à se laisser insulter impunément, et qui d'ailleurs ne vous a rien dit dont vous puissiez vous offenser. »

Son Éminence, voulant après cela se raccommoder avec moi, m'envoya M. Le Tellier pour me prier d'aller dans sa chambre. Je dis à M. Le Tellier que je n'y avois point de répugnance, mais que j'étois bien aise de savoir auparavant de quelle manière l'Eminence me parleroit; « car, ajoutai-je, si c'est avec la même hauteur qu'elle l'a déjà fait, je ne pourrai me contenir. Je vous prie donc de ne me point engager à faire ce que je veux éviter. » M. Le Tellier me répondit du cardinal, et me conduisit dans son appartement, d'où je revins sans avoir aucun sujet de me plaindre. Je me retirai ensuite chez moi, et j'y appris que ce premier ministre, étant peu accompagné et ayant trouvé à sa rencontre ses meilleurs amis, avoit pris le lendemain le chemin de Normandie, dans l'intention de traiter avec les princes et de se servir des ordres qu'il avoit obtenus, ou de les brûler s'ils étoient inutiles. Ces ordres étoient adressés à de Bar, pour exécuter de point en point ce qu'il lui ordonneroit. Les personnes qui furent témoins de ce qui se passa au Hâvre ont déclaré que le cardinal y parut plus humilié que ceux qu'il prétendoit n'en pouvoir sortir que par son consentement. Après quelques conférences, dans lesquelles les princes ne lui promirent ni protection ni assistance, ils furent mis en liberté (1). Son Éminence passa la rivière de Somme, et se retira dans le pays de l'évêque de Liège dont il étoit assuré.

Les princes, étant arrivés à Paris, saluèrent Sa Majesté; mais, craignant tout de la cour, ils s'attachèrent à M. le duc d'Orléans pour s'en mettre à couvert, en cas qu'ils pussent parvenir à avoir part aux conseils de Son Altesse Royale, qu'ils se promettoient de mettre si fortement dans leurs intérêts, qu'ils ne paroîtroient point d'y visés. Les affaires se conduisirent pour lors avec beaucoup de foiblesse. La Reine ne faisoit rien que Monsieur n'en fût averti, qui, persuadé qu'elle avoit promis au cardinal de le considérer toujours, et de faire prendre au Roi ces mêmes sentimens, pour l'en empêcher, proposa à la Reine de faire garder les portes par la bourgeoisie. Sa Majesté y consentit, et Monsieur, pour s'assurer plutôt par ses yeux qu'en se rapportant à la fidélité des bourgeois, envoyoit souvent voir ce que faisoient Leurs Majestés. Il faisoit cependant faire des rondes par la cavalerie, et tenoit comme en esclavage ceux à qui il devoit

(1) Ils sortirent du Havre le 13 février 1651. (A. E.)

la fidélité et l'obéissance. On soupçonna, mais à mon sens, mal à propos, le maréchal de Villeroy d'être l'auteur des mauvais conseils que prenoit Monsieur. Il est bien certain que le cardinal avoit voulu engager la Reine à sortir de Paris, et que le mépris qu'y recevoit son autorité lui en avoit fait prendre l'envie; mais mettant d'un côté sa réputation en balance avec le service du Roi, et de l'autre ce qui pouvoit satisfaire une princesse aussi courageuse et aussi hardie qu'elle étoit: « Il vaut mieux, me dit-elle, souffrir, que de rien hasarder mal à propos et se déshonorer. — Madame, lui répondis-je, la résolution que vous prenez est digne de votre courage et de votre vertu. Pour faire connoître à Votre Majesté quelle en est la grandeur, je vais lui faire voir la facilité qu'il y auroit à la faire sortir de Paris avec le Roi; mais après cela, je ne puis prévoir ce qu'elle aura intention de faire, car il n'y auroit rien de plus aisé que de contenter votre passion, si elle n'étoit pas soumise à la raison. »

Châteauneuf paroissoit si fort attaché aux intérêts de Monsieur, que la Reine ne pouvoit prendre confiance en lui. Sa Majesté lui ôta les sceaux pour en honorer le premier président Molé; mais Monsieur s'en étant plaint, elle les ôta encore à celui-ci et les rendit au chancelier. Le parlement ne manquoit pas de s'assembler tous les jours. M. le duc d'Orléans et les princes s'y trouvoient. J'y avois été prendre aussi ma place, pour dire à la compagnie (si je m'en souviens, avant que le cardinal eût pris la résolution de se retirer dans les pays étrangers) qu'il étoit de la prudence de conseiller à Monsieur d'aller trouver la Reine, avant que la compagnie délibérât de faire des remontrances au Roi pour éloigner le cardinal de son service, et de l'assurer que Sa Majesté étoit tout-à-fait disposée à se réunir à lui, de l'écouter et de prendre ses conseils. Comme donc j'eus ordre de me trouver dans toutes ces assemblées, on mit un matin en délibération que le Roi seroit supplié d'éloigner Mazarin de son service, avec Servien, Le Tellier et Lyonne. Les gens du parquet en requirent la compagnie. Les plus modérés crurent qu'il falloit suivre cet avis; mais les autres furent d'un avis plus rigoureux. Quand mon tour vint d'opiner, je dis que je prenois le plus modéré, non que je le crusse juste, mais parce que je m'y trouvois obligé, y ayant peu d'apparence que ceux qui avoient déjà ouvert leur avis en changeassent, et que je me croyois obligé de dire que la nouvelle jurisprudence qui s'établissoit me surprenoit. « Est-ce, ajoutai-je, un crime d'être mal avec les grands? Je ne désavoue point que ce ne soit un malheur ; mais on ne châtie jamais un homme pour être tombé en disgrâce, quand on ne l'accuse d'aucun crime. » Il y eut enfin un arrêt qui ordonna que le Roi seroit supplié d'éloigner le cardinal, Servien et Le Tellier, et la Reine de se défaire de Lyonne. La compagnie étant levée, je me rendis au Palais-Royal, où je trouvai Servien qui, sachant déjà ce qui avoit été résolu au parlement, me voulut remercier de la manière dont j'avois opiné. Je coupai court à son compliment, et lui fis entendre que je le recevrois si je l'avois eu en vue en opinant ; mais que, n'ayant pensé qu'à la justice et au service du Roi, j'avois la récompense que j'en devois espérer, par le seul plaisir d'avoir rempli mon devoir. Le Tellier se retira et me pria de me charger de son département, laissant Le Roi, qui étoit son premier commis, et quelques autres, pour travailler sous moi, comme ils avoient déjà fait aux voyages de Normandie, de Bourgogne et de Guienne. Quelques jours avant que Lyonne eût été obligé de se retirer, il me demanda si je serois bien aise que la Reine me fît une prière pour quelques intérêts qui regardoient le cardinal. A quoi je répondis que Sa Majesté étoit en droit de me commander ; qu'il ne falloit point s'adresser à elle, si la chose que l'on souhaitoit de moi étoit juste, parce que le procédé peu obligeant du cardinal à mon égard ne m'empêcheroit pas de faire ce qui étoit de mon devoir ; mais que, supposé que ce ne fût qu'une simple grâce dont je fusse le maître, je m'y porterois d'autant plus volontiers, que je ferois connoître par là au cardinal que j'avois oublié tout ce qui s'étoit passé entre nous. Il s'agissoit d'une ordonnance à la décharge du trésorier de la marine, pour lui remettre une somme de trente mille écus qui avoient été adjugés au Roi, qui jusqu'alors avoit voulu qu'il en eût la disposition. Je promis ce que l'on souhaitoit de moi, et je signai le même jour cette ordonnance. Cela m'attira une lettre fort civile de Son Eminence, qui, pour me remercier, se servit presque des termes qu'employa la reine de Saba pour flatter Salomon. Je répondis à cette lettre comme je devois. La majorité du Roi s'approchant, on vit bien que Monsieur se seroit volontiers soumis à la Reine pour rentrer dans ses bonnes grâces, sans une chose qui l'en empêchoit : c'étoit la crainte qu'il avoit d'être arrêté en venant trouver Sa Majesté ; car la bourgeoisie, dont il se faisoit fort, n'étoit plus armée. M. le prince faisoit aussi des avances pour le même sujet ; mais c'étoit seulement à dessein d'amuser la cour, et de donner le temps à ses troupes de passer dans le service d'Espagne, qu'il vouloit embrasser. Monsieur, sans peut-être savoir ses intentions, les favorisoit, empêchant qu'on ne fît séparer les troupes, en leur ordonnant de servir dans différentes armées. Je conseillai à la Reine de s'en assurer, et de les faire tailler en pièces si elles faisoient mine de désobéir. L'ordre en fut donné au maréchal d'Aumont, qui commandoit l'armée, et au marquis de Castelnau, qui servoit sous lui en qualité de lieutenant-général. Je veux croire qu'ils firent leur devoir ; mais les soldats, ayant pris les devans, entrèrent dans le pays de Liége avant qu'on les eût joints. Si l'on se fût pressé davantage, on les eût ou dissipés ou retenus dans le service du Roi. M. le prince, ne se croyant point trop en sûreté à la cour, prit prétexte d'aller prendre possession de son gouvernement de Guienne (1), s'étant démis de celui de Bourgogne, dont le duc d'Epernon fut pourvu. Son frère et sa sœur se retirèrent en Berry sous les mêmes prétextes. Les apparences sont qu'ils s'étoient assurés de Monsieur, qui leur avoit promis de se déclarer pour eux si le cardinal revenoit en France, jugeant bien qu'il feroit de son côté tout ce qu'il pourroit pour cela, et que c'étoit toujours l'inclination et la volonté de la Reine. Cependant Sa Majesté, étant pressée par madame d'Aiguillon qui en avoit été recherchée par Monsieur, lui fit écrire qu'il eût à se retirer en Italie, parce que son séjour sur la frontière donnoit des soupçons à plusieurs personnes. J'en expédiai et signai la dépêche : ce qu'il ne m'a jamais voulu pardonner jusqu'à la mort. Il est bon de remarquer ici l'envoi et la réception de cette dépêche, parce qu'il en sera fait mention ailleurs. Le jour que le Roi devoit être déclaré majeur étant fort proche, les frayeurs de Monsieur augmentèrent de telle manière, qu'il ne venoit plus au Palais-Royal. Il se tenoit, sous différens prétextes, hors de Paris, et alloit souvent à Limours. On nous commanda, au duc de Damville et à moi, d'aller trouver ce prince pour le convier, de la part de Leurs Majestés, d'assister au lit de justice auquel le Roi seroit déclaré majeur. Il nous parut que ce prince y avoit de la répugnance, et qu'il ne put déguiser le véritable sujet de son

---

(1) Avant de se rendre en Guienne, il y eut à Chantilly un grand conseil, composé des princes de Condé, des ducs de Nemours et de La Rochefoucauld, de Viole, Lenet, etc., dans lequel le parti des princes se décida à faire alliance avec l'Espagne et la guerre au Roi de France. (Voyez, à ce sujet, la partie inédite des Mémoires de Lenet (page 527) que nous avons publiée dans cette série.)

appréhension; et sur ce que je lui dis qu'elle étoit sans fondement, il me répliqua : « J'ai offensé la Reine, ayant été cause que le cardinal a été chassé du royaume. Ainsi je ne puis me fier à elle, ni me trouver en lieu où je puisse être arrêté. — Plusieurs, lui répondis-je, ont offensé Sa Majesté pour avoir contribué à la même chose, et cependant aucun d'eux ne feroit difficulté de se fier à sa parole. — Mais, me dit-il, j'ai encore plus à craindre que les autres, parce que je suis bien plus élevé qu'eux, et que j'ai donné plus de chagrin à la Reine. » Je pris la liberté de lui parler ainsi : « Dans six mois que je reviendrai trouver Votre Altesse Royale pour la convier de revenir à la cour, vous y aurez encore de la répugnance. Je vous presserai pour m'en déclarer le sujet, et vous me direz alors pour raison : « N'ayant pas voulu me trouver au palais quand le Roi a été déclaré majeur, je l'ai offensé, et je crains qu'il n'en ait du ressentiment. » Ainsi, Monsieur, vous refuserez toujours de rendre aucun service à Sa Majesté. Il faut donc (pardonnez-moi si je parle si librement) que vous ayez une si grande aversion pour sa personne, qu'elle puisse vous porter à attenter à sa couronne; et votre crime, si cela étoit, trouveroit son excuse dans le grand bien que vous vous en seriez proposé..... — Me croyez-vous, interrompit-il, assez méchant pour avoir une semblable pensée? — Non, Monsieur, lui répondis-je; mais puisque vous la détestez, pourquoi ne voulez-vous point recevoir la récompense que vous avez méritée par tant de services, et ne pas tenir une conduite qui puisse élever au trône une de mesdames vos filles? — L'une est trop vieille, me répliqua-t-il, et l'autre trop jeune, ainsi je ne m'en flatte pas ; car quand même la seconde seroit en âge d'être mariée, on se moqueroit encore de moi. — Vous ne perdrez rien, lui dis-je, en satisfaisant à votre devoir, et vous mériterez l'approbation des gens de bien. Vous aurez la satisfaction de voir qu'ils vous plaindront tous. » Quoique ce prince ne voulut point me déclarer s'il viendroit à Paris ou non, je jugeai qu'il n'y manqueroit pas, mais qu'il y arriveroit tard, qu'il se rendroit le lendemain au Palais, et qu'il se retireroit ensuite à Limours, aussitôt que la cérémonie de la majorité seroit finie; ce qui fut ainsi exécuté.

Le Roi n'eut pas plus tôt été déclaré majeur, qu'il ôta les sceaux au chancelier pour les donner au premier président Molé. Il établit Châteauneuf chef de son conseil, et partit ensuite pour Fontainebleau, où il fit quelque séjour. Je m'y rendis deux jours après Sa Majesté. Je trouvai qu'on lui avoit fait prendre la résolution d'aller à Bourges : ce que j'appris par un de ceux qui eurent part au conseil, et qui me demanda en présence de la Reine si je ne l'approuvois pas. Ma réponse fut que, pour être d'un tel avis, il falloit être assuré que M. le prince de Conti n'y eût point fait entrer de soldats; qu'il n'étoit pas le maître de la bourgeoisie, et que s'il y avoit une garnison dans Bourges, le conseil qu'on avoit donné au Roi me paroissoit bien hardi. Je ne m'attendois point à la réponse qu'il me fit, qu'il y avoit beaucoup de gens qui ne le vouloient donner qu'à coup sûr. Me sentant piqué d'un tel discours, je lui répondis : « Nous nous connoissons de longue main. Vous êtes brave à Fontainebleau; mais je crains fort que demain, quand nous serons vers la rivière de Loire, vous n'ayez peur ; et pour lors je serai brave à mon tour. » M. de Châteauneuf, qui étoit présent et qui avoit part à ce conseil, ne dit rien.

La cour partit de Fontainebleau le surlendemain, alla loger à Montargis, et le jour suivant à Gien, où la nouvelle s'étant répandue que le prince de Conti avoit fait entrer dans Bourges deux ou trois mille hommes de pied et quelque cavalerie, la même personne dont j'ai parlé, m'ayant rencontré auprès de la Reine et m'ayant exposé ce qu'elle savoit, me demanda ce que je croyois qu'il y eût à faire. Je lui dis d'aller à Bourges. « Mais quoi! me répliqua-t-elle, les ennemis en sont les maîtres, y ayant fait recevoir une forte garnison. » Je ne pus alors m'empêcher de lui répondre en souriant : « Je vous avois bien dit à Fontainebleau que vous y étiez brave, et que j'avois peur ; mais que quand nous serions sur la Loire je serois brave à mon tour, et que la peur passeroit de votre côté. Afin que vous ne croyiez point que je parle comme un insensé, je vous dirai naturellement ce que je pense : c'est qu'il n'y aura pas plus de honte à se retirer ou à Nevers ou en Lyonnois, ou bien en Bourgogne, après avoir baisé le verrou des portes de Bourges, que d'y aller partant de ce lieu. Il ne nous est plus permis de faire un pas en arrière : il faut hasarder tout. Qui sait si l'avis qu'on nous a donné est véritable et ce que Dieu voudra faire pour nous? Il pourra bien arriver que les habitans de cette ville, étant piqués de ce qu'on s'est méfié d'eux, feront quelque mouvement dont nous pourrons profiter. » Cela lui redonna du courage ; et Châteauneuf, qui se promettoit beaucoup des habitans, avec lesquels il avoit toujours conservé quelque intelligence, leur ayant même promis le démolissement de la grosse tour de leur ville s'ils témoignoient de la fidélité au Roi, conclut que

9.

Sa Majesté continueroit son voyage et ne feroit que de très-petites journées ; qu'ainsi on auroit le temps de délibérer sur ce qu'on auroit à faire. L'ordre ayant été donné pour aller à Aubigni, Leurs Majestés n'y furent pas sitôt arrivées, qu'un échevin, député de la maison de ville de Bourges, s'y rendit pour les assurer de la fidélité des habitans, et qu'ils les supplioient de s'avancer, voulant leur remettre leur ville. On peut juger si cette nouvelle fut bien reçue. La cour continua son chemin, et l'événement fit connoître que cet échevin n'avoit rien avancé que de vrai. On eut aussi la nouvelle qu'une compagnie de cavalerie, levée sous la commission du prince de Conti, avoit été défaite, et que ce prince, madame de Longueville, sa sœur, et ceux qui étoient auprès d'eux, étonnés de tous les avantages de la cour, se disposoient à quitter le Berry et à aller à Bordeaux se joindre au prince de Condé. Les troupes du Roi qui parurent, servant à augmenter leur peur, ils exécutèrent ce qu'ils avoient projeté ; et le Roi, pour récompenser la fidélité des habitans de la ville de Bourges, en fit démolir la tour. Châteauneuf fut d'avis que la cour allât à Poitiers ; et les serviteurs du Roi, qui étoient restés à Paris, qu'il ne falloit point s'éloigner de cette capitale, mais au contraire s'en approcher. J'étois de l'avis de ceux-ci ; mais M. de Châteauneuf me fit changer, en me montrant des lettres qu'il avoit reçues de Poitiers, qui portoient que le prince de Condé y étoit attendu, et que, s'étant rendu maître de cette grande ville, il s'assureroit par là des provinces dont elle est la capitale, comme l'Angoumois et la Saintonge, et même la Guienne, dans laquelle il étoit si puissant qu'il partageoit en quelque façon la monarchie avec le Roi. Je crus, aussi bien que M. de Châteauneuf, qu'il falloit prévenir le mal, et que Leurs Majestés partissent au plus tôt de Bourges pour se rendre promptement à Poitiers. Avant que la cour se fût mise en chemin, je reçus une lettre du cardinal, bien différente de la première qu'il m'avoit écrite, et qui étoit la réponse à la mienne, qui étoit jointe à celle du Roi, et dont il a été fait mention. Elle contenoit : qu'il avoit l'expérience que ceux qui étoient en mauvaise fortune ne conservoient point d'amis ; qu'il étoit surpris que je lui eusse conseillé et même prescrit, par une lettre du Roi, d'aller en Italie, puisqu'il n'avoit pu obtenir les ordres sans lesquels il n'y seroit pas en sûreté ni en état de servir Sa Majesté. Cette Eminence, se figurant que je ne parlerois point de cette belle lettre, et affectant de la rendre publique, en fit courir des copies par toute la cour, avant qu'elle m'eût été rendue. Je pris mon parti sur-le-champ, qui fut de la porter à la Reine, et de la supplier de la voir et de me permettre d'y faire réponse. Sa Majesté s'en défendit assez long-temps ; mais, étant pressée par mes importunités, elle la prit et me la rendit le lendemain, en me disant : « Il faut excuser le chagrin du pauvre cardinal qui souffre. Je vous permets d'y faire réponse, mais je veux qu'elle soit honnête. » Je me servis de la permission qui m'avoit été donnée, et je ne dépassai point les règles de la bienséance. Je commençai ma lettre par dire que le secrétaire qui avoit écrit celle que je venois de recevoir avoit pris un chiffre pour un autre ; qu'il n'y avoit point d'honnête homme dans le royaume qui pût croire que, si j'avois promis mon amitié et mes services à quelqu'un, je fusse capable de manquer à ma parole, parce qu'il seroit tombé en disgrâce. Que la lettre dont il se plaignoit m'avoit été commandée, et que je n'avois pas oublié de remontrer que les difficultés qu'on faisoit de lui accorder ce qu'il demandoit étoient une cause légitime de le dispenser de ce qu'on vouloit de lui. Et puis je finissois par les complimens ordinaires.

Le Roi, ayant résolu de s'avancer en Poitou, ordonna au comte d'Harcourt, qu'il avoit déclaré général de ses armées, de le suivre : ce qu'il fit en s'avançant du côté de La Rochelle, et se rendit maître de la tour. Il passa ensuite en Angoumois, et il voulut tenter le secours de Cognac ; mais comme il n'étoit point en lieu de le pouvoir hasarder, Dieu fit une espèce de miracle en faveur du Roi ; car les grandes eaux rompirent le pont qui donnoit communication au quartier du prince de Condé, qui fut chargé par le comte d'Harcourt, qui, s'étant prévalu de l'occasion, s'en rendit le maître ; et, par le moyen de quelques bateaux qui lui furent envoyés par ceux de la ville de Cognac, il y fit entrer le secours. M. le prince, surpris de ce malheur et de la résolution du comte, prit celle de lever le siège, et M. d'Harcourt celle de le poursuivre. Il défit une partie de ses troupes à Tonnay-Charente, et le poussa jusque sur la Dordogne, sur laquelle Son Altesse s'embarqua pour passer à Bordeaux, d'où M. le prince se rendit dans la haute Guienne. Il y voulut prendre Miradoux, où les régimens de Champagne et d'Auvergne étoient entrés, et qui se défendirent si bien qu'ils donnèrent le temps au comte d'Harcourt de s'avancer. M. le prince, craignant d'en venir aux mains avec lui, prit le parti de se retirer : ce qu'il ne put faire sans avoir une partie de son armée défaite. Le bon traitement que la Reine avoit consenti qui fut accordé à ces deux régimens, sauva la Guienne; car, ayant eu des recrues considérables, ils se trouvèrent par là en état de faire cette belle défense où ils acquirent tant d'honneur. C'est ce que je dis dans la suite au cardinal, quand il me reprocha d'avoir mal ménagé la bourse du Roi. Il faut croire qu'étant averti de la manière dont les affaires prospéroient, s'il en eut de la joie, il ne laissa pas de craindre qu'on ne les ôtât point des mains de ceux qui les faisoient si bien réussir : ce qui lui fit prendre la résolution de revenir à la cour. D'un autre côté, son naturel timide lui représentoit tant de périls, qu'étant combattu de deux passions différentes, il ne savoit quel parti prendre; mais il paroissoit que, pourvu qu'il fût mandé et qu'on levât des troupes pour sa sûreté, il ne demandoit pas mieux que de revenir. Il écrivit même qu'il avoit une armée qu'il vouloit amener au Roi; mais elle étoit réduite à sa seule maison : et si Sa Majesté n'avoit pas ordonné au maréchal d'Hocquincourt d'en lever une, de se mettre à la tête et de conduire le cardinal, il se seroit bien donné de garde de passer la Meuse. Il avoit des amis à Poitiers; mais ce n'étoit pas d'eux qu'il étoit si bien servi que de ses ennemis, qui, pour s'insinuer dans l'esprit de la Reine, lui proposoient tous les jours de faire revenir cette Eminence. J'étois le seul d'un avis contraire, parce que je prévoyois qu'il ne seroit pas sitôt rentré dans le royaume, que la ville de Paris et Monsieur se déclareroient contre le Roi. La Reine écoutoit les raisons des uns et des autres sans déclarer sa volonté. Je dis un jour à MM. de Châteauneuf et de Villeroy : « Si vous croyez qu'il soit hors du service du Roi que le cardinal revienne, avouez-le. Bien loin de m'y opposer, je seconderai vos desseins. Mais si vous en avez d'autres que ceux que vous faites paroître, à quoi bon dissimuler ? » Ils se mirent à rire, sans vouloir s'expliquer davantage. Cela m'obligea de leur ajouter : « Vous en serez sûrement les dupes; vos finesses n'empêcheront point qu'il ne revienne. La Reine, qui se fiera à moi, m'en dira le jour et le moment; et ce sera de ma plume qu'il en recevra l'ordre du Roi, tandis qu'aucun de vous n'en aura connoissance. » Ce que j'avois prédit arriva; car si la Reine voulut bien me faire part de son secret, je puis assurer qu'elle ne s'en est pas repentie.

Pendant le séjour que la cour fit à Poitiers, le duc de Mercœur, qui avoit épousé une nièce du cardinal, voulant intimider ceux qu'il savoit n'être pas dans ses intérêts, me dit d'un air un peu cavalier, que cette Eminence avoit des amis qui, ayant une bonne épée, tireroient raison de ceux qui s'opposeroient à son retour. Je souffris cela sans rien dire la première fois; mais M. de Mercœur me l'ayant répété une seconde, je lui répondis d'une manière à lui faire connoître que je ne craignois point ses menaces, et que je ne tenois en rien ma fortune du cardinal. M. de Mercœur ne m'entendit pas ou ne voulut pas m'entendre, et nous nous séparâmes.

La cour étant encore à Poitiers, Vineuil, qui appartenoit à M. le prince, entreprit d'aller de Bordeaux à Paris, étant chargé d'une lettre de créance de la part de son maître pour M. le duc d'Orléans, et de quantité d'autres lettres. Et comme il craignoit d'être arrêté, il crut qu'il se garantiroit de cet accident s'il m'écrivoit pour obtenir un passeport, avec lequel il pourroit achever son voyage. Son intention n'étoit pas de me faire rendre sa lettre, mais de l'envoyer à la poste en cas qu'il fût arrêté. Etant entré dans la ville, il crut qu'il la traverseroit sans y être vu de personne de sa connoissance : ce qui ne lui réussit pas comme il pensoit, car il fut rencontré dans la rue par Bois-Dauphin, intime ami de M. de Châteauneuf, par lequel ayant été arrêté, il ne trouva point de meilleur expédient pour s'en débarrasser que de dire : « J'ai été trois heures avec M. de Brienne, je l'ai informé de toutes choses, et il m'a donné un passeport pour continuer mon voyage en assurance. » Bois-Dauphin, curieux de savoir ce que j'avois pu apprendre de Vineuil, courut chez M. de Châteauneuf pour lui dire la rencontre qu'il avoit eue, et il le pressa de lui faire part des nouvelles dont sans doute je l'avois informé. M. de Châteauneuf soutint qu'il ne pouvoit pas être véritable que Vineuil eût été avec moi autant de temps qu'il l'avoit dit, parce que nous avions passé une partie de l'après-midi ensemble, et que d'ailleurs il y avoit bien peu d'apparence que, si j'avois eu des lettres de Bordeaux, je ne lui en eusse rien dit, à cause de l'étroite liaison qui étoit entre lui, M. de Villeroy et moi; laquelle, pour parler à notre honneur, fut si sincère, que le service du Roi en alloit bien mieux, nous entrecommuniquant ce qui étoit de quelque conséquence. Nous étions même si souvent assemblés que ceux qui avoient des affaires à nous proposer étoient expédiés avec une telle diligence qu'ils en étoient surpris, n'ayant point oublié que la moindre affaire dont il falloit parler au cardinal leur faisoit perdre bien du temps et dépenser beaucoup d'argent inutilement. M. de Châteauneuf ayant pourtant quelque méfiance que j'aurois voulu lui cacher ce que Vineuil m'avoit dit, ou que j'agissois peut-être par l'ordre de la Reine, envoya à cette princesse un homme de sa part pour lui dire ce que Bois-Dauphin lui avoit exposé. Sa Majesté lui fit réponse qu'elle doutoit que cela pût être vrai, parce que je ne l'en avois pas informée, ni pris son ordre pour expédier le passeport dont Vineuil se vantoit. Mais comme il naît facilement du soupçon dans l'esprit des princes, quelque confiance qu'ils puissent avoir en leurs serviteurs, la Reine, désirant savoir ce qui s'étoit passé, m'envoya quérir, et me demanda si j'avois vu Vineuil. Sur ce que je lui répondis que non, elle s'étendit sur toutes les choses qui lui avoient été rapportées. Je crus qu'il étoit de mon intérêt et de mon devoir de faire perdre à Sa Majesté la mauvaise impression qu'elle auroit prise et qu'on pourroit lui faire prendre, en lui soutenant que je lui avois célé la vérité, quoique ce fût une chose que je ne dusse point appréhender, lui ayant donné en tant de rencontres des preuves de ma fidélité. Pour y réussir, et faire connoître à Châteauneuf qu'il n'avoit pas fait à mon égard ce qu'il devoit dans cette rencontre, je dis à Sa Majesté : « Madame, puisque Vineuil a été assez imprudent pour passer par cette ville, et assez indiscret pour s'y être entretenu avec Bois-Dauphin, il pourra être assez téméraire pour ne se pas presser. De sorte que, si Votre Majesté l'avoit agréable, je ferois partir en diligence un courrier chargé d'un ordre pour le faire arrêter en quelque endroit qu'il se pût trouver. Peut-être que cela nous réussiroit, et que nous tirerions de lui des lumières qui ne seroient pas inutiles au service du Roi ; car il est certain qu'il ne m'a ni vu ni rencontré. — Quoique je sois bien persuadée, me répondit cette princesse, de la vérité de ce que vous me dites, je vous avouerai que j'aurois beaucoup de joie s'il pouvoit être pris. » Je fis expédier un ordre tel qu'il falloit pour faire arrêter Vineuil, et j'en chargeai un courrier, en lui recommandant de faire la dernière diligence et de s'informer par les postes s'il y avoit passé ; et, quand il en auroit appris des nouvelles, de faire si bien qu'il le pût joindre. Je préférai un garde de la Reine à d'autres courriers qui étoient à ma suite, parce qu'outre qu'il connoissoit Vineuil, on n'eût pu m'accuser de l'avoir voulu favoriser si l'on n'avoit pas réussi. Le courrier n'eut point de ses nouvelles jusqu'à Châtellerault, parce qu'il ne changea pas de cheval ; mais il apprit seulement qu'il y avoit passé un homme suivi d'un autre. Il continua sa route jusqu'à...., où il sut du maître de la poste que Vineuil étoit chez lui et devoit continuer son chemin par celui des courriers. Celui-ci ayant eu un cheval frais, parce qu'il étoit connu du maître des postes, prit les devans, arriva à Loches, et fit voir au commandant l'ordre dont il étoit chargé. Il lui promit de l'exécuter, supposé que Vineuil passât. A peine les ordres nécessaires pour sa capture avoient-ils été donnés, qu'il parut. Le commandant l'arrêta, le fit conduire au château, et, prenant les lettres dont il le trouva chargé, il en fit un paquet qu'il donna au courrier, et qu'il m'envoya. Celui-ci fit une pareille diligence pour revenir ; et ayant su que j'étois à la messe, il m'y vint trouver et me rendit compte de son voyage en me remettant le paquet. Cela me causa d'autant plus de joie que je savois celle qu'en auroit la Reine, et que ma conduite se trouvoit justifiée par là. Je me rendis auprès de Sa Majesté qui étoit alors à sa toilette, et qui venoit d'apprendre par le maréchal de Villeroy que Vineuil avoit été arrêté. Il ne le disoit que par conjecture. M'ayant vu appuyé sur le courrier, il raisonnoit de cette manière : « Si Vineuil n'avoit pas été joint, le courrier l'auroit suivi ; mais puisque le courrier est de retour, c'est une marque que Vineuil est arrêté. » Je présentai à la Reine les lettres qu'on lui avoit trouvées, dont il y en avoit une entre autres qui m'écrivoit datée de Virone, par laquelle il me prioit qu'il me pût voir en passant à Poitiers, et de lui obtenir un passeport du Roi pour aller à Paris, où il étoit envoyé par M. le prince chargé de lettres pour Monsieur. Toutes ces lettres furent ouvertes, à la réserve de celles qui s'adressoient à Monsieur. Après qu'elles eurent servi à divertir la Reine, on les lui renvoya avec le passeport qu'il avoit demandé.

Quelques jours après, Leurs Majestés résolurent de faire revenir le cardinal, soit par un effet de leur bonté, ou à sa sollicitation. La lettre du Roi que j'eus ordre de lui écrire étoit si pressante qu'elle ne lui laissoit pas la liberté de délibérer sur ce qu'il avoit à faire, ni d'y former la moindre difficulté. Je fis aussi une lettre pour le maréchal d'Hocquincourt, par laquelle il lui étoit enjoint d'accompagner Son Eminence. On eût bien voulu aussi lui donner une patente de général d'armée ; mais parce que le sceau étoit à Paris, on craignoit que, l'envoyant pour l'y faire apposer, le dessein qu'on avoit ne fût découvert. La Reine agitant la question pour savoir si sans cette patente M. d'Hocquincourt pouvoit commander, je la résolus en disant que les maréchaux de France, pour commander les armées, n'ont pas besoin d'un autre pouvoir que du leur ; mais que pour donner bataille, recevoir à capitulation ceux qui sont dans une place, et imposer sur les sujets du Roi, on avoit jugé qu'il leur falloit une patente, par laquelle ils étoient aussi autorisés d'ordonner du paiement des troupes et des deniers de Sa Majesté. Je fis toutes ces dépêches avec un si grand secret, que ni Châteauneuf, ni Villeroy, ni le garde-des-sceaux, auquel on envoyoit des commissions à sceller, n'en eurent aucune connoissance. En gardant pour Le Tellier le même secret que j'avois eu pour les autres, je ne laissai pas de l'avertir qu'il étoit temps qu'il vînt reprendre l'exercice de sa charge. Il se souvint de ce que je lui avois promis, et, m'entendant à demi-mot, il se mit en chemin sans rien dire qu'à ses plus intimes amis.

Vineuil prit aussi la résolution de retourner à Bordeaux, et, craignant que les lettres qu'on lui donneroit ne le chargeassent trop ou son valet, il se fit suivre par un officier du prince de Conti. Cet officier n'étoit pas nommé dans son passeport. Il lui laissa toutes les dépêches qu'on pouvoit avoir la curiosité de voir; il arriva en cet équipage à Poitiers, où on lui garda la foi du passeport, mais non pas à l'autre, qui, n'y étant point compris, fut arrêté. Les dépêches dont on le trouva chargé ayant été vues, il s'en trouva une écrite en chiffres d'une personne de la cour, à laquelle on en fit reproche, parce qu'on connut par là qu'elle avoit des intelligences avec les ennemis du Roi. On résolut de mander le garde-des-sceaux, parce qu'on craignoit que Monsieur ne se saisît du sceau pour autoriser ce qu'il voudroit entreprendre. On doutoit pourtant qu'en lui envoyant un ordre pour revenir il le pût exécuter, parce que, s'étant toujours fait connoître pour un des plus zélés serviteurs du Roi et incapable d'avoir peur mal à propos, il étoit à craindre que, pour affoiblir d'autant le conseil, on ne le retînt à Paris, ou qu'on ne lui ôtât le sceau par violence. Je dis à la Reine que je répondois que M. Molé mettroit plutôt le sceau en pièces que de se le laisser ôter par force, et que, s'il ne pouvoit en apporter les morceaux, il me les enverroit pour les remettre au Roi; que je ne pouvois me persuader qu'on usât de voies de fait contre ce magistrat pour le retenir; mais que ce n'étoit pas une chose qu'on pût garantir. Cependant ce qu'on craignoit n'arriva point; et le garde-des-sceaux, ne trouvant aucune difficulté à sortir de Paris, se rendit à Poitiers, en conformité de l'ordre qu'il avoit reçu. Le Tellier, suivant les nouvelles qu'il avoit eues de ses amis, y arriva avant le cardinal, et y fut aussi bien reçu que M. Molé, qui ne fit point de difficulté de céder la première place dans le conseil à M. de Châteauneuf. Cela fait voir que celle de garde-des-sceaux (et par conséquent celle de chancelier) n'est point fixe, comme on l'avoit publié autrefois; mais, pour n'occuper pas la première charge, la présidence du conseil ne leur appartenoit pas moins. Le chancelier en avoit été privé par Monsieur, par M. le prince et par le cardinal, s'étant ingérés pendant la minorité, non-seulement de signer les arrêts, mais même de recueillir les voix : ce qui étoit une entreprise contre l'autorité royale, comme l'exemple qu'on alléguoit de ce qui avoit été consenti en faveur du défunt prince de Condé par le traité de Loudun, dont la mémoire devoit être étouffée, cet expédient n'ayant été pris que par les ennemis du chancelier de Sillery, qui se croyoient dans la nécessité d'en sacrifier l'autorité, ou de rentrer dans la guerre civile. Ce furent au moins les bonnes ou les mauvaises raisons qu'on alléguà; mais il faut se souvenir que les monarchies doivent être gouvernées par de justes lois; et comme l'exemple est la dernière des raisons, il n'établit jamais rien de soi, et ne doit être proposé que pour soutenir ce qui est juste.

[La chambre des communes d'Angleterre, après avoir deffendu de reconnoistre pour Roy le fils de Charles Ier, et s'être déclarée en République, en donna part à tous les Etats, excepté au roy de France. Les grands succès remportés en Irlande par Cromwel, pendant l'année précédente, et rien ne faisant prévoir un revers qui fit changer de face aux affaires, le Roi se décida à reconnoître le nouveau régime d'Angleterre, et je fus chargé de transmettre des instructions plus précises à M. Gentillot, notre agent à Londres, pour tâcher de renouer avec ce gouvernement. Elles étoient datées du 7 avril 1651 et ainsi conçues :

« Je me suis assez expliqué des intentions de Leurs Majestés et de leurs dispositions à recognoistre le nouveau régime, si de leur part ils font des avances nécessaires, en faisant passer en ce royaume un envoyé ou un ambassadeur, ce qui nous engageroit à en user de la même sorte en leur endroit, en faisant aussi partir d'ici une personne de la même qualité, chargée des pouvoirs et instructions pour agir avec la République, dans le sens de ma dernière lettre, que vous aurez à suivre. Je vois bien qu'il y a du malentendu dans la fierté des leurs; mais comme ils ont envoyé chez tous nos voisins donner part de l'établissement de leur République, ils peuvent bien juger que nous ne pouvons pas faire avec bienséance cette démarche de les rechercher les premiers : ainsi je pense que, vous laissant entendre que ceux qu'ils envoyeront seront bien receus, je ne fais aucun doute qu'ils ne dépêchent bientost quelqu'un vers nous pour y négocier leurs intérests. Le premier article doit estre la cessation de toutes prises sur mer et des défenses aux sujets de part et d'autre d'en faire plus aucune, afin de faciliter la justice qui doibt estre rendue aux uns et aux autres de toutes les déprédations ci-devant faites. Je me remets sur tout cela à ma précédente; et quoyqu'il y ait eu depuis mutation de ministre, on ne changera pas pour cela de sentimens; ainsi, après que vous aurez agi par-delà à l'effet qu'on s'en propose, vous pourrez vous retirer, et seray bien aise que vostre voyage ayt produit quelque effet.

» Je suis, etc. »

Mais ceux de cette République reçurent assez mal ces avances de la part de Leurs Majestés, et nous obligèrent de rappeler M. de Gentillot: ce qui eut lieu par la dépêche suivante, datée de Paris du 21 du même mois:

« Monsieur, j'avois une dépêche toute preste à vous envoyer, elle estoit même signée, par laquelle je vous donnois des ordres de la part de Leurs Majestés, qui eussent été agréables au nouveau régime d'Angleterre, s'il ne vous eût poussé hors du royaume avec tant de précipitation; mais ayant appris par vostre dernière que vous partiez de Gravesende et que vous passiez en Hollande, j'adresse à M. Brasset celle-cy, par laquelle vous aurez le tesmoignage du bon devoir que vous avez rendu pendant vostre séjour à Londres, et que Leurs Majestés en ont receu satisfaction, ayant eu bonne connoissance de votre zèle à leur service et de votre prudente conduite. Vous pouvez, au lieu où vous êtes, faire remarquer à quelques-uns de l'Estat, avec lesquels vous avez habitude, combien seroit dangereuse et préjudiciable leur alliance avec cette République naissante, qui ne cherche qu'à s'affermir pour ruiner celle des Estats-Généraux avec plus de facilité, comme il est évident qu'ils en viendront à bout, sous prétexte d'amitié. Vous rendrez compte à M. de Bellièvre de toute votre négociation, et en son absence à M. Brasset, et ferez ce qui vous sera conseillé pour agir et pour parler à l'avantage du service de Sa Majesté, qui vous laisse la liberté de venir icy, ou de demeurer par-delà. »

Vers la fin de mai, nous fûmes informés de l'état assez favorable de l'armée du roy d'Angleterre, réunie en vertu de son traité avec ceux du royaume d'Ecosse; ce qui réjouit fort notre cour, et la valeur et diligence dudit Roy nous fit concevoir bonne espérance de ses affaires, et qu'il pourroit prendre de tels avantages en Ecosse, que son parti seroit relevé. Lorsque j'en donnai part à la reine d'Angleterre, je la trouvai desjà advertie de ces bonnes nouvelles par un gentilhomme arrivé tout fraîchement de La Haye. M. Gentillot, qui s'y étoit aussi retiré en quittant l'Angleterre, eut ordre de continuer de nous mander les nouvelles qu'il auroit de ce pays, et surtout de veiller à ce que fesoient les Anglois auprès des Etats, et d'en tenir informé M. Brasset, qui devoit mettre à profit ces nouvelles, selon les instructions plus particulières qu'il avoit déjà.]

[1652] Leurs Majestés commençant à dire ouvertement qu'elles avoient mandé le cardinal (1), l'on publioit qu'il amenoit avec lui une armée; mais l'on vit dans la suite qu'il ne fut escorté que des seules troupes que le Roi avoit fait lever. Tout lui faisoit peur, et les moindres obstacles qu'il rencontroit dans son chemin lui causoient du repentir d'être rentré dans le royaume; mais faisant, pour ainsi dire, de nécessité vertu, et le duc d'Orléans, au lieu d'envoyer des troupes pour s'opposer à son passage, ayant envoyé des conseillers du parlement, il passa les rivières, où il eût été facile de combattre les gens qu'il avoit avec lui. Un petit désavantage lui auroit fait prendre le parti de s'en retourner. Comme il s'avançoit, Le Tellier alla au devant de lui et en fut fort bien reçu. Le cardinal vouloit lui persuader qu'il l'avoit toujours regardé comme son meilleur ami, et lui faisoit oublier qu'il avoit offert sa charge au président Violé, pourvu qu'il lui ménageât l'amitié de M. le prince. Le maréchal de Villeroy eût bien voulu suivre l'exemple de Le Tellier; mais il étoit retenu par la crainte qu'il avoit d'être blâmé s'il se séparoit du Roi, qui prit la résolution d'aller au devant du cardinal. Nous fûmes, M. de Châteauneuf et moi, les seuls qui voulûmes attendre à Poitiers, dans l'appartement de la Reine, afin de n'être pas obligés de nous trouver chez lui à son arrivée. La foule y fut très-grande, comme c'est la coutume en cour en de pareilles rencontres; mais cela ne l'empêcha pas de nous recevoir honnêtement. La discrétion obligea les plus sages à se retirer, y ayant beaucoup d'apparence qu'il seroit bien aise d'entretenir Leurs Majestés de ses aventures. C'est ce qu'il fit, en commençant par les remercier de tout ce qu'elles avoient fait pour

(1) Mazarin entra dans Stenay le 2 janvier 1652.
(A. E.)

lui, et des extrémités auxquelles elles s'étoient exposées pour ne le pas abandonner. Nous étant retirés des premiers, M. de Châteauneuf et moi, nous allâmes le lendemain lui rendre visite chez lui. Il parut fier du bon accueil qui lui avoit été fait, quoiqu'il s'y fût toujours attendu ; et il voulut, par la manière dont il recevoit le monde, qu'on connût ceux qui étoient ses véritables amis, et ceux qui lui étoient indifférens. Il caressoit les uns, et à peine saluoit-il les autres. Je fus des derniers, et je m'aperçus que j'avois eu raison, quelques jours avant son retour, de supplier la Reine de me permettre de me retirer. Châteauneuf, qui en avoit aussi la résolution, persista si fort, qu'il eut la liberté de faire ce qu'il voudroit. On dit avec quelque fondement qu'étant accoutumé à occuper la première place dans le conseil, il ne pourroit se résoudre à servir en second sous le cardinal, pour qui il n'avoit pas beaucoup d'estime. Pour moi, je ne pus me dispenser d'obéir à la Reine, qui me commanda de rester à la suite du Roi. Il est vrai que, ne pouvant me résoudre de rendre d'assidus devoirs à cette Eminence, qui m'avoit offensé dans une de ses lettres et témoigné toujours beaucoup de froideur, je suivis la pente de mon naturel, qui étoit de me trouver chez la Reine aux heures qui m'étoient ordonnées, afin de m'abstenir d'aller chez le cardinal, et de faire connoître que je n'en dépendois en rien. Il ne fut pas long-temps à s'apercevoir que je tenois à son égard une conduite affectée, et, soit qu'il crût me rendre un mauvais office auprès de cette princesse, ou qu'il faisoit une chose agréable à Sa Majesté en témoignant qu'il avoit envie de bien vivre avec moi, il lui fit ses plaintes de ce que je ne l'allois point voir. La Reine, voulant m'y engager, non par un commandement absolu, mais en me faisant connoître que je lui ferois plaisir si cela venoit de moi, ordonna à M. Le Tellier de me voir pour m'y porter, et pour me faire entendre que, pour peu que j'y eusse de répugnance, Sa Majesté attendoit ceci de la fidélité et du respect que j'avois toujours eus pour elle. J'expliquai à M. Le Tellier les raisons que j'avois eues pour ne le pas faire, et je finis mon discours en lui disant que la Reine n'avoit qu'à me commander, et qu'il me suffiroit de connoître sa volonté pour y obéir d'avance. Je lui tins parole dès le soir même, et le lendemain nous partîmes de Poitiers. Etant arrivés à Mirebeau, le cardinal nous dit en présence de la Reine, à M. de Villeroy et à moi, de nous trouver chez lui le jour suivant de grand matin. Nous nous y rendîmes ; et nous remarquâmes que son éloignement de la cour, bien loin de lui avoir fait changer de conduite, n'avoit servi qu'à le rendre plus fier, en reprenant l'autorité qu'il avoit eue ; et que même il avoit conçu un grand mépris pour la nation françoise, de n'avoir pu se défaire d'un étranger qui lui étoit odieux. Ayant promis au maréchal d'Hocquincourt qu'il commanderoit l'armée, il voulut lui tenir parole, et le préférer, pour faire les siéges du Pont-de-Cé et de la ville et château d'Angers, au duc de Bouillon et à M. de Turenne qu'il trouva à la cour, et avec lesquels il étoit souvent en conférence. Comme je jugeai que de s'arrêter en Poitou ou en Anjou, cela pourroit être préjudiciable aux affaires du Roi, je ne pus m'empêcher de le lui dire. Et afin qu'il abandonnât ces provinces sans craindre que M. de Rohan, qui commandoit en Anjou, y pût faire du mal, je lui représentai que le maréchal de La Meilleraye entreprendroit volontiers de réduire ces places à l'obéissance du Roi, m'ayant assuré qu'il avoit à Nantes treize canons en état de servir, et que dans peu de jours il auroit quatre mille hommes d'infanterie et encore plus de cavalerie, dont il pourroit avoir besoin pour les réduire ; qu'ainsi, pour peu qu'on lui laissât d'infanterie, il feroit si bien que le Roi seroit obéi dans l'Anjou.

Soit que le cardinal ne pût prendre créance à ce que je disois, ou que je n'eusse pas le don de me faire entendre, ou qu'enfin il crût devoir préférer le maréchal d'Hocquincourt aux autres, et qu'il prétendît payer ses services par la gloire qu'il lui feroit acquérir, les deux siéges furent entrepris par ses ordres. L'un fut de peu de durée ; l'autre donna de la peine. Enfin ces deux places ayant été réduites à l'obéissance du Roi, Sa Majesté résolut de remonter la Loire, de passer par Tours pour se rendre à Blois, et d'envoyer à Orléans le grand conseil qui tenoit sa séance à Tours, où les généraux avoient été convoqués. Quelques considérations particulières ne laissèrent pas d'empêcher cette compagnie de partir de Tours le jour qui lui avoit été prescrit. Le Roi reçut à Blois des assurances du respect de ceux d'Orléans ; et si le cardinal eût pu prendre la résolution d'y entrer, cette ville, qui étoit dans le parti des princes et de Paris, fût restée sous l'obéissance de Sa Majesté. On eut beau remontrer au premier ministre que les troupes du Roi, postées comme elles étoient, seroient suffisantes pour contenir le peuple d'Orléans dans son devoir, s'il vouloit s'en éloigner : il parut bien que la prudence humaine ne peut rien contre les décrets de la Providence divine, ni contre la peur ; car mademoiselle d'Orléans s'étant présentée pour entrer dans la ville, y fut reçue ; mais les portes furent refusées au grand conseil, et le Roi fut contraint de passer, pour ainsi dire, à la portée du canon et à la vue des remparts, sans pouvoir y entrer. On eut nouvelle que M. le prince, qui avoit eu du désavantage en Guienne, avoit traversé le royaume, et s'étoit rendu à l'armée qui s'opposoit à celle du Roi, sous son commandement et sous celui de Monsieur. Trois raisons, selon mon avis, engagèrent ce prince à prendre cette résolution. La première, parce qu'il croyoit cette armée en mauvaises mains ; la seconde, que le retour du cardinal le mettroit plus tôt en état d'agir qu'il n'eût fait avec dix mille hommes ; et la troisième, que, ne faisant point son accommodement avec la cour, il lui étoit plus avantageux de passer en Flandres qu'en Espagne. Il avoit d'ailleurs assez de lumières pour connoître qu'il n'avoit plus rien à faire en Guienne, où plusieurs de la plus considérable noblesse lui avoient *tourné casaque*. Sa présence n'étoit pas nécessaire pour conserver Bordeaux, et il y avoit beaucoup de difficulté à prétendre de faire une irruption dans le royaume, soit par la Navarre en Guienne, ou par la Catalogne en Languedoc. Les forces de ces seules provinces étoient assez grandes pour arrêter celles qu'on leur opposeroit ; et il étoit comme impossible de passer en Languedoc par la Catalogne, parce que cette dernière province n'étoit pas entièrement soumise à Sa Majesté Catholique, et que le Roussillon étoit sous la domination du Roi.

[Nous continuâmes d'être informés des affaires d'Angleterre par M. Choqueux, de qui je recevois de fréquentes lettres. Il nous expédia exprès un courrier pour nous prévenir des négotiations du prince de Condé avec Cromwel, et nous fesoit part en même temps d'autres nouvelles contenues dans la dépêche suivante, datée de Londres, 14 février 1652.

« Le même jour que je fis partir d'Estrade de cette ville, il nous y arriva le sieur de Barière, que l'on a dit en parlement y estre venu de la part de Messieurs de Bordeaux, pour agir et traiter, conjointement le sieur de Coignac et luy, avec cette République, selon les nouvelles instructions que M. le prince a envoyées par ledit sieur de Barière ; ce qui m'oblige davantage à le croire ainsi, est que ledit sieur de Barière n'a encore fait autre visite que celle de l'ambassadeur d'Espagne, où il fut hier la plus grande partie de l'après-dîner, s'étant toujours conservé à Chelsay en de continuelles conférences avec les sieurs de Coignac et de Maserne.

Le sieur de Coignac a ce matin envoyé son gentilhomme chez Cromwel, pour savoir le jour et l'heure qu'il leur voudroit donner audience, que ledit gentilhomme me vient présentement de dire luy avoir esté accordé à demain deux heures après midi. Je ferai en sorte d'estre instruit de ce qui se passera et vous en informer au plustost.

» Le secrétaire de Cromwel m'a dit avoir lu la lettre que M. le prince avoit envoyée par le sieur de Coignac à son maistre, laquelle n'estoit qu'en des termes obligeans et qui font paroistre la haute estime qu'il en fait, le priant d'avoir toute créance en ce que ledit sieur de Coignac lui dira et proposera de sa part, s'adressant à lui seul, auquel il veut estre obligé des faveurs et assistances que ce parlement luy accordera ; et il me dit aussi que la liberté de transporter les vins de Bordeaux en ses lieux étoit accordée, et que, pour cet effet, force vaisseaux marchands se préparent pour y aller : en quoy l'on dit que M. de Maserne travaille.

» Il vous ressouviendra que, par ma dernière, je vous ay touché d'un ami qui soubsonnoit ledit sieur de Maserne estre porté pour faire des propositions à ses gens icy, sur lesquels depuis ce temps je l'ay si fortement pressé, qu'il m'a déclaré que ledit M. de Maserne parleroit ou feroit agir au nom des religionnaires de France, estant très-constant que c'est la chose du monde que ce personnage ambitionne le plus, et donneroit volontiers sa fille et tout son bien au sieur de Coignac ou autre, qu'il reconnoîtra pour effectivement embrasser les intérêts desdits religionnaires ; cet ami est affectionné aux affaires de France, bon catholique, et qui a particulière connoissance dudit sieur de Maserne.

» L'on m'a fait voir la commission de l'admiral Blaicke, en laquelle il n'est spécifié aucun nombre de vaisseaux ni la route qu'ils doivent tenir, non plus que les choses qu'ils ont à entreprendre ; ladite commission estant des plus amples et générales que ce parlement ayt fait délivrer à qui que ce soit, donnant un pouvoir absolu audit Blaicke de commander et faire joindre à sa flotte toutes les autres de la République qui seront en mer, les faisant rester près de luy tant et si peu de temps qu'il le jugera nécessaire pour le service de ladite République, séparer, envoyer seuls ou de compagnie, tels desdits vaisseaux, en tels lieux et places qu'il avisera bon estre, nommer et changer tels des officiers qu'il lui plaira, et autrement.

» Il m'a esté impossible de pouvoir encore éventer leur dessein, mais bien que ledit admiral Blaicke n'est pour avoir ses ordres secrets que lorsqu'il aura la flotte en estat de faire voiles, cependant ils font marcher et assembler des hommes vers Southamton et l'isle de Weithe, où est le lieu du rendez-vous général de leurs vaisseaux, trois desquels sont pour sortir des Dunes et d'autres de Porthmouth, Plemout, d'Arthmout et des ports le long de cette côte-là.

» Le parlement ayant ordonné que le conseil d'Etat et le général Cromwel nommeroient un général pour aller commander en Irlande, en la place de feu Jerton, ils s'assemblèrent deux jours après et firent élection du major-général Lambert, que ledit parlement a cejourd'huy approuvé.

» Les ambassadeurs de Hollande, ayant receu la nouvelle de quarante-cinq de leurs vaisseaux saisis par cent de cette République, allèrent s'en plaindre au parlement, qui ordonna que les papiers par eux ci-devant fournis, et autres de ce jour, seroient référés à six du conseil d'Etat, entre lesquels le général Cromwel devoit présider et en ordonner ainsi qu'il le jugeroit à propos.

» Six vaisseaux hollandois, faisant nombre des quarante-cinq, furent hier consignés à cette République, qui obligea sur l'heure lesdits ambassadeurs de se transporter devant les juges de l'admirauté, lesquels, nonobstant les plaintes et la furie que témoigna le sieur Catz, arrêtèrent que la sentence subsisteroit, si mieux n'aimoient lesdits ambassadeurs composer desdits vaisseaux et marchandises contenues en iceux, qu'ils accepterent avant que sortir dudit lieu.

» L'agent de Suède eut, vendredy dernier, la première audience de ce parlement, auquel il présenta une lettre de la reyne de Suède, sur laquelle ces messieurs firent des difficultés, à cause que la superscription d'icelle n'estoit en forme, ayant *Serenissimæ Reipublicæ Anglicanæ*. Néanmoins elle fut ouverte et lue, et la réponse remise à un autre jour. L'on me vient présentement assurer, et de très-bonne part, que Cromwel embrasse fort le parti des Hollandois, auxquels il veut faire donner satisfaction, pour avoir lieu d'entreprendre plus puissamment contre la France.

» Il est arrivé ce matin un exprès aux ambassadeurs de Hollande, qui dit que messieurs des Etats estoient pour en envoyer encore quelques autres pour joindre à ceux qui sont ici. »

Ces intentions de Cromwel et l'état intérieur du royaume firent redoubler de soins pour en détourner les effets, et un plain pouvoir de traiter avec la République angloise fut envoyé à M. d'Estrade; il étoit accompagné de la lettre suivante, signée de la main du Roi :

« Monsieur d'Estrades, je vous envoye le pouvoir authentique en bonne forme pour traicter en mon nom une nouvelle alliance avec la République d'Angleterre, affin qu'il y ayt bonne voisinance et amitié entre les deux nations, de sorte que la liberté du commerce, également avantageuse aux uns et aux autres, soit entièrement conservée; et jugeant que le sieur Cromwel pourroit envoyer vers vous quelqu'un pour être davantage éclairci de mes bonnes intentions, vous aurez à les lui faire cognoistre et vous ouvrir en toute confiance, non seulement sur ce qui s'y peut traicter avec la République, mais encore avec la personne dudit sieur Cromwel, tant pour le bien commun des deux royaumes que pour ses intérêts particuliers, vous donnant par la présente pouvoir d'agir, négocier, traiter et promettre en mon nom tout ce que vous jugerez à propos audit Cromwel, et je ratifieray et exécuteray tout ce que vous aurez promis et signé en mon nom, avec la même bonne foi et sincérité que je prie Dieu de vous avoir, monsieur d'Estrades, en sa sainte garde. Escript à Blois, le 24 mars 1652. »

Mais la négociation traînant en longueur, et sur le compte que j'en rendis, il fut résolu que l'on enverroit de nouveau le sieur de Gentillot auprès de Cromwel, et qu'on lui remettroit des instructions détaillées de ce qu'il auroit à négocier auprès du parlement et du conseil d'Etat de la république d'Angleterre. On lui remit aussi une lettre que Sa Majesté écrivoit au protecteur.

Lettre du Roy à Cromwel.

« Monsieur Cromwel, envoyant exprès à Londres le sieur Gentillot, gentilhomme de ma chambre, avec lettre de créance au parlement de la république d'Angleterre et au conseil d'Etat, pour leur faire entendre mes bonnes intentions ; et comme il est avantageux à l'un et à l'autre Etat de vivre en bonne voisinance, paix et amitié, je l'ay chargé de cette lettre pour vous, pour vous assurer de ma bonne volonté et disposition entière à faire ce qui servira à la sureté et liberté du commerce, bien et utilité réciproque des deux nations : et m'assurant que vous contribuerez volontiers à un si bon effet, je me remets audit sieur de Gentillot de vous en dire davantage, vous priant de lui donner créance comme à une personne en qui je prens une confiance entière ; cependant je priray Dieu, etc. »

Instruction au sieur de Gentillot, gentilhomme de la chambre du Roy, s'en allant, pour le service de Sa Majesté, en Angleterre.

« Sa Majesté, jugeant qu'il est de l'utilité commune des deux nations de France et d'Angleterre de nourrir paix et amitié, bonne voisinance et toute sorte de liberté et sécurité de commerce entre les subjects de l'un et l'autre Etats, a bien voulu envoyer un gentilhomme exprès à Londres vers le parlement de la république d'Angleterre, et a faict choix dudit sieur Gentillot, dont la suffisance, fidélité et affection à son service luy sont cogneues, l'ayant chargé de lettre de créance audit parlement, conseil d'Etat et au sieur Cromwel.

» Le sieur de Gentillot s'acheminera incessamment à Londres et envoyera devant le sieur de Viliers, avec lequel il s'est déjà abouché, ou bien le fera écrire pour avertir ceux dudit parlement du sujet de son voyage; et comme il vient recognoistre au nom du Roy ladite République, estant porteur de lettres de Sa Majesté, en créance à cet effet, pourveu néanmoins qu'on lui rapporte parole et asseurance qu'au préalable touttes lettres de marque et repressailles seront surcises et tous actes d'hostilité cessés, pour parvenir plus facilement au restablissement du commerce.

» Ledit sieur Gentillot, estant à Calais et ne pouvant aller à Dunkerque à cause que les ennemis ont assiégé Gravelines, écrira en chiffres au sieur d'Estrades le sujet de son envoy à Londres, et le priera de l'advertir audit Calais ou à Douvre de ce qu'il pourroit avoir négocié avec ledit parlement, et par quelle adresse, affin qu'il s'en serve, ayant besoing de bons advis dudit sieur d'Estrades, auquel il fera savoir l'ordre qu'il a de Sa Majesté de s'y conformer et continuer sa correspondance avec luy par lettres fréquentes. L'inscription et la suscription des lettres de créances ont esté laissées en blanc, affin que ledit sieur Gentillot les remplisse de la même sorte dont il a esté usé envers eux, par la reine de Suède ou par le roy d'Espagne, Sa Majesté voulant bien leur faire autant d'honneur et d'amitié qu'aucun autre des princes qui les ont recogneus pour République. Ledit sieur de Gentillot, aussitost que la cessation d'hostilité et suspension de repressailles aura été accordé, ou qu'il en aura eu de bonnes asseurances, rendra ses lettres audit parlement de la République, et expliquera sa créance, en sorte qu'il leur persuade les bonnes intentions de Sa Majesté et son désir d'entretenir paix, amitié et bonne voisinance et correspondance entre les deux nations, mesmes nous alliant plus étroitement avec ladite République pour le bien et avantage réciproque, et qu'il use des termes civils et obligeans, sans toutefois rien dire qui puisse marquer foiblesse ou crainte de leurs armes, s'ils avoient envie de nous les faire appréhender. Il faira aussi faire cognoistre à tous ceux à qui il aura à parler, que nos divisions domestiques auront bientost cessé, et que les princes recherchent les bonnes grâces de Sa Majesté, et de sortir du mauvais pas où ils se trouvent, par un bon accomodement, dont les ouvertures ont déjà esté faites de leur part ; en sorte qu'il y a apparence que la négociation qui se continue prendra bientost fin pour le repos du royaume : à quoy aidera beaucoup la victoire que les armées du Roy viennent de remporter sur celles de ses ennemis, qui lui donneront d'autant plus de facilités et de moyens de bien faire à ses voisins et à ses subjets.

» Ledit sieur de Gentillot, voyant les Anglois en résolution d'envoyer enfin un ambassadeur, conviendra avec eux, dès à présent, qu'on nommera des députés de part et d'autre pour entrer en cognoissance des pertes et déprédations souffertes par les subjects de l'un et de l'autre Etat, et qu'ils auront le pouvoir d'ajuster les différens, mesme de faire un traicté de commerce pour l'advenir, Sa Majesté trouvant bonnes toutes les conditions dont on demeurera d'accord, pourveu qu'elles soient égales et réciproques.

» Donnera advis soigneusement de tout ce qu'il avancera, et s'en reviendra quand il aura mis les choses au point porté par la présente instruction, et prendra garde de ne rien gâter de ce qui pourroit avoir esté négocié ou avancé à mesme effect par ledit sieur d'Estrades, en la prudence et conduite duquel on a grand confiance.

» Faict à Saint-Germain-en-Laye, le 1er may 1652. »]

Pendant le séjour que nous fîmes à Blois, nous aperçûmes avec chagrin que, sans un puissant secours, nous perdrions la ville de Barcelone, et ensuite la Catalogne. Le cardinal ne trouvant point dans les coffres de l'épargne l'argent qu'il falloit pour prévenir ce mal, apparemment parce que son attention étoit à s'amasser des trésors, me demanda quelle raison avoit empêché l'année précédente le roi de Portugal de nous aider à défendre la Catalogne. Je lui dis qu'autant que je l'avois pu connoître, il y en avoit deux sur lesquelles il s'étoit fondé : la première, qu'il croyoit la France perdue ; la seconde, que pour avoir de son argent il nous mettroit en obligation de ne faire jamais ni paix ni trève avec l'Espagne sans l'y faire comprendre; « de quoi, ajoutai-je, jusqu'à présent on s'est défendu par les raisons dont Votre Eminence peut bien se ressouvenir. Je crois que si l'on vouloit en venir là, il seroit à propos de faire partir l'ambassadeur de Portugal qui est à la suite de la cour, pour engager son maître, en lui faisant cet avantage, de donner deux millions d'or, non pas en un seul paiement, mais payables en termes annuels, en l'assurant que cette somme ne seroit employée qu'à faire la guerre à l'Espagne : ce qui procureroit infailliblement le repos du Portugal, en lui donnant les moyens de s'agrandir. »

J'eus ordre de voir cet ambassadeur, à qui je n'eus pas de peine à persuader de faire ce voyage, ses propres intérêts le voulant, et à lui faire entendre ce dont il étoit question : que le Roi son maître nous paieroit huit cent mille écus dans la première année, qui étoit la présente, et trois cent mille chacune des quatre suivantes, sur la parole que je lui donnai que cet argent seroit employé au service commun des couronnes de France et de Portugal. Comme on ne le chargeoit que d'une simple proposition, et qu'on n'exigeoit point de lui qu'il signât de traités, il prit congé de Leurs Majestés et descendit la rivière de Loire jusqu'à Nantes, où il prétendoit s'embarquer, ou à La Rochelle, pour se rendre à Lisbonne. J'appris quelques mois après son arrivée en Portugal, et que les ouvertures qu'il avoit faites au Roi son maître avoient été agréablement reçues. A la vérité, le terme de payer une somme si considérable en cinq années lui avoit paru bien court, de même qu'à ceux de son conseil, et surtout de ce qu'on vouloit que le premier paiement fût presque de la moitié de cette somme. L'ambassadeur ajoutoit que si l'on pouvoit se résoudre que tout le paiement ne se fît qu'en dix années, de deux cent mille cruzades par an, il croyoit que son maître pourroit y passer, malgré l'opposition du peuple de Lisbonne à laisser aller cet argent dans un pays étranger ; mais que si l'on prétendoit plus que ce qu'il offroit, et en moins de temps, il jugeoit la chose très-difficile. Je lui fis réponse qu'ayant parlé d'écus, et évalué les six cent mille pistoles du cours de Castille, faisant les deux millions d'or, il étoit de mauvaise grâce d'offrir moins, et de prendre un terme aussi long que celui qui étoit proposé : ce qui faisoit juger que le Roi son maître et son conseil vouloient voir quel train prendroient nos affaires ; que nous les avions bien maintenues jusqu'alors, par la grâce de Dieu, sans leur secours, et qu'avec la même assistance nous espérions de pouvoir continuer ; que si le roi de Portugal laissoit échapper cette conjoncture, il ne la retrouveroit jamais ou très-difficilement, la France n'étant point engagée à sa défense suivant son traité ; que quand on lui offroit des conditions avantageuses il devoit les accepter ; que j'avois obtenu que, pour le premier paiement, on se contenteroit de six cent mille écus au lieu de huit, et que, pour les quatorze cents restans, je pourrois faire en sorte qu'on se contenteroit de les recevoir en cinq années, pourvu qu'à chacune des quatre premières l'on nous fît toucher trois cent mille écus, et deux cent mille dans la dernière ; que si même on demandoit sept années au lieu de cinq, je pourrois y faire consentir le Roi mon maître ; qu'on désiroit d'être informé promptement des intentions de Sa Majesté portugaise, et qu'ainsi je priois qu'on ne différât point à me les faire savoir. Comme il faudra parler de ceci à la fin de la même année, ou au commencement de la suivante, je n'en dirai rien de plus présentement, pour ne pas user de redite, et je me contenterai de le faire quand il en sera temps. Le Roi, ayant passé à la vue d'Orléans et étant sur la route de Sully, apprit que les ennemis avoient attaqué Gergeau ; on crut même qu'ils en avoient forcé le pont. Mais la résolution que M. de Turenne fit paroître en commandant qu'on ouvrît la porte, après s'être mis sur le seuil pour en défendre l'entrée, fit croire aux ennemis que toute l'armée s'y étoit rendue : de sorte qu'ils cessèrent de se servir de leur artillerie, et regardèrent comme un grand avantage pour eux de la pouvoir dégager le soir.

Leurs Majestés se rendirent à Sully, où elles firent leurs Pâques, et n'en partirent que le mercredi ou le jeudi pour venir à Gien. On y eut des nouvelles certaines que le prince de Condé avoit joint ses troupes, et l'on y prit la résolution de faire avancer celles du Roi pour les mettre entre Paris et l'armée ennemie. Le commandement de celle du Roi fut donné à M. de Turenne sans l'ôter à d'Hocquincourt, qui fut surpris et défait dans sa marche par M. le prince. La nouvelle en étant venue à Gien, la cour pensa à se retirer ; mais avant que d'en venir à l'exécution, elle voulut attendre M. de Turenne. Le cardinal, pour faire voir son courage, sortit de la ville et monta sur une éminence qui la couvre du côté du Gâtinois, où il n'avoit rien à craindre. On fit mettre sous les armes les gardes et le régiment de la marine, à la tête duquel étoit Guadagne, gentilhomme de bonne maison, et qui s'étoit acquis de la réputation par sa bravoure et par son expérience. On lui proposa, supposé que l'armée du Roi eût été entièrement défaite, de défendre ce passage, pour donner le temps à Leurs Majestés de se retirer et de gagner Amboise, d'où elles pourroient passer en Bretagne si la nécessité des affaires le vouloit. Guadagne reçut comme une très-grande grâce cette commission, qui étoit des plus périlleuses; et il est bien certain que, s'il avoit été attaqué, il s'y fût signalé comme il avoit fait en plusieurs rencontres où il s'étoit trouvé. Le cardinal, ennuyé d'être à l'air, crut qu'il n'avoit point de moyen plus honorable pour rentrer dans la ville que d'engager le Roi à monter à cheval et à le venir quérir. On y passa de fâcheux momens; mais on apprit à la fin que M. de Turenne s'étoit avancé avec quelques escadrons, ayant commandé à son infanterie de le suivre, et opposé à l'armée victorieuse de M. le prince quelques pièces d'artillerie : ce qui l'avoit contraint de faire halte et de prendre des quartiers. M. de Turenne, qui en fit autant, se fit par ce service un grand mérite auprès du Roi et acquit beaucoup de gloire ; car il réussit dans son dessein, qui étoit de se camper entre l'armée du prince et Paris, pour lui ôter toute communication. N'ayant pas cru qu'il fût à propos que le Roi se tînt éloigné de la sienne, il s'avança jusqu'à Auxerre, descendit la Seine et se rendit à Melun ; mais, sur l'avis qu'on eut que les troupes de Monsieur et de M. le prince avoient pris Etampes, on forma le dessein d'assiéger cette ville, dont l'entreprise, qui étoit en soi fort difficile, fut encore accompagnée d'une disgrâce. C'est que cette place, qui est très-longue, ne fut attaquée que par les extrémités ; et cela donna lieu à plusieurs combats où nous remportâmes des avantages. Mais nous n'eûmes pas celui pour lequel ce siége avoit été formé, car l'arrivée du duc de Lorraine avec son armée obligea M. de Turenne à se retirer, et, pendant qu'il s'avançoit pour en traverser la marche, les troupes des princes approchèrent de Paris. L'infidélité de M. de Lorraine parut en cette rencontre, car il publioit ne venir que pour le service du Roi. Il demanda du pain pour son armée ; et après avoir fait plusieurs traités avec Sa Majesté, il se déclara contre. Il est vrai qu'il reçut un affront considérable, ayant été obligé de promettre de se retirer pour éviter d'en venir à une bataille, qui sans doute lui eût été livrée si le roi d'Angleterre, qui s'entremettoit pour un accommodement, n'eût empêché M. de Turenne de commander qu'on le chargeât. M. de Lorraine s'étoit posté en homme de guerre ; mais ses troupes, manquant de vivres, n'auroient pu faire une grande résistance. Il jugea donc qu'il étoit de son avantage de se retirer, et de supposer une négociation vive avec la cour, pour profiter des occasions qui se rencontreroient pour encourager l'armée et pour presser se siége d'Etampes. Le Roi quitta le logement de Melun pour prendre celui de Corbeil, après avoir été averti qu'un courrier du Pape apportoit au coadjuteur de Paris le chapeau de cardinal, que Sa Majesté avoit demandé pour lui. Quelques-uns croyant que le courrier iroit tout droit à Paris le remettre au nonce qui le pourroit donner au coadjuteur, je fus d'avis qu'on lui fît dire que, s'il faisoit cette faute, il pouvoit le remporter, et qu'on fît bien entendre au coadjuteur que, s'il manquoit au respect qu'il devoit au Roi, il ne seroit jamais reconnu en France comme cardinal. Pendant qu'on examinoit ce qu'il falloit faire, le courrier de Sa Sainteté se rendit à Paris, et les choses s'accommodèrent ensuite à la satisfaction du cardinal de Retz.

Pour donner plus de hardiesse aux bons bourgeois de Paris, on leur proposa de se déclarer pour le Roi, à qui l'on conseilla d'aller à Saint-Germain-en-Laye. Sa Majesté y fit quelque séjour, sans en retirer aucun avantage : ce qui fit prendre le parti de revenir du côté de Melun, en s'arrêtant quelque temps à Corbeil. Et comme on avoit dessein de retourner à Saint-Germain, on se rendit à Saint-Denis, où le Roi resta quelques jours. Quoique les princes fussent en état de donner la loi, ils ne laissèrent pas de s'offrir à se soumettre, à condition que le cardinal seroit banni du royaume. Son Eminence, craignant que l'armée d'Espagne ne se joignît à la leur, proposa que le Roi se retirât en Bourgogne, et de laisser les maréchaux de Turenne et de La Ferté aux environs de Paris, pour s'opposer aux desseins des princes. M. de Bouillon, qui étoit en très-grand crédit, avoit été du même avis ; mais M. de Turenne, son frère, qui fut appelé dans le conseil secret, le fit changer. « Je me charge, dit-il, de faire périr les ennemis, pourvu que la personne du Roi soit en lieu de sûreté. » Et pour avoir quelques avantages sur les princes, qui s'étoient campés dans l'île de Saint-Denis, il proposa de construire un pont sur la Seine, pour les pouvoir aller attaquer. Soit que M. le duc d'Orléans et le prince de Condé s'aperçussent que Paris leur échapperoit, ils demandèrent une assemblée générale, dans le dessein de se défaire de ceux qui paroissoient être dans les intérêts du Roi. La conduite qu'ils tinrent pour y réussir a été décrite par bien des gens, qui ne l'ont pas rapportée au juste. J'ajouterai donc que, deux jours avant qu'ils commissent une action aussi terrible, M. de Bouillon dit : « Ils sont perdus s'ils ne font un coup assez hardi pour soumettre Paris. » Ce discours rapporté, et l'exécution qui en fut tentée, firent qu'il y eut différens avis que ceci avoit été exécuté de concert avec lui, à moins que la profondeur de son expérience ne lui eût fait prévoir ce que les autres feroient. Enfin, il ne laissa pas de paroître surpris quand la nouvelle de cette exécrable entreprise fut divulguée. Les apparences faisoient juger que si l'on attaquoit l'armée de M. le prince, elle ne seroit pas reçue dans Paris. Il faisoit même paroître quelques escadrons à la tête de plusieurs villages qui sont dans l'Ile de Saint-Denis, comme s'il avoit voulu nous en défendre l'entrée; mais son dessein n'étoit que de nous amuser, et de faire passer son armée sur le fossé de la ville pour gagner ensuite Charenton, en rompre le pont, et nous nécessiter par là de chercher les moyens d'aller à lui, ayant la liberté de nous combattre en passant la Marne, et en tout cas de pouvoir fourrager plusieurs provinces, si l'on ne se mettoit point à le poursuivre, la liberté lui restant toujours de passer en Flandre quand il voudroit. On fut averti que son armée avoit marché le soir ; mais, soit par désobéissance, soit parce qu'elle étoit trop fatiguée, elle campa à la tête du faubourg Saint-Honoré. Le prince, en ayant été averti, s'en plaignit et querella ses officiers. Ensuite, usant de tout son pouvoir, il fit marcher toutes ses troupes, auxquelles les bourgeois ne voulurent jamais permettre de traverser la ville, craignant peut-être que ses soldats ne leur causassent de l'incommodité, ou bien que ce prince voudroit s'en rendre le maître; car, quoique ses forces ne fussent pas proportionnées à une pareille entreprise, les apparences trompent souvent ceux qui sont capables d'avoir peur.

M. de Turenne fut averti de la marche de M. le prince, et le maréchal de La Ferté aussi, qui, étant le plus éloigné de Paris, ne le joignit qu'après que le combat fut commencé. Ce n'étoit pas où le prince le craignoit le plus; mais, ayant tout le chagrin imaginable de ne pouvoir éviter ce général, il mit sa cavalerie en bataille pendant que son infanterie défiloit par derrière ; et M. de Turenne, qui le reconnut, ne crut pas le devoir attaquer tant qu'il seroit dans un lieu avantageux.

M. le prince quitta ce poste pour joindre son infanterie et voulut toujours gagner Charenton; mais il fut surpris quand il se vit attaqué dans le faubourg Saint-Antoine, et voulut défendre les barricades qui y avoient été dressées par les bourgeois. Le combat fut des plus opiniâtres (1). Le Roi en fut spectateur, et si mademoiselle d'Orléans n'eût obtenu de la bourgeoisie qu'elle ouvrît les portes aux troupes du prince, elles auroient été entièrement défaites. Pour faire croire aux Parisiens qu'ils n'avoient plus lieu d'espérer que le Roi leur pardonnât, elle fit tirer le canon du côté qu'elle remarqua que Sa Majesté étoit. Quelques-uns disoient d'aller à la porte de Saint-Denis, que l'on trouveroit ouverte. J'avoue qu'il me sembloit que j'aurois conseillé de faire entrer l'armée dans le faubourg Saint-Germain et d'y donner bataille, dont le gain me paroissoit assuré; mais je n'osai plus être de cet avis, y trouvant beaucoup d'inconvéniens ; car la prudence défendoit de se fier à un peuple qui avoit sujet de tout craindre, et d'ailleurs il y avoit peu d'apparence que le cardinal pût concourir à cette résolution qui s'évanouit bientôt, car on vit dans Paris des écharpes de différentes couleurs. Les rouges étoient admirées, et quiconque eût parlé de rendre au Roi l'obéissance qu'il lui devoit, eût couru risque de perdre la vie. Il falloit trouver les moyens de décharger les Parisiens des troupes qui les soutenoient, et il y avoit tout lieu de croire ensuite qu'étant devenus sages par leur propre expérience, ils ne songeroient qu'à implorer la miséricorde du Roi.

Le séjour de Saint-Denis étant devenu insupportable par une infection horrible, il fallut songer à le quitter, et néanmoins ne se pas tant éloigner de Paris qu'on perdît ce qu'on avoit gagné sur les esprits des plus sages, et même de la populace. On proposa d'aller à Pontoise, qui étoit un lieu bien commode et bien situé pour vivre, et d'où même l'on s'approchoit de la Normandie, qui étoit restée dans l'obéissance. On eût bien pu trouver des endroits convenables au séjour de la cour, mais on craignoit de donner de la jalousie et du soupçon à M. de Longueville, qui faisoit en sorte que le Roi y jouissoit d'une partie de ses revenus, et qui empêchoit qu'on ne s'y soulevât ni qu'on y causât le moindre préjudice au service de Sa Majesté ; mais il donnoit assez à entendre qu'il ne falloit pas en demander davantage de lui. La cour ne fut pas plustôt arrivée à Pontoise qu'on publia qu'elle en devoit partir le lendemain pour aller à Mantes, dont le gouverneur avoit ouvert les portes

---

(1) Le combat du faubourg Saint-Antoine fut livré le 2 juillet 1652. Deux jours après eut lieu le massacre de l'Hôtel-de-Ville, dont il est parlé dans la page précédente et dans celle-ci. (A. E.)

aux Espagnols et leur avoit facilité le passage de la Seine sur le pont de cette ville. On accusa même le chancelier d'y avoir contribué, tant parce qu'il étoit beau-frère du gouverneur, que par la crainte qu'il avoit de voir sa maison brûlée. Il s'étoit trouvé aux conseils qu'on avoit tenus au Luxembourg. La demeure de Pontoise ayant été jugée meilleure que celle de Mantes, la cour y resta et n'en partit que pour aller à Compiègne, où le cardinal de Retz se rendit, et d'où le cardinal Mazarin sortit une seconde fois du royaume, soit que sa peur en fût cause, ou l'éloquence et l'intrigue du cardinal de Retz.

M. de Bouillon mourut à Pontoise d'une grosse fièvre, qui lui causa un transport au cerveau. J'allai pour le voir, et ce fut la dernière visite que je rendis en cette ville, car je fus le lendemain attaqué de la même maladie. On ne doit point être surpris si je ne dis rien de ce qui se passa pendant trois mois, ayant été abandonné de la plus grande partie des médecins. Je ne dois la vie qu'à Dieu, qui ne me la voulut conserver qu'afin que je le servisse avec plus de fidélité que je n'avois fait. Il permit, mes enfans, que votre mère contribuât plus à ma guérison que ne firent les remèdes. Les soins qu'elle prit de moi et les témoignages qu'elle me donna de son amitié surpassent de beaucoup tout ce que j'en devois attendre et ce que l'on pouvoit en espérer. Leurs Majestés eurent la bonté d'envoyer savoir de mes nouvelles, et le cardinal même se donna la peine de me venir voir avec tout ce qu'il y avoit de personnes considérables à la cour. Mes amis particuliers prirent de moi des soins que je ne puis exprimer. Je tairai leurs noms, de crainte que si j'en oubliois quelqu'un, il n'eût sujet de se plaindre. Je fus ainsi malade à l'extrémité; mais celui qui est le maître de notre vie me la conserva, et me donna de bons intervalles pour recevoir son corps et son sang. Celui-là est heureux à qui cette grâce est accordée, qui la reçoit et en fait un bon usage pour son salut. Un de mes premiers soins, après avoir remercié Dieu de m'avoir rendu la vie, fut de faire mes très-humbles remercîmens à Leurs Majestés de toutes les marques de bonté qu'elles m'avoient données, et de faire savoir à ma famille l'état où j'étois. Je ne puis m'empêcher de dire ici que, quand j'avois un peu de raison, je souffrois beaucoup de la situation où je laissois votre mère et vous aussi, mes enfans. Je ne voulus pas la prier, si Dieu disposoit de moi, de continuer d'aller au Louvre pour y représenter mes services, sachant combien cela seroit inutile; mais j'espérai que Dieu auroit compassion de vous, puisqu'il vous avoit conservé une mère qui s'est toujours attachée à le servir, qui sert d'exemple à beaucoup d'autres, et particulièrement à vous, qui n'en pouvez jamais suivre de meilleur.

Le Roi étant parti pour aller à Compiègne, après y avoir fait quelque séjour alla à Mantes, d'où il revint à Pontoise, et retourna ensuite à Mantes. Comme je commençois à me mieux porter, j'allai à Saint-Germain, où Sa Majesté arriva deux jours après moi. Je me rendis même assidu auprès d'elle lorsqu'on parloit de quelque affaire importante, non que je fusse en état de rendre aucun service, mais seulement pour faire voir que je n'étois pas mort, ni hors d'espérance de continuer à servir comme j'avois toujours fait. J'ai oublié de dire que, pendant que la cour étoit à Saint-Germain, M. le duc de Rohan, Goulas et quelques autres y vinrent proposer au Roi, de la part de Monsieur, des conditions d'accommodement qui parurent si extraordinaires qu'elles furent rejetées. La duchesse d'Aiguillon s'y rendit aussi pour faire celui de M. le prince; et comme je n'ai point su quelles étoient ses demandes, je n'en dirai rien. Les députés de la Maison-de-ville et les colonels de Paris y vinrent aussi, les uns demandant grâce, et les autres pardon du passé, tous assurant que, si le Roi y vouloit rentrer, il y seroit obéi. M. de Sève, qui pour sa récompense fut fait prévôt des marchands, porta la parole avec tant d'éloquence qu'il fit impression sur l'esprit de Leurs Majestés, et leur persuada de rentrer dans la ville de Paris (1), où je me rendis un jour avant le Roi, avec beaucoup d'impatience d'apprendre à quelle heure ce monarque y seroit rentré. Mais Monsieur, qui n'avoit point cru que Sa Majesté voulût s'y hasarder, n'ayant point mis ordre à ses affaires, demandoit qu'on sursît l'entrée d'un jour, donnant à entendre qu'il pouvoit la retarder; et le Roi, qui ne s'en mit pas beaucoup en peine, dit qu'il iroit lui rendre visite, puisqu'il faisoit difficulté de venir au devant de lui. Monsieur en fut si étonné qu'il ne sut prendre d'autre parti que de demeurer enfermé dans sa maison, de demander une sûreté pour la nuit, et celle dont il paroissoit avoir besoin pour aller à Limours, où l'on envoya pour traiter avec lui Le Tellier, qu'on savoit ne lui être pas désagréable. Mademoiselle d'Orléans, qui fut surprise de ce qu'on se mettoit si peu en peine de rechercher monsieur son père, se tint cachée, et puis sortit de la ville dans un carrosse d'emprunt.

(1) Louis XIV entra dans Paris le 21 octobre 1652.
(A. E.)

Le Roi, pour faire voir qu'il étoit le maître, ordonna que le parlement s'assembleroit au Louvre le lendemain. Ceux des officiers qui l'avoient tenu à Pontoise y prirent leurs places, et, à l'exclusion de quelques-uns qui n'y furent point mandés, ceux qui étoient restés à Paris y furent admis. Le chancelier, qui s'étoit évadé et ensuite rendu auprès du Roi, y porta la parole, exagérant le crime de plusieurs, louant la fidélité des autres, et fit remarquer la résolution sainte et digne d'un roi très-chrétien, que Sa Majesté avoit pris, de pardonner le passé et d'en faire perdre la mémoire. Il ajouta que le châtiment s'étendroit sur un très-petit nombre de personnes, et seroit plutôt une marque de la clémence du prince que de sa juste indignation. Broussel, qui dans les désordres avoit été prévôt des marchands, fut destitué, et quelques conseillers exilés, sans toutefois être notés. Plusieurs d'entre eux ont eu leurs grâces dans la suite des temps. On oublia dans cette assemblée de demander que les registres de ce qui avoit été ordonné par le parlement pendant la révolte fussent apportés; car ils devoient être lacérés et même brûlés par la main du bourreau (1). C'est ce qu'on ne fit point, parce que je ne m'y trouvai pas pour le dire. Je m'en plaignis aussitôt que je fus au Louvre.

Le cardinal de Retz y alloit de fois à autre; mais les discours qu'il y tenoit n'avoient aucun rapport avec ce qu'il disoit ailleurs. La dignité où il avoit été élevé, bien loin de le faire souvenir de ce qu'il devoit au Roi, lui faisoit croire qu'elle lui obtiendroit l'impunité de tout ce qu'il pourroit et dire et faire. Le cardinal Mazarin, tout éloigné de la cour qu'il étoit, ne laissoit pas de la gouverner. Il y a toutes les apparences qu'il faisoit avertir le Roi de ne se pas fier au cardinal de Retz, et que si cette Éminence tomboit en faute ou qu'on pût s'assurer de sa personne, on n'en perdît pas l'occasion. Elle se présenta un jour que ce cardinal vint au Louvre. Il y fut arrêté (2) prisonnier et conduit à Vincennes, où il a été assez long-temps, quelque diligence que fît le nonce pour le faire mettre en liberté ou pour renvoyer au Pape la connoissance de ses crimes, assurant que s'il en avoit commis qui méritassent punition, il ne seroit pas épargné.

[1653] Le cardinal Mazarin (3), délivré de la crainte que lui causoit celui de Retz, prit la résolution de venir trouver le Roi; mais, pour contenter sa vanité et pour s'assurer entièrement contre la mauvaise volonté du peuple de Paris, il obtint que Sa Majesté vînt à sa rencontre (4). Le Roi le conduisit au Louvre, où l'on lui avoit fait préparer un appartement, Sa Majesté ayant jugé qu'il y seroit mieux qu'au Palais-Royal, où il étoit allé descendre, après avoir ordonné que la porte de la conférence fût gardée par une compagnie du régiment des Gardes : ce qui a continué depuis. Le nonce crut ou fit semblant de croire que l'arrivée du cardinal Mazarin faciliteroit la liberté du cardinal de Retz. Quand il pressoit trop, on lui disoit qu'il avoit vu la tête du premier mise à prix, sans s'en être beaucoup mis en peine : de quoi le nonce s'excusoit le moins mal qu'il pouvoit; et quand il recommençoit ses poursuites on lui répondoit que quoique, par le concordat, le Pape se fût réservé le jugement des causes majeures, particulièrement lorsqu'un cardinal étoit accusé, cette clause étoit si contraire aux priviléges du royaume, qu'il n'étoit pas possible que le Roi y consentît. On lui ajoutoit que, pour le délit, l'archevêque de Rennes et ses suffragans avoient procédé contre le cardinal de Châtillon, qui étoit évêque de Beauvais et du nombre de ceux-ci, et le juge royal pour les crimes de félonie et de lèse-majesté; que les évêques mêmes craignoient la conséquence de pouvoir être cités et jugés à Rome, se souvenant que le feu Roi avoit obtenu des commissaires dans le royaume, pour procéder extraordinairement contre quelques prélats qui étoient compris dans la réserve, de même que les cardinaux; et qu'ainsi le Pape ne pouvoit pas leur ôter la connoissance ni le jugement des crimes dont le cardinal de Retz étoit convaincu. Cette contestation favorisoit le prisonnier, car il n'étoit pas encore cité à aucun tribunal. Je dis un jour à Mazarin que j'étois surpris que si peu de chose nous arrêtât, qu'il falloit demander des commissaires au Pape. « S'il les accorde, disois-je, nous aurons ce que nous voulons, qui est de faire procéder contre le cardinal de Retz; et sur le refus de Sa Sainteté, le Roi fera ce qui a été mis en usage par ses prédécesseurs, qui

---

(1) Ils le furent quelques années plus tard par ordre de Louis XIV.
(2) Le cardinal de Retz fut arrêté le 19 décembre 1652. On le conduisit au château de Vincennes, puis à celui de Nantes, d'où il s'échappa. (A. E.) — Nous avons retrouvé à la Bibliothèque du Roi les papiers qu'il avait dans sa poche au moment de son arrestation.

(3) Ce ministre fit son entrée à Paris le 3 février 1653, (et non pas le 9 de ce même mois), comme le prouve une lettre autographe de lui, insérée dans notre édition des Mémoires de Retz, page 425.
(4) Voyez à ce sujet la lettre que Mazarin écrivit au ministre Le Tellier; elle est insérée dans les Mémoires de Retz, note 2, page 425.

est de demander justice aux évêques de son royaume de l'un d'entre eux qui lui a manqué de fidélité. Les évêques s'y porteront ou en feront difficulté, soit pour être intimidés par le Pape, ou par des considérations particulières qu'ils n'oseront déclarer. Le refus du Pape à déléguer des juges sur les lieux, et celui que feront les évêques de France, mettront le Roi en droit de renvoyer la connoissance de ce crime à son parlement. Nous avons plusieurs exemples dans l'antiquité qui établissent le droit de Sa Majesté, et qui sont fondés sur le bon sens, qui veut que les priviléges et autres grâces accordées exemptent bien un évêque de la jurisdiction temporelle, mais ne lui donnent pas pour cela la liberté de tout oser impunément. D'où il faut conclure que la lenteur des évêques à faire justice, ou le refus de la rendre, remettront le Roi dans les droits qu'il a, sans avoir égard aux exemptions accordées par les empereurs et les rois ses prédécesseurs : *de animadvertere in clericum cujuscunque dignitatis vel gradûs*; et qu'ainsi le bref du Pape pouvant être autorisé, soit par les commissaires délégués par Sa Sainteté et reçus par le Roi, ou par les évêques du royaume, ou par le parlement, le cardinal de Retz seroit jugé. »

Mazarin ne voulant point faire de préjudice à sa dignité, ni consentir à ce que le Pape demandoit, s'excusoit auprès du nonce tantôt par une raison, tantôt par une autre, et tenoit toujours en prison celui dont il craignoit l'esprit. Pendant qu'on agita la question pour savoir qui devoit être juge du cardinal de Retz, l'hiver se passa, et le printemps s'approchant, il fallut songer aux moyens de continuer la guerre. Le Roi étoit à la vérité délivré de celle qu'il avoit eu à soutenir contre ses sujets, mais il ne laissoit pas d'en avoir encore à réduire, et d'être occupé à faire tête à ses ennemis. Il eut aussi, malgré tout ce qu'on put faire, le malheur de perdre dans la même année trois places de conséquence. Barcelone se perdit faute de moyens pour être conservée. Dunkerque eut le même sort, parce que les Anglois, anciens ennemis de la France, nous empêchèrent d'y faire entrer du secours, et, sous prétexte de représailles, favorisèrent ceux qui étoient en guerre avec nous, sans avoir fait d'alliance avec eux. La même chose arriva à Casal, pour avoir été négligée depuis la mort du feu Roi, quoique les ministres de Mantoue nous avertissent souvent du mauvais état de la place, que les magasins des vivres avoient été épuisés pour faire subsister la garnison, qui depuis un très-long temps n'avoit pas été payée; que les canons n'ayant point d'affût étoient hors d'état de servir, et les poudres réduites en pâte, parce qu'on avoit négligé de les rebattre, et qu'il étoit à craindre que les Espagnols ne s'en emparassent, ou même M. de Mantoue, pour éviter qu'elles ne tombassent entre leurs mains. Mais il arriva ce qu'on n'auroit jamais cru : c'est que l'armée d'Espagne en fit le siége pour la remettre au duc de Mantoue. La citadelle de Turin avoit été autant négligée; mais l'affection que Madame Royale a toujours conservée pour la France empêcha que l'on ne nous en fît sortir avec honte; et l'on permettoit tous les jours aux soldats, qui y étoient en petit nombre, de se fournir de pain dans la ville. On ne fit rien de considérable cette campagne qui pût réparer tant de pertes, et celle que l'on fit de Rocroy diminua beaucoup la joie qu'on eut de la prise de Montrond. Sainte-Menehould, qui fut la dernière de nos conquêtes, ne put passer pour un gain considérable, après tous les malheurs qui nous étoient arrivés; mais ce qui nous consola fut qu'étant vaincus dans les pays étrangers, nous étions victorieux dans le nôtre.

[1654] Le Roi étant rentré dans Paris, tout le peuple témoigna une joie extraordinaire de revoir Sa Majesté. On croiroit que le cardinal avoit beaucoup de bonne volonté pour moi, après l'exactitude avec laquelle il envoyoit savoir de mes nouvelles, ou se donnoit la peine de venir lui-même dans le temps de ma maladie. J'avoue que c'est le jugement que j'en fis; mais je m'aperçus bientôt que je m'étois trompé, son dessein ayant toujours été de me perdre et de me déshonorer. Il me fit proposer, sous le spécieux prétexte de rétablir ma santé, de me servir d'un nommé Silhon [1] pour faire les dépêches du Roi sous mes ordres, et s'étant persuadé que je me laisserois surprendre à cet artifice, il déclara la chose comme résolue. Silhon en recevoit des complimens de beaucoup de monde. La chose étant venue à ma connoissance, je dis que je n'y consentirois jamais. Le Tellier ayant voulu m'en faire l'ouverture, je lui répondis d'une manière que le cardinal pût connoître qu'il falloit me faire plus de mal ou me laisser en repos, et que je mettrois le tout pour le tout, plutôt que de souffrir qu'on donnât la moindre atteinte aux droits de ma charge

---

(1) Jean Silhon fut l'un des premiers membres de l'Académie françoise. Il servit successivement Richelieu et Mazarin; il fit l'apologie de ce dernier dans un ouvrage intitulé : *Eclaircissemens de quelques difficultés touchant l'administration du cardinal Mazarin*. Silhon mourut en 1667. (A. E.)

et à mon honneur. Ce n'est pas que je n'eusse beaucoup de peine à me donner garde de tout ce que ce premier ministre entreprenoit contre moi; mais la raison demandoit que je dissimulasse avec lui, parce que Son Eminence avoit toute la confiance du maître et tout le pouvoir de l'autorité royale. J'eus, quelques jours après, une fièvre tierce qui ne servit qu'à rétablir parfaitement ma santé.

Leurs Majestés ayant passé l'hiver à Paris, on se prépara pour entrer en campagne au printemps. On disposa tout pour le sacre du Roi, et l'on fit pressentir le duc d'Orléans pour savoir s'il s'y trouveroit; mais il ne répondit pas positivement, et il ne put si bien dissimuler qu'on ne s'aperçût qu'il s'en vouloit excuser. Le prince de Conti, qui avoit épousé une nièce du cardinal, ne jugea pas devoir s'y trouver, ni attendre que cette cérémonie fût achevée pour aller servir au lieu qui lui étoit destiné. Ainsi le Roi n'eut à son sacre de princes de son sang que Monsieur, son frère unique, et M. de Vendôme, qui, à la vérité, étoit sorti de sa maison, mais qui, n'en pouvant prétendre ni le rang ni les avantages, ne laissa pas d'occuper la seconde place. Entre les pairs, le duc d'Elbœuf eut la troisième, le duc de Candale la quatrième, et les ducs de Roannes et Bournonville les deux dernières. Lorsqu'il n'y avoit que six pairs de France, les rois en étoient servis aux actions solennelles. Il y avoit bien plus de pairs au temps du sacre de notre monarque; mais comme il n'y en assista pas un nombre suffisant, il fallut remplacer ceux qui manquoient par des seigneurs dont la fortune seroit parfaite s'ils pouvoient être élevés à la même dignité. Le commandement de l'armée fut donné aux maréchaux de Turenne et de La Ferté; et pendant qu'elle s'assembloit, le Roi vint à Sedan, où l'on résolut le siége de Stenay sous les ordres de Fabert. Le cardinal, se souvenant des services qu'il lui avoit rendus, songea à l'élever et à récompenser son mérite et sa valeur. Le prince de Condé ayant demandé aux Espagnols de ne le point abandonner dans cette rencontre, il se trouva tant de difficultés à le secourir, que ce prince, jugeant bien qu'il lui seroit impossible de les surmonter, leur fit une proposition bien hardie : c'étoit de faire le siége d'Arras. « Si je le prends, leur dit-il, vous y gagnerez et moi aussi avec usure, étant dans vos intérêts et ne m'en voulant pas détacher. » Le siége étant formé, les maréchaux de Turenne et de La Ferté eurent ordre de faire l'impossible pour le faire lever. Le Tellier fut envoyé à Péronne pour diligenter les choses dont ils pourroient avoir besoin; et le bonheur du Roi fut si grand en cette rencontre, qu'ils en vinrent à bout avec très-peu de forces. Sa Majesté, pour encourager son armée, se rendit à Péronne, où elle reçut l'agréable nouvelle qu'elle avoit forcé les ennemis dans leurs lignes; et voulant voir la ville d'Arras qu'elle avoit délivrée, le Roi y alla, et revint ensuite à Péronne, où il apprit que le cardinal de Retz s'étoit sauvé du château de Nantes où il étoit prisonnier sur sa parole. Nous l'étions allé trouver, le nonce et moi, l'année d'auparavant, pour le disposer à renoncer à l'archevêché de Paris, moyennant une grande récompense (1) que nous lui offrîmes et qu'il ne voulut point accepter. De quoi s'étant repenti tout de bon ou en apparence, il souhaita que le maréchal de La Meilleraye fût chargé de sa personne, jusques à ce que le Pape eût accepté la résignation qu'il feroit. Le maréchal y avoit de la répugnance; mais étant pressé par sa femme, dont le frère avoit épousé une cadette de la maison de Retz, et étant d'ailleurs prié par le cardinal de le faire, il se laissa persuader, après avoir tiré parole du Roi qu'il pourroit donner toute liberté au prisonnier, excepté celle de sortir de sa prison, et du cardinal de Retz qu'il ne feroit rien qui pût l'obliger à le maltraiter. Peut-être que si Sa Majesté avoit dès alors nommé quelqu'un à l'archevêché de Paris, le cardinal eût été trop heureux d'accepter la récompense dont on étoit convenu. Mais étant averti que le Pape ne vouloit députer personne pour gouverner le diocèse pendant son absence, faisant semblant d'ailleurs de croire qu'on le vouloit resserrer, et craignant que les incommodités du maréchal de La Meilleraye ne donnassent lieu à le transférer dans une autre prison, il ne songea uniquement qu'aux moyens de pouvoir se mettre en liberté. Je n'aurois jamais parlé de cette affaire, parce que je n'y eus aucune part, si ce n'étoit par la raison que ce fut à moi que le cardinal de Retz dépêcha un gentilhomme pour me prier de faire entendre au Roi que la seule nécessité d'assurer sa vie et de se mettre à couvert de ses ennemis l'avoit obligé à prendre la résolution qu'il avoit exécutée; mais qu'en quelque endroit qu'il fût, Sa Majesté auroit en lui un fidèle serviteur, et qui ambitionneroit toute sa vie l'honneur de ses bonnes

---

(1) Nous avons donné dans notre édition de Retz (page 435, note 1), la lettre du Roi au Pape au sujet de la sortie de Vincennes du cardinal de Retz, et le Mémoire, rédigé par Brienne et adressé au cardinal d'Est, des grâces accordées par le Roi au cardinal de Retz.

grâces, étant assuré que si le Roi venoit à connoître son innocence, il le protégeroit contre la persécution de ses ennemis, qui, pour le rendre odieux, avoient prévenu Sa Majesté. Je dis au gentilhomme que je le trouvois bien hardi de s'être chargé d'une pareille commission sans savoir auparavant si le Roi l'auroit agréable, et d'être venu à la cour de la part d'un sujet rebelle, duquel Sa Majesté avoit de justes raisons de se plaindre; que j'allois lui rendre compte de ce qu'il m'avoit dit; qu'ensuite je lui ferois savoir la volonté du Roi, et ce qu'il y auroit à faire. Je rapportai au cardinal Mazarin ce qui étoit venu à ma connoissance. Il balança pour savoir s'il devoit faire arrêter ce gentilhomme; mais je m'y opposai en lui disant : « Qu'a-t-il fait que ce que vous pourriez désirer qu'il fît, qui est de vous avoir éclairci des raisons que le cardinal de Retz veut publier dans le monde pour se justifier ? Sa conduite vous donnera assez de prise sur lui, car il n'y a aucune apparence qu'il reste dans le royaume; et je ne vois point qu'il y ait d'autre réponse à lui faire, sinon une forte réprimande au gentilhomme, en lui disant que le cardinal de Retz, ayant manqué à ce qu'il doit au Roi, pouvoit bien aussi manquer de parole au maréchal de La Meilleraye. » J'écrivis à Rome la conduite du cardinal de Retz, et nous jugeâmes qu'il passeroit en Espagne, comme il le fit en effet; et cela donna lieu de le blâmer de plus en plus.

On manda avec un soin extraordinaire en Angleterre l'avantage que les armées du Roi avoient remporté, afin de détourner le protecteur Olivier Cromwel de faire alliance avec l'Espagne (1), comme il en étoit recherché. Et comme nous en eûmes connoissance, aussi bien que des dispositions de son esprit et de sa nation, nous le recherchâmes de notre côté. La commission en fut donnée à Bourdeaux. Il y réussit; mais il nous engagea à ne point contraindre les Anglois à décharger leurs canons et leurs armes à Blaye en remontant la Garonne. Quoiqu'ils eussent été déchargés de cette condition par un traité de l'année 1610, nous ne laissions pas d'en être toujours en possession, et de nous prévaloir de cet avantage pour réduire sous l'obéissance du Roi la ville de Bordeaux, qui étoit toujours dans le parti des révoltés, nonobstant le pardon qui lui avoit été accordé déjà pour le même sujet. L'armée de terre fut commandée par le duc de Candale, celle de mer par M. de Vendôme; et le bonheur de la France fit qu'elles réussirent dans leur entreprise, et que la province de Guienne et sa capitale, qui croyoient faire la loi, la reçurent : ce qui contribua beaucoup au rétablissement de l'autorité royale. Leurs Majestés revinrent de Péronne à Paris, et retournèrent ensuite à La Fère où elles passèrent tout le reste de la belle saison, l'armée du Roi ayant séjourné dans le pays des ennemis, pour leur faire sentir les incommodités de la guerre. On eut avis alors que le cardinal de Retz, ayant débarqué en Espagne et reçu de l'argent du Roi Catholique (2), s'étoit enfin rendu à Rome. Ses revenus furent mis sous la main du Roi, qui prétendoit avec justice que la régale de l'archevêché de Paris lui appartenoit, parce que cette Eminence ne lui avoit pas fait le serment de fidélité qu'elle lui devoit, et sans lequel elle ne pouvoit jouir du temporel, et pourvoir aux bénéfices qui étoient vacans. Il se fit un grand nombre d'écrits, tant pour établir le droit du cardinal de Retz que pour le détruire. Il y voulut embarrasser les consciences, en établissant des vicaires-généraux qui devoient, sous son autorité, gouverner l'église de Paris. On fit entendre au Pape qu'on ne le souffriroit pas; mais enfin, par un accommodement, le cardinal fut reconnu archevêque, et Sa Majesté eut le choix de ceux qu'il présenta pour gouverner à sa place (3). Il n'y eut rien de nouveau pendant l'hiver : cependant le crédit du cardinal Mazarin augmentoit toujours, quoique le Roi avançât en âge. Les grâces dépendoient du premier ministre, à qui tout le monde faisoit la cour; et grand nombre de gens, qui n'osoient pas blâmer ouvertement la conduite de Son Eminence, ne laissoient pas de le faire dans leur cœur. Comme on se disoit déjà qu'il étoit temps de songer à marier le Roi, le cardinal, qui n'osoit contraindre les vœux publics, les éludoit en demandant quelle princesse on devoit choisir. Il proposa d'abord celle de Savoie, dont on fit voir le portrait, mais si désagréable qu'il la rendoit odieuse. On en fit voir des princesses de Parme et de Modène, qui ne servirent qu'à leur donner l'exclusion. L'embonpoint qu'elles avoient pouvoit les rendre stériles à l'âge de vingt ans. Son Eminence ne laissoit pas de souffrir que le monarque fît plusieurs galanteries à l'une de ses nièces, disant pourtant qu'il ne consentiroit ja-

---

(1) Le prince de Condé entretenait aussi à cette même époque de grandes relations avec le Protecteur, et il en obtint quelques secours pour son parti.

(2) Le cardinal de Retz repousse cette imputation dans ses Mémoires. (A. E.)

(3) Dans notre *Complément de la vie du cardinal de Retz*, nous avons donné, d'après les documents originaux, tous les faits qui se rapportent à cette époque de la vie de Retz, et à ses intrigues pendant son séjour à Rome, durant les années suivantes.

mais qu'il l'épousât ; mais, quelque créance que la Reine prît en ce que le cardinal lui disoit, elle ne laissoit pas d'en avoir de l'inquiétude. Il me souvient que ce premier ministre me faisant voir un jour les deux portraits qui lui avoient été envoyés des princesses de Parme et de Modène, il lui échappa de me dire que ce qui les excluoit de parvenir à de grandes fortunes étoit d'être trop grasses. Je lui répondis : « Je l'avoue. » Mais mon intention étant de lui ôter la pensée de nous donner pour Reine une de ses nièces, je lui ajoutai qu'un mauvais mariage causoit beaucoup de désordres, et que celui qui avoit été contracté par les Farnèzes avec une Aldobrandine étoit un grand obstacle à la fortune des princesses qui en étoient issues. Quant à celle de Savoie, il n'eut jamais la pensée de la faire épouser au Roi ; car, bien qu'il fût part al de cette maison, ne l'étant que pour les puînés, Madame Royale ne pouvoit se résoudre à les élever si haut. Je le disois quelquefois à la Reine en lui ajoutant : « Priez Dieu, Madame, pour la paix, et, en exauçant Votre Majesté, il lui donnera pour belle-fille une nièce. » Plus la chose paroissoit éloignée au sentiment des autres, et plus j'en étois persuadé : non que je crusse le cardinal capable de reconnoître les obligations qu'il avoit à la Reine, mais parce qu'il comprendroit qu'on ne pouvoit faire de mariage qui fût plus avantageux. Celui du Roi avec la princesse de Savoie avoit ses difficultés, en ce que ce monarque n'avoit pas encore atteint l'âge prescrit par les canons de l'Église pour avoir la disposition de sa personne. C'étoit un obstacle pour la nièce de Mazarin, à qui je ne manquai pas de dire dans les occasions : « Un roi majeur a le gouvernement de son État, mais non pas la liberté de disposer de lui-même, les lois de l'Église y étant entièrement contraires, car, quand il seroit marié au préjudice de ses canons, ils sont en sa faveur pour rompre un mariage qui ne pourroit être approuvé ni de Dieu ni des hommes. » Je faisois mal ma cour ; mais je me satisfaisois moi-même de telle manière que je méprisois des choses que je devois craindre, pour faire naître dans l'esprit du cardinal plusieurs soupçons qui favorisoient le dessein de la Reine, et qui ont pu contribuer au bonheur dont nous jouissons présentement.

[1655] La Barde ne cessoit point de travailler au renouvellement de l'alliance avec les Suisses. S'il eût été aidé d'une somme d'argent considérable, il eût pu y disposer les cantons. Quand on pressoit le cardinal de le faire, il demandoit quel en seroit le fruit ; mais, quand il avoit besoin de recrues, il louoit l'ambassadeur du Roi de l'application avec laquelle il travailloit à cette affaire. Un jour qu'il m'en parloit, je lui dis que le sentiment de plusieurs de nos rois et de leurs ministres avoit été d'attacher à la France cette nation, qui en beaucoup d'occasions avoit rendu de très-grands services ; que quand elle en avoit été détachée, on s'en étoit toujours très-mal trouvé. « Ce qui étoit bon alors, répondit Son Éminence, ne serviroit de rien présentement ; car, quand les Suisses se retireroient, nous avons des hommes qui les valent bien. » Il entendoit parler des Allemands et des Italiens. « Les Suisses, lui répliquai-je, ont tant remporté de victoires sur les premiers, qu'il est aisé de juger que leur nation doit être préférée à ceux qui n'ont pu leur résister qu'en étant soutenus par cette même nation. » Mon discours trop libre ne plaisoit point au cardinal ; mais j'eusse trahi ma conscience et fait tort à ma réputation si, comme bien d'autres, je n'avois songé qu'à acquérir son amitié par ma complaisance. J'encourageois souvent La Barde, contre le sentiment de Son Éminence, à continuer ses soins, et quelquefois j'engageois Mazarin à faire de même. Si cette affaire eût pu réussir sans donner aucun argent, il l'auroit désirée autant que je l'eusse fait moi-même ; mais il regardoit les trésors du Roi comme lui appartenant, et il ne pouvoit se résoudre à les dépenser, quelque avantage qu'on en pût retirer. En effet, le cardinal, pour en avoir été trop bon ménager, a fait perdre à la France la Catalogne. Les Espagnols ont surpris Casal par son avarice ; Dunkerque est demeuré aux Anglois, aidés de nos propres forces. Il n'importe pas de dire en quelle année nous nous joignîmes à Cromwel (1) ; mais c'est une belle chose à savoir que ce qui nous y nécessita, et les conventions que nous fîmes avec lui. Les Espagnols lui offrirent une armée pour reprendre Calais, pourvu qu'il nous voulût déclarer la guerre, et s'engager de ne faire ni paix ni trêve avec nous qu'ils n'y fussent compris. Nous en avions la preuve, et nous craignions avec raison la liaison de ces nations ; mais pour l'empêcher, nous proposâmes aux Anglois de les aider à prendre Dunkerque, pourvu qu'ils favorisassent nos vues sur Gravelines. Nous nous prévalûmes du désir de cette

---

(1) Les fragments inédits que l'on a trouvés ci-dessus, indiquent au moins à quelle époque le cardinal Mazarin fit de très-humbles instances pour arriver à ce traité, et quelles humiliations l'on eut à supporter de la part du Protecteur, puisque l'on fut plusieurs fois obligé de rappeler les négociateurs français.

nation d'avoir un pied dans les Indes, et, lui faisant voir la facilité qu'elle avoit d'y réussir, nous lui fîmes oublier l'étroite amitié dans laquelle elle avoit vécu avec les Espagnols. Nous insinuâmes que l'espérance d'un bon commerce ne devoit pas empêcher les Anglois de songer à se rendre maîtres des richesses des Indes occidentales. Ce qui fut représenté à Cromwel fit impression sur son esprit, d'autant plus qu'il voyoit bien que si les Anglois n'étoient occupés, ils auroient peine à souffrir l'autorité qu'il prenoit sur eux; car il avoit déjà oublié qu'ils n'étoient à lui que sur l'espérance qu'il leur avoit donnée d'ériger l'Angleterre en république. Mais il n'en avoit plus la pensée, et vouloit élever sa puissance beaucoup au-delà de celle des rois. Je fus l'un des commissaires qui traitèrent avec son ambassadeur. Nous convînmes de quel nombre d'hommes il nous aideroit, combien il nous donneroit de navires pour prendre Gravelines, et de quelles forces nous aiderions les siennes pour prendre Dunkerque. Il y avoit de plus cela de particulier dans le traité que, si la première de ces places étoit prise avant la seconde, elle leur seroit laissée en dépôt jusqu'à ce que nous leur eussions remis celle qui leur devoit rester. Nous eûmes soin d'assurer le libre exercice de la religion catholique aux bourgeois de cette ville qui y voudroient demeurer, et nous prîmes, dans les trois traités que nous fîmes avec les Anglois, toutes les précautions nécessaires pour n'être pas trompés par eux; car ils ne vont pas toujours droit dans leurs traités : ils se réservent d'y chercher quelque interprétation qui soit à leur avantage, suivant le génie de leurs ancêtres normands, et font quelquefois peu de scrupule de tromper ceux qui négocient avec eux. Ce fut à trois différentes fois qu'on s'accommoda avec ces insulaires; mais, étant inutile d'en marquer le temps (1), j'ai mieux aimé dire de suite ce que je savois de ces affaires.

J'ai déjà fait voir le génie du cardinal et son avarice, en parlant de la négociation des Suisses; mais je n'ai rien dit de la haine qu'il portoit à notre nation et aux avantages de la France; c'est ce que je démontrerai clairement. Il blâmoit souvent nos rois de l'alliance qu'ils avoient contractée avec les Suisses, autant que s'ils l'eussent faite avec les Turcs; et, pour tourner ces monarques en ridicule, il me dit un jour : « Les vieux politiques sont inexcusables de s'être portés à ces deux alliances; j'en suis surpris, et je n'en comprends pas la raison; mais je suis un politique moderne qui censure volontiers ce qu'ont fait ceux qui m'ont précédé. » Comme il m'adressoit la parole en présence de plusieurs autres qui étoient dans la chambre, je me trouvai obligé de lui répondre ainsi : « Je veux croire que si les vieux politiques dont la conduite vous paroît si ridicule étoient encore en vie, ils pourroient être du sentiment de Votre Éminence, et qu'ils oublieroient que les François, avec le secours des Suisses, conquirent le Milanois, mais qu'ils le perdirent faute d'avoir conservé leur amitié; que lorsque François Iᵉʳ fut attaqué par l'empereur Charles-Quint, dont les intérêts étoient favorisés du Pape, des princes d'Italie et du roi d'Angleterre Henri VIII, dès que la flotte Ottomane parut, le Pape, l'Empereur et les autres princes lui demandèrent la paix, dans laquelle Sa Majesté Britannique fut bien heureuse d'être comprise. » Le cardinal, me témoignant dans une autre occasion son aversion pour la France, m'accusoit de louer toujours la conduite du roi Henri-le-Grand, qui a su conserver la monarchie dans sa maison par sa valeur, sa bonté et sa générosité. Je lui répondis : « C'étoit un grand roi, craint et aimé de ses voisins, qui n'étoit point gouverné. Il avoit donné à mon père et à moi toutes les marques de sa bienveillance. » Le cardinal fut étonné de ma liberté, et j'avoue que je ne le fus pas moins de son emportement.

Les Portugais, qui avoient fait connoître, dès l'année précédente, qu'ils n'étoient pas capables de prendre un parti qui leur fût avantageux, renvoyèrent les deux secrétaires de leur ambassadeur, qui continua de donner des marques de leur foiblesse, en disant au Roi que les deux secrétaires avoient apporté de l'argent, et qu'il étoit prêt à nous le remettre, pourvu qu'il fût employé contre l'ennemi commun, et qu'on donnât des assurances qu'on ne traiteroit jamais sans Sa Majesté Portugaise. Sur ce que l'ambassadeur de ce monarque me demandoit une chose qu'il disoit avoir déjà été accordée par le feu Roi, je lui dis d'en représenter l'acte. Il s'offrit à cela, et crut y satisfaire en nous faisant voir une harangue que le conseil suprême avoit faite au Roi son maître, par laquelle il paroissoit que Sa Majesté Très-Chrétienne l'exhortoit à soutenir ses justes droits et lui offroit ses troupes pour s'y maintenir, à condition qu'on feroit auparavant un traité qui règleroit ce que chacun des Rois auroit à faire, et que celui de Portugal députeroit à Sa Majesté Très-Chrétienne; à quoi ayant satisfait, sans que le traité eût été réglé, j'en concluois que nous n'étions engagés à au-

---

(1) Ce traité est de l'année 1655. Le dernier éditeur en avait confondu la date avec celle de la mort du Protecteur, arrivée en 1658.

cune chose, et les personnes de bon sens étoient du même sentiment. Pour faire voir néanmoins à l'ambassadeur de Portugal que le Roi étoit dans le dessein d'assister Sa Majesté Portugaise, je lui dis : « Puisque vous avez de l'argent, aidez-nous-en, et je vous donnerai toutes les assurances que vous pourrez désirer pour le ravoir, si votre maître ne veut point souscrire à un traité que je vous signerai. » Je me réduisois même à ne recevoir que cinquante mille écus. Mais l'ambassadeur, qui savoit bien qu'ils n'étoient point à La Rochelle, mais seulement des sucres qu'il avoit ordre de vendre, s'en défendit, et j'en conclus que le roi de Portugal seroit toujours un ami assuré, pourvu que nos affaires prospérassent, et qu'on fût dans le dessein de l'assister; mais qu'il ne feroit jamais rien qui fût à l'avantage de la France, ni même de ses propres intérêts, qu'on voyoit bien qu'il ne connoissoit pas. Cet ambassadeur me demandoit souvent pour quelle raison on avoit donné des sommes immenses aux Suédois, aux Hollandois et au landgrave de Hesse, et qu'on demandoit au contraire de l'argent aux Portugais. Je n'eus pas de peine à lui répondre qu'ils agissoient tous pour la cause commune, au lieu que le Roi son maître demeuroit sans action, sur ce qu'il étoit persuadé qu'il lui étoit bien permis de recouvrer ce qui lui appartenoit ; mais qu'il ne pouvoit, sans commettre un crime énorme, envahir le bien d'autrui. Qu'ainsi il n'avoit d'autre dessein que de défendre le sien propre, bien éloigné de faire des conquêtes sur ses ennemis. « Mais, ajoutai-je, il est aisé de comprendre que Sa Majesté Portugaise n'a point de moyen plus sûr, pour recouvrer ce qui lui appartient, que de se trouver en état de rendre des places et des provinces au roi d'Espagne. »

Peu de jours avant que les secrétaires de cet ambassadeur fussent de retour, j'avois dit à la Reine que mon second fils ayant l'âge requis par les canons pour posséder des bénéfices, je serois bien aise qu'il fût pourvu d'une abbaye ; et Sa Majesté m'ayant assuré qu'elle s'y emploieroit volontiers, je suivis le conseil qu'on me donna d'en parler à Le Tellier, afin qu'il en fît ouverture au cardinal. Le Tellier s'en chargea avec plaisir. Il est bon de remarquer ici qu'il me dit, pour me faire voir qu'il ne l'avoit pas oublié, que le cardinal avouoit que le Roi et la Reine me devoient beaucoup, et que j'étois en droit d'espérer les grâces qui dépendroient de la libéralité de Leurs Majestés ; mais que, pour lui, il ne se croyoit pas obligé de récompenser les services que je leur avois rendus. Cela fait assez connoître quel étoit son génie et son aveuglement, témoignant par ce discours qu'il regardoit la nomination des bénéfices comme un droit qui lui étoit absolument acquis. Je répondis à M. Le Tellier que, quoique j'eusse méprisé les richesses, et que même bien loin d'en amasser, je me fusse endetté de sommes considérables, je ne laisserois pas de faire un fort beau présent au cardinal, s'il vouloit signer ou faire imprimer ce qui m'avoit été dit de sa part, parce que je me trouvois ainsi dans une grande élévation, puisque, de l'aveu de Son Eminence, je pouvois prétendre aux grâces qui dépendoient du Roi, et que Sa Majesté ne pourroit me les refuser sans injustice. Trois abbayes étant venues à vaquer alors par la mort de M. de Châteauneuf, le Roi en donna une à mon fils, et agréa mon remercîment, qui parut un crime à plusieurs courtisans. Mais je me conduisis en cette rencontre comme j'avois fait en toutes les autres, c'est-à-dire que je reconnus ne devoir les grâces qu'à ceux de qui elles dépendoient.

La fin de cette année et le commencement de la suivante (1556), se passèrent à Paris comme les précédentes. On y parla de la paix, dont l'on n'avoit point d'envie, et l'on ne songea qu'aux moyens de s'opposer aux ennemis. On eut de fréquentes conférences avec M. de Turenne. On permit tout au maréchal de La Ferté, pourvu qu'il promît des troupes, et quoiqu'on maltraitât de leurs capitaines de les rendre complètes. Ils eurent beau remontrer que cela leur étoit absolument impossible : on leur reprocha que d'autres faisoient mieux leur devoir qu'eux, sans considérer que ceux-ci étoient bien autrement traités. On résolut le siège de Cambrai, et, pour en ôter la connoissance aux ennemis, le Roi s'avança en Picardie et obtint des Anglois que leurs troupes seroient employées à ce qui seroit trouvé de plus avantageux. La révolte de la garnison d'Hesdin, qui étoit un obstacle pour attaquer les places maritimes, fit que les Anglois y consentirent. Les ennemis, qui ne prévoyoient pas ce qui s'étoit concerté entre eux, avoient pris un soin tout particulier de les munir, et tellement dégarni les autres places, que, sans un malheur extraordinaire, Cambrai attaqué eût été vraisemblablement pris. Les troupes du Roi l'investirent. M. le prince, qui se trouvoit à la tête des siennes qu'il amenoit pour former un corps du côté de la mer, sachant les postes occupés par les nôtres, et le mauvais état de la ville de Cambrai, résolut de la secourir : ce qui lui réussit, et fit juger à M. de Turenne que le siège ne pouvoit être continué. Les Anglois s'en plaignirent : on s'excusa le mieux qu'on put. Le bon traitement qu'on fit à leurs troupes les contenta en quelque façon. Tout le monde sait aussi de quelle manière nous fûmes forcés de lever le siége de Valenciennes : ainsi je n'en dirai rien. Le cardinal, pour épargner une dépense de cent mille écus, fut cause de l'affront que nous y reçûmes; car nous l'eussions évité si le pont et la chaussée, qui donnoient communication d'un quartier à l'autre, eussent été tels qu'on y eût pu marcher en bataille. La facilité de s'entre-secourir eût pu empêcher les Espagnols de nous forcer dans nos lignes. M. de Turenne, battu par les ennemis, ne perdit point courage. Il maintint son armée en discipline, empêcha que ce malheur ne fût suivi d'un autre, et, avant qu'elle fût en quartier d'hiver, reprit La Capelle dont les ennemis s'étoient emparés.

Monsieur, qui avoit été long-temps sans venir à la cour, croyant que l'occasion s'en présentoit, et qu'il en devoit profiter, fit agréer son voyage au Roi par l'entremise du cardinal, et vint à La Fère rendre ses devoirs à Sa Majesté. Les courtisans lui parlèrent, les uns selon leurs véritables sentimens, et les autres suivant ceux du ministre. Il y en eut qui lui conseillèrent de s'en retourner le plus tôt qu'il pourroit : à quoi il paroissoit assez disposé. Mais il s'en trouva aussi, du nombre desquels j'étois, qui furent d'avis qu'il ne précipitât rien ; mais que s'il s'y croyoit obligé, parce qu'il s'étoit déclaré qu'il ne venoit à la cour que peu de jours, il se gouvernât néanmoins la liberté d'y venir quand il voudroit, sans en demander la permission. Il nous le promit, et n'en fit rien ; et, quoiqu'il fût dans les bonnes grâces du Roi, il passa le reste de sa vie comme s'il eût été en exil. Sa déférence pour le cardinal augmentoit le crédit d'un ministre odieux aux gens de bien, et diminuoit de telle manière la dignité de la naissance de Monsieur, que beaucoup de personnes ne connoissoient plus de différence entre un fils de France et un particulier. Ce prince commença de souhaiter le mariage de la fille aînée de son second lit avec le Roi ; mais il n'osoit se déclarer, parce qu'on croyoit que le cardinal ambitionnoit cet honneur pour une de ses nièces. Il est bien vrai que Monsieur n'eût pas d'abord trouvé la Reine favorable à son dessein ; mais elle s'y seroit portée dans la suite, tant elle craignoit que le Roi ne s'amourachât de la demoiselle Olympe, nièce de cette Eminence, non pas tant par sa beauté que par la familiarité dans laquelle il vivoit avec elle. La Reine ne pouvant s'empêcher de m'en marquer son chagrin, je pris la liberté de lui dire qu'il falloit qu'elle ne fît semblant de rien, ou qu'elle témoignât au cardinal qu'elle seroit obligée de rompre avec lui ; mais Sa Majesté ne put s'y résoudre, et espéra du temps le remède au mal qu'elle craignoit.

[Les affaires du cardinal de Retz, qui n'avoient cessé d'attirer notre attention à Rome depuis l'évasion de cette Eminence, devinrent encore plus désavantageuses pour nous pendant cette même année, et mirent M. de Lionne dans un grand embarras. La Rocheposet m'avoit informé, au commencement de l'année, de la position de notre ambassadeur à l'égard du Pape, par la dépêche suivante :

« Je ne sçais si Votre Excellence est satisfaicte de la continuation de mes soings, mais ce doute n'empêchera pas que je luy donne toujours avis de ce qui viendra à ma connoissance et qui me paroîtra regarder ce service. Le Pape se moque ouvertement de M. de Lionne ; il y a quinze jours qu'il luy refuse audience ; et sur l'affaire de M. le cardinal de Retz, on luy fait faire le plus estrange personnage du monde ; car, pour l'amuser, les choses qu'on luy accorde tirent tellement de longueur que c'est une pitié. Quoiqu'il y ait plus de dix ou douze jours que M. le cardinal de Retz ait envoyé, par un courrier exprès, sa commission pour les grands-vicaires, M. de Lionne n'en a rien sceu ; et pour preuve de cela, il a mandé à la cour qu'il n'écrivoit pas au long parce qu'il se réservoit de le faire par un courrier extraordinaire qu'il despêcheroit au premier jour, pour porter la commission du grand-vicaire que M. le cardinal de Retz a choisy, laquelle on luy fait espérer, et qu'il ne sçait point encore estre partye. Le Pape dit qu'il voudroit bien qu'on peut travailler au procès de M. le cardinal de Retz, mais que c'est une chose impossible, parce que le Roy ne voudra pas recevoir des commissaires italiens et qu'il n'en veut pas nommer de françois. Il est même à craindre que la chose se passant, l'intention de ce costé icy ne soit pas fort bonne pour son Eminence, car je sçay d'un cardinal de mes amis, que le Pape croit qu'en travaillant au procès du cardinal de Retz, ledit cardinal donnera, sous prétexte de se justifier, des répliques si furieuses et fera des demandes si extravagantes sur le sujet de son Eminence, que cela ne produira qu'un embarras fascheux. »

Bientôt après Lionne lui-même rendit compte de sa position par un mémoire spécial, et dont voici les termes :

« Le concert du Pape avec M. le cardinal de Retz, dans l'envoy que celuy-cy a fait secretement de la députation d'un vicaire, est maintenant justifiée aussi claire que le jour, quelque protestation que Sa Sainteté continue à faire qu'il n'a rien sceu de la chose que lorsque l'on a adverti. Il y a mesme là dedans une particularité qui me fait juger qu'il n'y a pas eu seulement une simple condescendance de la part du Pape, que le cardinal en usa comme il a fait, pour avoir lieu de mériter envers le Roy par sa promptitude (ce qui a été son excuse), et disposer, s'il lui est possible, les choses à l'accommodement de ses affaires; mais qu'il y peut avoir eu de la malice pour nous embarrasser : car je trouve qu'au lieu d'adresser la commission à ses amys, pour la présenter au Roy, comme le Pape me l'avoit fait dire par monseigneur Rispiglosi, il est plus vraysemblable qu'il l'ait adressée à l'assemblée même du clergé, pour se la rendre favorable et mériter envers elle plustot qu'envers le Roy : et Dieu veuille qu'il n'y ait encore quelqu'autre pièce notable là dedans, dont ils ne s'expliquent pas icy, capable de jeter la discorde entre le Roy et l'assemblée.

» Il se voit maintenant pour quelle raison le Pape fut huit jours entiers à me refuser l'audience, et que les prétextes mandiez et les plaintes tirées par les cheveux, dont il se servit, ne furent qu'une couleur pour donner temps à cette commission d'approcher de Paris, sans être obligé de me le descouvrir icy : qui est une conduite inexcusable, dont mesme je ne comprends pas la raison; elle se verra mieux de cela, par la manière avec laquelle la chose aura été portée.

» Il importe aussi de sçavoir une particularité dont M. de Valeran m'a adverti, qui est que depuis qu'il a l'employ de maistre des courriers, il n'a jamais veu le paquet du palais excéder la grosseur de deux doigts au plus; cependant celui qu'on luy envoya la semaine passée, et a esté porté par l'ordinaire que j'ay fait courir, avoit l'épaisseur de plus de douze doigts; dont on peut juger que les dépêches du cardinal de Retz alloient sous cette enveloppe. Ledit sieur Valeran m'a aussi adverti que le Pape n'adresse pas directement ses dépesches à M. le nonce, mais qu'il leur fait faire une pose à Lyon, entre les mains d'un nommé...., qui peut-être les adresse aussi à un autre, marchand à Paris. »

Le père Duneau nous informoit aussi presqu'en même temps du malheur de M. de Lionne:

« Il ne se peut dire combien M. de Lionne est mortifié de ce que le cardinal de Retz a envoyé à son insceu la commission pour un grand-vicaire, car le beau est que, plus de quinze jours après cet envoy, il ne sçavoit pas, et sollicitoit l'expédition avec empressement et avec des demandes qui ne plaisoient pas au Pape, et quelques-uns estiment qu'il le faisoit sans ordre. Il void bien que le Pape et le cardinal de Retz l'ont joué. Il a esté trois semaines à vouloir tous les jours faire partir un extraordinaire pour porter ce qui étoit déjà envoyé : ce qui étoit cause qu'il n'écrivoit presque point par les ordinaires. Enfin le Pape lui envoie dire par l'abbé Salvetti, mardi au soir, que le cardinal de Retz avoit envoyé commission, et l'abbé lui ajouta que Sa Sainteté n'en avoit rien sceu: ce qui néanmoins n'est pas véritable; parce que le père Sforzame l'avoit dit plus de dix jours auparavant et ne le pouvoit sçavoir que du Pape. A ce propos de M. de Lionne, je vous diray confidemment qu'il est dans un grand mépris, non seulement auprès des François de condition qui sont icy, mais, ce qui est bien pis, des ministres du Pape et de Sa Sainteté même, qui en a parlé en termes de peu d'estime, l'appelant *fiscale e spia per il negotio de cardinal di Retz*, disant qu'il ne vouloit point traitter de la paix avec un *fiscale e una spia* ; et à moy-même Sa Sainteté m'en fit plainte en la dernière audience que j'eus : de sorte que Votre Excellence rendroit un bon service à la France si elle persuadoit à M. le cardinal Mazarin d'envoyer icy bientôt un ambassadeur, le Pape témoignant le désirer beaucoup. »

Enfin quelque temps après, M. de Lionne lui-même, comprenant sa position, nous en rendit compte dans un grand mémoire se résumant en trois points : l'un d'aller son chemin sans faire semblant de s'apercevoir de l'intention du Pape ; l'autre de le rappeler sans en expliquer les motifs, et le troisième de lui ordonner de ne demander plus de grâces pour les particuliers. La chose ayant été délibérée, on résolut de le rappeler, et je lui en envoyai l'ordre, contenu dans une lettre du Roi, dont suit la teneur :

« Monsieur de Lionne, voyant que votre séjour à Rome ne sert qu'à augmenter de plus en plus les mauvais traittemens que je reçois, tant en votre personne que dans mes affaires, et qu'à la fin le procédé du Pape pourroit m'obliger de rompre la bonne intelligence que je veux, autant qu'il me sera possible, conserver avec Sa Sainteté, j'ai résolu de vous envoyer cet exprès chargé de cette lettre, que je vous écris pour vous dire que vous ayez, aussitôt que vous l'aurez reçeue, à vous mettre en chemin pour vous rendre incessamment près ma personne, sans vous arrêter que le temps nécessaire pour prendre congé de Sa Sainteté, avec laquelle je ne veux pas que vous entriez en aucune matière; mais vous verrez ce que j'écris à mon cousin le cardinal Bicchi, qui sans doute le fera savoir au Pape; et vous consulterez avec luy quels de ces cardinaux vous devez visiter, et généralement toutes les autres choses qui seront à faire pour mon service; après quoy je m'asseure que vous serez bien aise d'aprendre la satisfaction qui me reste de ceux que vous m'avez rendus depuis vostre départ de ma cour, et j'avoue que votre conduite a été telle, qu'elle me fait désirer avec impatience votre retour près de moy, affin que je vous employe à des affaires qui feront connoistre à tout le monde la parfaite confiance que j'ay en vous; sur quoy je prie Dieu qu'il vous ayt, Monsieur de Lionne, en sa sainte garde. »

Le même courrier portoit au cardinal Bicchi les ordres du Roi pour suivre ses affaires en cour de Rome, par une lettre que je rédigeai ainsi :

« Mon cousin, voyant que la continuation des mauvais traitemens que l'on me fait à Rome, jusques à me refuser justice contre un cardinal mon suject, après avoir tant de fois promis positivement à vous, au sieur de Lionne, conseiller ordinaire en mes conseils, commandeur-prévost et maître des cérémonies de nos ordres, et mon ambassadeur extraordinaire vers les princes d'Italie, étant chargé de mes affaires à Rome, qu'elle me seroit rendue, pourroit à la fin porter les choses à de fâcheuses extrémités que je désire éviter autant qu'il me sera possible, j'ai jugé à propos de rappeler auprès de moy ledit sieur de Lionne, affin d'empêcher au moins que le mépris continuel dont on use envers ce mien ministre, venant à éclater davantage, ne me contraigne, malgré moy, à rompre la bonne intelligence que j'ay tousjours souhaité passionnément d'entretenir avec Sa Sainteté. La conduite que j'ay tenue à son égard durant le conclave et depuis, vous est assez cogneue pour n'avoir pas besoin de vous en rien dire; vous sçavez si elle me donnoit lieu d'attendre, non seulement justice, mais aussi toutes sortes de démonstrations d'amitié de la part du Pape; et s'il me pouvoit tomber dans l'esprit qu'un de mes subjets, notoirement criminel envers l'Eglise et envers moy, se trouvant assez insolent pour faire vanité de me tenir tête, rencontreroit un asile auprès de Sa Sainteté; mais il vaut mieux n'en plus parler, affin d'épargner au Pape l'importunité de mes poursuites, et à moy le chagrin de tant de refus en une cause si juste, espérant que pour cela les crimes dudit cardinal ne demeureront pas impunis; aussy bien mes sollicitations seroient fort inutiles contre un homme, lequel (à ce qu'il dit partout et qu'il a mandé luy-même icy) possède entièrement l'esprit du Pape, et est auprès de Sa Sainteté le directeur de toutes les affaires qui regardent cette couronne, se vantant que les mauvais traitemens que j'ay reçus à Rome en la personne du sieur de Lionne et dans les autres choses, sont des effets de ses conseils; et qu'enfin il a eu le crédit de persuader au Pape que c'est la conduite qu'il faut tenir pour tirer de moi tout ce qu'il voudra, et particulièrement en faveur dudit cardinal. C'est un grand malheur que Notre Saint-Père le Pape n'ait pu se défendre des artifices et suggestions d'un homme si universellement décrié; et Dieu veuille que cette conduite ne soit point fatale au public, et que Sa Sainteté même ne s'en aperçoive pas trop tard. Pour moy, quoy qu'il arrive, je conserveray, etc. »]

[1657] Le Roi alla une seconde fois à Sedan; et, pendant le séjour qu'il y fit, Montmédi fut attaqué et pris. Ce monarque en partit pour se rendre à Metz, et ne fut visité que du seul prince de Deux-Ponts. Le sujet de ce voyage étoit pour appuyer la négociation dont on avoit chargé le maréchal de Gramont et Lionne, pour empêcher que les électeurs ne concourussent à élever à la dignité impériale le fils de l'Empereur décédé depuis peu; mais leur voyage fut inutile, et ils ne firent que dépenser beaucoup d'argent mal à propos. Après s'être flattés de pouvoir réussir dans leur dessein, ils demandèrent qu'on limitât la puissance du nouvel Empereur par des capitulations, et ils crurent avoir beaucoup fait d'avoir secondé les intentions des princes de l'Empire. Le cardinal et Servien étoient, aussi bien qu'eux, persuadés qu'ils engageroient l'électeur de Bavière à demander la couronne impériale; que s'ils n'y pouvoient réussir, ils y porteroient le duc de Neubourg; et que si l'élection de l'un ou de l'autre de ces deux princes étoit traversée, ils pourroient faire naître aux Allemands l'envie de la déférer au Roi. Ces trois pensées paroissoient tout-à-fait ridicules à ceux qui ont quelque connoissance de l'état des choses; car, supposé que les Allemands se fussent lassés d'être gouvernés par un prince de leur nation, il n'y avoit pas d'apparence qu'ils eussent préféré le Roi, dont la puissance pouvoit faire craindre qu'il ne donnât atteinte à leur liberté, et n'empiétât sur leurs souverainetés. C'est ce qu'ils devoient moins craindre de l'archiduc, parce que, bien qu'il pût être aidé de Sa Majesté Catholique, l'éloignement de ces deux princes rendoit leurs forces moins redoutables que celles de la France, qui confine à l'Empire. Le peu d'ambition qu'avoit fait paroître l'électeur de Bavière depuis la mort de son père, la situation de ses Etats enclavés dans les pays héréditaires, le même conseil (1) dont il continuoit toujours à se servir; toutes ces raisons, dis-je, faisoient juger que cet électeur ne songeoit pas à s'élever à l'Empire. Quant au duc de Neubourg, le peu de moyens qu'il avoit pour soutenir cette dignité, les ennemis et les envieux qu'il avoit dans le collège électoral, étoient des raisons trop fortes pour croire qu'il y pût jamais réussir. Le cardinal et Servien n'osèrent engager le maréchal de Gramont et Lionne à proposer le Roi, et se contentoient de montrer l'envie qu'ils avoient d'élever le duc de Neubourg : faisant d'ailleurs connoître, et étant obligés de convenir que l'électeur de Bavière se trouvant le seul prince catholique auquel on pût donner la couronne impériale elle lui seroit offerte malgré la répugnance qu'il y avoit. Je leur dis, un jour que nous en parlions ensemble : « Sur quoi fondez-vous ce raisonnement ? Il faut que vous conveniez que, pour faire réussir votre dessein, vous avez à gagner cinq des électeurs, au lieu que l'archiduc n'en aura besoin que de deux. Il faut que vous tombiez d'accord que le duc de Saxe ne se détachera pas de ses intérêts; que l'archiduc se donnera sa voix en qualité de roi de Bohême. Si vous avez l'électeur de Bavière, vous perdrez le palatin à cause de ses Etats. Si vous espérez que les trois électeurs ecclésiastiques soient de même sentiment, la chose peut être ; mais elle est bien difficile à croire. Présupposons pourtant que nous les aurons gagnés, il nous faut encore une cinquième voix : quatre ne suffisent pas pour faire un Empereur, mais seulement un partage. Il faut donc conclure que, sans avoir le Brandebourg, tous vos projets s'évanouiront; car comment pouvez-vous espérer qu'il soit favorable au duc de Neubourg, qui est son ennemi capital, et avec lequel il est en contestation pour la succession de Juliers? » Servien me répondit : « Il faut qu'il s'assure sur la parole que le Roi lui donnera de se rendre médiateur, quand Neubourg sera déclaré Empereur. — Je doute, lui dis-je, que l'électeur de Brandebourg prenne jamais ce parti-là, un homme sage ne choisissant point pour l'ordinaire son ennemi pour être son maître. — Et pourquoi, m'ajouta Servien, l'électeur de Bavière, étant soutenu par le Roi, ne se déclareroit-il pas contre l'archiduc ? — Vous voulez, lui répondis-je en riant, que les princes traitent entre eux sur la foi des gentilshommes; mais les personnes prudentes et éclairées veulent de plus grandes assurances. » Lionne fut donné pour collègue de cette célèbre ambassade au maréchal de Gramont. Il l'accepta avec joie à son retour d'Espagne, où il avoit été envoyé pour traiter la paix. Il ne fut pas assez heureux pour la conclure avec don Louis de Haro, et ne garda pas le secret qui lui avoit été ordonné, puisqu'il fut connu sur la frontière, et qu'on sut ce qui l'amenoit en Espagne. Un gentilhomme de ce pays, ayant vu signer par le Roi l'instruction dont Lionne étoit chargé, fit de lui à don Louis un rapport des plus avantageux, et de la considération dans laquelle il étoit à la cour de France; mais parce que ses pouvoirs n'étoient ni scellés ni contresignés, cela causa de la méfiance à don Louis, et l'on voulut, pour le rassurer, qu'il signasse les réponses qui lui furent faites des premières lettres qu'il avoit écrites au Roi. Il se présenta d'abord une difficulté qui fit échouer cette négociation. Lionne prétendit, aussi bien que le cardinal, que Sa Majesté Catholique abandonneroit le prince de Condé; et don Louis dit au contraire que le Roi son maître ne vouloit point entendre parler de paix que ce prince ne fût rétabli dans ses biens et ses dignités, sous lesquelles il prétendoit que ses gouvernemens devoient être compris; mais c'est de quoi nous ne tombions pas d'accord, et cela causa dans son temps de nouvelles difficultés. Cela auroit dû faire entendre, au cardinal et à ceux qu'il employoit, le titre de droit (*de verborum significatione*), et il pouvoit se mieux instruire qu'il ne l'a été, que plusieurs noms différens signifient une même chose; mais que quand on se sert de celui qui n'est pas en usage, cela fait naître des difficultés et des contestations qu'on a bien de la peine à surmonter. C'est sur quoi je m'étendrai davantage dans la suite.

[1658] Ce que Lionne fit de plus remarquable dans sa négociation, fut qu'il refusa un présent que le roi d'Espagne lui voulut faire. Il lui eût été aussi glorieux de refuser le titre d'Excellence que don Louis lui donna toujours; car il eût marqué sa modestie, et ôté au ministre espagnol tout prétexte de se railler de sa vanité. L'espérance de voir la paix conclue entre les deux couronnes étoit entièrement perdue, et le cardinal ne se flattoit point du mariage du Roi avec l'Infante. Il voulut alors faire croire à la Reine et à toute la France que, souhaitant de le voir marié, il n'avoit plus aucune pensée pour sa nièce. Son Eminence proposa à Leurs Majestés

---

(1) L'électeur de Bavière suivoit aveuglément les conseils du comte de Curtz, son premier ministre. (A. E.)

le voyage de Lyon, et à Madame Royale de Savoie de s'y rendre. Madame Royale témoigna de la répugnance d'y conduire la princesse Marguerite sa fille. On lui fit savoir que la cour iroit à Grenoble, que Madame Royale se rendroit avec la princesse de Savoie dans une chapelle de dévotion située entre cette ville et Chambéri, où le Roi la verroit. Mais l'espérance que madame de Savoie conçut de la grandeur de sa fille, appuyée sur le crédit du cardinal, lui fit prendre la résolution de suivre le conseil qui lui avoit été donné. Elle prit le parti de venir à Lyon, et cela sera le sujet de ce que je dirai dans la suite.

Le Roi, qui avoit été dangereusement malade à Calais, après que Gravelines eut été pris, et qui avoit aidé aux Anglois à se rendre maîtres de Dunkerque, glorieux de ce que son armée avoit défait celle des Espagnols, après s'être un peu rétabli à Compiègne et à Fontainebleau, et avoir fait quelque séjour à Paris, en partit pour Lyon, et prit son chemin par la Bourgogne, où ce monarque s'arrêta plus qu'il n'avoit résolu, pour mettre la dernière main à quelques affaires dont il croyoit tirer de grands avantages. Je ne pus suivre Sa Majesté, parce que je tombai malade d'une fièvre continue de quatorze jours, accompagnée de foiblesse et d'autres incommodités. Enfin les cours de France et de Savoie se rendirent à Lyon à jours un peu différens. Celle de France, raisonnant sur le bon accueil que le Roi avoit fait à M. et à madame de Savoie, et sur la familiarité avec laquelle il s'étoit entretenu avec la princesse Marguerite, crut qu'elle seroit un jour reine de France. Mon fils entra dans le sentiment du public, et me le manda en diligence. Je lui fis réponse que je ne croyois point la chose, et que de simples apparences ne me pouvoient faire changer d'opinion sur des raisons qui étoient sans réplique. Le Roi vécut dès le lendemain avec plus de retenue, par le conseil du cardinal. Cela se rendit public dans Lyon, et qu'une dame de qualité, passant d'Espagne en Italie, y étoit arrivée avec un Espagnol qu'on tenoit caché dans un monastère, pour proposer la paix et le mariage du Roi avec l'Infante. Le cardinal en fit à Madame Royale une confidence peu agréable pour cette princesse; et, en admirant la conduite des Espagnols, il dit que leurs conseils étoient profonds, mais non pas jusqu'à pouvoir surprendre; qu'il ne pouvoit, à moins que d'offenser la Reine, renvoyer cet Espagnol sans l'écouter; mais que Madame Royale devoit être assurée que le bien de la chrétienté seroit seul capable de faire conclure quelque chose avec lui. Madame Royale demanda que le Roi l'assurât par écrit qu'il épouseroit la princesse sa fille. Cela fut accordé, mais conditionné de manière que Sa Majesté étoit en droit de faire ce qu'elle voudroit, sans que la maison de Savoie pût s'en offenser. On promettoit la chose, pourvu que le bien de Sa Majesté, la grandeur de son État, le repos de ses peuples et celui de la chrétienté ne l'obligeassent point à épouser l'Infante. Le Roi continua son chemin, suivi de cet Espagnol qui s'appeloit Pimentel, qu'on défraya et logea chez le cardinal. Après qu'il eut montré ses pouvoirs, on traita avec lui et l'on convint d'une suspension d'armes et de plusieurs articles assez importans; mais il éluda de conclure celui qui paroissoit le plus essentiel : c'étoit le rétablissement du prince de Condé dans toutes ses charges, ou son exclusion pour toujours. Mazarin tint ferme, et voulut absolument que le prince en fût privé; parce que sans cette condition le Roi n'entendroit point à la paix, quelque avantage qui lui en revînt. Pimentel s'en défendit, sur les ordres précis qu'il avoit. Enfin l'on proposa un *mezzo termine*, à la manière des Italiens : ce fut que l'Espagnol consentiroit que cet article se mît dans le contrat tel que le cardinal le proposoit, mais qu'il ne seroit point obligatoire avant qu'il eût été approuvé par le roi d'Espagne. Il me souvient à propos de ceci (et cette digression ne sera pas ennuyeuse), qu'un jour le cardinal nous demanda à plusieurs qui étions avec lui, si le Roi, pour avoir la paix, devoit rendre le gouvernement de Guienne à M. le prince. A cela je lui répondis que non. « Ni autre chose, me dit-il ? — Je ne vais pas si avant, lui répliquai-je. Entre la Guienne et rien, il y a bien de la différence. » Me tournant ensuite vers le maréchal de Villeroy, je lui dis : « La Bourgogne peut être rendue sans aucun péril pour l'État, et ce prince y trouvera la sûreté qu'il peut désirer. »

Antoine Pimentel et Mazarin s'avancèrent; et le Roi s'étant mis en chemin pour suivre celui-ci, il en reçut des lettres qui lui mandoient de retarder son voyage jusqu'à ce que celles qu'on attendoit d'Espagne fussent arrivées. Le cardinal les ayant reçues en fit part à Sa Majesté, qui continua sa marche. Le cardinal ne laissa pas de consentir que ses nièces, qui étoient à Brouage, se trouvassent sur son passage. De savoir si c'étoit par complaisance pour le Roi, ou pour faire plaisir à celle dont on croyoit ce monarque amoureux, on laisse chacun en juger comme il voudra. Mais, quoi que m'ait pu dire cette Eminence, si le mariage de Sa Majesté eût pu se faire avec sa nièce, et que Son Eminence y eût trouvé ses sûretés, il est certain qu'elle ne s'y seroit pas opposée. La dépêche d'Espagne portoit que le Roi Catholique se désistoit de ce qu'il demandoit en faveur du prince de Condé, se chargeant de le récompenser des services qu'il lui avoit rendus. On croit (et j'ai été de ce même avis) que ce prince fut de celui de tout accorder à Mazarin, pourvu qu'il s'engageât d'aller aux Pyrénées traiter avec don Louis de Haro, fondé sur un raisonnement très-juste, que qui négocie convient qu'on n'est pas d'accord, et qu'ainsi ce qui semble arrêté pouvant être encore agité, on peut faire telles ouvertures que les occasions font changer de résolution. Le prince connoissoit aussi le foible du cardinal, qui ne pouvoit rien refuser à quiconque le flattoit, et qui, étant très-timide de son naturel, n'oseroit se montrer à la cour s'il manquoit à conclure la paix. Il se persuadoit encore que si les peuples, qui pouvoient espérer d'être appuyés du crédit de la Reine, venoient à déclamer contre lui, il seroit maudit et blâmé d'eux et des gens de guerre, pour avoir perdu une campagne dans laquelle on auroit conquis la Flandre, et donné le temps au roi d'Espagne de respirer, et de s'assurer d'un puissant secours du côté d'Allemagne.

[1659] Dans la première entrevue du cardinal et de don Louis, Son Eminence fut surprise du rang que don Louis prétendoit avoir sur elle. Pour s'en défendre, le cardinal allégua sa dignité et l'usage introduit. Don Louis soutint au contraire que ce n'étoit point avec un cardinal qu'il avoit à négocier, mais avec un ministre du roi de France. Mazarin, ne sachant ni soutenir sa dignité ni celle de son maître, convint de l'égalité, qui pouvoit être contestée et gardée, sans pourtant être reconnue : ce qu'on n'a pas manqué de nous alléguer depuis. Le mariage y fut arrêté (1) avec la paix, dont une des conditions fut que le Roi rétabliroit le prince de Condé en ses biens, honneurs, dignités et gouvernemens, en lui donnant celui de Bourgogne au lieu de celui de Guienne. Le cardinal Mazarin dit, pour s'excuser auprès du Roi et du public, qu'il n'avoit eu de son côté d'autres avantages, et qu'il n'avoit qu'avancé de quelques mois ce qu'on ne pouvoit éviter de faire bientôt. J'en conviendrai avec lui, pourvu que ses partisans souffrent qu'on le blâme d'imprudence de s'être vanté souvent qu'il ne le feroit jamais. Il n'étoit pas étonnant qu'un prince du sang fût privé de ses charges et de ses biens,

(1) Le traité des Pyrénées fut conclu le 7 novembre 1659, après vingt-quatre conférences entre le cardinal Mazarin et don Louis de Haro. (A. E.)

et même sa postérité déchue de succéder à la couronne; mais la déclaration faite contre les descendans des coupables ne pouvoit pourtant être soutenue, les princes du sang étant appelés par le commun consentement des Etats du royaume. S'ils étoient exclus, il faudroit tirer la conséquence qu'un roi auroit la liberté de déshériter son fils, d'appeler un étranger à la couronne, et de démembrer les provinces qui la composent : ce qui est entièrement contraire au droit françois. Comme il restoit encore quelques articles à régler, le cardinal et don Louis convinrent du jour qu'ils devoient se rassembler sur la frontière. On dépêcha à Colbert un courrier chargé du traité et du contrat de mariage du Roi avec l'Infante, avec ordre de me rendre les pièces. On m'ordonna d'empêcher qu'on ne les lût, et de ne garder le courrier que quatre heures, en le faisant partir aussitôt que j'aurois fait sceller les ratifications stipulées. Je dis à Colbert qu'il seroit difficile d'empêcher le chancelier de les lire, s'il en avoit la curiosité; mais que s'il vouloit venir avec moi chez lui, il seroit témoin de la diligence que je ferois pour m'y opposer. Il prit ce parti, et moi celui de lire les articles secrets que je fis valoir au chancelier, en lui disant la nécessité qu'il y avoit de faire partir le courrier; de sorte que, sans perdre de temps, il scella ce que je lui présentai. Comme on disoit que le Roi parloit en maître quand il se relâchoit de quelque chose en faveur du prince de Condé, le chancelier n'eut de curiosité que de voir ce seul article. Je fis envelopper les pièces avec un gros carton, et je mis mon cachet sur plusieurs ficelles qui les serroient, afin que si le courrier venoit à déclarer ce qu'il portoit, et faisoit par là naître l'envie d'en faire lecture, on la perdît par la difficulté qu'on y trouveroit. Le courrier fit assez de diligence, puisque celui à qui il devoit remettre son paquet fut obligé de rester sur la frontière un temps considérable, avant que d'Espagne on s'y rendît pour lui remettre le traité, les articles et le contrat de mariage, ratifiés par le Roi Catholique. Les François, pour faire voir la bonne foi et la confiance avec laquelle ils négocioient avec les Espagnols, n'eurent pas la précaution de retenir la copie de ces actes signés par le secrétaire de don Louis, qui eût pu faire difficulté de les signer. Pour vérifier si ceux qu'on rendoit étoient conformes aux originaux, on dit au député du Roi le nombre d'articles dont le traité étoit composé, et qu'il les comptât; car il passoit pour chose constante que, s'ils étoient fidèles au nombre, ils le seroient en tout le reste. Le cardinal avoit raison de ne pas vouloir que les pièces fussent publiques avant que les deux traités eussent été, l'un déclaré, l'autre consommé, parce qu'il y avoit plusieurs choses omises dont on n'eût pas manqué de lui faire des reproches, et qu'il auroit tâché de réformer à la première entrevue avec don Louis. Du moins il en eût fait l'ouverture; mais, suivant le sentiment de plusieurs, il vaut mieux manquer que d'exposer ce que l'on fait à la censure d'un tiers. Le jour que ces ministres devoient se trouver sur la frontière ayant été arrêté, ils s'assemblèrent dans une île de la dépendance du royaume de Navarre, auquel on renonçoit tacitement. Il est vrai qu'on peut dire, pour excuser le cardinal, qu'on fit la même faute en 1615, en bornant les Etats de cette couronne par le cours de la rivière; mais le roi Antoine de Navarre avoit eu plus de précaution pour ce qui regardoit ses intérêts; car il protesta que, quoiqu'il remit à Fontarabie madame Elisabeth de France, cela ne lui pourroit causer aucun préjudice, ni lui être objecté comme contraire, non pas à ses prétentions, mais à son droit.

[1660] Le jour de la publication de la paix ayant été arrêté, on la publia dans Paris suivant les anciens usages, et dans les autres villes du royaume. Qui voudra la regarder avec les yeux d'un marchand, qui met son bonheur dans le gain qu'il fait, pourra la trouver avantageuse à la France, parce que son domaine en est augmenté. Mais qui la regardera des yeux d'un bon politique et d'un grand monarque, avouera que les Espagnols, en perdant du terrain, se sont acquis une grande réputation, et conclura qu'elle leur a été plus avantageuse qu'à nous. Si l'on examine ce qu'on eût pu faire sans continuer la guerre, on dira que, quand les Hollandois conclurent leur paix, nous pouvions l'avoir aussi, et plus glorieuse et plus avantageuse; mais si nous eussions continué la guerre, la Flandre eût été conquise, ou du moins les Espagnols nous auroient cédé ce qu'ils ont conquis dans l'Artois.

Le Roi fit le voyage de Provence, qui étoit nécessaire pour son service, et pour faire sentir aux habitans de Marseille qu'il étoit mal content de leur conduite. Mais il eût mieux fait de s'adresser à la ville d'Aix qu'à l'autre; car, quoiqu'on pût espérer que le parlement retiendroit le peuple dans son devoir, la division de cette compagnie, et l'envie qu'avoient quelques-uns de dominer, causa tous les maux de cette province. Le cardinal eut beau en être averti, il ne connoissoit les affaires de Provence qu'à demi, ne voyant que par les yeux du premier président d'Oppède, qui avoit sa confiance. Leurs Majestés, après avoir fait un long séjour à Marseille, se rendirent à Avignon. Le Roi y reçut de grandes plaintes des maux que la ville d'Orange causoit au royaume, et Sa Majesté résolut de s'en rendre maîtresse. Cela se fit par un traité. Le Roi ordonna ensuite que les fortifications fussent démolies : mais soit qu'on n'eût pas bien considéré l'assiette de cette place, ou qu'on voulût favoriser celui à qui on en vouloit donner le gouvernement, ce qui étoit à faire fut changé jusqu'à ce que madame la douairière d'Orange en demanda la restitution. Comme je n'étois point du voyage du Roi, je ne m'attribuerai aucune gloire de ce qui fut résolu au sujet de cette place, quoique plusieurs années auparavant j'eusse remontré à ce monarque qu'il étoit de l'intérêt de la justice et de la religion que cette ville fût rasée, parce qu'elle servoit de retraite aux rebelles, et généralement à toutes sortes de criminels. Pendant que le Roi étoit en Provence, M. le prince s'y rendit accompagné du duc d'Enghien son fils, et de M. de Longueville, son beau-frère, les deux premiers pour assurer Sa Majesté de leur fidélité, et celui-ci pour lui témoigner la joie qu'il avoit de ce que les princes étoient rentrés dans ses bonnes grâces. Soit que M. de Lorraine eût été averti des propositions des Espagnols dont il n'étoit pas content, ou qu'il espérât de trouver mieux son compte avec le cardinal, il se rendit à la suite de la cour, et obtint pour traiter avec lui un commissaire, qui fut Lyonne. Etant venu à Paris par l'entremise de celui-ci, il fit si bien que le Barrois lui fut rendu, moyennant la cession de quelques villages qui donneroient à Sa Majesté la communication de son royaume à l'Alsace, à condition que les fortifications de Nancy seroient rasées : dont M. de Lorraine témoigna beaucoup de douleur. Le Roi permit à Lyonne de recevoir de ce souverain cinquante mille écus que son beau-père lui avoit prêtés. Peut-être qu'il eût bien mieux fait de n'en point parler dans cette conjoncture; car, du vivant même du cardinal, qui mourut peu de temps après que ce traité eut été conclu, on proposa le mariage de mademoiselle d'Orléans avec le prince Charles de Lorraine, héritier présomptif du duc. Mais il s'y trouva dès-lors et dans la suite tant de difficultés, qu'on n'y a plus pensé. M. de Lorraine vouloit que Mademoiselle lui cédât des terres dont il avoit envie d'enrichir un fils qu'il avoit eu de la princesse de Cantecroix. Mademoiselle m'en demanda mon sentiment, et je la fortifiai dans la pensée où elle étoit de n'y pas consentir, mais de lui laisser prendre quelque chose d'approchant sur le domaine de

Lorraine, afin qu'il en cédât dès-lors le titre de duc et la souveraineté à son neveu. La loi salique, qu'il prétendoit, se trouve autorisée par le traité des Pyrénées; mais son contrat de mariage avec la duchesse Nicole a fait voir qu'elle n'a jamais été établie, ni même un fidéicomms qui exclût les filles du fief au profit des mâles. Il ne faut que lire pour voir s'il a été forcé de le passer ainsi; car, après la mort de la duchesse, sa femme, décédée sans enfans, ayant demandé la permission d'épouser la cadette, elle lui fut accordée par le Pape: et l'on a traité dans la suite à Rome de ridicules les procédures qu'il y a faites pour parvenir à la dissolution de son second mariage. Le consentement que le cardinal donna au traité est d'un notable préjudice à la France, en ce que l'on autorise le duc, qui est vassal du Roi, pour changer la nature de son fief, sans en avoir eu le consentement de son souverain. Son Eminence avoit été bien avertie des droits de Sa Majesté, dont je l'avois souvent entretenue: ce qui rendit le cardinal inexcusable de les avoir négligés, pour être aussi peu instruit de nos coutumes que ceux qu'il y employoit étoient peu versés dans la signification des termes. Cela a mis le Roi au hasard de perdre ce qui lui avoit été cédé dans le comté d'Artois, où gouvernance signifie autant qu'ailleurs bailliage, sénéchaussée et prévôté; le cardinal s'étant contenté de faire écrire: *qu'on nous cède l'Artois*, et s'expliquant ainsi dans les bailliages et châtellenies. D'où les commissaires d'Espagne ont inféré que la gouvernance d'Arras n'avoit point été cédée à Sa Majesté; ce qui a donné matière à une grande contestation. Mais il auroit vu l'atteinte qu'il donnoit à sa gloire, s'il avoit consulté ceux qui en savoient plus que lui. Il se piquoit, et Lyonne aussi, d'entendre si bien la langue espagnole, qu'ils n'ont communiqué à personne les articles qui leur ont été présentés: et la pensée qu'ils ont eue que le nom de *communauté* étoit équivalent à celui d'*antiquement*, coûte au Roi une grande étendue de pays, et quantité de villages du comté de Cerdagne, qui lui seroient restés en propre, si les bornes des pays qui séparent le Roussillon de la Catalogne avoient été prises suivant la division que César fait de la Gaule et de l'Espagne, ou au sommet des montagnes, ou qu'on eût suivi la pente des eaux. Mais le mot de *communauté* leur paroissant bon, les Espagnols, qui l'avoient mis adroitement dans le traité, en ont profité. L'ignorance où l'on a été aussi de ce qui, dans les mêmes montagnes, étoit de la souveraineté du comté de Foix, a fait perdre au Roi des montagnes entières, dont les Espagnols ont fait abattre les avenues, sans la moindre plainte du cardinal; et si l'archevêque de Toulouse n'eût été ferme pour les faire rétablir, il seroit arrivé bien d'autres choses; car le val d'Andaye est en partage entre le comté de Foix et l'évêché d'Urgel. Le Donnezan, qui est aussi une souveraineté située dans la même montagne, et dépendante du comté de Foix, a été tellement oubliée, qu'à peine s'est-on souvenu d'en conserver la souveraineté au Roi. On ne doit point trouver étrange que je remarque toutes les fautes que le cardinal a commises, ni attribuer à mauvaise volonté ce que je dis contre sa conduite. Le zèle que j'ai pour le service du Roi et pour le bien de ma patrie me force à les découvrir.

Quelques mois après que Sa Majesté fut de retour à Paris, des députés de l'archiduc de Tyrol s'y rendirent pour demander le paiement de trois millions promis à leur maître par le traité de Munster. Je fus commis avec Lyonne et mon fils pour les entendre. Nous obtînmes d'eux qu'ils ne demanderoient point un million de dalers impériales, mais seulement trois millions de livres de France: et après que nous leur eûmes fait voir qu'ils n'en pouvoient prétendre des intérêts, nous convînmes avec eux qu'ils seroient payés en cinq termes, savoir: au premier, de la somme de trois cent mille livres, et de même au second; au troisième, de quatre cent mille; en mars 1662, d'un million; et en mars 1663, d'un autre million, moyennant la cession que l'archiduc feroit de nouveau au Roi de tous les droits qui lui pouvoient appartenir dans la haute Alsace, le Landgraviat et sa banlieue. Et parce que le cardinal s'étoit fait donner par le Roi les plus considérables domaines de l'Alsace, il fit payer comptant le premier paiement; il assura le second; et sans doute que s'il eût vécu, le troisième, le quatrième et le cinquième auroient été acquittés, afin que l'archiduc ne fût pas fondé à prétendre restitution.

Les Etats-généraux nous envoyèrent aussi une ambassade solennelle. Ces ambassadeurs crurent que le moyen le plus prompt pour diligenter leurs affaires étoit de s'adresser au cardinal, et de le choisir pour être leur médiateur auprès de Sa Majesté. Mais ils furent bien surpris quand ils surent que ce premier ministre inspiroit au Roi de leur demander une sûreté réelle, que les Etats promettroient et observeroient, présupposant qu'ils avoient contrevenu aux anciens traités, et que l'on ne pouvoit en faire de nouveaux sur leur parole. Les ambassadeurs disoient qu'ils étoient d'autant plus surpris de ce discours, que l'on n'en avoit point tenu de semblable à M. Boreel, ambassadeur ordinaire de leurs maîtres, lorsqu'il avoit proposé le renouvellement de l'alliance. Un jour le cardinal, à la persuasion de Lyonne, me demandant en présence du Roi si sans l'exécution de ceci, qu'il croyoit juste, on pouvoit traiter avec les Etats-généraux, je répondis qu'ils se tiendroient offensés d'une telle proposition, parce que les rois et les républiques, engageant leur foi, sont persuadés qu'on s'y doit fier. Leur demander des places de sûreté, comme Lyonne en avoit fait l'ouverture, c'étoit proprement donner congé à leurs ambassadeurs. Mais, ajoutai-je, il y a un moyen de faire les affaires du Roi et de contenter les Etats : c'est de traiter si bien ceux-ci qu'ils ne puissent trouver ailleurs ce qu'ils perdroient en se séparant de Sa Majesté. Il ne faut point leur reprocher ce qu'ils ont fait à Munster, puisqu'il étoit difficile de se persuader qu'ils pussent refuser les offres que le Roi Catholique leur faisoit de la liberté et de la souveraineté pour laquelle ils étoient en guerre depuis près de quatre-vingts ans. On peut se souvenir de ce que le prince d'Orange fit dire, lorsque l'on pressoit les Etats de députer à Munster. Les résolutions prises dans la suite ne le furent que pour avoir offensé les principaux de la République. Soit que ce que je dis ou ce qui fut représenté par d'autres fît impression, on résolut de nommer des commissaires pour conférer avec les ambassadeurs et discuter ces matières, sur lesquelles le Roi déclareroit ensuite sa volonté. Et comme à la première négociation nous avions déjà été nommés, le maréchal de Villeroi, le procureur-général, Le Tellier et moi, nous le fûmes encore à celle-ci. Le cardinal y fit ajouter Lyonne, et je demandai que mon fils en fût : ce que j'obtins avec plus de peine que je ne croyois, parce que le chancelier ayant désiré la même chose, elle lui fut accordée par le Roi, mais seulement après l'ouverture des conférences avec les ambassadeurs. D'abord ils proposèrent une alliance la plus étroite qui eût jamais été conclue entre les puissances, c'est-à-dire de se garantir l'un l'autre tous droits échus et qui écherroient sur les provinces, ou par conquêtes, ou par convention, après qu'elles leur auroient été cédées par des traités authentiques : ensemble les droits de nature et de souveraineté, même celui de la pêche, en quelque lieu qu'on la voulût faire; à la réserve des rades dont les rois propriétaires n'y voudroient pas consentir, comme aussi toutes les places conquises par les armes, sous quelque titre ou prétexte que ce pût être ; et d'établir un commerce au profit des nations, mais pourtant restreint en Europe. Le Roi me commanda de leur dire qu'il falloit examiner les actes les plus importans, avant que de discuter les autres, et avoir fait l'alliance avant que d'établir des lois pour le commerce : à quoi les ambassadeurs firent d'abord quelque difficulté; mais ils se rendirent dans une seconde conférence, où je leur donnai à entendre qu'on traiteroit conjointement de l'alliance et de la navigation. L'empressement qu'ils nous témoignèrent pour la pêche nous fit soupçonner qu'ils nous vouloient engager à entrer en guerre avec l'Angleterre ; car, sur la difficulté que nous leur fîmes, ils nous demandèrent pourquoi nous avions changé de résolution, nous représentant que Servien et Fouquet, qui avoient été du nombre des commissaires nommés pour traiter avec Boreel, leur avoient donné un acte par lequel cela leur étoit accordé, comme nous étions, le maréchal de Villeroi, Le Tellier et moi, à la suite du Roi. J'avouerai sincèrement que je ne croyois pas qu'on le leur dût refuser; mais Sa Majesté m'en paroissant fort éloignée, je pris occasion de les faire expliquer, en leur demandant jusqu'où pourroit s'étendre l'assistance qu'ils nous donneroient, si nous avions quelque différend avec les Anglois, soit pour la pêche ou pour quelque chose de plus essentiel, comme le salut, etc. Ces ambassadeurs répondirent sans hésiter : « Nos maîtres donneront leur flotte pour les combattre. — Mais comment, dis-je, l'entendez-vous, puisqu'en voyant la guerre prête à commencer, vous désirez néanmoins une triple alliance entre les couronnes de France et d'Angleterre et votre république ? Ce qui nous fait croire que nous pourrons difficilement nous accorder à la satisfaction des Anglois, qui ne s'empêcheront jamais de nous demander un dédommagement, si vous voulez continuer à pêcher sur les côtes d'Ecosse. » Les ambassadeurs me répondirent qu'ils étoient persuadés que les Anglois voudroient ce qui étoit juste ; mais que pour peu qu'ils en fissent difficulté, la France et les Etats-généraux pouvoient bien se passer d'eux. Je fis mon rapport au Roi de ce qui avoit été dit par ces ambassadeurs. On ne parla plus de la triple alliance, mais seulement de voir si on la pourroit conclure entre la France et les Etats. Je ne dirai pas absolument qu'elle n'étoit point souhaitée par le cardinal : cependant il paroissoit que Son Eminence étoit bien aise que les François pussent prendre les vaisseaux hollandois, et qu'il ne se soucioit guère que ceux-ci prissent les nôtres, parce qu'il ne perdroit rien d'un côté et qu'il gagnoit beaucoup de l'autre. Le soupçon que j'en eus me parut assez bien fondé, sur la proposition que Lyonne fit aux ambassadeurs que leurs maîtres remissent à l'électeur de Cologne la ville de Rinberg, démantelée à la vérité, et celle de Ravestein au duc de Neubourg, et qu'ils donnassent assurance au Roi de restituer les commanderies et les biens de la religion de Malte, qu'ils avoient saisis aux propriétaires. Les ambassadeurs répondirent qu'ils ne pouvoient rien dire sur de telles propositions; mais qu'ils ne manqueroient pas de les mander à leurs maîtres, de qui ils étoient persuadés qu'on auroit une juste satisfaction. Je me servis de cette occasion pour dire au cardinal, et depuis sa mort au Roi, que je ne croyois pas qu'il fût à propos d'entrer dans de telles ouvertures avec les Etats, ni de s'attacher à lever des impôts sur les vaisseaux étrangers, dont les ambassadeurs avoient ordre de se plaindre et de demander la révocation; qu'il falloit plutôt examiner s'il étoit avantageux ou non à la France que cette république subsistât; que, pour moi, j'étois persuadé qu'il étoit de notre intérêt de la conserver, quand ce ne seroit que pour ne point perdre tant de millions dépensés à la former, et pour ne pas donner sujet de dire *que le sang des François ne nous coûte guère*, puisque, oubliant la quantité qu'on en avoit répandu, nous voulions, dans des rencontres qui nous paroissoient si utiles, abandonner des gens que nous avions chéris. J'ajoutai qu'en les traitant différemment des François, ils perdroient beaucoup de leur commerce, dont ils tiroient le moyen de subsister; que, supposé qu'il vînt à diminuer, il seroit facile aux Espagnols de les assujétir, ou qu'ils seroient peut-être contraints de se donner aux Anglois. Lyonne me répondit : « Il est sans exemple qu'une république se soumette à un autre Etat. — Vous ignorez donc, lui répliquai-je, qu'ils en ont autrefois prise et exécuté la résolution, et qu'il n'y eut que l'arrogance du comte de Leicester qui les fit changer d'avis. » Sur ce qu'il alléguai qu'il y avoit à craindre que les Espagnols ne les assujetissent, Lyonne me dit qu'ils pouvoient s'en garantir, étant sous la protection du Roi, et aidés de ses troupes. « Je conviens, dis-je, de cette proposition; mais il est plus expédient encore qu'ils trouvent chez eux leur propre défense que de la chercher ailleurs. La France pourroit être dans une telle situation que, quelque bonne volonté qu'elle eût, elle seroit hors d'état de secourir les Hollandois. » Je n'ai point trouvé jusqu'à présent qu'on m'ait répondu à ceci; mais je n'ai pas laissé pourtant de presser les ambassadeurs de consentir à ce que le Roi pouvoit souhaiter. Cependant je n'en parlerai plus. Ceux qui voudront savoir mes véritables sentimens sur la conduite qu'il faudroit tenir avec cette république, pourront lire un écrit que j'avois dressé sur ces affaires, dans l'intention de le présenter à Sa Majesté; mais je crus devoir le supprimer, parce que j'ai bien connu que le Roi entroit dans les sentimens de Lyonne et de Colbert, et qu'ainsi ce que je pourrois remontrer ne feroit aucune impression sur l'esprit de Sa Majesté.

Dans le temps que ceci se discutoit avec le plus de chaleur, et qu'il étoit aisé de s'apercevoir que les commissaires du Roi n'étoient point d'un même avis, ce monarque résolut d'envoyer un ambassadeur en Angleterre. Je ne dirai rien de ses instructions secrètes, n'en ayant point de connoissance, sinon que M. de Turenne faisoit son possible pour lier une étroite amitié entre le Roi et celui de la Grande-Bretagne; et comme c'étoit dans le temps qu'on parloit du mariage de celui-ci avec l'infante de Portugal, je conjecturai que tout ce que faisoit M. de Turenne n'étoit que pour engager le Roi à déclarer la guerre à l'Espagne en faveur de l'Angleterre et du Portugal; mais je trouvois quelque difficulté que les Anglois consentissent à ce mariage de leur Roi, et à rompre avec l'Espagne, d'où ils tirent un profit très-considérable par le trafic qu'ils y font; car le commerce est l'idole à laquelle ces insulaires et les Hollandois sacrifient. Cependant on parloit de ce mariage avec certitude, et des conditions que le roi de Portugal offroit à Sa Majesté Britannique, comme de lui donner en dot une somme très-considérable, la ville de Tanger en Afrique, et une autre dans les Indes orientales. Ces considérations me parurent si avantageuses pour les Anglois, que je ne doutai plus que l'espérance de se maintenir dans la Jamaïque ne les fît consentir à ce que j'avois jugé qu'ils devoient refuser. Je crus qu'il étoit de mon devoir d'avertir de tout ceci la Reine-mère, afin qu'elle prévînt le Roi son fils, et l'empêchât de prendre une résolution qui pouvoit avoir de fâcheuses suites. Sa Majesté négligea cet avis; mais l'événement fit connoître qu'il n'étoit pas sans fondement.

[1661] Le comte d'Estrades, ambassadeur du Roi en Angleterre, y fut très-bien reçu de Sa Majesté Britannique, qui affectoit de le mener à la chasse et de lui faire partager ses divertissemens; mais quoique le Roi d'Angleterre lui donnât toutes ces marques d'amitié, d'où l'on pouvoit conclure que l'ambassadeur étoit dans une étroite liaison avec Sa Majesté Britannique, il y a pourtant beaucoup d'apparence que ce Roi ne fut pas fâché que l'ambassadeur de Venise, qui vint à Londres, ne conviât point ceux de France et d'Espagne de grossir son cortége de leurs carrosses, suivant la coutume. On s'en plaignit à l'ambassadeur de Venise à la cour de France, et celui-ci dit, pour excuser son collègue, qu'il n'avoit fait que ce qui avoit déjà été pratiqué en Angleterre par un de ses prédécesseurs, dans le temps que le comte de Soissons y étoit. Le Roi résolut de tirer raison de cette affaire, et fit savoir secrètement au comte d'Estrades qu'il vouloit que la première fois qu'il seroit invité à quelque cérémonie, aussi bien que l'ambassadeur d'Espagne, il prît le pas devant lui avec une telle hauteur, qu'on reconnût la différence qu'il y a entre la couronne de France et celle d'Espagne. Le secret qu'on eut pour les serviteurs du Roi ne fut pas si bien gardé à l'égard de l'ambassadeur d'Espagne que la chose ne vînt à sa connoissance. Il en fut même averti de la part du Roi son maître, et il donna un si bon ordre à ses affaires, que le jour que l'ambassadeur de Suède fit son entrée à Londres, il eut tout l'avantage sur les François : car il ménagea tellement la populace de longue main qu'elle se déclara en sa faveur : ce qui étant venu à la connoissance du roi de la Grande-Bretagne, il fit entendre au comte d'Estrades qu'il ne pouvoit pas contenir le peuple; mais qu'il feroit afficher un placard portant défenses à ses sujets de s'intéresser dans les différends qui pouvoient survenir entre les ministres des princes étrangers. Et d'autant que, suivant les apparences, l'avantage ne devoit point être du côté des François, il ordonna à quelque soldatesque de se tenir en bataille en plusieurs places pour empêcher le désordre, qui fut si grand que cette soldatesque, bien loin de nous favoriser et même d'arrêter la fureur du peuple, qui d'ailleurs avoit violé la franchise due à la maison de l'ambassadeur, se mit en devoir de la forcer. Le comte d'Estrades s'en plaignit. Le roi d'Angleterre essaya de se justifier; mais tout le monde crut avec raison qu'il étoit très-aise de ce désordre, et que l'avantage fût du côté des Espagnols, étant persuadé que nous ne manquerions pas d'avoir du ressentiment de cette affaire, et qu'ainsi nous nous engagerions dans ses intérêts : au lieu que si la fortune nous avoit favorisés, le mauvais état des affaires d'Espagne obligeant Sa Majesté Catholique de dissimuler, le roi de la Grande-Bretagne, à ce qu'il croyoit, ne seroit pas venu à ses fins. Le comte d'Estrades manda cette affaire à Lyonne, dans une dépêche qu'il lui adressa pour le Roi. Il y faisoit un détail de ce qui s'étoit passé dans la journée, et de la résolution qu'il avoit prise de repasser la mer pour en venir rendre compte, ne se trouvant point d'ailleurs en sûreté à Londres. Le Roi, qui étoit peut-être impatient de rompre avec l'Espagne, fit tenir un conseil à la persuasion de M. de Turenne, et m'ordonna de m'y trouver. Après avoir entendu la lecture de la lettre du comte d'Estrades, Sa Majesté, devant que de demander nos avis, voulut déclarer le sien, qui étoit que le comte de Fuensaldagne, ambassadeur de Sa Majesté Catholique en France, sortiroit incessamment de son royaume; que les commissaires qui travailloient à mettre des bornes dans le pays d'Artois discontinueroient, et que le roi d'Espagne feroit faire réparation de l'outrage fait au comte d'Estrades, et donneroit un acte par lequel il déclareroit devoir céder la prééminence au Roi. Je pris la liberté de représenter à Sa Majesté qu'elle demandoit ce qu'elle ne pouvoit obtenir, et qu'il me paroissoit que ce seroit assez que le roi d'Espagne déclarât qu'il vouloit que ses ambassadeurs vécussent en Angleterre et partout ailleurs avec ceux de France, comme ils faisoient à Rome et à Venise; que c'étoit en effet laisser ceux du Roi en possession de la préséance, sans faire de déclaration de n'en plus conserver la prétention. Le Roi ne se trouvoit point éloigné de se contenter de ce que je faisois; cependant il me commanda d'aller trouver le comte de Fuensaldagne; mais je le fis avertir auparavant que je parlerois en homme qui souhaitoit la durée de la paix et qui ne prétendoit aucun avantage dans la guerre, afin que le ministre d'Espagne ne se laissât pas surprendre par ceux qui avoient des intérêts contraires. On dépêcha un courrier à l'archevêque d'Embrun, ambassadeur du Roi en Espagne, pour lui ordonner de faire ses plaintes de ce que Vatteville avoit entrepris. La mauvaise situation des affaires de Sa Majesté Catholique l'obligea de blâmer hautement ce que son ambassadeur avoit sans doute fait par son ordre. Cependant le Roi témoigna du chagrin de ce que l'archevêque d'Embrun avoit mis cette affaire en négociation, et je le défendis parce que je croyois qu'il avoit eu raison de le faire, comme aussi de ne point sortir de Madrid, si l'on ne lui en donnoit un ordre précis : ce que j'appuyai si fortement que Sa Majesté me parut contente de sa conduite. On sut depuis que le roi d'Espagne avoit confirmé les premiers ordres envoyés au comte de Fuensaldagne et au marquis de La Fuente pour assurer le Roi que Vatteville, qui avoit agi de son chef, seroit révoqué de son emploi (ce qui fut exécuté), et qu'à l'avenir ses ambassadeurs se conduiroient en tous lieux comme ils avoient accoutumé de faire, c'est-à-dire qu'ils n'interviendroient dans aucune fonction publique, excepté à la cour de l'Empereur, où la préséance leur est conservée sur ceux de France, sans s'expliquer davantage : ce qui est une marque de l'adresse des Espagnols. Le Roi parut être satisfait, et me dit un jour : « Vous n'auriez jamais cru qu'ils feroient cette déclaration. » J'en tombai d'accord, en prenant la liberté de faire ressouvenir Sa Majesté qu'elle ne s'y étoit pas non plus attendue ; mais que j'avois été d'avis qu'elle s'en contentât, et que, comme elle s'y étoit déterminée, je ne pouvois m'empêcher d'en avoir de la vanité.

Le nonce et l'ambassadeur de Venise furent surpris du compliment que je fis au comte de Fuensaldagne de la part du Roi, quoique j'eusse adouci le plus qu'il m'avoit été possible les paroles aigres que j'étois chargé de lui dire. Le premier de ces ministres étrangers en fut frappé, parce qu'il jugeoit qu'une rupture entre les couronnes serviroit de prétexte légitime au Roi pour ne point entrer dans la ligue qu'il avoit proposée de la part du Pape entre Sa Majesté, l'Empereur, le roi d'Espagne et les Vénitiens, pour s'opposer aux forces ottomanes qui menaçoient la chrétienté de faire une irruption dans la Hongrie ; et l'ambassadeur de Venise, parce qu'il perdoit l'espérance de voir le Roi assister sa république fortement attaquée par le Grand-Seigneur dans le royaume de Candie. Je conseillai au nonce de s'employer pour adoucir l'esprit du Roi, et l'ambassadeur de Venise de continuer ses instances pour engager ce monarque à assister sa république. Le Roi reçut favorablement ce qui lui fut exposé par le nonce, mais non pas sans témoigner l'envie qu'il avoit de faire la guerre à l'Espagne si l'on ne lui eût fait satisfaction. Pour le Vénitien, il lui fit espérer de faire des choses extraordinaires pour sa république, pourvu qu'il pût être convaincu qu'il en tireroit de grands avantages. Le nonce fut consolé, quand il sut que les pouvoirs qu'on avoit envoyés au cardinal Antoine Barberin pour traiter, par l'intervention d'Aubeville, des conditions de la ligue, n'étoient pas révoqués. L'ambassadeur eut aussi des paroles assez précises que Sa Majesté persistoit dans ses premiers sentiments.

La naissance du prince d'Espagne fournit un prétexte pour envoyer un gentilhomme au Roi Catholique lui en faire compliment, et lui confirmer ce que Sa Majesté Catholique savoit déjà, que la Reine sa fille étoit heureusement accouchée d'un Dauphin. Le Roi Catholique envoya à la cour de France faire de pareils complimens, avec ordre de s'en retourner en diligence ; mais le Roi voulut que cet Espagnol fût auparavant témoin de la magnificence d'un ballet qu'il devoit donner.

Je dis à l'ambassadeur de Venise que Sa Majesté ne pouvoit donner de secours à sa république ni à la ligue dans laquelle elle devoit entrer à la sollicitation du Pape. Cet ambassadeur en parut très-mortifié, et se souvint bien alors que je l'avois averti qu'il étoit de l'intérêt des Vénitiens de faire désister Sa Sainteté d'en continuer la poursuite, et que l'ouverture en seroit inutile à leur république, Sa Majesté se trouvant hors d'état de fournir en même temps à deux grandes dépenses. Je trouvois aussi qu'il y avoit autant de raisons pour rejeter les propositions du Pape qu'il m'en paroissoit d'aider la République ; car, comme je pris la liberté de le présenter au Roi, il étoit de l'intérêt de la chrétienté qu'il y eût quelqu'un de ces potentats qui pût être le médiateur de la paix entre la Porte, l'Empereur et la République. Les saints lieux ne pouvoient être conservés que par la considération particulière que le Grand-Seigneur avoit pour quelque roi chrétien ; et d'ailleurs il y avoit plusieurs raisons qui devoient empêcher Sa Majesté à rompre ouvertement avec le Sultan. Ainsi je croyois que l'outrage fait à son ambassadeur devoit être dissimulé. Mais tandis qu'on sauvoit les apparences avec les infidèles, le Roi étoit pourtant dans l'obligation d'aider sous main les Vénitiens, puisque c'étoit la cause de tous les princes chrétiens, et qu'ils soutenoient depuis un grand nombre d'années une rude guerre contre un redoutable ennemi.

Je dis au Roi, qui me fit l'honneur de me demander quelles mesures il devoit garder avec l'Espagne et l'Angleterre, que, selon les lumières que j'avois, il me paroissoit devoir empêcher l'agrandissement de l'une et de l'autre ; que, s'il lui arrivoit de conquérir toute la Flandre, ou au moins une partie, par la jonction de ses armes à celles du roi d'Angleterre, et que ce monarque vînt à y gagner Nieuport ou Ostende, Sa Majesté y perdroit bien plus qu'elle n'y gagneroit ; que le plus grand bonheur qui lui pouvoit arriver, supposé que les Anglois ne lui voulussent point céder Dunkerque, seroit que cette place fût reprise par les Espagnols : par la raison que les Anglois sont les anciens ennemis de la France et le seront toujours, quelque alliance, paix ou trève qu'ils puissent faire avec nous. Ils sont d'ailleurs persuadés qu'on leur fait injustice en ne leur rendant pas la Normandie, le Poitou et la Guienne. Et bien que ces provinces aient été confisquées suivant les lois reçues par toute la terre, celui qui perd trouve toujours qu'on ne lui fait pas justice. D'ailleurs, si la France ne peut éviter d'être frontière de l'Espagne, qui pourroit entreprendre sur elle, il y a bien moins de prudence à l'être d'un autre Etat dont la puissance peut devenir considérable. « Il faut, ajoutai-je, que Votre Majesté prenne garde aux mauvais conseils qu'on lui peut donner, et qu'elle fasse en sorte de ne pas se liguer en faveur de l'Angleterre: cette nation a beaucoup de venin sous une belle apparence. » Le Roi entra fort bien dans ce sentiment; mais on lui représenta le peu de santé de Sa Majesté Catholique; qu'il n'y avoit aucune apparence que le prince qui venoit de lui naître, en l'année 1661, pût vivre, et qu'ainsi l'alliance et l'amitié des Anglois lui devenoient nécessaires. J'espère que le Roi, en avançant en âge, démêlera quelle est la fin de ceux qui lui proposent de s'embarquer dans une nouvelle guerre avec l'Espagne.

La fermeté des ambassadeurs des Etats-généraux à demander que Sa Majesté s'expliquât sur la garantie de leur pêche, et la nécessité de rompre avec les Anglois sur un point très-délicat, qui est le salut, en cas que la flotte de France et la leur se rencontrassent; tout ceci, dis-je, a fait que des gens qui sont dans les intérêts du Roi ont estimé que cette affaire devoit être mise en négociation, et ont paru fort mécontens de la franchise ordinaire avec laquelle j'ai dit au Roi qu'il falloit que sa flotte, étant foible de voiles, évitât la rencontre de celle d'Angleterre; mais que si le hasard faisoit qu'elles se trouvassent en présence, il falloit combattre, quand même on devroit avoir du désavantage, plutôt que de baisser le pavillon. Ces mêmes personnes ayant su que les Hollandois étoient résolus de joindre leurs forces à celles du Roi, si l'on étoit dans la nécessité de combattre pour l'honneur des couronnes, n'ont pas manqué de le mander en Angleterre, d'où ils ont eu souvent avis que, pourvu qu'on refusât aux Hollandois ce qu'ils demandoient, il n'y avoit rien que le Roi ne pût espérer des Anglois. On a été dans l'obligation de faire aux Hollandois un mystère de cette négociation, et de la céler à ceux en qui le Roi pouvoit prendre confiance, parce que la probité et le courage de ceux-ci ne leur auroient jamais permis de consentir à une chose qui seroit honteuse à Sa Majesté, à qui les Etats-généraux étoient en droit de demander ce qui assure leur liberté, puisque d'autre côté les Anglois le leur offroient, pourvu qu'ils se désistassent, de presser la France de se déclarer en leur faveur. Pour trouver donc un prétexte de détourner Sa Majesté des Hollandois, ils ont continué à faire négocier en Angleterre, et l'on y est convenu de cet expédient : que les flottes venant à se rencontrer au-delà du cap de Finistère, elles se salueront également l'une l'autre; mais que, dans la Manche, les François éviteront la rencontre de celle d'Angleterre; d'où, suivant les termes de la marine, il est aisé de conclure que le Roi consent que son amiral rende obéissance à celui de Sa Majesté Britannique. J'éviterois de parler de ceci, si je ne m'y croyois obligé par le zèle que j'ai pour ma patrie, et parce que j'écris ces Mémoires tant pour l'instruction de mes enfans que pour faire connoître que je n'ai jamais eu que des sentimens d'honneur et d'une véritable gloire. Pour faire voir aussi que ceux qui ont part aux affaires, et en qui le Roi pouvoit avoir confiance, en ont abusé par malice ou par ignorance (ce que j'aime mieux croire), il faut savoir que les rois d'Angleterre s'étant prétendus seigneurs de la Manche, qu'ils étendent jusqu'au cap de Finistère, le roi de France leur en a comme accordé le titre, en ordonnant à ses flottes d'éviter la rencontre des Anglois, avec qui il y a beaucoup d'apparence qu'on en est convenu, puisqu'au-delà de ce même cap de Finistère ceux-ci ont consenti que les flottes se salueraient également. Il seroit en vérité bien difficile d'éviter leur rencontre dans une mer étroite; au lieu que les Anglois ne seront jamais dans la nécessité de reconnoître le pavillon de France dans la haute mer, à moins qu'une tourmente extraordinaire ne fît approcher les deux flottes : ce qui ne peut arriver que par deux vents contraires qui souffleroient en même temps. Je conviens que depuis long-temps les rois d'Angleterre ont prétendu l'empire de la mer, et que, pour cet effet, ils ont fait frapper des monnoies où leur effigie étoit représentée sur un navire, tenant d'une main une épée et de l'autre un monde. Mais, loin d'avoir été reconnus tels par les rois de Suède et de Danemarck, ceux-ci les ont forcés jusque dans les rades de France à leur rendre les honneurs qu'ils prétendoient d'eux. On en doit donc tirer cette conséquence, qu'on a fait un grand préjudice à la France d'avoir mis cette chose en négociation ; et de ne s'en être pas tiré au moins avec un avantage égal; mais il ne faut pas s'étonner s'il se trouve des personnes qui veulent traiter les affaires de cette manière, et qui croient avoir bien gagné quand on n'a pas tout perdu. Tout le monde ne sait pas préférer la gloire et l'honneur à des vues particulières. Les rois de France donnoient autrefois la conduite de leurs affaires à des gens d'épée et de naissance, plutôt qu'à des personnes de robe et de petite extraction. Si l'on venoit à s'élever par de belles actions, on recevoit le titre de chevalier, pour faire connoître que, s'étant élevé par son courage au-dessus de sa condition, l'on entroit dans une autre, où l'on ne seroit plus excusable s'il arrivoit de commettre la moindre lâcheté. Enfin je n'eusse pas manqué de dire ma pensée au Roi s'il m'eût parlé de cette affaire, étant persuadé que ses lumières l'auroient porté à suivre mes sentimens, malgré ce qu'on fait pour lui faire entendre que qui n'est malheureux qu'en certaines choses ne perd rien, et qu'il y a des occasions où, pour son intérêt, il est permis de faire tort à sa réputation. Cependant il nous en arrive de grands inconvéniens avec les Anglois, en ce que nous avons beaucoup perdu avec eux, et que nous courons risque de perdre avec les Hollandois, qui persistent toujours à vouloir que le mot de *pêche* soit exprimé dans les articles où les choses qui leur doivent être garanties sont énoncées, autant pour empêcher les Anglois de rien entreprendre sur leur liberté, que pour persuader le monde que la garantie générale comprend tout, quand il n'y a point de réserve. D'ailleurs ils sont assez éclairés pour croire que s'ils étoient attaqués par les Anglois, nous n'abandonnerions point leur protection. Les Anglois eux-mêmes seroient bien ignorans s'ils se pouvoient imaginer que, faute d'avoir mis un mot dans un traité, on abandonnât la défense d'un allié. Je m'en suis expliqué avec les ambassadeurs des Etats-généraux, en leur conseillant de signer ce traité de la manière que le Roi le leur proposeroit, et d'espérer que le canon exprimera un jour ce que la plume aura oublié : et peut-être que nous serons réduits à les en prier. Je dirai même librement que celui qui suivra les sentimens de l'autre sera le plus sage, quoique la différence des deux Etats soit si grande, qu'apparemment ce sera toujours aux Hollandois à recevoir la loi, bien loin de prétendre la donner.

Je crois que peu de personnes ignorent que M. de Lorraine, n'étant pas content de ce qui avoit été arrêté au traité des Pyrénées pour ses intérêts, fit faire plusieurs ouvertures pour améliorer sa condition, et qu'enfin il engagea le cardinal Mazarin, de manière que, sous le prétexte honnête d'assurer au Roi un chemin pour aller en Alsace, Son Eminence donna atteinte au traité qu'elle avoit conclu, en restituant le duché de Bar, légitimement confisqué sur lui, moyennant l'échange ou la cession de quelques terres. Le duc accorda ce qu'on vouloit de lui, et se flatta pendant long-temps que Nancy luy seroit rendu sans être démantelé ; mais, ne l'ayant pu obtenir du Roi, il céda, et l'on députa des commissaires de la part du Roi et du duc pour travailler à planter des bornes, afin qu'on connût ce qui appartenoit à la France. Toutes les fois que les commissaires s'assembloient, il survenoit des incidens qui les empêchoient de rien conclure ; et Sa Majesté faisoit menacer alors M. de Lorraine que, si les commissaires abusoient de sa bonté, elle feroit planter les bornes, et que l'on verroit qui seroit assez hardi pour les abattre. Le duc revint à Paris, et fit plusieurs propositions, dont l'une étoit de renoncer à son duché en faveur de mademoiselle de Nemours. Mais il fut aisé de connoître qu'il ne cherchoit qu'à gagner du temps, puisqu'au lieu d'aplanir les difficultés qui se rencontroient, il en faisoit toujours naître de nouvelles. Enfin le Roi, après avoir fait pour lui ce que naturellement il ne devoit pas espérer, qui étoit d'approuver la loi salique, se lassa de sa manière d'agir ; et le duc, par l'envie de nuire à son frère et à son neveu, et d'élever un bâtard qu'il avoit eu de la princesse de Cantecroix, fit proposer à Sa Majesté de lui céder en héritage les duchés de Lorraine et de Bar. Lyonne, qui avoit été employé pour négocier les conditions du mariage du prince Charles et de mademoiselle de Nemours, fut nommé commissaire, et s'aboucha plusieurs fois avec Le Cocq, greffier de la chambre-des-comptes, et beau-frère de l'intendant de mademoiselle de Guise. Ils arrêtèrent, sous le bon plaisir du Roi, certains articles rédigés depuis en traité, et signés par Sa Majesté et par M. de Lorraine. Des raisons ont obligé à tenir secret ce traité, qui d'ailleurs étoit assez public, non pas à cause du Roi, qui y fut trompé en tous les articles, mais à cause de ceux qui s'en étoient mêlés. La réunion de la Lorraine à la France éblouit les personnes les moins éclairées ; et le Roi même, pressé par un mouvement d'ambition et par le désir d'avoir la gloire de faire des choses avantageuses à sa couronne, manda le chancelier et les secrétaires d'Etat, etc., et les fit lire en leur présence. Le maréchal de Villeroy s'y trouva aussi. Ce qu'il y a de beau dans ce traité pour le Roi, c'est la réunion de la Lorraine à la France, et que dès à présent, dit-on, des places en seront livrées à Sa Majesté, dans lesquelles on pourra mettre des garnisons. De plus, M. de Lorraine, devant jouir des revenus ordinaires et extraordinaires, ne pouvoit néanmoins imposer au-delà d'un million de livres barroises. Ce qui rend ce traité moins honorable, c'est que le duc stipule que ceux qu'il aura pourvus des bénéfices ou offices y seront maintenus après sa mort; qu'il prendra, sur le million imposé, par préférence à toute charge, la somme de sept cent mille livres (la différence de s'expliquer donnoit lieu de croire que M. de Lorraine y trouveroit son avantage); qu'il jouiroit de sept cent mille livres excédant le million; qu'il auroit deux cent mille livres de rente, une moitié dans une terre honorée du titre de duché et pairie, et l'autre sur des revenus du Roi dont il auroit l'entière disposition, et même de les céder à son bâtard; que lui et ceux de sa maison jouiroient non-seulement des privilèges des princes du sang, mais seroient même réputés être du sang royal, et, en cette qualité, capables de succéder à la couronne de France, si les princes de Bourbon venoient à manquer; que quatre princes du sang de Lorraine ne laisseroient pas, sans avoir aucune pairie, d'avoir entrée et séance au parlement, immédiatement après ceux de la maison de France; qu'ils seroient réputés pairs-nés comme ceux-ci; que la restriction qu'on en fait à quatre n'est que pour éviter la confusion qu'un plus grand nombre pouvoit causer; et qu'aucuns princes bâtards, ni sortis de bâtards de France, ne pourront le disputer à la maison de Lorraine. Le Roi voulut que ce traité fût lu, et se trouva surpris de ce que le chancelier ne l'approuva pas. Je me crois obligé de dire, à l'honneur du chancelier, qu'il parla en homme de bien, faisant connoître à Sa Majesté qu'elle ne pouvoit faire des princes du sang par une déclaration, et que la justice vouloit que les parlemens lui fissent des remontrances sur cet article. Mais le Roi fit bien paroître qu'il ne trouvoit pas bon d'être contredit : ainsi le chancelier se tut, et eut ordre de se préparer à parler au parlement lorsque Sa Majesté iroit y tenir son lit de justice, pour faire enregistrer l'édit qui devoit être expédié pour donner de la force au traité. Je m'attendois toujours que le Roi me demanderoit mon sentiment; mais voyant qu'il l'évitoit et jugeant bien que c'étoit par conseil, je le regardai plusieurs fois pour lui en faire naître l'envie. Je souhaitai même de parler sans être interrogé; mais je m'en abstins, pour ne rien faire de contraire à la retenue dont j'ai toujours fait profession. Si Sa Majesté m'eût demandé mon sentiment, je me serois excusé de le dire, parce que je suis sorti d'une famille qui a si souvent soutenu que la maison de Lorraine ne peut avoir de prétention sur la couronne de France, que je ne pouvois comprendre que l'héritier des rois pour lesquels, aussi bien que pour la justice de leur cause, on a répandu tant de sang, tombât d'accord que cette prétention pouvoit être soutenue; car qui déclare une fois qu'une succession peut être ouverte en faveur de celui qui la demande, convient qu'il est de la maison. Je n'aurois pas encore manqué de représenter à Sa Majesté le livre que les Lorrains mirent au jour, sous le règne du roi Henri III, la réprimande qui fut faite à celui qui en étoit l'auteur (1), le désaveu qu'ils firent de ce livre, et la foiblesse de leurs citations, en leur représentant leur origine véritable. Ensuite je serois entré en matière, si ce monarque me l'eût commandé, pour lui faire voir qu'il achetoit ce qui lui appartenoit, et qu'il donnoit par-là occasion à une guerre.

Je n'ai que deux choses à dire pour prouver que le Roi est seigneur souverain de la Lorraine, l'étendue des Gaules du temps de César, et l'érection du royaume d'Austrasie par l'empereur Charlemagne. Si l'on m'allègue que les rois de France y ont renoncé, je réplique qu'ils ne l'ont pu faire, n'étant qu'usufruitiers et non pas propriétaires du royaume. Mais, supposé que la maison de Lorraine possède à juste titre le duché que le duc Charles a cédé au Roi, il faut examiner si c'est de son chef ou de celui de la duchesse, sa femme, qu'il le possède. Pour prouver qu'il appartient à cette princesse, il n'y a qu'à lire son contrat de mariage, et se souvenir comment les filles y ont succédé autrefois, et que, pour en détruire le droit, il faut convenir d'un autre : que la couronne de France n'auroit jamais voulu avouer que, par la loi salique, les filles en étoient exclues au profit des mâles. Si cette loi est constante, M. de Lorraine ne peut vendre au préjudice de ceux qu'elle appelle; et si elle n'a point de lieu, quel droit a le duc Charles de nous céder ce qui appartient à son neveu? L'une des propositions sera toujours véritable, et la nullité de la vente reconnue. Mais, supposé que la chose pût se faire pour un bien public, puisque ce qui est échangé tient lieu de ce qu'on possédoit en propriété, la justice voudroit que les terres et revenus que le Roi s'oblige de donner demeurassent affectés aux légitimes héritiers du sang dont l'exclusion rend le contrat vicieux. Quelque garantie que donne M. de Lorraine de la vente, avec la possession dans laquelle il met Sa Majesté, tout

---

(1) Lestoile rend compte dans son Journal de Henri III (page 162 de notre édition, tome 1ᵉʳ, 2ᵉ série de la Collection de MM. Michaud et Poujoulat), du traitement qui fut infligé à François de Rosière, archidiacre de Toul, auteur de cet ouvrage, ayant pour titre : *Stemmatam Lotharingiæ ac Barri ducum, tomi septem*, imprimé à Paris par Guillame Chaudière, l'an 1580.

cela n'approche point de ce qu'elle fera pour s'y maintenir avec son épée. Pourquoi donc avoir cédé ce qu'on possédoit à si bon titre, pour l'acquérir ensuite de celui qui n'étoit pas en pouvoir de vendre? Si d'ailleurs le Roi m'eût demandé la raison de ce que je témoignois tant d'éloignement pour la maison de Lorraine, j'aurois répondu qu'il m'étoit impossible d'aimer ceux qui ont voulu dépouiller les véritables héritiers de Hugues Capet, sur une supposition reconnue fausse par tous ceux qui sont versés dans la lecture de l'histoire, que des princes sortis de la maison d'Alsace aient prétendu être de celle de Pepin, et qu'ils se soient encore donné une autre origine aussi peu fondée que la première, d'être descendus de Godefroy de Bouillon : ce qui s'appelle confondre deux duchés et deux tiges, pour en tirer de la gloire et de l'avantage. Il es bien vrai que la Moselle, la haute Lorraine et le Brabant faisoient partie du royaume d'Austrasie, et que depuis qu'il fut occupé par les Allemands, les Empereurs y établirent des gouverneurs sous le nom de ducs, qui dans la suite des temps sont devenus héréditaires. Mais de conclure que cette couronne a appartenu à ceux qui ont commandé sous l'autorité des empereurs Othon, Henri et un des Conrads, c'est ce qui n'a aucune apparence de raison. La division qui fut faite du royaume est une preuve suffisante pour inférer qu'il ne reste aucun prince du sang de Charlemagne : ce qui a été ainsi reconnu par l'archidiacre des Rozier, qui avoit écrit à la sollicitation de la maison de Lorraine.

On a voulu persuader ensuite au Roi que le duc ne pouvoit se dépouiller de son Etat au total ou en partie; et Sa Majesté s'est arrêtée à cette raison, qui lui eût paru très-peu importante si on lui eût remontré en même temps que le Barrois, fief de la couronne de France, ayant été légitimement confisqué, M. de Lorraine, pour le recouvrer et le conserver dans sa famille, avoit pu démembrer quelques villages et même quelques portions de ce duché, qu'on a fait entendre au Roi qu'il possédoit en titre de souveraineté.

La justice de l'arrêt du parlement rendu contre M. de Lorraine est fondée sur une loi reçue et bien établie, que le présomptif héritier de la couronne ne se peut marier sans le consentement du Roi. Pour prouver que le duc est son vassal, il n'y a qu'à voir les hommages que lui-même et ses prédécesseurs ont rendus aux rois ; d'où il faut tirer la conséquence qu'il est lige, et que ce terme, comme on en convient, n'est pas seulement une simple confiscation de fief, mais soumet encore la tête du vassal à l'épée de la justice du souverain. Mais quand il seroit souverain, en possédant des Etats qui ne relèvent de personne, il ne laisse pas pour cela d'être sujet de la couronne de France pour son duché de Bar, qu'il ne possède pas à même titre. Ce n'est plus à nous à disputer si la Lorraine est possédée en tout ou en partie en souveraineté : c'est à l'Empereur à entrer dans cette contestation. Quelques-uns de ses prédécesseurs, dans la décadence de l'Empire, se sont contentés, pour éviter toute contestation, d'assujétir le duc de Lorraine à contribuer aux charges du même Empire, sans exprimer ce qui en pouvoit être mouvant. D'où il faut conclure que, de l'aveu des ducs, et suivant les prétentions des Empereurs, le duché de Lorraine relève pour le tout ou en partie de l'Empire.

Ceux qui ont conseillé au Roi de donner des successeurs à la maison de Lorraine l'ont voulu flatter, en lui disant que c'étoit une marque de son absolue et souveraine puissance, sans considérer que celui qui peut disposer du total de son Etat, en peut, à plus forte raison, céder une partie, d'où les Espagnols et les Anglois pourroient conclure que les rois Jean et François Ier auroient pu céder le premier à ceux-ci, la souveraineté de la Guienne, et le second, à ceux-là, celle de la Bourgogne : maximes si fausses qu'elles ont été combattues par les Etats de ces deux belles provinces du royaume, qui sont demeurées réunies à la monarchie, nonobstant la cession forcée que les rois en avoient faite à des étrangers. Il est bien constant que l'autorité de nos rois n'est point bornée, et qu'à certains égards ils sont maîtres de nos corps et de nos biens; mais ils n'ont pas une puissance assez despotique pour être en droit de céder leur royaume, et d'appeler à leur succession d'autres que ceux à qui elle appartient par le droit du sang. Il se contracte entre le Roi et son Etat une espèce de mariage qui ne peut être dissous, et qui établiroit cette maxime, que le Roi me peut donner à un autre, établiroit que j'ai aussi la liberté de me donner moi-même. Les conditions doivent être égales entre le mari et la femme, et rien n'est permis à l'un qui ne le soit à l'autre. Il n'y a jamais eu que les étrangers qui ont tâché de donner atteinte à la force de nos lois. Si l'on me demande pour quelle raison je marque tant d'éloignement pour la maison et pour la personne du duc Charles, je dirai ce que je n'aurois pu dire au Roi, que je ne puis oublier que ce prince arbora autrefois des étendards dans lesquels il avoit fait représenter une couronne de France renversée par la foudre, avec cette inscription : *Flamma metuenda ty-*

rannis; et une autre formée de lis qu'une épée tranchante coupoit par le milieu, avec ces paroles : *Illam dabit ultio messem.* Ceux qui ont connoissance de tout ceci concevront avec peine que le Roi ait eu la pensée d'élever une maison qui a travaillé pendant plusieurs siècles à ruiner la sienne. On pourroit répondre encore, pour justifier le traité, que c'étoit le seul moyen pour unir la Lorraine à la France ; mais je dirai : Pourquoi acheter ce qui nous appartient ? pourquoi avoir renoncé à tant d'autres droits légitimes, pour en acquérir un, qui, au fond, sera contesté tant qu'il restera un prince du sang de Lorraine? J'oubliois une raison qui me paroît forte : c'est qu'il faut considérer d'abord le droit qu'avoit le Roi de garder le duché de Lorraine, droit hérité de Louis XIII ; et je conviendrai que, soit que le duc Charles fût maître d'en disposer par la loi salique ou non, il étoit soumis à la garantie, dès qu'il la promettoit par différens traités, et renonçoit à tous droits de propriété et de souveraineté au profit du Roi, en cas de contravention. On n'a pour cela qu'à lire ceux qu'il a signés, et à en tirer les conséquences nécessaires. Mais voici, à mon sens, une considération sans réplique, et qui auroit dû empêcher le Roi de signer ce traité. C'est qu'on peut en craindre qu'il ne serve un jour de matière à une guerre civile : car il y a peu d'apparence que les princes du sang de Bourbon supportent facilement tant de compagnons, et que ceux des autres maisons, qui ont précédé Lorraine, les veuillent considérer comme pouvant un jour devenir leurs maîtres. Cela obligera les uns à se retirer dans leurs gouvernemens, et les autres dans leurs maisons. Ils donneront aux mécontens matière d'entrer dans des factions dont les événemens peuvent être craints, et sont toujours très-incertains. Enfin ce traité est une semence de guerre jetée dans un champ qui pourra la produire un jour.

Ne soyez point surpris, mes enfans, que des hommes de plume soient capables d'entreprendre des choses qui attirent la guerre ; car comme ils ne hasardent point leur vie, aussi n'ont-ils point de ménagement pour celle des autres. Les exemples en sont communs. Ceux qui liront les Mémoires de Philippe de Commines apprendront que les têtes couronnées ne sauroient avoir de plus dangereux conseillers que ceux qui présument trop de la grandeur de leurs maîtres, et qui n'ont d'autre pensée que de se conserver dans leurs bonnes grâces, en applaudissant à tout ce qu'ils croient leur pouvoir être agréable.

Je suis obligé, mes enfans, de vous faire remarquer encore la foiblesse de l'esprit humain, et je ne puis vous en donner un exemple plus sensible que ce qui se passe actuellement à la cour de la France. Des princes y cessent d'être princes pour avoir une dignité qui leur peut être contestée, et, sous l'espérance d'une véritable chimère, ils cèdent un bien réel et cessent enfin d'être princes, en ne possédant plus de souveraineté.

[La cour de Rome inquiétoit toujours le Roi pour les affaires du cardinal de Retz, qui étoient loing d'être terminées, malgré les instances réitérées des protecteurs des affaires de France à Rome. Le Roi résolut donc de donner de spéciales instructions sur ce point au sieur d'Aubeville, gentilhomme ordinaire de Sa Majesté, s'en allant de Rome pour ses affaires. Elles étoient ainsi conçues :

« Le Roi écrit une lettre au Pape touchant l'affaire du cardinal de Retz, qui sera présentée à Sa Sainteté par le sieur d'Aubeville ; elle est en créance sur luy, et il l'exposa à Sa Sainteté en la manière qui ensuit : Que le Roy, ayant tous les jours de nouveaux sujets de mécontentement dudit cardinal, qui, de l'obscurité mesme de sa retraite, tesmoigne plus de mauvaise volonté que jamais, s'il en avoit pouvoir, de troubler son Etat, cabale avec des princes étrangers, et pour en avoir protection et pour aliéner leur esprit de cette couronne, et les engager à des résolutions contraires à son service, n'obmet rien par le moyen de ses émissaires pour débaucher ses sujets de l'obéissance qu'ils luy doivent, et tascher, en toutes manières dont il peut s'aviser, de causer quelque préjudice au bien de ses affaires ; Sa Majesté, voyant cette opiniâtreté invincible dudit cardinal à persévérer dans des desseins aussi pernicieux que l'on nait jamais eus, s'est résolu de reprendre auprès de Sa Sainteté la poursuite du châtiment de ses crimes, et de supplier Sadite Sainteté d'avoir agréable de donner, sans plus de délai, les ordres nécessaires pour l'instruction du procès dudit cardinal, tant parce que la justice et le bien de la tranquillité de cet Estat le requièrent, que pour ne point laisser passer à la postérité le dangereux exemple qu'un si grand nombre d'attentats contre l'autorité souveraine soient demeurés impunis, et notamment commis de cette sorte par un ecclésiastique, que son devoir et toutes raisons obligeoient plutôt à former aux peuples, par une conduite entièrement différente, un modèle exemplaire de modération, de fidélité et d'obéissance.

» Cependant, affin que ledit d'Aubeville ait plus de moyen de bien servir Sa Majesté en la poursuite de cette affaire qu'elle a prise à cœur, comme son service le requiert, Sa Majesté a jugé à propos de l'informer succinctement de ce qui s'y est passé ci-devant, de l'estat où elle est demeurée, et par quelle voye le cardinal de Retz a trouvé moyen d'éluder jusqu'icy le châtiment qui estoit deub à ses fautes.

» Aussitôt après la création de ce Pape, le sieur de Lyonne, que Sa Majesté avoit envoyé à Rome pour la servir pendant le dernier conclave, fit instance de sa part à Sa Sainteté, à ce qu'il luy plût employer son autorité pour faire le procès audit cardinal de Retz qui se trouvoit à Rome, comme estant notoirement coupable envers elle de plusieurs crimes atroces, c'est-à-dire de rébellion, de soulevation de peuples contre leur souverain, et divers autres de même nature, ou non guère moindres.

» Qu'à la vérité, Sa Majesté, donnant la paix à ses subjects, avoit accordé une amnistie générale, de laquelle, par sa bonté, ledit cardinal ne se trouvoit pas avoir esté exclus, mais qu'estant incontinent après retombé en de nouvelles fautes qui ne méritoient pas un moindre chatiment, Sa Majesté, non-seulement le demandoit à Sa Sainteté, mais estoit en droit de demander encore qu'il fût puni de tout le passé, puisque, par sa récidive, les anciens crimes revivoient et que l'effet de l'amnistie estoit anéanti à son égard comme si jamais elle n'avoit esté donnée. Sa Sainteté, pendant quelques mois, évita de donner une réponse positive à cette instance, sous prétexte que la lettre du Roy s'adressoit au pape Innocent, son prédécesseur, et non pas à elle, et qu'en tout cas il falloit que ledit sieur de Lyonne attendît de nouveaux ordres; ne cessant cependant de favoriser en toutes choses le cardinal de Retz, jusqu'à ce qu'enfin, par ses artifices, il se laissa même porter, sans en dire un mot au ministre du Roy, à luy accorder le pallium comme à un archevesque de Paris : qui étoit une déclaration formelle de le reconnoître pour tel à son égard, quoique le sieur de Lionne luy eût souvent faict voir que ledit cardinal ne pouvoit justement s'attribuer cette qualité, n'ayant ny pris possession égitimement dudict archevesché après la mort de son oncle, ny prêté au Roy le serment de fidélité qu'il luy devoit, acte néanmoins qui doit nécessairement précéder cette prise de possession. Il se peut dire que le Pape eut du regret de s'estre engagé si avant, et même quelque espèce de honte, quand le sieur de Lyonne luy faisant aussitôt des reproches de la part du Roy d'un si grand pas qu'il venoit de faire contre le droit de Sa Majesté, il luy fit en outre lire dans un livre les canons de l'église qu'il luy présenta, que le pallium étoit une récompense de la vertu et une marque d'honneur et d'authorité qui ne devoit être accordée à aucun archevêque dont la réputation ait jamais été taschée, même par simple soupçon, et qu'à plus forte raison elle n'avoit peu que contre toute équité faire cette démonstration envers un homme accusé et déféré à Sa Sainteté, même par son Roy, pour raison de crimes énormes.

» Ce fut alors que le Pape, cognoissant le tort qu'il avoit eu par trop de précipitation, et voulant adoucir les justes ressentimens qu'il prévoioit bien que le Roy luy témoigneroit de son action, dès que Sa Majesté en auroit eu la nouvelle, déclara audit sieur de Lyonne, pour le faire sçavoir à Sa Majesté, qu'il estoit prest de luy complaire en ce qui estoit de faire le procès au cardinal de Retz, et même de le luy faire indistinctement, tant sur ses anciens crimes que sur les nouveaux, sans qu'il fût besoing que le Roy se mît en aucune peine ny d'avoir donné l'amnistie des premiers, ny d'alléguer que ceux-ci faisoient revivre les autres, parce qu'il ne considéroit non plus cette amnistie que si elle n'avoit pas été donnée.

» Il y ajouta, à la vérité, une raison dont le Roy ne peut pas demeurer d'accord, qui étoit que quiconque n'a pas droit de châtier un criminel ne l'a pas non plus de luy pardonner; mais il fut alors jugé à propos de n'entrer pas plus avant dans le neud de cette difficulté, et d'accepter ce que le Pape offroit de faire le procès sur toutes les charges anciennes et nouvelles mises sur ledit cardinal, parce que ce point-là surmonté, il en résultoit en apparence une certitude, comme infaillible, que ledit cardinal ne pouvoit pas, par aucune justification, éviter la punition de ses fautes, jusque même à une entière destitution de tout ce qu'il possédoit ou prétendoit de biens, d'honneurs et de dignités, les circonstances de la seule guerre de Paris donnant lieu à des châtimens encore plus sévères.

» Après cette déclaration, le Pape, comme voulant déjà entrer en matière, dit au sieur de Lyonne que, pour avoir lieu de commencer le procès avec les formalités de justice, la lettre que le Roy luy écrivoit ne suffisoit pas, mais qu'il estoit nécessaire que Sa Majesté présentât une requête signée d'elle ou de son procureur-général, ou de son ambassadeur. Le conseil du Roy trouva cette proposition fort étrange et la prétention trop ambitieuse d'avoir l'avantage qu'un grand Roy, qui ne cognoit en terre aucune puissance temporelle au-dessus de luy, se soubmît à la juridiction du Pape, fût suppliant à son tribunal, et comme partie contre le cardinal de Retz, son sujet; que l'église n'avoit point encore veu au temporel une si illustre partie que le premier roy de la chrétienté; que si le Saint-Siège ne vouloit pas rendre à la justice royale le cardinal de Retz, le changement de tribunal ne devoit pas changer nos maximes, et que s'il estoit en France le procureur-général, à la vérité pour le public,... seroit sa partie; mais sans parler de la personne du Roy, qui est au-dessus de pareilles lois, de devenir partie.

» Tout cela bien considéré, il fut convenu de suivre l'exemple des ambassadeurs du roy Louis XI, qui furent envoyés vers le Saint-Siége en la cause du cardinal de Balue; ils dirent qu'ils avoient charge de dénoncer à Sa Sainteté que ce cardinal-là étoit criminel de lèze-majesté, et en donneroient les faits sur lesquels ils demandèrent vicariat de Sa Sainteté pour instruire le procès dans le royaume, et, suivant le même stile, il fut commandé au sieur de Lyonne qu'il donnât avis au Pape, par ordre du Roy, que le cardinal de Retz estoit criminel de lèze-majesté, en tels et tels cas qu'il déduiroit dans un mémoire qu'il signeroit, et qu'il avoit charge du Roy, son maître, de demander à Sa Sainteté *vicarios* pour procéder contre luy, et que la preuve se feroit par témoins.

» C'est pour tenir aujourd'hui la même conduite en cette affaire, que Sa Majesté a fait mettre entre les mains dudict d'Aubeville un mémoire paraphé icy par le sieur comte de Brienne, secrétaire-d'Estat, comme il en fut usé l'autrefois, contenant tous les crimes du cardinal de Retz, sur lesquels Sa Majesté désire son procès luy être fait, afin que ledit d'Aubeville, que Sa Majesté charge de faire la même instance au Pape, et aux mêmes termes que l'on vient de dire qu'avoit eu ordre de faire le sieur de Lyonne, en l'année 1655, puisse aussi signer ledit mémoire de crimes, et en outre Sa Majesté le luy ordonne, dont la présente instruction signée d'elle luy servira de seureté et de décharge.

» Jusques-là il se peut dire que l'affaire étoit assez bien allée, puisque le Pape avoit déféré à l'instance du Roy, de faire ce procès généralement sur tous les crimes, sans aucun égard à l'amnistie accordée par Sa Majesté, à quoy on croit encore que ledict d'Aubeville ne peut pas trouver de difficulté; mais elle s'échoua bientôt sur une autre contestation dont on doit bien particulièrement informer ledit d'Aubeville, et des raisons de Sa Majesté, parce qu'apparemment il sera encore aujourd'huy le principal nœud de toute l'affaire. Le Pape, pour l'instruction du procès, prétendit alors, et peut-estre prétendra encore, que les commissaires qu'il délégueroit pour commencer cette procédure, fussent ou son nonce, ou d'autres prélats, ou officiers italiens.

» A quoy, de la part du Roy, il y a deux grandes difficultés, l'une qui regarde le parlement, et l'autre, tout le clergé de France.

» Le premier prétend d'être juge de tous les ecclésiastiques, sans aucune distinction de qualités ou de dignités, en matière de crime de lèze-majesté, et qu'en conséquence de ce droit, qui luy appartient, il avoit condamné le cardinal de Chastillon, depuis les concordats, et bien auparavant, le cardinal Balue, auquel tous ses biens furent confisqués et donnés par le Roy à diverses personnes, dont la postérité a toujours joui sans trouble; et qu'encore qu'après une prison dudit cardinal, qui dura onze années, et dans l'extrémité de la vie du roy Louis XI, ce Pape, alors séant, députa plusieurs commissaires italiens pour cette cause, ils ne furent néanmoins jamais admis ny reçus en France, et s'en étant retournés sans avoir rien fait, après que ledit cardinal, sans qu'il luy fût autre procès, fut à la fin délivré d'une si longue détention, et, étant banni de France, s'en alla à Rome. Le Pape repartit à cela au sieur de Lyonne, que le concordat fait depuis exceptoit les cardinaux et les officiers de Rome; mais il luy répliqua, suivant les ordres et les instructions qui lui avoient été envoyées, premièrement, que la loy établie pour les cardinaux doit être renfermée à ceux qui résident actuellement à Rome; et en second lieu, qu'elle ne doit être entendue que pour les délits communs, et non pour les crimes de lèze-majesté, pour lesquels il faudroit une loy particulière qui privât les Roys (ce qui ne peut être) de la jurisdiction naturelle qu'ils ont sur les ecclésiastiques, le sujet touchant le cas privilégié; qu'aussi, quand il fut question de juger le cardinal de Chastillon, en l'an 1569, long-temps après les concordats, le parlement jugea le cas privilégié, et le déclara criminel de lèze-majesté; et, pour le délit commun, qui étoit l'hérésie, il le renvoya à son supérieur, et par arrest du 7; mais ensuite il déclara que l'archevêque de Reims, comme métropolitain, estoit juge du cardinal de Chastillon, comme évêque de Beauvais; cedit arrest porte même ces termes considérables : « qu'il en seroit faict registre, afin que la postérité sceut que la cour avoit conservé en cela la liberté de l'église gallicane, » d'où l'on peut conclure bien évidemment que, depuis le concordat, la France a maintenu son droit pour les cas privilégiez, même en la personne d'un cardinal, et que le concordat, qui ne s'explique pas nettement, a été publiquement interprété par un arrêt si solennel, contre lequel on n'a point réclamé à Rome.

» La seconde difficulté regarde le clergé de France, qui alléguoit l'ancien usage de l'église gallicane de juger les évêques en des conciles provinciaux, coutume observée de toute ancienneté, et seulement depuis quelques siècles interrompue par les papes, lesquels, néanmoins, s'étoient toujours contentés de commettre semblables causes à des évêques de France, qui procédoient comme délégués par le Saint-Siége Apostolique, bien que les parlemens réclamassent assez et protestassent tousjours, au contraire, que le clergé a grand intérêt de se maintenir aujourd'hui en la même possession, sans donner lieu à de plus grands préjudices; et enfin, que la condition de cardinal ne doit point altérer cet usage, puisqu'il est question de destituer le cardinal de Retz d'une dignité épiscopale, qui est située dans ce royaume.

» Outre ces deux difficultés, le conseil du Roy considéroit d'ailleurs que d'ôter à Sa Majesté le moyen de chastier la rébellion de ses sujets, et de souverain monarque le rendre solliciteur dans la cour de Rome, étoit non-seulement une chose indécente à la dignité d'un si grand monarque, mais qui tendoit mesme à saper les fondemens de la monarchie, établissant l'impuissance de l'autorité royale à punir les crimes des sujets; et enfin, que les embarras et les obstacles qu'on formoit à Rome au châtiment du cardinal de Retz, devoient rendre dès lors en avant les Roys bien plus retenus à ne se mettre pas dans la nécessité d'avoir à demander à d'autres la justice qu'eux-mêmes ont le droit de se pouvoir faire.

» Il fut donc mandé alors au sieur de Lyonne que, parmi de si grandes difficultés, il étoit bien malaisé de prendre une bonne resolution, parce que, d'un costé, Sa Majesté auroit bien voulu donner toute satisfaction au Pape, mais que, de l'autre, elle considéroit que ce seroit se mettre sur les bras tout en même temps, et le clergé et le parlement, pour se maintenir en leurs priviléges et leurs droicts; et quoyqu'en cela le Roy agiroit contre son service et contre celuy du Pape même, on ne pouvoit faire plus beau jeu au cardinal de Retz, pour luy donner moyen d'éluder la punition, que de choquer ces deux corps et les intéresser en quelque façon à le protéger pour soutenir leur autorité. Sa Majesté espère aujourd'hui que Sa Sainteté étant informée de nouveau par le sieur d'Aubeville de toutes les particularités ci-dessus touchées, et ayant même autant de temps à se pouvoir tromper des impressions que le cardinal de Retz, qui étoit alors présent à Rome, luy jetoit dans l'esprit à son avantage pour décliner son chastiment, Sadite Sainteté condescendra maintenant volontiers à députer un ou plusieurs prélats françois pour faire le procès, c'est-à-dire, procéder seulement aux informations, puisque lesdits prélats sont aussi bien soumis à l'autorité du Saint-Siége que les Italiens; et qu'autant que les uns et les autres ne travailleront à ce procès qu'en qualité de délégués par Sa Sainteté, laquelle même, se servant de nationaux, conservera et établira doucement en France son autorité, qu'elle pourroit d'autre façon mettre en compromis, et à des préjudices que Sa Majesté même ne sauroit empescher.

» Et comme, à dire vray, il pourra peut-être sembler étrange dans la cour de Rome qu'un cardinal ait à être jugé par des évêques, il ne paroîtroit pas en France une moindre incongruité qu'un étranger qui ne cognoît ni le pays ni les gens qui l'habitent, qui n'entend pas la langue et ne peut sçavoir la force et la propriété des paroles dans lesquelles consiste bien souvent la défense ou la condamnation d'un accusé, vint former un procès en France contre un François, où, estant obligé de se servir d'un interprète, il doit dépendre presque entièrement de la foy d'autruy en des matières de si grande considération. L'intention du Roy est donc que ledit sieur d'Aubeville demande à Sa Sainteté et insiste pressamment à ce qu'elle ait agréable de députer des évêques françois pour l'information des procès, luy représentant que ce n'est pas pour contrarier ses satisfactions ni s'opposer à son autorité, mais plustôt pour ne la pas hasarder, comme on feroit en s'éloignant du chemin battu, et qu'enfin Sa Majesté désire bien de la contenter aux choses possibles; mais qu'il faut encore que, de sa part, il luy plaise de s'accommoder aux voies praticables en ce royaume, et d'autant plus que son autorité se conserve et s'établit également, soit qu'elle députe les François ou des Italiens pour commissaires; voire il semble qu'il ne soit pas de la dignité du Pape de faire une pareille distinction : et à la vérité, si nonobstant tout ce que dessus Sa Sainteté continuoit encore aujourd'huy à former les mêmes obstacles, le Roy auroit grand sujet de croire que sa véritable et secrète intention seroit de protéger le cardinal de Retz, et, par ces sortes de moyens indirects, procurer l'impunité de ses crimes : ce qu'elle n'a pas lieu d'attendre d'un Pape dont la vie et les mœurs s'accordent si peu avec la conduite et les actions dudit cardinal, qu'il se peut dire que rien n'est plus éloigné ny plus directement opposé que l'un l'est à l'autre. »

Les ambassadeurs des Etats-généraux reçurent ordre de leurs supérieurs de faire de fortes instances auprès du Roi, pour obtenir de sa générosité la modération des taxes qu'on avoit imposées sur les vaisseaux étrangers, et de garantir leur pêche, pour empêcher qu'ils n'entrassent en guerre avec l'Angleterre. Je n'ai point jugé à propos de me charger d'en faire l'ouverture à Sa Majesté, ne faisant pas de façon de dire à ces ambassadeurs, que les conseils que je puis donner sont inutiles; qu'ils n'ont qu'à s'adresser au chancelier, le premier des commissaires nommés pour traiter avec eux, et qu'il y a même des personnes qui seroient plus propres à persuader le Roi. J'ajoutai à ces députés, que je m'en rapportois à leur prudence, et que c'étoit à eux de prendre le parti qu'il leur sembleroit, non pas le plus honorable, mais le plus sûr. Je leur conseillai de se conformer toujours aux volontés de Sa Majesté; car, comme je l'ai dit plusieurs fois, je suis persuadé que leur république aura bien de la peine à se maintenir sans la protection de la France, qui, de son côté, a grand intérêt à sa conservation.

J'ajouterai encore, avant que de finir ces Mémoires, que le Roi ne doit pas tellement se fier aux Allemands qu'il ne prenne de bonnes sûretés avec eux lorsqu'il voudra, pour ses propres intérêts ou pour les leurs, entrer en guerre avec l'Empereur. Les alliances que nous ferons avec les Anglois ne seront jamais solides, parce que, d'un côté, le pouvoir de leur Roi est resserré par les parlemens, et que de l'autre, cette nation hautaine et ambitieuse ne voit qu'avec jalousie la prospérité de ses voisins. Elle conserve des prétentions contre nous, et la diversité de religion aggrave sa haine. L'expérience du passé nous fait connoître qu'on peut, malgré les apparences de la bonne foi, se défier des Suédois et des autres protestans, qui n'ont d'autre dessein que d'abolir la religion catholique, que nous voudrions et relever et maintenir dans les pays où elle a brillé autrefois. Supposé que quelqu'un de vous, mes enfans, eût l'avantage d'être appelé dans le conseil du Roi, honneur qu'on ne peut assez estimer, et dont je souhaite que vous puissiez vous rendre dignes, au milieu d'un profond respect et d'une parfaite obéissance à ses volontés, ayez sans cesse devant les yeux l'objet de la gloire de Dieu et l'avantage de la religion. Nous ne devons pas craindre qu'un roi très-chrétien, et élevé dans ses maximes, puisse jamais s'en éloigner. Souvenez-vous cependant que c'est manquer à la fidélité que le service du Roi exige de vous, si vous hésitez à déclarer, avec une liberté respectueuse, les doutes et les difficultés que vous pouvez avoir dans les affaires qui se rencontreront : car, quand la nécessité y oblige, nulle considération humaine ne peut ni ne doit dispenser un homme de bien de mettre dans tout son jour la vérité dont il est persuadé. La justice et la piété du prince ne vous condamneront point sans doute, lorsque dans l'occasion vous oserez lui représenter que, quelque élevée et indépendante que soit son autorité à l'égard des hommes, elle n'en est pas moins soumise à la loi de Dieu; que cette autorité lui doit être d'autant plus assujétie que le sceptre et la couronne du Roi, qui lui viennent de la main toute puissante de Dieu, ne lui ont été donnés que pour établir, étendre et maintenir son culte; que la plus grande gloire du Roi dépend de l'amour de ses peuples; que ce qui fait partie de la monarchie ne peut être aliéné ni cédé aux étrangers; que notre ancienne constitution est plus juste et plus sainte que celle des pays voisins, et que la France ne sera jamais heureuse tandis que des étrangers auront part au gouvernement. Si Dieu permet que je vive, et s'il se passe des choses dignes d'être sues de la postérité, je vous prie, mes enfans, que, si je venois à les oublier, vous les observeriez. Enfin, si vous croyez que ce que j'ai mis par écrit doive être lu, vous en userez comme vous croirez que je l'aurois dû faire moi-même. Mais souvenez-vous, comme je l'ai déjà dit, que je n'ai pas assez de présomption pour être persuadé que ma vie puisse jamais servir de modèle à celle des autres. Je souhaite seulement que vous m'imitiez en ceci : ne dépendez jamais que de votre maître ; méprisez les richesses qui sont peu stables, et amassez-vous celles qui ne périssent point. N'ayez point d'autre vue que celle de la gloire de Dieu, et ensuite celle du monarque auquel la Providence nous a soumis.

FIN DES MÉMOIRES DU COMTE DE BRIENNE.

MÉMOIRES
DE CLAUDE DE BOURDEILLE,
COMTE DE MONTRÉSOR.

NOTICE
SUR MONTRÉSOR ET FONTRAILLES,
ET SUR CETTE
NOUVELLE ÉDITION DE LEURS MÉMOIRES.

Après avoir étudié, dans l'histoire de leurs menées politiques, la marche des entreprises, en partie avortées, que firent les deux personnages éminens de la Fronde, le cardinal de Retz, dont on retrouve le génie si admirablement reproduit dans ses propres Mémoires (1), et le prince de Condé, si fidèlement peint dans ceux de Pierre Lenet (2), et mieux encore dans les longues lettres qu'il écrivait à cet habile et fidèle agent de ses volontés; il est triste et pénible pour l'observateur philosophe de redescendre aux personnages subalternes et aux événements d'une bien moindre portée, que préparaient très-péniblement et que conduisaient plus mal encore d'inquiètes médiocrités, associées par hasard à de puissants personnages, naturellement incapables d'amener à leurs fins les conjurations qu'elles rêvaient. Ces médiocrités ne manquaient point de confiance en elles-mêmes, mais le cœur et le génie leur faillirent toujours.

Il y a loin en effet des grands mouvements populaires soulevés par le coadjuteur de Paris, et des savantes combinaisons politiques et stratégiques de Louis de Bourbon prince de Condé, aux tristes projets d'assassinat, froidement calculés sous les auspices de messeigneurs Gaston d'Orléans et Louis, comte de Soissons, par des hommes tels que Montrésor, Saint-Ibar, La Châtre, Fontrailles, et même Beaufort, le Roi-des-Halles. Si on consulte les Mémoires qu'ils ont laissés pour expliquer leur inaction dans le moment décisif, et leur manque de cœur lorsque le courage et l'énergie étaient la condition du succès, on les voit rejeter attentivement la faute sur les autres conjurés; et si leur entreprise a échoué, c'est au bonheur de leurs ennemis, et au sort qui s'entêta à protéger ceux-ci, qu'ils s'en prennent sans hésitation comme sans pudeur.

Ce que l'on doit donc chercher et ce que l'on peut espérer de trouver dans les *Mémoires de Montrésor*, et dans la *Relation de Fontrailles*, ce sont de petites données sur de petites conjurations,

racontées en détail par des témoins oculaires, et dont l'authenticité paraît suffisamment établie au moyen de nombreux documents contemporains.

Gaston d'Orléans, esprit faible et indécis, toujours prêt à entrer dans un complot, bien plus empressé encore de s'en retirer, qui fit sa paix avec le pouvoir qu'il voulait abattre en lui livrant ses conjurés, fut de tout temps gouverné par ses favoris; ils étaient pour ce prince une nécessité de sa vie : aussi ces tristes bénéfices ne furent-ils jamais vacants. Puylaurens, Montrésor, l'abbé de La Rivière, et pendant quelque temps le cardinal de Retz, se succédèrent tour à tour et ne furent pas plus heureux les uns que les autres; ils ne pouvaient pas changer le naturel de leur maître. Gaston conserva toujours son caractère faible et indécis; on le vit toujours montrer le même empressement à tout entreprendre contre l'autorité d'un premier ministre favori, et la même crainte au moment de l'exécution des projets le plus longuement médités pour lui et avec lui.

Le comte de Soissons, persécuté par le cardinal de Richelieu, était devenu aussi le centre des mécontents de la cour; mais sa fermeté et son habileté sont restées bien moins problématiques que celles de Gaston : Soissons périt malheureusement, après avoir remporté une signalée victoire sur les armées du roi de France, son souverain, et au moment où il espérait enfin abattre la tyrannie de Richelieu. Saint-Ibar, proche parent de Montrésor, exerçait une grande influence sur l'esprit du comte de Soissons. Dans le même temps Montrésor gouvernait absolument le duc d'Orléans. Ces deux favoris réunirent leur influence pour amener un rapprochement entre les deux princes autrefois divisés, et tous les deux, mécontents du cardinal premier ministre, se trouvèrent très-portés à tout entreprendre contre sa vie. Fontrailles (3), ami commun de Montrésor et de Saint-Ibar, assista à tous les conseils tenus par eux, et il eut une très-grande part dans toutes

(1) Tome 1er de la 3e série de la collection de MM. Michaud et Poujoulat.
(2) Tome 2 de la même série.

(3) Louis d'Astarac, vicomte de Fontrailles, marquis de Marestang, né dans les premières années du dix-septième siècle.

les résolutions qui furent adoptées. C'est donc à la conjuration de Gaston d'Orléans et de Louis de Bourbon comte de Soissons, ou encore de Gaston tout seul, que se rapportent les *Mémoires de Montrésor* et la *Relation de Fontrailles.*

Claude de Bourdeille, comte de Montrésor, était issu d'une des plus anciennes familles de France, et, sans remonter aux deux guerriers de ce nom qui, selon les chroniques, auraient péri, l'un du temps de Charlemagne, à la bataille de Roncevaux, l'autre en Egypte, dans la croisade du saint roi Louis IX, nous mentionnerons cependant Elie de Bourdeille, archevêque de Tours en 1468, grand défenseur de l'Eglise contre l'empire, mort en odeur de sainteté. « C'étoit un pieux et ferme soutien des immunités ecclésiastiques, dit le généalogiste, ce qui fut cause que le parlement ordonna la saisie de son temporel ; il écrivit contre la pragmatique-sanction, *ce qui fut cause* que Sixte IV le fit cardinal en 1483 et qu'il fut béatifié quelques années plus tard. » Parmi les personnages de la famille de Montrésor, il s'en trouve encore un appartenant à l'ordre ecclésiastique, mais plus célèbre par ses mémoires et ses relations de voyages que par la sainteté de sa vie : c'est Pierre de Bourdeille, *abbé de Brantôme.* Il trouvait son neveu « si bien né et si joli » qu'il lui légua son château de Richemont, espérant que la reconnaissance lui ferait respecter sa mémoire et lui ferait dire : « Voilà un présent que mon grand oncle me fit. »

Le mariage du duc d'Orléans avec mademoiselle de Montpensier, parente de Montrésor, fit admettre celui-ci dans l'intimité de ce duc. Claude de Bourdeille accompagna ce prince pendant sa retraite en Flandre, époque à laquelle le bénéfice de favori de Gaston était desservi par Puylaurens ; ce dernier, arrêté en 1635, mourut malheureusement. Le comte de Montrésor lui succéda.

Dans ce même temps, Saint-Ibar possédait entièrement la confiance du comte de Soissons, et une étroite amitié, fondée sur la reconnaissance, unissait alors Fontrailles à Cinq-Mars. Montrésor engagea successivement le duc d'Orléans dans différentes entreprises que l'indécision du prince compromit constamment. La conjuration d'Amiens, celle de Cinq-Mars et de l'infortuné de Thou sont de ce nombre. La première manqua par la faute de Gaston, l'autre coûta la vie aux deux conjurés, et Gaston acheta son pardon à force de soumissions et en abandonnant à toute la sévérité d'un premier ministre offensé, ses malheureux amis et complices, pour lesquels il fut presque un des témoins à charge (1).

Montrésor et Fontrailles se réfugièrent en Angleterre, où ils attendirent la mort de Richelieu ; elle précéda de quelques mois seulement celle du roi Louis XIII. Le duc de Beaufort avait été aussi l'objet de la haine du même ministre ; la Grande-Bretagne servit à tous les trois de refuge et de lieu d'exil, et une même infortune rassembla ces trois caractères ardents et toujours prêts à tout entreprendre.

De retour en France, Montrésor et Fontrailles s'associèrent à Beaufort, mécontents de la régente de Louis XIV, et formèrent la cabale des *Importants*, « composée, dit le cardinal de Retz, de gens qui sont tous morts fous, mais qui dès ce temps-là ne paroissoient guère sages (2). »

L'exil et la prison firent entièrement disparaître les *Importants.*

Montrésor, exilé comme l'une des personnes qui avaient pris part à cette cabale, se réfugia en Hollande, où il prit même du service. Des affaires de famille le rappelèrent en France en 1646 ; d'anciennes relations d'amitié avec la duchesse de Chevreuse lui attirèrent, à cette même époque, de nouveaux malheurs. Il fut arrêté et enfermé à Vincennes pendant quatorze mois. Les instances de la maison de Guise et de son ami intime, M. de Béthune, lui procurèrent enfin la liberté. M. de Béthune travailla surtout à réconcilier Montrésor avec le cardinal Mazarin, au moment de la sortie de prison du comte ; la lettre suivante en fait foi :

Lettre de M. Béthune au cardinal Mazarin.

De Selles, ce 23 juing 1647.

« Monseigneur, j'ay cru que Vostre Eminence, me considérant il y a long-temps pour son serviteur particulier, n'auroit pas désagréable que je lui fisse mes très-humbles remerciemens, par cette lettre, de la liberté qu'elle a procurée à monsieur le comte de Montrésor, et que, parmy le nombre des obligations qu'elle s'est acquises sur moy, je luy tesmoigne aussy que celle-là est une des plus sensibles dont je sois redevable à sa

---

(1) C'est ce qu'indiquent suffisamment les lettres de Gaston au Roi, à Richelieu et aux secrétaires d'état, ainsi que d'autres pièces, dont quelques-unes se trouvent dans nos notes sur les Mémoires de Montrésor et de Fontrailles.

(2) Les chansons de ce temps consacrent à Fontrailles des couplets qui paraissent assez justifier le dire du cardinal de Retz et qui le mettent au nombre des débauchés d'illustre race. Voici un fragment de ces chansons :

Nous sommes bien demi-douzaine
Qui ne nous mettons guère en peine
Du vieux ni nouveau Testament ;
Et je crois qu'il n'est pas possible
D'en trouver sous le firmament
Qui puissent moins user la Bible.

J'en connois encor d'assez fermes,
Fontrailles, d'Aubijoux, de Termes,
Qui vivent de même façon :
Ne faisant jamais d'abstinence,
Si ce n'est de l'eau, du poisson,
De jubilé et d'indulgence.

bonté. Je peus bien assurer Vostre Eminence par la longue fréquentation que j'ay eue avec monsieur de Montrésor, que c'est un gentilhomme qui a autant de bonnes qualités que personne de sa condition que je connoisse, et que, dans la passion et l'intérest que je prens au service de vostre Eminence, je luy souhaiterois beaucoup de serviteurs faicts comme celuy-là. S'il luy reste encore quelque bonne opinion de mon jugement, elle sera persuadée de cette vérité, luy protestant qu'elle ne sera jamais trompée dans l'estime qu'elle fera de luy, ayant surtout une fidélité inviolable, et toute la capacité requise pour en reprendre et s'acquitter dignement de toutes les choses qui luy seront commises. Vostre Eminence me permettra, s'il luy plaist, devant que de finir, de luy dire sur ce subject, et dans la liberté qu'elle m'a autrefois donnée de luy parler avec la franchise que je sçay luy estre naturelle, et qu'elle ayme et estime en autruy, que ceux qui sont en la place que vous tenez, Monseigneur, ont grand intérest de faire choix de personnes éprouvées par une longue suitte d'actions pleines de vertu, pour estre attachées à leur fortune, d'autant qu'elles sont bien moins capables de leur manquer que les autres. Vous me pardonnerez, Monseigneur, ce que j'ay ozé vous tesmoigner de mes sentiments en ce rencontre, et l'attribuez, s'il vous plaist, à l'excès de mon zèle à vostre service, quy sera, comme je l'espère, favorablement receu de la bonté de Vostre Eminence, cognoissant le fond de mon cœur et la sincérité avec laquelle je vous l'escris, ne pouvant estre avec plus de respect ny de passion que je suis, de Vostre Eminence, le très-humble et très-obéissant serviteur.

» BÉTHUNE. »

Les nombreux amis de Montrésor s'empressèrent de le féliciter de sa sortie de prison; et parmi eux fut aussi le duc d'Epernon, avec qui Montrésor avait d'anciennes relations, et qui lui écrivait :

« Monsieur, vous ne devés pas douter que, come vostre détention m'avoit donné une extresme desplaisir, vostre liberté ne me cause une joye excessive. Sytost que j'ay apris que vous estes sorty du bois de Vincennes, je me suis résolu de vous tesmoigner la part que je prends à vostre contentement, vous asseurant, Monsieur, du très-humble et très-fidelle service, Monsieur, de vostre très-humble et très-obéissant serviteur.

» LE DUC D'ESPERNON.

» De Thoulouse, 3 juillet 1647. »

Mazarin essaya vainement, après la sortie de prison de Montrésor, d'amener un rapprochement entre lui et l'abbé de La Rivière, favori de Gaston; M. le comte de Béthune se félicitait même de la manière adroite dont il s'était débarrassé des sollicitations de Mazarin à ce sujet, par la lettre suivante :

Lettre de Béthune à Monsieur le comte de Montrésor.

« Monsieur, le sentiment que j'ay eu, après avoir leu la lettre que monsieur le cardinal Mazarin m'escrit, est bien différent de celuy que vous me tesmoignez par vostre lettre; car, tant s'en faut que l'estime que j'ay faycte de vostre mérite vous ayt procuré aucun advantage auprès dudict seigneur, qu'au contraire je me suis persuadé, et avec raison, que la bonne oppinion qu'il a fait paroistre avoir de moi, vient de ce qu'il a connu que je ne lui avois rien dit de vous qui ne fust beaucoup au-delà de ce qu'il en connoissoit, et qu'il m'a estimé de ce que j'avois sceu faire choix d'un amy de tant de mérite. M. de Chavigny, qui me voulut favoriser de venir disner séans le jour dont je receus vostre lettre au soir, m'en rendit la lecture intelligible, en ce que j'eusse pu avoir à y deviner, m'ayant desduict de fil en esguille ce à quoi vous aviez esté convié; la prudente conduitte que vous aviez tennue à vous démesler de ce à quoy vous aviez esté de la répugnance, de laquelle il lui avoit esté tesmoigné la satisfaction que vous aviez laissée de vous sur ce sujet, qui avoit encore accreu l'estime qu'on avoit desjà consue de vostre probité et de vostre prudence. Les deux personnes que vous m'y marquez de s'estre entremises de cet accomodement, auxquelles, si une troisiesme, qui n'est pas sy eslevée en qualités y eust esté jointe, je n'estime pas qu'il s'en fust pu trouver d'autant plus capable de conseiller quelque chose pour n'en rien tenir, et persuader que toutes choses sont faisables sans respect de biencéance ny de concience, pourvu qu'on s'en serve à l'advantage de ses intérests. Un de ceux-là m'avoit autrefois donné un couseil qu'il me trouva bien éloigné de suivre. Quand vous aurez à venir en ces quartiers, je n'estimerois pas que ce deust estre que comme en poste, affin de ne point faire paroistre que vous fassiez peu de cas de tant de bonnes parolles qui vous ont esté données, et démonstrations d'estime qui vous ont esté faictes. Je parle contre mon désir, mais aussy n'est-il point balancé par les souhaits advantageux que j'ai pour vous, qui suis et seray tant que je vivrai, Monsieur, vostre très-humble et très-obéissant serviteur.

» BÉTHUNE.

» De Celles, ce 1er août 1647. »

Mais des troubles plus sérieux arrivés en l'année 1648, réunirent les Importants sous le drapeau du coadjuteur de Paris. Disciplinés à grand' peine par un chef habile, et qui savait apprécier le genre de capacité des hommes qu'il employait, Montrésor et Fontrailles furent d'un grand secours au cardinal de Retz, entravé d'ailleurs dans beaucoup de circonstances, à cause de son caractère d'homme d'église. Comme à l'égard de la plupart des autres amis du fougueux prélat, Mazarin s'assura ensuite de leur soumission par des bénéfices et par des récompenses pécuniaires et honorifiques qu'il leur accorda.

Dès l'année 1650, Mazarin préparait déjà ce résultat à l'égard de Montrésor ; c'est du moins ce que l'on peut présumer de la lettre suivante :

A Monsieur de Montrésor.

« Monsieur, je vous advoue que je n'avois pas songé pour vous à l'abbaye de Lanoy, dont nous aprismes, il y a deux jours, la vacance, parce que l'advis qu'on en eut la faisoit passer pour n'estre que de trois à quatre mil francs ; mais ayant sceu depuis sa juste valeur, et M. le grand chambelan m'ayant tesmoigné que vous seriez bien aise de l'avoir, je l'ay demandée avec grand plaisir à la Royne, et Sa Majesté vous l'a accordée de la meilleure grâce qu'il se pouvoit, et avec des paroles d'estime et d'affection qui vous doivent plus contenter que la chose mesme. Cependant, parce qu'elle n'arrive pas encore à la valeur que vous avez autresfois tesmoigné à Lyonne de souhaiter, vous agréerez, s'il vous plaist, que je supplée jusqu'aux douze mil francs par une pension sur une de mes abbayes, laquelle l'on pourra après esteindre dans quelque nouvelle occasion de vacance. Je souhaite de tout mon cœur qu'il s'en présente souvent de vous donner des marques de mon amitié et de la véritable passion avec laquelle je suis, Monsieur, vostre très-affectionné serviteur,

» LE CARDINAL MAZARINI.

» *A Compiègne, le 4 juin 1650.* »

Les chansons satiriques avaient couvert de ridicule la cabale des Importants, dont Montrésor faisait partie. Ses affections particulières eurent un certain retentissement et ne furent pas non plus épargnées. Mademoiselle de Guise, l'objet de tous ses soins, se vit bientôt célébrer malignement ; et des nombreux couplets, où l'on rappelle cette liaison de Montrésor, on n'en peut citer que le suivant :

De Guise la noble pucelle
Ne sauroit trouver un mari :

De Mercœur s'est éloigné d'elle
Pour la nièce d'un favori.
De cet amour elle se moque,
Et dit souvent par équivoque :
Je te garderai *Montrésor*
Bien plus chèrement que de l'or.

Mais ce que ne disent pas les chansons de l'époque, ce sont les peines et les chagrins supportés par mademoiselle de Guise. On en trouve la naïve expression dans la lettre suivante, entièrement tracée de sa main ; elle est adressée à Montrésor :

« Je vous serois plus importune par mes pleures, mais on me dit qu'elles vous sont si désagréables, que je m'abstien et demeure en digérant mes misères toute seule. Hélas ! chère cœur, à qui me peu-je lamenter qu'à vous ; je vous dis mes nésessitez, mes misères, mes maladies ; si vous vous en faschez sans y remédier, je suis doublement misérable. J'avois creut du passée qu'au moins vous avé pitié de moy ; mais si vous ne pouvée seufrir mes plaintes, je demeureray désormais sans mot dire. Permettée encor une fois que je vous répète mes maux : je suis grandement incommodée depuis quatre mois, sans avoir sorty d'un accident comme résipel. Si la fiebvre eusent survenu, je seroit morte passez troys mois : je ne sçay ce que Dieu fera de moy ; mais je ne suis horre de cet accident. On me dit que l'air m'est contraire, car je resens ce mal il y a environ un an. Pardonnée, je vous prie, je ne vous en dirai plus rien, puisque je vous fâche ; ce n'a jamais estée mon intention ; au contraire, je soufriray toute ma vie pour vous acheter un jour de contentement ; si mes misères vous plaisent, sans mot dire, mandée-le moy, et je vous promets que n'en seré plus importuné ; cependant je ne laisse d'estre bien à plaindre, plus que je ne vous ose dire et que je n'en tesmoigne : le bon Dieu me soit en ayde et vous conserve dans vos joyes, ce me sera consolation dans mes afflictions. Cher cœur, prié du moins Dieu pour moy, affin que mes misères me soient salutaires, et me mandée une fois franchement si mes pleintes vous sont désagréables ou autres de mes actions, et je demanderay plustost la mort à Dieu que de vous desplaire en chose qui soit : je serois doublement malheureuse.

» A Dieu que je prie qu'ayés pitié de moy, vostre bien désolée (1). »

Monsieur de La Vieuville, au comte de Montrésor.

« Monsieur,

» Comme je vous escrivis devant que partir, sur ce que j'emmenois le sieur de Lanoy, au préjudice de ce que vous m'aviez dit qu'on pourroit bien avoir affaire de luy dans peu de jours, je vous envoye consulter exprès si je vous l'envoieray. Présentement j'en avois besoin, l'ai emmené, comme je dis ; vous ne m'avez pas ordonné absolument de le laisser, et maintenant, par la révérence que je rends à vos advis, je vous dis que je suis prest à vous l'envoyer à lettre veue, c'est-à-dire, au premier

---

(1) Cette lettre n'est pas signée ; mais son origine est suffisamment établie par le sceau qu'elle porte, et sur lequel on remarque les initiales M. G. surmontées d'une couronne. Cette lettre fait partie des manuscrits de la Bibliothèque du Roi.

M. de La Vieuville n'était pas moins passionnément le très-humble serviteur de mademoiselle de Guise que le comte de Montrésor. De nombreuses lettres de ce premier personnage, conservées à la Bibliothèque du Roi, constatent évidemment le fait. Nous n'en citerons que la suivante :

Ces chansons rappelèrent encore de temps à autre le nom de Montrésor, retiré désormais de toute intrigue politique; mais il avait eu soin de conserver de bonnes relations avec Mazarin et les autres secrétaires d'État. Les documents suivants prouvent au moins que s'il ne manqua jamais de féliciter le premier ministre dans les grandes occasions, il fut aussi à même de rendre quelques services à d'anciens amis :

Lettre de M. d'Angoulesme à M. le comte de Montrésor.

Du camp de Monron, le 24 juillet 1642.

« Mon cousin, je me ressens bien obligé à la faveur que vous me faites, de vous ressouvenir de moy. Je n'estime pas que mes amis puissent me rendre de plus puissans offices que de faire cognoistre l'injustice de ma détention, et le remède le plus utile qui me reste est d'avoir une patience très-forte et sans inquiétude. J'advance que je souffre le mal le plus fâcheux qui me pouvoit arriver; je m'en suis expliqué avec vous avec franchise. Je suis très satisfait de la conduite de M. de Joyeuse, et parfaitement, Monsieur, votre bien humble cousin et serviteur,

» Louis de Valois. »

Lettre du cardinal Mazarin au comte de Montrésor.

« Monsieur, je suis très persuadé de la douleur que vous a causée la nouvelle de la maladie du Roi, et de la part que vous avez prise aux inquiétudes qu'elle m'a données. Je vous ay toujours connu trop bon François et trop mon amy pour avoir pu croire que vous puissiez avoir d'autres sentimens. Je vous en remercie de tout mon cœur, et me réjouis avec vous de l'entière guérison de Sa Majesté, qui se prépare à changer d'air dans très peu de jours. Je vous prie de faire fondement sur mon amitié, et de me croire, Monsieur, vostre très affectionné serviteur,

» Le cardinal Mazarini. »

» Je vous suis très-obligé des nouvelles marques qu'il vous a pleu me donner de vostre amitié, et je vous prie de croire que je ne perdray aucune occasion pour vous faire ressentir les effects de la mienne et de mes civilités.

» *A Calais*, le 18 *juillet* 1658. »

(Le post-scriptum est entièrement de la main de Mazarin.)

Lettre du cardinal Mazarin au comte de Montrésor.

Toulouse, 17 décembre 1658.

« Monsieur, les saintes intentions du Roy ayant attiré les bénédictions du ciel pour la conclusion de la paix et le repos des peuples, que Sa Majesté demandoit tous les jours à Dieu si instamment; quoyque je me tienne fort glorieux d'avoir esté un instrument dont la Providence ayt voulu se servir pour mettre la dernière main à ce grand ouvrage et à l'establissement de la félicité publique, je connois bien que je n'en mérite pas beaucoup de louanges; aussy ne reçois-je celles que vous m'en donnez, que comme un effet de vostre civilité et de l'amitié que vous m'avez promise, que je vous prie de me conserver, et de croire que je seray toujours parfaitement, Monsieur, vostre très-affectionné serviteur,

» Le cardinal Mazarini. »

» Je vous prie d'estre assuré de mon amitié, de mon estime et de mes civilités, et que j'auray beaucoup de joye lorsque se présenteront des occasions propres à vous le tesmoigner. »

(Post-scriptum de la main de Mazarin.)

Montrésor mourut au mois de juillet 1663. Astarac, vicomte de Fontrailles, lui survécut et ne mourut que quatorze ans après lui, mais dans le même mois que Montrésor.

On ignore entre les mains de qui sont restés les manuscrits autographes de Montrésor et de Fontrailles ; de nombreuses copies de leurs Mémoires existent dans différentes collections. La Bibliothèque du Roi en possède au moins huit. La Relation de Fontrailles est ordinairement réunie aux Mémoires de Montrésor; mais aucun de ces volumes ne renferme le *Discours par Montrésor touchant sa prison*. On voit cependant qu'après avoir achevé ses Mémoires, il pensait déjà à s'occuper de ce *Dis-*

mot que vous me ferez l'honneur de m'en escrire. Que si nous devons tous retourner, nous le ferons parellement; enfin, vous avez la clef de nos volontés, ou bien, pour vous parler selon l'Evangile : « Vous estes nostre centenier; si vous nous dites allez, nous allons; si venez, cela se fait sans murmure et sans excuse. » Et pluit à Dieu que ce fust pour votre service, je n'y attendrois pas vos ordres, mais on me verroit à votre porte attendre le bonheur de l'occasion de vous servir. *Faites-moi la grâce d'en dire aultant à celle que nous révérons tous deux si chèrement*. Je ne suis marry d'estre icy, mais si je suis tant soit peu utile à son service, j'y vas et y cours avec joye. Si, par le retour de ce laquais, vous daignez nous distiller quelque gouttelette de nouvelles du monde, vous ferez charité dont il vous sera tenu compte en l'autre : et cependant permettez-moi de vous remercier comme je doibs, vous protester ou plustost confirmer mes obéissances, et vous faire enfin souvenir que je suis, Monsieur, votre très-humble et fidel serviteur,

» La Vieuville. »

» *Ce 28 du matin.* »

12.

cours, qui en est, on peut dire, le complément. Montrésor écrit en effet : « Je pourrai peut-être quelque jour, avec plus de loisir et de repos, revoir ce que j'ay écrit ingénument, pour rendre ce discours plus intelligible et y adjouster ce qui s'est passé depuis l'année 1636 jusques à 1642. » Il a même dépassé, dans sa narration, cette dernière date. Mais le but qu'il se proposait dans ce Discours, était de justifier sa conduite et de donner les raisons qui l'ont obligé d'abandonner le service du duc d'Orléans, auquel il s'était engagé par sa propre inclination. On y reconnaît facilement que Montrésor n'était pas du nombre des gentilshommes « qui préféroient leurs intérêts à leur honneur, » et que Gaston fit toujours ses traités particuliers avec Richelieu, sans s'inquiéter le moins du monde de son plus intime complice. Enfin Richelieu voyant que Montrésor, homme désintéressé, ne serait jamais dépendant de lui, stipula, comme conditions d'accommodement entre le prince et le ministre, l'éloignement du comte, et l'abbé de La Rivière fut mis à sa place en qualité de favori.

Montrésor n'oublie pas, dans ses Mémoires, de célébrer la générosité de mademoiselle de Guise, et il écrivit même pour elle la relation de *ses malheurs*. Du moins c'est ce que l'on peut présumer du passage suivant de ses Mémoires, quoiqu'il ne désigne pas nominativement Marie de Lorraine :

« Pour ne pas manquer à celui que je me reconnois obligé de vous rendre dans toutes les occasions où vous désirez des preuves de la déférence que j'ai pour vous, je me suis résolu, pour vous satisfaire, de mettre par écrit l'histoire de mes malheurs. Je sais combien vous avez essayé de les adoucir par tous les soins que peut produire une véritable et sincère affection. Le destin qui gouverne tous les hommes, et moi par conséquent, ne m'a point imposé de si rudes conditions, qu'il ne m'ait été facile de les supporter par la modération que Dieu m'a donnée : si j'avois été plus heureux, je vous aurois rendu mes services, au lieu de vous causer de la peine ; mais vous agissez si noblement, que vous tirez plus de satisfaction de m'avoir obligé, que vous n'en eussiez reçu si je vous eusse été utile. Quoi qu'il puisse arriver dans la suite des temps, je m'assure que vous aurez toujours pour moi les mêmes sentiments d'amitié, et que cette exquise probité, remarquée dans toutes vos actions, ne sera point altérée par les fausses maximes d'un siècle corrompu, qui préfère, à sa honte, l'intérêt à l'honneur. Les conseils de la prudence ont leurs règles et leur étendue : je conviens fort aisément qu'un homme de bien peut et doit rechercher les faveurs de la fortune, pourvu que ce ne soit pas aux dépens de sa réputation ; car, tout bien considéré, il n'y a point de raison qui nous puisse dispenser de la conserver dans une pureté entière, ni qui doive entrer en comparaison avec le repos de sa conscience. C'est un bien qui vient de la grâce du Ciel, qui ne peut être obtenu que par ceux qui contractent une vertu si solide et si constante, qu'elle subsiste toujours égale dans tout le cours de leur vie : l'estime du monde est aussi une récompense que le public refuse rarement, lorsque l'on se met en estat de la mériter. Vous avez toutes les qualités nécessaires pour être jugée digne de tous les avantages qu'une personne de votre naissance se peut légitimement acquérir : profitez-en, je vous supplie ; vous le pouvez par les mêmes voies que vous avez tenues, puisque cela dépend absolument de vous. Et croyez qu'en observant cette généreuse persévérance, conforme à vos naturelles inclinations, vous devez faire un fondement assuré d'avoir en moi, jusques au dernier moment de ma vie, le plus fidèle et le plus passionné serviteur que vous eussiez pu choisir pour l'honnorer de vos bonnes grâces. »

Les Mémoires de Montrésor s'arrêtent au moment où les troubles de la Fronde éclatèrent.

La Relation de Fontrailles, ami intime de Montrésor, et qui partagea presque toujours ses infortunes, puisque tous les deux s'associèrent aux mêmes conjurations, ne comprend que ce qui se passa à la cour pendant la faveur de Cinq-Mars, jusqu'à la mort de ce favori de Louis XIII.

Mais avant de parler de la bibliographie des Mémoires de ces deux personnages, nous devons nous arrêter un instant au reproche qu'on adresse « à des gentilshommes, de raconter froidement les circonstances d'un projet d'assassinat qui pouvoit les conduire à l'échafaud. » Il nous paraît qu'en ceci on oublie l'époque à laquelle se rapportent ces Mémoires, et combien de pareilles machinations étaient dans les mœurs du temps, si même on ne les tenait pas en quelque sorte à honneur. Il n'y avait pas alors de moyen légal de renverser un premier ministre, qui faisait les affaires de la couronne aux dépens et au détriment des corporations nationales. D'ailleurs, Richelieu n'a pas raconté les entreprises qu'il fit faire secrètement. Mazarin commissionna un homme pour entreprendre contre le duc de Beaufort ; il fit expédier les ordres du Roi, pour s'emparer du cardinal de Retz, *mort ou vif*. L'homme qui acquit le plus de célébrité sous ce rapport, vers ce même temps, appartenait aussi à l'Église ; et sans entrer dans de nombreux détails, il suffit de rappeler qu'il offrit de faire tuer et saler le coadjuteur de Paris, et que, chargé par Mazarin de faire un traité avec un espion à gages, qu'on envoyait dans l'armée du prince de Condé, les deux clauses suivantes y furent insérées :

« Que comme monseigneur le prince se hasarde de passer souvent sans escorte, et qu'il luy pourroit arriver de prendre le dessein d'aller voir Son Altesse Royale ou Mademoiselle incognito, s'il se peut faire que ledit sieur Caillet en donne des advis, et que monseigneur le prince fût pris en suite du mesme advis, on luy feroit un présent de cent mille escus, et mesme beaucoup plus. Ensuite de cet entretien, Son Eminence luy (à Lebrun) proposa, de sa bouche, la même chose qu'auroit faite ledit sieur abbé ; de tout cela ledit abbé Fouquet fit dresser un mémoire en forme d'article, par ledit Lebrun et de sa main, dans lequel mémoire ledit sieur abbé avoit fait mettre que si monseigneur le prince pouvoit estre tué ou venoit à mourir de quelque façon que ce puisse être, par le moyen ou ministère dudit Lebrun, on luy donneroit les mesmes cent mille escus cy-devant déclarés.

» Lequel mémoire estant signé dudit Lebrun, l'abbé Fouquet le fut porter à monsieur le cardinal, qui en raya le dernier article, disant que dans un party de guerre il approuvoit que monseigneur le prince y fût tué ou prisonnier, mais qu'il fût tué par un attentat prémédité, il ne pouvoit le proposer (1). »

Enfin, si l'on voit des gens d'église et des gentilshommes former alors si facilement des conspirations, pour se débarrasser de leurs ennemis par l'assassinat, c'est qu'ils regardaient ce crime comme « consacré par de grands exemples, justifié et honoré par le grand péril. L'ancienne Rome les auroit estimés ; mais ce n'est pas par cet endroit, ajoute le cardinal de Retz, que j'estime l'ancienne Rome. »

Les Mémoires du comte de Montrésor furent imprimés aussitôt après sa mort, dans un recueil de pièces publiées à Cologne (Pierre du Marteau, 1663), puis réimprimés séparément dès la même année, format in-12 ; et l'année suivante, 1664, Jean Sambix le jeune (à la Sphère) en fit une autre édition. En 1665, on les réimprima aussi en y joignant le *Discours par Montrésor, sur sa prison*, et d'autres pièces. Enfin ils furent encore publiés en 1723, en 2 volumes petit in-12.

La Relation de Fontrailles, au contraire, fut imprimée de son vivant, et parut en 1663 avec les Mémoires de Montrésor. L'auteur la composa « parce que, ayant été celui qui s'est rencontré le plus avant dans la confiance de Cinq-Mars, il étoit bien aise de laisser ces Mémoires parmi les papiers de sa maison, afin que ceux qui trouveront l'*abolition* (2) qu'il avoit prise, n'ignorent pas les sujets qui l'y avoient obligé. »

Nous nous sommes servis, pour notre édition de ces deux documents historiques, du volume manuscrit (3) qui nous a paru le plus complet ; il a pour titre : *Recueil de Montrésor*, et il est inscrit sous le n° 306 du Supplément français de la Bibliothèque du Roi ; il est de format in-folio. On y remarque un plus grand nombre de pièces historiques que dans l'édition de 1665. Nous n'avons pas cru devoir les réimprimer toutes dans la nôtre ; nous nous sommes contentés d'y insérer, en notes, quelques-uns de ces documents, nécessaires pour justifier quelquefois les Mémoires, que l'on aurait pu accuser d'exagération sur certains points. On trouvera cependant dans notre édition, à la suite des Mémoires de Montrésor : 1° la Relation de la mort de Carondelet ; 2° la Relation de l'assassinat de Puylaurens ; 3° le Récit de ce qui se passa avant la mort du cardinal de Richelieu. Les deux premières pièces se font surtout remarquer par l'emphase du style.

Enfin, nous avons mis à la suite de la Relation de Fontrailles : 1° la lettre de Cinq-Mars, écrite à sa mère après sa condamnation et quelques instants avant son exécution, d'après l'original autographe conservé à la Bibliothèque du Roi ; 2° la lettre de l'infortuné de Thou à la princesse de Guémené, écrite aussi après son arrêt de mort ; elle a été tirée également des manuscrits de la même Bibliothèque ; 3° la lettre de M. de Marca à M. de Brienne, sur le procès de Cinq-Mars ; mais nous nous sommes abstenus de réimprimer, à la suite de la relation de Fontrailles, le traité fait par le duc d'Orléans avec l'Espagne, le 13 mars 1642, et la contre-lettre, parce qu'on les trouve dans les Mémoires de Brienne, page 72 de ce volume ; 4° notre manuscrit contenait aussi une Relation bien plus détaillée et plus exacte, pour les dates, de ce qui s'est passé à Lyon durant les procès de Cinq-Mars et de Thou, que le *Journal* qui existait dans toutes les éditions précédentes. Nous avons remplacé ce *Journal* par cette *Relation*. Les notes biographiques ont été supprimées comme faisant double emploi, tous les personnages qui figurent dans ces Mémoires et Relations se trouvant mentionnés dans les volumes précédents de cette Collection, et nous nous sommes bornés à mettre en notes les documents dont l'intérêt nous a paru capable de relever encore celui des Mémoires. Enfin, nous avons soigneusement indiqué par les lettres A. E., les notes empruntées aux anciens éditeurs.

Les *Mémoires* de Montrésor et la *Relation* de Fontrailles reparaissent donc aujourd'hui dans notre nouvelle édition, avec quelques avantages sur les anciennes. Nous avons cherché attentivement les moyens de procurer ces mêmes avantages à tous les Mémoires que nous nous sommes chargés d'éditer de nouveau dans la belle et consciencieuse collection de MM. Michaud et Poujoulat ; les recherches que nous avons faites n'ont pas été infructueuses, et nos efforts tendront toujours à justifier la bienveillance avec laquelle le public les a accueillies.

A. C.

---

(1) Mémoires inédits de Lenet, pages 613 et 614, de la 3ᵉ série de la collection de MM. Michaud et Poujoulat.

(2) Les lettres d'abolition accordées par le Roi.

(3) La bibliothèque historique de Fontette mentionne, sous le n° 22,028, comme l'ayant pris dans un catalogue de Le Blanc, un autre manuscrit en quatre volumes et qui est *plus ample* que l'imprimé.

MÉMOIRES
DU COMTE DE MONTRÉSOR.

Retraite de Monsieur en Flandre; sa réception; les intrigues de la cour pendant son séjour, et son retour en France.

[1632] La nouvelle de la mort du duc de Montmorency, arrivée à Toulouse, ayant été portée à Monsieur à Tours, où il s'étoit retiré depuis son retour de Languedoc, voyant que, contre les espérances qui lui avoient été données par les sieurs de Bullion et Des Fossés, députés par le Roi pour le traité fait à Béziers, l'on avoit fait mourir de la sorte un homme si recommandable par sa naissance et par les importans services qu'il avoit rendus à l'Etat, Son Altesse s'étant promis que ses soumissions aux volontés du Roi obligeroient Sa Majesté à traiter avec moins de rigueur une personne de laquelle la vie lui étoit si recommandable, jugea, pour sa réputation, ne devoir pas demeurer en France après un sujet de déplaisir aussi sensible que celui qu'il avoit reçu en cette occasion. Elle ne mit point en doute d'être valablement déchargée de tout ce qu'elle avoit promis par son traité à Béziers, puisque, dans le temps qu'il se concluoit, elle avoit dit et protesté aux députés du Roi, que s'il mésarrivoit dudit duc de Montmorency, contre les assurances reconfirmées de la part de Sa Majesté, elle le prendroit pour rupture, et ne tiendroit aucune des conditions auxquelles elle s'étoit engagée, son intention étant de se soumettre pour la conservation d'un homme qui lui étoit si cher, et auquel elle avoit des obligations si particulières.

Ce furent les raisons les plus apparentes qui causèrent la sortie de Monsieur; mais la plus véritable et la plus secrète fut celle du mariage que Son Altesse avoit contracté, au désu du Roi, avec la princesse Marguerite de Lorraine, que l'on avoit tenu caché pour de bonnes considérations. Sa Majesté ni ses ministres n'en avoient eu aucune connoissance certaine, seulement des soupçons, l'affaire ayant été conduite si couvertement, que les espions de la cour n'avoient pu pénétrer si avant: aussi ne fut-il point parlé de cet article dans le traité de Béziers. Il n'y eut que le sieur de Bouillon, après que tout fut conclu et signé, qui s'avisa de demander au sieur de Puylaurens, principal confident de Son Altesse, si véritablement Monsieur étoit marié; lequel lui répondit qu'il ne l'étoit pas, ne jugeant nullement à propos ni convenable au bien des affaires de son maître de s'en ouvrir à lui, et de s'en expliquer autrement.

Monsieur partit donc de Tours pour les raisons ci-devant représentées; étant à Blois, il dépêcha le sieur de Saumery vers Son Altesse de Savoie pour l'informer de tout ce qui s'étoit passé, et ménager par l'entremise du maréchal de Toiras sa retraite en Piémont, en cas qu'il en eût besoin. Ensuite Monsieur traversa la Beauce, fut à Montereau-sur-Yonne, duquel lieu il écrivit au Roi par l'un de ses gardes, une lettre qui contenoit en substance les sujets et les raisons de son éloignement.

Son Altesse, sans s'arrêter, prit le chemin de Champagne, accompagnée de sa maison, qui pouvoit faire en gentilshommes et domestiques cent cinquante chevaux. Il se rendit à Dun-sur-Meuse, petite place du duché de Lorraine, d'où elle envoya les sieurs Du Fargis à l'Infante, et vers le duc de Lorraine, Saint-Quentin, l'un de ses gentilshommes ordinaires. L'on ne disoit point encore si l'on iroit en Lorraine ou en Flandre; mais le lendemain ce doute fut éclairci, ayant pris le chemin de Namur, auquel lieu Monsieur se rendit en trois journées.

[1633] Le comte de Sallazar, capitaine de la garde de cavalerie de l'Infante, fut celui qui le vint recevoir et lui faire des complimens, et une infinité d'offres de la part de cette vertueuse princesse, pour lui témoigner la véritable et sensible joie qu'elle avoit de le recevoir.

Monsieur arriva le jour d'après à Bruxelles, et fut descendre au logis du comte de Sallazar, d'où il vint aussitôt au palais de l'Infante, de laquelle il fut traité avec autant de bonté, de témoignage d'affection et de tendresse, que s'il eût été son fils, qui étoient les termes dont elle se servoit ordinairement lorsqu'elle vouloit exprimer l'amitié qu'elle avoit pour lui.

Cette première audience finie, Monsieur fut conduit dans l'appartement qui lui avoit été préparé, qui étoit celui de l'archiduc, par les principaux de sa cour et de sa maison, auxquels elle avoit ordonné de le servir, et de lui rendre les mêmes respects qu'à sa propre personne. Tous à l'envi lui faisoient paroître le contentement qu'ils avoient de son retour; et véritablement Monsieur avoit raison d'être satisfait d'une réception si obligeante, si le partement de la Reine sa mère de Bruxelles, avant qu'il fût arrivé, ne lui eût donné de l'inquiétude, et fait appréhender qu'un éloignement si prompt ne provînt plutôt des mauvais conseils de quelques esprits malicieux qui les vouloient diviser, que de la nécessité de vouloir changer d'air pour sa santé, qui étoit le prétexte pris pour colorer le départ, que tout le monde avoit blâmé et trouvé si à contre-temps. Néanmoins, comme Son Altesse vouloit toujours continuer à satisfaire aux mêmes respects vers la Reine, il se résolut de l'aller voir le lendemain à Malines, où il fut dîner avec Sa Majesté, de laquelle apparemment il fut bien reçu. Les instances qu'il fit auprès d'elle se trouvèrent pourtant sans effet, et il fut obligé de revenir à Bruxelles avec le déplaisir de n'avoir pu obtenir le retour de la Reine, qui persista dans la résolution de se retirer à Gand, qu'elle avoit choisi pour le lieu de sa demeure.

Il me semble à propos de dire les sujets que les ministres de Sa Majesté publioient qu'elle avoit de n'être pas contente de Monsieur, laissant la liberté d'en juger à ceux qui liront ces Mémoires, et de voir s'ils étoient bien fondés ou non.

Ils alléguoient, pour leur principale raison, que, dans le traité de Béziers, Monsieur n'avoit eu nul égard à ce qui regardoit Sa Majesté, de laquelle il ne devoit jamais se séparer, et que ce lui devoit être un grand reproche de n'avoir rien stipulé pour elle, ni parlé en aucune manière ni façon de ses intérêts, ne considérant pas que, dans ce rencontre, Son Altesse s'étoit vue hors d'état d'y agir utilement, ayant été forcée de souscrire à des conditions si déraisonnables, et d'un si notable préjudice à ses avantages particuliers et au rang qu'elle tenoit, par conséquent devoit être disculpée de tous les blâmes que, sur ce sujet, on lui pouvoit attribuer. La considération de la Reine et celle de sa réputation furent aussi les véritables motifs qui l'obligèrent à sortir de France dans cette conjoncture, pour se rendre auprès de Sa Majesté, prendre part à sa mauvaise fortune, et faire voir qu'il étoit incapable de se désunir jamais d'avec elle.

C'est ce que ses ministres malintentionnés débitoient en public, ce qui pouvoit être bon pour les moins clairvoyants, mais les autres, qui pénétroient évidemment leurs artifices, jugeoient assez que cela provenoit d'ailleurs, et que la froideur de la Reine étoit fomentée par les conseils du père Chanteloube, qui eût voulu tenir le sieur de Puylaurens dans sa dépendance absolue : qui étoit désirer l'impossible, car, de sa part, il n'étoit pas homme à se soumettre à un autre, dont la suffisance ne lui étoit en aucune estime.

Cette mauvaise intelligence des ministres s'augmenta avec le temps, et produisit d'étranges effets pour la cause générale et les intérêts particuliers. Mais comme dans ce discours il sera quelquefois parlé des affaires des Espagnols, celles de Monsieur s'y trouvant mêlées, il est nécessaire de faire voir l'état auquel étoit la Flandre lorsque Son Altesse y arriva. Bien que l'Infante en eût remis la propriété en faveur du roi d'Espagne, son neveu, elle paroissoit pourtant y avoir l'autorité tout entière, et y gouvernoit les peuples avec tant de sagesse et de modération, qu'elle n'en étoit pas aimée seulement, mais, s'il est permis d'user de ces termes, universellement adorée pour son extrême vertu.

Parmi ses dévotions ordinaires, cette sage princesse ne perdoit pas un seul moment de temps qu'elle pouvoit employer au bien de l'Etat et au soulagement des peuples.

Le marquis d'Aytonne tenoit sous elle la place de principal ministre : il étoit ambassadeur du roi d'Espagne et général de ses armées de Flandre, depuis que le marquis de Sainte-Croix avoit été rappelé après la perte de Maestricht, et les autres mauvais succès arrivés aux Espagnols sous sa conduite, durant l'année 1632. Le duc de Lerme étoit mestre-de-camp-général sous le marquis d'Aytonne; le président Rose, le premier du conseil d'Etat, et les finances gouvernées par le duc de Croy et le comte de Copigny en qualité de surintendans. Chacun d'eux, dans la fonction de sa charge, n'agissoit que selon les ordres de l'Infante; aussi n'y avoit-il aucune affaire de laquelle elle n'eût une entière connoissance.

Les Espagnols avoient souffert des pertes considérables, et les Hollandois remporté Venloo, Ruremonde, Maestricht et plusieurs autres places et forts autour d'Anvers, qui avoient relevé la réputation de leurs armes.

Ces succès arrivés à ses ennemis n'étoient pourtant pas ce qui les inquiétoit davantage, et ce qui leur donnoit de plus pressans sujets d'appréhender la ruine de leurs affaires.

Leur plus grand mal, à ce qu'ils croyoient, venoit du dedans et des intelligences particulières. La retraite du comte Henri de Bergue, à Liége, leur fit ouvrir les yeux, et soupçonner, non sans cause, beaucoup de personnes de qualité, qu'ils jugèrent avoir part à ces menées secrètes, parce qu'elles étoient unies d'amitié et d'alliance avec lui. Mais le temps n'étant propre pour agir contre les auteurs et les complices de cette action, de crainte d'une révolte générale des peuples, assez mal affectionnés à leur domination, l'Infante, se servant dans des conjonctures si douteuses de la créance qu'elle s'étoit acquise, fit venir les principaux vers elle, tira l'aveu de leurs desseins et parole de n'en concevoir plus de semblables, sous les assurances qu'elle leur donnoit aussi de sa part de leur pardonner le passé. Néanmoins, peu de temps après, elle fut obligée de changer d'avis, sur ceux qui lui furent donnés des pratiques de Carondelet, gouverneur de Bouchain, avec les gouverneurs des places frontières de Picardie, voisines de la sienne, dans laquelle il fut investi avec beaucoup d'ordre et de secret de la part des Espagnols, et contraint par cette surprise de recevoir la garnison qu'ils y voulurent mettre, par laquelle, sur quelque contesté arrivé à dessein, il fut tué dès l'instant qu'ils s'en furent rendus les maîtres.

Tout le monde jugea que les Espagnols, très-habiles, avoient fait cette sorte de justice d'un sujet infidèle à son roi, le temps ne leur permettant pas d'en user autrement, quoiqu'ils voulussent toutefois persuader que c'étoit l'effet d'un hasard et d'un accident arrivé par une querelle particulière.

Après sa mort, le gouvernement fut donné au vicomte d'Alpem; et le doyen Carondelet fut pris quelques jours après dans un couvent de religieux à Bruxelles, auquel lieu il fut retenu sous une garde fort sûre jusques à la mort de l'Infante, après laquelle il fut conduit dans la citadelle d'Anvers, où la sienne arriva depuis.

Je laisserai ce discours, pour l'achever quand je parlerai de la retraite du prince d'Espinay et du duc de Bournonville en France, et dirai lors quelles étoient les intelligences que les Espagnols soupçonnoient être entre les plus qualifiés des Pays-Bas et le cardinal de Richelieu; quels furent aussi les auteurs de cette cabale, et les projets et desseins qu'ils pouvoient avoir, pour reprendre celui que j'avois interrompu.

Les premiers jours employés par Son Altesse à rendre ses respects à la Reine sa mère, ses devoirs à l'Infante, et à recevoir les complimens et les visites des personnes plus considérées par leur naissance et par leurs charges, Monsieur se proposa de donner part à l'Empereur, à Sa Majesté Catholique et au roi d'Angleterre, des sujets qui l'avoient obligé à chercher sa sûreté en Flandre.

Le Coudray-Montpensier fut choisi pour aller à Vienne trouver Sa Majesté Impériale, avec ordre de demander secours d'hommes en son nom, pour essayer, avec les forces qu'il tireroit des Espagnols, et celles qu'il pourroit mettre ensemble par le moyen de ses serviteurs, à former un corps assez considérable pour pouvoir entrer en France, et réduire à la raison les ennemis de la Reine sa mère, et les siens.

Le Coudray, dans cet emploi, s'acquitta fidèlement de la commission qui lui avoit été donnée, et suivant son instruction vint à Prague vers le duc de Friedland, généralissime de l'armée de l'Empereur. Il conféra avec lui diverses fois, et rapporta, à son retour, à Son Altesse une infinité de promesses avantageuses à ses intérêts, et de belles et grandes espérances qui n'eurent pas leurs effets; car dès-lors l'ambition de s'élever lui avoit fait prendre des mesures en France entièrement contraires à son devoir, et à la fidélité qu'il étoit obligé de conserver inviolables à son maître et à son bienfaiteur.

Le marquis d'Ornano fut aussi envoyé en Angleterre, et de Lingendes en Espagne: en attendant ce que produiroient ces diverses négociations, les esprits ne pouvant pas s'occuper à des choses sérieuses et importantes, Monsieur prenoit part à tous les divertissemens que la saison pouvoit permettre. La Reine mère, qui s'étoit retirée sous le prétexte de sa santé, au lieu d'y trouver du soulagement, tomba dans une assez fâcheuse maladie pour en appréhender l'événement. Son Altesse, n'omettant aucun des soins que son bon naturel lui conseilloit, envoyoit tous les jours savoir des nouvelles de sa santé, et toutes les semaines alloit lui-même en apprendre.

Il renouvela aussi ses mêmes instances auprès d'elle pour l'obliger de revenir à Bruxelles, parce que l'air en convenoit mieux à son tempérament que celui de Gand, dont la situation est marécageuse, et, selon le rapport des médecins, elle n'y pouvoit demeurer sans péril de sa vie.

Ces justes raisons, représentées par Monsieur, furent néanmoins sans effet, sur ce que le père de Chanteloube étoit d'opinion différente, et ne conseilloit pas à Sa Majesté d'en partir.

Durant cette maladie, le Roi envoya visiter la Reine sa mère, par le sieur Des Roches-Saint-Quentin, qui eut charge de lui faire des propositions d'accommodement qui ne réussirent point. Les auteurs de ses disgrâces, qui par leurs artifices l'avoient éloignée d'auprès du Roi, ne pouvoient consentir qu'elle s'en rapprochât; mais ils vouloient faire paroître qu'il ne tenoit qu'à elle qu'elle ne reçût cette satisfaction.

Pendant que les choses étoient en cet état, le cardinal de Richelieu fit mettre en avant d'autres propositions par le sieur d'Elbène, qui avoit ordre de s'adresser directement au sieur de Puylaurens, pour savoir si elles seroient agréables à Monsieur, lequel, en ayant été informé, les communiqua à l'Infante et au marquis d'Aytonne, qui approuvèrent de ne les pas rejeter, quoiqu'ils eussent peu d'opinion qu'elles fussent avancées avec sincérité.

Cette bonne princesse, dans cette occasion, assura plusieurs fois Monsieur qu'elle seroit infiniment satisfaite de son retour auprès du Roi son frère, pourvu que ce fût avec sûreté, et selon que le requéroit la dignité de sa personne. La permission donnée à d'Elbène d'entendre à ce que le cardinal continueroit de lui dire, il repassa en France sous un passeport, et à son retour, cette seconde fois, ne rapporta de sa négociation que des paroles générales, dans lesquelles il ne paroissoit rien d'essentiel ni d'effectif. Bien que Son Altesse dût être rebutée de ce qu'on agissoit avec elle de si mauvaise foi, elle estima à propos de ne point rompre ce commerce, dans la créance qu'il ne pouvoit nuire à ses affaires, et qu'il faisoit cet effet de tenir en devoir beaucoup des siens qui se lassoient de l'état présent des choses : ce qui les contentoit en quelque sorte de l'espérance d'un accommodement que leur humeur inquiète et des desseins particuliers leur faisoient désirer.

Durant ces divers voyages et propositions, l'hiver et le printemps s'étoient écoulés, et l'été étant arrivé avoit donné lieu aux armées de se mettre en campagne.

Les Hollandois, enflés du succès de l'année dernière, furent les plus diligens ; prenant leur marche le long du Rhin, ils mirent le siège devant Rhinberg, et le pressèrent si fort, que les Espagnols se résolurent d'aller droit à eux pour les combattre ou leur faire lever le siège.

Monsieur, sur l'avis de cette résolution, voulut avoir part à une action qu'il estimoit glorieuse et digne d'un prince de sa naissance, et fort propre pour témoigner à l'Infante de quelle passion il embrassoit ses intérêts.

Il partit de Bruxelles pour ces considérations, et ayant pris une escorte de trois cents chevaux à Malines, fut coucher à Venloo, et le lendemain à l'armée, composée de quatorze mille hommes de pied et de six à sept mille chevaux.

Le même jour, il fut délibéré par le conseil de guerre d'aller droit aux ennemis : le lieu du passage fut résolu au-dessous de Masseyck, petite ville du pays de Liége, et d'autant qu'il étoit défendu par Straquembourg, lieutenant-général de la cavalerie de messieurs les Etats, avec trois mille chevaux et quelque infanterie tirée de Maestricht, et de quatre pièces de canon tirées de Ruremonde, pour tromper les ennemis, le marquis d'Aytonne fit une action de capitaine : toute l'infanterie espagnole tourna la tête vers une île à une lieue et demie au-dessous, et donna toutes les apparences de vouloir passer la rivière en cet endroit, ce qui obligea Straquembourg d'abandonner son premier poste qu'il avoit occupé : ce qui facilita, une lieue au-dessus, le passage de la rivière à la cavalerie espagnole, et les troupes hollandoises l'ayant appris, elles se retirèrent avec effroi et tel désordre, que, sans la nuit qui en ôtoit une partie de la connoissance, elles eussent indubitablement été défaites.

Monsieur donna en ce rencontre beaucoup de preuves de son jugement et de sa générosité ; les Espagnols la remarquèrent avec estime, et louèrent fort la réponse qu'il fit au comte de Buquoy, qui, de deux paires d'armes qu'il avoit, ayant retenu la meilleure pour lui et prêté l'autre à Son Altesse, lui dit qu'il ne lui en répondoit pas ; sur quoi Monsieur lui repartit qu'il lui suffisoit, pourvu qu'elles fussent à l'épreuve de l'épée.

L'on fit un pont de bateaux pour le passage de l'infanterie, canon et bagage, en si peu de temps, que les François, qui n'avoient jamais vu user de si grande diligence, en furent étonnés. Dans ce moment la nouvelle de la reddition de Rhinberg arriva : ce qui obligea les Espagnols à changer de dessein, et à se saisir de l'île de Stephanswert, qu'ils fortifièrent, bien qu'elle fût en neutralité.

L'armée y entra le lendemain, et le jour d'après les travaux furent départis aux troupes, qui firent en huit jours ce qu'on n'auroit pas attendu devoir être fait en deux mois. Monsieur, voyant que les armées se résolvoient à demeurer sans rien entreprendre, jugea qu'il s'en devoit retourner à Bruxelles, où l'Infante lui fit paroitre tenir à obligation de ce qu'il avoit honoré l'armée de sa présence, et le reçut avec toutes les marques d'affection dont elle put s'aviser.

Pendant le temps que Son Altesse demeura à l'armée, d'Elbène revint de France, et ne lui rapporta aucun sujet de satisfaction. Le Roi, suivant le conseil du cardinal de Richelieu, ne se pouvoit résoudre à lui accorder des places de sûreté, et Monsieur ne croyoit pas, de sa part, devoir se mettre entre les mains d'un ministre si puissant et si autorisé avec de moindres précautions.

Les allées et venues, qui ne laissèrent pas de continuer, firent appréhender à la Reine mère que le traité se conclût sans elle ; et ce fut cette crainte qui la disposa de revenir à Bruxelles, sous le même prétexte de pourvoir à sa santé, duquel elle s'étoit servie lorsqu'elle se retira à Gand. Monsieur fut la recevoir à Termonde, place située entre ces deux villes, et l'Infante fut au devant d'elle à deux lieues de Bruxelles, où elles entrèrent en même carrosse. Dans ces conjonctures, le duc de Lorraine, qui, par l'armement qu'il avoit fait, avoit donné des ombrages au Roi, pour ôter à Sa Majesté toute créance que c'eût été pour le service de Monsieur, son frère, résolut d'employer ses troupes contre les Suédois, sur ce qu'ils avoient fait des actes d'hostilité dans les terres qui lui appartenoient. Le succès en fut si malheureux, que son armée fut défaite à Papenhove ; et le Roi, aussitôt que cette disgrâce lui fut arrivée, se présenta aux portes de Nancy, qui lui fut rendue par traité, durant lequel Madame, qui se nommoit encore la princesse Marguerite, en sortit travestie, et se retira à Thionville, d'où elle en donna avis à Son Altesse, et qu'elle prendroit le chemin de Bruxelles pour se rendre auprès de lui.

Il seroit malaisé d'exprimer la joie que Monsieur reçut, apprenant qu'une personne qui lui étoit si chère fût échappée d'un péril éminent. Et quoiqu'il jugeât bien que, recevant Madame, il falloit nécessairement que le mariage qu'il avoit tenu caché jusques alors, étant rendu public, rompît tous les traités et négociations commencés, son affection l'emportant par-dessus toutes autres raisons, il envoya au devant d'elle M. le duc d'Elbœuf et M. de Puylaurens, pour lui témoigner ses sentimens et son affection. Le désir qu'il avoit de la voir ne lui permettant pas d'attendre leur retour, il partit pour l'en assurer lui-même, fut jusqu'à Marche, où il la rencontra, et revint avec elle coucher à Namur.

Le lendemain, Monsieur fut à Bruxelles quelques heures avant Madame ; l'Infante, qui n'oublioit aucune occasion de celles qui s'offroient de rendre des preuves de sa bonté et de l'amitié qu'elle portoit à Son Altesse, fut assez loin au devant de Madame ; la Reine mère sortit hors de la ville, et toutes deux la menèrent au palais, dans un appartement qui lui étoit destiné proche de celui de Monsieur.

Cette arrivée de Madame fut une nouvelle et pressante difficulté pour l'accomplissement des affaires qui se traitoient.

Les ministres du Roi avoient toujours douté ou feint d'ignorer son mariage, pour réserver cet article afin de l'attribuer à crime au sieur de Puylaurens, comme ils l'ont fait paroître depuis.

Je ne m'étendrai point à la relation des honneurs que Madame reçut de l'Infante dans ces commencemens ; je passerai à celle de la négociation du Coudray en Allemagne, sur les assistances promises à Son Altesse par l'Empereur et le duc de Friedland. Dans le temps que le duc de Feria étoit passé du Milanois dans la Haute-Alsace, elles devoient sortir en effet. Aldringuer avoit été envoyé avec des forces capables d'exécuter un grand dessein, s'il eût voulu se joindre au duc de Feria, et agir conformément aux promesses qu'il lui avoit faites de combattre les Suédois : ce qu'ils pouvoient l'un et l'autre avantageusement, si la perfidie d'Aldringuer n'eût prévalu aux sincères intentions du duc de Feria, qui agissoit pour la cause commune par de meilleurs principes et des résolutions plus sincères.

Les longueurs et les remises donnèrent temps au parti suédois de se rendre plus fort ; en sorte qu'il fut impossible de rien entreprendre qui répondît à l'emploi et à la confiance que le roi d'Espagne avoit pris au duc de Feria. La peste se mit dans son armée, qui se ruina d'elle-même ; il en mourut la plupart, et quasi tous les principaux officiers, et le reste s'en retourna en Italie, désespéré de l'infidélité qu'ils avoient éprouvée dans les ordres du Walstein, et en la personne d'Aldringuer, auquel ils avoient été confiés.

Son Altesse, qui avoit été remise au secours qu'elle pouvoit tirer de ces armées, perdit toute espérance de s'en prévaloir, et connut bien que le cardinal de Richelieu, par ses négociations et intelligences, avoit prévenu l'utilité qui lui en pouvoit arriver, et qu'il s'y étoit opposé par des sommes immenses que le duc de Friedland avoit reçues.

Ce malheur fut incontinent suivi d'un accident qui changea entièrement la face des affaires, et causa le plus sensible déplaisir à Monsieur, qui lui pouvoit arriver : ce fut la maladie et la mort de l'Infante.

Cette illustre princesse tomba malade pour s'être échauffée en une procession où elle assistoit à pied, comme c'étoit sa coutume.

Dès ce jour-là, les médecins en eurent mauvaise opinion ; et la nuit du 5 au 6 fut la fin d'une si sainte vie, regrettée par ses sujets, et plus, s'il se pouvoit, des François attachés au service de Monsieur, qui se reconnoissoient redevables à sa bonté d'une infinité d'obligations.

Dans le nombre des actions chrétiennes qu'elle pratiqua dans cette dernière extrémité, elle n'oublia aucune de celles qui étoient d'un esprit élevé comme le sien : elle donna tous les ordres nécessaires pour les gouvernemens des provinces où elle a régné avec tant de douceur et de modération.

Dans les mémoires et instructions qu'elle laissa, sa prudence et ses bonnes intentions parurent également : le soin qu'elle prit de recommander avec tendresse les intérêts de la Reine mère, de Monsieur et de Madame, est d'autant plus à remarquer que ce fut le dernier qu'elle ordonna des choses du monde.

Le lendemain de cette mort funeste à tous les gens de bien des Pays-Bas, M. le marquis d'Aytonne, avec les principaux du conseil d'Etat, vint assurer Leurs Altesses que la perte de l'Infante n'apporteroit aucun changement en ce qui regardoit leurs intérêts ; que ces assurances venoient de la part du roi d'Espagne, qui avoit prévu dès long-temps à tout ce qui pouvoit survenir ; que, pour eux, en leur particulier ils seroient toujours très-disposés à leur rendre les respects et les services qu'ils savoient leur être dus.

Les ministres du roi d'Espagne ouvrirent, comme elle avoit prescrit, un paquet confié par elle entre leurs mains, par lequel ils apprirent les ordres que Sa Majesté Catholique vouloit être observés pour le gouvernement de Flandre ; les noms de ceux qui devoient commander dans les provinces et manier les affaires d'Etat, furent le marquis d'Aytonne, le duc d'Arschot, l'archevêque de Malines, et le président Rose.

La principale administration fut déférée au marquis, qui entra dans une si honorable fonction avec tant de prudence et de dextérité, que tous les corps de l'Etat parurent en recevoir une notable satisfaction. Mais afin de pourvoir à la sûreté publique, il crut qu'il étoit entièrement nécessaire de détruire les cabales qui s'étoient formées au dedans des provinces, et que pour l'exécuter sûrement il falloit s'assurer des personnes de qualité relevée, en les arrêtant prisonniers.

J'ai touché ci-devant quelque chose des soupçons que l'Infante avoit eus contre eux lorsque Carondelet, gouverneur de Bouchain, fut tué ; à présent il est nécessaire d'éclaircir plus distinctement sur quoi ils étoient fondés, et de quels moyens le cardinal de Richelieu avoit usé pour les porter à la révolte.

La Reine, mère du Roi, s'étant sauvée de Compiègne, où le cardinal, sous le nom de Sa Majesté, l'avoit fait arrêter prisonnière, chercha sa sûreté en Flandre, pour se garantir des persécutions qu'elle avoit souffertes.

L'Infante, auprès de laquelle elle étoit retirée, jugeant à propos d'en donner part au Roi, et pour proposer aussi une réconciliation entre le fils et la mère, choisit le sieur Carondelet, doyen de Cambray, homme propre à négocier une affaire de cette conséquence : il étoit homme d'esprit, intelligent et adroit, mais au reste ambitieux et fort persuadé de son mérite.

Le cardinal de Richelieu ne fut pas long-temps sans s'en apercevoir ; il étoit bien informé du mécontentement qu'il avoit reçu du refus de l'évêché de Namur qu'il avoit prétendu : ce qui lui donna lieu de juger que celui qui étoit venu pour traiter cet accommodement en France lui seroit un instrument fort propre à semer la division dans les Pays-Bas.

Après la première audience il le voulut entretenir en particulier, et, en flattant cet esprit glorieux par l'estime de ses bonnes qualités, il le rendit susceptible à ce qu'il désiroit de lui.

Sa parole fut engagée de servir Sa Majesté, et de travailler en Flandre à la ruine des affaires du roi d'Espagne.

Le cardinal, sous cette condition, donna aussi la sienne de prendre soin de sa fortune.

Les choses ainsi concertées, il retourna trouver l'Infante, avec les instructions requises pour satisfaire le cardinal dans l'exécution du dessein duquel il étoit convenu.

Il le communiqua au comte Henri de Bergue, au prince d'Espinoy, de Barbançon, et à M. le duc de Bournonville ; non seulement ils l'écoutèrent favorablement, mais ils passèrent incontinent jusques à lui témoigner la disposition dans laquelle ils étoient de secouer le joug de la domination Espagnole. Pour les y confirmer davantage, il leur fit des ouvertures aussi faciles qu'agréables, qui regardoient leur grandeur particulière et la liberté du pays, qu'ils procureroient indubitablement, pourvu que leur conduite et leur résolution répondissent à ce qu'on devoit espérer de la générosité qu'ils avoient toujours témoignée ; qu'il étoit question de former un corps d'Etat, et s'assurer de la France et des Hollandois qui, pour trouver leur grandeur et leur avantage dans l'abaissement de la maison d'Autriche, ne refuseroient aucunes des assistances qui seroient nécessaires dans une entreprise beaucoup plus glorieuse qu'elle n'étoit difficile. Il leur remontra aussi qu'il falloit commencer à décrier les Espagnols, et procurer par les Hollandois de mauvais événemens sous leur conduite, afin que les révoltes qu'on exciteroit dans les villes et dans la campagne ne reçussent point d'obstacles ni d'oppositions.

Suivant ce projet, messieurs les Etats armèrent de bonne heure l'année d'après, car celle de 1631 fut employée par les associés à conduire secrètement leurs négociations. Venloo et Ruremonde furent les premiers effets de cette intelligence. Le comte Henri de Bergue en étoit gouverneur, qui ne mit nul ordre à les défendre.

Ensuite ils attaquèrent et prirent Maestricht. Ce fut à peu près dans le même temps que le duc d'Arschot refusa de s'unir avec ceux que j'ai cidevant nommés, et révéla à l'Infante ce qu'il avoit su de leurs desseins, sous la promesse qu'elle leur pardonneroit : ce qu'elle fit avec une fidélité si religieuse qu'il n'en fut jamais parlé durant sa vie.

La sincérité et l'observation de la parole de l'Infante n'étoit pas une règle obligeante ni absolue aux ministres du roi d'Espagne, puisqu'ils ne l'avoient donnée, qu'elle leur imposât : le ne s'en point départir ; ils se déterminèrent d'arrêter ceux qui s'étoient jetés dans ces factions, de crainte qu'elles ne fussent pas entièrement éteintes ; mais ils prirent si mal leur temps, qu'ils ne se saisirent que de la personne du prince de Barbançon, qui fut conduit dans la citadelle d'Anvers.

Le prince d'Espinay et le duc de Bournonville, plus avisés, se retirèrent en France, et le frère du doyen Carondelet, gouverneur de Bouchain, fut tué dans sa place.

Ce premier, s'étant confié aux assurances qui lui furent données, mourut en prison de la manière dont j'ai écrit.

Le comte Henri de Bergue, plus défiant, avoit cherché sa sûreté à Liége, et le duc d'Arschot étoit allé en Espagne peu de jours avant la mort de l'Infante, contre les conseils de ses amis ; et déférant trop à son opinion particulière, il y fut retenu non comme prisonnier, mais si fort observé, qu'il y est mort du depuis sans avoir pu obtenir la permission de revenir en Flandre.

Les affaires étant ainsi disposées, les nouvelles arrivèrent à Bruxelles que le prince Thomas de Savoie y devoit venir. Etant arrivé, il ne parut autre sujet de s'être retiré du duc son frère, que le désir qu'il avoit de s'attacher entièrement aux intérêts de la maison d'Autriche, et particulièrement à ceux de Sa Majesté Catholique. Il y fut reçu de ses ministres avec beaucoup d'honneur ; il y fut défrayé, eut des gardes pour sa personne, jusques à ce que les ordres que l'on attendoit d'Espagne fussent venus.

Le bruit courut, dans les premiers jours de son arrivée, qu'il devoit commander les armées des Pays-Bas. : ce qui a été depuis, mais longtemps après que Son Altesse en fut partie.

[1634] Toutefois ces occurences n'empêchèrent pas que le traité duquel d'Elbène se mêloit (1) ne continuât toujours, nonobstant que Madame fût venue trouver Son Altesse. Les propositions d'accommodement furent poursuivies, mais avec peu d'apparence de succès : la déclaration publique que Monsieur avoit faite, la recevant auprès de sa personne dans le rang qu'elle devoit tenir, la confirmation de son mariage en présence de l'archevêque de Malines, sembloient être des difficultés qui ne pouvoient être surmontées, parce que le cardinal de Richelieu avoit engagé le Roi à le faire déclarer non valablement contracté au parlement de Paris, que Son Altesse maintenoit ne pouvoir être juge compétent d'une affaire de cette nature et de cette qualité, dont la connoissance étoit réservée au Pape, ou du moins à des juges délégués de sa part, suivant le concordat et les anciennes coutumes du royaume de France.

Cet obstacle, joint à la difficulté que Sa Majesté faisoit de donner à Son Altesse Bellegarde pour place de sûreté, comme on lui avoit fait espérer, firent connoître à Monsieur la manière de laquelle l'on traitoit avec lui : ce fut au vrai ce qui l'obligea à conclure avec les Espagnols, et passer les articles qui avoient été accordés, après avoir été vus et examinés de part et d'autre.

L'exécution en fut sursise de quelques jours à cause de l'assassinat entrepris contre la personne du sieur de Puylaurens, ministre et confident de Son Altesse. La faveur n'étant pas exempte d'envie, elle lui avoit acquis celle de plusieurs, qui supportoient avec impatience de lui voir occuper une place à leur préjudice, qu'ils se per-

(1) *Lettre de Monsieur le cardinal de Richelieu à Monsieur le duc d'Orléans.*

« Monseigneur, les effets que M. d'Elbène vous porte vous feront mieux connoître la tendre affection que le Roy a pour vous, que ne feroient pas mes paroles, qui cependant ne laisseront pas d'assurer Vostre Altesse que s'il avoit un fils il luy seroit impossible de l'aymer davantage. En mon particulier, Monseigneur, je vous supplie de croire que je n'estimeray jamais la prospérité de Sa Majesté complette, que lorsque la vostre y sera conjointe. Ce que je désire avec une passion indicible : vous le connoistrez de plus en plus, et qu'honorant véritablement la personne de Vostre Altesse, comme je fais, je suis et seray à jamais, Monseigneur, de Vostre Altesse, le très-humble et très-obéissant serviteur,

» Le cardinal DE RICHELIEU.

» *De Ruel, ce 23 avril 1634.* »

suadoient de mériter autant ou beaucoup mieux que lui.

Ils avoient essayé, en diverses rencontres, par des intelligences et des cabales, d'altérer l'affection que Monsieur avoit pour lui; mais tous leurs soins ayant produit un effet contraire et augmenté l'estime que son maître faisoit de sa fidélité, ils se persuadèrent qu'une arquebusade tirée bien à propos ne se devoit plus différer.

Celui qui avoit entrepris d'exécuter une action si honteuse, en prit l'occasion le troisième jour de mai 1634, lorsque le sieur de Puylaurens revenoit de la ville, dans le moment qu'il entroit dans la grand'salle du Palais.

Cet homme mercenaire, du bas degré où il s'étoit mis à couvert, tira un coup de mousqueton dont il le blessa à la joue assez légèrement. La Vaupot, qui parloit à lui, fut aussi blessé au même endroit au visage, et Roussillon, qui les suivoit de près, à la tête, beaucoup plus dangereusement.

L'exécuteur de cette infâme commission laissa au lieu où il s'étoit mis le mousqueton duquel il s'étoit servi, et, couvert d'un taffetas noir et d'un manteau fait exprès pour n'être point reconnu, il se sauva par une porte de derrière qui se trouva ouverte, quoique très-rarement elle le fût à pareille heure.

Son Altesse étoit lors dans son cabinet avec M. d'Elbœuf et Vieux-Pont, qui jouoient avec lui. Comme il entendit le coup et beaucoup de bruit ensuite, il envoya un des siens pour savoir ce que ce pouvoit être.

Celui auquel Sadite Altesse avoit donné ce commandement étoit à peine sorti hors de la chambre, que le sieur de Puylaurens y arriva, qui lui raconta la manière dont la chose étoit arrivée.

Monsieur s'en étant bien informé, envoya quérir le marquis d'Aytonne pour aviser avec lui de l'ordre que l'on pourroit donner, afin que cette méchanceté fût découverte et ne demeurât pas impunie.

Lorsque celui que Sadite Altesse avoit envoyé vers ledit marquis lui parla, il avoit indubitablement reçu l'avis de ce qui s'étoit passé. Le prince Thomas et lui se promenoient ensemble dans une galerie, et témoignèrent au gentilhomme de Son Altesse beaucoup d'étonnement l'un et l'autre, et d'être fort surpris de ce qu'il leur apprenoit.

Ils allèrent dès l'heure même au palais, où le marquis protesta que cet assassinat ne demeureroit pas impuni, et qu'il useroit de telle diligence que celui qui l'avoit commis, et ses complices, seroient connus et châtiés exemplairement. Il y ajouta que la réputation du Roi son maître, et celle de ses ministres, se trouvoient trop intéressées dans le châtiment d'une telle action pour en faire une perquisition très-exacte.

Après avoir ainsi parlé à Son Altesse, le prince Thomas et lui furent à la chambre du sieur de Puylaurens pour lui faire le même discours, et lui témoignèrent ressentir beaucoup de joie de ce que Dieu l'avoit préservé de la malice de ses ennemis.

La Reine mère envoya vers Monsieur dans cette occasion, et ne fit point visiter le sieur de Puylaurens, parce que le père de Chanteloube et lui n'étoient pas bien ensemble.

Pour la satisfaction publique, il falloit bien donner quelque marque apparente que le crime qui avoit été commis étoit recherché. Les Espagnols firent exposer pour ce sujet, durant trois jours, à la porte de l'Hôtel-de-Ville, le manteau qui avoit été laissé par celui qui avoit tiré le coup. Ce temps étant passé sans qu'il fût reconnu, il fut par leur ordre retiré : ce fut à quoi aboutit cette exacte perquisition, qui avoit été si solennellement promise.

Chacun en discourut suivant sa fantaisie : les uns en chargèrent les Espagnols, les autres les ennemis particuliers de Puylaurens, et plusieurs ne mirent en doute que ce coup tiré de Bruxelles eût été concerté et résolu à Paris, sur le fondement de mettre Monsieur en telle défiance des Espagnols, qu'il seroit réduit à revenir en France par un traité, qui fût achevé avec le temps à la ruine du sieur de Puylaurens, ainsi que nous avons vu.

Tous les différens soupçons autorisés de vraisemblance partageoient ainsi les esprits dans le jugement qu'ils en devoient faire; toutefois l'opinion la plus suivie fut celle qui chargeoit ceux qui avoient agi par leur haine particulière.

Son Altesse le crut; au moins il en donna toutes les marques, en retenant en elle-même la mauvaise satisfaction qu'elle avoit des Espagnols, leur donnant une infinité de marques de l'estime qu'elle faisoit de leur sincérité et de la confiance qu'elle prenoit en eux.

Le traité duquel j'ai parlé en un autre endroit, fut arrêté avec le marquis d'Aytonne (1) et le

---

(1) *Articles accordez entre Monsieur le duc d'Orléans et le marquis d'Ayetone.*

« Premièrement, le seigneur duc d'Orléans promet et engage sa parole de n'entendre, en aucune manière que ce soit, à aucun traitté ou accomodement avec le Roy, son frère, quelques avantages qu'on luy puisse faire, et quelque changement qui puisse arriver en

duc de Lerme, qui en avoient le pouvoir de Sa Majesté Catholique, par lequel il fut convenu d'une liaison plus grande et plus étroite qu'elle n'avoit été encore.

Les ministres d'Espagne, qui l'avoient infiniment souhaité, firent paroître plus de chaleur qu'auparavant pour les intérets de Son Altesse, à laquelle ils firent de nouvelles offres de tout ce qui dépendoit de leur pouvoir.

La princesse de Phalsbourg, dans cette rencontre d'affaires, vint se réfugier à Bruxelles, ne jugeant pas que son séjour à Nancy pût être avec sûreté, après les disgrâces de sa maison et la retraite de Son Altesse de Lorraine hors de ses Etats.

Les Espagnols, imitant l'Infante en ses civilités, la logèrent au palais, comme une personne de sa qualité le devoit être, et, dans les autres courtoisies qu'elle désira d'eux, elle eut beaucoup de sujet de se louer de leur conduite.

Pour revenir au traité fait avec l'Espagne, je dirai, premièrement, qu'il fit cesser celui qui avoit été ménagé en France par l'entremise de d'Elbène. Bien loin de parler d'aucun accommodement, l'on ne proposoit plus que des moyens de mettre ensemble des troupes pour entrer avec éclat et réputation dans le royaume. Les Espagnols s'étoient obligés de détacher une partie de leur armée et de la donner à Son Altesse, et de l'argent pour tirer des officiers et des soldats des frontières de France : mais le temps arrivé auquel les conditions se devoient effectuer, soit par impuissance ou autre raison, dont ils ne se déclarèrent point, ils gagnèrent deux mois par des remises continuelles, trop suspectes et préjudiciables à Son Altesse pour ne chercher à découvrir au vrai quelles étoient leurs intentions.

France, par la ruine du cardinal, que ce ne soit du sceu et contentement de Sa Majesté Catholique, et ce, afin que Sa Majesté Catholique puisse donner seureté à Sa Majesté Impériale et l'attirer par ce moyen, et à tous autres, soient François ou étrangers, catholiques ou hérétiques, Sa Majesté Catholique promettant aussi le mesme à Son Altesse, et ce, pour les temps et espace de deux ans et demy, de part et d'autre.

» Que si néantmoins Son Altesse venoit à traitter devant ce temps-là, du consentement mesme de Sa Majesté Catholique, Son Altesse sera obligée de rompre toutes et quantesfois qu'il plaira à Sa Majesté Catholique.

» Mais, en cas de rupture entre les deux cours, Son Altesse promet de ne s'accorder jamais, ains de prendre le party de la très-auguste maison d'Austriche, et de porter et favoriser ses intérêts de tout son pouvoir, et en toutes sortes d'occasions, jusqu'à l'accomplissement d'un traitté général, lequel se devra faire à l'entière accomodation de tout ce qui aura pu susciter la guerre.

» Et le cas avenant que ses armes fassent des progrès en France par la prise de places, Son Altesse en laissera quelques-unes à Sa Majesté Catholique, soit pour la desdommager en quelque sorte, comme il est bien raisonnable, des grandes despenses qu'elle aura faites, ou pour asseurance de les mieux reconnoistre un jour si Son Altesse parvient à la couronne.

» Auquel cas, en quelque temps que ce soit, Son Altesse promet et engage sa parole de les récompenser entièrement, et ce, en nature de choses qui puissent donner asseurance à Sa Majesté Catholique et à ses successeurs, de la reconnoissance d'un tel bienfait.

» Moyennant cela, Sa Majesté Catholique donne à Son Altesse douze mil hommes de pied et trois mil chevaux, qui seront françois, ausquels Sa Majesté Catholique donnera ce qu'il faudra pour leur entretien. Mais Sa Majesté Catholique veut et entend que les chefs et officiers qui commanderont les six mil hommes de pied et mil chevaux, encore qu'ils fussent espagnols ou d'autre nation, soient pris et choisis au gré et contentement de Sa Majesté Catholique ; comme aussi ceux qui commanderont les autres six mil hommes de pied et deux mil chevaux, qui ne seront pas françois, seront pris au gré de Son Altesse, le plus qu'il se pourra. Ces trouppes pourront estre sur pied à la fin du mois de septembre prochain, et alors Sa Majesté Catholique, supposé que ses affaires le permettent, taschera de faire approcher des gens de guerre vers les frontières de France afin de donner de la jalousie aux trouppes du Roy, tandis que Son Altesse entrera dans la France d'un autre costé avec son armée.

» Il y aura tousjours auprès de Son Altesse une personne de condition et d'authorité, pour assister à tout ce qu'il faudra faire, laquelle sera choisie par Sa Majesté Catholique parmy ses sujets, pourtant le plus au gré de Son Altesse qu'il sera possible. Pour la levée des trouppes françoises, Sa Majesté Catholique donnera à Son Altesse soixante et dix mil escus, veu la peine et les frais qu'il y aura de faire venir des hommes de si loin, outre les pertes qu'ils supporteront, et les périls qu'ils pourront courir, en quittant leurs maisons et les employs qu'ils pouvoient avoir en France pour venir servir Son Altesse.

» Et pour leur entretènement, Sa Majesté Catholique donnera quarante-cinq mil escus par mois : ce qui diminuera pourtant à mesure que l'armée fera du progrez ; si bien qu'estant entrée en France, Sa Majesté Catholique ne sera plus obligée de rien donner, puisqu'elle pourra vivre par les contributions du pays, comme l'on fait en Allemagne.

» Et pour l'entretien de Son Altesse et de Madame, et de leur maison, Sa Majesté Catholique donnera quinze mil escus par mois, dès que Monsieur commencera d'agir pour la fin que dessus, et qu'il sortira de Bruxelles pour se mettre en campagne et s'avancer vers la France. Mais y estant entré, il pourra, aussi bien que son armée, vivre aux despens du pays où il sera.

» Le présent traitté a esté conclu et signé par le seigneur duc d'Orléans et le marquis d'Ayetone.

» Ainsi signé : GASTON, le marquis D'AYETONE.

» Le duc de Lerme et Puylaurens signèrent aussi ce traitté comme tesmoins, avec le secrétaire des langues du marquis d'Ayetone.

» Bruxelles, le 12e jour de may 1634. »

Monsieur fut trouver le marquis d'Aytonne devant Maëstricht, où l'armée d'Espagne étoit campée.

Durant quinze jours qu'il demeura dans le camp, ce ne furent que conférences et belles promesses de la part dudit marquis, qui s'engagea vers Son Altesse de se rendre à Bruxelles incontinent après lui, pour lui faire recevoir la satisfaction qui lui avoit été promise, conformément au traité fait entre lui et les Espagnols.

La condition de Monsieur étoit bien malheureuse dans cette conjoncture; car il n'avoit pas seulement à vaincre les longueurs et les remises qu'apportoient les ministres d'Espagne, mais il falloit aussi qu'il veillât continuellement à se défendre des menées sourdes de la Reine sa mère, qui traversoit tous ses desseins pour venir à bout de la ruine de Puylaurens, contre lequel elle avoit conçu une haine mortelle, qui augmentoit avec la créance que son maître prenoit en lui. Dans l'envie qu'ils avoient de le perdre, ils n'oublièrent aucuns sacrifices capables de donner de la défiance de lui aux Espagnols, et quoique le marquis d'Aytonne voulût faire croire à Monsieur qu'il n'ajoutoit point de foi à ce qui venoit de leur part, les diverses conférences avec eux et leurs associés lui étoient des preuves trop convaincantes pour en pouvoir douter.

Celle du refus de l'exécution du traité marqua aussitôt visiblement leur mauvaise volonté et le désordre de leurs affaires, parce que Son Altesse attendoit à rétablir les siennes par leur moyen. Les choses de cette conséquence, ne pouvant passer sans conteste et altération, ne demeurèrent pas si secrètes qu'elles ne pussent être pénétrées.

D'Elbène avoit trop d'intelligence pour ignorer et ne pas connoître le mécontentement qui en restoit à Puylaurens : ce qui lui fit juger que les conjonctures étoient trop favorables pour ne pas s'en servir, en lui proposant de rentrer en lui-même pour assurer sa vie et relever sa fortune par un accommodement avec la France, avantageux aux intérêts de son maître et aux siens.

Puylaurens, touché de cette proposition, mena d'Elbène à Son Altesse, et tous deux conjointement portèrent Monsieur à ne l'avoir pas désagréable.

Son Altesse, dégoûtée des procédés des Espagnols, et embarrassée de ce que le cardinal infant étoit sur le point de venir dans le Pays-Bas, trouva bon que d'Elbène reprît le premier projet, qui avoit été interrompu après la blessure du sieur de Puylaurens, pourvu que ce fût avec le secret que méritoit une affaire si délicate et de cette considération.

Il étoit fort difficile que cette condition fût observée, vu le grand nombre de personnes qui se trouvoient intéressées à découvrir tout ce qui se négocioit. D'Elbène ne pouvant alors aller et revenir de France, sans être soupçonné, à cause des premiers traités dont il avoit eu l'emploi, il fallut nécessairement prendre l'unique parti qui restoit, d'engager la négociation par lettres, et faire en sorte que l'abbé d'Elbène, du depuis évêque d'Agen, sous prétexte d'intérêt domestique, vînt à Bruxelles pour conférer avec son frère : ce qu'il fit diverses fois.

Toutes les difficultés qui s'étoient rencontrées dans le traité se restreignirent à deux points les plus essentiels : le premier concernoit la sûreté de la personne de Son Altesse, et l'autre regardoit la validité de son mariage, dans lequel sa conscience et sa réputation étoient intéressées.

Quant au premier, Monsieur, dans le dessein qu'il avoit pris de s'attacher inséparablement au Roi pour obliger Sa Majesté à prendre plus de confiance en lui, parce qu'il lui témoigneroit se départir de toutes les demandes qu'il lui avoit faites des places de sûreté, et n'en vouloir aucune que celle qu'il rencontroit dans la parole du Roi, qui promit verbalement et par écrit d'oublier toutes les choses qui s'étoient passées, et d'aimer Monsieur, son frère, comme il faisoit auparavant, l'on trouva bon ce tempérament.

Dans le dernier point, qui touchoit le mariage, que bien que le Roi en désirât infiniment la dissolution, parce que sa permission n'y étoit point intervenue, et qu'il l'estimoit contraire au bien et au repos de son Etat, néanmoins Sa Majesté demeuroit d'accord de se soumettre pour ce regard au jugement de l'Eglise, et d'y consentir en cas qu'il fût ainsi ordonné (1).

Monsieur, de sa part, promit de subir tout

---

(1) *Lettre du Roy à Monsieur le duc d'Orléans.*

« Mon frère, j'ay esté bien aise de connoistre les bons sentimens que vous avez de vostre devoir : ensuite de quoy, la présente vous asseurera qu'il n'y a personne qui vous ayme tant que moy, ny qui vous en rende meilleurs témoignages, quand vous m'y convierez, comme je vois certainement que vous ferez à l'avenir, par vostre bonne conduite. Le sieur d'Elbène m'a dit ce que vous luy avez commandé, sur le sujet du mariage, que vous m'escrivez avoir contracté avec madame Marguerite de Lorraine : sur quoy vous ne sçauriez que vous louer de mes intentions, puisqu'elles n'ont autre fin que de faire soigneusement examiner tout ce qui s'est passé en cette action, et me remettre à l'événement qu'elle devra avoir par justice et par raison. En cela et en ce qu'elle régleroit touchant la validité ou non validité de son mariage : ainsi Sa Majesté et Son Altesse firent ces promesses réciproques dans l'opinion que chacun d'eux avoit que le droit fût de son côté, et que l'affaire se décideroit en sa faveur. Si le Roi se promettoit que les délégués du Pape, la plus grande partie étant François, ne feroient point de difficulté de prononcer selon son intention sur la dissolution du mariage fait contre les lois fondamentales du royaume et contre son consentement, sans lequel Monsieur n'avoit pu valablement contracter, Son Altesse ne s'assuroit pas moins, par la connoissance qu'elle avoit que dans la célébration de son mariage toutes les conditions prescrites par le concile de Trente avoient été observées, que dans une matière purement ecclésiastique l'Eglise ne suivît plutôt les ordonnances des conciles que les lois fondamentales, qui ne se trouvoient écrites nulle part, ni confirmées par aucun usage ni exemple.

Ces deux articles ayant été ainsi arrêtés, il ne restoit plus rien qu'à pourvoir à la sûreté des serviteurs de Monsieur. Comme M. de Puylaurens avoit sa principale confiance, et que la plupart de ce qui s'étoit fait durant le cours de plusieurs années avoit été par ses conseils, Sa Majesté promit de faire publier une déclaration dans le parlement de Paris, par laquelle, à l'égard de la personne de Monsieur, toutes choses seroient oubliées et pardonnées, et à tous ceux qui avoient suivi Son Altesse.

Et afin que la confiance se pût établir plus sincèrement entre le cardinal de Richelieu et le sieur de Puylaurens, et levât au dernier tous les soupçons qu'il pouvoit avoir de la puissance de l'autre, il fut convenu qu'ils s'allieroient ensemble, et que le cardinal donneroit sa cousine, fille du baron de Pont-Château, pour femme au sieur de Puylaurens, lequel, jugeant avec plus de franchise que de prudence de l'intention d'autrui que la sienne, se crut entièrement assuré, et ne connut pas le piége dans lequel il fut pris quelque temps après.

Des affaires de cette considération, comme je l'ai remarqué, se pouvoient difficilement conduire à leur perfection, que les Espagnols n'en eussent de grands soupçons, et que les François de la cabale contraire, par les correspondances qu'ils avoient en France et par leurs observations continuelles, n'en eussent aussi quelques lumières ; mais comme elles ne leur venoient que par des conjectures qui n'étoient pas accompagnées de preuves certaines, aussi les uns et les autres étoient bien empêchés à quoi ils s'arrêteroient, et de quelle sorte ils prendroient leurs mesures. Monsieur et ses véritables serviteurs témoignoient plus de passion aux Espagnols de porter la guerre en France qu'ils n'avoient encore fait. L'on n'insistoit auprès d'eux que pour l'exécution du traité, et Son Altesse ne parloit aux siens en public que d'armement et de troupes.

Ces précautions partagèrent les esprits, et leur ôtèrent une partie des impressions qui leur avoient été données du départ de Monsieur, qui n'étoit d'autant différé que dans l'attente d'un courrier qui devoit apporter de France le traité signé par le Roi, et un ordre général aux gouverneurs des places frontières de recevoir Son Altesse.

L'éloignement du marquis d'Aytonne à Namur apportoit toute la facilité possible à celui de Monsieur, si le paquet, qui devoit être envoyé par courrier exprès, n'eût été remis à l'ordinaire, qui n'arriva que trois jours après, et par ce retardement toutes les choses secrètes pensèrent être découvertes. Monsieur et le sieur de Puylaurens allèrent trouver le marquis d'Aytonne à Namur.

Dans cette entrevue, ils le rassurèrent des doutes qu'il avoit nouvellement conçus sur plusieurs avis donnés avec des particularités et des circonstances si expresses, qu'il y a lieu de s'étonner de ce qu'il ajouta foi à ce qu'ils lui dirent au contraire.

Le même jour que Son Altesse fut de retour à Bruxelles, le traité lui fut porté (1) par le cour-

---

toute autre chose, je rendray premièrement à ma conscience ce que je luy dois, et ensuite voulant vous tenir lieu de père, outre la qualité que j'ay de vostre Roy, vous recevrez des effets de la véritable affection que je vous porte, et qui fait que je suis vostre très-affectionné frère,

» Louis.

« A Essonne, ce 25 avril 1634. »

(1) *Articles de l'accommodement fait entre le Roy et monsieur le duc d'Orléans, son frère, s'en retournant de Flandre au mois d'octobre 1634.*

« Monsieur, frère unique du Roy, ayant fait témoi-

gner à Sa Majesté, par le sieur d'Elbène, l'extrême desplaisir qu'il a d'estre tombé dans sa disgrâce, et le désir qu'il a de s'en tirer par une entière résignation à ses volontez, comme aussi de renoncer à toutes sortes de traittez et intelligences qu'il pourroit avoir faits avec qui que ce soit, soit de longue-main ou depuis peu, contre son service, Sadite Majesté s'est aussitost disposée à perdre la mémoire de tout ce que Monsieur peut avoir fait contre son devoir, depuis la première fois qu'il est sorty de la cour et du royaume.

» Pour tesmoigner que Monsieur ne veut pas seulement se soumettre en apparence aux désirs du Roy, mais en effet ayant fait tous les efforts possibles pour obtenir de Sa Majesté qu'il luy pleust consentir au marier ordinaire, et son partement fut résolu le dimanche d'après, sans aucune remise.

Depuis le mercredi jusques au samedi, Son Altesse feignit d'avoir quelque ressentiment de goutte. Dans cet espace de trois jours, la nouvelle du gain de la bataille de Nordlingen fut portée à Bruxelles par le baron de Clinchant, qui vint présenter à la Reine mère et à Son Altesse les cornettes gagnées au combat, qui fut le plus grand et le plus opiniâtre qui eût été donné depuis cent ans en Allemagne.

Il assura aussi Monsieur que le cardinal infant devoit venir bientôt aux Pays-Bas avec les patentes, pour y commander avec la même autorité qu'avoit l'Infante.

Le marquis d'Aytonne fut visiter Monsieur dans le temps qu'il demeura au lit ; et quoiqu'il ait été dit du depuis qu'il connut bien que Son Altesse le jouoit, il n'en fit rien paroître par aucune démonstration extérieure ni par aucun acte particulier, pour empêcher sa retraite hors des Etats du Roi son maître.

Son Altesse se promena tout le samedi, et fit ses visites accoutumées. Dans les moyens qu'elle s'étoit proposés, elle avoit jugé que le plus essentiel et le plus nécessaire étoit le secret, s'en confia à peu des siens, et crut que le hasard devoit faire le choix de ceux qui auroient l'honneur de l'accompagner.

Le dimanche arrivé, il monta à cheval, à

---

riage contracté entre luy et madame la princesse Marguerite de Lorraine, Sa Majesté luy ayant fait sçavoir qu'elle ne pouvoit approuver ledit mariage ; pour terminer ce différend avec entière satisfaction de part et d'autre, Sa Majesté voulant faire paroistre qu'elle ne veut en aucune façon user de contrainte envers Monsieur, particulièrement en une affaire comme celle-ci qui regarde la conscience, et Monsieur donner à connoistre à un chacun le grand désir qu'il a de satisfaire au juste ressentiment que Sa Majesté peut avoir des choses passées et rentrer en ses bonnes grâces, comme aussi faire voir clairement l'estat de son mariage pour s'acquérir un parfait repos de conscience, et donner cette satisfaction à toute la France, que la lignée qu'il pourra avoir à l'avenir soit hors de danger d'estre troublée ; Sa Majesté et Monsieur consentent de bonne foy, et promettent de se remettre sans délay, pour la validité ou nullité dudit mariage, au jugement qui interviendra en la manière que les autres sujets du Roy ont accoustumé d'estre jugez en tels actes, selon les loix du Royaume ; le Roy permettant à Monsieur de satisfaire à sa conscience sur ce sujet, par les voyes deues et accoustumées ; et au cas que le mariage vienne à estre dissous, comme Monsieur promet au Roy de ne se remarier qu'avec le consentement de Sa Majesté, et à personne qui luy soit agréable, Sa Majesté promet aussi à Monsieur de ne le contraindre à se remarier contre sa volonté.

» En quelque endroit que Monsieur demeure, des lieux que le Roy luy permet, sçavoir : Auvergne, Bourbonnois et Dombes, Monsieur promet s'y conduire comme un vray frère et bon sujet doit faire, sans avoir par luy ou par les siens aucune intelligence qui puisse déplaire à Sa Majesté, soit au-dedans, soit au-dehors du Royaume, ausquelles toutes, par le présent escrit, il renonce sincèrement.

» En considération de ce que dessus, Sa Majesté, voulant faire jouir Monsieur et les siens de ses grâces précédentes et de la déclaration vérifiée en parlement le vingt-neufième janvier dernier, luy remet toutes les fautes qu'il a commises depuis qu'il est sorty du Royaume, dès la première fois jusques à maintenant ; luy accorde abolition générale pour tous ceux qui l'ont suivy et servy depuis sa première sortie, de quelque qualité et condition qu'ils soient, qu'elle fera expédier en bonne et deue forme et délivrer à Monsieur, huit jours après qu'il sera entré en France ; et que pendant lesdits huit jours, les susdits seront traittez comme si déjà ils avoient leur abolition entérinée, les remettant en tous et chacun leurs biens, du jour que Monsieur entrera en France, quoyque pour lors ils ne soient pas avec luy ; à la charge néant-

moins que ceux qui sont en Flandres reviendront dans le Royaume, trois semaines après que Monsieur y sera entré, et les autres qui sont en pays plus éloignez, six semaines après, tous pour vivre comme bons sujets doivent faire, excepté toutesfois La Vieuville, Le Cogneux, Monsigot et les évesques qui ont esté jugez, ou à qui on fait présentement le procez, lesquels Sa Majesté ne veut estre compris dans l'abolition cy-dessus mentionnée, non plus que Vieux-Pont.

» Restablit Monsieur en tous ses biens, appanages et pensions, pour en jouir du premier jour de cette année aux termes préfix ; luy accorde quatre cens mil livres pour acquitter ses dettes, tant à Bruxelles qu'ailleurs, qu'elle luy fera délivrer aussitost qu'il sera en France, et cent mil escus quinze jours après pour se remettre en équipage.

» Luy donne le gouvernement d'Auvergne au lieu de celuy d'Orléannois et Blésois ; luy permet de faire sa demeure audit gouvernement en celuy de Bourbonnois et pays de Dombes, et autres lieux dont Sa Majesté conviendra.

» Luy accorde en outre l'entretien de sa compagnie de gendarmes, composée de cent maistres, que Sa Majesté fera mettre sous le nom du sieur de Puylaurens, et qu'elle permet estre récompensée par luy, si Monsieur le trouve bon ; celle de ses chevaux-légers, composée d'autant, et commandée par le sieur d'Elbène ; lesquelles deux compagnies de gendarmes et chevaux-légers Sa Majesté entend estre levées à l'ordinaire, aussitost que Monsieur entrera en France, et permet qu'elles servent auprès de Monsieur, au nombre de cent chacune, pendant l'espace de deux mois ; après lequel temps il n'en pourra servir que cinquante de chacune près de ladite personne de Monsieur, aux lieux où Sa Majesté luy permet maintenant de demeurer, et ce jusques à ce que de son propre mouvement il se rapproche et revienne à la cour ; et en outre, l'entretien de ses gardes françoises et suisses, pour servir ainsi qu'ils ont accoustumé.

» Sa Majesté accorde ce que dessus, à condition que Monsieur l'accepte dans quinze jours, et l'effectue, se retirant en France dans trois semaines, à compter de la datte de ces présentes, afin que si Monsieur ne revient dans ledit temps, ainsi que de sa part on le fait espérer au Roy, Sa Majesté puisse pourvoir à la seureté de ses affaires et de son estat, comme elle s'y trouvera obligée.

» Signé Louis,
» Et plus bas, BOUTHILLIER. »
» *Fait à Escouan, le 1ᵉʳ octobre 1634.*

huit heures du matin, suivi seulement de dix ou douze des siens, et alla droit à la porte d'en haut, par laquelle il sortoit souvent pour s'aller promener.

Le bonheur avoit voulu que le même jour le marquis d'Aytonne et le président Rose étoient allés ensemble à Trevure, maison du roi d'Espagne, à deux lieues de Bruxelles, pour conférer avec le duc de Nieubourg d'affaires importantes.

Puylaurens, qui ne pouvoit suivre Monsieur, ne l'ayant pas accoutumé, feignit d'aller voir le président Rose, qu'il savoit bien n'être pas à son logis, monta en carrosse, et se rendit à la même porte par laquelle Son Altesse étoit sortie, où il prit dans le faubourg des chevaux pour joindre Monsieur, qui avoit commandé publiquement devant les bourgeois qui étoient en garde, de lui faire tenir une messe prête aux Cordeliers pour l'ouïr au retour de la promenade.

Monsieur sortit de cette sorte de Bruxelles, et après avoir traversé la forêt de Soignes, passé à Nivelles, Bains, Bavay et Pont-sur-Sambre, où l'on prit un guide parce que la nuit s'approchoit, il arriva à La Capelle avec dix ou douze des siens, étant le reste demeuré par les chemins, leurs chevaux n'ayant pu achever une si longue traite, faite avec beaucoup de diligence, et sans s'arrêter un moment.

Si les Espagnols furent surpris de ce que Monsieur s'étoit retiré ainsi des Pays-Bas, le marquis de Bec, gouverneur de La Capelle, ne le fut pas moins, sachant Monsieur sur la contrescarpe de sa place avant que d'avoir eu avis de son traité avec le Roi. Pour s'éclaircir de la vérité d'une chose si extraordinaire, il fit sortir l'infanterie avec des officiers, et Nerville, qui vint reconnoître le nombre des gens qui étoient avec Son Altesse, pour lui en faire un fidèle rapport.

Monsieur, et ceux qui avoient l'honneur d'être auprès de sa personne, jugèrent aisément que la garnison étoit en alarme, et qu'il étoit à propos de faire avancer d'Elbène pour leur dire de quelle sorte Monsieur y étoit arrivé, et faire voir au marquis de Bec l'ordre du Roi qui enjoignoit à tous les gouverneurs des places frontières de l'y recevoir.

L'ordre lui ayant été communiqué, il sortit de La Capelle et vint supplier Monsieur d'y vouloir entrer, et lui vouloir pardonner le retardement auquel il avoit été obligé.

Monsieur, estimant ce qu'il avoit fait, entra dans la place, où il fut reçu aussi bien qu'il le pouvoit être dans une rencontre si imprévue. Le lendemain, la plus grande part de ceux qui étoient partis de Bruxelles avec Son Altesse, et demeurés en chemin pour la lassitude des chevaux, ou pour avoir été arrêtés par les paysans, arrivèrent à La Capelle, sur ce que le marquis d'Aytonne avoit mandé dans tout le pays que l'on laissât passer librement les François, et même qu'ils fussent assistés de toutes les choses nécessaires.

D'Elbène alla trouver le Roi pour lui rendre compte que Monsieur étoit en France; Saint-Quentin fut aussi dépêché vers Madame et vers le marquis d'Aytonne, pour les informer des raisons qui avoient obligé Son Altesse de sortir de Flandre de la manière qu'il avoit fait. Sa première et principale commission étoit d'assurer Madame que Monsieur conservoit toujours pour elle l'affection qu'il lui devoit et qu'il lui avoit promise; qu'il la prioit de le croire, et qu'il ne la changeroit jamais, pour quelque considération qu'on lui pût représenter.

Ces assurances furent infiniment utiles à sa consolation, son esprit étant aussi troublé que l'état de sa condition paroissoit incertain: et à moins que d'une confiance entière à la parole de Monsieur, et de ce que Dieu (auquel elle avoit toujours eu recours) en ordonneroit, il eût été impossible qu'elle eût pu résister au déplaisir de s'être vue abandonnée lorsqu'elle l'attendoit le moins.

Quant au marquis d'Aytonne, comme il étoit un homme sage et maître de ses sentimens, il ne témoigna pas à Saint-Quentin aucune altération, et laissa seulement entendre, avec des paroles fort modérées, que le seul déplaisir qui lui restoit étoit que Son Altesse lui avoit ôté le moyen (s'en allant comme elle avoit fait) de lui rendre tout l'honneur dû à un prince de sa naissance; mais qu'ayant été toujours avec une entière liberté dans les Etats du roi d'Espagne, il avoit été à son choix d'y demeurer ou d'en partir, ainsi qu'il lui avoit plu; qu'à la vérité ç'auroit été plus selon la dignité de sa personne et la satisfaction de Sa Majesté Catholique s'il eût eu agréable que lui et les principaux du Pays-Bas lui eussent rendu leurs devoirs en cette rencontre.

Monsieur, après avoir demeuré un jour entier à La Capelle pour prendre un peu de repos, alla coucher à Marle, proche Laon; le jour d'après il rencontra le duc de Chaulnes, qui venoit au devant de lui avec plusieurs gentilshommes de son gouvernement. Il passa à La Fère, où le marquis de Nesle le reçut, et à Soissons, où il trouva le sieur de Chavigny, secrétaire d'Etat et particulier confident du cardinal de Richelieu, que le Roi avoit envoyé, et Bautru

13.

avec lui, pour témoigner à Son Altesse la joie qu'avoit Sa Majesté de son retour, et l'impatience dans laquelle elle étoit de la voir.

Ledit sieur de Chavigny et Bautru, dans des conférences particulières qu'ils eurent avec le sieur de Puylaurens, voulurent pressentir à quoi il se détermineroit sur le sujet du mariage de Monsieur ; mais ils le trouvèrent plus disposé à le maintenir que le cardinal ne se l'étoit proposé. Ils lui firent assez connoître quelle étoit l'intention du Roi, et que Sa Majesté ne s'étoit soumise au jugement de l'Eglise que pour garder les apparences.

Ils ajoutèrent qu'ils ne lui céloient pas que, de quelque sorte que ce fût, il ne falloit point s'attendre qu'il pût subsister, et qu'ils s'étonnoient fort de le trouver plus scrupuleux qu'un homme de cœur ne devoit être dans une occasion de laquelle tout l'établissement de sa fortune dépendoit.

Les envoyés du Roi voyant que les espérances desquelles ils le vouloient flatter ne changeroient point sa première opinion, Bautru, assez légèrement, s'échappa de lui dire que puisqu'il le trouvoit dans une résolution semblable, qu'il souhaiteroit, pour beaucoup de raisons, qu'il fût encore à Bruxelles.

Puylaurens s'aperçut bien de ce qu'il vouloit dire, et fut persuadé par ce discours qu'il auroit beaucoup de traverses à souffrir. Il le dissimula pourtant et feignit de n'y pas prendre garde. Ce fut aussi le meilleur parti qu'il pût prendre de l'attribuer à la façon ordinaire de parler de Bautru, parce qu'il s'étoit mis dans un état duquel il ne se pouvoit plus retirer. Il en rendit compte à Son Altesse, à laquelle il resta peu de satisfaction de ce qu'il en avoit appris, et, dans l'inquiétude de l'événement, il arriva à Saint-Germain, où le Roi lui fit paroître autant de bonne volonté que s'il ne se fût jamais rien passé entre eux capable d'y apporter de l'altération.

Puylaurens arrêté; Corbie assiégée; Monsieur se retire à Blois, M. le comte de Soissons à Sedan; le Roi vient à Orléans à l'accommodement de Monsieur.

[1635] Dans le traité fait entre le Roi et M. le duc d'Orléans, en 1634, l'on avoit réservé, par des articles particuliers, les conditions les plus essentielles, et surtout celles qui regardoient le mariage de Puylaurens avec une des parentes du cardinal de Richelieu, qui prétendoit par cette alliance s'assurer, pour l'avenir comme pour le présent, le gouvernement et l'autorité qu'il avoit prise dans le maniement des affaires, et pouvoir, dans la dépendance absolue que le favori d'un prince, qui étoit héritier présomptif de la couronne, auroit à suivre tous ses mouvemens et s'attacher à ses intérêts, venir à bout du démariage de Son Altesse pour arriver à celui de la duchesse d'Aiguillon, sa nièce, qu'il s'étoit dès long-temps promis, pourvu qu'il pût retirer M. le duc d'Orléans d'entre les mains des Espagnols, et l'éloigner de madame sa femme et de la maison de Lorraine.

Ces vastes et grandes espérances, qui n'avoient pour fondement que son ambition, rencontrant des oppositions qui lui paroissoient, depuis le retour de Son Altesse, plus malaisées à vaincre qu'il ne se l'étoit persuadé; la conduite de Puylaurens ne le satisfaisant pas aussi et lui donnant des ombrages, il changea le dessein de le conserver, dans la créance qu'il lui seroit plus utile de le perdre.

L'une des principales raisons qui avançoit le malheur de ce gentilhomme, qui s'étoit élevé avec autant de bonheur pour le moins que de mérite, quoiqu'à dire la vérité il n'en fût pas tout-à-fait dépourvu, ce fut une lettre que Son Altesse écrivit à Sa Sainteté avant que de revenir en France, par laquelle il la supplioit de n'ajouter aucune foi à tout ce qu'il feroit contre son mariage quand il seroit de retour en France, parce qu'il seroit obtenu par force, et contre l'intention qu'il auroit toute sa vie de le maintenir être bien et valablement contracté.

Le cardinal, offensé de ce que Puylaurens ne lui avoit pas découvert ce secret, l'ayant appris d'ailleurs, lui en fit des reproches qui l'obligèrent à prendre son excuse sur ce qu'il ne lui avoit pas demandé.

Son Eminence, émue de sa réponse, lui répartit en jurant qu'il le pouvoit soulager de cette peine s'il lui eût plu, et le quitta avec un visage qui témoignoit beaucoup d'aigreur contre lui.

Il y eut néanmoins quelque espèce d'accommodement entre eux, plus véritable en apparence qu'en effet; car le cardinal étoit homme à ne pardonner jamais à ceux qui pouvoient empêcher ou retarder le succès des choses qu'il s'étoit une fois proposées, comme celles qui lui pouvoient procurer le plus grand et notable avantage qu'il eût à souhaiter dans l'établissement de sa fortune. Il se porta facilement à lever tous les obstacles qu'il crut capables de former opposition à ce dessein.

Le Roi, qui étoit poussé par sa propre inclination aux actions de sévérité, moins sortables à la dignité d'un grand prince que celles de la clémence, sur ce qu'il lui fit entendre que Puylaurens entretenoit ses anciennes alliances avec les Espagnols (ce qui étoit entièrement supposé), accorda avec plaisir son consentement pour qu'on se saisît de sa personne.

Le cardinal prit soin de donner les ordres nécessaires pour exécuter cette délibération, dans laquelle il contrevenoit également à sa parole si solennellement donnée, et à l'alliance qu'il avoit contractée avec lui, qui est la dernière sûreté que les hommes puissent prendre ensemble, et qui est si rarement violée, que tout commerce est détruit lorsqu'elle n'est plus mise en considération.

Le temps d'arrêter Puylaurens fut pris le soir que Son Altesse devoit répéter son ballet au Louvre (1), où cet esprit malicieux et dissimulé l'entretint fort long-temps dans le cabinet du Roi.

Dans la conversation qu'il eut avec lui, il se plut à lui faire des railleries fort piquantes, et à lui demander, parce qu'il parloit fort peu et étoit assez froid de son naturel, quand se fondroient ses glaces.

Le cardinal ensuite entra dans la chambre du Roi, et Puylaurens, qui étoit demeuré dans le cabinet, fut retenu par Gordes, capitaine des gardes du corps, qui lui dit avoir ordre de Sa Majesté de s'assurer de sa personne. Il témoigna beaucoup de fermeté dans un rencontre si imprévu et de cette conséquence, et, laissant le soin de ce qui le regardoit, il s'enquit de l'état auquel étoit Monsieur, son maître. Après que Gordes lui eut répondu qu'il étoit en pleine liberté, il reprit la parole pour lui dire que M. le cardinal ne lui avoit pas donné le loisir de faire ce qu'il désiroit pour lui, et que, différant davantage de porter les choses à cette extrémité, le temps lui eût fourni les moyens et les occasions de le contenter.

Le Fargis et Charnazé furent aussi arrêtés dans le Louvre, et Le Coudray-Montpensier incontinent après au logis de M. le chancelier.

L'on mena Puylaurens et Le Fargis au bois de Vincennes, le lendemain matin, dans des carrosses différens; et les deux autres, Le Coudray à la Bastille, et Charnazé au logis du chevalier du guet.

Ballouet, enseigne des gardes du corps, homme rude et à tout faire, eut la charge de garder Puylaurens avec huit gardes du corps, choisis dans diverses compagnies. Son humeur convenoit fort bien à l'emploi qu'il avoit reçu, car il s'acquitta de sa commission avec toute la rigueur que le cardinal désiroit qui fût observée; en sorte que, dans le quatrième mois de sa prison, il mourut par des moyens suspects et odieux, s'ils sont tels que les apparences le font croire.

Je puis assurer, pour m'en être bien informé, qu'il y avoit plus de deux mois que les fenêtres de sa chambre n'avoient été ouvertes, et que l'air et le jour lui étoient interdits, de même que s'il eût été dans un cachot et le plus criminel de tous les hommes.

L'on publia qu'il étoit mort de pourpre; mais il est à remarquer que le poison fait de mêmes effets, et qu'aucun des siens n'eut la liberté

---

(1) Puylaurens fut arrêté le 14 février; le lendemain le Roy écrivit en ces termes au duc d'Orléans :

Du 15 février 1635.

« Mon cousin, j'ai bien voulu vous donner avis du desplaisir que j'ay eu d'estre obligé de faire arrester Puylaurens. J'espérois que, lassé de sa mauvaise conduitte, mes nouvelles grâces, du tout extraordinaires, l'empescheroient de retomber en pareilles fautes à celles par lesquelles, violant au passé son devoir et sa foy, il a si ingratement mesconnu tant de bienfaits qu'il a receus de moy en divers temps; j'avois mesme consenty qu'il prist alliance avec mon très-cher et très-amé cousin le cardinal de Richelieu, qui n'estoit pas une petite marque de la confiance que je voulois avoir en luy, chacun connoissant assez et la singulière affection que je porte à mon cousin, et les grands sujets que j'en ay; mais les manifestes contraventions que ledit Puylaurens a faites aux conditions spécialement exprimées dans la grâce par moi accordée, le deuxiesme octobre dernier passé, m'ayant fait connoistre que rien n'estoit capable de le destourner de la continuation de ses mauvais desseins qui ont déjà causé tant de malheurs à ce royaume, que j'ay grand sujet d'en apprébender la suitte. Pour ne manquer pas à ce que je dois à mon Estat, à la personne de mon très-cher frère et à la mienne, j'ay esté contraint de m'asseurer dudit Puylaurens, comme estant le seul moyen de prévenir les maux qu'il nous préparoit de nouveau, à l'insceu et contre l'intention de nostre très-cher frère. Ce qui me console en cette occasion est que je suis aussi asseuré des bonnes intentions de mondit frère, comme les mauvaises dudit Puylaurens me sont connues. Le bon et favorable traittement que non seulement mondit frère recevra de moy en toutes occasions, mais en outre tous ses bons et fidels serviteurs, que je ne distingue point des miens, fera voir à tout le monde que je l'ayme autant que moy-mesme, et que je n'eusse pas pris la résolution portée par la présente dépesche, si je n'y eusse esté forcé par des sujets très-pressans. Pour en faire connoistre l'importance, je me contenteray de dire qu'il a eu diverses intelligences avec des personnes manifestement coupables d'attentat contre ma vie, personnes non seulement exclues de ma grâce par la nature de leurs crimes, mais en outre parce qu'elles en sont nommément exceptées. Je laisse présentement à part beaucoup d'autres preuves évidentes que j'ay de la mauvaise foy dudit Puylaurens, qui seront connues avec le temps. Vous donnerez part de ce que dessus à tous mes bons subjets estant dans l'estendue de vostre gouvernement. Priant Dieu qu'il vous ayt en sa sainte garde.

» Louis. »

de le voir durant sa maladie ni après sa mort.

Son Altesse, en ayant appris la nouvelle à Blois, sentit en elle-même augmenter le ressentiment de l'affront qu'elle avoit reçu de la détention de son principal confident, arrivée quasi en sa présence, sans autre droit que celui de l'autorité absolue du Roi, dont le cardinal de Richelieu se servoit de la manière qu'il estimoit la plus avantageuse à ses intérêts et la plus propre à ses passions.

Mais, pour continuer ce discours avec moins de confusion, lorsque Puylaurens fut arrêté au Louvre, Sa Majesté fit appeler Son Altesse, le cardinal étant en tiers, lui protesta que ce qui s'étoit passé en présence de sa personne ne regardoit en façon du monde la sienne; qu'il devoit être assuré de sa bonne volonté, dont il lui renouveloit les assurances, et croire qu'il ne se seroit pu résoudre à ce qui s'étoit passé, s'il n'avoit reçu des avis fort certains que Puylaurens, à son insu, traitoit beaucoup de choses préjudiciables à son service et au repos de son Etat.

Le cardinal y ajouta que Monsieur devoit rendre ses volontés conformes à celles du Roi, et pouvoit se promettre tout ce qu'il auroit à désirer de sa bonté, pourvu qu'il prît toujours le parti du respect et de l'obéissance : ce qui fut accompagné de plusieurs protestations de services.

Les réponses de Monsieur, dans une conjoncture si délicate et si dangereuse pour lui, furent telles que Sa Majesté les eut pour agréables, et que le cardinal en demeura satisfait; et je crois qu'en partie son silence le tira du mauvais pas auquel il se trouvoit engagé.

Sa Majesté voulut parler à Ouailly, capitaine des gardes de Son Altesse, considérable dans la maison pour sa charge, sa naissance et son mérite, et à Goulas aussi et à La Rivière, auxquels je n'attribuerai les mêmes qualités.

Le premier nommé entra seul, et le Roi lui dit assez haut, en présence de ceux qui étoient dans le cabinet, qu'il ne devoit pas être touché de beaucoup de déplaisir de ce qui étoit arrivé, puisque Puylaurens avoit en toute occasion très-mal vécu avec lui, et qu'il considéroit fort peu les gens de qualité de la maison de Monsieur, son frère. Mais bien loin de s'en plaindre, et de faire sa cour par une lâche complaisance, il répondit avec grand respect à Sa Majesté, et dans les sentimens d'un homme d'honneur, qu'il étoit vrai qu'il n'étoit pas lié avec Puylaurens d'une amitié fort étroite et particulière, ce qui n'empêchoit pas qu'il n'eût regret de son malheur, quoiqu'il en ignorât la cause.

Le Roi en étant demeuré surpris, lui témoigna en paroles générales que ce qui avoit été fait n'intéressoit point Monsieur ni les siens, et que Puylaurens avoit conservé avec les ennemis de l'Etat des intelligences contre son service : ce qui est toutefois encore à prouver.

Quant à La Rivière et Goulas, ils furent menés par le petit escalier du Louvre, dans lequel un homme digne de créance les rencontra avec un extérieur qui faisoit connoître qu'ils ressentoient avec joie le malheur de Puylaurens, et étoient fort peu touchés de la honte que Monsieur en pouvoit recevoir.

Je n'ai pas su le détail des ordres qui leur furent donnés dans la conférence particulière qu'ils eurent avec Son Eminence; mais les apparences persuadent, et les suites justifient, qu'ils furent bien informés du personnage qu'ils devoient jouer auprès de leur maître, dont ils seroient encore plus instruits par Chavigny, secrétaire-d'Etat, qui se serviroit de leur entremise et de celle de d'Elbène, selon les occasions qui se présenteroient.

Son Altesse, dans les inquiétudes que lui causoit l'état auquel elle se voyoit réduite, voulut bien se souvenir de moi pour me rapprocher de sa personne, dont j'étois lors éloigné.

Le Teillac, que j'avois laissé à Paris, qui étoit connu de Monsieur pour homme fidèle et secret, me vint trouver de sa part, et m'apporter ordre de m'y rendre dans la plus grande diligence qu'il me seroit possible, parce que l'occasion pressoit.

Dès le même jour que je fus arrivé, je fus averti par deux de mes amis intimes que l'on m'avoit mis dans le mémoire de ceux qui devoient être bannis : ce qui me donna peu de peine, estimant à bonheur de souffrir pour Monsieur, pourvu que par aucune faute particulière je n'y eusse rien contribué.

Le lendemain, dans cette incertitude, j'eus l'honneur de lui faire la révérence, le cardinal de La Valette et Bautru présens.

Son Altesse ne me dit que deux ou trois paroles devant eux, qui ne signifioient rien dont le dernier pût faire son rapport ; mais je m'aperçus, lorsque je m'approchai pour leur parler, ainsi que j'avois accoutumé de faire, par le soin qu'ils prirent de l'éviter, qui passoit jusques à l'incivilité, que je n'étois agréable au cardinal Richelieu, et que l'un et l'autre en étoient fort persuadés.

Après qu'ils se furent retirés, Monsieur, qui me vouloit entretenir, m'appela dans son cabinet, où il lui plut me dire qu'il avoit dessein de se confier en moi plus qu'en aucun autre des siens, et qu'il attendoit de mon zèle à son service toutes les preuves d'affection et de fidélité qu'une personne de sa qualité se pouvoit promettre d'un gentilhomme duquel il avoit conçu bonne opinion.

Ce fut en cette sorte que j'entrai dans l'honneur de sa confiance. Je m'étudiai dès-lors de m'en prévaloir, par des moyens entièrement opposés à ceux dont se servent la plupart des gens de cour qui s'avancent aux bonnes grâces des princes; car j'avois autant de soin et de retenue pour céler cette confiance qu'ils se plaisent d'ordinaire, pour contenter leur vanité, de la faire éclater, et d'en augmenter la créance.

Je jugeai cette sorte de conduite utile et nécessaire pour les intérêts de Son Altesse et la seule capable pour me conserver auprès d'elle, prévoyant que je n'eusse jamais pu éviter, prenant d'autres mesures, la persécution du cardinal, que l'envie de ceux desquels il s'étoit proposé de se servir, m'auroit sans doute attiré par une infinité de mauvais offices.

Le principal dessein de Son Eminence étant de regagner l'esprit de Monsieur, Goulas, d'Elbène et La Rivière eurent charge de s'y employer; et comme l'intérêt pouvoit tout sur ces ames vénales, ils se préparèrent bien à exécuter ce qui leur étoit commandé.

Les premiers soins de ces trois infidèles domestiques furent employés à insinuer à Son Altesse, autant qu'il dépendoit d'eux, quelle étoit la puissance et l'autorité du cardinal, et de lui représenter que non-seulement sa grandeur, mais encore sa sûreté, se rencontroient si absolument entre ses mains, qu'il lui étoit impossible d'éviter sa perte s'il ne prenoit de particulières liaisons avec lui; qu'il tireroit, en déférant aux conseils d'un ministre dont la puissance ne pouvoit être choquée, tous les avantages qu'il en désireroit; et qu'en usant autrement, il se mettroit en état d'avoir tout à craindre et se rendroit sujet à toutes sortes de malheurs, desquels il ne verroit jamais la fin.

Son Altesse, pleinement informée à quoi tendoient telles persuasions, les écouta plus volontiers qu'elle ne se plaisoit à leur répondre; et quand elle s'y trouvoit obligée, c'étoit dans des termes qui ne leur faisoient pas découvrir le secret sentiment des injures qu'elle avoit reçues.

Monsieur se servoit encore de cette adresse de faire si bon visage au cardinal, que, par des démonstrations extérieures, il lui donnoit opinion qu'il commençoit à se rendre plus ployable à ce qu'il vouloit obtenir de lui.

Chavigny, qui faisoit agir les autres, avoit son ordre particulier d'abandonner rarement Son Altesse; mais dans cette sujétion, comme il étoit jeune, et moins modéré qu'il ne l'a paru depuis, il ne gardoit pas le repect qui étoit dû à Monsieur, et se dispensoit très-souvent de lui rendre la complaisance nécessaire à effacer le souvenir des choses passées.

La Rivière, homme malicieux, ayant pénétré, par l'habitude qu'il avoit auprès de son maître, que le procédé de Chavigny le choquoit, tant s'en fallut qu'il l'en avertît pour y apporter le remède, qu'il en augmenta l'aigreur que Son Altesse en avoit conçue, avec intention de s'en prévaloir dans des conjonctures favorables à ses intérêts particuliers.

Toute cette cabale de gens malintentionnés pour le service de Monsieur, quoique divisés par la jalousie de leur emploi, convenoit néanmoins en ce point de faire tous leurs efforts pour le disposer à souffrir la rupture de son mariage.

Pour faire réussir ce pernicieux dessein, ils agissoient de concert, et avec une telle ardeur, que c'étoit un scandale public de les voir solliciter Son Altesse à commettre une action si préjudiciable à sa conscience et si honteuse à sa réputation. Nonobstant les instances qu'ils faisoient auprès de Monsieur, il tenoit ferme dans sa résolution prise de ne point se relâcher jamais sur cet article.

Il essayoit de gagner le temps par les divers voyages qu'il faisoit dans son apanage, qui étoit son séjour le plus ordinaire. Il me souvient de celui qu'il fit pour se délivrer de leurs importunités.

Il se mit sur l'eau à Blois pour aller à Nantes et passer jusques à Morbihan. D'Elbène, qui l'avoit suivi, en prit mal à propos l'alarme et fut assez imprudent pour écrire au cardinal en ces propres termes: qu'il ne répondoit plus des actions de Monsieur, qu'il croyoit se retirer en Angleterre.

Sur cet avis mal digéré, le cardinal de Richelieu fit partir de Paris La Rivière et Goulas en poste, qui me trouvèrent auprès d'Orléans, où je couroi le cerf, bien informé du sujet qui les pressoit si fort d'arriver auprès de Son Altesse, et de leur crainte impertinente.

Après qu'ils m'eurent entretenu de beaucoup de discours inutiles, je me moquai d'eux, et les laissai aller, étant assuré que si le voyage qui faisoit tant de bruit eût été de la conséquence qu'ils se l'étoient persuadé, je n'aurois pas été oublié par Son Altesse.

Chavigny, aussi hâté et inquiété que ces

deux courriers, passa la nuit au lieu même où j'étois, et, quoiqu'il le sût très-bien, n'ayant pas demandé à me voir, je me mis fort peu en peine de lui rendre aucune civilité.

Ils trouvèrent Son Altesse à Blois, où elle étoit de retour, qu'ils ramenèrent à Paris, pour rassurer l'esprit du cardinal des appréhensions qu'il avoit eues. Ceux qui établissent des desseins sur des matières qui portent leurs reproches, agissent avec inquiétude et sont toujours incertains des voies qu'ils ont à tenir.

Le cardinal étant en cet état sur le sujet du mariage de Son Altesse, duquel il vouloit venir à bout à quelque prix que ce pût être, par des assemblées secrètes de docteurs qui dépendoient entièrement de lui, il en faisoit consulter les moyens; et, pour fortifier la cabale que j'ai ci-devant nommée, Chaudebonne, qui avoit de belles apparences de probité, fut associé avec eux pour travailler plus utilement auprès de Son Altesse, afin de la rendre plus facile sur le sujet de ce démariage injustement prétendu.

Pour corrompre les bonnes intentions de Monsieur, ils mettoient en pratique toutes les adresses dont ils étoient capables de s'aviser; et comme la duchesse d'Aiguillon avoit assez de grâces en sa personne pour donner de l'amour à un jeune prince, ils ne perdoient aucune occasion de la louer en sa présence, et de le faire trouver où elle alloit, pour l'embarquer d'affection.

De son côté, elle ne s'aidoit pas mal et cachoit, sous la modestie qu'elle a toujours affectée, l'ambition qu'elle avoit de s'ouvrir le chemin à une condition si glorieuse pour elle, et si disproportionnée à sa naissance et au rang que son premier mariage lui devoit faire tenir.

Dans ces négociations, honteuses pour ceux qui les avoient entreprises, je considérois Monsieur dans une douleur extrême; car je connoissois véritablement qu'il avoit une entière répugnance de s'imposer une contrainte qui convenoit si peu à la naissance d'un prince de sa qualité, et me faisoit l'honneur de s'en ouvrir souvent à moi, qui lui eusse souhaité plus de vigueur et de résolution; mais ce que je pouvois dans cet embarras d'affaire, où sa réputation étoit si fort intéressée, n'alloit qu'à lui représenter ce qu'il devoit à Madame et à sa propre conscience, qui seroit éternellement troublée s'il commettoit une action qui le rendroit le plus déshonoré prince du monde, et qu'à toute extrémité il y avoit des remèdes infaillibles pour se délivrer de persécution. Ce qui le soulageoit infiniment dans celle qu'il recevoit au nom du Roi par le cardinal, c'étoit la connoissance qu'il avoit que Sa Sainteté ne favorisoit point les prétentions de la France sur le sujet de ce démariage, et fondoit son refus d'admettre les instances faites par l'ambassadeur de Sa Majesté à Rome sur la lettre écrite de Bruxelles par Son Altesse, que j'ai ci-devant alléguée comme la cause plus effective de la mort de Puylaurens.

Madame la duchesse d'Orléans, qui jouoit son rôle dans cette occasion, s'aidoit puissamment de sa part, faisant représenter au Pape, par ses agens intelligens et fidèles, les raisons qui établissoient son droit, qui étoient d'autant plus dignes d'être entendues favorablement, qu'elles venoient d'une princesse aussi illustre par la pureté de ses actions et l'innocence de sa vie, que par l'éclat de sa grandeur et de sa qualité. Ses intérêts appuyés par la faction espagnole, et la considération de la maison de Lorraine, jointe à des pièces authentiques qu'elle faisoit voir à Sa Sainteté, par lesquelles elle justifioit toutes les formalités requises avoir été observées dans son mariage, auxquelles l'on n'opposoit que les lois fondamentales du royaume, qui n'étoient écrites en aucune part, et sur ce sujet purement imaginaires, portoient du moins la balance contre les artifices du cardinal de Richelieu et les sollicitations pressantes des ministres de ses passions. L'événement paroissant incertain, donnoit lieu d'espérer à toutes les parties, et faisoit que chacun suspendoit son jugement, et considéroit Monsieur pour voir s'il décideroit cette importante question par le refus ou l'octroi de son consentement, et si les moyens desquels le cardinal se servoit auprès de lui prévaudroient à l'affection qu'il avoit à Madame, et à l'obligation qui l'engageoit à tout souffrir plutôt que de changer de sentiment pour elle.

C'est une maxime indubitable que ceux qui tourmentent les autres se persécutent aussi eux-mêmes. Par cette règle générale, le cardinal, agité, changea l'ordre qu'il s'étoit prescrit, et voulut user vers Monsieur de toutes les complaisances qu'il pouvoit juger lui devoir être agréables. Il obligeoit le Roi, pour gagner Son Altesse, à lui faire des gratifications qui contribuoient à son divertissement, et à faire bâtir à Blois et à Chambord. Enfin toutes les subtilités d'un célèbre affronteur furent mises en œuvre par lui, pendant quelques mois que la fantaisie de jouer la comédie sous ce personnage lui dura.

D'Elbène et La Rivière, qui en étoient les acteurs qui se présentoient le plus souvent sur le théâtre, par la jalousie qu'ils eurent de leur crédit, se divisèrent de cette bonne amitié qu'ils avoient contractée ensemble sur de si légitimes fondemens ; la haine s'y étant mêlée, ils en vinrent jusques à cette extrémité, en présence de Son Altesse Royale, de se faire des reproches, et se dire des injures honteuses seulement à répéter. Les plus honnêtes qui se peuvent rapporter furent que le premier nommé marqua à l'autre quelle étoit sa vie passée et la bassesse de son extraction ; et La Rivière, piqué au vif, fit le portrait du mérite et de la bonne mine de d'Elbène, que la nature véritablement avoit fort disgrâcié.

Cette rupture entre eux ne tira pourtant à aucune conséquence, parce que les sujets n'en valoient pas la peine, et que le silence leur fut imposé par leurs supérieurs ; mais quant à l'aigreur, elle se conserva dans son entier sans aucune réconciliation, quelques soins que leurs amis communs prissent de les rajuster, pour les obliger de revenir à leur première intelligence.

[1636] La mort de M. l'évêque de Cahors, premier aumônier de Monsieur, étant arrivée quelque temps après, La Rivière, qui avoit été son domestique, crut devoir être son successeur, qui n'est pas ordinairement un titre qui soit fort considéré pour donner droit à une prétention.

Se servant de cette conjoncture, il fit connoître à Monsieur qu'étant sa créature, il importoit beaucoup à sa réputation de le préférer en la disposition de cette charge à l'évêque de Boulogne, oncle de Chavigny, duquel il le croyoit tenir, et n'en avoir aucune obligation à Son Altesse. Bien qu'elle fût persuadée qu'il n'y avoit pas une parole de véritable de toutes celles qu'il lui avoit dites sans en avoir la moindre pudeur, l'aversion qu'il avoit conçue contre Chavigny lui fit obtenir ce qu'il avoit demandé, qui étoit un choix duquel Monsieur ne se pouvoit excuser, cette charge ne devant être remplie dans la maison d'un prince comme lui, que par des personnes de vertu et de qualité, et qui s'en fussent tenues fort honorées, quoique capables de la posséder avec dignité et réputation.

Chavigny, offensé de cette préférence, qui enfloit le cœur de La Rivière, pour l'humilier et faire voir celle qui étoit entre eux, se servit de son crédit auprès du cardinal de Richelieu. D'Elbène s'entremettant aussi de son côté par des rapports faux ou véritables, ne demeura pas inutile ; et la chose fut conduite avec tant de chaleur, que La Rivière, pour s'être voulu mesurer avec Chavigny, qui n'étoit pas homme à le souffrir, fut mené à la Bastille.

Ce ne fut pas le seul qui tomba en cette disgrâce dans cette conjoncture : car le cardinal, pour tenir toujours l'esprit du Roi en jalousie contre Son Altesse, supposa qu'il y avoit des cabales dans sa maison, et fit chasser L'Espinay, qui étoit fort bien avec elle, et le vicomte d'Auteuil, le chevalier de Beuil, Guillemin, l'un de ses secrétaires, et Legrand, l'un de ses premiers valets de chambre, qui eurent tous ordre de sortir de Paris et de n'approcher plus Monsieur.

D'Elbène et Goulas continuèrent dans leurs emplois ; et d'Elbène, plus libre selon sa créance par l'absence de La Rivière, et plus assuré de son crédit par l'éloignement des autres que je viens de nommer, se mécomptoit beaucoup ; car Son Altesse, aigrie au dernier point contre lui des mauvais moyens dont il s'étoit servi pour faire éloigner d'auprès de sa personne des gens qui l'avoient suivie dans toutes ses disgrâces, et qui lui étoient fort agréables, particulièrement L'Espinay, se disposa à chercher l'occasion de le chasser avec infamie.

Je ne veux pas laisser passer ici de dire ce que Monsieur a conté à plusieurs des siens, que jamais d'Elbène ne lui avoit parlé à l'avantage de personne du monde, et que sa malice s'étoit portée jusque dans cet excès, qu'il n'y avoit aucun dans sa maison duquel il ne lui eût dit du mal. Comme la Providence divine ne permet jamais que les actions d'honneur et de vertu demeurent sans récompense, aussi ne souffre-t-elle pas que les crimes demeurent sans châtiment. Celui que d'Elbène avoit commis étoit entièrement odieux, d'avoir voulu empoisonner l'esprit de Son Altesse de mauvaises impressions contre ses plus fidèles serviteurs, et de n'en avoir exempté aucuns.

La résolution de Monsieur n'étoit pas absolument prise lors d'y donner ordre, dans la crainte qu'il avoit que le cardinal ne s'intéressât de le maintenir, mais il se laissoit entendre d'en avoir grande envie. Je puis assurer en conscience que je n'avois aucune haine pour lui, et que ce qui m'obligeoit à fortifier Son Altesse dans la disposition qu'il m'avoit fait l'honneur de me communiquer, ne venoit purement que du zèle que j'avois pour son service, et pour venger le bannissement de mes amis sur celui qui en étoit l'auteur. Je fis pour ces deux considérations ce que je devois. Il avoit désobligé tant de personnes, que de tous côtés il recevoit de dangereuses atteintes. La dernière, qui acheva de le perdre, lui fut donnée par Sardigny, par Saumery et moi, au coucher de Son Altesse, où nous nous trouvâmes seuls. Elle se fit entretenir d'une infinité de choses tant passées que présentes, et tomba à la fin sur le chapitre de d'Elbène, qui lui tenoit fort au cœur ; chacun travailla si utilement, que le lendemain Monsieur y ayant fait réflexion, m'assura qu'il lui feroit l'affront tout entier, s'il étoit assez imprudent pour se présenter devant lui à Orléans, où il alloit coucher ce jour-là.

Il me tint si bien la parole qu'il m'avoit donnée, que d'Elbène s'y étant rendu, il le chassa avec les termes du plus grand mépris qu'un prince puisse tenir à un gentilhomme.

Le cardinal n'en voulut point prendre l'affirmative, contre l'opinion de plusieurs, qui étoient assez foibles pour le vouloir faire appréhender à Son Altesse.

Goulas, qui étoit le moins dangereux des trois, resta seul dans la maison; et le repos des gens de bien n'étant pas si traversé, je commençai d'espérer de pouvoir plus facilement entreprendre, pour le service de mon maître, des choses de plus grande conséquence que des intrigues et des démêlés de cette nature, pour lesquels il me semble que ceux qui font une particulière profession d'honneur doivent toujours avoir une extrême aversion.

Cependant la guerre étant allumée et ayant été déclarée entre les deux couronnes, de l'autorité particulière du cardinal, sans assemblée d'Etats, ni des grands du royaume, qui devoient être appelés dans une délibération de cette nature, suivant ce qui s'est toujours pratiqué (mais l'orgueil du cardinal étoit au-dessus des formes), il prit cette importante résolution, qui alloit troubler tous les Etats de l'Europe, avec des gens tout soumis à ses volontés, et aussi vastes dans leurs pensées que lui-même le pouvoit être dans ses desseins. Cette grande entreprise faite en un jour, qui devoit être de long-temps préméditée, pour que les préparatifs nécessaires à la soutenir avec réputation ne manquassent point quand il s'agiroit de réparer les disgrâces de la guerre, ou pour porter avec plus de gloire et d'éclat les armes du Roi dans la Flandre, lorsque la fortune les favoriseroit de quelque heureux événement; toutes les considérations qu'un sage ministre auroit eues et toutes les mesures qu'il auroit prises lui tournèrent à mépris, emporté par son impétuosité naturelle, que je ne saurois nommer que fureur désespérée, et lui un fléau de Dieu pour le châtiment des hommes, qui engagea la France dans un dessein duquel lui seul étoit capable de se résoudre.

Aucunes des places frontières n'étoient en état de se défendre; il n'y avoit point d'argent dans les coffres du Roy; les poudres et les autres munitions, desquelles il étoit impossible de se passer, manquoient. Et après une pareille faute, ou, pour mieux parler, toutes celles ensemble que puisse commettre un ministre employé au gouvernement d'un Etat, il se trouve des admirateurs de sa prudence, et qui lui donnent des éloges de cette action exécutée par un cardinal-prêtre, qui s'est rendu auteur d'une guerre funeste à toute la chrétienté!

Après la bataille d'Aveines, gagnée sous la conduite du maréchal de Châtillon par un bonheur très-extraordinaire, les ennemis, qui jugèrent qu'il mettoit tout au hasard, réparèrent avec diligence la perte qu'ils avoient faite, et se rendirent beaucoup plus forts.

M. le comte, qui commandoit l'armée du Roy, fut obligé de se retirer devant la leur, parce que la sienne n'étoit composée que de six mille hommes de pied. Les ennemis, s'étant saisis de La Capelle, vinrent tout droit à la rivière de Somme. Leur armée étoit pourvue de toutes choses: ils avoient vingt mille hommes de pied et dix mille chevaux, trente pièces de canon, enfin tout ce qui étoit à désirer pour eux pour faire de grands progrès.

Le passage fut défendu à Bray autant que la foiblesse des troupes de M. le comte le pût permettre, qui fut contraint de se jeter dans Compiègne pendant que les ennemis étoient maîtres de la campagne, et que Corbie fut prise, et la France exposée à toutes les incursions que les Espagnols y voulurent faire.

Cette digression, dans laquelle j'ai passé hors de mon sujet, ne doit pas être désapprouvée, puisqu'elle sert à justifier que le cardinal de Richelieu, dans ce qu'il a entrepris, a été plus obligé à la fortune, que l'Etat à ses conseils et à ses délibérations.

Pour reprendre le discours que j'ai interrompu des choses que je m'étois proposées, plus utiles et plus glorieuses que de se mêler des intrigues et des menées de cour, qui n'ont pour fin et pour objet que l'intérêt particulier, j'étois dans la croyance que la sûreté et la grandeur de Monsieur ne se pouvoient rencontrer que dans l'abaissement du cardinal, ou, pour m'expliquer plus clairement et selon mes intentions, par sa perte absolue. Mais comme toute l'autorité étoit entre ses mains, et qu'il étoit en pouvoir de répandre ses bienfaits et ses grâces sur ceux qui s'attachoient à lui, et d'imprimer par sa sévérité la terreur dans la plus grande partie des gens capables de travailler à sa ruine, je voyois beaucoup plus de difficulté à faire réussir les desseins que l'on prendroit pour le faire déchoir, que de raison d'espérer que le succès en pût être favorable.

Je considérois aussi les malheurs passés de Son Altesse, les personnes de qualité qui s'étoient perdues pour son service, pour avoir été abandonnées du secours qu'elles en devoient recevoir, et les autres si maltraitées, qu'il me paroissoit un dégoût quasi universel de s'engager avec elle. Regardant aussi les conjonctures présentes d'une autre face, je reconnoissois que le cardinal étoit en haine et en horreur, à raison de ses violences ; que tout le monde étoit persuadé qu'il avoit commencé la guerre purement pour satisfaire à sa prodigieuse ambition ; que par le même motif il la voudroit continuer, et que les charges et dignités ne seroient conférées qu'à ses proches. Joint qu'il feroit, à toutes les occasions qui s'en présenteroient, remarquer la dureté qu'il avoit pour la désolation et la misère des peuples, et qu'il se soucioit encore moins de sacrifier la noblesse, pourvu qu'il établît son autorité au plus haut point qu'elle pouvoit être portée.

Dans cette diversité de pensées, je me trouvois fort partagé ; néanmoins je me déterminai à cette opinion qu'il ne falloit pas demeurer inutile, et voir, les bras croisés, la ruine de sa patrie et celle de son maître, sans tenter les moyens de les en garantir.

La condition des princes est tout-à-fait différente à celle des particuliers : leur naissance a cet avantage, avec une infinité d'autres, qu'ils regagnent fort aisément, quand il leur plaît de se faire valoir, la réputation perdue, comme ils ne succombent pas dans les fautes qu'ils ont commises, ainsi que font les personnes privées, qui ne s'en relèvent jamais. J'estimois que Monsieur se pourroit remettre en créance, les fautes dans lesquelles il étoit tombé ci-devant en partie rejetées sur ceux qu'il avoit employés à son service, qui avoient eu plus de soin de leurs intérêts que de sa gloire, qui consistoit à se rendre digne de l'estime publique, et qu'ayant confiance à des serviteurs moins intéressés, il seroit à couvert de ce dernier inconvénient, qui étoit l'origine de tous les malheurs qu'ils étoient arrivés ; et par conséquent qu'il ne falloit pas désespérer de voir sa réputation rétablie, et de pouvoir, par son moyen, procurer une résolution favorable aux gens de bien qui le combleroient de bénédictions, que Dieu a permis quelquefois pour châtier les ministres superbes et soulager les innocens opprimés. Pour attaquer avec quelque sorte d'effet la fortune du cardinal de Richelieu, il y avoit beaucoup de mesures à prendre, dont les principales consistoient à joindre d'affection plus étroite M. le duc d'Orléans et M. le comte de Soissons, et les unir tellement d'intérêts, que les artifices du cardinal ne les pussent diviser.

Cette liaison entre eux pouvoit procurer en conséquence, et dans la suite du temps, celles des autres princes avec eux, dont la plupart étoient désespérés des mauvais traitemens qui leur avoient été faits. La maison de Guise, par les violences que l'on continuoit d'exercer contre elle, n'étoit plus en état de revenir dans le lustre où elle avoit été que par des voies extraordinaires. Celle de Vendôme ne devoit pas espérer de se relever dans l'abaissement où elle se voyoit réduite, que par celui du premier ministre, qui avoit paru, dans toutes les occasions qui s'étoient offertes, en être l'ennemi capital. Les ducs d'Epernon, de Bouillon et de Retz avoient, chacun en leur particulier, reçu des injures en leurs personnes et en leurs fortunes. La perte de Metz, et la violence d'un mariage fait par considération par le duc de La Valette, contre son gré, et pour sauver de prison monsieur son père, ne les laissoit pas sans ressentiment.

Le duc de Bouillon recevoit beaucoup de marques qu'il étoit tenu suspect, et qu'il n'avoit aucune bonne volonté pour lui.

Quant au duc de Retz, sa charge de général des galères lui avoit été ôtée sans récompense ; les autres grands seigneurs du royaume, et autres personnes de qualité, n'avoient pas de moindres sujets de mauvaise satisfaction.

Saint-Ibar, mon cousin germain, qui étoit en considération auprès de M. le comte, homme de hauts desseins et ennemi de la tyrannie, ne désiroit pas moins que moi de pouvoir détruire celle du cardinal. Nous eûmes plusieurs conférences, et convînmes de pressentir ce que nous devions attendre de ces deux princes, qui se confioient en nous, et cependant de leur ménager le plus de serviteurs qu'il nous seroit possible, sans découvrir à quelle fin nous faisions toutes ces intelligences.

M. le duc d'Orléans fut le premier qui s'expliqua de vouloir cette liaison, que j'avois si fort souhaitée. Saint-Ibar s'en prévalut fort adroitement auprès de M. le comte, qui se disposa à y repartir comme il devoit ; et pour ce sujet l'on entra dans un commerce si secret, que le cardinal ne le put jamais pénétrer, et que les choses allèrent jusqu'à ce point que le Roi, qui avoit une aversion naturelle contre M. le comte, confirmée par les mauvais offices qui lui avoient été rendus près de Sa Majesté, et Son Eminence, jalouse de l'estime qu'il s'étoit acquise dans la cour et dans l'armée qu'il commandoit, crut qu'il se devoit servir de M. le duc d'Orléans, et lui donner le commandement par-dessus lui, qui étoit ce que nous pouvions désirer.

Convocation de l'arrière-ban pour le siége de Corbie, prise par les Espagnols.

Cet excellent politique fit convoquer les arrière-bans, et tira un puissant secours de Paris, particulièrement des provinces au-deçà de la rivière de Meuse, pour assiéger Corbie, place importante pour sa situation.

Son Altesse fut déclarée général de cette armée, et la jonction de celle de M. le comte se fit à....

Chavigny eut ordre de ne point quitter Monsieur, et de travailler, sur les mémoires que le cardinal lui donna, à diviser ces deux princes.

Pour empêcher que cela n'arrivât, quoique j'eusse encore la fièvre, et des incommodités si grandes que je n'étois pas reconnoissable, je ne laissai pas de partir de Paris avec Son Altesse, et j'oserai dire que je n'exposai pas inutilement ma vie dans cette occasion, pour détourner l'esprit de Monsieur de suivre les conseils qu'il recevoit contre M. le comte.

Lorsque l'on fut à Péronne, ils convinrent ensemble de ce qu'ils devoient et pouvoient faire contre le cardinal de Richelieu : ce qui n'étoit pas lors difficile, s'ils se fussent servis du temps.

Les opinions furent partagées : les uns étoient d'avis que par des intrigues du cabinet l'on fît connoître au Roy que le malheur de la guerre avoit été attiré à son royaume par l'ambition du cardinal, qui, pour se rendre nécessaire, avoit voulu embarquer Sa Majesté dans les affaires qu'il s'estimoit seul capable de conduire, et que cette guerre étrangère, qui avoit des suites considérables, et, selon les événemens, des conséquences très-dangereuses, feroit naître des factions qui porteroient les princes et grands seigneurs à former un parti qui causeroit une guerre civile qui ruineroit l'Etat. A cette sorte d'opinions, ils joignirent celle de s'assurer de ceux qui avoient le principal commandement dans l'armée, et des gouverneurs des places et des provinces qui n'avoient pas sujet de désirer la durée de son autorité.

Plusieurs ne s'en éloignoient pas, pourvu que sans différer davantage l'on commençât d'entreprendre couvertement la perte du cardinal.

Le duc de La Valette promit en ce lieu de Péronne (à ce que Monsieur et M. le comte de Soissons ont toujours dit du depuis) de les servir envers tous et contre tout autre intérêt, sans exception, de son crédit et de sa personne, et de disposer M. d'Epernon à la même résolution de tout son pouvoir.

Blérancourt, qui étoit gouverneur de cette place, l'offrit nettement ; et je suis obligé de dire que je n'ai point vu d'homme, dans toutes les occasions, procéder avec plus d'aigreur contre le cardinal, ni aussi avec plus de franchise.

Pour revenir à l'autre avis, qui étoit plus court et décisif, parce qu'il ne mettoit point l'Etat en compromis, et ne touchoit en façon du monde à l'autorité royale, consistant à décider en une heure de temps les guerres étrangères et civiles, si on vouloit se rendre maître de la personne du cardinal de Richelieu, l'on s'arrêta à cette dernière opinion prise entre Monsieur et M. le comte, et des gens auxquels ils se pouvoient entièrement confier, au nombre de quatre seulement : trois qui en avoient eu connoissance par le moyen de M. le comte, et un seul de la part de Monsieur, qui ne s'en étoit ouvert à aucun autre.

Le siége de Corbie étant formé, les quartiers faits et la circonvallation commencée, le Roi arriva à Amiens, et venoit de fois à autre voir les travaux. Sa Majesté logeoit au-deçà de la rivière de Somme, à un château nommé de Maim, et le conseil se tenoit à Amiens, où le cardinal étoit logé.

Il est à remarquer que le Roi s'en retournoit à son quartier incontinent après que le conseil étoit levé : ce qui fit prendre avec plus de certitude les mesures que l'on pouvoit aisément ajuster, pour achever le dessein projeté et résolu contre la personne du cardinal. Son Altesse et M. le comte se rendirent à Amiens avec cinq cents gentilshommes à leur suite, et quasi tous les officiers de l'armée avec eux.

Le conseil fut tenu, et lorsque ces messieurs sortirent avec le Roi, qui monta dans son carrosse pour retourner à son quartier, un de ceux auxquels ils s'étoient confiés leur parla à l'oreille pour leur demander s'ils ne persistoient pas dans leur résolution, auquel ils répondirent que oui.

Au bas du degré, M. le cardinal étant entre eux deux, le même regardant Monsieur au visage, fut fort étonné lorsqu'il aperçut Son Altesse monter le degré avec une promptitude qui ne se peut imaginer. Tout ce qu'il put faire, ce fut de s'attacher à son collet de buffle, et de lui dire : « Vous voulez vous perdre. »

Monsieur, sans s'arrêter, fut jusque dans la salle, où cette personne lui représentant les inconvéniens d'un changement si soudain, et la facilité de l'exécution, il n'en put tirer autre chose que des paroles confuses, qui n'aboutissoient qu'à témoigner qu'il n'avoit pas l'intention ni la force de le commander ni de l'entreprendre.

M. le comte étoit demeuré avec M. le cardinal au même lieu, et l'entretenoit avec un visage égal, et derrière lui étoit un des trois, qui avoit eu la connoissance de la résolution, qui se faisoit souvent voir à lui. Les deux autres étoient dans la cour moins proches, et peut-être moins zélés que les choses eussent à se passer ainsi qu'elles avoient été résolues et concertées à diverses reprises.

Celui qui avoit suivi Monsieur étant revenu auprès de M. le comte, et s'étant fait remarquer à lui, le cardinal monta dans son carrosse, et, pour dire la vérité, il échappa au plus grand péril qu'il eût couru toute sa vie. Il y eut encore quelques propositions faites sur le même sujet, qui n'étoient appuyées ni soutenues de la manière qu'il falloit pour pouvoir réussir. Je ne m'arrêterai point à les particulariser autrement qu'en avertissant ceux qui se mêlent des affaires des princes, qu'ils doivent borner leurs desseins selon la connoissance du talent des personnes qu'ils servent, et ne les mesurer jamais à ce qu'ils feroient s'ils étoient à leur place; car c'est le seul moyen de n'y pas être trompé (1).

M. le duc d'Orléans et M. le comte, après avoir manqué ce qu'ils avoient en leurs mains, voulurent recourir à leur premier expédient de former un parti contre l'autorité du cardinal. Pour cet effet je fus obligé, par les ordres qu'ils me donnèrent, d'aller en Guienne trouver le duc de La Valette, dans le même temps que Son Altesse quitta le siége de Corbie, et laissa M. le comte général de l'armée.

L'instruction que je reçus d'eux de vive voix (ne m'en ayant point donné par écrit, quelque instance que je pusse faire) fut de leur apporter fidèlement l'état de la Guienne, et la disposition de M. le duc de La Valette touchant les engagemens qu'il avoit avec eux, et de m'éclairer au vrai de celle où je rencontrerois M. le duc d'Epernon, son père.

Cependant ils me promettoient positivement de ne se point trouver à Paris ensemble que je ne fusse de retour, et, quelques avis qu'ils pussent recevoir de ne point prendre l'alarme, sachant bien qu'ils avoient confié le secret de leurs intentions à gens incapables d'en abuser, et de se méprendre dans la conduite que leur service et leur propre honneur les obligeoient à tenir.

J'entrepris ce voyage, ou plutôt cette négociation, assez contre mes sentimens, étant fort mal persuadé que n'ayant pas été capable de venir à bout des choses les plus aisées, celles qui étoient plus difficiles, dans lesquelles il se rencontreroit des embarras infinis, pussent jamais succéder. Je passai par dessus toutes considérations par une pure obéissance, et fus en Périgord, pour éviter les soupçons qu'un esprit défiant comme celui du cardinal auroit pu prendre.

Après y avoir demeuré quelques jours avec mon père, qu'il y avoit long-temps que je n'avois vu, je pris sujet d'aller à Bordeaux rendre cette civilité au duc de La Vallette, qui témoignoit ouvertement de m'honorer de son amitié. Deux heures après y être arrivé, je vis arriver un gentilhomme nommé Le Teillac: dont je fus surpris, me doutant bien qu'il étoit arrivé quelque accident extraordinaire, qui avoit obligé Son Altesse de le dépêcher vers moi.

La créance qu'il m'exposa fut que Corbie ayant été rendue, que Monsieur et M. le comte se trouvant à Paris ensemble, avoient reçu des avis (qu'ils disoient être certains) que le cardinal étoit bien informé de ce qui s'étoit concerté entre eux, qu'ils s'étoient séparés, et que Monsieur étoit à Blois, et M. le comte à Sedan; que Son Altesse l'avoit envoyé pour m'en porter la nouvelle, et me faire savoir de sa part que je prisse mes mesures avec messieurs d'Epernon, suivant ce qu'il m'avoit ordonné, et incontinent après que j'allasse le trouver en diligence.

J'écoutai ce qu'il me dit, et m'étant retiré un quart-d'heure pour y songer, afin de ne me méprendre dans la conduite que j'avois à suivre, je fus au logis de M. d'Epernon pour lui faire la révérence, et à M. de La Vallette qui étoit avec lui.

Le premier devoir rendu, je pris sujet de me promener avec le duc de La Valette, vers lequel je m'acquittai des civilités dont Monsieur m'avoit chargé, pour lui parler ensuite des engagemens dans lesquels il étoit avec lui et M. le comte; qu'il s'agissoit d'observer cette parole donnée, et qu'il eût agréable de me déclarer franchement ce qu'il avoit obtenu de monsieur son père, et de considérer que deux princes de cette qualité s'étoient plus confiés à sa foi qu'à celle de toute autre personne qui fût en France.

La première réponse que j'eus, fut que pour

---

(1) Cette conjuration d'Amiens fut connue du cardinal de Retz quelque temps après, et il s'informa souvent des conjurés eux-mêmes quelle fut la cause qui la fit échouer. Tous s'en rejetaient mutuellement la faute les uns sur les autres; mais, d'un avis unanime, ils convinrent que le comte de Soissons avait été le plus ferme des conjurés d'Amiens. Les lignes du manuscrit autographe de Retz, qui constataient la fermeté du comte de Soissons, ont été soigneusement effacées, et n'avaient pas été publiées; nous les avons rétablies dans notre édition qui fait partie de la Collection de MM. Michaud et Poujoulat, tome 1er de la 3e série de ces Mémoires.

ce qui le regardoit en particulier, qu'il donneroit toutes les preuves qui dépendroient de lui pour témoigner avec quelle passion il étoit leur serviteur, qu'il n'avoit pas trouvé M. d'Epernon disposé à s'embarquer dans cette affaire, et qu'il en souffroit un extrême déplaisir.

Ces discours généraux ne me devant pas satisfaire, je crus qu'il ne falloit céler l'état où les choses étoient réduites : ainsi je lui déclarai que Monsieur s'étoit retiré à Blois, et M. le comte à Sedan ; que le cardinal n'ignoroit pas ce qui s'étoit passé, et que la connoissance qu'avoit un homme de l'humeur du cardinal des desseins pris contre son autorité, et qui alloient à sa ruine, ne le mettoit plus en pouvoir de temporiser ; que, pour l'intérêt de sa conservation, et pour ne point blesser sa parole engagée vers deux princes qui se chargeoient des malheurs qui arriveroient en leurs personnes, ou du moins en leurs affaires, il n'y avoit plus à marchander ; qu'il falloit recevoir Monsieur dans son gouvernement, et que M. d'Epernon fût dans ses sentimens.

Ce discours, plus pressant qu'il ne l'avoit attendu, tira plus de larmes de lui et moins de résolution que je n'en avois désiré, et je le connus au travers de son visage abattu, et à beaucoup de paroles inutiles. Sur ce que j'insistai qu'il parlât de nouveau à monsieur son père, et qu'avant que de sortir j'aurois cet honneur de l'entretenir, il témoigna qu'il craignoit fort l'un et vouloit éviter l'autre.

Je le fus trouver au château du Há où il étoit logé, où il s'excusa fort encore, sans me rendre plus éclairci de ce que j'avois à espérer de ma négociation, que je l'étois avant cette grande conférence. Je me mis pourtant dans son carrosse, fort résolu de voir M. d'Epernon, quelque appréhension qu'il me parût qu'il me voulût faire concevoir que peut-être n'y aurois-je pas une entière sûreté.

A dix heures du soir, il me fit entrer dans sa chambre, où je le trouvai au lit. Je m'en approchai avec grand respect, qui lui plaisoit autant qu'à personne que j'aie jamais connue, et lui dis que je ne doutois point que M. de La Valette ne lui eût rendu compte des discours que je lui avois tenus dans l'occasion la plus considérable qui pouvoit arriver en France, par la qualité de ceux de la part desquels j'avois à lui parler ; qu'il pouvoit mieux juger, par la longue expérience qu'il avoit des choses du monde, et de celle qu'il avoit en particulier, quel étoit le cardinal, de ce qu'il y avoit à faire dans la conjoncture présente. Je lui redis toutes les circonstances que j'ai ici devant déduites, sur lesquelles il m'interrompit et m'allégua beaucoup d'exemples des difficultés et des embarras qui se rencontrent dans les entreprises de cette nature ; qu'il étoit vieil, et que le cardinal de La Valette avoit Metz, qui ne dépendoit plus de lui, parce qu'il s'étoit lié d'intérêt inséparablement avec le cardinal de Richelieu ; qu'au reste il étoit serviteur du Roi, et qu'il s'étonnoit fort de la commission que j'avois prise ; qu'il dépendoit de lui de m'arrêter, et que ma vie étoit entre ses mains.

Je continuai dans le même respect que je lui avois déjà rendu, et lui dis que les fautes passées qui avoient causé les malheurs de Monsieur n'étoient plus à craindre, puisqu'il auroit la conduite de la personne de Son Altsese et des affaires dont il s'agissoit ; qu'il ne vouloit se confier qu'à lui seul, et déférer entièrement à ses conseils.

Que cette même vertu et fermeté de courage qui avoient éclaté dans toutes ses actions, ne pouvoient souffrir des offres que je lui faisois de la part de Monsieur, et que la réputation qu'il avoit acquise au-dessus de tous les hommes de son siècle seroit encore relevée par cette action.

Il me dit une seconde fois que j'étois bien zélé, et que j'avois entrepris une commission fort délicate ; que je devrois profiter de l'exemple de feu Chalais.

Sans m'arrêter à ce discours, je lui représentai ce qu'il devoit à la mémoire des deux derniers Rois, et particulièrement de Henri IV ; que le salut de deux princes de son sang, dont l'un, qui étoit présomptif héritier de la couronne, se jetoit entre ses bras, dépendoit de lui, et qu'ils ne pouvoient avoir un secours plus puissant que celui d'un grand homme comme lui pour n'être pas opprimés par la tyrannie du cardinal de Richelieu ; que la raison l'y obligeoit. Ce que je demandois de sa part étoit sans conditions ni réserve, que celles qu'il lui plairoit d'imposer ; qu'il savoit jusques où s'étendoient les persécutions d'un ministre si violent, puisque sa prudence, ses soins et ses importans services ne l'en avoient pu exempter ; que ce n'étoit plus le Roi qui agissoit, c'étoit lui qui s'étoit emparé de l'autorité royale ; et que je le conjurois de se rendre à de si justes considérations.

Il laissa une partie de mon discours, et me dit que pour ce qui regardoit sa maison, si son fils de La Valette avoit fait une folie, qu'il s'en démêleroit à sa mode ; qu'il n'en seroit ni plus ni moins pour ce qui le regardoit, mais que je ne lui en parlasse davantage, et retomba pour la troisième fois sur l'exemple de Chalais. Voyant cette conclusion donnée à ce que Son

Altesse pouvoit désirer de son assistance, je lui repartis que j'avois bon garant de mes actions et de ma vie, que je tenois fort assurée entre ses mains ; mais qu'il étoit important qu'il sût que celle de M. de La Valette couroit le même hasard, et que je savois parler et me taire, selon que le temps et les occasions m'y obligeoient ; que je faisois le devoir d'un fidèle serviteur, et que je ne m'éloignois pas de celui d'un sujet d'un Roi qui avoit un principal ministre qui abusoit de sa confiance, et se servoit de son autorité pour opprimer Monsieur, son frère, et un prince de son sang.

Ces dernières paroles ne s'étant pu dire sans émotion, il me témoigna faire quelque estime de moi, et me dit qu'il louoit mon zèle, et je ne me pus retenir de lui faire paroître que je souhaiterois en faire autant du sien.

Il m'allégua le vieil d'Elbène et l'abbé d'Arbasine, qui étoient allés vers lui autrefois de la part de Monsieur ; qu'il ne s'étoit point obligé de leur garder le secret ; qu'il s'y engageoit à moi de tout ce que je lui avois dit, et ajouta, pour mon particulier, toutes les civilités possibles, et au-delà de ce que j'en devois attendre. Cet entretien dura plus de deux heures, pendant lequel M. de La Valette ne laissa pas échapper trois paroles, étant dans une consternation qui ne se peut exprimer.

Nous sortimes ensemble de la chambre de monsieur son père. Il avoit le visage couvert de larmes, et moi un déplaisir mortel dans le cœur, que ma négociation eût si mal succédé. De sa part, il me disoit qu'il voudroit être mort, et qu'il ne demandoit plus qu'à sortir de France, pour n'y revenir jamais ; et que s'il croyoit pouvoir servir Monsieur de sa personne, qu'il partiroit avec moi pour se rendre auprès de lui. Je lui fis voir et distinctement connoître que Son Altesse et M. le comte s'étoient engagés à ce qu'ils m'avoient commandé de lui dire sur sa parole ; qu'il jugeât l'état auquel il les avoit mis, et que sa réputation n'étoit pas moins exposée que leurs personnes ; que ce n'étoient pas des marques de douleur qu'il leur devoit donner, mais des services effectifs ; que je surprendrois fort Monsieur de lui rapporter une si mauvaise réponse, à laquelle il ne se seroit jamais attendu ; et quant à la proposition qu'il m'avoit faite de le venir trouver, je n'en avois reçu aucun ordre ; que je tiendrois à beaucoup d'honneur de faire ce voyage avec lui, duquel la résolution dépendoit ; et que je le supplois, non-seulement pour le service de Monsieur, mais pour le sien propre, de bien penser à réparer le mal qu'il avoit causé, et d'agir sur ce fondement auprès de M. le duc d'Epernon.

Le lendemain je partis de Bordeaux, et pour que Son Altesse fût avertie avec plus de certitude (car je pouvois être arrêté par les chemins), Le Teillac prit la route du Limosin, et je m'en allai par le Poitou. J'eusse été à Blaye (ce que je pouvois en fort peu de temps), si, par un conseil précipité, Monsieur n'y eût envoyé Gramont, qui étoit son domestique, et qui ne s'en acquitta pas heureusement, comme je le dirai ailleurs.

Pour reprendre les choses dans leur origine, bien que M. le duc d'Orléans et M. le comte de Soissons m'eussent assuré de ne se point trouver à Paris ensemble, pour leur commune sûreté, et de ne point prendre l'alarme des bruits qui pourroient courir, et sur les avis qui leur seroient donnés, ils ne s'arrêtèrent pas à cette parole, que je n'avois tirée d'eux que pour l'intérêt de leur service.

Le cardinal, auquel ils avoient affaire, homme fertile à se prévaloir de toutes les inventions qu'un esprit ingénieux et rempli de malice étoit capable de s'imaginer, par gens interposés et par des billets qu'il fit écrire, les voulut mettre en défiance, pour les obliger à quitter la cour, afin d'en demeurer le maître, et réveiller l'esprit du Roi contre eux, usa de cet artifice, qu'ils prirent pour un véritable avis, et partirent dès la même heure ; et contre ceux que j'avois pris la liberté de donner plusieurs fois à M. le comte de ne se point séparer de Monsieur, ils se dirent adieu et ne se revirent jamais depuis.

Bardouville étoit destiné pour être auprès de Son Altesse de la part de M. le comte : ce qu'il excusa par des motifs de prudence que je ne saurois estimer en semblables occasions, dans lesquelles ceux qui se trouvent engagés doivent servir selon leur talent, et se mettre au-dessus de la crainte.

Le comte de Fiesque, qui avoit les meilleures intentions qu'il étoit possible, mais beaucoup moins propre à cet emploi que Bardouville (l'expérience ne lui ayant pas acquis les mêmes connoissances, et lui n'étant pas aussi égal en capacité), fut choisi en sa place pour être auprès de Monsieur en attendant que j'y fusse arrivé, avec ordre, lorsque je serois de retour, d'y demeurer, ou d'aller retrouver M. le comte, suivant que je l'estimerois être à propos.

Il proposa le petit Gramont pour l'envoyer à Blaye vers La Hoguette, qui étoit sergent-major dans la place, chargé d'une lettre de créance de lui, comte de Fiesque, qui avoit une très-médiocre habitude avec La Hoguette, homme d'esprit, résolu et peu susceptible d'être persuadé (s'il le pouvoit être), que sous bon gage, et par des personnes qu'il connût de long-temps, auxquelles il y eût lieu de prendre entière confiance.

Gramont se laissa incontinent intimider par lui, et s'en revint trouver Monsieur, comme un homme fort nouveau en de semblables emplois, qui ne doivent être commis qu'à des naturels plus fermes, et à des personnes de plus d'étendue d'esprit et de plus de mérite que de ses pareils.

[1637] Lorsque j'arrivai à Blois, je trouvai Son Altesse dans de grandes inquiétudes, et les siens dans un étonnement tel, que je puis dire que je ne les reconnoissois plus. Je rendis compte à Monsieur de ce qui s'étoit passé entre M. d'Epernon et moi, aussi exact que je le viens d'écrire, et le suppliai de ne se point laisser abattre aux divers malheurs qu'il pouvoit prévoir, ceux de sa qualité s'en relevant toujours, pourvu qu'ils voulussent prendre de bonnes résolutions; qu'il y avoit trois partis, dont il feroit, s'il lui plaisoit, le choix sans user de retardement, le temps lui étant cher, pour ne pas laisser pénétrer le mauvais état de ses affaires ; que dans la Guienne la noblesse étoit très-mal satisfaite du ministère de M. le cardinal ; que les peuples murmuroient des impositions nouvelles qu'on mettoit sur eux, et que, tombant sur les bras de messieurs les ducs d'Epernon et de La Valette, il y avoit grande apparence qu'il contraindroit le dernier, qui étoit engagé de parole avec lui, de se déclarer par nécessité, ce qu'il ne feroit jamais autrement; que l'autre voie qu'il avoit à tenir étoit de se retirer à Sedan avec M. le comte, mais avant que les passages des rivières fussent gardés, et qu'il seroit en état d'attendre en sûreté une révolution favorable à laquelle il pourroit contribuer beaucoup ; que si l'une de ces deux ouvertures ne lui étoit pas agréable, il n'y avoit plus qu'à traiter, et que, dans la créance où étoit le cardinal qu'il eût de grandes intelligences dans le royaume, il falloit se hâter pour y rencontrer, dans le profond secret qui avoit été observé, les avantages de M. le comte et les siens.

Cependant Monsieur, agité de ce qu'il avoit à choisir ou à laisser, ne se déterminoit à rien, et le temps, qui ruinoit ses affaires, s'écouloit insensiblement.

L'on fit savoir à M. le comte les réponses de M. d'Epernon, qui fut animé contre le duc de La Valette autant que l'on puisse jamais l'être, de n'avoir pas trouvé en lui ce qu'il avoit attendu.

Cependant diverses cabales se formoient dans la maison de Son Altesse ; et comme il paroissoit que Monsieur prenoit plus de confiance en moi qu'en aucun autre des siens, ils essayoient de me rendre de mauvais offices dans son esprit, et de me susciter des querelles.

Le comte de Brion, d'un naturel facile, se laissa prévenir, quoique nous fussions parens fort proches et que nous eussions toujours bien vécu ensemble. Ils l'avoient disposé à se brouiller avec moi, sachant bien que tels différends se démêleroient entre nous par un combat.

En ayant été averti, je le tirai à part, et lui fis connoître que j'étois très-bien informé de ce qui lui avoit été dit sur mon sujet; que je lui parlois franchement ; que je savois, par la longue habitude que nous avions eue ensemble, qu'il étoit homme à ne craindre personne, et qu'il me connoissoit assez pour avoir bonne opinion de moi ; que si Monsieur lui déposoit ses secrets, j'en serois ravi ; mais que je croyois qu'il ne devoit rien trouver à redire qu'il me fît le même honneur ; qu'au reste il lui seroit honteux de se laisser surprendre aux artifices qui venoient des personnes qui avoient toujours trompé leur maître, et de se désunir d'avec son parent et son ami, qui ne lui avoit jamais donné sujet de plainte. Il m'avoua ce qui en étoit, et me fit toutes les civilités que je devois attendre d'un homme de sa naissance ; et du depuis nous vécûmes dans une étroite amitié.

Bautru fut le premier qui vint à Blois de la part du Roi, et par ordre du cardinal, pour pressentir si Son Altesse se voudroit porter à un accommodement. L'on se servit de lui parce qu'il étoit agréable à Monsieur, et qu'il auroit plus de facilité qu'un autre à lui insinuer ce qu'on désiroit qu'il fît. Monsieur néanmoins ne s'ouvrit point à lui, quelque adresse dont il pût s'aviser.

Je me rencontrai un jour en lieu propre, ce lui sembloit, de m'entretenir de l'état où étoient lors les affaires ; et comme je vis qu'il se relâchoit à me dire que ceux qui avoient créance auprès de Son Altesse devoient prendre les voies de douceur dans lesquelles il étoit raisonnable qu'ils fussent considérés pour y trouver leur compte, de peur qu'il ne me fît quelque proposition impertinente qui m'eût engagé à ce que je ne voulois pas faire, je changeai de discours, ce qu'il aperçut incontinent.

Chavigny suivit Bautru, et, par la charge de chancelier qu'il avoit dans la maison de Monsieur, qui lui donnoit grand accès et crédit parmi les siens, agissoit avec plus de pouvoir et d'autorité.

Le comte de Guiche, depuis maréchal de Gramont, arriva avec lui, et fit une action qui le devoit perdre; néanmoins elle le mit en plus grande considération auprès du cardinal. Un soir que Son Altesse soupoit avec dix ou douze personnes à sa table, le comte de Guiche s'enivra jusqu'à un tel excès, qu'il lui dit publiquement qu'on lui avoit proposé d'être son premier gentilhomme de sa chambre; qu'il n'avoit eu garde de l'accepter, parce qu'il ne vouloit point jouer le personnage d'un trompeur et d'un traître, comme faisoient d'autres domestiques qu'il nomma par leurs noms, et ajouta qu'il étoit homme de qualité; qu'il vouloit agir par les bonnes voies; que ce n'étoit pas qu'il ne fût serviteur du cardinal de Richelieu contre lui et toute la famille royale.

Ces dernières paroles plurent au cardinal, qui l'en aima beaucoup plus, quoiqu'elles fussent dites très-mal à propos, et dignes d'être condamnées de tous ceux qui font profession d'avoir des sentimens conformes à leur devoir.

Pour que M. le comte fût informé de tout ce qui se passoit de la part du Roi vers Monsieur, Lisières, gentilhomme ordinaire de sa maison, le fut trouver, et Le Teillac peu de jours après.

M. le comte envoya aussi Campion à Blois pour supplier Son Altesse de pourvoir à sa sûreté, et de la trouver privativement à toute autre chose; que, pour cet effet, s'il vouloit aller à Sedan il l'y rencontreroit toute entière, et qu'ils chercheroient conjointement les moyens de résister à leur ennemi commun. Monsieur ne s'éloigna pas de cette proposition, et dit à Campion qu'il en remettroit l'exécution en temps et lieu, qui repartit aussitôt pour rendre compte de ce qu'il avoit vu et appris de moi en particulier, auquel il avoit ordre de s'adresser, et de parler à Son Altesse dans les termes que je le jugerois à propos (1).

---

(1) Campion fit connoître au comte de Soissons ce qui s'étoit passé dans cette occasion, dans une lettre écrite de Condé le 23 décembre 1636, que nous croyons devoir insérer ici :

« Ne pouvant vous aller rendre compte, à Sedan, du détail de mon voyage, pour les raisons que vous verrez dans ma lettre, j'essayeray de m'en acquitter par écrit, et vous diray, Monseigneur, qu'en huit nuits je suis arrivé de Sedan à Blois, nonobstant la rigueur du temps, m'estant égaré plusieurs fois à cause des glaces et des neiges, quoyque je prisse des guides à chaque village, où je demeurois le jour enfermé, ayant évité les villes et les grands chemins pour ne pas tomber dans les embuscades que M. le cardinal a fait dresser de toutes parts pour surprendre les gens de Monsieur ou les vostres, n'estant pas en doute qu'il n'y en ait souvent sur les chemins pour conserver le commerce entre vous deux. A mon arrivée, m'estant mis dans une hostellerie éloignée du chasteau, j'écrivis à M. le comte de Fiesques pour le prier de venir m'y trouver : ce qu'il fit aussitost, et me dit que Monsieur estoit toujours dans les meilleures dispositions du monde pour vous; que comme il estoit de vostre part auprès de lui, il taschoit inutilement à le fortifier dans le dessein de pousser monsieur le cardinal, y ayant toute la disposition possible; et que j'estois arrivé fort à propos, M. Du Gué, un des gentilshommes de la chambre, venant d'arriver de Guyenne, où il l'avoit envoyé vers M. de La Valette, et pour parler à M. d'Espernon par son moyen. Je le priai de me faire voir M. de Montrésor, afin que nous parlassions l'affaire, et que nous puissions résoudre des moyens de voir Monsieur la nuit. Il me dit que M. de Montrésor estoit enfermé avec M. Du Gué, qui estoit fort de ses amis, et que si tost qu'ils auroient veu Monsieur tous deux, il m'amèneroit le premier, qu'il agissoit très-sincèrement pour le bien commun. Je lui témoignai la reconnoissance que vous aviez de l'affection qu'il avoit pour vous, et lui dis ce que je crus plus propre à le fortifier dans ses bonnes intentions.......... Deux heures après qu'il m'eut quitté, M. de Montrésor entra, et me témoigna une extresme joie d'apprendre de vos nouvelles......; il me dit qu'il en estoit arrivé de mauvaises de Guyenne; que

M. Du Gué luy avoit rapporté qu'il avoit trouvé M. de La Valette très-fâché du peu de disposition que monsieur son père avoit d'entrer en affaires, et qu'assurément il ne croyoit point qu'il fust possible de le résoudre; qu'il lui en avoit parlé plusieurs fois inutilement, et que tout ce qu'il pouvoit faire estoit d'aller servir de sa personne avec ses amis auprès de Monsieur ou de M. le comte; qu'ensuite M. Du Gué avoit veu M. d'Espernon par son moyen, et qu'il avoit fait tout son possible pour lui persuader de recevoir Monsieur dans son gouvernement; mais qu'il n'y avoit moyen d'entendre en aucune manière; enfin qu'il estoit revenu avec les premières paroles que lui avoit dites M. de La Valette. Ce récit dura long-temps...... J'en eus le déplaisir que vous pouvez juger; mais je fis dessein, dès l'heure mesme, de n'en point tesmoigner d'étonnement à Monsieur, et de prendre les affaires d'un autre biais. M. de Montrésor me dit que Monsieur donneroit le bonsoir dès minuit, et qu'il me verroit le reste de la nuit : ce qui me donna tout le temps nécessaire pour me préparer à ce que je lui dirois, les affaires ayant changé de face depuis les ordres que vous m'aviez donnés. Monsieur me reçut avec toutes les démonstrations de joie imaginables, et me demanda plusieurs fois de vos nouvelles avec empressement...... : il me fit le récit, avec déplaisir, de la nouvelle de Guyenne, et il pesta contre M. de La Valette, me disant que ce n'étoit pas là ce qu'il avoit promis à tous deux à Compiègne. Je lui laissai tout dire; après quoy je repartis que vos projets estoient troublés par ce changement, mais que Dieu l'avoit peut-estre permis pour mieux, afin que vous fussiez nécessités d'estre ensemble; que s'il eust esté en Guyenne, le commerce estant impossible entre vous, les affaires n'en eussent pas esté si bien : au lieu que s'il avoit agréable de venir à Sedan, il y seroit le maistre; que vous lui obéiriez avec le mesme zèle et la mesme humilité que vous aviez fait en Picardie; et qu'ayant une place de retraite de cette importance-là, à cinquante lieues de Paris, d'où vous ne pouviez estre chassé, vous auriez le temps tous deux de ménager vos intelligences dans le royaume, et que tout le monde pourroit vous venir joindre seurement...... Ayant encore adjouté plusieurs raisons sur le mesme sujet......, il fit quelques difficultés; sur quoy prenant

M. de Vendôme envoya aussi un gentilhomme à Monsieur, qui demeura dans mon logis, caché, par lequel il lui offroit tout ce qui dépendoit de lui. M. de Beaufort y vint secrètement, et représenta les inconvéniens d'être davantage à Blois; qu'il ne voyoit pas que Monsieur y pût faire séjour avec sûreté ni réputation, et témoigna que si Son Altesse en vouloit sortir, il seroit aisé de le conduire partout ailleurs où il lui plairoit d'aller.

Les partisans du cardinal et les allées et venues de Chavigny décréditoient le parti, et, à moins que de se résoudre à s'éloigner pour rompre le cours de ces négociations, et des pratiques sourdes qui se faisoient dans la maison de Monsieur, il seroit obligé à faire un traité pour lui seul, peu honorable à sa réputation, duquel les conditions seroient fort désavantageuses à ses intérêts.

Du Gué, chambellan de Son Altesse, et Le Teillac furent dépêchés vers le duc de La Valette, avec une lettre de créance, pour lui demander l'effet de sa parole, et à toute extrémité lui dire, s'il refusoit de le servir de son crédit, qu'au moins ne devoit-il pas dénier de le venir trouver pour le servir de sa personne; que Monsieur les avoit chargés de lui faire ainsi entendre qu'après des engagemens pareils à ceux qu'il avoit avec lui, il ne s'imaginoit pas qu'il fût capable d'y manquer.

Ils le trouvèrent à Castel-Jaloux, et Du Gué eut beaucoup de peine à le voir : toutefois il en vint à bout par le moyen d'un gentilhomme qui étoit à lui, nommé Saint-Quentin, auquel je l'avois adressé, pour l'avoir reconnu fort disposé à servir dans les occasions où il s'agissoit de la réputation de son maître, que Du Gué pressa fort, lui remontrant tout ce qu'un homme d'esprit lui pouvoit représenter; et pour réponse, M. de La Valette dénia de servir Son Altesse de son crédit ni de sa personne. Il lui dit aussi que Le Teillac avoit charge de M. le comte de lui faire les mêmes instances qu'il recevoit par sa bouche de la part de Monsieur, suivant les paroles positives qu'il lui avoit données, puisqu'il ne vouloit point donner lieu à Teillac de les lui faire entendre. Toutes ces inductions se firent sans qu'il le pût émouvoir à changer de volonté.

Le duc de La Rochefoucauld rejeta la proposition de Du Gué de servir Son Altesse, qu'il étoit allé exprès trouver; et quoiqu'il fût fort maltraité de la cour (pour dire le vrai, plutôt par foiblesse que par principe d'honneur), évita de s'engager dans un parti qui eût été suffisant pour détruire la tyrannie du cardinal, si ceux qui avoient obligation à Monsieur, ou souffert des peines qui ne devoient pas être oubliées, eussent été capables de ressentiment.

Chavigny, profitant de toutes les longueurs et remises qui étoient apportées, intimidoit Monsieur dans toutes les conversations qu'il avoit avec lui, qui étoient fort fréquentes. Goulas et les autres gens gagnés en faisoient autant, et plusieurs intimidés se laissoient prévenir d'opinions contraires aux avantages de leur maître.

toujours la parole vigoureusement, et estant assisté de MM. les comtes de Montrésor et de Fiesques, qu'il avoit fait approcher, il me dit : « Mais vous me parlez de Sedan sans ordre de mon cousin, qui ne pouvoit deviner ce qui est arrivé de M. de La Valette. » Sur quoy je lui dis aussitôt que vous m'aviez dit qu'en cas qu'il n'allast point en Guyenne, vous lui offriez Sedan, où M. de Bouillon vous avoit fait le maistre. Cela acheva de le résoudre; en sorte qu'il me promit ce que je voulus, et nous en demeurasmes que je m'asseurerois d'un passage sur la rivière de Marne, et d'un autre sur celle d'Aisne, et de dix bons chevaux sur chacune des deux rivières. Je lui facilitai tous les moyens, lui dis que j'étois asseuré des passages, et que je ferois venir des chevaux à Condé pour la Marne, et chez un de vos domestiques sur l'Aisne; et que mesme, au lieu de m'en retourner à Sedan, je vous dépescherois un homme, et que je ne sortirois point de Condé, où je l'attendrois de pied ferme; et que vous le viendriez recevoir avec cent gentilshommes à la rivière d'Aisne. Il me dit que pour celle de Seine il estoit asseuré d'un passage, et me donna le bonsoir..... Voilà, Monseigneur, l'estat de toutes choses et la raison pourquoi je n'ai pas été vous trouver, etc. »

(*Lettres de Campion*, page 41.)

Le 28 décembre, Campion fit part au comte de Soissons des inquiétudes que l'arrivée de l'abbé de La Rivière lui faisoit éprouver. Cet homme sortoit de la Bastille, et l'on pouvoit craindre qu'il n'eût fait ses conditions avec Richelieu. En effet, Campion écrivit, le 3 janvier 1637, que M. de Verderonne étoit venu le trouver de la part de Monsieur, et lui avoit dit « qu'il avoit un extrême déplaisir d'avoir appris que M. Du Hallier étoit avec des troupes sur la rivière de Seine pour en garder les passages, et que mesme il avoit pris quelques-uns des siens qu'il y avoit envoyés. Il faut demeurer d'accord, Monseigneur, ajoute Campion, que cet accident est fâcheux et qu'il trouble bien vos projets; et mesme d'autant que nous sommes incertains si ce retardement est causé par les raisons que l'on nous dit, ou si les émissaires de M. le cardinal n'ont point gagné quelque chose sur l'esprit de Monsieur....., particulièrement M. de La Rivière.... Ce qui vous doit pourtant assurer, outre les soins de M. le comte de Fiesques, c'est que M. de Montrésor est persuadé que c'est l'intérest de son maistre; et qu'ayant beaucoup d'affection pour lui, et estant tout-à-fait homme d'honneur, il n'oubliera rien pour le confirmer dans cette pensée; joint que, si l'affaire réussit, il aura la première place auprès de lui; au lieu que, si Monsieur étoit contraint de s'accommoder, le premier article du traité seroit son exclusion des affaires, et l'établissement ou de M. de La Rivière, ou de quelque autre agréable à la cour. »

(*Ibid.*, page 47.) (A. E.)

De mon côté, je soutenois un pesant fardeau avec ce qui restoit de personnes d'honneur, dont les passions n'étoient point corrompues par la peur ou par l'intérêt.

Dans ces entrefaites, Beauregard arriva de la part de M. le comte pour savoir une dernière résolution, et Chavigny s'en retourna à la cour, après avoir usé d'une adresse à laquelle Monsieur se laissa surprendre. Dans un entretien fort particulier, il supplia Son Altesse de lui dire au vrai le sujet de la mauvaise satisfaction qu'il pouvoit avoir, et ce qu'il désiroit. Monsieur se plaignit de la manière que l'on procédoit touchant son mariage, et y ajouta que, pour sa sûreté, il méritoit bien qu'on lui donnât une bonne place.

Chavigny, le lendemain, dressa un écrit au nom de Son Altesse, par lequel il exposoit qu'elle demeureroit entièrement satisfaite et obligée à la bonté du Roi, s'il plaisoit à Sa Majesté de donner son consentement à son mariage, et lui accorder une place de sûreté. L'ayant présenté à Monsieur, qui ne prévit pas que c'étoit une surprise, et qu'il falloit stipuler les conditions de M. le comte conjointement avec les siennes, leur union ne devant, pour quelque condition que l'on pût alléguer, être rompue ni altérée, fit appeler Goulas, secrétaire de ses commandemens, qui étoit d'intelligence avec Chavigny, auquel il fit copier cet écrit, qu'il signa, et lui fit contresigner.

Il portoit aussi créance au Roi de ce que Chavigny lui diroit, qui partit incontinent pour aller trouver Sa Majesté et le cardinal : et moi ayant eu lumière de ce qui s'étoit passé, je pressai fort Monsieur, jusqu'au point que je l'engageai à me déclarer ce qui en étoit. Il en retira une copie de Goulas, qui avoit fait glisser *ou* au lieu de ce mot *et* d'une place de sûreté; qui étoit mettre son mariage dans une alternative. Je le fis comprendre à Monsieur, et m'étendis fort sur ce qui regardoit l'intérêt de M. le comte, et l'obligeai de m'avouer qu'il avoit été trompé. J'insistai long-temps que l'unique moyen de sortir avec honneur, c'étoit de rejeter la faute sur Goulas, comme il étoit constant qu'il y avoit contribué tout ce qui dépendoit de lui; et qu'en le chassant, il étoit à couvert de tout ce qu'on pouvoit dire sur ce sujet. Ce n'étoit pas son intention qu'il me déguisoit, me disant lors qu'il croyoit qu'il falloit aller à Sedan; que c'étoit la seule ressource qui lui restoit, et qu'il y étoit entièrement résolu; que pour cet effet il donneroit ordre au baron de Ciré et au vicomte d'Autel de se rendre auprès de M. le comte; qu'il vouloit que l'on fît visiter les passages, et que les relais fussent mis sur les chemins.

D'Ormoy et Le Teillac, gentilshommes d'honneur et fidèles, et assurés à exécuter les choses qui leur étoient commises, firent ce qu'ils devoient, et vinrent rendre compte à Son Altesse.

Cependant la cabale contraire proposa un envoyé à la cour, et Chaudebonne fut choisi, contre mon sentiment. Goulas dressa une instruction en assez beaux termes pour servir de panégyrique au cardinal, dans laquelle il faisoit parler Monsieur avec peu de décence pour une personne de sa qualité, et ne demandoit rien d'essentiel pour ses intérêts, ni pour ceux de M. le comte.

Je ne saurois assez admirer la finesse dont Son Altesse usa contre elle-même, pour la faire passer sans qu'elle fût contestée.

Il s'adressa au comte de Fiesque, et lui dit en grande confiance que le soir il feroit appeler dans son cabinet lui, le comte de Brion, Ouailly, son capitaine des gardes, et moi; qu'il y feroit venir aussi Goulas, qui porteroit une instruction qui devoit être donnée à Chaudebonne, qui partiroit le lendemain pour aller à la cour ; et qu'étant résolu, comme il savoit, d'aller à Sedan, qu'il témoigneroit de l'approuver ; et que je ne la contestasse point, ni lui aussi, parce que ce consentement rendroit Goulas et ceux de sa cabale plus prompts à croire qu'il n'y auroit plus d'obstacle à son accommodement.

Le comte de Fiesque se paya de cette confiance avec la franchise d'un homme de bien, et me chercha pour m'en avertir.

Après l'avoir bien écouté, et vu la chaleur avec laquelle il m'en parloit, je lui demandai ce qu'il feroit en cette occasion : il me répondit qu'il suivroit les ordres que Monsieur lui avoit donnés; et qu'il n'avoit jamais cru qu'il dût partir, mais qu'à présent il en étoit persuadé. Je lui dis que pour moi je l'étois si peu, que je les contesterois de tout mon pouvoir, pour ce que Monsieur ayant déterminé de s'en aller, et Goulas l'emportant par dessus nous, ne mettroit plus en doute que son crédit ne prévalût au nôtre, et que le traité ne se conclût; que je ne voulois point m'attirer le reproche d'être tombé d'accord d'une chose honteuse pour Monsieur, qui le seroit pour moi d'y avoir donné mes suffrages si préjudiciables aux intérêts de M. le comte, vers lequel je ne m'en pourrois justifier.

Chacun demeura dans son opinion. Son Altesse ayant fait ce qu'elle avoit dit au comte de

Fiesque, nous entrâmes avec elle dans son cabinet.

Goulas mit l'instruction sur la table, et en fit la lecture. Chacun l'ayant entendue fort paisiblement, Son Altesse nous fit l'honneur de nous demander ce qui nous en sembloit. Je me remis à laisser opiner ces messieurs, que Son Altesse indubitablement avoit prévenus. Sur ce qu'ils observoient trop de silence, il se tourna de mon côté, et m'ordonna de dire quelle étoit mon opinion. Je dis que puisqu'il me le commandoit, la fidélité que je devois à son service m'empêchoit de lui céler ce que je pensois de cette instruction, que je n'estimois ni bien conçue ni bien écrite.

Goulas, se sentant piqué, me repartit ce que c'étoit que j'y trouvois à redire; je lui répondis avec assez de froideur que je le ferois remarquer à Monsieur lorsqu'il me le commanderoit.

Monsieur l'ayant ainsi trouvé bon, je la pris, et lui fis voir dans la première page combien il lui étoit important qu'elle fût supprimée. Il en raya sept ou huit lignes de sa main.

Goulas offensé me prit à partie, et s'échauffant trop en la présence de son maître, m'obligea à lui dire que je n'étois pas homme ni pour tromper Monsieur, ni pour souffrir qu'il fût trompé.

Il fut outré des termes desquels je m'étois servi, et, ne gardant plus de mesure, il me nécessita, pour dernière réponse, à lui faire sentir qu'il n'eût point à se méconnoître; que nous devions tant de respect à Son Altesse, qu'il ne falloit jamais le perdre; et qu'il rappelât sa mémoire, et se souvînt du petit écrit qu'il y avoit si peu qui avoit été fait dans ce lieu même où nous étions, et que l'équivoque de *et* et de *ou* me sembloit de conséquence.

Il ne lui en fallut pas dire davantage pour le rendre muet, avec une confusion à faire pitié.

Je ne m'étois point ému, et Son Altesse continuant à m'interroger, ces messieurs n'ayant pas ouvert la bouche sur ce que Monsieur leur avoit fait connoître, je repris le discours que j'avois commencé, et y ajoutai que cette pièce curieuse, qui n'avoit pas été faite en un moment, je ne demandois qu'une demi-heure pour remarquer dans les marges ce que je devois y blâmer; mais je pensois que, pour le plus court et le plus utile, il seroit plus à propos de la jeter au feu, et d'en faire une autre, dans laquelle Monsieur eût un style plus conforme à la dignité de sa personne, et qui expliquât autrement ses intérêts.

La conférence fut faite ainsi, et Chaudebonne partit le lendemain avec cette instruction, ou telle autre qu'on lui voulut donner, qui ne me fut pas communiquée.

Son Altesse s'en alla à la chambre de Goulas, qui lui fit de grandes plaintes; et au retour il dit au comte de Fiesque que je l'avois bien entendu, et que jamais gens ne furent si persuadés qu'ils étoient qu'il vouloit venir à un accommodement, et que cette opposition que j'avois faite avoit admirablement succédé.

La Rivière sortit de prison, sous le prétexte qu'il donna à M. le cardinal de se joindre à Goulas, et d'être sa créature dans la maison de Monsieur, qui feignit quelques jours d'avoir la goutte, pour avoir une excuse de ne point partir de Blois.

Enfin il fallut dépêcher Beauregard, et pour nous mieux jouer, un garde fut envoyé pour assurer M. le comte que Son Altesse iroit à Sedan. Verderonne y alla aussi, et Beloy; et Rhodes, qui s'étoit mis en chemin, fut arrêté.

Comme le jour que Beauregard s'en devoit aller fut pris, Son Altesse voulut l'entretenir et lui dire de sa propre bouche qu'il partiroit pour Sedan le samedi suivant, sans aucun retardement.

J'en avertis Beauregard, et lui conseillai de demander un écrit, et qu'il fît bonne mine, et qu'il me laissât le soin d'achever le reste. Je le menai le soir au château de Blois dans la chambre de Maulevrier, avec lequel je vivois dans la dernière amitié, où je fis trouver de l'encre et du papier, afin que toute excuse fût ôtée. Son Altesse y étant venue, il ordonna à Beauregard de porter cette parole à M. le comte; et Beauregard y fit très-bien son devoir, et témoigna que la chose étoit de telle conséquence, qu'il la supplioit très-humblement de la vouloir mettre par écrit.

Monsieur, un peu surpris, lui fit beaucoup de difficulté sur ce qu'il pouvoit être arrêté, et se tourna vers moi pour être fortifié dans cette opinion. Lors j'enquis Beauregard si ce malheur arrivoit, comment il s'en pourroit démêler. Il me répondit qu'il ne falloit qu'un billet de six lignes, qu'il seroit fort aisé de cacher, et qu'il le prenoit sur sa vie et sur son honneur, qu'il avoit trop d'intérêt à conserver pour ne rien basarder mal à propos. Me tournant vers Son Altesse, je lui dis que, quelque répugnance que j'y eusse, je croyois qu'il falloit se rendre à ce que disoit un homme comme étoit Beauregard, auquel on pouvoit tout confier.

Le billet fut écrit de la main de Monsieur et remis entre les siennes: ce qui me servit infiniment pour me mettre à couvert auprès de M. le comte des opinions qu'il auroit pu prendre que j'eusse autrement agi qu'avec la dernière sincérité, si je ne me fusse avisé de cette précaution, qui ne devoit point être négligée pour l'éclaircissement d'une vérité qui m'étoit d'extrême conséquence.

Les hommes, de quelque qualité qu'ils puissent être, que la nature n'a pas destinés à se mêler d'affaires importantes, et dont la bonne ou mauvaise conduite règle quasi toujours les événemens, sont si gênés, lorsqu'ils jouent, par les conseils des génies plus élevés que les leurs, un personnage forcé, qu'il est impossible qu'ils soutiennent long-temps un procédé entièrement opposé à leur inclination, et au-dessus de leurs forces et de leur tempérament.

M. le duc d'Orléans, pour agir conformément au sien, se rendoit ingénieux à se tromper dans ses propres intérêts, et croyoit, en abusant ses plus assurés et fidèles serviteurs, qu'il se garantissoit du péril qu'il se figuroit de courir ; persuadé que les longueurs et les remises lui devoient procurer de notables avantages, quoiqu'en effet ce fût sa ruine évidente, par la diminution de son crédit et de sa réputation, qui maintient seule la créance que les princes se doivent acquérir pour se conserver dans le rang que leur naissance leur donne, contre l'autorité illégitime des favoris et des ministres des rois leurs souverains, qui l'usurpent sans comparaison plus grande qu'elle ne leur est due et ne peut leur appartenir, selon les lois de l'Etat.

Les dissimulations et les fausses espérances, accompagnées d'une infinité d'artifices, firent concevoir à Son Altesse qu'un accommodement qui ne regardoit que sa personne suffisoit ; et qu'elle devoit, dans les règles de la prudence, passer par dessus toutes les considérations qui pouvoient lui être alléguées par ceux qui n'avoient pour objet que de porter les choses à l'extrémité, et se rendre irréconciliables avec le cardinal de Richelieu, plutôt par la haine violente conçue contre lui, que par le zèle (à ce qu'ils lui faisoient entendre) qu'ils protestoient d'avoir pour son service.

Monsieur, prévenu de l'impression que des gens si intéressés prirent soin de lui donner, feignit une seconde fois d'avoir la goutte, pour se pouvoir, plus honnêtement, défendre de partir pour aller à Sedan, ainsi qu'il s'étoit engagé par sa parole portée par diverses personnes à M. le comte, et par l'écrit que Beauregard lui avoit rendu de la part de Son Altesse.

Chavigny vint cependant le retrouver, pour lui dire que Sa Majesté donnoit son consentement à son mariage, et qu'elle l'assuroit d'autant de bonne volonté qu'elle en avoit jamais eu pour lui, dans le temps de la meilleure intelligence.

Le père Gondran, trompé par le cardinal, qui avoit fort pleuré devant ce bon père, moins subtil à traiter avec un esprit artificieux qu'excellent théologien, et d'une piété tout-à-fait exemplaire, Monsieur ajoutant foi à ce qui lui fut dit par son confesseur, duquel la fidélité ne pouvoit être suspecte, n'eut plus de pensée que de conclure son traité.

Les conditions n'étoient pas encore arrêtées, que le cardinal, bien informé par ses partisans que Monsieur n'avoit aucune intelligence formée dans le royaume, qu'il avoit négligé pendant quatre mois toutes les mesures qu'il devoit prendre, et qu'il avoit renoncé à tous les desseins d'entrer en aucun parti capable de mettre en compromis son autorité, et que la seule voie d'aller à Sedan lui étoit ouverte, fit garder les passages des rivières, et avancer le Roi jusques à Orléans. Monsieur, qui ne me parloit plus quasi, m'envoya quérir en mon logis sur le bruit de cette nouvelle, me fit mille protestations de ne se fier jamais au cardinal, et qu'il étoit résolu de s'en aller. Quoique ce qu'il me disoit fût très-éloigné de ma croyance, je lui dis toutefois que j'estimois qu'il n'étoit pas impossible de passer à Sedan ; s'il jugeoit à propos de l'entreprendre, qu'il falloit envoyer sur tous les chemins d'Orléans, pour voir si on ne faisoit point approcher des troupes, ou établir des relais en diligence : ce qui fut fait.

Chavigny, surpris (à ce qu'il témoigna), assuroit pourtant Monsieur que le Roi désiroit que tous leurs différends se terminassent avec douceur, et que Son Altesse n'avoit rien à craindre. Il lui demanda permission d'aller vers Sa Majesté, dont il lui rapporteroit toute la satisfaction qu'il pouvoit désirer, et qu'il n'y avoit qu'à conclure le traité.

Les articles principaux furent que le Roi consentoit au mariage de Monsieur ; la sûreté générale pour les siens, sans rien stipuler de particulier pour ceux qui étoient les plus notés dans cette occasion ; et qu'il seroit libre à Son Altesse de demeurer dans son apanage, sans qu'elle fût obligée d'aller à la cour ; que M. le comte pourroit, si bon lui sembloit, entrer dans le traité ; et que Mouzon, qui étoit la plus mauvaise place du royaume, lui seroit donné pour son séjour : ce que le cardinal savoit bien qu'il n'accepteroit jamais.

Monsieur ne m'en donna aucune part, et me regardoit avec toute l'indifférence dont un prince puisse user envers un gentilhomme son domestique, auquel il avoit plus de confiance qu'en aucun autre qui avoit l'honneur de l'approcher.

Une seconde alarme étant portée à Son Altesse (qui la reçut avec des frayeurs qui vont au-delà de ce qu'elles se peuvent imaginer), elle m'envoya chercher aussitôt. Je priai ceux qui en avoient pris la peine de vouloir lui dire qu'ils ne m'avoient pas trouvé. Les messagers revinrent si souvent, que j'allai parler à lui, qui me recommença les mêmes discours qu'il m'avoit tenus lorsqu'il étoit dans quelque embarras, et que la crainte de sa personne, qui est la seule qui m'a paru qu'il ait eue durant tout le temps que je l'ai servi, le pressoit, ne lui en ayant jamais vu pour aucun des siens, en quelques périls qu'ils fussent exposés pour son service.

Comme il remarqua que je ne lui répondois pas un seul mot à toutes ses plaintes, il me pressa fort de lui dire mes sentimens. Je m'en excusai, me trouvant à bout des expédiens, dont j'étois si épuisé que je n'en avois plus aucuns à lui fournir.

Le pouvoir qu'il avoit sur moi, sur ce qu'il persista à m'ordonner de dire ce que je pensois, m'ayant forcé de rompre le silence, je le conjurai une fois pour toutes, dans cette extrémité, de prendre une bonne résolution; et que s'il étoit vrai qu'il voulût partir pour se retirer des mains de ses ennemis, dans lesquelles il étoit tombé, qu'il connoissoit, par des expériences continuelles, parjures et infracteurs de leur foi, je me hasarderois autant qu'un homme le pourroit faire pour faciliter son éloignement; que, pour ce sujet, il avoit à choisir de se retirer par la Champagne, ou en passant à Paris; qu'il y auroit des relais de tous côtés; que j'y avois un gentilhomme qui attendoit avec six chevaux, du secret et de la fidélité duquel j'étois caution; que messieurs les ducs de Vendôme et de Beaufort l'avoient assuré de le conduire avec sûreté à Sedan; qu'en faisant avancer deux des siens pour avertir M. le comte, il viendroit au devant de lui; enfin, qu'il n'y avoit rien à craindre prenant ce parti, et tout à espérer; mais qu'il étoit seulement nécessaire de céler son partement du soir jusques au lendemain à midi, et que je demeurerois avec ceux que le cardinal croyoit les plus affidés surveillans de ses actions; et que je me souciois peu de tout risquer, pourvu que je lui pusse rendre ce service; et que je m'assurois que le comte de Fiesque, sur lequel on avoit soupçon, voudroit bien s'exposer au même hasard.

Il accepta fort l'offre que je lui faisois, sans toutefois m'en témoigner le moindre ressentiment : ce qui me toucha sensiblement, je l'avoue, mais non pas au point de me faire rétracter ma parole, ni m'éloigner de ce que j'estimois lui devoir dans cette pressante occasion.

Le lendemain se passa; et comme Monsieur m'aperçut, il recommença à reprendre la froideur qu'il m'avoit témoignée lorsque ses affaires alloient un peu mieux.

Chavigny, qui ne s'en étoit point encore allé trouver le Roi, l'avoit fort long-temps entretenu, et aussi Goulas plus d'une heure en particulier. Je me retirai doucement en mon logis, détestant une conduite qu'il étoit impossible de comprendre, et sur laquelle je ne savois ce que j'avois à faire pour me démêler de tant de piéges que je prévoyois qui m'étoient tendus, sans pouvoir fonder ni mesure ni résolution. Mais le soir la chose changea de face, par un avis que Son Altesse reçut que le Roi faisoit avancer de ses compagnies de gendarmes et de ses chevau-légers, et embarquer le régiment de ses gardes, pour le surprendre dans Blois, lieu ouvert et accessible de tous côtés.

Chavigny fut envoyé quérir, et vint trouver Monsieur chez un nommé Mauvoy, homme de bien, au logis duquel quantité de femmes de la ville s'étoient assemblées, qu'il avoit coutume de voir, et lui dit, en présence de Fretoy et dudit Mauvoy, qu'il avoit prétendu traiter sincèrement avec lui; que cependant il avoit appris que l'on contrevenoit aux paroles qu'il avoit données au nom du Roi, et que si cela étoit et qu'il y courût quelque risque, sa vie en répondroit.

Chavigny, incertain, et qui n'eut aucune part à cette délibération, en cas qu'elle eût été prise à la cour, se soumit à tout, et dépêcha dès l'heure même un courrier à M. le cardinal, en attendant le retour duquel Son Altesse fit ses préparatifs pour partir.

Elle donna des apparences qui trompèrent beaucoup de gens. Je ne fus pas de ce nombre, ni l'abbé d'Aubasine; car tous les domestiques de Monsieur étant bottés, fort empressés auprès de sa personne, nous allâmes au château de Blois, où il se promenoit, lui en soutane, et moi sans bottes, pour lui faire connoître que nous ne passions pas aisément pour dupes, dont il se plaignit et blâma notre incrédulité.

Le soir le courrier de Chavigny rapporta les articles signés, avec une infinité d'assurances et de bonnes paroles; le lendemain Monsieur séjourna à Blois, et le jour d'après il s'en alla trouver le Roi à Orléans, avec le cardinal de La Valette, qui l'étoit venu quérir. Je partis avec sa permission, pour me retirer chez moi, pour n'être pas présent en cette entrevue, dans laquelle je ne pouvois trouver ma sûreté.

Son Altesse y fut regardée avec peu de respect de ceux qui étoient lors auprès de Sa Majesté, et méprisée par le cardinal, qui lui fit des railleries fort injurieuses.

Le comte de Fiesque s'en retourna à Sedan, pour informer M. le comte de ce qui s'étoit passé. Monsieur y envoya le comte de Brion et Du Gué, qui étoit mon particulier ami, capable de tout ce qu'un gentilhomme le pouvoit jamais être, et d'une probité exquise, qui dit librement à M. le comte la vérité, et l'état auquel il m'avoit laissé, sans sûreté aucune, et toujours attaché à ses intérêts et à son service, en tout ce qu'il lui plairoit me commander.

Il se plaignit hautement que Son Altesse l'eût abandonné, rejeta les offres d'entrer dans le traité sous les conditions que l'on y avoit mises, et lui manda qu'il prendroit ses mesures comme il le jugeroit à propos, puisqu'il étoit libre de le faire.

Le cardinal triompha, de cette sorte, d'un parti qui l'avoit jeté dans d'étranges appréhensions : ce que je ne puis attribuer à sa bonne conduite, que je n'ai remarquée, pour être dans la suite de toutes ses affaires, ni d'un esprit prévoyant, ni d'un grand personnage, mais seulement d'un homme fort heureux, que la fortune soutenoit beaucoup plus dans les traverses qui lui arrivoient, que la prudence que plusieurs ont voulu estimer en lui.

Je l'admirerai moins par la connoissance que j'en ai eue, que je ne plaindrai ceux qui se sont opposés à sa tyrannie; et qu'il s'est servi de la foiblesse qu'ils ont fait paroître contre un ennemi public, duquel les vices et les défauts ont toujours infiniment surpassé les vertus et les bonnes actions.

Je pourrai peut-être quelque jour, avec plus de loisir et de repos, revoir ce que j'ai écrit ingénument pour rendre ce discours plus intelligible, et y ajouter ce qui s'est passé depuis l'année 1636 jusqu'à 1642. Ceux qui se donneront la peine de lire ceci auront, s'il leur plaît, la bonté d'en excuser les fautes, et peuvent s'assurer que je me serois bien empêché de parler de moi si je l'avois pu éviter.

Discours par M. de Montrésor touchant sa prison.

Je n'ignore pas que beaucoup de gens n'aient trouvé à redire à ma conduite, lorsque je me suis retiré du service de M. le duc d'Orléans; mais il me reste cette satisfaction de croire que la plupart ne m'ont blâmé que pour n'avoir pas été informés des justes sujets que j'en ai eus, et de la nécessité qui m'y a contraint. L'expérience que vingt-deux années m'avoient acquise m'éclaircissoit suffisamment de ce que je devois espérer ou craindre, et je m'étois assez préparé à ce que j'avois à faire pour n'être pas accusé de m'y être résolu légèrement. Il est vrai que si mes intérêts particuliers m'eussent engagé auprès de Son Altesse, et que l'avancement de ma fortune eût été la principale considération qui m'eût attaché à son service, il y auroit eu lieu de trouver étrange de me voir abandonner les espérances que sa condition présente me pouvoit faire concevoir; je dirai sincèrement quelles ont été mes intentions, que j'ai plus essayé de rendre conformes au devoir d'un homme de bien, qu'à la prudence intéressée du siècle où nous sommes, dont les maximes m'ont toujours été trop suspectes pour m'y pouvoir assujétir. Et comme j'ai toute ma vie estimé que les premiers sentimens se devoient adresser à Dieu, auquel nous sommes obligés de rendre compte de nos actions, j'ai aussi reconnu que la seconde obligation consiste à s'exempter, dans le monde, des moindres reproches qui peuvent donner quelque atteinte à l'honneur. Pour mettre le mien à couvert, et me garantir des traverses que la malice de mes ennemis, embarrassés de la franchise de mon naturel, auroit suscitées contre moi, j'ai cru qu'il étoit plus à propos de me retirer de la cour de Son Altesse, que d'y demeurer davantage. Il est à remarquer que je m'étois engagé à son service par ma propre inclination, et que mon devoir m'y avoit retenu pendant que la persécution étoit ouverte contre ceux desquels la fidélité ne pouvoit être corrompue. En cette considération il y avoit non seulement de l'apparence, mais de très-justes sujets de me continuer les témoignages de confiance, accompagnés de quelque sorte d'estime, que j'en avois reçus dans le temps de ses disgrâces, plutôt que de me les nier sans aucun fondement légitime dans celui de ses prospérités. Ces changemens dans la cour sont des effets assez ordinaires de la fortune et de l'humeur des princes pour ne s'en pas étonner. De plus honnêtes gens que je ne présume l'être ont éprouvé de semblables malheurs; ils s'en sont consolés : il est juste que j'en fasse de même à leur exemple.

Dès mon enfance, j'avois eu l'honneur de me donner à M. le duc d'Orléans, et j'oserai dire, parce que c'est la vérité, que je n'ai eu autre objet, tant que j'ai été à son service, que celui de sa gloire et de mon devoir. Plusieurs affaires de conséquence m'ayant lors été confiées par Son Altesse, je me rapporterai volontiers à ce qu'elle-même en dira, si jamais elle s'est aperçue que mon intérêt m'ait été en aucune considération, et si la crainte de la peine ou du péril ont retardé un seul moment l'exécution de ses ordres et l'obéissance que j'ai due à ses commandemens, après l'avoir suivie dans toutes ses disgrâces au-dedans et au-dehors du royaume, m'être trouvé abandonné diverses fois de sa protection, et des assistances que j'en devois espérer et attendre, sans me pouvoir reprocher d'avoir rien contribué qui m'exclût de les recevoir ; vu aussi ma patience exercée dans des rencontres les plus rudes qui puissent arriver à un gentilhomme qui suit, par une pure affection, la fortune d'un prince. Je ne crois pas, si l'on prend la peine d'y faire réflexion, que l'on veuille trouver à redire au soin que j'ai pris d'établir mon repos, en me retirant d'auprès d'un maître duquel j'étois si peu considéré, et d'autant plus que ses persécutions étant finies avec la vie et l'autorité du cardinal de Richelieu, je lui étois fort inutile, n'y ayant rien de plus certain qu'il n'y avoit que ses malheurs qui m'eussent procuré de l'emploi auprès de lui.

Dans ce discours, par lequel je prétends justifier ma conduite, je garderai ce respect à M. le duc d'Orléans de n'y mêler que les plaintes qui sont nécessaires pour faire évidemment paroître que je n'ai point failli, et qui peuvent servir à donner connoissance des raisons essentielles qui m'ont obligé d'en user ainsi que j'ai fait. Si ceux qui se sont avisés de dire les sentimens et les motifs de ma retraite se fussent expliqués avec cette retenue, et parlé avec plus de modération, ils m'auroient déchargé du soin d'écrire des vérités que j'aurois eu plus de satisfaction de passer sous silence, que d'être réduit à les faire savoir. Ce n'est pas que ce qu'ils ont dit de moi soit fort injurieux, puisque, par leur aveu propre, ils m'ont laissé la qualité d'homme sincère et incorruptible, et reconnu pour n'être pas absolument indigne de servir un prince dans des affaires difficiles : mais pour venir aux fautes qu'ils m'ont attribuées, ils ont publié que je me suis précipité mal à propos à me retirer, sur ce que je voyois La Rivière préféré à moi, et prendre la place que j'avois tenue lorsqu'il n'y avoit que des persécutions à souffrir ; que j'avois agi dans cette action par le caprice d'un esprit ulcéré, et contre les règles de la prudence, qui me conseilloit de dissimuler le mécontentement que j'en recevois, afin d'attendre des conjonctures plus favorables pour rentrer en créance auprès de Monsieur ; et qu'indubitablement les divers changemens de la cour me les eussent présentées, si je ne me fusse mis hors d'état de m'en prévaloir. Ce discours a quelque vraisemblance, et seroit capable de persuader ceux qui ne le voudroient pas pénétrer ; mais nonobstant qu'il ait été inventé avec assez d'adresse et d'artifice, il n'est pas si difficile d'y répondre que je ne le puisse faire dans la suite de cette relation, par laquelle je m'expliquerai ingénument de la vérité des choses passées. Ceux qui ont remarqué de plus près ma façon d'agir sont vivans, et peuvent servir de témoins s'il leur a paru qu'aucune envie de tenir la première place fût entrée dans mon esprit, et si, par des soins particuliers que j'aie pris, ou que mes amis se soient donnés pour moi, y a-t-il des mesures connues qui aient témoigné que j'eusse le moindre désir de me la procurer. Je ne nierai pas que je ne me sois opposé de tout mon pouvoir pour empêcher La Rivière de l'occuper ; et si j'eusse fait autrement, je me serois rendu coupable vers Son Altesse, parce que j'étois très-assuré qu'en étant entièrement indigne, il en abuseroit, et ne tâcheroit à s'en servir que pour avancer sa fortune aux dépens de la réputation et des affaires de son maître, qu'il livreroit autant qu'il dépendroit de lui au cardinal de Richelieu. J'avois aussi à regret qu'un homme de sa naissance, que je savois être un trompeur pour avoir vendu le parti dans lequel son devoir l'avoit dû engager de servir, fût considéré à l'exclusion de beaucoup de personnes de qualité et de mérite, qui croyoient ne pouvoir souffrir son accroissement sans un notable préjudice et sans une honte manifeste à cause de la bassesse de son extraction, et de l'infidélité qui avoit paru dans toutes les actions de sa vie. Si cette résistance a été un défaut dans ma conduite, je ne veux pas seulement en être accusé, car je désire d'en être convaincu ; mais comme ce n'est pas le sujet effectif et véritable qui m'a obligé à me retirer, je ne m'y arrêterai que pour dire que j'ai eu des considérations plus fortes que celles que j'avois tirées de la mauvaise intelligence qui étoit entre La Rivière et moi.

En l'année 1636, l'union de M. le duc d'Orléans et de M. le comte de Soissons leur donna lieu de former un parti contre l'autorité du cardinal de Richelieu, qui cherchoit sa grandeur et son élévation dans l'abaissement de la maison royale.

Ils jetèrent les yeux sur Saint-Ibar et sur moi pour nous déposer le secret de leurs résolutions, dont les commencemens nous faisoient espérer des événemens bien contraires à ceux qui sont arrivés du depuis. Dans les occasions qui s'offrirent de leur rendre tous les services qui étoient en notre pouvoir, je crois que je puis assurer qu'ils n'ont eu aucun reproche à nous faire, et qu'ils reconnurent que les mesures qui avoient été concertées suffisoient pour achever avec facilité et réputation le dessein qu'ils avoient entrepris, comme l'expérience l'auroit justifié, si ces deux princes, auprès desquels nous avions l'honneur d'être employés, eussent eu autant de disposition à finir les affaires qu'à les commencer.

M. le duc d'Orléans sait mieux que pas un autre à quoi il tint; mais, prévenu d'autres sentimens, il suffit de dire qu'il ne le jugea pas à propos, dans la créance qu'il lui seroit plus avantageux de s'accommoder; ce qu'il fit par l'entremise de M. de Chavigny et du père Gontran, son confesseur. Et bien que les intérêts de Son Altesse ne fussent pas ménagés de la sorte qu'ils le pouvoient être, au moins en succédat-il que Sa Majesté consentit à son mariage, et le déclara en public à messieurs du parlement de Paris. Quoiqu'il fût très-juste que l'on me comprît dans ce traité, et que ma sûreté y fût particulièrement stipulée, puisque j'avois eu la principale confiance de ce qui s'étoit projeté, je ne méritai point que l'on s'en avisât; et l'on fit plus, car l'on ne se contenta pas de me laisser exposé, l'on usa de cette dureté vers moi de me céler tout ce qui concernoit l'accommodement, que je souffris volontiers se conclure sans m'en plaindre, faisant toutefois connoître à Son Altesse que j'étois mieux informé qu'elle ne l'avoit peut-être cru. Les articles entièrement arrêtés, Monsieur alla trouver Sa Majesté à Orléans, où je ne me jugeai pas en état de le suivre. Lorsqu'il fut de retour à Blois (avec la mauvaise satisfaction que l'on peut croire qui me devoit rester de la manière dont je me voyois abandonné), je pris la liberté de le supplier, avec le respect que j'étois obligé de lui rendre, de me permettre, étant fort inutile à son service, de me retirer hors du royaume, où j'aurois plus de sûreté qu'à y demeurer, le cardinal de Richelieu ayant le dessein et le pouvoir de me perdre. J'y ajoutai que je croyois qu'il avoit intérêt pour sa réputation de souffrir que je prisse ce parti, qui étoit le seul qui me restoit de me garantir d'oppression pour l'avoir fidèlement servi : ce que je ferois toujours avec le même zèle qu'il avoit reconnu et éprouvé dans ces dernières rencontres. Je demandois si raisonnablement, ce me sembloit, que je ne voyois pas lieu d'être

refusé par Son Altesse; toutefois sa prudence n'en tomba pas d'accord, sur ce que, m'éloignant de lui, M. le cardinal l'attribueroit à des négociations secrètes qu'il m'auroit confiées. Ce fut la raison qu'il m'allégua, et de laquelle il se servit pour vouloir que je demeurasse en France, dont il me fit un commandement absolu. Le hasard que j'avois à courir en obéissant ne fut mis en aucune considération : il fallut pourtant s'y résoudre; mais j'avoue que j'étois outré dans mon cœur de voir ma vie et ma liberté comptées pour si peu, que de m'ôter par des ordres si précis les moyens de me les conserver, et même sans me dire une seule parole obligeante qui me pût assurer qu'il m'en eût la moindre gré. Je jugeai dès-lors à qui j'avois affaire, et me résolus dès ce moment que le présent me seroit une règle pour l'avenir, et cependant à trouver dans une vie retirée et particulière la sûreté qui m'étoit déniée dans la protection d'un maître auquel je m'étois si entièrement dévoué. Je m'en allai dans une maison de campagne, où je passai six ou sept ans dans une solitude assez exacte pour faire croire que j'avois quitté toutes les pensées de me mêler des intrigues et autres menées qui déplaisent à ceux qui gouvernent. Cette retenue de laquelle j'usai me fit oublier du cardinal de Richelieu, et me mit à couvert de la persécution que je devois attendre d'un ministre de son humeur, si j'eusse vécu autrement. Je voyois Monsieur lorsqu'il revenoit dans son apanage; mais c'étoit assez rarement, et avec les précautions qu'il falloit observer, qui n'étoient pas inutiles. Le temps que j'ai ci-devant remarqué s'étant passé de cette manière à mon égard, Son Altesse, retournée à Paris, se laissa persuader par messieurs le duc de Bouillon et de Cinq-Mars, grand-écuyer de France et favori du Roi, de s'opposer à la domination du cardinal de Richelieu, qui étoit trop violente, à ce qu'ils lui faisoient entendre, et trop tyrannique pour être plus long-temps tolérée. Ils lui représentoient le peu de sûreté en laquelle étoit sa personne, et le déshonneur qu'il recevoit, tant sur le sujet de son mariage, où sa conscience étoit intéressée, que sur une infinité d'autres qui ravaloient sa naissance et blessoient sa réputation. Leurs inductions furent si pressantes sur son esprit, qu'elles firent qu'il se résolut à traiter avec les Espagnols; et pour cet effet Fontrailles, gentilhomme d'autant de mérite que j'en aie jamais connu, fut dépêché en Espagne avec des articles et des blancs signés de Son Altesse, de laquelle, durant que les choses s'engageoient si avant, je me trouvois éloigné.

Le Roi partit pour le siége de Perpignan;

M. le Grand suivit Sa Majesté; M. de Bouillon fut commander l'armée en Piémont, et Son Altesse vint à Blois. Je n'étois lors en aucune connoissance de leurs desseins; et il est très-vrai que je ne les eusse point approuvés, parce que la foi de quelques-uns qui s'en méloient m'étoit fort suspecte, et que le parti d'Espagne duquel ils se vouloient appuyer étoit tellement foible et et de force et de réputation, qu'il n'y avoit pas matière de se promettre qu'il dût être si promptement en état de relever celui que Son Altesse essaieroit de former d'elle-même : et pour en dire plus positivement mon opinion, le fondement de leurs délibérations, ni les voies qu'ils avoient tenues pour les faire réussir, ne m'auroient satisfait en façon du monde. Il fallut pourtant, nonobstant cette répugnance, que dans ce qui arriva du depuis j'y eusse plus de part que je n'aurois désiré, s'il eût été à mon choix d'en accepter ou refuser la connoissance.

Son Altesse, dans cet embarras d'affaires, voulut me rapprocher d'elle, et pour ce sujet m'envoya commander de me rendre près de sa personne le plus tôt que je pourrois. J'eus un prétexte fort spécieux de m'en excuser, parce que j'étois incommodé au point de ne me pouvoir soutenir, pour m'être démis les deux jambes quelques jours avant. La fatalité est une étrange chose! il y a des malheurs que l'on ne sauroit éviter : celui qui m'a toujours accompagné voulut que mes excuses m'attirèrent de nouveaux ordres qui me contraignirent, contre mon sentiment, d'aller trouver M. le duc d'Orléans à Blois. Il me parut, lorsque j'eus l'honneur de lui faire la révérence, par la réception qu'il me fît, qu'il n'avoit pas désagréable de me voir, et qu'il étoit en impatience de m'entretenir. Je ne me trompai pas; car il ne se donna le loisir que de me dire cinq ou six paroles dans sa chambre, en présence de quelques-uns des siens, qu'il passa dans son cabinet, duquel il me commanda de fermer la porte : ce qui me confirma qu'il avoit de nouveaux embarras, dont il avoit intention que j'eusse la confiance.

Son premier discours fut de la créance qu'il prenoit en ma fidélité, que je lui avois, à ce qu'il me dit, conservée si entière, qu'il lui étoit impossible de me déguiser ses affaires et ses sentimens. Il me raconta ensuite tout ce qu'il avoit fait et résolu avec M. de Bouillon et M. le Grand, et m'ordonna de lui dire, avec ma franchise accoutumée et la liberté qu'il m'avoit toujours permise, quelle étoit mon opinion dans ces occurences où il s'agissoit de tout ce qu'un prince de sa qualité avoit de plus considérable. Il la trouva si différente de la sienne, et tellement éloignée des conseils qui lui avoient été donnés, que je m'aperçus, dès l'instant que j'avois l'honneur de lui parler, qu'il en restoit fort surpris, et d'autant plus qu'il s'étoit imaginé, rappelant le souvenir des choses passées, qu'il n'avoit qu'à m'ouvrir les voies d'entrer dans un parti, pour rencontrer en moi le zèle et l'ardeur que j'avois témoignés dans celui de l'an 1636, qui avoit été entrepris sur des fondemens plus solides et des moyens mieux raisonnés.

Cette première conférence qu'il plut à Son Altesse que j'eusse l'honneur d'avoir avec elle ne s'étant étendue que dans des termes généraux, je fus nécessité ensuite par mon devoir, et pour l'intérêt de son service, de m'expliquer plus clairement de mon avis, et de le particulariser davantage. J'insistai moins sur les défauts de l'engagement dans lequel il me sembloit qu'il s'étoit précipité, et les fautes que j'estimois y avoir été commises en s'y embarquant, quoique très-grandes, qu'à lui proposer les expédiens que je jugeai plus propres à les réparer. Dieu sait, et Son Altesse aussi, si je parlai en homme de bien et conformément au devoir d'un naturel françois.

Le traité porté à Monsieur par le vicomte de Fontrailles et le comte d'Aubijoux à Chambord, il s'en alla à Bourbon, où je n'eus point l'honneur de le suivre, pour éviter les soupçons qu'en auroit peut-être pris le cardinal de Richelieu. Avant ce voyage, Son Altesse me donna diverses fois sa parole que je serois ponctuellement averti de tout ce qui surviendroit dans le cours de cette affaire, et m'assura que, si elle étoit découverte et lui obligé à se retirer, il s'en iroit à Sedan, où il me commanderoit de me rendre avec la diligence que je jugerois nécessaire. Le comte d'Aubijoux fut dans ce même temps en Piémont vers le duc de Bouillon, pour tirer de lui les pouvoirs qu'il avoit promis, et les ordres à ceux qui commandoient dans sa place pour y recevoir Son Altesse toutes les fois qu'il lui plairoit d'y chercher sa sûreté. Ils lui furent remis par mondit sieur de Bouillon, et il les apporta à Moulins, si à propos, que Monsieur eût pu s'en servir s'il fût demeuré dans sa première résolution.

Le traité ayant été pénétré (1), et messieurs le

---

(1) Ce fut le duc d'Orléans qui se chargea probablement de donner à Richelieu le traité fait avec l'Espagne, dont on connaissait l'existence sans en avoir vu les termes. On reconnaît par la pièce suivante combien le cardinal ministre comptait sur ce document pour faire faire le procès aux conjurés. Cette concession fut arrachée à

Grand et de Thou arrêtés à Narbonne, tant s'en fallut que Son Altesse se disposât à prendre le chemin de Sedan, ainsi qu'elle me l'avoit assuré, qu'elle choisit la voie de la négociation (1), et force de promesses et de menaces à la faiblesse de Gaston. Combien ne fut-elle pas funeste à ses anciens amis !

Mémoire de Son Eminence.

« Pensant et repensant à l'affaire des conjurés, je me suis advisé qu'il est impossible qu'il n'y ait un traitté particulier fait entr'eux : ce qui fait qu'il faudra le demander à Monsieur, aussi bien que le traitté d'Espagne. Si l'on peut avoir ces deux pièces, le procès sera fait aux prisonniers sans peine.

» Il faut présupposer nécessairement, en parlant à La Rivière, que le traitté est comme une chose hors de doute.

» Puisque vous estimez du tout nécessaire de donner un acte ou passeport à Monsieur pour sortir hors du royaume, je vous en ay envoyé un que j'ay dressé, aux paroles substantielles ausquelles il est à propos de s'attacher par beaucoup de raisons, que vous jugerez bien.

» Après avoir fait représenter au duc d'Orléans, nostre frère, que le vray lieu auquel il se doit rendre auprès de nostre personne, particulièrement depuis la faute où il est tombé depuis peu, les instances et réitérées supplications qu'il nous a fait faire de luy permettre de sortir de nostre royaume, nous voulons bien la tolérer, puisqu'il n'a pas voulu suivre nos conseils ny satisfaire à ce à quoy son devoir l'obligeoit.

» En cette considération, nous commandons à tous nos gouverneurs de provinces, places, villes, et à tous autres nos officiers, de laisser passer librement nostredit frère avec son train, composé de... chevaux, pour aller à Venise, d'où il ne pourra revenir dans nostre royaume sans notre expresse permission.

» *De Tarascon, ce cinquiesme juillet* 1642. »

Billet de Son Eminence à monsieur de Chavigny.

« Plus je pense et repense à l'affaire de la conjuration de MM. le Grand, de Bouillon et de Monsieur, plus je reconnois qu'une déclaration ingénue et entière de Monsieur seroit nécessaire. Partant, je vous fais ce billet pour vous dire que si on peut l'avoir telle, en accordant à Monsieur quelques conditions plus advantageuses que celles qu'on s'est proposées, je crois qu'il ne faut pas perdre l'occasion d'avoir ladite déclaration, qui emporte avec soy la délivrance du traité fait en Espagne et de l'association faite en France.

» S'il n'y a point d'espérance d'avoir une telle preuve de la conjuration, il faut suivre ponctuellement le premier projet; mais si on la peut avoir pour de l'argent davantage, et quelques autres conditions que le Roy jugera n'estre pas préjudiciables et peuvent et doivent estre accordées, tout est remis à la prudence du Roy et de ceux qui ont l'honneur d'estre auprès de luy.

» *Du septiesme juillet* 1642. »

(1) Voici les principales pièces relatives à l'accommodement de Gaston d'Orléans avec le Roi, négocié par l'abbé de La Rivière.

I. Lettre de Monsieur à monsieur de Chavigny.

« Monsieur de Chavigny, encore que je voye bien par vos dernières lettres que vous n'estes pas satisfait de moy et que véritablement vous en ayez sujet, je ne laisse pas de vous prier de travailler à mon accommodement avec Son Eminence, et d'attendre cet effet de la véritable affection que vous avez pour moy, que je crois qui sera plus grande que vostre colère. Vous sçavez le besoin que j'en ay, et je crois que vous ne manquerez pas, estant l'occasion la plus pressante pour mon repos, que j'auray jamais. J'ay commandé à l'abbé de La Rivière de vous rendre compte de toutes choses, et de prendre vos advis et les suivre. Enfin, il me faut tirer de la peine où je suis. Vous l'avez déja fait deux fois auprès de Son Eminence. Je vous jure que ce sera la dernière fois que je vous donneray de pareils employs. Et je ne fais point de complimens, je les réserve quand vous m'aurez tiré de l'embarras où je suis,

» Gaston.

» Je vous conjure que je puisse voir Son Eminence devant le Roy ; car cela estant, tout ira bien.

» *De Moulins, ce* 25 *juin* 1642. »

II. Lettre de Monsieur à Son Eminence.

« Mon cousin, je vous envoye l'abbé de La Rivière pour vous dire ce que j'espère de vostre générosité : je vous prie de prendre une certaine créance en luy et de garder cette lettre pour m'estre un reproche éternel, en cas que je manque à la moindre chose dont il vous asseurera de ma part. Je prends Dieu à témoin de la sincérité avec laquelle, mon cousin, je vous fais cette protestation, et celle d'estre toute ma vie le plus fidel de vos amis, et avec la mesme passion que je suis, mon cousin, vostre affectionné cousin,

» Gaston.

» *De Moulins, ce* 25 *juin* 1642. »

III. Response de Son Eminence à Monsieur.

« Monsieur, puisque Dieu veut que les hommes ayent recours à une ingénue et entière confession pour estre absous de leurs fautes en ce monde, je vous enseigne le chemin que devez tenir pour vous tirer de la peine en laquelle vous estes. Vostre Altesse a bien commencé, c'est à elle d'achever, et à ses serviteurs à supplier le Roy d'user en cas de sa bonté en vostre endroit, ainsi qu'elle y a grande disposition. C'est tout ce que vous peut dire celuy qui désire véritablement vostre contentement, et qui a toujours été et veut estre, etc.

» *Du dernier juin* 1642. »

IV. Escrit de monsieur de La Rivière.

« Son Altesse m'ayant commandé de dire à M. le cardinal le desplaisir sensible qu'elle avoit d'avoir failly, et qu'elle désiroit passionnément de le voir pour lui avouer tout ce qu'elle sçavoit, Son Eminence a voulu que je le disse au Roy, bien que je n'en eusse point l'ordre de Sadite Altesse Royale, mais bien de faire tout ce qu'il commanderoit. A quoy ayant obéy, Sa Majesté m'a absolument commandé d'escrire, ce que j'ay fait après une longue et respectueuse résistance de ma part.

» Monsieur m'a commandé de dire à Son Eminence qu'il désiroit le voir, qu'il le conjuroit d'obtenir sa grâce du Roy et l'oubly de sa faute ; qu'il avoit eu des liaisons avec M. le Grand dont il expliqueroit le détail à Son Eminence ; qu'il avoit aussi eu quelques liaisons avec M. de Bouillon et qu'il diroit le particulier à Son Eminence, que je ne sçay point. A costé est escrit : à Montfrin, ce 29 juin 1642. »

la commit à La Rivière, qui dépendoit entièrement du cardinal de Richelieu. M. de Bouillon fut aussi retenu à Casal d'une manière fort peu honorable pour lui : ce que j'ignorai durant

V. *Response du Roy, qui doit estre mise au bas de l'escrit de monsieur de La Rivière.*

« Après ce que le sieur de La Rivière a déclaré de la part de mon frère, je désire qu'il retourne le trouver pour luy dire que s'il m'envoye par escrit toutes les choses dans lesquelles il s'estoit engagé et ausquelles on l'a voulu porter contre mon service, et qu'il déclare franchement ce qu'il sçait, sans rien réserver, il recevra des effets de ma bonté, ainsi qu'il en a déjà receu plusieurs fois par le passé. Je désire que ledit sieur de La Rivière m'apporte promptement response, et qu'il vienne au-devant de moy.

» La proposition de La Rivière est, que si Monsieur confesse tout sans réserve, le Roy trouve bon que sans le voir il sorte du royaume pour aller vivre à Venise.

» Il témoigne croire absolument que si on veut luy donner la liberté il donnera ingénue et entière confession de toutes choses.

» Il m'a demandé plusieurs fois ma parole sur ce sujet; je n'ay osé la luy donner, ne sachant pas si le Roy l'agréera ; mais ma pensée est qu'il n'y a pas de difficulté à le faire, parce que ou Monsieur envoyera une bonne et entière confession, ou une mauvaise et défectueuse, on le poursuivra avec des troupes, selon la résolution prise, et cependant ladite confession, quoyque mauvaise, servira à la conviction de ses complices, et à celle de sa propre personne. S'il l'envoye bonne, l'on s'en servira encore mieux, et le Roy ne sera obligé qu'à le laisser aller à Venise et ne le priver pas de liberté ; ce qui n'empeschera pas qu'on ne fasse ensuite ce qu'il faudra pour l'Estat.

» Mon advis est donc que vous disiez à l'abbé de La Rivière : M. le cardinal ne vous a pas voulu donner parole que le Roy laissast aller librement Monsieur à Venise sans le voir, au cas qu'il luy envoyast une entière confession de ce qu'il sçait; et cependant pour vous montrer qu'il fait tousjours plus qu'il ne promet, il m'a escrit pour conseiller au Roy de donner ce consentement à Monsieur : ce que je feray très-fidèlement, et en ce cas je vous donneray, par commandement du Roy, la parole de Son Eminence. Ainsi il ne tiendra qu'à Monsieur qu'il ne sorte encore une fois du mauvais pas auquel il est, selon vostre proposition, par l'intervention du cardinal.

» J'ay donné parole à M. de La Rivière qu'on ne dira point à Monsieur que la confession est deffectueuse ; seulement je luy ay dit qu'il faut que la déclaration de Monsieur soit signée de luy et contresignée de Goulas.

» Il eût bien désiré en avoir un projet, mais j'ay estimé qu'il vaut mieux que ces messieurs agissent à leur mode. Je vous advoue que je ne crois point que Monsieur déclare la vérité; et, en ce cas, il faudra advancer les troupes vers luy et perdre aucun temps, et je crois mesme qu'en attendant la déclaration il ne faut pas différer leur marche. Je crois qu'il est bon que M. Goulas apporte la déclaration de Monsieur avec M. de La Rivière. »

VI. *Lettre de Monsieur au Roy, par laquelle il luy demande pardon de sa faute.*

« Monseigneur, je suis au désespoir d'avoir encore manqué à la fidélité que je dois à Vostre Majesté ; je la supplie très-humblement d'agréer que je luy en demande un million de pardons, avec un compliment de soumission et de repentance. J'espère de vostre bonté extrême, Monseigneur, que vous aurez compassion du malheureux estat où me réduit vostre indignation, et que le premier effet que vous m'avez commandé de vous rendre de mon obéissance, et auquel je proteste d'avoir satisfait très-sincèrement, me fera recevoir la grâce et le pardon que Vostre Majesté m'a fait l'honneur de me promettre par l'abbé de La Rivière, et qu'elle sera aussi conviée pour la tendresse et le bon naturel qu'elle a tousjours eus pour moy, à escouter favorablement les très-humbles supplications qu'il luy en fera de ma part. C'est ce dont je conjure Vostre Majesté par son propre sang, et par l'honneur que j'ay d'estre, Monseigneur, vostre très-humble et très-obéissant serviteur et sujet,

» GASTON. »

VII. *Lettre de Monsieur à Son Eminence.*

« Mon cousin, après avoir satisfait au commandement qu'il a pleu au Roy mon seigneur, me faire, et au conseil que m'avez donné, ayez agréable que je vous prie qu'ensuite du pardon et de la grâce que vous avez obtenus du Roy mon seigneur, j'employe tousjours vostre générosité pour l'adoucissement de ce malheureux estat où je me trouve. Je vous advoue, mon cousin, qu'après toutes les choses qui se sont passées, il faut qu'elle ait fait un dernier effort de vous pour vous obliger à m'ayder en ce malheureux rencontre ; mais si vous pouviez voir la sincérité de mon cœur, je n'aurois aucun sujet de craindre que vous ne voulussiez adjouster à tant de gloire que vous vous estes acquise, celle de donner à un fils de France toute l'assistance et le secours qu'il vous demande. Je vous envoye l'abbé de La Rivière sur vostre passage pour vous dire avec quelle résignation je vous fais cette prière, et celle de me conserver tousjours vostre amitié. Je suis si résolu de vous donner de telles preuves de la parfaite estime et de l'extrême affection que j'auray pour toute ma vie, que je suis asseuré que vous aurez un jour une entière confiance en moy, et que vous connoistrez que je suis aussi inviolablement que je vous le proteste, mon cousin, vostre très-affectionné cousin,

» GASTON. »

VIII. *Escrit de M. de La Rivière au nom de Monsieur, qu'il reconnoistra devant M. le chancelier le contenu en sa déclaration estre véritable.*

« Au cas qu'il plaise au Roy promettre par escrit de remettre Son Altesse Royale en France, et à Trévoux, ou à Ville-Franche, et de là à Blois, dans la jouissance de tout son appanage, avec une déclaration pour le pardon de sa faute, vérifiée en parlement, Son Altesse Royale m'a commandé de donner sa parole qu'il reconnoistra devant M. le chancelier, qui le viendra trouver audit Trévoux ou Ville-Franche, avec une lettre de Sa Majesté, que ce qu'il a escrit et estoit dans l'adveu de sa faute, que j'ay porté au Roy, est vray et fera ce qu'il faut pour reconnoistre la vérité de sa déclaration. Son Altesse Royale reconnoistra aussi le traitté fait avec l'Espagne, avec toutes ses circonstances. Sa Majesté a agréable que le présent papier me soit remis entre les mains dans trois semaines, si on ne satisfait aux conditions ci-dessus mentionnées. Monseigneur m'a commandé aussi de dire qu'il désire le secret de cette affaire.

» Fait ce deuxième jour d'août 1642, à Fontainebleau.

» Signé LA RIVIÈRE. »

quelques jours de mon côté, et me trouvai tellement oublié par Monsieur, qu'il ne daigna me faire savoir aucunes nouvelles ; mais, sur le bruit publié d'un si grand changement arrivé à la cour, et des avis particuliers que j'avois reçus, je ne perdis pas le souvenir des ordres qui m'avoient été donnés ; et comme l'occasion de les exécuter me pressoit, je m'en allai jusques à trois lieues de Sedan, où je fus informé de très-bonne part que le traité de Son Altesse avec le Roi étoit fort avancé. Ce fut à moi à penser de revenir sur mes pas : ce qui ne m'étoit pas aisé, parce que tous les passages des rivières étoient gardés contre les déserteurs de milice ; et quoique j'aie fait en ma vie des voyages fâcheux et pénibles, ce fut, pour le temps qu'il dura, celui qui me l'a été davantage.

Les cours des princes sont composées de beaucoup de sortes de gens ; mais il y en a peu qui préfèrent leur honneur à leurs intérêts, et qui se plaisent à soulager leurs amis lorsqu'ils se rencontrent embarrassés dans des affaires dont le succès ne leur est pas favorable. J'en ai pourtant éprouvé de fidèles dans des traverses qui me sont arrivées : le sieur de Roussillon me témoigna dans mon besoin qu'il étoit tel en mon endroit ; car il quitta Monsieur en deux journées au-delà de Lyon, et fit ce long chemin pour m'avertir que Sa Majesté et le cardinal faisoient paroître beaucoup d'aigreur contre moi, et son Altesse peu d'affection à me garantir de l'oppression dont j'étois menacé. Pour en empêcher l'effet, j'allai en Périgord, où j'étois très-certain que je n'avois rien à craindre, pour la bienveillance que cette province a de tout temps témoignée à notre maison (1) ; et le suppliai cependant, en continuant les obligations qu'il avoit commencé d'acquérir sur moi, de vouloir retourner vers Son Altesse pour que je fusse informé de ce que j'avois à devenir, et de lui dire hardiment de ma part que je ne pouvois être en peine qu'autant qu'il voudroit que je le fusse ; et que cela étant, j'étois hors de toute appréhension. Il s'acquitta de la commission qu'il avoit eu agréable de prendre avec toute la diligence et le soin que je pouvois désirer, et revint me trouver ainsi qu'il me l'avoit promis, pour me porter, en termes exprès, ordres de Monsieur de sortir de France, parce que le séjour que j'y ferois lui pourroit nuire. Il y a une particularité qui mérite bien de n'être pas oubliée : deux jours avant que j'eusse reçu ce commandement, Son Altesse avoit été interrogée à Villefranche par M. le chancelier, assisté de douze maîtres des requêtes ou conseillers d'Etat, en présence desquels elle déclara par une très-longue déposition toutes les particularités des choses les plus secrètes ; et comme il n'y en pouvoit avoir aucune, dans la vérité de l'affaire, suffisante de me faire tomber en crime, sa bonté, sans doute surprise, lui laissa consentir qu'il fût mis dans le douzième article que, si j'avois fait quelque traité avec le sieur de Thou ou autre, elle le désavouoit. Elle savoit pourtant bien que cela ne pouvoit être, et que je n'étois point capable de rien faire à son insu, et principalement dans une occasion si considérable et de telle conséquence. Néanmoins je fus nommé de cette sorte dans un acte qui sera un titre à la postérité, que les princes de sa naissance ont peu accoutumé de donner (2). Je passai en Angleterre avec d'extrêmes

IX. *Accord fait par le Roy à Monsieur des demandes contenues en l'escrit cy-dessus, au cas qu'il exécute ce qui est porté par iceluy.*

« Nous, Louys, etc., après avoir entendu ce que l'abbé de La Rivière nous a dit par le commandement de nostre frère d'Orléans, dont le contenu est ci-dessus escrit, déclarons par la présente que nous accordons à nostredit frère ce qui paroist qu'il demande par ledit escrit, au cas qu'il exécute de point en point ce qu'il a promis ; en tesmoin de quoy, etc. »

X. *Consentement de Monsieur de vivre en particulier au royaume sans charge ny train, que celuy qu'il plaira au Roy luy ordonner.*

« Gaston, fils de France, etc. Après avoir donné une ample déclaration au Roy du crime auquel le sieur de Cinq-Mars, grand-escuyer de France, nous a fait tomber par ses pressantes sollicitations, recourant à la clémence de Sa Majesté, nous déclarons que nous nous tiendrons extrêmement obligés et bien traittés, s'il plaist à Sa Majesté nous laisser vivre comme simple particulier dans le royaume, sans gouvernement, sans compagnie de gendarmes, ny de chevaux-légers, ny sans pouvoir prétendre jamais pareille charge ny administration, telles qu'elles puissent estre, et à quelle occasion qu'elles puissent arriver. Nous consentons, en outre, à la vie particulière que nous supplions le Roy de nous laisser faire, n'avoir aucun train que celuy qu'il plaira à Sa Majesté nous prescrire, et ne pouvoir tenir auprès de nous aucune personne que Sa Majesté nous tesmoigne luy estre désagréable : le tout sur peine de descheoir, par la moindre contravention à tout ce que dessus, de la grâce que nous supplions Sa Majesté de nous accorder, ensuite de la faute que nous avons commise. »

(1) La baronnie de Bourdeille était une des premières du Périgord.

(2) Voici les deux pièces dont parle Montrésor :

I.

Déclaration de Monsieur, contenant la confession de tout ce qui s'est passé en la conspiration de Cinq-Mars.

« Gaston, fils de France, frère unique du Roy, duc d'Orléans, estant touché d'un véritable repentir d'avoir

difficultés : ce qui ne fut pas compté pour grand'-chose.

Le cardinal de Richelieu mourut la même année, et le Roi celle d'après. En continuant les procédures commencées contre moi, je fus crié à trois briefs jours, mes biens arrêtés, et eus à souffrir, dans mon absence, tout ce que la violence exige contre les innocens par les formes ordinaires de la justice, à ce que le cardinal prétendoit mal à propos, parce qu'elle cède à l'autorité dans de semblables rencontres.

M. de Thou, mon cousin germain, mourut à Lyon, par jugement donné par des commissaires, et M. le comte de Béthune, mon intime ami, fut accusé, par la plus lâche calomnie qui se puisse jamais inventer contre une probité aussi reconnue que la sienne, d'avoir révélé le secret du traité d'Espagne. Enfin je fus le dernier, de tous ceux qui étoient en peine pour les intérêts de M. le duc d'Orléans, qui revint en France de l'exil où j'étois allé par son commandement. Dans le temps de mon séjour en Angleterre, je me trouvai non-seulement abandonné, mais tellement oublié par Son Altesse, que je tomberois pour elle en confusion si j'étois contraint d'en faire la relation entière. A mon retour, je fus reçu comme un gentilhomme qui, par curiosité ou pour son divertissement particulier, auroit fait ce voyage. Cette manière de procéder d'un maître qui m'avoit si souvent exposé pour son service me toucha sensiblement : toutefois je me résolus de n'en point faire d'éclat, et à différer le dessein que j'avois pris de me retirer, plutôt pour la satisfaction de mes amis que pour la mienne, que je ne pouvois plus rencontrer après des traitemens si rudes. Trois mois s'étant écoulés dans ces sujets de mécontentement, qui auroient irrité la patience des plus sages et des plus modérés, et me voyant si déchu des avantages que d'autres fois Son Altesse m'avoit accordés, je crus qu'il seroit injurieux à mon honneur d'attendre plus long-temps à exécuter ce que j'avois projeté.

Pour en augmenter les raisons, je pris occa-

encore manqué à la fidélité que je dois au Roy, mon seigneur, après tant de tesmoignages que j'ay receus de son extresme bonté en de semblables fautes, et désirant de tout mon cœur me rendre digne de la grâce et du pardon qu'il a pleu à Sa Majesté me promettre par l'abbé de La Rivière, je luy advoue sincèrement toutes les choses dont je suis coupable et dont j'ay eu connoissance.

» Je déclare et confesse à Sa Majesté que, depuis le voyage d'Amiens de l'année dernière, j'ay esté sollicité plusieurs fois par M. le Grand de nostre intelligence avec luy, pour tascher de mettre M. le cardinal hors des affaires ; à quoy j'ay résisté d'abord ; mais m'ayant après assuré, en une autre entrevue, qu'il avoit la parfaite confiance du Roy, et me voyant pressé d'aller au voyage de Languedoc sans employ et sans raison, ce me sembloit, j'entray en liaison avec luy d'autant plus volontiers qu'alors il m'asseura du service de M. de Bouillon, et qu'il me donneroit Sedan pour retraitte, en cas de besoin.

» Quelques jours après, par une entrevue avec M. le Grand et M. de Bouillon, nous résolûmes, pour acheminer nos desseins, que M. le Grand demeureroit près de la personne du Roy et que je me retirerois à Sedan avec M. de Bouillon ; que nous ferions un traitté avec l'Espagne, dont la principale condition seroit la paix générale pour attirer le peuple à nostre party ; que cependant que le Roy seroit à Perpignan, nous entrerions en armes en France, proposant ladite paix. Mais tout ce dessein ne fut point exécuté, M. le Grand, ne le jugeant plus nécessaire, s'estant imaginé depuis que sans cet embarras il pouvoit parvenir à ses fins.

» Toutefois, comme la proposition de traitter avec l'Espagne fust plustôt différée que rompue, je mis entre les mains de Frontrailles, à Paris, au mois de janvier dernier, deux blancs signés de mon nom seulement, dans un petit papier, pour en faire deux lettres, l'une adressante au roy d'Espagne et l'autre au comte duc. Lesdits blancs signez ont esté remplis par Fontrailles, à ce qu'il m'a dit : ce que je crois d'autant plus véritable que j'ay eu les deux responses, toutes lesdites lettres en créance sur Frontrailles.

» La créance estoit de demander une armée de douze mille hommes de pied et de quatre mille chevaux des vieilles troupes d'Allemagne, et de l'argent raisonnablement pour faire des levées en France. Il y avoit quelques autres articles pour ma subsistance, et pour avoir des lettres pour ma retraitte en toutes les places, si j'en avois besoin. Il y avoit aussi un autre article pour la subsistance de deux grands seigneurs, qui n'estoient pas nommés autrement, mais effectivement c'estoient MM. de Bouillon et le Grand.

» Dans toute cette affaire, j'ay parlé deux fois à M. de Thou à Paris, que je trouvay informé ; il me dit qu'il avoit veu M. de Beaufort et qu'il l'avoit trouvé fort froid ; ensuite de quoy, à mon arrivée à Blois, je le vis et le trouvay de la mesme humeur, toutesfois me faisant quelque proposition, à quoy je ne m'arrestay pas.

» Depuis, Fontrailles me vint trouver à Chambord pour me dire que les affaires de M. le Grand alloient mal et qu'il falloit pourvoir à nostre seureté. Sur quoy j'envoyay le comte d'Aubijoux en Savoie, à M. de Bouillon, demander une lettre de luy, pour me faire recevoir à Sedan, laquelle il m'envoya.

» Ensuitte de ce, M. le Grand m'envoya un courier pour me dire qu'il estoit en très-mauvais estat auprès du Roy, et que je voulois qu'il devinst. Je luy manday de se trouver à Moulins-en-Gilbert, le quatriesme de juillet, et qu'il se retirast avec moy au Comté, et de là à Sedan : mais le courier trouva qu'il estoit arresté.

» Si, outre tout ce que dessus, il se trouve quelques négociations faites par Montrésor avec M. de Thou, ou quelques autres de mes gens avec d'autres, directement ou indirectement, je les désavoue, comme les ayant faites à mon insceu.

» Je proteste devant Dieu, et je supplie très-humblement Sa Majesté de croire que la présente déclaration que je luy fais est très-sincère et véritable, et que c'est tout ce dont j'ay eu participation, et qui peut estre venu à ma connoissance en cette affaire, dont j'en demande très-humblement pardon à Sa Majesté. En tesmoin de quoy j'ay escrit et signé de ma main la présente,

sion de parler à Monsieur de deux affaires qu'il m'avoit promises, qui ne pouvoient recevoir aucune difficulté ; il m'en refusa pourtant d'une façon si désobligeante, que je vis bien qu'il ne falloit plus remettre la résolution que j'avois prise, et que je n'avois retardée que pour observer plus de bienséance et de respect vers Son Altesse, et pour les considérations dont je me suis déjà expliqué. Peu de jours ensuite, je le suppliai d'agréer le traité que j'avois fait de ma charge de chef de sa vénerie, qui ne venoit point de ses bienfaits, car je l'avois récompensée aux enfans de celui qui la possédoit avant moi.

Ce que Monsieur eut à me dire ne consista qu'à s'enquérir pourquoi je m'en voulois défaire ; mais lui ayant représenté que c'étoit la pure nécessité de mes affaires qui m'y obligeoit, persuadé par cette raison qu'un maître qui m'auroit plus considéré n'auroit pas si aisément reçue, j'en obtins la permission, sans me rendre aucun témoignage d'y désirer autrement pourvoir. Quinze jours se passèrent après m'être mis en état de me procurer la liberté entière que j'avois souhaitée avec tant de passion et à de si justes sujets, à la fin desquels je fus au Luxembourg pour la demander à Son Altesse, sans perdre l'honneur de ses bonnes grâces. Elle y résista véritablement dans des termes dont j'aurois tort de me plaindre, et beaucoup plus honnêtes que ceux desquels elle s'étoit servie lorsque je lui avois demandé celle de tirer récompense de la charge que j'avois dans sa maison ; et j'avoue que si je n'eusse été très-assuré que ce refus venoit plutôt de l'appréhension du reproche qu'elle craignoit de s'attirer, que d'aucune bonne volonté qu'elle eût conservée pour moi, peut-être me serois-je retenu d'insister davantage. Je savois aussi de certaine science que mon exclusion avoit été stipulée auprès d'elle avant mon retour d'Angleterre, sur la créance que les ministres qui avoient succédé à l'autorité du cardinal de Richelieu lui avoient fait prendre que je n'étois pas propre à demeurer à son service avec quel-

et commandé à mon secrétaire de la contre-signer.
» Fait à Aygueperce, ce 7 juillet 1642.
» Signé GASTON.
» Et plus bas, GOULAS.
» Et à costé, tournés :
» Depuis avoir escrit le contenu de l'autre part, je me suis souvenu d'avoir obmis la response qui ne fut faite d'Espagne, qui fut qu'ils me fourniroient ladite armée le premier de juillet, qu'ils me donneroient quatre cent mille escus pour faire lesdites levées en France, et douze mille escus par mois, comme ils avoient fait en Flandres. Le traité me fut apporté à Blois, signé du comte duc, et ne l'ayant pas voulu signer, je l'ay gardé jusques à la prise de M. le Grand, que je l'ay bruslé. J'en devois envoyer la ratification à don Francisco de Melo, ce que je n'ay pas fait.
» Fait les jour et an que dessus.
» Signé GASTON.
» Et plus bas, GOULAS.
» Collationné à l'original par moy conseiller et secrétaire-d'Etat,
» BOUTHILLIER. »

II.

Autre déclaration de Monsieur, pour ce qui concerne Son Éminence.

« Gaston, fils de France, duc d'Orléans, et frère unique du Roy, ne pouvant pas assez exprimer à mon cousin le cardinal de Richelieu quelle est mon extrême douleur d'avoir pris des relations et correspondance avec ses ennemis, je me sens d'autant plus obligé à luy déclarer franchement ce qui est venu à ma connoissance, qui peut regarder sa personne, et particulièrement sur l'affaire de Lyon, dont l'abbé de La Rivière m'a parlé de sa part, que l'intercession favorable qu'il m'a promise par ledit abbé pour obtenir du Roy, mon seigneur, la grâce que je luy demande, me fait croire certainement, dans le mauvais estat où je me trouve, un effet très-signalé de sa générosité, tellement que je luy déclare et advoue que la vérité est que M. le Grand me convia de me trouver à Lyon, me disant que la conjoncture y seroit très-favorable, sans s'expliquer davantage, et que le Roy estoit en très-mauvaise humeur contre M. le cardinal, mal satisfait du voyage qu'on luy faisoit faire et du mauvais succez des affaires du Roussillon, sous le commandement du mareschal de Brézé ; mais je ne m'y voulus pas trouver, son intention m'estant suspecte, et craignant quelque autre chose de pire dans le cœur, qu'il n'eust osé me dire : ce qui n'est pourtant qu'un soupçon dont je n'eus pour lors ny depuis plus grande lumière. M. le Grand me dit encore qu'il y feroit trouver M. le mareschal de Schomberg, du sceu du Roy et à l'insceu de M. le cardinal ; ce qui pourroit l'estonner et luy donner beaucoup à penser, voyant que Sa Majesté auroit fait une pareille chose sans luy en donner advis. Je proteste devant Dieu et prie M. le cardinal de croire que je n'ay pas eu une plus grande connoissance de ce qui peut regarder sa personne, et que pour mourir je *n'aurois jamais presté ny l'oreille, ny le cœur à la moindre proposition qui eût esté contre elle, en quelque façon ou en quelque temps que ce peust estre, ma conduitte passée en est une preuve suffisante* ; et Dieu m'a fait la grâce de me donner de si bonnes inclinations, que j'auray toute ma vie en horreur de si damnables pensées pour la moindre personne du monde, et à bien plus forte raison pour une qui est si précieuse et sacrée, que je prie Dieu de conserver longuement pour la France, comme pour mon bien particulier que je veux attendre à espérer entièrement d'elle. En tesmoin de quoy j'ay escrit et signé de ma main, et commandé à mon secrétaire de contre-signer la présente.
» Fait à Aigueperce, le 7 juillet 1642.
» Signé GASTON.
» Et plus bas, GOULAS.
» Collationné à l'original par moy conseiller et secrétaire d'estat,
» BOUTHILLIER. »

que sorte de crédit : ce que je ne puis attribuer qu'à l'opinion très-bien fondée qu'ils avoient conçue, que je ne chercherois que sa gloire et la réputation d'un prince de sa naissance, qui devoit être soutenue par des actions capables de le conserver dans le rang qu'il étoit obligé de tenir; et n'étant point un homme intéressé, que je ne serois jamais leur dépendant. La Rivière assurément, sans une si puissante protection que la leur, ne m'auroit formé aucun obstacle que je n'eusse facilement surmonté. Ainsi je ne le mets point en considération, les voies que j'avois pour ce qui pouvoit être à démêler entre lui et moi m'étant trop connues pour ne m'en pas servir, s'il n'eût été appuyé que de ses propres forces.

Dans ce discours, qui contient en substance les sujets véritables que j'ai eus de me rendre libre, je me suis abstenu de rapporter beaucoup de particularités encore plus essentielles que celles que j'y ai employées. Je supplie ceux qui prendront la peine d'en faire la lecture de vouloir exactement considérer la sorte de laquelle j'ai été traité par Son Altesse, remarquer la patience que j'ai fait paroître à le souffrir, et la manière de laquelle je me plains; et ayant obtenu d'eux ce que je crois désirer avec raison pour l'éclaircissement de la vérité, j'ose me promettre qu'ils ne m'accuseront pas de m'être trop précipité à me retirer, comme quelques-uns me l'ont voulu attribuer, et qu'ils conviendront qu'il étoit impossible d'en user autrement pour se conserver dans le monde avec quelque estime. Je proteste avec vérité qu'il ne m'en reste nul regret, ni, selon mon opinion que j'ai assez examinée, aucune occasion juste d'en recevoir le moindre reproche.

L'aigreur qui avoit été inspirée à M. le duc d'Orléans contre moi pour m'être retiré de son service, ne pouvoit lui permettre de différer longtemps à m'en faire ressentir les effets : et comme les princes qui ont la puissance en main trouvent aisément les occasions d'opprimer ceux qui ne leur sont pas agréables, celle de la détention de M. le duc de Beaufort sembla fort à propos à Son Altesse pour me donner des marques de son indignation. Une heure après qu'il fut arrêté dans le Louvre par Guitaut, capitaine des gardes de la Reine, nous fûmes avertis, le comte de Béthune et moi, par un homme de qualité, que nous serions compris dans cette disgrâce, et que ce seroit plutôt par la prison que par l'éloignement de la cour. Si nous eussions suivi l'opinion de celui qui étoit venu nous donner cet avis, nous aurions pris dès ce moment le parti de nous mettre à couvert du péril

qu'il jugeoit que nous avions à courir d'être retenus; mais préférant les conseils que nous tirions de notre innocence à tous autres, nous délibérâmes de n'user d'aucunes nouvelles précautions pour notre sûreté, estimant la devoir rencontrer entière dans la sincérité de nos actions. Nous attendîmes dans cette confiance ce que l'on voudroit résoudre et ordonner sur notre sujet, et convînmes cependant de demeurer fermes dans cette résolution, nonobstant toutes propositions et avis contraires que nous pussions recevoir. Après l'avoir ainsi arrêté entre nous, je fus voir mesdames les duchesses de Vendôme et de Nemours dans leurs afflictions, et me retirai assez tard à mon logis : le lendemain nous usâmes comme nous avions accoutumé, excepté que nous prîmes soin de mettre nos affaires en état de n'avoir aucun embarras qui nous pût donner de la peine, quelques événemens qui pussent arriver. Je fis deux ou trois visites le matin, et revins à onze heures au logis du comte de Béthune m'informer de ce qu'il avoit appris. Le comte de La Châtre s'y étoit rendu, assez alarmé en son particulier, et avec d'autant plus de raison qu'il avoit à perdre l'une des plus considérables charges du royaume, enviée de beaucoup de gens, et surtout du maréchal de Bassompierre, qui l'avoit autrefois possédée. L'ordre avoit été déjà donné de nous bannir, le comte de Béthune et moi; l'exempt des gardes du corps du Roi, qui en avoit eu la commission, nous ayant trouvés ensemble, l'exposa avec la civilité qui dépendoit de lui, et dans des termes qui nous faisoient assez paroître que Sa Majesté vouloit être obéie. Il nous fit le commandement de sortir de Paris dès le même jour; et à peine s'étoit-il séparé de nous, que M. le duc de Longueville entra, qui nous dit qu'il avoit beaucoup de déplaisir de l'ordre que nous avions reçu, dans lequel on reconnoissoit avoir usé de trop de précipitation, parce que l'on s'étoit éclairci que nous ne devions pas être traités avec cette rigueur, n'en ayant donné aucun sujet.

Ce discours fut accompagné de force complimens, et de plusieurs assurances de l'honneur de son amitié; il eut agréable ensuite de me tirer à part, pour me demander ce que je jugeois qu'il y avoit à faire, dont il me prioit de lui parler librement. Je le fis comme il me l'avoit ordonné, en lui faisant voir que la vérité ayant été si facilement reconnue, il n'y avoit rien de plus aisé ni de plus juste qu'à changer l'ordre que nous avions reçu par les mauvais offices de nos ennemis. Pour ce qui regardoit le comte de Béthune, qu'il étoit digne d'être considéré en sa personne, qui valoit beaucoup, et par les services de monsieur son père utilement rendus à l'Etat; que le comte de La Châtre devoit aussi être à couvert de l'effet des bruits qui couroient de la résolution prise de l'éloigner par les mêmes raisons de son mérite et de son innocence. Je le trouvai surpris du peu de souvenir que j'avois eu de moi, ne m'étant point nommé; mais je n'avois garde de lui faire aucunes propositions sur mon sujet, pour l'intérêt que j'y pouvois avoir, parce qu'étant résolu à me retirer, il m'étoit égal que ce fût par mon choix ou par l'ordre de la cour, qui ne me blessoit en façon du monde, ma conduite ne me l'ayant pas attiré. S'étant approché de ces messieurs et de ceux qui nous avoient fait la faveur de nous venir voir sur ce commandement, dont la nouvelle s'étoit épandue, il y en eut un de la compagnie, emporté par l'affection qu'il avoit pour nous, qui s'échappa de dire qu'il étoit bien étrange que nous eussions à souffrir étant innocens, et que ce fût pour l'intérêt de personnes qui avoient vécu en sorte à notre égard, que nous avions d'extrêmes sujets de nous en plaindre. Je n'en voulus pas convenir, mon opinion ayant toujours été que les malheureux doivent être soulagés, et que ceux qui les blâment dans le temps de leur mauvaise fortune font une action, surtout lorsqu'il s'agit de leur intérêt particulier, qui répugne à la charité, et à l'honneur qu'il y a de ne rien ajouter de fâcheux à leurs disgrâces. M. le duc de Longueville approuva que j'eusse pris la parole pour témoigner que c'étoit mon sentiment et celui du comte de Béthune, dont je ne fus pas désavoué, quoique, à rapporter les choses dans la vérité, lui ni moi n'eussions aucune occasion de nous louer de la manière qu'ils avoient usé vers nous, après ce qui s'étoit passé en diverses natures d'affaires, dans lesquelles nous ne leur avions pas été inutiles.

La condition de Saint-Ibar, mon cousin-germain, ne fut pas meilleure dans cette conjoncture que la nôtre. L'exempt qui nous avoit porté l'ordre de nous retirer lui en fit un pareil commandement; et sur ce qu'il lui dit que la Reine vouloit qu'il s'en allât dans l'une de ses maisons, il lui répondit en riant qu'il s'apercevoit bien que Sa Majesté avoit été aussi mal informée de son bien que de ses crimes, et qu'il s'en iroit en Hollande pour lui témoigner son obéissance. Pour employer le reste du temps que nous avions à demeurer à Paris, nous fûmes rendre des visites de respect et de devoir auxquelles nous ne pouvions manquer, et entre les autres à M. de Vendôme, qui nous traita de la plus étrange façon que des gens comme nous, chassés sur le prétexte de M. de Beaufort, son fils, le pussent être dans une semblable occasion. Il s'attacha fort à condamner sa conduite, et le blâma particulièrement de ne s'être point voulu lier d'amitié et d'intérêt avec La Rivière, quoiqu'il le lui eût souvent conseillé; qu'il ne doutoit point que ce ne fût notre considération qui l'en avoit empêché, qui étoit aussi la cause effective et véritable de son malheur et de sa disgrâce.

A ce discours si choquant, tenu très-mal à propos, et fort éloigné de ce qu'il savoit en sa conscience, je ne pus me retenir de lui dire que je le suppliois de se bien souvenir que toutes ses conférences secrètes s'étoient passées sans notre participation; qu'il y avoit plus de deux mois que nous ne voyions plus ni lui ni monsieur son fils, et que nous étions bien informés que, dans toutes les mesures qu'ils avoient prises pour s'établir à la cour, nous n'y avions pas été désirés. Il me demanda assez aigrement si j'en étois bien assuré. Je lui répondis que oui, mais que le comte de Béthune et moi n'étions venus le voir pour entrer en conteste avec lui; qu'il nous suffisoit de la connoissance certaine que nous en avions eue, et de lui donner celle d'être plus ses serviteurs dans sa mauvaise fortune, que nous le serions si elle étoit meilleure. J'ai remarqué en sa personne un procédé qui contrevenoit entièrement à la bienséance et à l'usage ordinaire : les hommes doivent être, sans comparaison, plus constans dans les adversités que les femmes, dont la foiblesse mérite d'être excusée. Néanmoins il étoit au lit, tellement abattu qu'il n'étoit pas connoissable; et madame sa femme, levée, recevoit les visites qui lui étoient rendues avec une constance que l'on ne sauroit trop estimer. Je ne dois pas oublier qu'étant allé voir Saint-Ibar avant notre séparation, que je prévoyois d'une grande longueur, nous y rencontrâmes M. le duc de Longueville, qui, avec beaucoup de soin et de bonté, s'étoit employé pour faire rétracter l'ordre que nous avions reçu.

Les considérations qu'il lui plut de nous apprendre qui s'y étoient opposées furent celles de l'autorité royale et de la dignité du ministre, qui ne permettoient pas un changement si soudain; que véritablement l'intention de la cour étoit de réparer le tort qui nous avoit été fait, mais qu'il étoit absolument nécessaire, pour sauver les apparences, que ce fût avec le tempérament convenable à la qualité de ceux qui s'en étoient mêlés.

Satisfaits, comme l'on se peut imaginer, des

raisons que nous avions sues d'un prince qui jugeoit bien ce que nous en devions croire, nous revînmes au logis du comte de Béthune pour partir un moment après : ce que nous ne pûmes faire qu'à une heure de nuit, parce que nous y fûmes retenus par une infinité de personnes et de respect et de qualité, qui nous faisoient l'honneur de nous y attendre pour nous dire adieu.

Durant le temps que nous fûmes exilés, l'on essaya diverses fois de pressentir si nous voudrions nous résoudre à un raccommodement avec La Rivière : le peu de dispositions que l'on y trouva, par les réponses que l'on reçut de nous, fit suffisamment connoître que c'étoit un mauvais moyen que celui de nous avoir chassés pour nous faire changer de sentiment pour lui. L'on eut aussi dessein de nous obliger à demander notre retour : ce que nous ne voulûmes faire en façon quelconque, n'ignorant pas que des gens qui n'ont point failli prennent toujours mal leurs mesures de rechercher ceux qui les ont maltraités, et de se soumettre à des explications qui diminuent assez souvent la bonne opinion que l'on a prise de leur conduite, qui ne sauroit être soutenue dans de pareilles occasions avec trop de fermeté, celle que nous observions ne pouvant nous procurer d'elle-même ni blâme ni mauvais office, dont ceux qui en nous aimoient pas recevoient assez de déplaisir. Il se présenta une occasion qu'ils crurent leur être favorable.

M. de Harlay, de tout temps notre intime ami, nous en voulut donner ce témoignage que de nous venir voir durant notre éloignement. Après avoir demeuré peu de jours avec nous, s'en retournant à Paris, il nous pria de lui rendre la visite aux fêtes de Noël, à sa maison de Beaumont. Le président Barillon, le prince de Marsillac, le marquis de Maulevrier, Du Bourdet et Beloy désirèrent être de la partie, faite sans autre dessein que celui de notre divertissement particulier. Ces messieurs arrivèrent ensemble, et nous y fûmes aussi comme nous l'avions promis. Cette entrevue, quoique fort innocente et de nulle considération, fit un éclat étrange : M. de La Rochefoucauld fut le premier qui en donna avis à M. le cardinal Mazarin, et crut que son zèle seroit fort estimé en usant de ces termes, qu'il ne répondoit plus du prince de Marsillac, son fils.

La Rivière, toujours malintentionné pour nous, employa avec beaucoup d'artifice tous les soins de Monsieur, son maître, et les siens pour la rendre suspecte de faction, et fit son possible pour persuader qu'il y avoit d'autres personnes qui s'y devoient trouver de la part de M. de Vendôme et de madame de Chevreuse. L'on délibéra enfin sur cette assemblée d'*Importans* (qui étoit le nom qu'il leur plaisoit nous donner), et l'on jugea, pour toutes conclusions, que tout ce qui en avoit été dit étoit faux, et qu'il seroit honteux de s'y arrêter davantage. Au retour de ces messieurs à Paris, ils trouvèrent ce bruit si public, qu'il y en eut un d'entre eux qui crut à propos d'en faire un éclaircissement pour sa justification. Le président Barillon, avec sa franchise naturelle, traita l'affaire autrement, et dit à ceux qui en ouvrirent le discours, qu'il nous rendroit encore une visite au printemps si l'on ne nous faisoit revenir, se souvenant fort bien de ce que nous avions fait pour lui lorsqu'il étoit prisonnier, pour manquer vers nous à l'état auquel l'on nous avoit mis.

Le reste de l'hiver se passa sans que la Reine eût agréable de nous rappeler; mais comme les disgrâces de la nature de la nôtre ne peuvent pas toujours durer, notre retour fut accordé au mois d'avril suivant, plus par les soins du comte de Charost, qui parloit hautement de l'injustice que l'on nous faisoit, que pour toute autre considération. L'on nous envoya des lettres du Roi, qui nous donnèrent la liberté de revenir à la cour, sur ce que Sa Majesté étoit satisfaite de notre conduite. Pour ce qui me regardoit, j'aurois attendu quelque temps pour me servir de cette permission (si je n'eusse dû rendre cette déférence au comte de Béthune, qui avoit des affaires à Paris qui lui étoient de conséquence, et qui n'y vouloit pas retourner sans moi, de m'en rapprocher avec lui), plus tard assurément que je ne fis. Lorsque nous y fûmes arrivés, ces mêmes personnes qui nous avoient vus quand l'on nous en bannit, nous rendirent leurs visites. La Reine nous reçut avec fort bon visage; et M. le duc d'Orléans, qui vouloit être remercié par nous de notre retour, auquel il avoit formé une infinité d'obstacles, ne l'étant pas dans les respects dont nous fûmes nous acquitter vers lui, s'en plaignit hautement, et dit à beaucoup de ceux qui étoient auprès de sa personne que nous l'avions été voir comme auroient fait des Allemands qui passeroient en France : ce qui l'avoit empêché de nous recevoir avec les témoignages de bonne volonté qu'il avoit résolus.

Ce fut, après huit mois d'éloignement de la cour, la manière de laquelle notre disgrâce finit, en attendant que mon malheur ordinaire me fît tomber dans une autre plus rude et beaucoup plus fâcheuse, et dont il étoit impossible, procédant en homme de bien, que je me pusse garantir : j'en laisserai le jugement libre à ceux qui se donneront la peine de lire la suite de ce discours, si, dans les disgrâces qui me sont du depuis arrivées, j'ai été innocent ou coupable. Deux mois de séjour à Paris m'ayant acquitté du respect que je devois à la Reine, touchant la permission que j'avois reçue de Sa Majesté de revenir à la cour, je crus que je ne pouvois mieux faire que de retourner chez moi, pour y goûter le repos d'une vie retirée et particulière.

La demeure de madame de Chevreuse à Tours me donnoit sujet de la voir de fois à autre; et bien que ce fût rarement, je ne laissai pas de prendre plus de connoissance de son humeur et du tempérament de son esprit, que je n'en avois eu dans tout le temps qu'elle avoit été plus heureuse et en plus grande considération. L'abandonnement quasi général dans lequel elle étoit de tous ceux qu'elle avoit obligés, et qui s'étoient liés d'amitié et unis d'intérêts avec elle, me fit juger du peu de foi que l'on doit ajouter aux hommes du siècle présent, par l'état auquel se trouvoit une personne de cette qualité, si universellement délaissée dans sa disgrâce, ce qui augmenta le désir en moi de m'employer à lui rendre mes services avec plus de soin et d'affection dans les occasions qui s'en pourroient offrir. Je n'ignorois pas que les conséquences que l'on voudroit tirer des visites dont j'avois l'honneur de m'acquitter vers elle, quoique sans fondement légitime, ne fussent capables de me nuire et de troubler la tranquillité que je m'étois proposée, par les soupçons que l'on en prendroit; mais l'estime et le respect que j'avois pour sa personne et pour ses intérêts m'engagèrent d'en courir volontiers le hasard, en observant toutefois cette précaution de les régler en sorte que l'on ne pût remarquer qu'elles fussent trop fréquentes, ni qu'il y eût aucune affectation ni de sa part ni de la mienne. Les traverses dont toute sa vie elle avoit été agitée n'étant pas prêtes à finir, il lui en arriva une dans cette conjoncture qui lui causa un déplaisir extrêmement sensible: son médecin fut arrêté dans son carrosse par le prévôt de l'île, en présence de mademoiselle sa fille, et conduit à la Bastille, sur ce qu'il avoit été accusé d'avoir fait, par son ordre, plusieurs voyages hors de France.

Ce traitement, souffert par un homme qui étoit son domestique, précéda de peu de jours celui qui arriva en sa personne: Riquetti, exempt des gardes du corps du Roi, fut envoyé à Tours pour lui porter le commandement de se retirer à Angoulême, où il la devoit mener. La crainte d'y être retenue et mise sous sûre garde dans la citadelle fit une telle impression dans son esprit, qu'elle se résolut à s'exposer à tous les autres périls qui lui pouvoient arriver pour se garantir de celui de la prison, qu'elle croyoit y être inévitable, à moins que d'y pourvoir promptement. Pour l'exécuter, il falloit beaucoup d'invention et d'adresse, qui ne lui manquèrent point dans l'extrémité où elle se persuadoit d'être réduite; car elle se sauva de Tours dès le même jour, accompagnée de mademoiselle sa fille, qui ne la voulut point abandonner, et de deux de ses domestiques, tels qu'elle les avoit pu choisir, avec une extraordinaire diligence. Elle se rendit en Bretagne, chez le marquis de Coaquin, de qui elle reçut les services et les assistances qu'elle s'étoit promis, par la facilité qu'il donna à son embarquement. Cette résolution hasardeuse pouvant être sujette à beaucoup d'inconvéniens, n'ayant au dehors nulle retraite assurée, elle jugea plus à propos de confier ses pierreries au marquis de Coaquin, que de les emporter avec elle. Cette considération l'obligea à les laisser entre ses mains, et la bonne volonté qu'elle conservoit pour moi, à m'écrire une lettre qui contenoit plusieurs témoignages de l'honneur de son souvenir, et des excuses infiniment obligeantes de ne m'avoir consulté dans une rencontre si importante, sur ce qu'il avoit fallu qu'elle usât nécessairement d'une si grande précipitation, qu'elle n'avoit pas eu un moment de délibérer pour m'en faire entrer en connoissance.

Je demeurai encore quelque temps en Touraine après qu'elle en fut partie, et ne revins à Paris que pour mes affaires particulières, qui me contraignoient d'y apporter quelque ordre. Les ayant réglées par la vente d'une partie de mon bien, il me sembla qu'il étoit de la bienséance de ma profession, ne pouvant aller volontaire dans les armées de France, ni avoir aucun emploi dans lequel je pusse recevoir satisfaction, de passer en Hollande, où je trouverois Saint-Ibar, avec lequel j'avois une étroite liaison d'amitié. Au commencement de la campagne, la mort du comte de La Châtre me fut mandée, et celle de madame sa femme six semaines après. La disposition qu'ils avoient faite de leurs dernières volontés, par laquelle ils me nommoient l'un des tuteurs des enfans qu'ils avoient laissés, me contraignit de revenir à Paris, où je demeurai tout l'hiver pour l'utilité d'une maison affligée, à laquelle je devois mes soins et mes services.

Comme j'étois sur le point de retourner en Hollande, madame de Chevreuse s'adressa à moi par deux lettres qu'elle m'écrivit, par lesquelles elle me prioit de recevoir les pierreries qu'elle avoit laissées au marquis de Coaquin, qui me les feroit tenir. Il me les envoya par un

15.

gentilhomme de ses amis nommé Beaufort-Châteaubriand, qui agit, selon qu'il m'a paru dans cette commission, en homme d'esprit et avec beaucoup de fidélité. De ma part je suis très-assuré que je la gardai telle, que je n'en parlai à personne du monde qu'à celui qui les vint quérir, peu de jours après, de celle de madite dame de Chevreuse, auquel je les remis de même qu'elles m'avoient été déposées, sans avoir seulement eu la curiosité de les voir. Ce secret, je ne sais pas par quelle voie, ne laissa pas d'être pénétré, et moi arrêté aussitôt dans mon logis par le prévôt de l'Ile, qui me fit voir l'ordre qu'il avoit de s'assurer de ma personne. Le lieutenant criminel y arriva avant que je fusse sorti, et me demanda les clefs d'un cabinet où je mettois beaucoup de choses auxquelles j'étois bien aise que mes valets ne touchassent point.

Je fus conduit à la Bastille cependant qu'il cherchoit dans tous les endroits de mon logis pour trouver ce qui n'y étoit plus, et qu'il interrogeoit mes gens d'un fait duquel ils étoient fort ignorans. Deux heures après il me vint trouver (fort interdit de n'avoir pu se saisir de ces pierreries que l'on lui avoit fort assuré être entre mes mains) avec beaucoup d'empressement, et l'ardeur d'un commissaire fort zélé; il me représenta deux bagues de peu de prix qui étoient à moi, s'enquit fort exactement si je n'en avois point d'autres.

J'ai su du depuis de lui qu'il se trouva fort soulagé lorsque je lui eus répondu que non, dans la crainte qu'il avoit que les archers du prevôt de l'Ile n'eussent usé de quelque tour de leur métier et détourné ce qu'il cherchoit avec tant de soin. Il ne me rendit pas une plus longue visite : après avoir tiré de moi cet aveu, il s'en retourna pour achever celle qu'il avoit interrompue, dont le succès n'avoit pas été conforme à ses espérances, ni aux ordres qui lui avoient été donnés.

Il falloit bien que je fusse recommandé au Tremblay, gouverneur de la Bastille, puisqu'il me logea dans une des tours où l'on met ordinairement ceux qui ne sortent que pour aller au supplice, seulement avec un soldat duquel il se tenoit fort assuré, qu'il avoit choisi pour me servir. Je restai en cet état quatorze jours, sans ouïr parler de chose du monde, et, ce temps-là expiré, l'on m'envoya quérir dans ma chambre, pour être interrogé par le lieutenant criminel, auquel je dis au commencement qu'il ne pouvoit être mon commissaire ni mon juge, parce qu'il n'y avoit point en moi de crime, ni d'indice seulement que j'en eusse commis aucun; et que la qualité de gentilhomme, que je pensois qu'il ne voudroit pas me contester, me soumettoit à une autre juridiction que la sienne. Il reconnut que cela étoit vrai; et j'en savois assez pour me défendre de répondre devant lui, si le respect que je voulois rendre au Roi et à la Reine, et la sûreté que je prenois dans mon innocence, ne m'eussent fait passer par dessus toutes sortes de formalités.

Cette première fois il fut trois heures avec moi, qu'il employa en homme intelligent et qui savoit se servir de tous les avantages qu'il pouvoit prendre pour me convaincre des chefs que le chancelier lui avoit donnés; la seconde fois il en demeura cinq, et insista fort à me faire passer pour une faute capitale d'avoir gardé et remis fidèlement le dépôt qui m'avoit été confié. Je m'empêchai fort bien d'en convenir, et de trop parler dans une telle occasion, où le meilleur conseil que l'on puisse prendre est celui de peser jusques aux moindres paroles que l'on est obligé de dire, et de s'en bien ressouvenir.

Il falloit nécessairement que madame de Chevreuse se fût relâchée du secret qu'elle devoit inviolablement garder pour son propre intérêt (elle m'a fait l'honneur, depuis son retour en France, de me dire qu'elle ne s'en étoit confiée à aucun des siens, ou à quelques-uns de ses domestiques ou autre duquel elle eût été trompée); car il me dit tout ce que contenoient les lettres que je lui avois écrites et celles que j'avois reçues, jusques aux moindres circonstances. Il me laissa après s'être bien tourmenté, jugeant que cela ne produiroit rien de me presser davantage.

Et le soir à minuit, comme j'étois couché, le Tremblay entra dans ma chambre, qui me fit entendre que l'on me vouloit tirer de la Bastille pour me transférer dans une autre prison. Il me fut assez indifférent, et je le dis pour la vérité, ce qui ne regardoit que mon intérêt particulier me touchoit si peu, que je n'y faisois réflexion qu'autant que mon honneur m'y pouvoit obliger.

Le Tremblay est vivant, et peut être témoin de la sorte dont je reçus la nouvelle qu'il me vint annoncer; et Picaut, exempt du grand prévôt, de celle que je procédai lorsqu'il me conduisit au bois de Vincennes pour me remettre entre les mains de La Ramée, exempt des gardes du corps du Roi. J'y fus quatre mois sans ouïr la messe ni sortir de ma chambre, que pour me promener parfois dans une autre qui étoit proche, à la fin desquels je reçus la liberté de prendre l'air, le matin seulement, au haut du donjon ou dans les galeries qui regardent les fossés, ayant toujours auprès de moi, pour observer mes actions, l'un des enfans de La Ramée, qui tenoit la place d'exempt, un garde du Roi, et le soldat qui avoit le soin de me servir. Quatorze mois (qui fut tout le temps que j'y ai été retenu) se passèrent sans avoir reçu ni demandé aucune grâce particulière ; il est vrai qu'il me paroissoit que l'on vouloit l'exiger de moi, et j'essayois autant qu'il étoit en mon pouvoir d'en détourner le discours. Les soins de mes amis, et privativement à toute autre assistance, celle que me faisoit l'honneur de donner à mes intérêts et à mon innocence la maison de Guise, fit effet dans l'esprit de la Reine et dans celui du cardinal Mazarin, pour les disposer à me tirer de la prison.

M. le prince d'Orange me fit aussi l'honneur de leur écrire en ma faveur, bien que je ne lui eusse rendu aucun service qui pût mériter cette grâce de lui ; et Dieu permit que dans le temps qu'un prince, à qui j'avois donné la meilleure partie de ma vie, contribuoit à me rendre malheureux, un autre, aux intérêts duquel je n'avois jamais eu d'attachement, se portoit à m'obliger avec beaucoup de générosité.

Celle de mademoiselle de Guise fut accompagnée de tant de persévérance, que la considération d'une princesse si vertueuse me procura la liberté, qui m'eût été fort indifférente si je ne l'eusse due à la personne du monde qui mérite le plus de respect, et à laquelle j'en veux aussi toujours rendre davantage.

Le cardinal Mazarin s'étant résolu à me la faire recevoir, voulut qu'elle me fût accordée avec toutes les conditions qui me pourroient satisfaire, et n'en laisser aucunes dont il me pût rester nul sujet de plainte ni de ressentiment. Il dépêcha d'Amiens, où la cour étoit lors, un gentilhomme nommé Du Saguon, avec un ordre à La Ramée de me remettre entre ses mains. L'évêque de Coutances et l'abbé de Hugron, ses domestiques, vinrent avec lui au bois de Vincennes, où il entra pour me dire ce que M. le cardinal lui avoit ordonné. Ce fut en substance que je sortirois sans aucunes conditions, et que l'on avoit été fâché de ma prison, pour l'estime en laquelle on m'avoit ; que je la devois oublier, puisque j'en étois prié par Son Eminence, et lui accorder mon amitié qu'il avoit ordre de me demander de sa part, et de m'offrir la sienne ; qu'au surplus l'on ne vouloit rien stipuler, connoissant qu'une personne de mon humeur feroit de sa propre inclination toutes les choses justes, et que j'étois aussi libre de faire tout ce que bon me sembleroit, dès le moment qu'il parloit à moi, qu'avant qu'avoir été arrêté. Ma réponse fut, en peu de paroles, que je me ressentois fort obligé à la bonté du Roi et de la Reine, et aux bons offices de M. le cardinal, et que je ne serois jamais ingrat vers ceux auxquels je serois redevable de quelque obligation, qu'en son particulier je croyois lui en avoir de la peine qu'il avoit prise, et que j'étois son serviteur.

Le comte de Béthune, mon intime ami, le marquis de Bourdeille, mon frère, et le comte de Matha, mon cousin germain, furent présens à tout ce discours, que La Ramée et ceux qui étoient employés à ma garde entendirent distinctement. A ma sortie de ce lieu, capable de plaire à très-peu de personnes, je trouvai quantité de mes amis qui s'y étoient rendus, pour me témoigner la joie qu'ils avoient de me voir délivré de cette captivité. J'arrivai à Paris avec eux, et en trouvai encore plus grand nombre au logis de mon frère, où j'allai descendre ; il n'y eut guère de gens de qualité qui ne me fissent l'honneur de me visiter en cette occasion. J'y demeurai quinze jours en attendant que je fusse en état d'aller à Amiens pour faire la révérence à la Reine, et satisfaire aux autres respects desquels l'on jugea que je me devois acquitter.

Après que la liberté m'eut été rendue, le ressentiment qui me restoit des disgrâces que j'avois souffertes m'auroit plutôt porté à me retirer pour toujours hors de France, qu'obligé d'y demeurer davantage ; les raisons qui fortifioient mon inclination à rechercher le repos dans un autre séjour que celui de ma naissance, me sembloient si légitimes, que, pour ce qui regardoit mon seul intérêt et ma satisfaction, je ne trouvois rien qui dût être opposé à un dessein si juste.

L'autorité, qui demeuroit absolue entre les mains de ceux qui m'avoient persécuté sans sujet dans leur foi toujours incertaine, ne me laissoit aucune espérance de rencontrer ma sûreté ; leurs actions me paroissoient également suspectes ; et, quelque précaution que je pusse apporter aux miennes, des esprits si difficiles me mettoient en état de douter que mon innocence, sans autre appui, fût suffisante pour me garantir des nouvelles oppressions que leur mauvaise volonté me pourroit susciter sous de faux prétextes ; joint à l'expérience qui m'avoit fait connoître quelle est la puissance des ministres pour détruire un particulier qui reste sans support, et que, n'étant soutenu d'aucune protection, je me trouvois à tous momens exposé aux mouvemens de leurs caprices. Quant à concevoir des pensées d'avancer ma fortune, j'y voyois trop d'obstacles pour tomber dans cette erreur, et je sentois en moi une répugnance invincible de songer à m'établir, puisque je ne le pouvois qu'au préjudice de ma conscience et aux dépens de mon honneur : ce qui me faisoit conclure qu'ayant tout à craindre, et me trouvant dénué de toute espérance, la retraite devoit être le parti que j'avois à choisir, la cour dans sa servitude n'étant propre que pour des esclaves, et trop contraire à des esprits libres comme le mien. Nonobstant ces réflexions, que j'estimois seules capables, étant à propos exécutées, de me conduire à la tranquillité, qui est le souverain bonheur de la vie, la force de l'amitié et le ressentiment des obligations reçues de personnes dont la vertu m'est en admiration, me détournèrent d'une résolution que je n'eusse jamais différée, si l'estime de leurs qualités excellentes et la gratitude que je leur devois ne l'eussent emporté sur ma pente naturelle, et surmonté l'aversion que j'avois contractée de me trouver encore exposé au dégoût et aux traverses que j'avois tant de fois souffertes.

Ce fut pour ces considérations que je préférai leurs conseils à mes opinions ; et comme cette même vertu subsiste égale en toute leur conduite, je n'ai aucun regret d'avoir plutôt suivi leurs volontés que mes sentiments, sur lesquels j'ai pris assez d'autorité pour me pouvoir avancer jusques à dire que j'ai pour principe et tourné en habitude l'indifférence et le mépris pour toutes les choses du monde, excepté pour ce qui les regarde ; mais, tout bien examiné, il faut honorer ce qui le mérite, d'un esprit détaché d'intérêt. Si cette façon de procéder n'est pas ordinaire, elle en est plus glorieuse, et j'ose me flatter de cette créance, que cette preuve de respect et d'affection n'est pas indigne de leur être agréable.

Les premières civilités que les prisonniers reçoivent, lorsqu'ils ont recouvré leur liberté, m'ayant été rendues, il s'agissoit de délibérer ce que j'avois à faire pour ce qui regardoit la cour. Ceux qui avoient le pouvoir de m'ordonner, et mes plus particuliers amis, jugèrent qu'en attendant que j'allasse en personne remercier la Reine et M. le cardinal Mazarin (ce qu'ils estimoient se devoir de toute nécessité), il étoit bien à propos que mon frère voulût par avance satisfaire à ce respect, et pressentir de quel visage j'y serois reçu. Sa santé ne lui permettant pas de me rendre cet office, le comte de Matha, mon cousin germain, eut la bonté de prendre cette peine pour moi, qui suivois les avis qui m'étoient donnés purement pour contenter des personnes auxquelles je voulois absolument obéir. Il fut donc remercier le cardinal de la manière dont j'étois sorti du bois de Vincennes, reçut de lui des civilités qui concluoient que je restois libre de demeurer, ou d'aller où bon me sembleroit ; et que si c'étoit à la cour, j'y serois le très-bien venu. M'ayant rapporté cette réponse, je partis huit ou dix jours après avec le comte de Béthune, le président de Thoul et mon frère, pour aller à Amiens, où étoient Leurs Majestés.

Nous rencontrâmes M. le duc d'Orléans à Clermont, auquel j'eus l'honneur de faire la révérence et d'en être favorablement traité, bien que, dans les assurances que je lui donnai de la continuation de mes respects, je n'y eusse mêlé aucun compliment sur le sujet de ma liberté, laquelle aussi il avoit tenue en telle indifférence, qu'il s'étoit peu mis en peine d'apporter ce qui dépendoit de son autorité pour me la procurer. Nous fûmes le lendemain chez M. d'Oailly, l'un de nos plus chers amis, où le jour d'après M. le duc de Joyeuse, qui étoit celui qui avoit le plus contribué à me tirer de prison, excepté mademoiselle de Guise, eut la bonté de me venir voir.

En l'honneur de sa compagnie et de celle de ces messieurs, j'arrivai à la cour : nous allâmes descendre au logis de M. le cardinal. Comme il revint de celui de la Reine, et qu'il entra dans la salle de son appartement, je le saluai, et lui dis que je venois le remercier des bons offices que j'avois reçus de lui pour me tirer du lieu où j'étois. Il prit la parole ensuite, et commença un discours assez embarrassé, car il étoit composé d'une certaine gravité de ministre, au travers de laquelle je remarquois néanmoins qu'il avoit l'intention de me bien recevoir. Son langage confus m'obligea à l'interrompre, et je le tirai d'un grand embarras lorsque je lui dis que je savois que la Reine étoit si sage et si bien conseillée, que tout ce qu'elle faisoit étoit juste, et qu'elle ne pouvoit faillir ; que je ne me plaignois nullement de ma prison, et je louois beaucoup de la sorte que la liberté m'avoit été rendue, parce que toutes les conditions qui me pouvoient obliger avoient été observées, sans qu'il y en eût aucune qui me dût donner de la peine. Avec un visage plus calme, il s'enquit si j'avois été malade et reçu beaucoup d'incommodités. Je lui répondis que j'avois eu la colique et la goutte, que j'aurois aussi bien eues ailleurs, et que, pour d'autres incommodités, je n'en avois souffert aucune, parce que ses ordres rendoient la prison si douce, que la mienne m'avoit été fort aisée à supporter.

Il se tourna lors du côté du maréchal de Schomberg et du marquis de Mortemart, croyant, à ce qu'il me parut, que je ne parlois pas tout-à-fait comme je pensois, et leur dit : « Si je voulois croire M. de Montrésor, il me seroit obligé de sa prison. » Je lui témoignai que j'en avo s perdu le souvenir, et que le seul qui me restoit du bois de Vincennes ne regardoit que la manière de laquelle j'en étois sorti, que j'estimois m'être honorable.

En présence de beaucoup de personnes de qualité qui s'étoient approchées dans la curiosité de voir ce qui se passeroit, il me voulut faire comprendre que je n'étois pas indigne des bontés de la Reine, et que j'avois assez de mérite pour lui donner lieu de me rendre de bons offices auprès de Sa Majesté : je l'en remerciai succinctement et en termes fort modestes, et me retirai à mon logis, prévenu du peu d'estime que je faisois de sa capacité. Le lendemain, étant allé à onze heures le voir, il nous pria de dîner avec lui : ce que nous fîmes. Incontinent après être sorti de table, il entra dans sa chambre, et m'envoya l'abbé de Palluau me prier de l'y aller trouver. Son discours commença sur le sujet de ma prison, de laquelle il me fit des excuses, et me dit que s'il eût pu croire que je ne me fusse mêlé que des pierreries de madame de Chevreuse, je n'aurois pas été retenu ; qu'il me supplioit d'en perdre le souvenir, et de considérer qu'ayant pris en moi cette confiance, il y avoit occasion de se persuader qu'elle pouvoit s'étendre à d'autres pratiques, que les conjonctures et son éloignement rendoient suspectes. Je lui avouai ingénument qu'il y avoit quelque lieu de s'assurer de ma personne ; mais qu'après avoir examiné mes actions, j'étois demeuré trop long-temps en prison, et le traitement que j'avois reçu par son ministère réparoit cette longueur ; qu'ainsi je n'en faisois aucune plainte, ni d'avoir été chassé aux premiers mois de la régence sans occasion : ce que je ne lui attribuois qu'en ce qu'il s'étoit relâché à le souffrir, étant en puissance de l'empêcher ; que pour ce qui touchoit à madame de Chevreuse, la vérité et mon affection à son service m'obligeoient à lui dire qu'il ne m'avoit jamais paru qu'elle eût la moindre envie de m'employer contre mon devoir.

Il entra en discours sur Saint-Ibar, duquel il me dit que M. Servien lui avoit écrit en bons termes : ce qui me donna moyen de lui faire connoître son mérite et sa naissance, et de lui représenter que s'il étoit avantageux à un gentilhomme tel que lui d'être honoré des bonnes grâces d'un ministre comme Son Eminence, dans la place qu'elle tenoit elle ne devoit pas négliger ses semblables, desquels elle pouvoit tirer des services considérables et pour l'État et pour sa personne.

Il revint à ce qui me touchoit en particulier, pour m'insinuer qu'il souhaitoit de m'obliger dans ma fortune, et s'enquit comme quoi j'étois auprès de M. le duc d'Orléans, ayant appris que j'avois toujours conservé le très-humble respect que je devois à Son Altesse, et que je l'avois vue à Clermont, et été bien traité d'elle. Il tomba sur le chapitre de La Rivière, et se montra curieux d'être informé de ce qu'il y avoit à démêler entre nous. J'avois prévu que tous ces contours ne tendoient qu'à ménager un accommodement dont il étoit sollicité par le maréchal d'Estrées : je lui dis qu'il n'y avoit rien en conteste de lui à moi ; qu'il étoit à Monsieur, et que l'ayant quitté, je croyois qu'il m'avoit oublié de sa part : ce que j'avois fait de la mienne. Il insista civilement pour savoir quelles plaintes j'avois à faire de son procédé à mon égard : je le suppliai de m'en dispenser, lui alléguant que ceux qui formoient des plaintes sembloient vouloir venir à un accommodement ; et que ce n'étoit pas mon intention de changer la conduite que j'avois tenue vers lui depuis plusieurs années.

Ayant continué de me presser de lui dire ce qui en étoit, je lui déclarai en peu de paroles qu'en diverses occasions il avoit employé toutes sortes de moyens pour me perdre ; qu'il étoit l'une des principales causes de la mort de M. de Thou, mon cousin germain ; auteur de la supposition faite à M. le comte de Béthune, parce qu'il étoit mon intime ami ; qu'il m'avoit été fort ingrat, et que non-seulement il avoit porté M. le duc d'Orléans à m'abandonner lorsque je souffrois pour son service, mais encore à déposer contre moi ; que je n'avois été chassé au commencement de la régence que par son entremise dans le crédit de Son Altesse, duquel il s'étoit servi, contre son honneur propre, pour me jeter dans une disgrâce que je ne m'étois nullement attirée ; que j'aurois une infinité de choses particulières que j'y pourrois ajouter ; mais qu'il suffisoit de dire à Son Eminence que, le connoissant pour un fourbe et un trompeur, je ne désirois ni société ni bienséance avec lui.

Sans me répondre directement, il s'expliqua qu'il ne me demandoit pas d'être de ses amis ; qu'un simple salut étoit peu de chose, que je le rendois bien à un laquais ; et que j'ôtasse cet obstacle à ma fortune, que La Rivière recherchoit ; que je ne lui voulusse plus dénier la civilité que l'on gardoit à tout le monde ; que je ferois plaisir à la Reine, à Son Altesse et à lui ; que cela ne me pouvoit nuire, ni tirer à aucune conséquence.

Je le suppliai de ne m'y vouloir point obliger, la liberté que mon innocence et les bons offices m'avoient rendue ne devant être partagée dans l'opinion générale ni particulière avec le crédit d'un tel homme que La Rivière, et qu'il n'y auroit personne qui ne crût que ce seroit sous cette condition de m'accommoder avec lui qu'elle m'auroit été accordée; qu'il importoit peu au service de la Reine de quelle manière nous eussions à vivre ensemble; que le sien n'y étoit point intéressé: et pour ce qui regardoit M. le duc d'Orléans, m'en ayant laissé user à ma mode tant que j'avois eu l'honneur d'être à lui, à présent que je n'y étois plus il avoit moins de droit de prétendre de me faire changer une façon d'agir de laquelle il y avoit long-temps que j'étois en possession; et qu'en cas des civilités, c'étoit une prescription plus que suffisante, les lois du royaume n'imposant point cette contrainte; que pour rendre le salut à un laquais, je n'étois pas nécessité d'en faire de même vers lui, que j'estimois beaucoup moins, par les convictions que j'avois qu'il étoit homme sans foi, et qu'il avoit livré son maître pour son profit particulier, dans toutes les occasions qui s'en étoient présentées; que, pour ce qui touchoit ma fortune, Son Eminence me permettroit de lui dire qu'elle auroit peu de bonne volonté de la rendre meilleure, si elle en étoit retenue par une si foible considération. M. le cardinal me repartit lors qu'elle ne l'empêcheroit pas, mais qu'il y auroit plus de facilité à me la procurer si je voulois lever cette opposition. Sur cela je lui dis qu'il étoit assez extraordinaire de s'y arrêter, et que je n'en comprenois pas la raison ; que La Rivière étoit ministre d'un grand prince, comblé de grâces et de bienfaits qui excédoient non-seulement son mérite, mais encore ses espérances; que je devois être considéré comme un gentilhomme rejeté par les divers malheurs qui avoient agité ma vie; que je ne faisois que sortir du cachot, et qu'à peine je voyois la lumière qu'il recherchoit mon amitié; que je ne voulois point de la sienne, et que j'osois demander à Son Eminence lequel étoit l'homme de bien, de lui ou de moi; qu'au reste, par ses artifices, il m'avoit fait passer, et un certain nombre de gens avec lesquels j'avois liaison, pour des esprits difficiles, ennemis des favoris et des ministres, qui ne voulions rien tenir d'eux, et chercher sans mesure les occasions de les desservir; qu'il étoit juste qu'il plût à Son Eminence d'en juger par sa connoissance propre, et de nous mettre à couvert de la calomnie, pour n'être pas tous les jours exposés à de nouvelles disgrâces; que je ne niois pas que nous ne fussions fermes dans nos opinions, mais que c'étoit sans être opiniâtres; et que les services dont j'avois essayé de m'acquitter vers des personnes malheureuses, n'y étant engagé que par l'estime de leurs bonnes qualités, n'empêchoient pas que je ne reçusse obligation de celles qui seroient en autorité, et d'en avoir le ressentiment que je devrois.

Je vis bien qu'il m'écoutoit avec assez d'attention et faisoit quelque réflexion sur ce que je lui disois : il me pria de lui dire franchement quel homme c'étoit que La Rivière, et qu'il seroit bien aise de le savoir de moi, auquel il vouloit ajouter créance. N'ayant aucun intérêt de lui céler, je lui dis que je le tenois pour fort ambitieux, peu secret et d'un talent fort médiocre, et de plus infidèle et fort ingrat, et que je souhaitois qu'il n'eût point à faire l'expérience de ces deux dernières qualités; que je lui parlois sans passion, et que j'étois si peu dissimulé, que je ne m'étois jamais pu résoudre de faire la moindre action qui pût témoigner à Son Eminence que j'étois son serviteur, lorsque je n'avois pas une véritable intention de l'être; que mes sentimens pouvoient être acquis aux seules conditions qu'un homme de bien vouloit se tenir obligé; que je n'étois pas si contraire à ma fortune que mes amis lui avoient fait entendre, mais que je ne prétendois jamais l'avancer que par des moyens honnêtes et sans reproches. Cet entretien finit en me conviant de penser à ce qu'il m'avoit proposé, et moi en l'assurant qu'en telle matière ma résolution étoit prise.

Ensuite il me parla fort ouvertement de l'état des affaires, dont je fus surpris, et me demanda quelle étoit mon opinion du succès d'une campagne si fâcheuse dans son commencement, à cause de la prise de Landrecies, qui pouvoit avoir des suites qui élèveroient le cœur aux ennemis, vu la foiblesse de l'armée. Je lui dis que sa prudence y avoit pourvu par les recrues qui venoient de toutes parts pour accroître le nombre des troupes qui étoient en Flandre sous la conduite du maréchal de Gassion, ce qui le mettroit en état de faire quelque entreprise considérable ; et que les progrès de M. le prince en Catalogne, dans la conquête de Lérida, répareroient la perte de Landrecies, qui étoit sans comparaison moins importante. Il me repartit (à condition d'en garder le secret) que, pour le siége de Lerida, il ne s'en promettoit rien d'heureux; qu'il craignoit que M. le prince ne se pût résoudre à le lever, et qu'il y ruinât et peut-être y perdît sa personne. Il usa de ces termes : « M. de Montrésor, voici une malheureuse campagne; » et il avoit raison, car sans la prise de La Bassée il se trouvoit enveloppé dans de grands embarras.

Il eût continué ce discours, qui lui tenoit fort au cœur, si en se promenant il n'eût vu La Moussaye, qui ne faisoit que d'arriver de Catalogne. Le marquis de Mortemart, quelque adroit courtisan qu'il soit, se méprit dans cette rencontre ; car, dans la pensée qu'il eut qu'il apportoit la nouvelle de la prise de Lérida, il entra pour lui donner le premier avis d'une chose qu'il estimoit lui être si agréable. Il me pria lors de passer dans la salle et de ne m'en pas en aller, parce qu'il vouloit encore parler à moi

Après avoir entretenu La Moussaye, il sortit avec un visage fort composé et fut à pied au logis de la Reine, où je le suivis. Dans la rue il se tourna de mon côté, et me dit : « J'ai appris la vérité de ce que vous avez vu que je soupçonnois : le siége de Lérida est levé ; M. le prince s'est retiré de devant sans combat, parce qu'il en jugeoit la prise impossible (1) » (témoignant qu'il étoit satisfait de la conduite qu'il avoit tenue). J'entrai chez la Reine avec lui ; il me présenta à elle, et j'en fus assez bien reçu.

Le lendemain, le maréchal d'Estrées, pour me pressentir sur le sujet de La Rivière, pria M. le duc de Joyeuse, et ces messieurs avec lesquels j'étois venu à Amiens, à dîner. Dans l'entretien que nous eûmes, j'essayai de le désabuser de ce rajustement qu'il s'étoit proposé : néanmoins il se l'étoit tellement mis en fantaisie, qu'il m'en fit de nouvelles instances. Y étant aussi allé avec M. le duc de Joyeuse deux heures après, Son Eminence quitta le jeu et se retira en particulier, et me fit appeler.

Etant seul avec elle comme la première fois, elle me demanda si j'avois bien pensé à la proposition qu'elle m'avoit faite : je lui répondis que oui, et que je demeurois dans mon sentiment accoutumé. « Quoi ! me dit-elle, voudriez-vous bien refuser la Reine, M. le duc d'Orléans et le cardinal Mazarin ? » Je lui répondis qu'il ne m'appartenoit pas d'en user avec si peu de respect ; mais que je prétendois que mes excuses étant justes et bien fondées, elles seroient favorablement reçues. Il y ajouta comment je m'en garantirois vers M. le duc d'Orléans qui le souhaitoit, et restoit persuadé que le mépris que je faisois de La Rivière regardoit sa personne. Je m'étendis fort sur la distinction qu'il y avoit à faire entre Son Altesse et lui, que sa bonté souffroit à son service ; que n'ayant ni obtenu ni même désiré que je me fisse cette violence pendant que j'avois l'honneur d'être son domestique, il y avoit peu d'apparence qu'elle voulût l'exercer quand je ne l'étois plus ; et que, pour en être plus certain, il eût agréable de me faire parler à elle en sa présence, pour avoir le plaisir de voir comme je m'en défendrois ; que je n'étois pas si ignorant de la façon d'agir du maréchal d'Estrées, que je ne connusse les importunités qu'il lui rendoit pour satisfaire la vanité de La Rivière, qui ne tireroit pas cette bassesse de moi, qui me promettois que Son Eminence ne me voudroit pas gêner dans cette rencontre, dans laquelle j'osois lui représenter qu'il y avoit des gens auxquels il falloit toujours laisser quelque sujet de mortification. M. le duc de Joyeuse, le maréchal de Villeroy et le commandeur de Jars rompirent la conversation, dont je reçus une extrême joie.

Le lendemain, le comte de Béthune et moi fûmes rendre nos devoirs à M. le duc d'Orléans, qui étoit de retour à Paris. Comme nous attendions qu'il fût éveillé, dans une salle où quantité de personnes de condition se promenoient, La Rivière y passa, qui en reçut de grandes civilités, excepté de nous deux, qui ne crûmes pas devoir ôter nos chapeaux pour un pareil personnage. Notre visite fut, par cette rencontre, peu agréable à Son Altesse, qui ne daigna pas nous regarder, et par conséquent elle fut fort courte. Nous prîmes ensuite résolution d'aller dire adieu au cardinal pour éviter les nouvelles recharges que l'on nous pourroit faire, qui auroient été véritablement très-inutiles, mais qui n'eussent pas laissé d'être fort importunes. Etant à son logis, le maréchal d'Estrées, fertile en expédiens, y vint, qui pressa fort le comte de Béthune de ne s'en point aller ce jour-là. Et je n'ai jamais vu homme plus obstiné à conduire une affaire que lui cet accommodement, pour lequel nous avions tant d'aversion, surtout dans cette rencontre, et par son entremise, que nous avions aussi de si justes raisons de rejeter : le comte de Béthune, pour avoir pris le parti de La Rivière à son préjudice, nonobstant leur proximité ; et moi, parce que, avant et après mon retour d'Angleterre, associé avec M. de Vendôme, il m'avoit rendu tous les mauvais offices qui étoient en son pouvoir auprès de M. le duc d'Orléans, et par des voies peu honnêtes. Le comte de Béthune le laissa dire, et fit sa révérence au cardinal, qui reçut de lui force complimens. Comme je me baissai pour lui faire la mienne, il me releva, et me dit : « Quoi ! vou-

---

(1) Nous avons donné dans les *Mémoires inédits de Pierre Lenet*, qui font partie de la collection de MM. Michaud et Poujoulat, la lettre du prince de Condé par laquelle il annonce la levée du siége de Lérida, à Mazarin (page 507, tome 2 de la 3e série).

lez-vous vous en aller sans achever l'affaire dont je vous ai parlé? » Je lui dis que je lui avois toujours témoigné que c'étoit une chose que je ne pouvois faire, et que j'estimois inutile à son service ; il me répondit que M. le duc d'Orléans en seroit fort piqué. Je lui fis paroître que j'en aurois un extrême déplaisir, mais que ce seroit sans sujet, puisque je rendois tous respects à sa personne ; que j'avois eu l'honneur d'être auprès de lui vingt-deux ans, sans m'être prévalu d'aucun avantage pour ma fortune de tous les services que j'avois essayé de lui rendre, et qu'il ne se pouvoit plaindre justement de ma fidélité et de mon zèle ; qu'il étoit bien à propos de délivrer Son Eminence des importunités qu'elle recevoit ; et que, n'étant pas disposé à changer mon ancienne façon d'agir, les subtilités et les finesses du maréchal d'Estrées ne seroient pas suffisantes pour me persuader ni m'y contraindre ; que j'honorois Son Altesse, mais que je ne pouvois m'imposer une si dure mortification que celle qu'il désiroit de moi pour contenter l'orgueil de son ministre. Ayant bien vu que j'étois résolu à partir, il me pria qu'il ne me restât aucun mécontentement de ce qu'il m'avoit pressé ; qu'il faisoit quelque estime de moi, et que je le verrois par des effets ; qu'il étoit de mes amis, et qu'il désiroit que je fusse des siens ; et m'embrassa en usant de termes fort honnêtes. Ce fut la fin de la persécution que je souffris dans ce voyage : et pour dire la vérité, je trouvai fort étrange qu'il eût attendu cette bassesse du comte de Béthune et de moi, qui ne faisois que sortir de prison. Du depuis il m'a donné une infinité de paroles de m'obliger solidement dans ma fortune, auxquelles je n'ai jamais voulu ajouter foi, ni m'assujettir à le voir qu'une fois tous les deux mois, et seulement pour n'être pas l'unique à vivre d'une manière différente des autres personnes de ma condition. Mais après ce que j'ai observé, si l'état des affaires ne change, et que je me trouve toujours aussi inutile à ceux que j'honore et à moi-même, que je l'ai été jusqu'à présent, je suivrai la résolution que j'ai différée, pour jouir dans la solitude de la tranquillité qu'il y a long-temps que je me propose, et travailler à m'acquérir un bien qui surpasse tous les autres. Je suis né, je l'avoue, avec de l'ambition : j'achèverai ma vie dans ce premier sentiment que la nature a mis en moi, qui ne sauroit être plus glorieusement adressé qu'à celui seul dont l'être infini comprend tout, et qui ne trompe jamais nos espérances lorsque la foi et les œuvres les accompagnent.

◇◇◇

Mort de Carondelet, gouverneur de Bouchain, mentionnée aux Mémoires de M. de Montrésor, ci-devant transcrits, pour intelligence avec le cardinal de Richelieu (1).

Je ne veux faire languir les désirs impatiens du peuple belgique, qui reste si glorieusement fidèle à Dieu et à son prince parmi tant d'occasions chatouilleuses et inévitables, parmi tant de rudes secousses, semblable au rocher battu de vents et vagues impétueuses au milieu de la mer, donnant ces traits volans de ma plume non mercenaire à sa louable curiosité, sur l'événement de la forteresse de Bouchain.

Je ne mettrai à la tête de mon discours les dignes remarques que les bons esprits peuvent faire sur cette occurrence, tant pour manifester le soin particulier que la divine Providence porte à la conservation des moindres places comme des monarchies, et des royaumes et provinces, qu'au regard de la police, et ce qui se rencontre pour la moralité.

Je diffère tout cela, qui pouvoit servir de fondement assez solide ; je commence comme par la fin, pour satisfaire à l'impatience des gens de bien.

La sérénissime Infante, avertie de bonne heure des intelligences dès long-temps pratiquées que le gouverneur Carondelet continuoit avec la France, trouva bon et nécessaire, par son conseil, de couper proche aux malheurs qui s'en alloient éclore, capables non-seulement de perdre le pays de Hainaut et l'Artois avec le Cambresis, mais de mettre au hasard tout le reste des autres provinces.

Son Altesse donc ordonna au marquis d'Aytonne, ambassadeur ordinaire et commandant aux armées de Sa Majesté par deçà, d'y pourvoir au commencement de ce mois d'avril : suivant quoi, le quatrième jour, quantité de cavalerie prit les avenues de cette place et occupa tous les passages des frontières de France.

Le 5, un camp volant d'environ trois mille fantassins, tant Espagnols, Wallons, qu'Italiens, y arriva avec quelques pièces de canon, et munitions de guerre à proportion. On jette un pont sur la rivière de l'Escaut, afin que les troupes se puissent entre-donner la main.

Le gouverneur, étonné de cette visite, envoie son lieutenant Quenon vers le mestre-de-camp Ribaucourt, qui commandoit aux troupes (le marquis s'étant arrêté à Valanciennes), lui dire que tous ces appareils se faisoient sans sujet ; qu'il ne tenoit la place que pour le service de

(1) Voyez plus haut, pages 188 et suivantes.

Sa Majesté et de Son Altesse Sérénissime, et qu'il le prioit de venir dîner avec lui.

Ribaucourt répond que tout ce qu'il faisoit étoit par l'ordre du seigneur marquis, et qu'il avertiroit Son Altesse de sa proposition, comme il fit.

Cependant le marquis envoya le seigneur Jean-Augustin Spinola, capitaine de chevau-légers, à Bouchain, chargé d'une lettre de Son Altesse, contenant ses ordres, afin de disposer le gouverneur à la raison, qui, après plusieurs protestations de fidélité, condescendit à ce que son frère le sergent-major Carondelet allât trouver le marquis avec Spinola; et icelui rencontré en chemin, le sergent-major fit sonner fort haut ses plaintes de ce qu'on le traitoit en rebelle, n'ayant fait chose quelconque contre le service du Roi pour mériter ce traitement.

Que s'il avoit refusé la garnison qu'on lui avoit envoyée, ce n'avoit été que pour pourvoir à la sûreté de sa personne : le seul nom de Longueval, capitaine de la compagnie que le seigneur comte de Buquoy lui avoit envoyée, lui avoit assez donné sujet d'arrière-pensée, vu que la querelle qu'il avoit avec ledit comte ne permettoit pas de se fier à lui ni à personne des siens, et moins d'obéir à ses ordres, s'il ne vouloit courir risque de se perdre; du reste, qu'il supplioit Son Excellence d'être ouï en ses défenses avant qu'être condamné; que c'étoit une justice qu'il lui demandoit, et point de grâce; qu'il remettoit entre ses mains son gouvernement, ses biens, la forteresse et tout ce qui étoit dedans, à sa libre disposition.

Cette demande étoit trop juste pour l'en éconduire. Le marquis poursuit son voyage vers Bouchain, accompagné du sergent-major, et y fait entrer le régiment d'Espagnols de don Francisco Zapata, après qu'on l'eut de nouveau assuré que le gouverneur étoit disposé d'y recevoir telle garnison que le marquis voudroit.

Il suit le régiment et y est reçu avec joie, se laisse induire à tâter de son vin. Quelques santés achevées, le gouverneur et ses frères font des instances incroyables pour retenir le marquis à manger chez eux; mais leurs efforts ne réussissent.

Le marquis donc part pour Cambray, ayant remarqué que toute l'artillerie de la place étoit pointée de notre côté, et nulle pièce vers les François.

Il trouve quelque prétexte spécieux de mener ce sergent-major quant et soi; à quoi le gouverneur ne s'opposa point, ains l'accompagna encore bien avant; dont il fut admonesté du seigneur marquis de retourner, et requis que combien qu'il ne vouloit nullement douter de sa fidélité, néanmoins il pourroit donner ses décharges par écrit, afin d'ôter toute sorte de soupçon des esprits ombrageux, et s'exempter des discours du monde.

Le gouverneur lui promet, et son frère, le sergent-major du comte de Fressin, passe à Cambray avec le marquis. Je vois bien, mon cher lecteur, que tu es pantelant, et aspirant avec un ardent désir à la catastrophe de cette sanglante tragédie; mais un peu de patience.

Comme quoi la fine trame et obscure mèche de ce feu, qui alloit embraser cette pauvre patrie, fut découverte, l'on en parle diversement.

Tant y a que les premières bluettes en parurent à Tubis, où un laquais, envoyé de Bouchain à Bruxelles au doyen Carondelet, rencontrant à l'improviste les gens dudit marquis, s'en épouvanta, et s'écarta de son droit chemin pour avouer le tortu que prenoit son maître, qui l'envoyoit porter à son frère des lettres d'un chiffre inconnu, cousues tant dans ses souliers qu'en son pourpoint, comme elles y furent trouvées après qu'on l'eut fouillé chez un sellier, où même il jeta un poulet dans la bourre, écrit d'un caractère ordinaire, qui fut renvoyé par la poste au comte de Buquoy : ce qui fit observer de plus en plus ce bon prêtre.

Le marquis étant à Cambray pour visiter les vieilles munitions de la citadelle et pourvoir aux nouvelles, ou soit qu'un messager venant de France porter des lettres au gouverneur de Bouchain fût pris, ou soit qu'un soldat habillé en paysan, qu'il y envoya incontinent après le partement dudit marquis, fût attrapé, ou soit que l'un et l'autre arrivassent, ou qu'un messager alloit et venoit journellement pour nourrir ces fidèles correspondances, ce bon seigneur, dis-je, connut par ces lettres l'infidélité du *traître* gouverneur. Je n'ai point d'épithète plus propre.

Aucuns disent qu'elles chantoient un remercîment bien grand des offres à lui faites, accompagnées de solennelles protestations de remettre la partie à une meilleure occasion; qu'il avoit été forcé de recevoir quatre compagnies du roi d'Espagne de garnison, mais qu'il s'en pourroit aisément défaire : cependant que le secours qui lui étoit si libéralement promis de Trèves, de deux cornettes de cavalerie et huit mille hommes de pied, se pouvoit différer; qu'il en communiqueroit avec ses amis, et qu'il nous falloit quelquefois reculer pour sauter davantage.

Le marquis ayant pénétré l'épaisseur de ces ténèbres, et vu clairement le fond de ces secrètes menées, demeure perplex, ne sachant ce qu'il doit plus admirer, ou la cauteleuse subtilité des traîtres qui l'avoient presque abusé, ou le bonheur par où il s'en trouvoit désabusé.

Il dépêche donc incontinent l'adjudant Rocas à Bouchain, vers Appelmans, sergent-major de Ribaucourt, qui avoit été laissé avec ordre d'en tirer la compagnie du gouverneur, de se saisir de sa personne et de son lieutenant : suivant quoi l'ordre étant communiqué à ceux qu'il convenoit, le lieutenant du gouverneur fut appréhendé tandis qu'on dînoit.

Après qu'on se fut levé de table, le sergent-major Appelmans, appelant le gouverneur à part, lui demanda les clefs de la place : lors il commença à se plaindre qu'on lui faussoit la promesse que le marquis lui avoit faite; qu'on commençoit à le suspecter et douter de sa prud'hommie; que c'étoit lui faire tort; bref, il se laissa emporter à la colère et aux calomnies contre les Espagnols; et s'approchant d'Appelmans pour le suborner comme il avoit jà fait plusieurs autres, lui dit : « Et vous, Monsieur, vous feriez bien mieux d'être compatriote et de notre patrie, que de servir à cette nation. Si vous voulez, je puis avoir dans peu de jours une armée à notre secours, et notre fortune y sera meilleure. »

Appelmans, bon Flamand, c'est-à-dire Franc et non François, lui répartit que s'il continuoit ce discours, il n'y auroit rien qui le pût empêcher de lui mettre l'épée dans le ventre; qu'il ne se devoit tant fâcher de ce qu'il lui avoit dit; qu'il avoit encore charge de l'arrêter prisonnier, ce qu'il faisoit de la part du Roi; et lui demanda les clefs du magasin, se saisissant de son épée.

Ce fut jeter de l'huile sur la braise et souffler le feu jà allumé; ce fut enflammer sa fureur, laquelle lui fournissoit d'armes tout ce qui se présentoit.

A l'instant il prit un grand couteau qui étoit près des fenêtres de sa chambre, qu'il fourra dans le corps d'Appelmans, et puis en donna à revers au capitaine de Fresne, avançant pour le saisir au collet, et lui perça le bras droit.

Appelmans lui porta une estocade dans l'épaule, qui ne fit qu'effleurer à cause de sa foiblesse. En voilà deux mortellement blessés, qui n'ont guère vécu depuis.

Sur cette entrefaite, qui ne fut sans cris et grand bruit, Rocas s'avance, qui n'en eut meilleur marché que les autres; car d'abord il fut blessé de ce funeste couteau, et mourut deux heures après.

Les soldats étoient déjà tout alarmés : ceux qui étoient demeurés dans la salle, et qui avoient commandement de prendre le gouverneur, accoururent au secours, dont il tua le premier d'un coup de pistolet (qu'aucuns disent avoir été lâché contre Fresne avant qu'il fût blessé du couteau, et qui l'esquiva s'abaissant), et sortit plein de rage et de fureur, ayant empoigné deux épées; mais étant environné de tous côtés, tandis qu'aucuns demandent des cordes pour le lier, et qu'autres crient tumultuairement, un mousquetaire lui met le mousquet sur la poitrine, et, tirant, ne lui fit que brûler sa casaque et le pourpoint de satin gris jusques au canevas, d'autant qu'il n'étoit chargé à plomb : ce que voyant un autre soldat, croyant qu'il fût charmé, voulant rentrer dans sa maison, lui donna du gros de son mousquet sur la tête et l'assomma.

Son fils à même temps, âgé de onze à douze ans, sortit à la place, et tira une carabine au milieu des soldats, dont il en blessa un à la cuisse. S'il y a quelque malentendu en ceci, il ne s'en faut étonner, car ceux-là mêmes qui se trouvent présens en semblables accidens sont pour la plupart si émus, qu'ils ont de la peine d'en faire la relation véritable.

Aussitôt que le frère, qui étoit à Cambray, en eut le vent, il s'éclipsa promptement; mais la diligence du marquis le rendit visible : on l'arrêta prisonnier, et on le garda pour s'éclaircir de lui, comme des autres prisonniers, de plusieurs points qui concernent le bonheur de ces pays et la conservation de l'Etat, avant que de les faire mourir.

Que remarquerons-nous sur ce funeste événement? Avant toutes choses, il faut être aveugle pour ne voir, insensible pour ne sentir l'admirable et incompréhensible providence de Dieu : je veux donc et dois réciter à bon droit que la juste colère du Roi des rois a voulu, pour nos offenses, agiter le vaisseau de ces provinces et non submerger, transverser et non renverser, faisant journellement d'étranges ressorts pour tirer notre bien de notre mal, et notre salut de notre naufrage, dont nous devons prudemment faire profit, et rendre des actions de grâce à Sa Divine Majesté, comme la Sérénissime Infante fit publiquement avec sa cour en la maîtresse église de Bruxelles, le 11 du courant.

Entre toutes les ruses humaines, il n'y a finesse plus fine que d'être homme de bien; il faut enfin que le masque de la malice tombe et paroisse en son jour.

La vérité peut être pour un temps voilée des ténèbres de l'ignorance humaine; mais finalement elles se dissipent, et la vérité éclate malgré tous les obstacles qu'on y puisse apporter.

Il y a presqu'un an, ou peut-être plus, que ces artifices se tramoient à la sourdine, et voilà qu'on les prêche publiquement. Le trompeur est souvent trompé; le maître des feux artificiels en est souvent brûlé; plusieurs creusent la fosse où ils tombent et sont pris aux filets qu'ils ont tendus : tout cela se voit en ce succès tragique.

Le chemin de la vertu est le droit sentier qui conduit les hommes aux honneurs; ceux qui pensent y parvenir par des voies obliques en sont souvent reculés; la fin de ces cerveaux remplis de fumée est rarement heureuse : car, ou ils déchoient de leurs états, ne perdant que les biens, ou avec leurs biens ils perdent la vie.

Que les superbes travaillent tant qu'ils voudront, que les ambitieux courent aux grandeurs parmi toutes sortes de crimes, ils n'y profiteront rien : leur diligence étant contre la loi de Dieu, tout s'en ira en fumée, le soleil de la divine justice dissipera le tout; mais les hommes aveuglés de leurs passions effrénées n'y font aucune réflexion. Il faut avouer que celles-là sont toutes violentes et extrêmes sur lesquelles la raison n'a point d'empire; mais l'ambition, étant impétueuse et furieuse, emporte ses esclaves à d'étranges extrémités.

Les médecins disent que le poison a une telle force qu'il corrompt le sang et l'esprit, assiège et infecte le cœur par une contagion venimeuse, et altère totalement la bonne complexion de celui qui l'a bu : semblablement le venin de cette ardente envie de dominer est une opération si puissante, qu'encore qu'elle se rencontre ès esprits de bonne trempe, elle ne laisse pas de les corrompre entièrement.

Tous ceux qui ont connu les trois frères qui m'ont donné sujet de traiter cette histoire à la hâte (comme me l'ont contée les témoins oculaires), regretteront les belles qualités que l'empestée ambition de monter aux dignités, l'un de l'Eglise et les autres du siècle, a corrompues et perdues en eux; et ceux qui sont atteints de même mal apprendront de se guérir par l'ellébore de la modération, retournant à leur devoir, heureux d'être faits sages aux dépens d'autrui.

Je ne puis passer sous silence ce qui se rencontre ici de remarquable pour ceux qui gouvernent les peuples autorisés de leurs rois, au regard des avis qu'on leur donne des trahisons qui se brassent contre leurs Etats et service : c'est de s'assurer au plus tôt des personnes suspectes et des places où ils commandent, pour après s'informer à loisir de ce qui en est, et, les trouvant coupables, les punir selon l'exigence des cas, ou les chefs seulement de la conspiration, pour l'exemple, ou tous ceux qui y ont trempé, pour la faute.

Car en telle occurrence l'incrédulité est périlleuse, tout délai est dangereux, le moindre ombrage est réputé pour crime, et les moindres soupçons donnent lieu à la loi des justiciaires, qui ne peut être trop rigoureuse, la rigueur y étant tenue pour clémence, et la grâce pour rigueur. Ainsi les princes et les ministres, en ces pratiques de perfidie, doivent prendre premièrement le bouclier de l'assurance, et puis dégaîner l'épée de la justice; c'est le docte Dallington, ou celui qui suit ses traces, qui nous l'apprend.

Recevez en gré cet écrit, attendant qu'aucun qui ait plus de part aux affaires que moi (car je n'y en ai point) vous en donne une relation, laquelle pourra bien être plus exacte et mieux faite, avec plus de temps et informations, mais non avec plus de sincère affection à ce qui est du service du Roi et du bien public, à quoi je veux faire aboutir ces lignes. J'aurai pour le moins servi d'éperon pour faire courre en cette lice quelque meilleure plume.

Relation de l'assassinat commis en la personne de M. de Puylaurens à Bruxelles, dont est fait mention aux Mémoires ci-dessus.

Le 3 mai, entre huit et neuf heures du soir, M. de Puylaurens, revenant de la ville et montant les degrés pour entrer en la salle du Palais, accompagné de huit ou dix gentilshommes, on lui a tiré un coup de carabine qui ne l'a blessé que fort légèrement à la joue droite, où la balle est demeurée, entrant si peu avant dans la chair, qu'en tirant ses cheveux, qui étoient entrés avec la balle, elle est tombée à ses pieds.

M. de La Vaupot a été aussi blessé à la même joue droite, et à l'os de la mâchoire offensé; mais sa blessure ne laisse pas d'être fort légère et sans danger quelconque.

Le troisième qui a été blessé est M. de Roussillon, beau-frère de M. de La Vaupot, jeune gentilhomme aimé et estimé d'un chacun. Celui-ci est dangereusement blessé à la tête et a été aujourd'hui trépané; on ne sait encore ce que l'on doit espérer de lui.

C'est une espèce de miracle comme la plupart de ceux qui étoient sur les degrés n'ont point été tués; car la carabine qu'on a prise a le calibre comme pour une balle de longue paume, et davantage. Elle étoit chargée de vingt-cinq balles de pistolet et de sept postes, qu'on a ramassées, et la plupart d'étain et non pas de plomb; et le coup a été tiré environ de vingt pas, et appuyé sur une table de pierre; mais ce qui a empêché le grand effet qu'il devoit faire, c'est qu'il n'y avoit pas assez de poudre pour chasser avec violence une si grande quantité de balles, ou que celui qui a fait le coup s'est trop hâté, tirant lorsque les têtes ont commencé à paroître, avant qu'il pût tirer au corps. Mais il ne pouvoit pas choisir un lieu plus propre ni plus favorable pour entreprendre une si grande méchanceté, que celui où il s'étoit mis; car il avoit une porte derrière fort proche, où à ces heures-là il n'y a personne; et là il y avoit un homme à cheval qui en tenoit un autre par la bride, sur lequel il monta, n'étant pourtant poursuivi de qui que ce soit que d'un laquais de M. de Puylaurens, qui dit lui avoir porté un coup d'épée, laquelle il retira sanglante environ l'épaisseur de deux doigts, ne sachant s'il avoit blessé l'homme ou le cheval, à cause qu'il étoit nuit, et comme les autres étoient à cheval, ils furent bientôt sauvés.

Les uns s'amusèrent autour des blessés, les autres à recueillir la carabine et la casaque que le meurtrier avoit laissées; si bien qu'il ne courut autre fortune que celle de ce laquais.

La carabine étoit couverte de taffetas noir, pour empêcher la lueur du canon, et la casaque étoit toute neuve, verte, et doublée de jaune, et seulement faufilée: qui fait juger que celui même qui s'en est servi l'avoit faite, pour ne s'en fier pas au tailleur.

C'est merveille comme Monsieur ne s'y trouva pas; vu que depuis quelque temps M. de Puylaurens ayant eu divers avis de ce qui lui est arrivé, ne sortoit plus guère sans lui.

On ne sait pas jusques ici qui a fait ni qui a fait faire le coup; on en soupçonne plusieurs, pour ce que M. de Puylaurens a plusieurs ennemis; et comme la plupart n'y ont point contribué, il est certain que l'on calomnie beaucoup d'innocens.

La plupart ne le haïssent que pour ce qu'il s'est porté à faire l'accommodement.

On peut croire que ce ne sont pas des domestiques de Monsieur, ni ceux qui sont dans ses intérêts qui lui veulent mal à cause de cela; au contraire, ils l'aiment et adorent tous depuis qu'ils ont reconnu en lui de si bonnes intentions, et qu'ils lui ont vu rendre un service si signalé à leur maître et à la France, que de le porter à la paix. Au reste, on a pris deux hommes avec quelques indices; ils sont entre les mains de la justice, mais la plupart ne les croient pas coupables.

Etant deux jours devant à la comédie, où étoit M. de Puylaurens, ils se mirent à le regarder long-temps fixement sans le saluer et comme en le morguant. Ils sont, à ce que l'on dit, au père de Chanteloube; et la Reyne a envoyé dire au marquis d'Aytonne qu'elle les avouoit pour être à elle, et que, s'ils se trouvoient coupables, elle le prioit d'en faire justice; mais qu'aussi, s'ils ne l'étoient point, on leur fît raison de l'outrage qu'on leur a fait de les prendre pour cela. La plus commune opinion est qu'ils sont innocens.

Le prince Thomas et le marquis d'Aytonne, aussitôt après cet accident, accoururent au palais et se rendirent auprès de Monsieur, y apportant de leur côté tout ce qu'il pouvoit désirer d'eux et de leur sage conduite.

Monsieur se trouva au palais quand cela arriva; et, dans ce tumulte, Monsieur ayant mis l'épée à la main à la chaude, il pouvoit arriver un grand désordre si par malheur on eût rencontré quelqu'un de ceux que l'on soupçonnoit.

M. de Puylaurens ne s'est point du tout montré étonné d'un si horrible attentat, et a fait paroître une modération et une générosité merveilleuses envers ses ennemis.

Les deux prisonniers seront demain confrontés à l'ouvrier qui a fait la carabine, qui dit l'avoir vendue, le jeudi saint, à un François qui contrefaisoit l'Allemand, et à un petit laquais qui dit avoir parlé à l'un des prisonniers peu devant cette mauvaise action, et soutient qu'il avoit sur lui le manteau que l'on a pris.

Récit de ce qui se passa un peu avant la mort du cardinal, arrivée le jeudi 4 décembre 1642, sur le midi.

Le congé des sieurs de Tilladet, de La Sale et Des Essarts, capitaines aux gardes, fut donné le mercredi 26 de novembre. Le Roi, ayant souffert que le cardinal lui fît cette violence, eut néanmoins assez de cœur pour vouloir que pendant leur éloignement leurs charges fussent exercées par leurs lieutenans, et que leurs pensions leurs fussent payées dans les lieux de leur retraite. Pour ledit sieur Des Essarts, parce qu'il étoit beau-frère du sieur de Tréville, commandant les mousquetaires, il fallut que, pour contenter le cardinal, le Roy l'envoyât servir en Italie; mais sa peur ne s'arrêta pas là. Tréville, qui en étoit le principal objet, devoit être éloigné de la cour, pour le mettre en quelque repos. Le Roi ayant fortement résisté, fut enfin contraint d'obéir. Il envoya, le lundi premier décembre, lui donner son congé par un des siens, et peu après le fit visiter par un de ses ordinaires, et l'assurer de la continuation de sa bonne volonté, et lui dire qu'il avoit donné son éloignement à la nécessité des importunités de son ennemi ; mais qu'il ne laissoit pas de lui conserver toute sa bienveillance, bien qu'il le laissât partir ; et que ce ne seroit que pour un peu de temps ; qu'il vouloit que ses pensions lui fussent payées, avec augmentation de moitié, dans le lieu de Montirandel, où il vouloit qu'il se retirât. M. de Tréville partit le jour même, et ne voulut point voir M. le cardinal, qui pensoit bien disposer à sa fantaisie de sa charge et de celles des trois autres ; mais le Roi s'opiniâtra à ne le pas souffrir et à faire enrager le cardinal. Tellement que l'exil de ces personnes si redoutables à une ame timide, n'ayant pas eu le succès qu'elle en espéroit, et toute sa violence n'ayant servi qu'à donner de la roideur à l'esprit du Roi, ce pauvre homme se vit bien loin de la fin qu'il s'étoit proposée. Il le crut encore bien mieux lorsqu'il eut appris avec quelle hauteur le Roi avoit parlé à Chavigny, lorsqu'il le pressoit pour accepter ceux que le cardinal vouloit mettre dans les places vacantes, et avec quelle colère il lui avoit commandé ensuite de sortir de Saint-Germain. Il acheva de décharger sa bile contre lui en voyant M. Des Noyers ; il lui dit mille choses aigres, et lui commanda de les rapporter toutes au cardinal de Richelieu. Peu de temps après M. le cardinal Mazarin étant venu pour adoucir les choses, et pour tenter l'accommodement dudit Chavigny qui étoit venu avec lui, le Roi les reçut tous deux très-froidement, et témoigna un tel mépris pour le dernier, qu'il ne voulut pas même le regarder. Toutes les marques d'indignation qui avoient été entretenues par les défiances que le maître et le valet avoient l'un de l'autre depuis la mort de M. le Grand, altérèrent tellement leur santé, qu'ils en ont tous deux perdu la vie à sept mois l'un de l'autre. Le cardinal fut abattu le premier : la nuit du vendredi 28 novembre, il fut saisi d'une grièvre douleur de côté avec la fièvre. Le dimanche, dernier jour du mois, le mal de côté s'augmentant avec redoublement de fièvre, il fallut recourir aux remèdes. Messieurs les maréchaux de Brézé et de La Meilleraye, et madame d'Aiguillon, couchèrent au Palais-Cardinal, étant tous en grande consternation. On eut recours deux fois à la saignée dans cette nuit-là. Le lundi au matin, premier de décembre, le cardinal se porta un peu mieux en apparence ; mais sur les trois heures après midi la fièvre redoubla avec crachement de sang, et une grande difficulté de respirer. La nuit de ce même lundi, tous les principaux de sa parenté et de sa famille y couchèrent encore. Il fut saigné cette nuit-là deux fois encore, mais elle ne laissa pas d'être fort mauvaise. Bouvard, premier médecin du Roi, veilla toute la nuit auprès du lit du malade.

Le mardi au matin, il y eut une grande consultation de médecins, sur les neuf heures. Ce même jour, sur les deux heures après midi, le Roi vint voir le cardinal, après toutes les sollicitations très-pressantes qui lui en avoient été faites. Il entra dans sa chambre avec M. de Villequier et quelques autres capitaines de ses gardes : s'étant approché de son lit, M. le cardinal lui dit qu'il prenoit congé de Sa Majesté ; qu'il voyoit bien qu'il falloit partir, mais qu'il mouroit avec cette satisfaction qu'il ne l'avoit jamais desservi, et qu'il laissoit son Etat en un haut point, et tous ses ennemis bien abattus ; qu'en reconnoissance de ses services passés, il le supplioit d'avoir soin des siens ; qu'il laissoit dans le royaume plusieurs personnes très-capables et bien instruites des affaires, entre autres M. Des Noyers, et quelques autres qu'il nomma, pour s'en servir dignement. Le Roi lui promit d'avoir mémoire de ses recommandations, et, lui témoignant plus de tendresse qu'il n'en avoit, lui fit prendre lui-même deux jaunes d'œuf. Après qu'il fut sorti de sa chambre, il entra dans sa galerie, et l'on remarqua qu'en se promenant et considérant les tableaux qui y étoient, il n'avoit pu s'empêcher de rire plusieurs fois. Il s'en retourna au Louvre, où il fut accompagné, de la part de Son Eminence, du comte d'Harcourt et du maréchal de Brézé et de quelques autres. Il avoit résolu de ne point quitter le Louvre jusqu'à ce qu'il eût vu le cours de cette maladie, et y demeura en effet jusqu'après la mort du cardinal. Ledit sieur comte d'Harcourt étant de retour au Palais-Cardinal, Son Eminence ne l'aperçut pas plus tôt que, le faisant approcher de son lit : « M. d'Harcourt, lui dit-il, vous allez perdre un grand ami. » Ces paroles lui tirèrent des larmes des yeux, et, se tournant vers madame d'Aiguillon : « Ma nièce, lui dit-il, je veux qu'après ma mort vous fassiez..... » Ces ordres secrets la firent sortir de la chambre toute fondante en larmes. Ensuite il demanda aux médecins, avec beaucoup de fermeté, jusqu'à quand il pourroit encore vivre ; qu'ils le lui dissent franchement, puisqu'aussi bien il étoit très-résolu à la mort. Ces hommes, nés à la flatterie comme les autres, lui dirent qu'il n'y avoit rien encore à désespérer ; que Dieu, qui le voyoit si nécessaire au bien de la France, feroit un coup de sa main pour le lui conserver, et que, selon leur art, ils ne pouvoient faire aucun jugement du succès de son mal juqu'au septième. Il appela Chicot, médecin du Roi, en particulier, et le conjura, non comme médecin, mais comme son ami, de lui parler à cœur ouvert. Chicot, après quelques excuses, lui dit nettement que dans vingt-quatre heures il seroit ou mort ou guéri. « Voilà parler comme il faut, lui répondit le cardinal. C'est assez, je vous entends; » et en même temps envoya chercher ceux dont il avoit besoin en cette conjoncture. Sur le soir, la fièvre redoubla étrangement, et l'on fut obligé de le saigner deux fois. A une heure après minuit, le curé de Saint-Eustache lui apporta le saint viatique. Lorsqu'il eut posé le Saint-Sacrement sur une table qui avoit été préparée pour le recevoir, il dit au curé : « Mon maître, voilà mon juge qui me jugera bientôt. Je le prie de bon cœur qu'il me condamne si j'ai eu autre intention que le bien de la religion et de l'Etat. » Il communia ensuite, et à trois heures après minuit il reçut l'extrême-onction par les mains dudit curé. Avant que l'on commençât la cérémonie, il se tourna vers le curé et, « Mon pasteur, lui dit-il, je vous demande ce sacrement d'extrême-onction, de me parler comme à un grand pécheur, et me traiter comme le plus chétif de votre paroisse. » Ce qu'il fit en faisant réciter à ce grand docteur son *Pater noster*, et le symbole de la foi. Il témoigna en prononçant ces paroles beaucoup d'émotion, beaucoup de tendresse de cœur et beaucoup de douleur de ses fautes, embrassant sans cesse un crucifix qu'il tenoit entre ses bras; de sorte que tous les assistans fondoient en larmes, et croyoit-on qu'à cette fois-là il alloit expirer, tant il paroissoit être mal. Madame d'Aiguillon étoit cependant inconsolable, et comme hors d'elle-même. Après avoir fait tout ce que sa passion lui conseilloit, elle retourna à sa maison, où il fallut aussitôt la saigner au pied avec grand'peine. Les paroles aussi et les dernières volontés de M. le cardinal, qu'il lui avoit déclarées les larmes aux yeux, étoient trop touchantes pour n'en venir pas à l'extrémité où elle étoit réduite. Il lui défendit expressément, mais en des termes de tendresse et d'amour, de se retirer après sa mort dans un cloître, et que si elle vouloit lui déplaire après son décès, elle n'avoit qu'à y penser; qu'elle seroit plus nécessaire dans le monde; et il la prioit d'avoir soin de l'éducation de ses neveux Du Pont. Après il lui baisa les mains, et lui dit qu'elle étoit la personne du monde qu'il avoit le plus aimée. Le lendemain, troisième du courant, les médecins l'abandonnèrent le matin aux empiriques, voyant qu'ils n'avoient plus de remèdes pour lui, à cause que l'inflammation étoit à la poitrine, et que la douleur du côté alloit tantôt à droite et tantôt à gauche. Il fut aussi tellement mal, que sur les onze heures le bruit de sa mort se répandit par toute la ville. Le sieur Bouvard, qui l'avoit veillé la nuit passée, alla du matin rendre compte au Roi de l'état de son mal; et lui ayant fait entendre qu'il ne pourroit passer le jour, on envoya faire des défenses à toutes les postes de donner des chevaux sans billet. Ce matin même, le Roi manda le parlement pour le venir trouver sur les deux heures après midi. Cela donna sujet de croire que le cardinal étoit mort; mais le Roi avoit envoyé quérir ces messieurs pour faire vérifier la déclaration contre M. le duc d'Orléans. Il leur dit : « Messieurs, je veux que vous vérifiiez la déclaration qui est entre les mains de mon procureur général, contre mon frère. Il est tant de fois retombé en la même faute après lui avoir tant de fois pardonné, que je ne le peux plus souffrir; et j'ai grand sujet d'appréhender qu'ayant tant failli de fois comme il a fait, il n'ait encore quelque mauvais dessein contre mon Etat. C'est pourquoi j'ai résolu de lui en ôter les moyens, et afin qu'il ne puisse à l'avenir maltraiter la Reine et mes enfans après ma mort, lui ôter toute espérance de venir jamais au gouvernement. M. le chancelier vous dira le reste de mes intentions. » Sur quoi l'on dit que le premier président fit quelque remontrance pour surseoir cette affaire en faveur de Monsieur, et en considération de sa qualité. Néanmoins la déclaration fut vérifiée cinq jours après la mort du cardinal, c'est-à-dire le mardi 9 décembre, et non le vendredi 5, comme dit l'auteur de cette relation. Mademoiselle fut au Roi, et employa toute sorte d'intercessions pour empêcher ce coup; mais elle n'y gagna rien. « C'est sans doute un grand coup d'Etat, dit notre auteur, pour faire voir que la France, après la mort d'un si grand ministre, ne laissera pas d'être gouvernée par son esprit. » Après que messieurs du parlement eurent pris congé du Roi, Sa Majesté tira à quartier messieurs les présidens de Mesme et de Bailleul, et leur parla assez long-temps. Sur les quatre heures du soir, il fut au Palais-Cardinal : il trouva que le malade se trouvoit un peu mieux, par la prise d'une pilule que Le Fèvre, médecin de Troyes, lui avoit fait prendre. Il demeura auprès de lui jusque sur les cinq heures, avec des démonstrations de douleur et de regret pour l'état auquel il le voyoit. La nuit se passa avec plus de repos et moins de fièvre; si bien que tout son monde y croyoit un grand amendement. Le jeudi au matin, quatrième du courant, qui fut le jour de sa mort, les médecins lui donnèrent une médecine à huit heures, qui sembla le soulager, et qui les obligea de lui en donner une autre à onze heures. Sur le midi, on publioit par la ville sa santé, avec démonstration de joie de la part de ceux qui étoient dans ses intérêts; mais à midi ou environ, M. le cardinal parla à un gentilhomme que la Reine lui avoit envoyé pour savoir l'état de sa santé, et lui par a en termes si fermes et si raisonnables, qu'il ne paroissoit pas si proche de sa fin qu'il étoit. Sitôt que ce gentilhomme se fut retiré, il sentit intérieurement le coup de la mort, et, se tournant vers la duchesse d'Aiguillon : « Ma nièce, lui dit-il tendrement, je suis bien mal ; je vais mourir. Je vous prie de vous retirer ; votre tendresse m'attendrit trop. N'ayez point ce déplaisir de me voir mourir. » Elle se retira à l'instant même ; et tout sur-le-champ le voilà surpris d'un étourdissement dans lequel il expira.

Il mourut à cinquante-huit ans, dans le palais qu'il avoit fait bâtir à Paris, à la vue presque de son Roi, qui ne fut jamais si satisfait de chose qui fût arrivée dans son règne. Ce cardinal eut beaucoup de bien et de mal. Il avoit de l'esprit, mais du commun ; aimoit les belles choses sans les bien connoître, et n'eut jamais la délicatesse du discernement pour les productions de l'esprit. Il avoit une effroyable jalousie contre tous ceux qu'il voyoit en réputation : les grands hommes, de quelque profession qu'ils aient été, ont été ses ennemis, et tous ceux qui l'ont choqué ont senti la rigueur de ses vengeances. Tout ce qu'il n'a pu faire mourir a passé sa vie dans le bannissement. Il y a eu plusieurs conspirations faites pendant son administration pour le détruire ; son maître lui-même y est entré ; et cependant, par un excès de sa bonne fortune, il a triomphé de la vie de ses ennemis, et a laissé le Roi lui-même à la veille de sa mort. Enfin on l'a vu dans un lit de parade pleuré de peu, méprisé de plusieurs, et regardé de tous les badauts avec une telle foule, qu'à peine un jour entier put-on aborder du Palais-Cardinal.

FIN DES MÉMOIRES DE MONTRÉSOR.

RELATION

FAITE

PAR M. DE FONTRAILLES

DES CHOSES PARTICULIÈRES DE LA COUR,

ARRIVÉES PENDANT LA FAVEUR DE M. DE CINQ-MARS, GRAND ÉCUYER, AVEC SA MORT ET CELLE DE M. DE THOU.

RELATION

FAITE

PAR LE VICOMTE DE FONTRAILLES.

M. le cardinal de Richelieu étoit arrivé, par son travail et avec d'extrêmes soins, à une si grande autorité dans l'Etat, qu'il n'avoit introduit dans les affaires et les principaux emplois que les personnes que ses bienfaits lui avoient acquises pour créatures; il s'étoit emparé de l'esprit du Roi, de qui la timidité naturelle étoit augmentée par la créance de n'avoir pas assez de talent pour la conduite de son royaume, s'il n'étoit assisté des conseils de Son Eminence, qui, de sa part, connoissant l'humeur de Sa Majesté inconstante et chagrine, soupçonnoit qu'elle ne fût susceptible d'impression suffisante de ruiner sa fortune, dont la grandeur ne pouvoit être abattue que par elle seule, qui l'avoit établie dans le lustre et l'éclat où chacun la considéroit.

Le Roi étoit sans enfans, et sa santé si incertaine depuis la grande maladie qu'il avoit eue à Lyon, que M. le cardinal de Richelieu s'estima obligé, dedans le doute de la durée de sa vie, de regarder plus exactement à la conduite qu'il devoit tenir sur le sujet de M. le duc d'Orléans, présomptif héritier de la couronne.

Il crut que le moyen le plus assuré étoit de procéder à la rupture de son mariage, afin de parvenir à celui de sa nièce, la duchesse d'Aiguillon, parce que, ce dessein lui succédant selon son espérance, il se promettoit de perpétuer sa domination si absolue, qu'elle seroit égale, si elle ne surpassoit celle que les maires du palais avoient autrefois usurpée. Mais ayant rencontré Son Altesse plus ferme et plus attachée à maintenir son mariage qu'il ne s'étoit persuadé, il attribua cette résistance à Puylaurens; et, ne restant pas satisfait de la peine de la prison qui lui étoit imposée, il le sacrifia à son ressentiment, sans qu'il eût aucune conviction contre lui que celle d'être tombé dans le malheur de lui déplaire.

La rupture étant arrivée, quelque temps après, entre les deux couronnes, et les premiers événemens de la guerre, par le gain de la bataille donnée à Avein, n'étant pas soutenus avec la prévoyance dont le cardinal de Richelieu pouvoit assez user, il se trouva nécessité, dans le peu d'ordre qu'il avoit mis aux frontières, et par les progrès des Espagnols, à confier la conduite de l'armée à messieurs les duc d'Orléans et comte de Soissons.

Le traitement injurieux que Son Altesse avoit reçu dans la mort de Puylaurens, qui avoit sa principale confiance, et sa juste crainte d'être réduit, contre tous les devoirs d'honneur et de conscience, à rompre son mariage solennellement contracté, pour entrer dans une alliance dont le refus lui causeroit des persécutions infinies, se résolut de s'unir avec M. le comte pour le perdre: ce qui auroit fort aisément réussi s'ils eussent voulu, dès Amiens, exécuter la délibération qu'ils avoient prise conjointement, et ainsi qu'il étoit en leur pouvoir.

L'une des plus grandes appréhensions qu'avoit M. le duc d'Orléans, sur le sujet de ce prétendu mariage, venoit de l'opinion que le cardinal, qui déféroit toutes choses au mouvement de son ambition, soudain que Son Altesse auroit eu des enfans, se porteroit infailliblement à se défaire de sa personne pour n'avoir plus d'opposition (si la mort de Sa Majesté survenoit) capable d'empêcher qu'il ne gouvernât l'Etat sous le nom des mineurs et celui de la régente, qui dépendroit entièrement de lui.

Corbie ayant été remis sous l'obéissance du Roi, Son Altesse et M. le comte de Soissons s'étant rencontrés à Paris ensemble, sur des avis qui leur furent donnés, cherchèrent leur sûreté en s'éloignant de la cour. Monsieur se retira à Blois, et M. le comte à Sedan, où tous les deux, prévenus par des négociations remplies d'artifices, prirent le parti d'un accommodement, sans stipuler les conditions que requéroient les intéressés, qui se pouvoient facilement ménager dans une conjoncture si favorable.

M. le comte, qui se confioit le moins au cardinal, obtint seulement la liberté de demeurer à Sedan quatre années; qui étoit un avantage peu considérable, après ce qui s'étoit passé.

La naissance de messeigneurs les enfans de France ayant changé le visage de la cour, Son Eminence prit de nouvelles mesures, et, sans perdre de temps, agit auprès de Sa Majesté pour tirer d'elle les dernières paroles qu'il jugeoit à propos pour le conduire à la puissance qu'il s'étoit proposée. Il présumoit, mais avec plus d'orgueil que de raison, que ce titre, exigé du Roi, l'élèveroit à la qualité de régent en France, et que, s'il étoit forcé de se relâcher d'une prétention pour lui si glorieuse, il dépendroit de son choix d'emporter la balance du côté de la Reine ou de M. le duc d'Orléans, auquel il se détermineroit selon que le temps et les occasions lui conseilleroient.

Il avoit fait souffrir tant de choses à la Reine, à son retour de Languedoc, qu'il se rendoit irréconciliable avec elle, et se portoit sur ce fondement à telle aigreur, qu'il déclaroit ouvertement avoir perdu toute considération pour elle. A l'égard de Son Altesse, il faisoit paroître moins d'aversion à s'appuyer de lui, quoiqu'il eût beaucoup relâché de l'ardeur qu'il avoit autrefois témoignée pour son mariage avec la duchesse d'Aiguillon : les démonstrations ne s'étendoient pourtant qu'à des civilités extérieures, qui ne produisoient nul effet que celui de donner des preuves évidentes de sa profonde dissimulation, que Monsieur n'avoit pas moindre, à lui céler ses sentimens.

C'étoit à peu près l'état auquel se trouvoit la cour lorsque M. de Cinq-Mars, qui a été grand écuyer, entra en faveur auprès de Sa Majesté : mais parce que j'ai été celui qui me suis rencontré le plus avant dans sa confiance, je serai bien aise de laisser ces Mémoires parmi les papiers de ma maison, afin que ceux qui trouveront l'abolition que j'ai prise n'ignorent pas les sujets qui m'y ont obligé.

L'objet de M. le cardinal de Richelieu pour demeurer le maître des affaires étoit de décréditer la Reine auprès du Roi, par l'éloignement de ses créatures. Considérant madame de Hautefort pour être entièrement dévouée à son service, il songea aux expédiens de la bannir de la cour, l'affection que Sa Majesté témoignoit pour elle étant trop suffisante et suspecte à ses intérêts pour lui pouvoir permettre de la laisser davantage dans la place qu'elle occupoit.

Il se proposa, ensuite de sa disgrâce, de la remplir d'une personne agréable au Roi, capable de le divertir, ou du moins de l'amuser ; mais afin d'éviter que Sa Majesté en choisit une de son propre mouvement, sans qu'il en eût le mérite, il jeta les yeux sur M. de Cinq-Mars, pour lequel il avoit remarqué, dès le voyage d'Amiens, que Sa Majesté avoit une forte inclination.

Pour cette considération, il se résolut de la laisser agir, d'autant qu'il paroissoit à tout le monde que c'étoit un effet de son autorité, qui engageoit à la reconnoissance celui qui en recevoit l'obligation.

Peu de temps après, il le favorisa de son entremise pour le faire entrer dans la charge de maître de la garde-robe ; et se servant de l'adresse d'un ministre consommé dans les intrigues du cabinet, il lui montroit incessamment la faveur, et en même temps faisoit connoître que c'étoit par sa seule voie qu'il y pourroit parvenir. En quoi il est juste d'avouer qu'il tenoit la conduite d'un habile homme.

Le projet de faire donner l'ordre à madame de Hautefort de se retirer ayant été résolu, avec précipitation et contre l'avis de ses partisans, qui en jugeoient mieux que lui les conséquences, M. de Cinq-Mars commença à être regardé comme favori ; et dans le voyage que le Roi fit à Grenoble, sous le prétexte de voir madame de Savoie, il parut que Sa Majesté l'aimoit avec plus de passion qu'il n'avoit fait aucun de ceux qu'il avoit gratifiés avant lui de l'honneur de ses bonnes grâces.

M. le cardinal en conçut de la jalousie, se repentit du choix qu'il en avoit fait, et ne demeura pas long-temps sans s'apercevoir, dans les divers voyages que la nécessité des affaires faisoit naître, qu'il pouvoit aisément ruiner une fille ; mais qu'il n'en étoit pas de même d'un jeune homme qu'il avoit introduit, beau, bien fait, ambitieux et spirituel, qu'il ne pouvoit détruire que par une disgrâce tout ouverte, auquel il ne resteroit rien à désirer, après avoir été établi dans la charge de grand écuyer, que s'emparer de la place du premier ministre.

La mort de M. le cardinal de La Valette étoit survenue ; il envoya au Roi une liste de ceux qu'il avoit pourvus de ses bénéfices, dans le nombre desquels le nom de l'abbé d'Effiat, frère de son favori, n'étant employé que pour une abbaye fort médiocre, Sa Majesté, emportée de dépit, déchira le papier, et déclara publiquement qu'il lui donneroit la meilleure ; dont M. le cardinal fut si offensé, qu'il jura la ruine de M. de Cinq-Mars, et s'en expliqua à ses amis : ce qui ne put empêcher le Roi, incontinent après son retour à Paris, de chasser madame de Hautefort, et de mettre en possession, de son propre mouvement, M. de Cinq-Mars de la charge de grand écuyer.

Il m'arriva dans cette conjoncture, en Gascogne où j'étois, une querelle avec M. d'Epernon ; et parce qu'il venoit de soutenir un très-long siége dans Salses, dont il étoit gouverneur, et s'y étoit conduit en sorte que l'on restoit très-satisfait de lui en cour, M. le cardinal prit ce différend avec tant d'aigreur à mon égard, qu'il publia que j'avois fait des monopoles en Guienne pour messieurs d'Epernon et de La Valette, lesquels se trouvoient en disgrâce ; y ajoutant ces paroles pleines d'animosité, qu'*il falloit me faire prendre mort ou vif.*

M. le Grand répondit pour moi, bien que je ne fusse pas bien connu de lui, et dit à Son Eminence, en présence de Sa Majesté, que mes ennemis m'avoient rendu ce mauvais office ; mais qu'il se rendroit caution de sa tête, que j'étois bon serviteur du Roi.

Ce discours, si obligeant et avancé si à propos, me mit à couvert d'un si méchant rencontre ; et c'est au vrai le sujet qui m'attacha si fort avec M. le Grand, et qui m'a depuis engagé à l'honorer et le servir jusques à la mort.

M. le cardinal ayant conservé le dessein qu'il avoit pris à Grenoble de le perdre, jugea que La Chesnaye, premier valet de chambre, auquel Sa Majesté parloit souvent et avec grande confiance, seroit un homme propre à trouver l'occasion d'apporter quelque dégoût de lui dans l'esprit du Roi, ne doutant plus, qu'après par son adresse, appuyée de son crédit, le reste ne lui fût facile.

Sur ce projet, il arriva plusieurs démêlés entre le Roi et son favori, suscités et ménagés par La Chesnaye, dans lesquels Son Eminence s'entremettoit presque toujours ; mais pour ne se point commettre (étant éclairci qu'ils venoient plutôt d'un excès d'affection que par aversion), il prenoit toujours le parti de l'accommodement, et avant que de partir de Saint-Germain il les remettoit bien ensemble.

M. le Grand, s'étant aperçu de ces artifices (et, ainsi qu'il me le dit souvent, autant par hasard que d'une résolution préméditée), rencontra le Roi en disposition de se défaire de La Chesnaye, qui l'incommodoit infiniment. Un jour, sans que le cardinal en fût averti, Sa Majesté lui fit commandement de se retirer avec injures et outrages ; M. le Grand le menaça fort aussi.

Son Eminence, ne pouvant dissimuler le regret qu'il en avoit, le lui fit paroître par son visage et un discours fort sévère, quand il alla pour lui rendre compte de ce qui s'étoit passé.

La Chesnaye étant arrivé à Paris, les serviteurs et les plus proches de M. le cardinal le furent voir, pour lui offrir leur assistance dans sa disgrâce.

Le maréchal de La Meilleraye, son beau-frère, en usa comme les autres, et encore avec plus de chaleur, et j'ai appris de M. le Grand que ce qui lui faisoit plus clairement voir l'envie que Son Eminence avoit de le perdre, étoit comme M. de La Meilleraye s'étoit retiré de lui tout d'un coup, sans sujet ni prétexte, et rompu l'amitié qu'ils avoient contractée ensemble, de telle hauteur, qu'à peine se vouloient-ils saluer.

M. le cardinal, par l'éloignement d'un homme qui le servoit adroitement à son gré, voyant M. le Grand mieux établi qu'il ne l'eût désiré, se résolut d'attendre que cette affection du Roi reçût quelque diminution d'elle-même : ce qu'il espéroit devoir bientôt arriver, pour lui donner moyen de s'en prévaloir.

Sa Majesté étant à Amiens, M. le Grand, qui désiroit avec une extrême passion de faire paroître son courage, et qui étoit pleinement informé en quel état il étoit auprès de M. le cardinal, se proposa de demander au Roi le commandement des troupes qui devoient conduire les convois que l'on envoyoit à Arras.

Sa Majesté le lui accorda dès la première ouverture, sans en donner part à Son Eminence, qui, l'ayant su, la fut trouver à l'instant pour la faire changer ; mais il la rencontra ferme et inébranlable, persistant à vouloir que son favori eût cet emploi, qui lui étoit extrêmement glorieux.

Enfin M. le cardinal s'apercevant que le Roi ne se relâcheroit point, il s'adressa à M. le Grand, qui, se voyant pris à partie par un ministre si autorisé, dans la crainte de n'être pas soutenu, aima mieux se relâcher de lui-même d'y être contraint par force ; et ainsi il se désista de sa prétention : et pour satisfaire le Roi, le commandement des volontaires, des gendarmes et chevau-légers de la garde lui fut donné.

Dans cette occasion il y eut un combat, sur le sujet duquel M. le cardinal, parlant à Sa Majesté, taxa le courage de M. le Grand très-injustement : ce qui l'envenima à tel point, et lui fit une si profonde plaie dans le cœur, qu'il n'en guérit jamais depuis.

Il se trouva aussi en si mauvaise posture à son retour d'Amiens, qu'il se croyoit entièrement perdu ; il fit pourtant sa paix avec le Roi, et se raccommoda avec M. le cardinal ; mais ce ne fut qu'en apparence, sans vouloir être jamais son serviteur, résolu d'embrasser toutes les voies les plus extraordinaires pour essayer de se venger de lui.

M. le comte, qui étoit à Sedan, pressé par le

temps de son traité et sollicité par M. de Bouillon, se disposa à former un parti ; et parce qu'il savoit que M. le Grand étoit très-mal satisfait de Son Eminence, il voulut tâcher de l'embarquer dans ses intérêts.

Je faisois profession particulière d'être serviteur de M. le comte ; il avoit cette opinion de moi ; ce qui l'obligea à donner commission au comte de Fiesque de me parler de cette négociation. Je m'excusai sur le voyage que j'allois faire dans ma maison ; mais en effet parce que je ne voyois pas qu'il fût honnête ni avantageux à un favori d'entrer en intelligence avec un prince qui étoit sur le point de prendre les armes contre son maître, son souverain et son ministre.

Néanmoins M. le comte, dans mon absence, ne s'étant pas rebuté de continuer son dessein, lui fit faire cette proposition par d'autres gens, et en reçut toutes les assurances qu'il pouvoit souhaiter ; et ce fut le commencement de cette malheureuse et funeste affaire qui fut cause de sa perte, pour s'être trop légèrement engagé à chercher sa sûreté ailleurs qu'auprès du Roi et de son principal ministre, avec lequel il étoit prévenu de ne la pouvoir plus trouver.

S'étant réduit en cet état, il m'écrivit en Gascogne, et me manda que, toutes affaires laissées, il me conjuroit de venir à la cour pour des raisons très-importantes.

Je pris la poste pour satisfaire à ce qu'il désiroit de moi : passant à Blois, je vis Monsieur, qui me commanda et me conjura plusieurs fois, pour le service que je lui avois voué, d'employer tous mes soins vers M. le Grand pour l'attacher à ses intérêts, et le rendre son serviteur particulier. Il me dit qu'il croyoit bien qu'il l'étoit déjà fort, mais que ce n'étoit pas encore au point qu'il le souhaiteroit ; que ne craignoit la jalousie du Roi, il vivroit en public avec lui de la manière qu'il voudroit, pourvu qu'il fût assuré de son affection et de son service. Il n'oublia pas d'ajouter toutes les promesses dont les personnes de sa qualité sont fort libérales quand ils ont envie de tirer des services considérables de quelqu'un.

Il m'ordonna aussi que, quand il viendroit à la cour, j'eusse à le voir avant qu'il eût salué le Roi, pour ce qu'il sût de moi de quelle sorte M. le Grand seroit convaincu qu'il en usât avec lui.

J'arrivai à Paris le même jour que la bataille de Sedan fut sue à Péronne, où étoit la cour : l'on étoit déjà assuré de la mort de M. le comte, dont je trouvai M. le Grand dans le dernier désespoir. Le gain d'une journée obtenue par un prince auquel il s'étoit entièrement attaché, avant qu'il eût appris le malheur de sa perte, l'avoit élevé à de grandes espérances, et fait croire sa conduite bonne ; mais sa mort lui donna des pensées bien differentes, pour s'être trop légèrement engagé dans un parti qui étoit absolument ruiné, et voir son secret entre des personnes qui n'étoient plus obligées de le taire, lequel venant à la connoissance du Roi, il n'avoit point d'excuses valables à lui alléguer.

Après qu'il lui eut plu de m'informer de tout ce qu'il avoit fait depuis que je m'étois séparé de lui, je ne pus m'empêcher de le blâmer d'une si prompte résolution d'entrer en intelligence avec M. le comte, vu qu'il eût été honnêtement établi ; car, quelque avantage qui lui eût pu arriver, il auroit toujours été bien aise d'acquérir auprès du Roi un homme tel que lui, et qu'en différant il se fût tenu en termes de se prévaloir de sa bonne fortune, et de n'en rien risquer dans le malheureux succès qui lui étoit arrivé.

Pour en venir au remède, je lui représentai qu'il étoit bien difficile d'empêcher que M. le cardinal ne fût averti de ce qu'il avoit si grand intérêt de céler ; que feu M. le comte avoit divers confidens ; que M. de Bouillon s'accommodoit indubitablement, et que les autres recherchoient l'amitié de Son Eminence ; qu'ainsi il étoit quasi impossible qu'un, ou peut-être tous ensemble ne fussent touchés de lui faire un si beau présent que celui de révéler ce secret si important, qui lui seroit si agréable à savoir ; que j'étois d'avis qu'il n'y avoit point à marchander, car il falloit nécessairement se porter aux extrémités ; fléchir ou quitter la cour.

Il me dit que de s'éloigner il n'y avoit point de sûreté pour lui ; que M. le cardinal, qui ne faisoit rien à demi, auroit plus de facilité à le perdre, n'y ayant personne auprès du Roi pour le défendre, ce qu'il feroit lui-même en conservant sa place ; qu'il étoit malaisé de le convaincre parce qu'il n'avoit point écrit, et que les témoins seroient bien plus retenus, lui présent, que s'il étoit retiré ; mais que, pour les moyens extrêmes, il n'y en pouvoit avoir aucuns qu'il ne voulût de bon cœur hasarder.

Lors je le mis en connoissance du discours que Monsieur m'avoit tenu en allant à Blois, et comme il m'avoit témoigné souhaiter passionnément qu'il fût son serviteur ; au surplus, que l'on l'avoit une fois disposé à Amiens, en l'année 1636, de souffrir une entreprise sur la personne du cardinal de Richelieu, sous son nom et en sa présence ; et si lui et M. le comte eussent eu la résolution que je croyois qu'ils auroient eue en pareille rencontre, et que les avis se fussent trouvés conformes parmi ceux qui servoient en cette occasion, le cardinal ne fût jamais sorti du logis du Roi; et qu'ainsi s'il pouvoit donner la même disposition à Son Altesse, qu'il faudroit ensuite y mettre si bon ordre, que l'entreprise succédât (et c'étoit en cela seul que consistoit sa conservation, ne voyant par aucune voie le moyen d'éviter sa perte, tout autre parti étant ruineux et sans espérance). Il en tomba d'accord, et prit cet expédient avec grande chaleur.

Aussitôt après, Sa Majesté vint à Mézières pour traiter avec M. de Bouillon. Il est à remarquer que M. le Grand avoit accoutumé d'être en tiers avec le Roi et M. le cardinal dans tous les conseils les plus secrets, et que Son Éminence, mal satisfaite de lui, se résolut de l'empêcher à l'avenir. Je n'ai pas su s'il en étoit convenu avec le Roi, ou bien s'il croyoit que M. le Grand ne viendroit jamais à un éclaircissement qui ne lui réussiroit pas, et qui pourroit procurer sa ruine. M. le cardinal lui témoigna donc, par M. de Saint-Yon, qu'il ne trouvoit pas bon qu'il lui marchât toujours sur les talons quand il étoit auprès de Sa Majesté, et qu'il avoit à l'entretenir d'affaires qui ne requéroient point sa présence.

Ce discours surprit fort M. le Grand, qui fut dans le moment chez M. Des Noyers pour approfondir d'où venoit ce changement; mais M. le cardinal, qui le faisoit observer, y fut aussitôt que lui, où il le traita avec autant d'aigreur et d'empire que s'il eût été le moindre de ses valets, n'y ayant sorte d'injures et d'outrages qu'il ne lui fît recevoir, lui reprochant non-seulement ses bienfaits, son peu de capacité et de mérite, qu'il passa jusques à cette extrémité qu'il lui fit connoître, avec le dernier mépris, qu'il ne faudroit qu'un homme tel que lui dans le conseil pour perdre de réputation tous les ministres parmi les étrangers; et pour conclusion, lui défendit de se trouver dans aucun conseil, et le renvoya au Roi pour lui demander s'il n'étoit pas de cet avis.

Bien que je n'aie jamais vu homme plus outré de déplaisir qu'étoit M. le Grand d'un traitement si injurieux, il n'eut d'autre voie à choisir que celle de le souffrir et de se retirer dans sa chambre où j'étois seul.

Après qu'il eut pleuré de rage et de colère, et sanglotté long-temps, il ne put trouver autre consolation que celle du souvenir du dessein qu'il avoit pris de ne rien omettre pour perdre son ennemi.

M. le cardinal néanmoins, après lui avoir donné une rude mortification, lui fit offrir le gouvernement de Touraine, dans lequel il avoit son bien, pour lui aplanir le chemin de sa retraite : ce qu'il refusa, ne voulant abandonner la place qu'il tenoit que par force.

M. de Bouillon ayant fait son accommodement, ce lui fut un nouveau sujet de crainte que l'intelligence qu'il avoit eue avec M. le comte ne se découvrit.

M. de Thou étoit lors à la cour, qui, par l'aversion conçue contre le cardinal, lui témoignoit être de ses amis, et qui l'étoit aussi intime de M. de Bouillon et son parent : ces considérations l'obligèrent à se servir de son entremise pour lui faire un compliment de sa part, auquel M. de Bouillon répondit avec la fidélité et la chaleur qu'il pouvoit désirer.

Etant venu voir le Roi, M. le Grand lui donna à dîner, reçut de lui les assurances du secret et celles de son amitié, dans des termes particuliers qui n'étoient pas absolument clairs, mais qui souffroient des explications fort favorables. Jugeant la personne et la réputation de M. de Bouillon propres à donner de puissantes inductions à Monsieur pour lui faire entreprendre ce qu'il désiroit, il resta avec plus de repos et de satisfaction.

Sa Majesté, partant de Mézières, fut à Amiens, et, passant par Corbie, Monsieur l'y vint trouver; et parce qu'il y avoit apparence que Son Altesse devoit attendre la cour à Amiens, je ne m'avisai point d'aller au-devant d'elle, ainsi qu'elle me l'avoit prescrit. Elle salua le Roi plus tôt que je n'eusse eu l'honneur de la voir, ce qu'elle trouva mauvais; et je lui dis que M. le Grand la supplioit de vivre à son égard comme elle avoit accoutumé, et qu'elle seroit assurée de sa propre bouche du zèle qu'il avoit pour son service.

Durant le séjour d'Amiens, ils eurent plusieurs conférences ensemble, entre autres une dans le jardin de M. de Chaulnes, où Monsieur me dit que si M. le cardinal pouvoit mourir, nous serions trop heureux. Je lui repartis incontinent sans hésiter qu'il n'avoit qu'à donner son consentement, et qu'il se rencontreroit des gens qui s'en déferoient en sa présence.

Ces paroles expresses n'ayant point été concertées, surprirent moins Son Altesse que M. le Grand, qui me témoigna que je les avois dites à contre-temps, et qu'il craignoit que je n'eusse étonné Monsieur : ce qui m'obligea à lui répondre qu'il valoit mieux, si cela étoit, que ce fût au commencement d'une affaire de cette considération, que lorsqu'elle seroit plus avancée et que nous serions embarqués.

Le Roi, retournant à Paris, passa à Neslé, où M. de Bouillon vint encore voir Sa Majesté en allant chez lui à Turenne ; et ce fut lors qu'il promit à M. le Grand, par l'entremise de M. de Thou, d'être de ses amis contre M. le cardinal, et de se rendre à Paris toutes les fois qu'il le désireroit. Je n'y étois pas, mais il me le communiqua du depuis.

Le Roi étant arrivé à Saint-Germain, où je me rencontrai, le voyage de Perpignan fut arrêté peu de jours après, et retardé sur ce que la santé de Sa Majesté étoit plus altérée.

M. le Grand, prenant d'autres mesures, sonda diverses fois le Roi pour pressentir en quelle disposition il seroit pour M. le cardinal ; mais s'étant aperçu qu'il ne vouloit en façon quelconque l'éloigner des affaires et se priver du service qu'il croyoit recevoir de lui, et qu'il ne lui avoit célé que lorsque Son Eminence se déclareroit ouvertement son ennemi, il ne le pourroit plus conserver ; joint à la défiance qu'il avoit, quand bien M. le cardinal ne seroit plus, que Sa Majesté n'estimât pas la capacité des personnes de son âge, et cela étant il couroit risque de souffrir la honte de voir faire un choix dans l'emploi des affaires, et à son exclusion : ce qui le travailloit infiniment.

Le souvenir des obligations dont le maréchal d'Effiat, son père, et sa maison, étoient redevables à Son Eminence, lui revenoit souvent à la pensée et lui partageoit l'esprit ; et quoiqu'il le dissimulât à M. d'Aubijoux, qui étoit à Monsieur, et à moi, auquel il avoit pourtant beaucoup de confiance, nous ne laissâmes pas de le pénétrer, et de nous en assurer par la suite des choses qui nous arrivèrent. Le Roi, attaqué d'une maladie que les médecins jugeoient devoir terminer sa vie dans six mois, rendant sa condition incertaine, les longues conversations avec Monsieur, et la créance qu'il avoit qu'il le pouvoit gouverner avec plus de facilité que le Roi, jointe aux espérances de sa fortune en s'attachant entièrement à lui, l'obligèrent à se tourner absolument du côté de Son Altesse, et de n'avoir plus d'autres pensées que de se mettre à couvert, par son moyen, des orages pressans qui le menaçoient, afin d'attendre avec sûreté ce que produiroit la révolution que la mauvaise santé du Roi lui persuadoit devoir à tout moment arriver. Il ménageoit cependant M. de Bouillon, qu'il avoit acquis, l'estimant l'homme du monde le plus utile pour venir au but qu'il s'étoit proposé, parce qu'il avoit Sedan, place excellente et bien munie, qui avoit garanti un prince du sang de l'oppression de M. le cardinal, dans laquelle Monsieur se pouvoit aisément retirer, et lui par conséquent, sans avoir à craindre les effets de sa mauvaise volonté.

Il écrivit sur ce fondement à M. de Bouillon pour le faire venir à Paris, et voulut se servir de M. de Thou, duquel il s'étoit si bien trouvé à la première négociation.

M. d'Aubijoux ni moi ne savions rien de son dessein ; car il appréhendoit que nous ne fussions pas d'avis de ce conseil pris de sa tête, ni disposés à le servir à sa mode. Il ne se contentoit pas de nous céler ses sentimens, il vouloit aussi céler à M. de Thou le sujet de son envoi vers M. de Bouillon, et lui insinuer que le Roi désiroit de le voir pour conférer avec lui sur ce qui regardoit M. le cardinal ; qu'il avoit intention de le perdre et d'y employer mondit sieur de Bouillon.

Les raisons qu'il m'allégua furent que si M. de Thou n'étoit trompé, il n'entreprendroit jamais le voyage ; ou s'il le faisoit, ce seroit avec tant de dégoût et de regret, qu'il n'auroit aucun effet. Je ne pus être de cette opinion.

Je lui dis que M. de Thou étoit homme de qualité et de mérite, auquel il étoit obligé, et que ce seroit un procédé bien étrange de le commettre, sous un faux entendre, à faire un voyage et faire une négociation très-délicate, dans laquelle il couroit fortune de sa vie ou du moins de sa liberté, s'il étoit découvert ; qu'il falloit le traiter avec plus d'estime et de confiance, en l'informant de la résolution qu'on avoit prise contre M. le cardinal ; que si M. de Thou n'y vouloit pas contribuer, il étoit tellement homme de bien, et avoit assez d'aversion pour Son Eminence, pour en garder inviolablement le secret.

Il me crut avec grande confiance ; et il arriva que dès qu'il eut découvert le discours, M. de Thou l'interrompit, lui déclarant qu'il ne s'en vouloit point mêler, et qu'il étoit ennemi du sang ; que par son ministère il ne s'en répandroit jamais.

Je fus un peu plus étonné que M. le Grand, quoiqu'il le fût beaucoup, parce que j'étois le seul auteur de ce conseil, qui nous avoit si mal réussi.

M. le Grand ne dit plus mot ; et je fus ensuite assez heureux pour faire en sorte que M. de Thou se résolût de faire le voyage, et de porter une lettre à M. de Bouillon, et engager sa parole qu'il laisseroit librement agir sa volonté sans user de persuasion vers lui, ni le dissuader.

La lettre reçue, M. de Bouillon partit sans difficulté la nuit du jour qu'il arriva à Paris, avant que personne le sût, et vit M. le Grand à Saint-Germain. Il lui représenta dans leur conférence la maladie du Roi, et le dessein de M. le cardinal de s'emparer de la régence au préjudice de la Reine et de Monsieur ; le danger commun, et particulièrement celui auquel il s'étoit exposé plus qu'aucun autre, si cette prétention lui réussissoit; qu'il l'estimoit plus habile pour croire qu'un esprit glorieux comme celui du cardinal pût jamais lui pardonner l'affront qu'il lui avoit fait recevoir à Sedan, et l'état où il avoit été par son moyen; que la commission qu'il lui donnoit d'aller commander l'armée d'Italie n'étoit que pour l'éloigner de sa place, afin de rendre sa perte plus aisée; que la Reine et Monsieur lui tendoient les mains; que c'étoit le parti le plus juste : et les servant dans cette occasion, quelle gloire n'acquéroit-il pas et quels avantages pour ses intérêts particuliers! Que, tout bien considéré, il ne devoit point différer d'assurer sa personne et sa place à Monsieur; qu'avec sûreté il seroit aisé de le faire résoudre d'entreprendre contre le cardinal; et qu'au pis-aller, cela leur manquant, ils se retireroient tous à Sedan, en attendant la mort du Roi, qui ne pouvoit pas tarder en l'état auquel il étoit.

M. de Bouillon promit franchement tout ce qui dépendoit de lui; mais il représenta que la place n'étoit point sûre pour ceux qui s'y retireroient, s'il n'y avoit une armée pour hasarder d'abord un grand combat; que les armées de messieurs les comtes d'Harcourt et de Guiche étoient d'un côté, et celle de M. de Guébriant, de l'autre; qu'aussitôt que M. le cardinal seroit informé que ses ennemis se seroient retirés, instruit par le péril que lui avoit fait courir M. le comte, pressé de la nécessité de ses affaires par la maladie du Roi, il la feroit investir, et se saisiroit des hauteurs qui environnent la ville : toutes les forces de l'Europe ne sauroient empêcher que l'on ne la prît et ceux qui se seroient jetés dedans. Pour ces raisons il falloit nécessairement traiter avec le roi d'Espagne, et tirer de lui des troupes suffisantes pour donner une bataille comme celle de l'année précédente.

Pour dire mon sentiment, je crois que la jalousie dans laquelle M. de Bouillon étoit de sa place, et la crainte de la perdre, lui firent plus songer à la conserver qu'à la sûreté de sa personne, et que l'envie que M. le Grand avoit de sortir de la cour, le fit consentir à ce que M. de Bouillon voulut, voyant qu'il étoit malaisé de ne s'y pas accommoder; et hors de cette ressource il n'estimoit plus de salut pour lui. Il ne dit point le particulier de cette conférence; seulement que tout alloit bien, et que M. de Bouillon étoit disposé à toutes choses.

Il parla après à Monsieur, auquel il fit voir la nécessité de traiter avec le roi d'Espagne, qui ne fit aucune résistance. Ils résolurent que ce seroit moi qui aurois cette commission.

M. d'Aubijoux et moi faisions de grandes instances vers M. de Bouillon et M. le Grand pour leur faire prendre une dernière résolution, pour venir aux expédiens d'exécuter l'entreprise contre M. le cardinal.

Enfin M. le Grand me dit qu'il avoit sondé Monsieur diverses fois, et qu'il le trouvoit fort éloigné de cette pensée, mais qu'il falloit l'y faire entrer par finesse; que M. de Bouillon ne vouloit point agir qu'il ne fût assuré d'un prompt secours pour sa place, et que pour cela il étoit nécessaire de traiter avec les Espagnols; que Monsieur y étoit résolu, et qu'il m'avoit choisi pour faire le voyage et conduire cette négociation.

Je ne fus de ma vie si étonné : je lui dis que la manière me sembloit un peu étrange de disposer ainsi de moi sans ma participation, et que je verrois ce que j'aurois à faire. M'étant après retiré, et en ayant consulté M. d'Aubijoux, nous tombâmes d'accord que nous étions engagés dans une méchante affaire, et si avant, par le conseil que nous avions tant appuyé d'entreprendre contre M. le cardinal, qu'il étoit impossible de nous en retirer sans une perte assurée; que si je refusois de faire ce voyage, quelque répugnance que j'y eusse, nous deviendrions suspects du seul côté par lequel nous devions espérer de nous tirer de cet embarras; que nous avions la mort du Roi pour nous, la faveur de M. le Grand auprès de Monsieur, et le crédit que s'y étoit acquis M. de Bouillon; et par autre voie, point de ressource que par une infidélité dont nous étions incapables, et perdrions plutôt mille vies, si nous en avions autant, que de la commettre.

Nous convînmes, après nous être amplement entretenus, que je ferois donc le voyage. M. le Grand en reçut une joie très-sensible; car de la sorte que je m'étois séparé de lui, il ne le croyoit pas et ne s'y attendoit pas.

M. de Bouillon et M. le Grand se virent plusieurs fois au logis de M. d'Aubijoux et de moi, qui logions ensemble, pour conférer de leurs affaires, et particulièrement de leur traité.

Ils furent tous deux un soir fort tard à l'hôtel de Venise (1), où Monsieur avoit son écurie; là ils résolurent avec lui ce qu'ils avoient envie de

---

(1) On voit encore l'emplacement de cet hôtel dans la rue Saint-Gilles, au Marais. Les bases du traité de Monsieur avec l'Espagne y furent arrêtées dans la conférence dont M. de Fontrailles fait ici mention. (Voyez plus haut la lettre de M. de Marca à M. de Brienne, page 259 de ce volume.) (A. E.)

faire. M. de Thou étoit partout, mais il ne vouloit rien savoir. Ainsi il fut jusqu'à la porte de l'hôtel de Venise sans y vouloir entrer.

Le Roi partit cinq ou six jours après pour aller à Lyon. Son Altesse, ayant signé et donné ses blancs, s'en alla aussi à Blois; M. de Bouillon aussi chez lui faire son équipage, et se présenta pour aller en Italie.

Avant que de se séparer, M. le Grand tira parole de Monsieur qu'il se rendroit à un jour nommé à Lyon, et M. de Bouillon promit la même chose, pour contraindre Son Altesse de se porter au dessein projeté contre la personne de M. le cardinal. Cela se dit incontinent à Paris en public, et ne fut pas plus secret à la cour. Néanmoins ce n'est pas mon opinion, et suis assuré que M. le Grand n'en voulut pas user ainsi depuis son retour de Picardie. Je croyois plutôt qu'ayant beaucoup d'amis en Auvergne, que le maréchal son père lui avoit laissés, et qu'il avoit conservés par son adresse et par sa faveur (car il vint plus de huit cents gentilshommes à Lyon le visiter), il eût été ravi, pour satisfaire à sa gloire naturelle, que Monsieur les eût vus, et prît bonne opinion de son crédit.

Pour M. de Bouillon, il désiroit le voir pour l'obliger à lui donner un ordre par écrit pour pouvoir entrer dans Sedan toutes les fois qu'il voudroit; lequel ordre il avoit refusé de lui donner à Paris, et avoit protesté de ne le bailler ou confier qu'à M. d'Aubijoux ou à moi, après que je serois de retour d'Espagne. Monsieur et M. de Bouillon, quoiqu'ils s'y fussent engagés, ne se rendirent point à Lyon.

Le Roi s'en alla à Narbonne, et je repartis en poste après avoir reçu la minute du traité, et une copie de la lettre de Monsieur à M. le comte duc d'Olivarès, et deux blancs signés de Son Altesse qu'elle m'avoit donnés, l'un de sa lettre au comte-duc, et l'autre en la forme qu'il le désiroit pour le roi d'Espagne.

Dans ces mémoires il y avoit aussi beaucoup de raisons exprimées qui marquoient l'avantage que recevoit Sa Majesté Catholique de ce traité. C'étoit la première négociation que j'avois faite, que j'entreprenois sans être fort instruit: et comme je m'enquis de M. de Bouillon, que j'estimois savant en telle matière, de la façon de laquelle il falloit que Monsieur traitât avec le roi d'Espagne, et une instruction pour ne rien oublier de ce qui appartenoit à la dignité de Son Altesse, il me répondit que les Espagnols m'en donneroient plus que je ne voudrois; mais je trouvai tout le contraire.

J'attrapai M. de Bouillon à Limoges. Après l'avoir exhorté de pourvoir à sa sûreté, tout le bonheur de notre affaire dépendant entièrement de lui, il me le promit; mais l'événement a justifié depuis qu'il n'avoit pas bien pris ses mesures.

J'arrivai donc chez moi, et priai M. d'Aignan, gentilhomme d'honneur auquel je me fiois, de vouloir aller reconnoître un lieu dans les montagnes où je pusse passer en Espagne assurément.

A son retour, il m'en proposa plusieurs, et je choisis la vallée d'Aspe et le port qu'on appelle Caucasian. Le voyage me paroissoit plus dangereux que je ne le trouvai en effet.

La première ville où je passai fut Huesca, où le gouverneur me traita fort civilement, et me donna un garde pour me conduire à Sarragosse vers le vice-roi, qui se nommoit le marquis de Tavare; lequel ayant voulu savoir le sujet de mon voyage, et moi m'étant défendu de le lui dire, il se fâcha fort, et me fit partir à minuit dans cette méchante humeur, avec un passeport, seul, et sans me permettre de mener mon valet avec moi.

Enfin j'arrivai à Madrid, où le même jour je vis sans difficulté le comte-duc; et quoique je fusse très-mal vêtu, il ne me voulut jamais parler que je ne fusse couvert et assis dans son carrosse, où je le rencontrai.

Je reconnus visiblement qu'il recevoit une joie extrême lorsqu'il vit le seing de Monsieur; et me l'ayant fait reconnoître par quelque discours qu'il envoya faire au Roi son maître, dont il se repentit, il essaya de réparer cette faute; mais jamais cela ne se fait que grossièrement.

Je fus trois heures à me promener avec lui: il m'entretint toujours avec estime et respect de la personne de M. le cardinal, ce qui marquoit de la crainte. Il connoissoit tous les gens de qualité de la cour et leurs intérêts comme je pouvois faire. Me séparant de lui, il me remit aux soins d'un secrétaire d'Etat, son confident, qui s'appeloit Carnero. Il avoit continuellement un chapelet à la main, et ne laissoit pas de dire le mot sur le Pape et sur la religion; il croyoit que je fusse huguenot, et pensoit me faire plaisir. Il me fit mettre dans son carrosse, ne traitant jamais autrement, et ne vouloit point être vu s'il n'étoit assis, où il avoit bonne mine, parce qu'il étoit si courbé que son menton, quand il étoit debout, touchoit presque à ses genoux. Je le vis une fois, mais ce fut par surprise, et m'aperçus bien qu'il en étoit fort fâché.

Comme je fus dans son carrosse avec lui et Carnero, il me dit qu'il avoit vu les demandes de M. le duc d'Orléans, qui étoient grandes; qu'il falloit que le roi d'Espagne fît dépense et déboursât trois millions d'or; et qu'il ne voyoit rien que d'imaginaire dans les propositions de Monsieur, qui disoit avoir avec lui deux personnes considérables qu'il ne vouloit pas nommer; une bonne place frontière, et l'on ne savoit ce que c'étoit; qu'il étoit juste que dans un traité les conditions fussent égales; que, comme Monsieur demandoit des choses effectives de Sa Majesté Catholique, il falloit aussi qu'il fît voir de l'effectif de sa part dans celles qu'il promettoit; que la personne de Son Altesse étoit de très-grand prix, mais qu'il ne paroissoit point qu'il eût de place ni de gouvernement; qu'il n'étoit plus héritier présomptif de la couronne, et qu'il s'étoit trouvé dans de si fâcheuses affaires qui lui avoient si mal réussi, qu'il étoit difficile de croire que beaucoup de gens se voulussent embarquer à l'avenir avec lui; qu'il avoit fait plusieurs traités avec le roi d'Espagne, été reçu de lui dans ses Etats, et arrêté dans ses disgrâces; et que trois jours après avoir signé le dernier fait entre eux, il s'en étoit fui, comme si l'on eût eu dessein d'user de mauvaise foi contre sa personne; qu'au surplus il ne devinoit pas quels pouvoient être les deux hommes si considérables; que la Flandre et l'Angleterre étoient remplies de personnes qualifiées de la France, qui leur avoient beaucoup promis, leur coûtoient fort et ne faisoient rien; que M. le comte n'étoit plus, duquel l'estime et la réputation avoient fait tant de bruit, et acquis l'affection de tant de gens; que M. d'Epernon, qui étoit homme de résolution et d'expérience, étoit mort; que M. de La Meilleraye étoit parent et créature de M. le cardinal, contre lequel le parti se faisoit; que le Roi étoit dans le gouvernement du maréchal de Schomberg, et par conséquent Monsieur hors d'état de pouvoir rien exécuter; que M. de Bouillon avoit accepté l'emploi d'Italie; que M. de Gassion n'étoit qu'un capitaine de chevau-légers, dont il ne faisoit pas assez d'état; enfin qu'il ne voyoit pas quels pouvoient être ces deux hommes si considérables, et qu'il ne passeroit pas plus avant sur ce que je demandois, que je ne les eusse nommés avec la place de sûreté; et qu'après tout ce qu'il alléguoit, que le roi de France avoit la bonne fortune de son côté en toutes les occasions, et se remettoit de la conduite de toutes ses affaires entre les mains d'un ministre qui étoit habile homme, et qui étoit encore plus heureux, ainsi qu'il avoit paru.

Moi, au contraire, je m'excusai de les nommer, sur le commandement exprès de ne le pas faire qu'après que le traité seroit signé; que j'offrois de lui montrer mon instruction; qu'il ne risquoit rien en le signant, parce que si les personnes et la place ne lui plaisoient pas, étant entre ses mains il pouvoit me l'ôter; mais que si j'excédois mon ordre, j'agirois contre mon devoir; et que s'il ne vouloit pas (moi les ayant déclarés) accorder les demandes de Son Altesse, je me trouverois coupable, et reconnu pour très-mal habile homme.

Après avoir contesté long-temps, il me repartit qu'il ne le signeroit point, mais qu'il convenoit de toutes mes demandes, dès l'heure présente, dans tout ce qu'elles contenoient; mais que je nommasse, ou qu'autrement il me feroit donner un passeport, et que je serois libre de m'en aller quand bon me sembleroit.

Moi qui étois assuré que les personnes et la place lui seroient fort agréables, et voyant que j'avois toujours ordre de m'en ouvrir; que ce n'étoit qu'un formulaire inutile; que mon retour avec diligence étoit de conséquence, et que plus longue contestation me pouvoit plus long-temps retenir, je lui dis que, sur la parole qu'il me donnoit de signer le traité en la forme que je lui avois présentée, je lui déclarois que ces personnes étoient M. de Bouillon et M. le Grand, et la place de Sedan.

Il me témoigna une extrême satisfaction de cette bonne nouvelle; mais il observa aussi mal sa parole, car il me chicana sur tous les articles, tantôt sur les troupes, après sur l'argent, puis sur les qualités de Son Altesse, et enfin sur les avantages qu'il vouloit donner à l'archiduc Léopold par dessus elle. Ce qui me fit connoître par expérience qu'alors que M. de Bouillon m'avoit assuré qu'il m'accorderoit plus que je ne demanderois, qu'il s'étoit fort mépris; et ne pus m'empêcher de faire sentir à M. le comte-duc que je ne m'étonnois pas si les affaires alloient si mal, puisqu'ils s'amusoient à des bagatelles quand il étoit question de sauver Perpignan, qui, étant perdue, leur ôtoit la Catalogne pour toujours et partageoit quasi l'Espagne. Il me regarda, et ne me répondit quasi rien.

Il me retint quatre jours, et encore me dit qu'il avoit fait aller le conseil en poste à la françoise, contre sa coutume et la pratique de la nation. Il me fit voir le Roi après que le traité fut signé, auquel je présentai la lettre de Monsieur; dont je ne tirai pas grandes paroles, le favori faisant tout avec pareille autorité que M. le cardinal de Richelieu, agissant comme lui généralement en toutes les affaires.

Je repartis incontinent pour m'en revenir en France, avec passeport et gens qui m'accompagnoient. Lorsque je fus de retour à Huesca, prêt à prendre le chemin par lequel j'avois passé, je trouvai un Béarnois qui m'avoit servi de guide à mon passage, qui me dit que j'avois été suivi, et que si je retournois par cet endroit l'on m'arrêteroit infailliblement : et ce fut le plus grand hasard que je courus en mon voyage. Je pris, sur cet avis, une autre route par le port de Benasque, et me rendis à Toulouse, où je rencontrai M. le comte d'Aubijoux, avec lequel j'allai trouver M. le Grand à Narbonne.

Après lui avoir rendu compte du succès de ma négociation, nous délibérâmes de ce qu'il y avoit à faire. Moi qui croyois les choses très-secrètes, mon opinion étoit d'agir avec le plus de circonspection qu'on pourroit ; et que si M. d'Aubijoux alloit vers M. de Bouillon incontinent après mon retour, que cette conduite confirmeroit les soupçons que mon absence avoit fait prendre, et que l'on en donneroit de mauvaises impressions au Roi : si bien que j'étois d'avis que M. de Montmort, mon cousin germain, et fort proche parent de M. d'Aubijoux, allât porter une lettre à Monsieur, et une autre à M. de Bouillon, pour les informer que j'étois arrivé (parce qu'il le feroit avec moins d'éclat), et que dans quinze jours le comte d'Aubijoux partiroit sans qu'on y pût trouver à redire, tant pour porter le traité à Monsieur, que pour retirer les pouvoirs pour être reçu à Sedan.

Les choses ainsi arrêtées, et M. de Montmort parti, je priai M. le Grand qu'il trouvât bon que je me retirasse en Angleterre, ne pouvant retourner à la cour sans un danger évident et pour moi et pour ceux qui étoient engagés dans l'affaire, parce que le cardinal, sur le moindre doute, étoit capable de me faire arrêter, et, vu sa grande autorité, de me faire donner la gêne dans sa chambre ; et qu'en cet état nul ne pouvoit répondre de supporter les tourmens, et que pour moi je ne savois ce que je ferois en telle entremise, et si je pourrois me taire dans les douleurs qu'on y endure ; et qu'enfin, dans la moindre action que je ferois, les soupçons se pourroient renouveler contre moi, ce que je le suppliois de mettre en considération ; et qu'au surplus je l'assurois que d'Angleterre je ne manquerois pas de me rendre à Sedan, incontinent que j'apercevrois qu'il seroit parti de la cour.

Toutes ces raisons ne l'ayant pas persuadé, il ne voulut pas consentir à ma sortie hors du royaume, parce qu'elle causeroit de fâcheux embarras à mes amis, et particulièrement à lui ; et me dit que puisque j'avois commencé de beaucoup hasarder, il falloit que j'allasse jusques au bout ; mais qu'il convenoit que je ne retournasse plus à la cour.

Nous partîmes, M. d'Aubijoux et moi, pour revenir à Toulouse, et rencontrâmes à Carcassonne M. de Thou avec M. de Charost qui s'en alloient à Perpignan, le dernier pour servir son quartier de capitaine des gardes du corps : ce qui me donna mauvais augure, jugeant, par toutes sortes d'apparences, qu'il n'avoit pas quitté son gouvernement de Calais dans un temps si jaloux, étant créature de M. le cardinal, que sur des desseins extraordinaires, auxquels il seroit infailliblement employé.

Soudain que je fus seul avec M. de Thou, il me dit le voyage que je venois de faire : ce qui me surprit fort, car je croyois qu'il lui eût été célé, conformément à la délibération qui en avoit été prise (1).

Quand je lui demandai comme quoi il l'avoit appris, il me déclara en confiance, fort franchement, qu'il le savoit de la Reine, et qu'elle le tenoit de Monsieur.

A la vérité je ne la croyois pas si bien instruite, quoique je n'ignorasse pas que Sa Majesté eût fort souhaité qu'il se pût former une cabale dans la cour, et qu'elle y avoit contribué de tout son pouvoir, pour ce qu'elle n'en pouvoit que profiter, soit en ruinant M. le cardinal qui étoit son ennemi, ou en éloignant Monsieur de ses prétentions de la régence, dans laquelle lui seul étoit capable d'être son compétiteur pour y partager l'autorité, et qu'étant absent et embarrassé, il faudroit nécessairement qu'il s'appuyât d'elle à des conditions qui lui seroient avantageuses.

Dans cette connoissance que M. de Thou me donna que c'étoit la Reine, il me dit qu'il y avoit encore d'autres personnes qui en étoient informées. Son discours me fit comprendre que l'affaire étoit divulguée, et eûmes un repentir, M. d'Aubijoux et moi, du voyage de M. Montmort. Nous eussions bien désiré lors que c'eût été lui qui l'eût fait, puisque la diligence étoit plus nécessaire que le secret. Cette faute fut commise sur ce que nous ne pouvions nous imaginer que cela dût être jamais décelé, pour l'importance de l'affaire.

Incontinent que nous fûmes à Toulouse, M. le comte de Brion y passa allant à la cour ; et

---

(1) Cette entrevue, toute fortuite, devint la charge principale du procès de l'infortuné de Thou ; elle entraîna son atroce condamnation. (Voyez les Mémoires P. Dupuy pour la justification de F. A. de Thou, son ami, à la suite de la traduction de l'Histoire universelle du président de Thou ; Paris, 1734, tome 15, 2e partie, page 36.)

(A. E.)

M. d'Aubijoux et moi jugeâmes par ses discours et dépêches qu'il avoit envie de ruiner La Rivière par le moyen de M. le Grand, pour d'autres raisons. Pour cet effet il le venoit supplier instamment d'écrire à Son Altesse d'éloigner La Rivière, qui, par la longue habitude qu'il avoit dans sa maison et de sa personne, devinoit ses plus secrètes intentions, pour en rendre compte à M. le cardinal (1), ne doutant pas qu'il ne l'obtînt facilement, vu la perte qu'il y avoit; et c'étoit l'un des sujets de son voyage; l'autre, une lettre de Son Altesse au Roi, remplie de plaintes contre M. le cardinal, qu'elle prioit M. le Grand de lui donner; et comme il avoit toujours persuadé Monsieur qu'il étoit tout puissant et maître de l'esprit de Sa Majesté (ce que le comte de Brion ne croyoit pas), il vouloit par cette lettre (qu'il s'assuroit qui ne seroit pas rendue) faire voir à Son Altesse qu'il y avoit de l'artifice, et qu'il ne lui disoit pas vrai; qui étoit un moyen pour lui ôter toute créance.

M. d'Aubijoux fut avec lui à la cour pour donner avis à M. le Grand sur ce sujet de rapporter le traité à Monsieur.

Quelque temps s'étant passé durant lequel M. le Grand étoit dans de grandes inquiétudes, et vouloit fort avoir quelqu'un pour le soulager auquel il pût parler confidemment, il m'envoya prier plusieurs fois d'aller où étoit le Roi: je m'en excusai, toujours résolu de n'y plus retourner. Enfin il souhaita que je me rendisse auprès de Monsieur pour mettre une fin à cette affaire: il me dépêcha un gentilhomme qui me donna une lettre de sa part, par laquelle il me mandoit que le Roi étoit à l'extrémité, et que quelque diligence que je fisse, il ne pensoit pas que je le dusse trouver en vie.

J'ajoutai foi à ce qu'il m'écrivit, et, sans marchander, je partis la nuit même, et trouvai des relais jusques à Perpignan; et à mon arrivée je rencontrai M. de Thou, qui me dit que le Roi avoit été fort mal. Je me plaignis à M. le Grand de m'avoir fait venir à fausses enseignes; il me dit que c'étoit par nécessité, et qu'il falloit que j'allasse vers Monsieur, duquel il ne recevoit point de nouvelles, pour savoir au vrai l'état des choses. Je le priai d'avoir agréable, privativement à tout le reste, que, pour me bannir absolument de la cour sans qu'il restât aucun prétexte de m'y faire revenir, je fisse appeler M. d'Espenan; que je savois bien que cette action fâcheroit le Roi, qui me l'avoit fait défendre par M. le cardinal et M. le maréchal de Schomberg; de sorte qu'il n'y auroit plus de lieu d'en approcher sans une certitude d'être arrêté. En étant convenu, après l'appel fait, ayant été séparés selon notre dessein, je fus à Chambord où étoit Son Altesse, attendant la mort de M. le cardinal, sans songer à son affaire, quelque importante qu'elle fût.

Je lui représentai premièrement le péril où il étoit, et que le traité (2) qu'il avoit fait n'étoit pas à considérer comme une chose de néant, ni indigne de son application; que M. le cardinal n'étoit pas pour mourir si tôt, et qu'il ne falloit point qu'il prît ses mesures sur ce fondement ni sur la faveur de M. le Grand qui étoit tout-à-fait ruiné dans l'esprit du Roi; qu'il étoit nécessaire, sans perdre de temps, de penser de pourvoir à sa sûreté et à celle de ceux qui l'avoient servi. Il avoua que j'avois raison, et me dit que son avis étoit tel, et qu'il l'auroit suivi si de jour à autre l'on ne lui avoit donné espérance que M. le cardinal ne pouvoit vivre.

M. d'Aubijoux fut dépêché vers M. de Bouillon pour retirer les ordres dont j'ai déjà parlé; Son Altesse me promit que lorsqu'il seroit revenu elle s'en iroit, quand M. le Grand le jugeroit à propos, et qu'elle lui en écriroit de sa main, lui donnant pareille assurance: et pour ce sujet elle s'avança à Bourbon.

J'étois convenu, avec le comte de Brion, d'une hôtellerie à Moulins, et avois tiré sa parole que lui ou un homme de confiance de sa part, s'y tiendroit toujours pour recevoir celui que M. le Grand y enverroit, pour le faire parler dès l'instant et dans le secret à Son Altesse Royale; et bien que j'eusse arrêté avec M. le Grand que seulement je lui écrirois le succès de mon voyage, et ce qu'il y auroit à faire, je jugeai très-nécessaire de le voir encore.

Je fus donc de nuit à Perpignan, où, après lui avoir rendu la lettre de Monsieur, et l'avoir éclairci de ses dernières résolutions, il m'en fit voir une de madame la princesse Marie, qui lui mandoit en ces propres mots, « que son affaire étoit sue aussi communément à Paris, comme l'on savoit que la Seine passoit sous le Pont-Neuf. » Sur cela, j'insistai fort de nous retirer sans différer un moment, à quelque prix que ce fût,

---

(1) L'abbé de La Rivière accusoit Montrésor d'avoir révélé au cardinal les négociations avec l'Espagne, et il paroît vraisemblable que c'est lui-même qui se livroit à cet espionnage auprès du prince. (A. E.) — Les dépositions du prince confirmèrent probablement aussi les renseignements fournis par l'abbé de La Rivière, comme on a pu le voir par les documents relatifs à ce fait, insérés dans les Mémoires de Montrésor.

(2) Le traité fait avec l'Espagne est du 13 mars 1642, et se trouve dans les Mémoires de Brienne, page 72 de ce volume.

et de nous mettre à couvert. Je l'y avois une fois résolu, quand tout d'un coup il me demanda si j'avois dit à Monsieur qu'il iroit si promptement le trouver : à quoi je répondis que non, parce qu'il ne m'en avoit pas donné charge. Il me repartit qu'il ne vouloit pas se présenter à lui comme un fugitif, et qu'il falloit que ce fût par concert ; et délibéra d'envoyer M. de Montmort vers Son Altesse pour arrêter le jour et le lieu où il se rendroit pour sortir du royaume avec elle.

Je l'exhortai inutilement de prendre le parti le plus sûr, et de ne hasarder pas sa vie sur une bienséance ; mais n'y ayant pu rien gagner, je lui prophétisai avec douleur, en nous séparant, que je ne le reverrois plus. Je m'en allai de cette sorte, et laissai un homme pour m'informer de tout ce qui se passeroit.

Cependant M. d'Aubijoux rapporta tout ce qu'il avoit demandé à M. de Bouillon, avec cette condition, qu'il supplioit Son Altesse de vouloir différer son partement pour quelques jours (la maladie de M. le cardinal les avoit tous amusés, sur la croyance qu'il n'en pouvoit échapper). M. de Montmort n'ayant trouvé ni M. de Brion ni autre de sa part au lieu que je lui avois marqué à Moulins, il fut contraint d'y attendre cinq ou six jours sans savoir où donner de la tête, jusques à ce que M. d'Aubijoux fût revenu de Piémont, qui le fit parler à Monsieur, duquel il tira le jour préfix qu'il se rendroit à Dezize, ville située sur la rivière de Loire, appartenant à la maison de Nevers, pour sortir de France. Venant retrouver M. le Grand, il sut à Béziers qu'il avoit été arrêté : ce qui le fit songer à sa retraite.

L'homme que j'avois laissé à la cour revint vers moi, et m'assura qu'il s'étoit sauvé ; et M. de Thou ne l'étoit pas, qui avoit aussi été arrêté.

Dès l'heure même de cette première nouvelle, je quittai ma maison pour aller en Espagne, pour de là passer en Flandre ; mais ayant rencontré des difficultés à mon passage, je retournai en Gascogne, où je sus que M. le Grand avoit été pris (1) : ce qui me fit changer d'opinion, de crainte d'être cause d'un dangereux soupçon contre lui, qui établiroit plus de créance dans l'esprit du Roi que le traité étoit effectif. Je ne doutois qu'il ne fût pas cru ; mais il me restoit quelque espérance qu'il seroit très-malaisé d'en avoir la preuve.

Pour cette considération, je choisis ma retraite en Angleterre, et m'embarquai dans le mois d'août. J'y sus peu après la mort de M. le Grand et de M. de Thou, qui périrent dans ce rencontre, l'un pour s'être engagé dans cette affaire sans être persuadé qu'il y eût aucun crime capable de l'embarrasser, et M. le Grand pour avoir négligé sa sûreté et pris trop de confiance à sa bonne fortune.

La mort de M. le cardinal et celle du Roi étant arrivées en cinq ou six mois de temps, M. d'Aubijoux et moi revînmes à Paris d'Angleterre, où nous étions toujours demeurés. Etant de retour auprès de Monsieur, nous fîmes tous nos efforts pour essayer à le résoudre à faire condamner la mémoire de M. le cardinal de Richelieu, comme d'un ennemi public qui s'étoit emparé de l'autorité royale pour exercer ses violences et contenter son ambition démesurée ; que, par ce moyen, il se vengeroit des injures qu'il en avoit reçues, se retireroit honorablement d'une violente et honteuse déclaration qu'il avoit fait rendre dans le parlement et publier contre lui, rétabliroit la mémoire de ceux dont le sang avoit été répandu pour son service, et tireroit ses serviteurs d'affaire sans qu'ils prissent abolition, les mettant en état que leurs actions fussent trouvées justes, et de ne

---

(1) *Lettre de Monsieur à Son Eminence, après la prise de la personne de M. le Grand.*

A Bourbon, le 17 juin 1642.

« Mon cousin, le Roy, mon seigneur, m'a fait l'honneur de m'escrire quel a esté enfin l'effet de la conduitte de ce mesconnoissant *M. le Grand :* c'est l'homme du monde le plus coupable de vous avoir desplu, après tant d'obligations : les grâces qu'il recevoit de Sa Majesté m'ont toujours fait garder de luy et de tous ses artifices ; mais vous avez bien veu, je m'assure, que si je l'ay considéré, ce n'a esté que jusques aux autels ; aussi est-ce pour vous, mon cousin, que je conserve mon estime et mon amitié tout entière, et comme je convoy que vous m'y avez tout nouvellement obligé, par l'honneur que Sa Majesté m'a fait de me donner le commandement de son armée de Champagne, je vous prie de croire que vous ne sauriez jamais avoir de plus véritable ny de plus fidèle amy que moy, ny qui soit avec plus de sincérité et de passion, mon cousin, votre très-affectionné, » GASTON. »

Lettre de Monsieur au Roy, après la prise de M. le Grand.

« Monseigneur, ayant sceu que Vostre Majesté pourroit s'arrester trois ou quatre jours à Montfrin, pour y prendre des eaux, j'envoye l'abbé de La Rivière pour savoir de vos nouvelles et pour vous protester toujours, Monseigneur, de la parfaite fidélité que j'ay pour vostre service. Je supplie très-humblement Vostre Majesté de prendre créance en ce qu'il ira de ma part, mais particulièrement de mon entière soumission à toutes vos vovolontés, comme ayant l'honneur d'estre, Monseigneur, votre très-humble, très-obéissant serviteur et sujet, » GASTON. »

» De Moulins, ce 25 juin 1642 »

jamais se repentir d'avoir exposé leurs biens et leurs vies pour s'opposer de toute leur puissance à la tyrannie de laquelle ils avoient souffert tant d'indignités.

Nous rencontrâmes Monsieur dans d'autres sentimens : et il fallut nécessairement, pour nous procurer les moyens de vivre en repos, que M. d'Aubijoux, M. de Montmort et moi prissions abolition, qui fût enregistrée au parlement de Paris sans qu'il fût besoin d'entrer en prison, en étant exceptés par le privilège des fils de France, qui s'étend jusques à leurs domestiques et ceux qui les ont servis.

I.

Lettre du Roi au parlement de Paris, après la prison de M. le Grand.

« De par le Roi. Nos amés et féaux, le notable et visible changement qui a paru depuis un an en la conduite du sieur de Cinq-Mars, notre grand écuyer, nous fît résoudre, aussitôt que nous nous en aperçûmes, de prendre soigneusement garde à ses actions et à ses paroles, pour pénétrer et découvrir quelle en pourroit estre la cause.

» Pour cet effet, nous nous résolûmes de le laisser agir et parler avec plus de liberté qu'auparavant. Par ce moyen, nous découvrîmes qu'agissant selon son génie, il prenoit un extrême plaisir à ravaler tous les bons succès qui nous arrivoient, relever et publier les nouvelles qui nous étoient désavantageuses.

» Nous reconnûmes aussi qu'une de ses principales fins étoit de blâmer les actions de notre cousin le cardinal duc de Richelieu, quoique ses conseils et ses services aient toujours été accompagnés de bénédictions et de bons succès, et de louer hardiment celles du comte d'Olivarès, quoique sa conduite se soit toujours trouvée malheureuse par les événemens. Nous découvrîmes encore qu'il étoit favorable à tous ceux qui étoient en notre disgrâce, et contraire à ceux qui nous servoient le mieux.

» Il improuvoit continuellement ce que nous faisions de plus utile pour notre Etat, dont il nous rendit un notable témoignage en la promotion des sieurs de Guébriant et de La Mothe aux charges de maréchaux de France, laquelle lui fut insupportable.

» Il entretenoit une intelligence très-particulière avec quelques-uns de la religion prétendue réformée, mal affectionnés, par le moyen de Chavagnac, mauvais esprit nourri dans les factions, et de quelques autres.

» Il parloit d'ordinaire des choses les plus saintes avec une si grande impiété, qu'il étoit aisé à voir que Dieu n'étoit pas dans son cœur comme dans celui de notre cousin le cardinal duc de Richelieu.

» Son imprudence, la légèreté de sa langue, les divers courriers qu'il envoyoit de toutes parts, et les pratiques ouvertes qu'il faisoit en notre armée, nous ayant donné sujet d'entrer en soupçon de lui, l'intérêt de notre Etat, qui nous a toujours esté plus cher que celui de notre vie, nous obligea de nous assurer de sa personne et de quelques-uns de ses complices. Notre résolution ne fut pas plus tôt exécutée que, par la bouche des uns et des autres, nous avons eu connoissance que le déréglement de ce mauvais esprit l'avoit porté à former un parti en notre Etat; que le duc de Bouillon devoit donner entrée aux étrangers en ce royaume par Sedan; que notre très-cher frère, le duc d'Orléans, devoit marcher à leur tête; et que ce misérable esprit se devoit retirer avec eux, s'il voyoit ne pouvoir mieux servir ce parti, et ruiner notre cousin le cardinal de Richelieu en demeurant auprès de nous. Nous apprîmes que le roi d'Espagne devoit fournir à ce parti douze mille hommes de pied et cinq mille chevaux; qu'il lui devoit donner quatre cent mille écus de pension, et au duc de Bouillon et au grand écuyer à chacun quarante mille écus; et qu'en outre il devoit munir la place de Sedan et en payer la garnison. Cette connoissance nous fit résoudre de faire arrêter le duc de Bouillon, et avoir tellement l'œil aux déportemens de notre frère le duc d'Orléans, qu'il ne nous pût faire le mal qu'il avoit projeté. Dieu bénit tellement nos résolutions, que le duc de Bouillon fut trouvé caché dans le foin, où il s'étoit mis pour pouvoir ensuite se retirer dans le Milanois. Au même temps notre cher frère le duc d'Orléans, pressé par sa conscience et par le mauvais succès qu'avoient eu ses mauvais desseins, nous envoya l'abbé de La Rivière pour nous dire en général qu'il avoit failli et avoit besoin de notre grâce, sans spécifier particulièrement en quoi. Nous répondîmes que bien qu'il dût être las de nous offenser, et d'agir contre lui-même, agissant contre nous et contre l'Etat, nous ne voulions pas nous lasser d'user de notre clémence envers lui; qu'en cette considération nous désirions qu'il nous donnât une entière et sincère confession de sa faute, une déclaration particulière de tous ses desseins, de tous ses complices, et de tous les projets qui avoient été faits pour troubler notre Etat, et qu'en ce cas il recevroit des effets de notre bonté. Nous aurons l'œil à sa conduite, et agirons avec lui selon que le bien de notre Etat le requerra, sans toutefois nous séparer du bon naturel dont il a reçu tant de preuves. L'importance de cette affaire nous a obligé de vous en donner avis, pour vous convier à rendre grâces à Dieu de l'assistance continuelle qu'il lui plaît nous départir, pour garantir le royaume des mauvais desseins qui se font, tant au dehors qu'au dedans d'icelui, pour en troubler la prospérité.

» Au reste, les expériences que nous avons faites de votre fidélité, en différentes occasions, font que nous sommes très-assuré que, si elle étoit capable d'accroissement, vous la redoubleriez en ces rencontres, où la malice de tant de mauvais esprits fait voir que nos bonnes intentions ont besoin d'être secondées. Cependant nous vous assurons qu'il n'y a rien que nous ne voulions faire pour votre avantage en toutes les rencontres.

» Donné à Fontainebleau le 6 d'août 1642.

» Signé Louis; et plus bas, DE LOMÉNIE.

» A nos amés et féaux conseillers, les gens tenant notre cour de parlement à Paris. »

Le même jour, 6 d'août, la copie de cette lettre fut envoyée à M. de Montbazon, gouverneur de Paris, où il n'y a autre changement sinon que le Roi parle au singulier, au lieu qu'il parle au pluriel à messieurs du parlement. Il y a de plus ces mots dans la lettre du duc de Montbazon :

« Le Roi d'Espagne devoit donner au duc d'Orléans quatre cent mille écus pour faire des levées en France, et six vingt mille écus de pension. » Ce qui est plus vraisemblable que ce qui est dans la lettre au parlement.

Cette lettre fut composée par le cardinal et donnée au Roi. Le secrétaire d'Etat ordinaire, qui étoit M. le comte de Brienne, la signa, parce qu'il signe toutes les lettres qui s'adressent au parlement.

II.

Lettre de Cinq-Mars, écrite à sa mère après la prononciation de son arrêt de mort.

« Madame ma très-chère et très-honorée mère, je vous escris parce qu'il ne m'est plus permis d'espérer de vous voir pour vous conjurer, Madame, de me rendre deux marques de vostre dernière bonté; l'une, Madame, en donnant à mon ame le plus de prières qu'il vous sera possible, ce qui sera pour mon salut; et l'autre, soit que vous obteniés du Roy le bien que j'ai employé dans ma charge de grand-écuyer, et ce que j'en pouvois avoir d'autre part auparavant qu'il fust confisqué, ou soit que cette grâce ne vous soit pas accordée, que vous ayez assez de générosité pour satisfaire à mes créanciers. Tout ce qui dépend de la fortune est si peu de chose, que vous ne me debvez pas refuser en la dernière supplication que je vous fais pour le repos de mon ame. Croiés-moy, Madame, en cela plus tost que vos sentimens, s'ils répugnent à mon souhet, puisque, ne fesant plus un pas qui ne me conduise à la mort, je suis plus capable que qui que ce soit de juger de la valeur des choses de ce monde.

» Adieu, Madame, et me pardonnés si je ne vous ay pas assez respectée autant que j'ay vescu, et vous assurés que je meurs, Madame ma très-chère et honorée mère, vostre très-humble, très-obéissant et très-obligé fils et serviteur,

» H. D'EFFIAT DE CINQ-MARS. »

III.

Lettre de M. de Thou, écrite à la princesse de Guémenée, après la prononciation de son arrêt de mort.

« Madame, je ne vous ay jamais eu de l'obligation en toute ma vie qu'aujourd'hui, qu'estant près de la quitter, je la pers avec moins de peine parce que vous me l'avez rendue assez malheureuse. J'espère que celle de l'autre monde sera bien différente pour moy de celle-cy, et que j'y trouveray des félicités autant par-dessus l'imagination des hommes qu'elles doivent être dans leurs espérances; la mienne, Madame, n'est fondée que sur la bonté de Dieu et le mérite de la passion de son fils, seule capable d'effacer mes péchés, dont j'estois redevable à sa justice, et qui sont à un tel excez qu'il n'y a rien qui les surpasse que celui de sa miséricorde. Je vous demande pardon de tout mon cœur, Madame, de toutes les choses que j'ay faictes qui vous ont pu déplaire, et fais la mesme prière à toutes les personnes que j'ay hayes à vostre occasion; vous protestant, Madame, qu'autant que la fidélité que je doibs à mon Dieu me le doit permettre, je meurs trop asseurément, Madame, votre très-humble et très-obéissant serviteur,

» DE THOU.

» *Le lundi* 12 *septembre* 1642. »

IV.

Lettre de M. de Marca, conseiller d'État, à M. de Brienne, secrétaire d'État, laquelle fait mention de tout ce qui s'est passé à l'instruction du procès de messieurs de Cinq-Mars et de Thou.

« Monsieur,

» J'ai cru que vous auriez pour agréable d'être informé des choses principales qui se sont passées au jugement qui a été rendu contre messieurs le Grand et de Thou ; c'est pourquoi j'ai pris la liberté de vous en donner connoissance par celle-ci. M. le chancelier commença par la déposition de M. le duc d'Orléans, laquelle il reçut en forme judiciaire à Villefranche en Beaujolois, où étoit lors Monsieur, dont lecture lui fut faite en présence de sept commissaires qui assistoient M. le chancelier. En cette action il déclara que M. le Grand l'avoit sollicité de faire une liaison avec lui et avec M. de Bouillon, et de traiter avec l'Espagne : ce qu'ils auroient résolu eux trois dans l'hôtel de Venise, au faubourg Saint-Germain, environ la fête des Rois dernière. Fontrailles fut choisi pour aller à Madrid, où il arrêta le traité avec le comte-duc, par lequel le roi d'Espagne promettoit de fournir douze mille hommes de pied et cinq mille chevaux de vieilles troupes, quarante mille écus à Monsieur pour faire nouvelles levées, et douze mille écus de pension annuelle à messieurs le Grand et de Bouillon. Avec cette armée ils devoient entrer dans la France du côté de Sedan, qui serviroit de place de sûreté en cas de besoin, et faire les progrès qu'ils pourroient dans le royaume, à la charge de ne rendre aucune place de celles qui seroient prises, jusques à ce que la paix générale fût faite, et que le Roi eût rendu à l'Empire et à l'Espagne toutes les places qu'il occupe, même celles qu'il a eues par achat. Il y a d'autres articles qui ont été copiés, aussi bien que les précédens, sur le traité fait avec M. le comte. Ce traité fut porté par Fontrailles au mois de mars à M. le Grand, qui l'envoya à Monsieur par le comte d'Aubijoux. Monsieur le rompit aussitôt qu'il apprit que M. le Grand avoit été arrêté ; et néanmoins il retint une copie, laquelle a été représentée contre-signée de lui et du secrétaire de ses commandemens. Après la déclaration de Monsieur, l'on a procédé à l'interrogation de M. le duc de Bouillon dans le château de Pierre-Encise en cette ville. M. le chancelier, assisté de M. de Laubardemont et de moi, y vaqua une après-dînée. Ledit sieur de Bouillon accorda par ses réponses ce qui regardoit la liaison avec Monsieur et le traité d'Espagne, quoiqu'il dit qu'il ne l'eût pas approuvé. M. le Grand fut interrogé dans le château par M. le chancelier, assisté de quatre commissaires. Il dénia toutes choses avec beaucoup de fermeté. Deux jours après on lui confronta au même lieu M. de Bouillon : ce qui ne l'obligea pas à reconnoître son crime, quoiqu'il parût extrêmement surpris de la confession dudit sieur duc de Bouillon. Ensuite on lui fit lecture de la déposition de Monsieur. Après l'avoir interpellé de donner des réponses s'il en avoit, il dénia comme auparavant. Le procès-verbal fut fait sur cette lecture de la déposition de Monsieur, qui s'étoit approché de Lyon, étant venu au lieu de Vivay, qui n'est qu'à deux lieues. M. le chancelier l'interrogea de nouveau sur ces contredits des accusés, en présence de sept commissaires ; il persista en tout ce qui étoit contenu en sa déposition. Ensuite M. le Grand fut ouï sur la sellette dans la chambre du présidial de Lyon, où il confessa ingénument la liaison avec Monsieur et M. de Bouillon, et le traité fait avec l'Espagne : sur quoi il fut condamné. Pour M. de Thou, il étoit chargé par Monsieur de lui avoir dit qu'il savoit la liaison avec M. de Bouillon et M. le Grand, et que M. de Bouillon bailloit à Monsieur la place de Sedan pour retraite ; et de plus, d'avoir parlé à M. de Beaufort pour l'engager au parti, et d'avoir rapporté à Monsieur qu'il l'avoit trouvé froid. Il étoit chargé par M. de Bouillon qu'il l'avoit engagé en amitié avec M. le Grand, et qu'il leur avoit donné toutes les assignations de leur entrevue, même de celle après laquelle lesdits sieurs le Grand et de Bouillon se séparèrent d'avec M. de Thou à minuit, à la place Royale, d'où ils étoient allés à l'hôtel de Venise conclure le traité d'Espagne avec Monsieur. On lui confronta les dépositions de M. de Bouillon ; il accorda à-peu-près ce que disoit celui-ci, mais il nia ce que Monsieur disoit contre lui, comme aussi ce que disoit le lieutenant des gardes de M. de Bouillon, savoir : qu'il lui avoit un jour donné charge de dire à M. de Bouillon qu'il eût désiré le voir, car Monsieur étoit un étrange homme. Plusieurs de nous étions disposés à ne le condamner pas sur ces preuves ; mais il arriva que M. le Grand, ouï sur la sellette, dit que M. de Thou avoit su le traité d'Espagne, et l'avoit improuvé. Ledit sieur le Grand persistant, ledit sieur de Thou, au lieu de se tenir dans sa dénégation, accorda qu'il avoit eu connoissance du traité par Fontrailles à Carcassonne ; qu'il l'avoit blâmé, et ne l'avoit point découvert de peur d'être accusé par les complices; qu'il faisoit état d'aller en Italie, et de voir en chemin le sieur de Bouillon, pour le détourner de cette entreprise; qu'il croyoit que ce traité n'étoit point en terme de nuire à l'Etat, à cause qu'il falloit avoir plutôt défait M. de Guébriant. La confession du traité sans l'avoir révélé, jointe aux preuves qui sont au procès des entremises pour la liaison des complices, et le temps de six semaines, ou plus, qu'il avoit demeuré près de M. le Grand, logeant dans sa maison près de Perpignan, le conseillant en ses affaires, après avoir eu connoissance que ledit sieur le Grand avoit traité avec l'Espagne, et partant qu'il étoit criminel de lèse-majesté : tout cela joint ensemble porta les juges à le condamner, suivant les lois et ordonnances qui sont expressément contre ceux qui ont su une conspiration contre l'Etat et ne l'ont pas révélée, encore que leur silence ne soit point accompagné de tant d'autres circonstances qui étoient en l'affaire dudit sieur de Thou. Il est mort en vrai chrétien, en homme de courage : cela mérite un grand discours particulier. M. le Grand a aussi témoigné une fermeté toujours égale, et fort résolu à la mort, avec une froideur admirable, une constance et une dévotion chrétiennes. Je vous supplie que je quitte ce discours funeste, pour vous assurer que je continue dans les respects que je dois, et le désir de paroître, par les effets, que je suis, Monsieur, votre très-humble et obéissant serviteur,

» MARCA.

» *De Lyon, ce 16 septembre 1642.* »

V.

Relation de tout ce qui s'est passé depuis la détention de MM. le Grand et de Thou jusqu'à leur mort.

M. de Cinq-Mars entra à Lyon, un jeudi quatriesme de septembre mil six cent quarante-deux, sur les deux heures après midi, dans un carrosse à quatre chevaux, et dans lequel il y avoit quatre gardes-du-corps; devant marchoient deux cents cavaliers mal montés, la plupart catalans, puis cent hommes de pied de bonne mine; après le carrosse suivoient trois cents cavaliers bien faits, dont les premiers estoient des gardes de monseigneur le cardinal duc de Richelieu. M. de Cinq-Mars estoit vestu de drap de Hollande, couleur de mûre, tout couvert de dentelles d'or, avec un manteau d'escarlatte couvert de galons d'argent et gros boutons à queue. Quand il fut sur le pont du Rosne, il demanda à M. de Serton, lieutenant des gardes du Roy, qui estoit à cheval près la portière, s'il agréeroit que l'on fermast le carrosse : ce qui lui fust refusé. Il passa sur le Pont-de-Bois, par la rue Saint-Jean et le Change; tout le peuple de la ville estoit par les rues, et lui ne faisoit autre chose que de se montrer seulement à l'une et à l'autre portière, saluant tout le monde jusqu'aux pauvres qui estoient sur le pont, avec des souris qui tiroient des larmes de tout le peuple; mesme en la rue de Flandres et ailleurs il salua plusieurs personnes, les nommant tout haut et sortant à demi-corps du carrosse. Estant arrivé à Pierre-Scise, il fust fort surpris quand on luy dict de descendre du carrosse, et montant dict : « Voycy donc le dernier logis que je feray. » Il croyoit auparavant aller au bois de Vincennes, car il avoit demandé à ses guides s'ils ne croyoient pas qu'on luy permist d'aller à la chasse. Sa prison estoit au pied de la grande tour; elle n'avoit point d'autre vue que deux petites fenestres qui tomboient sur un petit jardin; au bas desdites fenestres, il y avoit corps-de-garde et dans sa chambre aussi, où M. de Serton avec quatre gardes couchoient et assistoient incessamment; dans l'arrière-chambre, de mesme, et à toutes les portes autant.

M. le cardinal de Bichy le fust voir, le lendemain cinquiesme, et luy demanda s'il agréeroit qu'on luy envoyât quelqu'un avec qui il peust s'entretenir pour divertir l'ennuy de sa prison; il respondit qu'il en seroit très-ayse, mais qu'il ne méritoit pas que personne prît cette peine.

Le mesme jour cinquiesme, M. le chancelier le fust aussy voir et le traicta fort civilement, luy disant qu'il n'avoit point de sujet de craindre, mais bien d'espérer toutes choses; qu'il sçavoit bien qu'il avoit à faire à un juge qui n'avoit garde d'estre ingrat de ses bienfaits contre son bienfaiteur, et qu'il se souvenoit très-bien que c'estoit par ses bontés et par son pouvoir que le Roy ne l'avoit pas dépossédé de sa charge; que cette faveur estoit si grande qu'elle ne méritoit pas seulement un souvenir immortel, mais des reconnoissances infinies, et que ce seroit dans cette occasion qu'il les feroit paroistre.

Le sujet de ce compliment estoit pris sur ce que M. le Grand adoucit une fois le Roy qui estoit fort en colère contre M. le chancelier; pourtant la véritable cause n'estoit autre que la crainte que l'on avoit qu'il ne le récusast pour juge, comme estant la créature de M. le cardinal, et que l'on diroit qu'il vouloit faire pour estre sauvé par le peuple qui l'aymoit passionnément.

M. le Grand respondist que cette civilité le remplissoit de honte et de confusion; « mais, dict-il, je croy bien que de l'air qu'on procède à mon affaire, on en veut à ma vie. C'est faict, de moy, Monsieur, le Roy m'a abandonné; je me regarde comme un cadavre à qui il ne reste que quelque esprit; je suis une victime qu'on immolera : » à quoy M. le chancelier respondist que ses sentimens n'estoient pas justes et qu'il en verroit les expériences contraires.

Le sixiesme, M. le chancelier le fust ouïr, accompagné des six messieurs des requestes, de deux présidens et six conseillers du parlement de Grenoble, depuis sept heures du matin jusques à deux heures de l'après-disner.

M. le cardinal de Lyon fist appeler le révérend père Malavalette, de la compagnie de Jésus, à qui il donna commission de l'aller voir toutes les fois qu'il le demanderoit. Il y fut le troisiesme jour de sa prison, sur les cinq heures du matin, et y demeura jusqu'à huict.

M. le Grand estoit dans un lit de damas nacarat, incommodé d'un dévoyement d'estomac qu'il avoit gardé pendant son voyage et qu'il eust jusques à la mort : ce qui le rendoit tout pasle et mesme tout livide.

Le père Malavalette sceut si bien entrer dans son esprit, qu'il le demanda mesme jour sur le soir, et puis le lendemain au matin et au soir, et ainsi tous les autres jours. Ledit père rendist après compte à M. le chancelier et à MM. les cardinaux duc de Richelieu et de Lion, de tous les interrogatoires, responses et entretiens qu'il avoit eus avec ledit sieur le Grand; à quoi il satisfist parfaitement, principalement le cardinal de Richelieu, avec lequel il demeura fort longtemps, encore qu'il ne se laissast voir à personne.

Le neuviesme, M. le chancelier avec les autres juges partirent de Lyon pour aller à Vivay, où Monsieur, frère du Roy, se rendit de Villefranche où il estoit, et les pièces furent confrontées. Mondit sieur, frère du Roi, avoit, quelques jours auparavant, dict à M. le chancelier, qui l'avoit esté voir à Villefranche, tout ce qu'il sçavoit dudit sieur le Grand.

Le vendredi douziesme, tous les juges siégeoient en palais présidial de Lyon, où le sieur de Cinq-Mars fust traduict, sur les huict heures du matin, du lieu de Pierre-Scise, où il estoit prisonnier, dans un carrosse de louage, estant du costé du cocher et trois gardes-du-corps avec luy. Il estoit extresmement pasle et défaict à cause de son indisposition; passant par les rues il saluoit souvent le peuple qui y estoit en grande foule pour le voir; il estoit accompagné du chevalier du guet et de sa compagnie d'archers qui alloit devant et derrière le carrosse.

Estant audit palais, il fut conduit devant ses juges, où il respondit sur la sellette et confessa, après plusieurs dénégations, tout ce que l'on voulust sçavoir de luy, fist toutes ses responses avec tant de présence d'esprit, de tranquillité et de douleur, que ses juges se regardoient les uns les autres d'estonnement et d'admiration, en cette contrainte, de ce qu'ils n'avoient jamais veu ny ouï parler d'une constance plus forte ny d'un esprit plus ferme et plus clair.

Par après on le fist retirer de la présence de ses juges, et se voulant arrester dans une chambre qui avoit vue sur la rivière de Saône, ses gardes l'en firent sortir promptement, possible à cause que dans ce mesme temps M. le cardinal-duc se faisant remonter, sur ladite rivière, pour son départ de Lyon, et le firent passer dans une autre chambre où il demeura plus d'une heure avec ses gardes, pendant lequel temps M. le chancelier recueillit les voix de ses juges, et son arrest de condamnation fust résolu, portant qu'il auroit la teste tranchée sur un échaffaud, en la place ordinaire où l'on défaict les criminels, parce qu'il estoit criminel de lèze-majesté en premier et deuxiesme chefs, pour trois causes, et que auparavant il auroit la question ordinaire et extraordinaire, affin qu'il nommast ses complices.

Cependant, sur les dix heures, M. de Thou fut traduict de Pierre-Scise au palais, dans le mesme carrosse, accompagné par lesdits archers du guet. Estant au hault des degrés et sous le portail dudit palais, il osta un juste-au-corps noir qu'il portoit, estant vestu de la mesme couleur, et prist son manteau; fut conduit devant ses juges et interrogé sur la sellette. Après les ordinaires demandes, M. le chancelier luy demanda si M. d'Effiat ne luy avoit point déclaré sa conspiration, à quoi il respondit :

« Messieurs, je vous puis nyer absolument que je l'aye sceu, et vous ne me pouvez pas convaincre de faux, parce que vous ne pouvez sçavoir que par M. de Cinq-Mars tout seul que je le sache; car je n'en ay parlé ny escript à homme du monde. Lors un accusé ne peut pas accuser un autre validement, et on ne peut condamner un homme à la mort que par le tesmoignage de deux hommes irréprochables : ainsi vous voyez que j'ay ma vie, ma mort, ma condamnation et mon absolution dans ma pensée; pourtant, Messieurs, j'advoue et je confesse que j'ay sceu la conspiration, pour deux raisons:

» La première, c'est que, durant les trois mois de ma prison, j'ay si bien envisagé la mort et la vie, que j'ay cogneu très-clairement que, de quelque vie dont je puisse jamais jouir, elle sera malheureuse, et que cette mort sera glorieuse, puisque je la tiens pour le plus assuré tesmoignage que je puisse avoir de ma prédestination, et que je suis très-bien prest à mourir et que je ne me trouverai jamais en si bonne disposition, c'est pourquoi je ne veux pas laisser échapper cette occasion.

» La deusiesme cause, est que mon crime soit notoirement punissable de mort; néantmoins vous voyez qu'il n'est ny noir, ny énorme, ny fort estrange. J'ai sceu la conspiration, j'ai faict tout mon possible pour l'en dissuader; il m'a creu son amy unique et fidèle, et je ne l'ay pas voulu trahir : c'est pourquoi je mérite la mort; je me condamne moi-mesme par la loi de *Quisquis*. » Et ce discours, qu'il prononça avec une vivacité d'esprit merveilleuse, estonna si fort ses juges, qu'ils ne sçavoient se rassoir de l'estonnement où il les avoit jettés. Il n'y en avoit pas un qui n'eust passion extrême pour conserver à la France la plus grande espérance de la cour, et c'est ainsy qu'il estoit nommé par ses ennemis mesmes. Là-dessus l'on le fit sortir; et fust condamné M. de Thou à avoir la teste tranchée. Et sortant de la salle, le révérend père Manbrin, de la compagnie de Jésus, qui l'avoit confessé à Pierre-Scise, se trouva là, à qui il dict, tout transporté de joie : « Allons, mon père, allons à la mort et au ciel, allons à la vray gloire. Qu'ay-je faict en ma vie pour Dieu, disoit-il, qui m'ayt peu obtenir la faveur que je reçois cejourd'huy d'aller à la mort avec ignominie pour aller plus tost à la gloire ? » Et disant cette pensée, incessamment il fut conduit en la chambre de M. de Cinq-Mars, qui, d'abord qu'il l'eust apperçu, courut à luy, disant : « Amy, amy, que je regrette ta mort ! » Et l'autre, en l'embrassant et le baisant : « Eh ! dict-il, que nous sommes heureux ! » Et l'un demandant pardon à l'autre, ils s'embrassèrent cinq ou six fois de suite, avec des extrémités d'un amour inconcevable, qui tiroit des larmes de tous les gardes, qui fondoient en pleurs à ce triste spectacle, comme qui les eust tirées d'un rocher. Ledit sieur de Thou disant plusieurs fois à M. le Grand : « Quoy ! Monsieur, sommes-nous condamnés? nous a-t-on prononcé quelque arrest ? » A quoi M. le Grand respondist : « Cher amy, un peu de patience nous fera sçavoir ce que nous deviendrons. » Et recommencèrent leurs embrassemens, pendant lesquels quatre de leurs juges survindrent avec le greffier, qui leur dirent : « Messieurs, vous êtes condamnés. » A l'instant le greffier les pria de se mettre à genoux; lors ledict sieur le Grand, regardant M. de Thou : « Amy, amy, dit-il, vous allez estre hors d'inquiétudes. » Puis ledict sieur de Thou se mist à genoux, baisa la terre, et ledict sieur le Grand, cherchant un lieu pour s'appuyer, se mist en un coin de la chambre, un genou en terre, tenant son chapeau de la main gauche, appuyé sur le costé d'une façon toute cavalière; et ainsi entendoient tous deux la prononciation de leurs arrests, avec une constance et résolution admirables.

Mais sur la fin, M. le Grand ayant ouy parler de la gehenne, il dict à ses juges, avec cette même douleur : « Cette question, Messieurs, me semble bien rude, et une personne de mon âge et de ma condition ne devroit pas estre sujette à toutes ces formalités. Je sçay bien ce que c'est que des coustumes de la justice; mais je sçay aussy que c'est que ma condition. J'ay tout dict, je diray tout sur quoy l'on m'interrogera. Je prends la mort en gré et de grand cœur, et après cela, la question, Messieurs, j'advoue ma foiblesse, voilà ce qui me fait bien de la payne. » Il poursuit ce discours durant quelque temps avec tant de douceur, que la pitié ne permettoit à ses juges de luy contredire ny même de lui respondre.

Le père Malavalette entra alors dans la chambre et l'embrassa, luy demandant qu'est-ce qu'il désiroit de ces messieurs, qui estoient si civils, qu'il pouvoit espérer d'eulx tout autant que du Roy. « Ce n'est rien, mon père, dict-il; je leur advoue une de mes foiblesses, et j'ay bien de la peine à me soumettre à recevoir la question : cela me travaille bien, non pas pourtant de l'appréhension du mal, car je vais à la mort avec joie, mais c'est que j'ay tout dit. » Et alors le père l'embrassant, lui dit : « Monsieur, soyez hors de peine, vous n'avez pas à faire à des juges impitoyables, puisqu'ils donnent desjà des larmes à vostre affliction. » Et tout incontinent il tira à part deux maistres des requestes qui estoient dans la chambre, et leur dict qu'ils ne cognoissoient pas cet esprit, qu'ils voyoient l'extrême violence qu'il faisoit à son naturel; qu'il ne failloit pas si fort esbranler sa vertu pour le renverser. Comme il continuoit, deux autres juges survindrent, qui lui dirent en secret qu'il ne souffriroit pas la question, mais qu'ils l'avoient condamné pour garder les formalités. Tout à l'heure le père alla trouver M. le Grand, et, le tirant d'auprès des gardes, lui dict : « Monsieur, estes-vous capable d'un secret important? » Sur quoi il luy dict : « Mon père, je vous prie de croire que je n'ay jamais esté infidelle à personne, qu'à Dieu. — Eh bien! luy dict le père, vous n'avez pas la question, ny mesme n'y serez présenté; prenez seulement la peine d'aller à la chambre, où je vous accompagnerai pour estre caution de ma parolle. » Ils furent à cette chambre où M. le Grand vid seulement les cordes, et fut interrogé sur quelques points : à quoy il satisfist fort amplement, demeurant plus d'un quart-d'heure à faire escrire son testament de mort, qu'il dicta mot pour mot, avec éloquence admirable et sans aucune émotion d'esprit, prit la plume et signa tout ce qu'il avoit dict.

Il fut conduit dans la chambre où estoit M. de Thou avec son confesseur, où ils recommencèrent de nouveau leurs embrassemens; puis, se retirant au fond de sa chambre, ils parlèrent ensemble environ demie-heure avec grande affliction qu'ils tesmoignoient par des gestes et des exclamations qu'ils faisoient sans cesse.

Durant ce temps, le père Malavalette pria les juges qui estoient là de luy promettre qu'ils ne seroient point liés, et qu'ils ne verroient point le bourreau que quand il leur devroit donner le coup : ce qu'il obtint après quelques difficultés. Sur ce temps M. le Grand embrassa M. de Thou, et finit son discours par cette belle parolle : « Cher amy, allons penser à Dieu; allons travailler et employer le reste de notre vie à nostre salut éternel. — C'est bien dict, n'est-ce pas, mon père? » dit M. de Thou à son confesseur, en le prenant par la main à un coing de la chambre où il se confessa. M. le Grand suplia les gardes de luy bailler une autre chambre : ce qu'ils luy refusèrent, disant que celle-cy estoit assez grande, et que, s'il luy plaisoit d'aller à l'autre coing, il se confesseroit commodément. Mais M. le Grand redoubla ses prières avec tant de douceur, qu'il obtint une chambre où il fist une confession générale de toute sa vie durant plus d'une grosse heure; et puis escrivit trois lettres, l'une à madame la maréchalle, sa mère, en laquelle il la prioit de faire payer deux de ses créanciers, auxquels il escrivit une lettre à chacun. Après il dict au père qu'il n'en pouvoit plus, et qu'il y avoit vingt-quatre heures qu'il n'avoit rien pris. Sur quoy le père pria son compagnon d'aller quérir du vin et des œufs, et, les apportant l'un et l'autre, il le pria de laisser le tout sur la table. Après qu'ils furent sortis, le père luy présenta à boire; mais il ne voulut que se raffraichir la bouche et n'avala rien du tout.

Cependant M. de Thou s'estoit confessé et avoit escript deux lettres avec une promptitude merveilleuse, et puis, se promenant en cette chambre à grands pas, il récita à haute voix le *Miserere* avec une ardeur d'esprit incroyable, des tressaillemens de tout le corps si violens, qu'on eust dict qu'il ne touchoit pas terre et qu'il alloit sortir hors de luy-mesme; il répétoit plusieurs fois les mesmes versets avec des fortes exclamations comme des oraisons jaculatoires, disant encores quelques passages de saint Paul et d'autres de l'Ecriture; puis, revenant au *Miserere*, et disant cent fois de suicte : *Secundum magnam misericordiam tuam*. Pendant ses prières, plusieurs gentilshommes le furent saluer; mais il les escartoit tous avec le bras, disant : « Je ne pense qu'à Dieu, je ne pense qu'au ciel, je suis hors du monde. »

Un gentilhomme qui, de la part de madame de Pontac, sa sœur, qui estoit venue en cette ville pour intercéder pour luy et luy demander s'il n'avoit besoin de rien, auquel il luy respondist : « De rien, mon amy, si ce n'est de ses prières, si ce n'est de la mort pour aller à la gloire. » Et comme il recommençoit le psalme : *Credidi propter quod locutus sum*, etc., un père cordelier, qui l'avoit confessé à Tarrascon, luy vint demander quelle inscription il vouloit mettre sur la chapelle qu'il avoit fondée en leur Eglise; il lui respondit : « Comme il vous plaira, mon père. » Mais comme l'autre le pressoit, il demanda une plume, et, avec une vitesse qui monstre une facilité et une présence d'esprit extraordinaires, sur l'heure même il fist cette inscription : *Votum in carcere pro libertate conceptum, Franciscus Augustus Thuanus, jamjam carcere liberandus, meriti persolvit. Confitebor tibi Domine, in toto corde meo, quoniam exaudisti verba oris mei.*

Après qu'il eust la plume, il recommença à prier avec des transports plus violens et de si grands efforts de tout son corps qu'il ne pouvoit plus se soutenir, tous les gardes estant ravis de ce spectacle qui les fesoit frémir de respect et d'horreur et les faisoit pleurer de compassion, jusqu'à ce qu'un des juges vint qui demanda ce que l'on attendoit et où estoit M. le Grand : sur quoy on fist heurter à la chambre de M. de Cinq-Mars, lequel, reconnoissant ce que c'estoit, respondit avec une douceur admirable, qu'il y estoit tout à l'heure. Il tira encore le père Malavalette en un coin, où il lui parla de sa conscience avec des sentimens de la bonté de Dieu et de l'énormité de ses offenses, que le père ne peust s'empêcher de l'embrasser et d'adoucir en sa personne la force de la grâce de Dieu et admirer celle de l'esprit de l'homme. En sortant, il rencontra M. de Thou sur les degrés, et s'estant saluez ils s'encouragèrent l'un l'autre avec un zèle et une joye qui faisoient cognoistre que le Sainct-Esprit avoit remply leurs ames et leurs sens de ce torrent de volupté qui fait le bonheur des saints.

Sur le bas des degrés, ils rencontrèrent leurs juges ausquels ils firent chacun un beau compliment, les remerciant, de la douceur qu'on ne sçauroit ny exprimer ny s'imaginer.

Quand ils furent sur le perron, ils regardèrent avec attention une grande foule de peuple qui estoit devant le palais, aux fenestres et par les toits des maisons, les saluèrent de tous les costés. M. de Thou, remarquant qu'on les menoit au suplice en carrosse, dict à haute voix au peuple : « Messieurs, quel excès de bonté de nous conduire à la mort en carrosse, nous qui méritons d'estre charriés sur un tombereau ou d'estre traisnés sur une claye ! » Après ils entrèrent en carrosse : M. le Grand et M. de Thou se mirent au fond, les confesseurs se mirent chacun à la portière, proche son patient, et les deux compagnons désespérés se mirent sur le devant ; les gardes du carrosse estoient environ cent hommes du guet et du prévost, trente cuirassiers et les officiers de la justice.

Ils commencèrent ce voyage pitoyable par le récit des litanies de la vierge. Après M. de Thou embrassa M. le Grand par quatre fois et l'exhorta, non pas avec le zèle d'un prédicateur, mais d'un séraphin, luy disant sans cesse : « Cher amy, qu'avons-nous fait de si agréable à Dieu durant notre vie qui l'aye obligé nous faire cette grâce de mourir ensemble, de mourir comme son fils, d'effacer tous nos péchés par un peu d'infamie, de conquérir le ciel par un peu de honte ? Hélas ! n'est-il pas vray que nous n'avons rien faict pour luy ? Ha ! sondons nos cœurs, espulsons nos larmes et rendons actions de grâces, agréons la mort avec toutes les affections de nos ames. »

M. de Cinq-Mars respondit avec divers actes de vertus de foi, de contrition, de charité, de résignation, les multipliant tous et chacun en son particulier, autant de fois qu'il y avoit d'ames heureuses dans le ciel ou de créatures dans l'univers ; durant tout le chemin ils ne firent autre chose.

Le peuple estoit en si grande foule par les rues qu'à peine le carrosse pouvoit rouler. La désolation estoit si grande, qu'il estoit très asseuré que si un chacun eust perdu son père, sa mère et tous ses parens, il n'y eust pas eu plus de larmes et de gémissemens : c'est une chose si lamentable et si funeste que quelque considération qu'on se puisse figurer, elle n'arrivera jamais à la moitié de celle-cy.

Quand ils furent sur la descente du pont, M. de Thou dit à M. de Cinq-Mars : « Eh ! bien, cher amy, qui mourra le premier ? — Celuy que vous trouverez bon, luy respondit-il. » Le père Malavallette, prenant la parolle, dict à M. de Thou : « Vous êtes le plus vieux, Monsieur. — Il est vray, dict-il. — Et ensuite vous estes le plus généreux. — Fort bien, dict M. de Thou à M. de Cinq-Mars ; vous voulez m'ouvrir le chemin à la gloire. — Hélas ! dict M. le Grand, je vous ay ouvert le précipice, mais précipitons-nous à la mort et nous surgirons dans le ciel et dans la gloire. »

Durant le reste du chemin, M. le Grand redoubla sans cesse ces actes d'amour, se recommandant aux prières du peuple qui le saluoit, mettant la teste hors du carrosse et disant tout haut : « Priez Dieu pour moy ! » ce qui esmeut si fort une trouppe de damoiselles, qu'elles poussèrent un cry qui toucha si fort le père Malavallette qu'il ne peust retenir ses larmes, et que M. le Grand l'ayant aperçu, luy dict : « Quoy ! mon père, vous estes donc plus sensible à mes intérests que moy-mesme ? je vous prie de ne me pas affliger par vos larmes. » Pour le père Maubrun, il fust si fort esmeu par les larmes du peuple, des gardes et des juges, que, ny dans le palais, ny sur le chemin il ne peust prononcer un mot, les sanglots estouffant les parolles dans sa bouche. M. de Thou passa le reste du voyage en disant mille fois : *Credidi propter quod locutus sum*, etc., et fist promettre au père Malavallette qu'il le réciteroit tout entièrement sur l'eschaffault.

Le lieu où se faisoit l'exécution est une place publique et ordinaire à faire justice, nommée les Terreaux, au milieu de laquelle, dès les deux heures après-midy, se rendirent trois penons avec leurs compagnies, qui pouvoient faire trois ou quatre cens hommes fort bien armez, ayant eu ordre de ce faire par M. le gouverneur qui faisoit tous les soirs entrer en garde, tant au chasteau de Pierre-Scise, place du Change, qu'à l'Herberie, un des capitaines bourgeois de ladicte ville. Lesdites trois compagnies firent un cercle au milieu de ladicte place des Terreaux, conduites par le sergent-major de la ville, qui, les ayant mises en ordre, fist faire un cry par les tambours desdictes compagnies de ce qu'ils avoient à observer incontinent. L'on vint dresser l'eschaffault au milieu dudict cercle élevé d'environ sept à huict pieds de hault ; au milieu d'iceluy il y avoit un poteau ou pilot, eslevé au-dessus de deux pieds, sur lequel MM. le Grand et de Thou devoient avoir la teste couppée. L'on n'avoit pas accoustumé de faire telles exécutions de la sorte, mais n'y ayant point de bourreau propre à la faire autrement, il fallut mettre ledit pilot.

Quand lesdits sieurs le Grand et de Thou furent arrivez audict lieu, qui fut sur les cinq heures, le père Malavallette descendit le premier du carrosse et prit M. le Grand par la main, à qui quelques archers vouloient prendre son manteau, et alors il demanda à M. Grand, prévost de Lyonnois, à qui est-ce qu'il le donneroit; le prévost luy dict qu'il estoit en sa disposition. Quelques-uns desdits archers dirent qu'il le falloit donner aux pauvres; ce qu'il agréa, et le donna au compagnon du père; puis, comme il se vouloit acheminer vers l'eschaffault, après avoir haussé ses chauses (action qui luy estoit ordinaire), un archer du prévost, nommé Lenfray, luy prist son chapeau, qu'il luy osta incontinent des mains et le luy remist sur sa teste, luy disant qu'il ne faisoit pas bien, et monta seul sur l'eschaffault, couvert et sans estre lyé, avec une addresse et gayeté majestueuse, faisant plustost paroistre qu'il alloit faire une action de joye que de tristesse. Estant sur ledit eschaffault, la première action qu'il fist, ce fust de hausser encorres ses chausses, puis fist un tour sur ledict eschaffault, sa teste couverte, ouvrant les bras et accommodant son collet avec beau maintien, puis fist un autre tour, et saluant de tous costez le peuple fort profondément et avec des souris et une douceur charmante; sur ce temps, le père Malavallette et son compagnon montèrent et l'abordèrent, à qui il demanda ce que l'on vouloit faire de ce pilot qui estoit eslevé sur ledict eschaffault, croyant que l'on luy deust couper la teste comme l'on fait à Paris. Ayant sceu à quoy il devoit servir, il jetta son chapeau sur ledict eschaffault, se mist à genoux sur un petit bilot qu'il y avoit au pied dudict pilot, essaya de se mettre sur ledict pilot, demandant comme il falloit faire et s'il seroit bien comme cela; puis, s'estant levé, il prist le crucifix de la main du père, l'adora, l'embrassa et le baisa avec une douceur inconcevable, et le rendict au père qui dict au peuple de prier Dieu pour luy; et M. le Grand, ouvrant les bras et luy joignant les mains, fist la mesme demande. Sur cela, le bourreau, qui estoit monté sur l'eschaffault, qui avoit mis un sac de toile en un coing d'iceluy, couvert de son manteau, s'approchant pour le déshabiller, M. le Grand se retira, et le père fist esloigner ledict bourreau, puis luy-mesme le déboutonna et son compagnon luy tira son pourpoinct. M. le Grand, fouillant dans sa poche, donna quelque chose au compagnon du père : l'on tient que c'estoit un relève-moustache couvert de diamans. Le bourreau se présenta encorres derrière luy pour luy coupper ses cheveux, mais il se retourna et demanda les cizeaux; le père les prist de la main du bourreau et luy donna, et tout à l'heure il appella le compagnon du père et, luy donnant les cizeaux, le pria de luy coupper les cheveux : ce qu'estant faict, il se remist à genoux devant le pilot, prist encorres le crucifix qu'il adora, et pria le compagnon du père de luy tenir tousjours devant les yeux, et récitèrent ensemble *l'Ave maris stella*, etc.; puis le père luy donna une médaille, luy fist gaigner l'indulgence, baisa le crucifix, receut l'absolution et embrassa le père qui tint un grand *Miserere*, puis le baisa, après il s'ajusta encorres une autre fois, puis s'estant relevé la teste, le bourreau croyant que son rabat, qui estoit cousu à sa chemise, luy pouvoit empescher de faire l'exécution, à cause que le vent luy faisoit voltiger, luy descousit : ce qu'ayant faict, il dict audict sieur le Grand de se bien ajuster et embrasser franchement ledict pilot. Alors il embrassa ledict poteau et s'ajusta dessus; pendant lequel temps le bourreau tira de son sac son gros couteau de boucher, se mist à son costé gaulche, luy donna un coup dudict gros couteau qui le tua, encorres qu'il laissast un peu de peau que le bourreau couppa par un second coup, luy prenant la teste par les cheveux en frappant ledict second coup; puis il jetta la teste sur l'eschaffault, qui tomba à terre, qui fust à l'instant ramassée et remise sur ledict eschaffault. L'on remarqua que dans le temps que les deux coups furent donnez, le corps, qui estoit à genoux, se leva droict contre ledict pilot où il demeura ainsy jusques à ce que le bourreau luy osta les bras d'autour d'iceluy, où il estoit si fermement attaché qu'il sembloit qu'il y fust lyé et cordé.

Le couteau estoit faict à la façon des haches anciennes, ou bien comme celles d'Angleterre; le bourreau estoit un vieil gaigne deniers de la ville, qui n'avoit jamais faict exercice, et duquel l'on fust contrainct de se servir à cause que l'exécuteur ordinaire avoit eu une jambe rompue depuis un mois ou deux. Le peuple estoit si nombreux, tant à la place qu'aux fenestres, sur des échaffaulx et sur les toitz des maisons, qu'il ne se pouvoit pas dire plus. Il rompit le profond silence qu'il avoit accordé durant toute l'action par un gémissement effroyable, quand il vit lever la hache; les pleurs, les soupirs et les plaintes faisoient un bruit et un tumulte si horrible que l'on n'eust sceu où l'on estoit.

L'exécution estant faicte, le père et son compaguon descendirent de l'eschaffault, et le bourreau prist le corps entre ses bras, le porta à l'un des bouts dudict eschaffault, luy osta des gants coupez qu'il avoit aux mains, avec lesquels il estoit mort, pour voir s'il n'avoit point de bagues; puis luy tira son hault de chausse où estoient attachez des bas de soye verts; c'estoit le mesme habit qu'il avoit lorsqu'il entra à Lyon; mist le tout dans son sac, luy ayant laissé seulement sa chemise; puis couvrist la teste et son corps qu'il mist auprez d'un drap que le compagnon du père luy jetta sur l'eschaffault; jetta son manteau par-dessus, et demeura, en attendant que M. de Thou fust monté.

Cependant M. de Thou, qui durant tout ce temps-là avoit esté dans le carrosse que l'on avoit fermé, en sortist et monta sur l'eschaffault avec tant de promptitude que l'on eust dict qu'il voloit; y estant, la première chose qu'il fist, ce fust d'embrasser le bourreau, l'appelant son père et le priant de ne le point faire languir. Il fist deux tours, salua le peuple de tous les costez, jetta son chapeau en un coing, après il se despouilla dans un moment avec l'ayde du bourreau, qui luy coupa les cheveux, et puis, comme le père Maubrun ne pouvoit pas parler, tant il estoit touché de ce triste spectacle, il pria le père Malavalette (qui estoit descendu quand l'on eust exécuté M. de Cinq-Mars) de monter sur l'eschaffault au lieu de luy: ce qu'il fist. Ils s'embrassèrent et récitèrent à haute voix: *Credidi propter quod locutus sum*, etc.; et après avoir faict et dict cent exclamations avec une voix forte, avec une ferveur de séraphin et avec des gestes ou plustost des transports et des hallies si violentes qu'on eust dict que son âme s'envoloit au ciel, eslevant son corps de terre, il baisa plusieurs fois le crucifix, receut l'absolution, gaigna l'indulgence, et avant que de mettre la teste sur le poteau, baisa le sang de M. le Grand qui y estoit, demanda un mouchoir pour se bander, disant: «Messieurs, vous direz que je suis un poltron et que j'appréhende la mort;» et luy ayant esté jetté deux mouchoirs, il dit: «Messieurs, Dieu vous le rende en Paradis;» il fust bandé de l'un d'iceux, puis receut le coup qui donna sur l'os de la teste, ne fist que l'escorcher, et se voulant lever tomba à la renverse du costé gauche, et porta la main où il avoit eu le coup, le bourreau le voulant frapper sans prendre garde qu'il aloit fraper sur la main, le frère luy frappa le bras; le bourreau luy donna un autre coup, qui ne fist que l'escorcher sous l'oreille et l'abatist entièrement sur l'eschaffault. Là il jetta les pieds en l'air avec grande furie, et receut trois coups au gosier: on croit que ceux-là le tuèrent; il en receut encore deux autres après qui luy séparèrent la teste. Le bourreau l'ayant despouillé porta son corps luy seul dans le carrosse, et vint quérir celuy de M. le Grand, le traisnant le long de l'eschelle sans qu'aucune personne luy aydast, et les ayant mis dans ledict carrosse, avec leurs restes, ils furent emportés dans l'église des Feuillans, et le lendemain celuy de M. de Thou fust embaumé et emporté par sa sœur, madame la présidente de Pontac; celuy de M. le Grand fust enterré sous les balustres de l'église desdits Feuillans par la bonté et authorité de M. Du Gué, trésorier de France à Lyon, qui l'obtint de M. le chancelier. Ainsy moururent ces deux personnes, le premier plus cavalièrement que l'autre, mais tous deux fort constamment et religieusement.

FIN DE LA RELATION DE FONTRAILLES.

MÉMOIRES
DU COMTE DE LA CHATRE,

CONTENANT

LA FIN DU RÈGNE DE LOUIS XIII,

ET LE COMMENCEMENT DE CELUI DE LOUIS XIV.

NOTICE

SUR LE COMTE DE LA CHATRE

ET

SUR SES MÉMOIRES.

La renommée qui s'est attachée aux Mémoires de M. de La Châtre paraît établie sur ce qu'il y a de réellement remarquable dans leur composition, surtout par rapport à l'époque à laquelle ils furent écrits, sur leur style énergique et pur, la finesse des aperçus et la rectitude des jugements, bien plutôt que sur l'intérêt même des événements que l'auteur s'est chargé de raconter à la postérité, comme un témoin oculaire; mais on discernera avant tout, dans les Mémoires de La Châtre, les manœuvres d'un bon courtisan, exposées avec beaucoup de vérité. En effet, Edme, comte de La Châtre (1), fut un de ces hommes que l'ambition retient toujours autour du pouvoir qui dispose des faveurs; il se contentait de gémir en secret de la tyrannie dont il déplorait les excès, mais il s'étudia toujours à ne pas compromettre sa position. Ami intime du comte de Brienne, secrétaire d'Etat, le comte de La Châtre obtint, par son intermédiaire, l'agrément de la charge de grand-maître de la garde-robe du roi Louis XIII, qu'il paya plus de cent mille écus au marquis de Rambouillet.

En courtisan habile, le comte de La Châtre pressentit à fond le rôle important qui était destiné à la reine Anne d'Autriche, dès qu'elle eut donné au Roi un héritier de sa couronne; aussi, malgré la haine de Richelieu pour la reine de France, La Châtre alla-t-il offrir ses services à cette princesse; il refusa toutefois de prendre aucune part aux malheureuses conjurations tramées contre le premier ministre, pendant les dernières années de sa domination.

Après la mort du cardinal de Richelieu, la charge de colonel-général des Suisses étant devenue vacante par la mort du marquis de Coislin, La Châtre, soutenu par les amis de la reine, arracha à Louis XIII le brevet de cette charge. Sa nouvelle position le mit, peu de mois après, en état de rendre des services à la reine mère, au moment où cette princesse pensa à faire casser le testament du feu Roi, qui *limitait extrêmement* ses pouvoirs de régente. Mais aussitôt qu'Anne d'Autriche eût déclaré Mazarin premier ministre, le comte de La Châtre se rangea dans le parti des *Importants*, et s'y fit même remarquer par son zèle pour cette faction. Exilé avec les autres membres de la cabale, il fut privé en même temps de sa charge de colonel-général, qui fut rendue à l'ancien titulaire, le maréchal de Bassompierre. Ce fut ainsi que l'obséquieux courtisan perdit, par une sotte imprudence, le fruit de toutes ses menées, au moment même où il pouvait espérer d'en réaliser les avantages.

En 1644, le comte de La Châtre prit du service comme volontaire dans l'armée du duc d'Enghien, cherchant sans doute à relever sa fortune en se faisant satellite de cette étoile nouvelle; mais il fut blessé à la bataille de Nordlingen et mourut des suites de ses blessures à Philisbourg, le 3 septembre 1645.

Les Mémoires de La Châtre retracent donc les petits événements de cour qui occupèrent les dernières années de la vie de Richelieu, et les premières de l'ère nouvelle de la régente Anne d'Autriche. Ils furent composés pendant les loisirs forcés que l'on imposa aux *Importants*; les événements racontés dans ces Mémoires ne s'étendent pas jusqu'à la fin de l'année 1643. Le comte de Brienne, secrétaire d'Etat et ancien ami de La Châtre, s'y trouve quelquefois sévèrement jugé; la Reine régente n'y est pas non plus épargnée. Les amis communs de Brienne et de La Châtre obligèrent le premier à lire ces Mémoires; et le comte de Brienne fut assez blessé des allégations qu'ils contenaient contre lui et contre la Reine, pour se croire obligé de travailler à une réfutation de l'écrit de La Châtre. Cette réfutation fut imprimée, en 1664, dans un recueil de pièces. Ce document est devenu aujourd'hui assez rare, et cette circonstance nous a déterminés à l'insérer à la suite de notre édition des Mémoires de La

---

(1) On ignore l'époque précise de la naissance d'Edme, comte de La Châtre. Il était fils de Henri de La Châtre, maréchal-des-camps et armées du Roi, bailli et capitaine du château de Gien, et de Marie, fille de Jacques de La Guesle, procureur-général au parlement de Paris.

Châtre. *Les Observations du comte de Brienne*, tout en réfutant les Mémoires de La Châtre, contiennent des particularités que l'on ne retrouve pas dans ceux que ce même Brienne a écrits. Nous avons donc eu un double motif pour les comprendre dans notre nouvelle édition, et nous nous sommes servis, pour leur texte, du manuscrit n° 1026, fonds de Saint-Main, français, de la Bibliothèque du Roi. Cette Bibliothèque possède plusieurs copies des Mémoires de La Châtre, mais toutes sont conformes aux éditions déjà publiées, et dont la première remonte à l'année 1662.

Enfin, nous avons réimprimé, après les *Observations du comte de Brienne*, un extrait des Mémoires de Henri Campion, relatif à l'entreprise du duc de Beaufort sur la vie de Mazarin, en 1643 ; ce document nous a paru mériter quelque attention, puisqu'il donne les détails d'une conspiration contre ce ministre, que les écrivains contemporains ont tous niée, et à laquelle personne de cette époque n'a voulu croire. La vérité se révèle aujourd'hui, appuyée sur des documents vrais et dignes de toute la confiance des lecteurs.

A. C.

MÉMOIRES
DU COMTE DE LA CHATRE.

Il est bien difficile de paroître prudent lorsqu'on est malheureux. Comme la plupart du monde ne s'attache qu'à l'apparence des choses, l'événement seul règle leurs jugemens; et jamais un dessein ne leur paroît bien informé ni bien suivi, lorsque l'issue n'en est pas favorable. Dans les disgrâces qui me sont arrivées depuis un an, j'ai reçu cet accroissement de douleur, de voir mes plus passionnés amis me blâmer en me plaignant, et, sans éplucher davantage mes actions, m'accuser d'avoir été, par mon peu de conduite, l'auteur de ma ruine. Ce seroit une présomption trop grande à moi de croire que je n'ai point commis de fautes dans le temps que j'ai demeuré à la cour, puisque les plus raffinés courtisans se trouvent quelquefois embarrassés en des rencontres où, quelque adroits et souples qu'ils soient, il leur arrive des accidens dont ils ne se peuvent bien retirer. J'avoue que je puis avoir failli, soit manque d'expérience, soit en ne contraignant pas assez mon naturel, ennemi de toutes sortes de finesses. Lorsque je suis venu auprès du feu Roi, j'y ai apporté un esprit mal propre aux fourbes et aux bassesses, et qui a toujours fait profession d'une franchise trop ouverte. J'ai trouvé ce train de vie assez honnête pour le continuer depuis; et quoique j'aie apparemment reconnu que ce n'étoit pas là le chemin de faire fortune, j'ai préféré la satisfaction de ma conscience, une réputation sincère, et l'acquisition de quelques amis, gens d'honneur, aux dignités et aux avantages que j'aurois pu espérer en faisant l'espion ou en jouant le double, et promettant en même temps aux deux partis. Dans cette manière d'agir que j'ai observée, je me suis peut-être découvert trop librement, et d'ailleurs je me suis attaché trop fermement à mes amis quand ils ont été en mauvaise posture : et c'est en ces deux points que je puis avoir principalement manqué ; mais je crois que de telles fautes paroîtront excusables aux personnes de probité, et que le fondement en est trop bon pour avoir des suites condamnables.

Voilà, sans rien déguiser, tous les crimes dont je me trouve coupable. Et pour le montrer plus clairement, je déduirai en peu de paroles, et fort véritablement, tout ce qui s'est passé de plus considérable dans les derniers temps que j'ai été à la cour, parce qu'encore que mes intérêts soient fort éloignés de ceux de l'Etat, les affaires générales les plus importantes ont eu quelque liaison avec les miennes particulières.

[1638] Quelque temps après la naissance de notre roi Louis XIV, voyant qu'il n'y avoit rien à espérer pour moi tant que le cardinal de Richelieu seroit tout puissant, parce que je ne pouvois m'assujétir servilement auprès de lui, et que d'ailleurs j'avois beaucoup d'alliances et de liaisons d'amitié qui lui pouvoient être suspectes, je crus que je devois songer à prendre quelque autre parti qui pût un jour relever ma fortune; et dans cette pensée, je n'en trouvai point de plus juste ni de plus grande espérance que celui de la Reine, parce que le Roi, son mari, étant très-malsain, et ne pouvant apparemment vivre jusqu'à ce que son fils fût en âge de majorité, la régence devoit infailliblement, dans peu d'années, tomber entre les mains de cette princesse, de qui les adversités presque continuelles, souffertes avec grande patience, avoient élevé l'estime à un si haut point, qu'on la croyoit la meilleure et la plus douce personne du monde, et la plus incapable d'oublier ceux qui se seroient attachés à elle dans sa disgrâce.

Ces belles qualités me charmèrent, et de plus je jugeai qu'il y avoit de l'honneur de se jeter de son côté, dans un temps où l'absolu pouvoir de son persécuteur faisoit éviter son abord à toutes les personnes foibles et intéressées, et, par un excès de tyrannie, ne laissoit presque dans sa maison que des traîtres, ou des gens que leur stupidité rendoit exempts de soupçon, et incapables de la servir en quoi que ce fût. Je lui vouai donc dès ce temps-là mes services, et l'en fis assurer par mademoiselle de Saint-Louis (à présent madame de Flavacourt) et par M. de Brienne. Les réponses obligeantes qu'elle leur fit pour moi m'engagèrent encore davantage: si bien que depuis je me résolus à ne songer jamais à aucun avantage dans la cour que quand elle seroit en état de m'en départir, ou quand je croirois lui pouvoir être plus utile dans une autre charge que celle de maître de la garde-robe du Roi, que j'avois alors.

[1642] Je vécus dans ce sentiment jusqu'à la mort du cardinal, après laquelle ceux qui s'étoient le plus éloignés de la Reine se pressant à lui faire de nouveau leur cour, il n'est pas fort étrange que, m'étant donné dès auparavant entièrement à elle, je cherchasse avec soin les occasions de lui témoigner mon zèle. Il s'en présenta une incontinent, laquelle j'embrassai avec grande joie; et la lui ayant fait proposer par M. de Brienne, et lui ayant ensuite parlé moi-même, elle la jugea avantageuse pour son service, et m'en remercia en des termes qui redoublèrent ma passion pour ses intérêts et accrurent mes espérances. Cette occasion fut l'achat de la charge de colonel-général des Suisses, dans laquelle je ne regardai ni la grande somme d'argent que j'y employois, ni beaucoup d'autres considérations que me pouvoit faire naître la vue d'une femme et de trois enfans dont la ruine étoit inévitable, si par ma mort ma charge se perdoit sans récompense. Je lui sacrifiai donc sans regret toute ma famille, et, soit que mon procédé plein de franchise lui plût, soit qu'elle jugeât que je la pouvois utilement servir, elle redoubla dès-lors son bon visage et ses civilités pour moi, et parla de moi à ses plus confidens comme d'un homme qui lui étoit absolument dévoué, et dont elle faisoit état pour sa fidélité, ordonnant particulièrement à M. l'évêque de Beauvais, qui avoit alors son secret, de me communiquer librement les choses qui seroient de son service.

Ce fut presque en ce même temps que M. de Beaufort revint d'Angleterre; car sitôt que le cardinal fut mort, M. l'évêque de Lisieux, par ordre de la Reine, lui écrivit de s'en revenir, et lui, sans prendre d'autres précautions, partit à l'heure même et, mettant pied à terre en France, m'écrivit, par un gentilhomme nommé Drouilly, une lettre fort pleine de confiance, par laquelle il me prioit de le servir en ce que je pourrois auprès du Roi, et ajoutoit que M. de Montrésor (qu'il savoit être mon cousin-germain et mon principal ami, et qui étoit le sien fort particulier) l'avoit assuré que je m'y porterois avec beaucoup de joie. Tout ce que je crus devoir répondre à Drouilly fut que M. de Beaufort me faisoit trop d'honneur de se fier en moi, et que je le conjurois de me dire en quoi je lui pourrois être utile, lui protestant que j'exécuterois ce qu'il souhaiteroit de moi, peut-être avec peu de crédit, mais au moins avec beaucoup de passion et de fidélité. Sur cela, il me témoigna que M. de Beaufort eût bien désiré qu'avec quelque autre de ses amis je me fusse chargé de déclarer directement au Roi son retour dans le royaume; mais en même temps il m'apprit qu'ayant porté à M. de Brienne une lettre qu'il avoit pour lui, où M. de Beaufort le prioit de la même chose que moi, ce bon seigneur, meilleur courtisan que je n'eusse peut-être été, lui avoit dit que le moyen de ruiner ses intérêts étoit de prendre le biais qu'il lui proposoit; que pour lui, qui savoit mieux l'air du monde qu'un homme qui venoit d'outre-mer, il étoit d'avis d'en parler aux ministres, et qu'il partoit à l'heure même pour les aller trouver. Voyant l'affaire en ces termes, je lui dis qu'il n'étoit plus temps de consulter, et que les ministres ayant connoissance du retour de M. de Beaufort, il falloit attendre ce qu'ils feroient en cette occasion, et ne pas entreprendre une négociation auprès du Roi, laquelle les piqueroit et les rendroit ses ennemis; que, pour moi, je m'en retournois à Saint-Germain, où étoit le Roi, et que si je voyois jour de m'employer, je n'y perdrois pas un moment.

Sitôt que je fus à Saint-Germain, je passai chez la Reine, et lui croyant apprendre cette nouvelle, je trouvai qu'elle en étoit déjà bien instruite. J'ai su depuis que c'avoit été par M. de Lisieux. Quelque temps après, Messieurs de Sully, de Retz, de Flesque, de Chabot et moi allâmes voir à Anet ce nouveau venu, et ce fut dans ce voyage que je me liai plus particulièrement d'amitié avec lui; car auparavant j'y avois eu peu d'habitude, et même en quelques rencontres je m'étois trouvé dans des intérêts contraires aux siens. Comme, à mon gré, la plus grande marque d'estime et de bonne volonté est la confiance, ce fut par là que je me laissai gagner par lui. Il me témoigna de m'être obligé de la franchise avec laquelle j'avois parlé à Drouilly, m'entretint de ses intérêts à cœur ouvert, et me discourut ensuite sur l'état présent de la cour, non pas en termes extrêmement polis, n'étant pas naturellement fort éloquent, mais au moins avec des sentimens si beaux et si nobles, que je pus remarquer aisément qu'il avoit beaucoup profité en Angleterre dans la conversation de quelques seigneurs qu'il avoit fréquentés. Mais ce qui m'attacha davantage à lui furent deux choses : l'une, l'étroite union que je savois qu'il avoit avec M. de Montrésor, dont les intérêts ont toujours été les miens; et l'autre, la passion extraordinaire qu'il me fit paroître pour le service de la Reine. Comme c'étoit un parti auquel je m'étois absolument rangé, ce fut cette dernière considération qui emporta la balance, et c'a été la même qui m'a toujours engagé depuis avec lui; mais c'est une chose que l'on connoîtra plus visiblement dans la suite de cette narration, qu'il faut que je reprenne de plus haut, afin de la rendre plus exacte.

Après la mort du cardinal, toute la France s'attendoit à voir un changement entier dans les affaires; car, comme ce ministre ne subsistoit auprès du Roi que par la terreur, on crut que cette raison étant finie avec lui, la haine de Sa Majesté éclateroit sur tout ce qui resteroit de sa famille et de sa cabale. Mais ces espérances, qui flattoient beaucoup de personnes, ne durèrent pas long-temps; et on vit peu de jours après, avec étonnement, sa maison maintenue dans ses dignités, et ses dernières volontés suivies entièrement, hormis en un seul point, qui fut l'échange des charges de surintendant des mers et de général des galères, qui furent données, la première au duc de Brézé, et la dernière au petit de Pont-Courlay, duc de Richelieu, quoique le cardinal en mourant eût demandé le contraire, et eût destiné la charge de l'un pour l'autre. Je ne parlerai point ici des querelles que cette affaire excita entre madame la duchesse d'Aiguillon et le maréchal de Brézé, qui dit contre elle tout ce que la rage lui suggéra et dirai seulement que l'ancienne familiarité du maréchal avec le Roi lui apporta cet avantage sans l'aide de personne. Mais quoique cette disposition des plus belles charges du royaume et des plus beaux gouvernemens semblât bizarre à tous ceux qui la considérèrent, et que le gouvernement de Bretagne, donné au maréchal de La Meilleraye, à qui nous le verrons quitter assez foiblement quelque temps après, parût aussi extraordinaire, on fut beaucoup plus surpris de voir le cardinal Mazarin et messieurs de Chavigny et Des Noyers seuls dans le conseil étroit du Roi : je dis seuls, parce qu'encore qu'en apparence le chancelier, le surintendant Bouthillier, et les deux autres secrétaires d'Etat de Brienne et de La Vrilière, fussent présens à toutes les délibérations, il est certain que le secret étoit pour les trois premiers, et qu'outre ce grand conseil, où se trouvoient tous ceux que j'ai nommés, une fois ou deux la semaine, comme eux trois demeuroient assidument à Saint-Germain, ils en tenoient tous les jours un pour le moins avec le Roi, où se résolvoient les principales choses.

Dès que leur protecteur fut mort, se voyant appelés au ministère, ils jugèrent que le seul moyen de subsister étoit de n'avoir point de désunion ensemble, et de travailler d'un commun accord en tout ce qui se présenteroit. Mais, quelque résolution qu'ils en eussent faite, leurs premières actions et la différence de leur conduite firent connoître aussitôt leur division secrète. Le cardinal Mazarin et M. de Chavigny, joints de tout temps ensemble, s'unirent encore plus étroitement en cette conjoncture; et comme le dernier n'ignoroit pas l'aversion que le Roi avoit pour sa personne, il crut que rien ne le pouvoit maintenir que d'attacher ses intérêts inséparablement à ceux de l'autre, qui, entrant nouvellement dans les affaires, auroit long-temps besoin de lui pour être instruit. Leur méthode pour s'introduire dans l'esprit du Roi fut de témoigner un désintéressement général de toutes choses, et même d'affecter de dire, l'un, que son plus grand désir eût été d'aller en Italie, et l'autre, de se retirer de l'embarras de la cour, pour vivre avec plus de repos et moins de traverses. Après ce premier fondement, ils songèrent à s'acquérir des gens qui prônassent leurs actions auprès du Roi, et essayassent de lui persuader que la grande dépense qu'entretenoit le cardinal étoit un effet de son humeur, qu'il n'avoit nul attachement à l'argent, et une dépense qu'il avoit crue nécessaire en la place qu'il tenoit de premier ministre. Ils firent pour ce sujet revenir à la cour le commandeur de Souvré, qui, par la nourriture qu'il avoit prise auprès du Roi, s'étant acquis une parfaite connoissance de son naturel, leur parut capable de les bien servir. Quoique, depuis le siége de La Rochelle, le feu cardinal, craignant son esprit, l'eût éloigné de la cour, n'ayant pas oublié les biais de s'insinuer auprès du Roi, il rentra dans peu de jours en une assez grande familiarité pour s'y rendre utile à ceux qui l'employoient.

Mais, outre ce premier émissaire, leur façon de vivre libre et magnifique, la profession qu'ils faisoient de vouloir obliger toutes les personnes de condition, et particulièrement de songer à la délivrance des prisonniers et au rappel des exilés, leur acquirent pour amis, ou du moins pour complaisans et pour approbateurs, la plus grande partie de la cour, et entre autres messieurs de Schomberg, de Lesdiguières, de La Rochefoucauld et de Mortemart. Je ne parle point de M. de Liancourt; car, ayant été de tout temps ami intime de M. de Chavigny, et fort particulier du cardinal, il n'est pas étrange qu'il demeurât dans le même train de vie.

Le petit M. Des Noyers avoit le même but qu'eux de s'introduire dans l'esprit de son maître, mais sa méthode étoit toute contraire : au lieu que les deux premiers affectoient la splendeur et l'éclat, lui se maintenoit dans une vie basse et obscure; et tandis que les autres recevoient les compagnies, et passoient une partie du jour et les soirées entières à jouer et à se divertir, lui s'enfonçoit plus que jamais dans le travail, et ne bougeoit presque de sa chambre à écrire, hors les heures qu'il employoit à prier Dieu ou à demeurer auprès du Roi, avec qui sa charge de secrétaire d'État de la guerre lui donnait des manières d'entretien plus agréables que les autres : car, au lieu que les grandes négociations pesoient à ce prince, le tracas et la discussion des troupes sembloient être ses seules affaires, tant il prenoit plaisir à retrancher quelque chose aux officiers, et à parler du détail de toutes les charges, dans la disposition desquelles il lui sembloit que paroissoit principalement son pouvoir. La profession de dévotion que faisoit hautement M. Des Noyers lui avoit donné, outre cela, une familiarité avec le Roi que les autres ne possédoient pas, car il étoit de toutes ses prières; et souvent dans son oratoire, après lui avoir aidé à dire son office, ils avoient de longues conférences. Le Roi lui ayant voulu faire un don de cent ou deux cent mille écus sur une certaine affaire, il ne l'accepta qu'à condition de l'employer au bâtiment du Louvre; et cette preuve de son désintéressement fit un grand effet dans l'esprit de Sa Majesté.

Les prisonniers ni les exilés ne trouvoient point de protecteur ni d'intercesseur en lui; et tout ce qu'il faisoit pour ne se pas charger de la haine publique étoit d'assurer qu'il ne s'opposeroit point à la bonne volonté du Roi pour eux. Il avoit en ce procédé deux intentions : l'une, de complaire au Roi, dont il savoit que l'humeur n'étoit pas naturellement portée à faire du bien; l'autre, de témoigner son respect pour la mémoire du feu cardinal, en ne voulant pas sitôt contribuer au changement des choses qu'il avoit faites, et rejeter par là sur lui toutes les violences passées. Voilà quelle fut la première introduction de ces Messieurs, et leur manière d'agir jusqu'à la fin de l'année 1642, de laquelle, avant que de sortir, je dirai, pour ce qui me touche, qu'ayant traité de ma charge, et voyant que j'aurois principalement affaire de M. Des Noyers, comme secrétaire d'État de la guerre, je lui en parlai et fus confirmé par lui dans le dessein de m'adresser moi-même directement au Roi, qui me reçut avec toutes les bontés possibles, et sans en prendre avis de personne, si ce que le chancelier me dit en ce temps-là est véritable; et les deux autres ne m'y auroient pas favorisé. Mais il ne les aimoit pas alors; et je ne sais si c'est de là que je dois prendre le premier fondement de la haine du cardinal pour moi.

[1643] Au commencement de cette année, ces deux cabales voyant la santé du Roi s'affoiblir encore de jour en jour, et laisser peu d'espérance d'une longue vie, chacun crut devoir songer à prendre un appui; et comme ils n'étoient pas convenus en toutes les autres choses, ils ne s'accordèrent pas aussi en celle-ci. M. de Chavigny croyant que sa charge et son habitude auprès de Monsieur, et les derniers services qu'il prétendoit lui avoir rendus après le traité d'Espagne, lui devoient tenir lieu d'un grand mérite envers Son Altesse Royale, et qu'au contraire la Reine le devoit toujours haïr comme le principal ministre de son ennemi, il fit pencher le cardinal Mazarin du côté de Monsieur, et tous deux se mirent à travailler auprès du Roi pour le faire revenir à la cour. Et sur ce sujet il y a une particularité qui d'abord ne semblera pas peut-être fort importante, mais qui a été de telle conséquence pour nous que je puis dire que c'est ce qui a commencé à nous perdre.

Après la prise de M. le Grand, le traité d'Espagne étant découvert, il courut un bruit que ç'avoit été par le moyen du comte de Béthune. Monsieur sembla donner force à cette fausseté, et l'avouer tacitement, poussé à cela apparemment par La Rivière, qui crut ne se pouvoir mieux venger de M. de Montrésor durant son éloignement, ni mieux lui ôter tout chemin de se rapprocher de son maître, qu'en le faisant auteur ou du moins approbateur d'une si noire calomnie contre son meilleur ami. Cette médisance dura peu de temps; et le feu cardinal même, quoique peu ami du comte de Béthune, en désabusa ceux qui lui en parlèrent. Chacun peut juger combien un homme d'honneur doit être sensible à une si rude offense : mais l'autorité du cardinal, qui protégeoit La Rivière, l'exemptant des justes ressentimens qu'on eût pu avoir, le maintint durant sa vie sans appréhension. Sa mort changea la face des choses; et La Rivière ne sachant pas si son maître seroit assez vigoureux, ou auroit assez d'amitié pour lui, pour le maintenir contre une maison de considération, et ne se voyant plus d'autre appui, il entra dans des frayeurs mortelles; et étant, quelques jours après, appelé à Paris par M. de Chavigny pour y traiter du retour de Monsieur, il ne put jamais être persuadé de prendre ce chemin, qu'auparavant on ne l'assurât des ressentimens du comte de Béthune. M. de Chavigny, qui en avoit besoin, employa M. de Liancourt, et parla lui-même ensuite au comte de Béthune, qui, se sentant offensé en tout ce qu'un gentilhomme le peut être, ne put jamais être induit à lui donner sa parole pour un temps : si bien qu'à la fin on le lui fit commander par une lettre du Roi que lui porta Varennes, l'un de ses ordinaires, qui empêcha bien l'effet de sa juste colère, mais ne fit qu'accroître une haine si équitable et si bien fondée. Peut-être que cette digression semblera un peu longue; mais on verra par la suite qu'elle n'est pas hors de propos.

La Rivière, étant enfin venu à la cour, y traita, avec l'aide des deux ministres, les intérêts de son maître si heureusement, que peu de temps après on le revit auprès du Roi, son frère, en très-bonne intelligence, quant à l'apparence. Pendant que ces deux messieurs travailloient de cette sorte de leur côté, M. Des Noyers prenoit d'autres brisées, et, par l'entremise de Chandenier, son ami intime, faisoit assurer la Reine de son service et de son attachement inséparable à ses intérêts. Et après cette déclaration, il eut sur le même sujet quelques conférences avec M. l'évêque de Beauvais, dans lesquelles il s'ouvrit assez clairement des desseins de ses collègues, qui lui donnèrent belle matière d'entretien en ce temps-là: car voyant peu à peu la maladie du Roi s'augmenter, et Sa Majesté leur ayant parlé quelquefois de la disposition de son royaume, ils portèrent le père Sirmond, son confesseur, à lui proposer la co-régence pour Monsieur avec la Reine; et dans ce même temps ils furent tous deux à Paris pour solliciter beaucoup de personnes du parlement à ce même dessein, et se servirent de l'entremise du président de Maisons pour cet effet. Mais cette proposition déplut si fort au Roi, qu'après l'avoir aigrement rebutée, et en avoir même dit quelque chose à la Reine, il ne voulut plus entendre parler son confesseur, et, l'ayant fait renvoyer sous un autre prétexte, prit en sa place le père Dinet.

Après cette première tentative, ces messieurs, se voyant absolument exclus de leur prétention, prirent un autre biais qui tomba plus dans le sens du Roi, assez porté de son naturel à croire la Reine incapable de toutes sortes d'affaires, et proposèrent cette même déclaration qui parut deux mois après, et qui auroit éclaté dès l'heure, si M. Des Noyers n'en eût dissuadé Sa Majesté. Il en fit avertir la Reine, à qui ce conseil de la régence donna infiniment l'alarme. Et dans ce même temps le Roi ayant eu la fièvre, et ayant donné de l'appréhension aux médecins, ceux qui surent le particulier de la chose offrirent de nouveau leurs services à la Reine; et moi, à qui elle avoit défendu quelque temps auparavant de demander à aller servir de maréchal-de-camp, me jugeant plus utile à son service dans la cour, je m'offris en cette occasion (si le Roi venoit à l'extrémité) d'aller avec le régiment des gardes-suisses me saisir du palais, et empêcher que qui que ce fût y entrât jusqu'à ce qu'elle y fût arrivée. Cette proposition, étant assez hardie et affectionnée, ne lui déplut pas, et la réponse qu'elle y fit témoigna qu'elle m'en savoit gré et qu'elle me croyoit tout à elle.

Quelque temps auparavant, le cardinal et M. de Chavigny portèrent le Roi à la délivrance des maréchaux de Vitry et de Bassompierre et du comte de Cramail. Le moyen dont ils se servirent en cette occasion mérite d'être écrit, comme étant assez plaisant; car ne voyant pas que le Roi y eût beaucoup d'inclination, ils le prirent par son foible, et lui représentèrent que ces trois prisonniers lui faisoient une extrême dépense dans la Bastille, et que, n'étant pas en état de faire cabale dans le royaume, ils seroient aussi bien dans leurs maisons, où ils ne lui coûteroient rien. Ce biais leur réussit, ce prince étant préoccupé d'une si extraordinaire avarice, que tous ceux qui lui pouvoient demander de l'argent lui pesoient sur les épaules, jusque là qu'après le retour de Tréville, Beaupuy et des autres, que la violence du feu cardinal l'avoit forcé d'abandonner lorsqu'il mourut, il chercha une occasion de leur faire une rebuffade à chacun, pour leur ôter l'espérance d'être récompensés de ce qu'ils avoient souffert pour lui. A la liberté des prisonniers, suivit le rappel de quelques exilés. Le maréchal d'Estrées eut permission de revenir d'Italie, et M. de Mercœur revint à la cour, où, ayant été introduit auprès du Roi par le cardinal Mazarin, il parla pour son frère, et obtint pour lui la liberté d'y retourner aussi, comme il fit quelques jours après, avec un éclat et une estime très-grande. Avant que d'aller voir les ministres, il alla droit chez le Roi, qui le reçut avec des marques d'une amitié extrême, et un instant après son arrivée l'entretint des affaires d'Angleterre comme si c'eût été lui qui l'y eût envoyé. Il accorda le même jour à M. de Mercœur le retour de M. de Vendôme en France, et vit aussi madame de Vendôme, qu'il avoit renvoyée assez rudement sans la vouloir voir, lorsqu'elle le vint trouver aussitôt après la mort du cardinal.

La Reine fit paroître ce retour beaucoup de bonne volonté pour M. de Beaufort, témoigna s'intéresser dans le traitement qu'il reçut du Roi, lui parla avec grande familiarité, et, par l'estime qu'elle en fit hautement, confirma ce qu'elle nous avoit dit au retour d'Anet, que nous venions de voir le plus honnête homme de France. Il est certain, quoiqu'il soit malheureux, qu'il a de très-bonnes parties, et que, pour le cœur et la fidélité, peu de personnes se peuvent comparer à lui. Je ne dirai pas qu'il ait toute la

18.

prudence qui se peut souhaiter, et je suis contraint d'avouer qu'un peu de vanité et de feu de jeunesse lui fit faire à son retour des fautes notables. Peut-être que quelque jour, s'il plaît à Dieu, je le pourrai voir en état de le faire souvenir d'un discours que je lui tins un jour, lui disant qu'en la posture où il se voyoit il ne falloit pas s'amuser aux bagatelles des femmes, et que la partie des héros devoit être sa principale. S'il en eût usé de cette sorte, il ne se fût pas fait des ennemis puissans, qui enfin ont beaucoup contribué à sa perte : mais c'est un défaut assez ordinaire aux personnes de son âge, de se laisser emporter au dépit et à l'amour.

Sans particulariser les choses davantage, le dépit de madame de Montbazon contre M. de Longueville, et le sien contre madame sa femme, firent que, rencontrant son intérêt dans la passion de celle qu'il aimoit, il se porta à des actions un peu inconsidérées ; et ayant désobligé M. d'Enghien, il le jeta dans le parti du grand-maître contre lui. Il se fit un autre ennemi en ce temps-là, mais ce fut par un trait de générosité et de fermeté ; car faisant profession d'être ami intime de MM. de Béthune et de Montrésor, il ne voulut pas même saluer La Rivière ; et cette froideur le sépara infiniment du commerce et de l'intérêt de Monsieur, qui avoit déjà quelque chose sur le cœur contre lui de ce que, lui ayant parlé du traité d'Espagne, il s'excusa d'y entrer, et dit qu'il falloit qu'il eût là-dessus l'avis de monsieur son père, qui étoit en Angleterre, et à qui on eût difficilement confié un tel secret.

Beaucoup de gens ont trouvé étrange qu'il eût refusé de se mettre dans un parti fait contre l'ennemi capital de sa maison, et j'aurois moi-même peine à comprendre la raison de sa retenue sur ce sujet, si je ne savois que, quelque temps après, il en voulut faire parler à la Reine par une personne à qui elle ne voulut point s'ouvrir, ni même presque prêter l'oreille, ne la jugeant pas, à mon avis, assez prudente pour une intrigue de cette importance, et si je ne conjecturois par là qu'avant que de se jeter dans cet embarras il vouloit savoir le sentiment de la Reine, à qui il s'étoit dès-lors absolument donné. Enfin, quelque raison qu'il eût en cette rencontre, Monsieur en étoit demeuré mal satisfait ; et ce prétexte étoit assez plausible pour fournir matière à La Rivière d'aigrir Son Altesse Royale contre lui.

Pendant toutes ces diverses menées, le Roi baissoit chaque jour, et les médecins commençoient à prédire que sa fin arriveroit bientôt. Ce pitoyable état obligea le cardinal Mazarin et M. de Chavigny de songer sérieusement à leurs affaires ; et comme ils voyoient que toutes leurs brigues en faveur de Monsieur n'avoient produit autre fruit que de faire éclater l'inclination que la France presque toute entière avoit à servir la Reine, et que même Son Altesse Royale, perdant toute espérance d'être co-régent, lui témoignoit qu'il lui obéiroit très-volontiers, ils essayèrent de regagner quelque créance auprès d'elle, lui firent faire de nouvelles protestations de leur fidélité, et tâchèrent même de ménager l'esprit de M. de Beauvais. Mais leurs efforts furent d'abord assez inutiles, et leurs complimens peu persuasifs, parce qu'outre ce qu'ils avoient entrepris ouvertement pour Monsieur, M. Des Noyers, qui avoit dès le commencement témoigné son zèle pour la Reine, emportoit tout le mérite de ce qui s'étoit fait jusqu'alors, et eux au contraire portoient toute l'iniquité. De plus, leur changement étoit plutôt reçu comme une marque de leur impuissance, que comme une preuve de leur bonne volonté, et sans doute ils auroient fait peu de progrès de ce côté-là, si le petit bonhomme M. Des Noyers eût eu plus de patience, ou plus de souplesse auprès du Roi.

On a imputé généralement sa retraite au déplaisir qu'il eut de ne pouvoir gagner auprès de Sa Majesté le crédit qu'il s'étoit figuré, et d'y voir (à ce qu'on croit) prévaloir le cardinal. On a jugé que ce fut sur cela qu'il lui demanda si instamment son congé, dans une contestation qu'il eut pour les intérêts du maréchal de La Mothe et pour les dépenses de l'armée d'Italie, et que, n'ayant pu l'obtenir lui-même, il pria le cardinal de s'y employer : ce que celui-ci fit si efficacement, que dans le soir même il lui apporta la permission de s'en aller à Dangu. Mais pour moi je crois, avec des personnes assez intelligentes, que ce qui parut être le premier mouvement d'un esprit fort prompt fut le trait d'un courtisan prévoyant et raffiné, et que M. Des Noyers voyant que la déclaration qu'il avoit retardée jusqu'à ce temps-là alloit éclater dans peu de jours, soit par l'opiniâtreté du Roi, soit par les suggestions des deux autres ministres, et qu'il étoit compris dans le nombre de ceux qu'on mettoit hors le conseil de la régence, il voulut s'en ôter absolument, persuadé que, se retirant chez lui dans un temps où le Roi ne pouvoit plus guère durer, la Reine ne perdroit point le souvenir de ses services, et qu'étant justement aigrie contre les autres, à cause de cette déclaration qui sembloit la mettre en tutèle, elle les éloigneroit sitôt qu'elle seroit en pouvoir, pour se servir principalement de lui comme du plus instruit dans toutes les affaires. La suite de ce discours fera voir que ce raisonnement n'étoit pas trop mal fondé.

Mais, avant que de passer outre, je suis obligé de déduire quelques affaires particulières : l'une, que le gouvernement de Bretagne, donné au grand-maître, lui ayant acquis l'inimitié de la maison de Vendôme, cette mésintelligence ouverte partagea toute la cour; M. d'Enghien, M. de Longueville, messieurs de Lesdiguières, de Schomberg, de La Rochefoucauld, et quelques autres, se rangèrent du côté du grand-maître; et presque tout le reste se déclara pour messieurs de Vendôme. M. de Marsillac ayant obligation au premier, et voyant son père dans son parti, étoit prêt à s'y mettre aussi; mais en ayant parlé à la Reine, elle lui commanda de s'offrir à M. de Beaufort, et lui en parla comme de la personne du monde pour qui elle avoit autant d'estime et d'affection. Cet ordre qu'il reçut a été su de la plupart de ceux qui étoient alors à Saint-Germain; mais il m'arriva deux discours avec elle, qui, n'étant presque que de mon intérêt, n'ont point éclaté, et n'ont été qu'entre mes plus particuliers amis.

Le premier fut sur le sujet de M. de Beaufort, pour qui, lui témoignant beaucoup de passion, je lui dis que la principale raison qui m'attachoit à son amitié étoit le zèle extraordinaire que je reconnoissois en lui pour les intérêts de Sa Majesté. Cet article lui plut, et elle amplifia la matière que j'avois entamée avec des termes qui ne me permirent plus de douter de sa confiance pour ce pauvre prince, et du plaisir qu'on lui faisoit de s'unir avec lui. L'autre entretien fut un peu de plus longue haleine; et le sujet en fut qu'au même temps que j'entrai dans la charge de colonel-général des Suisses, M. Des Noyers introduisit, en celle de commissaire général de cette nation, Lisle-la-Sourdière, sa créature. Quoique cela m'apportât beaucoup de préjudice je n'avois pas lieu de m'en plaindre, parce que l'affaire étoit résolue avant que j'achetasse ma charge. Ce m'étoit toutefois un très-fâcheux obstacle, parce que M. Des Noyers, qui anticipoit volontiers sur toutes celles où il pouvoit mordre, donnoit à son dépendant une autorité très-grande, et qui alloit au détriment de la mienne. Dès l'instant qu'il se fut retiré, la plupart de la cour, qui n'ignoroit pas mon intérêt, me sollicita de songer à la suppression de ce nouvel officier. Pour moi, quoique je n'eusse point de liaison avec M. Des Noyers qui me dût empêcher de me servir de l'occasion que me donnoit sa disgrâce, sachant que la Reine le croyoit son serviteur, et n'étoit pas satisfaite des autres, dont il m'eût fallu rechercher l'appui, je me résolus, avant toutes choses, de savoir son sentiment. L'étant allé trouver, je lui dis que ce petit changement m'offroit une rencontre de me procurer un avantage qui me rendroit plus autorisé, et plus en état de la servir dans ma charge; mais que s'agissant de déposséder une créature de M. Des Noyers, qui m'avoit paru fort zélée pour son service, et étant besoin que je m'appuyasse de ces deux messieurs, qui ne s'étoient pas comportés envers elle de manière qu'elle en dût être satisfaite, je n'avois rien voulu entreprendre qu'auparavant je ne fusse venu savoir la volonté de Sa Majesté; que, m'étant dévoué absolument à elle, je ne voulois jamais de bien ni de faveur que par son moyen ; et que j'aurois attendu sans impatience le temps où elle m'en eût pu faire, si je n'eusse cru lui en devoir rendre compte, pour apprendre si, avec cet accroissement de pouvoir, elle me jugeroit plus en état d'obéir à ses commandemens. Après beaucoup de civilités et d'assurances qu'elle n'oublieroit jamais la passion que je lui faisois paroître pour son service, elle me répondit que je devois me prévaloir de l'occasion, et me servir de qui je pourrois, et qu'elle en seroit fort aise, parce que je lui serois plus utile ayant plus de crédit ; que M. Des Noyers s'étoit trop hâté, et s'étoit voulu perdre pour son plaisir; et, après quelques paroles sur son sujet, elle finit sans me rien dire des deux autres ministres, et me promit, en me quittant, que, si la chose ne s'achevoit point avant qu'elle fût en autorité, elle me feroit cette grâce avec beaucoup de joie.

Après cette conférence, je priai le commandeur de Souvré de parler au cardinal, et M. de Liancourt à M. de Chavigny, afin qu'ils m'obligeassent en cette occasion. La réponse qu'ils firent tous deux fut qu'ils s'y emploieroient très-volontiers; mais qu'il falloit différer quelques jours, parce que ce seroit se détruire eux-mêmes que d'aller parler si promptement au Roi contre un homme avec qui ils n'avoient eu aucun démêlé, et qui étoit entré dans les affaires par la même voie qu'eux. Il est certain qu'en ce temps-là ils n'étoient pas trop assurés de l'esprit du maître, et que le lendemain de la disgrâce de M. Des Noyers il ne voulut jamais parler d'affaires au cardinal, que M. de Chavigny ne fût hors de la chambre. Et ensuite, sur une proposition que le cardinal lui fit, il repartit aigrement « que cela étoit italien en diable. »

Pour revenir à mon discours, je n'eus pas le temps de voir l'effet de leurs promesses; car huit jours après, le Roi se sentant fort affoibli, découvrit enfin sa volonté sur la régence, et parla tout haut de cette déclaration, dont j'ai fait mention ci-devant. Je crois que ces deux messieurs n'y nuisirent pas; mais, comme j'ai déjà dit, il est très-véritable qu'en deux ou trois points, s'ils ont été les inventeurs, ils ont deviné le sens du Roi, qui jugeoit la Reine incapable de toutes affaires et très-passionnée pour sa patrie, et ne croyoit rien de si pernicieux à l'Etat que l'autorité de M. de Châteauneuf, parce qu'entre les autres choses il le croyoit inséparable de madame de Chevreuse dont il appréhendoit l'esprit, et eût voulu trouver un biais de la bannir pour jamais de France. Il n'avoit guère plus d'inclination pour Monsieur, son frère, et je sais que dans sa maladie il a dit quelquefois à la Reine que c'étoit de lui dont leurs enfans avoient principalement à craindre : si bien que ce qui touche Son Altesse Royale vient assurément de son instinct. Enfin, soit que cela vînt du mouvement du Roi ou du conseil des ministres, la Reine en fut horriblement ulcérée contre eux, et dit à la plupart des personnes qui avoient quelque accès auprès d'elle, que c'étoient des tours qui ne se pardonnoient point, et que quand le feu cardinal, son ennemi déclaré, eût vécu, il n'eût pu lui faire pis. Cette démonstration d'une haine si ouverte fut cause que tous ceux qui s'étoient attachés particulièrement à la Reine s'éloignèrent absolument d'eux ; et depuis le jour que le Roi fit lire cette belle déclaration devant lui, et prêter serment à la Reine et à Monsieur de l'observer, et qu'il voulut que Monsieur la portât le lendemain au parlement, messieurs de Vendôme, M. de Metz, M. de Retz, M. de Marsillac, le comte de Fiesque, le comte de Béthune, Beaupuy, et beaucoup d'autres aussi ses serviteurs particuliers, dont je fus du nombre, ne les visitèrent plus.

Voilà le commencement de nos malheurs ; car, après ce premier pas fait, il nous fut presque impossible de revenir à eux de bonne grâce. Mais deux raisons nous y précipitèrent : l'une, le dessein de plaire à la Reine en nous éloignant de ce qu'elle haïssoit, et l'autre, la maladie extrême du Roi, qui fit croire même aux médecins qu'il ne pouvoit durer que deux ou trois jours, et nous fit résoudre, voyant ces messieurs sur le penchant, de les pousser tout-à-fait, et essayer à porter la Reine à mettre en leurs places des personnes très-capables, et dont la plupart de ce que nous étions pouvions espérer de l'amitié et du support : et ce dessein nous sembloit très-facile, vu l'état où étoit alors l'esprit de la Reine. Le jour propre de la déclaration, les médecins ne jugèrent pas que le Roi pût aller qu'à grand'peine jusqu'au lendemain.

Dans cette pensée, on commença à lui parler de pardonner et de rappeler tous les exilés. M. de Beaufort fut le premier qui parla pour monsieur son père, et dit hautement aux ministres que, s'ils n'en faisoient sur l'heure l'ouverture au Roi, il la lui alloit faire lui-même. Ces messieurs, pour ne pas perdre leur emploi, en parlèrent à l'instant à Sa Majesté, et ensuite demandèrent et obtinrent la même grâce pour M. de Bellegarde, pour messieurs les maréchaux de Vitry, de Bassompierre et d'Estrées, pour le comte de Cramail, et pour Manicamp et Biringhen. Dès le même jour M. de Vendôme arriva d'Anet ; et les autres, qui étoient les plus éloignés, arrivèrent à la file durant le reste de la semaine. Cependant la Reine, peu accoutumée aux affaires, se trouvant accablée de voir beaucoup de monde qui venoit l'aborder, voulut, pour s'en décharger, que chacun allât trouver M. de Beauvais, à qui dès long-temps, mais particulièrement depuis l'hiver, elle avoit donné sa principale confiance. Elle ne pouvoit mieux choisir pour la fidélité, ni guère plus mal pour la capacité, ce bon prélat n'ayant pas la cervelle assez forte pour une telle charge.

Nous le reconnûmes dès le jour même, en ce que des personnes de la robe, très-zélées pour la Reine, venant de lui demander quel service on pouvoit rendre à Sa Majesté dans le parlement (n'y ayant point lieu de douter que son premier but ne dût être de faire casser la déclaration), il leur fit, hors de propos, l'ignorant des intentions de sa maîtresse, et voulut mettre la chose en longueur dans un temps où, le Roi paroissant tirer à sa fin, tous les momens sembloient être précieux. Il est homme de grande probité et fort désintéressé du bien ; mais il est ambitieux, comme le sont la plupart des dévots, et se voyant désigné pour premier ministre, tout le monde lui faisoit ombrage : et même ayant été jusqu'alors en parfaite intelligence avec M. de Beaufort, il se refroidit, et fit même que la Reine se retira durant quelques jours de lui, sur la pensée qu'il eut que ce prince vouloit pousser M. de Limoges auprès d'elle. Il se reconnut et changea bientôt d'humeur à ce sujet ; mais il n'en fit pas de même pour M. de Châteauneuf ; car l'appréhension qu'il eut que l'ancienne inclination de la Reine pour lui ne se renouvelât et ne diminuât son crédit auprès d'elle, fit qu'il le ruina autant qu'il lui fut possible, et je doute même si ce ne fut point par son conseil que, quelque temps auparavant, elle promit les sceaux au président Le Bailleul.

Je sais bien qu'avant la mort du Roi elle avoit une fois changé d'avis, et qu'elle avoit résolu de rendre justice à M. de Châteauneuf; mais j'ai de la peine à croire que M. de Beauvais y eût contribué, et suis certain que le bonhomme, ne se connoissant pas bien, se voulut charger seul du poids des affaires dont il fut connu incapable par la Reine dès le premier moment, et donna ainsi lieu à ses ennemis de s'introduire et de le détruire; au lieu qu'en rappelant M. de Châteauneuf, s'il n'eût conservé la première place, il en auroit au moins toujours possédé une fort honorable. Mais, comme j'ai déjà dit, il ne sentoit pas sa foiblesse; et parmi ses défauts il est louable au moins de ce qu'il a agi de bonne foi avec ses amis, et de ce que le cardinal Mazarin et M. de Chavigny lui faisant ou envoyant faire chaque jour beaucoup de propositions, il n'a jamais rien ménagé avec eux dont il n'ait fait part à ceux qui s'étoient liés avec lui.

Je m'arrête peut-être trop à ces petites circonstances: mais les trois dernières semaines de la vie du Roi s'étant passées en petites intrigues, dont toutes les particularités ont été considérables, il faudra par nécessité que je marque même les moins importantes. Le soir de ce jour, qui fut le commencement de cent négociations différentes, le Roi se sentit un peu mieux, mais non pas assez bien pour faire espérer qu'il pût aller plus de deux ou trois jours. Le lendemain il fut presque au même état, et sur le soir il choisit le cardinal Mazarin pour parrain de monseigneur le Dauphin, avec madame la princesse. Le jour suivant, son mal augmentant, le cardinal lui fit quelque ouverture qu'il falloit songer à la mort; et à peine lui en eut-il dit le premier mot, que ce pauvre prince, s'y résolvant avec beaucoup de constance et de piété, se confessa et demanda le viatique. Le reste du jour, les médecins trouvèrent qu'il baissoit toujours; et le lendemain ils le jugèrent assez mal pour lui faire donner l'extrême-onction. Ce jour, qu'on nomma depuis le grand jeudi, fut assez remarquable dans la cour pour beaucoup de choses qui s'y passèrent, dont l'origine fut que le grand-maître croyant que le Roi alloit mourir, et craignant que messieurs de Vendôme, portés presque de toute la cour, ne lui fissent un affront, il fit dessein de s'escorter du mieux qu'il pourroit, et envoya pour cet effet chercher dans Paris tous les officiers dépendant de sa charge, qui amenèrent chacun quelques-uns de leurs amis. Tout ce ramas fit environ trois ou quatre cents chevaux, qui, venant de Paris en assez grosses troupes, donnèrent une espèce d'alarme à Saint-Germain. Monsieur ayant, sur ce bruit, demandé à M. le prince s'il faisoit venir ses gens, celui-ci lui répondit qu'il les alloit envoyer quérir, croyant, à ce qu'il a dit depuis, qu'il parlât de ses officiers. Monsieur, entendant la chose d'une autre manière, envoya en même temps quérir la plupart de sa suite; et cette nouvelle étant rapportée à la Reine, elle ne douta point que ce ne fût pour quelque entreprise: si bien que sortant du vieux château, où elle logeoit, pour aller au neuf, où étoit le Roi, elle laissa messieurs de Vendôme auprès de messeigneurs ses enfans, les recommandant principalement à M. de Beaufort, avec des paroles qui marquoient la plus haute estime et la plus grande confiance qu'on puisse jamais avoir.

Etant venue au château neuf, elle m'appela, et me commanda tout haut d'envoyer ordonner au régiment des gardes suisses de se tenir prêt à marcher, et de faire aussi mettre en état beaucoup d'autres officiers suisses que je lui avois dit être à Paris, et m'assurer de plus de ce que je trouverois de mes amis. Le Roi et elle donnèrent ensuite ordre à M. de Charost de faire faire des gardes extraordinaires au dedans du vieux château, où dès le jour de devant nous avions fait mettre la même garde des deux régimens devant le lieu où étoit le Roi. Enfin il ne se put guère ajouter aux défiances que tous deux témoignèrent avoir de Monsieur; et je crois qu'ils en auroient fait de même de M. le prince, s'il n'eût été un des premiers à leur venir conter l'action de Son Altesse Royale, qui se repatria dès le même jour avec la Reine, lui fit quelques plaintes de sa méfiance, et se prit à M. le prince de tout ce vacarme fait contre lui. J'avoue que quand M. de Beaufort n'auroit eu que ce jour de bonheur en toute sa vie, je le tiendrois assez glorieux d'avoir été choisi pour être gardien du plus grand trésor qui fût en France. On le blâme d'avoir trop fait l'empressé, mais il se trouvera peu de personnes qui, dans une posture si avantageuse, eussent pu se modérer, et qui ne se fussent laissées transporter à la joie de regarder cinq cents gentilshommes (entre lesquels il y avoit grand nombre de gens de condition) qui sembloient n'attendre que ses ordres, et voir même le premier prince du sang lui venir faire compliment. Il est indubitable que si le Roi fût mort ce jour-là, les ministres étoient perdus sans ressource, et que la Reine, animée par tant de raisons contre eux, ne leur eût pas pardonné. Mais quoique ce pauvre prince ne reçût point de soulagement durant toute la journée, et que sur le soir, se voulant dépouiller de toutes les pensées de son Etat, il ordonnât à la Reine d'aller tenir le conseil (ce qu'elle fit, après s'en être défendue avec beaucoup de larmes), la nuit lui apporta de l'amendement; et le lendemain matin, se trouvant mieux, il se fit faire la barbe, passa l'après-dînée à faire enfiler des morilles et des champignons, et à ouïr chanter Nielle dans sa ruelle, et lui répondre parfois; et sur le soir, voulant tenir le conseil, il le dit à la Reine, et la fit sortir de la chambre : ce qu'elle prit pour un nouvel outrage fait par les deux ministres, à qui ce petit moment de meilleure santé ayant rehaussé le cœur, leurs dépendans commencèrent à dire hautement que si le Roi guérissoit, on pouvoit s'assurer de la ruine des *Importans* (c'est ainsi qu'on nommoit déjà tous ceux qui s'étoient si ouvertement déclarés pour la Reine, et contre eux). Mais, le jour suivant, le Roi étant retombé dans sa première langueur, ils perdirent toute espérance qu'on le pût sauver, et redoublèrent dès lors plus que jamais toutes leurs intrigues du côté de la Reine, auprès de qui ils se trouvèrent aidés de beaucoup de personnes différentes.

Madame la princesse, piquée contre M. de Beaufort de la manière dont il en avoit usé envers madame de Longueville, contre qui il avoit témoigné trop de dépit et d'aigreur, fut une des premières qui parla pour eux; M. de Liancourt les servit avec l'ardeur qu'il a ordinairement pour ses amis, et madame sa femme et madame de Chavigny n'en perdirent point d'occasion : mais les plus fortes machines qu'ils employèrent furent le père Vincent, Biringhen et Montaigu. Le premier attaqua la Reine par la conscience, et lui prêcha incessamment le pardon des ennemis; le second, en qualité de son premier valet de chambre, se rendant assidu à des heures où personne ne la voyoit, lui remontra que ces deux messieurs lui étoient utiles, et qu'ayant le secret de toutes les affaires importantes, il lui étoit presque impossible de s'en passer dans les commencemens; mais le troisième, dévot de profession, mêlant Dieu et le monde ensemble, et joignant aux raisons de dévotion la nécessité d'avoir un ministre instruit des choses de l'Etat, y ajouta encore, à mon avis, une autre considération qui la gagna absolument, qui fut de lui représenter que le cardinal avoit en ses mains, plus que personne, les moyens de faire la paix, et qu'étant né sujet du Roi son frère, il la feroit avantageuse pour sa maison; qu'elle devoit essayer de le maintenir en pouvoir, afin de s'en faire un appui contre les factions qui pourroient naître en France durant sa régence.

Voilà quels furent les principaux ressorts que ces messieurs firent jouer; et j'y puis encore ajouter la princesse de Guéméné, puisque ce fut une des premières à qui la Reine s'ouvrit, et une de celles qui la confirma le plus à garder le cardinal. Je ne sais si je dois aussi compter dès-lors M. de Brienne; mais, soit devant ou après la mort du Roi, il est certain que ce fut un des premiers qui changea de parti, après nous avoir promis amitié. On s'étonnera peut-être que toutes ces choses se pussent passer sans que notre cabale se remuât davantage; mais à cela j'ai à répondre qu'en premier lieu, M. de Beauvais, qui sembloit avoir le principal secret de la Reine, fut le premier trompé, et que Sa Majesté, n'ayant pas été satisfaite des réponses qu'il lui fit sur les affaires qu'elle lui proposa d'abord, commença à se dégoûter de lui, et ne lui découvrit plus le fond de son ame. Quelquefois à lui, et à tous nous autres, elle témoignoit quelque envie de garder le cardinal pour un temps; mais au même instant qu'on lui disoit quelques raisons pour l'en dissuader, elle sembloit y acquiescer, et n'en parloit plus : si bien que si ses premiers sentimens nous donnoient quelque soupçon, cette condescendance à ce qu'on lui représentoit nous rassuroit aussitôt. Mais ce qui nous abusa entièrement fut qu'au même temps qu'elle inclinoit du côté du cardinal, elle promettoit à M. de Beaufort les finances pour M. de La Vieuville; faisoit espérer les sceaux, tantôt à M. de Châteauneuf, tantôt à M. de Bailleul; assuroit M. de Vendôme que, deux heures après la mort du Roi, elle feroit revenir M. Des Noyers; et même, sur la fin, envoyoit quérir le père de Gondy (1) et le président Barillon, nouvellement revenu de son exil d'Amboise, pour savoir leurs sentimens. Je crois qu'il peut y avoir eu beaucoup de dissimulation dans tout ce procédé; mais aussi il y a eu sans doute beaucoup d'incertitude et d'irrésolution. Cependant ce n'étoit pas de ce seul côté que le cardinal travailloit : il essayoit aussi à se maintenir avec Monsieur, et à s'assurer de M. le prince; mais pour ce dernier, quoiqu'il aimât mieux que les affaires demeurassent entre les mains de ceux qui les gouvernoient alors, que de les voir tomber en celles de M. de Châteauneuf, il ne voulut jamais pourtant leur pro-

---

(1) On a contesté ce fait, et l'on supposait même qu'il avait été inventé par le cardinal de Retz, qui en parle dans ses Mémoires. On trouve donc dans ceux de La Châtre un nouveau témoignage en faveur de la scrupuleuse exactitude des faits rapportés par le cardinal de Retz. Les documents originaux, en très-grand nombre pour l'époque des Mémoires de ce dernier personnage, sont toujours d'accord avec sa narration.

mettre autre chose que de faire ce que Monsieur feroit. La Rivière, qui gouvernoit absolument Monsieur, tint le cardinal en balance jusqu'à la fin; et si ses intérêts particuliers ne l'eussent empêché de s'accommoder avec nous, je crois qu'il n'eût jamais favorisé l'autre parti.

J'ai déjà parlé de son inimitié découverte avec M. de Montrésor, et de la noire calomnie qu'il avoit inventée contre le comte de Béthune, ensuite du commandement que ce dernier reçut du Roi: La Rivière gagna tant sur l'esprit de son maître, que Son Altesse Royale fît écrire à M. de Montrésor, en Angleterre, qu'il désiroit qu'il se raccommodât avec lui. M. de Montrésor, qui ne vouloit pas s'expliquer de si loin, répondit seulement que quand il seroit en France il auroit l'honneur d'entretenir Monsieur, et suivroit ses ordres. Cette réponse ambiguë ne dissipa pas les frayeurs de La Rivière, qui, voyant tous les amis de ces deux adversaires ne le point saluer et ne lui parler point, craignoit que dans la confusion de la mort du Roi il ne lui arrivât quelque fracas; et quoiqu'en ce temps-là il se fût raccommodé, par l'entremise du maréchal d'Estrées, avec M. de Vendôme, qui parla même favorablement de lui à la Reine; quoiqu'en partant d'Angleterre il eût promis à M. de Montrésor une amitié inviolable, il crut n'avoir rien fait, s'il ne gagnoit M. de Beaufort. Dans ce dessein, la veille de la mort du Roi, il pria le même maréchal de lui dire que s'il lui vouloit accorder son amitié, et le garantir des ressentimens de ses deux ennemis, il se faisoit fort, en échange, d'empêcher que le cardinal demeurât dans les affaires, et de faire agir Monsieur comme l'on voudroit.

Je fus le premier à qui M. de Beaufort conta cette proposition; et comme il m'en demanda mon sentiment, je lui dis que les intérêts particuliers devoient toujours céder aux généraux, et que je trouvois fort raisonnable qu'il entendît à l'offre qu'on lui faisoit, mais qu'il me dispenseroit de m'y mêler en aucune manière, étant cousin germain et ami intime de M. de Montrésor. Il me pria d'en aller parler au comte de Béthune: ce que je fis à l'heure même avec M. d'Humières; mais je le trouvai si préoccupé de ses justes ressentimens, qu'il ne put songer à d'autres considérations; et toute la réponse que nous en pûmes tirer, et qu'il fit ensuite à M. de Beaufort, qui lui en parla, ce fut qu'il lui remettoit ses intérêts, mais qu'il ne pouvoit lui répondre des mouvemens de l'esprit de son ami, qui étoit absent. Mais ces paroles furent dites d'une manière qui fit bien connoître à M. de Beaufort que c'étoit l'offenser mortellement que de passer outre; si bien que dès-lors il rompit ce traité: dont je fus très-fâché, car encore que je ne me veuille jamais séparer des intérêts de mes amis, j'avoue qu'en cette rencontre je ne voyois point d'occasion de balancer, et que je trouvois foible la raison du comte de Béthune, qui disoit que, sans considérer ce qui le touchoit, c'étoit beaucoup d'imprudence de se fier à un coquin de naissance et à un fourbe avéré, puisque, s'il nous trompoit, nous étions quittes de nos paroles, et plus en état que jamais de pousser nos ressentimens; et s'il nous tenoit ce qu'il nous promettoit, il rendoit un service assez considérable pour faire oublier tout le passé. De dire qu'il se fût servi de ce qu'on lui eût promis pour faire son parti meilleur de l'autre côté, et que cela nous eût pu nuire, c'est une raillerie, puisque déjà nous étions déclarés, et comme irréconciliables; que, quoi qu'il en soit, M. de Beaufort n'y voulut plus songer; et on lui doit donner cette gloire, qu'en cette occasion, et en toute autre, il a toujours préféré l'honorable à l'utile, et n'a jamais songé à son fait particulier: ce qui parut évidemment dans la distribution que fit le Roi des charges vacantes; car, lorsque M. le prince eut celle de grand-maître, il pouvoit avoir celle de grand écuyer, s'il eût voulu céder; mais quoique la Reine le pressât de la prendre, il lui dit toujours qu'il ne vouloit jamais de bien que par elle; et il est indubitable qu'en ce temps-là le cardinal eût donné toutes choses pour l'avoir pour ami, et non seulement lui, mais tous ceux de la cabale: ce que je sais par moi-même, le commandeur de Souvré m'étant venu sonder de sa part, et me dire qu'encore qu'on me nommât entre ceux qui lui vouloient le plus de mal, notre amitié de Rome l'empêchoit de le croire. A quoi je répondis seulement qu'il m'obligeoit beaucoup d'avoir cette créance, et que je ne me mêlois que de faire ma charge et de servir la Reine.

Tel étoit l'état des choses lorsque le Roi mourut; et si dans cet instant on eût fait un affront à quelqu'un des ministres, sans doute que, dans la consternation où ils étoient, tout le reste eût pris la fuite. Mais on crut qu'il falloit laisser agir la Reine; et M. de Beaufort appuya principalement cette opinion. Sitôt que la Reine fut rentrée dans le vieux château, et qu'on eut rendu l'hommage à notre nouveau monarque, arriva la brouillerie de M. le prince et de M. de Beaufort, dans laquelle ce dernier agit un peu trop hautement. Le sujet fut que la Reine s'étant retirée de sa chambre, en attendant qu'on eût fait sortir l'horrible foule de monde qui y étoit entrée, elle envoya M. de Beaufort dire à Monsieur qu'il fît vider la chambre, et qu'il demeurât seul auprès d'elle pour la consoler. M. le prince, qui étoit auprès de Son Altesse Royale, reprit la parole à l'instant, et dit que si la Reine lui vouloit faire commander quelque chose, qu'elle choisît un capitaine des gardes; mais que, pour M. de Beaufort, il ne vouloit point qu'il lui ordonnât rien. M. de Beaufort lui répliqua brusquement qu'il ne se mêloit pas de lui rien ordonner; mais qu'il n'y avoit personne dans le royaume qui le pût empêcher de faire ce que la Reine lui commanderoit. Cette petite dissension fut assoupie un moment après, mais l'aigreur ne laissa pas d'en demeurer.

Dès ce jour-là, les ministres voyant qu'on disoit hautement que la Reine, dès qu'elle seroit à Paris, devoit aller au parlement pour faire casser la déclaration, ils crurent qu'en se soumettant ils pourroient rompre ce coup, et firent dire à la Reine, comme ils avoient déjà fait auparavant, qu'ils se démettoient absolument de toute l'autorité que cette déclaration leur donnoit, et en passeroient tous les actes qu'on voudroit. Cela fit balancer la Reine; et quand elle arriva le lendemain à Paris, elle étoit irrésolue de ce qu'elle feroit; mais dans les deux jours suivans on lui représenta que sa régence n'auroit pas l'éclat ni l'autorité nécessaire, si le parlement ne la lui confirmoit sans restriction. On fit aussi voir à Monsieur combien la déclaration lui étoit injurieuse : si bien qu'enfin la Reine et lui s'accordèrent à la faire casser, et M. le prince y consentit aussi. Il est vrai que, pour les y faire condescendre tous deux, il fallut que M. de Beauvais promît de la part de la Reine un gouvernement avec une place pour Son Altesse Royale, et la même chose ensuite pour M. d'Enghien. Après ce traité, la Reine alla au parlement, et y fit tout ce qu'elle désira d'une manière si glorieuse, qu'il ne s'y peut rien ajouter, tous ceux du parlement lui témoignant ne désirer rien tant que son autorité absolue. Leur résolution avoit aussi été de lui faire en même temps quelque remontrance, et la supplier très-humblement de se servir de gens d'une probité reconnue, et d'éloigner d'elle les ministres de la tyrannie passée. Mais il n'y eut que le président Barillon qui en dit obliquement quelque chose; et l'on ne poussa point davantage cette affaire, par l'avis de M. de Beauvais, qui dit qu'il falloit laisser à la Reine la gloire de se défaire elle seule de ces messieurs. L'effet a assez fait paroître combien son opinion étoit mauvaise; et l'on doit demeurer d'accord que si le parlement eût parlé comme il vouloit faire, il eût imprimé une tache à la réputation des ministres, après laquelle la Reine eût peut-être eu honte de s'en servir; et ils étoient déjà d'eux-mêmes si chancelans, que le moindre effort les auroit abattus.

Je ne sais pas quelle assurance le cardinal pouvoit avoir à cette heure-là de la bonne volonté de la Reine; mais s'il en avoit quelqu'une, il ne s'en découvrit à personne du monde, et parla à ses plus confidens de son retour en Italie comme d'une chose résolue, témoignant être fort offensé de ce qu'en cassant la déclaration l'on ne l'avoit point excepté. Mais les affaires changèrent bien de face en peu de temps : car, quelques trois ou quatre heures après le retour du palais, la Reine lui envoya proposer par M. le prince de lui rendre par un brevet la place que la déclaration lui donnoit, et de le faire, outre cela, chef de son conseil. Il fit quelque résistance à cette proposition; mais enfin il se rendit, et promit de demeurer en France jusqu'à la paix seulement. On peut juger quelle surprise ce fut pour nous tous, qui le croyions prêt à passer les monts, lorsqu'en arrivant sur le soir au Louvre nous apprîmes cette belle nouvelle. Je trouvai M. de Beauvais dans le cabinet de la Reine, et, lui en témoignant mon étonnement, il me répliqua, en haussant les épaules, qu'il avoit bien répondu du premier acte, mais non pas de la suite, me voulant dire qu'il savoit bien comme l'affaire passeroit au parlement, mais qu'il ignoroit ce que la Reine feroit ensuite. Je me retirai, fort confondu du peu de suffisance de notre principal directeur, et m'en étant allé le soir à l'hôtel de Vendôme, j'y appris de M. de Beaufort que M. de Beauvais s'étant plaint modestement à la Reine de ce qu'elle avoit fait sans lui faire l'honneur de lui en rien communiquer, elle lui avoit répondu qu'elle s'étoit crue nécessitée à choisir et garder dans le commencement quelqu'un de ceux qui savoient le secret des affaires, et qu'elle n'en avoit point jugé de plus propre que le cardinal, parce qu'étant étranger, il n'avoit nul intérêt ni nul appui en France; que cela ne devoit point donner l'alarme ni à lui ni à ses autres serviteurs qui n'étoient pas bien avec le cardinal, puisqu'elle promettoit de ne les point délaisser, et que, pour marque qu'en arrêtant ce ministre elle n'embrassoit pas tous ses intérêts, elle abandonnoit tout le reste de la cabale. Ce discours nous rassura un peu; mais après un tel trait nous crûmes bien toujours avoir lieu d'appréhender un revers d'un esprit si couvert.

Deux jours après arriva la nouvelle de la victoire de Rocroy (1), qui releva merveilleusement les esprits de M. le prince et de madame sa femme; et comme leur haine pour la maison de Vendôme étoit assez manifeste, il sembla que la grandeur des uns fût l'abaissement des autres. Madame la princesse, insolente et aigre à son ordinaire quand elle est en prospérité, s'en laissa entendre à beaucoup de monde, et même quand je l'allai voir pour me réjouir avec elle, elle me fit un discours qui commença par des picoteries, et finit pourtant fort obligeamment pour moi, mais qui fut rempli de beaucoup d'attaques contre M. de Beaufort, auxquelles je repartis le mieux que je pus, sans le cabrer. Ce glorieux succès mit toute cette maison en état d'espérer et de demander avec raison beaucoup de choses, et fit que le cardinal se joignit plus étroitement avec eux.

Pour moi, c'est là où je commençai à reconnoître que je m'étois trompé, quand j'avois espéré quelque chose de grand de la bonne volonté de la Reine; car lui ayant demandé une compagnie dans Rambures pour le frère d'un capitaine qu'on croyoit mort à la bataille, elle me fit l'honneur de me la refuser. Il faut pourtant que j'avoue que, cinq ou six jours après, elle me fit une très-grande grâce, en consentant à la suppression de la charge de commissaire général des Suisses; mais ce fut après y avoir fait beaucoup de difficultés. M. de Beauvais fut le seul à qui j'en parlai d'abord; et ensuite la Reine ayant témoigné qu'elle s'en remettoit au sentiment du maréchal de Bassompierre, je le priai de m'y vouloir rendre office: ce qu'il fit avec des marques de beaucoup de joie. Quand j'achetai ma charge, je lui envoyai dire dans la Bastille, par le comte de Béthune, que si je croyois non-seulement qu'il y prétendît quelque chose, mais même qu'il eût quelque regret de la voir entre les mains d'un autre, je n'y songerois jamais. Il reçut mon compliment avec toute la civilité possible, et renvoya son neveu d'Estelan dire à ma femme qu'il étoit ravi que j'eusse cette charge, et qu'il me vouloit instruire et m'y servir de père. L'ayant vu dans la Bastille, il me continua ses cajoleries, me redit encore les mêmes choses quand il fut en liberté; et lorsqu'il revint à la cour, après cent embrassades, il dit tout haut que s'il avoit encore des amis parmi les Suisses, il les prioit d'être des miens. Dans cette occasion du commissaire général, il s'y porta avec un soin extrême, et jusqu'à ce qu'il me vit en disgrâce il affecta toujours de bien vivre avec moi. Mais tout cela paroîtra mieux dans la suite de ce discours; et pour le reprendre où je l'ai laissé, une affaire si considérable pour mon établissement, faite sans que j'y employasse le cardinal, me fit croire qu'en effet nos intérêts n'étoient pas désespérés; et quoique la capacité de M. de Beauvais fût médiocre, c'étoit toujours quelque chose d'éclat de le voir déclaré ministre d'Etat et désigné cardinal, la Reine ayant écrit pour lui à Rome, et de voir qu'en ce même temps elle promettoit à M. de Vendôme le gouvernement de Bretagne, auquel le grand-maître avoit renoncé, ou une récompense équivalente.

Mais cependant le cardinal prenoit toujours pied, et quoique la Reine protestât qu'il ne pouvoit rien faire contre ses véritables serviteurs, elle avouoit que sa conversation étoit fort charmante, et le louoit toujours d'être désintéressé. Lui, de son côté, faisoit des civilités extraordinaires à toutes les personnes de condition, et hors, la maison de Vendôme qui s'étoit ouvertement déclarée contre lui, il alla rendre visite à tous les princes, ducs, pairs et officiers de la couronne. Plusieurs personnes se sont étonnées de ce que dès-lors nous ne songeâmes point à nous rapatrier avec lui; mais il me semble qu'il étoit fort difficile de le pouvoir recevoir de bonne grâce, et qu'ayant rompu avec lui pour les intérêts de la Reine, c'étoit à elle à nous prescrire comme elle vouloit que nous y vécussions. Mais outre cet intérêt général, il y en avoit encore un particulier, qui étoit son intelligence avec le chancelier, contre qui messieurs de Vendôme, M. de Metz, messieurs de Montrésor, de Béthune, de Beaupuy et moi, nous étions déclarés, principalement à cause de la mort de M. de Thou; si bien que nous ne jugions pas le pouvoir revoir avec honneur, tant qu'il seroit joint avec un homme que nous avions tant de sujet de haïr; et, à dire le vrai, ç'a été une chose assez incompréhensible que la Reine, à qui il devoit être encore plus odieux qu'à nous, l'ait laissé dans sa charge; mais comme elle est d'un esprit assez susceptible des impressions qu'on lui veut donner, ayant trouvé des intercesseurs, elle diminua peu à peu la juste aigreur qu'elle avoit contre lui. Le premier qui lui en parla fut Montaigu, créature dépendant autrefois de M. de Château-

---

(1) Le duc d'Enghien, âgé de vingt-deux ans, gagna cette bataille le 19 mai 1643, cinq jours après la mort de Louis XIII. Voyez à ce sujet la partie inédite des Mémoires de Lenet, qui contient quelques faits nouveaux.

neuf, et gagné depuis, durant sa retraite à Pontoise, par la mère Jeanne, carmélite, sœur du chancelier. M. de Brienne ensuite l'appuya fort, et préféra, comme il l'a dit lui-même, l'intérêt d'un ami vivant à la mémoire de M. de Thou, qui avoit été de ses plus intimes. On l'accuse aussi d'avoir principalement considéré en cette rencontre vingt mille écus, qu'on dit qu'il lui fit toucher pour ses peines.

Mais ce qui l'établit entièrement, ce fut la considération de M. de Châteauneuf, qui étoit le seul homme dont le cardinal appréhendoit le retour; et ne voyant pas que, dans un temps où l'on faisoit grâce à tout le monde, il pût empêcher sa délivrance, puisque son principal crime paroissoit avoir été de s'être trop attaché à la Reine, il prit ses précautions de bonne heure, et s'y trouva merveilleusement aidé par madame la princesse, qui, dans ce nouvel orgueil de la victoire de Rocroy, croyoit que tout lui étoit dû, et publioit hautement qu'il falloit que toute leur maison sortît de la cour, si la Reine remettoit dans le conseil celui qui avoit présidé à la condamnation de M. de Montmorency, son frère. Il n'en falloit pas davantage pour détourner la Reine, de qui l'inclination étoit déjà si refroidie, qu'elle commençoit à dire que M. de Châteauneuf n'étoit point son martyr, mais plutôt celui de madame de Chevreuse, séparant ainsi ses intérêts de ceux de cette dame, qu'elle avoit autrefois si chèrement aimée, et dont maintenant elle craignoit bien plus le retour qu'elle ne le désiroit.

Elle eût bien voulu la laisser en Flandre; mais puisque M. d'Epernon étoit déjà de retour d'Angleterre, aussi bien que M. de Montrésor; que Fontrailles et Aubijoux, appuyés par Monsieur, se montroient publiquement dans Paris; que mesdames de Senecey et de Hautefort étoient rentrées à la cour et dans leurs charges, et qu'on attendoit de jour à autre le reste des proscrits; il n'étoit pas raisonnable qu'elle laissât plus long-temps dans l'exil une princesse que toute l'Europe savoit n'y être que pour avoir été trop passionnée pour son service. Si l'on me demande d'où pouvoit venir un si grand changement dans son esprit, je dirai librement que je l'impute à deux causes : l'une, que depuis que nous avons des obligations extraordinaires à des personnes, il semble que nous redoutions leur présence, comme si elle nous incitoit sans cesse à la reconnoissance, et blâmoit notre ingratitude dans le moindre retardement; l'autre, que sa vieille amitié pour madame de Chevreuse s'effaçoit peu à peu par la nouvelle pour le cardinal, qu'on voyoit s'accroître de jour en jour, et qui faisoit déjà que les conversations qu'il avoit avec elle, au lieu d'une heure ou deux, emportoient toute la soirée; et que le pauvre M. de Beauvais, qui avoit accoutumé de prendre ce temps-là pour l'entretenir, attendoit dans un autre cabinet, et n'avoit plus que le loisir de lui dire son *Benedicite*, et de la voir un instant après souper. Néanmoins, pour vérifier en quelque sorte ce qu'elle avoit dit, qu'elle ne s'attachoit pas à toute la cabale, elle voulut qu'en ce temps-là M. Bouthillier quittât les finances.

Comme le cardinal n'étoit pas encore entièrement ancré, il fallut qu'il cédât à ce coup; et il obtint seulement que la chose se fît d'une manière moins fâcheuse. Le surintendant demandant de lui-même à se démettre, on remplit sa place de messieurs de Bailleul et d'Avaux, pour empêcher ce dernier d'être en passe pour la charge de M. de Chavigny, que le cardinal essayoit de maintenir. Pour le premier, la raison qui le fit mettre en ce grade fut pour faire voir que la Reine avançoit ses anciens serviteurs, et pour l'éloigner de la prétention des sceaux, où il vouloit maintenir le chancelier, parce qu'un titulaire étoit bien plus propre à opposer à M. de Châteauneuf qu'un commissionnaire, comme l'est toujours un garde-des-sceaux. A ces raisons on en peut ajouter une plus obscure, qui est qu'y mettant ces deux, et le dernier étant obligé d'aller plénipotentiaire pour la paix générale à Munster, les finances demeuroient entièrement entre les mains du premier, qui par son insuffisance donnoit lieu à M. d'Emery, nouveau contrôleur général et affidé du cardinal, d'agir avec autorité, comme s'il eût été surintendant.

Quelque temps après cette promotion, le cardinal jugeant qu'il témoigneroit une extraordinaire déférence aux sentimens de la Reine, en faisant quelques avances pour acquérir l'amitié de ceux qu'elle avoit toujours crus ses serviteurs, il commença par M. de Marsillac, comme étant le premier à qui elle avoit protesté hautement de faire du bien, et lui fit demander son amitié avec des termes les plus civils et les plus pressans qui se puissent imaginer; et entre autres choses, il lui fit dire qu'il le prioit de se séparer entièrement de lui, en cas qu'il remarquât jamais en lui aucun intérêt particulier de biens, de charges, ni d'autres avancemens, ou aucune intention de nuire à un homme de condition. M. de Marsillac rendit compte à la Reine de ce que le cardinal lui avoit fait dire; et lui demandant ce qu'elle lui ordonnoit là-dessus, elle lui dit que le plus grand plaisir qu'il lui pouvoit jamais faire étoit d'être son ami, et lui en parla avec une estime et un empressement qui découvroient assez son inclination. Après ce discours, M. de Marsillac n'eut plus à consulter; mais avant que de l'aller voir, il déduisit ce qui lui étoit arrivé à ses amis particuliers; et entre autres me fit le grâce de me le raconter assez amplement. Cet exemple nous fit songer à nous; et étant arrivé dans ce même temps que M. de Chavigny, selon la méthode de son père, demanda et obtint permission de se défaire de sa charge, qui fut donnée à M. de Brienne, et qu'on parla de l'envoyer à Rome ou en Allemagne, comme un homme sans ressource à la cour, nous crûmes que le cardinal n'ayant plus personne dans le conseil qu'il affectionnât particulièrement, il seroit aisé de se lier avec lui, et que pour avoir notre amitié il abandonneroit peut-être volontiers le chancelier.

Ayant consulté ce dessein, M. de Metz, à qui il avoit aussi fait faire des propositions d'être son ami, alla trouver la Reine; et lui ayant fait presque un même discours que M. de Marsillac, il en reçut une semblable réponse, y ayant seulement cela de plus que, sur l'ouverture qu'il lui en fit, elle le conjura de lui acquérir d'autres amis autant qu'il pourroit. M. de Metz ayant rapporté cet entretien à M. de Vendôme, lui et messieurs ses enfans voulurent que leurs amis sussent tout ce qui se passeroit en cette rencontre; et prièrent pour ce sujet M. de Metz, M. d'Epernon, le comte de Fiesque, Beaupuy et moi, de nous trouver à leur hôtel.

Campion étant lors domestique de la maison, fut aussi appelé à cette conférence. Messieurs de Béthune et de Montrésor, étant de leurs anciens et principaux amis, devoient bien y être mandés; mais je crois que M. de Vendôme ne le désira pas, peut-être à cause de ce que j'ai déjà dit de La Rivière, qu'il vouloit se conserver pour ami, par l'intrigue du maréchal d'Estrées. La volonté de la Reine ne donnant pas lieu à beaucoup d'opinions différentes, le comte de Fiesque se chargea d'aller dire au cardinal, de la part de messieurs de Vendôme, de Metz et d'Epernon, qu'ils souhaitoient être ses amis avec toute sorte de franchise et de sincérité; mais qu'ils ne vouloient s'attacher qu'à lui seul, et qu'à cause de cela ils n'avoient point voulu lui faire parler, qu'ils ne vissent M. de Chavigny hors des affaires; que la seule chose qu'ils lui demandoient pour marque de sa bonne volonté étoit qu'il détruisît le chancelier, que la mort de M. de Thou et la manière dont il avoit procédé dans l'affaire des hermites et dans le procès de M. d'Epernon, rendoient odieux à ces messieurs. Le cardinal, après avoir témoigné recevoir cette ouverture avec joie, et faire un état extrême de leur amitié, répondit qu'on lui avoit fait plaisir de ne lui point parler lorsque M. de Chavigny avoit encore part dans les affaires, parce qu'il ne l'auroit jamais abandonné; que, pour le chancelier, c'étoit un infâme qui, à la mort du Roi, l'avoit renoncé, et dont par conséquent il ne faisoit nul état; mais qu'en l'ôtant, il ne pouvoit éviter de voir rentrer M. de Châteauneuf, avec qui il avouoit ne pouvoir demeurer dans le ministère.

Ce premier colloque finit ainsi, et laissa de la matière pour quelques autres, dans lesquels le comte de Fiesque dit au cardinal que ces messieurs, pour qui il parloit, désirant se lier d'amitié avec lui, ne vouloient pas commencer à le choquer dans ses intérêts: c'est pourquoi ils lui demandoient seulement que, toutes les fois qu'il pourroit prendre ses sûretés du côté de M. de Châteauneuf, il chassât le chancelier. Il fit quelque difficulté de promettre qu'il le feroit chasser, et dit seulement à l'abord qu'il l'abandonneroit; mais enfin il acquiesça, et fit la même chose sur le sujet de M. d'Enghien; car ayant dit qu'il vivoit civilement avec lui, et ne prétendoit pas rompre, il n'eut point de réponse quand le comte de Fiesque lui dit que ces messieurs, le choisissant pour leur principal ami, demandoient aussi d'avoir la préférence dans son esprit sur tous ceux de leur volée.

Ce traité dura cinq ou six jours, parce que, d'un côté, le cardinal témoignoit tantôt désirer avec ardeur l'amitié de ces messieurs, puis après faisoit paroître plus de froideur, et parloit avec plus de réserve; et de l'autre, M. de Beaufort étoit bien aise, avant que de conclure, de voir le retour de Campion, qu'il avoit envoyé au devant de madame de Chevreuse, qui arrivoit alors en France, et avec qui monsieur son père, M. d'Epernon et lui avoient de très-étroites liaisons. Et comme il étoit nécessaire que le comte de Fiesque rendît compte de ce qu'il négocioit, et sût ce qu'on vouloit qu'il dît, nous nous assemblâmes durant ce temps cinq ou six fois, ou à l'hôtel de Vendôme, ou à l'hôtel d'Epernon, ou chez M. de Metz, ou aux Capucins, ou chez moi: et quoique dans toutes ces assemblées il ne se soit presque agi que d'obéir à la Reine, l'on n'a pas laissé depuis de faire passer cela pour un crime, et pour le projet d'une cabale séditieuse.

Cependant le cardinal ne sauroit nier qu'il ne sût chaque jour ce qui se résolvoit entre nous par le comte de Fiesque. Au bout de ces cinq ou six jours, Campion revint et nous apprit qu'avant que de partir de Flandre madame de Chevreuse avoit reçu des lettres de la Reine, qui lui faisoient paroître ce qu'elle désiroit, que le cardinal et elle fussent en bonne intelligence ; qu'elle venoit avec un esprit préparé à cela, et qu'elle conseilloit à ces messieurs d'en faire de même : à quoi ils se résolurent aussitôt, et allèrent dès le lendemain faire leur visite, dont ils eurent sujet d'être satisfaits, y ayant reçu toute la civilité possible. On s'étonnera peut-être qu'ayant été jusqu'alors dans le même intérêt de ces messieurs, je ne fusse point compris dans leur traité ; mais c'est que je ne le désirai point, et qu'ayant une charge qui ne dépendoit que de la Reine, je ne voulus rien faire que par son ordre. Ce fut la réponse que je fis à M. de Beaufort lorsqu'il m'en parla, et je ne sais s'il en dit quelque chose à la Reine ; mais deux ou trois jours après, comme je prenois son ordre, elle me dit qu'elle croyoit que je savois bien que messieurs de Vendôme avoient vu M. le cardinal Mazarin. Je lui dis qu'oui, avec un ton de voix et une façon qui pouvoient lui faire connoître que je ne jugeois pas que cela fît rien pour moi. Sur cela elle poursuivit son discours, et me dit qu'elle le croyoit son serviteur, et qu'elle désiroit que tous ceux qui l'étoient vécussent bien avec lui. Je lui répondis que je la suppliois très-humblement de se souvenir que je ne m'étois éloigné de lui que lorsque j'avois cru qu'il n'étoit pas dans ses intérêts. « Il est vrai, me dit-elle ; mais à cette heure..... — Madame, lui répliquai-je, je n'ai que l'obéissance pour toutes les choses que Votre Majesté me commande ; » et me retirai là-dessus, avec dessein de faire ma visite dès le jour suivant.

Il est vrai qu'avant que de passer outre je voulus voir messieurs de Béthune et de Montrésor, que je trouvai fort piqués de ce que le traité s'étoit fait sans eux ; et quoique M. de Beaufort leur en fût venu parler avant que de voir le cardinal, ils croyoient qu'il devoit davantage à leur ancienne amitié que de leur rendre simplement compte d'une affaire résolue ; mais ils s'en prenoient particulièrement à M. de Vendôme, et surtout à M. de Montrésor, qui se souvenoit que quand il partit d'Angleterre il lui promit toute amitié, et l'assura même de le servir auprès de Monsieur : ce qu'il exécuta si mal, qu'une des premières liaisons qu'il voulut avoir fut avec La Rivière. Ce souvenir lui étoit un peu dur, principalement en ce temps ; car, à son retour d'Angleterre, Monsieur l'ayant encore fait presser de vivre civilement avec La Rivière, et ayant employé pour ce sujet M. de Bellegarde sans aucun effet, M. de Montrésor ayant persisté à dire qu'il tenoit La Rivière pour tel que Monsieur le lui avoit dépeint autrefois, c'est-à-dire pour un coquin et un traître, Son Altesse Royale avoit vécu d'une autre manière avec lui ; et le traitant fort indifféremment, il étoit enfin résolu de vendre sa charge et de se retirer entièrement : ce qu'il fit quelque temps après.

Leur ayant dit tout ce qui me concernoit (qu'ils approuvèrent, comme étant un effet d'obéissance pour une personne à qui je m'étois donné sans réserve), et ayant été à Montrouge le communiquer à M. de Châteauneuf, qui fut du même sentiment, j'allai chez le cardinal, que je rencontrai descendant son degré avec des dames, et s'en allant là au conseil ; si bien que je n'eus pas pour cette première fois long discours avec lui. Ce qu'il me dit fut pourtant fort civil et fort obligeant pour moi, jusque-là qu'il me fit excuse s'il ne remontoit pas pour m'entretenir. J'y retournai le lendemain, et, l'ayant trouvé dans sa chambre avec peu de monde, je lui fis un compliment dont il s'est fort plaint depuis, assurant que je lui avois dit que je l'allois voir seulement par ordre de la Reine, quoique mes paroles signifiassent toute autre chose. Je savois que quand M. de Marsillac le fut voir, il lui dit d'abord que la Reine lui avoit parlé de lui : je crus qu'elle en pourroit avoir fait de même de moi ; et après l'avoir assuré de mon respect et de mon service, je lui dis que je m'imaginois qu'il me feroit l'honneur de croire facilement ce que je lui protestois, puisqu'il savoit que depuis très-long-temps je faisois profession d'être son très-obéissant serviteur ; mais que s'il se pouvoit ajouter quelque chose à l'inclination que j'avois toujours eue à l'honorer, ce seroit sans doute par la confiance et l'estime que la Reine témoignoit pour lui : ce qui obligeoit tous ceux qui étoient à elle, et moi particulièrement, à le respecter encore davantage ; que je le suppliois de croire que, quand Sa Majesté me feroit quelque commandement sur ce sujet, je l'exécuterois, non seulement avec l'obéissance aveugle que je devois à tous ses ordres, mais avec une joie et une satisfaction extrêmes. Je laisse à juger si ce discours peut avec raison recevoir le sens qu'il lui a donné, et si c'est un juste fondement des maux qu'il m'a faits depuis, et qu'il commença dès le lendemain. Car le maréchal de Bassompierre l'étant allé voir, il lui parla de moi d'une façon qui témoignoit assez qu'il ne m'aimoit pas, et lui voulut faire naître dès-lors des pensées de rentrer dans sa charge : de quoi le maréchal me fit avertir, dès le jour suivant, par deux ou trois personnes.

Cette nouvelle me surprit un peu, et désirant en savoir le fond, j'allai trouver M. de Liancourt, et le suppliai de lui parler pour moi : ce qu'il fit incontinent avec cette bonté qu'il a toujours eue pour mes intérêts ; et lui ayant seulement fait paroître qu'on lui avoit dit qu'il étoit mal satisfait de moi, il fit l'ignorant, et sans lui découvrir d'aigreur contre moi lui conta qu'après avoir long-temps cessé de le voir, j'y étois retourné, et lui avois dit que c'étoit par ordre de la Reine ; mais que maintenant il l'assuroit que si je voulois être de ses amis, il seroit des miens. M. de Liancourt lui ayant répondu qu'il se pouvoit fier en moi, leur conversation finit ; et me l'ayant depuis dite, je croyois que ce peu de mauvaise volonté étoit passé, et que je pourrois me mettre bien avec lui.

Pendant ce temps, madame de Chevreuse étoit arrivée et étoit allée descendre droit au Louvre ; mais si la Reine avoit eu peu d'impatience de la voir, elle en eut beaucoup de l'envoyer à Dampierre ; car, incontinent après les premières salutations, elle lui dit que les alliés de la France pourroient entrer en soupçon, si incontinent après son retour de Flandre ils la savoient auprès d'elle ; et que pour cette raison il falloit qu'elle allât faire un petit voyage à la campagne. Madame de Chevreuse, malgré sa surprise, lui répondit sans s'émouvoir qu'elle étoit toute prête à lui obéir ; mais qu'elle la supplioit de considérer que toute l'Europe savoit qu'elle avoit été persécutée pour l'amour de Sa Majesté, et que ce seroit peut-être se faire tort à elle-même, si elle l'éloignoit si promptement ; qu'elle en demandât, s'il lui plaisoit, l'avis au cardinal, qui, se trouvant dans le cabinet, et étant appelé en tiers, dit à la Reine que madame de Chevreuse avoit raison, et que Sa Majesté seroit blâmée si elle en usoit de cette sorte. Ainsi madame de Chevreuse para cette première attaque, qui dut bien lui faire connoître qu'elle n'avoit plus sa place accoutumée ; mais si elle s'en aperçut, au moins le cacha-t-elle à ses plus intimes, et de long-temps après ne fit part à personne de cette aventure, selon la méthode ordinaire de tous les favoris, qui ne veulent jamais laisser voir la diminution de leur crédit.

Il ne falloit pas pourtant que le cardinal la crût entièrement ruinée, ni qu'il la jugeât absolument inutile à sa fortune, puisque dès le lendemain il l'alla voir, et pour premier compliment lui dit que, sachant que les assignations de l'épargne venoient lentement, et que, venant d'un long voyage, elle auroit peut-être besoin d'argent, il étoit venu lui offrir et apporter cinquante mille écus. Mais comme il savoit qu'une âme ambitieuse comme celle-là se laisseroit moins toucher à ces belles offres qu'à des actions d'éclat, il lui demanda, quelques jours après, ce qu'il pouvoit faire pour gagner son amitié, et lui protesta de n'y rien épargner. Elle le mit d'abord à une assez belle épreuve, lui demandant deux choses assez importantes : l'une, que l'on contentât M. de Vendôme pour ses prétentions du gouvernement de Bretagne, sur lesquelles on ne lui avoit encore donné que des paroles ; et l'autre, qu'on rendît à M. d'Epernon sa charge et son gouvernement. Il y procéda en toutes deux très-obligeamment ; car, pour le premier point, M. de Brienne eut aussitôt commission de traiter avec M. de Vendôme, et de lui promettre, au nom de la Reine, l'amirauté, dont on envoya demander la démission au duc de Brézé ; et pour le second, M. d'Epernon fut remis incontinent après dans tous ses honneurs, et l'on n'épargna ni diligence ni récompense pour tirer M. le comte d'Harcourt de la Guienne.

Après ces deux premières affaires, elle lui en proposa une troisième, où il eut peine à consentir, mais où il acquiesça à la fin, quoique depuis elle n'ait point eu d'effet : ce fut de donner le gouvernement du Havre à M. de Marsillac ; et sur cela il lui représenta ce qu'il devoit à la mémoire du feu cardinal, et qu'il n'étoit pas juste qu'il servît d'instrument pour dépouiller ses héritiers ; mais elle insistant toujours, il témoigna à la fin qu'il se rendoit. Après de si grands coups d'essai, elle crut que rien ne lui seroit impossible auprès de lui, et lui proposa enfin le rétablissement de M. de Châteauneuf : mais comme c'étoit là son sensible et son intérêt, il ne put dissimuler, et lui répliqua nettement qu'il n'y consentiroit jamais ; et dès cet instant il s'éloigna d'elle, sans que depuis, quelque civilité qui ait paru entre eux, il y ait jamais eu d'intelligence ni de réconciliation sincère.

Il y avoit déjà quelque temps que M. de Châteauneuf étoit à Montrouge, y étant arrivé au même temps que madame de Chevreuse abordoit de l'autre côté à Paris ; et peut-être que s'il ne se fût pas arrêté, et qu'il fût venu droit à la cour sans capituler avec la Reine, il l'eût engagé par cette franchise à ne le point abandonner ; mais s'étant voulu servir de l'exemple de madame de Senecey, qui n'avoit point voulu rentrer dans Paris qu'étant rétablie dans sa charge, il donna temps à la Reine de s'accoutumer à le savoir auprès de Paris, sans souhaiter de l'approcher davantage, et ne considéra pas que madame de Senecey n'avoit pour obstacle qu'une personne que la Reine n'aimoit point ;

au lieu que lui, outre la maison de M. le prince qui s'opposoit à son retour, il donnoit de l'ombrage au premier ministre, et ne pouvoit gagner que par adresse, peu à peu, ce que la dame d'honneur avoit gagné du premier pas. Mais il se trompa sans doute dans la créance de l'inclination de la Reine pour lui ; et ce fut aussi par là que M. de Beauvais se perdit insensiblement, et qu'après avoir tenu le premier rang et avoir été nommé pour cardinal, on envoya un contre-mandement secret à Rome, et le laissa-t-on dans l'antichambre pendant que la Reine entretenoit paisiblement le cardinal, de qui au commencement il n'estimoit pas l'esprit, disant qu'il n'étoit pas habile homme, puisqu'il n'entendoit pas les matières bénéficiales ni les finances, parties véritablement fort nécessaires pour un grand ministre.

Voilà comme toutes nos affaires alloient à leur déclin ; et pour moi, M. Le Tellier, suivant les traces de M. Des Noyers, son prédécesseur, commençoit dès-lors à me traverser dans ma charge, et se voulant approprier l'autorité de donner des commissaires pour les revues des Suisses, songeoit à m'ôter en détail ce que la Reine m'avoit rendu en gros, par la suppression de la charge de Lille. Il s'y prit pourtant d'abord d'une manière qui me donna lieu de croire que son dessein alloit plutôt contre les maréchaux de France que contre moi, et par les civilités qu'il me fit, il me tint quelque temps dans cette pensée ; mais enfin, voyant que toutes ces belles paroles n'aboutissoient à rien, et qu'on ne faisoit qu'alonger de jour en jour la résolution de ce que je demandois, je jugeai que ces chicanes venoient d'un autre principe, et que le cardinal n'y avoit pas moins de part que dans les délais qu'on apportoit à la conclusion des affaires de M. de Vendôme, à qui l'on faisoit naître chaque jour mille obstacles dans l'exécution de ce qu'on lui avoit promis. Il est vrai que lui-même contribuoit bien à son malheur ; car il faisoit difficulté de prendre l'amirauté sans l'ancrage, et ne considéroit pas qu'il devoit, à quelque prix que ce fût, entrer en charge, après quoi il lui seroit aisé d'étendre ses droits.

Cependant sa façon d'agir, incertaine et confuse, donnoit assez d'occasion de lui rendre de mauvais offices. Tantôt il s'adressoit au cardinal, et témoignoit lui vouloir avoir l'obligation de ce qu'on feroit pour lui ; un instant après, il alloit chercher l'occasion de faire parler à La Rivière par le maréchal d'Estrées, et le conjurer de faire réussir ses intérêts ; et au sortir de là, il essayoit, par des voies obliques, d'engager M. le prince à le servir. Enfin il ne se passoit presque point d'heure où il ne changeât plus d'une fois d'opinion et de parti. Mais ce ne lui étoit pas assez d'aller ainsi de côté et d'autre : il vouloit faire faire le même badinage à M. de Beaufort, qui, ayant de son côté ses visions particulières, et mêlant les affaires importantes avec les bagatelles, vivoit d'une façon si bizarre avec le cardinal, qu'il lui étoit impossible d'y prendre assurance. Ce n'est pas que je croie (1) qu'il ait jamais eu dans l'ame aucun des desseins qu'on lui a imputés ; et je dirai seulement que, selon la disposition des esprits de mesdames de Chevreuse et de Montbazon, ses entretiens avec le cardinal étoient pleins de froideur ou de civilités : si bien que si un jour il lui donnoit lieu de se louer de lui, le lendemain il le désobligeoit, en lui disant qu'il le venoit voir seulement par l'ordre de monsieur son père.

Si, dans l'état où il est, je voulois me plaindre de lui, j'en aurois quelque petit sujet, étant très-véritable qu'en ce temps-là, quoiqu'il me fît l'honneur de venir souvent manger chez moi, et que nous passassions la plupart des après-dînées ensemble, il ne me faisoit que fort peu de part de sa conduite ; et j'ose dire qu'encore que je ne sois pas le plus grand politique du royaume, s'il se fût ouvert plus librement à moi, il ne se seroit peut-être jamais embarrassé dans cette fâcheuse et honteuse intrigue des lettres de madame de Longueville, qui arriva en ce temps-là, et dans laquelle l'amour de madame de Montbazon le précipita. Sans approfondir davantage la chose, ni imputer la malice à ceux qui n'en sont pas coupables, je puis avancer ce mot, que, pour bien prendre l'affaire, il n'en faut rien croire du tout. Je n'ai jamais recherché à en être plus savant ; mais si dès le commencement M. de Beaufort m'en eût parlé, je lui eusse conseillé, sans en éplucher davantage la fausseté ou la vérité, de faire rendre les lettres à madame de Longueville : et crois que ce service rendu à une personne qu'on a autrefois passionnément aimée, et contre qui le dépit nous dure encore, est un reproche bien sensible qu'on lui fait, et une vengeance la plus

---

(1) Il résulte au contraire, des *Mémoires de Campion*, que le duc de Beaufort fît à cette époque une entreprise ayant pour but de faire périr le cardinal Mazarin. Nous plaçons à la suite des Mémoires de La Châtre le récit fort circonstancié, laissé par Campion, des diverses tentatives qui furent faites contre la vie de ce ministre. Il est cependant à remarquer que presque toutes les personnes qui ont écrit des Mémoires sur la Fronde, ne croyaient pas à cette entreprise de Beaufort contre la vie de Mazarin.

honnête et la plus glorieuse qu'on puisse prendre. Mais il se laissa emporter à la passion d'autrui, et par l'éclat de cette maudite brouillerie il acheva de se jeter dans le précipice.

Dès-là, véritablement, il y avoit peu d'intelligence entre M. d'Enghien et lui ; et outre le souvenir de ce qui s'étoit passé dans le démêlé du grand-maître, et le bruit qui couroit que ce prince demandoit qu'on maintînt son beau-frère, le duc de Brézé, en sa charge, il avoit fait une réponse à la lettre que M. de Beaufort lui avoit écrite sur la naissance de monsieur son fils, où il le traitoit fort de haut en bas, pour avoir sa revanche du petit orgueil qui l'avoit porté à lui mettre seulement à la souscription : *Très-humble et très-affectionné serviteur*. Mais quoique ces petites piques entre deux esprits fiers et glorieux fussent assez capables de les porter aux extrémités, il s'y pouvoit encore apporter de la modération ; au lieu qu'après une affaire qui touchoit directement à l'honneur, il n'y avoit plus de biais de réconciliation. J'avoue que je ne parle pas de sang-froid sur ce sujet, et que dans tout ce qui s'est passé depuis la mort du Roi, il n'y a que ce seul point que je regarde avec regret, et je dirois avec quelque sorte de repentir, si je ne trouvois une infinité de raisons qui me forcèrent à me jeter du côté où je me mis.

Celles qui m'en devoient détourner étoient que j'avois presque tout mon bien dans le Berri, et sous le gouvernement de M. le prince, que je voyois M. d'Enghien en état de revenir dans peu à la cour, ayant augmenté l'éclat de la victoire de Rocroy par la prise de Thionville, qu'on jugeoit infaillible ; et qu'après de tels services il étoit difficile à croire que la Reine appuyât un autre parti que le sien ; que M. de Longueville avoit toujours agi très-obligeamment avec moi, et qu'il y avoit peu de personnes à qui il parlât plus confidemment. Enfin il y avoit à remarquer que j'avois l'honneur d'appartenir de fort près à madame la princesse, que j'offensois mortellement en m'offrant à madame de Montbazon, de qui la parenté m'étoit et plus éloignée et moins glorieuse. Mais aussi de l'autre côté de puissantes considérations m'appeloient : presque tous mes amis s'y trouvoient embarqués, et particulièrement M. de Guise, qui à son retour en France m'avoit fait des caresses extraordinaires, et sembloit m'avoir choisi pour son capital ami. J'avois l'honneur de lui être plus proche qu'à qui que ce fût de sa condition ; je l'avois de tout temps fort chéri et honoré, et avois été le premier auteur de l'étroite union entre M. de Beaufort et lui, qui sembloit être une des principales causes qui le jetoient dans cette intrigue. Je croyois aussi qu'indubitablement la querelle des femmes en formeroit une entre les hommes, et je ne voulois pas embrasser un parti pour le quitter le lendemain.

Mais, pour parler franchement, la plus essentielle raison qui me fit déclarer fut que je voyois bien que, quelque bon accueil que me fît le cardinal, il avoit peu de bonne volonté pour moi ; et croyois qu'il étoit nécessaire que je prisse un autre appui auprès de la Reine. D'en espérer de M. le prince, quoi que je fisse, je savois bien qu'il ne choqueroit pas le premier ministre pour moi : d'en prétendre du côté de La Rivière, ennemi mortel de mes amis, m'y étoit un obstacle invincible. Si bien que je ne voyois plus que madame de Chevreuse qui, cachant sa disgrâce le mieux qu'elle pouvoit, en conservant son ancienne familiarité avec la Reine, me paroissoit encore en état de me protéger. M'étant trouvé joint d'intérêt avec ses principaux amis, j'y avois en peu de temps acquis beaucoup de liberté, et en avois reçu des assurances de me servir en toutes occasions ; mais je l'y voulus encore obliger par quelque chose d'éclatant, sachant bien qu'étant vaine et ambitieuse, cela la toucheroit. Je lui dis qu'en me rangeant du côté de madame de Montbazon, c'étoit elle premièrement que je regardois : ce qu'elle reçut comme je l'avois pu espérer, et me promit des assistances non pareilles. Je ne parlerai point de toute la suite de l'affaire, parce qu'elle a été si publique que personne ne l'a ignorée ; je dirai seulement que si le sentiment de M. de Longueville eût été suivi, on l'auroit étouffée. Mais madame la princesse, suivant l'aigreur de son naturel, et trouvant une occasion de contenter ses anciennes animosités, la porta à l'extrémité ; et je ne sais si elle n'y fut point poussée par le cardinal, qui considéroit notre parti comme formé contre lui, et jugeoit que c'étoit moins contre M. le prince que contre son autorité, qui croissoit chaque jour, que s'étoit faite à l'hôtel de Chevreuse l'assemblée des quatorze princes, à laquelle je ne me trouvai point, la jugeant fort inutile et fort impertinente.

Deux jours après l'amende honorable que madame de Montbazon fut faire à l'hôtel de Condé, la Reine, étant dans le cercle, m'appela, et me dit qu'elle croyoit que je n'avois pas su que les officiers de la maison du Roi ne prenoient point de parti dans les querelles de la cour, parce qu'il falloit qu'ils attendissent ce qu'elle leur ordonneroit. Je lui répondis que je l'avois ignoré ; mais que, quelque parti que je pusse prendre, cela ne pouvoit préjudicier à l'obéissance que je rendrois toujours à ses commandemens. Elle répliqua que, me rendant suspect à l'un des partis, cela me mettroit presque hors d'état de bien suivre ses ordres, et, finissant son discours, elle me témoigna qu'il falloit qu'une autre fois je demeurasse neutre.

Le lendemain je fus voir le cardinal qui, m'ayant reçu avec plus d'apparence de franchise qu'auparavant, me dit que la Reine lui avoit parlé de ce qu'elle m'avoit dit; et comme je m'étois informé de ce que je pouvois alléguer là-dessus, je lui répondis que, puisque la Reine désapprouvoit mon action, j'en étois corrigé pour jamais; mais que si j'avois failli, ma faute n'étoit pas sans exemple; et je lui citai là-dessus celui de feu M. d'Epernon, dans la querelle de M. le comte et de M. de Guise. Il me dit que la Reine avoit beaucoup de raisons de désirer que cela ne se fît plus, et m'exhorta, comme mon ami, à demeurer dans le dessein que je lui témoignois d'obéir ponctuellement à Sa Majesté. Je lui fis encore ensuite deux ou trois visites, dans lesquelles il me traita si bien, que je crus que peut-être ne seroit-il pas fâché de m'obliger dans mes intérêts, puisqu'il avoit bien voulu servir un de mes parens à ma recommandation. Je lui parlai donc de ce qui étoit à démêler entre M. Le Tellier et moi; et, par un Mémoire que je lui donnai, je lui expliquai assez nettement la chose; et en le quittant j'ajoutai que c'étoit la plus importante affaire que je pouvois avoir. Ses réponses furent fort civiles et affectionnées; mais lorsque je lui en parlai, je le trouvai beaucoup plus froid, et il me fit un long discours pour me montrer qu'il y alloit fort du service du Roi en ce que je lui demandois, et conclut en me disant que, pour ce qui seroit de mon intérêt, il falloit que j'eusse satisfaction, et que je ne m'attachasse pas à conserver un droit qui tiroit à trop grande conséquence. Je lui répondis que mes prédécesseurs en la charge en avoient joui; et que, pour ce qui étoit de moi, tous ceux qui me connoissoient savoient que le bien et l'intérêt me touchoient peu, et que l'honneur étoit ce qui me faisoit agir, et ce que je cherchois dans l'affaire dont je l'entretenois. Je doute si cette déclaration si franche de mon humeur lui plut, mais je sais bien qu'il me quitta sans me donner de grandes espérances.

Ce fut ce jour-là, ou le suivant, qu'arriva le dernier trait de la disgrâce de madame de Montbazon chez Renard; je n'y arrivai que comme la Reine en sortoit, et fus très-surpris et fâché de ce désordre. M. de Metz m'est témoin de ce que je dis à madame de Montbazon, et combien je la blâmai d'avoir fait de l'affaire de madame la princesse celle de la Reine. Cependant Sa Majesté me fit le lendemain l'honneur de me compter entre les conseillers de cette belle disgrâciée, et témoigna que les choses qu'elle avoit dites devant madame la princesse, contre ceux par l'avis de qui elle étoit demeurée dans le logis de Renard, étoient particulièrement adressées à moi. J'en fus averti incontinent; mais me sentant entièrement innocent, je jugeai n'en devoir point faire d'excuses, et crus que je ne pouvois entrer en éclaircissement sans parler en quelque sorte contre l'exilée: ce qui n'étoit pas de mon humeur. Cependant je m'apercevois bien qu'on tiroit mon affaire en longueur pour l'une de ces deux fins, ou de me faire faire quelque escapade et quelque trait bizarre, ou bien d'ennuyer les Suisses par le retardement, et de me décréditer auprès d'eux.

Ainsi je pensai que je devois me hâter d'en voir la conclusion, et fus trouver madame de Chevreuse à qui je dis qu'aux termes où étoient les choses, je ne la venois pas prier de parler pour moi, sachant bien qu'elle avoit des intérêts plus importans à démêler; mais que je venois seulement lui dire qu'il falloit que je me pressasse, et qu'avant que de le faire je lui en avois voulu rendre compte. Elle appela Campion en tiers à notre conversation, et me répondit que, si j'eusse pu me donner huit jours de patience, elle croyoit que dans ce temps-là elle eût pu faire mon affaire hautement; mais puisque je ne pouvois différer, que je cherchasse mon appui ailleurs, et que je demeurasse seulement toujours de ses amis. Je crois que ce discours ne s'est point étendu plus avant que nous; mais je sais bien que le lendemain étant allé parler au cardinal, il me témoigna avoir peu d'inclination à me favoriser, et après plusieurs difficultés, quoique je l'assurasse que je désirois lui avoir l'obligation de la chose, il me dit qu'il n'étoit pas seul dans le conseil, et qu'il falloit que j'en parlasse aux autres. Je jugeai bien dès-là mon affaire perdue; mais ne trouvant point d'autre biais d'en sortir, et voyant que M. Le Tellier avoit obtenu par provision ce qu'il désiroit contre moi, je me résolus à parler à Son Altesse Royale et aux autres personnes qui avoient entrée dans le conseil; mais durant ce temps le procédé de mes amis ruinoit tout ce que je pouvois établir.

M. de Beaufort, soit par amour, soit par orgueil, se montroit outré de l'exil de madame de Montbazon; et quand la Reine vouloit parler à lui, il s'en éloignoit avec une manière si dédaigneuse, que cela seul étoit capable de détruire toute l'amitié qu'elle eût pu avoir pour lui. Je m'en aperçus un soir, et lui fis des reproches d'agir ainsi en enfant; mais au lieu de me payer de raisons, il ne me répondit qu'avec des transports et des boutades fort imprudentes. Comme il avoit moins d'occupation qu'à l'ordinaire, il me venoit chercher très-souvent; et pour moi, quoique je le visse en assez mauvaise posture, par amitié et par honneur je ne voulois point m'éloigner de lui. Il est vrai que les soirs je ne le voyois pas si fréquemment, et que je doute s'il passoit toutes les nuits dans Paris.

M. de Vendôme ne voyant point son affaire s'achever, le tourmentoit tous les jours pour le faire raccommoder avec le cardinal; et ne pouvant rien gagner sur lui de ce côté, il crut qu'il falloit s'unir absolument avec La Rivière. Il le fit donc presser plus que jamais par le maréchal d'Estrées, et lui fît offrir l'amitié de M. de Beaufort. La Rivière écouta cette proposition avec beaucoup de joie; et ayant pris rendez-vous chez le même maréchal d'Estrées, il fut surpris de n'y voir que M. de Mercœur avec monsieur son père, et point du tout M. de Beaufort. Dès-là il se tint pour fourbé; et quoique M. de Vendôme l'assurât qu'il lui amèneroit son fils au premier jour, et lui alléguât quelque obstacle qui l'avoit empêché de venir, il ne voulut jamais entrer en matière; et s'étant séparé civilement de la conversation, il s'unit dès le lendemain avec le cardinal, avec qui jusqu'alors il n'avoit pas eu une intelligence parfaite. M. le prince entra en tiers en cette association, dont je crois que le premier article fut la ruine de M. de Beaufort. Et de fait, deux jours après, la Reine étant allée au bois de Vincennes faire collation chez M. de Chavigny, il y fut et en eut une assez mauvaise réception. Je ne sais si cela le piqua, mais il s'en revint aussitôt à Paris, et, étant allé au Louvre y attendre le retour de Sa Majesté, il y trouva le cardinal, à qui, à ce qu'on dit, il fit quelques questions s'il sortoit, qui le mirent en alarme. Quelque temps après on le vint avertir qu'il y avoit des cavaliers sur le quai, qui sembloient attendre quelque chose; après cela il ne douta plus qu'on ne le voulût assassiner; il le publia hautement, et envoya quérir tous les braves qu'il put pour son escorte. Le lendemain, j'appris cette nouvelle de M. de Metz; et étant allé au Luxembourg, j'y trouvai M. de Guise, que j'appréhendois de voir embrouillé dans ce mauvais bruit; je trouvai qu'il l'ignoroit encore. Nous attendîmes ensemble le retour de Monsieur, qui parla fort sobrement de la chose; mais La Rivière la releva hautement, et dit qu'il y alloit de l'autorité de Son Altesse Royale de maintenir les ministres en sûreté.

J'eusse bien voulu voir M. de Beaufort; mais il étoit allé à la campagne voir monsieur son père, et n'en revint que le soir : ce qui acheva de le perdre; car peut-être que s'il eût été chez le cardinal, il se fût éclairci avec lui, et n'auroit point été arrêté. On lui conseilla de s'en aller pour quelques jours à Anet; mais il se confioit si fort à la bonne volonté de la Reine pour lui, qu'il s'en voulut venir droit au Louvre. Pour moi, ayant été l'après-dînée chez le cardinal l'assurer de mon service, et lui offrir de faire avancer une rote des gardes-suisses pour l'accompagner, j'en fus reçu fort civilement, quoiqu'il refusât mon offre; il fît semblant de croire que ce bruit étoit faux; mais je lui trouvai pourtant le visage et la contenance d'un homme fort étonné. Le soir, en entrant au Louvre, j'y appris sous la porte la prise de M. de Beaufort. La connoissance que j'avois de mon innocence fit que, sans balancer, je montai en haut, et trouvai dans la salle des gardes de la Reine le cardinal, qui sortoit accompagné de trois cents gentilshommes. Il me salua assez civilement; mais de toute sa suite, Navailles, Piennes et Saint-Maigrin furent les seuls qui me voulurent connoître et aborder. Je trouvai dans le petit cabinet de la Reine madame de Chevreuse, à qui je parlai quelque temps; et ayant demandé par plusieurs fois si je ne pourrois point voir ce pauvre prince, et ayant su de Guitaut même que non, je m'en allois, lorsque la Reine me fit appeler dans sa petite chambre grise, et me commanda de faire venir deux compagnies suisses le lendemain à six heures du matin, devant le Louvre.

N'ayant pu dès le soir voir personne de l'hôtel de Vendôme, j'y allai le lendemain matin mêler mes soupirs avec ceux de toute cette maison affligée, et appris de M. de Vendôme, à qui Monsieur en avoit fait entendre quelque chose, la confirmation de ce que m'avoit dit le soir d'auparavant M. de Guise, que j'étois du nombre de ceux qu'on devoit éloigner de la cour. Ce bruit me fâchoit médiocrement; et je ne sais par quelle prescience de mon malheur je souhaitois le bannissement plus que je ne le craignois. J'en allai, au sortir de là, attendre la nouvelle chez messieurs de Béthune et de Montrésor, qui étoient menacés du même accident, et qui en reçurent une heure après le commandement en ma présence. Ce n'est pas qu'ils eussent tant de liaison pour l'heure avec M. de Beaufort, qu'ils dussent participer à sa disgrâce; mais c'est que La Rivière ne voulut jamais promettre au cardinal de faire consentir son maître à la prise de ce pauvre prince, qu'il ne l'assurât en même temps d'exiler ses deux ennemis; et je crois que Monsieur même y con-

19.

tribua de son avis, étant mortellement ulcéré contre M. de Montrésor de ce qu'il l'avoit quitté, et n'ayant pas aussi oublié que tout ce qu'il avoit pu dire lui-même et faire dire en son nom au comte de Béthune, l'hiver d'auparavant, pour l'adoucir envers La Rivière, n'avoit de rien servi, et qu'il avoit fallu lui envoyer un commandement du Roi pour cela. On fit, le même jour, partir M. de Châteauneuf de Montrouge, et Saint-Ibal eut aussi ordre de se retirer. Ce qui fut la récompense des services que Beringhen avoit rendus au cardinal, qui le délivra de la présence d'un homme qui en parloit partout avec un mépris horrible.

Pour moi, je croyois à chaque moment accroître le nombre des proscrits; mais enfin, l'après-dîner, on me vint assurer que j'étois garanti du naufrage, et que la protection de Monsieur m'en avoit sauvé. J'avois peine à comprendre que celui que je n'avois jamais servi me préservât des malheurs que m'auroit préparés celle à qui je m'étois dévoué si fidèlement. Néanmoins, cette nouvelle m'étant confirmée de trois ou quatre endroits, et même de l'hôtel de Guise, je crus l'en devoir aller remercier. Etant allé le soir au Louvre, la Reine ne me regarda pas, de quoi je m'étonnai peu, dans une si récente disgrâce de mes meilleurs amis. Mais je fus assez surpris lorsqu'après avoir été le lendemain dire adieu à M. de Vendôme, qu'on chassoit quoique assez malade, je m'en allai au Luxembourg, et y ayant fait à Son Altesse Royale le compliment que je lui devois pour le bon office qu'on disoit qu'elle m'avoit rendu, j'en reçus une réponse fort froide, et qui contenoit presque un désaveu de ce qu'on publioit qu'il avoit entrepris en ma faveur.

Je recommençai dès ce jour à faire les fonctions de ma charge à l'ordinaire; et ayant essayé le lendemain, inutilement, de voir le cardinal, qui avoit pris médecine, j'y retournai le jour d'après, et en reçus un accueil fort froid, ne m'ayant jamais parlé qu'en tierce personne, et comme s'il se fût plus tôt adressé à toute la compagnie qu'à moi. Je fis cette première visite assez courte; et y étant revenu deux ou trois fois dans la semaine suivante, je n'en eus jamais que des révérences fort sérieuses, et pas une parole. Dès-là je jugeai mes affaires en fort mauvais état; mais je ne doutai plus qu'elles ne fussent entièrement ruinées, lorsque j'appris que Monsieur, en présence du cardinal, avoit presque tourné en ridicule le remercîment que je lui avois fait, et avoit conté tout haut qu'il m'avoit nié de m'avoir servi. Je fus redevable de cet avis à M. de Longueville qui, malgré tous les démêlés passés, m'avoit fait l'honneur de demeurer de mes amis, et s'étoit offert, dès la prise de M. de Beaufort, à me servir. Je ne doutai point que La Rivière n'eût opéré en ce rencontre, et priai M. de Brienne, à qui je contai toute la chose, de la vouloir dire à la Reine, et lui témoigner que mon compliment n'avoit point été pour chercher une autre protection que la sienne; et le conjurai d'entrer un peu plus en matière s'il s'y trouvoit un jour. Il le fit, et eut pour réponse de Sa Majesté qu'elle me croyoit trop homme d'honneur pour avoir trempé dans la conjuration qu'on imputoit à M. de Beaufort; mais qu'il y avoit eu de l'imprudence dans ma conduite. Ne trouvant pas beaucoup d'aigreur dans cette réponse, je crus que, si je lui parlois moi-même, peut-être s'ouvriroit-elle davantage. Je pris donc mon temps comme elle me donna l'ordre, et lui ayant reconfirmé ce que M. de Brienne lui avoit dit de ma part, elle me dit seulement avec froideur qu'elle le croyoit, et s'éloigna de moi. On me conseilla de me rendre soigneux de la voir à toutes heures : ce que je fis avec toute l'assiduité qu'il me fut possible; et dans ce même temps M. de Liancourt étant arrivé à Paris, je le priai de dire au cardinal que je ressentois la captivité de M. de Beaufort avec une douleur infinie; mais que c'étoit sans murmurer et sans perdre le respect que je lui devois, et que je lui demandois qu'il me considérât comme un homme qui songeoit à faire sa charge, et rien davantage. Sa réponse fut que j'avois refusé d'être de ses amis, et que ce qu'il pouvoit faire par générosité étoit de ne me point faire de mal.

Cependant je voyois que le maréchal de Bassompierre, qui m'avoit jusqu'alors témoigné tant d'amitié, et qui même étoit venu dîner chez moi huit jours devant, s'éloignoit de moi, et ne me parloit plus qu'en crainte. Un soir, dans le petit cabinet de la Reine, il m'avertit de songer à moi, et m'apprit la disgrâce de M. de Beauvais, à qui l'on fit faire une querelle sans sujet par M. le prince, pour avoir lieu de le bannir. Il ne me dit la chose qu'en gros et en trois mots; et puis se retira de moi sans vouloir parler davantage, comme s'il eût appréhendé qu'on ne nous eût vus en conversation. Un jour après, trouvant un de mes amis, il se mit à lui blâmer ma conduite, et à m'accuser, entre autres choses, de voir souvent madame de Chevreuse. Il est vrai que, m'étant dit son serviteur avant sa chute, je ne m'éloignai pas d'elle lorsque le malheur de M. de Beaufort avança le sien, et qu'allant, comme j'ai dit, fort souvent au Louvre, dont son logis étoit fort proche, j'y allois attendre la fin des prières de la Reine, et l'heure de son souper : mais mes visites n'étoient point particulières, et messieurs de Guise, de Retz, et vingt autres personnes y venoient aux mêmes heures. Je fus même un des premiers qui lui conseillai d'essayer à se raccommoder avec le cardinal, et lui confirmai le dessein d'y employer M. de Liancourt, qui l'y servit avec grande chaleur, mais sans aucun fruit ; le cardinal se plaignant qu'elle lui avoit manqué de parole, et disant qu'elle savoit bien de quoi elle étoit demeurée d'accord avec la Reine.

Nous ne savions ce que c'étoit, parce qu'elle cacha sa disgrâce jusqu'à la fin ; mais nous apprîmes enfin que, le soir même de la prise de M. de Beaufort, s'étant offerte à faire sans répugnance tout ce que la Reine lui ordonneroit, Sa Majesté lui dit qu'elle la croyoit innocente des desseins du prisonnier ; mais que néanmoins elle jugeoit à propos que sans éclat elle se retirât à Dampierre, et qu'après y avoir fait quelque séjour elle s'en allât en Touraine. Depuis ce soir elle ne fut qu'une seule fois au Louvre, et n'auroit pas tant demeuré à Paris, si elle ne se fût opiniâtrée à toucher, avant que d'en partir, quelque argent qu'on lui avoit promis. Tous les jours il venoit des émissaires de la Reine et du cardinal la solliciter de s'en aller ; et entre autres, Montaigu étant venu un jour lui parler, elle lui demanda s'il étoit vrai qu'on chassât encore beaucoup de gens, et parut surtout curieuse de savoir si l'on m'ôtait ma charge, témoignant me plaindre, et prendre part à mon malheur.

Cette question étant rapportée au cardinal, fut le dernier coup de ma ruine ; et dès le lendemain la Reine dit au maréchal de Bassompierre qu'elle lui vouloit rendre sa charge : ce qu'il refusa d'abord, à ce que l'on m'a dit. Ce bruit, s'étant épandu par la ville, vint jusqu'à moi et fit que je priai M. de Liancourt de faire encore une tentative auprès du cardinal. Il me dit que, sans que je l'en eusse sollicité, il lui en avoit parlé plusieurs fois, et n'en avoit point eu de satisfaction ; si bien qu'il jugeoit nécessaire que quelque autre lui aidât à rentrer dans ce discours. Le commandeur de Souvré me promit de me rendre cet office ; et eux deux ensemble ayant pris leur temps dès le soir, ils trouvèrent un homme fort aigri, et qui à peine les vouloit ouïr, assurant toujours pourtant qu'il ne me feroit point de mal. Ce dernier effort étant demeuré inutile, je jugeai que je devois tout appréhender, et pris dès lors mes résolutions. En ce même temps ma femme, étant arrivée à Paris, alla voir madame la princesse, avec qui la dévotion lui avoit donné quelque intrigue et quelque familiarité ; elle eut avec elle une longue conversation, où elle déclama furieusement contre moi, faisant paroître pourtant, à la fin de son discours, qu'elle désiroit de me voir. Elle mena ensuite ma femme aux Carmélites, où elle et madame d'Aiguillon la présentèrent à la Reine, et tâchèrent de l'adoucir pour moi ; mais ils la trouvèrent trop obstinée à me perdre, et déjà, disoit-elle, engagée de parole au maréchal de Bassompierre. Madame d'Aiguillon la mena le soir chez le cardinal, qui lui dit la même chose, et l'assura que si elle fût venue trois semaines plus tôt, il y auroit eu lieu de me sauver. Voyant ainsi tout le monde bandé contre moi, je me résolus de ne point voir la Reine, de peur de recevoir un commandement de sa bouche, et d'être réduit à la refuser en face ; et ayant trouvé Saint-Luc, qui m'assura de la part de son oncle qu'il ne contribuoit point à mon malheur, et qu'il ne vouloit point de ma charge, je lui dis que je le priois seulement qu'il ne la prît point sans ma démission : ce qu'il m'assura qu'il feroit.

Le lendemain, je fus voir madame la princesse, qui d'abord s'emporta fort contre moi. Je souffris ce qu'elle me voulut dire, et, ne voulant pas justifier mon procédé, pour ne la pas choquer entièrement ni aussi le condamner, parce que cela m'auroit paru honteux, je rejetai tout ce qui s'étoit passé sur mon malheur, et sur des rencontres inévitables. Elle donna plusieurs attaques sur le pauvre M. de Beaufort, auxquelles je repartis le plus modestement et le plus fermement que je pus, et sortis d'avec elle, la laissant en apparence fort adoucie. En effet, quoiqu'elle eût un peu sur le cœur que je ne lui eusse point demandé son assistance, elle promit à ma femme d'empêcher ma ruine, et lui dit que je me trouvasse le lendemain chez elle à l'arrivée de monsieur son fils. Je passai le reste du jour en l'attente du commandement ; et le lendemain matin, ayant su que le maréchal de Bassompierre sembloit trouver étrange qu'après tant de civilités qu'il m'avoit faites je ne lui en rendisse pas une, j'allai chez lui, où il me répéta les mêmes assurances que Saint-Luc m'avoit données de sa part ; et pour remède contre la persécution qu'on me préparoit, il me conseilla de ne point donner ma démission : ce que je lui protestai que je ferois.

Je me trouvai l'après-dînée à l'arrivée de M. d'Enghien, à qui madame sa mère me présenta, et en fus fort bien reçu. Monsieur son père, que je vis un instant après, me fit quelques reproches, mais sans s'emporter, et m'assura qu'il ne me nuiroit point. Ne voyant plus cette maison aigrie contre moi, au contraire madame la princesse ayant dit ce jour-là que mon affaire étoit la sienne, il me restoit encore quelque espérance, fondée principalement sur cette haute réputation du maréchal de Bassompierre, que je croyois trop généreux pour contribuer à ma perte après ce qu'il m'avoit promis, et la prière qu'il avoit faite à M. de Longueville d'assurer madame la princesse que, bien loin de le désobliger en me servant, il le tiendroit à faveur, ne prétendant point me dépouiller.

Cependant n'ayant point été depuis deux ou trois jours au Louvre, je jugeai à propos de faire dire à la Reine, qu'après le bruit qui avoit couru, je n'avois osé par respect me présenter devant elle pour faire ma charge, quoique je la crusse trop juste, et me sentisse trop innocent pour appréhender sa disgrâce. Je priai M. de Brienne de me rendre cet office, et de voir aussi le cardinal, pour lui dire que, quelque bruit qui courût, je ne pouvois croire mon malheur, sachant bien que je n'avois jamais manqué contre la fidélité que je devois à la Reine, ni contre le respect qui étoit dû à Son Éminence. J'eus réponse de ce dernier point dès le jour même, et sus que le cardinal n'avoit point témoigné d'animosité contre moi, et avoit parlé comme s'il y eût eu encore quelque espérance de me raccommoder. Mais pour le premier point, M. de Brienne, m'étant venu voir le lendemain matin, me dit que, comme il ouvroit la bouche pour parler de moi à la Reine, elle l'avoit prévenu, et lui avoit dit que, le sachant mon ami, elle l'avoit choisi plutôt que M. Le Tellier, avec qui elle avoit appris que je n'étois pas bien, pour me venir ordonner de lui envoyer la démission de ma charge, et ne lui avoit allégué autre raison de ce commandement, sinon qu'elle vouloit rendre justice au maréchal de Bassompierre. Ma réponse fut que je m'estimois le plus malheureux homme du monde d'avoir pu déplaire à la Reine, et que ma seule consolation étoit que ma conscience ne me reprochoit point de l'avoir offensée, ni en bagatelles, ni en choses sérieuses ; que, pour ma charge, elle en étoit la maîtresse absolue, et qu'elle en pouvoit disposer ; mais que je la suppliois très-humblement de trouver bon que je n'y contribuasse point ; que, l'ayant prise huit mois auparavant à la vue de toute la France par son commandement, il sembleroit que je me sentirois coupable de quelque grand crime, si je consentois sitôt à m'en dépouiller ; et qu'enfin, pour les petits services que j'avois essayé de lui rendre, je ne lui demandois point d'autre grâce que la permission de me retirer chez moi pour y plaindre mon infortune, et attendre un temps plus favorable à mon innocence : ce que j'espérois quelque jour, parce que je croyois Sa Majesté juste, et que je savois que Dieu l'étoit.

M. de Brienne, ne pouvant absolument improuver ma résolution, me dit seulement que si j'en voulois prendre une autre on pourroit me ménager, outre la récompense entière de ma charge, quelques avantages, comme des brevets de chevalier du Saint-Esprit, de maréchal-de-camp, de deux mille écus de pension, et d'assurance de récompense de la première charge vacante. Je me moquai de toutes ces grâces frivoles, et me séparai de lui, après l'avoir prié de rapporter exactement ma réponse à la Reine. Une heure après, j'appris de ma femme que madame la princesse s'étoit excusée à elle-même de l'assistance qu'elle avoit promis de me rendre sur la considération du maréchal de Bassompierre, qui l'en avoit priée, à ce qu'elle disoit, quoique l'autre le niât.

Ne jugeant pas à propos, après ma réponse, de demeurer chez moi, je me retirai chez un de mes amis, et le soir j'appris, d'une personne de très-grande condition, que, s'étant trouvée au Louvre, elle avoit vu quelque remuement parmi les gardes de la Reine, et avoit eu certitude qu'il y avoit ordre de m'arrêter. Si j'eusse cru mon sentiment, je serois demeuré dans Paris, pour voir si l'on pousseroit l'injustice jusqu'au bout ; mais mes amis ne l'approuvant pas, dès le lendemain matin je fus à la campagne. Quelques jours après j'appris que la Reine, Monsieur, M. le prince, le cardinal, ou pour mieux dire en un mot, toutes les puissances étoient acharnées contre moi, et que le maréchal de Bassompierre commençoit à changer son premier discours et à dire qu'ayant tant de droits à la charge, il ne pouvoit la refuser s'il falloit que je la perdisse et que la Reine la lui jetât à la tête ; mais qu'il n'y entreroit jamais que je ne fusse entièrement satisfait. Contre un si grand orage je ne trouvois que peu ou point d'amis : M. de Liancourt, qui seul a fait paroître pour moi de la vigueur et de la générosité, étoit à la campagne ; presque tous les autres m'abandonnoient peu à peu, et ceux qui me restoient étoient ou enveloppés dans le même malheur que moi, ou dans l'impuissance de m'assister.

Des premiers, les uns, comme M. de Brienne, me proposoient des avantages en obéissant, et des persécutions en résistant ; d'autres, même des plus qualifiés, complaisans aux puissances ou incités par mes ennemis, m'écrivoient des lettres pour m'intimider, et me vouloient faire appréhender qu'on ne me traitât de rebelle, et qu'ainsi mes biens ne fussent confisqués et mes maisons rasées. Enfin il se passoit peu de jours où je ne reçusse cent avis différens, qui ne m'ébranloient point du tout. Au bout d'un mois, me voyant toujours dans les mêmes sentimens, la Reine fit faire une déclaration par laquelle le Roi publioit que la démission du maréchal de Bassompierre étoit nulle, comme ayant été donnée en prison, et sous une promesse de le mettre en liberté, qu'on ne lui avoit pas tenue; et cassoit toutes les provisions données en conséquence au marquis de Coislin et à moi, remettant le maréchal en charge sans qu'il eût besoin de nouveau serment, à condition de me payer dans quinze jours, en un paiement, les quatre cent mille livres qu'il en avoit touchées pour récompense, ou de consigner cette somme à l'épargne, en cas que je ne donnasse pas un pouvoir valable pour la recevoir.

Cette déclaration, dressée par le chancelier et écrite de sa propre main, me laissoit à courre après les vingt-deux mille écus que j'avois donnés de surplus; néanmoins craignant que je ne les répétasse contre lui, avec qui j'avois traité comme tuteur de ses petits-fils de Coislin, il prit un brevet du Roi de pareille somme, pour me le donner en paiement. J'appris cette nouvelle qui ne m'émut point, avec une autre qui me toucha beaucoup davantage, qui fut un discours que madame de Brienne voulut faire croire à ma femme qu'elle avoit eu avec la Reine sur mon sujet, où Sa Majesté, blâmant ma désobéissance, avoit juré, disoit-elle, devant le Saint-Sacrement qu'elle avoit contre moi des choses capables de me perdre, qu'elle ne vouloit point pousser par pure bonté. J'avoue que ce discours me mit si fort en colère, qu'à l'heure même j'écrivis à M. de Brienne que, tant qu'il ne s'étoit agi que de ma charge et de ma fortune, j'avois souffert sans murmurer; mais que je ne pouvois, sans me plaindre, ouïr dire qu'on attaquât mon innocence, et qu'on me voulût noircir auprès de la Reine, à qui, en cette occasion, je ne demandois que justice, la suppliant, si j'étois coupable, d'ordonner au parlement de faire mon procès, étant prêt d'entrer en la Conciergerie toutes fois qu'elle lui voudroit donner connoissance de mes fautes. C'étoit là le sens de ma lettre (1), qui étoit en termes un peu plus étendus.

M. de Brienne la trouvant peut-être trop hardie, ne voulut pas la montrer à la Reine, et se contenta (que je pense) d'en faire part au cardinal, qui n'étoit pas ce que je désirois de lui. Cependant le maréchal de Bassompierre, voyant que tout ce qu'on m'avoit pu dire jusqu'alors ne m'avoit point fait changer de dessein, et ayant ordre de la Reine de se résoudre à se déshonorer en prenant ma charge, après tant de paroles données du contraire, étoit en d'étranges inquiétudes, et travailloit chaque jour, par mille biais différens, à me faire parler pour me rendre moins opiniâtre. Enfin, se disant extrêmement pressé par la Reine, il fit faire trois sommations à ma femme de recevoir son argent, et en donner quittance valable à la troisième. Elle ayant fait réponse qu'elle étoit prête à donner quittance pourvu qu'on lui apportât tout son argent, cela l'avoit encore mis en peine, n'ayant pas le quart de la somme, et toute sa pensée étant de consigner en papier, par la faveur de M. d'Emery. Il fit demander qu'on lui montrât ma procuration; et sur le refus qu'on en fit, jugeant que ce n'étoit qu'un délai, il dit que si dans quatre jours on ne la lui montroit, il consigneroit, et dès-lors il entra en charge.

Dans cette extrémité, quoique je fusse encore dans la même pensée qu'au commencement, je trouvai tous mes amis de contraire opinion, qui me représentèrent que c'étoit perdre et ma charge et mon bien à crédit, puisque laissant consigner à l'épargne (ce qui ne se feroit qu'en papier), c'étoit jeter mon argent dans un gouffre d'où je ne le retirerois jamais; que j'aurois affaire à un vieillard, officier de la couronne et raffiné courtisan, qu'il m'étoit comme impossible de déposséder tant qu'il vivroit; et qu'à sa mort, si je ne me trouvois bien à la cour, je ne rentrerois point dans ma charge; que ma désobéissance feroit qu'on me pousseroit jusqu'au bout; et que je voyois bien que celui qu'on me mettoit en tête étoit un homme hors d'âge de pousser mes ressentimens, et un fourbe qui, m'ayant manqué tant de fois de parole, se rendroit volontiers l'instrument de toutes les tyrannies qu'on voudroit exercer contre moi. Toutes ces raisons, jointes à la considération d'une femme grosse et de trois enfans que je pouvois rendre misérables par ma mort, me firent enfin céder; et je crus que, quelque raison que j'eusse dans mon dessein, le sentiment de tant de personnes prudentes et généreuses devoit être préféré au mien. Ainsi je fis dire à M. de Brienne que j'étois prêt à obéir et à recevoir mon argent; et lui me promit, de la part de la Reine, tout ce qu'il m'avoit proposé le jour qu'il me demanda ma dé-

---

(1) C'est la lettre qui est à la fin des Mémoires de La Châtre, ci-après, page 296.

mission. Ensuite je donnai ma procuration à ma femme, après avoir fait des protestations qu'on me dit me pouvoir servir quelque jour, à quoi, pour dire le vrai, je n'ai guère de confiance, et si j'ai gardé ma démission, ç'a été seulement parce que je m'étois engagé dès le commencement à ne la point donner, et non pas par espérance qu'il puisse jamais arriver un assez grand changement pour m'en prévaloir. Ne m'étant jamais attaché qu'à la Reine, et me trouvant ruiné dans son esprit, je ne trouve pas de ressource tant qu'elle sera en puissance; et lorsque notre Roi sera en âge de gouverner lui-même, il se trouvera une si grande disproportion entre son âge et le mien, que je n'y puis jamais prétendre d'accès ni de familiarité.

Les choses qui se sont passées dans mes affaires, ensuite de ce que j'ai écrit ci-dessus, ont été si connues de tout le monde, que ce seroit un discours fort ennuyeux de vouloir exagérer encore les fourbes du maréchal de Bassompierre, les foiblesses de M. de Brienne, et les longueurs et manquemens de parole des ministres. Je me suis déjà peut-être trop arrêté à des choses peu importantes; mais comme je n'ai fait cette relation que pour mes proches et mes amis très-particuliers, ils auront la bonté d'en excuser les défauts; et si mon discours ne leur paroît pas fort éloquent, ils le trouveront au moins plein de sécurité et de vérité. Je serai ravi s'il leur donne quelque satisfaction, et aurai obtenu la principale fin que je me suis proposée, s'ils connoissent qu'en beaucoup de choses j'ai été plus malheureux qu'imprudent, et que dans celles où j'ai manqué, ç'a été par des principes de générosité et de fidélité dont je ne me départirai jamais, quoiqu'ils ne m'aient pas bien succédé.

Lettre de M. de La Châtre à M. de Brienne.

Monsieur,

Tant que le malheur ne s'est attaqué qu'à ma fortune, et que j'ai cru n'avoir rien à appréhender que la perte de ma charge, j'ai souffert ma disgrâce sans murmure, et me suis résolu sans peine à attendre qu'un temps plus favorable me donnât lieu d'espérer plus d'avantage. Mais, maintenant que j'apprends qu'on en veut à mon innocence, et qu'on essaie de ruiner dans l'esprit de la Reine le peu de bonne opinion que j'avois souhaité de m'y acquérir, j'avoue que je n'ai pas assez de constance pour endurer un si rude choc sans me plaindre. Vous me connoissez assez, Monsieur, pour savoir que l'intérêt ne m'a jamais fait agir : je n'ai cherché dans mes actions que de l'honneur, et en ai mis le plus haut point à pouvoir être estimé de la seule personne à qui je dédiois tous mes services. Jugez par là combien je dois être sensible à l'injure qu'on me fait de me vouloir noircir auprès d'elle, et trouvez bon, s'il vous plaît, que je vous supplie très-humblement de dire à Sa Majesté qu'en toute autre occasion je recevrai ses grâces avec le respect auquel je suis obligé; mais qu'en celle-ci je ne lui demande que justice. Si je suis coupable envers elle, ou en choses d'importance ou en bagatelles, je suis le plus criminel homme du royaume, et je désire avec passion que le parlement examine mes fautes et les punisse. Pour ce sujet, je suis prêt d'entrer dans la Conciergerie toutes les fois qu'il lui plaira de me faire faire mon procès, me sentant si innocent que je n'en puis redouter l'issue. Et quand même la fin m'en pourroit être funeste, je pense que je ne l'appréhenderois pas dans le désespoir où je suis présentement, croyant n'avoir plus rien à perdre au monde, puisque la Reine a perdu la créance qu'elle a eue autrefois de ma fidélité. J'attends de l'honneur de votre amitié que vous me ferez la grâce de lui témoigner mes tristes sentimens; et c'est le meilleur office que puisse espérer de vous,

Monsieur,

Votre, etc.

FIN DES MÉMOIRES DE LA CHATRE.

OBSERVATIONS
DE M. LE COMTE DE BRIENNE,

MINISTRE ET SECRÉTAIRE D'ETAT,

SUR LES MÉMOIRES DE M. DE LA CHATRE.

Il eût esté à désirer pour la réputation de monsieur de La Chastre qu'il se fût abstenu d'escrire, ou qu'il eust mieux été informé des affaires dont il a voulu laisser des mémoires, ou bien que ses amis et les miens ne m'eussent pas forcé de voir son ouvrage : je n'aurois pas été obligé de destruire ce qu'il avance contre la meilleure Reine du monde, et de faire voir au public les erreurs que la passion ou le défaut de lumière luy a fait commettre contre mon honneur. J'ai presque toujours désapprouvé les appologies que j'ay vu donner au public, parce que leur usage n'estant légitime que quand elles deffendent l'innocence et la vérité, l'on s'en sert d'ordinaire pour déguiser la vérité, et pour obscurcir les choses fort manifestes; ainsy changent-elles rarement la créance de ceux qui sont tant soit peu esclairés, et elles laissent presque en tous le soubçon du mal dont on s'efforce de se purger. Mais je ne crains pas ce mauvais succès en cet escrit particulier, où le seul récit des choses qui se sont passées sera capable de détromper les lecteurs préoccupez, et où l'intérêt de la Reyne, plutost que le mien, me contrainct de descouvrir des particularités que sans cela j'aurois laissé ensevelir dans l'oubli.

L'auteur des Mémoires devroit s'estre souvenu que, quelques mois avant la mort du Roy, je l'advertis que la Reyne avoit résolu de se servir de M. le cardinal Mazarin, et quelle témoignoit y estre portée par la connoissance qu'elle avoit de son mérite et de son esprit.

Il est vraisemblable que Son Eminence le souhaitoit aussy de son côté, pour reconnoistre les obligations qu'il avoit au Roy et à la couronne, et pour avoir veu dans la personne de la Reyne les grandes qualités dont elle estoit pourvue. Il jugeoit assez que, si Dieu venoit à disposer du Roy, il trouveroit une ample matière pour travailler au bien de l'Estat et à la gloire de la Reyne, et ne pouvant douter qu'elle ne deust estre déclarée régente, il prévoyoit mille occasions de signaler son nom et de se rendre recommandable à la postérité. Voici comment cette affaire s'est conduite :

Son Eminence se servit du ministère de monseigneur de Grimaldy, qui n'estoit pas encore cardinal, mais à qui cette dignité estoit asseurée pour les services considérables qu'il avoit rendus à l'église; les charges qu'il avoit dignement exercées dans l'Estat ecclésiastique, et les nonciatures dans lesquelles il avoit fait paroistre son esprit, luy avoient acquis l'applaudissement de la cour romaine et l'estime d'Urbain huitième, qui l'honnora enfin de la pourpre.

Ce prélat fit connoistre les sentimens de monsieur le cardinal Mazarin à monsieur l'évesque de Beauvais, qui avoit en ce temps-là la confiance entière de la Reyne, et qui, jugeant le service de Son Eminence nécessaire à Sa Majesté, fut si persuadé que la nouvelle luy en seroit très-agréable, qu'il alla tout à l'heure luy en donner avis.

Je me rendis, le lendemain, à Saint-Germain où j'allois assez souvent pour obéir aux commandemens de la Reyne qu'elle m'avoit faicts, pour elle conserver auprès du Roy l'accord que j'y avois toujours eu. L'estime, qu'en diverses occasions il avoit toujours faict de mon zelle pour son service, me donnoit cette liberté ; et si je n'avois pas eu part à sa plus étroite confiance, ma fidélité avoit esté néanmoins assez ferme et assez constante pour m'acquérir, malgré la résistance et les artifices de mes ennemis, quelque part en ses bonnes grâces ; je rencontray monsieur de Beauvais qui, ayant l'esprit remply de ce qu'il croyoit avoir mesnagé pour la Reyne, me le communiqua aussitost, de manière qu'il paroissoit qu'il en voulût mon approbation ; j'escoutay néanmoings ce qu'il me dit sans m'ouvrir tout-à-faict, croyant qu'il estoit de mon devoir d'apprendre de la bouche de la Reyne ses sentimens, auparavant que de dire les miens sur un dessein qui ne laissoit pas de donner de la joye à celuy qui avoit contribué à l'advancer.

Je ne fus pas en peine de sçavoir la pensée de la Reyne, parce qu'aussitost que je l'approchay elle me dit, avec une extrême satisfaction, la conquête qu'elle avoit faicte, et elle me tesmoigna qu'elle n'avoit rien tant désiré que de s'acquérir le cardinal Mazarin; qu'elle l'avoit toujours estimé, et que, la liaison qu'elle avoit avec quelqu'autres ne luy ayant pas esté heureuse, elle avoit augmanté les sentimens avantageux qu'elle avoit toujours eus pour luy.

Les affaires du cabinet estoient en cet estat lorsque les médecins ne craignirent plus de déclarer que les forces du Roy estoient tellement diminuées, qu'il n'y avoit plus d'espérance à avoir de sa guérison, et que sa dernière heure estoit s'y proche qu'il pourroit bien surprendre ses serviteurs.

Plusieurs formèrent alors des desseins pour relever leur fortune, et l'on crut mesme qu'il y en eust qui, pour s'assurer de l'autorité, concurrent les derniers attentats, comme se vouloir rendre les maistres de la personne de monseigneur le Dauphin, et de celle de monsieur son frère, et exclure ensuite la Reyne de la régence, que le Roy luy avoit déférée, quoyque ce fût avec des bornes, les cabales de la cour n'ayant pu le porter à déclarer monsieur le duc d'Orléans et la Reyne co-régents; ils crurent que, sans avoir en leur puissance les personnes sacrées de monseigneur le Dauphin et de Monsieur, ils ne pouvoient faire réussir leur projet du conseil de la Reyne. Il est vray que le Roy leur avoit accordé le pouvoir de l'establir; mais ils ne l'avoient composé que de ministres, les uns attachez au service de Son Altesse Royale, et les autres si foibles qu'ils n'estoient pas capables de résister à la puissance ny à la volonté des grands. Les serviteurs de la Reyne, portés d'un esprit fort différent, s'appliquèrent à travailler pour prévenir les pernicieux desseins, et comme le moyen le plus court et le plus infaillible estoit d'avoir la force en main, ils s'employèrent avec succès à attirer toutes les gardes françoises et suisses, et les compagnies du Roy dans la seule dépendance de la Reyne.

La vérité des choses qui se passèrent alors m'engage à rejeter la tache de foiblesse sur celuy qui m'en veut accuser dans ses Mémoires, et de luy marquer un défaut de prévoyance duquel je l'advertis; et je puis dire que je suis par ce moyen l'auteur de la seule chose qu'il fit avec quelque esclat et quelque louange; car je luy conseillay, peu de jours avant que le Roy mou-rût, de doubler la garde suisse, dont il ne s'estoit point advisé, et cette précaution estoit d'autant plus sage et plus importante à son honneur, que les François firent la mesme chose sans qu'il leur eût esté commandé.

Je confesse, en revanche, autant que je l'ay pu connoistre, que M. de La Chastre n'advance rien qui ne soit véritable, ny sur ce qui regarde la confiance que la Reyne fist paroistre à M. de Beaufort, ny sur le crédit que ce prince s'estoit acquis, ny sur l'excessive vanité dont il le blasme de s'en estre donné; peut-estre que s'il eût sceu se commander, ses affaires se seroient advancées plus heureusement, et qu'il auroit évité d'offenser les esprits de ses envieux qui, comme il arrive ordinairement, devinrent ensuite ses ennemis.

Je fus celuy, et M. de La Chastre l'a ignoré, qui donnay le conseil à la Reyne d'offrir à M. le cardinal la mesme place dans le conseil que le feu Roy luy avoit destinée; mais ce ne fut ny pour en avoir esté prié par Son Eminence, ny moins encore pour en avoir receu vingt mille escus, comme quelques-uns se sont imaginé. Cette somme seroit trop petite si l'on considère les avantages que je pouvois me promettre en ce temps-là. Je diray librement quel fut le motif du conseil que je donnay à la Reyne, et je ne doute point que si Sa Majesté estoit priée de dire ce qui se passa entre elle et moy sur ce sujet, je n'eusse la gloire de ne m'estre point advancé et d'avoir conservé en cette rencontre la franchise que j'ay toujours faict paroistre, oubliant mes propres intérêts, et les sacrifiant à la seulle passion dont j'ay toujours esté poussé, qui est la gloire de servir mes maistres.

Sa Majesté m'avoit témoigné avec douleur que Son Eminence se vouloit retirer en Italie, et qu'il l'avoit suppliée de permettre qu'il pourveust à son honneur par ce moyen, puisqu'en la déclaration qui devoit estre portée au parlement, la dignité de lieutenant-général que le feu Roy avoit déférée à M. le duc d'Orléans, luy devoit estre conservée, et à M. le prince celle de chef des conseils, en l'absence de Son Altesse Royalle, et qu'il n'y estoit point parlé de luy, quoyque le feu Roy ne l'eût pas moins considéré que ces deux princes. Je pris la liberté de dire à la Reyne que, puisqu'elle jugeoit que le service de M. le cardinal luy seroit utile et à l'Estat, elle ne pouvoit prendre un meilleur conseil que de luy offrir la dignité que le Roy luy avoit destinée; qu'il arriveroit de deux choses l'une : ou que Son Eminence en seroit satisfaite et recevroit avec reconnoissance l'honneur qu'elle luy procuroit, et qu'ainsi elle le conserveroit à son service; ou qu'en la refusant, il témoigneroit n'avoir aucune volonté de s'attacher auprès d'elle, quelque désir qu'elle luy en eût faict paroistre, auquel cas elle ne perdroit rien quand il se retireroit.

J'adjousteray néanmoins que j'estois persuadé que Son Éminence se tiendroit obligée de l'honneur qui luy seroit offert, et qui l'engageroit encore plus estroictement au service de Sa Majesté, rien ne liant si fort les grandes ames qu'une obligation signalée que l'on s'acquiert sur elles.

Ce que j'avois prévu arriva, et l'événement justifie que la Reyne ne pouvoit confier son secret à une personne qui le méritast mieux; la fin que, sous les ordres de Leurs Majestés, il a heureusement et glorieusement mise à une guerre qui deschiroit, il y a long-temps, les plus nobles parties de la chrestienté, et qui l'exposoit à devenir la conqueste de l'ennemy commun, en est une preuve certaine, et personne ne peut douter de la durée d'une si importante paix, puisqu'elle est assurée par le mariage du Roy et de l'infante d'Espagne, dont la naissance et les qualités ont de si grands raports, qu'il est aisé de voir que le ciel les avoit fait naistre pour la félicité publique et pour la gloire de nostre siècle.

Leurs Majestés allèrent au parlement, et il fut donné arrest portant, que le Roy séant en son lict de justice, la régence du royaume et l'éducation de la personne de Sa Majesté estoient déférées à la Reyne, Leurs Majestés estant assistées de M. le duc d'Orléans, de M. le prince, d'autres princes, des ducs, pairs et officiers de la couronne. Je transcrits les termes de ce qui fut prononcé par M. le chancelier, sans avouer ce que quelques-uns prétendent, qu'en cette rencontre il n'eust rien oublié de l'ordre qui s'estoit observé de tout temps, car bien que les Roys dans leurs patentes usent de ces termes : de l'advis de ceux de nostre sang et autres princes, le parlement, qui n'en reconnoist point d'autre que ceux qui ont accès à la couronne, n'accorde jamais ce titre aux estrangers, et ne leur donne séance qu'en leur rang de pairs, lorsque le Roy leur a conféré cette dignité.

Puisque l'occasion se présente, je respondray à ce qui m'est fort injurieusement objecté par M. de La Chastre, touchant la personne de M. le chancelier, de qui les véritables mérites ont esté plus capables de m'engager à le servir, que les vingt mille escus imaginaires que ses Mémoires m'accusent d'en avoir receu. Ce ne fut aussy aucun sujet que j'eusse de me plaindre de M. de Chasteauneuf, ny aucun traité mercenaire que j'eusse faict avec M. le chancelier, qui me fît prendre son party; ceux qui me connoissent savent si j'ay l'ame portée à de telles lâchetés, et si je n'ay pas toujours mieux aimé prévenir le désir de toutes sortes de personnes par les offices que je leur ay pu rendre, que de les leur faire acheter, je ne dis pas par des présens, mais seulement par de simples preuves.

Le vray sujet donc qui m'engagea à porter fortement la Reyne en faveur de M. le chancelier, fut l'opinion que j'avois qu'il la serviroit sans aucun attachement contre ceux de qui on pouvoit craindre qu'ils ne voulussent partager son autorité. M. de Chasteauneuf n'étoit pas exempt de ce soubçon; ayant toujours conservé une liaison estroite avec madame de Chevreuse, il n'y avoit pas lieu de croire qu'il se deffendist de prester la main aux entreprises de cette dame, qui ne se pouvoit empescher de projeter tous les jours de nouveaux changemens. La Reyne en fut bientost éclairée par les prétentions qu'elle descouvrit à Sa Majesté, et par les instances qu'elle luy fit pour donner de grands establissemens à ceux que son exil n'avoit pas destachés de ses intérests. Elle ne douta plus de la vérité de ce qu'on luy avoit prédit, que cette dame reviendroit à la cour avec la mesme sûreté et le mesme esprit que l'en avoit si souvent fait éloigner, et qu'elle n'y auroit pas fait un mois de séjour qu'elle n'y jetast des semences de confusion et de trouble.

Je ne celleray point que la véritable raison qui m'avoit donné une estime particulière pour M. le chancelier, donnera plus de confusion à ceux qui imitent M. de La Chastre, en l'adversion qu'il avoit pour lui, que je n'en recevray de la fausse accusation dont il me charge en ses Mémoires, d'avoir vendu à M. le chancelier, pour la somme de vingt mille escus, mon affection et mes services. C'est un traité chimérique duquel nul homme d'honneur n'eust osé seulement me faire la proposition; et ce moyen prétendu de me gagner auroit esté un sujet indubitable de me donner de l'adversion et de m'esloigner des intérests de celuy qui m'en auroit fait la moindre ouverture; mais, laissant à part une imposture que la plus hardie médisance ne pourroit pas mesme persuader à mes ennemis, je reviens au véritable motif qui m'avoit faict particulièrement honorer M. le chancelier; je le diray d'autant plus volontiers, que peu de personnes en ont eu connoissance, et que les parens de M. de Thou ont faict semblant d'ignorer, de peur de témoigner de la reconnoissance de l'obligation qu'ils luy en avoient, et parce qu'ils en avoient une forte passion pour l'establissement de M. de Chasteauneuf, qui estoit leur parent, et sur lequel ils fondoient de grandes espérances. La première chose qu'ils se promettoient estoit qu'ils donneroient facilement les mains à purger la mémoire de M. de Thou : à quoy ny M. le chancelier, ny tous les autres serviteurs du Roy n'eussent jamais pu consentir ; l'autre, que par sa faveur ils pouvoient aisément eslever leur fortune; mais, sans m'arrester à ces intérests, je viens au sujet que je me suis proposé, qui fera connoistre en mesme temps l'injustice des plaintes que l'on fait quelquefois de gens à qui l'on doit de fort grandes reconnoissances.

Le véritable sujet de liaison que j'avois avec M. le chancelier fut la parole qu'il m'avoit engagée, et qu'il me teinst fort fidellement, de contribuer en tout ce qui dépendroit de luy pour tirer de peine M. de Thou : et de faict il se porta avec tant de soing, qu'encore qu'il y eust une ordonnance publiée sous Louis XI, qui déclaroit que celuy de tous ses sujets qui auroit connoissance d'une conjuration faicte contre sa personne ou contre son Estat, et qui ne la révèleroit pas, seroit puni comme les auteurs mesmes du crime, et encoureroit les mesmes peines qu'eux, la perte des biens et la vie ; quoy, dis-je, qu'un magistrat aussy consommé que M. le chancelier en la connoissance des ordonnances de nos Roys, n'en peut ignorer une de cette importance, il dissimula de la sçavoir, et se conduisit, dans cette affaire, comme s'il n'eust pas faict estat de cette loi; car, après avoir souvent adverty M. de Thou, lorsqu'il fut interrogé et qu'il se laissoit emporter à son naturel vif et prompt, de se donner le temps de bien escouter ce qui lui estoit demandé et considérer ce qu'il devoit respondre, il ne feignit point de dire tout haut et de déclarer mesme au cardinal de Richelieu, pour le préparer à l'absolution de M. de Thou, qu'il ne se trouvoit aucune ordonnance qui condamnast à la mort celuy qui avoit eu connoissance d'une conjuration formée contre l'Estat, s'il n'y avoit aussy adhéré.

Qu'au procès de l'accusé il paroissoit à la vérité que Fontrailles, à son retour d'Espagne, luy en avoit donné quelque lumière ; mais qu'il en avoit désapprouvé le dessein et blâmé ce gentilhomme d'avoir servy d'instrument pour engager Monsieur dans une si odieuse affaire.

Le cardinal de Richelieu fut surpris de ce discours et s'en entretint avec quelques-uns de ses commissaires; l'un d'eux ayant raporté l'ordonnance de Louis onziesme, dont je viens de parler, il la fit extraire du corps de la loy et la monstra à M. le chancelier ; mais quoyqu'il fût pressé de la sorte par ce ministre, dont la manière d'agir, en telles rencontres, n'est que trop connue, il ne relâcha pas néanmoins du projet qu'il avoit fait de donner lieu au criminel de se délivrer du suplice ; car il affoiblit encore cette ordonnance, en disant qu'elle n'estoit pas en usage au parlement de Paris où il avoit esté eslevé. Je ne puis désavouer qu'ayant recueilly les oppinions, il ne fût d'advis de l'arrest; mais comme son suffrage ne pouvoit absoudre M. de Thou, aussy ne fust-ce pas celuy qui forma la condamnation, et tout homme qui sçait le devoir d'un président, sçait qu'il ne se peut départir d'une loy que tous les juges tiennent valide, ny du consentement de leurs advis, lorsqu'ils les ont donnés dans les formes.

C'est aussi une grande erreur, et de laquelle je suis fort esloigné, avec tous les jurisconsultes, qu'il est en la liberté d'un juge de prononcer comme un arbitre pacifique selon l'équité et non pas selon la rigueur de la loy; car, outre que son serment l'oblige de rendre la justice, sa qualité de juge le rend, non pas le maistre, mais le conservateur et le ministre des loix et des ordonnances.

Je me suis un peu trop arresté à justiffier l'estime que j'avois pour M. le chancelier, et à deffendre l'intérest que je prenois à sa conservation ; il est temps que je rentre dans la matière qui m'a obligé à faire cet escrit ; je voudrois que celuy de M. de La Chastre ne m'engageast point à blasmer la conduite de MM. de Vendosme et de Beaufort, quoyque je m'assure qu'ils confesseront que, pendant tout le temps de leur mauvaise fortune, ils n'ont point esprouvé en aucuns serviteurs de plus grande fermeté que celle que je leur ay conservée, je ne dis pas fidelité, parce que je tiens que nous ne la devons qu'au Roy seul, de qui les intérests nous doivent estre plus chers et plus considérables que ceux de nos amis mesme, que nos biens et que nostre propre vie.

Je suis assuré que si ces princes et plusieurs de la cour, entre lesquels je comprends M. de La Chastre, eussent voulu suivre mes conseils ils eussent esvité de s'attirer quantité de disgrâces et de faire plusieurs fausses démarches qui ont pensé causer leur ruine. Le conseil que je leur en donnois de s'accommoder avec M. le cardinal ne procédoit pas, comme M. de La Chastre s'est imaginé, de ce que j'estois devenu serviteur de Son Eminence, ny de ce que j'avois reconnu qu'il avoit l'ame si douce et si généreuse que l'on pouvoit faire une liaison asseurée avec luy ; la raison que j'en avois prenoit son origine de plus haut et venoit de la première source ; car qui pourra nier qu'après avoir sceu de la Reyne qu'elle luy destinoit la dernière confiance, et qu'elle désiroit de ses serviteurs qu'ils le considérassent comme celuy qui devoit porter le poids de ses affaires et soustenir son autorité, je n'eusse faict paroistre aux uns moings de respect, et aux autres moings d'amitié, sy je leur avois cité cet important dessein et si je ne les avois pas pressez de suivre l'advis que je leur donnois.

Si quelqu'un a conceu de moy un jugement si esloigné de la vérité, qu'il ait attribué l'office que je luy rendois, ou à quelque foiblesse, ou à quelque intérest, j'ay esté vengé par l'événement, et plusieurs personnes de vertu ayant loué ma franchise et ma sincérité, sans que j'aye bien mérité d'eux, ny que je les en aye recherchés, je ne dois pas appréhender que les mémoires d'un homme affligé, et qui ne juge de tout ce qui luy déplait que par ce que son adversion luy suggère, puissent donner quelque atteinte à ma réputation.

Je n'ay qu'à souhaiter que l'on se donne le soing de lire avec attention son escrit, et l'on verra qu'il se condamne luy-mesme ; après m'avoir traité avec mespris, car il n'a pas si tost déclaré le peu d'estime qu'il faict de moy, qu'il témoigne m'avoir recherché pour luy rendre des offices de très grande importance ; et par conséquent des personnes qui n'estoient pas moings habiles que luy faisoient un jugement de moy plus advantageux que le sien : car pouvoit-il m'employer de la sorte sans croire que j'estois en quelque sorte accrédité, pour tout dire en un mot, s'adresser à moy pour le servir, lorsque la disgrâce m'estoit connue, s'il ne me croyoit pas fort désintéressé? Et après tout, un homme de la cour qui est assez détaché de ses propres intérests pour les mettre au hazard en faveur d'un amy qui s'est acquis l'adversion de son maistre, quelque succès qu'il ait eu dans les fidèles services qu'il a rendus à cet amy, en doit-il jamais estre récompensé par des injures transmises à la postérité dans les escrits? enfin, s'il ne me tenoit pas de ses amis, quelle raison a-t-il de se plaindre? et s'il croyoit que je le fusse en effect, ne manque-t-il pas fort de précaution de se fier à une personne de la qualité qu'il me dépeint, si les plus ardens amis qu'il put faire agir en sa faveur ne luy furent pas plus utiles que moy dans l'estat déploré ou sa politique l'avoit réduit? Ce n'estoit pas à mes deffaults qu'il se devoit prendre de mon peu de succez, mais aux siens propres ; et quoy qu'il en soit, il ne devoit plus user de mon ministère s'il l'avoit esprouvé digne de son mépris ; ou s'il s'est monstré prudent en continuant d'y avoir recours, il a deub se louer de ma constance qui ne s'est point lassée des rebuts que j'ay receus à son sujet ; mais il ne falloit pas attendre toutes ces considérations d'un homme outré de douleur et qui, dans les apparences d'une fermeté estudiée, ne se peut empescher de faire paroistre les mouvemens secrets des passions différentes dont il est agité. S'il eût esté plus docille au commencement de son adversité, et s'il eût pu se restablir par une démonstration sincère de sa soumission entière à ceux à qui il estoit obligé de la rendre, quoyqu'il n'y eût eu en moy aucun changement, il m'eût donné la gloire d'un parfait amy et rien n'eût esté plus grand que ma franchise et ma générosité, tant les différens succès causent des jugemens contraires, et tant un esprit travaillé par la disgrâce est différent de luy-mesme, lorsqu'il jouit de la prospérité ; mais j'ayme mieux plaindre sa disgrâce que de l'imiter dans son procédé et dans ses sentimens. Je reviens à sa conduite, lorsque la douleur ne l'avoit pas encore troublé et qu'il pouvoit agir dans toute l'estendue de sa prudence.

Il n'y a personne qui n'advoue que de tous les officiers de la maison du Roy, il n'y en a point de plus obligez à lui rendre une fidélité parfaite que ceux qui commandent sa garde, et que de s'attirer de mauvais soubçons dans une charge de cette qualité, c'est se jetter dans un précipice inévitable ; cependant M. de La Chastre se trouve en cet estat dans un employ envié de tout ce qu'il y a de gens de qualité à la cour, et il n'hésite pas de prendre party, et surtout d'en prendre un qui obligea le Roy d'user de sa puissance souveraine et d'une prompte justice pour le rompre et pour en prévenir le péril. Il allègue l'exemple de M. le duc d'Epernon qui fit quelque chose de pareil, mais il y a grande différence entre le secours que l'on preste à un amy, sans offenser le Roy, contre une personne qui le surpasse en force et en crédit, et le secours qu'on porte contre l'autorité du Roy mesme, en voulant entreprendre sur la personne de son principal ministre, outre que la circonstance du temps et des personnes que M. de La Chastre attaquoit et de celles qui les protégeroient, devoit estre tellement pesée qu'il n'y avoit point d'intérest particulier ny l'exemple d'amis qui deust jamais porter un homme qui commandoit les gardes du Roy à s'engager dans une querelle aussy mauvaise que celle dont il se déclara partisan.

Je ne puis non plus soufrir qu'il advance qu'il avoit hazardé son bien et la ruine de sa famille par la seulle passion qu'il avoit de servir la Reyne ; il ne se souvient non plus avec quel empressement il m'avoit prié de faire en sorte qu'il pust entrer dans la maison du Roy, et que sa charge de maistre de la garde-robe, que Sa Majesté avoit consenty qu'il acheptast de M. de Rambouillet, luy avoit cousté cent et tant de mille escus; que par conséquent, en acheptant celle de colonel des Suisses, quand il n'auroit esté porté que par la seulle raison de l'intérest de la Reyne, il n'auroit exposé pour son service que la somme de cent mille livres: ce n'est pas un sacrifice si général que celuy qu'il dit avoir faict de tous ses biens et de toute sa famille.

Pour les reproches qu'il faict au mareschal de Bassompierre, je ne m'engage pas à les destruire, ny à justifier la conduite de ce mareschal, duquel aussi je ne veux point condamner la mémoire; mais je veux bien faire connoistre que c'est avec injustice qu'il se plaint de la Reyne, puisque Sa Majesté, l'ayant souvent adverty de changer de conduite, elle l'a traité en bonne maîtresse, et que, lorsqu'elle a été obligée de le priver de sa charge en luy faisant donner la récompense, elle a eu la bonté de luy promettre encore des grâces, et l'on ne doit point douter qu'il ne les eût receues, si Dieu n'eût pas disposé de luy; la porte du Louvre ne luy auroit pas esté entièrement fermée, et l'on s'estoit contenté de le chastier par la destitution de sa charge, pour s'estre lié inconsidérément à la maison de Vendosme, ayant l'honneur de commander la garde du Roy: de manière que la Reyne a plus considéré les services qu'il avoit eu l'intention de luy rendre, que les effets contraires aux protestations qu'il luy en avoit faictes, et dans le tempéremment qu'elle apporta à sa punition, elle n'a pas eu moings d'esgards à la première inclination qu'il avoit témoignée pour son service, qu'aux fautes suivantes dont il l'avoit desmentie.

Il y a deux choses dont je suis fort persuadé: l'une, que M. de Beaufort est trop généreux pour s'estre porté à une aussi grande extrémité que celle dont on l'accusa; l'autre, qu'il semble néanmoings en avoir esté convaincu, puisque l'on a sceu au vray qu'il avoit faict venir à Paris quantité de ses amis qu'on avoit remarqués jusques sur les advenues du Louvre, et que, depuis qu'il eust esté arresté, ils disparurent tous en un instant. Peut-estre n'eut-il autre dessein que de donner de la peur, mais cette seulle entreprise le rendroit coupable; et ce n'est pas seulement par la dernière exécution du mal projetté contre le prince que l'on devient criminel, c'est encore par les actions par lesquelles on se faict connoistre capable de le concevoir et de le tenter.

Peut-estre aussy que ses amis, sans sçavoir au vray pourquoy ils estoient mandés, se donnèrent eux-mesmes la liberté de faire des discours mal concertés, dont on a chargé son innocence. Quoy qu'il en soit, je ne suis pas si hardy que M. de La Chastre, qui ne feint pas de le déclarer innocent, parce que je sçay qu'en justifiant si absolument un sujet déclaré coupable par son prince, l'on accuse le prince d'injustice, et que l'on ne peut exempter l'un de crime sans noircir l'autre de tyrannie.

Une si odieuse tache n'a point obscurcy le gouvernement de la Reyne, lequel a esté si doux que, s'il peut recevoir quelque blâme, ce n'est que pour n'avoir pas exercé la sévérité des loix contre ceux qui, à leur mépris, ont osé entreprendre contre l'autorité royale.

Il me reste encore à me justifier du reproche que M. de La Chastre me faict d'avoir manqué à l'amitié que j'avois jurée à M. de Chasteauneuf; mais luy-mesme, qui eût deu s'en plaindre s'il en eust eu quelque légitime sujet, a tellement prévenu la prétention de mon accusateur, qu'il s'est loué de moi dès le temps qu'il fut en prison, et il n'a point cessé depuis qu'il a esté en liberté et qu'il est venu à la cour, de publier la constance de mon amitié, et que j'ay faict dans le temps tout ce que j'avois pu pour son service.

Il ne désavoue pas néanmoings qu'à la mort du Roy je n'aye cru que M. le chancelier luy devoit estre préféré, non seulement pour les raisons que j'ay alléguées, mais parce que je connoissois qu'il avoit l'humeur trop fierre et l'esprit trop altier pour se contenter d'une seconde place; j'estimois aussy toujours qu'ayant entretenu commerce avec madame de Chevreuse, et sçachant qu'il estoit difficile que la complaisance qu'il avoit pour elle s'effaçast de son esprit, son ministère ne pouvoit estre utile pendant la régence, surtout tandis que M. le cardinal seroit dépositaire de la principalle autorité. Mais quand il fit parroistre qu'il méditoit sa retraite en Italie, ce fut toujours mon sentiment que la Reyne ne pouvoit mieux faire que de se servir de M. de Châteauneuf, parce que je croyois, avec beaucoup d'autres, qu'il avoit les qualités nécessaires pour soutenir le poids des grandes affaires, et pour servir utilement la Reyne et l'Estat; et toutesfois, s'il n'eust pas eu la principalle administration, il ne se fût pas exempté du soubçon que, pour s'y eslever, il eust esté capable, ou de former ou d'appuyer quelque grand projet; car, comme il n'avoit pu ny l'esviter ny s'en abstenir du temps du cardinal de Richelieu, il n'y avoit pas lieu de croire qu'il le pût faire sous une régence où l'on entreprend plus hardiment et où l'on croit que l'autorité royalle n'est pas dans son ancienne vigueur.

Mais pour conclure ces observations, que je ne fais que pour ceux qui auront veu les Mémoires de M. de La Chastre, je diray encore une chose qui mérite d'estre remarquée : les partisans de M. de Beaufort, ayant regret qu'il eût offencé une princesse de la naissance et de la qualité de madame de Longueville, faisoient tous leurs efforts pour en estouffer les discours; mais parce que, pour accomplir leur dessein, ils usoient d'un terme qui, en ensevelissant la calomnie, en augmentoit le déshonneur, c'est à sçavoir, que plus l'ordure est remuée, plus elle sent mauvais, les amis et serviteurs de madame de Longueville s'animèrent d'avantage à vouloir que la chose fût éclaircie. Ses plus proches parens se contentèrent de la satisfaction que madame de Montbason luy avoit faicte, parce que la Reyne l'avoit jugée suffisante; mais plusieurs de la cour en demandoient une plus vigoureuse et plus exemplaire, et ç'a esté sans doute leur ressentiment qui a beaucoup contribué aux disgrâces de M. de Beaufort.

Auparavant que de finir, je suis obligé de dire deux choses : l'une, que je souffre avec peine que M. de La Chastre, que j'ay toujours considéré, non seulement à cause de la parenté dont il touchoit à madame de Brienne, mais encore comme héritier et fils de M. le comte de Mançay, avec lequel mon père faisoit profession d'une très-étroicte amitié; mais, contrainct de me deffendre contre sa plume et de toucher à sa mémoire; l'autre, que l'on ne doit pas estre surpris de ce que je ne l'ay pas faict plus tost, puisque je puis assurer, sur l'honneur dont je fais profession, qu'il n'y a pas plus de temps que j'ay leu ses Mémoires qu'il m'en a falu pour faire cet escrit, auquel je souhaiterois fort qu'il ne m'eust pas engagé par ses injures; l'amitié que je luy ay toujours tesmoignée durant sa vie me l'a faict encore espargner après sa mort. Plusieurs endroitz de son histoire, où les seulles contradictions le réfutent assez, font voir que la passion de se justiffier l'a porté à accuser de ses malheurs ceux de qui les soings officieux et sincères n'ont pu trouver lieu de les prévenir ny de les réparer.

Il eût sans doute condamné luy-mesme beaucoup d'endroits de son escrit, s'il se fût relevé de sa chute, et il ne les auroit point escrits, s'il eût mis la plume à la main dans un âge plus advancé et dans un estat plus tranquille. Je m'assure mesme que s'il eût reconnu que nos amis peuvent bien s'efforcer de nous secourir dans nos disgrâces, mais que ce n'est pas leur foiblesse qui rend leurs efforts inutiles, c'est la conduite de ceux pour lesquels ils se sont employés, peut-être que, dans le calme de son esprit, il seroit revenu avec gratitude et avec confiance rechercher les offices de celuy qui, parmy beaucoup de compagnons d'impuissance pour le retirer du précipice, a seul esprouvé les traits de sa colère et de son indignation.

Les personnes prudentes et équitables jugeront aisément que ce n'est point tant mon intérest qui m'a porté à la defférence, que ceux de la Reyne que M. de La Chastre attaque plus fortement que moy; car, pour dire la vérité, j'avois facilement dissimulé ce qui me touche, et sçachant que la charité chrétienne nous oblige d'oublier les injures, j'aurois suivy ces mouvemens avec plus de plaisir que je ne me serois engagé au combat, si je ne l'avois deu entreprendre pour la gloire de la meilleure, de la plus juste et de la plus esquitable princesse qui ait jamais régné, et à laquelle estant redevable de la meilleure partie de ma fortune, je n'ay pu souffrir que l'on luy fît une pareille injustice; je n'ignore pas celle des gens qui font consister le courage et la liberté à blasmer les actions des plus grands princes, et qui se préoccupent aisément des choses fausses que l'on escrit contre eux. J'ay cru devoir esclaircir les sages de la vérité des choses que j'ay vues, et confondre les meschans, en publiant ce que j'ay sceu du déplaisir qu'avoit causé à Sa Majesté la mauvaise conduite de M. de La Chastre. Je m'assure que l'on sera touché des soings qu'elle a pris pour le garantir du précipice où il s'est jeté par une imprudence, plutost que par malignité, et l'on verra bien que c'est pour avoir voulu faire le généreux qu'il s'est attiré tous les maux qu'il a esprouvés et qui ont passé jusques à sa famille.

Il est vray que, peu de jours après avoir esté receu en la charge de maistre de la garde-robe, il fit offre de son service à la Reyne; ce fut par mon entremise qu'elle receut les assurances de sa fidélité, et je puis dire qu'elle les accepta fort agréablement, et qu'elle l'assura de sa bonne volonté et de sa protection, si elle se trouvoit jamais au point d'autorité où elle devoit esquitablement prétendre; elle n'exigea néanmoins rien de luy, sinon qu'il luy conservât son affection, et, pour l'y engager d'avantage, elle luy fit espérer qu'elle contribueroit avec plaisir à l'eslévation de sa fortune, lorsqu'il s'en rendroit digne par sa vertu et par ses services. La conduite qu'il tint fut assez réglée tant qu'il craignit qu'elle ne nuisît à sa fortune. S'il faisoit paroistre trop de douleur de la mort de M. de Thou, et si, durant la vie du Roy, il s'unissoit avec MM. de Béthune et de Montrésor pour former quelque projet, c'estoit fort secrètement. On peut dire à leur louange, que la vertu estoit en quelque sorte persécutée par les mauvais traitemens qu'ils souffroient; mais il faut dire aussy, pour la justification du Roy, qu'ils s'estoient conduits à son égard d'une manière qui luy avoit été justement désagréable, et en avoit souvent faict entendre à Sa Majesté, qu'ils se donnoient la liberté de condemner la plupart de ses actions; et l'attachement que le dernier avoit à M. le duc d'Orléans, et la demeure que le premier faisoit en ses maisons, sans paroistre que fort peu à la cour, donnoit d'amples sujets à leurs ennemis de leur rendre de mauvais offices. La générosité de M. de La Chastre ne le porta pas à entreprendre alors leur déférence; mais je ne l'en blâme point, puisque tous les soings qu'il en auroit pu prendre auroient esté fort inutilz; je le loue plustost d'avoir eu la prudence de modérer la passion qu'il avoit pour des personnes qui luy estoient si chères.

Je conviens de ce qu'il allègue pour fondement de son union avec la maison de Vendosme, que la Reyne luy commanda, le jour qu'elle commit à M. de Beaufort la garde de messeigneurs ses enfans, de faire ce qui luy seroit ordonné par le duc. Le bruit couroit que ceux qui aspiroient à l'autorité souveraine faisoient venir de leurs créatures pour se rendre maistres de ces deux princes et de toute la cour; de sorte qu'il fut de la prudence de la Reyne d'obliger les chefs de la garde du Roy de suivre les ordres de celuy sur qui elle se reposoit de leur conservation; mais quoyqu'elle donnast en cette rencontre, à M. de La Chastre, une marque de sa confiance, et qu'elle l'engageast à s'unir à M. de Beaufort, ce n'estoit que pour ce qui regardoit la deffence de la personne du Roy seulement, et il ne pouvoit prétendre que ce prince, venant à désobliger la Reyne, après une faveur si signalée, il deust l'imiter en sa méconnoissance; et quand mesme il seroit vray que, par ce commandement particulier, Sa Majesté l'eût engagé sans bornes à l'union qu'il accepta si volontiers avec la maison de Vendosme, et quoique d'ailleurs la parenté dont il touchoit à la maison de Guise, qui s'estoit déclarée pour M. le duc d'Orléans l'eust entraisné avec quelque justice dans le party qu'il avoit embrassé, pouvoit-il, après que la Reyne eust changé de sentiment, s'oppiniastrer à garder un ordre qui ne luy fut donné que pour un jour? Si le seul respect qu'il avoit pour la Reyne le soumit d'abord si promptement aux volontés de M. de Beaufort, parce que Sa Majesté jugea sa dépendance utile pour son service, pourquoy n'en fust-il point destaché par le mesme respect, lorsque Sa Majesté luy fit connoistre que la conduite de M. de Beaufort ne luy plaisoit point? Sa politique lui inspiroit-elle une obéissance facile, quand le commandement estoit conforme à ses inclinations, et une désobéissance manifeste, lorsque les ordres de Sa Majesté y estoient opposés? Enfin de qui estoit-il plus serviteur, ou de la Reyne, dont les sentimens politiques et les ordres particuliers ne lui furent en aucune considération, ou des personnes qui estoient suspectes et mesme justement odieuses à Sa Majesté, de laquelle il espousoit aveuglément les interests? Il arriva à M. de La Chastre, en ceste rencontre, ce qui de tout temps a jetté dans le malheur plusieurs personnes douées de grandes qualités, lorsqu'elles ont estably la générosité à suivre un second devoir moings important, et négligé le premier et plus nécessaire. Ce deffaut est fort ordinaire à la pluspart de ceux qui font vanité d'un grand courage, et qui sont idolâtres d'un faux honneur et d'une trompeuse gloire : ils sont en cela semblables à ceux qui abandonnent leur père et leurs enfans pour secourir un étranger. La faute qu'ils commettent contre le père commun de l'Etat surpasse d'autant plus celle qu'ils font contre leur famille, que la république est plus considérable qu'aucune maison particulière, et que les obligations naturelles que nous avons d'estre fidèles à nostre prince sont plus pressantes que celles que nous devons à nostre propre père. Combien plus le serment dont nous avons confirmé au Roy nostre soumission nous engage-t-il par dessus tous ceux qui ont engagé nostre foy à des amis particuliers? Car, à dire le vray, je ne trouve point d'erreur plus grande et plus dangereuse que de se persuader que l'honneur exige de nous l'accomplissement d'une parolle que nous avons donnée au préjudice d'une plus ancienne, ny que nous puissions mesme entrer en quelque sorte d'engagement qui s'oppose à ce premier devoir. Nous devons tout à nos amis, mais ce n'est qu'après avoir satisfait aux obligations de la nature entre lesquelles celle qui regarde le prince doit avoir la préséance par dessus toutes celles qui concernent les liaisons humaines, comme l'obéissance que nous devons à Dieu doit prévaloir celle que nous devons au Roy.

Je ne puis voir sans douleur que M. de La Chastre ne veuille tenir compte d'avoir manqué à son premier devoir, et qu'il ait mis la main à la plume pour se justifier, sur un si mauvais fondement, d'une conduite qu'il auroit sans doute condemnée en un autre. Quelle utilité a-t-il rencontrée des fausses maximes que la passion et l'erreur du monde avoient establies dans son esprit, sinon sa ruine et celle de sa famille? Et s'estant aveuglé dans une politique honteuse, doit-on trouver estrange qu'ayant condemné son maistre et son bienfaiteur, il se soit attaché à déchirer la réputation de son amy.

Je luy pardonne volontiers ce qu'il a advancé contre la mienne, et je l'excuse d'autant plus aisément que je suis assuré qu'elle ne dépend point de l'impression que ses Mémoires feront sur les esprits du vulgaire, et qu'elle est assez bien establie par la conduite que j'ay tenue jusques à présent dans les plus secrètes affaires, devant Dieu, qui lit dans nos cœurs, et devant les hommes sages et désintéressés, qui auront connu la vérité.

FIN DES OBSERVATIONS DE M. LE COMTE DE BRIENNE.

EXTRAIT DES MÉMOIRES
DE HENRI DE CAMPION.

La duchesse de Chevreuse et le duc de Beaufort se voyant entièrement décrédités par les mauvais offices du cardinal Mazarin, unique cause de leur malheur, ils conçurent contre lui la plus forte haine. Elle se trouva partagée par la duchesse de Montbazon, le sieur de Beaupuis, guidon des gendarmes du Roi, et l'un des confidens du duc, et par mon frère, que la duchesse de Chevreuse, qui l'aimoit beaucoup, avoit donné quelques mois auparavant à la Reine, après qu'il eut quitté le duc de Vendôme, qui pour cela lui en voulut toujours mal depuis, quoiqu'il y eût consenti. Ils songèrent à se défaire du cardinal : dessein premièrement concerté entre les deux duchesses et le duc, qui le communiqua ensuite à Beaupuis et à mon frère, lesquels l'approuvèrent : le premier croyant que c'étoit pour lui le chemin d'arriver à de grandes charges, et mon frère y voyant l'avantage de madame de Chevreuse, et par conséquent le sien. Ils demeurèrent d'accord qu'il falloit me communiquer le projet, pour chercher avec moi les moyens de l'exécuter : ce que le duc de Beaufort fit, comme je le vais raconter avec toutes les circonstances de cette entreprise, qui m'a causé de si longues peines, quoique j'aie agi avec tant de sincérité et de justice. Je crois néanmoins que le dessein du duc ne venoit pas de son sentiment particulier, mais des persuasions des duchesses de Chevreuse et de Montbazon, qui avoient un entier pouvoir sur son esprit, et une haine irréconciliable contre le cardinal. Ce qui me fit penser ainsi, c'est que pendant qu'il fut dans cette résolution, je remarquai toujours qu'il y avoit une répugnance intérieure qui, si je ne me trompe, étoit emportée par la parole qu'il pouvoit avoir donnée à ces dames.

Le duc de Beaufort, ayant définitivement résolu avec le sieur de Beaupuis et mon frère d'ôter du monde le cardinal Mazarin, m'envoya quérir un matin de chez Prudhomme, baigneur, où il logeoit : c'étoit vers la fin du mois de juillet. L'étant venu trouver, il me tira à part, et me dit que la connoissance qu'il avoit de mon affection et de ma probité, l'obligeoit à me donner une preuve de son amitié, qui me feroit voir que j'étois dans sa dernière confiance. Je repartis en peu de mots, selon ma coutume, que, de quelque nature que fût la chose qu'il avoit à me communiquer, il n'auroit jamais sujet de se repentir de s'être fié à moi. Il appela ensuite Beaupuis, qui étoit seul dans la chambre avec nous, mais un peu éloigné, et me dit en sa présence qu'il croyoit que j'avois remarqué que le cardinal Mazarin rétablissoit à la cour et partout le royaume la tyrannie du cardinal de Richelieu, avec plus d'autorité et de violence qu'il n'en avoit paru sous le gouvernement de celui-ci; qu'ayant entièrement gagné l'esprit de la Reine, et mis tous ses ministres à sa dévotion, il étoit impossible d'arrêter ses mauvais desseins qu'en lui ôtant la vie; que le bien public l'ayant fait résoudre à prendre cette voie, il m'en instruisoit en me priant de l'assister de mes conseils et de ma personne dans l'exécution. Fort surpris d'un si étrange dessein, je repartis que lorsque je m'étois attaché à sa fortune j'avois résolu de la suivre dans tous les accidens qui lui pourroient arriver, et de ne le point abandonner, quelque parti qu'il pût prendre; qu'en celui-ci, quelque injustice qui m'y parût, je ne laisserois pas de lui faire voir qu'il n'avoit pas mal placé son secret.

Beaupuis prit alors la parole pour représenter avec chaleur les maux que la trop grande autorité du cardinal de Richelieu avoit causés à la France, et conclut en disant qu'il falloit prévenir de pareils inconvéniens avant que son successeur eût rendu les choses sans remède. Je repartis que quand même ce qu'il disoit des cruautés du feu cardinal seroit vrai, celui dont il s'agissoit avoit jusqu'à présent vécu avec tant de douceur, qu'il falloit demeurer d'accord que, si nous le punissions, ce seroit des violences de son devancier, ou pour nous venger de ce qu'il étoit plus spirituel, plus politique et plus heureux que nous; que ces torts ne me sembloient pas mériter la mort, et qu'ainsi j'avouois nettement que je ne pouvois approuver la pensée qu'ils avoient de se rendre illustres par un assassinat; que je me croyois obligé de dire mes sentimens au duc, pour après le servir avec fidélité et en homme d'honneur. Mes raisons ébranlèrent ce prince au point qu'il me dit de voir mon frère, qui savoit son dessein, et que nous vinssions ensuite le trouver ensemble. J'allai donc lui dire tout ce que je crus capable de le ramener à mon opinion. Il en parut touché, et assura qu'il m'aideroit à ôter au duc de Beaufort un projet que je trouvois aussi injuste qu'extravagant; car, comme je le leur dis encore depuis à tous, quand même l'exécution de ce dessein eût été utile au public (ce que je ne pensois pas), c'auroit toujours été la ruine du prince et de ceux qui y eussent participé, parce que, outre qu'ils auroient eu le Pape et la Reine pour ennemis irréconciliables, l'un pour l'intérêt de l'Eglise, et l'autre pour le maintien de l'autorité royale et pour son ressentiment particulier, ils pouvoient s'assurer d'avoir tous les favoris et les ministres présens et à venir pour persécuteurs, y ayant apparence qu'ils croiroient utile à leur sûreté de punir des personnes qui tournoient à crimes le crédit, l'éclat et la bonne fortune, le cardinal n'en ayant point d'autres que ceux-là.

J'allai chez le duc avec mon frère, pensant que la croyance entière qu'il avoit alors en lui le feroit changer d'opinion. Il le mena aussitôt dans la ruelle de son lit, pendant que je m'arrêtai un peu avec ceux qui étoient dans la chambre: néanmoins l'envie que j'avois de faire changer le projet m'engagea à les quitter pour approcher du lit, et j'entendis mon frère qui étoit assis dessus avec le prince, à qui il disoit, contre ce qu'il m'avoit promis, tout ce qu'il croyoit capable de lui faire hâter l'exécution de cette honteuse entreprise. Cela me toucha fortement, voyant bien que tous mes efforts seroient inutiles contre ces deux hommes, et particulièrement contre les deux femmes qui gouvernoient alors entièrement le premier. J'étois plus étonné de mon frère que des autres, lui connoissant des mœurs douces et une assez grande bonté naturelle. Je crus alors, comme j'ai toujours fait depuis, que la longue habitude qu'il avoit eue avec les factieux, pendant qu'il étoit auprès du comte de Soissons, lui avoit, contre son penchant, inspiré le désir de voir toujours la cour et l'Etat en troubles: il a donné depuis plusieurs autres marques de cette inclination, plutôt acquise que naturelle. Cependant mes raisons ébranlèrent de telle sorte le duc de Beaufort, qu'il me dit qu'il vouloit avoir l'avis de quelques personnes: je crois que c'étoit celui des deux duchesses. Il s'en alla faire sa conférence, après laquelle l'étant revenu chercher au même lieu, je le trouvai si bien confirmé dans sa première résolution, qu'il me dit le soir, en présence de Beaupuis, qu'il étoit décidé à exécuter promptement ce qu'il m'avoit communiqué, et qu'ainsi il me prioit de ne plus lui opposer de raisons puisqu'elles seroient inutiles. Je répondis que cela étant, je ne lui en parlerois plus et le servirois à son gré; mais qu'avant d'aller plus loin je lui demandois deux choses: l'une, de ne point mettre la main sur le cardinal, puisque je me tuerois plutôt moi-même que de faire une action de cette nature; l'autre, que s'il faisoit entreprendre l'exécution hors de sa présence, je ne me résoudrois jamais à m'y trouver; tandis que s'il y étoit lui-même, je me tiendrois sans scrupule auprès de sa personne pour le défendre dans les accidens qui pourroient arriver, mon emploi auprès de lui et mon affection m'y obligeant également. Il m'accorda ces deux choses, en témoignant m'en estimer davantage, et ajouta qu'il se trouveroit à l'exécution, afin de l'autoriser par sa présence. Je ne fis donc plus de difficulté d'y être moi-même, avec les réserves que j'avois faites. Il communiqua encore son dessein à deux de ses anciens et fidèles domestiques: l'un, le sieur de Lié, capitaine de ses gardes; et l'autre, le sieur Brillet, son écuyer.

Nous demeurâmes tous d'accord qu'il falloit prendre le temps où le cardinal iroit par la ville; que le duc de Beaufort, avec ceux qui lui seroient nécessaires pour l'entreprise, feroit arrêter le carrosse et donner le coup de la mort à son ennemi. Il alloit alors si peu accompagné qu'il ne menoit que quelques bénéficiers et cinq ou six pages ou laquais; de sorte que la chose auroit été facile, si le duc, y devant être et n'étant pas de condition à attendre dans la rue ou dans les logis voisins de celui du cardinal sans donner de soupçons, ne l'eût, par cette raison, rendue moins aisée. Il fut résolu, après avoir bien raisonné sur ce sujet, que les sieurs de Lié et de Brillet, qui savoient le projet, et les sieurs de Gansevilleé, de La Londe, d'Héricourt, de Prémont, de Gine et de Rochette-Freselière, tous domestiques de la maison de Vendôme, qu'on n'avoit point mis dans la confidence, se trouveroient tous les jours dès le matin dans les cabarets proches le logis du cardinal, qui étoit à l'hôtel de Clèves, près le Louvre, et que là ils attendroient de moi l'ordre de ce qu'ils auroient à faire; que je serois toujours, et Beaupuis, avec le prince; et que ceux qui savoient le dessein s'informeroient avec soin quand le cardinal sortiroit, pour en avertir le duc; enfin, qu'on ajouteroit encore, à ceux qu'on n'avoit pas mis dans la confidence, les sieurs d'Avancourt et de Brassi, picards, gens fort déterminés et intimes amis de Lié. L'on convint que je dirois à tous, de la part du duc, que madame la princesse de Condé et madame de Montbazon ayant, comme il étoit vrai, un grand démêlé, et la première annonçant qu'elle feroit faire affront à l'autre, le duc vouloit toujours tenir un nombre de gentilshommes, avec chevaux et pistolets, en lieu où il les pût avoir à point nommé, pour s'opposer à ce dessein. Le prince régla en outre avec Beaupuis, mon frère et moi, que quand on en viendroit à l'exécution, il ordonneroit à Ganseville et à Brillet de faire arrêter le cocher du cardinal, et à Héricourt et à Avrancourt d'aller chacun à une portière et de le tuer, pendant que lui-même seroit à cheval dans la rue avec Beaupuis, moi et tous les autres ci-dessus, nommés, autour de sa personne, pour nous opposer à ceux qui voudroient résister ; et qu'incontinent après l'affaire faite, nous sortirions tous de Paris pour nous mettre en sûreté.

Le duc de Beaufort ne voulut point que mon frère fût aux assemblées ni à l'action, afin qu'il pût assister la duchesse de Chevreuse dans le besoin que l'on auroit d'elle pour essayer d'apaiser la Reine et de la raccommoder avec le duc de Beaufort, quoique cette duchesse ne fût alors guère en mesure de rien faire à l'avantage de ses amis. Le premier jour que ceux destinés à l'entreprise se réunirent, fut dans la rue Champ-Fleuri, où j'allai avec eux, et fis mener un cheval pour moi et un pour le duc. En retournant le trouver chez le baigneur Prudhomme, où il étoit avec Beaupuis, je passai devant le logis du cardinal et le vis sortir en carrosse avec l'abbé de Bentivoglio et plusieurs autres ecclésiastiques, et quatre ou cinq valets à sa suite. Je demandai à l'un d'eux où il alloit, et l'on me répondit : « Chez le maréchal d'Estrées. » Je vis que si je voulois donner cet avis sa mort étoit infaillible ; mais je crus que je serois si coupable devant Dieu et devant les hommes, que je n'eus pas la moindre tentation de le faire : au contraire, j'allai dire au duc que l'on m'avoit assuré chez le cardinal qu'il ne sortiroit point ce jour-là ; de sorte qu'il me dit de faire retourner ceux que j'avais réunis à l'hôtel de Vendôme où nous logions tous : ce que j'exécutai aussitôt. Le duc allant, quelques heures après, en carrosse par la ville, rencontra le cardinal qui retournoit chez lui. Il me le dit le soir, et je répondis que l'on m'avoit trompé. Ma pensée fut, lorsque je vis que je ne pouvois rompre ce dessein, de le retarder le plus que je pourrois, afin que le temps fournît quelque occasion de le changer ; mais en cas qu'il s'en présentât, contre mon désir, pour le tenter, j'étois résolu d'en souffrir l'exécution plutôt que de trahir un prince qui avoit mis une entière confiance en moi. Telle étoit ma détermination, que rien n'eût été capable de changer : cependant je priois continuellement Dieu de faire naître quelque conjoncture qui fît avorter le complot, sans qu'il en arrivât mal au duc.

Un jour après, il apprit que le cardinal alloit faire collation à La Barre vers Pontoise, où étoit la duchesse de Longueville, qui en avoit aussi prié la Reine, laquelle étoit déjà partie ; de sorte que le cardinal n'avoit que son seul carrosse, où étoit le comte de Harcourt. Le duc de Beaufort me commanda de faire assembler notre monde pour courir après : ce que j'exécutai, et l'allai ensuite trouver avec Beaupuis. Je lui dis, jugeant que mes autres raisons seroient inutiles, que s'il se défaisoit du cardinal en présence du comte de Harcourt, il falloit se décider à les tuer tous deux, le second étant trop généreux pour souffrir cette action sans périr avec le premier ; qu'il considérât qu'outre que l'assassinat du comte le déshonoreroit, il lui donneroit toute la maison de Lorraine pour ennemie irréconciliable ; et que je croyois que, pour éviter ces inconvéniens, il falloit attendre un autre jour. Beaupuis fut, celui-là, de mon avis, et je sauvai encore une fois le cardinal, sans qu'il m'en dût obligation, puisque je ne le faisois que pour la justice et pour l'intérêt du duc, que cette action eût avili et entièrement perdu, selon ma croyance. Peu après, il eut avis que le cardinal devoit aller le lendemain dîner à Maisons, et que le duc d'Orléans y iroit aussi. Je fis encore consentir le prince que, si le ministre étoit dans le carrosse de Son Altesse Royale, le dessein ne s'exécuteroit pas ; mais il dit que, s'il étoit seul, il falloit qu'il mourût. Le matin, il fit préparer des chevaux et se tint dans les Capucins avec Beaupuis, près de l'hôtel de Vendôme, postant un valet de pied dans la rue pour l'avertir quand le cardinal passeroit, et m'enjoignant de me tenir, avec ceux que j'avois coutume d'assembler à l'Ange, dans la rue Saint-Honoré, assez proche de l'hôtel de Vendôme ; et que si le cardinal alloit sans le duc d'Orléans, je montasse à cheval avec tous ces messieurs et l'allasse prendre en passant aux Capucins où il seroit aussitôt prêt que nous. J'avoue que je n'eus jamais tant de chagrin que cette fois, voyant qu'il m'étoit impossible de sauver le ministre. Les sieurs de Lié et de Brillet, qui désapprouvoient autant que moi cet odieux dessein, étoient au désespoir. Le sieur de Lié n'étoit pas avec nous, ne s'étant trouvé qu'à la première assemblée, à cause d'une blessure qu'il avoit au bras ; mais il ne laissoit pas d'être à toutes les consultations qui se faisoient.

Je fus dans l'inquiétude que l'on peut penser, jusqu'à ce que, voyant passer le carrosse du duc d'Orléans, j'aperçus le cardinal dans le fond avec lui. Cela me donna une joie que je ne puis exprimer, et j'allai représenter au duc de Beaufort qu'il devoit s'apercevoir que Dieu n'approuvoit pas son projet, puisqu'il s'y trouvoit tant d'obstacles. Cela l'ébranla et le fit rêver; puis il me dit qu'il penseroit à mes réflexions, mais qu'il en vouloit conférer avec quelques personnes qu'il ne me nomma point, et qu'après il me communiqueroit sa dernière résolution. Je crois qu'il alla trouver les duchesses de Chevreuse et de Montbazon, qui assurément lui avoient mis cette entreprise en l'esprit, et qu'elles le réprimandèrent de ce qu'il tardoit tant à faire ce qu'il leur avoit promis; car il revint si animé contre le cardinal, qu'il me déclara qu'il ne pouvoit plus attendre, et que puisque de jour il se rencontroit toujours des obstacles, il étoit résolu d'exécuter le coup de nuit; que le cardinal alloit tous les soirs au Louvre; qu'il le falloit attaquer au retour, avoir des chevaux prêts dans quelque hôtellerie voisine; et que, quand le ministre seroit chez le Roi, il s'y tiendroit aussi avec Beaupuis et moi; et que sitôt qu'il sortiroit, nous nous avancerions pour faire venir les autres, qui, en attendant, se tiendroient à cheval sur le quai, le long de la rivière et tout auprès du Louvre; que cela se pouvoit la nuit sans soupçon; que tout ce que l'on avoit à craindre étant les gardes, qui s'opposeroient peut-être à l'entreprise, qui ne pouvoit s'exécuter qu'en leur présence, à cause du peu de distance du logis du cardinal au Louvre, il se résolvoit à mettre dans sa confidence le sieur Des Essarts, capitaine au régiment des gardes, et absolument à lui, afin de choisir le jour de sa garde, et de le prier de commander à ses soldats que, quoiqu'ils vissent faire, ils ne s'en mêlassent point et ne songeassent qu'à garder le Roi. Je ne pus ôter ce dessein au duc, qui parla à Des Essarts, lequel lui promit tout ce qu'il voulut. Les ordres se donnèrent pour quand il seroit de garde. Je mourois de peur que l'on ne fît de nuit ce que l'on avoit manqué de jour; mais il arriva, heureusement pour le cardinal, que ce soir-là Des Essarts devoit être au poste derrière le Louvre, et la compagnie colonelle devant. Cela pensa désespérer le duc : néanmoins madame de Chevreuse, Beaupuis et mon frère, auxquels il apprit son déplaisir, dirent qu'ils croyoient que le duc d'Epernon, étant l'intime ami de la duchesse et pas trop satisfait de la cour, ne feroit pas de difficulté, sans entrer plus avant dans l'affaire, de commander au premier sergent de la colonelle que, quelque bruit qui survînt, il empêchât les soldats de prendre parti pour personne, et leur fît seulement garder la porte du Louvre.

Cet expédient fut trouvé si bon, que la duchesse de Chevreuse parla le jour même au duc d'Epernon, qui, je pense, se douta bien, par la connoissance qu'il avoit des affaires, de ce que cela signifioit, à moins que la duchesse le lui dit, comme il y a plus d'apparence, par l'amitié qui étoit entre eux. Quoi qu'il en soit, le duc promit ce qu'elle désiroit. Je ne sais s'il lui tint parole; mais je suis bien assuré que ce soir-là tous ceux qui étoient des assemblées étant venus avec moi aux Deux-Anges, sur le quai près du Louvre, il se trouva force gens qui nous observèrent, quoique ce fût un lieu où l'on ne se dût pas étonner de voir des chevaux, surtout n'y en ayant que huit ou dix. Cela se dit néanmoins chez la Reine comme une chose extraordinaire; mais ce qui fait mieux voir que le cardinal étoit averti, est qu'il ne vint point au Louvre comme il avoit accoutumé, et que l'on dit tout haut qu'il s'agissoit d'une entreprise sur sa personne. Cela me fait tenir pour assuré, ne pouvant en soupçonner d'autres (et paroissant assez, par la suite des choses, que le cardinal n'a jamais su les circonstances du complot, ni ceux qui en savoient le fond et qui y étoient employés), que le duc d'Epernon, qui n'avoit appris qu'en gros le dessein du duc de Beaufort, et ignorant ceux en qui il se confioit pour cette affaire, rapporta seulement au cardinal la proposition de madame de Chevreuse et ce qu'elle lui avoit appris : ce qui engagea le ministre à faire épier ce qui se passoit à l'hôtel de Vendôme et à ne bouger de chez lui. Une autre raison qui me fait tenir cette opinion pour infaillible, est que le duc d'Epernon, qui alors n'étoit pas bien avec le cardinal, a depuis été tellement uni avec lui, que ce ministre a mieux aimé que la Guienne se révoltât que de lui en ôter le gouvernement, comme tout le conseil le vouloit, jusqu'à ce que M. d'Epernon lui-même, quand les choses ont été à l'extrémité, a demandé ce changement pour son intérêt et sa sûreté. De plus, l'affaire, qui avoit duré deux mois sans que l'on en eût rien soupçonné, fut divulguée deux ou trois heures après que l'on en eût parlé à M. d'Epernon.

Quoi qu'il en soit de mes conjectures, l'on dit hautement à la cour que le duc de Beaufort avoit voulu tuer le cardinal; et il persévéra toujours dans la même pensée, quoique je lui conseillasse d'aller faire un tour à la campagne. Le lendemain, il ne laissa pas de se montrer au Louvre, et de se trouver ensuite à une collation que faisoit la Reine au bois de Vincennes chez M. de Chavigny. Je ne le vis point ce jour-là, à cause que je le passai avec une fille très-riche que j'étois près d'épouser. Le soir, je l'entretins longtemps, sans lui pouvoir persuader de se retirer. Il me dit que le bruit commençoit à s'apaiser, et qu'il espéroit dans peu exécuter son dessein. Je le laissai dans cette idée, et ne le vis point depuis ; car la Reine ayant assemblé le duc d'Orléans, le prince de Condé et tous les ministres, leur apprit les soupçons qu'il y avoit contre le duc de Beaufort, lesquels furent trouvés si graves, qu'ils opinèrent tout d'une voix qu'il le falloit arrêter, tant pour le juger, si l'accusation étoit bien fondée, que pour la haine qu'ils avoient contre lui. Cela étant résolu, et les ordres donnés en conséquence, le duc alla seul au Louvre le soir d'après celui où je lui parlai, quoique la plupart de ses amis l'eussent averti de prendre garde à lui. Là il fut arrêté par le sieur de Guitaut, capitaine des gardes de la Reine, et ayant couché dans le Louvre, fut conduit le lendemain au donjon de Vincennes, où il a demeuré cinq ans. Le soir qu'il fut pris, le maréchal d'Estrées le vint dire à l'hôtel de Vendôme, où j'étois. Le duc de Vendôme étoit depuis peu de jours à Conflans, entre Paris et Charenton, pour quelque légère indisposition. La duchesse se mit en pleurs et alla pour parler à la Reine, qui refusa de la voir.

Je consultai avec les sieurs de Lié et de Brillet, et leur proposai que nous allassions trouver le duc de Vendôme, pour agir comme il le jugeroit à propos. De Lié, qui n'avoit paru qu'à la première assemblée, à cause de sa blessure, demeura ; mais nous partîmes aussitôt, Brillet et moi, et sortant par la porte Saint-Honoré, de peur d'être arrêtés, fûmes par dessus le fossé faire le tour de la ville jusqu'à la porte Saint-Antoine, près de laquelle nous rencontrâmes le duc de Vendôme, qui sur cette nouvelle venoit à Paris. Je lui dis que le duc son fils étant prisonnier, nous venions prendre ses ordres pour les suivre en toutes choses. Il répondit que nous n'avions qu'à rentrer dans Paris avec lui. Je m'approchai de son oreille, et répliquai que nous nous étions trouvés à quelques assemblées, lesquelles, quoique sans mauvais dessein de notre part, feroient peut-être du bruit. Il repartit incontinent, sans s'informer davantage, que nous allassions à Anet, où nous aurions de ses nouvelles. Nous le quittâmes à l'heure même, et comme nous passions à une heure après minuit vers le Marais, en un lieu tout-à-fait désert, et dans un chemin où il falloit que nos chevaux fussent à la file, je vis venir vers moi, qui étois devant, dix ou douze cavaliers. L'heure et le lieu me firent croire que c'étoient des gens qui nous vouloient prendre. Je me tournai vers Brillet, et lui dis qu'il falloit savoir mourir, et, mettant la main au pistolet, allai droit à eux, qui passèrent outre sans dire mot. Je ne sais ce qu'ils pouvoient chercher en ce lieu si écarté et en pleine nuit. Nous poursuivîmes notre route sans nous arrêter jusqu'à Anet, où le duc de Vendôme eut ordre le lendemain de se retirer avec sa famille.

Tous les gentilshommes qui avoient été, par mon invitation, aux assemblées qui s'étoient faites à Paris, vinrent à Anet, à la réserve d'Avancourt et de Brassi, qui s'en allèrent chez eux. La crainte que de Lié, leur ami, eut qu'ils fussent pris ou dissent quelque chose de ce qu'ils savoient, l'engagea à découvrir au duc de Vendôme le dessein du duc de Beaufort contre le cardinal Mazarin. Le prince me demanda alors ce que j'en savois, et que je ne pus dissimuler après l'aveu de Lié. Il manda à Avancourt et à Brassi de venir à Anet ; mais eux qui avoient déjà été gagnés par un nommé Boissi, gouverneur de Pontdormi, et attaché au cardinal, se firent prendre en chemin. On les amena à la Bastille, où ils déposèrent que je les avois fait assembler plusieurs fois, de la part du duc de Beaufort, pour les intérêts de madame de Montbazon, à ce que je leur avois dit. Cela ne donnoit point matière d'interroger le duc, puisqu'ils avouoient qu'il ne leur avoit pas parlé : ainsi il n'eût pas manqué de nier d'avoir donné les ordres que je leur avois portés de sa part. L'on connut alors que l'on ne pouvoit travailler à son procès avant de me prendre, afin de trouver matière à l'interroger d'après mes propres dépositions, et de nous si bien embarrasser tous deux, que l'on pût découvrir le fond de l'affaire. La preuve de cette conspiration importoit essentiellement au cardinal, qui ne faisoit que de s'établir dans le gouvernement, et affectant de le faire par la douceur, avoit été assez malheureux d'être contraint, en débutant, de faire une violence contre un des plus grands du royaume pour son intérêt particulier, sans qu'il parût nulle conviction qui l'obligeât à traiter le duc avec cette rigueur. Le cardinal, désespéré de ne pouvoir persuader les autres de ce dont il étoit entièrement assuré, avoit un grand désir de m'avoir entre ses mains. Il jugea néanmoins qu'il falloit me donner le temps de me rassurer, afin de me prendre avec plus de facilité.

Le duc de Vendôme jugeant, par ce qu'il

avoit appris de Lié et de moi, que ma sûreté dépendoit de celle de son fils, me pria de ne bouger du château, prenoit lui-même le soin de me faire divertir, et me traitoit d'une façon très-obligeante. Il fit aussi demeurer à Anet ceux qui avoient été de nos assemblées. Nous passâmes ainsi quatre mois, pendant lesquels j'eus divers avis par le sieur Pihalière, capitaine des gardes du maréchal de La Meilleraye, et commandant de son régiment d'infanterie, mon ami particulier, et qui avoit de bonnes habitudes à la cour, que l'on tentoit toutes sortes de voies pour me faire arrêter; il vint même à Anet pour me conter tout ce qu'il avoit appris sur ce sujet. J'en informai le duc de Vendôme; et comme je lui avois promis de faire tout ce qu'il jugeroit nécessaire à la sûreté de son fils, il songea d'abord à me faire sortir de France; mais la crainte que cela ne fît croire le crime que tout le monde croyoit supposé (par le cardinal), l'engagea à me faire rester, s'imaginant que j'aurois toujours le temps de me retirer s'il en étoit besoin.

FIN DE L'EXTRAIT DES MÉMOIRES DE HENRI DE CAMPION.

MÉMOIRES

DU

MARÉCHAL VICOMTE DE TURENNE,

CONTENANT

L'HISTOIRE DE SA VIE,

DEPUIS L'ANNÉE 1643 JUSQU'EN 1659;

PUBLIÉS, AVEC UN GRAND NOMBRE DE DOCUMENTS INÉDITS,

PAR MM. CHAMPOLLION-FIGEAC ET AIMÉ CHAMPOLLION FILS.

NOTICE

SUR

LE MARÉCHAL VICOMTE DE TURENNE

ET SUR CETTE

NOUVELLE ÉDITION DE SES MÉMOIRES.

Turenne naquit le 11 septembre 1611, et servit comme simple soldat (1625), sous les ordres de Maurice de Nassau, puis sous ceux de Frédéric-Henri de Nassau, ses oncles. Colonel d'infanterie sous le maréchal de La Force, maréchal-de-camp sous les ordres du cardinal de La Valette, il fit encore la campagne de Roussillon, en 1642, avec Louis XIII. Le vicomte de Turenne fut enfin créé maréchal de France le 16 mai 1643 (1). Colonel-général de la cavalerie en 1657, et maréchal-général en 1660, ses croyances religieuses (il était calviniste) l'empêchèrent d'être fait connétable cette même année; mais il abjura le 23 octobre 1668 et mourut sur le champ de bataille de ce coup de canon « qui étoit chargé de toute antiquité, » le 27 juillet 1675. Par l'ordre de Louis XIV, les dépouilles du vicomte de Turenne furent inhumées à l'abbaye de Saint-Denis, au milieu des sépultures royales; mais ses restes furent transportés successivement, après les premiers temps de la révolution, au cabinet d'anatomie du Jardin des Plantes, et dans le musée des antiquités nationales, aux Petits-Augustins.

Voici ce que les relations du temps nous ont conservé de détails curieux sur ces deux singulières cérémonies :

« Le samedi 12 octobre 1793, les membres composant la municipalité de Franciade (nom que l'on donnait à cette époque à Saint-Denis), ayant donné les ordres d'exhumer, dans l'abbaye de Saint-Denis, le corps des rois et reines, des princes et princesses, et des hommes célèbres qui y avaient été inhumés pendant près de quinze cents ans, pour en extraire les plombs, conformément au décret rendu par la Convention nationale, les ouvriers, pressés de voir les restes d'un grand homme, s'empressèrent d'ouvrir le tombeau de Turenne. Ce fut le premier. Quel fut leur étonnement lorsqu'ils eurent démoli la fermeture du petit caveau placé immédiatement au-dessous du tombeau de marbre et qu'ils eurent ouvert le cercueil!... Turenne fut trouvé dans un état de conservation tel qu'il n'était point déformé, et que les traits de son visage n'étaient point altérés. Ce corps, nullement flétri et parfaitement conforme aux portraits et médaillons que nous possédons du grand capitaine, était en état de momie sèche et de couleur de bistre-clair. Sur les observations de plusieurs personnes de marque qui se trouvèrent présentes à cette première opération, il fut remis à un nommé Hort, gardien du lieu, qui conserva cette momie dans une boîte de bois de chêne et la déposa dans la petite sacristie de l'église, où il l'exposa pendant plus de huit mois aux regards des curieux, et ce ne fut qu'à cette dernière époque qu'il passa au Jardin des Plantes, à la sollicitation de feu Desfontaines (2). »

Le député Damolard, de l'Isère, fut le premier qui signala, dans la séance du conseil des Cinq-Cents, du 15 thermidor an IV (2 août 1796), l'inconvenance de la place qu'occupaient les restes de Turenne depuis leur transport au Jardin des Plantes. Il s'exprima ainsi : « Rien de ce qui touche à l'honneur national n'est étranger au Corps législatif. Je parcourais dernièrement le Jardin des Plantes ; entré dans les diverses salles du bâtiment, quelle a été mon affliction en voyant les restes du grand Turenne placés entre ceux d'un éléphant et d'un rhinocéros! Ne devait-il échapper à la fureur de ces modernes vandales que pour obtenir un tel

---

(1) L'article *Turenne*, dans la *Biographie Universelle*, contient plusieurs erreurs de dates relativement à l'histoire de ce personnage.

(2) Savant botaniste, professeur au Jardin-des-Plantes, mort il y a quelques années.

asile? Il est des faits, citoyens, qui suffisent seuls pour dépraver un gouvernement et le déshonorer aux yeux de l'étranger : tel est celui que je vous dénonce.

» Turenne vécut sous un roi, mais ce fut l'erreur de son siècle et non le crime de ce héros; ses préjugés furent ceux du temps où il vivait; ses vertus furent à lui; l'état avilissant dans lequel ses restes sont abandonnés ne saurait diminuer cet immense héritage de gloire qu'il s'est acquis; un tel oubli n'est préjudiciable qu'au gouvernement qui s'en rend coupable. Quel est, en effet, le Français qui ignore que Turenne fut le plus grand des capitaines; que, recommandable par ses vertus guerrières, il le fut non moins par ses vertus privées? qui n'admire également et son courage et sa rare modestie?

» Ce n'est pas que je veuille demander que vous honoriez la mémoire de Turenne, je propose seulement de ne pas diminuer quelque chose de votre suprême gloire en l'oubliant. Je ne demande pas pour cet homme illustre les honneurs du Panthéon, l'Europe entière lui a décerné la palme de l'immortalité; mais vous avez le droit d'éveiller l'attention du Directoire sur un objet d'intérêt national; c'est ce que je vous propose de faire en demandant au Directoire, par un message, les mesures qu'il a dû prendre pour faire déposer dans un lieu plus convenable et plus décent les restes du grand Turenne. »

« Cette proposition est unanimement adoptée.»

Le 24 germinal an VII, le Directoire exécutif arrêta que les dépouilles de Turenne seraient transportées dans le Musée des monuments français, et qu'elles seraient déposées dans un sarcophage placé dans le Jardin-Elysée de cet établissement. Procès-verbal de la translation du corps du maréchal au Musée des monuments français fut rédigé et déposé chez le notaire Potier, le 29 vendémiaire an VIII. En suit la teneur :

« L'an VII de la république française, une et indivisible, et le quartidi 24 plairial,

» Nous.... désirant mettre à exécution l'arrêté du Directoire exécutif, qui ordonne la translation du corps de Turenne, déposé au Musée national des plantes et d'histoire naturelle, audit Musée des monuments français, désirant mettre à exécution ledit arrêté, et retirer les restes d'un guerrier recommandable par sa valeur et ses vertus civiques, d'un lieu où ils sont confondus avec des objets de curiosité publique, avons invité et appelé auprès de nous les citoyens Ambroise Lesieur et Augustin-Jean Lesieur, frères, citoyens de Paris, y demeurant, rue de la Colombe, division de la Cité, qui nous avaient accompagnés pour la translation des cendres de Molière et de Lafontaine, à l'effet de nous concerter sur les moyens d'effectuer le transport du corps de ce héros, en nous conformant aux intentions du ministre de l'intérieur pour qu'il ne soit pas fait ostensiblement.

» En conséquence, sur les six heures du soir, l'un de nous s'étant transporté à l'arsenal de Paris pour y prendre la voiture mise à notre disposition par le citoyen Berthier, chef de brigade, directeur d'artillerie par intérim de l'arsenal de Paris, se rendit de suite au Jardin des Plantes, où nous trouvâmes le citoyen Lenoir, qui nous avait devancés, et qui était accompagné des citoyens Michel-Pierre Sauvé et Pierre-Louis Sauvé frères, employés dudit Musée des monuments français, où nous nous trouvâmes réunis. Le citoyen Lenoir se rendit de suite auprès de l'administration du Musée d'histoire naturelle pour obtenir d'elle la remise du corps de Turenne, en vertu des pouvoirs dont il était revêtu. Muni de l'autorisation nécessaire, il nous rejoignit sur les huit heures du soir, et nous étant fait donner connaissance du lieu où étaient déposés les restes de Turenne, nous fûmes introduits dans un local attenant à l'amphithéâtre servant de laboratoire, au milieu duquel était posée, sur une estrade de bois peint en granit, une caisse en forme de cercueil, aussi de bois peint, vitrée pardessus, de la longueur de 197 millimètres, dans laquelle on nous a déclaré que le corps de Turenne était enfermé. Nous remarquâmes, en effet, au travers du vitrage qui couvrait ce cercueil, un corps étendu enveloppé d'un linceul, lequel avait été déchiré et découvrait la tête jusqu'à l'estomac; ce qui nous ayant porté à le considérer plus attentivement, il nous parut que ce corps avait été embaumé avec soin dans toutes ses parties, ce qui en avait conservé toutes les formes; le crâne avait été coupé et remplacé ou recouvert d'une calotte de bois de la même forme, mais excédant dans sa circonférence. Toutes les formes du visage ne nous parurent pas tellement altérées que nous ne pûmes reconnaître les traits que le marbre nous a laissés de ce grand homme; il restait encore des effets du funeste coup qui l'enleva au milieu de ses triomphes, et qui lui causa sans doute une violente convulsion dans la figure, ainsi qu'il nous a paru par l'état de la bouche extrêmement ouverte; et continuant à considérer ces respectables restes, nous aperçûmes que les bras étaient étendus de chaque côté du corps, et que les mains étaient croisées sur la région du cœur; le reste était enveloppé du linceul et offrait les formes ordinaires. Sur le côté du cercueil était attachée une inscription gravée sur une plaque de cuivre, qui paraît être celle qui avait été placée sur l'ancien cercueil où ce corps avait été renfermé, sur laquelle nous lûmes ce qui suit :

« Ici est le corps de sérénissime prince Henry de La Tour d'Auvergne, vicomte de Turenne, maréchal-général de la cavalerie légère de France, gouverneur du haut et bas Limosin, lequel fut tué d'un coup de canon le xxviie juillet, l'an M.DC.LXXV. »

» Le citoyen Lenoir et l'un de nous ayant fait transporter ledit cercueil dans la voiture que nous avions amenée à cet effet, deux d'entre nous, d'après l'observation du citoyen Lenoir, accompagnèrent ces vénérables dépouilles audit Musée des monuments français.

» Et le 22 messidor de l'an VII de la république, sur les onze heures du matin, nous, Alexandre Lenoir et Pierre-Claude Binart, administrateurs susdits, soussignés, ayant fait ériger le monument qui doit renfermer les restes de Turenne, et y ayant à cet effet fait pratiquer une concavité, avons fait retirer ledit cercueil du lieu où il était d'abord déposé, duquel nous fîmes enlever le vitrage qui y avait été placé, et dans l'intérieur fîmes poser cette inscription gravée sur une plaque de cuivre :

« Les restes de Henry de la Tour d'Auvergne, vicomte de Turenne, tué d'un coup de canon le 27 juillet 1675, à soixante-quatre ans, près le village de Salzbach, exhumés en 1793 de l'abbaye de Saint-Denis, où ils avaient été enterrés, ont été recueillis par les soins d'Alexandre Lenoir, fondateur du Musée des monuments français, et déposés dans le sarcophage qu'il a fait exécuter, sur ses dessins, par arrêté du Directoire exécutif, l'an VII de la république française, une et indivisible. »

» Ce qui étant exécuté, nous fîmes à l'instant couvrir ledit cercueil d'une planche de chêne, laquelle étant scellée, et l'inscription rapportée ci-dessus y ayant été replacée, nous susdits, administrateurs et conservateurs, avons fait transporter ledit cercueil au lieu où était érigé le monument, où, étant arrivés, nous le fîmes, en notre présence, placer dans le sarcophage par lesdits citoyens Sauvé frères, auquel dépôt assistaient lesdits citoyens Ambroise-Robert Lesieur et Jean Pachez, ouvriers audit Musée, et aussitôt, nous soussignés, fîmes poser et sceller le couronnement qui termine le monument.

» De tout ce que dessus nous avons dressé le présent procès-verbal, lesdits jour et an que dessus, pour constater l'exécution de l'arrêté du Directoire exécutif, et pour laisser un monument de notre vénération pour la mémoire de Turenne.

» Signé : LENOIR, BINART, A. R. LESIEUR, PACHEZ, SAUVÉ aîné, et P. SAUVÉ. »

Il était réservé au premier consul Bonaparte de rendre les derniers honneurs funèbres au plus grand homme de guerre du XVIIe siècle, et de lui choisir un dernier lieu de repos, non moins honorable que celui que lui avait assigné le roi Louis XIV. Le monument érigé à Turenne dans l'abbaye de Saint-Denis avait été préservé de la destruction et transporté au Musée des monuments français. Suivant l'arrêté du premier consul, on l'enleva de ce lieu pour le placer dans le temple de Mars (église des Invalides), et le corps du maréchal y fut de nouveau déposé avec pompe et solennité. Voici la relation de cette cérémonie :

« La translation du corps de Turenne s'est faite le cinquième jour complémentaire, an VIII, ainsi que l'avait annoncé le programme. A deux heures, le ministre de l'intérieur et le ministre de la guerre se sont rendus au Musée des monuments français, rue des Petits-Augustins, accompagnés d'un grand nombre d'officiers généraux. Là, ils ont trouvé le citoyen Desfontaines, professeur du Jardin des Plantes, au patriotisme et au courage duquel on doit la conservation des restes de ce grand homme, et le citoyen Lenoir, administrateur du musée, qui le premier a pu les recueillir honorablement. Le corps de Turenne avait été placé au milieu de la salle des monuments du XVIIe siècle. Devant lui, sur un brancard couvert de riche draperie, on avait posé l'épée qu'il portait le jour de sa mort, et le boulet qui l'a frappé (1).

» Le citoyen Lenoir, en présentant le corps au ministre, a fait un discours auquel le ministre de l'intérieur a répondu quelques mots improvisés, puis le cortége s'est mis en marche. Le corps était placé sur un char de triomphe, décoré avec beaucoup de soin, de goût et de magnificence, traîné par quatre chevaux blancs. Un cheval pie, semblable à celui que montait Turenne et que connaissait si bien son armée, couvert de harnais semblables, marchait en avant du char, conduit par un nègre vêtu de la même manière que celui de Turenne. De vieux guerriers portaient ses armes, de vieux guerriers entouraient son char ; les généraux : Berruyer, général de division ; Aboville, général de division ; Vital, général de brigade ; Estourmel, général de division, (ce dernier, parent de Turenne par son épouse), marchaient aux quatre coins ; les ministres suivaient ; les citoyens Lenoir et Desfontaines faisaient partie du cortége ; il a marché dans le plus grand ordre jusqu'au dôme des Invalides.

» Au moment où il est entré dans ce temple si majestueux, si digne de renfermer les cendres des grands hommes, une musique militaire grave et touchante s'est fait entendre. Le ministre de la guerre, si digne d'apprécier le mérite militaire, si bon juge de ceux qui le professent, a prononcé un discours noble, décent, tel qu'il convenait à la circonstance et à son caractère personnel. Il a fini par un mouvement oratoire d'un très-grand effet et d'un genre véritablement antique.

» Ce discours a plusieurs fois été interrompu par des applaudissements.

» Le corps de Turenne a ensuite été déposé dans le monument qui le renfermait à Saint-Denis. Ce monument a été placé dans une des parties latérales du dôme, par le citoyen Peyre. On ne peut assez s'étonner que ce travail ait été ter-

(1) Ces précieuses reliques appartenaient à M. de Bouillon, l'un des petits-neveux de Turenne, qui voulut bien les confier pour cette cérémonie.

miné dans le court espace de temps qui a été donné à cet artiste, et on doit admirer le goût avec lequel il a choisi l'emplacement. Ce monument est beaucoup mieux placé qu'à Saint-Denis.

» Le ministre de la guerre a posé sur le cercueil qui renferme le corps, une couronne de laurier, et le ministre de l'intérieur y a placé une boîte d'acajou renfermant des médailles et des inscriptions.

» La cérémonie a été terminée par une symphonie militaire. On a vu des larmes couler des yeux de plusieurs vieux soldats à cette solennité auguste. »

Enfin, les habitants de la Souabe n'avaient pas moins honoré la mémoire de Turenne, en laissant en friche, pendant plusieurs années, la place où il avait péri, en conservant soigneusement l'arbre sous lequel il s'était assis un instant avant sa mort. Cet arbre devint l'objet de la vénération publique et le but des pèlerinages des voyageurs, comme le fut le laurier de Virgile, le mûrier de Shakspeare, le pommier de Newton et le peuplier de Pope ; on s'en est disputé les derniers débris. Le cardinal de Rohan fit élever, en 1781, un monument à la place de ce même arbre ; presque entièrement détruit en 1801, il fut restauré par les soins du général Moreau, et l'on ne peut passer à Saltzbach sans aller se prosterner au pied de ce monument élevé en l'honneur d'un des grands noms et des grands hommes de la France.

Le vicomte de Turenne profita des premiers loisirs que lui laissait la paix qui suivit le traité des Pyrénées, conclu à la fin de l'année 1659, pour s'occuper de recueillir les souvenirs de ses campagnes passées, et retracer les événements auxquels il avait pris part comme maréchal de France, ou comme Frondeur.

Il écrivit les Mémoires de sa vie, sans remonter toutefois au delà de la fin de l'année 1643, qu'il avait passée tout entière à l'armée d'Italie. Le Roi le rappela après le siège de Trein, et lui donna ensuite le commandement de l'armée d'Allemagne, où le vicomte de Turenne se rendit en qualité de maréchal de France.

Les Mémoires du maréchal de Turenne retracent donc les événements civils et militaires arrivés pendant les années 1643 à 1659. Il les divisa en trois livres : le premier contient les guerres d'Allemagne (1644-1648) ; le second, les guerres civiles de France (1649-1653) ; et le troisième les guerres de Flandres (1654-1659). Turenne raconte toujours à la troisième personne, comme l'a fait César, et l'on remarque surtout l'extrême simplicité du style ainsi que la clarté de la narration ; car il s'agit d'un homme qui a passé « pour avoir toujours eu en tout, comme en son parler, de certaines obscurités qui ne se sont développées que dans les occasions, mais qui ne s'y sont développées qu'à sa gloire (1). »

Ainsi qu'on devait s'y attendre de la part d'un homme vraiment supérieur, le vicomte de Turenne avoue ingénument ses fautes (2), sans chercher à les déguiser ; mais il ne met pas moins de soins à pallier celles qui furent commises par les généraux combattant sous ses ordres. En l'année 1649, la cour, retirée à Ruel, se détermina, par les conseils de Mazarin, à assiéger Paris. Cette conduite fut publiquement blâmée par le maréchal de Turenne ; il témoigna même aux envoyés du ministre tout l'étonnement que lui causait une pareille détermination. Il fit dire en même temps à Mazarin, que s'il persistait dans ses projets, il ne devait pas compter sur son concours. Tels sont du moins les motifs énoncés par Turenne, pour justifier, autant que faire se peut, la conduite d'un maréchal de France, amenant aux Frondeurs, qui avaient chassé le Roi de sa capitale, l'armée qu'il commandait pour le service de ce même Roi. Ce fut aussi l'acte qui le retint dans le parti de la Fronde après le traité de Ruel. Mazarin, du reste, selon son principe, avait manqué, après ce traité, à toutes les promesses faites solennellement à la maison de Bouillon. Turenne s'associa donc au parti qui combattait pour la liberté des princes du sang, et il signa un traité avec l'Espagne. Turenne raconte, dans ses Mémoires, cette partie de sa vie, mais il y emploie l'ingénieux artifice indiqué ainsi par un de ses panégyristes : « Puisqu'il est impossible de passer sur des choses que tant de sang répandu a trop vivement marquées, montrons-les du moins avec l'artifice de ce peintre qui, pour cacher la difformité d'un visage, inventa l'art du profil. »

Le duc de Bouillon et le vicomte de Turenne furent compris dans les déclarations enregistrées au parlement, contre les partisans des princes, pendant les années 1649 et 1650 ; mais ils acceptèrent l'amnistie au mois de mai 1651. Restés incertains pendant quelque temps sur le parti qu'ils avaient à prendre, au moment de s'engager avec le prince de Condé dont ils avaient accepté les premières conditions d'un traité discuté entr'eux, ils furent gagnés par la cour et ne se détachèrent plus jamais de ses intérêts. Leur réconciliation avec le Roi donna lieu à un écrit intitulé : L'obéissance des illustres sujets. Mais le service immense que le maréchal de Turenne rendit au Roi bientôt après, en gagnant une victoire à Bléneau, firent oublier sa faute. C'est au retour de ce combat, que la Reine mère s'écria en le voyant : « Vous venez de mettre une seconde fois la couronne sur la tête de mon fils. » Et cette même victoire, cependant, est indiquée dans les Mémoires de Turenne, comme « un avantage de peu de considération. »

---

(1) Mémoires du cardinal de Retz.
(2) Dans ses lettres, lorsqu'il parle d'une victoire, il dit : Nous l'avons remportée ; et lorsque c'est une défaite : J'ai été battu.

Elevé dans la religion réformée (1), le vicomte de Turenne persista long-temps dans ses croyances, et ce fut pour lui la source de plus d'un obstacle à son avancement dans les dignités de l'Etat, d'où étaient exclus ceux de sa religion. Turenne n'en épousa pas moins, en l'année 1653, mademoiselle Charlotte de Caumont La Force, protestante aussi, et qui mourut en 1666, sans lui avoir laissé d'enfants.

Dans ses Mémoires, le vicomte de Turenne se montre surtout extrêmement sobre de blâmes ; il n'approuve cependant pas toujours la conduite de ses amis, non plus que celle des ennemis qu'il avait à combattre. Cette particularité donne donc à ses Mémoires un degré de plus d'authenticité et d'exactitude, fondé sur la réserve même que l'on trouve toujours dans ses jugements.

Du reste, un passage de ses Mémoires peut servir à confirmer l'opinion que nous avons émise dans notre Notice sur Pierre Lenet, que l'une des principales causes qui déterminèrent le prince de Condé à faire la guerre à Mazarin, fut le désir d'acquérir des gouvernements importants, qui devaient le rendre redoutable au premier ministre. On lit en effet le passage suivant dans les Mémoires de Turenne :

« Il est bien vrai que madame de Longueville et M. le prince de Conti négocioient avec Mazarin, par le moyen de madame la princesse Palatine, et promettoient que M. le prince se radouciroit pour le retour de M. le cardinal s'il avoit ce qu'il demandoit (le gouvernement de la Guienne pour lui et celui de Provence pour son frère). »

Et si Mazarin surmonta les difficultés de toute nature qui l'enveloppèrent pendant la minorité du Roi, c'est que « l'assiette des esprits de presque toutes les personnes de qualité de France ne demandoit qu'un désordre, pour se faire acheter très cher. » Turenne ne se dissimule pas non plus, « qu'il y avoit beaucoup de personnes mécontentes du ministère de M. le cardinal Mazarin, » et que si les troubles recommencèrent pas vers l'année 1655, c'est que « l'on se ressouvenoit des maux qu'un chacun avoit ressentis dans ces désordres. »

Turenne devait être alors bien informé, car il nous apprend que, « cet hiver (1655) se passa dans une entière confiance du Roi et de la Reine pour M. le cardinal, qui avoit toujours une grande considération pour M. de Turenne, lequel sçavoit autant que personne les intérêts de la cour les plus cachés. »

Cette considération que le maréchal de Turenne s'était acquise à la cour ne fit que s'accroître pendant les années suivantes ; la mort de Mazarin y ajouta encore. Dès ce moment, personne ne fut au-dessus du crédit du vicomte de Turenne. Sa famille en ressentit de salutaires effets : son neveu, Emmanuel-Théodore de Bouillon (2), fut élevé au cardinalat, en 1667, et plus tard, sa turbulence ne donna pas moins d'humeur à Louis XIV que celle du père et celle de l'oncle de ce cardinal n'avaient donné d'inquiétudes à la reine régente. Mais l'année suivante, 1668, le roi de France devait encore donner une preuve plus grande de l'estime qu'il faisait de la personne du vicomte de Turenne, par son intervention personnelle, pour faire faire à Maurice-Fébronie de Bouillon, dite mademoiselle d'Evreux, un mariage auquel sa naissance ne l'eût jamais élevée, sans la protection dont le Roi l'honora à cause de Turenne. C'est ce qu'on apprend par de nombreuses lettres diplomatiques, dont nous ne citerons que la suivante :

M. de Lionne à M. de Gravel.

Le 8ᵉ jour de mars, 1668.

« Je profite de l'occasion d'un courrier que l'on dépesche à Munich, pour vous dire que le Roy a eu très-agréable la pensée que M. le prince Maximilien, frère de M. l'électeur de Bavière, a tesmoignée d'avoir d'espouser mademoiselle d'Evreux, fille de feu M. le duc de Bouillon, et niepce de M. de Turenne, et que Sa Majesté souhaite beaucoup que cette affaire puisse réussir, mesme par toutes les raisons de son service que vous jugerez assez. Sadite Majesté désire, si vous estes encore à Munich, que vous en parliez vous-même de sa part à madame l'Electrice, lui té-

---

(1) Henri de La Tour, vicomte de Turenne, père du maréchal de ce nom, avait été premier gentilhomme de la chambre de Henri IV, et un des premiers qui le reconnurent pour roi de France. On voit même, par un titre original portant une signature autographe, et qui appartient à la Bibliothèque du Roi, qu'il conduisit immédiatement à ce roi « une levée, faite en Guyenne, de gens de guerre, tant de cheval que de pied ; lesquelles nous avons amenées à Sa Majesté, estant en son armée devant Paris, dès le mois d'août dernier (1589). » Henri IV lui fit épouser (1591) Charlotte de La Marck, duchesse de Bouillon, princesse de Sedan, etc., dont il n'eut pas d'enfants. Il la fit tester en sa faveur peu avant sa mort (1594). Les chroniques prétendent même qu'elle était morte quand on lui fit signer le testament. Créé maréchal de France cette même an- née, il fut en grande faveur jusqu'à la mort de ce roi, de qui il recevait de nombreux présents (le dernier, 1610, était de quarante mille livres, dont le reçu existe aux titres originaux de la Bibliothèque du Roi). Turenne devint suspect à Louis XIII, comme chef des huguenots ; sa mort arriva en 1623. Il avait épousé en secondes noces la fille du prince de Nassau, fondateur de la république de Hollande. C'est lui qui força son neveu, Frédéric V, électeur palatin, à se déclarer roi de Bohême (1619), disant : « Le Roy a fait des chevaliers du Saint-Esprit, et moy un roy à la barbe de l'Empire. »

(2) Il passait pour être né à Rome, pendant le voyage de son père (1644), créance à laquelle il ne s'oppose pas. Le cardinal Maldachini disait de lui : *Il cardinale Boglione, il cardinale Coglione.*

moignant qu'elle prendra pour une preuve et un effect signalé de l'affection que S. A. R. lui a promise, si elle veut bien s'employer efficacement pour faire que M. l'Electeur agrée que ce mariage-là se fasse et sans aucun délai ; à quoi vous pourriez ajouter que ledit sieur prince Maximilien, outre les advantages de la dot dont il est fort satisfait, témoigne encore grande inclination pour la personne. Si vous estes desjà retourné à Ratisbonne, vous en parlerez à M. Mayer dans la mesme manière que je viens de dire, afin qu'il veuille bien en escrire à madame l'Electrice. J'honore à tel point M. de Turenne, et suis son serviteur si passionné, que je puis vous avouer, qu'en mon particulier, vous ne trouverez jamais une occasion de m'obliger qui me soit si sensible que celle-cy (1). »

Mademoiselle d'Evreux épousa donc, en 1668, le duc Maximilien-Philippe, frère de l'électeur de Bavière. C'est aussi en cette même année que Turenne abjura le calvinisme et rentra dans le sein de l'Eglise romaine.

Six ans après (1674), Turenne, fatigué des grandeurs du monde, songea sérieusement à se retirer chez les pères de l'Oratoire ; Louis XIV fut même obligé d'user de son autorité afin de prévenir ce malheur pour la France, au moment où de nouvelles guerres réclamaient encore les talents du maréchal.

Mais le Saint-Siége apostolique, alors gouverné par Clément IX, ne devait pas laisser échapper l'occasion d'acquérir au sacré collège l'illustration d'un nom tel que celui de Turenne ; aussi le Pape envoya-t-il à Paris pour engager le maréchal à persister dans sa pieuse résolution de se retirer chez les pères de l'Oratoire, et Clément IX lui promettait que, bientôt après, le chapeau de cardinal lui serait donné (2). L'influence royale l'emporta cependant, et l'année suivante Turenne mourut. Madame de Sévigné écrivit d'admirables choses sur cette *grande mort* (3).

Au moment de se rendre sur le champ de bataille, et ce devait être pour la dernière fois, Turenne signa la dépêche suivante, adressée à M. de Louvois, dans laquelle il rendait compte de la position de son armée. En voici les termes (4) :

« Je vous manday, par ma dernière lettre, comme j'allois marcher, et ainsi après avoir fait retrancher les camps à Freyst et près Bischer, je partis avant-hier de bon matin et allay à un village, une lieue au-dessous de Renchen, et y passay la petite rivière qui porte ce nom de Renchen, qui estoit le quartier que j'avois fait prendre à M. le chevalier Du Plessis.

» Je fus, le même jour, avec quelque cavallerie jusques à Gramshorst, et m'en estant revenu au quartier, je commandai les dragons à minuit, afin de voir si les ennemis prenoient le poste de Gramshorst. Ils trouvèrent la nuit un grand corps à une heure de mon quartier, ce qui obligea M. de Boufflers de se retirer jusques à la petite garde, en escarmouchant tousjours, et voyant qu'on vouloit le couper à un quart-d'heure de jour, l'ennemi, qui avoit un très-grand corps que le prince Charles commandoit, et qui estoit venu pour enlever le quartier de M. le chevalier Du Plessis, poussa la teste des dragons et cent cinquante maîtres commandés. M. de Vaubrun, qui s'y trouva, fit très-bien et fut blessé au pied sans aucun danger ; néantmoins cela l'empeschera de servir si tost. M. de Raune s'y rencontra aussi, qui fit tout ce qui se peut en pareille occasion ; et M. de Lislebonne, qui y estoit allé et n'avoit pas voulu le quitter, y reçut trois coups d'épée dans ses habits.

» Comme le jour commençoit, on fit avancer de l'infanterie. M. de Boufflers ayant arrêté jusqu'à ce temps-là un corps de quatre ou cinq mille chevaux ou dragons de l'ennemi, M. Du Plessis se mit à la gauche, et M. le duc de Sault, qui estoit de jour, à la droite, dans les lieux avantageux, et firent avancer avec tant d'ordre l'infanterie, que, l'ennemi après avoir tenu ferme un peu de temps, commença à se retirer avant que le jour fût grand.

» On dit qu'il a perdu assez de gens, quoyqu'il n'en soit pas demeuré plus de vingt ou vingt-cinq sur la place. M. de Tracy estant seul et croyant voir une des troupes de l'armée du Roy, se mit au milieu de celles de l'ennemi, et ainsi fut fait prisonnier.

» Il y a eu quelques officiers et soldats de Rouargue tués ou blessés, le régiment ayant très-

---

(1) Malgré les bonnes dispositions du prince Maximilien, l'électrice douairière s'opposa long-temps à ce mariage ; il fallut même les instances réitérées du Roi pour triompher de l'opiniâtreté de cette princesse ; et en donnant son adhésion à cette union, elle eut soin de déclarer que c'était uniquement pour complaire au Roi.

(2) Ce fait peu connu est constaté par les papiers diplomatiques de cette époque.

(3) La cour de Rome, cependant, était loin de partager les regrets de madame de Sévigné sur ce funeste événement. L'abbé Servien écrivait de Rome le 15 août 1675 :

« L'abattement où nous sommes de la mort de M. de Turenne est très-grand, dont le pape triomphe secrètement et les Espagnols en public, le cardinal Ni-

tard en ayant reçu et recherché les complimens de tous ceux de sa faction. »

On répandit bientôt après des bruits fâcheux pour la réputation des armes françaises. Le cardinal d'Estrées en rendait compte par sa lettre du 28 août 1675 :

« Les Espagnols n'ont oublié aucun artifice pour déguiser l'échec que l'armée de l'Empereur a receu après la mort de M. de Turenne, et ils en ont fait imprimer des relations pour envoyer à Naples et en Sicile, auxquelles nous ne manquerons pas d'en opposer d'autres. J'espère que la présence de M. le Prince produira de plus grands avantages. »

(4) Cette lettre fait partie du riche dépôt des archives du ministère de la guerre, confié aux soins de M. le général baron Pelet, à qui nous en devons l'obligeante communication.

bien fait de mesme que les commandans de compagnie.

» Je marchay dans le mesme temps et vins hier près de Gramshorst, à un demi-quart d'heure du pont que j'ay sur le Renchen, dont je vous ay parlé.

» J'oubliois à dire que Caprara, avec un corps de cavalerie de l'armée ennemie et l'infanterie qu'il avoit tirée de Fribourg, devoit attaquer le quartier de M. le chevalier Du Plessis de l'autre costé de Beace (?), en mesme temps que le prince Charles en-deçà.

» Je vins hier près de Gramshorst, à un demi-quart d'heure du pont que j'ay sur le Renchen, dont vous avez déjà esté informé, et m'ayant esté rapporté ce matin qu'il y avoit beaucoup de bruit dans le Renchen, et ayant remarqué qu'il n'y avoit rien, je suis revenu du costé du village de Gramshorst, où j'ai trouvé de l'infanterie des ennemis qui s'estoit saisie d'une église et d'un cimetière, et quelques troupes de cavalerie qui la soustenoyent, et m'estant un peu plus avancé, j'ay aussi vu un corps d'infanterie et les ennemis qui barricadoyent un village qui soustenoit ceste église.

» J'ay aussitost fait avancer de l'infanterie d'un costé et les dragons de l'autre. La marine royale estoit à la teste ; le camp s'estant ainsi trouvé disposé, et Rouergue après, et ensuite les deux bataillons de Montmouth, l'ennemi estant dans une très-bonne église avec un cimetière qui a de bonnes murailles soutenues de quinze cents hommes de pied, que Leslé, lieutenant du maréchal-de-camp, commandoit, et Rabatta la cavallerie, il y avoit de la difficulté de le forcer. M. d'Hocquincourt a esté tué à Boisleau, en se logeant près de là. On a fait avancer quatre petites pièces de canon, et à la quatrième volée l'infanterie a donné, le corps du régiment royal de la marine tout entier, et Rouergue aussi, et les Anglois par gens commandés, qui, avec leur cri ordinaire et par leur mouvement, ont donné beaucoup de chaleur à l'action. M. de Feuquières y a très-bien fait, et M. de Montpezaux, ayant esté fort bien suivi des officiers et soldats de leurs régimens.

» Il y a bien eu plus de quatre-vingts hommes de l'ennemi tuez et autant de prisonniers, dont il y a le lieutenant-colonel du régiment de Souches. M. le chevalier Du Plessis, qui a le soing de l'infanterie, a eu une petite contusion, et M. de Rubentel une un peu plus forte. M. le comte d'Auvergne estoit de jour. M. de Boufflers, avec les dragons, y a très-bien fait. On a poussé les ennemis jusques au-delà du pont, et ils se sont retirez dans leur camp.

» Je mande ceci légèrement, et je ne peux m'empescher d'ajouster que c'est un domage extresme d'avoir perdu M. d'Hocquincourt. J'ay envoyé plus de deux cents prisonniers au quartier où M. de Lorge est retranché. Les armées sont en estat de voir continuellement des actions, et comme il y a grande apparence que l'armée de l'Empereur sera renforcée par les Cercles, il seroit bien nécessaire que celle du Roy le fust. On a tant de postes différens, à quoy la nécessité oblige, que l'on est tous les jours à la veille de voir des actions bien extraordinaires.

» TURENNE.

» Deux charettes de munitions de l'ennemi se sont égarées et sont venues à nos gardes avancées, au lieu d'aller à cette église, et ont été prises. Je crois qu'au commencement, l'ennemi ne vouloit que couvrir les fourrages ; mais Leslé, qui commandoit, voyant un si beau poste, manda au quartier-général, qui n'en estoit qu'à une heure, qu'il le soutiendroit. Il y a eu quelques officiers d'infanterie blessez, dont on envoyera la liste.

» Il sera entièrement nécessaire de faire advancer des munitions en ce pays et des armes pour l'infanterie ; j'en ay escrit à M. de Charchiel. L'ennemi a beaucoup plus de canons que l'armée du Roy. Si je n'aydois et par des promesses et par l'argent, je n'aurois pas la moitié d'officiers pour servir celle que j'ay. M. de Tracy ayant été fait prisonnier, je fais servir M. de Rubentel à sa place, attendant les ordres du Roy.

» Je crois que S. M. pensera à M. d'Essonville pour le régiment des dragons de la Reyne, dont il est lieutenant-colonel, et aussi à M. de Givry, qui a beaucoup de mérite, pour quelque établissement plus solide. »

Cette dépêche arriva à Paris, et une heure après, lorsque M. de Louvois avait à peine fini de lire cette longue lettre, un nouveau courrier lui apporta un écrit entièrement chiffré et signé par M. de Vaubrun. Quel ne dut pas être son effroi à mesure qu'il en déchiffra le contenu, en ces termes (1) :

A Wideraken, ce 27 juillet, à trois heures après midi.

« M. de Turenne vient d'estre tué d'un coup de canon en mettant ses troupes en bataille devant les ennemis qui marchèrent hier, comme je vous le mandois, par Bibol, et on les a trouvez en arrivant sur le bord du ruisseau de Sasbach, qui est celui qui sépare les armées, la nostre ayant marché dès la pointe du jour. Vous voyez bien qu'il ne peut y avoir de blessure qui m'empesche de monter à cheval, pour tascher d'estre utile au service de Sa Majesté tant que je vivray. Je ne vous sçaurois encore rien mander de ce que feront ces deux armées ; je monte à cheval dans cet instant pour aller trouver M. de Lorge.

» Je suis, Monseigneur, absolument à vous

» N. DE BEAUTRU DE VAUBRUN. »

(1) Nous copions l'original même, ainsi que celui de la lettre précédente.

On a tant écrit sur la mort de Turenne, toutes les circonstances en sont si connues, qu'il nous semble inutile de les rappeler. On aimera mieux trouver ici quelques particularités nouvelles que nous avons remarquées dans des documents, les uns rarement étudiés, les autres ignorés jusqu'à ce jour. Nous ne pouvions pas en parler dans le cours de cette Notice sans en interrompre la suite, mais maintenant nous devons les recueillir, puisque ces particularités ajoutent quelque chose à ce que nous savions sur l'illustre personnage, qui, dans ses propres Mémoires, raconte si modestement ses hauts faits.

Le caractère de Turenne fut exempt de morgue; il dut cette grande qualité à ses premières habitudes et à sa naissance.

La protection de la maison de Nassau n'avait pas cessé de soutenir ses neveux à la cour de France; elle leur avait été d'un très grand secours. Turenne surtout, qui n'était que cadet de famille, avait grand besoin d'en ressentir les effets. De bonne heure il avait été exposé à se trouver au milieu des splendeurs de la cour, où il était admis à cause de sa naissance, mais sans se laisser entraîner aux dépenses excessives qui s'y faisaient. Sa mère, Isabelle de Nassau, l'habitua à lui rendre compte de ses actions par de fréquentes lettres. C'est dans ces lignes que Turenne nous retrace, avec une grande naïveté, les premières impressions qu'il éprouva en se préparant à figurer dans le monde. En 1626, âgé seulement de quinze ans, il écrivait à sa mère, de Paris, le 10 novembre :

« J'étois chez madame votre sœur, qui n'a pas trouvé trop cher un cheval de Bague que j'ai acheté. Il est fort beau et fort glorieux sur le pavé; il me rendra bon gendarme, car je courrai tous les jours : *Il me coûte cent écus.* »

« Le 10 décembre de la même année.

» Ma sœur est allée faire sa révérence aux deux reines; elle me fit l'honneur de me prêter jeudi deux de ses chevaux, avec le carosse que madame de Nemours me prêta; cela m'accommoda fort, car autrement j'eusse gâté à cheval mon habit neuf qui a été trouvé fort beau. »

Admis au ballet du Roi l'année suivante, 1627, il n'était pas des derniers à se jeter au milieu de la *presse* pour pouvoir entrer dans la salle de spectacle, et un soir qu'il s'y trouvait avec le Roi, il remarquait que ce prince « n'avoit jamais été si gaillard qu'alors, car il se mettoit à la presse comme les autres. 20 Février 1627. »

Turenne pratiquait toujours avec un certain plaisir les usages du protestantisme : « Encore que l'on soit en carême, écrivait-il à sa mère, je ne laisse pas de manger de la viande dans ma chambre. » Les leçons d'armes, de danse, les professeurs de langues latine, allemande, fla-mande et les mathématiques, partageaient le temps de ses études. Il écrivait de Lahi, proche Paris, à sa mère, cette lettre en date du 20 octobre 1627 :

« M. Justel m'avoit dit qu'il me viendroit voir une fois à Lahi, et qu'il prendroit la peine de m'interroger de mon latin. J'explique fort souvent après le manége dans les commentaires de César, où je me plais plus qu'en aucun livre. On dit que la peste s'augmente fort à Paris, ce qui m'empêche d'y aller. »

18 Janvier 1629.

« Je m'avance le plus qu'il m'est possible dans les mathématiques, ayant passé tous les triangles. »

L'année suivante, 1630, il figurait déjà à la tête d'un régiment qui lui appartenait : « J'ai vu à ce matin le Roy, écrivait-il encore à sa mère, de Lyon 29 août 1630, qui m'a fait fort bonne chère, et m'a demandé des nouvelles de mon régiment, et qu'on lui avoit dit que c'étoit le meilleur de l'armée. Il le verra demain. »

Turenne avait le bon esprit de borner ses dépenses pour ne pas excéder ses ressources pécuniaires; cependant il n'abandonnait pas plus les prérogatives auxquelles il avait droit par sa naissance, qu'il ne négligeait sa toilette, ses plaisirs et les moyens de s'élever; il nous l'apprend lui-même par les lettres qu'il adressait à sa mère, dont voici quelques fragments :

1631, 3 Février.

« Le chevalier de Saint-Simon a parlé à mon frère pour parler au Roy de l'entrée de mon carosse dans le Louvre : cela se doit proposer au conseil. »

1631, 17 Février.

« Mon frère avoit trouvé nécessaire que je me fisse encore faire un habit, n'en ayant que deux à porter, mon noir et le mien rouge en broderie que je porte fort et qui passe. On reconnoît bien, toutesfois, que ce n'est pas un habit fait à cette heure. Tout le monde, jusqu'au moindre, dépensent prodigieusement, et ils s'imaginent que cela est honteux de porter deux fois, dans les grandes assemblées, des habits qui leur coûtent deux ou trois mille francs. C'est une grande folie de se ruiner au point qu'ils le font, pour des choses qui mettent si peu un homme en réputation. »

12 Avril 1633, à La Haye.

« Madame la princesse d'Orange m'envoya quérir pour aller à la campagne avec M. le prince et elle : il n'y avoit que le comte Maurice, le Ringraff et moi. On y a demeuré depuis le lundi jusqu'au samedi au soir. On y a fait une mascarade et on me déguisa dans un vilage en paysanne : ils disent tous qu'ils n'ont jamais rien vu de si effroyable. »

Paris, 10 avril 1634.

« J'avois acheté un carosse à deux chevaux pour mon mariage en Hollande ; M. le cardinal de La Valette ne me conseille ni celui-là ni aucun, si je n'y trouve de grands avantages. »

En 1641, Turenne était à l'armée d'Italie, et l'un de ses revenus les plus certains c'était son traitement de maréchal-de-camp, montant à six cents livres par mois (1). Mais les dépenses faites par les officiers pendant le temps de repos que l'hiver leur laissait, furent si excessives cette année-là, qu'une ordonnance du Roi intervint l'année suivante, 1642, pour leur défendre le séjour de Paris. En voici l'annonce contenue dans une lettre de Louis XIV, adressée à M. Le Tellier.

« Mon cousin, considérant la despense à laquelle le séjour de Paris engage les officiers de mes armées pendant l'hyver, et que la pluspart d'entre eux consomment en desbauches l'argent que je leur fais donner pour leurs troupes, j'ay faict expédier une ordonnance pour deffendre aux chefs et officiers de mon armée d'Italie de venir à Paris et à ma cour, pour quelque cause que ce puisse estre, et de quitter leurs charges, à l'exception seulement de ceux qui auront ordre de faire les recrues de leurs corps, auxquels je permets d'aller à Lyon pour en toucher l'argent, et de là aux lieux d'assemblée de leurs recrues, ayant pourveu à ce que le fondz des recrues de madite armée soit porté audit Lyon, pour leur estre distribué dans le mois de janvier prochain, et j'ay bien voullu accompagner ladite ordonnance de cette lettre, pour vous dire que mon intention est que vous la fassiez publier et teniez la main à ce qu'elle soit ponctuellement observée, désirant que vous fassiez chastier exemplairement ceux qui y contreviendront, par les peines que vous estimerez convenables. C'est ce que je vous diray par cette lettre : priant Dieu qu'il vous ayt, mon cousin, en sa sainte et digne garde.

» Escrit à Saint-Germain-en-Laye, le 23ᵉ novembre 1642.

» Louis. »

Afin de résister à ces occasions fâcheuses pour un officier sans fortune, Turenne dut employer cette force de caractère et de volonté dont il donna tant de preuves dans la suite. Ces mêmes dispositions le préservèrent encore des dangers que courut plusieurs fois le duc de Bouillon, son frère, lequel se jeta dans toutes les entreprises contre Richelieu, projetées pendant les derniers temps de la vie du cardinal ministre ; peu s'en fallut que la conjuration de Cinq-Mars ne coûtât la vie à ce duc (2). Il est facile de se convaincre, par les documents suivants, que, contrairement à l'opinion généralement reçue, ce ne fut pas l'abandon fait par Bouillon de sa place forte de Sedan qui le sauva d'une condamnation à mort, mais réellement la protection du prince de Nassau.

Richelieu craignit un moment, après la conspiration de Cinq-Mars, d'être renvoyé des affaires. Pour effrayer le Roi, le cardinal dépêcha en toute hâte, au prince d'Orange, pour le prier de le soutenir de son crédit, et, dans ce but, le moyen le plus sûr était de menacer le Roi que, dans le cas où Richelieu serait renvoyé du ministère, lui, prince d'Orange, accepterait les offres de l'Espagne. Cette prière du cardinal ministre eut un plein succès, comme on le voit par les pièces suivantes :

I.

Lettre de M. le prince d'Orenge à M. le cardinal de Richelieu.

D'Ordinghen, le 18 juillet 1642.

« Monsieur, je remets à M. le comte d'Estrades à vous expliquer les véritables sentimens que j'ay pour vostre santé et pour tout ce qui regarde vos intérests et vostre service, dans lesquels je seray toujours envers tous et contre tous. Vous ajouterez foy, s'il vous plaist, en tout ce qu'il vous dira de ma part. Je vous demande, Monsieur, pour marque de vostre amitié, de sauver la vie à mon neveu de Bouillon, et de considérer ma sœur la douairière, qui n'a de bien que celuy du domaine de Sedan. »

II.

Lettre de M. le prince d'Orenge au Roy.

D'Ordinghen, le 18 juillet 1642

« Sire, je supplie très-humblement Vostre Majesté de m'accorder la vie de mon neveu, le duc

---

(1) Quittance revêtue de la signature de Turenne, datée du 10 octobre 1641, et conservée à la Bibliothèque du Roi (titres originaux).

(2) Dès le mois de juillet, on transmettait à Le Tellier les ordres suivants, au sujet de M. le duc de Bouillon :

« Monsieur, l'estat auquel se trouve M. le duc de Bouillon, obligeant à voir tous les pacquets qui luy sont envoyez et les siens, et l'intention du Roy n'estant pas que cela préjudicie aucunement à ceux qui ne sont coupables d'aucune chose contre son service, j'ay fait faire un pacquet de tout ce qui s'est trouvé avec ceux dudit sieur duc, et j'ay cru vous en debvoir advertir, affin que charitablement vous fassiez rendre toutes les lettres à ceux à qui elles sont adressées ; c'est le seul subject de cette lettre et de vous asseurer que je suis, Monsieur, vostre très-humble et très-affectionné serviteur.

» DES NOYERS.

» A Lyon, le 13 juillet 1642. »

de Bouillon, et de le retenir pour son crime dans une prison perpétuelle.

» J'ay prié M. le comte d'Estrades de dire à Vostre Majesté les offres qui me sont faites de la part des Espagnols.

» Si les bruits qui courent, que M. le cardinal duc n'est plus dans les bonnes grâces de Vostre Majesté et qu'elle luy a osté le soin de ses affaires, sont véritables, elle ne trouvera pas mauvais que j'accepte des conditions si avantageuses à messeigneurs les Estats et à moy, d'autant plus que je ne pourrois prendre confiance en de nouveaux ministres qui seroient peut-estre plus espagnols que françoys. »

III.

Instruction de M. le prince d'Orenge pour M. le comte d'Estrades.

A Ordinghen, le 18 juillet 1642.

« Si M. le cardinal duc est hors des bonnes grâces du Roy et fort malade, ainsy que les dernières lettres nous l'apprennent, il luy dira que, ne prenant plus confiance en de nouveaux ministres, j'accepteray les offres que les Espagnols me font, qui sont très-avantageuses aux Estats et à moy; mais si M. le cardinal reste toujours dans le mesme crédit et dans le gouvernement des affaires, il l'asseurera que je refuseray tout ce qui m'a esté offert.

» Il dira à Sa Majesté que je la supplie de m'accorder la vie de M. le duc de Bouillon, en le faisant enfermer dans une prison perpétuelle, pour punition de son crime, afin que du moins je ne voye pas répandre son sang sur un échafaut.

» M. le comte d'Estrades témoignera à M. le cardinal duc, que j'espère qu'il obtiendra pour mon neveu la grâce que je demande, et que je luy seray infiniment obligé s'il luy peut faire accorder la liberté, en remettant Sedan entre les mains du Roy, et que la récompense du domaine soit donnée à ma sœur, sa dot et son douaire ayant esté employez pour les fortifications de cette place.

» Il luy tesmoignera de ma part combien j'ay esté sensible à sa maladie, et quelle part j'ay prise à toutes les conspirations qui ont esté faites contre sa personne, me déclarant hautement l'ennemy de tous les siens.

» S'il y a quelque chose à ajouter pour le service de M. le cardinal duc, il fera et dira au Roy tout ce qu'il désirera, dont je l'avoueray.

» FRÉDÉRIC-HENRY. »

IV.

Extrait de la lettre de M. le comte d'Estrades à M. le prince d'Orenge.

De Lyon, le 4 septembre 1642.

« A rendu au Roy la lettre de S. A. Sa Majesté a dit, après l'avoir leue, qu'il n'avoit jamais eu l'intention d'oster ses affaires à M. le cardinal ni de l'éloigner d'auprès de sa personne; que tout le désordre qui estoit arrivé, venoit de M. le duc de Bouillon, qui avoit débauché Monsieur et M. le Grand, et qu'il méritoit d'avoir la teste tranchée comme le plus criminel.

» Je respondis au Roy que V. A. le supplioit de sauver la vie à M. le duc de Bouillon à sa considération; qu'il luy seroit bien rude de voir le sang de son neveu répandu sur un échafaut, dans le temps qu'elle hazardoit sa personne et les forces des Estats pour rendre des services considérables à S. M.; qu'elle sçavoit seurement que c'étoit M. le Grand qui avoit desbauché M. le duc de Bouillon, par de fausses confidences, luy disant que M. le cardinal le vouloit perdre, etc. Qu'estant aussy persuadé que vous l'estiez de ce que je raportois de vostre part, il y avoit à craindre que si S. M. n'accordoit à vostre prière la vie de M. le duc de Bouillon, et ne faisoit chastier M. le Grand comme criminel, pour faire voir par là qu'elle n'auroit jamais eu dessein d'oster à M. le cardinal la direction de ses affaires, V. A. ne prist enfin le party d'accepter les offres qui luy sont faites par le roy d'Espagne, tant pour luy que pour les Estats, et de conclure son traitté avec cette couronne.

» Le Roy ne me respondit rien, envoya chercher M. de Chavigny et Des Noyers, et tint conseil deux heures : ensuite de quoy S. M. me fit appeler, et me dit qu'en considération de V. A. elle sauveroit la vie à M. le duc de Bouillon; qu'elle avoit résolu de dépescher vers M. le cardinal avec tous les ordres nécessaires pour faire le procès à M. le Grand, et qu'elle ne luy pardonneroit pas.

» M. le cardinal me chargea d'escrire à V. A. qu'il luy donneroit des marques de reconnoissance, en faisant obtenir des grâces à M. le duc de Bouillon, en vostre considération seule, qu'il n'auroit jamais eues sans la prière de V. A., etc.

» Il me fut permis de voir M. le duc de Bouillon, que je trouvay fort abatu, ayant desjà esté interrogé deux fois et se croiant perdu. Je l'asseuray que V. A. ne l'abandonneroit pas, et qu'elle m'avoit envoyé exprès auprès du Roy et de M. le cardinal, pour tâcher de luy sauver la vie; que j'avois grande espérance d'en venir à bout, mais qu'il luy en cousteroit Sedan, pour lequel il recevroit une bonne récompense. Il se jetta à mon col, et me dit qu'il avoit les dernières obligations à V. A., et qu'il feroit tout ce qu'on désireroit de luy pourveu qu'on luy sauvast la vie.

» Dès le mesme jour, M. le cardinal Mazarin eut ordre d'en aller signer le traitté avec M. le duc de Bouillon, et nous devons partir ensemble dans deux jours pour aller à Sedan, pour l'exécution de ce qui a esté arresté. M. le cardinal duc a prié M. le comte de Roussy d'aller devant disposer madame la duchesse de Bouillon à n'y porter aucunes difficultés, veu le péril que M. le duc de Bouillon courroit de sa vie, en cas de refus des conditions proposées. M. le comte de Roussy fut arresté par les nouvelles qui nous vinrent de la mort de madame la duchesse de Bouillon, douairière, dont M. le cardinal fut fort touché, la croyant mieux intentionnée que madame la duchesse de Bouillon, sa belle-fille, qui a toujours conservé de l'inclination et de l'intelligence avec l'Espagne. »

V.

Lettre de M. le cardinal de Richelieu à M. le prince d'Orenge.

Du 4 octobre 1642.

« M. le comte d'Estrades vous dira ce qui s'est passé de deçà dans l'affaire de M. le duc de Bouillon. Il vous raportera aussy la connoissance que j'ay des sentimens avantageux pour moy que vous avez eus sur le sujet de ma maladie et des traverses que quelques mauvais esprits ont voulu donner aux affaires du Roy. Je n'ay point de parolles pour vous remercier de la faveur que vous m'avez faite en ceste occasion; mais je vous supplie de croire que je n'en perdray aucune qui vous puisse faire voir par bons effets que je suis, etc. »

Une certaine rivalité exista toujours entre Turenne et le prince de Condé; ces deux grandes capacités militaires avaient eu tant d'occasions de se mesurer, et les succès et les revers avaient été si ordinairement partagés, qu'il était difficile de décider de la supériorité de l'un sur l'autre. Une correspondance intime exista pourtant entre eux, quoique tous deux fussent dans un parti différent, jusqu'en l'année 1655, qu'un accident, rapporté dans les Mémoires de Turenne, mit fin à cette singulière relation amicale (1). Mais en 1660, lorsque Condé rentra au service du Roy, le maréchal de Turenne ne fut pas tout-à-fait exempt de prévention contre le prince, et cette prévention ressemble bien jusqu'à un certain point à un mouvement de jalousie. C'est ce que constate la lettre suivante, que nous devons, ainsi que plusieurs autres documents importants, à l'obligeante communication de M. F. Feuillet.

A Amiens, ce 26 janvier 1660.

« Le gentilhomme que j'avois envoié trouver Votre Eminence est de retour depuis deux jours, et je la remercie très-humblement des assurances qu'il lui plaît me donner, de vouloir me procurer du Roy la chose dont je m'estois donné l'honneur de lui parler, quoique je n'en fusse aucunement en doute, estant bien persuadé de l'amitié qu'elle a pour moy : sur quoi je fais un fondement tout entier, me flattant aussi qu'y ayant un peu d'estime meslée, cela lui fait entrevoir qu'il y a de certains endroits où je ne pourrois pas estre avec satisfaction. Et comme il y a des gens avec qui je me fais grande justice, je crois aussi qu'il y en a qui se la devroient un peu faire à mon égard. Vostre Eminence me cognoist de toutes les façons, c'est pourquoi je dois estre honteux d'en tant dire, et l'honorant et la respectant au point que je fais, elle trouvera toujours ma conduite très-égale, bien sincère et avec beaucoup de cordialité. Quand je lui ai parlé de monsieur le prince, ce n'est pas par le costé présentement de son grand crédit auprès du Roy, mais seulement afin qu'avant les liaisons qui se peuvent prendre, Vostre Eminence eust fait cognoistre les avantages qu'il lui plaît me procurer auprès du Roy (2).

» On a fait, ces jours icy, la revue des troupes de monsieur le prince; je crois qu'il n'y a plus derrière que le régiment de Marsin, que l'on dit qui vient fort. Je crois que Votre Eminence sçait bien qu'il est fort brouillé avec M. le marquis de Caracène. M. Dormesson en envoie les détails à M. Le Tellier, et je réglai hier le paiement de leur premier mois, qui est distribué aujourd'hui. On paie tous les soldats qui ont passé à la revue, et les officiers de cavallerye, sur le pied de dix places par compagnie, comme ceux du Roy; et à l'infanterie de même qu'à cette infanterie. J'ai observé, pour les officiers, que tous les étrangers qui emmènent quelques soldats, ont fait entretenir eux et ce qu'ils ont d'effectif, afin qu'ils n'ayent prétexte de retourner en Flandre, et que là les soldats qui les ont quittés ne les joignissent. Pour tous les officiers réformés françois, comme sont ceux de ces six régiments de cavallerie que M. le prince avoit fait entrer dans les trois qui devoient venir au commencement, n'ayant présentement plus aucune cavallerie, ils s'en vont chez eux en France, sans que l'on leur donne rien, comme ils ne s'y attendoient pas; et il est certain que, par ce retour de M. de Chamilli à Bruxelles, sur les frais de Votre Eminence, quatre ou cinq régiments de cavallerie que M. de Caracène formoit, ont été dissipés; et j'ai

---

(1) Turenne, rendant compte de la levée du siége de Valenciennes par l'armée du prince, se servit d'expressions qui blessèrent la susceptibilité de Condé, qui, par le plus grand des hasards, se saisit de cette lettre de Turenne à Mazarin, en faisant arrêter le courrier envoyé à la cour.

Plus tard, le prince força à son tour Turenne à décamper aussi de devant cette même place, et l'on fit à ce sujet le couplet suivant :

« Si vous eussiez vu Turenne
Comme il arrachoit son toupet !
En partant de Valentienne,
Vertubleu ! comme il fuyoit !
Allongeant sa longue eschine,
Il disoit : Messieurs, quoi ! quoi !
Il faut abattre les lignes
Et gagner droit au Quesnoi. »

(2) Mazarin proposait de le faire maréchal-général.

sceu qu'on ne peut pas estre plus empesché qu'il a esté, et il est certain que M. le prince a fait, dans ce dernier temps, tout ce que Votre Eminence a désiré; et peut y estre entré en France, sans compter le régiment de Marsin, douze cens chevaux, et en infanterie presque autant, sans compter ce qui est dans Rocroix et dans Hesdin. Vous verrez tout le détail par les reveues que l'on envoie. Pour respondre à ce que Votre Eminence me mande sur M. de Bellefonds, je lui dirai que, croyant que l'on sortiroit des places le 21 du mois passé, il m'avoit prié de lui laisser sortir leur régiment avant les autres, et que, marchant par leurs routes ordinaires, les lieux d'autour lui donneroient quelque chose. Comme il n'est pas trop bien en ses affaires, j'estois bien aise qu'il en eust quelque chose, et ai donné l'ordre aux deux régimens de sortir, qui sont Epagni et les recreues d'Erbonville, qui estoient dans Onderverde, au moins le vieux corps, car les recrues estoient en France; et un des gens de M. de Bellefonds en ayant abusé, cela a fait beaucoup de bruict dans le païs, à quoi il a esté remédié incontinent, les ayant fait sortir de Flandre. On a repris quelque argent qui a esté remboursé aux paysans pour l'exemple; une pareille chose n'arrivera plus, et M. de Bellefonds et M. Talon sont à cette heure bons amis.

» Pour l'affaire de M. de Nancré, je n'ai ouï parler que de ce village qui a esté forcé, et Cantrix, qui devoit aller sur les lieux, n'y a pas encore esté; on y donnera ordre au premier jour, afin que cela ne traîne point.

» Je n'ai point eu de nouvelles de Flandre depuis avoir renvoyé le trompette de M. le marquis de Caracène, et dès que j'en aurai de Votre Eminence, sur le sujet de la restitution des places (1), je partirai incontinent. J'écris à M. Le Tellier que, comme par toute la Picardie, dans les villes où est l'infanterie, on a obligé les habitans qui ne veulent pas composer des ustensiles, à faire chaufer les soldats à leur feu, et à leur donner de la chandelle. M. de Vilemontié n'y peut pas obliger ceux de Soissons qui, voulant faire déserter les soldats, les empêchent de se chaufer s'ils n'achettent le bois. Dans les grandes villes, comme l'infanterie dépend entièrement des habitans, s'il n'y a un tempérament entre eux et les soldats, on ne gardera que les officiers et les garçons de boutiques pour passer à la reveue.

» TURENNE. »

Le désintéressement du maréchal de Turenne et sa généreuse libéralité l'empêchèrent, malgré les charges importantes qu'il exerça, d'acquérir jamais de grandes richesses; sa fortune était plus que médiocre pour un homme obligé de représenter selon le rang qu'il occupait dans le monde. Son titre de colonel-général de la cavalerie de France ne lui valait que sept mille deux cents livres par an (2). Aussi le roi pourvoyait-il généreusement, au commencement de chaque campagne, à ce qu'exigeait l'exiguïté des ressources financières d'un des premiers hommes de son royaume, exiguïté suffisamment indiquée du reste par le modeste état de sa maison. C'est ce que prouve le titre suivant :

« Nous, Henri de la Tour d'Auvergne, vicomte de Turenne, général de l'armée du Roi, confessons avoir reçu comptant la somme de trente mil livres en louis d'or et d'argent à nous ordonnée par S. M. pour nous mettre en équipage la présente année 1667, pour vaquer à son service en ladite qualité (3). »

Sans abandonner tous les titres et honneurs dus ou prétendus par la maison de La Tour d'Auvergne, Turenne se montra toujours extrêmement réservé sur ce point; des titres de gloire bien plus réels et surtout moins contestables devaient naturellement l'y disposer. On sait qu'il avait défendu, bien jeune encore, à ses camarades de l'armée d'Italie, de lui donner le titre d'*Altesse* auquel il pouvait prétendre (4). Le duc et le cardi-

---

(1) Il existe, aux Archives du royaume, plusieurs minutes de lettres écrites de la main de Turenne, et relatives à la restitution des places, après le traité des Pyrénées.

La Bibliothèque historique de Fontette mentionne aussi un volume de lettres de Turenne (1638-1651), qui existait dans la Bibliothèque de Bouthillier, évêque de Troyes; mais on ignore ce qu'elles sont devenues.

(2) Titre original, signé de la main de Turenne, portant quittance de ladite somme, pour son traitement de l'année 1660 (Bibliothèque du Roi).

(3) Original et signature autographe de Turenne (Bibliothèque du Roi). Les dons du Roi n'étaient pas toujours des sommes d'argent, comme on le voit par la lettre suivante de Louis XIV.

Lettre de Louis XIV à M. de Vautorte.

» M. de Vautorte, mettant en considération les grandes despenses que mon cousin le vicomte de Turenne, maréchal de France, est obligé de faire en commandant mon armée d'Allemagne, et ayant sceu qu'il y a une bonne quantité de vin qui a esté recueilli dans les tours de l'Archevêché de Mayence, et d'autres qui sont dans le party et au service des ennemis, en conséquence qui me sont acquis et confisqués, j'ay résolu, par l'advis de la Reine régente madame ma mère, d'en gratifier mondit cousin le vicomte de Turenne. Et la présente n'estant pour autres fins, je ne vous la feray plus longue que pour prier Dieu qu'il vous ait, M. de Vautorte, en sa sainte garde.

» Escrit à Amiens, le 9 juin 1646.

» LOUIS. »

(4) Le titre d'*Altesse Domestique* était dans cette maison depuis le père de Turenne.

nal de Bouillon, ses neveux, exaltèrent au contraire jusqu'à l'excès ces prétentions de suzeraineté et d'ancienneté, plus ou moins fondées, de la maison de La Tour d'Auvergne. Des épigrammes en grand nombre furent répandues contre eux à ce sujet; nous n'en citerons que la suivante:

> Quoi! faudra-t-il que chaque jour
> Les Bouillons fatiguent la cour
> De quelque incartade nouvelle!
> Si tu veux mettre à la raison,
> Grand Roy! cette folle maison,
> Du rang qui trouble leur cervelle
> Précipite ces orgueilleux!
> Leur insolence est sans pareille:
> Remets-les comme leurs ayeux (1)!

Mais Louis XIV, fatigué de l'affectation des Bouillons à vanter l'ancienneté de leur race, menaça bientôt de faire examiner d'autorité l'authenticité des titres de cette maison. Le cardinal éluda ce piége, qui pouvait offrir plus d'un écueil à ses orgueilleuses prétentions, et confia, sous le sceau du secret, tous les titres généalogiques qu'il possédait à un affidé serviteur de sa personne. On crut même qu'ils avaient été remis à Rome entre les mains des jésuites. D'exactes perquisitions furent ordonnées par le Roi; les lettres suivantes nous apprennent que ce prince y mit de l'insistance, et qu'il attachait de l'importance à la découverte et à la saisie de ces papiers.

« Les ordres dont vous m'honorez de la part du Roy, touchant la découverte que Sa Majesté souhaite estre faite des titres et des tables de la maison de M. le cardinal de Bouillon, que cette Eminence marque, dans sa lettre écrite à M. Vaillant, avoir déposés en cette ville en un lieu seur, ne me paroissent pas faciles à exécuter; et quoyque je m'applique uniquement à examiner les moyens les plus convenables pour y réussir, je me trouve aussy peu éclairé que le premier jour, parce que, ne pouvant confier mon secret à personne, il faut que je travaille moy seul à découvrir ce qu'on a pris soin de cacher avec beaucoup de précautions.

» Je ne trouve pas que M. le cardinal de Bouillon se soit procuré pendant son séjour beaucoup d'amis sur lesquels il ait pu assez compter pour leur confier un dépost qu'il marque luy estre si important. Le Pape paroissoit estre dans ses intérêts; mais depuis son exaltation il n'a pas fait voir un grand empressement à le favoriser et ne s'est employé que froidement pour luy; c'est ce qui me fait croire que M. le cardinal de Bouillon, qui marque dans sa lettre avoir renvoyé à Rome, après son retour en France, ses titres et ses tables pour y estre conservés très soigneusement et secrètement, ne les aura pas confiés à Sa Sainteté. Je me persuade plutôt qu'il les aura adressés aux jésuites, qui ont tousjours esté dans ses intérêts en ce point, chez qui il a pris un logement qu'il a occupé pendant son dernier séjour en cette ville et qu'il tient encore actuellement; c'est le petit palais du Noviliat, où sont ses meubles et où quelques-uns de ses domestiques demeurent. Il ne pouvoit les déposer en des mains plus seures que celles de ces pères, et il est à présumer qu'en ce cas il a deu estre bien asseuré de la fidélité de ceux qu'il en a chargés. L'avocat Sardini, qui fait ses affaires en ce pays, n'est pas une personne assez considérable pour avoir arresté le choix de M. le cardinal de Bouillon sur luy, dans une affaire qu'il marque luy estre si importante. Je ne vois donc que le Pape, les jésuites, et peut-estre M. le cardinal Barberin, à qui il puisse avoir confié ses titres et ses tables: ce dernier doit estre fort de ses amis, puisqu'il tient chez luy, chaque semaine, une congrégation à laquelle assistent les personnes qui sont chargées des intérêts de M. le cardinal de Bouillon, pour rendre compte de l'estat de ses affaires, de la récepte de ses revenus et de l'employ qui peut en avoir esté fait. Cette marque de confiance pourroit bien avoir attiré l'autre sur le cardinal Barberin, d'autant plus que, ayant embrassé un party opposé à la France, M. le cardinal de Bouillon aura cru pouvoir s'assurer entièrement sur luy.

» A l'égard, Mouseigneur, de ce que vous me faites l'honneur de m'escrire de me servir du canal de M. Alexandre Albani, en cas que je puisse aussy seurement compter sur luy que sur moy-mesme, je prendray la liberté de vous représenter que je ne vois pas qu'il soit à propos de prendre, sur son compte, le succès que pourroit avoir le secret que je lui communiquerois. Je ne doute point de sa partialité pour la France; je découvre journellement qu'il a un bon cœur, qu'il a une profonde et sincère vénération pour la personne du Roy, et qu'il auroit un très sensible plaisir d'avoir lieu de signaler son zèle pour le service de Sa Majesté; mais je crains ne que le Pape ne tire quelquefois adroitement de luy des notions, qu'il ne luy confieroit peut-estre pas s'il s'apercevoit du dessein de Sa Sainteté, et que son peu d'expérience ne luy permet pas de connoitre. Je sçay qu'il a du crédit et des habitudes en cette cour, et qu'il ne me seroit pas inutile s'il vouloit agir de bonne foy; mais je croirois agir moy-mesme imprudemment si je faisois une dé-

---

(1) Nous avons trouvé, dans la collection de chansons dite de Maurepas, à la Bibliothèque du Roi, le couplet suivant, « fait par M. de Turenne, pour Madame, sur une éclipse qu'un hermite de Fontainebleau, dans son sermon, avoit invité d'aller voir sur une hauteur, où l'on ne trouva ni l'hermite, ni l'éclipse: »

> « Philis m'aimoit, elle a changé,
> Son cœur est infidelle;
> Mais sa beauté m'en a vangé,
> Elle a changé comme elle,
> Ainsi qu'Agnez et le corps mort,
> Madame, ce me semble,
> L'éclipse et l'hermite d'accord
> S'en sont allés ensemble. »

marche aussy délicate sans un ordre précis, sur lequel j'auray l'honneur d'attendre vostre responce.

» J'auray cependant toute l'attention possible à vous informer distinctement de tout ce qui viendra à ma connoissance, et je continueray à prendre des lumières et à faire sur cette matière toutes les réflexions qu'elle mérite par rapport au service du Roy.

» J'ai l'honneur d'estre avec un profond respect, Monseigneur, vostre très-humble, très-obéissant et très-obligé serviteur,

» DELACHAUSSÉ.

» A Rome, ce 12 mars 1712 (1). »

« J'ay eu l'honneur de voir dimanche et lundy dernier M. Alexandre Albani, et de discourir amplement avec luy touchant l'affaire que vous m'avez ordonné de luy communiquer. Je luy ay confié seulement qu'il s'agit de trouver des papiers que le cardinal de Bouillon a mis en dépost entre les mains de quelque personne qui demeure actuellement en cette ville, sans luy expliquer de quelle nature ils sont ; je luy ay représenté fortement combien il seroit agréable au Roy que cette découverte se fît, et qu'il ne pouvoit trouver une occasion plus favorable de signaler son zèle pour le service de Sa Majesté. Je luy ay fait connoistre l'importance du secret ; je crois l'avoir convaincu de la nécessité qu'il y a de remuer toutes sortes de machines pour procurer le succès de l'affaire dont il est question. Il y est entré aussy vivement que je pouvois l'espérer ; il n'est pas disconvenu que le Pape ne puisse avoir quelque connoissance de ce dépost, mais il ne croit pas qu'il l'ait entre les mains ; et il a fait là-dessus une réflexion assez judicieuse, qui est que depuis le départ de M. le cardinal de Bouillon de cette ville, il ne paroît pas que Sa Sainteté soit entrée beaucoup dans ses intérêts, ny qu'elle ayt entretenu un commerce avec luy qui puisse faire soupçonner que ce cardinal luy ait envoyé ces papiers pour les conserver. A l'égard du cardinal Barberin, quoyqu'il soit chargé du soin de ses affaires, il n'est pas le seul qui ayt sa confiance, et j'apprends que le cardinal Bichi est aussy en commerce avec luy, et qu'il a toujours esté son intime ami ; mais tous ces motifs ne nous ont pas semblé suffisans pour exclure les jésuites, et, après plusieurs réflexions, nous sommes convaincus que le dépost ne pouvoit avoir esté confié en des mains plus seures que celles de ces pères, il est à présumer que M. le cardinal de Bouillon, qui a toujours esté ami de la société, n'aura pas choisi un autre dépositaire. Il s'agit donc présentement de sçavoir qui est le jésuite qui a le plus de part dans la confiance de ce cardinal, et c'est sur cet article que nous sommes demeurés d'accord de travailler. J'ai appris que le père Sardini est celuy

(1) En tête de cette dépêche, ainsi que de la suivante, toutes les deux chiffrées, on lit : *Déchiffrés vous-mesme et seul.*

de la société qui entretient commerce avec luy, et qu'aucune affaire de ce cardinal ne se fait qu'on ne luy en donne part ; j'ay communiqué ma pensée à M. le cardinal de La Trémouille en luy rendant vostre lettre, et il est entré dans mon sentiment : ou que le père Sardi a placé ce dépost dans les archives de la société, ou qu'au moins il a connoissance du lieu où il se trouve. Il sera très-difficile que je puisse me faciliter un accez auprès de ce père, qui est rusé et qui aura de la deffiance de moy, sçachant que le Roy me fait l'honneur de m'employer. J'ay fait sçavoir à M. Alexandre Albani cette découverte, mais il ne pourra guère m'estre utile présentement, parce qu'il devra accompagner le Pape qui ira à Castelgandolphe sur la fin de la semaine prochaine. Je dois vous avertir, Monseigneur, que M. le cardinal de La Trémouille ignore que j'aye communiqué cette affaire à M. Alexandre Albani, et que celuy-ci est dans le même cas à l'égard du premier.

» J'auray l'honneur, Monseigneur, de vous informer exactement de toutes les découvertes et de toutes les démarches que je feray. Plus j'examine cette affaire et plus je prévois de difficultés à la conduire à une fin heureuse ; il ne dépendra pas de mes soins et de mon attention que Sa Majesté ne soit servie, et peut-estre que le temps fera naître une occasion favorable pour y réussir.

» J'ay l'honneur d'estre avec un profond respect, Monseigneur, vostre très-humble, très-obéissant et très-obligé serviteur,

» DELACHAUSSÉ.

» M. Alexandre Albani m'a fait l'honneur de passer aujourd'hui chez moy, et nous sommes convenus que s'il est vray que le père Sardini ait toute la confiance de M. le cardinal de Bouillon, il faudra chercher les moyens de s'informer auprès de luy, car je ne consentiray pas de confier nostre secret à qui que ce soit sans un ordre précis de Vostre Grandeur. »

Ce ne fut pas non plus la seule fois que le cardinal de Bouillon lutta d'adresse et de ruse contre le roi de France, à qui il ne pouvoit pardonner l'exil auquel il fut condamné (1685), et la perte de l'évêché de Liége, que Louis XIV destinait à un autre cardinal. Aussi chercha-t-il à se venger du Roi par tous les moyens qui se présentèrent à lui ; il se faisait un secret plaisir de semer la discorde et d'entretenir la discorde dans la maison royale de France. L'esprit d'intrigue et de turbulence des Bouillon s'était réfugié dans la tête du cardinal de ce nom ; Turenne en était exempt.

Dans ses Mémoires on lit de grandes choses racontées avec simplicité ; ils sont d'un si haut intérêt, que nous ne concevons pas pourquoi ils n'ont pas été insérés dans les deux précédentes collections. C'est une omission que nous nous sommes fait un devoir de réparer.

Les Mémoires du vicomte de Turenne furent imprimés en 1735, à la suite de l'histoire de ce personnage par Ramsay. Ils n'ont pas été reproduits depuis. L'éditeur ne donne aucune description du manuscrit; mais l'on juge, par une note qui se trouve à la page XXIV de son édition, qu'il dut se servir des manuscrits autographes; l'authenticité de l'ouvrage publié était d'ailleurs garantie par la protection du cardinal de Bouillon, à qui il est dédié.

Il nous restait cependant, comme nouveaux éditeurs, un dernier devoir à remplir: celui de chercher ce même manuscrit autographe, de nous assurer s'il existait, et d'en faire la comparaison avec l'imprimé. C'est avec regret que nous sommes obligés de déclarer que nous n'avons pas pu remplir complètement ce devoir.

Le manuscrit autographe des Mémoires du maréchal de Turenne (1) existe entre les mains d'un de MM. les pairs de France; nous avons vu ce manuscrit. Il consiste en une liasse de feuillets isolés, de format petit in-folio, attachés ensemble par un cordon piqué au bas de la marge gauche; tous ces feuillets, qui ne nous ont pas paru en ordre, sont écrits de la même main, que nous croyons, d'après un court examen, être bien celle du maréchal; un cahier de trois ou quatre feuilles de petit papier à lettre, est avec le gros dossier qui est en papier fort ordinaire; ce cahier contient la relation particulière d'une des batailles livrées par le maréchal de Turenne, et le tout est très soigneusement enfermé dans une riche cassette, en bois étranger, ornée de sculptures en métaux. Il nous a paru que la première page des Mémoires commençait par le mot *et*, ce qui fait supposer ou qu'il manque quelque chose au manuscrit, ou bien que ses feuillets ne sont pas tous à leur véritable place. Du reste, quelle est l'identité du texte imprimé et du texte manuscrit? Qu'y a-t-il de plus ou de moins dans l'un ou dans l'autre de ces textes? Nous ne saurions le dire, car nous n'avons pas été assez heureux pour obtenir la permission de les collationner.

Nous avons cherché cependant à accroître l'intérêt de notre nouvelle édition, au moyen de quelques documents inédits relatifs au maréchal de Turenne. L'habitude que sa mère lui avait fait prendre dès sa jeunesse de rendre compte de sa conduite, dans des lettres longues et fréquentes, le maréchal-général de France la conserva toute sa vie. Ces lettres devaient contenir des inspirations toutes du moment et rappeler des actions, grandes ou petites, favorables ou malheureuses, de la vie du grand Turenne; mais ces mouvements divers ne pouvaient pas se retrouver dans des Mémoires rédigés dans le silence du cabinet. C'est ce qui nous a déterminés à intercaler dans ces Mémoires, toutes les fois que nous l'avons pu, des lettres inédites du maréchal, relatives aux événements qui y sont racontés, et qui fournissent ou des détails plus circonstanciés, ou des observations intéressantes touchant aux événements rappelés dans ces mêmes Mémoires, ou bien à d'autres faits qui y ont été oubliés ou négligés par le maréchal. Nous y avons joint aussi des lettres, des instructions et des ordres émanés du roi Louis XIV et de ses ministres. Il nous a paru ensuite qu'il ne serait pas sans intérêt de rapprocher parfois les passages des Mémoires de Turenne, relatifs à certains événements, avec les relations rédigées par ses ennemis ou par ses adversaires, tels que le prince de Condé, ou les officiers-généraux de ce même prince: ces documents seront mis en note à la suite de notre édition. Enfin le maréchal de Turenne ayant passé sous silence tous les faits qui se rapportaient à sa jeunesse, et n'ayant commencé ses Mémoires qu'à la fin de l'année 1643, cette lacune nous a paru pouvoir être remplie utilement, pour le lecteur et pour la renommée du maréchal, au moyen des relations qu'il adressait à sa mère et qui se trouvent dans les lettres publiées en 1782 par le comte de Grimoard (2), en deux volumes in-folio. Ces lettres contiennent la relation naïve des combats et des siéges auxquels Turenne assista dès l'année 1627, et l'on y reconnaît les traces vivantes de toutes les impressions qu'il dut éprouver à ses débuts dans la carrière militaire. Il ne nous a paru non plus qu'il fût sans intérêt d'étudier les mouvements et les développements du caractère du plus grand homme de guerre de son temps, dans ces lignes qu'il traçait lui-même, presque sur le champ de bataille, empreintes conséquemment de ces traits particuliers qui font quelquefois pressentir l'homme de génie. Le Recueil de Grimoard se trouve rarement dans des bibliothèques particulières; toutefois nous n'en avons extrait que des fragments, auxquels nous avons ajouté d'autres documents inédits. La Bibliothèque du Roi n'en possède qu'un très-petit nombre d'originaux; mais l'extrême obligeance de M. le général baron Pelet, directeur du dépôt de la guerre, nous est venue en aide, en nous permettant de consulter librement les pièces historiques confiées à son zèle et à sa science. Le cabinet de M. F. Feuillet nous a été aussi, comme en d'autres occasions, une utile ressource, et il nous a été possible, avec ces secours, de rendre cette nouvelle édition des *Mémoires de Turenne* plus digne du public et du héros lui-même.

A. C.

---

(1) On trouve aussi au Dépôt de la Guerre une copie manuscrite des Mémoires de Turenne, contenant les années 1643 à 1649; mais elle est moins complète que l'imprimé, et pourrait bien n'être qu'un extrait fait sur le texte des Mémoires de Turenne publiés en 1735.

(2) *Lettres et Mémoires du maréchal de Turenne*, Paris, 1782, 2 vol. in-folio. Nous y avons ajouté plusieurs documents inédits.

LETTRES
DU VICOMTE DE TURENNE,

POUR SERVIR

D'INTRODUCTION A SES MÉMOIRES.

1627—1643.

Les Mémoires du maréchal vicomte de Turenne ne commencent qu'en l'année 1643 ; il y a donc passé sous silence tous les faits qui se rapportent à sa jeunesse. Nous avons cru pouvoir utilement, pour le lecteur et pour la mémoire du maréchal, remplir cette lacune au moyen des lettres qu'il écrivit pendant ses premières campagnes. Elles nous ont ainsi dispensés de nous étendre, dans une Notice spéciale, sur des temps et des événements dont le jeune Turenne pouvait être lui-même l'historien, et le plus fidèle de tous, sans nul doute. L'intérêt qui s'attache à de semblables documents est toujours plus attrayant que la Notice même la mieux rédigée. En 1627, Turenne était dans sa seizième année et commandait une compagnie.

Le vicomte de Turenne à la duchesse de Bouillon, sa mère.

23 Août 1627.

« Madame,..... le Roi s'étant approché et étant venu à Chanteloup, je pourrai plus commodément y aller..... Le Roi eut avant-hier un accès de fièvre de dix ou douze heures et fort violent ; elle lui avoit quitté depuis huit jours. Il a grande envie de s'en aller vers l'île de Rhé. Monsieur s'y en va jeudi.... Madame Defloges..... me dit (hier) qu'elle avoit ouï dire qu'on avoit dit au Roi que Groll étoit pris. M. de Hauterive écrit qu'on est déjà dans le fossé..... Je tâcherai, par mon obéissance, de vous donner du contentement, comme étant, Madame, votre, etc. »

A la même.

10 Mai 1629.

« Madame, j'ai reçu aujourd'hui celle qui vous a plu me faire l'honneur de m'écrire du 23 avril. M. le prince (d'Orange) arriva ici le premier mai, où on n'a vu autre chose si ce n'est le camp retranché. Je suis assez mal logé ici, étant dans une chambre avec M. le marquis de La Force et tout son train..... L'armée marcha quatre jours devant que de venir à Bois-le-Duc, qui étoit la plus belle (marche) que l'on ait jamais vue dans le pays. Je marchai un jour dans la compagnie de M. de Maisonneuve et passai devant M. le prince. On n'ose rien mander à cause des ennemis. Je finirai tout court.

» Au camp devant Bois-le-Duc. »

A la même.

15 Mai 1629.

« Madame,.... je ne pus l'autre semaine achever la mienne que je fermai en grande hâte, parce que mon frère m'envoya quérir, à onze heures du soir, vingt cornettes de cavalerie devant monter à cheval, sur un avis que M. le prince avoit eu de quelque secours qui devoit entrer dans Bois-le-Duc. Nous en revînmes sur les dix heures du matin, ayant eu grande pluie qui a continué un jour ou deux, n'y ayant cependant nulles maladies. Mon frère avoit trouvé bon que je me misse dans la compagnie de M. de Maisonneuve.... ; mais je n'y fus pas cependant. Les soldats ne sont point encore du tout fatigués. M. le maréchal de Châtillon arriva ici avant hier, et quatre ou cinq capitaines françois avec lui. Il a séjourné deux jours à La Haye, à cause du jeûne qui se fit partout le pays il y aura après-demain huit jours..... M. le prince s'en va se promener tous les jours auprès du retranchement..... Nous ne sommes revenus (aujourd'hui) qu'à huit heures du soir de la promenade, et avons été fort long-temps à pied sur une digue que l'on a faite sur le marais, assez près d'un fort, sans que l'on n'en tire pas un coup. Ils laissent tout le monde en un si grand repos, que l'on ne court pas plus de danger qu'à Sedan. Mon frère est logé dans le retranchement, et ai grande commodité d'aller chez lui, n'étant qu'à cent pas d'ici. Je vas souvent avec lui quand il va visiter ses gardes. Il a traité aujourd'hui les colonels de sa brigade, parmi lesquels il est parfaitement bien..... Je mange d'ordinaire à la table de M. le prince, qui s'en va demain dîner au quartier du comte Ernest, où je crains ne pouvoir pas aller, parce que mes chevaux n'en peuvent plus, étant tous les jours deux fois dessus.

» Au camp de Vucht. »

A la même.

22 Mai 1629.

« Madame,.... nous avons l'autre semaine, M. de La Force et moi, fait le tour de toute la circonvallation, à quoi on emploie huit heures à toujours marcher. Nous avions dessein de dîner avec M. le comte Ernest, que nous ne trouvâmes pas chez lui. M. le prince a été depuis cela à Huensen, qui est à trois lieues d'ici, dont il en fit bien deux à pied, parce qu'il faut passer une digue où les chevaux ne vont point. Il fit ce voyage pour visiter une île de Hemort, dont M. de Briquemaut connoîtra bien le nom, étant d'assez grande conséquence, empêchant les ennemis d'assiéger cette ville-là. Il partit du grand matin pour y aller, n'ayant point voulu le dire le soir, de peur que ceux de Bréda, en étant avertis, n'envoyassent quelques partis. On en prend de part et d'autre tous les jours, mais si petits que cela ne vaut pas la peine d'en parler. Je mange toujours avec M. le prince qui, à tout ce que le monde dit, n'a jamais été plus gai dans armée que dans celle-ci ; et aussi tout lui réussit à souhait, et principalement ses ouvrages, desquels il se loue fort et qui sont parachevés.....

» Du camp de Vucht. »

A la même.

19 Juin 1629.

« Madame,..... on demeure ici au même état, si ce n'est que les ennemis s'approchent et sont à deux journées. M. le prince est allé ce matin vers le quartier où on les attend, voir s'il est en état, et ne reviendra que sur le soir. Il fit partir hier des compagnies de chaque nation pour aller à une île à deux lieues d'ici.....

» Du camp de Vucht. »

A la même.

9 Juillet 1629.

« Madame,..... il y a cinq ou six jours que le comte Henry de Bergue donna une grande alarme par tous les quartiers, pour faire entrer quinze cents hommes dans la ville. On leur avoit dit cela tout aisé ; mais voyant qu'ils entroient dans l'eau jusques au cou, et qu'il y avoit des gens qui les attendoient, ils s'en retournèrent, ayant laissé quelques mousquets. Ce matin leur cavalerie s'approcha des retranchemens ; quelques-uns des nôtres en sortirent, là où M. de Maure fut tué..... Le bruit a couru ici que j'aurois sa compagnie. Mon frère m'a bien dit qu'il en verroit le sentiment de M. le prince....

» Du camp de Vucht. »

A la même.

30 Juillet 1629.

« Madame,... les ennemis étant entrés dans le Velau, à leur abord il s'y est fait un assez grand combat. Le comte Stirum, que l'on avoit envoyé pour leur empêcher le passage de la rivière, les attaqua comme ils étoient à moitié, et fut repoussé avec perte de quelques deux cents hommes et force officiers blessés. Il n'y avoit que quatre compagnies d'infanterie françoise..... On y a envoyé le comte Ernest avec deux mille chevaux et quinze mille hommes de pied, qui gardent les villes du pays et se fortifient aux lieux avantageux, tellement qu'à cette heure on n'a pas beaucoup à craindre de ce côté-là. Il y est venu par bonheur bien dix mille hommes (depuis quinze jours que l'on a été en ce quartier-là) du débris de la guerre de Dannemarck. Lambermont a mille hommes qu'il dit avoir amenés, qui pourtant ne lui veulent pas trop bien obéir. On les a reçus en service et mis dans les villes.....

» Au camp de Vucht. »

A la même.

6 Août 1629.

« Madame,..... on voit ici tous les jours des grands d'Allemagne nouveaux. L'ambassadeur du duc de Brandebourg passe devant le fils du roi de Dannemarck. Ils sont toujours chez M. le prince, qui les fait passer devant lui ; mais ses affaires le divertissent si fort qu'il ne leur parle pas souvent. Le comte Henri de Bergues a rompu son pont sur l'Issel et a marché dans le

Velau. La nécessité est si grande dans son armée, qu'il aura peine à y subsister. Il n'entreprend rien encore. Lambermont m'a écrit depuis deux ou trois jours que force de ses soldats s'étoient débandés, et me prie de parler à M. le prince pour qu'il lui fût permis de les reprendre où il les trouveroit. Il n'y a rien de plus avancé pour moi à la charge de feu M. de Maure qu'auparavant, mon frère n'en ayant point parlé depuis la première fois......

» Au camp de Vucht. »

A la même.

13 Août 1629.

« Madame,..... depuis que je me suis donné l'honneur de vous écrire, il s'est passé ici fort peu de choses, cette traverse qu'ils avoient opiniâtré ayant été quittée dès mardi. L'on a marchandé ces jours ici une galerie qui doit être faite dans quinze jours, au bout desquels on espère une reddition prompte de la ville, ce qu'un homme qui étoit de considération là dedans et quelques lettres interceptées font juger. Un gentilhomme françois, fort riche, est mort là dedans, d'une blessure qu'il avoit reçue quand il fut pris prisonnier; les prêtres, à ce que l'on dit, l'ont extrêmement tourmenté... L'extraordinaire chaud rend tout le monde inutile l'après-dîné et fait beaucoup de mal aux blessés. Nous fûmes, M. de Tonins et moi, avant-hier, voir madame la princesse, qui n'est qu'une lieue et demie de ce quartier ici, et nous dînâmes avec elle; c'est la plus courtoise princesse du monde, et qui se fait la plus aimer dans le pays. Il y a deux jours que l'on surprit deux espions qui sortoient de la ville avec des lettres de Grobendonck à l'Infante, qui ont été déchiffrées, par lesquelles il fait connoître ses nécessités, et qu'il sera contraint de se rendre s'il n'est bientôt secouru. Il y a quelques volontaires qui commencent à se lasser et s'en retournent en France.....

» Au camp de Vucht. »

A la même.

21 Août 1629.

« Madame,.... on a garni d'hommes tous les bords des rivières et les passages, et laissé jusques ici l'ennemi en repos. Une petite ville s'est rendue au comte Ernest sans résistance, où il a trouvé force vivres. Celui qui commandoit dedans sera puni. Une autre, qui valoit bien moins, a souffert deux assauts et n'est pas encore prise. On apporta hier nouvelles assurées à M. le prince, que l'entreprise de Wesel avoit réussi, qu'il y étoit déjà entré quatre mille hommes, le gouverneur pris; cela est de si grande conséquence, que quand MM. les Etats voulussent choisir une ville, ils n'en prendroient pas d'autre que celle-là.

» Au camp de Vucht. »

A la même.

28 Août 1629.

« Madame,...... je me suis extrêmement réjoui de votre heureuse arrivée à Sedan, que nous n'avons apprise qu'un jour plus tard qu'à l'accoutumée, les lettres n'étant venues que matin, auquel mon frère est revenu de la guerre, n'ayant demeuré que trente heures dehors. Je ne l'ai su qu'après qu'ils ont été partis; mais quand même cela eût été, il n'avoit point d'envie, à ce que je crois, de m'y mener. M. le marquis de La Force y étoit, et quelques-uns des volontaires; mais point M. de Duras. M. de Staquenbrouc commandoit le parti; ils ont rencontré cent chevaux et cent hommes de pied, qui se sont peu défendus, la partie n'étant pas égale. Un pays couvert qui étoit là auprès a empêché qu'on en ait pris la plupart : tous les officiers l'ont été. Le comte de Stirum est à Arnheim, il y est à l'extrémité, jusqu'à ne point parler, et est encore fort malade. Les ennemis ont quitté Amersfort, et en la quittant l'ont pillée. Ceux d'Utrecht ont pris garnison dedans. On a envoyé des gens de guerre dans Wesel et force munitions. Cette prise a déjà contraint, en partie, le comte Henry de Bergues de sortir du Velau. M. le prince d'Orange est allé aujourd'hui à Crévecœur. Il fait ce voyage assez rarement, n'y allant que tous les sept ou huit jours une fois; il part d'assez bon matin et revient à cinq ou six heures du soir. Madame la princesse a été dans presque tous les quartiers de l'armée, hors dans celui-ci, la femme du comte Guillaume l'ayant priée à faire collation dans celui de son mari...

» Au camp de Vucht. »

A la même.

19 Septembre 1629.

« Madame, la dernière fois que je me donnai l'honneur de vous écrire, on ne s'attendoit pas à un si grand accident que celui de la mort de M. de Vassignac, qui, une heure devant, se portoit mieux qu'il n'avoit fait; on en attribua la cause à la veine-cave qui s'est pourrie. J'ai un si extraordinaire ressentiment de ce malheur,

qu'il est impossible de m'ôter cette pensée, et toutes les choses qu'il m'a jamais dites me reviennent incessamment à la mémoire. Je tâcherai de les effectuer, et m'assurerai par ce moyen de ne vous être pas désagréable. Il étoit extrêmement aimé chez M. le prince, qui m'en a demandé lui-même une fois ou deux des nouvelles; son frère en a une affliction incroyable. J'écris à M. de Vassignac et montrerai la lettre à mon frère, de qui je suis en peine pour le grand déplaisir qu'il en aura. On a trouvé à-propos de le faire enterrer ici, où madame la princesse et la reine de Bohême sont depuis deux jours : elles vinrent pour voir sortir ceux de Bois-le-Duc, qui fut lundi fort tard; il y avoit de grandes réjouissances pour tout le monde, hors pour moi qui, à cette heure, n'en peut avoir beaucoup. Ces dames ont couché les deux nuits ici à l'armée, durant lesquelles j'ai prêté mon lit à la sœur de madame la princesse, et l'ai fait tendre là où elle a voulu. Elles iront aujourd'hui coucher à Bois-le-Duc, dont les habitants ont eu telle capitulation qu'ils ont voulu, hors la liberté de la religion. On a laissé quelques couvens de religieuses, mais chassé tous les gens d'église. Ceux de guerre ont emmené six pièces de canon. Ils étoient quelque quinze cents de sains. La ville est fort belle et presque aussi grande que Reims. On dit que M. le prince demeurera encore ici quelques quinze jours, durant lesquels toutes les dames qui y sont y demeureront........
» Au camp de Bois-le-Duc. »

A la même.

2 Octobre 1629.

« Madame,.... on ne parle plus tant de partir que l'on faisoit. Le comte Henri de Bergues a passé le Rhin et la Meuse avec son armée, et est à quelque douze lieues d'ici.
» Au camp de Vucht. »

A la même.

2 Octobre 1629.

« Madame,..... on parle de notre partement d'ici, mais on n'est pas assuré du jour. Le comte Ernest marcha hier avec les troupes qu'il a, qui peuvent bien être de quinze mille hommes de pied; on dit qu'il s'en va droit au fort sur l'Issel. M. le prince est à cette heure à Bois-le-Duc, où on fait des prières générales et par tout ce pays-ci. Je m'en vas tout à cette heure au prêche à l'église qu'on a destinée pour le prêche françois. Madame la princesse ne s'en ira pas d'ici tant que l'armée y demeurera........
» Au camp de Vucht. »

A la même.

22 Octobre 1629.

« Madame,.... on est extrêmement embarrassé sur le départ, toute l'armée s'en allant demain, et M. le prince aussi, à ce que l'on dit, se promener à Wesel. On ne peut pas savoir combien de temps durera ce voyage. Les troupes ne sont pas fâchées de s'en aller en garnison, car elles sont fort affoiblies....
» Au camp de Vucht. »

A la même.

12 Novembre 1629.

« Madame,.... durant ce voyage de M. le prince, il y a eu peu de moyen d'écrire, n'ayant pas séjourné un jour en aucun lieu. Comme on étoit à Emeric, il y vint une petite armée bien inopinée que M. d'Hauterive commandoit. J'avois envoyé une malle le matin devant à Wesel, et me fallut aller avec lui sans rien porter; si on eût été long-temps dehors on eût eu assez d'incommodité; mais tout ne dura que trois jours, durant lesquels on alla devant un petit château qui ne tint que quinze heures : il s'appelle Rheinglebourg; il sortit deux cents hommes de là-dedans : cela incommodoit Wesel, n'y ayant qu'une heure de là, où je m'en allai trouver M. le prince qui partit le lendemain, et fut par eau en deux jours à La Haye. M. de Staquenbrouc est allé assiéger un château qui ne vaut pas grand'chose, appelé Buric, justement de l'autre côté de la rivière.
» Le roi et la reine de Bohême sont à Rhénen. On s'étonne fort quel divertissement ils peuvent prendre; ils y font bâtir une maison qui coûtera beaucoup et dont la dépense sera inutile, la ville étant fort vilaine.
» A La Haye. »

A la même.

1er Septembre 1630.

« Madame,..... mon régiment a passé aujourd'hui devant le Roi, qui l'a trouvé fort beau, et a dit qu'il l'étoit autant que le sien des gardes; il l'a voulu voir compagnie par compagnie; il m'a commandé de là de me mettre dans son carrosse pour aller chez la Reine sa mère, qui m'a dit que le Roi étoit fort content de mon régiment, et M. le cardinal (de Richelieu) aussi.... Il me reçut fort bien... M. de La Villeaux-Clers me dit que le Roi m'avoit écrit... je lui dis que je n'avois point reçu de lettre ; il m'assura que mon régiment n'étoit parti de Champagne que par le commandement du Roi, et qu'il m'en avoit écrit pour m'en prévenir, et trouva fort étrange que M. le maréchal de Marillac ne m'avoit point donné la lettre... La Reine, mère du Roi, m'a fort demandé de vos nouvelles, et la Reine m'a fait fort bonne chère.... Je crois partir dans deux ou trois jours pour aller en Piémont.

» A Lyon. »

A la même.

18 Septembre 1630.

« Madame, j'ai été extrêmement fâché de n'avoir pas pu me donner l'honneur de vous écrire depuis Montmélian. Nous avons toujours marché, et ai joint mon régiment à deux journées de là, à cause qu'allant seul on ne trouve pas de maison où se mettre. Nous avons campé deux jours depuis être entré en Piémont, et, avant que d'avoir joint l'armée, on a fait recrue de cinq cents hommes. Je suis logé depuis deux jours à une lieue du quartier de M. de Schomberg ; j'ai une petite maison pour moi, et les soldats sont huttés tout autour. Toute l'armée est écartée comme cela. Je fus en arrivant voir M. de Schomberg, qui me promit de gratifier mon régiment en tout ce qui lui seroit possible, et m'offrit sa chambre pour y mettre mon lit. Je trouve l'air de ce pays-ci excellent, les maladies n'y étant pas grandes, comme on en fait courir le bruit. Les eaux n'y valent rien, et le vin vieux est excessivement cher ; le nouveau s'y donne pour rien, mais il n'est fait que depuis deux ou trois jours. Les raisins sont en la plus grande abondance du monde, et le pays fort bon. Comme mon régiment arriva près de Veillane, on fit commandement d'y laisser tous les drapeaux, hors un et le bagage, et de prendre tous les hommes sains des régiments de l'armée pour aller secourir Casal. On devoit partir le lendemain, et toute l'armée avoit laissé son bagage. Le soir, le marquis de Brézé, que l'on avoit envoyé à Casal pour faire la trève, revint et rapporta qu'elle étoit conclue jusqu'au quinzième d'octobre, et que le marquis de Spinola étoit entré dans la ville et le château, et non dans la citadelle. Les troupes du marquis sont fort affoiblies, et il n'a point fait de circonvallation pour se raffraîchir....

» Au camp de Brain. »

A la même.

19 Septembre 1629.

« Madame,.... mon régiment part demain matin, et s'en va à huit lieues d'ici demeurer trois semaines en garnison, jusqu'à la fin de la trève, dont je vous ai mandé les conditions. Les maladies d'ici diminuent fort.... MM. de Schomberg et de La Force sont demeurés seuls pour commander, M. de Montmorenci et M. d'Effiat s'en étant allés..... Par l'accord, le marquis (de Spinola) est entré dans le château et ville de Casal, et non dans la citadelle, laquelle il a ravitaillée pour un mois, qui est le temps de la trève. Si la paix ne se fait dans ce temps-là, ils donnent quinze jours pour secourir la citadelle, et sinon elle capitule. On ne parle pas là-dedans de Montmélian. M. de Schomberg a pris le soin de choisir, pour garnison de mon régiment, le meilleur quartier de tous, où je vas avec lui de Piémont ; et même dans la résolution de secourir Casal, il m'avoit dit de choisir un capitaine de mon régiment pour commander les enfans perdus de toute l'armée.

» Au camp de Brain. »

A la même.

10 Octobre 1630.

« Madame, ... nous nous préparons de partir pour aller à Casal dans six jours, à la fin de la trève qui finit le 15. Tout le monde envoya hier son bagage à Château-Dauphin, et on porte au lieu de cela grande quantité de vivres. Il y a pour huit jours d'armée d'ici là. Je suis en un assez bon quartier et parfaitement bien logé dans une maison d'un seigneur du pays, où il y a orangers, citronniers, force fontaines et quantité de belles allées....

» A Agnes. »

A la même.

12 Octobre 1630.

« Madame,..... la trève se rompt après-demain. On part le même jour pour aller à Casal. On porte provisions de vivres pour quinze jours. La plupart croient que la paix se fera en chemin. »

A la même.

27 Octobre 1630.

« Madame,..... je ne puis faire qu'un mot, quoiqu'il y ait force choses à mander. Nous avons marché depuis le quartier où j'étois douze jours, et sommes arrivés à une lieue de Casal sans que personne ne nous en empêchât. Les ennemis, depuis la trève, s'étoient un peu retranchés et nous attendoient. Notre armée se mit en bataille, et comme on en étoit à trois cents pas, et le commandement fait de donner, les

Espagnols acceptèrent la paix qu'ils avoient refusée depuis que nous marchions, ne nous ayant jamais crus assez hardis. Le sommaire de la paix est, qu'ils rendront Casal et s'en iront dans deux jours : ce que nous ferons aussi dans le même temps en France. Je m'en irai devant mon régiment, en poste ou à journée, là où le Roi sera....

» Devant Casal. »

A la même.

30 Novembre 1630.

« Madame,.... j'allai avec MM. de Duras et de Ronci trouver le Roi à Saint-Germain, où il demeure presque toujours. Il me fit fort bonne chère, et me demanda comme je m'étois porté en ce pays-là, et qu'il étoit bien aise de ce que j'étois revenu en si bonne santé. Je vis aussi M. le cardinal (de Richelieu), qui me reçut fort bien. Un capitaine du régiment de Piémont, nommé M. de Montsolins, m'a extrêmement obligé, ayant dit au Roi et à tout le monde toute sorte de bien de moi. J'espère aller dimanche, après le prêche, à Saint-Germain, où je coucherai et aurai le moyen de voir M. le garde-des-sceaux, les secrétaires d'Etat et M. le cardinal de La Valette qui ne bouge d'auprès du Roi; il ne bouge aussi d'auprès de M. le cardinal (de Richelieu), où il est fort bien : je lui témoignerai toute sorte d'affection..... On tient la paix assurée en Piémont, tellement que mon régiment reviendra. M. de Marillac est arrêté assurément en Piémont. On dit qu'on l'emmène. M. de Biscarat a fait un refus de rendre la citadelle de Verdun. On lui a fait encore un autre commandement, auquel on ne sait pas encore ce qu'il a répondu. On fait courir un bruit que le Roi fera bientôt un voyage : on dit que c'est à Compiègne. Ceux de la religion sont fort bien à cette heure ; on ne leur en parle point du tout. C'est à cette heure le vrai temps de pouvoir faire quelques affaires si on en avoit, et à ne pas quitter le Roi. La maison de Lorraine est dans un grand décri. Je suis fort incommodé, n'ayant ni gens ni carrosse. Le dernier est le plus commode de tous ici, car, sans cela, on ne peut pas faire une visite ni une affaire à temps, allant, comme je fais, à l'emprunt.

» A Paris. »

A la même.

21 Janvier 1631.

« Madame,... mon frère fut trouver le Roi à Sivri, lequel étant à la chasse, il alla chez M. le cardinal, qu'il attendit assez longtemps chez lui. Au retour de la promenade il lui fit toutes les bonnes chères qu'il se peut et l'embrassa vingt fois, le conviant de l'aimer... De là il retourna à Sivri trouver le Roi, qui le reçut assez bien. Il étoit tout attentif à leurer des oiseaux, ce qui étoit un mauvais temps pour faire la révérence; mais on ne pouvoit pas en prendre un autre... M. de Toiras s'en va en Italie relever M. de La Force, sans y mener de troupes. Le Mazarin est ici, et est encore incertain s'il y aura au printemps paix ou guerre...

» A Paris. »

A la même.

24 Février 1631.

« Madame,... on n'eut qu'hier au soir, fort tard, la nouvelle du partement du Roi de Compiègne. Un secrétaire de M. de Schomberg, qui étoit en un logis où j'étois aujourd'hui, m'a tout conté, qui est que, depuis que la Reine mère est à Compiègne, le Roi lui a fait parler tous les jours d'accommodement avec M. le cardinal. M. de Schomberg eut premièrement cette commission ; mais il pria qu'on lui en donnât un autre pour l'aider, qui fut M. le garde-des-sceaux. Eux deux lui ont proposé toutes choses, et mesmement l'éloignement de M. le cardinal, si cela la pouvoit contenter. Elle a dit qu'elle ne le pouvoit être de rien, et a montré grand refroidissement durant les huit jours qu'elle a été à Compiègne. Là dessus le Roi est parti pour s'en revenir, et a commandé à M. le maréchal d'Estrées d'aller prier la Reine mère de se retirer à Monceaux ou à Moulins. On y a laissé six compagnies des gardes pour l'y accompagner, et le maréchal d'Estrées l'y doit mener. On ne sait ce qu'elle lui a répondu, ny lequel des deux elle a choisi. Madame la princesse de Conti a commandement de se retirer à Eu, qui est à Madame mère, et le premier médecin de la Reine mère, à qui elle se fioit fort, a été amené dans la Bastille.... M. d'Epernon devoit faire à ce soir une assemblée fort magnifique, mais elle a été rompue par ce changement là. Monsieur, à ce qu'on dit, est toujours à Orléans. Madame la connétable a eu commandement de se retirer de la cour. L'abbé de Foix a été mis dans la Bastille. M. le maréchal de Toiras n'est pas encore parti pour l'Italie... On est sur la conteste que M. de Marillac soit jugé par commissaires ou au parlement ; s'il l'est par les premiers, ce sera tampis pour lui. Entre ci et huit jours peut-être il arrivera d'autres choses...

» A Paris. »

A la même.

13 Août 1631.

» Madame,... pour les nouvelles d'Allemagne, elles sont ici fort incertaines. On dit toujours que le roi de Suède fait de grands progrès, mais que les autres princes le secourent bien mal. On dit qu'il a passé l'Elbe. Il y a quelques volontaires d'ici qui sont allés le trouver au camp de Drun. »

A la même.

13 Août 1631.

« Madame,... il y a eu une alarme à Huesden depuis deux jours un homme inconnu y vint porter un coffre dans un bateau, et dit qu'il viendroit s'y mettre dans deux heures pour aller à Dort; cependant il se sauva sur les dix heures du soir. Le coffre, qui étoit plein de feu d'artifice, prit et fit sauter le bateau sans en endommager pas un autre. On n'a pris cet homme ni su qui il étoit. On a d'excellentes nouvelles du roi de Suède : la première, que l'on tient très-certaine, est qu'il a attaqué quatre mille chevaux de Tilli en un quartier et les a entièrement défaits, tué celui qui les commandoit, pris Picolomini prisonnier, qui étoit en Italie avec les troupes de l'Empereur ; l'autre nouvelle, qui est venue depuis, dit que Tilli, voulant prendre revanche de cet affront, alla attaquer le roi de Suède, qu'il trouva retranché, et perdit sept mille morts sur la place : dans peu de jours on le saura certainement. On ne parle point de déloger d'ici...

» Au camp de Drun. »

A la même.

17 Août 1631.

« Madame,.... les ennemis ont marché depuis deux jours et sont à cette heure auprès de Bergues; on croit qu'ils ont quelques desseins qu'on saura dans deux ou trois jours. On a fait partir deux mille hommes d'ici pour se jeter dans Bergues..... La bonne nouvelle du roi de Suède se confirme tous les jours...

» Au camp de Drun. »

A la même.

2 Septembre 1631.

« Madame,..... on ne dit rien du tout de la trève, il n'y a pas apparence qu'elle se fasse si tôt. On fait courir le bruit, ces jours ici, que les ennemis veulent encore marcher ; ils sont à cette heure près d'Anvers; la saison est trop avancée pour qu'ils puissent rien faire du tout...

» Au camp de Drun. »

A la même.

22 Septembre 1631.

« Madame,..... nous sommes toujours ici auprès de Bergues, où le mauvais temps nous a pris aujourd'hui ; l'ennemi a déjà retiré une partie de ses troupes en garnison, les unes à Breda, les autres en Flandres, et a encore un reste d'armée à quatre lieues d'ici, devers Anvers. On croit que nous partirons bientôt d'ici pour nous mettre en garnison.....

» Au camp de Bergues. »

A la même.

26 Septembre 1631.

« Madame,..... les ennemis avoient, il y a deux ou trois jours, un dessein qui est absolument rompu : ils étoient sortis d'Anvers avec cent bateaux ou six vingts, commandés par le comte Jean : c'étoient tous hommes choisis, et l'Infante avec la Reine mère les virent sortir d'Anvers. Ils étoient cinq ou six mille hommes sur les bateaux ; ils poussèrent les vaisseaux de guerre qui tâchoient de les empêcher de sortir du canal, et de grand matin nous les vîmes paroître à un quart de lieue de la ville. On commanda en même temps des gens de guerre pour aller se saisir de quelques îles, où on avoit peur qu'ils ne fissent une descente. Après on fit tirer les colonels de l'armée, pour savoir qui commanderoit les gens de guerre que l'on envoya sur des bateaux : il échut à M. de Maisonneuve ; je fus aussi commandé avec un autre capitaine de son régiment. Nous les poursuivîmes jusqu'à la nuit avec perte de quelques bateaux des ennemis, et point du tout des nôtres. A la fin, à la pointe du jour, voyant qu'on les pressoit trop, le comte Jean prit une petite chaloupe et se sauva avec quatre ou cinq des principaux de l'armée au Prinsland, qui n'est qu'à deux lieues de là ; le reste de l'armée se voyant sans ordre et sans pilotes qui connussent ces eaux-là, une partie s'échouèrent sur des bancs de sable, l'autre fut prise ; fort peu de tués et de noyés. Il y a cinq colonels, environ vingt capitaines pris, beaucoup de lieutenans et d'enseignes, trois mille cinq cens prisonniers dans Bergues; tous les bateaux pris, et je crois qu'il ne s'est pas sauvé cinquante hommes ; on fit hier des feux de joie, car on compare ceci à la prise de Bois-le-Duc.....

» Au camp de Bergues. »

A la même.

6 Octobre 1631.

« Madame,..... il commence à cette heure à y avoir quelques malades à l'armée, qui ne peut pas demeurer fort long-temps ici, à cause que la saison est avancée, et le temps commence à être ici bien froid..... On tient la défaite de Tilly toute constante, à cause qu'elle vient de tous côtés et se raconte de même façon, qui est qu'il a perdu quatorze mille hommes de morts sur la place; mais aussi a défait six mille hommes du duc de Bavière, et que le roi de Suède étant arrivé là-dessus, a pris tout son canon, son bagage, et il a été contraint de se sauver blessé à un bras, comme on dit; il y en a qui mandent qu'il a été pris; ce seroit le rétablissement presque entier de toutes les affaires d'Allemagne.....

» A Bergues. »

A la même.

26 Janvier 1632.

« Madame,.... le roi de Bohême part aujourd'hui pour aller trouver le roi de Suède qui est à Mayence. J'ai vu un gentilhomme qui n'en fait que revenir ; il dit qu'il demeurera là encore un mois ou six semaines pour faire reposer son armée qui est autour de là ; une partie de ses troupes bloquent Frankendal, où il y a forte garnison du roi d'Espagne....

» A La Haye. »

A la même.

7 Avril 1632.

« Madame,.... je ne rencontrerai pas ici le cardinal de la Vallette ; à cause de cela je ne vis qu'avant hier M. le cardinal, et hier le Roi. Le premier me dit qu'il falloit que mon frère parlât franchement, et qu'en ce cas il seroit sa caution auprès du Roi. Il me dit aussi : « Vous n'irez pas à la Bastille pour cette fois ; mais ne vous gouvernez pas toujours de même que vous avez fait. » Je vis le Roi ; je lui dis, par le conseil de M. le cardinal de La Vallette, que j'étois venu l'assurer de l'obéissance de mon frère à son service ; il me dit à l'oreille : « Vous, soyez le bien-venu ! je veux oublier absolument ce qui s'est passé et ne m'en plus ressouvenir jamais ; je suis fort aise de vous voir ici. » Il se mit après à me parler de mon régiment, et me dit qu'il avoit ouï dire qu'il étoit fort beau, et beaucoup de choses sur ce sujet. Monsieur le premier, et tout le monde, m'ont fait des caresses extraordinaires. Je retournai de là voir M. le cardinal, qui me tira à part et me demanda si le Roi ne m'avoit pas fait faire bonne chère; il me dit après cela qu'il m'assuroit que les affaires de mon frère se feroient, et après me demanda des nouvelles de Hollande. On a envoyé faire cesser les levées de M. de Lorraine ; s'il ne donne contentement, le Roi pourroit bien aller vers ces quartiers. On parle ici que Monsieur lève extrêmement, et qu'il a épousé en secret la princesse Catherine (de Lorraine), cela donne un peu d'appréhension ; je ne parle point du tout ici de m'en aller; je ne l'oserois faire que quand M. le prince d'Orange écrira, ce qui devroit être quand on se mettra à la campagne.... Je crois qu'on fortifiera l'armée qui n'est pas de plus de six mille hommes de pied ; si vous allez en Hollande, vous consulterez si on doit presser mon retour ; les affaires sont si changeantes, que je conseillerois cette semaine que oui, et peut-être l'autre que non. Il faut au moins le faire de façon qu'on ne donne pas de soupçon.... Ceux qui gouvernent paroissent bien empêchés, au moins ils sont fort tristes. Il me semble que c'est une étrange saison pour vous en aller en Hollande ; le Roi s'en allant en ses quartiers, j'ai peur qu'il n'y ait beaucoup de désordre à mon régiment.....

» A Paris. »

A la même.

10 Avril 1632.

« Madame,.... je mande à mon frère qu'il me semble que l'on doit bien prendre garde au temps que M. le prince d'Orange écrira pour me faire retourner en Hollande ; si c'est si tôt et devant qu'on aille à l'armée, cela donnera du soupçon assurément ; c'est pourquoi je serois d'avis qu'on attendît pour voir un peu quel cours prendroient les affaires de mon père , et aussi que l'armée étant à la campagne aux Pays-Bas, on eût plus de raison de songer à s'en retourner....

» A Paris. »

A la même.

29 Avril 1632.

« Madame,.... M. de Marillac a été mis aujourd'hui sur la sellette, et n'ayant pas voulu répondre, cela a retardé son procès deux ou trois jours. Après cela, le Roi prendra quelque nouvelle résolution ; mon frère n'ayant pas prêté son serment, et l'armée n'étant pas en campagne, je n'aurois demandé mon congé; mais dès qu'elle y sera ou qu'on en parlera , je ne perdrai pas de temps et serai fort aise que M. le prince d'Orange sache que je ne demeure pas pour mon plaisir.... Le Roi a témoigné une grande joie de la défaite de Tilly, et m'a beaucoup parlé.... Le Roi me fait grandes caresses, et quand il vient à propos dit beaucoup de bien de moi; je ne m'en glorifie pas guère.....

» A Paris. »

Au duc de Bouillon, son frère.

6 Mai 1632.

« Mon cher frère, le matin que M. de Lorme partit, M. le cardinal de la Vallette s'en alla en grande hâte et prit le chemin de Metz; j'avois veillé avec lui jusqu'à minuit; un quart d'heure après que je fus sorti de chez lui, Bottru le vint trouver de la part de M. le cardinal, qui le fit partir à trois heures de là; on ne sait pas encore certainement ce que c'est. Le Roi part lundi sans faute, et s'en va en grande diligence en Champagne ou Picardie; il y a grande rumeur, on ne parle pas moins que de rompre entre les deux couronnes; je crois que tout au moins il y aura guerre contre M. de Lorraine. J'ai demandé à M. le cardinal qui me commandoit de revenir, et qu'il savoit bien que j'étois venu ici en dessein de m'en retourner, et m'a dit : « Le Roi ne part que lundi, je vous verrai devant ce temps-là et vous dirai ce qu'il trouve bon que vous fassiez, selon ce que je saurai de lui.... » On m'a dit en secret, à ce soir, qu'on a envoyé à Paris un exempt et six gardes; il faut que ce soit pour prendre quelqu'un. M. d'Effiat va commander l'armée de Champagne avec M. de La Force....

» Saint-Germain. »

A sa mère, la duchesse de Bouillon.

29 Mai 1632.

« Madame,..... l'armée s'en va demain coucher à une lieue d'ici; c'est vers le chemin de Venlo et de Maëstricht. On a commandement de prendre des vivres pour cinq jours....

» A Nimègue. »

A la même.

3 Juin 1632.

« Madame,.... nous arrivâmes ici auprès de Venlo, mardi sur le soir, et n'y a eu pendant ces deux jours que sept à huit hommes tués. On est à cette heure en capitulation, et on croit que les gens de guerre sortiront demain de la ville. M. le comte Ernest a été à Buremont, que l'on croit déjà rendu, n'étant pas si fort que cette ville ici; nous ne croyons demeurer ici qu'un jour ou deux; il est incertain après cela quel chemin on prendra.... Cette armée ici est la plus forte que je crois qu'on ait jamais vue ensemble en ce pays....

» Auprès de Venlo. »

A la même.

16 Juillet 1632.

« Madame,...... mon frère revint hier de quatre lieues d'ici, où M. le prince l'avoit envoyé avec cavalerie et infanterie pour attaquer un château entre ici et Liége, que je crois qu'il a pris....

» Au camp devant Maëstricht. »

A la même.

21 Septembre 1632.

« Madame,..... on parle de notre partement d'ici, mais on croit que ce n'est pas pour retourner en Hollande si tôt. Les états de Brabant, que l'on dit, viendront ici, feront bien changer les affaires, n'en pouvant juger autre chose, si ce n'est la paix, la trêve, ou de chasser entièrement les Espagnols du pays. On m'écrit de Sedan que la peste a rendu la ville extrêmement déserte; j'ai grande envie de savoir si le froid qu'il fait ne la diminuera pas. Le bonheur a été si grand qu'elle ne s'est point mise dans le château....

» Au camp de Maëstricht. »

A la même.

23 Décembre 1632.

« Madame,.... c'est aujourd'hui que MM. les Etats commencent à traiter... Il y a huit (membres) choisis qui finiront le traité, et ont fait serment de ne dire à personne du monde rien de ce qui se passe. On leur a fait préparer une chambre où ils s'assembleront tous les jours..... La mort du roi de Suède passe pour assurée; mais il est incertain qui a gagné ou perdu le combat....

» A La Haye. »

A la même.

26 Décembre 1632.

« Madame,.... le duc d'Arscot part aujourd'hui et sera de retour le dixième de l'autre mois; c'est en partie à cause des fêtes, et en partie pour aller rapporter à l'Infante les propositions que MM. les Etats lui ont faites. On dit qu'il y a sept mille hommes du roi d'Espagne vers Limbourg; on croit que c'est pour passer vers le Palatinat. Je crains que mon frère ne parte pas de Maëstricht avant que ces troupes soient bien éloignées de ces quartiers-là....

» A La Haye. »

A la même.

8 Janvier 1633.

« Madame,.... mon frère a eu son congé de M. le prince d'Orange; c'est pourquoi je le crois déjà parti, si ce n'est que les troupes du comte Jean, qui est vers le Luxembourg, ne s'arrêtent. Le duc d'Arscot ne sera de retour ici qu'au quinzième de ce mois; on fait courre le bruit qu'on a trouvé de delà les conditions de la trève fort rudes. On ne dit rien ici de la Reine-mère ni de Monsieur. J'ai reçu à ce soir une lettre du Roi qui me mande de retrancher deux compagnies de mon régiment.

» A La Haye. »

A la même.

19 Avril 1633.

« Madame,.... la semaine passée j'ai fait un tour jusqu'à Utrecht pour voir ma compagnie avant le partement de l'armée, qui sera d'aujourd'hui dans huit jours; si les députés qui reviennent cette semaine de Bruxelles ne veulent consentir aux articles qu'on leur a donnés en partant, qui sont de demander Juliers, Rheinberg, Gueldre, Breda, et qu'il n'y entre aucune troupe espagnole dans le pays jusqu'à ce que la trève soit achevée, ceux qui y sont à cette heure y demeureront; ils font aussi beaucoup d'apprêts pour la campagne....

» A La Haye. »

A la même.

26 Avril 1633.

« Madame,.... je reçus la semaine passée la lettre qu'il vous a plu me faire l'honneur de m'écrire, par où vous me témoignez la grande appréhension que vous avez des bruits qui courent de mon frère; ce qui m'a empêché de vous les mander, a été la pensée que j'ai eue que d'autres le feroient, et craignant aussi que mon frère ne m'en sût mauvais gré; je ne pense pas qu'on me puisse jamais reprocher de lui avoir applaudi en cette affaire, si ce n'est lors- que je ne pensois pas qu'elle allât si avant; il m'en voudroit un jour du mal, et je serois le plus méchant du monde de parler si fort contre ma conscience; je vous puis bien jurer qu'il n'en a parlé à qui que ce soit ici, qui, bien loin de l'y flatter, ne lui ait dit que ce seroit l'affaire la plus préjudiciable; qu'il étoit possible qu'il reconnût bien cela lui-même. Mais un amour de cinq ans avec une très-honnête et très-avisée et habile fille est bien malaisé à rompre; je ne crois pas qu'il ait rien signé, c'est pourquoi il n'y a rien que sa volonté seule à changer. Il partit avant-hier au matin pour aller à Maëstricht, et M. le prince demain pour aller à l'armée. Les députés sont attendus ce soir, qui apparemment ne s'arrêteront point....

» A La Haye. »

A la même.

15 Mai 1633.

« Madame,.... nous sommes ici en un lieu d'où vous ne sauriez avoir des nouvelles de l'armée de long-temps; le chemin plus court seroit par Maëstricht..... On arriva hier devant Rhinberg. M. le prince a pris le même quartier que feu M. son frère et M. le marquis de Spinola quand ils la prirent. Il y en a cinq : un de l'autre côté du Rhin où commande M. Dide, celui de M. Brédérode, du comte Maurice et du comte de Solms. Le comte Guillaume est allé, à ce qu'on dit, vers la Flandre avec huit mille hommes de pied. Il a été fait maréchal-de-camp par le consentement de toutes les provinces. Il y a trois députés arrivés à La Haye; le duc d'Arscot n'en est pas du nombre, mais il est attendu tous les jours. On croit qu'ils apportent de Bruxelles le consentement aux propositions que MM. les Etats leur avoient données pour y apporter : de sorte que l'on croit que la trève se fera....

» Au camp près de Rhinberg. »

A la même.

21 Juillet 1633.

« Madame,.... vous aurez bien su la défaite des troupes de Mérode par le landgrave de Hesse et le duc de Lunebourg; il a été tué cinq mille hommes de pied des siens morts sur la place; tous les drapeaux, canons et bagages pris, et soixante-quinze cornettes de cavalerie : de sorte qu'il n'y a plus d'armée en Allemagne pour l'Empereur que celle de Walstein. Cela est de grande importance pour le recouvrement du Palatinat.....

» A Boxtel. »

A la même.

9 Août 1633.

« Madame,.... madame la princesse d'Orange est allée faire un voyage à La Haye; on l'attend ici tous les jours. C'étoit au temps que les Etats d'Hollande étoient assemblés, qui l'ont été pour résoudre de deux choses : ce qu'on répondroit à M. de Charnacé, et si on renverroit les quatre députés du Brabant qui sont demeurés de reste à La Haye. Il y a un colonel allemand de ces troupes ici, qui est auprès du chancelier Oxenstierna, pour lui demander de la cavalerie pour emmener ici, jusqu'à trois mille chevaux. On en aura la réponse au premier jour..... On m'a dit que le Palatinat est assez bien remis. M. l'Electeur ne songe pas encore à y aller : tout le monde approuve fort cela, car on croit que, vivant avec M. l'administrateur, il seroit bien malaisé qu'il ne prît de son humeur, que l'on tient fort basse.....

» A Boxel. »

A la même.

22 Décembre 1633.

« Madame, je suis arrivé aujourd'hui de fort bonne heure à Metz, ne nous étant arrivé nul accident par les chemins. J'ai vu après-dîné madame la maréchale, madame la marquise de La Force et madame de Boiste, qui sont logées ensemble, où j'ai su qu'on leur a mandé aujourd'hui de Saint-Avau où est l'armée, que M. d'Arpajon en part avec vingt compagnies de cavalerie et deux régimens de gens de pied, pour mettre cette infanterie en garnison dans Philisbourg, qui se met en la protection du Roi, et qui, par ce moyen, fait en aller les Suédois qui l'avoient tenue assiégée il y a long-temps. On croit aussi que M. le maréchal de La Force prendra avec l'armée la même route. Mon régiment est à quatre lieues d'ici sur le chemin de Saint-Avau. Je demeurerai tout demain ici, et pourrai, après demain, m'en aller vers ce chemin-là.....

» A Metz. »

A la même.

12 Février 1634.

« Madame,..... j'ai été à Chantilli voir le Roi, où je n'ai demeuré qu'une heure. Il m'a fait fort bonne chère et se loue extrêmement de mon régiment..... J'ai vu aussi M. le cardinal, qui m'a fait grandes caresses. J'ai su, depuis ma dernière, que mon frère n'a pas demandé la permission du Roi pour son mariage : néanmoins on n'y est pas contraire; mais on dit que, puisqu'il l'a fait sans le demander, on ne le lui veut pas permettre étant fait. Alais, qui me l'a dit, m'a fait promettre de n'en parler à personne. Je ne suis pas du tout si inconnu que je pensois. M. le cardinal de La Valette me témoigne une amitié et confiance extrêmes..... J'ai fait la révérence à la Reine, qui m'a fort entretenu....

» A Paris. »

A la même.

17 Avril 1634.

« Madame,..... je fus, mercredi dernier, voir M. le cardinal à Ruel, qui, me parlant du mariage de mon frère, dit que le Roi avoit consenti, et qu'il falloit le pardonner à l'amour. Ensuite de cela, il me dit qu'il vouloit avoir soin de me marier. On a eu nouvelles que le prince Thomas (de Savoie) a pris le parti du roi d'Espagne : les uns disent qu'il est allé à Milan, et les autres en Flandre. Il y est arrivé aujourd'hui deux courriers de Piémont; on ne sait pas encore ce qu'ils ont apporté. M. de Toiras, n'étant plus payé de ses appointemens, a demandé permission au Roi de prendre parti avec eux qui lui offroient quelques avantages. Le conseil se tient après-demain. On croit que c'est sur ces nouvelles d'Italie.....

» A Paris. »

A la même.

16 Juillet 1634.

« Madame,.... je couche au quartier du Roi à ce soir, ce qui ne m'étoit pas arrivé, depuis le siége, que fort rarement.... On attend bien fort les mines : ce qui pourroit donner une prompte fin à ce siége.....

» A La Motte. »

A la même.

9 Novembre 1634.

« Madame,..... nous sommes toujours au même lieu; il y vint hier un courrier de la cour, qui n'a rien apporté, si ce n'est de faire hâter le pont de Philisbourg..... C'est ici le plus beau pays du monde : nous y sommes fort bien logés... Mon régiment est en fort bon état et si fort que je ne l'aye jamais vu. M. Hébron vint hier à Mayence où est le chancelier (Oxenstierna). Toute l'armée suédoise est en-deçà du Rhin, qui fait toujours mine de vouloir repasser....

» A Landau. »

A la même.

30 Décembre 1634.

« Madame,..... l'armée a été à Heidelberg, d'où six mille impériaux sont sortis avec composition. On a pris douze pièces de canon..... Je m'en vas demain dans Heidelberg avec trois régimens que je commande, et je ne crois pas que ce soit pour long-temps, car toute l'armée repassera bientôt le Rhin, qui a si fort charié qu'il a rompu tout notre pont. On croit qu'il se prendra aujourd'hui ou demain.

» A Manheim. »

A la même.

17 Janvier 1635.

« Madame,..... j'ai toujours été à Heidelberg depuis que je vous le mandai. Tout le grand fauxbourg est brûlé. La ville n'est pas trop en mauvais état. Pour tout le pays de M. l'Electeur, tant deçà que delà le Rhin, qui s'étoit déjà bien remis, est entièrement ruiné par les Impérialistes, les Suédois et notre armée ; de sorte qu'on passeroit dans cent villages sans trouver un paysan. Le pont est refait à Manheim, de sorte qu'on attend ordre de la cour pour savoir ce qu'on aura à faire.....

» A Heidelberg. »

A la même.

4 Février 1635.

« Madame,.... j'étois sorti il y a sept ou huit jours, et j'avois marché jusques vers Francfort ; mais la prise de Philisbourg a été cause qu'on m'a renvoyé ici. Ils l'ont emporté fort facilement, en donnant de tous côtés sur les glaces ; le gouverneur est pris. Ensuite de cela ils passèrent avant-hier le Rhin sur la glace, vis-à-vis de Spire ; mais je crois que le dégel les fera repasser bien promptement. L'armée des Suédois est jointe à cette heure avec celle-ci. On prend dans cet instant une résolution avec le duc Bernard (de Saxe-Weimar) et le chancelier (Oxenstierna) de ce qu'on a à faire.... Je commence actuellement à entendre presque tout l'allemand.

» A Heidelberg. »

A la même.

15 Février 1635.

« Madame,.... il y a quelque partie de l'armée de deçà le Rhin, dont je suis ; le reste attend que le pont soit refait pour repasser. On tient ceci pour constant, que M. de Lorraine s'en va avec une armée en Lorraine. Si cela est, vous le saurez bien plus tôt que nous. Je ne crois pas pour cela qu'on abandonne ce pays-ci. Il y a toujours garnison de l'Empereur dans Spire, qui n'est qu'à trois lieues d'ici..... J'ai demeuré deux jours à Frankendal, et ai vu M. l'administrateur de qui l'état est déplorable, car il ne tire quoique ce soit de son pays, et n'a presque plus rien pour vivre : je suis fort en ses bonnes grâces.... Je crois que nous nous mettrons dans de petites villes et y séjournerons quelque temps, durant lequel on verra si on pourra prendre Spire.....

» A Landau. »

A la même.

1er Mars 1635.

« Madame,... je reviens hier de six lieues d'ici, où étoit M. le maréchal de La Force..... Mon régiment a demeuré dix ou douze jours ici ; c'est une ville qui est fort belle et qui ne se sent pas trop de la guerre. Tous les lieux fermés sont presqu'en cet état, mais les villages sont entièrement ruinés. Il y a près du tiers des soldats de l'armée malades : ce n'est pas que l'air soit mauvais, mais à cause du froid qu'ils ont reçu... Mon régiment est un des moins dépéris de l'armée ; il ne laisse pas de l'être beaucoup.... Il n'y a point une si bonne garnison en France que celle où je suis à cette heure, c'est entre Haguenau et Landau..... Vous aurez bien su comme M. de Lorraine est repassé delà le Rhin. Il fait semblant de vouloir revenir au printemps avec de plus grandes forces. L'armée suédoise est demeurée delà le Rhin....

» A Weissembourg. »

A la même.

16 Mars 1635.

« Madame,..... nous sommes au siége de Spire depuis quatre ou cinq jours ; toute l'armée est campée autour ; le beau temps nous favorise bien. On emporta hier au soir un fort que les ennemis avoient sur la rivière et qui leur en ôte la communication : ce qui est absolument leur perte, car ils jettoient tous les jours des gens dedans par là. Ils avoient trois cens hommes dedans, ils ont été presque tous tués ou prisonniers..... M. le maréchal de Brézé me rend force bons services à la cour ; je ne sais si cela produira quelque chose..... Je ne crois pas que Spire puisse tenir plus de cinq ou six jours au plus.

» Devant Spire. »

A la même.

23 Mars 1635.

« Madame,..... depuis la prise de Spire nous sommes revenus dans nos garnisons ordinaires ; M. le maréchal de Brézé a écrit à la cour depuis, et m'y a rendu de fort bons offices ; il a même demandé quelque chose pour moi ; je ne sais si cela réussira ; c'est sans lui avoir parlé ; il ne faut pas, s'il vous plaît, en rien témoigner, parce que c'est fâcheux de paroître trompé en ce qu'on a cru qui arriveroit..... On parle que nous retournerons bientôt en Lorraine..... On a laissé Spire aux Suédois ; tous les soldats de dedans ont été pris à discrétion, et les officiers prisonniers : il y avoit deux mille cinq cens hommes dedans.

» A Landeau. »

A la même.

30 Mars 1635.

« Madame,..... quand je me donnois l'honneur de vous écrire, il y a cinq ou six jours, je ne pensois pas que l'armée retournât si promptement en Lorraine : mon régiment s'en va en quartier à Dieuse, qui n'est qu'à une bonne journée de Metz ; M. le maréchal de Brézé s'en va avec quelques troupes d'un autre côté de la Lorraine. Je crois qu'à ce printemps il se séparera tout à fait d'avec M. le maréchal de La Force. Il écrivit à la cour par M. de Monsolins, et demanda que j'allasse servir de maréchal-de-camp dans son armée : beaucoup de mes amis ont vu la lettre ; il témoigne pour cela une chaleur extraordinaire ; je ne crois pas, pour moi, que cela réussisse. Je suis bien heureux qu'il me veuille du bien, car il est ami au dernier point, et est à la cour en grande considération. J'ai écrit à M. le cardinal de La Valette que je le suppliois de me donner ses avis, si je devois aller à Paris, et lui mande que je ne trouverois pas à propos d'y être dans le temps que l'on a demandé quelque chose pour moi, parce qu'en étant refusé on est vu de plus mauvais œil, et il semble que l'on n'est allé là que pour le demander. Je n'en ai jamais dit un mot à M. le maréchal de Brézé, et seulement il ne vouloit pas que je susse qu'il eût rien écrit de moi ; c'est une chose tout-à-fait secrète dans l'armée : cela ne se faisant point, je ne voudrois, pour rien au monde, qu'on le sût. Je crois que je ne ferai pas mal de demeurer quelques jours dans mon quartier, attendant quelque nouvelle de la cour ou de M. de Brézé, qui sera à Ramberviller. A moins d'une chose fort pressée pour aller à Paris, je m'en irai à Sedan.....

» D'auprès de Bousviller. »

A la même.

14 Avril 1635.

« Madame,..... je pensois partir demain pour m'en aller à Sedan, mais comme j'étois au Pontà-Mousson, où M. le cardinal de La Valette étoit allé voir M. le maréchal de Brézé, qui est parti pour s'en aller à la cour, les nouvelles sont venues que M. de Lorraine avoit passé le Rhin avec une partie de ses troupes et que le reste suivoit ; ce qui oblige M. de La Force de s'en aller avec une partie de l'armée prendre ses quartiers vers Ramberviller, d'où il ne bougera pas et y laissera rafraîchir son armée, si M. de Lorraine n'avance pas plus avant. Ceux de Thionville commencent à venir piller les villages ici autour. On tient pour certain que le marquis d'Aitona est assez fort dans le Luxembourg, de sorte qu'il semble que ce soit un concert pour entrer, M. de Lorraine et lui, en même temps dans la Lorraine. Je crois que mon régiment viendra ici pour quinze jours ou trois semaines, pour se rafraîchir, et peut-être aussi que dans ce temps-là il s'y peut présenter quelque chose à faire ici autour..... M. de Brézé témoigne une envie si extrême que j'aille servir dans son armée auprès de Mézières, que je ne sais ce qui en sera.....

» A Metz. »

A sa sœur.

20 Avril 1635.

« Ma chère sœur,..... je reçus hier votre lettre, et vous puis assurer que j'eusse fait le voyage de Sedan avec grand plaisir ; car, hors le contentement de voir Madame, quantité d'autres choses m'y convioient ; pour ce voyage-ci, cela est tout-à-fait impossible, car je pars dans deux heures pour aller coucher entre Nanci et le Pont-à-Mousson, et de là à Ramberviller : car M. de La Force met ses troupes ensemble, sur l'avis que M. de Lorraine vient droit à lui ; d'autres disent qu'il s'en va assiéger Montbelliard. Le Roi étant parti de Paris, et n'y ayant personne de ceux qui font les affaires de mon frère qui suivent la cour, j'écrirai à M. Bouthiller le fils, ou à M. Servien, pour les supplier de faire considérer à M. le cardinal de quelle conséquence il est de laisser Sedan avec si peu de garnison, et je demanderai que mon frère lève une compagnie de chevaux-légers pour y mettre, et encore quelques compagnies de gens de pied; car assurément la guerre s'en va se déclarer..... Je ne sais si on fera quelque chose pour moi à la cour; le moyen de n'être pas trompé, c'est de ne faire fondement sur rien de ces choses-là..... Je continue à recevoir toutes sortes de civilités de M. le marquis et de madame la marquise de La Force.....

» A Metz. »

A sa mère.

7 Juin 1635.

« Madame,... je suis fâché que mon frère n'ait pas fait son voyage de la cour; cela eût peut-être servi à le faire employer dans cette guerre. Nous prîmes hier un château près de Porentru, où il y avoit cinq cens hommes. Je crois que cette armée ici, s'il n'y arrive quelque chose de nouveau, pourroit bien être envoyée en Lorraine pour se rafraîchir quelque temps. M. le cardinal de La Valette, à ce que je crois, en commandera une au premier jour; cela n'est pas tout-à-fait public..... M. de Lorraine a repassé le Rhin; il n'est demeuré de deçà que quelques garnisons dans deux ou trois petites places..... »

A la même.

26 Juin 1635.

« Madame,... comme l'armée s'en alloit en Lorraine pour se rafraîchir, je m'en suis venu ici avec M. le cardinal de La Valette. Nous arrivâmes hier au soir. J'ai été aujourd'hui à Ruel, avec lui, voir M. le cardinal qui m'a fait extrêmement bonne chère, et m'a dit que j'allois être maréchal de camp dans l'armée que M. le cardinal de La Valette va commander, qui sera composée de douze compagnies des gardes qui sont en Lorraine, de nouveaux régimens et de quelques troupes que l'on prendra à M. de La Force, et on lui rendra d'autres places. Le comte de Guiche servira aussi dans cette armée là. Je n'eusse pas pu recevoir une plus grande joie. J'irai demain voir le Roi à Fontainebleau. M. le cardinal m'a dit si affirmativement que le Roy l'avoit fait, que je crois ne devoir plus douter. Je ne crois pas demeurer ici plus de sept ou huit jours; car M. le cardinal de La Valette croit partir en ce temps là pour aller assembler l'armée...

» A Paris. »

A la même.

Juillet 1635.

« Madame,... M. le cardinal de La Valette part demain pour assembler des troupes de Langres et les mener vers Vic, qui est le rendez-vous de son armée. Le passage du Rhin de Galus l'oblige à ce partement si prompt. J'ai vu le Roi à Fontainebleau, qui m'a fait extrêmement bonne chère et m'a confirmé ce que M. le cardinal m'avoit dit...

» A Paris. »

A la même.

20 Juillet 1635.

« Madame,... M. le cardinal de La Valette vit hier M. le duc de Veimar, à trois lieues d'ici. Je crois que, sur cette conférence, notre armée marchera bientôt; toute l'infanterie est arrivée, mais rien qu'une partie de la cavalerie. Je crois que mon régiment quittera l'armée de M. de La Force au premier jour, et viendra joindre celle-ci, comme il en a l'ordre... Je ne croyois pas partir aujourd'hui; mais je m'en vais à cette heure au Pont-à-Mousson, le rendez-vous des troupes, et demain je crois que nous allons joindre les troupes du duc Bernard vers Deux-Ponts... J'ai vu M. l'administrateur et M. des Deux-Ponts chez eux. Ils se réjouissent bien de ce que les troupes du Roi avancent. M. de La Force est à Epinal, et M. de Lorraine à Remiremont...

» A Metz. »

A la même.

15 Août 1635.

« Madame,... nous avons pris depuis deux jours un petit lieu nommé Binghen, sur le Rhin, à trois lieues de Mayence, et y sommes encore, parce que nous ne manquons pas de vivres. On a eu nouvelles assurées, à ce soir, que le landgrave de Hesse marche pour nous venir joindre. On dit ici que M. d'Angoulême est arrivé à Nanci, pour servir dans l'armée de M. de La Force avec lui.... M. le cardinal de La Valette m'envoie pour empêcher qu'on ne prenne cette ville.

» Au camp de Binghen. »

A la même.

16 Septembre 1635.

« Madame,... je revins hier de dehors avec la

cavalerie ; il y eut quelques troupes de l'ennemi battues proche Francfort. On n'a eu ici nulle nécessité de pain , mais toutes les autres choses sont chères...

» Au camp près de Mayence. »

A la même.

30 Octobre 1635.

« Madame,... nous sommes revenus bien promptement de notre voyage... Presque toute l'armée a perdu son bagage, ou pris par les ennemis , ou abandonné par la lassitude des chevaux. Plus des deux tiers des officiers n'ont rapporté que ce qu'ils avoient sur eux. Ce voyage ici a presque ruiné tout le monde... S'il nous faut remarcher au premier jour, comme il y a apparence, avec quelques troupes que le Roi envoye, je serai en un étrange équipage... Nous partons aujourd'hui au Pont-à-Mousson. M. le cardinal de La Valette est parti ce matin pour aller trouver le Roi. Il y sera de retour dans deux jours...

» A Metz. »

A la même.

18 Octobre 1635.

« Madame,... on remet aujourd'hui l'armée ensemble : ce sera pour marcher demain. Je ne crois pas que nous fassions long voyage. Nous ne nous éloignerons pas de l'évêché de Metz ni de la Lorraine. Il est arrivé beaucoup de troupes à l'armée de M. de La Force qui marche aujourd'hui. Galas est vers la rivière de Saare, et M. de Lorraine à trois ou quatre lieues d'ici, avec quelque cavalerie... On a dit ici , mais il n'y a rien de certain, que les troupes de l'Empereur passoient la Moselle et tiroient vers le Luxembourg...

» Au Pont-à-Mousson. »

A la même.

10 Décembre 1635.

« Madame,... j'ai mené M. de Rohan avec moi jusqu'à Toul, et l'y ai retenu un jour ou deux plus que je ne pouvois, attendant M. le cardinal de La Valette, et de pouvoir savoir les nouvelles qu'il a reçues par un courrier qui lui est venu de la cour. J'écris une lettre à mon frère, et je jugerois fort à propos que M. de Rohan y allât faire un tour. On dit que les ennemis ont pris Limbourg et s'assemblent auprès de Maëstricht. Cela pourroit bien l'obliger d'y revenir ; de sorte que je crois que vous pouvez aisément l'y faire passer. Il s'ouvrira à lui de beaucoup de choses qu'il ne peut pas écrire, et peut-être sera-t-il bien aise de le voir. Il est vrai que s'il avoit pris cette résolution , que l'on appréhende tant, il pourroit bien s'en aller à la cour , car je ne sais pas, cela étant, s'il voudroit s'en retourner à Maëstricht...

» A Toul. »

A la même.

12 Janvier 1636.

« Madame,... notre voyage vers l'Alsace a été retardé. M. le cardinal de La Valette devoit partir aujourd'hui ; M. le duc de Weimar lui manda hier au soir que force troupes s'étoient assemblées vers le Luxembourg et marchoient droit (à lui), ce qui l'obligeroit de se retirer, si l'on ne l'appuyoit.... ; de sorte que l'on met quelques troupes ensemble ici autour, pour voir le dessein de l'ennemi. J'y ai été envoyé pour cela et pour y prendre ordre de M. le duc de Weimar...

» A Saint-Mihel. »

A la même.

26 Janvier 1636.

« Madame,... je n'eus les lettres qu'hier, parce que je revenois de sept ou huit lieues d'ici, où j'avois mené deux régimens allemans ; encore que j'eusse été jusqu'à Verdun , je vous supplie de considérer comme il étoit impossible que j'allasse à Sedan , M. le cardinal de La Valette ayant toujours cru me mener au voyage avec lui, et qu'il ne seroit besoin de laisser personne pour commander les troupes qui demeuroient, puisqu'on ne parloit point d'ennemis. M. le duc de Weimar lui manda, deux jours devant son partement, que les ennemis, s'étant assemblés dans le Luxembourg , marchoient droit à lui, et le prioit de me laisser avec lui pendant son voyage. Je fus le trouver aussitôt , et ai fait assembler toute l'infanterie de l'armée auprès de Saint-Mihel. En effet, les ennemis ont quatre ou cinq mille chevaux à trois heures de ses quartiers, où il y a aussi deux régimens de l'armée de M. le cardinal de La Valette, que je m'en vas demain visiter ; n'y ayant ici personne que moi avec toutes les troupes , il est impossible que je m'en éloigne avant son retour...

» A Saint-Mihel. »

A la même.

28 Mai 1636.

« Madame,... je vins hier ici trouver M. le cardinal de La Valette, qui vient de Paris. On a permis à M. de Charnacé de pouvoir faire le voyage de Coblens avec mon frère. Ils commanderont par jour ; c'est une chose bien fâcheuse ; car dans la mauvaise intelligence où ils sont, il lui nuira en tout ce qu'il pourra. Il ne sut cela qu'en partant, car il avoit toujours cru y aller seul. M. le comte de Guiche ne sert plus dans cette armée. Il sera avec M. le duc de Weimar, comme étoit M. de Feuquières. M. le comte (de Soissons) et M. le cardinal de La Valette sont à cette heure tout-à-fait mal ensemble, et même jusqu'à une rupture entière. M. le prince (de Condé) est entré avec son armée dans la Franche-Comté ; je crois qu'il va assiéger Dole... Il n'est pas encore assuré si mon frère viendra servir dans l'armée de M. le comte (de Soissons)...

» A Bar. »

A la même.

1ᵉʳ Juin 1636.

« Madame,... les troupes sont arrivées à Haguenau et y ont porté le bled pour le ravitailler. On n'a rencontré que quelques régimens des ennemis qu'on a battus... M. le cardinal de La Valette m'a dit, à ce matin, qu'il falloit que je m'en retournasse au camp de l'armée, où il n'y a point de maréchal-de-camp...

» A Haguenau. »

A la même.

11 Juillet 1636.

« Madame,... je me donne l'honneur de vous écrire ce mot, de peur que vous ne soyez en peine de moi. Je fus un peu blessé avant-hier devant Saverne. Il n'y avoit que deux jours que j'y étois arrivé avec des troupes ; c'est au bras gauche... Je n'en serai point estropié, je remue fort bien tous les doigts...

» Devant Saverne. »

A la même.

29 Juillet 1636.

« Madame,... ma blessure me tient plus long-temps au lit que je ne pensois ; toutes les grandes douleurs sont passées... Il n'y est point arrivé d'accident. L'armée est campée à quatre heures d'ici... Si l'armée repasse les montagnes, je m'en irai avec et ne demeurerai pas ici...

» A Saverne. »

A la même.

17 Août 1636.

« Madame,... je suis parti de Saverne avec l'armée ; je vas en carosse et quelquefois à cheval, et n'ai plus de douleur à la main. Le chirurgien espère que le mouvement reviendra bien libre, mais il faut du temps...

» A Lixim. »

A la même.

15 Septembre 1636.

« Madame,... je m'en vas trouver M. le duc de Weimar, sur une nouvelle qui est arrivée. L'armée est à cette heure dans un fort bon pays où on trouve des vivres en abondance...

» A Coblentz. »

A la même.

1ᵉʳ Octobre 1636.

« Madame,... l'armée du Roi est toujours à Monsaujon, et celle de l'Empereur à deux heures d'ici. Je crois que la saison sera bien avancée avant qu'elles entrent dans les quartiers d'hiver. On ne manque pas de vivres et à assez bon marché...

» A Monsaujon. »

A la même.

26 Novembre 1636.

« Madame,..... (les ennemis) sont à cette heure retirés dans la (Franche) Comté, au-delà de la rivière de Saône. On attend nouvelles de Paris avant que de mettre les troupes en garnison, ce qui sera au premier jour. On prendra presque les mêmes quartiers que l'année passée..... Je crois (que M. le cardinal de La Valette) s'en ira à Paris dans quelque temps. Il m'a dit qu'il faut que je demeure à l'armée.....

» Au camp de Coilli. »

A la même.

7 Avril 1637.

« Madame,..... il n'y a nulles nouvelles ici, si ce n'est que l'armée navale a fait une descente dans les îles que les ennemis tenoient. Je soupai hier au soir avec M. le cardinal de La Valette qui revenoit de Ruel ; je ne crois pas qu'il parte d'un mois pour aller à l'armée. M. le duc de Weimar se sépare de la sienne cette année. On lui donne M. Du Hallier avec quelques troupes françoises.....

» A Paris. »

A la même.

27 Juin 1637.

« Madame,..... on travaille ici à faire une ligue

de circonvallation. Les ennemis ont un camp auprès de Valenciennes, mais qui est encore fort foible.....

» A Landreci. »

A la même.

21 Juillet 1637.

« Madame,...... ce valet de chambre..... vous dira ce qui se passe à ce siége, dont, selon toutes les apparences, on verra la fin en peu de jours. Il y a ici la plus grande abondance de toutes choses qu'on ait jamais vue dans aucune armée en France.....

» Au camp devant Landreci. »

A la même.

26 Juillet 1637.

« Madame, je ne croyois pas..... que cette place se prît si tôt ; ils en sont sortis aujourd'hui. A cette heure que cette armée est libre, on est capable de faire d'autre progrès, si les ennemis ne s'y opposent avec de plus grandes forces que celles que l'on a vues jusqu'ici ; la prise de cette place doit les fâcher extrêmement, car on peut faire contribuer jusqu'aux portes de Cambrai, de Mons et de Valenciennes. On attend ordre de la cour pour savoir ce que l'armée deviendra..... On n'a pas encore nouvelle ici que M. le prince d'Orange ait rien entrepris. On tient toute son armée embarquée vers la Zélande, mais le vent a toujours été contraire.....

» A Landreci. »

A la même.

29 Juillet 1637.

« Madame,...... il y aura demain huit jours que cette ville commença à capituler. M. de Vaubecourt en est gouverneur et son régiment dedans. Celui qui étoit allé à la cour pour savoir ce que l'armée deviendroit, est revenu ; je ne sais pas encore ce qu'il a apporté, parce qu'il n'est arrivé qu'à ce soir, et que c'est au quartier de delà l'eau. Dès que nous commencerons à marcher je vous le manderai. On a eu nouvelles que le prince d'Orange, ayant trouvé le vent contraire, est allé assiéger Breda, et que la circonvallation est commencée.....

» Au camp de Landreci. »

A la même.

11 Août 1637.

« Madame,.... l'armée est à Maubeuge (que l'on a pris), six lieues plus avant que Landreci et à trois heures de Mons ; il y a apparence que l'on fera quelques secours ici. Picolomini est arrivé à Mons, et n'a emmené que quatre régimens de cavalerie, qui peuvent faire douze ou quinze cens chevaux, et six régimens d'infanterie ; on le sait certainement par beaucoup de prisonniers. Toute la plus grande force des Pays-Bas est encore vers Breda..... Picolomini a renvoyé force soldats sans rançon, qu'il avoit pris, allant quérir de la paille. On lui a renvoyé aussi quelques officiers des siens. On n'a point de nouvelles assurées de Breda.....

» Au camp de Maubeuge. »

A la même.

30 août 1637.

« Madame,..... une partie de l'armée est partie aujourd'hui pour aller assiéger Avesnes. Je suis demeuré ici avec M. de Candale, avec l'autre partie. Picolomini est toujours auprès de Mons, et a aussi quelques troupes en Flandre avec lui ; ils disent, dans cette armée, que le cardinal infant assiége Venlo et Parmont, et tiennent Breda pour perdu ; peut-être que M. de Candale pourroit me laisser ici et s'en aller au siége (d'Avesnes). M. de Bussi est arrivé à Guise avec quelques troupes ; on est aussi fortifié de trois régimens qu'avoit M. Lambert, que l'on dit qui a servi dans l'armée de M. de Châtillon..... Dans le plan de la circonvallation de Breda, mon frère y commande un quartier. J'étois, il y a cinq ou six jours, à la prise d'une ville qui..... s'appelle Beaumont.......

» A Maubeuge. »

A la même.

10 Octobre 1637.

« Madame,.... je marchai hier de Maubeuge avec l'armée qui y étoit ; celle qui étoit à Landreci vint joindre. Les ennemis tâchèrent d'empêcher la jonction, mais foiblement et avec perte de leurs gens.... On a eu quelque nécessité à Maubeuge, mais pas si grande que l'on en a fait courre le bruit. Je pense que l'armée marchera demain ; on ne sait pas encore de quel côté.....

» Au camp de Landreci. »

A la même.

22 Mars 1638.

« Madame,.... (j'informe) particulièrement

la cour, par les lettres que j'écris, de l'état auquel j'ai trouvé les troupes que le Roi lève ici, après que leur quartier a été enlevé. J'ai cru que cela étoit assez d'importance pour faire passer quelqu'un exprès. J'attendrai leurs ordres là-dessus....

» A Liége. »

A la même.

10 Avril 1638.

« Madame,.... j'attends avec impatience..... de savoir ce qu'ils m'ordonneront de la cour.... J'ai reçu une lettre de M. le cardinal de La Valette, par laquelle il me mande comme M. de Créqui a été tué d'un coup de canon, et qu'il a ordre d'aller en Italie fort promptement. Par les premières lettres, je pourrai savoir ce que je deviendrai....

» A Maëstricht. »

A la même.

30 Juillet 1638.

« Madame,.... je passai hier le Rhin à Neubourg, au-dessus de Brisac, et n'ai presque point perdu de soldats, pour avoir marché par les plus grandes chaleurs qu'il est possible....... M. le duc de Weimar verra demain les troupes que j'ai amenées....

» Près Neubourg. »

A la même.

2 Août 1638.

« Madame,.... je vous dirai comme je suis arrivé à Fribourg, où est M. le duc de Weimar, avec les troupes que l'on m'a commandé de lui amener, n'ayant perdu presque personne pour un si grand chemin....

» A Fribourg. »

A la même.

11 Août 1638.

« Madame,.... craignant que vous ne soyez en peine à cause de la bataille qui se donna avant-hier, je me donne l'honneur de vous faire ce mot.... On a pris onze canons des ennemis et quelque vingt cornettes ou drapeaux. Savelli et Gœtz étoient joints ensemble.... Les ennemis ont bien perdu douze ou quinze cents chariots....

» Au camp, près Capel. »

A la même.

23 Septembre 1638.

Madame,.... je ne vous ai pas écrit, y ayant dix ou douze jours que j'ai une fièvre fort changeante ; il semble qu'elle me veuille quitter. Je suis à Colmar, à trois heures du camp. M. le duc de Weimar a été mal, et est guéri....

» A Colmar. »

A la même.

17 Octobre 1638.

« Madame,.... j'ai eu une maladie qui m'a retenu assez long-temps à Colmar. Je crois m'en aller demain au camp, ayant été quelque temps sans fièvre.... J'ai eu ordre, la campagne étant passée, de m'en retourner trouver le Roi. M. de Weimar a défait toute la cavalerie de M. de Lorraine, pris vingt cornettes et du canon....

» A Colmar. »

A la même.

26 Octobre 1638.

« Madame,.... il y a huit jours que je suis arrivé au camp ; je suis, Dieu merci, assez bien refait pour une si fâcheuse maladie ; le lendemain, les ennemis vinrent se camper vis-à-vis. Dimanche dernier ils attaquèrent, et après avoir gagné deux forts, les François les leur reprirent. Ils font état d'avoir perdu plus de douze cents hommes ; ç'a été un assez grand combat ; les François ont fort bien fait. (Les ennemis) se sont retirés deux heures plus loin. On a beaucoup de bonheur jusqu'ici ; mais les choses changent bien aisément.... J'ai permission de m'en aller après la fin de la campagne.....

» Au camp de Brisac. »

A la même.

10 Novembre 1638.

« Madame,..... les ennemis se sont un peu éloignés ; ceux de Brisac paroissent être en grande nécessité. On a emporté quelques lieux forts qu'ils tenoient ces jours passés....

» Devant Brisac. »

A la même.

6 Décembre 1638.

» Madame,.... il est arrivé ici un secours de l'armée de M. de Longueville, depuis cinq ou six jours ; c'étoit toute infanterie.... Dans peu de jours le siége finira. Ce ne peut être que bien, à moins qu'il n'arrive un grand malheur. Nous sommes ici fort bien huttés et en état de demeurer long-temps, à moins que les ennemis ne nous en chassent....

» Au camp, devant Brisac. »

A la même.

18 Décembre 1638.

« Madame,.... (on va) porter à la cour la nouvelle de la prise de Brisac. On y est entré aujourd'hui ; la moitié de ceux de dedans sont morts de faim. Il y a eu une extrême nécessité. Je partirai dans quelques jours, et suis un peu incommodé de la fièvre quarte qui demeure réglée, et ai souvent les autres jours des accès de fièvre le soir. Je n'ai pas bougé du camp, et n'ai pas laissé de sortir tous les jours à l'ordinaire....

» Au camp de Brisac. »

A la même.

20 Avril 1639.

« Madame,..... les affaires sont toujours en mauvais état en Italie ; les ennemis ayant pris depuis peu Verrac et Cressentin, tout le monde commence à partir d'ici pour aller à l'armée. On fait passer force troupes en Piémont....

» A Paris. »

A la même.

29 Avril 1639.

« Madame,... il y a huit ou dix jours que je suis arrivé à Pignerol, et ai trouvé la trêve faite jusqu'au 24 octobre, aux conditions que toutes choses demeureroient en l'état qu'elles étoient durant la guerre, à savoir : la ville de Turin aux ennemis, et la citadelle au Roy. On n'a pas encore su de la cour s'ils l'approuvent. On dit qu'elle devoit être à Lyon dans trois ou quatre jours, si ce traité ici ne l'a fait retourner. Toutes les troupes sont demeurées en ce pays. J'ai vu madame (la duchesse de Savoie), qui est à cette heure à Saluce, en assez mauvais état, si après cette trêve on ne trouve quelqu'accommodement pour elle...

» A Pignerol. »

A la même.

15 Septembre 1639.

« Madame,... M. le cardinal de La Valette est malade depuis quatre ou cinq jours ; je crains, comme son mal a commencé, qu'il ne lui dure quelque temps. Les troupes des ennemis et les nôtres sont dans les quartiers sans nulle interruption de la trêve. Madame de Savoie doit être à cette heure auprès du Roi, à Lyon ; je pense que dès qu'elle l'aura vu elle reprendra le chemin de la Savoie.

» A Pignerol. »

A la même.

5 Octobre 1639.

« Madame,... il faut nécessairement qu'il y ait de mes lettres perdues ; je me suis donné l'honneur de vous écrire depuis la mort de M. le cardinal de La Valette... Il doit passer, un de ces jours, douze ou quinze compagnies du régiment des gardes du Roi, et quelqu'autre infanterie. La trêve finissant le 24 de ce mois, je vous manderai quels officiers d'armée demeureront ici, et celui qu'on enverra pour y commander...

» A Pignerol. »

A la même.

13 Octobre 1639.

« Madame,... M. le cardinal (de Richelieu) m'a mandé qu'il a parlé au Roi pour me donner le régiment de cavalerie de feu M. le cardinal de La Vallette, et qu'il me l'a accordé... M. le comte d'Harcourt arrive demain, qui a déjà dit à plusieurs de mes amis à Grenoble, qu'il veut fort bien vivre avec moi...

» A Pignerol. »

A la même.

4 Novembre 1639.

« Madame,... nous avons pris une grande ville nommée Chier, dans laquelle toute l'armée est logée et avec grande abondance de vivres... Il y a aujourd'hui huit jours que, les deux armées s'étant trouvées en campagne, notre cavalerie eut quelqu'avantage sur les ennemis... On ne parle plus ici de la trêve ; mais je crois que le mauvais temps fera bientôt retirer les armées...

» A Chier. »

A la même.

9 Novembre 1639.

« Madame,... pour ce qu'il vous plaît que je vous mande de la maladie de M. le cardinal de La Valette, il est mort d'une grande fièvre continue... Nous sommes toujours à Chier, et je crois que notre armée et celle de nos ennemis se retireront bientôt...

» A Chier. »

A la même.

3 Mai 1640.

« Madame,... je n'ai pas le temps de vous mander autre chose si ce n'est que l'on a gagné une bataille contre M. le marquis de Léganès qui assiégeoit Casal. Il a perdu plus de cinq mille hommes, tous Espagnols naturels, avec son canon et son bagage. Nous avons beaucoup perdu, mais pas approchant...

» Au camp de Caillon. »

A la même.

16 Août 1640.

« Madame,.... on demeure assez en repos, quoique les ennemis soient assez proches. Je pense que, dans quinze jours ou trois semaines, on verra la fin de ceci.... Je verrai dans quelque temps, après le siége de Turin, si je demeurerai en Italie cet hiver....

» Devant Turin. »

A la même.

20 Novembre 1640.

« Madame,.... j'avois dit à quelqu'uns de mes gens de vous mander l'état de ma maladie, qui a été extrêmement grande de douleurs d'estomac les plus violentes du monde, avec une fièvre presque continue, m'ayant duré à Turin près de cinq semaines. Etant retombé deux ou trois fois et ne pouvant trouver de soulagement, je me suis résolu de me faire porter à Lyon, espérant, par le changement d'air et les médecins qui y sont, de trouver du soulagement.

» J'ai fait huit journées sans arrêter, durant lesquelles je me suis trouvé quitte de mes douleurs, et suis venu en brancart, ayant passé les montagnes fort heureusement. Je m'arrêterai à Lyon ou auprès....

» Depuis mon départ, je me suis aussi trouvé quitte de la fièvre. J'ai laissé une partie de mon équipage en Piémont, où j'étois destiné de demeurer cet hiver, M. le comte de Harcourt venant à Paris.

» A Chambéri. »

A mademoiselle de Bouillon, sa sœur.

3 Juillet 1642.

« Ma chère Sœur, je n'ai jamais en ma vie eu nouvelle qui m'ait touché si sensiblement que celle de savoir comme mon frère a été arrêté à Casal par ordre du Roi. Il y a mille choses à dire que l'on ne sauroit écrire; mais il n'y a rien qui soit si capable d'aigrir la cour contre mon frère que de ne se pas bien gouverner à Sedan ; il faut, à mon avis, bien prendre garde à cela, et à ne donner nul sujet de soupçon. Pour moi, je n'aurai jamais d'autre pensée, sinon que Sedan soit conservé à mon frère et à ses enfans. Quoique j'aie assez d'ambition pour désirer avoir une fortune plus grande que celle que j'ai, je ne désirerai jamais m'agrandir par ce moyen-là. J'envoie ce gentilhomme à Sedan pour savoir des nouvelles de madame et de vous, et de ma belle-sœur. Un voyage que Douteville a fait de la part de mon frère à la cour, a donné beaucoup de soupçon. J'étois aux eaux dans ce temps-là. Je suis persuadé que vous croyez bien que mon affliction est aussi grande que celle de ceux qui emplissent une feuille de papier à parler.

» On me mande de la cour qu'il est très-certain que mon frère avoit part dans cette cabale de M. le Grand (écuyer) ; et M. le cardinal m'a mandé qu'il me fera voir comme mon frère, deux mois après son accommodement, avoit déjà commencé à se mettre dans cette affaire. Monsieur a écrit à la cour et prié qu'on lui veuille pardonner. Voyant le commencement de tout ceci, j'ai prié mon frere cent fois, quand je retournai de Sedan à Paris, qu'il prît garde à lui, et qu'il ne fît nulle chose qui pût donner soupçon. Il ne me témoigna jamais qu'il eût aucune part avec M. le Grand.

» Au camp devant Perpignan. »

A la même.

7 Février 1643.

« Ma chère Sœur, si vous pouviez faire quelques ventes de bois, cela m'accommoderoit extrêmement, car je suis obligé d'emprunter de l'argent pour vivre, et de le prendre à intérêt, qui est une chose que vous savez qui incommode fort.

» M. le prince d'Orange m'a fait faire de grands complimens par Bénévent, et d'une telle façon, que vous jugerez bien, quand il vous le dira, qu'il auroit joie de m'obliger. Si ma sœur de Duras vouloit envoyer son second fils, en cas que M. le prince d'Orange témoignât le désirer, je lui en écrirois, et je tâcherois de l'obliger à en prendre un soin particulier, en cas qu'on le lui envoyât. Que ma sœur de Duras m'en écrive son sentiment, le mien ne s'éloigne pas de cela. Je ne me suis pas hâté de présenter au Roi son fils aîné, parce que d'ordinaire, étant aussi grand qu'il est, on ne va guère chez le Roi que quand on doit sortir de l'académie pour aller à l'armée.

» A Paris. »

Lettre du Roi au vicomte de Turenne.

« Mon cousin, vous ayant donné le commandement du corps de trouppes de cavallerie et d'infanterie dont j'ai résolu de fortifier mon armée d'Italie, et ayant désiré de le composer tant des régimens de Vaubecourt, du marquis de Brézé et de Douglas, d'infanterie de Treilly, de Magalotti et de Bouillon, de cavalerie, j'ay donné seulement ordre de passer en Piedmont aux deux régimens de cavallerie et d'infanterie que vous commandez, et de ceux d'infanterie de Laval et d'Effiat. J'ai bien voulu vous en donner advis par cette lettre, et vous dire que mon intention est que vous ayez le commandement particulier desdites trouppes, en l'absence de mon cousin le prince Thomas; et soubs son authorité, en sa présence, que lorsqu'il vous ordonnera de joindre mon armée avec ledit corps, vous le fassiez incontinent, en conserviez néantmoins en ladite armée le commandement particulier sur ledit corps, ainsi que le sieur Du Plessis-Praslin le gardera sur le reste des trouppes de ladite armée, aussy soubs l'auctorité de mondit cousin, et qu'en touttes occasions vous agissiez suivant les ordres de mondit cousin, et de si bon concert avec ledit sieur Du Plessis Praslin, que cette séparation de commandement ne puisse aucunement préjudicier à mon service ny empêcher ou refroidir l'exécution des desseins auxquels madite armée devroit estre employée; que pour servir soubs vous, dans cet employ, j'ai choisi le sieur Magalotti, maréchal-de-camp, me remettant à vous de prendre des aydes-de-camp à votre choix; et que, lorsque vous agirez séparément, vous demanderez ung des sergens de battaille qui sont en l'armée, à mondit cousin, auquel je me remets de ce que je pourrois au surplus vous prescrire sur votre employ par delà. Et comme je me promets beaucoup des services que vous m'y rendrez, aussi je vous assure qu'ils me seront en très-particulière recommandation, priant Dieu qu'il vous ayt, mon cousin, en sa sainte et digne garde.

» Escript à Paris, le 27ᵉ mars 1643.

» Louis.

» Et plus bas : Le Tellier. »

M. le vicomte de Turenne à mademoiselle de Bouillon, sa sœur.

28 Mars 1643.

« Ma chère Sœur, il me semble que je n'ai rien à vous mander, pour répondre à tout ce que vous m'avez écrit. Je mande à mon père que je n'ai point voulu approfondir avec MM. les ministres la raison pour laquelle on n'en parle point. Je dois être encore, cette campagne, lieutenant-général avec M. de La Meilleraye. Le Roi prend occasion, sur la religion, à témoigner qu'il ne veut rien faire pour moi; il faut encore achever cette campagne. On parle fort de la paix et d'une suspension d'armes, et beaucoup plus, je vous assure, que de mon mariage.

» Quand ma sœur de Duras n'enverroit pas son second fils en Hollande, je serois bien d'avis que l'aîné fût avec moi à l'armée, deux ou trois mois avant l'autre, car il me semble que, quand deux frères sont ensemble, ils ne se quittent jamais, et cela les empêche d'être tant connus que quand ils sont seuls. Je n'ai pas besoin de grande rhétorique pour vous persuader que vous me ferez très-grand plaisir si vous pouvez m'envoyer de l'argent de ce pays où vous êtes.

» Adieu, chère Sœur, aimez-moi toujours, et soyez assurée que vous êtes parfaitement aimée de moi.

» A Paris. »

A la même.

4 Avril 1643.

« Ma chère sœur, j'ai dit à la Fercade d'envoyer le changement de l'ordre pour la route des gens de guerre qui passoient à Castillon; je vous ai envoyé un chiffre et pourrai par là vous mander quelque chose quand je saurai que vous l'aurez reçu. Pour ce qui est du mariage, vous croyez bien que je n'y aurois avancé chose du monde sans vous le faire savoir : je prétends passer jusqu'à l'hiver prochain sans un engagement entier, ne sachant comme toutes choses iront entre ce temps-ci et celui-là; je l'ai fait dire comme cela à M. de La Force.

» M. de Chavigny m'a fait dire qu'il seroit bien aise de me parler après-dîner; je ne sais ce que ce peut être. On parle extrêmement de la paix et d'une suspension d'armes; je crois que le dernier sera assurément bientôt. S'il n'y avoit point de changement, je partirois d'ici dans le dix-sept ou le dix-huit de ce mois; mais comme dans cette semaine on ne voit presque personne, je vous le manderai certainement dans huit jours.

» A Paris. »

A la même.

18 Avril 1643.

« Ma chère sœur, je vous puis assurer qu'à mon retour d'Italie, qui sera, s'il plaît à Dieu, à la fin de la campagne, selon que l'on m'en a assuré, je vous irai voir en Guienne, si vous y êtes encore, et si vous êtes à Paris avec ma belle-sœur, j'en aurai une joie extrême, étant très-aise que vous puissiez voir comme toutes choses vont; car on ne peut pas donner d'avis assuré sur les choses que l'on ne voit pas; je passerai certainement par la Guienne, si vous y êtes, avant que de retourner à Paris; j'aurois une joie non pareille de vous entretenir. Il faut que les choses changent fort pour que les affaires de mon frère aillent bien; et rien ne m'a tant fait résoudre à prendre l'emploi que j'ai, que l'embarras de ne savoir que devenir. Mon frère part de la cour pour s'en aller au pays; je me suis très-bien séparé d'avec lui, et je ne sais ce que vous aurez ouï dire; mais il n'a nul sujet de se plaindre de moi. Je n'ai nul engagement de mariage, tout étant remis à l'hiver qui vient. J'ai avec moi sept régimens d'infanterie et cinq de cavalerie; les deux miens en sont, devant prendre l'ordre de M. le prince Thomas quand je serai joint avec lui. J'ai fait M. de Varennes capitaine de mes gardes. »

A la même.

19 Avril 1643.

« Ma chère sœur, je n'ai point reçu de vos lettres cette semaine, ni de personne du côté où vous êtes. Il me semble que l'armée où je devois aller se retarde fort; je pense que c'est à cause de la santé du Roi. Selon l'apparence, toutes choses vont bien changer; ce n'est pas en effet que je trouve le Roi si mal que tout le monde même le dit ici; je crois qu'il en court d'étranges bruits au lieu où vous êtes. Quoique vous voyez que je ne reçoive nul bienfait de la cour, je ne laisse pas de croire que M. le cardinal Mazarin est fort de mes amis; hors les intérêts de M. de La Meilleraye, j'ai été fort aise de l'éloignement de M. Des Noyers. M. d'Enghien (1) est parti pour aller à l'armée.

» A Paris. »

A la même.

16 Mai 1643.

« Ma chère sœur, vous saurez par celle-ci comme le Roi est mort jeudi à trois heures après midi; il est véritable que jamais personne du monde n'a fait une si belle fin et si constante. Pour l'affliction de la cour, elle y a été très-médiocre. La Reine vint hier en cette ville; il y a de très-grandes cabales pour faire changer le conseil établi du temps du Roi : dans huit jours on verra ce qui en sera, et, pour moi, dans fort peu je saurai ce que je deviendrai. Je m'imagine que ma belle-sœur viendra ici, et si je ne vas point à l'armée cet été, je vous convierois d'y venir; nous nous consulterons, ma sœur de La Trémouille et moi, pour vous donner notre avis sur votre sujet; je crois que le temps viendra auquel on pourra être en quelque considération. Je vous manderai, la semaine qui vient, toutes les choses qui me concernent en toutes les façons; je vous envoie une lettre que M. de Machaut m'écrit, et afin de vous dire quelle en est la raison : c'est que m'ayant mandé qu'il avoit eu des discours avec madame la princesse d'Orange sur mon sujet, et de telle conséquence, qu'il seroit à propos que je les susse, je lui écrivis que s'il vouloit que je lui envoyerois un chiffre; là dessus, il me récrivit la lettre que je vous envoye. Je m'imagine que ce qu'il veut dire se rapporte à ce qu'il me marque à la marge, touchant les bruits qui courent en Hollande; je pense que vous entendez bien ce que je peux dire. Mon frère arrivera ce matin; je m'en vas le trouver : il attendra chez madame de La Trémouille et logera dans mon logis qui est beau.

» A Paris. »

A la même.

30 Mai 1643.

« Ma chère sœur, je vous dirai que je suis prêt à partir, dans quatre ou cinq jours, pour m'en aller en Italie. Je n'ai point pu le refuser, la Reine me l'ayant commandé et assuré que je serois maréchal de France à la fin de la campagne. J'y vas avec neuf régimens qui y marchent de France, et les deux miens et celui de M. le comte de Laval, qui me joindront en ce pays-là. Je commanderai ce corps à part, en prenant l'ordre de M. le prince Thomas. Je viens, tout à cette heure, de parler à la Reine de l'affaire de mon frère; elle a eu de fortes impressions contre cela; il sera bien mal aisé qu'elle en revienne. Monsieur dit qu'il sert mon frère en ce qu'il peut. Pour vous dire vrai, c'est la plus difficile chose qui soit maintenant à faire à la cour. Mon frère est en doute de ce qu'il fera, ou de s'en aller, ou de demeurer dans cette ville. Je lui ai témoigné, et à tout le monde ici, combien mes intérêts me touchoient peu au prix des siens et de ceux de notre maison. Je crois qu'il a eu entière satisfaction de moi en cela, et j'ai eu le bonheur de pouvoir demeurer ici assez long-temps pour voir quel train peut prendre son affaire. Vous pouvez juger combien il lui doit être sensible de voir la Reine et Monsieur tout puissans, et d'avoir perdu Sedan pour l'amour d'eux, sans trouver à cette heure de jour pour y rentrer. La Reine effectivement a toute sorte de bonne volonté, mais on lui a fait la chose de si grand

---

(1) Depuis, le Grand-Condé.

préjudice à l'Etat, qu'elle n'y ose rien faire. Quant à ce que la Reine m'a dit que je serois maréchal-de-France, c'est sans lui en avoir parlé; au contraire, j'ai dit partout que je ne demanderois jamais rien si on ne donnoit satisfaction à mon frère. Je vous irai voir au pays.

» A Paris. »

Lettre du Roi au vicomte de Turenne.

« Mon cousin, ayant cy-devant escrit à mon cousin le prince Thomas de Savoye pour lui faire prendre le commandement général de mon armée en Italie, et jugeant à propos, pour l'autoriser d'autant plus, de lui confirmer la même auctorité par mes lettres-patentes, je le lui ay fait expédier par l'advis de la Reyne régente, madame ma mère, luy donnant pouvoir de commander mesdites armées en chef, en qualité de mon lieutenant-général représentant ma personne, et tout ainsi que les avoit feu mon oncle, le duc de Savoye, du Roy deffunt, monseigneur et père, que Dieu absolve; de quoy j'ai bien voulu vous donner advis et vous dire que vous ayez à le recognoistre et luy obéir en ladite qualité de général desdites armées en tout ce qu'il vous commandera pour le bien et advancement de mon service, et qu'en touttes occasions vous agissiez en qualité de mon lieutenant-général en son absence, et soubs lui en sa présence, dans le corps que vous commandez; et la présente n'estant pour autre subjet, je prie Dieu qu'il vous ayt, mon cousin, en sa sainte et digne garde.

» Escrit à Paris, le 29 juin 1643.

» Louis.

» Et plus bas: Le Tellier. »

Le vicomte de Turenne à Mademoiselle de Bouillon, sa sœur.

25 Décembre 1643.

« Ma chère sœur, je vous écris par M. Du Plessis Besançon, que j'ai prié de vous voir; il porte un mémoire de toutes les choses nécessaires pour cette armée, lequel il m'a promis d'appuyer; il vous montrera ce mémoire, et je vous supplie de me mander quelles sont les choses sur quoi on fait difficulté.

» Souvenez-vous, s'il vous plaît, de chercher quelque bon médecin pour me l'envoyer: on lui donneroit ici de fort bons gages.

» Si vous voyez mademoiselle de Rohan, vous pouvez lui dire que je ne manquerai pas d'avoir soin des terres de M. de Birkenfeldt, et que M. de Lorraine l'a fait menacer depuis peu de les brûler s'il ne lui paie une grande contribution; par le premier qui ira auprès de M. de Lorraine, je lui en ferai parler.

» Vous pouvez dire à madame la princesse, qui m'avoit commandé de faire ses recommandations à M. de Montansier, comme Hasfeldt l'a emmené assez loin d'ici, je n'ai pas laissé d'y envoyer: on le traite fort bien. Je suis serviteur très-humble à mademoiselle de Rambouillet, à qui vous pouvez aussi dire ces nouvelles-là. Ma belle-sœur m'excusera bien si je ne lui écris point; je prétends que ces lettres ici serviront pour elle, qui a tout sujet de satisfaction sur le chapitre dont elle me parla tant en venant.

» J'ai songé qu'il seroit bon que M. le comte de Laval vît si M. de Melun voudroit quitter son régiment d'infanterie, qui est en ce pays; il est fort bon, et M. de Laval, avec des recrues, auroit un des meilleurs régimens de France; j'en ferai parler à M. Le Tellier.

» De Brissac. »

A la même.

29 Décembre 1643.

« Ma chère sœur, j'ai reçu la vôtre du 12 décembre, et n'ai pas grand'chose à vous dire, vous ayant écrit, il y a deux jours, par M. de Besançon; je vous supplie que l'on sollicite ces deux compagnies d'augmentation pour mon régiment de cavalerie; il en faut parler à M. Le Tellier.

» Je vous prie de faire compliment de ma part à M. de Châtillon sur l'affaire de son fils, si vous jugez que cela soit nécessaire. Vous avez très-bien fait de répondre à M. de Varennes que je n'avois jamais ouï parler de ces deux charges. Encore que j'aie écrit par M. de Besançon, depuis quatre jours, je n'ai pas laissé de faire à cette heure une très-grande dépêche à M. Le Tellier.

» A Colmar. »

MÉMOIRES
DU
MARÉCHAL VICOMTE DE TURENNE.

LIVRE PREMIER.

DES GUERRES EN ALLEMAGNE.

Après le siége de Thionville (1), que M. le duc d'Enghien fit avec succès, il conduisit lui-même sur les bords du Rhin cinq ou six mille hommes qui joignirent l'armée d'Allemagne, commandée par le maréchal de Guébriant. Quelque temps après, M. le duc d'Enghien revint à Paris, et M. de Guébriand assiégea Rotewil (2), où il fut grièvement blessé et mourut peu de jours après.

M. de Rantzau, qui commandoit le corps de M. le prince, ayant pris le commandement de l'armée, marcha, après la prise de Rotewil, à Dutlingue (3), où il fut mis en déroute par l'armée de Bavière, et fait prisonnier. Toute la cavalerie Allemande se retira avec peu de perte jusqu'au Rhin; mais l'infanterie qu'on avoit laissée dans Rotewil se rendit à discrétion, et celle qui étoit dans le corps de l'armée fut presque entièrement dissipée.

[Pendant le siége de Trin, le Roy écrivit à M. de Turenne en ces termes (4) :

« Mon cousin, ayant sujet, pour les dernières nouvelles que j'ay reçues du siége de Trin, de croire qu'avec l'ayde de Dieu la place sera bientost en ma puissance, si elle n'y est dès à présent, et dans la satisfaction que j'ai du progrès de nos armes en Italie, auxquels je sçay que vous avez notablement contribué par votre talent et conduicte, ne désirant pas vous retenir par delà, la saison estant si avancée qu'il n'y a pas d'apparence que mes affaires y puissent recevoir aucun préjudice par votre absence, je vous faicts cette lettre, par l'advis de la Reyne régente, madame ma mère, pour vous dire que son intention et la mienne est qu'incontinant après la prise de Trin, vous vous rendiez près de moi, où je pourrai avoir occasion de me servir de votre personne; et vous assurant que j'ay un contentement très-entier du service que vous m'avez rendu en toutes occasions, mêmement depuis que vous estes par delà; et sur ce, je prie Dieu qu'il vous ayt, mon cousin, en sa sainte et digne garde.

» Ecrit à Paris, le 7 septembre 1643.

» Signé Louis.

» Et plus bas : Le Tellier.

» J'ajoute ce mot pour vous dire que mon intention est que le corps que vous commandez demeure uni au reste de mon armée d'Italie (5).

» Louis. »]

---

(1) 10 Août 1643.
(2) 19 Novembre.
(3) 24 Décembre.
(4) On pourra remarquer une grande différence d'orthographe entre les Mémoires imprimés de Turenne et ses lettres inédites que nous publions, ainsi que certaines expressions vieillies que l'on trouve dans les lettres du Roi; malgré cette singularité, nous n'avons pas cru devoir rien changer aux deux textes.

(5) On voit, par cette lettre, une double précaution prise par Mazarin contre le vicomte de Turenne, sous prétexte des meilleures occasions que le Roi aurait d'employer les talens de Turenne. Mais le véritable motif de ce rappel, que l'on regarda comme une disgrâce, fut que le duc de Bouillon, son frère, mécontent de la cour, avait pris du service dans l'armée du Pape, avec le titre de généralissime d'Urbain VIII, à Rome, et que l'on craignait le voisinage des deux frères, chacun à la tête d'une armée en Italie.

M. de Turenne étant revenu du siége de Trin à Paris, M. le cardinal Mazarin, qui commençoit à gouverner, l'envoya quérir et lui dit que le Roi le destinoit pour commander en Allemagne; de sorte qu'il se tint prêt à partir trois ou quatre jours après, quoiqu'il fût fort incommodé d'un reste de maladie qui avoit duré depuis la fin du siége de Brisac, sans l'empêcher pourtant d'aller tous les étés en campagne. Comme cette défaite de l'armée du Roi et la prise de Rotewil arrivèrent au mois de décembre, les ennemis n'entreprirent plus rien cette campagne, et M. de Turenne étant arrivé le même mois à Colmar, y fit venir les officiers et songea aux moyens de remettre l'armée (1).

L'instruction suivante lui avait été remise à son départ de Paris, au sujet des affaires d'Allemagne :

« Le Roi et la Reine régente, sa mère, étant obligés de remplir au plus tôt le commandement de l'armée d'Allemagne, qui s'y trouve vaccant par le décès du sieur comte de Guébriand, maréchal de France, arrivé de la blessure qu'il a reçue à la prise de Rotewil, au grand déplaisir de Leurs Majestés, qui avoient une entière satisfaction de ses services, elles ont incontinent considéré pour cet effet le sieur vicomte de Turenne, maréchal de France, comme une personne très-capable de servir Leurs Majestés à l'avantage de cet Etat et à l'approbation publique, dans cet employ, non seulement parce qu'il a toutes les qualités qui peuvent être désirées pour une charge de si grand poids et conséquence, et qu'il a toujours fait paraître une fidélité singulière au service de Sa Majesté, sans qu'aucuns intérests particuliers l'en ayent jamais pu divertir, que parce qu'il s'est acquis beaucoup de connoissance des affaires d'Allemagne, et une estime et créance particulières entre les principaux de l'armée, pendant qu'il a suivi le feu Roi, de glorieuse mémoire, soubs le commandement de feu monseigneur le duc de Weymar, aux occasions singulières qui se sont offertes à Namel en la prise de Brissac. Et comme les alliés de cette couronne sont sans doute dans l'attente que la Reyne ait fait un choix pour cette charge, digne de son jugement et de l'affection qu'elle a au bien de la cause commune pour laquelle les armées du Roy ont esté jusques à présent si heureusement employées, il y a tout sujet d'espérer qu'ils apprendront celui dudit sieur maréchal de Turenne avec un entier applaudissement; Leurs Majestés luy ayant donc faict donner le pouvoir de ladite charge, en qualité de lieutenant-général représentant la personne du Roy en ladite armée d'Allemagne, bien qu'il soit si ample qu'il ne s'y puisse rien ajouster, et qu'il n'y ait rien à prescrire à une personne si bien intentionnée, qui a une parfaite cognoissance des affaires de la guerre, et qui sçait l'état présent de celles d'Allemagne, néantmoins, affin de n'obmettre aucune chose de ce qui le peut satisfaire et éclaircir de ce que Leurs Majestés ont résolu pour le bien et advancement de leur service, elles lui ont voulu faire donner le présent mémoire pour luy servir d'instruction.

» Ledit sieur maréchal est invité par Leurs Majestés de faire la plus grande diligence qu'il lui sera possible, pour aller se mettre en possession du commandement de l'armée, parce que sa présence est du tout nécessaire pour la conserver, pour rassurer les esprits après le décès dudit sieur maréchal de Guébriant, et l'accident qui est arrivé à l'un des quartiers-généraux de l'armée. En suitte de ce malheur, et pour arrêter le cours des diversions que les ennemis pourroient faire pour s'en prévaloir, ledit sieur maréchal sçait que l'intention de Leurs Majestés est de ne rien obmettre de ce qui est en leur puissance pour soutenir les affaires d'Allemagne, et qu'elles veulent même les embrasser par préférence à toutes autres, cognoissant assez de quelle importance elles sont au bien et au repos de toute la chrétienneté, et à la réputation de cet Etat, et combien cela est nécessaire pour porter ses alliés à agir puissamment et les unir de plus en plus inviolablement avec cette couronne. C'est pourquoi il doit estre certain que tout ce qu'il jugera, estant sur le lieu, qu'il faudra faire pour remettre l'armée en bon état, et la rendre autant ou plus puissante qu'elle ait esté jusques à présent, sera effectué; considérant néantmoins ce qui se peut faire par deçà, et aportant sur cela tout le ménage possible, affin que les grandes dépenses que l'on est obligé de faire de toutes parts, pour maintenir puissamment la réputation et les avantages de cette couronne, n'empêchent pas l'exécution de ce qu'il pourra proposer.

» Dès à présent, Leurs Majestés donnent ordre en toute diligence à ce qui se pourra faire sur les lieux, en attendant l'arrivée dudit sieur maréchal, y envoyant le sieur Du Plessis-Besançon,

---

(1) Turenne passe ici sous silence les généreux efforts qu'il fit pour remettre l'armée; l'abbé Raguenet, qui le savait du cardinal de Bouillon, et Frément d'Ablancourt le racontent; et c'est là le premier trait par où le vicomte se fit connaître aux Weymariens.

sergent de bataille des armées du Roy, pour faire ce qu'il pourra pour advancer la délivrance des prisonniers de guerre, qui sont ès mains des ennemis, soit en payant leur rançon suivant le quartier établi en Allemagne, auquel on ne croit pas que les ennemis veuillent contrevenir, puisqu'ils ne le sauroient faire sans rompre leur foi, ou bien par eschange des prisonniers qui sont au pouvoir de Sa Majesté, contre ceux qu'ils tiennent; mais comme la voye de la rançon et du quartier accoutumé est la plus courte, l'on lui prescrit de s'y arrêter et ne pas faire ouverture de l'autre voye, que quand on verra ne le pouvoir obtenir par celle-là. Et au cas qu'à l'arrivée dudit sieur maréchal il n'ait été encore rien avancé pour la délivrance desdits prisonniers de guerre, il envoyera vers les ennemis pour traicter de leur rançon en la manière susdite, et employera toutes les voyes qu'il estimera plus à propos, pour faire cependant savoir aux prisonniers que l'on fera tout ce qui se pourra pour les retirer au plus tôt, et particulièrement aux principaux, même au colonel Widerhold, gouverneur de Hohenviel.

» Pour cet effet, ledit sieur Du Plessis a charge, avec les sieurs de Tracy, commandeurs-généraux, ayant soin des places d'Alsace et du Brisgau, de faire que, par leur crédit, il fasse fournir l'argent nécessaire pour la rançon desdits prisonniers. Ils ont aussi ordre de faire ce qu'il leur sera possible pour le rétablissement des troupes et pour remettre les officiers et soldats de l'armée en état et équipage de servir. A quoi, comme au payement desdites rançons, Leurs Majestés désirent que l'on employe l'argent le plus clair qui se trouvera par delà des fonds qu'elle y a envoyés, soit des cent mil livres qui sont portées avec ledit sieur maréchal pour les nécessités les plus pressantes de l'armée, soit des soixante mil livres destinées pour remettre les régimens de cavalerie qui se sont trouvés avec le général-major Roze au rencontre qu'il a eu contre les ennemis, ou des autres sommes que l'on a déjà fait lever au sieur de Tracy.

» S'il arrivoit que les ennemis fissent difficulté d'effectuer la dellivrance des prisonniers, suivant le quartier-général estably et toujours observé en Allemagne, ledit sieur maréchal s'en plaindra hautement, et partout où il verra estre à propos, comme d'un manquement de foy dont on est résolu de prendre revanche aux occasions qui en peuvent arriver, et il en donnera incontinent advis à Leurs Majestés, affin qu'elles prennent les voyes convenables pour en faire cognoistre leur ressentiment au duc de Bavière et ailleurs, où elles verront que cela pourra estre utile.

» Lesdits sieurs d'Ossonville et de Tracy sont chargés en outre, par l'instruction dudit sieur Du Plessis, qui leur est commune, de s'employer nécessairement à tout ce qu'ils verront estre à faire pour la conservation des troupes de l'armée, et pour celle de Rotewil, avec charge d'envoyer au duc de Wirtemberg, qui y commande, l'argent qu'ils jugeront nécessaire pour lui donner moyen de réparer et munir la place, faire subsister la garnison et l'exhorter à une bonne deffense si les ennemis l'attaquent; Leurs Majestés leur donnant pouvoir de se servir à cette fin desdits fonds et de suplér par leur crédit à ce qu'il leur pourroit manquer, avec asseurance qu'elles feront rembourser ce qu'ils auront jugé estre absolument nécessaire pour cela, mesnageant toujours autant qu'il sera possible les finances du Roy.

» Ils ont aussy ordre de dresser des mémoires bien particuliers de l'état de chaque corps, tant d'infanterie que de cavalerie françoise et estrangère, et de ce qu'il faudra pour les remettre en bon estat de servir, et d'asseurer tous les officiers qui ont perdu leur équipage, qu'on les assistera autant que l'estat présent des affaires le peut permettre, et généralement de faire tout ce qu'ils jugeront à propos pour rasseurer et remettre un chacun dans le service et dans le debvoir. Mais ce ne sont que des préparatifs pour soulager ledit sieur maréchal et advancer les choses autant qu'il se pourra, en attendant son arrivée; Leurs Majestés voulant que lorsqu'il sera sur les lieux il en ordonne et dispose ainsi qu'il advisera bon estre, se souvenant d'envoyer aussytost qu'il sera arrivé vers ledit duc de Wirtemberg, pour le bien affermir dans la résolution de conserver la place, l'assurer de toute l'assistance dont il aura besoin pour cela, et la luy donner effectivement autant qu'il se pourra. Et semble que, lui fesant tenir quelque argent, il aura moyen de tirer des villes Suisses des munitions de guerre, qui est ce qu'on croit luy pouvoir plus tost manquer.

» Ledit sieur maréchal sçaura que, pour faire les revues des troupes des anciens corps de ladite année, Leurs Majestés font présentement envoyer un fonds de trois cens soixante-onze mil livres, qui est la même somme qui a esté donnée par chacune des années passées depuis le traicté de Brisac, pour la même fin; Leurs Majestés se réservant de pourvoir aux recrues des corps des renforts de ladite armée, selon les advis que ledit sieur maréchal leur donnera de ce qui s'y pourra faire.

» Et comme il importe beaucoup d'avoir l'œil à l'employ dudit fonds et de faire que les chefs n'en profitent pas, comme il est arrivé quelquefois, Leurs Majestés désirent que ledit sieur maréchal tienne main à ce que ladite somme de trois cens soixante-onze mil livres soit effectivement employée à remonter les cavaliers qui ont perdu leurs chevaux, à remplir lesdits anciens corps de l'armée, tant de cavalerie que d'infanterie, et à les rendre complets de bons soldats et bien armés, du nombre dont ils doivent estre; qu'en ce faisant il prenne garde s'il y a quelque régiment de cavalerie ruyné qui soit commandé par quelque personne mal affectionnée au service de Sa Majesté, ce qu'on ne croit pas, mais il en pourra estre informé par ledit sieur de Tracy ou par le sieur de Rocqueservière, sergent de bataille, et autres officiers qu'il trouvera sur les lieux. En ce cas, il ne luy faut rien donner, prenant pour prétexte le manquement des fonds, à cause de la nécessité présente des affaires du Roy, ou tel autre qu'il estimera à propos; en un mot, l'intention de Leurs Majestés est que ledit sieur maréchal, en ce qui concerne la distribution desdits trois cens soixante-onze mil livres, tâche de se prévaloir pour le service de Sa Majesté de l'estat présent des affaires, et de là, donnant aux corps dont les chefs sont les plus affectionnés au service du Roy, de quoi se rendre complets, et laissant foiblir ceux qui ont fait paroistre des sentimens contraires, s'il est bien informé qu'il y en ait quelques-uns; et néantmoins, tout cela est remis à sa prudence, pour en user ainsy qu'il le pourra et le trouvera bon.

» Que, comme il a sujet de croire que les régimens d'infanterie françois, italiens, écossois ou liégeois, qui ont passé en Allemagne avec le sieur comte de Ranzau, y demeureroient inutiles en l'estat auquel ils sont, Leurs Majestés désirent que ledit sieur maréchal fasse repasser dans le royaume le régiment royal d'infanterie italienne, et celui d'infanterie liégeoise de Guiche; qu'il retienne les soldats françois qui se trouveront dans ledit corps, pour en fortifier les vieilles brigades de l'armée; que des régimens d'infanterie de la Reyne, de Thorigny, de Coigny et de Folleville, il en forme un seul qui demeurera soubs la charge dudit sieur de Folleville, comme le plus propre à servir assidûement en ladite armée et à faire les recrues nécessaires pour les remettre en bon estat, luy permettant, pour cet effet, de revenir, s'il le juge à propos, et lors l'on luy donnera les expéditions qui luy ont été promises pour la charge de sergent de bataille, et pour une pension de deux mil livres; sinon, et en cas que ledit sieur maréchal désire le retenir, lesdites expéditions luy seront envoyées.

» Que pour le régiment de la Reyne, il envoye les officiers par deçà remettre leurs corps, les assurant de la satisfaction que Leurs Majestés ont de leurs services, et que l'on leur donnera de bons quartiers et de l'argent pour restablir leurs compagnies au nombre qu'elles étoient, voulant entretenir le régiment avec les mesmes prérogatives et advantages qui lui ont esté accordés lors de sa création, dont il asseurera le sieur marquis de Vitry, de la part de Leurs Majestés.

» Et pour ceux de Thorigny et de Coigny, il les envoyera aussy avec asseurance que l'on les gratiffiera et employera aux occasions qui s'en présenteront; et pour ce qui concerne lesdits régimens de la Reyne, Thorigny, Coigny et Folleville, les dépesches nécessaires seront cy-jointes.

» Le colonel Colas ayant proposé de remettre son régiment d'infanterie allemande à deux mil hommes, ledit sieur maréchal aura à en traicter avec luy aux meilleures conditions qu'il se pourra, lesquelles Leurs Majestés feront ponctuellement effectuer avec cette intention néantmoins, de laquelle ledit sieur maréchal doit estre informé, de retirer ce régiment lorsque l'on n'en aura plus absolument besoin en l'armée.

» Que pour le régiment des gardes escossoises, ledit sieur maréchal en fera former autant de compagnies qu'il s'y trouvera de soldats pour les composer de cent cinquante hommes chacune, et renvoyera le colonel et les autres officiers par deçà pour travailler à des recrues, à remettre ce qui servira en Allemagne, jusqu'à douze cents hommes, qui sera environ la moitié du régiment, dont l'autre moitié servira dans le royaume, Leurs Majestés luy recommandant d'avoir un soin particulier de ce corps et de caresser le colonel et les autres officiers autant qu'il se pourra.

» Il fera aussy repasser dans le royaume le régiment de cavalerie de la Reine et ceux des estrangers qui ont passé le Rhin, avec le sieur comte de Ranzau, qu'il verra n'estre pas en estat de se pouvoir maintenir en Allemagne, et prendra soin de détromper les officiers desdits régimens de cavallerie estrangère, de l'opinion que les ennemis leur ont voulu donner que le Roi avoit dessein de les réformer, en ayant faict courir le bruit artificieusement pour les divertir du service du Roy et les attirer à leur party, bien que l'intention de Leurs Majestés soit, non seulement de les conserver, mais d'augmenter par de nouvelles levées les corps de ceux qui en pourront faire, par les habitudes qu'ils ont dans leurs pays.

» Mais de tout ce qui est dict cy-devant pour faire repasser dans le royaume lesdites troupes d'infanterie et de cavalerie, Leurs Majestés se remettent audit sieur maréchal d'en user ainsy qu'il estimera plus à propos, trouvant bon qu'il retienne par-delà tous lesdits corps, en quelque estat qu'ils soient, s'il juge qu'ils luy soient utiles, soit pour prendre les quartiers de l'armée, soit pour quelque autre service qu'il verra estre à faire; et quand il aura résolu d'en faire repasser quelques-uns, il en donnera advis, afin que l'on luy envoye les routtes et les ordres nécessaires pour leur passage et logement.

» Et parce qu'en un lieu advancé comme Rotewil et proche des postes, qu'il y a apparence que les ennemis voudront occuper, il semble que l'on pourroit espérer de faire des soldats, ledit sieur maréchal, escrivant au sieur duc de Wirtemberg, aura à luy faire demander ce qui se pourroit faire en cela, et à faire tenter la chose, si elle est estimée possible.

» Que cependant l'on juge qu'un des bons moyens et des plus faciles pour remettre quelques brigades de l'armée, ou les rendre plus fortes qu'elles ne sont, sera de tirer mil ou douze cents hommes des places de Brisgau et de l'Alsace, concertant la chose avec les sieurs d'Erlac et d'Ossonville, et demeurant d'accord avec eux de ce que l'on donnera à chaque gouverneur pour remplacer les hommes qu'il aura fournis.

» Ledit sieur maréchal sçait que Leurs Majestés ont destiné les régimens d'infanterie et de cavalerie qu'il commande pour fortifier ladite armée, et ils auront ordre de marcher aussytost qu'il le mandera aux officiers; mais comme il leur faudra du temps pour se raffraîchir et faire leurs recrues, ledit sieur maréchal se souviendra de ne les tirer de leurs garnisons que quand il jugera qu'ils pourront estre prêts à marcher.

» Leurs Majestés font outre cela faire une levée de deux mille Irlandois pour servir en ladite armée, laquelle l'on pressera incessamment, et que l'on espère estre preste au printemps prochain.

» Lorsque ledit sieur maréchal aura recogneu l'effet auquel se trouve l'artillerie de l'armée et l'équipage d'icelle, et aura besoin d'avoir des pièces et de réparer ledit équipage, il en donnera advis à Leurs Majestés pour y estre pourveu selon la nécessité qu'il y aura; et cependant, s'il en estoit pressé, il en pourra tirer de Brisac avec les munitions nécessaires, agissant de concert avec ledit sieur d'Erlac, et l'on fera

donner ordre aussytost à les remplacer par Nancy.

» Ledit sieur maréchal estant en l'armée aura un soin particulier de faire valoir ce que Leurs Majestés ont fait et désirent faire pour le bien et advantage des affaires d'Allemagne; comme elles y ont envoyé un prince du sang avec la principale armée de l'Estat pour faire passer des forces capables d'establir l'armée dans de bons quartiers, les dépenses qu'elles ont faictes pour faire joindre ce renfort, que la perte dudit sieur maréchal de Guébriant ny les accidens qui sont arrivés ensuite de ce malheur ne rallentissent en rien l'affection de Leurs Majestés en cela, comme aussy les soins que l'on prend pour la délivrance des prisonniers que la fortune de la guerre a fait tomber ez mains des ennemis, et qui a donné assez d'autres advantages à ladite armée pour ne se pas laisser abattre en cette occasion, réchauffant un chacun dans le service de Sa Majesté, et faisant connoistre à tous les officiers qui ont eu part aux accidens arrivés à ladite armée depuis son retour au-delà du Rhin, combien l'on compatit par deçà à ce qui les touche, et comme l'on espère qu'ils en auront bientost revenche, tant par les moyens que Leurs Majestés leur donneront de restablir leurs équipages et leurs troupes, que par la jonction de celles qui seront envoyées audit sieur maréchal pour rendre ladite armée autant ou plus considérable qu'elle ait jamais été.

» Il faudra aussy qu'il imprime fortement dans l'esprit de tous les chefs et officiers de l'armée, que les employs qu'ils ont au service de Sa Majesté leur seront conservés durant la paix, aussy bien que pendant la guerre; et que le repos duquel la France jouira, la paix se faisant, sera le commencement de l'abondance, et la nouvelle puissance que cet Estat acquérera par la décharge d'une infinité de dépenses, pouvant alors donner moyen de les récompenser de leurs services, et de leur faire de plus grands advantages que ceux qu'ils ont à présent, la Reyne estimant faire beaucoup pour l'Estat, de les conserver en tout temps au service du Roy et les attacher de plus en plus aux intérêts de cette couronne.

» Comme Leurs Majestés donnent auctorité audit maréchal de faire tout ce qu'il verra être nécessaire pour le maintien de l'armée, aussy elles désirent qu'il considère bien soigneusement les moyens qu'il aura à employer pour cet effect; et parce que la différence qu'il y a entre les titres et fonctions de charges des officiers généraux du corps allemand et de ceux des régimens de cette nation, et entre celles des officiers françois, est à cause de divers inconvéniens et contestations, et qu'il sembleroit utile que dans une même armée le service fût uniforme, Leurs Majestés désirent que ledit sieur maréchal advise s'il seroit expédient d'establir des officiers-majors françois dans l'armée et dans les régimens de la nation, avec le même titre et auctorité qu'ont ceux qui commandent les Allemands, et de rendre leurs fonctions et leur nombre égaux, et qu'il leur donne sur cela ses bons advis pour y faire ce qui sera jugé pour le mieux.

» Qu'au surplus, comme il n'est pas possible de prévoir les choses de si loing, ne sachant pas l'estat présent auquel est l'armée, ny le détail de ce qui s'est passé depuis le décès dudit sieur maréchal de Guébriant, bien que l'on ait advis qu'il n'y a point eu de combat, ny d'autre perte que celle du quartier-général, on ne sauroit rien prescrire audit sieur maréchal de ce qu'il aura à faire pour l'establissement des quartiers et de la subsistance des troupes, ny pour les desseins auxquels il pourra les employer; Leurs Majestés ont seulement à lui dire, sur ce sujet, que si les ennemis tournent leurs forces vers l'armée de la couronne de Suède, à quoy il n'y a pas d'apparence, veu que l'échec que l'armée de Sa Majesté a receu ne l'a pas notablement affoiblie, qu'ils auront un grand chemin à faire pour cela en une saison fort contraire; qu'après une longue campagne, les chefs voudront se reposer et jouir des advantages des quartiers d'hyver, qui est d'ailleurs le seul moyen de maintenir leur armée; que le duc Charles voudra prendre des quartiers d'hyver de son côté, et Hasfeld du sien, quand bien les troupes de l'Empereur auroient quelqu'autre dessein; et si, nonobstant ces raisons, ils alloient vers Tartenson, ou s'éloignoient de telle sorte que ledit sieur maréchal vist jour à aller prendre des quartiers au-delà du Rhin, Leurs Majestés désirent qu'il le fasse. Et pour cet effet, sur les advis qu'il leur en donnera, elles feront apporter une diligence extraordinaire à tout ce qui sera à faire de par deçà, affin de remettre l'armée en estat de marcher; mais s'il arrivoit que les ennemis s'opiniâtrassent à empêcher l'armée du Roy de prendre pied au-delà du Rhin, et qu'ils se trouvassent en estat de le faire, en ce cas Leurs Majestés se remettent entièrement audit maréchal de faire ce qu'il trouvera estre plus advantageux, comme aussi de prendre les résolutions qu'il verra estre les meilleures, selon l'estat et la force des ennemis, et les exécuter au temps et en la manière qu'il jugera à propos, ne doutant pas qu'usant de sa bonne conduite accoustumée, il ne sache si bien prendre ses mesures et ses advantages que toutes choses ne luy réussissent.

» Ledit sieur maréchal aura à considérer que le Roy a un très-grand intérêt à soulager l'Alsace, parce qu'elle fournit une bonne partie de l'entretènement des garnisons des places du pays, et que l'armée n'est pas apparemment en estat d'aller occuper des quartiers dans l'Allemagne; l'on estime qu'il ne peut prendre de meilleure résolution pour son logement, que de suivre ce qu'a fait monsieur le duc de Weymar en pareille occasion, en se saisissant des montagnes du comté de Bourgongne et de tout le pays, qui est depuis Pontarlier jusqu'à Nozeroy, à la faveur du château de Joux, dans lequel il y a garnison pour le service de Sa Majesté, d'où l'on pourra faire des courses dans tout le comté, et tirer la subsistance de l'armée, sans que les gens de guerre puissent revenir en France sans congé, y ayant des passages estroits et faciles à garder.

» En faisant le logement des troupes de l'armée dans la Franche-Comté ou en telle autre part qu'il verra estre plus à propos, il fera un si bon establissement pour la subsistance de ladite armée, que les troupes ne viennent pas à ruyner les quartiers où elles logeront comme elles ont accoutumé, et qu'il s'y conserve des vivres pour tout le temps qu'il jugera qu'elles auront à y demeurer. A quoi il faudra qu'il pourvoye avec auctorité, parce que les officiers allemands ne manqueront pas de vouloir d'abord tirer, s'ils peuvent, toute la subsistance des habitans des lieux, tant pour en profiter, qu'affin que, le pays estant ruyné, on ne puisse leur refuser des quartiers dans le royaume; et comme ils font ordinairement des courses à dix ou douze lieues de leurs quartiers, il faudra qu'il fasse des deffenses bien expresses à tous les chefs et officiers de courir dans le royaume, ny dans la Lorraine et autres lieux de l'obéissance ou protection de Sa Majesté, et qu'il les fasse observer avec tant de sévérité qu'aucun n'ose y contrevenir.

» Lorsqu'il pourra faire desloger l'armée de l'Alsace ou des autres lieux de ces quartiers-là, il donnera ordre audit sieur d'Ossonville de tirer, s'il se peut, quelque somme d'argent des communautés qui seront déchargées du logement des troupes, afin de subvenir à une partie de la despense de delà, et soulager d'autant nances de Sa Majesté.

» Ledit sieur d'Ossonville avoit proposé une

entreprise sur Worms, par intelligence; sur quoy ledit sieur mareschal se fera informer par ledit sieur d'Ossonville de l'estat de la chose et des moyens qu'il aura de l'exécuter : ce que l'on remet audit sieur mareschal, et de faire selon qu'il jugera à propos.

» Ledit sieur mareschal sçaura que la Reyne a fait dépêcher vers madame la landgrave de Hesse, et escrire au général Tartenson et à l'ambassadeur Salvins, ministre de la couronne de Suède, comme aussi à tous ceux qui servent le Roy du costé d'Allemagne, pour les informer de ce qui se faict pour y soustenir les affaires communes de Sa Majesté et de ses alliés, et empêcher que les ennemis ne se prévaillent en nul endroit de ce qui est arrivé : sur quoy, comme sur toutes occurences, ledit sieur mareschal establira et entretiendra bonne correspondance, tant avec les ambassadeurs et plénipotentiers envoyés à Munster pour le traicté de la paix générale, et les autres ministres de Sa Majesté employés hors le royaume, qu'avec ladite dame landgrave de Hesse, et les ministres et chefs des armées de la couronne de Suède et des autres alliés de Sa Majesté, se servant pour cela des mesmes voyes qu'il sçaura dudit sieur de Tracy avoir esté tenues par le feu sieur mareschal de Guébriant.

» Il gardera aussi une correspondance particulière avec le sieur d'Erlac, et luy témoignera que Leurs Majestés font grande estime de sa personne, et se confient entièrement en sa fidélité et affection à leur service; et il pourra s'ouvrir et retraicter de toutes choses avec ledit sieur de Tracy pour ce qui concerne l'armée, et ledit sieur d'Ossonville pour ce qui regarde les places de delà, comme personnes très-fidèles et intelligentes, et qui ont bonne connoissance de toutes les choses qui se sont passées depuis longtemps en Allemagne, et de ce qui regarde les intérêts et le service de Sa Majesté, leur tesmoignant bien particulièrement que l'on a une entière satisfaction de leur conduicte et de leur service.

» Ledit sieur mareschal sera informé que l'on a donné divers advis au Roy pour rendre suspecte la conduite du sieur Tampadel, lieutenant-général commandant la cavalerie de ladite armée; mais que l'on ne s'y est aucunement arresté, Leurs Majestés ayant toujours fait une estime particulière de sa personne et de sa fidélité, et n'ayant jamais pu croire qu'un homme, qui a de si bonnes qualités, fût capable d'avoir aucunes pensées contre son debvoir; et l'on a jugé que c'estoit quelque effet des artifices accoutumés des ennemis pour nous donner des deffiances de ceux mesme qui sont les mieux intentionnés; si bien que cecy n'est marqué audit sieur mareschal que comme un simple advis, et afin que cela ne le surprenne pas; Leurs Majestés désirant qu'il considère particulièrement et fasse beaucoup d'estat dudit sieur Tampadel, et luy tesmoigne qu'ils ont une entière satisfaction de ses services.

» Et il n'obmettra rien pour entretenir et augmenter, s'il se peut, l'affection de tous ceux qui sont employés par delà au service de Leurs Majestés et dans les places, à la conservation desquelles Leurs Majestés luy commandent aussy de veiller et de pourvoir très-soigneusement, selon l'autorité qui lui en est donnée par son pouvoir, et comme à une des choses les plus solides et importantes qui sont à faire par delà, et notamment pour la conservation de Rotewil, et pour empêcher que la prise du gouverneur de Hohenwil ne préjudicie point à la seureté d'une si importante place, pour laquelle ledit sieur mareschal pourra sçavoir dudit sieur d'Ossonville ce qu'il y aura à faire.

» La bonne conduite dudit sieur mareschal en toutes les choses qui ont regardé la réputation de cette couronne et le service et contentement du Roy, dans les employs qu'il a eus et même en ce qui a concerné la religion catholique, fait que Leurs Majestés estiment superflu de luy recommander la protection et le bon traitement de ceux qui en font profession, en quelque part qu'il soit avec les armées de Sa Majesté.

» Et néanmoins, comme ledit sieur mareschal fait profession de la religion prétendue réformée, Leurs Majestés ont estimé luy devoir faire connoître qu'il n'y a rien qu'elles ayent plus à cœur que de continuer à favoriser les catholiques; que leur intention est que dans le camp il fasse dire la messe et faire l'exercice public de la religion catholique, tout ainsi qu'il s'est pratiqué pendant que M. le duc de Longueville et ledit feu mareschal de Guébriant ont commandé ladite armée.

» Qu'en toutes les prises des places, occupations de quartiers et autres occasions, il maintienne les princes ecclésiastiques, religieux et religieuses, en la jouissance de tous les biens, églises, maisons et priviléges qui leur appartiennent, et qu'il donne à entendre à un chacun qu'il en a ordre bien exprès de Leurs Majestés, et leur face en effet toute la faveur et assistance qui seront en son pouvoir, en sorte que l'on ne puisse pas croire qu'il ait en cela des sentimens contraires à ceux de Leurs Majestés.

» Pour conclusion, ledit sieur mareschal demeurera très-asseuré que Leurs Majestés auront un ressentiment particulier des services qu'elles se promettent de recepvoir de luy, dans un employ duquel les fonctions sont si estendues et importantes à cet Estat et au bien de toute la chrétienté, et qu'elles auront un singulier plaisir de l'en recoonoistre en ce qu'elles pourront faire pour son contentement et advantage.

» Faict à Paris, le 8 décembre 1643. »]

L'Alsace étant trop ruinée, M. de Turenne entra au mois de janvier dans les montagnes de Lorraine, où il mit l'armée en quartiers : il les élargit ensuite par la prise de deux petites places nommées Luxeul et Vesoul, dans la Franche-Comté, où il laissa trois ou quatre régimens. On reçut dans l'hiver de l'argent de la cour, avec quoi et l'aide des quartiers l'armée se mit en bon état, c'est-à-dire la cavallerie; car pour l'infanterie il fut fort difficile de la remettre dans l'hiver.

M. de Turenne, étant allé à Brisac, trouva que M. d'Erlac, qui en étoit gouverneur, s'étoit retiré dans une maison de campagne qu'il avoit en Suisse, et avoit laissé une lettre que l'on donna à M. de Turenne, quand il arriva dans le château, par laquelle il lui mandoit que, croyant que le ministre avoit quelque soupçon de lui, il étoit sorti de la place et qu'il la lui remettoit entre les mains, le priant de lui envoyer sa femme. M. de Turenne fut un peu surpris de la conduite de M. d'Erlac, qui quittoit un si bel établissement par un soupçon fort mal fondé; mais croyant qu'il seroit indigne de lui de profiter de l'action de M. d'Erlac pour se rendre maître de son gouvernement, il lui envoya M. de Traci pour le prier de revenir, et trois ou quatre jours après M. d'Erlac revint dans sa place que M. de Turenne lui remit entre les mains, et en partit quelques jours après (1). J'ai raconté ceci pour montrer combien il est étrange qu'un homme sage comme M. d'Erlac (qui avoit été établi à Brisac par M. le duc de Weymar, et que l'on croyoit maître dans une place que la cour regardoit avec grande jalousie) la quittoit, et en rendoit un autre maître en un instant, sans aucun sujet.

[Avant de partir de ladite place, Turenne reçut la lettre suivante de la Reine, au sujet de M. d'Erlac :

« Mon cousin, ayant sceu que ledit sieur d'Erlac s'est retiré de Brisac, en suite de la lettre qui luy a esté escrite au nom du Roy, monsieur mon fils, pour l'advertir de vostre arrivée par delà et du pouvoir qui vous a esté donné, comme si ce qu'elle contenoit luy avoit donné quelque mécontentement, je lui renvoye son nepveu, qu'il a dépesché sur ce subject vers moy, pour luy faire cognoistre qu'ayant examiné ce qui a esté faict en cela, j'ay trouvé qu'il n'y a rien qui ne soit dans les termes des pouvoirs donnés à ceux qui vous ont précédé en la charge de général de l'armée du Roy, mondit seigneur et fils, en Allemagne, et je luy tesmoigne que s'il a quelqu'autre raison de n'estre pas content, je l'entendray volontiers et luy donneray de bon cœur toute satisfaction raisonnable, le considérant en effet comme un homme de particulier mérite et qui a tousjours bien et fidèlement servi ; et je luy mande que je désire qu'il retourne audit Brisac pour continuer à exercer sa charge, tout ainsy qu'il a faict par le passé. Cependant, comme il importe grandement de ne pas laisser cette place en aucun péril, mon intention est que, si le sieur d'Erlac diffère d'y retourner, vous donniez tous les ordres que vous jugerez nécessaires pour la seureté de cette place : ce que je recommande très-particulièrement, et au surplus d'user du pouvoir qui vous a esté donné sur les places de delà, comme vous sçavez qu'a fait M. de Longueville, et depuis feu M. le maréchal de Guébriant, et en sorte que ledit sieur d'Erlac en particulier ayt plustôt occasion de s'en louer que du contraire. A quoy ne doubtant pas que vous ne satisfassiez selon votre bonne conduite, je n'adjousteray rien à cette lettre, que pour prier Dieu qu'il vous ayt, mon cousin, en sa sainte et digne garde.

» Escript à Paris, le 1ᵉʳ janvier 1644.

» ANNE.

» Et plus bas : LE TELLIER. »

M. de Turenne rendit compte à Son Eminence de l'état des affaires de l'armée et de ce qu'il aurait de mieux à faire pour l'avantage du Roi, par les lettres suivantes :

A Monseigneur le cardinal Mazarin.

« Je renvoye à Vostre Eminence ce gentilhomme et luy diray que j'ay fort entretenu M. de Smitberg, touchant ce qu'il pouvoit faire pour la levée; tout ce qu'il peut, c'est, en cas qu'il ait une ville ou quelque bon quartier (ce qu'on ne luy peut fournir icy), d'y faire peu à peu des gens, et il est impossible qu'il puisse seulement avoir cinq cents hommes prests pour le temps de la campagne.

» J'assure Vostre Eminence qu'encore qu'on n'ayt point eu d'argent pour les recrues, il y a beaucoup de capitaines qui donneront dix escus

---

(1) L'action est d'autant plus belle que Turenne avait fort désiré être gouverneur de cette place.

pour un soldat d'infanterie; mais on n'en trouve point.

» M. de Smitberg s'en est retourné à Strasbourg; quand je croiray qu'il pourra faire quelques gens, je luy envoyeray quelque peu d'argent, comme mille rixdalers au plus; mais à moins d'un lieu pour mettre les soldatz, il consumeroit cela en vain; et de quelque façon que ce soit, il ne faut s'attendre d'avoir ce régiment là qu'à la fin de la campagne, ce qui est quelquefois assez nécessaire en ce temps-là.

» Je fais grand fondement sur ce corps des Suisses que Vostre Eminence envoyera ici, je luy rends grâces très-humbles de l'augmentation de mon régiment de cavalerie.

» Celuy de cavalerie de M. de Guébriant est un peu affoibli à cause des prisonniers, dont il en est néanmoins revenu quelques-uns; le lieutenant-colonel ira trouver Vostre Eminence, qui est un bon soldat et catholique; je ne croy pas qu'il faille qu'elle augmente ce régiment de compagnies, à cause de la jalousie des autres, mais seulement qu'elle leur fasse quelque gratification de chevaux dans quelque temps.

» Celuy d'infanterie n'est composé pour capitaines que de soldats de fortune, qui ont grand soin de leur compagnie; il se rendra un des meilleurs régimens de France.

» Pour ce qui est de ce qu'on a rapporté qu'il manquoit beaucoup d'officiers à cette armée, j'assure Vostre Eminence que c'est celle où j'ay jamais esté où il y a le moins d'absens, et hors les maistres de camp de Melun et de Nétancourt, de qui les lieutenans-colonels et principalement du dernier, font fort bien leur debvoir; il n'y a personne d'absent. Il y avoit beaucoup d'officiers de cette deffaite que j'eusse bien voulu placer, mais il n'y a pas eu moyen.

» Je n'ay point advis que les ennemis veuillent relascher aucun prisonnier; je m'enquerray de M. Colas, que l'on m'a dit qu'ils ont mené à Ingolstat.

» Une partie des officiers allemans estoit hier assemblée pour résoudre des quartiers; ils marcheront dans trois ou quatre jours pour s'eslargir un peu. J'asseure Vostre Eminence qu'ils estoient dans de si mauvais quartiers, que presque tous les cavaliers acheptoient leur pain dans la Suisse, et qu'il n'y avoit pas un seul paysan dans les villages. Je crois qu'ils serviront avec l'afection que l'on peut désirer.

» Il faut que les choses changent avant que l'on puisse songer à mettre un lieutenant-général au-dessus d'eux : cela est manifestement contre leur traicté.

» J'envoye à M. Le Tellier un mémoire de ce que cousteront les chariotz et harnois des chevaux, ayant mis dans le mémoire de M. d'Ossonville ce que vaudront les canons avec tout leur train, qui a esté envoyé par M. de Besançon.

» Monsieur de Lorraine est fort sollicité par don Francisco de Melos de marcher vers l'évesché de Trèves, et j'ay veu, par des lettres que la garnison de Saverne a prises, comme il avoit dessein de se mettre dans le pays de Liége; on les envoye à M. Le Tellier, et y en a une partie en chiffres.

» Je ne doubte point que les Suédois ne sortent de Dannemarc avec une très puissante armée.

» Je croy qu'il faudroit que l'on pût donner à la cavalerie, dans la fin du mois prochain, les deux demy-montres, pour se raccommoder, afin qu'ils peussent mener de bonne heure les chevaux dans les quartiers, qui ne serviront point s'il faut marcher aussitost qu'ils seront acheptez, outre qu'estant pressez on ne pourra point en avoir le nombre qu'il faut.

» Quand cette armée icy n'a point de bons quartiers, elle est de plus grande dépense qu'aucune; mais aussi il y a une chose qui n'est en pas une autre, qui est que l'on n'a point à craindre qu'ils se débandent en quelque temps que ce soit, pourveu que l'on leur donne moyen de subsister.

» J'ai veu ce que Vostre Eminence me mande par le chiffre; je l'assure qu'on ne perdra point de temps de profiter des occasions qui se présenteront pour le service du Roy : quand on demeure quelque temps en un lieu, on y a tous les jours de nouvelles lumières. J'assure au moins Vostre Eminence de deux choses, qui est de ma fidélité et de mon affection.

» Je suis de long-temps des amis de M. de Bellenave, et puis certifier qu'il est fort homme d'honneur; si Vostre Eminence le vouloit faire servir en France, elle en auroit beaucoup de satisfaction. Elle sait bien aussi que je suis particulièrement amy de M. de Rusigny; si elle ne fait rien pour luy de plus solide, je la supplie que, dans le commencement de la campagne, selon que je me donneray l'honneur de luy escrire, il puisse venir icy, en cas que ses affaires luy permettent de faire cette despense, et je le sçauray et le demanderay à Vostre Eminence.

» Je continueray, Monseigneur, à vous importuner et vous supplier très humblement de vouloir servir auprès de la Reyne M. le comte de Rosny, qui est une personne qui mérite beaucoup.

» M. Le Tellier m'a mandé comme on a donné à M. de Tracy un régiment de dragons; je croy qu'il faudroit trouver quelqu'un en

France qui en levât six compagnies : celuy de Rose estant de six, il y en avoit un chaque aile, et les quatre compagnies demeuroient aux vivres. C'est bien difficile de maintenir des dragons. Je croy qu'il est fort nécessaire d'avoir promptement de l'argent pour l'achapt des bleds.

» Je suplie très-humblement Vostre Eminence de croire que personne du monde ne peut estre plus son serviteur ni son obligé que je suis, et que toute ma vie je ferai cette profession-là, sans qu'il puisse y avoir de changement. Je m'engage à cela auprès d'elle de très-bon cœur, et luy proteste que je serai toute ma vie, Monseigneur, vostre très-humble, très-obeyssant serviteur,

» Colmart, le 23 janvier 1644.

» TURENNE. »

A Son Eminence.

« Encores que je doibve envoyer M. de Roqueserviere à la cour, peu de temps avant que l'on mette en campagne, pour dire ce qu'il me semble estre de plus utile à faire en ce pays pour le service du Roi, je ne laisseray pourtant de dire à Vostre Eminence qu'ayant servy dans les autres armées, et sçachant par ce moyen de quelle utilité peuvent estre les efforts que l'on feroit de ce costé-là, je la peus assurer qu'un dessein que l'on peut avoir en ce pays, est la chose de toutes qui peut donner plus de repos à la France, et mettre les affaires en tel estat que du costé de l'Allemagne il y auroit fort peu à craindre, et on pourroit y entrer quand on voudroit, sans que les armées de l'Empereur peussent que fort difficilement venir en France : ce seroit la prise des places qui sont au bas du Rhyn.

» Je diray premièrement à Vostre Eminence de quelle importance cela est, et après luy feray voir que, toutes les années précédentes, il n'a tenu qu'à cinq ou six mille hommes de plus.

» Vostre Eminence sçait comme on a tout le haut du Rhyn depuis les Suisses et tenant le bas de mesme ; toutte l'Alsace, le Palatinat de deçà le Rhyn, la Lorraine et le comté de Bourgogne, demeurent avec peu de travail possible, comme les environs de Paris. L'armée d'Allemagne en tireroit les contributions, le pays estant un peu remis, et y auroit ses quartiers réglez comme l'armée de Bavière fait dans le Wurtemberg ; et outre cela, on a toujours l'entrée d'Allemagne par deux ou trois endroits les plus beaux du monde. Quand même, en ce temps, on rendroit le pays à M. de Lorraine, il seroit incapable de faire aucun mal, et le Rhyn serviroit de borne d'un costé, comme la Some fait du costé de la Picardie, j'entends jusques à l'endroit où elle se joint avec la Moselle. Je présuppose que l'on prendroit aussy Trèves, de sorte que, du costé d'Allemagne, il ne resteroit aux ennemis que celuy de Cologne.

» On peut dire que l'on a tenu Spire, Vorms et Mayence, et que l'on ne les a peu conserver ; la raison est parce qu'on ne tenoit pas le haut du Rhyn, qui ruynera toujours ceux qui tiennent le bas, quand on s'y voudra opiniastrer, et qu'il n'y arrivera pas de mauvais événemens desquels on ne peut pas respondre.

» Il est très-certain que la force des ennemis rendra ce dessein plus difficile, mais c'est seulement pour faire cognoistre à Vostre Eminence que, quand il se rencontrera jour, ce n'est pas une chose à négliger, puisque, restans maistres de ces places-là, dès que vous serez forts, vous pourrez entrer en Allemagne, et estans foibles, au moins vous les empescherez de passer, et pourrez tourner quelles forces vous voudrez en Italie et Espagne, ayant peu à craindre du costé du Rhyn, quand vous voudrez, avec une armée raisonnable, vous mettre sur la défensive. Pour ce qui est de la facilité qui s'est rencontrée les années précédentes, les ennemis ayant toujours abandonné ces places-là sans nulle garnison, si on avoit quelque avantage cette année ou qu'on pût les tirer loin de là, laissant Spire, Vorms et Mayence, dépourveuz comme de coustume, il faudroit faire un petit corps en Bourgongne, quand les armées se mettroyent en campagne, qui se joindroit aux garnisons d'Alsace, et feroit peut-estre cest effect avec peu de résistance. Ce corps-là serviroit toujours, en cas que les choses changeassent, à renforcer ou soustenir quelque autre armée.

» Je m'asseure que Vostre Eminence trouvera que cette dépense de chevaux sera fort bien employée, et recongnois très-bien, en touttes choses, le soin particulier qu'elle prend de ce qui concerne ceste armée. M. de Tracy est pleinement informé de touttes choses ; je puis asseurer Vostre Eminence qu'il sert avec grandissime affection et fidélité. Je crois qu'il suffira dans cette armée d'avoir quatre généraux-majors : deux pour la cavalerie, et deux attachez à l'infanterie qui est, à mon advis, en très-bon ordre, au lieu d'avoir des mareschaux-de-camp, comme en France, qui servent par jour, l'un défaisant ce que l'autre a faict le jour précédent. Pour cest autre charge dont Vostre Eminence m'escrit, M. de Tracy luy en parlera. Si M. de Marsin me joint, luy et M. Rozen pourront servir à la cavalerie, et M. Schimberth et M. de Roqueservière à l'infanterie.

» Je croy qu'il seroit fort expédient que M. de Smitberg eust le gouvernement de Haguenau : c'est la place la plus advancée vers le bas du Rhyn ; et de là, comme il est très-intelligent et fort capable de servir, il pourroit faciliter la prise de ces places-là et trouver moyen de tenir les batteaux plus bas que Strasbourg, à cause que nous avons toujours cette incommodité qu'il leur faut demander passage, et ainsi les desseins sont découverts.

» Je viens d'apprendre par deux divers endroits, que les ennemis vont assiéger de force Uberlingen ; je supplie très-humblement Vostre Eminence de croire que je ne suis pas en estat de la secourir. J'ay envoyé des officiers des environs de là pour voir s'ils pourront lever quelques soldats qui se débandent de leur armée, peut-estre que cela nous sera advantageux et que leurs trouppes s'y ruyneront, m'attendant bien que M. le vicomte de Courval s'y deffendra fort bien, et qu'il y fera tout son possible.

» Je ne fais point, par mes lettres, de complimens à Vostre Eminence, ne doubtant point qu'elle ne soit persuadée que personne au monde ne peut estre davantage son serviteur très-humble que je le suis. Je la supplie très-humblement de respondre à la Reine que personne du monde ne sera plus obéissant à tous ses commandemens que je le serai toute ma vie, Monseigneur, vostre très-humble et très-obéissant serviteur.

» A Remiremont, le 29 février 1644.

» TURENNE. »

A Monseigneur le cardinal Mazarin.

« Monseigneur, j'ai receu en mesme temps les lettres qu'il a pleu à Vostre Eminence me faire l'honneur de m'escrire des 16, 22 et 25. J'avois demeuré ces deux jours avant que M. d'Erlac vînt, et estoit vers le haut du Rhin où il est fort nécessaire. Il est arrivé cette après-disnée ; je l'ai fort entretenu et demandé ses avis sur toutes choses. Il ne faut pas s'attendre, à mon advis, que l'intelligence puisse estre fort bonne entre M. d'Ossonville et lui, et tant seulement travailler à ce que cela ne préjudicie point au service ; et en effet, je les vois tous portés à faire que cela n'y nuise point.

» J'ai escrit d'ici à M. Hem, pour lui mander comme il est eschangé ; et en effet tous les Allemands reconnoissent bien l'obligation qu'ils ont à la Reine de les préférer aux François.

» Sur ce que M. Bouchet m'a dit, que le général-major Ebressein venoit au service du Roi, je suis obligé de dire à Vostre Eminence qu'il est en très bonne réputation, et passe pour aussi bon officier qu'il y en ait en Allemagne.

» Je mande à M. Le Tellier comme il sera nécessaire que les troupes qui me doivent venir joindre soient dans le 6 d'avril, ou au plus tard au commencement de mai, dans le Barrois, craignant que les ennemis n'entreprennent quelque chose dans le commencement des herbes, la plupart de ces places ne pouvant pas attendre long-temps un secours, et aussi en cas qu'Abiosinpente (*sic*) ne fût pas pris, on verroit si on pourroit le secourir ou faire une diversion.

» Je n'ai point encore dit à l'armée que l'on lui donne des chevaux, afin qu'ils fassent tous leurs efforts avec la dernière montre qu'ils ont receue, pour se racommoder ; et en effet, il faut avouer que, hors le régiment de Hem, de qui j'en ai envoyé chercher le lieutenant-colonel, les autres font beaucoup de dépenses pour se mettre en bon estat ; et avec les mille chevaux j'espère qu'il n'y aura pas un cavallier de démonté. Il y a encore trois ou quatre cents vieux cavalliers de cette armée prisonniers, que les ennemis traittent si mal qu'ils les obligent tous les jours à prendre parti. On m'a dit de plusieurs endroits qu'ils vendoient quinze cents prisonniers au baron de Conpet, pour les mener à Venise ; j'en ai escrit à M. de Merci ; je pense qu'il seroit bon de faire dire aux Espagnols que l'on vendra les leurs aux Suédois pour les faire travailler aux mines en Suède.

» J'ai veu, de la façon dont il a pleu à Vostre Eminence me mander, qu'elle a agi dans l'affaire de mon frère (1) ; je la supplie très-hum-

---

(1) *Lettre de la Reine au vicomte de Turenne, au sujet de la retraite du duc de Bouillon hors du royaume.*

« Mon cousin, le traictement que j'ai fait à mon cousin le duc de Bouillon, vostre frère, depuis la mort du feu Roy, mon seigneur, et la bonté dont j'ai usé envers luy, ont assez faict cognoistre les desseins que j'ay eus de gratifier, non seulement sa personne, mais aussi toute sa maison : je luy ai donné tout le temps qu'il a désiré et au-delà de toute patience pour accommoder l'affaire de Sedan, en sorte qu'il eust tout le contentement qu'il en pourroit prétendre pour luy et les siens, outre le bien solide que je m'estois disposée de luy faire, au nom du Roy, monsieur mon fils. J'avois résolu de luy assurer tous les honneurs et advantages qu'il pourroit raisonnablement désirer ; mesme je m'estois proposé d'y adjouster des employs qui ne se donnent qu'à ceux auxquels on se confie sans réserve et qu'on estime parfaitement. Cependant, comme il me faisoit faire des remerciemens de toutes les grâces que je luy avois accordées, qu'on

blement de ne se point lasser de lui tesmoigner de la bonne volonté ; pour ce qui est de moi, j'en reçois tant de témoignages, que je ne ferai jamais autre profession que d'en estre fort estroictement obligé.

» J'ai escrit à M. Toussenson, et ferai en sorte d'avoir un chiffre avec lui ; il est très-certain que cette armée s'est mise en un point où elle n'a point encore esté depuis dix ans ; et si en sortant de Danemarc il ne laissoit point d'ennemis derrière lui, et qu'il peust y avoir une paix ou trève entre eux, son entrée en Danemarc seroit la chose la plus avantageuse qui eust pu arriver pour les affaires d'Allemagne.

» Je fais marcher M. Rose dans sept ou huit jours vers le Comté, et j'irai par un autre ; je n'ai pas voulu aller tout-à-fait dans les montagnes, afin de donner la main aux quartiers que j'ai en Lorraine, que je ne puis pas quitter tout-à-fait, n'y ayant pas assez de fourrage en Comté pour entretenir tant de troupes.

» Je suis très-aise de ce que Vostre Eminence a fait résoudre d'envoyer icy les dragons d'Aurilli ; cela fortifiera le corps des dragons qui fut tout ruiné l'année passée dans le marquisat de Bade où on les avoit laissés. Je ne sais si on a donné, à la cour, congé à M. le marquis de Bade ; si cela n'est pas et qu'il s'en soit allé en Suède sans rien dire, je crois qu'il seroit bon de pourvoir à son régiment, et en ce cas-là ferois savoir à Votre Eminence quel lieutenant-colonel y seroit le plus propre, estant nécessaire d'en prendre un du corps de la cavallerie. Je supplie très-humblement Vostre Eminence de ne mettre jamais en doute que je ne sois très-véritablement et sans aucune réserve, Monseigneur, vostre très humble et très obéissant serviteur.

» A Brisac, ce 15 mars 1644.]

» TURENNE. »

M. de Turenne passa donc l'hiver dans les montagnes de Lorraine, et au printemps, ayant sçu qu'il y avoit deux mille chevaux sous le général-major, baron de Merci, au-delà de la Forêt-Noire, dans deux bourgs à la source du Danube, il passa le Rhin à Brisac, et ayant envoyé M. Rosen devant avec quatre ou cinq régimens, il défit cette cavalerie, prit trois ou quatre cens prisonniers et beaucoup d'officiers : le reste se sauva auprès de l'armée des Bavarois, qui étoit devant un château nommé Hohenwiel, qu'ils vouloient affamer ou traitter avec le gouverneur, la place étant presque imprenable par force, à cause de sa situation.

[Les soldats de la garnison de Brisac s'étant mutinés, et M. de Turenne en ayant rendu compte, on lui envoya l'instruction suivante :

« Le Roy et la Reyne régente, sa mère, ayant eu advis de la mutinerie extrême commise par les soldats de la garnison de Brisac, et jugeant assez la conséquence d'une telle entreprise, Leurs Majestés ont estimé, avec l'advis de tout leur conseil, que, pour en connoître les causes qui ne peuvent pas se pénétrer de si loing, et y employer les remèdes nécessaires qui despendent de l'estat auquel sont les choses sur les lieux, elles devoyent s'en remettre au sieur maréchal de Turenne, lieutenant-général pour le Roy en son armée, qui, par sa prudence et son auctorité, saura bien prendre les expédiens qui seront les plus seurs et les plus advantageux au service de Sa Majesté.

» Qu'on ne doute pas que ledit sieur mareschal ne soit bien particulièrement informé de tout ce qui s'est passé à Brisac en cette occasion, et jusqu'à quel point d'audace du soldat s'est porté ; mais pour luy aider à faire ses conjectures et luy donner toute la cognoissance que l'on a icy de l'affaire, l'on luy envoye copie de tout ce que le sieur d'Erlac et le sieur d'Ossonville ont escrit ; il verra bien qu'il n'est pas possible de tirer aucun esclaircissement asseuré, et conséquemment de prendre une résolution déterminée.

» Si, bien que Leurs Majestés désirent que ledit sieur mareschal travaille premièrement à recognoistre ce qui a véritablement donné

me donnoit de sa part de nouvelles asseurances de sa fidélité au service du Roy, monsieur mon fils, et feignoit vouloir s'approcher de moy pour parachever l'échange qui se traictoit, j'ai eu advis, en même temps, qu'il estoit sorti du royaume* avec toute sa famille, sans ma permission ; et voyant qu'il a quitté des advantages si considérables, sa retraicte me fait croire qu'il a projeté des desseins de se procurer, aux dépens de l'Estat, quelque chose de plus grand que ce qui luy estoit promis ; et comme je sçay que vous n'avez aucune part à sa conduite, et qu'elle ne changera en rien l'affection que vous avez tesmoignée jusqu'ici au bien de l'Estat par vos services, j'ay bien voulu vous faire celle-cy pour vous dire qu'elle ne diminuera en rien la confiance entière que j'ay prise en vous, et que je désire de plus en plus vous en donner des marques, comme de la reconnoissance que j'ay de vos services, et vous tesmoigner en toutes occasions combien j'affectionne vostre personne et ceux qui vous touchent, qui seront en estat de recevoir des effets de la bienveillance du Roy, monsieur mon fils, et de la mienne. C'est le seul sujet de cette dépêche, à laquelle je n'adjouterai rien, me remettant à ce que le sieur...... vous dira de ma part, priant Dieu qu'il vous ait en sa sainte et digne garde.

» Escrit à Paris le 13 avril 1644. »

---

* Le duc de Bouillon fut prendre du service dans l'armée du Pape.

lieu à ce désordre; s'il est venu par induction des chefs, et de qui, pour quelle raison et à quelle fin; ou si c'est par intérêt, ou brutalité des soldats, quoiqu'ils ayent esté si bien traités depuis que Brisac est en l'obéissance du Roy, qu'il leur est deub très-peu de chose de leur solde.

» Et parce que la fidélité et l'affection que le sieur d'Erlac a faict cognoistre depuis tant d'années, en toutes occasions, vers cette couronne, et la profession qu'il a toujours faicte d'homme d'honneur, et de s'attacher fort ponctuellement à son debvoir, ne permettent pas de croire qu'il a voulu contribuer indirectement, ny en aucune manière que ce soit, à une action si préjudiciable au service du Roy, il semble que le seul soubçon que l'on pourroit prendre, seroit que ledit sieur d'Erlac, ayant fait paroistre beaucoup d'animosité, depuis quelque temps, contre le sieur d'Ossonville, ne se soit pas employé avec toute la chaleur qu'il pouvoit à arrester le cours de la violence des soldats en cette occasion, pour faire accuser le sieur d'Ossonville de mauvaise conduite en l'administration des choses qui lui ont été commises, à faire voir qu'il a peu de crédit, même avec ceux de son régiment, et qui servent particulièrement sous sa charge.

» Auquel cas, ledit sieur mareschal verra s'il pourra, par son amitié, raccommoder lesdits sieurs d'Erlac et d'Ossonville ensemble, et l'intention de Leurs Majestés est que, pour cet effet, il adjouste aux ordres qu'il sçait avoir esté cy-devant donnés pour régler l'employ dudit sieur d'Ossonville à la satisfaction dudit sieur d'Erlac, tout ce qu'il estimera à propos pour couper racine à tous leurs différens : à quoi l'on croit qu'il ne parviendra pas, après toutes les diligences que l'on a faictes pour cela, et qui sont demeurées inutiles.

» Mais s'il recognoist qu'il faille absolument donner quelqu'autre employ audit sieur d'Ossonville, et que, sans cela, l'on soit en danger de tomber en de pareils inconvéniens, il donnera ses advis de ce qu'il estimera devoir estre faict, pour en même temps assurer entièrement Brisac, et, en séparant ledit sieur d'Ossonville d'avec ledit sieur d'Erlac, ne pas manquer à aucune des choses qui sont nécessaires pour la seureté du service de Sa Majesté.

» Qu'en quelque manière que la chose soit arrivée, l'on estime que les soldats doivent estre chastiés d'une si audacieuse mutinerie, pour esviter que les garnisons voysines et de toutes les autres places de l'obéissance de Sa Majesté, ne prennent le même chemin de se faire raison à leur fantaisie; mais pour y procéder avec toute la prudence nécessaire, il fault que si le mal est arivé par la mauvaise intrigue ou jalousie desdits sieurs d'Erlac et d'Ossonville, et que ledit sieur mareschal puisse faire cesser leurs divisions par un bon accommodement, en ce cas, il concerte avec eux et les cappitaines et officiers de la garnison comme quoy et en quelle manière il faudra faire ce chastiment.

» Que, s'il recognoist qu'il faille nécessairement séparer ledit sieur d'Ossonville d'avec ledit sieur d'Erlac, l'on estime que le chastiment des soldats doit estre différé jusqu'à ce que l'on puisse envoyer une autre personne avec un régiment pour tenir la place dudit sieur d'Ossonville et du corps qui dépend de luy, si ce n'est que ledit sieur mareschal jugera que l'on pust, en tirant le régiment d'Ossonville, le remplacer de celuy de M. le cardinal Mazarini, qui y demeureroit jusques à ce que l'on y eust autrement pourveu : de quoy l'on se remet audit sieur mareschal; et s'il voit qu'il faille attendre l'établissement d'un autre régiment d'infanterie françoise dans Brisac pour faire ce chastiment, il en donnera ses bons advis à Leurs Majestés, et en recevra incontinent leurs ordres.

» Que ledit sieur mareschal, recognoissant qu'il y ait de l'impossibilité à réconcilier lesdits sieurs d'Erlac et d'Ossonville, voye s'il sera utile ou non au service de Sa Majesté d'establir ledit sieur d'Ossonville en quelqu'autre charge dans l'Alsace et hors du gouvernement de Brisac, pour ne pas tirer de l'employ un homme que l'on sçait y avoir servy avec capacité et affection.

» Qu'enfin ledit maréchal advise s'il seroit à propos de donner audit sieur d'Erlac un autre employ que celuy auquel il est, qui le pust satisfaire davantage, soit pour l'honneur ou pour l'utilité; et sur tout cela, Leurs Majestés désirent que ledit sieur mareschal considère bien soigneusement ce qui sera de plus sûr et de plus advantageux, et leur en faire sçavoir ses sentimens, ne voulant rien espargner de ce qui sera possible pour se mettre en repos de la seureté d'une place de telle importance qu'est Brisac.

» Qu'encores que ledit sieur mareschal voye assez comme il fault estroitement garder le secret en toute cette affaire, mesme à l'esgard du dessein de faire chastier les soldats; néantmoins elles ont bien voulu luy dire qu'il n'en donne aucune cognoissance à qui que ce soit, si ce n'est au sieur de Tracy, auquel il en pourra communiquer selon qu'il verra estre à propos.

» C'est tout ce que Leurs Majestés luy peuvent mander sur ce sujet, croyant mesme qu'une partie de ces choses sera superflue, et qu'il y aura déjà pourveu selon qu'il l'aura peu faire; et s'il trouve que l'on ait obmis en la présente instruction quelque poinct essentiel dont l'exécution ne puisse souffrir de délay, elles luy donnent tout pouvoir d'y mettre l'ordre qu'il verra bon estre; sinon, elles désirent qu'il leur en fasse sçavoir ses pensées et ses advis au plus tost, et il recepvra en toute diligence leurs résolutions, luy recommandant d'embrasser cette affaire avec autant d'affection et de soin qu'elle est de conséquence, Leurs Majestés s'en reposans entièrement sur luy, et avec une confiance si parfaite, qu'elles se promettent qu'il n'obmettra rien de ce qu'il verra estre nécessaire et advantageux pour parvenir à leur fin, qui est l'entière seureté de Brisac, l'asseurant qu'elles en auront un ressentiment très-particulier.

» Fait à Paris, le 22 avril 1644. »]

Au mois de mai, les Bavarois se trouvant en très-bon état, à cause des bons quartiers qu'ils avoient eus, et de la quantité de soldats à qui ils avoient fait prendre parti après la défaite de l'hiver passé, ils vinrent assiéger Fribourg, qui est une place à cinq lieues de Brisac, au bord des montagnes de la Forêt-Noire. M. de Turenne, outre la garnison qui étoit de trois ou quatre cens hommes, y en avoit mis autant, tirés des régimens d'infanterie françoise. Ayant sçu que l'ennemi étoit devant cette place, il donna promptement rendez-vous à l'armée auprès de Brisac, où il passa le Rhin, espérant qu'il trouveroit les ennemis séparés.

Il pouvoit y avoir dans l'armée du Roi cinq mille chevaux et quatre ou cinq mille hommes de pied, avec quinze ou vingt pièces de canon, dont on n'eût pas pu mener un si grand nombre s'il eût fallu faire une longue marche; mais comme on n'avoit que cinq ou six lieues à faire pour approcher de l'ennemi, on les transporta tous. L'armée, ayant passé la nuit à Brisac et marché ensuite en diligence, s'approcha à deux heures de l'ennemi, qui fit promptement revenir les fourageurs. M. de Merci ne fut pas sitôt instruit du passage de l'armée à Brisac qu'il auroit pû l'être. Comme il n'y avoit que ce seul lieu où on pouvoit traverser le Rhin (1), il auroit été aisé d'en être averti par les partis que l'on doit toujours tenir sur un passage; mais à la guerre il arrive

---

(1) Turenne rendit compte à Mazarin du passage du Rhin par son armée, en ces termes :

« J'avois mandé à Vostre Eminence comme je passerois le Rhyn avec les trouppes sans bagage; c'estoit sur l'advis qu'il y avoit deux mille chevaux à la teste des quartiers de l'armée de Bavière, et qu'ils n'avoient derrière cela que l'infanterie, leur cavalerie n'estant pas encore au rendez-vous général; cela estoit cause que j'avois mené de l'infanterie, espérant qu'après avoir battu ces deux mille chevaux je pourrois passer au quartier-général et séparer leur cavalerie de leur infanterie. Pour cest effect, ayant passé le Rhyn avec beaucoup de diligence et marché jusques à Fribourg, je destachay M. Rosen avec quelques régimens, lequel marcha droit au quartier où Gaspard de Mercy, comme général-major, commandoit ces deux mille chevaux; lequel, ayant esté adverty par une sauve-garde, qu'il y venoit un party, croyant qu'il estoit foible, ne se retira point; ce qu'il eust peu faire en perdant son bagage; de sorte qu'ayant attendu M. Rosen, il fut rompu. Il y a un colonel, nommé Galesky, prisonnier; un major, trois capitaines et d'autres officiers, sept étendards et près de mille chevaux pris.

» La grande diligence de M. Rosen a esté bien utile, car il a marché trente lieues de France sans faire repaistre les chevaux. Je le suivois de deux ou trois heures. Le régiment de Vostre Eminence a pris le colonel et trois estendars; le lieutenant-colonel estoit malade; celuy du régiment du marquis de Baden ayant fort mal faict son debvoir, et aussi le major, je les ay faict mettre en arrests; cela passera devant le conseil de guerre. Il y en a bien aussi quelques-uns qui ont tesmoigné se souvenir de l'affaire de Dutlingen. Nous avons trouvé soixante prisonniers des nostres qui n'avoient point pris party, et plus de deux cens qui avoient pris party avec les ennemis, lesquels sont revenus; il y en a plus de deux cens tués et autant de prisonniers.

» J'appris par eux que la cavalerie de l'ennemy s'assembloit, ce jour-là, ou bien le lendemain, auprès de l'infanterie, ce qui m'a empesché de passer outre; ils avoient apparemment dessein de marcher à Fribourg ou au haut du Rhin; je ne sçay si cela changera leur dessein.

» M. d'Erlac ne croit point à ce traitté du gouvernement de Hoenwiel; néantmoins c'est un homme qui a toujours esté maistre de la place, et n'a jamais voulu recevoir ny M. le duc de Veymar, ny qui que ce soit plus fort que luy. C'est un bon chasteau, mais il n'est sur nul passage. Je croy qu'il a voullu faire une neutralité, ne nous croyant plus en estat de rien faire en Allemagne.

» J'envoyerai, par la première voye, les estendars, et La Forcade les présentera à Vostre Eminence. Je n'ay pas creu nécessaire de faire faire un voyage exprez pour cela. Je supplie très-humblement Vostre Eminence que l'on fasse dire à M. le marquis de Baden de venir à son régiment, ou qu'on me permette de le donner à quelqu'un des officiers de ceste armée. J'avois creu pouvoir, avec les prisonniers, rachepter le lieutenant-colonel de Vostre Eminence; mais j'ay songé depuis que l'on debvoit retirer, dans ce commencement, ceux de cette armée les premiers. C'est vostre très-humble et très-obéissant serviteur,

» Turenne.

» J'envoie à Vostre Eminence une lettre de M. d'Erlac, par laquelle elle verra l'estat de Hoenwiel; cela n'est de conséquence que dans le bruit que les ennemis en feront courre, comme si toutes les places d'Allemagne en debvoient faire de mesme. Je la supplie de se souvenir de faire remplacer le régiment de Gui, qu'on asseure ne vouloir point venir.

» 8 Juin 1644. »

souvent des accidens aux capitaines les plus expérimentés, contre lesquels on auroit raison de discourir beaucoup, si l'expérience ne faisoit voir que les plus habiles sont ceux qui font seulement le moins de fautes. L'armée du Roi s'approcha de celle des Bavarois, et les trouva en bataille dans une plaine près de Fribourg : ils n'avoient eu le temps que de s'appliquer au siége de la place où ils étoient depuis huit jours, mais point encore de se saisir des postes avantageux qu'ils avoient négligés, ne croyant point que l'armée du Roi pût être en état de venir sitôt à eux. M. de Turenne, voyant qu'une montagne qui commandoit la plaine où étoit leur armée, et qui pouvoit donner communication à Fribourg, n'étoit point occupée par l'ennemi, ordonna aux régimens de Montausier et de Mézières, qui faisoient un bataillon de mille hommes, d'y marcher, et fit avancer le reste de l'infanterie pour les soutenir.

[M. de Turenne écrivit en ce temps-là à Son Eminence :

« Je me suis donné l'honneur d'escrire à Vostre Eminence, il y a trois ou quatre jours, et luy mandois l'advantage que l'on avoit eu sur une partie des ennemis qui continuent toujours le siége de Fribourg, où ils se ruinent beaucoup d'infanterie.

» De sorte qu'il semble qu'il sera plus advantageux de tourner ses sorties sur le Rhin, après la prise de Gravelines, que si on fust venu dans le commencement de la saison, parce que l'armée de Gallas se trouvera engagée contre Tartenson; ou bien, s'il ne rentre point en Allemagne, elle attaquera apparemment quelque place, comme Leipsic, Erfort ou Olmutz ; et comme cela se trouve engagé loing du Rhin, outre que l'armée de Bavière sera diminuée de beaucoup, estant certain qu'elle estoit de dix-huit mille hommes quand elle est sortie de ses quartiers, si l'on ne tasche, avec de grandes forces, de se rendre maistre du Rhin, cette année les choses deviendront bien plus difficiles; car il ne faut point que l'on se flatte de croire que l'Allemagne soit si espuisée; il est vray qu'elle n'est point si riche qu'elle a esté. L'Empereur de Bavière, demeurant maistre de Suabe, Wirtemberg, Haut-Palatinat et Franconnie, peut maintenir de fort belles armées bien traictées, sans qu'il despense rien que ce qu'il prendra sur le pays.

» Il faudroit que l'armée que l'on envoyeroit vînt par Sancerre, et descendant l'Alsace, nous consulterions ensemble ce qui seroit pour le mieux, et qu'elle eust un bon équipage de vivres et d'artillerie. Si c'est M. le duc d'Enghien, je luy obéiray comme je dois; si c'est une autre personne, je contribueray de tout pour me bien accommoder avec elle.

» Si on attend dans l'arrière-saison, cela sera entièrement inutile, à moins d'un effort ; cette grande armée est d'une grande fortune. Il est certain que cette armée se diminuera, et que celle de l'ennemy s'augmentera extrêmement faute de quartier, et aussy estant certain, dans la mauvaise opinion qu'ils prendront des affaires, qu'il leur faudra tousjours repasser le Rhin, et qu'ils auront très-grande difficulté de se pouvoir maintenir l'hiver.

» Pour les vivres, on en trouvera en Alsace avec de l'argent, et aussi des munitions de guerre, excepté des boulets qu'il faudra porter, et envoyer quelqu'un devant pour faire les achapts nécessaires; on trouvera aussy à Brisac, des pièces d'artillerie en bon estat, mais il faut mener les chevaux.

» Si ce n'eût esté en autre lieu qu'ici, l'infanterie nouvelle n'eût pu subsister faute de chariots de vivres; il me faudroit au moings deux cens chevaux. Il faut faire toutes les voitures pour les chevaux que l'on prend dans les villes, ce qui coûte extrêmement; de sorte qu'il faut que cette armée fasse, avec de l'argent, ce que celle des ennemis faict aux despends du pays qu'ils ont derrière eux.

» M. Rosen envoit un corps qui est avec luy proposer la levée d'un régiment de dragons. Il ne demande pas tout l'argent qu'il faut pour cela, mais en luy avançant deux cens pistoles par compagnie, et l'asseurant que le régiment venant un peu en bon estat, on l'assisteroit du reste, j'asseure Vostre Eminence qu'il y mettra plutôt du sien que de mettre celuy du Roy dans sa bource. Il sert avec grande affection et mérite bien que Vostre Eminence s'asseurant, par cet homme qu'il envoie, que la Reine luy donnera quelque récompense.

» Il est très-nécessaire d'avoir de bons dragons dans cette armée ; les ennemis en ont plus de quinze cens, et M. Rosen est plus capable de faire cette levée que qui que ce soit.

» M. d'Erlack a tesmoigné à Chalevoy qu'il avoit envie de se retirer, et demandoit combien on avoit donné à des gouverneurs en France. Ce n'a esté qu'un discours qui a néanmoins esté assez avant. Je croy qu'il n'y a pas de danger de continuer à luy en faire parler sous mains. Votre Eminence me mandera ce qu'on voudroit faire pour luy; en ce cas ce n'est pas une chose à faire esclater à cette heure ; personne n'en sait rien. Je croy qu'il n'y a personne plus propre pour cette charge que M. d'Aumont, il a toutes les qualités.

» Je ne doute pas que Votre Eminence n'ait donné ordre à une monstre pour cette armée ; je la supplie de croire que cela est tout-à-fait nécessaire et que les officiers ont employé tout l'argent qu'on leur a donné et ce qu'ils ont pris en Lorrayne pour se remettre, et qu'ils sont en grande nécessité. Ils m'ont demandé si je n'aurois point de nouvelles de leur argent. Je crois que dans peu de temps ils me viendront trouver pour cela. L'armée de Bavière n'a donné que quatre mois cet hiver, et en faire toucher un à cette heure, il pourroit arriver un accident, à moins que d'avoir bientôt de l'argent.

» Je supplie Vostre Eminence, M. de Tracy quittant, de vouloir avoir icy une personne à qui elle se fie pour le maniement des finances ; car, à moins d'éviter beaucoup de frais par la commodité des quartiers, les parties inopinées qui ne sont point dans les autres armées, comme l'achapt de bleds, gages des commis, leurs despences dans les villes, les gages des officiers d'artillerie, entretien des chevaux, l'achapt des munitions, payement de rançons, sont des despences, si grandes que cela ne se peut pas imaginer. Je ne sçaurois encore avoir assez de valets pour le peu des chevaux que l'on a pour l'artillerie, et si je m'asseure qu'il en a cousté plus de huict cens pistolles. Vostre Eminence peut s'imaginer les autres despences à proportion ; de sorte que si, outre la monstre, on n'envoye de l'argent pour parer les extraordinaires, on demeurera entièrement court.

» Vostre très-humble et très-obéissant serviteur.

» Du camp de Schalstadt, 20 juillet 1644.

» TURENNE. »]

L'ennemi s'étant apperçu qu'on marchoit vers cette montagne, envoya commander à quinze ou vingt mousquetaires qui étoient en garde à demi-côte, de monter sur le sommet de la montagne : ils y arrivèrent avant les deux régimens françois, et firent une décharge sur eux comme ils montoient. Les François, qui ne voyoient pas le derrière, croyant que toute l'infanterie de l'ennemi arrivoit sur cette montagne, prirent l'épouvante, et marchant en désordre par des lieux fort rudes, deux enseignes commencèrent à descendre avec leurs drapeaux, et aussitôt tout le bataillon, au lieu de monter, cotoya la montagne, et les ennemis eurent le temps de faire une seconde décharge à laquelle tout le bataillon plia et descendit la montagne. M. de Turenne, qui étoit au bas et qui commençoit à faire monter d'autres régimens, voyant le bataillon qu'il avoit envoyé revenir en confusion, et que cela avoit donné le temps à d'autre infanterie de l'ennemi de monter à cette montagne, ne songea plus à ce dessein, et commença à se retirer à une petite hauteur, à trois ou quatre cens pas de là, afin de s'y mettre en bataille. Il y eut pendant quelque temps un peu de confusion, dont l'ennemi eût pu profiter, s'il n'eût pas été appliqué à s'emparer de ce poste.

M. de Turenne se campa sur la hauteur, fit casser les deux enseignes qui avoient donné l'épouvante, et demeura quelque temps dans ce poste, à la vue des ennemis qui continuèrent le siége. Il y eut encore quelques escarmouches et un combat de cavalerie assez considérable, où sept ou huit cens chevaux de l'ennemi furent défaits : mais l'armée de l'ennemi étant beaucoup plus forte que celle du Roi (1), M. de Merci, qui en étoit général, continua le siége, et M. de Turenne, ayant manqué cette première occasion, ne crut pas qu'il eût raison de rien hazarder pour la secourir, et se retira à une heure et demie de là dans le temps que la ville capituloit. Il pouvoit y avoir cinq ou six cens hommes commandés par M. de Kanofski, qui se retirèrent à Brisac, après la capitulation.

M. de Turenne eut nouvelle en ce temps-là que M. le duc d'Enghien (2) avoit ordre de marcher à Brisac avec son armée, qui étoit composée de six mille hommes de pied et de trois mille chevaux (3). Ce prince, ayant passé le Rhin, vint au camp de M. de Turenne, qui pouvoit être à quatre ou cinq heures de Brisac.

[Ce fut aussi en ce temps-là que M. de Turenne reçut de la cour un mémoire, par lequel on lui demandait ce qu'il y avait à faire au sujet de la mésintelligence des sieurs d'Erlac et d'Os-

---

(1) Le comte de Merci, frère du baron de ce nom.

(2) Avant l'arrivée du duc d'Enghien à l'armée d'Allemagne, on avait répandu le bruit de la contrariété éprouvée par Turenne à cette nouvelle. Dès que Turenne en fut informé, il s'empressa de protester contre ce bruit par la lettre suivante :

« Forcade me mande, et d'autres aussi, que l'on dit que je ne suis pas bien avec M. d'Enghien, et que je ne serois pas bien aise de me joindre à lui. Je vous prie, si vous oyez parler, de témoigner que je ne suis pas si impertinent que cela, et que c'est un honneur que j'ai toujours recherché extrêmement. »

(3) Le marquis de La Moussaie dit qu'il y avait quatre mille chevaux dans l'armée du duc d'Enghien. On a de ce même personnage une relation de la campagne de Fribourg ; elle a été imprimée dans le tome deuxième de l'Histoire de Turenne, de Ramsay.

sonville à Brisac, en même temps qu'on lui mandait des nouvelles des autres armées du Roi :

« Le Roy ayant considéré combien il importe de pourvoir à la conservation de Brisac, et que par tous les advis qui viennent de ce costé-là, mesme par ceux de M. le maréchal du Turenne, il n'est pas possible de restablir la bonne correspondance nécessaire entre les sieurs d'Erlac et d'Ossonville, pour bien servir ensemble, Sa Majesté a résolu, par l'advis de la Reyne régente, sa mère, de mettre, en la charge de lieutenant au gouvernement de Brisac, une autre personne que ledit sieur d'Ossonville.

» Et parce qu'il a fait cognoistre sa capacité et fidélité en toutes occasions, et que Leurs Majestés seront bien aises qu'il continue de servir aux quartiers où il est, l'on a estimé que l'on luy pourroit donner la charge de lieutenant pour Sa Majesté au commandement de la Basse-Alsace, et lorsque le sieur de Montausier sera en liberté, traiter avec luy, pour avoir commandement dans Schelestat, pour le sieur d'Ossonville, mesme que l'on y pourroit adjouster un brevet de maréchal-de-camp, sans en faire néantmoins les fonctions dans l'armée, mais seulement pour marque d'honneur et de la satisfaction que l'on a de ses services ; ou bien que, comme il a fait la charge de commissaire-général dans le gouvernement de Brisac et dans l'Alsace, le Montbéliard et pays voisins qui sont en l'obéissance de Sa Majesté, on pourroit aussi l'employer en la charge de commissaire-général en l'armée d'Allemagne, que fait à présent le sieur de Tracy ; et même temps, on a estimé que ledit sieur de Tracy, qui a tesmoigné désirer d'estre deschargé de cet employ, pourroit bien remplir ladite charge de lieutenant à Brisac, l'on a aussi jetté les yeux sur le sieur Du Plessis-Besançon, l'un et l'autre ayant la capacité, l'affection et toutes les parties qui sont nécessaires pour se bien acquitter de cet employ, et ne manquant pas d'adresse pour bien vivre avec ledit sieur d'Erlac, qui est peut-être la qualité la plus nécessaire.

» Mais comme l'on ne veut rien faire en cela que par l'advis dudit sieur maréchal, l'on a résolu de l'attendre pour y prendre résolution, et affin que ledit sieur d'Ossonville, ayant servy comme il a faict, soit content de ce que l'on fera pour luy, l'on désire que ledit sieur maréchal essaye de descouvrir ce qu'il désireroit le plus, soit de servir en l'armée ou dans le pays où il est, et où il sera spécialement appliqué.

» Et le tirant de Brisac, l'on croit qu'il sera absolument nécessaire d'en faire sortir son régiment, et d'y faire entrer un autre corps françois de pareille force, conformément au traicté, estant à craindre que ceux qui se sont souslevés une fois ne retombent en mesme faute, et Brisac estant de telle conséquence qu'il s'en faut une fois pour touttes mettre en repos.

» Et afin que le régiment d'Ossonville puisse fortifier l'armée du sieur maréchal de Turenne, Sa Majesté donnera la levée d'un régiment françois à celuy qui sera choisy pour lieutenant au gouvernement de Brisac : à quoy il trouvera d'autant plus de facilité, que les soldats auront à servir dans une place où la garnison est fort bien entretenue ; mais comme il peut y avoir des soldats françois du régiment d'Ossonville qui ne voudront pas sortir de Brisac, y ayant leurs familles, il faudra diminuer le fond de la levée du régiment qu'on mettra sur pied, ou bien obliger le maréchal-de-camp de jetter dans le régiment d'Ossonville autant de soldats qu'il en demeurera de mariés dans Brisac.

» Qu'on ne prescrit pas audit sieur maréchal ce qu'il aura à faire en ce suject avec ledit sieur d'Erlac, soit pour luy faire valoir ce changement, soit pour en tirer advantage pour le service du Roy, ny comme quoy il doibt s'en ouvrir, et y agir avec luy, parce que le cognoissant comme je fais, et voyant toutes ces choses-là de plus près, il sçaura bien choisir ce qui sera pour le mieux : de quoy l'on se remet à sa prudence ; et afin qu'il ne soit engagé à rien à l'endroit de ceux qui ont intérest en cette affaire et en ces propositions, l'on n'en escrit rien audit sieur d'Erlac, ny auxdits sieurs de Tracy et d'Ossonville. S'il ne juge pas à propos de changer ledit sieur de Tracy, soit pour l'utilité de son service dans l'armée, soit pour autre condition, et qu'il approuve le choix dudit sieur Du Plessis-Besançon, l'on l'envoyera aussitost trouver ledit sieur maréchal.

» Et parce que ledit sieur maréchal doit agir de concert avec M. le duc d'Enghien, il est nécessaire qu'il soit informé que les derniers ordres qui luy ont esté envoyés sont : qu'il observe incessamment les desseins et la marche des ennemis qui sont vers le Luxembourg ; que si le duc Charles et le général Beck joignent leurs forces pour marcher du costé de Flandres, il les suive, et laisse un corps en Champagne pour couvrir cette frontière, proportionné à celuy que les ennemis pourront faire demeurer dans le Luxembourg, où ils envoyent vers la Flandres une partie seulement de leurs trouppes ; qu'il fasse marcher vers la Picardie celles qu'il estimera à propos ; et qu'en cas qu'il marche de ce costé-là en personne, et avec ses principales for-

24.

ees, il donne advis audit sieur maréchal de sa marche, affin que, s'il estoit nécessaire, il destache quelque corps pour empêcher avec plus de seureté les entreprises des ennemis de ce costé-là.

» Sy bien qu'en cas que M. le duc d'Enghien soit obligé d'aller en personne vers la Picardie, il sera de la prudence et affection au service de Sa Majesté dudit sieur maréchal, de destacher un corps pour envoyer du costé du Luxembourg pour y tenir les ennemis en considération, et d'adviser aussy, sy, pour favoriser le passage, dans le royaume des troupes commandées par le sieur de Marsin, il ne pourroit pas envoyer un corps qui s'advanceroit vers luy, faisant le tout de concert avec ledit sieur duc.

» Ledit sieur maréchal sçaura aussi que, faisant joindre à mondit sieur duc le corps de troupes liégeoises commandé par ledit sieur de Marsin, on faict estat que mondit sieur duc aura jusques à douze ou treize mille hommes effectifs, tant de cavalerie que d'infanterie, affin qu'après que le siége de Graveline sera en bon estat, il puisse, selon qu'il concertera avec ledit sieur maréchal, s'employer au dessein projetté vers la Moselle, ou à celuy du Haut-Rhin, en envoyant, même dès à présent, quatre cens chevaux d'artillerie, outre les trois cens qu'il a, pour faire un esquipage capable de se porter partout.

» Ledit sieur maréchal aura esté informé de la difficulté qu'a faite le régiment de Guy, de joindre son armée, appréhendant de passer le Rhin, soubs prétexte de la prétendue contravention aux alliances des cautions de Suisses, et de la déffense expresse qui en a esté faite au colonel et officiers dudit régiment : sur quoy il a esté ordonné audit colonel d'aller servir en ladite armée, tandis qu'elle sera au-delà du Rhin. Et comme ledit sieur maréchal ne doibt faire son passage au-delà, qu'il ne soit favorisé de l'armée dudit sieur duc, l'intention de Sa Majesté est que, quand il sera en estat et que les affaires permettront qu'il passe le Rhin, il fasse marcher ledit régiment vers ledit sieur duc, lequel lui en envoyera un autre en échange de celuy-là.

» Ledit sieur maréchal sçaura aussy qu'on a envoyé ledit sieur Du Plessis-Besançon, de nouveau, vers le duc Charles, pour tâcher de tirer quelque conclusion des ouvertures qu'il luy a faites, témoignant toujours de vouloir entendre à un accommodement, quoyque l'on soit bien adverty qu'il traitte avec les ennemis; qu'il les a de nouveau assurés de son affection et service, et que déjà, en exécution de ce qu'il leur a promis, il a logé ses troupes proche de Trèves; mais comme il y a beaucoup de légèreté et d'incertitude en ses pensées, il peut aussytost prendre un party qu'un autre, et, trouvant son compte avec nous, abandonner les ennemis; toutefois, comme il est difficile que la chose réussisse, il n'y faut faire aucun fondement, et il importe que ledit sieur maréchal prenne ses mesures; d'ailleurs il sçaura seulement une chose assurée là-dessus, qui est que le duc et celuy de Bavière se sont promis réciproquement : le premier, de passer le Rhin sy ledit sieur maréchal y prend sa marche; et l'autre d'envoyer des forces au-delà du Rhin, si l'on attaque La Motte.

» On n'obmettra rien de ce qui sera possible pour attacher ledit sieur duc à la France : en quoy on ne considère pas principalement sa personne ny ses troupes, mais bien la facilité que son accommodement nous donneroit pour l'exécution des desseins que l'on pourroit faire du costé de Spire, Worms et de Mayence. Ledit sieur maréchal apprendra tout ce qui s'advancera par la voye de mondit sieur duc d'Enghien, plus tôt qu'il n'en pourroit estre informé du costé de la cour, ledit sieur Du Plessis-Besançon ayant ordre de rendre compte de tout ce qu'il fera audit sieur duc, qui en donnera advis audit sieur maréchal, qui aura un soin particulier de luy faire souvent sçavoir de ses nouvelles, ainsi qu'il luy donnera des siennes, pouvant prendre divers advantages sur les ennemis en agissant toujours de concert.

» Les nouvelles que nous avons de Gravelines, sont que l'on travaille puissamment à la circonvallation; que le secours d'hommes qui y est entré par mer n'est pas capable d'en retarder le succès, duquel on a toute bonne espérance, et l'on n'obmet rien de ce qui est jugé nécessaire pour l'advancer.

» En Catalogne, les choses se trouvent en beaucoup meilleurs termes que les premiers advis que l'on en avoit eus ne l'avoient faict juger, ainsy que ledit sieur maréchal l'apprendra par l'extrait qui sera cy joint des dernières dépêches qui en sont venues d'Italie; l'on a advis que M. le prince Thomas se met en campagne dans le Milanois, et ainsy l'on estime de toutes parts que l'on fera quelque chose advantageuse durant cette campagne.

» Faict à Ruel, le 13 juin 1644. »]

L'armée de l'ennemi, après la prise de Fribourg, étoit demeurée dans son camp : on l'envoya reconnoître, aussi bien que tous les chemins dans les montagnes et les bois, pour tâcher de se mettre entre Fribourg et les Bavarois, et descendre par là dans la plaine. M. le duc d'Enghien résolut d'attaquer avec son armée des postes où M. de Merci avoit trois ou quatre régimens d'infanterie, sur une hauteur, à la tête de son camp, et ordonna à M. de Turenne d'aller, avec l'armée qu'il commandoit, par les bois et les montagnes, pour tâcher d'entrer dans la plaine où l'ennemi étoit, et le prendre par le flanc. On convint d'attaquer trois heures devant la nuit.

M. le prince, ayant fait attaquer la hauteur avec son infanterie, fut repoussé au commencement; mais après, y étant allé lui-même avec beaucoup de vigueur et avec des corps qui soutenoient ceux qui avoient été repoussés, il emporta ces postes et défit ces trois ou quatre régimens, où il y avoit plus de deux mille hommes, et y perdit beaucoup de gens, et la nuit étant survenue, il s'arrêta au même endroit.

M. de Turenne, à la tête de son armée, entra dans le défilé, et s'approcha de la plaine où les ennemis étoient en bataille : il les chassa d'abord d'un bois et puis d'une haie, et les repoussa de poste en poste jusqu'à l'entrée de la plaine. Les Bavarois perdirent beaucoup de gens, et se retirèrent à quarante ou cinquante pas au plus de notre infanterie, ayant toute leur cavalerie et leur corps d'infanterie de la seconde ligne pour les soutenir. Les deux armées demeurèrent ainsi l'une devant l'autre, les Bavarois n'osant plus venir aux mains contre ces régimens, qui les attendoient avec leurs piques, et les François n'osant entrer plus avant dans la plaine, n'ayant point de cavalerie pour les soutenir.

On combattit de cette façon plus de deux heures avant la nuit avec grande perte de côté et d'autre. L'infanterie du Roi avoit derrière elle le bois qui donnoit un grand prétexte pour se retirer; mais elle ne s'affoiblit point, quoiqu'on ne pût jamais faire entrer qu'un escadron de cavalerie pour la soutenir, n'y ayant pas d'espace pour se mettre en bataille.

La nuit ne fit point cesser le combat, et les troupes, de part et d'autre, demeurèrent, avec un feu continuel, à la distance de quarante pas, jusqu'au jour, pendant plus de sept heures. Dans cet endroit il y eut, de l'armée du Roi, plus de quinze cens hommes hors de combat, et de la part de l'ennemi, plus de deux mille cinq cens (1). M. de Roqueservière, sergent de bataille, y fut blessé à mort; M. d'Aumont, lieutenant-général, y agit très-bien.

Un peu devant le jour, on vit que leur mousqueterie se rallentissoit : c'est qu'ils avoient laissé quelques gens pour tirer, afin qu'on ne s'apperçût pas de leur retraitte, toute leur armée marchant vers une montagne qui est proche de Fribourg. Ils avoient appréhendé, avec raison, que M. le prince, ayant été empêché de marcher plus avant, par la nuit, le jour venant ne les attaquât dans la plaine de son côté. Comme il fit assez clair pour voir d'une distance de cent pas, on fit avancer quelques soldats dans la plaine, qui dirent que l'ennemi s'étoit retiré ; et, le jour devenant plus grand, M. de Turenne déboucha dans la plaine, et vit aussi M. le prince qui y entroit de son côté. Les armées s'étant jointes, M. le prince ne jugea pas à propos que l'on marchât ce jour-là à la montagne, où les Bavarois s'étoient campés de nouveau, qui n'étoit pas à plus d'une heure de leur premier camp. Il alla seulement se promener assez proche de la montagne, où les ennemis, ayant déjà logé leur canon, tirèrent plusieurs coups sur ceux qui s'avançoient.

Il est certain que si on eût marché à eux, qu'on les eût trouvés en grande confusion ; mais l'infanterie du Roi étoit si abbatue par le combat de toute la nuit, et par la quantité d'officiers et de soldats tués ou blessés, qu'elle n'étoit pas en état d'entreprendre aucune action considérable. On demeura ce jour-là dans le camp; et on dit que la plupart des officiers généraux de l'ennemi étoient d'avis de prendre ce temps pour se retirer par les montagnes derrière Fribourg, et y laisser garnison; néanmoins M. de Merci l'emporta : il y demeura, y fit abbattre quelques bois pour empêcher l'accès, et fit faire de petits travaux aux lieux les plus avantageux.

Le lendemain de très-grand matin, l'armée que M. de Turenne commandoit ayant l'avant-garde, il détacha sept ou huit cens mousquetaires commandés par M. de L'Echelle, sergent de bataille de l'armée de M. le prince (qui tenoit la place de M. de Roqueservière, blessé le jour auparavant), et huit ou dix escadrons de cavalerie conduits par M. Deubatel (2), lieutenant-général, avec quatre petites pièces de campagne, qui marchèrent à la tête du corps de l'armée. Comme on approcha de la montagne où étoit l'ennemi, on y trouva quelques mousquetaires

---

(1) MM. de La Moussaie et Puffendorf font monter l'armée de Merci à quinze mille hommes, dont il y avait, selon le dernier, neuf mille fantassins : il fallait donc qu'il y eût plus de trois mille tués à cette action, puisqu'il n'y avait que deux mille cinq cents tués à l'attaque de Turenne, douze cents dans la seconde journée, et très peu à la troisième; et cependant il ne s'en était retiré que six mille de toute l'armée de Merci, selon Turenne.

(2) Peut-être est-ce le même que le marquis de La Moussaie nomme Du Tubal.

qui gardoient de petits postes avantageux, et qui se retiroient vers leurs corps quand ils étoient pressés, pendant que l'ennemi tiroit beaucoup de canon.

La marche ayant été fort courte, quand on se trouva dans cet état, il n'étoit au plus que huit heures du matin, de sorte qu'on avoit beaucoup de temps, étant dans les grands jours de l'été. On résolut qu'en s'ouvrant fort à la main droite, on feroit place à l'armée de M. le prince (que commandoit sous lui M. le maréchal de Gramont) pour doubler à la gauche, et on se mettroit en telle disposition, que la montagne pourroit être attaquée en même temps par divers endroits. Toutes les troupes de l'ennemi, tant cavalerie qu'infanterie, s'étant retirées et resserrées vers la montagne, après une assez grande escarmouche, on fit halte. Le canon de la montagne ne faisoit pas beaucoup de mal, parce que les troupes françoises n'étoient pas dans un défilé.

Dans ses entrefaites, un officier de Flextein qui étoit commandé avec cinquante chevaux pour aller voir la contenance de l'ennemi, sur une hauteur à côté de l'armée du Roi, vint avertir M. de Turenne qu'il voyoit une grande confusion parmi les Bavarois, et que leur bagage marchoit. M. de Turenne le dit à M. le prince, lequel croyant que l'on ne s'éloigneroit pas trop pour voir cela, et que l'on pourroit s'en servir pour la disposition de l'attaque, il s'y en alla et M. de Turenne avec lui, ayant dit aux troupes en passant devant elles, que l'on reviendroit incontinent, et qu'il falloit attendre celles de M. le prince avant que d'attaquer.

Il y avoit environ deux mille pas du lieu où étoient les troupes de la droite jusqu'à la hauteur où étoit cet officier Flextein. Comme l'on étoit à regarder la contenance de l'armée des ennemis qui paroissoient en grande confusion, en entendit une grande salve qu'ils faisoient, et en même temps un bruit de trompettes et de timbales. M. d'Espenan qui commandoit l'infanterie de M. le prince, arrivant au bas de la montagne, et voyant un petit travail assez avancé dans lequel l'ennemi avoit quelques mousquetaires, et par lequel on n'avoit pas jugé nécessaire de commencer une attaque, envoya quelque infanterie pour s'en saisir, sans attendre les ordres de M. le prince ni de M. le maréchal de Gramont, pensant, à ce que je crois, que la chose n'auroit pas une si grande suite, ou peut-être aussi pour se faire valoir par quelque petite action. C'est ce qui obligea l'ennemi à faire une si grande décharge de la montagne sur ces troupes qui s'avançoient en même temps.

Le corps de l'avant-garde de M. Dubatel, où étoit M. de L'Echelle (auxquels M. de Turenne avoit parlé en allant avec M. le prince, et dit expressément qu'il ne falloit bouger de son poste, et qu'il reviendroit incontinent), commença à marcher vers la montagne, et ayant passé quelque abatis de bois que l'ennemi avoit fait, s'avança vers un travail où étoit M. Merci avec tout le corps de son infanterie, qui, n'étant attaqué que par ce côté-là, à cause que la chose étoit faite contre ce qu'il avoit, s'y opposa avec tout ce qu'il avoit. C'est en cet état-là que M. le prince et M. de Turenne, revenant avec lui, trouvèrent les choses, y ayant couru à toute bride sur le bruit que l'on avoit entendu.

Il n'y avoit personne de l'armée de M. le prince arrivé, que ce peu de mousquetaires dont M. d'Espenan s'étoit servi pour prendre ce petit travail, et toute l'infanterie de M. de Turenne, qui ne montoit pas à trois mille hommes, n'étoit pas engagée contre ce fort, mais étoit assez loin de là sans ordre de ce qu'ils avoient à faire. M. le prince demeura avec ce premier corps qui étoit déjà repoussé, tout proche de cette redoute de l'ennemi, et ainsi, comme on peut juger, très-exposé, n'y ayant qu'un régiment de cavalerie, qui étoit celui de Flextein, pour soutenir cette infanterie, et qui étoit sous le feu de toute l'infanterie de l'ennemi avec une constance admirable, et aussi il y perdit la moitié de ses gens.

M. de Turenne alla à son infanterie qui n'étoit pas engagée, pour aider à la retraitte de ceux qui avoient attaqué, ou pour attaquer, s'il en étoit encore temps, et que ceux-ci ne fussent pas entièrement repoussés. Comme il avançoit, l'état de la chose fit connoître que tout ce qu'il y avoit à faire étoit de demeurer ferme un peu hors la portée du mousquet, et attendre l'infanterie de M. le prince.

On demeura en cette posture assez long-temps, parce qu'il en faut beaucoup pour donner ordre à une attaque dans les lieux difficiles et qui ne se voient pas bien les uns les autres. Ensuite M. le prince trouva bon que M. de Turenne allât avec son infanterie : M. le maréchal de Gramont devoit donner par le flanc, ou soutenir avec la cavalerie, si l'attaque eût réussi. On marcha droit à l'abatis de bois qui étoit dans le milieu de la montagne, et vis-à-vis de la gauche où étoit l'armée de M. le prince. Les régimens de cavalerie de Turenne et de Traci soutenoient l'infanterie de M. le prince, qui fut repoussée après un combat très-opiniâtre, où cette cavalerie fit des merveilles en endurant le feu sans s'ébranler.

M. de Turenne, qui avoit M. de Tournon auprès de lui, manda diverses fois à M. le prince que quelque chose que l'on souffrit il tâcheroit de ne pas se retirer entièrement qu'il ne fût nuit. Il est certain que si l'ennemi eût pu juger bien sainement de la confusion des troupes du Roi, toute l'armée étoit perdue, au moins toute l'infanterie. Celle de M. de Turenne fut menée aussi à cette montagne, dans le temps que celle de M. le prince attaquoit; mais les soldats étoient si rebutés, qu'ils s'approchèrent fort peu de l'ennemi.

Ce dernier combat dura bien deux heures, et finit à la nuit, l'ennemi ne bougeant point de son poste. Les Bavarois y perdirent beaucoup de monde, et entre autres, Gaspard de Merci, général-major, frère du comte; mais leur perte ne fut pas si grande que celle des armées du Roi dont l'infanterie fut presque toute ruinée. Cependant, comme l'ennemi avoit presque perdu la moitié de son infanterie deux jours auparavant, et qu'il n'avoit pas passé celui-là sans grand échec, il ne lui restoit guères d'infanterie. Sans cet accident qui arriva par l'attaque de M. d'Espenan contre l'ordre, et qui mit tout en confusion, l'infanterie des deux armées du Roi donnant de front à la montagne, selon la disposition que l'on y alloit mettre, l'armée de l'ennemi étoit perdue et ne pouvoit pas résister. Dans l'armée françoise il y eut un très-grand nombre d'officiers tués, M. de L'Echelle et M. de Mauvili, sergens de bataille, et presque tous les commandans des corps et une partie des officiers de l'infanterie.

La nuit ayant séparé les deux armées qui n'étoient qu'à cinquante pas l'une de l'autre, au moins les corps plus avancés, celle du Roi retourna au camp d'où elle étoit partie. On envoya à Brisac un nombre infini de blessés, et on en fit venir des vivres; et le lendemain, ou deux jours après, on apprit que l'armée de l'ennemi, ayant délogé de cette montagne et laissé garnison à Fribourg, marchoit dans le *Schwartz Walt* qui est la forêt noire, pour aller au pays de Wirtemberg. Comme le pays par où il falloit passer et plein de grands défilés où on a de la peine à faire marcher du bagage, on résolut de partir avec l'armée pour surprendre les ennemis; et pour cet effet M. Rosen fut commandé avec huit escadrons, et partit trois ou quatre heures avant l'armée. Comme il étoit très-bon officier et fort expérimenté, il eut ordre ou d'attaquer quelques troupes que l'ennemi avoit séparées pour la facilité de sa marche, ou d'arrêter le corps de l'armée en le harcelant, et par-là donner le temps à l'armée du Roi de s'avancer.

L'armée du Roi partit à la pointe du jour, laissant son bagage avec quelques troupes pour le garder, en suivant la route de M. Rosen, qui étoit parti vers le minuit. Après qu'on eut marché cinq ou six heures dans des pays très-difficiles et où souvent il falloit que les cavaliers missent pied à terre pour passer à la file, on arriva sur une petite hauteur. M. le prince y étoit, et l'armée de M. de Turenne avoit l'avant-garde. On vit à un quart de lieue de là les troupes de M. Rosen dans un vallon, et sur le haut d'une montagne (que M. Rosen, à cause qu'il étoit dans le fond, ne pouvoit pas voir) cinq ou six mille hommes au plus, qui étoit toute l'armée de l'ennemi qui se retiroit. On vit un peu après M. Rosen avec ses huit escadrons qui faisoient six cens chevaux, qui commença à suivre l'ennemi, et monter cette montagne qui étoit assez étendue. M. de Turenne, par l'ordre de M. le prince, envoya en diligence La Berge qui étoit un gentilhomme à lui, pour dire à M. Rosen que c'étoit toute l'armée de l'ennemi qui marchoit sur la montagne. Avant qu'il arrivât auprès de M. Rosen, lui, qui ne voyoit que quelques troupes de l'arrière-garde, s'en étoit si fort approché, que M. de Merci, voyant qu'il n'étoit pas soutenu, et que la première troupe de l'armée du Roi étoit à un quart de lieue de là, et que l'on défiloit un à un pour former le premier escadron (ce qui, comme on sçait, consomme un très-grand temps), tourna avec tout le corps de ses troupes contre M. Rosen; mais quelques escadrons de l'ennemi ayant voulu s'avancer devant leur infanterie, la cavalerie de M. Rosen les repoussa, et les suivant en ordre, trois ou quatre bataillons firent une décharge sur lui, ce qui arrêta sa cavalerie sans néanmoins la mettre en confusion; se voyant très-proche du corps des ennemis, et leur front incomparablement plus grand que le sien, il commença à se retirer. Deux ou trois escadrons de la seconde ligne soutinrent les premiers qui furent fort peu ébranlés par un si grand feu, et après avoir perdu quatre ou cinq étendarts, ils se retirèrent assez doucement en ordre.

La cavalerie des ennemis n'osa pas les pousser vigoureusement de peur de s'éloigner trop de leur infanterie; ou bien parce qu'étant encore étonnés des combats des jours précédens, leur principal dessein fut de se retirer sans combattre. Ces premiers escadrons de Rosen ayant été soutenus par ceux de la seconde ligne, et tout le corps de l'ennemi, cavalerie et infanterie, continuant à marcher contre eux, et étant à quarante ou cinquante pas les uns des autres, ils se retirèrent environ cinq ou six cens pas mêlés avec l'ennemi, qui se servoit plus du feu de son infanterie que de sa cavalerie. C'est une des actions que j'aie jamais vues, où les troupes ont témoigné le moindre étonnement pour en avoir tant de sujet : ce qui seroit impossible à d'autres troupes qu'à celles qui ont vu beaucoup de batailles, et qui ont eu souvent du bonheur et du malheur. L'ennemi, qui vit qu'il y avoit déjà deux escadrons de l'avant-garde de l'armée du Roi formés sur la hauteur où j'ai dit qu'ils défiloient, commença à s'arrêter, et un peu après à prendre sa marche pour se retirer.

La cavalerie de Rosen, qui avoit été repoussée, n'étant point en état de suivre l'ennemi, parce qu'il n'y avoit point de corps assez considérable de l'armée du Roi qui eût passé le défilé pour la soutenir, fit halte; et M. de Merci se retira vers un bois qui étoit à douze ou quinze cens pas du lieu du combat, d'où il prit sa marche par les montagnes vers le pays de Wirtemberg.

On eut avis de quelques bagages de l'ennemi, qui étoit avec trois ou quatre cens chevaux à une heure de là, qui prenoit une autre marche que ce corps de M. de Merci : M. Doubaret, qui étoit lieutenant-général de la cavalerie allemande, s'y en alla avec quatre ou cinq régimens de cavalerie; et comme les troupes de l'ennemi qui étoient avec ce bagage les virent, ils se retirèrent vers le corps de l'armée, et perdirent peu de leurs gens : tous ces bagages furent pillés, mais une partie des chevaux qui les menoient se sauva. On logea cette nuit-là dans les montagnes sans avancer. Comme tout ce qui restoit d'infanterie étoit accoutumé à avoir son pain, et non pas à le faire, comme les vieilles troupes qui ont servi long-temps en Allemagne, on ne pouvoit pas suivre l'ennemi dans le pays de Wirtemberg, où on n'avoit pas de magazins, et on ne s'éloigna pas du Rhin. Après avoir envoyé M. de Palluau, maréchal-de-camp dans l'armée de M. le prince, prendre un petit château qui incommodoit Fribourg, on retourna avec l'armée par le même chemin par lequel on étoit venu, et on se logea aux environs du même camp dont on étoit parti pour suivre l'ennemi dans la montagne. Beaucoup d'officiers furent d'avis d'attaquer Fribourg, où l'ennemi avoit laissé cinq ou six cens hommes de garnison, et d'achever la campagne par cette action. Les affaires étant dans une telle situation, que, si on eût demeuré encore quelques jours auprès de Fribourg, le manque de fourages auroit obligé la cavalerie à repasser le Rhin; on crut que l'esprit où étoit l'ennemi, et son éloignement du bord du Rhin, devoient faire songer à des choses plus considérables que de reprendre Fribourg : ainsi M. le prince trouva à propos que M. de Turenne allât à Brisac, pour concerter avec M. d'Erlac, qui en étoit gouverneur, des moyens de faire descendre sur le Rhin de l'artillerie, des munitions de guerre et des vivres pour attaquer Philisbourg, pendant que l'armée iroit par le marquisat de Bade, laissant le Rhin à gauche pour investir la place, ce qui fut mis en exécution; et les batteaux, ayant été chargés avec deux ou trois cens mousquetaires pour escorter ce convoi, descendirent le Rhin, ceux de Strasbourg leur ayant donné passage sous leur pont. L'armée laissa tous ses blessés qui étoient en très-grand nombre à Brisac, commença à marcher vers Philisbourg; et n'ayant aucune nouvelle de l'ennemi, qui étoit à plus de vingt heures de-là dans des quartiers pour se raccommoder, on envoya des sauvegardes dans beaucoup de petites villes, et dans quelques-unes les bagages de quelques régimens de cavalerie, avec les cavaliers à pied, et l'on alla investir Philisbourg avec l'infanterie, qui n'étoit pas composée en tout de plus de cinq mille hommes de pied, et de la cavalerie qui se trouva en bon état, le reste ayant été envoyé, comme j'ai déjà dit, dans des quartiers.

[M. de Turenne fut informé, par une lettre du Roi, du traité qui était sur le point d'être conclu avec le duc Charles; on lui laissait, du reste, plein pouvoir d'entreprendre ce qu'il jugerait utile au service du Roi, et on lui promettait des renforts d'infanterie :

« Mon cousin, comme le bien et l'advantage de mes affaires en Allemagne est ce qui m'a porté principalement avec l'advis de la Reyne régente, madame ma mère, à renouer l'accommodement avec le duc Charles de Lorraine, aussy veux-je faire sçavoir, par advance, que cette négociation est en termes d'une bonne conclusion, tous les points essentiels en estant adjustés et ne restant que quelques demandes particulières, sur lesquelles la Reyne, madite dame et mère, luy ayant donné des responses très-raisonnables, en luy renvoyant ses ministres avec le sieur Du Plessis-Besançon, je ne doubte pas qu'il n'en demeure satisfait et que je n'aye bientost advis qu'il aura signé le traicté; ce n'est pas que je me sois en rien relâché de ce qui a esté estimé nécessaire pour ma réputation et pour la seureté de l'exécution de ce dont l'on est convenu, ne m'obligeant à luy rendre que ce qui luy avoit esté promis par le dernier traicté faict avec luy par le feu Roy, mon seigneur et père, et aux mesmes termes, y ayant mesme cecy de plus, qu'il remette La Motte en mon pouvoir et que le razement en demeure en ma disposition ; mais il est vrai que la Royne, madite dame et mère, et moy, avons de bon cœur facilité cet accommodement, autant que la raison l'a pu permettre, pour oster un obstacle assez considérable à nos desseins en Allemagne, y moyenner le passage de l'armée dudict duc contre les ennemis, et tirer tout l'advantage et l'assistance qu'il se pourra de sa personne et des places qu'il tient vers le Rhin, ainsi que de ses forces : sur quoy ledict sieur Du Plessis-Besançon a ordre d'adjuster toutes choses avec luy, en sorte que vous puissiez en profiter autant qu'il se pourra, et je l'ay bien expressément chargé de vous donner advis de la signature dudict traicté, ainsi que de tout ce qu'il traictera pour ce qui regarde l'employ des trouppes dudict duc Charles.

» Quant à ce que vous pouvez entreprendre, l'on n'estime pas qu'il y ait rien à vous dire de particulier, parce que vous pouvez mieux que personne juger sur les lieux ce qui se peut faire de plus utile et de plus glorieux à mes armées, et prendre vos mesures pour l'exécuter ; mais seullement qu'il faut que vous ayez pour but de vous rendre maistre de bons quartiers où vous puissiez seurement et commodément faire subsister les trouppes de mon armée pendant l'hiver.

» Que pour cet effet, je feray très-vollontiers un effort pour vous envoyer encore quelque infanterie de troupes que je faicts présentement mettre sur pied ; mais comme l'aversion des François, de servir en Allemagne, s'augmente de plus en plus, il y a beaucoup de sujet d'appréhender que la despense qui s'y fera et les soins que l'on en prendra ne soient du tout inutiles ; en quoy néantmoins la perte du temps et de l'argent ne me touchera pas à l'égal du desplaisir que je recevrois de veoir cette impossibilité à vous donner le secours que je désirerois, et dont je recognois assez que vous auriez besoing pour mettre à effect les desseins que votre générosité et votre affection à mon service vous peuvent faire concevoir.

» Pour tout ce qui concerne, au surplus, la subsistance de l'armée et les autres officiers des quartiers où vous estes, vous verrez par les lettres du sieur Le Tellier, comme la nécessité présente et l'accablement des despenses qui s'offrent de tout costé n'empêchent pas que l'on ne pourvoye (1), aussi ponctuellement qu'il se peut, à celle-là et à tout ce qui y est nécessaire ; à quoy me remettant, je n'adjousteray rien à celle-cy que pour prier Dieu qu'il vous ait, mon cousin, en sa saincte et digne garde.

» Escrit à Paris, le 19 juillet 1644.

» LOUIS,

» Et plus bas : LE TELLIER. »]

Il y avoit dans la place de Philisbourg six ou sept cens hommes de pied et environ quatre-vingts chevaux : on employa les premiers jours à faire un chemin pour aller aux batteaux qui venoient de Brisac, les bords du Rhin étant fort remplis de bois et de petites isles. Aussitôt qu'on eut fait débarquer le canon et les munitions de guerre et de bouche, on ouvrit deux tranchées : une de l'armée de M. le prince, et l'autre de M. de Turenne.

Les assiégés firent, le second ou le troisième jour, une sortie sur la tranchée de M. le prince, dont ils étonnèrent au commencement la tête ; mais on se remit peu de temps après : l'infanterie étoit tellement rebutée de tous les combats donnés à Fribourg, qu'assurément on n'auroit pas réussi à prendre une place qui auroit fait une grande résistance. Les deux tranchées se continuèrent jusques sur le fossé, avec assez peu de perte. M. de Tournon, qui étoit maréchal de camp dans l'armée de M. le prince, y fut tué : c'étoit une personne de grande qualité, et il n'y avoit pas de jeune homme qui eût plus d'ambition et de mérite.

Les ennemis ne firent point de résistance à leur contrescarpe, qui n'étoit pas palissadée ni en état de se bien défendre ; mais comme ils avoient une petite fausse-braie, un fossé plein d'eau, assez large et profond, et beaucoup de canon, ils crurent qu'ils empêcheroient longtemps les assiégeans à passer le fossé ; mais comme on avoit quantité de fascines, et que le canon avoit été logé des deux côtés sur la contrescarpe, pour tirer aux flancs, on avança la galerie, c'est-à-dire la digue de fascines (qui n'étoit pas couverte comme en Hollande), bien près de leur fausse-braie : ce que l'ennemi voyant, et que l'on seroit attaché le lendemain au corps de la place qui n'étoit pas revêtu, ils battirent la chamade.

(1) Turenne écrivait à sa sœur une lettre en date du 20 juillet, par laquelle on voit au contraire qu'il se plaint du dénûment complet de son armée. Il s'exprime ainsi à ce sujet :

« Pressez fort la cour pour avoir une montre pour l'armée, étant une chose entièrement nécessaire. Ne dites point cela à des personnes qui puissent le redire, car MM. les ministres croient que cela décrie les affaires, et cela ne sert de rien. »

Durant le siége, dès qu'on eut fait un pont sur le Rhin, avec les batteaux qui étoient venus de Brisac, on fit passer douze ou quinze cens hommes au-delà du Rhin, qui prirent Germesheim, où il y avoit une petite garnison. On s'approcha ensuite de Spire, qui en est à deux ou trois lieuës; la ville, qui est fort grande, se trouvant sans garnison, se rendit, n'y ayant de ce côté du Rhin aucun corps des ennemis.

Le gouverneur de Philisbourg ayant capitulé sous les conditions ordinaires, que la garnison sortiroit armée et seroit menée à Hailbron, ville impériale à douze heures de là, M. le prince entra dans Philisbourg avec M. le maréchal de Gramont. Le lendemain de la prise de la place, M. de Turenne passa le Rhin avec toute la cavalerie allemande et cinq cens mousquetaires commandés; et ayant appris que les Espagnols qui tenoient Frankendal, place de l'électeur palatin, à trois heures de Spire, attendoient quelque cavalerie du côté de Luxembourg, il y envoya M. de Flexsteim avec trois régimens, qui rencontra le colonel Savari avec cinq cens chevaux, qui vouloit entrer dans la place : il le prit prisonnier et défit une partie de ses gens. M. de Turenne continua sa marche vers Worms, qui se rendit, n'y ayant personne dans la place; et ayant passé outre, Oppenheim se rendit aussi. Craignant que l'ennemi ne fît entrer quelqu'un dans Mayence, qui est le poste de dessus le Rhin le plus considérable, à cause du voisinage de Francfort, et de la communication que cette place donne avec les Hessiens, il marcha jour et nuit sans bagages, et arriva le matin assez proche de la place, dans laquelle il savoit qu'il n'y avoit point de garnison de l'Empereur ni de Bavière, mais seulement quelques gens que le chapitre entretenoit. Il envoya promptement un trompette avec un gentilhomme pour parler à messieurs du chapitre.

Dans le même temps, M. de Turenne apprit qu'il y avoit mille dragons de l'armée de Bavière, sous le colonel Wolfs, qui étoit de l'autre côté du Rhin, et demandoient à messieurs de Mayence des batteaux pour y entrer : ce qui l'obligea à approcher plus près de la ville avec ses troupes, et à envoyer d'autres personnes à messieurs du chapitre, pour les presser de députer quelqu'un pour venir traitter; ce qui fut fait. M. de Turenne leur dit que s'ils ne mandoient promptement à ces troupes de Bavière de se retirer, qu'il ne continueroit plus le traitté, et que s'il voyoit le moindre batteau passer en deçà de l'eau, qu'il feroit attaquer la place de tous les côtés. Ils résolurent de capituler, n'y ayant point de chef pour leur faire prendre aucune résolution vigoureuse. Aussitôt les dragons de l'armée de Bavière se retirèrent, et M. de Turenne manda à M. le prince, qui étoit demeuré à Philisbourg, l'état auquel étoient les choses, lequel s'y en vint en diligence, accompagné de beaucoup d'officiers : il signa la capitulation, qui étoit aussi avantageuse pour le chapitre et les bourgeois qu'ils le pouvoient souhaiter. L'électeur, qui étoit dans le parti de l'Empereur, s'étoit retiré à Francfort, sçachant le siége de Philisbourg. Il y avoit une petite place nommée Binghen, à quatre heures de Mayence, dans le bas du Rhin, qui se rendit en même temps; et à douze ou quinze lieues de là, on reçut des sauve-gardes, hors au château de Creutznac, où il y avoit deux cens hommes.

M. le prince demeura quatre ou cinq jours à Mayence, et y reçut un envoyé de madame la landgrave de Hesse, et beaucoup de députés des lieux qui sont aux environs; et y ayant laissé trois ou quatre cens hommes sous le vicomte de Courval, qui se mirent dans la citadelle, qui ne valoit rien, et où on a beaucoup fait travailler depuis, il s'en retourna à l'armée, qui étoit à Philisbourg, où on ramena toutes les troupes que M. de Turenne avoit emmenées à Mayence. On laissa aussi peu de gens à Oppenheim dans le château, et deux ou trois cens hommes dans Worms.

On ne mit point de plus fortes garnisons dans ces places, parce qu'il n'y avoit point d'ennemis de ce côté du Rhin, hors dans la ville de Frankendal, où il y avoit sept ou huit cens hommes. M. de Lorraine avoit seulement laissé deux ou trois cens hommes dans Landau, qui est une ville impériale à quatre heures de Philisbourg. M. le prince trouva à propos d'envoyer M. d'Aumont, lieutenant-général dans l'armée de M. de Turenne, pour la prendre avec trois ou quatre mille hommes commandés, et quatre pièces de canon. Le lendemain de la tranchée ouverte, M. d'Aumont y reçut une blessure dont il mourut, après s'être fait porter à Spire. Il avoit servi cinq ou six ans en France de maréchal-de-camp, et n'avoit été fait lieutenant-général que cette campagne-là en Allemagne. C'étoit une personne de grande qualité, nourri dans la cour, et qui étoit assez capable et dans la guerre et dans ce qui regardoit le progrès de sa fortune : il vivoit fort bien avec M. de Turenne, et mourut avec beaucoup de fermeté.

Comme on apprit sa mort à Philisbourg, M. le prince trouva bon que M. de Turenne s'en allât au siége, où il y avoit eu peu de gens tués, et la place se rendit deux ou trois jours après :

M. le prince y vint faire un tour durant le siége. On envoya la garnison dans des châteaux que M. de Lorraine tenoit dans les montagnes, et y ayant laissé deux ou trois cens hommes, tout se rejoignit au corps à Philisbourg, dont M. le prince obtint à la cour le gouvernement pour M. d'Espenan. Le mois d'octobre étant assez avancé, M. le prince se retira en France avec son armée, passant par Keyserslauter et Deux-Ponts, et marchant droit à Metz, et ne laissa que quelques régimens d'infanterie nouveaux, dont les officiers de l'armée d'Allemagne retinrent avec beaucoup de peine les soldats, les officiers françois ayant eu leur congé. Toute la cavalerie françoise, qui n'étoit plus en état il y avoit déjà quelque temps, s'en retourna, et cinq ou six des plus vieux régimens. M. de Turenne demeura à Philisbourg avec l'armée, et fit prendre garde autant qu'il le put sur le pont, qu'il ne passât plus personne dès que M. le prince eut fait passer ceux qu'il vouloit amener avec lui.

Quelques jours après, M. de Merci, qui commandoit l'armée de Bavière, et qui s'étoit rafraîchi, et l'avoit raccommodée dans le pays de Wirtemberg, sçachant que M. le prince, avec une bonne partie de l'armée, s'en étoit retourné en France, rassembla ses troupes, marcha vers Heidelberg, et envoya prendre quelques dragons que M. de Turenne avoit mis dans Manheim, qui est une grande place sur le Rhin presque toute démolie; ensuite il fit passer le Rhin à quelques troupes, et fit semblant d'y faire un pont de batteaux, dans le dessein d'attirer l'armée du Roi pour couvrir toutes ces places de nouvelle conquête, où il y avoit peu de garnison, comme Spire, Worms et Mayence, et ainsi, dégarnissant Philisbourg, de l'attaquer, en se logeant entre le Rhin et la place, ce qui est aisé à faire, y ayant un espace de plus d'une portée de mousquet.

M. de Turenne, voyant qu'il étoit nécessaire de repasser le Rhin pour couvrir ces places, laissa deux mille hommes de pied dans un camp sous Philisbourg, pour en empêcher le siège, et ayant pris quelques mousquetaires commandés avec toute sa cavalerie, il repassa le Rhin, marcha à Spire, et envoya promptement mille chevaux dans Worms et Mayence pour renforcer ces garnisons.

La place de Frankendal, qui est entre Spire et Worms, incommodoit beaucoup la communication de ces deux places: M. de Turenne craignit que M. de Merci, en repassant le Rhin à Manheim, ne s'en servît comme d'un magazin, et n'en tirât du canon et des munitions pour reprendre Worms et Mayence, ce qui assurément eût été fort aisé; mais M. de Merci n'en fit rien, par des raisons que l'on ne peut pas bien pénétrer, dont je crois que la meilleure est que l'armée de Bavière a toujours craint de passer le Rhin et de se ruiner par le manque de fourages et de vivres, qui étoit si grand que de Philisbourg à Mayence, en deçà du Rhin, il n'y a rien de semé, et rien à manger pour les chevaux que dans les villes. Il est certain d'ailleurs que Worms et Mayence étoient si foibles de garnison qu'elles n'eussent pas tenu deux jours; mais il arrive souvent qu'on ne sçait pas l'état des choses, c'est ce qui empêcha aussi M. de Merci de faire passer le Rhin à tout son corps: il n'y eut que peu de troupes qui vinrent en deçà, et tout le corps demeura entre Heidelberg et Manheim.

Les choses demeurèrent quelques jours en cet état, et M. de Turenne, voyant qu'il n'y avoit plus à craindre que l'armée de Bavière passât le Rhin, et que toute la cavalerie se ruinoit faute de fourage, garda seulement trois ou quatre régimens de cavalerie sans bagage, qu'il mit dans les villes, à qui il faisoit fournir quelque paille, et fort rarement de l'avoine, et envoya tout le reste de sa cavalerie dans les montagnes de la Lorraine, ayant écrit à la cour pour leur faire donner des quartiers d'hiver dans ce pays, et dans les évêchés de Metz, Toul et Verdun, gardant toute l'infanterie avec lui en Allemagne, et laissant un corps de deux mille hommes sous Philisbourg, jusqu'à ce qu'il sçut que l'armée de Bavière fût séparée: ce qui ne fut que dans le mois de décembre.

Peu de temps après que M. de Turenne eut renvoyé cette cavalerie, il apprit que M. de Lorraine passoit la Moselle avec cinq ou six mille hommes, et avoit investi un escadron de cavalerie dans Castelnau, et un autre dans Simeren, deux petites places dans le Hundstruck, à quatre ou cinq heures de la Moselle, où M. de Turenne avoit envoyé ces deux escadrons pour trouver du fourage. Celui de Castelnau demeura dans cette petite place, qui ne fut point attaquée, celui de Simeren se retira à Mayence avec peu de perte. M. de Turenne, qui ne pouvoit plus faire revenir sa cavalerie, et aussi qui ne pouvoit pas prendre celle qu'il avoit postée dans les villes du Rhin, M. de Merci étant encore ensemble au-delà, s'en alla vers Maybnce avec quatre ou cinq cens chevaux, et apprit en chemin que M. de Lorraine avoit attaqué Bacharach, qui est une petite place sur le Rhin, où il y avoit cent hommes de garnison: il n'étoit pas en état de la secourir; néantmoins il étoit bien aise de faire croire à M. de Lorraine qu'il y marchoit avec beaucoup de gens. Etant arrivé près de Binghen, qui n'en est qu'à trois heures, il envoya des partis et des sauve-gardes en divers lieux pour préparer des vivres pour l'armée, et fit même entrer quelques-uns de ses gardes dans le château, qui crièrent aux Lorrains que l'armée venoit : M. de Lorraine leva le siége et se retira au-delà de la Moselle. Il étoit demeuré deux cens hommes dans le château de Creutznac, qui a au-dessous une assez jolie ville ; et ce château étant un poste très-considérable entre le Rhin et la Moselle. M. de Turenne crut qu'en logeant son infanterie dans la ville, et ayant le couvert et des vivres, il feroit le siége durant l'hiver assez commodément. Il y demeura en effet avec mille homme de pied et deux cens chevaux, et en quinze ou seize jours le château se rendit après une assez grande résistance.

Ce fut environ vers le milieu du mois de décembre que les quartiers furent donnés en Lorraine, en Alsace et le long du Rhin, où le pays étoit si ruiné, qu'en vingt lieues on ne pouvoit pas trouver à nourrir un cheval, hors dans les grandes villes, qui étoient fort misérables par les quartiers d'hiver des Lorrains, et en quelque petit château où il demeuroit quelque homme de qualité qu'on ne vouloit pas entièrement achever de ruiner.

[1645] M. de Turenne crut qu'il étoit bon qu'il n'allât pas à la cour pendant l'hiver, afin d'être en état de se mettre en campagne plus tôt ; et M. le cardinal l'ayant trouvé bon, il demeura à Spire. De là, il envoya prier M. de La Ferté, gouverneur de Lorraine, de hâter le payement des quartiers d'hiver aux troupes ; M. de La Ferté le fit très-ponctuellement dans tous les lieux de son gouvernement, et leur fit donner trois mois de paye.

[Dans cet intervalle, M. de Turenne rendit compte à Son Eminence de l'état de l'armée et des pays voisins, et des projets que l'on pouvoit former pour la prochaine campagne, par les lettres suivantes :

« On m'a mandé comme on voulloit mettre un autre lieutenant de Roy dans Philipsbourg à la place de Decourt, qui y est à cette heure. Je supplie Vostre Eminence que ce ne soit point sans que celuy qui y entrera luy donne une récompense raisonnable ; il est hors d'estat de servir à la campagne, ayant perdu un bras. Je ne doubte point qu'il ne plaise à Vostre Eminence s'en souvenir quand on luy en parlera. J'ay esté bien aise que M. d'Anisy allast faire un voyage à Paris ; il dira à Vostre Eminence comme on a renvoyé deux de ses capitaines qui ne méritoient point d'entrer dans ce corps-là ; si on en pouvoit trouver quatre autres qui pussent faire de bonnes compagnies, le régiment feroit deux bataillons. M. d'Anisy sert avec grand soin et affection.

» J'ai faict passer un régiment de cavalerie et un d'infanterie de delà le Rhin ; ils sont retranchez dans un village, et ils tirent subsistance du pays d'Armstadt ; j'en feray encore passer, si je peux, un ou deux de cavalerie : cela ne se faict pas sans danger d'estre enlevez ; mais c'est qu'outre qu'ils ne peuvent plus vivre en deçà, il faut tascher de laisser le pays un peu libre, pour faire semer autour des vivres. Une partie de cavalerie de nos gens ont, à la nuit passée, défaict une de trente des ennemis au-delà du Rhin.

» M. de Bavière faict encore donner à ceste heure des chevaux à sa cavalerie, y en estant mort beaucoup des deux mille cinq cens qu'il donna après la prise de Philipsbourg ; ils ont envoyé mille chevaux vers la Bohême contre les Suédois, soubs la conduitte d'un colonel nommé Sporick. L'infanterie de Galas, dans Magdebourg, est entièrement ruynée ; les Impériaux font un corps en Bohême du reste de Galas, des trouppes de Saxe, de celles de Hasfeldt et de quelques trouppes qui estoient contre Ragotsky ; les gens commandez de Bavière se vont encore joindre à cela.

» Dans la fin de ce mois j'envoyeray quelqu'un à Vostre Eminence, pour luy dire ma pensée pour ce que l'on peut faire en ce pays. Je la supplie très-humblement de ne point retarder à envoyer de l'argent pour l'achapt des bleds, craignant que cela me vienne dans un temps où nous ne pourrons rien tirer de delà le Rhin.

» Je suis obligé de dire à Vostre Eminence que M. de Courval n'est pas si propre à vivre dans un lieu où il faut estre politique qu'à deffendre une place. Il est fort brave homme et bon officiers, mais il ne s'accommode avec personne et fait beaucoup de choses sans jugement. Je lui en ay fait trois ou quatre réprimandes ; je croyois qu'il y estoit plus propre que je ne le trouve, allant trop viste pour un lieu comme celuy-cy est. Monseigneur, vostre très-humble et très-obéissant serviteur,

» Mayence, 18 janvier 1645. »

» TURENNE. »

Au même.

« J'ay reçu la lettre qu'il a pleu à Vostre Eminence me faire l'honneur de m'escrire par

M. de Grandru, et reçois toujours tant de témoignages de l'honneur de son souvenir, que je serois bien incrédule si j'en estois en aucun doubte. Je la supplie aussi de croire que je ressens cela comme je doibs.

» Je supplie encore Vostre Eminence d'appuyer auprès de madame la landgrave de Hessen, pour l'envoy de ses deux brigades d'infanterie, alors que je luy demanderay; elle a toujours témoigné vouloir apporter très-grande facilité à touttes les choses qui dépendoient d'elle, et estre fort recognoissante des obligations qu'elle a à la France.

» Vostre Eminence sçait bien que je n'ay point proposé de donner de l'argent aux officiers de l'infanterie pour les recrues, à cause du peu de gens que l'on meine, et de la quantité d'argent que cela couste : ce n'est pas qu'il ne soit besoin quelquefois de se résoudre à envoyer des soldats de France, encore qu'ils coustent beaucoup, puisque je vois que les soldats qu'on tire de Francfort (d'où on en a eu quarante ou cinquante) reviennent à douze et quinze escuz sans les frais; c'est pourquoy, si on trouvoit quelque régiment d'infanterie vacquant en France, et le donner à M. de Courval, il s'accommoderoit avec moins de dépense qu'à en faire un nouveau, et cela me renforceroit d'un bon nombre d'infanterie qu'il faut laisser de l'armée de Mayence.

» Madame la landgrave de Hessen m'a escrit sur le subjet des contributions de la Haute Hessen, mais c'est plus pour l'advenir que pour le présent, car on n'a pas tiré un sou de delà le Rhin, si ce n'est l'entretennement de deux régimens à M. le prince de Darmstadt, où elle ne demande rien.

» Il y a le Ryngau, qui est un petit pays de trois heures de long, auquel on n'a point touché : c'est le seul pays qui faict subsister Mayence et qui paye les cinq cens hommes de garnison.

» Je croy que M. de Tracy, devant revenir en ce pays, sera party de Paris. Il eust esté fort à désirer qu'on eust peu faire venir une somme dans ce bas du Rhyn, à cause de la commodité qu'on trouve en de certains temps d'achepter des bleds et autres choses nécessaires que l'on ne trouve plus aprez. Je le luy feray sçavoir lorsqu'il sera arrivé à Brisack.

» Je rends très-humbles grâces à Vostre Eminence, de quoy il luy a pleu parler à la Royne pour une pension à M. de Bauvau.

» J'ay envoyé un trompette à M. de Mercy, et luy ay escrit touchant les prisonniers, et en envoyeray un autre à M. Tartenson touchant ceux qu'il a. Je suis très-aise que l'on envoye un intendant qui ait esgard aux places et à la direction de la subsistance des trouppes dans les garnisons et des contributions, et croy cela entièrement nécessaire. Je suis obligé de dire à Vostre Eminence qu'il faut de l'argent à la garnison de Philipsbourg, laquelle ne peut point tirer de contributions.

» M. de Charlevois part pour travailler à sa levée; je supplie Vostre Eminence que l'on luy donne moyen de la faire, pouvant tirer par là de l'infanterie du régiment d'Ossonville, qui est fort bon, et croy qu'elle ne trouvera pas mauvais que je luy dise que je croy qu'il est nécessaire de donner moyen à M. de Charlevois d'estre dans l'employ, en faisant quelque dépense, estant une charge où il faut estre avec quelque respect avec les officiers, ledit sieur de Charlevois estant une personne à qui on se peut bien fier, et qui a l'esprit très-bien faict.

» J'ay veu, par la lettre de M. Le Tellier, comme M. d'Espenan demande le gouvernement du Bas-Palatinat. Je supplie très-humblement Vostre Eminence que l'on aille réservé avec eux pour ces choses-là, car c'est une personne qui a toujours esté appréhendée pour ses façons de faire, aymant de faire brouillerie dans tous les lieux où il est; il vit très-bien avec moy : mais c'est la coustume, d'estre bas en présence, et de faire beaucoup d'intrigues de loin.

» Pour ce qui est de Mayence, en faisant donner vingt mille francs à M. de Courval, il mettra ce lieu-là en assez bon estat : ce qui est très-nécessaire de faire, estant un fort méchant lieu pour se déffendre, quoyqu'on y ait travaillé autant que l'on a peu. Je rends très-humbles grâces à Vostre Eminence de ce qu'elle a obtenu de la Royne pour moy; je voudrois estre assez bien dans mes affaires pour ne pas donner ces importunités.

» Il est arrivé un accident à M. de Courval : je l'avois envoyé prendre un château nommé Hoffen, ce qu'il fit, et luy avois dit qu'il pourroit passer jusques à Ursel, qui est à deux heures plus avant, en cas qu'il y eust peu de gens dedans : et en effect il n'y avoit que quarante soldats, et ayant faict tirer son canon deux jours de suite, les soldats et paysans raccommodoient la bresche; en sorte qu'il ne pouvoit pas y faire donner, craignant que cela ne donnast le temps aux ennemis d'y venir pour la secourir, luy n'ayant que six cens hommes en tout, j'envoyai un ayde-de-camp, afin qu'il se retirast la nuit; luy, n'ayant point de nouvelles d'aucun secours considérable, il crent bien faire d'attendre au matin, auquel temps il partit; il y entra ceste nuict-là, dans la ville, cent chevaux et cinquante mousquetaires, lesquels, avec ceux de la ville, sortirent et mirent ses gens en confusion, et luy prirent ses deux pièces de canon; il fut deux fois entre les mains des ennemis et se sauva. Les ennemis y ont pris deux cens prisonniers que l'on aura pour la rençon. M. de Courval y a faict ce qu'il a peu de sa personne, et sçavoit bien que les ennemis n'estoient pas la moitié si forts que luy : ce qui est cause qu'il les a si fort méprisez.

» Je manderay à MM. de Strasbourg et à ceux de vostre régiment de cavalerie, ce que Vostre Eminence m'en escrit; je ne doubte pas que ceux de Vorms et de Spire m'envoyent à la cour pour le mesme choix; elles n'ont chacune qu'un régiment d'infanterie, et j'oste deux compagnies de mon régiment, qui estoient à Spire sur le clergé, sans sçavoir aucun lieu où les mettre; ces villes ont très grandes raisons de se plaindre, mais j'advoue que je ne sçay nul expédient pour les soulager présentement, estant obligé, quand mesme on auroit d'autres quartiers, de laisser ce qu'il y a dedans à cause de Franckendal. Si Vostre Eminence juge nécessaire que par dessus les maréchaux de camp il y ayt un lieutenant-général, je croy que M. d'Hocquincourt y sera plus propre que M. de Montausier, à cause de quelques escrits sur l'affaire de Tutlingen.

» Vostre Eminence cognoist bien mieux que moy M. le marquis de Pomart, qui, à ce que je croy, n'a pas eu d'employ de touttes ces guerres icy. Je crains qu'il ne se lassât bientost de celle-cy. Vostre Eminence trouve bon que je luy dise mes sentiments sur les choses, elle sçait, après cela, comme je me porteray avec joye à tout ce qu'elle ordonnera.

» J'ay envoyé un trompette pour sçavoir de M. de Mercy un lieu pour traitter de l'eschange des prisonniers.

» Je sçay bien que quand Vostre Eminence songe à la dépense de ceste armée qu'elle trouve que cela va bien haut, mais je la supplie de considérer que, de toute la campagne jusques au mois de mars, toutte l'armée n'aura touché qu'une montre et dans le plus mauvais pays du monde.

» Je suis très asseuré que la cavalerie allemande en deviendra plus difficile une autre fois, estant certain que depuis le commencement des guerres d'Allemagne ils ne se sont point vus en telle extrémité, estant hors de doubte que la cavalerie françoise eust déserté il y a très longtemps, et ce n'est pas parce que le Roy y est obligé, mais par la nécessité toute pure, qu'il est nécessaire de payer régulièrement les trois montres et demie à l'armée.

» J'ay deux ou trois régimens de cavalerie cy-auprez qui ne passent pas chacune cent cavaliers montez.

» Je supplie Vostre Eminence de vouloir écouter M. de Charlevois, qui cognoist de long-temps cette armée sur le sujet de sa pauvreté; je crains effectivement beaucoup que s'ils se voient prests de retomber dans une même nécessité, qu'ils ne prennent une mauvaise résolution. Ils ont soufert et soufriront encore faute d'argent, en un point que cela n'est pas croyable; je suis obligé de dire à Vostre Eminence que je ne crois pas qu'il y ait en France une personne plus propre pour l'emploi de Brisac que M. de Charlevois.

» Je supplie très-humblement Vostre Eminence de demander à la Royne que M. Du Passage serve icy de sergent de bataille; encore que Vostre Eminence le cognoisse bien, je l'assureray pourtant qu'il n'y a pas un plus honeste gentilhomme en France ny plus homme d'honneur. M. de Lamet demeurera avec les régimens françois de cavalerie, y estant beaucoup plus propre que pour l'infanterie; je demande cela très-instamment à Vostre Eminence, que M. Du Passage vienne icy servir; il s'en va à ceste heure à Paris et m'a promis de revenir bientost, dès qu'il aura pleu à Vostre Eminence luy faire donner ses expéditions.

» Madame la landgrave de Hessen m'avoit escrit que ses trouppes revenoient avant que M. de Grandru fût de retour; je ne peux pas encore bien juger de quel costé M. de Tartenson se tournera, et ne croy pas que jusques icy il ayt de trop bons quartiers. J'ay icy un régiment de cavalerie que je seray obligé de renvoyer vers le pays Messin; c'est la dernière extrémité qui me le fait faire, car si j'avois moyen d'empescher que les chevaux ne mourussent point de faim, j'entretiendrois les cavaliers avec du pain jusques au printemps; et icy quand on laisse ruyner les régimens, ils s'en vont trouver les ennemis, et il n'y a point d'argent capable de lever des trouppes qui puissent servir comme celles-cy. J'envoye M. de Beauregard pour faire sçavoir à Vostre Eminence que M. de Tartenson, promettant de se rendre fort au printemps, et ne point relascher du lieu où il est, mais s'advancer plus avant, que je croy qu'il sera plus à propos que je passe le Rhyn dans la fin d'avril, m'estant aussy bien impossible de subsister de deçà en corps d'armée, les quartiers ne pouvant plus supporter les trouppes.

» Il faudroit pour cela que j'eusse deux mille hommes de pied pour pouvoir en laisser mille dans Mayence et cinq cens dans Vorms, et autant dans Spire, n'estant point raisonnable de passer le Rhyn que bien fort.

» Il seroit à propos qu'en ce temps-là, de l'armée qui ira vers Trèves il s'y advance quelques trouppes vers la Moselle, afin de couvrir ce pays ici qui courroit danger de ce costé-là.

» La conqueste de toutte la Moselle, j'entends de Trèves, Coblentz et Hormestein, est tout-à-fait nécessaire pour pouvoir garder ce pays.

» Quant à Franckendal, estant un grand siége par force, et le pays d'autour fort ruyné, je craindrois de me mettre en estat de ne pouvoir plus passer le Rhyn, et il est certain que si M. Tartenson veut agir en ce temps-là, que les ennemis luy tomberoient tous sur les bras.

» Je suis, Monseigneur, vostre très-humble et très-obéissant serviteur.

» A Mayence, ce 4 février 1645.

» TURENNE. »

A Son Eminence.

« Je me donne l'honneur d'escrire celle-cy à Vostre Eminence par M. Douval, qui vient de prison; il est en très bonne estime dans ceste armée, et je le tiens homme de fort bon sens; il a très grande envie de remettre son régiment, et suis asseuré que si Vostre Eminence a le loisir de luy parler, qu'elle en fera beaucoup de cas, et j'aimerois mieux ceste brigade hirlandoise que si on m'en envoyast deux françoises. Je tascheray de la bien maintenir.

» Je suis venu ici à Saverne pour gaigner sept ou huit jours de temps, que l'on eust perdus s'il eust fallu que M. de Tracy me fust venu trouver en bas du Rhyn et qu'il s'en retournast de là à Strasbourg. Je l'ay trouvé fort satisfait des bontez que Vostre Eminence a eues pour luy, et il est sans doubte que c'est une personne qui peut servir fort utilement en ce pays, y estant fort cogneu et estimé de tout le monde.

» J'ay receu hier une lettre de deux gentilshommes qui sont venuz en Lorraine pour haster le payement des trouppes; je leur ay mandé qu'ils ne les fissent point partir qu'ils n'eussent ordre du Roy, et il seroit très nécessaire que Vostre Eminence escrivît promptement à M. de La Ferté qu'il fit payer aux trouppes, tant de Lorraine que de Barrois, les quatre mois, sçavoir: décembre, janvier, febvrier et mars; car, je vous l'asseure, qu'il y a quatre compagnies de mon régiment de cavalerie qui n'ont touché que quinze jours de subsistance de tout l'hyver; la haste avec laquelle il faut que les trouppes marchent, ayant receu si tard leur argent, empeschera qu'elles ne pourront pas estre en l'estat que j'avois espéré: ce qui me faict encore plus supplier Vostre Eminence de voulloir m'envoyer un régiment de cavalerie à la place de celuy d'Aumont; j'avois demandé celuy du Quaslin ou bien quelque autre qui fût bon.

» Je supplie aussi Vostre Eminence pour ce peu d'infanterie que j'avois demandé par M. de Montaut, et aussi de se souvenir qu'il y ait quelqu'un avec des trouppes qui observe ce que les ennemis feront vers la Moselle.

» M. d'Erlack m'a mandé qu'il ne pouvoit pas laisser sortir les compagnies de Halstein, et qu'il recevoit son argent si tard qu'il luy estoit impossible de faire des hommes; je supplie Vostre Eminence qu'il reçoive un ordre exprez pour sortir ces compagnies ou pour donner trois cens hommes effectifs allemans quand je les demanderay, et seroit bon qu'il eust promptement cest ordre-là. Je croy que les Suisses ne feroient point difficulté d'aller à Mayence si Vostre Eminence voulloit en faire envoyer trois compagnies dans la ville, cela ne fouleroit point les habitans et seroit fort advantageux en ce rencontre.

» Le cheval d'Italie et la jument qu'il a pleu à Vostre Eminence de m'envoyer, dont je luy en rends grâces très-humbles, sont aussi beaux et bien faicts qu'il se peut; j'ay une obligation très-particulière à Vostre Eminence du soin qu'elle a de touttes mes affaires, et de la pensée qu'elle a eue de supplier la Royne, depuis peu, de faire quelque chose pour moy; je voudrois que tout le monde l'en pressât aussi peu que je feray, ayant tout subject de recognoistre la bonté qu'elle a eue pour moy et d'estre très-content, outre tous ses bienfaicts, de la confiance qu'elle a en moy.

» Je n'ay point encor de response de madame la landgrave de Hessen; je luy ay envoyé un ayde-de-camp.

» Je supplie très-humblement Vostre Eminence de faire que M. Douval emmène les quatre compagnies de Hédin et quatre cens Hirlandois que l'on dit estre arrivez en France; il pourra aussi rassembler des Hirlandois qui sont dans les trouppes de France, et ne demande qu'un lieu d'assemblée et point d'argent pour cela; c'est vostre très-humble et très-obéissant serviteur,

» A Saverne, le 10 mars 1645.

» TURENNE. »]

De cette manière, la cavalerie, qui montoit à cinq mille chevaux, et l'infanterie à cinq ou six mille hommes de pied, avec douze ou quinze pièces de canon, furent prêts vers la fin du mois de mars de repasser le Rhin sur un pont de batteaux que l'on fit faire à Spire.

[Avant de partir de cette ville, M. de Turenne adressa au cardinal Mazarin la lettre suivante en date du 25 mars :

« Je ne me suis pas voullu haster de mander à Vostre Eminence la défaite de l'armée impériale, par M. Tartenson, on ne la sçait encores que par les ennemis ; il est incertain ce que l'armée de Bavière fera. M. de Mercy est allé à Munick en poste, et doit estre de retour dans le Wurtemberg depuis trois ou quatre jours.

» M. Dutot est revenu de prison : je croy que s'il plaisoit à la Royne de voulloir luy accorder le brevet de mareschal de bataille, affin qu'il l'exerçeat l'hyver qui vient, à l'issue de la campagne, que cela seroit très-raisonnable, outre qu'il est personne de mérite, et il a faict une perte si grande de ses deux frères en la dernière occasion, que cela mérite bien quelque recognoissance. Son régiment se maintient fort bien, et comme je n'ay pu luy donner d'hommes, s'il plaisoit à Vostre Eminence, dans deux ou trois mois, luy en donner deux ou trois cens des garnisons, il feroit une très-bonne brigade.

» M. d'Espenan, en cas que je m'advance un peu avant avec l'armée, a bien envie que je n'aye plus rien à voir aux trouppes qui demeureront le long du Rhin ; je voudrois que les affaires allassent assez bien pour l'en pouvoir bien esloigner avec seureté ; à quoy je contribueray tout ce qui dépend de moy. Je suis asseuré que s'il croyoit que Vostre Eminence y adjouste foy, qu'il travailleroit de tout son cœur à faire de grands mémoires, et je suis la personne du monde qui prend le moins de précautions contre cela, et je ne me suis jamais trouvé en lieu où il fallût faire des manifestes ; j'ay grand peur qu'il ne m'y instruise.

» Je ne m'advance que bien foible, n'ayant point eu de nouvelles des gens de madame la Landgrave de Hessen, et laissant des trouppes dans toutes les places.

» Pourvu que les affaires aillent bien de delà le Rhin, on n'a plus rien à craindre que vers la Moselle, de sorte que je croy plus nécessaire que jamais de s'en rendre maistre. Cette campagne il faut, cela estant, que Franckendal tombe de luy-même, et je feray touttes choses possibles pour me maintenir delà le Rhin ; je n'y marche pas présentement en trop bon estat, mais la conjoncture des affaires le demande absolument ; et je m'asseure que Vostre Eminence se souviendra de me soustenir avec des renforts, autant qu'il se pourra, et la supplie très-humblement de croire que je n'en demanderay jamais d'inutiles.

» On me mande de Paris, que l'on presse mon frère pour des debtes de la maison de La Marck ; je supplie très-humblement Vostre Eminence de voulloir que ma sœur de Bouillon luy en parle, et aussi de cent mille francs que l'on luy doibt pour des bledz que l'on dit avoir esté deffendu à M. de Montauron de luy payer ; Vostre Eminence sçait bien l'intérêt que j'y doibs prendre. Je la supplie très-humblement de ne point souffrir qu'il reçoive ces mauvais traictemens.

» J'ay sceu comme M. de La Trémouille a eu quelque démeslé en Bretaigne ; je supplie très-humblement Vostre Eminence de ne le voulloir point abandonner en ce rencontre ; elle sçait, qu'outre l'intérêt de M. de La Trémouille, celuy de ma sœur m'est extrêmement cher. M. de Vautorte est arrivé icy, que je trouve très-honneste homme et fort raisonnable. C'est, Monseigneur, vostre très-humble et très-obéissant serviteur,

» A Spire, ce 26 mars 1645.

» TURENNE. »

Le vicomte de Turenne continua d'informer Son Eminence des différentes nouvelles qu'il recevoit des dispositions des princes d'Allemagne, ainsi que de l'état de son armée:

« Le sieur Groevius que j'avois envoyé trouver madame la Landgrave, est revenu aujourd'hui icy et m'a apporté, comme elle faisoit difficulté de donner ces deux brigades, disant force raisons, dont la principale est qu'elle n'a pas reçu satisfaction sur le payement. Elle ne laisse pas d'avoir rendez-vous auprès de Cassel ; de sorte que, s'il plaist à Vostre Eminence luy faire donner satisfaction là-dessus, je ne doubte pas qu'elle ne les envoye tout aussytost.

» Je croy que Vostre Eminence aura reçu la lettre par laquelle je luy mandois comme le régiment de Montausier a refusé de m'envoyer des gens commandés que je luy ay demandés ; si ce régiment est destiné pour une autre armée, je ne m'en serviray point, dès que les trouppes de madame la Landgrave seront arrivées, je les renvoyeray à leur garnison.

» Pour ce qui est de la cavalerie, l'ennemy ayant esté affoibly par la dernière bataille, il ne seroit pas raisonnable que j'en demandasse de françoise, ny aussy d'entreprendre de faire lever un régiment allemant nouveau, ayant vu qu'il est impossible que des trouppes nouvelles, de quelque nation qu'elles soyent, se mettent en estat de servir qu'au bout de trois ou quatre ans ; mais si on peut estre en pays pour cela, en donnant à cinq ou six régimens allemans, à chacun une compagnie pour les mettre à neuf, ils s'efforceroient à faire trois escadrons chacun, et ainsi, avec le temps, on pourroit mesme se passer d'un ou deux régimens de cavalerie françoise : ce que je dis, est en cas que les choses aillent bien.

» L'armée de Bavière est ensemble sur le Necker ; on assure que Jean de Werts revient avec tout ce qu'il a peu sauver de la bataille. M. de Bavière fait aussy advancer quelques trouppes qu'il a levées dans son pays et quelqu'infanterie venue d'Italie. Dès que j'auray l'armée ensemble, qui sera dans peu de jours, je verray quelle résolution il prendra. Vostre Eminence peut juger en quel estat je suis d'infanterie, laissant les places garnies. M. d'Ossonville m'avoit fait parler de supplier Vostre Eminence pour avoir le gouvernement d'Alsace, en cas que M. de Montausier le quittast, ayant celuy de feu M. de Brasac. Je n'y trouve qu'un seul inconvénient, qui est que c'est bien près de M. d'Erlac ; mais, s'il se pouvoit trouver quelque chose pour luy, ce seroit une grande charité, car il est fort mal en ses affaires et il a très-bien servy.

» Je me donneray l'honneur de mander à Vostre Eminence comme je ferois toutes les choses qui dépendroyent de moy, affin de contribuer à bien vivre avec M. le marquis de Pomar.

» Il y a quelque chose en suitte de ce que Vostre Eminence me mande là-dessus, qui est en chiffre, que je ne peux pas présentement faire déchiffrer, n'ayant pas le chiffre avec moy.

» Pour ce que Vostre Eminence me mande de ce que ma belle-sœur dit, je croy qu'elle est bien persuadée que je ne suis point capable de sortir de mon debvoir. Je la supplieray toujours de traicter mon frère le plus favorablement qu'il sera possible, ne paroissant point qu'il fasse rien contre le service du Roy. C'est, Monseigneur, vostre très-humble et très-obéissant serviteur.

» Dourlac, 31 mars 1645.

» TURENNE.

» Si Vostre Eminence vouloit faire donner le gouvernement de Haute-Alsace, en cas que M. de Montausier le quitte, à M. Doubatel, on ne seroit point obligé de luy donner de récompense, et cela feroit voir aux Allemans que l'on donne quelque chose de solide, ce qui les contenteroit très-fort.

» Je croy qu'il seroit bon de donner toujours quelque chose pour travailler à Philipsbourg, d'autant que la saison sera bonne. Ce que M. d'Espenan a fait faire a esté à fort bon marché ; il n'a rien tiré de tout l'hyver des contributions, et la garnison a resçu du pain seul ; à l'advenir, luy et M. le lieutenant informeront Vostre Eminence de ce que l'on pourra tirer. »]

M. de Turenne avoit pressé le temps de se mettre en campagne, à cause que l'armée de Bavière avoit détaché un corps de trois ou quatre mille hommes, pour fortifier l'armée de l'Empereur, sous le commandement de M. de Bauschemberg, général de l'artillerie, et de Jean de Wert, dans la bataille de Tabor, où M. Tartenson défit et prit prisonnier le général Hatzfelt, après avoir, dans le commencement de la même année, ruiné l'armée de l'Empereur (1) dans divers combats, par une suite de conduite fondée sur une grande expérience, et accompagnée d'un grand courage et d'un grand jugement, ce qui est fort supérieur au gain d'une bataille. L'armée du Roi ayant donc passé le Rhin, on fut trois ou quatre jours à se mettre ensemble, vers Phortzheim, petite ville du pays de Wirtemberg, à trois ou quatre heures de la rivière de Nekre, derrière laquelle étoit M. de Merci, avec un corps, à ce que je crois, de six ou sept mille hommes, n'ayant point hâté ses recrues, et ayant laissé rafraîchir ses troupes dans des lieux un peu éloignés, en attendant que la saison fût avancée, et que les herbes donnassent plus de commodité à son armée de se rassembler. M. de Turenne, ayant appris qu'il y avoit des gués à la rivière, partit de bon matin, et y étant arrivé, se campa de bonne heure, non pas vis-à-vis du lieu où les ennemie étoient logés, mais à deux heures plus bas, et la passa sans nulle difficulté.

M. de Merci, qui ne crut pas que son armée étoit en état, se retira vers la Souabe, et M. de Turenne, ayant suivi sa marche, passa auprès d'Hailbron, où les ennemis avoient garnison, et arriva à Suabeschal avant M. de Merci, qui avoit ses maréchaux-des-logis à la porte de la ville : mais comme M. de Turenne fit promptement avancer ses dragons, les bourgeois ouvrirent les portes, comme ils le font toujours au plus fort et à celui qui arrive le premier. Comme il n'avoit avancé aux portes de la ville qu'avec la cavalerie, et qu'il avoit laissé son infanterie à trois heures de là, avec le bagage qui n'avoit pas pu suivre, à cause de la longue marche, il craignit que M. de Merci, ayant nouvelle de sa séparation, n'envoyât attaquer cette infanterie, avec laquelle il n'étoit demeuré que deux régimens de cavalerie. Ainsi, après avoir laissé ses dragons pour garder la porte, il retourna promptement, la nuit, au lieu où il croyoit que l'infanterie seroit demeurée. M. de Merci, ne doutant point que ce ne fût toute l'armée qui étoit arrivée à Suabes-

(1) Cette armée était commandée par le général Galas.

chal, avoit continué à marcher plus avant vers Dinkespuhel et Feuchtwang. On ne laissa pas néanmoins, quand l'infanterie fut arrivée, de continuer à suivre les ennemis, laissant le bagage dans la ville; mais sans l'appréhension que l'on eut pour l'infanterie, je suis persuadé que si la cavalerie eût marché d'abord après M. de Merci, qu'elle l'eût arrêté dans sa marche, qu'elle eût donné temps à l'infanterie de venir, et que l'on eût combattu avec avantage. On se contenta de suivre l'ennemi cinq ou six lieues sans aucune rencontre considérable, que de quelques petits partis. M. de Turenne étant revenu à Suabeschal, y demeura deux ou trois jours, d'où il marcha vers la rivière du Tauber à Mariendal, autour duquel il y a plusieurs petites villes, d'où l'on peut tirer beaucoup de subsistance; il s'y arrêta afin d'avoir derrière lui la Hesse, dont il espéroit, dans l'été, tirer des troupes pour envoyer dans l'Allemagne. Il paroissoit aussi que l'on s'éloignoit plus de l'ennemi qui étoit vers Feuchtwang, et l'on croyoit qu'il se sépareroit pour se rafraîchir, ayant tout le derrière libre du haut Palatinat et de la Bavière.

[Le Roi informa, vers ce temps, M. de Turenne du projet de voyage de M. le duc de Wurtemberg en Souabe, par la lettre suivante :

« Mon cousin, ayant sceu le dessein qu'a mon cousin le duc de Wurtemberg d'aller en Souabe, avec espérance que son voyage produira quelque bon effect pour la cause commune, je faicts cette lettre pour vous dire, par l'advis de la Royne régente, madame ma mère, que je trouve bon et désire que vous teniez correspondance avec luy, et luy aydiez à ce que vous verrez pouvoir réussir au bien et advantage de cette couronne et des princes mes alliés; et la présente n'estant pour autre fin, je prie Dieu qu'il vous ait, mon cousin, en sa sainte et digne garde.

» Escrit à Paris, le 19 avril 1645. »]

Dès que l'armée fut arrivée à Mariendal, comme c'étoit dans la fin du mois d'avril, et qu'il n'y avoit point encore d'herbes, on pressa fort M. de Turenne de permettre que la cavalerie se séparât dans les petites villes où on laisseroit son bagage au premier ordre, et qu'on viendroit promptement au rendez-vous. Pour dire vrai, le trop de facilité à ne point faire pâtir la cavalerie, faute de fourrage, la grande envie qu'ils se missent promptement en bon état, plusieurs officiers assurant que chacun dans son lieu acheteroit des chevaux pour les démontés, et aussi l'éloignement de l'ennemi qui étoit à près de dix heures de là, les partis rapportant qu'ils étoient séparés, FIRENT RÉSOUDRE M. DE TURENNE MAL A PROPOS (1) à les envoyer dans de petits lieux fermés. Il retint néanmoins l'infanterie et le canon à une demi-lieue de Mariendal, et envoya M. Rosen avec quatre ou cinq régimens à Rotembourg, sur le Tauber, qui est à plus de quatre heures de Mariendal, mais les autres régimens étoient à deux et trois heures plus loin.

Le lendemain que l'ordre fut donné pour se séparer, M. de Turenne voyant bien qu'il n'y avoit point assez de certitude de la séparation de l'ennemi, pour avoir donné lieu à la résolution prise, envoya ordre à M. Rosen de se rapprocher avec les régimens; et hors ce qui étoit à deux heures plus loin, il fit revenir les autres régimens, excepté nouveau Rosen et Vousvors qui étoient extrêmement loin, l'un pour observer l'armée de Bavière, et l'autre vers la Franconie, à cause de la garnison de Schweinfurt. Le premier ne fut pas assez diligent pour rejoindre, et l'autre n'eut presque pas de nouvelles du combat.

M. de Turenne, étant presque dans la certitude que l'ennemi feroit la marche que l'on apprit qu'il fit, alla se promener le jour avant le combat avec la grande garde, à trois lieues sur le chemin par lequel l'ennemi pouvoit l'attaquer. Etant revenu fort tard, et M. Rosen s'étant rapproché avec plus de la moitié de la cavalerie, il apprit à deux heures de l'après minuit, par un parti, que l'ennemi avec tout le corps de l'armée avoit quitté Feuchtwang, et marchoit droit à lui; c'étoit le deuxième de mai. En même temps, il envoye ordre aux régimens de cavalerie qui étoient à deux ou trois heures de là, de marcher, et il dit à M. Rosen de monter à cheval et de s'en aller à la grande garde, et faire assembler promptement en-deçà du bois toutes les troupes qui en étoient proche. Malgré cet ordre, M. Rosen passe le bois qui pouvoit avoir cinq ou six cents pas, et mande à la cavalerie de le venir joindre au-delà du bois; ce qu'il n'eût pas fait assurément s'il eût cru l'armée de l'ennemi si proche, car il est certain que si elle se fût mise ensemble en-deçà du bois, on se seroit retiré sans combattre.

M. de Turenne, qui n'avoit pas demeuré plus d'un quart-d'heure dans le quartier pour donner ses ordres à toutes le troupes, monte à cheval, et ne trouvant plus la grande garde, la suit au travers du bois, et, étant au-delà, il vit sept ou

---

(1) Voilà le style des grands hommes : ils avouent ingénument leurs fautes et ne les dissimulent point quand la vérité le demande. (A. E.)

huit régimens de sa cavalerie qui composoient ce qu'il y avoit d'arrivé, que M. Rosen mettoit en bataille, et jettant la vue plus loin, il vit l'avant-garde de l'ennemi qui sortoit d'un autre bois sur un assez grand front, à un petit quart-d'heure de lui. Quoique la chose fût assez surprenante, et qu'elle ne présageoit rien de bon dans la suite, il ne crut pas qu'il y eût rien à faire qu'à se mettre en bataille avec une partie de l'armée, comme si elle y avoit été toute, n'ayant pas encore assez de gens ensemble pour marcher à l'ennemi, son infanterie ne commençant qu'à arriver. L'ennemi étoit trop proche pour changer de posture et se mettre derrière le bois; ainsi il ne songea qu'à se servir de l'avantage du lieu, et y ayant un petit bois à main droite de la plaine où étoit la cavalerie, il y mit son infanterie qui n'étoit pas composée de plus de trois mille hommes. M. de Smitberg et M. Du Passage la commandoient, et comme ce lieu-là servoit comme d'aile droite, il se contenta de laisser deux escadrons derrière ce bois, et mit toute sa cavalerie sur une ligne avec deux escadrons de seconde ligne, à la main gauche du grand bois. M. Rosen se mit tout à fait à l'aile droite de cette ligne, et M. de Turenne à la gauche.

On attendit l'ennemi en cette posture, lequel en peu de temps descendit dans la plaine, et mettant son infanterie au milieu des deux ailes de sa cavalerie, M. de Merci, qui étoit général de l'armée, se met à la tête, et marche droit au bois, ayant par ce moyen son aile gauche qui ne pouvoit pas bien agir qu'il ne fût maître du bois; mais comme il ne pouvoit d'abord voir la situation du lieu, il mettoit son armée en bataille comme on fait d'ordinaire. Comme il fut à cent pas du bois, et que l'infanterie n'avoit point encore fait de décharge, M. de Turenne marcha avec sa cavalerie au-devant de l'aile droite de l'ennemi, dont tous les escadrons furent rompus, et la seconde ligne fut ébranlée. Dans ce même temps, l'infanterie de l'ennemi avançant vers le petit bois, celle de l'armée du Roi ne fit qu'une décharge et se jeta en confusion dans le bois; ainsi, l'aile gauche de l'ennemi trouva le moyen d'avancer à la faveur du bois que son infanterie avoit gagné. La cavalerie de l'armée du Roi, qui ne voyoit plus devant elle que trois escadrons de réserve de l'ennemi, la première et seconde ligne étant en confusion, aperçut tous ses fantassins qui avoient jeté les armes, et les escadrons de l'ennemi qui se formoient derrière elle. En même temps, la confusion commença à s'y mettre, et bientôt après la déroute fut entière; M. Rosen y fut pris, ayant très-bien fait son devoir et toute la cavalerie aussi. M. de Turenne se retira dans le grand bois, ayant été fort pressé par deux cavaliers de demander quartier, et ayant percé tout au travers avec deux ou trois personnes avec lui, il trouva au-delà du bois trois régimens de cavalerie, Duras, Beauveau et Traci arrivés; et par malheur quantité de cavaliers ayant fait saigner leur chevaux à cause de la saison, les régimens ne purent monter assez tôt à cheval pour venir au combat.

A ces régimens il s'y joignit bien douze ou quinze cens chevaux des régimens qui avoient été rompus, et M. de Turenne, les ayant mis en bataille, vouloit aller contre les ennemis, s'ils eussent promptement passé le bois; mais voyant qu'ils se donnoient assez de temps pour se remettre en posture après le combat, et que toute son infanterie étoit perdue, et qu'il ne restoit que trois régimens qui n'eussent pas combattu, il aima mieux sauver ce qui restoit, quoiqu'il le fît avec assez de peine. Ainsi il commanda à M. de Beauveau de marcher, avec son régiment et toute la cavalerie allemande qui restoit du combat, droit au Mein, et lui donna ordre de s'arrêter à l'entrée du pays de Hesse: ce qui pourroit être à quinze ou seize heures de là; il demeura lui-même avec ses deux régimens de Duras et Traci, pour la retraitte et pour donner aux autres le temps de passer le Tauber, où il y avoit divers gués: ce qui se fit comme il l'avoit pensé. Aussitôt qu'il vit toute cette cavalerie assez loin pour n'être plus en danger, il songea à se retirer aussi. Les ennemis, ayant apperçu ces deux régimens qui se retiroient seuls, vinrent de tous côtés pour leur couper le chemin; mais M. de Turenne se retira avec assez d'ordre jusques sur le Tauber, qui étoit dans la même campagne, et l'on repoussa deux ou trois fois les ennemis qui vouloient suivre par le même gué par lequel on avoit passé. A la fin, en ayant trouvé divers autres, on fut obligé de prendre son chemin avec de petites troupes, après avoir perdu une partie des étendarts. Ces deux régimens, particulièrement celui de Duras, qui avoit l'arrière-garde, fit dans cette occasion tout ce qui se peut de hardi et de vigoureux. M. de Turenne se retira d'abord avec quinze ou vingt officiers ou cavaliers, et peu de temps après avec une troupe de cent ou cent cinquante chevaux, avec laquelle ayant marché toute la nuit et passé le Mein à gué, il alla le lendemain, vers le soir, rejoindre sa cavalerie vers la Hesse. L'ennemi prit une grande partie de l'infanterie, tout le bagage, dix pièces de canon et douze ou quinze cens cavaliers ou

25.

officiers de cavalerie. M. de Montausier, M. de Smitberg et M. Du Passage furent pris, et l'ennemi demeura quelques jours sans bouger.

M. de Turenne, croyant que quelque corps de cavalerie pourroit le suivre, demeura un jour ou deux dans le bois avec douze ou quinze cens chevaux; mais n'ayant rien vu paroître, il avança jusques sur les frontières de la Hesse, où madame la Landgrave lui envoya promptement M. Geis, qui commandoit ses troupes, avec deux de ses conseillers, pour tâcher à lui persuader de se retirer vers le Rhin, lui alléguant qu'il assuroit par là les places qu'il avoit laissées dégarnies, et qu'il joindroit plutôt les troupes que l'on devoit envoyer de France pour le renforcer. Mais ces conseillers taisoient la principale raison qui poussoit la Landgrave à souhaiter que l'armée marchât vers le Rhin: c'étoit qu'elle craignoit d'attirer la guerre dans son pays, et ne vouloit pas mettre sitôt son armée en campagne; mais M. de Turenne, qui sçavoit que ce qu'il faisoit étoit le seul moyen de faire que toutes les troupes hessiennes le joignissent, et de faire sortir M. Konigsmarc de ses quartiers, s'opiniâtra à ne pas changer de résolution, et lui manda que si l'ennemi marchoit à lui qu'il se retireroit tout au travers de la Hesse, et qu'à quelque prix que ce fût, il n'iroit point vers le Rhin, et entreroit plutôt vers le pays de Brunswic. Il fit aussi sçavoir la même chose à M. Konigsmarc, qui étoit dans ses quartiers, à dix ou douze lieues derrière Cassel sur le Weser. Ce général avoit les mêmes intentions que les Hessiens, de ne point se mettre sitôt en campagne, et ne souhaittoit point que la guerre fût attirée vers ces quartiers-là; mais la fermeté de M. de Turenne le fit résoudre à se remettre ensemble.

M. de Turenne, ayant fait retirer ses troupes dans le comté de Waldec, alla jusques à Cassel, où il reçut beaucoup de civilités de madame la Landgrave, et connut que tout ce qu'il avoit ouï dire d'elle étoit véritable, qu'elle avoit beaucoup de jugement, de courage et de conduite en toutes ses actions. Elle fit rassembler ses troupes, qui montoient à six mille hommes, laissant ses places remplies, et M. Konigsmarc, qui avoit plus de quatre mille hommes, s'avança aussi sans perdre de temps.

[Ce fut de Cassel que M. de Turenne rendit compte au cardinal Mazarin de cette malheureuse affaire de Mariendal, en appelant toute la sévérité du ministre sur lui seul:

« Je croy que Vostre Eminence sçait bien dans quels sentiments je suis de ce qui est arrivé, et hors l'espérance que j'ay de pouvoir, dans le malheur, remettre les choses en quelque estat, il ne me pourroit rester nulle consolation. J'envoye à Vostre Eminence un mémoire des choses que je croy qui pourront remettre ceste cavalerie; pour l'infanterie, je la croy toute perdue; mais je n'ay jamais eu trois mille hommes de pied en contant les officiers.

» Ce malheur ne m'empeschera point de tascher à contribuer à remettre les choses en tout ce qui dépendra de moy; et aussi lorsque la Royne et Vostre Eminence jugeront que, par le malheur que j'ay, ou pour d'autres considérations, il ne sera pas nécessaire de se servir de moy, je la supplie qu'elle passe aisément par dessuz la considération de l'honneur qu'elle me faict de m'aymer, estant certain que je recevray cela comme je le doibs.

» Je me persuade que Vostre Eminence croit bien que j'ay faict en ce combat ce que j'ay peu. Je me suis retiré avec un gentilhomme; les autres et les aides-de-camp qui estoient avec moy ayant esté tués ou prisonniers, et n'y ayant plus de trouppes au champ de bataille, j'allay par un bois rejoindre les trouppes à Mergenthein; et ayant fait passer toutte la cavalerie par un passage, je demeuray avec trois trouppes derrière, qui furent à la fin coupées, et après avoir donné temps aux autres de gaigner chemin, j'en pris un au hazart par la montagne, et ay esté trois jours à rejoindre les autres qui estoient devant moy; M. de Tracy demeura avec moy; et outre beaucoup de cœur qu'il a tesmoigné, il travaille avec très-grande affection pour la réparation de touttes choses et y sert icy très utilement. J'envoye à Vostre Eminence le sieur de Mepas, qui luy dira particulièrement en quel estat sont touttes choses, la suppliant me croire tousjours très véritablement, Monseigneur, vostre très-humble et très-obéissant serviteur.

» A Brunsvink en Hesse, le 10 may 1645.

» TURENNE. »

Mais le Roi écrivait à M. de Turenne avant même de connaître parfaitement les détails de cette déroute, et ne lui témoigna de l'inquiétude que pour ce qui pouvait être arrivé à sa personne:

« Mon cousin, sur l'advis que j'ay receu, dès avant-hyer, que les ennemis vous ont attaqué avec touttes leurs forces dans votre quartier-général, et qu'il y a eu perte de votre costé, bien que cette nouvelle m'ait esté rapportée avec beaucoup de confusion et d'incertitude, néantmoings, dans l'appréhension où je suis qu'il n'y ait eu du mal, ne voulant perdre aucun moment de temps pour y remédier, je fais advancer le sieur de Marsin vers le Rhin, avec le corps de cavalerie qui est soubs sa charge, et je faicts que mon cousin le duc d'Enghien, qui se préparoit desjà à se rendre en mon armée de Luxembourg, dont les troupes seront assemblées dans le 20ᵉ du présent mois, aux environs de Verdun et dans le Barrois, presse son départ pour marcher à grandes journées du même costé du Rhin; de sorte que j'espère qu'il y sera avant que les ennemis y puissent rien entreprendre, et qu'avec les forces qu'il aura il sera en estat de soustenir puissamment toutes choses par delà. Outre cela, je faicts haster les troupes que vous sçavez que j'avois destinées pour servir le long du Rhin, soubs le sieur de Bellenave, y en ayant quelques-unes qui doibvent estre maintenant arrivées avec luy en ces quartiers-là, et je mande audit sieur de Bellenave, comme aussy aux sieurs d'Espenan et de Vautorte, que si vous n'estes sur les lieux, ils fassent en votre absence tout ce qu'ils verront estre nécessaire et à propos, et, agissant de concert avec le sieur d'Erlac, pour asseurer les places tenues par mes armées deçà et delà du Rhin, recueillir ceux qui viendront de mon armée d'Allemagne, rassembler et restablir les troupes qui auront souffert quelque échec, empêcher qu'aucun ne quitte le service, et ne rien obmettre de tout ce qu'ils verront estre à faire pour prévenir les suittes de l'advantage que les ennemis ont pu recevoir, en attendant que l'on sache au vray ce qui s'est passé en cette occasion, dans laquelle la plus grande peine que je ressens, avec la Reine régente, madite dame et mère, est de ce qui sera succédé à vostre personne, et je vous assure qu'elle et moy nous consolerons facilement de tout le mauvais événement que Dieu aura permis, pourvu qu'il luy ait plu de vous garantir, sachant très-bien qu'il ne peut estre arrivé par aucun deffault de vostre part, et que, si vous estes en lieu et en estat pour agir, les choses seront bientost relevées, comme je le puis désirer; et sur ce je prie Dieu qu'il vous ait, mon cousin, en sa sainte et digne garde.

» Escrit à Paris, le 14 may 1645. »

Turenne envoya un officier à Mazarin pour lui rendre compte de l'état de l'armée et prendre ses ordres à ce sujet; le même officier portait la lettre suivante:

A Son Eminence.

« Jugeant qu'il est nécessaire que Vostre Eminence soit particulièrement informée de toutes choses, et aussi qu'elle sera bien aise, pour remettre les affaires, de conférer avec les personnes qui en sauront plus particulièrement tous les moyens, j'ay prié M. de Trèves de s'en aller à la cour. Quoyque ce soit un voyage très-dangereux, il a souhaité le voulloir faire, pouvant tesmoigner en effet qu'il travaille avec affection extrême au rétablissement de touttes choses.

» Vostre Eminence croit bien que je n'auray point au monde de plus grand soin que de faire touttes les choses qui se pourront, avec ce qui me reste, et qu'avec ce qu'il luy plaira envoyer de renfort, suivant la nécessité des affaires, j'espère que Dieu me fera la grâce de rendre quelque bon service, après le malheur que j'ay eu, qui est la seule chose au monde que je souhaitte, estant, Monseigneur, vostre très-humble et très-obéissant serviteur.

» A Wesser, 16 may 1645.

» TURENNE. »

Le Roi transmit encore à M. de Turenne ses ordres sur ce qu'il y avait à faire dans la conjoncture présente; ils sont contenus dans les lettres suivantes:

« Mon cousin, les premières nouvelles que la Reyne régente, madame ma mère, et moi avons receues de vostre combat contre l'armée de Bavière ont esté rapportées avec tant d'incertitude et de confusion, et on a esté si long-temps sans en avoir d'esclaircissemens, que nous en avons esté dans une extrême peine, non-seulement parce qu'il sembloit que le mal fust beaucoup plus grand qu'il ne se trouve, par la grâce de Dieu, mais particulièrement à cause que l'on n'avoit aucun advis de ce qui avoit succédé à vostre personne. A présent que j'apprens, par diverses lettres, que vous estes arrivé à Cassel, que vous avez rallié et sauvé une bonne partie de la cavalerie de l'armée, avec plusieurs principaux officiers; que la perte que vous avez faicte n'est arrivée que pour n'avoir pas eu toutes les troupes de l'armée avec vous, plusieurs officiers ne s'estant pas rendus avec leurs corps près de vous dans le temps que vous leur aviez ordonné; et que si les forces des ennemis vous ont obligé de céder, ce n'a esté que pour avoir prévalu en grand nombre sur vous, et après avoir souffert une notable perte; quoique j'aye tousjours bien jugé qu'il n'y avoit aucun manquement de vostre part, cognoissant avec quelle vigilance, valeur et conduite vous agissez; néantmoins, ce m'est une singulière consolation et repos d'esprit de sçavoir, en gros, comme la chose s'est passée, en attendant que j'en apprenne le particulier, et d'estre asseuré que Dieu vous a préservé dans un si grand péril, avec beaucoup de mes fidèles serviteurs que je recognoistray, Dieu aidant, du service qu'ils m'ont rendu en cette occasion, comme je feray chastier ceux qui seront notés pour y avoir manqué; et j'espère que vous serez bientost en lieu d'où vous pourrez vous-mesme travailler au restablissement de mon armée et de mes trouppes, pour estre en estat de ne laisser passer la campagne sans prendre vostre revenche sur les ennemis. Cependant, afin de ne rien obmettre pour cela de ma part, je vous répéteray icy ce que je vous avois mandé par le sieur de Beauvais Plezian, lequel je vous ay despêché incontinent après les premiers advis de cet accident, qui est que j'ay faict advancer le sieur de Marsin avec mil chevaux effectifs du costé du Rhin, et le courier que je luy avois despêché est de retour, qui a rapporté qu'il estoit desjà advancé sur ce chemin. J'ay aussy sceu que le sieur de Bellenave est arrivé en ces quartiers-là avec le corps que vous savez que je faisois former soubs sa charge. En attendant qu'il vous puist joindre, je faicts que mon cousin le duc d'Enghien, part dans deux jours de cette ville pour se rendre en mon armée, qu'il commande, dont toutes les troupes ont leur rendez-vous dans le Verdunois et le Barrois, et seront ensemble au 20 de ce mois, pour de là marcher aux plus grandes journées qu'il pourra en Allemagne; et j'ai donné ordre par ledit sieur de Beauvais Plezian aux sieurs d'Eyrenan, de Marsin, de Bellenave et de Vauxtorte et au sieur d'Erlac de faire tout ce qui leur sera possible pour recueillir les débris des trouppes qui ont pris part au combat, empêcher qu'aucun ne quitte le service, ayder à les remettre et à maintenir celles qui sont retournées en leur entier, et faire tout ce qu'il faudra faire pour la seureté des places, en sorte que l'accident qui est arrivé ne puisse produire aucune suite préjudiciable à mon service en ces quartiers-là, en attendant que, par l'arrivée de mon cousin le duc d'Enghien, toutes choses y soyent entièrement assurées, et que vous puissiez vous y rendre pour vous employer à tout ce qui sera nécessaire pour restablir mon armée d'Allemagne. Je mande aussi à mes ambassadeurs plénipotentiaires pour la paix de faire toutes les instances convenables en mon nom auprès des ministres de la couronne de Suède et du général Tartenson, afin qu'ils donnent des prisonniers qu'ils ont pour servir à l'eschange des nostres, à condition de faire payer aux officiers de l'armée de Suède le prix de la rançon de ceux qui sont leurs prisonniers, sur le pied du quartier-général : en quoy ils trouveront leur compte, comme l'on y remontrera l'advantage de mon service; et si vous pouvez, de vostre costé, m'envoyer cet eschange par cette voye, ou par la rançon des prisonniers que le général Merci a en son pouvoir, je crois que je n'ay pas besoin de vous exciter de le faire, mais seulement je vous asseure que tout ce que vous promettrez de ma part en cela sera ponctuellement exécuté; vous réitérant encore que je reçois une parfaicte joye de ce que Dieu vous conserve pour me continuer, et à cet Estat, les services utiles que vous m'avez rendus jusques icy, et dont j'ay une entière satisfaction, priant Dieu qu'il vous ayt, mon cousin, en sa sainte et digne garde.

» Escrit à Paris, le 22 may 1645. »

A Monsieur de Turenne.

« Mon cousin, ayant sceu que l'Empereur a relâché mon cousin l'archevesque de Tresve, après l'avoir détenu prisonnier depuis plusieurs années, et qu'il espère de rentrer dans ses Estats et biens, dont les ennemis de cette couronne l'ont despouillé, ce qui a esté la première cause de l'ouverture de la présente guerre, j'ai bien voulu vous faire cette lettre pour vous dire, par l'advis de la Royne régente, madame ma mère, que mon intention est que, si mondit cousin l'archevesque de Tresves passe au lieu où vous serez, ou dans les places et le pays tenus par mes armées, en Allemagne, vous lui rendiez et fassiez rendre les mesmes honneurs que vous faictes à moy-mesme : à quoy n'estimant que j'ay rien de particulier à adjouster, je ne vous feray la présente plus longue que pour prier Dieu qu'il vous ayt, mon cousin, en sa sainte et digne garde.

» Escript à Paris, le 25 mai 1645.] »

M. de Turenne, ayant eu nouvelle que M. de Merci, s'étant approché, avoit attaqué Kinchaim (1), petite place à l'entrée de la Hesse, manda au gouverneur que s'il pouvoit tenir cinq ou six jours, il seroit secouru ; ce qui lui fit prendre la résolution de ne se pas rendre, quoiqu'il y eût une assez grande brèche faite. Les François, ayant joint M. Konigsmarc et les Hessiens, marchèrent droit à l'ennemi, qui leva le siége environ le dix ou douzième jour après que la bataille de Mariendal avoit été donnée. M. de Turenne pouvoit avoir de reste trois ou quatre mille chevaux et seulement douze ou quinze cens hommes de pied qu'il avoit ramassés ; l'ennemi s'étant retiré vers la Franconie, les trois armées demeurèrent quelques jours dans le pays de M. le landgrave de Darmstadt.

(1) On n'a pu lire dans l'original le nom de la ville assiégée, mais Puffendorf l'appelle Kirchaim. (A. E.)

Dans ce temps-là on eut nouvelles que M. le duc d'Enghien, avec sept ou huit mille hommes, marchoit vers le Rhin, ce qui obligea M. de Turenne, joint avec M. Konigsmarc et les Hessiens, d'aller dans le pays de Darmstadt, et de-là dans le Bergstras pour le joindre.

[M. de Turenne en informa Son Eminence par la lettre suivante :

« Je me suis donné l'honneur d'escrire deux ou trois fois à Vostre Eminence par la voye de Mayence, mais mes lettres ont été perdues, dans lesquelles il n'y avoit rien de conséquent, ayant perdu mes chiffres, comme je l'ay mandé à Vostre Eminence.

» Je croy qu'il y aura desjà long-temps que M. de Tracy sera arrivé à la cour; depuis son partement, j'ay joinct les trouppes de madame la landgrave de Hessen, et celles de Konigsmarc. Ce que l'ennemi ayant sçu, et s'estant trouvé engagé devant Kirkeine, il en a levé le siége, et s'est retiré au Mayn, où il est à ceste heure retranché devant Aschastembourg; ayant par ce moyen laissé le chemin de Mayence libre, j'en ay faict venir les trouppes qui y estoient; ce qui est sorty de Brisac, à sçavoir, d'Ossonville et des quatre compagnies de M. d'Erlack, approche cinq cens hommes; les six compagnies de Vostre Eminence, qui sont sorties de Mayence, font quatre cent cinquante, et les nouvelles cent, et le régiment Bellenave quatre cens hommes; de sorte qu'avec ce que je peux avoir de reste de l'infanterie, il me faut conter à deux mille hommes de pied, de cavalerie; j'ay trois mille cinq cens chevaux, et avec la montre, on pourra faire estat de quatre mille effectifs.

» J'ay trouvé de l'argent à Francfort pour payer les régimens qui se sont trouvés au combat, ayant remis les autres à Strasbourg, où ils ont envoyé quérir leur argent.

» Je croy que Vostre Eminence ne juge pas raisonnable que l'on leur eust diminué ce qu'ils ont perdu; car outre qu'il eust esté impossible de les faire condescendre à cela, je l'assoure qu'ils employeront tout l'argent que l'on leur donnera à se remettre; et depuis la bataille il leur a fallu travailler comme auparavant sans esquipage, ce qui les eust ruynés entièrement, sans le grand soin qu'ils ont pris.

» A ce qui pourra servir d'infanterie, je leur feray donner la montre, et aux autres officiers qui n'auront point de soldatz, j'ay parlé à M. de Vautorte, qui leur fera donner une petite subsistance sur les villes le long du Rhyn, en attendant que l'on les remette.

» Je croy que M. de Nétancourt pourroit mieux que personne remettre son régiment, et il luy reste icy un assez bon nombre de soldatz; il faudroit que ce fût l'aisné qui s'en meslât, il en viendroit asseurément à bout.

» Si quelqu'un voulloit prendre celuy de Melun, il y reste de bons officiers et cent cinquante soldatz, qui sont dans les places le long du Rhyn; avec un quartier en France, je croy qu'il pourroit se remettre; je manderay à Vostre Eminence ce que se pourra faire là-dessus; pour le mien, je ne sçaurois pas respondre de le raccommoder que dans l'hyver, si ce n'est que dès à présent on me voullût donner un quartier en France, où j'envoyeray des officiers. Les officiers de la cavalerie allemande me sont venuz trouver, qui disent qu'à moins de mille escuz par compagnie, il leur est impossible de les bien remettre; estant deçà le Rhyn, ils espèrent trouver des cavaliers; outre que les ennemis sont obligez de rendre les prisonniers par un quartier signé, je croy que si on peut faire cet effort, il est tout-à-fait nécessaire de leur donner cette satisfaction.

» M. de Tracy, qui est là, est entièrement informé de toutes choses.

» M. de Marsin s'est trouvé icy quand nous étions ensemble, M. Konigsmarc, celuy qui commande les troupes de Hesse, et moy, qui pourra faire sçavoir à M. le duc d'Enghien toutes choses, et mesme l'ira trouver en Saverne pour luy dire ce de quoy nous sommes convenuz.

» M. de Beauvais est arrivé icy, qui m'a dit les bontez que Vostre Eminence a pour moy, de quoy je luy suis obligé en un point qui ne se peut pas exprimer, et je luy peus bien asseurer qu'un des plus grands déplaisirs dans mon malheur a esté celuy que, outre le service du Roy, Vostre Eminence en aura ressenti pour mon particulier.

» Je croy qu'elle aura sceu comme les ennemis n'ont point profité de leur victoire, ce qui ne laisse pas d'apporter beaucoup d'incommodité pour les dépenses extraordinaires que l'on sera obligé de faire, desquelles M. de Tracy sçait le destail, et je supplie très-humblement Vostre Eminence d'en voulloir considérer la conséquence.

» Je m'asseure qu'elle jugera qu'il a esté assez advantageux de tirer touttes les trouppes en deçà du Rhyn, pour la conséquence de la chose mesme, et la réputation d'Allemagne; car estant soutenu, on peut faire un estat asseuré de ne point repasser le Rhyn, qui estoit ce qu'il y avoit le plus à craindre.

» S'il plaisoit à Vostre Eminence que l'on fît

donner des lieux d'assemblée et de l'argent au régiment de Vostre Eminence, à sçavoir, six compagnies, Melun, Nétancourt, et au mien, j'y renvoyerois les officiers, et retiendrois ce qui se trouve de soldatz icy. C'est, Monseigneur, vostre très-humble et très-obéissant serviteur.

» Au camp de Ferknheim, 18 juin 1645.

» Turenne. »]

M. d'Enghien passa le Rhin vers Spire, et il fut résolu que les armées jointes marcheroient vers le Nekcre, et que l'on tâcheroit d'arriver à Hailbron avant l'ennemi. On marcha en grande diligence avec un gros corps de cavalerie d'avant-garde à une heure d'Hailbron, où l'on vit l'armée ennemie qui arrivoit de l'autre côté du Neckre, et qui se mettoit en bataille sur un côteau de vignes auprès de la ville: ce qui fit faire alte à l'avant-garde. On attendit l'infanterie qui étoit assez éloignée, et l'on campa ce soir en ce lieu. Voyant qu'on ne pouvoit pas attaquer Hailbron ni passer le Nekcre en cet endroit-là, toute l'armée des ennnemis y étant opposée, on marcha à Vimpsen, petite ville sur le Nekcre, à deux heures au-dessous d'Hailbron; on mit promptement le canon en batterie, et la ville se rendit. Il me semble qu'il n'y avoit pas plus de trois cens hommes dans la place.

L'ennemi, voyant que l'on avoit par ce moyen un passage sur le Nekcre, laissa une bonne garnison à Hailbron, se retira et alla camper à Feuchtwang, où il fit quelques retranchemens. L'armée du Roi, laissant peu de gens dans Vimpsen, passa le Nekcre : M. Konigsmarc, voyant les ennemis éloignés, et bien aise d'être à part en Francouie, feignit d'être mécontent de M. le prince, sans aucun sujet légitime (1), s'en sépara sans prendre congé de lui, marcha deux jours vers le Mein sans s'arrêter, et on n'eut plus aucune nouvelle de lui. C'est un homme nourri dans la guerre, accoutumé aux grands commandemens, assez glorieux et intéressé, et qui veut que toutes choses dépendent si fort de lui, qu'il s'accommode difficilement avec ses supérieurs, et tend toujours à se séparer. Au reste, c'est une personne qui a de grands talens pour la guerre, et qui a servi très-dignement la couronne de Suède. M. de Turenne ne peut que se louer de la façon dont il en usa avec lui, en recevant ses ordres, avant que M. le prince fût arrivé.

(1) Le vicomte cache toujours les fautes des autres en relevant les siennes. (A. E.)

Après son départ, les Hessiens demeurans avec nous, on marcha à Rottembourg sur le Tauber, où l'on séjourna quelques jours. M. de Merci se retira plus avant dans le pays vers Dinkespuhel, où il laissa trois ou quatre cens hommes, et se campa à trois ou quatre lieues de là, derrière des bois. Peu de jours après, l'armée du Roi arriva auprès de Dinkespuhel, et forma le dessein de l'atttaquer; on fit avancer des mousquetaires dans des maisons ruinées, et l'on y ouvrit quelque tranchée; mais avant minuit un officier prisonnier, qui s'étoit sauvé de l'armée de Bavière, vint avertir M. de Turenne que M. de Merci, croyant que l'armée du Roi s'attacheroit au siége de Dinkespuhel, marchoit toute la nuit, et étoit à deux heures de là, derrière les bois. M. de Turenne alla promptement en avertir M. d'Enghien, qui résolut de laisser tout le bagage avec deux ou trois régimens de cavalerie, et de partir incontinent avec toute l'armée, pour suivre M. de Merci.

On partit à une heure après minuit : M. de Turenne avoit l'avant-garde, et on traversa un bois; M. d'Enghien y étoit et avoit laissé M. le maréchal de Gramont avec son armée à l'arrière-garde. En sortant du bois, le jour étoit déjà assez grand pour voir une petite troupe des Bavarois, et peu de temps après, en la poussant, on découvrit quelques escadrons ennemis, lesquels, ayant vu la tête de notre avant-garde, se retirèrent en diligence vers le corps de leur armée, dont ces troupes étoient l'avant-garde : de sorte que, si l'on ne fût pas parti de trop bonne heure, on les eût trouvés dans la marche, et par conséquent en fort mauvaise posture. Ils s'arrêtèrent derrière plusieurs étangs, se mirent aussitôt en bataille, et ayant placé leur canon, commencèrent à faire des travaux à leur tête et à se retrancher.

L'armée du Roi se mit aussi en bataille au sortir du bois, mais elle ne put aller à eux que par des défilés. On fit avancer le canon qui les incommoda assez; mais le leur, qui étoit déjà placé, nous fit beaucoup plus de mal. La journée se passa toute entière à se canonner de part et d'autre avec assez de perte. Le lendemain, deux heures devant le jour, nous nous retirâmes par le même chemin par lequel nous étions venus : c'étoit par un défilé dans le bois. L'ennemi ne suivit qu'avec quelque cavalerie, et il n'y eut qu'une escarmouche, quoiqu'il y eût un temps auquel il eût pu défaire une partie de notre arrière-garde. On repassa donc le bois et on alla joindre le bagage auprès de Dinkespuhel, où l'on campa; mais ne jugeant pas à propos de s'arrêter à une si petite place, on résolut de marcher à Nordlingen, et d'y arriver avant l'ennemi, ce qui étoit fort aisé. Le lendemain l'armée partit de bonne heure et, ayant marché deux ou trois heures, arriva vers les neuf heures du matin dans la plaine, assez proche de Nordlingen; n'y voyant rien paroître, on résolut de faire halte avec quelque intention d'y camper, mais pas encore avec ordre de décharger le bagage ni de tendre les tentes. Comme M. de Turenne s'avança dans la plaine avec une petite garde, et que M. le prince alla aussi se promener fort près de là avec un autre, il tomba sur un parti allemand qui rôdoit, et emmena deux ou trois prisonniers qui dirent que l'armée de l'ennemi passoit un ruisseau à une heure de là pour s'approcher de Nordlingen. M. de Turenne joignit promptement M. le prince, et ayant appris qu'il n'y avoit point de ruisseau entre le lieu où l'ennemi passoit et celui où l'on étoit, on envoya à l'armée pour ordonner que personne ne s'écartât. M. le prince et M. de Turenne s'avancèrent encore avec peu de gens pour reconnoître et apprendre plus certainement ce que faisoit l'ennemi et s'il continuoit sa marche. La plaine est si raze et s'étend si loin que l'on ne craignoit pas de s'avancer avec peu de gens.

M. de Merci, qui commandoit l'armée de Bavière, à laquelle s'étoit joint un corps de six ou sept mille hommes de l'Empereur, commandé par le général Gleen, étant arrivé sur le bord d'un ruisseau à neuf heures du matin, et jugeant, comme il étoit vrai, que l'armée du Roi étoit campée auprès de Nordlingen que nous voulions assiéger, crut qu'en passant ce ruisseau sans bagage il pourroit, avec sûreté, s'approcher de Nordlingen, à cause des montagnes et des avantages qu'il pouvoit prendre avec son armée; il se persuada aussi qu'on ne l'attaqueroit point ce jour-là, et qu'ainsi il auroit le temps de se retrancher : ce qu'il étoit accoutumé de faire en grande diligence, n'ayant ordinairement à la suite de son armée d'autres charriots que ceux de munition de guerre et ceux dans lesquels étoient les outils. Il continua donc sa route et se posta à trois ou quatre cens pas du ruisseau, sur une montagne (1) qui, à l'endroit où il l'abordoit, étoit assez haute, mais qui descendoit insensiblement vers un village (2). Pour se servir du lieu selon la force de son armée et la situation du terrain, il commença à ranger son aile droite, composée d'un corps de l'Empereur et de quelques-unes de ses troupes, depuis l'endroit de la montagne qui approche le plus du ruisseau jusqu'au village, ayant deux régimens d'infanterie et son canon au lieu où commençoit son aile droite. Dans l'endroit où l'aile droite finissoit, l'infanterie s'étendoit en bataille derrière le village, et, dans l'action combattit presque toute pour le défendre; mais au commencement il ne fut occupé que par quelques mousquetaires commandés dans l'église et au clocher. Ensuite de l'infanterie qui étoit sur deux lignes de même que la cavalerie, l'aile gauche, composée de la cavalerie, de Bavière, et commandée par M. Jean de Wert, finissoit vers un petit château un peu élevé (3) autour duquel il y avoit de l'infanterie qui fermoit la gauche de l'armée, de même que ces deux régimens d'infanterie fermoient la droite. L'espace entre le village et le château étoit une plaine où se pouvoient bien tenir douze ou treize escadrons. C'est en cet ordre que se mit M. de Merci, tant pour combattre que pour camper si on n'étoit pas venu à lui.

M. le prince, ayant vu que l'armée de l'ennemi passoit le ruisseau, manda aux troupes de se tenir prêtes à marcher, et étant confirmé, par les partis et par sa vue même, que l'ennemi ne s'éloigneroit pas trop de vouloir combattre, il passa l'endroit derrière lequel il avoit un grand avantage, et manda à toute l'armée de marcher. Sur le midi, l'armée s'avança dans cette grande plaine, et vers les quatre heures du soir on vint en présence : il fallut assez de tems pour s'étendre et se mettre en état de combattre. Ce village qui étoit devant l'armée ennemie donnoit avec raison différentes pensées, ou de l'attaquer, ou de marcher vers les deux ailes avec la cavalerie seulement; mais comme la chose n'est pas assez sûre d'attaquer des ailes sans pousser en même temps l'infanterie qui est au milieu, on ne jugea pas à propos, quelque difficulté qu'il y eût à attaquer le village, d'aller au combat avec la cavalerie sans que l'infanterie marchât de même front : et comme le village étoit plus de quatre cens pas plus avancé que le lieu où étoit leur armée, on crut qu'il falloit faire halte avec les deux ailes pendant que l'infanterie combattroit pour emporter les premières maisons de ce village et s'en rendre maître, ou du moins d'une partie. Pour cet effet, on fit avancer le canon, afin qu'on ne fût pas endommagé de celui de l'ennemi sans l'in-

---

(1) Montagne de Vineberg.

(2) Le village se nomme Allerheim.

(3) Puffendorf et tous les autres disent que le château était sur une hauteur ou colline, nommée la colline d'Allerheim.

commoder avec le nôtre ; mais comme celui qui est placé a beaucoup d'avantage sur ceux qui marchent, à cause qu'il faut toujours atteler les chevaux pour avancer, ce qui fait perdre beaucoup de temps, celui de l'ennemi incommodoit plus qu'il ne recevoit de dommage.

En cette disposition, l'infanterie de l'armée du Roi marcha droit au village ; l'aile droite étant opposée à l'aile gauche de l'ennemi dans la plaine, et l'aile gauche à la droite de l'ennemi qui étoit sur cette montagne, laquelle descendoit insensiblement au village. L'infanterie trouva assez peu de résistance aux premières maisons ; mais quand elle entra plus avant, trois ou quatre régimens de l'ennemi (dont une partie occupoit le cimetière et l'église, et l'autre avoit percé les maisons) firent un si grand feu, qu'elle s'arrêta tout court et commença à plier ; on la seconda d'autres régimens, et M. de Merci, qui étoit derrière le village, fit soutenir la sienne par d'autres corps : ainsi le combat devint fort opiniâtre, avec beaucoup de perte de part et d'autre, mais moins de celle de l'ennemi, à cause qu'il étoit logé dans les maisons percées ; et même pendant que sa première ligne combattoit dans le village, la seconde travailloit sur la hauteur. Ces expédiens ne réussirent point, mais ils montrent beaucoup d'habileté et de sang froid dans le général. M. le prince vint souvent dans le village, y eut deux chevaux blessés sous lui et plusieurs coups dans ses habits. Il laissa M. le maréchal de Grammont à l'aile droite de sa cavalerie. M. de Turenne faisoit aussi ce qu'il pouvoit pour faire avancer l'infanterie qui étoit dans le village proche de son aile. M. de Bellenave, maréchal-de-camp de son armée, y fut tué ; M. de Castelnau, maréchal-de-bataille, dans celle de M. le prince, fut très-dangereusement blessé, aussi bien qu'un très-grand nombre d'officiers. Dans le fort, et sur la fin de ce combat, M. de Merci, général de l'armée de Bavière, reçut un coup de mousquet dont il mourut sur le champ, et je crois que quand l'aile gauche de l'ennemi, que commandoit Jean de Wert, avança contre la cavalerie de M. le prince, qu'on ne sçavoit pas sa mort : le combat ayant duré plus d'une heure dans le village, où quelques escadrons étoient employés pour seconder l'infanterie, l'aile gauche de l'ennemi commença à marcher.

On a souvent dit qu'il y avoit eu quelques fautes en passant quelques fossés qu'il y avoit entre les ailes, mais je ne trouve pas cela considérable, car toute l'aile droite de l'armée du Roi étoit en bataille et voyoit devant elle celle de l'ennemi, laquelle, en venant au petit pas au combat, ne trouva pas grande résistance. Quoique M. le maréchal de Grammont y fit tout ce qui se pouvoit, il fut fait prisonnier, n'ayant pu faire le devoir à la seconde ligne non plus qu'à la première.

M. le prince, qui étoit fort proche du village, passa à l'aile de M. de Turenne, lequel, voyant que l'attaque du village ne réussissoit point, et que la cavalerie de l'aile gauche de l'ennemi marchoit à la cavalerie françoise, s'avança avec son aile vers la montagne, et ayant parlé un instant avec M. le prince, il lui dit que s'il lui plaisoit de le soutenir avec quelques escadrons de la seconde ligne et les Hessiens, qu'il marchoit pour aller à la charge ; M. le prince y ayant consenti, M. de Turenne continua de monter la montagne à la tête du régiment de Flextein. Etant à cent pas de l'ennemi, il vit en se tournant que toute la cavalerie françoise et l'infanterie qui avoit été poussée du village, étoit entièrement mise en déroute dans la plaine.

Comme M. de Turenne continuoit à monter la montagne avec huit ou neuf escadrons de front, l'infanterie de l'ennemi avoit aux deux extrémités de l'aile fit une décharge, et le canon eut loisir de faire trois ou quatre décharges, les premières à balle, et la dernière avec des cartouches, dont le cheval de M. Turenne fut blessé, et il en eut un coup dans sa cuirasse, et une partie des officiers du régiment de Flextein, et le colonel même, furent blessés avant que de venir à la charge contre un régiment de cavalerie qui étoit devant lui. Cela n'empêcha pas que toute l'aile, étant marchée d'un front, ne renversât toute la première ligne de l'ennemi avec plus ou moins de résistance de quelques escadrons ; et la seconde ligne de l'ennemi soutenant la première qui étoit renversée, le combat fut fort opiniâtre : on n'avoit qu'un escadron ou deux dans la seconde ligne, et les Hessiens qui étoient à la réserve étoient un peu loin : cela fut cause que l'on fut un peu poussé, mais sans déroute ; car les escadrons étoient toujours en ordre, et même quelques-uns avoient de l'avantage sur ceux de l'ennemi ; mais leur grand nombre l'emportoit.

Les Hessiens arrivèrent, et M. le prince à leur tête agissoit avec autant de courage que de prudence. La cavalerie weymarienne, voyant les Hessiens approcher, se rallia, et on chargea tout d'un temps tout le corps de la cavalerie ennemie qui s'étoit mis sur une seule ligne ; on la rompit, tout le canon qui étoit sur cette montagne fut pris, et les régimens d'infanterie qui étoient avec l'aile droite furent défaits, et le général de l'armée de l'Empereur, nommé Gleen, pris.

D'un autre côté, toute la cavalerie de M. le prince, première et seconde lignes, et même sa réserve commandée par le chevalier de Chabot, et toute l'infanterie qui s'en étoit fuie dans la plaine étant chassée du village, fut entièrement défaite : Jean de Wert laissa suivre la victoire de ce côté-là par deux régimens, qui poussèrent nos troupes deux lieues jusqu'au bagage, et revinrent pour seconder son aile droite, ou pour arrêter la déroute. Si au lieu de retourner par le même endroit, en laissant le village à main gauche, ils eussent marché dans la plaine droit à la cavalerie weymarienne et hessienne, l'on n'auroit pas été en état de faire aucune résistance, et le désordre se seroit mis très-facilement dans notre aile gauche ainsi enveloppée.

Comme la cavalerie de M. de Wert commença à revenir derrière le village, le soleil étoit déjà couché, et la nuit venant incontinent après, les deux ailes, qui avoient battu ce qui étoit devant eux, demeurèrent en bataille l'une devant l'autre ; et comme la cavalerie de l'armée du Roi étoit un peu plus avancée que le village, quelques régimens de l'ennemi, qui étoient dans le cimetière et dans l'église, se rendirent à M. de Turenne, et sortirent de là sans armes à l'entrée de la nuit, sans sçavoir que leurs troupes n'étoient pas à cinq cens pas de là.

La cavalerie demeura une partie de la nuit fort proche l'une de l'autre dans la plaine, les gardes avancées de part et d'autre n'étant pas à cinquante pas l'une de l'autre. A une heure après minuit l'armée des ennemis commença à se retirer, n'en ayant pas plus de raison que celle du Roi, si ce n'est qu'ils avoient perdu leur général ; on n'entendit pas beaucoup de bruit, car ils n'avoient pas de bagage : je crois qu'ils n'emmenèrent que quatre petites pièces de canon ; tout le reste, qui étoit douze ou quinze, demeura sur le champ de bataille. A la pointe du jour on ne vit plus personne, et on sçut que les ennemis s'étoient retirés vers Donawert, petite ville où il y a un pont sur le Danube à quatre heures de là. M. de Turenne les poursuivit jusqu'à la vue de Donawert, avec deux ou trois mille chevaux.

L'armée du Roi y eut toute son aile droite battue et toute son infanterie entièrement mise en confusion, hors trois bataillons hessiens qui étoient à la réserve ; et je crois qu'il y eut bien trois à quatre mille hommes de pied tués sur la place. De l'armée de l'ennemi, toute l'aile droite fut battue, trois ou quatre régimens d'infanterie, qui étoient mêlés avec elle, défaits, deux qui se rendirent dans l'église, beaucoup de gens tués dans le village, et presque tout son canon pris. Pour parler de la perte des hommes, je crois que celle que fit l'armée du Roi fut plus grande que celle de l'ennemi. M. le maréchal de Grammont fut pris d'un côté, et le général Gleen de l'autre, et un très-grand nombre d'officiers et beaucoup d'étendarts ; notre cavalerie allemande des vieux corps fit très-bien, comme aussi les régimens de Duras et de Traci (1).

On fut quelques jours sans pouvoir mettre ensemble plus de douze ou quinze cens hommes de pied de toute l'infanterie françoise. Après avoir demeuré un jour ou deux auprès de Nort-

---

(1) Turenne rendit compte à sa sœur de la fameuse bataille de Nordlingue, par la lettre suivante :

« Ma chère sœur, je vous dirai, avant toutes nouvelles, que je ne vous crois aucunement changée pour m'avoir fait des réprimendes, et je vous jure que, quand je suis négligent à vous écrire, c'est l'assurance entière que j'ai que vous m'aimerez toujours sans pouvoir changer.

» On donna avant-hier, près de Nordlingue, la plus grande bataille qui se soit vue depuis la guerre. La cavalerie françoise avoit la droite, et moi la gauche avec ma cavalerie. La droite a été entièrement défaite, comme aussi l'infanterie françoise ; nous avons eu, Dieu merci, plus de bonheur à la gauche, et y avons gagné le champ de bataille, pris presque tout le canon des ennemis, et Gléen, qui commandoit l'aile droite des Bavarois, y a été fait prisonnier ; M. le duc, par le plus grand bonheur du monde, après avoir eu deux chevaux tués sous lui, et un peu blessé au bras, s'en vint du côté où j'étois un peu devant que le côté où il avoit résolu de se tenir fût rompu. Il témoigne être assez satisfait de ce que j'ai fait en cette occasion. Vous sçaurez par les relations tous ceux qui sont morts et prisonniers. On a eu nouvelle de M. le maréchal de Grammont, que les ennemis ont mené en Bavière, où leur armée s'est retirée, c'est-à-dire sur le Danube, après avoir quitté le champ de bataille. Pour leur perte, elle a été plus grande que la nôtre, quoique l'armée françoise ait été entièrement repoussée ; je suis bien assuré que l'on ne dira pas autrement à Paris, que la cavalerie allemande n'ait entièrement gagné la bataille. M. le duc m'a fait là-dessus plus de complimens devant toute l'armée que je ne sçaurois vous dire, ni aussi exprimer ce qu'il a fait en cette occasion de sa personne, de cœur et de conduite. J'avois quatre bataillons d'infanterie, deux que commandoit M. de Chabot pour soutenir l'armée de M. le duc, et deux autres auprès de son infanterie ; mais la cavalerie françoise, en s'enfuyant, a emporté tout cela, de sorte qu'il n'est resté que la cavalerie allemande et les Hessiens. M. le duc ne sçauroit assez se louer des Allemands, et en effet il leur a obligation de la vie et de la liberté. Il n'est pas croyable comme il me fait l'honneur de bien vivre avec moi ; je vous supplie de témoigner à madame la princesse et à madame de Longueville combien je lui en suis obligé.

» Au camp de Nordlingue, ce 8 août 1645. »

lingen, M. le prince, sçachant que les bourgeois y étoient les plus forts et que l'ennemi n'y avoit que quatre cens hommes, résolut de l'attaquer; les habitans de la ville demandèrent à capituler dès la première nuit; mais je crois qu'on retint leurs armes. On demeura sept ou huit jours à Nortlingen, qui est une assez grande et bonne ville, où l'on se raccommoda beaucoup : on y trouva des armes, assez de chevaux pour les équipages, des harnois et beaucoup de médicamens pour les blessés. Après y avoir laissé une fort petite garnison, on alla attaquer Dinkespuhel, qui ne se défendit que trois jours. Quand on vouloit se rapprocher du Neckre et du Rhin à cause de l'état de l'armée, et pour pouvoir toucher quelque argent, M. le Prince tomba malade auprès de Dinkespuhel, et suivit la marche de l'armée jusqu'auprès de Hailbron, d'où on lui donna de la cavalerie pour l'emmener à Philisbourg, où il fut fort malade; il s'en retourna de là en France, laissant M. le maréchal de Grammont pour commander son armée, laquelle demeura jointe avec celle d'Allemagne que commandoit M. de Turenne (1). Ils se campèrent auprès d'Hailbron : comme l'ennemi y avoit mille hommes de garnison, et qu'il y avoit jetté encore quelqu'infanterie, l'on ne se crut pas en état de l'assiéger, et on demeura autour de la place huit ou dix jours pour attendre quelques convois de Philisbourg et de l'argent. Quand ces convois furent arrivés, on avança avec l'armée par la comté de Hohenloe jusqu'à Suabeschal, à dessein d'y attendre l'hiver et de prendre des quartiers dans la Souabe, en poussant l'armée de Bavière au-delà du Danube. L'armée de l'ennemi se tenoit assez près du Danube au commencement; mais un peu après elle vint camper à cinq ou six heures de l'armée du Roi, pour empêcher les fourages. On demeura douze ou quinze jours en cette disposition, jusques assez avant dans le mois d'octobre.

---

(1) Le plein pouvoir donné à Turenne (1643) pour commander en Allemagne, était ainsi conçu :

« Louis, par la grâce de Dieu, Roy de France et de Navarre, à tous ceux qui ces présentes lettres verront, salut. Après la perte sensible que nous avons faicte de la personne de nostre très-cher et amé cousin, le comte de Guébriant, maréchal de France, nostre lieutenant-général en nostre armée d'Allemagne, qui est décédé d'une blessure qu'il a receue en prenant la place de de Rotwil, et de qui la valeur et la réputation avoient beaucoup contribué aux succès de nos armes en Allemagne, nous avons considéré qu'il n'y avoit rien de plus important à nostre service et à cet Estat, que de remplacer le commandement de l'armée d'une personne qui eust toutes les qualités nécessaires pour se bien acquitter d'une charge dont les fonctions regardent non seulement l'advantage et le repos de cet Estat, mais celuy de toute la chrestienneté et de la cause commune, pour laquelle nous soustenons la guerre depuis si longtemps avec nos alliés contre les ennemis de cette couronne et les leurs; et ayant jetté les yeux sur divers subjects pour en choisir un qui fust capable d'un employ de cette conséquence, nous avons estimé ne pouvoir faire un plus digne choix que nostre très-cher et bien-amé cousin le vicomte de Turenne, maréchal de France, de qui la naissance relevée et les belles et généreuses actions qu'il a faictes dans les principaux commandemens que le feu Roy, mon très-honoré seigneur et père, de glorieuse mémoire, que Dieu absolve, luy a diverses fois donnés sur ses armées, dedans et dehors le Royaume, l'ont faict beaucoup considérer à nous, l'ont faict juger nécessaire à cette charge, ayant faict cognoistre sa valeur, prudence, expérience au faict de la guerre, vigilance et heureuse conduicte dans l'Allemagne, ès batailles qui y ont été données par nos armées, soubs le commandement de nostre très-cher cousin le duc de Saxe-de-Weymar, devant et depuis la prise de Brisac, à laquelle il a beaucoup contribué, agissant alors dans un corps de nos troupes soubs nostredit cousin, où il s'est acquis une particulière créance entre les principaux chefs et officiers qui sont encore à présent employés en ladite armée, et depuis dans le commandement de nos armées, en Lorraine, Espagne et Italie, et a tousjours montré une fidélité et affection singulière à nostre service, sçavoir faisons, que nous, pour ces causes et autres considérations, à ce nous mouvant, de l'advis de la Reyne régente, nostre très-honorée dame et mère, nous avons nostredit cousin, le maréchal de Turenne, faict, constitué et establi, faisons, constituons et establissons, par ces patentes signées de nostre main, nostre lieutenant-général, représentant nostre personne en nostredite armée d'Allemagne; et ladite charge luy avons donnée et octroyée, donnons et octroyons, avec pleins pouvoirs de commander aux gens de guerre, autant de cheval que de pied, françois et estrangers, dont elle est ou sera cy-après composée; icelle exploicter ainsy que nostredit cousin verra estre à propos pour le faict de nos intentions; faire vivre lesdicts gens de guerre en bon ordre, discipline et police; en faire faire les monstres et revues par les commissaires et connoisseurs ordinaires de nos guerres, suivant nos Estats; et en leur absence, y en commettre d'extraordinaires; commander aux officiers de l'artillerie, des vivres de nostredite armée, et, avec les forces d'icelle, assiéger et faire battre les villes, places et chasteaux qui reffuseront de nous obéir; donner assauts, les prendre à telle composition qu'il advisera; s'opposer par la force aux entreprises qu'il estimera estre au préjudice de nostre service ou contraires à nos intentions; livrer batailles, rencontres, escarmouches, et faire tous autres actes et exploits de guerre que besoin sera; faire punir et chastier les transgresseurs de nos ordonnances selon la rigueur d'icelles; ordonner des payemens desdits gens de guerre et autres despenses de nostredite armée, suivant nos Estats et les fonds que nous ordonnerons à cet effect; en expédier les ordonnances nécessaires, lesquelles nous avons dès à présent validées et auctorisées, validons et auctorisons par ces présentes; comme aussy commander aux gouverneurs de Brisac et autres places tenues par nos armées en Allemagne, et à leurs lieutenans et autres qui y auront commandement en leur absence, et à toutes nos troupes qui sont et seront cy-après en garnison ès dites places, et dans les pays, villes, places et chasteaux qui

Les Suédois avoient gagné au commencement de la campagne la bataille de Tabor, et avoient ensuite assiégé Brin. Ils y trouvèrent une si grande résistance, qu'ils y ruinèrent leur armée et furent contraints de se séparer de Ragotski (1), prince de Transylvanie, qui étoit venu à leur secours, et avec l'assistance duquel ils n'avoient pu réussir à la prise de la place. Le siége de Brin, assez proche de Vienne, avoit obligé l'armée de l'Empereur de couvrir ses pays héréditaires; mais quand le siége fut levé, l'armée des Suédois se retira vers la Silésie pour se rafraîchir. Ce fut en ce temps que M. de Bavière, voyant que l'armée du Roi avançoit vers le commencement de l'hiver en Allemagne, et craignant qu'elle n'y prît ses quartiers, envoya demander du secours à l'Empereur, le menaçant de s'accorder avec le Roi s'il ne lui envoyoit promptement un renfort considérable. M. l'archiduc partit avec six ou sept mille chevaux et quelques dragons, ne menant point d'infanterie à cause de la longueur du chemin et de la diligence qu'il vouloit faire; et se couvrant du Danube qu'il laissoit à sa main droite, il vint à grandes journées à Donavert.

L'armée du Roi étoit toujours campée auprès de Suabeschal, et on apprit, par un officier qui sortoit de prison, qu'il venoit un corps considérable de l'armée de l'Empereur joindre celle de Bavière : ce qui obligea M. de Turenne de convenir avec M. le maréchal de Gramont qu'il falloit se retirer vers le Neckre, et de là vers le Rhin. Quelques heures après, le même bruit fut confirmé par quelque cavalerie qui étoit à Dinkespuhel : ce qui hâta encore davantage la marche. On décampa quatre heures avant la nuit, cinq ou six heures après avoir fait partir le bagage; on marcha par la comté de Hohenloe vers le Neckre, vis-à-vis de Vimpfen, où l'on avoit laissé garnison depuis sa prise; et quoique la rivière ne fût presque pas guéable, en une nuit et un jour on passa avec toute l'armée à la nage, la cavalerie portant l'infanterie en croupe; le grand front, rompant l'eau, la rendoit moins rapide, quoique profonde. On perdit quelque bagage, mais peu de soldats, et on se trouva près de Vimpfen. Comme on craignoit que l'ennemi ne passât à Haïlbron et ne rencontrât l'armée du Roi dans sa marche, on se hâta de gagner Philisbourg (2).

sont et seront cy-après soubs nostre domination et protection audit pays; leur ordonner ce qu'ils auront à faire pour nostre service, mesme de fournir les canons, poudres et autres munitions de guerre dont nostredit cousin pourra avoir besoin pour l'employ de nostredite armée, à la réserve de ce qui sera nécessaire pour la sûreté des places; et généralement faire, commander et ordonner en toutes les choses susdites, tout ainsy que nous-mesme ferions, ou faire pourrions, si nous en personne y estions, jaçoit que le cas requist mandement plus spécial qu'il n'est contenu en cette présente. Si donnons en mandement à tous maréchaux-de-camp, colonels, tant de cavalerie que d'infanterie, françois ou estrangers, lieutenans et autres officiers de l'artillerie, généraux des vivres, ou commis à l'exercice de leurs charges, cappitaines, chefs et commandans de nos gens de guerre, de quelque nation qu'ils soyent, tant à la campagne que dans les garnisons, et tous autres nos officiers et subjects qu'il appartiendra, de connoistre nostredit cousin en ladite qualité de nostre lieutenant-général, comme nostre personne, car tel est nostre plaisir : en tesmoing de quoy nous avons faict mettre nostre seel à cesdites patentes. Donné à Paris, le 3 décembre mil six cens quarante-trois, et de nostre règne le premier. »

(1) Il se sépara des Suédois, fit la paix avec l'Empereur, et se retira dans la Hongrie, selon Puffendorf, *De rebus Sueccis*.

(2) Le Roi écrivit au maréchal de Turenne « sur les advis que l'on a eus que les ennemis veulent entreprendre sur Philisbourg, et pour luy ordonner de pourvoir à la seureté de ladite place, » le 19 décembre 1645 :

« Mon cousin, ayant eu advis certain que les ennemis fortifient leurs garnisons d'Eilbron, d'Eilderberg et autres places de ces quartiers-là, à dessein d'entreprendre sur Philisbourg pendant les glaces; qu'ils ont mis Bamberg, qui a esté cy-devant gouverneur de ladite place, en liberté, pour servir à cette entreprise par le moyen de la parfaicte cognoissance qu'il a des deffaults de sa fortification; bien que je croye que, par vostre vigilance, vous aurez aussi esté adverty des mesmes choses, et que vous ne manquerez pas de prévenir les inconvéniens qui en pourroient arriver, néantmoins, la conservation de cette place estant de la conséquence que vous sçavez mieux que personne, et voulant ne rien obmettre pour l'asseurer, je vous faicts cette despêche par ce courrier exprès, pour vous dire, par l'advis de la Reine régente, madame ma mère, qu'encores que j'aye subject d'avoir toute confiance au sieur de Court, qui commande à présent dans la place en l'absence du sieur d'Espenan, en qualité de lieutenant au gouvernement d'icelle, toutesfois, comme il importe en ces occasions que ceux qui commandent dans les places ayent grande auctorité et créance avec les gens de guerre, et que le nom seul d'un homme est capable d'empêcher mesme que l'on ne pense à l'attaquer, je désire que, si vous jugez qu'il soit nécessaire de mettre une personne en ladite place, qui y commande par-dessus ledit sieur de Court, à cause de l'absence dudit sieur d'Espenan, vous choisissiez pour cela celuy que vous adviserez, et l'establissiez audit commandement, selon l'auctorité que vous en avez, luy donnant vos ordres bien particuliers sur tout ce qu'il aura à faire pour la garde de ladite place, et vous servant, à cette fin, de la lettre particulière et expresse que je vous adresse, pour cette fin, pour ledit sieur de Court; laquelle, autrement, vous supprimerez, et luy ordonnerez de s'employer de telle sorte à la garde de ladite place, que vous jugiez qu'il ne sera pas besoin d'y suppléer par la présence ny par les soins d'un autre, luy prescrivant bien expressément tout ce qu'il aura à faire, et observant en cela de préférer la conservation de Philisbourg à toute autre considération;

» Qu'outre l'infanterie qui est présentement en ladite

Jean de Wert, qui avoit passé à Hailbron avec un corps de cavalerie, n'osant pas attaquer l'armée, quoiqu'elle marchât avec une assez longue file, elle arriva sous Philisbourg où elle séjourna deux jours. Comme il n'y avoit point encore de batteaux pour faire un pont sur le Rhin, M. de Turenne, croyant qu'il n'y avoit que le corps de cavalerie de M. de Wert qui eût passé le Neckre, et que le reste de l'armée de l'Empereur et de Bavière ne s'avanceroit point quand ils sçauroient l'armée du Roi sous Philisbourg, dit à M. le maréchal de Gramont, que l'on pouvoit aller à Grabow, à deux heures de là, et qu'il espéroit prendre encore ses quartiers sans repasser le Rhin. M. le maréchal de Gramont y consentit, ne voulant point faire aucune difficulté sur ce qui faciliteroit les moyens d'hiverner en Allemagne, et même voulant toujours laisser à M. de Turenne, en s'en retournant, les troupes du corps de M. le prince qu'il lui demanderoit : ainsi on marcha sans repasser le Rhin vers Grabow, à deux heures de Philisbourg; et ayant séjourné un jour entier, on apprit vers le soir que toute l'armée de l'ennemi marchoit vers Philisbourg. Comme il n'y avoit que ce passage-là pour aller repasser le Rhin, on partit à l'entrée de la nuit; et comme à la pointe du jour l'arrière-garde de l'armée du Roi approchoit de Philisbourg, on vit l'avant-garde de l'ennemi arriver dans la plaine, à une demie-heure de la place. On resserra en même temps toute l'armée entre la place et le Rhin, et on commença à s'y retrancher.

M. l'archiduc, avec ce corps de l'Empereur et toute l'armée de Bavière, se campa à une demie-heure de la place, où il demeura deux jours, pendant lesquels on fit venir des batteaux de Spire; mais n'en ayant pas la quantité qu'il falloit pour faire un pont, on ne fit passer que la cavalerie et le bagage à la faveur du retranchement et du canon de la place : ce que voyant l'armée de l'ennemi, il marcha vers Vimpfen, où on avoit laissé M. de Rochepaire avec six cens hommes et le gros canon de l'armée. M. de Turenne, qui étoit demeuré sous Philisbourg avec toute son infanterie et un peu de cavalerie, fit faire un pont sitôt que la quantité de batteaux nécessaire fut venue, manda promptement à sa cavalerie de revenir à Philisbourg, et supplia M. le maréchal de Gramont, qui étoit allé à Landau, de lui envoyer ce qu'il y avoit de François de cavalerie : ce qu'il fit; mais il ne vint pas plus de cinq cens chevaux de la cavalerie allemande, une partie ayant refusé à leurs officiers de marcher. Ainsi le dessein ne put pas réussir : sans cet accident on eût défait toute l'infanterie de l'ennemi, qui prit Vimpfen en sept ou huit jours par composition, et se retira ensuite dans ses quartiers.

Les deux armées de l'Empereur et de Bavière s'étant séparées, M. de Turenne repassa le

place, vous y en mettiez tel nombre que vous estimerez nécessaire pour la tenir dans une entière seureté; et si vous jugez que pour la mieux maintenir il faille la relever de temps en temps, vous y donniez l'ordre que vous trouverez bon;

» Que vous fassiez entrer dans la place ce qui reste des compagnies de cavalerie du sieur d'Espenan, et si vous voyez qu'il y faille davantage de gens de cheval, vous y en envoyiez de tel corps de l'armée que vous aviserez, et les fassiez aussi relever si vous le croyez nécessaire;

» Que pour faire loger commodément en ladite place l'infanterie et mesme la cavalerie, en sorte qu'elles ne dépérissent point, vous fassiez accommoder le logement ainsi qu'il conviendra, vous laissez employer le fonds de six mil livres que j'envoye au sieur de Vautorte à cette fin;

» Que, pour l'entretènement de la cavallerie dudit sieur d'Espenan, je mande audit sieur de Vautorte d'y faire employer ce qu'il conviendra des deniers qui proviendront des contributions du pays au-delà du Rhin, et que, s'il ne suffisoit, il y satisfasse par le moyen des fonds que je luy ay envoyés, luy ayant faict tenir par le retour du sieur .... (sic) ce qu'il fault pour la solde et prest de ladite garnison pendant les quatre premiers mois de l'année prochaine, sur le pied de mil hommes d'infanterie, sans que cela vous oblige à réduire ladite garnison audit nombre de mil hommes, désirant que vous la rendiez aussi forte qu'il sera besoin pour asseurer la place entièrement; et si vous y envoyez plus de gens que ledit nombre de mil hommes, ledit sieur de Vautorte fera payer tous les présens et effectifs par le moyen desdits fonds, et sur les advis qu'il donnera de la despense qui aura été faicte desdits fonds, il sera incontinent remplacé;

» Que, comme ledit sieur d'Espenan a rendu divers bons tesmoignages de la personne du sergent-major de place, j'ai trouvé bon de luy donner une commission pour y commander, en cas qu'il vint à arriver faulte dudit sieur de Court, laquelle je remets à vous de luy donner si vous l'estimez à propos;

» Que, s'il y avoit d'autres choses à faire en ladite place pour ne la laisser en aucun péril, vous y pourvoyiez en sorte qu'il n'y manque rien, et que je puisse sçavoir, par le retour de ce courrier, que j'en doibs estre avec la Royne regente, madite dame et mère, dans un parfait repos;

» Que le vicomte de Corval ayant représenté que la garnison qui est dans Mayence est beaucoup en dessoubs du nombre qu'il doibt y avoir, vous y ayez esgard et y pourvoyiez effectivement selon que vous cognoistrez qu'il en sera besoin, comme aussi que vous preniez soin que toutes les places de ces quartiers-là soyent gardées, munies de toutes choses et en l'estat convenable pour n'y appréhender aucune surprise : de quoy me reposant sur vos soins accoustumés et sur vostre affection à mon service, je n'adjousterai rien à cette lettre, que pour prier Dieu qu'il vous ait, mon cousin, en sa sainte et digne garde.

» Escrit à Paris, le 19 décembre 1645. »

Rhin; il ne crut pas à propos de châtier les régimens allemands, tous les corps étant coupables; et aussi il est certain que quand il leur envoya l'ordre de revenir sur le Rhin, il ne les en croyoit pas si éloignés qu'étoit le lieu où ses ordres les trouvèrent. M. le maréchal de Gramont s'en retourna en France avec toute l'armée de M. le prince; et M. de Turenne, sçachant que l'armée de Flandre étoit fort occupée, et qu'il n'y avoit point de troupes dans le Luxembourg, résolut, dans le mois de novembre, d'aller à Trèves, sçachant qu'il y avoit fort peu de garnison : n'ayant pas pu mener plus de quinze cens hommes de pied et toute la cavalerie, il écrivit à M. le cardinal pour le supplier de lui envoyer quelques régimens de l'armée de M. le prince, qui étoit auprès de Metz : ce qu'il fit; mais il ne se trouva pas plus de sept ou huit cens fantassins qui pouvoient marcher. On fit aussi transporter par le Hundstruck deux ou trois pièces de canon avec beaucoup de peine. M. de Turenne, après avoir fait avertir M. l'Electeur de Trèves, qui étoit à Coblentz, de se rendre à Trèves, s'approcha de la place, et l'ayant investie du côté de Luxembourg par un corps de cavalerie, elle se rendit la seconde nuit de l'ouverture de la tranchée.

[M. de Turenne écrivit au cardinal Mazarin la lettre suivante, à ce sujet :

« Je reçus hier au soir la lettre qu'il a pleu à Vostre Eminence me faire l'honneur de m'écrire par le sieur Grotius; j'eusse envoyé quelqu'un vers Vostre Eminence, sur le subject des quartyers, si ce n'est que M. d'Auteville, qui vient de Munster et s'en va à la cour, portera celle-cy à Vostre Eminence, et le sieur de Paris me fera sçavoir ce qu'il a pleu à Vostre Eminence de résoudre là-dessus.

» Depuis la prise de Trèves, je passay avec quelques régimens de cavalerie et quelque infanterie commandée sur le pont, et envoyai M. Du Passage à une petite ville nommée Grevemaker, qui est sur la Mozelle, la seule que les ennemis y avoient entre Metz et Coblentz, qu'il prist après qu'elle eust souffert quelques coups de canon; on a fait prendre party à quatre-vingts hommes qui estoient dedans. Dans ce temps-là, trois ou quatre cens chevaux qu'ils ont dans le Luxembourg entrèrent dans un quartyer où j'avois trois régimens, dont ils furent aussitôt chassez par les mesmes régimens, qui n'y ont perdu qu'un cavalier tué et deux prisonniers, et deux lieutenans-colonels de tuez; les Cravates y ont perdu deux ou trois officiers, et se retirèrent comme cela dans un bois.

» Je me suis donné l'honneur de mander à Vostre Excellence comme je ne puis pas laisser des régimens en delà de la Mozelle, estant autant qu'ilz y seroient enlevez, et d'y passer avec toute l'armée; en l'estat qu'elle est, on y recevroit un affront, la cavalerye n'estant point en estat d'agir qu'elle ne soit commandée.

» Je crois que Vostre Eminence juge bien que, parce qu'elle a fait cette campagne, elle ne peust qu'estre en très-mauvais estat, aprez avoir repassé le Rhin, et il y a des régimens qui n'ont point trouvé de foing qu'auprès de Trèves, et ce temps là a duré quinze jours; et hors du grain que les cavaliers vont achepter très-chèrement par leur chevauché, je ne crois pas que j'en eusse amené un seul à Trèves.

» La Mozelle estant presque toute à M. l'Electeur de Trèves, et voyant comme Vostre Eminence a intention qu'il soit bien traitté, on n'a pas pu luy refuser de ne loger personne sur ses terres. Son pays fournira dix mille escus pour entretenir, durant l'hyver, un régiment sur la Mozelle; j'y ay aussi mis un régiment de cavalerie dans quelques terres qui ne luy appartiennent pas; je prétends faire entretenir deux régimens d'infanterie à M. de Darmstadt : ce sera une petite guerre qu'il faudra faire pour l'y establir, et un régiment nouveau est ruiné avant que d'estre estably.

» Quand je mande à Vostre Eminence qu'on ne peut faire venir un régiment dans un pays, c'est qu'il n'y a pas de quoy faire subsister quatre hommes; je la supplie donc très-humblement que, si elle ne peut pas donner les quartyers et l'argent qui seroit nécessaire, de vouloir plus-tost retirer, des quatre régimens, deux, qui seroient Beauveau, Ossonville et mesme Tracy. En cas que M. de Tracy ne s'en voulust pas deffaire entre les mains de mon nepveu, et qu'il ne revînt plus, j'ay et je garderai seulement huict ou dix régimens d'infanterie: cela estant, Vostre Eminence pourroit ne me rien donner du Barrois, en se logeant cet hyver dans la Lorraine : ce qu'il est impossible de faire autrement pour conserver les régimens. On pourroit l'année qui vient, au-delà du Rhin ou au pays de Luxembourg et Cologne, se mettre en sorte qu'il n'y auroit plus de quartyers en Lorraine.

» Ayant laissé presque tout mon équipage à Bingnen, mon chiffre y est demeuré. Par ce qu'il plaist à Vostre Eminence me dire, touchant M. de Marsin, sur le gouvernement, je vois à peu près quelle est l'intention de Vostre Eminence, laquelle, comme elle saura particulièrement l'estat de Trèves, jugera si, dans l'estat présent, un gouvernement avec une grande garnison pourroit s'accommoder avec l'intention de

M. l'Electeur, et vivre comme en neutralité avec l'Empereur, lequel a bien offert de se retirer à Metz, si le Roy vouloit mettre beaucoup de gens dans sa place; mais comme son restablissement dans sa place fera un bon effect par le bon traittement qu'il auroit, s'il avoit bon subject de se plaindre, cela en feroit un tout contraire, faisant voir à tout le monde qu'ayant moyen de la contester, on luy donne du dégoust.

» Il n'entre là dedans qu'un lieutenant-colonel allemand, qui s'est trouvé auprez de moy, de sorte que quand Vostre Eminence jugera à propos qu'il y ayt quelque changement, il sera aisé de le retirer et y mettre celuy dont je crois que Vostre Eminence me parle.

» M. l'Electeur de Trèves a desjà escript pour Armenstin, et celuy de Cologne tesmoygne consentir à la reddition de cette place: cela est de telle conséquence aux ennemis, que je ne doubte point qu'ilz ne traînent cette affaire en longueur.

» M. d'Auteville s'estoit trouvé au commencement que M. l'Electeur arriva, et a servy avec beaucoup d'intelligence en toutes les choses qu'il y a eues à faire auprez de luy.

» Ensuitte de ce que Vostre Eminence parle de M. le marquis de Pomas, je croys que ce qui est en chiffre est touchant M. d'Oquincourt; elle sçait bien que, suivant que je luy ay escript, c'est une personne que j'estime beaucoup, et quand il plaira à la Reine de luy donner un employ, j'auray joye de servir avec luy, et ne doubte pas qu'il n'y réussisse fort bien, et je l'assisteray en tout ce qui dépendra de moy.

» J'envoye à Vostre Eminence le traicté qui a esté faict avec M. l'Electeur de Trèves, sous le bon plaisir de Sa Majesté, et supplie très-humblement Vostre Eminence que je puisse avoir résolution pour les quartyers, l'asseurant que si je savois un pays à pouvoir demeurer quelque temps, je serois bien aise d'en laisser un peu couler; et comme il me semble que les ennemis se résolvent tous à tourner contre M. de Tartenson, ruinant autant qu'ilz peuvent à quinze et vingt lieues du Rhin, et croyant avoir quatre ou cinq moys de temps à agir contre luy, en se mettant dans les quartyers, et se raccommodant deux moys, on pourroit après cela trouver un lieu où l'on feroit une grande diversion et où on ne manqueroit pas tout-à-fait de fourage.

» M. de Vautorte est arrivé depuis sept jours et ne bougera plus d'un moys. M. l'Electeur de Trèves est fort satisfait de sa négociation, et je croys qu'il servira très-utilement dans cette armée.

» Avant que l'on sçeust que la Reine vouloit faire un présent à M. l'Electeur, il avoit promis de faire donner par son païs dix mille escus pour ayder à l'entretien d'un régiment pendant l'hyver, de sorte qu'il n'est pas, ce me semble, à propos de luy en donner dans ce temps que l'on fait donner du sien; mais comme, par un discours qu'il a fait à M. de Vautorte, du Roy François premier, qui a donné un buffet de vermeil doré à M. l'électeur de Trèves, pour le remercier de sa voix pour l'Empire, a tesmoigné qu'il auroit fort agréable quelque présent comme cela, ne se servant à cette heure que de vaisselle d'étain, je crois que Vostre Eminence trouvera aussi à propos de convertir un argent qu'on lui veult donner en quelque présent; et comme il ne peut souffrir que de l'incommodité des trouppes que je commande, j'oserois supplier Vostre Eminence que j'eusse ordre de luy faire les gratifications que l'on voudra à la cour; je ne me suis engagé d'obtenir pour luy quoy que ce soit.

» Il desiroit aussi fort d'avoir le droict de souveraineté, ou plustost de franc-alleu sur trois villages de Lorraine, dont il est parlé au mémoire que vous porte M. d'Auteville. C'est, Monseigneur, vostre très-humble et très-obéissant serviteur.

» 1645.

» TURENNE.

» Depuis ma lettre escrite, M. d'Auteville estant prest de partyr en ne m'ayant point monstré les demandes que faisoit M. l'Electeur de Trèves, je les luy ay demandées, et ay un peu trouvé mauvais de quoy il ne me les faisoit point voir et partoit sans me les monstrer, M. l'Electeur de Trèves, croyant qu'il me les avoit communiquées. M. de Vautorte en a esté aussi scandalisé. Ce n'est qu'un manque dans la forme, car il n'y a pas chose de conséquence à vouloir cacher. Cela faict que je croys que M. d'Auteville part un peu chagrin, voyant bien qu'il a manqué, ce que je luy ay tesmoigné; de sorte qu'afin que ces affaires-là soient conduittes par une seule personne, je crois qu'il est à propos que Vostre Eminence la commette (si elle le trouve ainsy bon) à M. de Vautorte, et qu'il pourra aisément venir le trouver quand il aura quelque chose de pressé.

» Outre que j'avois desjà commencé d'en user de la façon, je continueray à faire toutes les choses qui pourront donner de la satisfaction à M. l'Electeur de Trèves. »]

[1646] M. de Turenne remit M. l'Electeur à Trèves, et y séjourna sept ou huit jours; il fit faire un réduit auprès du pont où il laissa cinq cens hommes ; donna des quartiers le long de la Moselle, et retourna sur le Rhin au château d'Obervesel, devant lequel il avoit laissé M. Du Tot, maréchal-de-camp ; après un assez long blocus, ce château se rendit ; toute l'armée ayant été distribuée le long du Rhin et de la Moselle, et quelque cavalerie envoyée en Lorraine, M. de Turenne retourna au commencement de février à la cour.

M. le cardinal Mazarin étoit alors maître des affaires : le Roi étoit fort jeune, et la Reine mère avoit une entière confiance en M. le cardinal. Comme M. de Turenne étoit fort bien avec lui, il approuvoit presque tous ses projets de campagne, et principalement dans une guerre éloignée de la cour comme celle d'Allemagne. Ainsi il avoit trouvé bon que M. de Turenne concertât avec M. Tartenson, général des Suédois, que les armées de France et de Suède se joignissent au commencement de la prochaine campagne, pour remédier aux inconvéniens que l'expérience avoit appris être presque infaillibles pendant leur séparation. Les deux armées agissant toujours séparément, l'une vers les pays héréditaires, et l'autre le long du Rhin, ou dans le cercle de Souabe, l'armée de l'Empereur et celle de Bavière étant au milieu, envoyoient des secours contre celle qui les pressoit le plus, et rendoient presque infructueux tous les avantages que l'on avoit par des combats. Comme le fruit principal que l'on peut tirer des victoires est de gagner un pays pour avoir des quartiers, et d'augmenter son armée en diminuant celle de l'ennemi, qui avec un peu de patience se ruine peu à peu, on ne pouvoit pas tirer ce fruit, parce que le renfort que les armées ennemies se renvoyoient mutuellement faisoit perdre tous ces avantages, au lieu que l'armée de France et de Suède, se joignant, pouvoient se concerter de manière à ne se séparer plus, que suivant les mouvemens des armées opposées, et dans une distance à pouvoir se rejoindre quand celles des ennemis se mettroient ensemble. Ainsi M. de Turenne concerta avec M. Tartenson, que, vers le mois de mai, il viendroit avec l'armée suédoise dans la Hesse, et que l'armée du Roi, passant le Rhin au-dessous de Mayence, se joindroit vers la comté de Nassau.

L'incommodité de la goutte et une longue indisposition obligèrent M. Tartenson à se retirer en Suède, après avoir acquis, depuis la mort de M. Banier, toute la réputation qu'un grand homme peut avoir par le gain de diverses batailles, par la ruine d'une grande armée ennemie qu'il réduisit à rien, et par une estime générale de prudence, de cœur et d'habileté : il laissa le commandement de l'armée à M. Wrangel, qui, ayant passé une partie de l'hiver à prendre quelques petites places vers la Westphalie, se trouva en Hesse au commencement du printemps.

M. de Turenne demeura six semaines à la cour ; M. de Bouillon, son frère, étoit à Rome, et ses affaires n'étant pas encore ajustées, M. le cardinal offrit à M. de Turenne le duché de Château-Thierri, qui devoit entrer dans l'échange de Sedan, en l'assurant que son acceptation ne nuiroit pas aux affaires de monsieur son frère, et que l'on donneroit une autre terre à sa place ; mais M. de Turenne, persuadé que cet avantage rallentiroit, s'il n'empêchoit pas la conclusion de l'échange de Sedan, convint avec M. le cardinal qu'il ne prendroit rien jusqu'à ce que les affaires de monsieur son frère fussent achevées. Il retourna donc au mois d'Avril sur le Rhin, fit assembler toute l'armée dans le commencement de mai, et fit descendre un pont de bateaux auprès de Bacharach, pour aller joindre les Suédois dans la Hesse. Après avoir tout concerté pour cette jonction, M. le cardinal Mazarin lui envoya un gentilhomme nommé Saint-Aignan, pour lui dire que M. de Bavière ayant donné assurance à messieurs les plénipotentiaires à Munster, que son armée ne joindroit pas celle de l'Empereur, si celle du Roi ne passoit pas le Rhin, le Roi lui commandoit de ne pas traverser ce fleuve ; le même gentilhomme lui fit entendre que la pensée de la cour étoit d'assiéger Luxembourg. M. de Turenne, croyant que ce seroit la perte entière des affaires d'Allemagne, se contenta de ne pas passer le Rhin, pour ne point contrevenir si promptement à un ordre exprès, et deux jours après que ce gentilhomme fut retourné, le pont de bateaux rompit par une grande crue d'eaux.

[Le même gentilhomme remit à M. de Turenne le mémoire suivant touchant l'état de la négociation de la paix générale, en ce qui concernait les affaires de l'Empire, daté du 27 avril 1646 :

« Le Roy, par l'advis de la Royne régente, sa mère, désirant faire sçavoir au sieur vicomte de Turenne, maréchal de France, lieutenant-général pour Sa Majesté, en son armée d'Allemagne, l'estat de la négociation de la paix générale, en ce qui concerne les affaires de l'Empire, à cause du rapport qu'elles peuvent avoir avec ce que ledit sieur maréchal pouvoit entreprendre en Allemagne ; bien que Sa Majesté voye que M. duc de Longueville et les sieurs comte d'Avaux et de Servien, plénipotentiaires de sa part pour ladite paix, informeront ledit sieur maréchal de ce qu'ils traicteront à l'esgard de l'Allemagne, Sa Majesté a voullu luy faire adresser le présent mémoire pour cette fin.

» Les plénipotentiaires de l'Empereur avoyent faict offrir, par les médiateurs de ladite négociation, aux plénipotentiaires de Sa Majesté, pour la satisfaction qu'elle peut prétendre dans l'Allemagne, à cause de la petite guerre, de cedder à Sa Majesté la haute et basse Alsace, et le Zuntgau, sous les titres de landgraviat de l'Alsace, à condition que ledit pays relèvera de l'Empire, et d'autant que les plénipotentiaires de France ont déclaré aux médiateurs que cet accommodement ne seroit pas accepté de la part de Sa Majesté, si, entre autres conditions, la ville et forteresse de Brizac ne demeure à ceste couronne, en l'estat auquel elle est à present, et que les plénipotentiaires de l'Empereur ont dict n'avoir pas un pouvoir suffisant de leur maistre pour quitter ladite place ; il a esté despêché à la cour impériale sur ce subject ; et au mesme temps, les plénipotentiaires de France ont despêché vers Sa Majesté, pour sçavoir si elle se relascheroit de la prétention du Brisgaw et des villes forestières qui sont tenues par ses armées.

» Et comme Sa Majesté est bien advertie que l'Empereur est résolu de consentir à la cession de Brisac, et que Sa Majesté, pour faciliter de sa part tout ce qui peut apporter la paix à la chrestienté, autant qu'il sera possible et juste pour se disposer à laisser le Brisgaw et les villes forestières de Brisac, et la ville de Neufbourg, qui est nécessaire pour la communication de Brisac et Basle, soubz certaines conditions, néantmoings, que Sa Majesté remit à ses plénipotentiaires d'adjuster, et ausquelles Sa Majesté se promit qu'il n'y aura pas de difficulté, parce qu'elle les réduit toutes dans l'équité et la raison, il semble que, s'il ne survient d'ailleurs quelque obstacle au traicté pour ce qui regarde l'Allemagne, l'on en doibt bientost espérer une bonne issue, puisqu'au mesme temps les plénipotentiaires de l'Empereur alloient faire offrir à ceux de la couronne de Suède, pour satisfaction, les deux Poméranies et le port Wismar.

» Les plénipotentiaires de France ont adjousté à cela que les ministres du duc de Bavière avoyent représenté et insisté que, les affaires s'acheminant si heureusement à la paix, il falloit accorder une suspension d'armes au moins de trois sepmaines, afin qu'en attendant les responses définitives sur les choses dont les plénipotentiaires n'avoient pu convenir, il ne fût rien entrepris dans la guerre dont l'événement estant favorable à l'un et à l'autre, il arrivast quelque changement à la face des affaires et de nouvelles difficultés à l'accommodement.

» Que sur cela les plénipotentiaires de France auroyent faict entendre que si, après qu'ils en avoient conféré avec les ministres alliez de cette couronne, ils les trouvoyent disposés à ladite suspension, ils ne s'en éloigneroyent pas, pourvu qu'on ne fust point obligé d'en rien mettre par escrit et qu'on se contentât de mander de part et d'autre aux généraux des armées de n'entreprendre aucun acte d'hostilité pendant le temps que la suspension devoit durer.

» Et par ce qu'il se pourroit faire que l'on avoit desjà arresté cette courte suspension, ou bien que l'on en conviendroit au premier jour, il est nécessaire de pourvoir à ce qu'il soit ponctuellement satisfait à ce qu'il sera promis de la part de Sa Majesté.

» Il a aussi esté proposé par les Impériaux, en consentant à la cession des deux Alsaces et du Zuntgaw, de faire une suspension générale dans l'Empire, pendant laquelle la paix debvra estre traitée et conclue à l'esgard de tous les estats dont il est composé.

» Et sur ce point, Sa Majesté ordonne à ses plénipotentiaires que la satisfaction de la France et de la Suède estant une fois asseurée, et les intérests du prince Palatin et ceux de madame la landgrave de Hesse estant adjustez, Sa Majesté aura pour agréable qu'ils consentent de sa part à une suspension d'armes de telle durée qu'ils adviseront, afin que ce pendant l'on puisse terminer tous les poinctz qui peuvent regarder le dedans de l'Empire, et contenter les princes et estats catholiques et protestans, sur lesquels, en quoy faisant, l'on prendra toutes les précautions possibles pour empescher que le Roy catholique ne se prévaille des trouppes de l'Empereur directement ou indirectement : ce que l'on espère pouvoir faire d'autant plus facilement et seurement, que les forces de l'Empereur luy seront nécessaires pour s'opposer à celles du Turc, aussi bien du costé de la Carinthie et de ses autres estats patrimoniaux, que vers la Hongrie ; et après la conclusion de ce traité, l'on viendroit à une bonne et seure exécution des choses promises de toutes parts.

» Faict à Paris, le 26 avril 1646. »

Lettre de Sa Majesté à M. le maréchal de Turenne, pour luy adresser ledit Mémoire, et faire ce qui deppendra de luy en conséquence.

« Mon cousin, vous aprendrez, par le mémoire qui sera cy-joinct, le bon acheminement de la négociation de la paix à l'esgard de l'Allemagne ; et comme je désire contribuer tout ce que je puis équitablement pour y parvenir, et parce qu'il importe que vous vous conformiez à ce qui sera commencé en mon nom sur ce subject par mon cousin le duc de Longueville et les sieurs d'Avaux et de Servien, mes plénipotentiaires pour le traicté de ladicte paix, je vous faicts cette lettre par l'advis de la Royne régente, madame ma mère, pour vous dire que mon intention est que, soit qu'ils conviennent d'une suspension d'armes de pareil temps, pour attendre la responce de l'Empereur et la mienne sur les choses qui sont demeurées ce pendant indécises, soit qu'après cela ils ne tombent d'accord d'une plus longue suspension pour terminer toutes les choses qui regardent les princes et estats catholiques et protestans de l'Empire dans cette paix, vous ayez, sur les advis que vous aurez reçus ou recevrez de mesdits plénipotentiaires de ce qu'ils seront convenus de vive voix ou par escrit, à l'observer ponctuellement, tout ainsi que si vous y aviez receu ordre exprès et particulièrement de ma part, sans rien entreprendre au préjudice de l'une et de l'autre suspension, et néantmoings vous tenant toujours près du Rhin, afin de donner, par ce moyen, chaleur à la négociation, et que, par la proximité de mes armées, tous ceux du party contraire soient obligés à persister dans le bon dessein qu'ils témoignent présentement de tenir à la conclusion de la paix ; et comme, par vostre dernière lettre, il parroist que vous ne sçauriez estre en estat de passer le Rhin plus tost qu'à la fin du mois de may prochain, il n'arrivera pas grand préjudice d'exécuter ladite première suspension, quand, par l'artiffice de ceux qui ne désirent pas la paix, elle n'auroit aucune autre suitte ; et cependant il arrivera que touttes choses seront adjustées, et que l'on aura la paix, ou bien ce traité présentement proposé sera rompu, et vous agirez en Allemagne, ou bien, durant cette première tresve, les points principaux estant adjustés, la seconde tenant à ce faire, vous pourrez cependant marcher vers le Luxembourg et attaquer la ville capitale de ce duché, ou bien y exécuter les autres desseins que vous jugerez estre les plus advantageux et réuscibles, m'informant en ce cas de ce que vous estimerez y devoir faire, en observant que vous aurez grande facilité à exéuter tout ce que vous y voudrez entreprendre, parce que les ennemis estant attaquez dans la Flandre par l'armée, qui sera commandée par mon oncle le duc d'Orléans, et par celle que mon cousin le duc d'Auvergne commandera, et, d'autre costé, par l'armée des Estats des provinces unies, il n'y a pas d'apparence qu'ils fassent une résistance considérable dans le Luxembourg, ayant à deffendre des places et des pays dont la consignation leur est beaucoup plus chère et plus sensible que de celui-là. C'est ce que je vous diray par cette lettre, priant Dieu qu'il vous ayt, mon cousin, en sa sainte et digne garde.

» Escript à Paris, le dernier avril 1646. »]

Pendant qu'on racommodoit le pont de bateaux, M. de Turenne apprit que l'armée de l'Empereur et de Bavière s'étant jointes en Franconie, marchoient droit aux Suédois dans la Hesse, et jugea que sa jonction avec eux étoit imposible en passant par le pont de Bacharach. Connoissant qu'il n'avoit point d'autre passage sur le Rhin que dans les villes que messieurs les Etats de Hollande tenoient, il envoya quelques régimens d'infanterie à Mayence, où il laissa M. Du Passage, partit deux jours après qu'il sçut la marche de l'ennemi, manda à M. le cardinal par un secrétaire la résolution qu'il prenoit, et alla passer la Moselle cinq ou six heures au-dessus de Coblents, à gué, et de là par le pays de Cologne et de Meurs à Rhimberg, et ensuite à Wesel, ayant envoyé un gentilhomme à M. le prince d'Orange et à messieurs les Estats pour leur demander le passage.

Il y avoit douze ou quatorze jours de marche d'où il étoit parti jusqu'à Wesel, où il trouva madame de Longueville qui alloit à Munster ; il marcha deux jours avec l'armée sur la route de cette princesse, et de là, passant par Lipstadt que les Hessiens tenoient, il envoya avertir M. Wrangel (qui étoit aux frontières de la Hesse) du temps qu'il pourroit le joindre. L'armée avoit marché plus d'un mois à fort grandes journées, durant lequel temps celle de l'Empereur et de Bavière ayant approché des Suédois, n'osa pas les attaquer à cause des postes avantageux qu'ils prirent. Il y eut quelques petits combats, mais pas un de considérable ; et M. Wrangel se gouverna avec beaucoup de prudence et de résolution. Comme les armées ennemies sçurent que l'armée de France approchoit, ils se retirèrent à cinq ou six heures des Suédois, et se campèrent auprès de Fridberg, petite ville, dans laquelle ils mirent deux ou trois cens hommes. L'armée du Roi joignit celle des Suédois, qui se mirent en bataille à son arrivée. Il y avoit plus de dix mille chevaux et six ou sept mille hommes de pied, et bien soixante pièces de canon. M. de Turenne soupa chez M. Wrangel avec beaucoup de réjouissance, et ayant seulement séjourné un jour à cause du manque de fourage, l'armée du Roi prit l'avant-garde le premier jour, et M. de Turenne donna le mot; ensuite il le donnoit par écrit pour une semaine et M. Wrangel pour l'autre, se l'envoyant ainsi l'un chez l'autre par quelque adjudant, sans qu'il y eût jamais aucune division : on marcha en deux jours près des ennemis qui étoient campés au lieu que j'ai dit. Ils faisoient alors trois salves pour le jour, à ce que je crois, de la naissance de l'Empereur, et on voyoit par là que leur corps étoit considérable. Ils avoient bien quatorze mille chevaux, dix mille hommes de pied et plus de cinquante pièces de canon. On s'approcha à un quart de lieue d'eux, et on ne jugea pas à propos de les attaquer dans un camp où ils étoient peu retranchés, mais fort avantageusement postés.

Après quelque escarmouche, le jour que l'armée arriva près d'eux, on vint camper fort proche des murailles de Fridberg, où ils avoient trois ou quatre cens hommes de garnison. Comme ceux de la ville tiroient à l'entrée de la nuit sur des soldats qui dans le temps du campement vont quérir du bois, je ne doute pas que l'ennemi ne crût que l'on faisoit des approches avec intention d'assiéger la place, dont la prise n'eût été guères difficile; mais à l'entrée de la nuit, M. de Turenne et M. Wrangel ayant conféré ensemble sur ce qu'il seroit plus avantageux de faire, ils se débattirent quelque temps si l'on n'iroit pas par le Bergstras, en laissant Francfort à main gauche, pour tâcher d'arriver à Hailbron devant l'ennemi, et avoir ensuite une entrée dans le pays de Wirtemberg. On jugea enfin que l'ennemi, ayant un chemin plus court à faire, y arriveroit avant nous; et qu'ayant toujours le Danube et le bon pays derrière lui, il n'abandonneroit jamais que ce qu'il auroit ruiné. Au contraire, les armées françoise et suédoise n'ayant derrière elles que les bords du Rhin, qui est un pays entièrement épuisé, seroient au commencement de l'hiver contraintes de reprendre chacune ses anciens quartiers, et de laisser à l'armée de l'Empereur et de Bavière les leurs qui étoient, outre les pays héréditaires, les cercles de Souabe, de Franconie et la Bavière, qui sont des pays sans comparaison meilleurs que les bords du Rhin, le pays de Thuringe et de Brunswic, où les armées françoise et suédoise avoient accoutumé de se retirer. Cette différence donne des avantages pour la prochaine campagne, parce que les soldats viennent chercher les armées qui sont dans les bons pays, et que l'on y rétablit facilement ceux que l'on a. Après avoir été quelque temps en suspens, il fut résolu que l'on envoieroit mille chevaux avec cinq cens dragons pour se saisir du poste de Bonnameis, qui est un petit bourg à deux heures de Francfort, sur la petite rivière de Nid, laquelle étant passée sans que l'ennemi s'y opposât, on pourroit ensuite arriver aussitôt qu'eux à la rivière du Mein, ou les combattre en chemin s'ils prenoient cette marche.

Les troupes, étant arrivées à Bonnameis et n'y trouvant que quelques dragons qui défendoient le passage, s'en saisirent et du bourg. Un corps de cavalerie de l'ennemi que commandoit M. de Wert, étant arrivé un peu tard et voyant le poste pris, fit alte assez proche de là. Les armées jointes marchèrent le lendemain trois heures devant le jour; celle du Roi avoit l'avant-garde, et ayant cotoyé dans la nuit et dans le commencement du jour celle de l'ennemi, on ne leur vit prendre d'autre résolution que de se mettre sous les armes. On a un peu blâmé M. l'archiduc d'avoir été trop long-temps à prendre parti : ce qui lui coûta bien cher, car, pendant qu'il faisoit halte dans son camp, l'armée marchoit toujours, et ayant trouvé le poste de Bonnameis occupé par ceux que l'on avoit envoyés devant, on fit promptement raccommoder le passage, et M. de Wert, qui s'étoit avancé pour s'en saisir, commença à se retirer vers le gros de l'armée ennemie.

Cependant on passa quoiqu'avec beaucoup de difficulté en divers endroits, et M. Konigmarc ayant trouvé un passage à main gauche, que l'armée françoise avoit laissé, pour pouvoir passer par un plus grand front, renversa plusieurs troupes de M. de Wert qui se retiroient. Comme il n'étoit encore que deux heures après midi, quoique l'on eût bien fait six heures de chemin avec une grande armée et un très-grand bagage, on marcha encore trois heures ce jour-là, toujours en intention de couper à l'ennemi le chemin du Mein; ce qui réussit par la lenteur à se résoudre : de sorte que le soir on arriva entre Francfort et Hanau, en un lieu qui ôtoit le moyen à l'ennemi de pouvoir se retirer vers le Mein sans combattre.

L'armée étant partie deux heures devant le jour au mois d'août, avoit fait neuf heures de chemin. Comme on avoit commandé au bagage de prendre tout à fait à la main droite, et qu'il étoit couvert, on ne s'en mit pas beaucoup en peine et il arriva le lendemain. Ainsi, les ennemis avec toutes les forces de l'Empire se virent en un jour hors d'état de pouvoir plus aller ni en Franconie, ni en Souabe, ni en Bavière, ayant toute l'armée confédérée entre eux et ces pays-là. Mais comme on craignoit qu'à la faveur d'une petite rivière qui coule vers

Hanau, ils ne pussent encore marcher vers Aschaffembourg, qui est sur le Mein, on partit le lendemain avant le jour avec une partie de l'armée, commandant au reste de suivre, quoique fort affoiblie par la marche du jour précédent, et l'on arriva à une petite ville sur ce ruisseau. Les ennemis y avoient mis quelques gens, et le lieu étant assez proche du derrière de leur camp, il y avoit apparence qu'ils alloient marcher pour gagner Aschaffembourg : mais comme ils virent l'armée ennemie passer de grand matin, ils firent halte dans leur camp, leur bagage attelé, retirèrent leurs troupes de cette petite ville, et défendirent le ruisseau sur lequel elle est située avec quelques gens commandés.

L'armée françoise et suédoise arriva toute sur le midi auprès de ce ruisseau; et ayant fait venir du canon et fait retirer un escadron impérial qui le souffrit avec une patience incroyable, l'ennemi demeura de nouveau dans son camp. Les choses avoient ainsi entièrement changé de face dans une seule journée. Comme il y avoit un petit bois qui couvroit une partie du camp des Impériaux, on ne voyoit pas bien leurs mouvemens; aussitôt qu'ils virent qu'on leur avoit pris le devant, ils firent marcher leur bagage vers Faidberg, et suivirent à l'entrée de la nuit le même chemin, tirant vers la Hesse, dans le dessein apparemment, s'ils avoient été poursuivis, d'aller vers la Westphalie ou vers Cologne. On balança quelque temps quel parti on prendroit de les suivre ou de profiter de l'occasion de prendre des postes considérables dans les cercles de Franconie, de Souabe et de Bavière. Il est certain que, suivant le premier parti, on les auroit ramenés auprès de Cologne avec quelque perte dans leur retraitte; mais comme l'Empereur et M. de Bavière avoient le temps d'envoyer des ordres dans les pays que je viens de dire, et qu'il n'y avoit point de temps à perdre, les affaires étant changées en un quart-d'heure, on résolut de marcher vers le Mein.

M. de Turenne fit joindre M. Du Passage, qu'il avoit laissé vers Mayence, quand il prit ce grand tour par Wesel avec deux mille hommes et marcha à Aschaffembourg, qui est un beau passage sur le Mein, dans lequel il y avoit deux cens hommes qui se rendirent incontinent. Après avoir passé le Mein, l'armée françoise prit la droite et la suédoise la gauche, marchant à huit ou dix lieues l'une de l'autre. La première assiégea Schorendorf, qu'elle prit en trois jours, et alla à Lawinghen sur le Danube, que personne ne gardoit; l'autre prit Nordlingen, marcha à Donawert, où elle passa le Danube comme la françoise à Lawinghen, y ayant des ponts dans ces deux lieux, et trouvant des vivres abondamment partout. Les Suédois laissèrent garnison dans Nordlingen, et les François dans Schorendorf et dans Lawinghen, en passant et sans séjourner. Les Suédois traversèrent le Lech sur le pont de Rain, qui n'est qu'à trois ou quatre lieues de Donawert, et investirent la place dans laquelle M. de Bavière avoit mis douze ou quinze cens hommes de milice, qu'on appelle chasseurs, parce qu'ils ont une casaque verte.

M. de Turenne sçachant qu'il n'y avoit personne dans Ausbourg, envoya M. de Beauveau avec cinq cens chevaux pour parler à ceux de la ville, ayant passé lui-même à Lawinghen avec l'armée. Ceux d'Ausbourg firent entrer M. de Beauveau, laissant les cavaliers à la porte, et commencèrent à parler de la composition pour se mettre entre les mains des François et des Suédois. Dans ce temps M. Wrangel, qui avoit commencé les approches de Rain et avoit trouvé de la résistance, comme il arrive ordinairement les premiers jours quand on a affaire à des milices, envoya prier M. de Turenne d'y marcher promptement, lequel, croyant que ceux d'Ausbourg tireroient peut-être la négociation en longueur, tandis qu'une des deux armées étoit engagée au siége de Rain, s'en alla en diligence, et fit revenir M. de Beauveau; comme la tranchée des Suédois étoit ouverte depuis trois ou quatre jours, il en ouvrit une le soir qu'il arriva; la seconde ou troisième nuit, se trouvant tout proche d'un bastion, ceux de dedans ayant battu la chamade de son côté, qui étoit le plus avancé, la garnison sortit au nombre de près de deux mille hommes qui avoient beaucoup tiré et s'étoient fort mal défendus.

M. Wrangel parla souvent dans le temps du siége de Rain avec M. de Turenne, sur celui qui mettroit un gouverneur dans Ausbourg; il étoit d'accord de partager la garnison; mais il ajouta que le feu roi de Suède ayant tenu cette place, il restoit quelques droits aux Suédois, pour y commander, plus qu'au Roi. Je crois que la pensée que les François, s'en rendant les maîtres, voudroient y mettre quelqu'un pour y commander, fut une des principales raisons qui obligea M. Wrangel à presser tant M. de Turenne de venir à Rain : néanmoins il n'y eut jamais de contestation aigre entre M. de Turenne et M. Wrangel; et je pense que l'affaire eût été réglée de cette façon, que l'on eût tiré au sort à qui mettroit un gouverneur dans la place; mais comme la ville de Rain fut rendue, où les Suédois mirent garnison, on apprit que Royer, étant parti de Memminghen, étoit entré avec douze ou quinze cens hommes dans Ausbourg; on ne laissa pas d'y marcher pour voir si l'on ne pût l'investir dans les sept ou huit jours de temps qu'il falloit, avant que les armées impériale et bavaroise pussent entrer dans la Bavière, ayant pris le tour par la Turinge (1) et par le haut Palatinat. On repassa le Lech, on prit ses quartiers auprès d'Ausbourg, et l'on ouvrit deux tranchées du côté des François et une des Suédois; on trouva que le fossé étoit fort large et fort profond, et les difficultés à passer étoient d'autant plus grandes qu'on manquoit de toutes les choses nécessaires, comme il arrive dans une armée de campagne. On n'avoit pas perdu plus de cinq ou six cens hommes, et l'on étoit déjà sur le bord du fossé, quand on apprit que les armées impériale et bavaroise étoient à deux heures de là; on avoit sçu tous les jours les journées qu'elles faisoient, et leur marche avoit été moins rapide qu'elle ne dût l'être: on résolut de ne quitter le siège qu'à la dernière extrémité. On voyoit bien que si l'armée ennemie s'approchoit de la rivière, qu'on ne pourroit pas garder les postes entre la rivière et la ville, et qu'ainsi la place seroit secourue; mais comme on espère toujours qu'un ennemi ne fera pas tout ce qu'il peut, on vouloit attendre qu'il prît la résolution de marcher jusques-là avant que de lever le siège. On fit brûler beaucoup de villages pour l'empêcher d'approcher, de peur de manquer de fourage. Le même jour que les armées impériale et bavaroise arrivèrent, M. de Turenne et M. Wrangel passèrent l'eau de leur côté avec deux mille chevaux, et de l'infanterie derrière, pour escarmoucher les Impériaux dans la plaine et les empêcher d'approcher de la rivière; dans l'espérance que cet expédient réussiroit, on fit retrancher le régiment de Turenne au-delà de l'eau, qui en dix heures fit un fort sur lequel on mit du canon. Les ennemis, ayant repoussé quelques-unes de nos troupes qui étoient dans le bois à la tête du fort, n'osèrent l'attaquer; mais, la nuit s'approchant, ils s'étendirent pour se camper tout le long de la rivière, où l'espace étoit si étroit que l'on n'y pouvoit demeurer de l'autre côté entre ladite rivière et la ville, que dans une tranchée; c'est ce que l'on avoit fait quand il n'y avoit point d'armée ennemie; mais lorsqu'elle fut arrivée sur les bords du Lech, on ne pouvoit plus y rester à cause des deux feux de l'ennemi et de la place, ni même défendre le passage de la rivière ni la tranchée.

(1) Puffendorf dit par la Franconie; la Turinge paraît un grand détour pour une armée qui était pressée.

Au commencement de la nuit, on retira ce qui étoit dans cette tranchée, et on mit toute l'armée ensemble entre le quartier des Suédois et des François. On retira le canon des batteries, et ayant envoyé le bagage avec les blessés et le gros canon, à la pointe du jour, dans une plaine à une heure d'Ausbourg, on lui commanda d'y faire halte; on commença à marcher à deux heures de soleil; les ennemis entrant en même temps dans la ville par le côté de la rivière, qui étoit guéable et que l'on avoit abandonné, il ne s'y passa rien de considérable. Quand on se fut retiré à une heure de la ville, on se mit en bataille et on tira deux coups de canon pour montrer que l'on étoit résolu à combattre, si l'ennemi vouloit s'avancer. Ce stratagème est plus utile pour encourager le commun des soldats, que pour les gens plus éclairés, qui sçavent bien que quand une armée déloge avec beaucoup de canon et de bagage de devant une place, et qu'elle passe de grandes campagnes, l'on peut la combattre avantageusement. Après avoir demeuré tout le jour en ce lieu-là, on alla camper à deux heures d'Ausbourg, et le lendemain, après avoir fait marcher le bagage, on alla à une heure et demie de Lawinghen, où on résolut de camper pour faire fortifier la place: en effet, les François et les Suédois entreprirent de faire chacun quatre ravelins autour de la ville, qui est dans une très-belle assiète, et qui n'a que des murailles sans rempart, mais un pont sur le Danube; on y envoya deux ou trois mille hommes y travailler tous les jours, qui mirent en douze ou quinze jours tous ces ravelins en défense, et M. de Turenne mit dans la place le sieur de Grotius avec huit cens hommes de son armée.

Dans ce temps-là l'armée de l'Empereur et de Bavière, commandée par M. l'archiduc, étoit entre Ausbourg et Landsberg, où M. de Bavière envoya beaucoup de chevaux pour remonter les cavaliers, des armes, des souliers et des habits à l'infanterie. Les deux armées s'avancèrent au commencement de novembre vers Memminghen, avec intention de s'approcher d'Ulm et d'en tirer des vivres à la faveur des places d'Hailbron, de Tubingen et d'Ausbourg, qu'ils tenoient dans la Souabe et dans le pays de Wirtemberg; et ayant une armée plus forte que celle des François et Suédois, ils espéroient de s'approcher de nous qui avions consommé tous nos fourages auprès de Lawinghen, et de nous faire retirer jusque dans la Franconie, leur laissant tous les quartiers de la Souabe, Lawinghen, Rain, Schorendorf et Nordlingen, tellement abandonnés, que dans l'hiver ils s'en seroient rendus maîtres sans faire de siége : de cette manière toute la campagne auroit été rendue inutile, au commencement de l'hiver, qui est le temps qui décide en Allemagne, parce qu'il rend maître d'un pays à la faveur duquel l'on peut raccommoder et refaire une armée.

M. de Turenne et M. Wrangel, prévoyant bien que de la résolution qu'ils prendroient dépendoit le bon ou mauvais succès des affaires d'Allemagne, résolurent, quoique l'armée fût fort diminuée par les fatigues et la perte des chevaux, le manque d'armes et d'habits dans l'infanterie, et malgré les neiges et les mauvais chemins, de marcher à l'ennemi auprès de Memmingen pour le combattre, ou pour voir en présence quel parti ils devoient prendre. Dans cette vue on délogea d'auprès de Lawinghen, et contre l'opinion de la plupart des officiers et la croyance de toute l'armée qui s'imaginoît qu'on retourneroit dans la Soüabe et de là en Franconie, on fit une petite journée en avant, et le lendemain on s'approcha à une heure de l'ennemi, qui demeura dans son poste. Comme il avoit de grands défilés et des marais devant lui, on ne crut pas devoir l'attaquer, et l'on marcha vers Landsberg et la Bavière. M. de Turenne et M. Wrangel laissèrent tout un jour deux mille chevaux devant l'ennemi pour couvrir leur marche et pour leur persuader qu'on alloit l'attaquer, et par là l'empêcher de troubler notre passage. On assure que rien n'a jamais tant aigri ni tant excité M. de Bavière à faire la paix, que de voir l'armée des confédérés, au commencement de l'hiver, envoyer des partis aux portes de Munick, et de n'avoir point de nouvelles des armées de l'Empereur et de la sienne, pour qui il avoit fait de si grandes dépenses, et qu'il croyoit, comme il étoit vrai, beaucoup supérieure à la nôtre.

On cotoya une partie du jour l'armée de l'ennemi, et ayant envoyé le bagage vers le Lech, on marcha ensuite en grande diligence jusques auprès de Landsberg, où l'on trouva le pont des ennemis qui n'étoit pas rompu. On fit passer dessus quelques troupes à la hâte, et ayant sçu qu'il n'y avoit que cent chevaux dans Landsberg, qui est une fort mauvaise place, et que l'ennemi y avoit tous ses vivres, on la fit sommer et on l'obligea à se rendre : sans perdre de temps, on fit passer pendant la nuit et le jour suivant toute l'armée sur le pont que les ennemis avoient laissé, et on envoya trois mille chevaux aux portes de Munich, où étoit M. de Bavière, qui n'avoit plus aucune communication avec son armée.

Les ennemis s'étant aperçu assez tard que l'on marchoit vers le Lech, voulurent suivre; mais ils apprirent que l'on avoit passé la rivière et que Landsberg étoit pris. Ils furent bien embarrassés à prendre une résolution : à la fin ils s'approchèrent d'Ausbourg, et ensuite, faute de vivres et de fourages, ils se retirèrent dans la Bavière, et les armées françoise et suédoise séjournèrent auprès de Landsberg près de cinq semaines.

M. de Bavière ne voulut pas voir M. l'archiduc qui marcha vers Ratisbonne avec l'armée de l'Empereur, et laissa l'armée de Bavière dans son pays. L'électeur irrité prit alors la résolution de faire la paix, et de laisser aux confédérés tout l'Empire, pourvu qu'il conservât ses Etats. Cette résolution à laquelle la nécessité l'avoit réduit eût eu un grand succès sans les mesures que les affaires de Flandre obligèrent M. le cardinal Mazarin de prendre, à quoi se mêlèrent aussi beaucoup de cabales de religieux du côté de Rome, sous prétexte que la ruine de la maison d'Autriche étoit celle de la religion catholique en Allemagne : ce qui n'étoit pourtant qu'une fausse couleur ; car le Roi eût maintenu les catholiques en Allemagne, de même que la maison d'Autriche eût empêché les Suédois de faire aucun changement dans les constitutions de l'Empire, et auroit accordé aux protestans les mêmes libertés dont la maison d'Autriche les laissoit jouir.

L'armée quitta enfin Landsberg, et se rapprocha de Memmingen, avec intention de vivre de ce côté du Danube autant que l'on pourroit, afin qu'il restât assez de pays au-delà pour y demeurer jusqu'au printemps. Cependant M. de Turenne fit prendre par M. d'Hocquincourt le château de Tubingen, et ayant appris que les ennemis avoient quelque corps près de Rain, Wrangel et lui y allèrent avec cinq ou six mille chevaux, et défirent sept ou huit cens de l'ennemi. M. Wrangel s'avança aussi près de Lindau, qu'il ne trouva pas à propos d'assiéger.

Dans ce temps-là M. de Bavière ayant fait proposer à Munster le dessein qu'il avoit de s'accommoder avec les couronnes confédérées, M. de Croissi vint trouver M. de Turenne ; et le lieu d'Ulm ayant été choisi pour le traitté, M. de Bauschemberg, général de l'artillerie, y vint de la part de M. de Bavière, et M. de Traci et M. de Croissi de la part du Roi. Les armées demeurèrent quelque temps assez proche du lieu des conférences; à la fin il fut conclu que M. de Bavière mettroit Hailbron entre les mains du Roi, et Memmingen entre les mains des Suédois, et promettoit de se séparer entièrement des intérêts de l'Empereur, de ne le point assister de ses troupes, de donner passage et vivres à celles du Roi pour aller dans les pays héréditaires.

En ce temps-là, l'Empereur se trouvoit avec quatre ou cinq mille hommes de pied et cinq ou six mille chevaux; les armées françoise et suédoise, au contraire, montoient à treize ou quatorze mille hommes de pied, et à vingt mille chevaux, après avoir été raccommodées. Le cœur de l'hiver et la grande distance qu'il y a de la Souabe dans les pays héréditaires empêchèrent qu'on ne pût se servir qu'au printemps de cet avantage.

[1647] Après que la paix fut faite avec M. de Bavière, l'armée du Roi se mit en quartier dans les pays qui lui tombèrent en partage des conquêtes qu'elle avoit faites la campagne précédente avec les Suédois. Comme l'armée de l'Empereur se trouva fort affoiblie par la séparation de celle de Bavière, elle se retira dans les pays héréditaires, non pas tant pour se rafraîchir que pour s'éloigner des confédérés.

[Le Roi adressa à M. de Turenne les ordres suivants, « sur ce qu'il aura à faire avec l'armée qu'il commandoit, ensuitte du traitté faict avec le duc de Bavière: »

« Mon Cousin, aiant sceu que mon cousin le duc de Bavière a rattifié le traitté de cessation d'armes, faict à Ulm avec les députés de la part de cette couronne et de celle de Suède, et comme par cet accomodement les affaires d'Allemagne sont aux termes que je puis, avec mes alliez, le désirer, je me trouve obligé, par les efforts extraordinaires que font les Espagnols du costé de Flandres, et dans l'incertitude où je suis si l'armée de messieurs les Estats des provinces unies des Pays-Bas se mettra en campagne cette année, d'employer de ce costé-là mon armée que vous commandez; c'est pourquoi je vous dépesche ce porteur exprès, par l'advis de la Reine régente, madame ma mère, pour vous dire que mon intention est que vous vous acheminiez le plus tost qu'il vous sera possible, avec madite armée, dans le Luxembourg, pour y agir conformément à ce que mon cousin le cardinal Mazarin vous a faict entendre plus particulièrement de ma part, en vous despeschant le sieur de Paris;

» Que si j'apprends par son retour qu'il y ait sujet d'arrester l'exécution de ce dessein, ou que je voye que vous proposiez quelqu'autre chose qui soit plus advantageuse à mon service, je vous renvoyerai incontinent ledit sieur de Paris, pour vous faire sçavoir quelle sera ma dernière résolution;

» Qu'en passant Hailbron vous pourvoirez au gouvernement de la place, y establissant un officier pour y commander, de la fidélité et des autres bonnes qualitez duquel vous serez bien asseuré, et y laissant soubz sa charge une garnison suffisante, avec les munitions nécessaires pour la tenir dans une entière seureté;

» Que vous mettrez dans Schorenders, Lauminghen et Thubinghen, qui sont tenues par mes armées, des commandans fidèles et capables, avec les garnisons qui leur seront nécessaires pour la garde et défense d'icelles, désirant que, si vous jugez qu'il faille tirer desdites places ceux qui y commandent à présent, avec les garnisons qui y sont, et y en establir d'aultres, vous y fassiez les changemens que vous adviserez, me remettant entièrement sur vous de donner tous les ordres que vous jugerez à propos pour asseurer lesdites places, en sorte que, lorsque vous vous en esloignerez, elles ne puissent demeurer en aucun péril, et que j'en sois du tout en repos;

» Que vous laissiez en ces quartiers-là le sieur d'Hoquincourt, si vous le jugez nécessaire et à propos, et avec lui les troupes dont il pourra avoir besoin pour la conservation des places et du pays; et il semble que cela soit d'autant plus nécessaire pour, jusques à ce que les choses qui ont esté promises par ledit traitté de cessation d'armes soient exécutées, il est bon de retenir des forces qui soient considérables de ce costé-là.

» J'espère aussi que cela n'empeschera pas que vous n'ameniez dans le Luxembourg une armée considérable, tant parce que vous pourrez facilement augmenter vos forces par le moyen des troupes que mondit cousin le duc de Bavière a résolu de licentier avec intention de vous en laisser profiter, que parce que je fais travailler à former avant vostre arrivée un bon corps de troupes d'infanterie sur ma frontière de Champagne, pour vous joindre et fortifier notablement.

» Et j'estime que ce que vous aurez à faire pour les establissemens nécessaires à la seureté desdites places, n'apportera pas beaucoup de retardement à vostre marché, laquelle, à la vérité, je seray bien aise que vous fassiez le plustost que vous pourrez, mais je n'attends pas que ce soit aussitôt que cet ordre vous sera rendu; car si vous jugez à propos de différer vostre départ pour quelques jours, par des considérations importantes à mon service, et mesme si vous estimiez qu'un plus long séjour de vostre personne fût nécessaire en ces quartiers-là, je trouve bon que vous vous arrestiez à ce que vous verrez être le plus avantageux à mon service, dont vous m'informerez bien particulièrement et des raisons qui vous y auront porté, afin que vous puissiez recevoir mes ordres plus précis sur ce que vous aurez à faire. Cependant, comme je ne désire pas que mon armée d'Allemagne demeure plus long-temps jointe à celle de Suède pour faire de plus grands progrez, veu mesme que les plénipotentiaires de l'Empereur sont convenus avec les miens et ceux de la couronne de Suède, des satisfactions que l'on a demandées à l'esgard de l'Empire, je désirerois en cas que vous jugeassiez nécessaire de demeurer encore quelque temps par delà, que vous fassiez marcher sans retardement vers le Luxembourg, un corps de deux mil chevaux effectifs au moins, commandez par un bon chef, lequel vous rejoindroit au mesme temps que vous repasseriez le Rhin avec madite armée. Et quant aux autres choses dont je pourrois vous dire plus particulièrement mon intention et mes motifs touchant l'estat présent des affaires d'Allemagne, la négociation de la paix à Munster et Osnabruck, la nécessité et les raisons qui m'obligent à faire revenir mon armée au-deçà du Rhin, la conduite que vous devez tenir avec le général Wrangel sur cette occasion, et la manière dont vous lui debvez parler de vostre marche vers ces quartiers, je m'en remets à ce que mondit cousin le cardinal Mazarin vous a escrit par ledit sieur de Paris, et à ce qu'il vous mande encore présentement, me promettant bien que vous vous porterez à exécuter, selon vostre affection et diligence accoustumée, tout ce qui sera le plus utile à mon service dans la conjoncture présente, et il ne me reste qu'à vous assurer que, comme l'on ne peut agir plus prudemment et utilement que vous avez faict en toutes les affaires et occurences considérables qui se sont offertes depuis vostre passage au-delà du Rhin, et vostre jonction à l'armée de Suède, qui a produict les bons effects que l'on commence à voir, aussi il ne se peut rien adjouster à la satisfaction qui m'en demeure et au désir que j'ai de vous en recognoistre en toutes les occasions qui s'en présenteront ; et sur ce je prie Dieu qu'il vous ait, mon cousin, en sa saincte et digne garde.

» Escript à Paris, le 15 avril 1647. »]

Cette foiblesse des ennemis engagea la cour à retirer l'armée d'Allemagne, ayant été sollicitée par les partisans de Bavière, qui suggéroient que la continuation de la guerre contre l'Empereur alloit entièrement à la ruine de la religion catholique ; que les Suédois seuls profiteroient de cette décadence de l'Empire ; que le Roi retirant son armée, on laisseroit les choses dans un équilibre que la France devoit souhaiter : de sorte que ni la maison d'Autriche ni les Suédois ne seroient les maîtres ; et que M. de Bavière, les voyant affoiblir tous deux, et conservant son armée, feroit toujours pencher la balance du côté que la France souhaiteroit. Le besoin que le Roi avoit de troupes en Flandre, à cause du grand corps qu'on avoit envoyé sous M. le prince en Catalogue, obligeoit aussi à prendre ce parti. M. de Turenne avoit remontré au contraire, par divers envoyés, que la perte de la maison d'Autriche étoit presque sûre par la réunion des armées de France et de Suède, et par la séparation de celle de Bavière, qui avoit laissé l'armée de l'Empereur presque réduite à rien : qu'on remédieroit bien à la crainte que la France avoit de rendre les Suédois trop puissans, par le partage qu'on feroit des conquêtes ; que la France, tenant une partie de l'Allemagne, et conservant l'amitié de M. de Bavière, se rendroit arbitre des affaires en Allemagne ; que si on en sortoit avec l'armée, on laisseroit M. de Bavière maître des affaires, et en état de se tourner contre les Suédois quand il voudroit.

Malgré toutes ces raisons, M. de Turenne eut ordre de marcher en Flandre ; il avoit bien prévu que la cavalerie allemande feroit difficulté de le suivre, à cause de cinq ou six montres (1) qui étoient dues. Ce qu'il avoit représenté à la cour qui, ne se trouvant point en état de donner aucune somme considérable, promit seulement une montre, laquelle même, à cause de la difficulté que firent les marchands d'accepter les lettres de change, ne fut pas prête au temps que l'armée devoit marcher ; M. de Turenne, pour y remédier, envoya la cavalerie dans de bons quartiers, leur distribua tout le pays, les traitta le mieux qu'il lui fut possible, et s'en alla avec l'infanterie françoise prendre Hocst et Stenheim et d'autres petites places qui assuroient ses conquêtes le long du Rhin ; après quoi il reçut un ordre exprès de ne point perdre de temps pour marcher en Flandre. M. de Turenne avoit cru que les principaux officiers de la cavalerie allemande devoient être contens, ayant fait M. de Flextein général-major, donné le gouvernement de Schorendof à M. de Rousmaorns, et obtenu à la cour pour M. Rosen, qui étoit sorti depuis peu de prison, la charge de lieutenant-général de la cavalerie qu'avoit M. Dubatel. L'armée eut rendez-vous à Philisbourg, où elle passa le Rhin (2) sans faire aucune difficulté ; et on mar-

---

(1) Montre signifie un mois de paie.

(2) *Lettre du Roy à M. le mareschal de Turenne, pour luy dire que, lorsqu'il aura passé le Rhin avec l'armée d'Allemagne, il prenne un poste vers Maestrich ou Luxembourg, et qu'il laisse vers le Rhin un officier pour commander :*

« Mon cousin, j'ai appris avec beaucoup de satisfaction que vous vous mettez en estat de marcher au deçà

cha entre Strasbourg et Saverne, où M. Rosen qui n'avoit bougé de chez lui depuis sa sortie de prison, vint trouver M. de Turenne.

Le repos que la cavalerie avoit eu dans ses quartiers, le voisinage de la maison de M. Rosen où les officiers alloient de temps en temps, et l'éloignement de M. de Turenne, qui ne pouvoit pas y avoir l'œil, firent faire à beaucoup d'officiers force raisonnemens contre le voyage de France ; M. Rosen y portoit aussi les esprits, non pas peut-être qu'il souhaitât une entière mutinerie, mais afin que la grande difficulté que les Allemans feroient de marcher en Flandre, obligeât la cour, ou à leur payer les montres dues, ou à les laisser en Allemagne. Le lendemain que M. Rosen fut arrivé, on donna ordre à tous les régimens de passer la montagne de Saverne ; et M. de Turenne, ayant M. Rosen avec lui, apprit, en approchant de Saverne, que le vieux régiment de Rosen ne vouloit pas marcher (1) ; il y envoya M. Rosen, dont il n'avoit aucun soupçon, et ensuite il y

du Rhin avec mon armée d'Allemagne, et je vous faicts cette lettre pour vous dire, par l'advis de la Royne régente, madame ma mère, que mon intention est que vous vous acheminiez le plus tost qu'il vous sera possible avec madite armée vers la Mozelle, pour aller prendre un poste d'où vous puissiez vous porter à Luxembourg ou à Maestrich, suivant les ordres que je vous envoyeray ; que vous ordonniez et laissiez un officier principal pour avoir soin de la conservation des places tenues par mes armées en Allemagne et des garnisons qui y sont, et qu'il pourvoye à tout ce qui pourra estre nécessaire au faict de la guerre, en vostre absence, suivant les ordres que vous luy en laisserez, et en me donnant avis de la personne que vous aurez choisie pour cet effet ; s'il est besoin de luy donner quelque expédition de ma part pour l'auctoriser davantage, je la luy envoyeray aux termes que vous-mesme jugerez à propos. C'est ce que je vous diray par cette lettre, priant Dieu qu'il vous ayt, mon cousin, en sa sainte et digne garde.

» Escrit à Amiens, le 20 may 1647. »

(1) *Mémoire envoyé à monseigneur le mareschal de Turenne, touchant la désobéissance d'aucuns des régimens du corps ancien de l'armée d'Allemagne, sur l'ordre qui leur a été donné de marcher vers la Flandre :*

« Le Roy ayant entendu la relation que le sieur de Paris a faite de tout ce qui s'est passé en l'armée d'Allemagne dans le temps que le sieur mareschal de Turenne avoit pris sa marche pour venir en Flandre avec ladite armée, et ayant sceu comme ledit sieur mareschal n'avoit peu jusqu'alors disposer à ce voyage les reistres du corps ancien des troupes du feu duc de Weymar, quoiqu'il n'y eût obmis aucun soin ni diligence, Sa Majesté, par l'advis de la Reyne régente, sa mère, lui a voulu faire sçavoir ses intentions sur cette occurrence par le présent mémoire.

» Sa Majesté désire que ledit sieur mareschal continue à employer son autorité et son crédit, et qu'il fasse de nouveaux effortz pour disposer tous ceux de ladite armée à venir en Flandre, leur faisant cognoistre qu'ils ne peuvent jamais rendre à Sa Majesté une preuve de leur obéissance qu'elle considère davantage, ny lui donner une plus grande satisfaction ;

» Qu'il commence à regagner lesdits reistres en leur pardonnant leur mutinerie, les asseurant de tout le bon et favorable traictement possible en continuant à servir Sa Majesté avec la fidélité et obéissance qu'ils doibvent ; qu'il se serve du fonds de la monstre qui est présentement sur le Rhin, pour détacher les plus dificiles et opiniastres d'avec les austres et les ranger tous à la raison ; qu'il donne plus aux cavaliers qu'aux officiers, s'il voit que cela puisse réussir, et qu'il ne fasse distribuer l'argent de la monstre qu'en la manière qu'il estimera plus utile pour ce dessein ; que mesme il fasse des gratifications particulières sur ledit fonds au lieutenant-général Roze, au général-major Ohem, et austres qu'il advisera, et qu'il leur promette des pensions et entretènemens pendant la paix, pour quelles sommes et en la manière qu'il verra estre nécessaire pour les porter à marcher tous ensemble par deçà ;

» Que si, après avoir employé toutes les persuasions et les grâces qu'il verra convenir pour les induire à rendre cette obéissance et donner ce contentement à Sa Majesté, il n'y peut parvenir, Sa Majesté veut que par tous moyens, et mesme leur faisant des gratifications sur ladite monstre, et leur donnant des asseurances de pensions, comme il est marqué ci-desssus, il tâche de les obliger à s'advancer jusques sur la Mozelle et dans le Luxembourg, parce que cela donnera beaucoup de jalousie aux ennemis, et leur fera sans doubte détacher un corps des armées qu'ils ont en Flandre ; outre que ce sera beaucoup épargner les quartiers que les troupes de Sa Majesté en Allemagne occupent présentement, dont l'on aura besoin pendant l'hiver ;

» Que si ledit sieur mareschal ne peut gagner sur eux, qu'ils viennent au moins jusqu'en Luxembourg, Sa Majesté approuve qu'il leur accorde de demeurer au-delà du Rhin, dans les postes et quartiers qu'il jugera le plus advantageux pour le service de Sa Majesté et le bien de ses alliez, d'autant mesme que l'on contentera beaucoup ceux de ladite armée en consentant à ce qu'ils désirent, et les laissant en de bons quartiers où ils se puissent bien restablir et accommoder, et où l'on se pourra confirmer plus facilement dans l'obéissance et le service qu'ils doivent à Sa Majesté, mais aussi que cela servira à contenter monsieur le duc de Bavière, lequel ne pourroit, sans peine et appréhension, voir esloigner de l'Allemagne toutes les forces de l'armée de Sa Majesté, dans un temps auquel les Impériaux font paroistre beaucoup de mauvaise volonté contre luy ; que l'on satisfera aussi les Suédois, et particulièrement le mareschal Wrangel, qui ne se croyoit pas sans danger, voyant que toute l'armée de Sa Majesté quittera l'Allemagne, et que madame la Landgrave en recevra de sa part une satisfaction et repos qui ne seront pas médiocres ;

» Que comme, en s'accommodant de cette sorte à ce que désirent ceux de ladite cavalerie weymarienne, il leur pourroit rester quelque soupçon que Sa Majesté ne leur pardonneroit leur désobéissance que pour un temps et qu'elle pourroit les en faire punir à l'advenir, elle a estimé que, pour y remédier, il seroit bon que ledit mareschal eût pardevers luy une expédition contenant le pardon qu'elle leur accorde en termes exprès, avec promesse qu'elle exécutera tout ce qu'il leur promettra de sa part en général et en particulier, afin de s'en servir selon qu'elle l'estimera à propos ;

» Que si ledit sieur mareschal ne peut faire autre chose que de laisser ladite cavalerie sur le Rhin, l'intention de

alla lui-même ; et n'ayant rien pu obtenir d'eux, il passa la montagne avec l'infanterie, et envoya ordre à toute la cavalerie de marcher, persuadé que s'il s'arrêtoit pour la mutinerie de ce régi-

Sadite Majesté est qu'il marche aussitost après que cette dépesche luy aura esté rendue, et sans perdre aucun moment de temps, avec toute l'infanterie de l'armée d'Allemagne et les cinq régimens de cavalerie qui sont prez de suivre, et elle juge qu'il sera fort advantageux à son service, même pour oster au public la cognoissance que cette cavalerie ayt rendu une désobéissance générale, que ledit sieur mareschal employe tous les moyens possibles pour obliger les officiers de ladite cavalerie qu'il cognoîtra estre les mieux intentionés, à se séparer et détacher des autres, et à le suivre au moins avec deux régimens pour venir en Flandre, leur donnant toute asseurance qu'à la fin de la campagne ils auront ordre de retourner delà le Rhin et de rejoindre les autres régimens de l'ancien corps de ladite armée. Et Sa Majesté estime ce point de telle considération, qu'elle veut que ledit sieur maréchal n'obmette rien pour le faire réussir, faisant cognoistre à ceux qu'il pourra attirer à luy, qu'ils seront traittez le plus favorablement qu'il sera possible, et qu'avec un peu de patience ils auront satisfaction du payement d'une partie des monstres qu'ils prétendent, et que l'on prendra un soin particulier de leur fortune ;

» Que si ledit sieur maréchal est obligé de laisser sur le Rhin la plus grande part des troupes dudit ancien corps de cavalerie, Sa Majesté croit qu'il sera bon qu'il y fasse aussi demeurer le sieur Rose, commandant la cavalerie, et le général-major Ohem et les sieurs de Schemitberg, de Vautorte et de Varennes; qu'il leur donne ses ordres pour l'employ de ladite cavalerie dans les occasions qui s'offriront de ce costé-là, et pour la faire loger et subsister dans le meilleur ordre qu'il sera possible ; sur quoy Sa Majesté remet néantmoins audit sieur maréchal de faire ce qu'il estimera plus à propos; que si ledit sieur maréchal croit qu'il soit bon que ledit sieur de Tracy demeure auprès desdites troupes, pour la mesme fin, il luy en donnera l'ordre, et luy fera rendre la dépesche que Sa Majesté luy adresse pour ledit sieur de Tracy ; sinon, et s'il juge plus à propos de le mener avec luy, il la pourra supprimer ; que si pour remettre et contenir la cavalerie de l'ancien corps allemand dans le debvoir, ledit sieur maréchal estimoit que sa personne fût nécessaire au-delà du Rhin, Sa Majesté trouve qu'il y demeure ; mais en ce cas elle veut et luy ordonne qu'il envoye, en la plus grande diligence qu'il se pourra, le sieur d'Hoquincourt avec toute l'infanterie de ladite armée et les cinq régimens de l'ancienne, qui sont pretz à marcher, avec asseurance que ledit d'Hoquincourt retournera vers luy aussitost que la campagne sera finie, et aura plus de troupes qu'il n'en aura amené, parce que l'on luy fera joindre plusieurs Irlandois nouvellement levez, et d'autres corps que Sa Majesté a destinez par delà pour fortifier ladite armée, et qui sont préparez à cet effect. Mais Sa Majesté entend que ledit sieur maréchal ne s'arreste pas en Allemagne, sy ce n'est que sa personne y soit absolument nécessaire, et que sans cela ladite cavalerie fût entièrement perdue ; autrement elle désire que ledit sieur maréchal vienne luy-mesme avec lesdites troupes en Flandre, parce que le bruict qu'il y fera en personne sera capable de faire croire que toutes choses seront en meilleur estat, et que le corps qu'il conduira sera plus fort et considérable que l'on ne le jugera s'il est commandé par un autre chef ;

» Que ledit sieur maréchal, venant par deçà avec toute l'infanterie de ladite armée et lesdits cinq régimens de cavalerie, prenne sa route le long de la frontière de Champagne, et par le chemin le plus court, sur lequel Sa Majesté luy fera préparer du pain, et il en envoyera prendre dans les villes près desquelles il passera ; et parce que Sa Majesté a estimé nécessaire, pour seconder et fortifier la créance dudit sieur maréchal auprès de ceux de ladite armée, d'envoyer par delà une personne exprès de sa part sur cette occasion, elle a voulu luy dépêcher le sieur de Mondevergues, auquel elle a toute confiance, et lui a faict donner des lettres de créance sur luy, tant pour ledit lieutenant-général Rose, que pour ledit sieur Ohem et autres chefs principaux de ladite armée, dont les noms ont esté laissez en blanc pour estre remplis suivant ce qui sera ordonné par ledit sieur maréchal, lequel prescrira audit sieur de Montdevergues ce qu'il devra dire auxdits officiers généraux et aux colonels desdits corps de cavalerie, pour les porter à ce que Sa Majesté désire et pour agir auprès de chacun d'eux comme il sera le plus convenable en cette occasion.

» Ledit sieur de Paris a rapporté que l'on a faict courre beaucoup de mauvais bruicts du traittement qui a esté faict par deçà aux régimens de Bambaket de Bonnicausen, et l'on ne doubte pas que ledit sieur maréchal ne sçache combien ils sont éloignez de la vérité. Mais elle veut luy faire remarquer qu'on leur a donné de l'argent, et en outre des chevaux pour les monter, et tout ce qui a esté nécessaire pour les remettre en estat de servir. En sorte qu'ils auroient esté très-marris de n'estre pas venus d'Allemagne servir par deçà, et qu'il y auroit de la peine à les faire retourner de delà : ce qu'il sera bien à propos que ledit sieur maréchal publie et empêche la continuation de ces mauvaises nouvelles, qui ne se sont semées parmy ces troupes que pour préjudicier au service de Sa Majesté et desgoûter ceux qui y sont affectionnez. Ledit sieur maréchal aura sceu ce que ledit de Paris a rapporté touchant la personne dudit Bonnicausen, qui est qu'il est allé servir l'Empereur, et cela estant, Sa Majesté seroit en pensée de donner le commandement de son régiment de cavalerie à quelque bon officier qui entendit la langue, comme seroit le sieur de Sirot. On sera pourtant bien aise de sçavoir si ledit sieur maréchal croiroit qu'il y eût inconvénient en cela.

» Faict à Amiens, le 26 juin 1647. »

A M. le maréchal de Turenne, pour lui dire que, soit que le régiment des corps anciens de cavalerie de l'armée d'Allemagne demeure sur le Rhin, ou qu'il demeure sur la Mozelle, il marche avec le reste des troupes vers la Flandre, ou qu'il y envoye le sieur d'Hoquincourt :

« Mon cousin, bien que par le mémoire que je vous ay envoyé en vous dépeschant le sieur de Montevergues, il y a trois jours, je vous aye assez faict cognoistre que, si vous ne pouvez faire venir en Flandre toutes les troupes de cavalerie et d'infanterie de mon armée d'Allemagne, mon intention estoit que vous vous acheminassiez en Flandre avec l'infanterie de madite armée et les cinq régimens qui estoient pretz à vous suivre, soit que les neuf régimens de cavalerie du corps ancien de ladite armée qui faisoient difficulté de vous suivre, vinssent sur la Mozelle, ou que vous fussiez obligé de les laisser au-delà du Rhin, néantmoins, doubtant que la chose vous ayt esté assez expliquée par ledit mémoire, j'ay bien voulu vous dépescher ce courier exprès pour vous dire, par l'advis de la Reyne régente, madame ma mère, que mon intention est que, soit que lesdits régimens dement, ce retardement donneroit lieu aux autres d'en faire de même. Il ne passa de la cavalerie allemande que le régiment de Turenne ; le vieux régiment de Rosen ayant envoyé aussi-

meurent au-delà du Rhin ou qu'ils viennent seulement sur la Mozelle, vous ayez en ce cas à marcher en Flandre avec le reste des troupes de madite armée, tant de cavalerie que d'infanterie, sy ce n'est que vous jugiez que vostre présence soit absolument nécessaire avec lesdits régimens de cavalerie pour empescher leur perte, auquel cas vous donnerez le commandement de toutes les troupes d'infanterie et du reste de la cavalerie au sieur d'Hoquincourt pour amener le tout en Flandre, ainsy qu'il est plus particulièrement expliqué par ledit mémoire, auquel me remettant, je ne vous feray la présente plus longue que pour prier Dieu qu'il vous ait, mon cousin, en sa saincte et digne garde.

» Escrit à Amiens, le 29 juin 1647. »

Mémoire envoyé à monsieur le maréchal de Turenne sur ce qu'il auroit à faire touchant la désobéissance de l'ancien corps de cavalerie de l'armée d'Allemagne.

« Le Roy, ayant sceu ce qui a esté rapporté par le sieur de Raviguy de ce qu'a faict la cavalerie du corps ancien de l'armée d'Allemagne depuis le départ du sieur de Paris, que ladite cavalerie a donné à entendre au sieur maréchal de Turenne qu'estant payée de deux monstres, elle serviroit aux lieux et en la forme qui luy seroit ordonnée par ledit sieur maréchal, et quels sont les sentimens dudit sieur maréchal sur cette affaire, Sa Majesté, par l'advis de la Reyne régente, sa mère, l'a voulu informer de ses intentions par le présent mémoire.

» Bien qu'il soit dificile, après l'effort que l'on a faict pour donner une monstre entière à ladite armée, d'en faire fournir une seconde à ladite cavalerie ; qu'après ce qui s'est passé il semble qu'il fût peu convenable à la dignité de Sa Majesté de chercher avec beaucoup de soins et de peine à contenter des gens qui se sont portez à ladite désobéissance si ouverte et à une extrémité si préjudiciable à son service, néantmoins Sa Majesté feroit encore un dernier effort pour donner satisfaction à ladite cavalerie, si elle jugeoit qu'après cela elle s'en peust mieux asseurer que devant. Mais comme il y a apparence que, quelque despense que l'on fist pour les contenter, ils ne retombassent encore dans une mesme faute, ayant receu un sy notable avantage ensuitte de celle-cy, Sa Majesté estime qu'il faut sortir de cette affaire par des expédiens qui luy rendent le service de ce corps plus asseuré. Celui qui a esté proposé par ledit sieur maréchal de Turenne de licentier les mutins de ladite cavalerie, et d'annuler le traitté général qui a esté cy-devant fait avec le corps entier de ladite cavalerie, après la mort du duc de Weymar, sembleroit fort à propos ; mais pour le faire réussir, l'on estime qu'il faudroit tascher de retirer le lieutenant-général Rose et quelques-uns des oficiers principaux qui sont avec les mutins, parce que ce seroit un moyen de s'asseurer qu'ils n'iroient pas prendre party avec les ennemis.

» Qu'ensuitte il faudroit faire publier une ordonnance portant que tous les oficiers et soldats qui ont eu part à la mutinerie auroient à rentrer, dans trois jours, dans leur debvoir ; qu'en ce faisant ils auroient abolition de leurs crimes et qu'il leur seroit présentement payé une monstre, une autre dans quelque temps, et encore une autre dans la fin de la présente année, à condition toutesfois qu'ils serviroient désormais, et serviroient tout ainsy que les autres troupes étrangères estans à la solde de Sa Majesté, sans qu'il fût plus faict de mention du traitté qui a esté cy-devant faict avec le corps entier de ladite cavalerie, lequel demeureroit révoqué de leur consentement ; et à l'esgard de ceux qui manqueroient à rentrer dans leur debvoir, dans ledit temps de trois jours, ils seroient réputés infidelles à Sa Majesté et punis comme telz.

» Que si ledit sieur maréchal croit qu'il peust réussir de séparer ses cavaliers du corps mutinez d'avec les officiers, il faudroit pour cet effect qu'il fît publier que chaque cavalier qui se viendroit rendre près de luy auroit son pardon, et en outre trente rischdalles, et seroit incorporé aux régimens qui se trouveront avec ledit sieur maréchal, ou bien dans ceux qu'il formeroit de nouveau, et que l'on traitteroit de la mesme sorte les oficiers qui se détacheroient d'avec les mutinez, les employant par forme d'augmentation avec les troupes qui sont dans l'obéissance, ou bien les faisans entrer dans celles de nouvelle levée, et qu'il exécutast effectivement cette promesse ; que si, en ce faisant, l'on pouvoit retirer les deux tiers des mutinez, l'on croit que ce seroit un effect très-considérable, puisque l'on auroit aboly ledit traitté général, l'on espargneroit beaucoup d'argent et l'on se délivreroit de l'appréhension que l'on peut justement avoir, qu'ils ne retombent dans une pareille désobéissance, et ce pourroit estre dans une occasion en laquelle ilz feroient encore plus de préjudice au service de Sa Majesté, outre qu'il seroit difficile que désormais ils continuassent vers ledit sieur maréchal la même créance qu'ilz ont eue en luy par le passé, ny aussy qu'il se confiast plus en eux, et il se trouveroit qu'il auroit plus cousté à Sa Majesté pour les contenter qu'il ne faudroit pour remettre sur pied un corps autant ou plus considérable que celui que l'on a eu, quand toute cette cavalerie a esté dans l'obéissance.

» Sur ce que dessus, Sa Majesté se remet entièrement à ce que ledit sieur maréchal jugera estre le plus à propos et plus avantageux à son service, observant qu'il se doibt attacher surtout au licentiement des mutins, pourveu qu'en ce faisant il puisse, par argent et par son entremise et crédit, conserver la plus grande partie d'iceux, en sorte qu'il y ayt presque les mesmes forces, et que Sa Majesté ne soit plus tenue audit traitté.

» Quant audit sieur maréchal, Sa Majesté approuve la résolution qu'il a prise de ne point marcher avec la cavalerie et l'infanterie qui s'étoit advancée au-deçà du Rhin, afin de s'employer aussy fortement qu'il estoit nécessaire afin d'empêcher la cavalerie allemande de sortir tout à fait de son debvoir.

» Et quoyque Sa Majesté luy ait mandé, par le sieur de Montdevergues, de venir par deçà avec l'infanterie de l'armée et la cavalerie qui l'avoit suivy, et de faire que la cavalerie qui estoit demeurée vers le Rhin s'avançast sur la Mozelle et dans le Luxembourg, néantmoins à présent Sa Majesté désire que, pour obliger les ennemis à tirer de Flandre une partie des forces qu'ilz y ont présentement, qu'aussytost qu'il aura terminé l'affaire de cette cavalerie mutinée, il se porte, s'il se peut, avec toutes les troupes d'infanterie et de la cavalerie de l'armée du Roy dans le Luxembourg ; qu'il tasche d'y demeurer un mois ou six sepmaines, entreprenant sur Arlon, Bastongne et autres places qu'il jugera pouvoir prendre, parce qu'outre qu'il fera une diversion considérable, il ruinera ledit païs de Luxembourg, prendra quelque poste sur eux, et soulagera les quartiers nécessaires pour la subsistance de l'armée d'Allemagne, sans s'esloigner des places et du pays qu'il faut conserver de

tôt aux autres régimens allemans, ils se joignirent tous à lui en deux heures. Le lendemain, les principaux officiers de l'armée vinrent trouver M. de Turenne, et demandèrent toutes les

ce costé-là; et estant en lieu pour y retourner en six jours toutes les fois que le besoin s'en offrira, cela donnera de la satisfaction au duc de Bavière et à nos alliez en Allemagne, qui nous eussent veu esloigner du Rhin avec peine, et de la crainte à nos ennemis, qui pensoient desjà pouvoir profiter de nostre éloignement du Rhin. L'on estime aussi que ledit sieur maréchal se doibt d'autant plustôt porter dans le Luxembourg, qu'il n'y a présentement rien à faire par les armes du Roy en Allemagne; qu'il ne trouvera point d'obstacle considérable à faire la guerre dans ce pays-là, et que l'on a sceu, par une lettre du sieur de Tracy que Rose luy a faict cognoistre, qu'il n'y auroit pas de difficulté à faire aller ladite cavalerie mutinée dans le Luxembourg, si bien qu'il semble qu'en quelque façon qu'il sorte de l'affaire de ladite cavalerie, il luy sera facile de la faire venir de ce costé-là. Et cette diversion est jugée si utile et nécessaire par Sa Majesté, qu'elle désire que si, lors de la réception de cette dépesche, ledit sieur maréchal estoit en marche pour venir par deçà, suivant ce qui luy a esté mandé par ledit sieur de Montdevergues, il retourne vers le Luxembourg pour exécuter ce qui est porté ci-dessus; qu'en ce faisant, il envoye par deçà un corps de mil ou douze cents chevaux, et s'il peut y en faire marcher jusques à quinze cens, Sa Majesté en recevroit beaucoup de contentement, et mesme elle désireroit que ce fût de ceux qui se sont mutinés, veu que par ce moien ledit sieur maréchal seroit délivré de gens qui seront tousjours capables de faire d'autres fautes, demeurant tous ensemble, et nous en recevrions un renfort considérable sans avoir sujet d'apréhender qu'ilz se révoltassent, estans joints à une grande armée que Sa Majesté a en Flandre. Et à la fin de la campagne l'on renvoyeroit audit sieur maréchal, non-seulement ladite cavalerie, mais aussy d'autres régimens de cavalerie et un corps d'infanterie estrangère pour augmenter le nombre de la sienne, et luy donner moyen de prendre ses quartiers d'hiver aux despens des ennemis et avec tout advantage.

» Et comme il est très-important au service du Roy que ladite cavalerie soit au plustôt par deçà, elle désire qu'il l'y fasse marcher sans perdre aucun moment de temps, la faisant passer dans le royaume par le plus court chemin, se remettant à luy de la faire commander par tel officier qu'il advisera, soit françois ou estranger.

» Sur ce que ledit sieur de Ravigny a dit par deçà que le sieur d'Hoquincourt ayant pensé que son emploi, en qualité de lieutenant-général en l'armée d'Allemagne, avoit donné jalousie au sieur Rose et avoit causé une partie de son mécontentement, s'est retiré à Nancy pour donner facilité audit sieur maréchal de ramener ledit Rose et les autres chefs de ladite cavalerie à leur debvoir, et y attendre les ordres de Sa Majesté; elle trouve bon que si cet esloignement du sieur d'Hocquincourt peut servir à faire rentrer les Allemans dans l'obéissance, le dit sieur maréchal promette audit sieur Rose ce qu'il jugera à propos sur ce suject, et en donnera avis par deçà, afin que Sa Majesté fasse sçavoir audit sieur d'Hoquincourt ce qu'il aura à faire, son intention estant de le considérer pour un autre employ tel que l'affection qu'il a faict paroître dans celui qu'il a eu jusques à présent en Allemagne, et mesme en cette occasion, le peut mériter, luy sçachant beaucoup de gré de sa conduite en cette occurrence. Comme ce qui a esté mandé audit sieur maréchal par ledit sieur de Montdevergues est différend en beaucoup de choses du contenu cy-dessus, Sa Majesté désire qu'il s'arreste à ce qui est porté par le présent mémoire en toutes les choses qui sont contraires à ce qui luy a esté mandé auparavant, et à ce qu'il luy sera dict par ledit sieur de Paris, auquel Sa Majesté se remet de faire entendre particulièrement audit sieur maréchal l'estat présent de nos affaires en Flandre, en Catalogne et partout ailleurs, et particulièrement comme les ennemis ont pris fort à leur advantage l'advis qu'ilz ont eu de la mutinerie arrivée dans le corps de la cavalerie allemande, au lieu qu'auparavant ils se tenoient perdus dans la Flandre, sy l'armée commandée par ledit sieur maréchal se fût advancée dans le Pays-Bas, ainsi qu'il avoit été résolu; et pour fin, Sa Majesté recommande de rechef audit sieur maréchal de faire partir promptement lesdits corps de cavalerie qu'elle luy ordonne d'envoyer par deçà, et de s'advancer en personne avec le reste de l'armée dans le Luxembourg, comme estant chose très-importante au service de Sa Majesté.

» Faict à Amiens, le 4 juillet 1647. »

Addition à ladite Instruction.

« Sa Majesté faict joindre au présent mémoire des lettres pour le licentyement des régimens de cavalerie de Rose, Saupadel, Oem, Rushorm, Fleksteim, Betz, Schutz, Vikesteim et dragons de Rose, afin que ledit sieur mareschal puisse s'en servir pour ceux et ainsy qu'il verra estre à propos.

» En suit la teneur desdites lettres dudit jour.

» Monsieur le colonel Rose, ayant esté bien informé comme les officiers et chevaux-légers de vostre régiment ont reffusé d'obéir aux ordres qui luy ont esté donnez par mon cousin le maréchal de Turenne, mon lieutenant-général en mon armée d'Allemagne, en suite de ceux qu'il avoit receus de moi de passer au Païs-Bas avec maditte armée qui s'est mise en devoir de le faire, et dont la marche a esté retardée que par cette mutinerie, au grand préjudice de mon service, et ne voullant pas qu'une si notable désobéissance demeure sans chastiment, j'ay résolu de licentier vostre régiment par forme de punition, et je vous faictz cette lettre pour vous dire, par l'advis de la Reyne régente, madame ma mère, que aussytost que vous l'aurez receue, vous ayez à faire retirer et séparer tous les officiers et chevaux-légers de vostredit régiment de cavalerie, les licentyant et congédiant pour aller où bon leur semblera, comme inutiles à mon service, ayant desplaisir de ce que, par leur faute insigne, ils se soient rendus indignes de la continuation du bon traittement que j'avois dessein de leur faire s'ils eussent continué à me servir comme par le passé, et s'ils eussent pu profiter du bon exemple que vous leur avez donné, estant au surplus bien satisfaict de vostre conduite en particulier et de vos services, et désirant les recognoistre aux occasions qui s'en offriront; sur quoi, me remettant à mon cousin le mareschal de Turenne de tout ce que je pourrois adjouter à cette lettre, je ne vous la feray plus longue que pour prier Dieu qu'il vous ayt, monsieur le colonel Rose, en sa saincte garde.

» Escript à Amiens, le 4 juillet 1647. »

Ordre portant pouvoir à monsieur le maréchal de Turenne de pourvoir aux demandes de la cavalerie allemande.

« Le Roy, ayant appris par l'officier qui luy a esté despéché de la part des haultz et bas officiers, et généralement de ceux de toutes conditions des régimens de ca-

montres dues : il leur fit connoître qu'il étoit impossible qu'ils pussent toucher de l'argent valerie de son armée d'Allemagne, séparez des autres troupes de ladite armée, et par les lettres et mémoires dont ilz ont chargé ledit officier, comme ilz ont eu plusieurs considérations sur lesquelles ilz ont esté portez à ne pouvoir marcher vers la Flandre , et à faire plusieurs demandes et propositions à Sa Majesté, et particulièrement que leurs équipages ne s'estant pas trouvez en estat de faire ce voyage, et n'estant pas en pouvoir de les restablir, ilz ont esté contrainctz à demander de grandes sommes pour cet effect à Sa Majesté sur ce qui leur est deub, sans que pour cela ils se veuillent aucunement départir du service qu'ils sont obligés, par leur ancien serment, de rendre à Sa Majesté ; lequel au contraire ils ont renouvellé sur cette occasion, et ont protesté qu'ils vouloient vivre et mourir pour le service de cette couronne, à l'exclusion de tous autres princes, supplians Sa Majesté d'oublier ce qui s'est passé en cette dernière action ; et Sa Majesté aiant esté bien aise d'entendre leur bonne disposition, se promettant qu'ils lui donneront des effects et se remettront actuellement dans leur debvoir, Sa Majesté, par l'advis de la Reyne régente, sa mère, ayant donné tout pouvoir au sieur vicomte de Turenne, maréchal de France, son lieutenant-général et représentant sa personne en son armée d'Allemagne, de terminer les difficultés qui ont esté et pourront estre meues à l'esgard desdits régimens de cavalerie, et de promettre de faire exécuter, au nom de Sa Majesté, tout ce qui sera à faire sur cette occasion, a renvoyé et renvoye audit sieur maréchal les officiers tant majors qu'autres, et généralement tous ceux de ladite cavalerie allemande séparés des autres troupes de ladite armée, pour leur estre pourveu sur leurs plaintes et demandes, selon qu'il advisera et verra estre raisonable et possible à Sa Majesté, les assurant qu'elle fera ponctuellement exécuter tout ce qui leur a esté ou sera promis par ledit sieur maréchal au nom de Sa Majesté, en se remettant à son service et dans l'obéissance qu'ils lui ont promise et jurée; et que, moiennant ce, tout ce qui s'est passé de leur part sera non seulement effacé de la mémoire de Sa Majesté et mis à perpétuel oubly, mais ne diminuera en rien le gré que Sa Majesté sçait de leurs services ; mesme que la paix arrivant, elle les considérera particulièrement pour continuer à les entretenir à son service et les gratifier dans un temps auquel elle aura les moiens de le faire, qui lui sont retranchez par les longueurs de la présente guerre, et la continuation des excessives despenses qu'elle a causées à cet estat; sur quoy, comme sur toutes les autres choses qu'ils peuvent désirer de Sa Majesté, ils sçauront plus particulièrement ses intentions par ledit sieur maréchal, auquel elle se remet entièrement.

» Faict à Dieppe , le 5ᵉ jour d'aoust 1647. »

A Monsieur le maréchal de Turenne, pour faire amener, de Philisbourg à Nancy, le lieutenant-général Rose.

« Mon cousin, ayant résolu de faire amener de Philisbourg à Nancy le lieutenant-général Roze, et ayant estimé qu'il seroit bon de confier cette conduite au sieur de Court, lieutenant au gouvernement de Philisbourg, depuis cette place jusques à Saverne, et au lieutenant du sieur de La Ferté-Senneterre, on audit officier qui commandera sa compagnie de chevaux-légers, pour le mener dans la citadelle de Nancy où il sera gardé jusques à nouvel ordre ; je mande au sieur de La Clavière de donner les ordres nécessaires au sieur avant que d'entrer en campagne ; mais s'ils marchoient, il leur promettoit de tirer toutes les de Court pour conduire ledit Rose de Philisbourg à Saverne, et de faire marcher avec lui sa compagnie de chevaux-légers, et ce qu'il pourra tirer de troupes de sa garnison pour servir à son escorte. J'ordonne en même temps au sieur de La Ferté-Senneterre d'envoyer sa compagnie de chevaux-légers audit Saverne, avec ordre à celui qui la commande de se charger de la personne dudit Rose : ce que j'ai bien voulu vous faire sçavoir par cette lettre , et mesme vous adresser toutes celles que j'ai faites pour cette conduite, et y adjouster celle-ci pour vous dire, par l'advis de la Reine régente, madame ma mère , que si vous estimez qu'il soit besoin de plus grandes forces que lesdites compagies pour mener ledit Rose en toute seureté, vous ayez à y pourvoir et à prescrire audit sieur de La Clavière et aux chefs des troupes que vous choisirez pour y servir, ce qu'ils auront à faire, et mesme qu'ils ayent à recognoistre ledit sieur de Court, et ensuite celui qui commandera ladite compagnie dudit sieur de La Ferté-Senneterre ; que vous fassiez que ces troupes se rendent à Philisbourg sans estre averties jusques là de ce qu'elles auront à faire, afin que leur marche et le temps de leur départ ne soient point cogneus ; et n'obmettez rien de ce que vous jugerez nécessaire pour la seureté de cette conduite, en sorte qu'il ne puisse arriver faute de la personne du sieur Rose : de quoy je me repose principalement sur les ordres que vous y donnerez. Je vous diray aussi que mon intention est que vous fassiez remettre ès mains de l'officier qui commandera ladite compagnie, les papiers qui ont esté trouvés avec le secrétaire du duc de Vendosme lorsqu'il a été arresté, desquels ledit officier se chargera. Et sur ce je prie Dieu qu'il vous ait, mon cousin, en sa saincte et digne garde.

» Escrit à Fontainebleau, le 28 septembre 1647. »

A Monsieur le maréchal de Turenne, pour lui dire de marcher vers le Rhin avec l'armée d'Allemagne et de laisser dans le Luxembourg un corps de trois cens chevaux qui recognoistra M. de Marolles.

« Mon cousin, ayant eu advis que le duc de Bavière a rompu avec la couronne de Suède la neutralité dont il estoit convenu, et vostre présence et celle de mon armée estant nécessaires en Allemagne, sur cette occurrence, j'ay bien voulu vous faire cette lettre, pour vous dire, par l'advis de la Reyne régente, madame ma mère, qu'aussitost que vous l'aurez receue, vous ayez à prendre vostre marche vers le Rhin et à le repasser avec madite armée, pour vous employer à ce que vous verrez estre plus avantageux à mes affaires et à celles de mes alliez, selon la cognoissance que vous avez de l'estat de toutes choses de ce costé-là, et suivant les advis que vous recevrez de mes plénipotentiaires à Munster, auxquels j'ay mandé de concerter ce qui sera à faire en cette occasion avec les plénipotentiaires de la couronne de Suède, et de vous en advertir; à quoi je désire que vous vous conformiez. Que vous laissiez dans le Luxembourg et aux environs de Thionville trois cens chevaux, soit en corps de régiment ou en gens commandez, ainsy que vous estimerez plus à propos, soubz la charge d'un officier que vous choisirez pour cet effect, auquel vous donnerez ordre de faire, avec ladite cavalerie , tout ce que ledit sieur de Marolles, gouverneur de Thionville et maréchal de camp, leur ordonnera pour mon service;

» Que comme cette cavalerie ne sera que pour obser-

assurances de la cour pour leur entier payement. Ils s'en retournèrent avec cette réponse. Le lendemain, il envoya M. Rosen et M. de Traci pour leur représenter le préjudice que leur résistance apporteroit aux affaires du Roi, et même au payement de leurs montres, s'ils laissoient passer la campagne sans rendre aucun service à la France.

Quand messieurs Rosen et Traci furent arrivés auprès de la cavalerie, les officiers d'entr'eux qui avoient été les plus liés avec M. Rosen, lui remontrèrent que l'affaire étoit à un point qu'il n'y avoit plus d'accommodement à espérer, et que, s'il ne prenoit le parti de se mettre à leur tête, ils en choisiroient quelqu'autre, et qu'ainsi il demeureroit parmi les François sans aucune considération. M. Rosen prit le parti de demeurer avec eux, disant que les troupes le retenoient par force ; mais M. de Traci vint retrouver M. de Turenne, qui, ayant vu partir la même nuit le bagage de M. Rosen pour aller joindre la cavalerie révoltée, ne douta plus qu'il ne fût de concert avec les Allemans. Le lendemain, sa manière d'agir, en envoyant des ordres par tout le pays, et en se faisant reconnoître des troupes comme général, fit voir bien clairement son dessein. Il envoya quérir des batteaux à Strasbourg, que les habitans lui accordèrent, à cause des menaces qu'il leur fit de brûler tous leurs villages s'ils les lui refusoient ; il marcha ensuite pour repasser le Rhin. M. de Turenne, ayant appris ses démarches, fit neuf lieues d'Allemagne en un jour, avec trois mille hommes de pied et les quatre régimens de cavalerie françoise, et le sien allemand, et arriva tout auprès de cette cavalerie qui commençoit à passer le Rhin. Fort étonnés de la promptitude de sa marche, et de le voir si près d'eux, ils envoyèrent des officiers députés, qui dirent que si on laissoit la cavalerie repasser le Rhin comme ils l'avoient promis, qu'ensuite ils feroient tout ce que M. de Turenne leur commanderoit ; il fut quelque temps en doute s'il les chargeroit ou leur permettroit de repasser le Rhin. Ils étoient en telle confusion, qu'il n'y avoit rien à craindre à prendre le premier parti : le procédé même de M. Rosen, que M. de Turenne avoit toujours traité si favorablement, méritoit un juste ressentiment ; mais la promesse que la cavalerie faisoit de retourner au service du Roi, et l'éloignement qu'avoit M. de Turenne de vouloir prendre une vengeance particulière, lui firent consentir à permettre que les mutins repassassent le Rhin ; après quoi ils se séparèrent en diverses caballes. M. Rosen n'étant plus leur maître, une partie des officiers voulut revenir servir le Roi ; mais les cavaliers, ne voulant plus les suivre et craignant le châtiment, élurent des cavaliers pour les commander, et ne reconnurent plus leurs officiers.

Pendant ce temps-là, la campagne s'avançant en Flandre, M. de Turenne y envoya les quatre régimens françois de cavalerie qui lui restoient, et s'en alla avec douze ou quinze personnes avec lui, au lieu où étoient les Allemans, jugeant bien que, dans la confusion où ils étoient, personne n'auroit assez de crédit pour lui faire un déplaisir. Il passa le pont de Strasbourg, et s'en alla au quartier de M. Rosen, où étoient logés quatre régimens de cavalerie ; M. Rosen vint au-devant de lui avec beaucoup d'officiers, fort embarrassés au commencement. M. de Turenne alla dîner avec lui dans une hôtellerie au bout du pont de Strasbourg, dans le dessein de le mener promptement en deçà du pont, et ainsi se saisir de lui ; mais le nombre d'officiers qui étoient avec M. Rosen ayant empêché M. de Turenne d'exécuter ce dessein, il résolut d'aller coucher au quartier de M. Rosen, et d'attendre un temps plus propre. Les régimens qui étoient au quartier de M. Rosen, sçachant la venue de M. de Turenne, montèrent à cheval et se retirèrent avec une grande confusion ; mais ayant été assurés que M. de Turenne venoit coucher dans leurs quartiers sans aucunes troupes avec lui, ils revinrent vers le soir. M. de Turenne soupa chez M. Rosen, avec quantité d'officiers, et dans la bonne chère et le vin, toutes choses furent oubliées en apparence. Quoique les cavaliers fussent dans leurs quartiers avec les officiers, ils ne laissoient pas néanmoins d'avoir des députés (c'est ainsi qu'ils les appeloient) choisis d'entr'eux pour les commander, et les officiers n'avoient plus de part aux résolutions qu'ils prenoient. On avertit M. de Turenne à minuit que les cavaliers vouloient marcher vers le marquisat de Baden, pour s'éloigner davantage du pont de Strasbourg. Résolu de s'en aller avec eux, il marcha avec tous les officiers à la tête des escadrons, et envoya

---

ver le général Bek et s'opposer à ce qu'il pourroit entreprendre sur ma frontière, vous prescriviez audit sieur de Marolles ce qu'il aura à faire pour cette fin, et ordonniez à l'officier qui servira soubz luy de vous aller rejoindre lorsque les troupes que j'ay faict détacher de mon armée de Flandre, composées de celles qui sont soubz la charge du sieur vicomte de Lamet, que d'autres dont j'ay résolu de vous fortifier, passeront en ces quartiers-là pour marcher vers vous. C'est ce que je vous diray par cette lettre, priant Dieu qu'il vous ayt, mon cousin, en sa saincte et digne garde.

» Escript à Fontainebleau, le 11 octobre 1647. »

les quartiers-maîtres au logement avec la garde, n'y ayant aucun officier qui eût du crédit : ce qui eût paru aux personnes qui n'en sçavoient pas le fond, une chose contrefaite à plaisir, pour dissimuler quelque intention contraire à ce qui paroissoit.

On marcha deux jours de cette façon, et le troisième, comme on pensoit séjourner, toute la cavalerie se trouva à neuf heures du matin au quartier-général : ils envoyèrent des députés à M. de Turenne, pour lui demander les montres dues ; il monta à cheval, s'en alla les trouver, et leur dit, à la tête des escadrons, que de demander un argent comptant, c'étoit demander l'impossible, et qu'en repassant le Rhin, ils iroient au-devant de leur payement ; ils demandèrent à M. de Turenne s'il leur en répondoit ; lui, ne voulant s'engager à rien qu'à ce qui pouvoit être exécuté, ne leur donna d'autre parole que de payer la montre qui étoit prête, et de faire ce qu'il pourroit afin qu'ils fussent payés du reste. Après cette réponse, ils firent semblant de vouloir se saisir de la personne de M. de Turenne, lequel, voyant bien la chose être hors d'apparence, demeura avec eux, et leur commanda de se retirer dans leurs quartiers d'où ils étoient partis le matin. M. Rosen, qui étoit toujours avec M. de Turenne, perdoit tous les jours son crédit auprès de tous les officiers principaux de ce corps ; comme on ne s'adressoit plus à lui pour aucun commandement, il en fut beaucoup choqué, et tâcha de persuader à M. de Turenne de se retirer à Stolhoffen, lui représentant le peu de sûreté qu'il y avoit pour lui, et qu'il envoyeroit de là ses ordres avec la même autorité qu'étant présent. M. de Turenne ne voulut point s'éloigner des troupes, et logeoit toujours chez M. Rosen, n'ayant aucun équipage, mais seulement quatre personnes avec lui, afin d'ôter tout soupçon ; mais aussi M. Rosen n'avoit pas un si grand crédit qu'il ne fût aisé de voir que les troupes ne prendroient pas son parti quand il seroit arrêté.

On arriva à huit lieues de Philisbourg, dans une petite ville nommée Etlingen, où un régiment d'infanterie des mutins faisoit la garde : M. de Turenne fit venir la nuit cent mousquetaires de Philisbourg, leur commanda de se trouver à la pointe du jour à l'ouverture de la porte, s'y en alla lui-même, personne n'étant levé dans le quartier, en laissa cinquante à la porte, ordonna à la garde de poser les armes, et envoya les cinquante autres chez M. Rosen ; après l'avoir fait lever, il le fit marcher à l'instant à Philisbourg, le faisant embarquer sur le Rhin, à deux lieues du quartier. Il envoya quérir en même temps tous les officiers qui commandoient les régimens de cavalerie, à qui il dit qu'il avoit fait arrêter M. Rosen, et leur commanda de ne le plus reconnoître. Il trouva une parfaite obéissance dans tous les officiers, qui promirent qu'ils feroient ce que M. de Turenne leur commanderoit. La même mutinerie demeura cependant parmi les cavaliers ; mais depuis la prise de M. Rosen, il ne leur resta personne pour les commander : tous les officiers, jusqu'aux caporaux, demeurèrent auprès de M. de Turenne ; deux régimens même rentrèrent dans le devoir, et ne voulurent point suivre les autres, qui marchèrent vers la Franconie, ayant élu des chefs parmi les mutinés.

M. de Turenne les suivit avec tous les officiers et avec quelques escadrons, et au bout de quelques jours, il les atteignit dans la vallée du Tauber ; comme c'étoit un pays ferré, il ne craignit point de les approcher, quoiqu'ils fussent en beaucoup plus grand nombre ; eux qui croyoient qu'il n'osât les attaquer, commencèrent à défiler pour gagner une montagne. M. de Turenne les ayant vus, fit charger leur arrière-garde ; les autres qui étoient engagés dans le passage voulurent rebrousser en diligence, mais on les mit en telle confusion qu'on les rompit entièrement : M. de Turenne pensa être pris à une première charge qu'il avoit faite avec quinze ou vingt chevaux ; on tua deux ou trois cens hommes, et on en prit autant de prisonniers ; ce qui étoit engagé par delà le passage s'en alla en diligence à la rivière du Mein, et une partie de ce débris, hors quatre régimens, joignit quelque temps après les Suédois.

Comme la campagne n'étoit pas achevée en Flandre, où M. de Turenne avoit envoyé la cavalerie qui lui restoit après la mutinerie des Allemans, il raccommoda avec ce débris tous les régimens, hors deux ; mit des officiers dans toutes les compagnies, et leur donna des cavaliers qui avoient été pris, ou qui s'étoient venus rendre après le combat des mutinés. Il marcha ensuite dans le Luxembourg avec son infanterie et ces régimens raccommodés ; mais il reçut ordre de la cour de ne pas passer outre, et d'y faire seulement une diversion, en prenant quelques méchans châteaux : ce qu'il fit, et obligea M. Bec de se séparer de l'armée de Flandre, avec un corps de quatre ou cinq mille hommes.

L'hiver approchant et ôtant tout moyen aux uns et aux autres de rien faire dans ce canton, M. de Turenne apprit que les choses étoient bien changées en Allemagne, et que M. de Bavière, voyant l'Empereur pressé par les Suédois, avoit rompu le traité fait avec les deux couronnes, et avoit envoyé son armée joindre celle de l'Empereur, poussé les Suédois jusques dans le pays de Brunswick, regagné beaucoup de pays que l'on avoit conquis quand les armées de France et de Suède se joignirent l'année d'auparavant. Cette nouvelle obligea la cour de lui envoyer des ordres de retourner en Allemagne. Ayant appris sur sa route que la garnison de Frankendal assiégeoit Worms, il envoya un corps de cavalerie qui en fit lever le siége, et marcha vers Mayence, et prit dans sa marche le château de Falkestem. Il fit faire un pont sur le Rhin auprès d'Oppenheim, et demeura dans le pays de Darmstadt bien avant le mois de janvier, en attendant que les Suédois fussent en état de marcher ; mais l'état de leur armée ne le permettant pas, et ayant besoin de quelque temps pour remettre et remonter leur cavalerie, M. de Turenne fut obligé de se retirer vers Strasbourg.

[1648] Ayant eu permission d'aller à la cour, et ayant distribué des quartiers en Lorraine pour l'armée, il étoit prêt à partir pour la France, lorsque Madame la landgrave de Hesse lui envoya un gentilhomme qui avoit ordre de lui dire que l'armée des Suédois étoit en état de marcher, pourvu que celle du Roi repassât le Rhin pour la joindre. C'étoit un grand contre-temps d'être obligé de marcher huit jours par le pays dont il étoit venu, et qui étoit entièrement ruiné, avec une armée bien délabrée qui s'attendoit d'avoir des quartiers pour se remettre ; néanmoins M. de Turenne crut l'affaire si importante qu'il se contenta d'envoyer M. de Vautorte à la cour, pour lui apprendre qu'il alloit repasser le Rhin et la prier de l'assister. Il donna dix jours pour remettre l'artillerie, envoya en Suisse chercher des chevaux, retourna à Mayence dans le mois de février, y repassa le Rhin et alla dans la Franconie joindre les Suédois, quoiqu'il fût huit jours pendant cette marche sans trouver presque de paille pour les chevaux. Pour l'infanterie, il commanda que l'on fît des manteaux à cause que la saison étoit fort rude ; de sorte qu'il se trouva au-delà du Rhin avec quatre mille hommes de pied, quatre mille chevaux et vingt pièces de canon, avec douze ou quinze places conquises, en fort bon état.

Quelque temps avant que de passer le Rhin, M. de Turenne écrivit à M. le duc de Bavière et lui manda que, dès qu'il s'étoit déclaré contre les Suédois, le Roi avoit résolu de rompre de sa part le traité qui s'étoit fait avec lui. M. de Turenne sçavoit bien que l'intention de la cour étoit qu'il fît ce qu'il pourroit contre l'Empereur ; mais il n'avoit point d'ordre exprès de déclarer la guerre à M. de Bavière. Comme le bruit se répandit dans toute l'Allemagne que l'on s'entendoit toujours en France avec M. de Bavière, il crut qu'une déclaration ouverte rassureroit les Suédois et tous les princes allemans alliés de la France, et l'on approuva cette démarche à la cour.

L'armée du Roi, se trouvant au-delà du Rhin, marcha en laissant la rivière du Mein à la droite, et joignit les Suédois entre la Hesse et la Franconie. Après cette jonction, un corps de Hessiens, qui étoit venu avec les Suédois, s'en retourna au pays de Hesse, et les deux armées passèrent le Mein. Celles de l'Empereur et de Bavière, qui s'étoient affoiblies par de petits sièges dans la Hesse, après avoir poussé les Suédois, s'en retirèrent en diligence vers le Danube, repassèrent ce fleuve et se mirent à couvert d'Ingolstadt, place qui appartenoit à M. de Bavière. Les armées de France et de Suède s'arrêtèrent sur le bord du Danube, où l'on séjourna quelques jours dans l'incertitude où l'on iroit. M. Wrangel qui commandoit l'armée de Suède avoit dessein d'aller dans le haut Palatinat ; mais comme M. de Turenne craignoit qu'insensiblement le progrès de la guerre ne le menât vers la Bohème, et que par là on s'éloigneroit trop de la Souabe, qui étoit le seul lieu dont il pouvoit tirer les choses nécessaires pour l'armée, ne voulut point y aller. On fut quelques jours en négociation sans qu'il parût néanmoins rien d'altéré dans les esprits ; on se sépara ensuite n'étant point d'accord. Les Suédois marchèrent à l'entrée du haut Palatinat, et M. de Turenne avec l'armée du Roi s'en alla entre la Franconie et l'évêché de Bamberg, sçachant bien que les Suédois n'iroient pas seuls en Bohème, et se tenant assez près d'eux pour pouvoir les rejoindre quand ils auroient changé de pensée. Les cavaliers mutinés dont j'ai parlé, que l'on avoit chargés sur le Tauber, qui étoient avec les Suédois, obligeoient aussi M. de Turenne à ne pas s'éloigner de la Souabe. Il y en avoit bien quatre cens qui s'étoient remis dans l'armée du Roi, et les Suédois, craignant de perdre le reste, vouloient attirer l'armée françoise dans une guerre éloignée du Rhin et du Danube, afin par-là de dégoûter le reste des Allemans qui n'espéroient plus l'argent qui leur pourroit venir de France, et les quartiers que M. de Turenne leur avoit promis dans la Souabe. Les régimens même des mutinés qui étoient dans l'armée des Suédois, causoient tous les jours de petits désordres entre les officiers des armées ; mais il n'y parut rien au procédé des généraux, qui se voyoient tous les jours. Il s'y passa là-dedans force petites choses qui seroient trop longues à écrire.

Les Suédois, ayant vu que l'armée du Roi demeuroit aux frontières de l'évêché de Bamberg, et ne jugeant pas devoir s'éloigner davantage des François, se donnèrent rendez-vous vers Rottembourg sur le Tauber, et marchèrent ensemble pour se rafraîchir aux frontières de Wirtemberg. Après y avoir séjourné environ trois semaines, sçachant que les armées de l'Empereur et de Bavière étoient vers Ulm, ils y marchèrent. Comme on arriva auprès du Danube, les armées ennemies qui étoient au-delà passèrent un pont auprès d'Ulm, où il y eut quelque escarmouche, et le lendemain continuèrent leur route entre Lawingen et Ausbourg, et se campèrent à trois lieues de Lawingen, place que le Roi tenoit sur le Danube.

Les armées du Roi et de Suède marchèrent droit à Lawingen où M. de Turenne, M. Wrangel et M. Konigsmarc laissèrent l'armée qui se campa à une lieue de Lawingen, prirent trois mille chevaux avec eux, et passèrent le pont pour aller reconnoître. Comme ils eurent traversé le marais qui est au-delà de Lawingen, qui dure bien une lieue, où il faut toujours défiler, ils firent halte et envoyèrent un parti pour sçavoir ce que faisoient les ennemis : au bout de deux heures il rapporta que leur armée étoit campée à une heure et demie de là, qu'ils n'avoient point d'alarme, que tous leurs chevaux étoient à la pâture, et qu'il n'avoit rencontré aucun parti qui eût découvert les trois mille chevaux, ni qui pût voir si les armées confédérées étoient arrivées près de Lawingen. On délibéra quelque temps si avec les trois mille chevaux on pousseroit la grande garde, ou si on tomberoit sur leurs chevaux qui étoient à la pâture; mais on résolut de demeurer la nuit en un lieu couvert avec les trois mille chevaux, et d'envoyer des adjudans avec l'ordre aux armées de marcher toute la nuit, de laisser leur bagage dans le quartier et de se rendre au point du jour au lieu où on les attendoit. Cela réussit comme on l'avoit proposé, et à deux heures du jour les armées étant arrivées, celle du Roi ayant l'avant-garde, on marcha droit au camp des ennemis, en détachant mille chevaux commandés pour les engager au combat. Comme on arriva près de leur camp, on vit qu'il brûloit et qu'il y avoit environ trente escadrons en halte et quelques bagages qui filoient par un bois. Dans le temps qu'on avançoit en diligence, quelques uns de ces escadrons s'approchoient du bois, et les mille chevaux commandés commencèrent à escarmoucher ; mais comme il y avoit de l'infanterie dans le bois et que les escadrons ennemis se revirèrent fort à propos, ils ne s'embarrassèrent guères de ces commandés qui furent fort souvent repoussés. Le régiment de cavalerie de M. de Turenne s'étant avancé pour soutenir les commandés, chargea l'infanterie de l'ennemi dans le bord du bois, et en ayant tué quelques-uns, leur cavalerie se mit en confusion. C'étoit l'arrière-garde de Montecuculli qui commandoit une aile de l'armée de l'Empereur : on ne peut pas se mieux comporter qu'il faisoit en cette retraite ; mais comme la cavalerie de l'armée du Roi et des Suédois arrivoit de tous côtés, il fut impossible que la confusion ne vînt à la fin à cette arrière-garde, laquelle fut poussée à travers ce bois. Dans une plaine au-delà, Mélander, général de l'armée de l'Empereur, emmena deux mille mousquetaires, quelque cavalerie et du canon pour soutenir cette arrière-garde, et arrêta quelque temps notre cavalerie ; à la fin Mélander fut tué, et sa cavalerie repoussée dans un autre bois par-delà la plaine. Son infanterie étoit au bord du bois ; mais les Suédois ayant pris avec leur cavalerie un chemin à gauche, la coupèrent au milieu du bois, la cavalerie de l'armée du Roi passa par la plaine par où elle vouloit se retirer : de sorte que dans la plaine et dans le bois les ennemis perdirent cette infanterie avec huit pièces de canon, beaucoup d'étendarts et une partie de leurs bagages. On les suivit bien une heure et demie depuis la mort de Mélander ; et après que leur cavalerie se fut un peu remise ensemble, car leur infanterie étoit à plus de quatre heures derrière, on vit au-delà d'un ruisseau fort creux six ou sept escadrons de l'ennemi qui faisoient halte. On n'y trouva point de passage que celui qu'ils gardoient, qui étoit fort étroit. Comme on eut fait halte on vit venir trois bataillons d'infanterie qui vinrent s'y fortifier ; et sur les hauteurs, loin de là, on voyoit quelques troupes et du bagage tout en désordre. On attendit le canon pour faire déloger la cavalerie et l'infanterie ennemies qui se retranchoient ; mais on tira avec quinze ou vingt pièces contre cette infanterie et cette cavalerie, dont il y en eut plus de la moitié tués sur la place sans que les ennemis quittassent le passage. Les escadrons ne faisoient que changer de place, et l'on voyoit un escadron de six vingts ou cent cinquante chevaux réduit à cinquante ou soixante, sans s'ébranler.

Le régiment d'infanterie de Turenne voulut gagner le passage, mais il y perdit cent cinquante hommes et fut obligé de se retirer sans l'emporter. C'étoit M. le duc Ulric de Wirtemberg qui commandoit cette cavalerie comme général-major, et qui certainement sauva le reste des armées de l'Empereur et de Bavière. On se lassa de tirer contre lui avec ce nombre de pièces qui n'étoient éloignées que d'une petite portée de mousquet. Les troupes de l'ennemi, qui avoient été un peu ébranlées, se rassurèrent ensuite, et perdirent plus de la moitié de leurs gens à coups de canon, sans témoigner d'épouvante. On voyoit cependant l'armée de l'ennemi qui tâchoit de se rassembler sur une hauteur, à une demi-lieue du passage, et qui envoya des gens pour relever les troupes qui avoient été si ruinées du canon; mais il n'y en vint qu'une partie, l'autre ayant été dissipée et ayant pris la fuite par les coups d'artillerie qu'on leur tiroit quand on les voyoit venir en corps. Comme on avoit suivi l'ennemi plus de quatre heures et avec grande diligence, le corps d'infanterie ne put arriver qu'un peu devant la nuit, et ainsi on ne la put pas employer à forcer ce passage. L'ennemi, dès qu'il commença à faire obscur, se retira avec le reste de son armée sous Ausbourg, qui n'étoit qu'à deux heures de là, et y passa la rivière du Lech.

On séjourna le lendemain, et on marcha le jour d'après au pont de Rain, qui est une place que M. de Bavière tenoit sur le Lech, à cinq heures au-dessous d'Ausbourg. Les ennemis mirent le feu au pont et demeurèrent avec leur armée de l'autre côté de l'eau, au même lieu où Tilli avoit tâché de défendre le passage au Roi de Suède, et nous avançâmes le canon et mîmes des mousquetaires au même lieu où Gustave avoit logé les siens. Après une escarmouche qui dura depuis midi jusqu'à la nuit, les ennemis se retirèrent de leurs postes sans bruit et marchèrent avec toute leur armée vers Munich. Le lendemain matin on fit passer un gué à la cavarie suédoise et à celle du Roi, commandée par M. de Duras, au nombre de mille chevaux; mais avec grande difficulté, parce que ce gué ne valoit rien. Ce détachement suivit les ennemis pendant deux ou trois lieues, et fit quelques prisonniers à leur arrière-garde. Toute l'armée passa au pont de Rain que l'on fit raccommoder et que les ennemis abandonnèrent, et on marcha vers Neubourg. On laissa pour garder le pont de Rain deux mille hommes commandés par M. de Laval, général-major dans l'armée du Roi; on campa la nuit à Neubourg, et l'on marcha le lendemain vers Frisingen, qui est sur la rivière d'Iser. Les ennemis se trouvèrent encore de l'autre côté, ayant abandonné la ville de Frisingen qui est en deçà: on s'y logea et l'on tenta divers passages sur l'Iser. Alors les ennemis se retirèrent derrière la rivière d'Inn, après avoir mis un bon nombre de leur infanterie dans Munich, dans Weissembourg et dans Ingolstadt.

M. de Bavière, en ce temps-là, quitta Munich où il étoit, se retira derrière la rivière d'Inn, et s'en alla avec fort peu de suite, dans un âge fort avancé, dans l'archevêché de Saltzbourg, où il ne fut à peine reçu qu'il songea à passer dans le Tyrol. Les armées traversèrent l'Iser et marchèrent sur l'Inn où l'on ne put attaquer Weissembourg, à cause du nombre d'infanterie qui étoit dedans. Alors on marcha plus bas, le long de la même rivière, pour se loger à Muldorf, où on fit toutes choses possibles pour la passer; mais comme elle étoit beaucoup plus large et plus profonde que le Lech et l'Iser, et que l'on n'avoit point de batteaux, on ne put jamais planter des pilotis dans l'eau, quoiqu'il y eût une fort petite résistance de l'autre côté, de la part des ennemis, qui ne parurent qu'au nombre de quinze cens ou deux mille tout au plus.

Les armées de France et de Suède n'avoient jamais pénétré si avant, et il étoit d'une extrême conséquence de passer la rivière d'Inn, à cause du pays d'Obernperg qui en est fort proche, et qui est des terres héréditaires de l'Empereur, que l'on eût certainement fait soulever: on séjourna quinze jours à Muldorf, durant lequel temps et celui qui s'étoit passé depuis la mort de Mélander, l'Empereur avoit fait de grandes levées, et M. de Bavière avoit envoyé beaucoup de chevaux à Passaw pour remonter la cavalerie, où M. de Picolomini, qui fut envoyé pour commander les armées, les mit ensemble; et après avoir amassé un corps très-considérable, qui pouvoit bien être de neuf ou dix mille hommes de pied et de quinze mille chevaux, avec beaucoup de canon, il passa le Danube à Passaw, et les armées opposées se trouvèrent à cinq ou six heures les unes des autres.

On ne jugea pas à propos d'attendre l'ennemi sur l'Inn, mais plutôt sur l'Iser, où on avoit la commodité de moulins; ainsi on marcha à Dingelsing, qui est sur l'Iser, où l'on campa. Les ennemis vinrent à Lindaw, qui en est à une heure et demie sur la même rivière. Les armées du Roi et des Suédois commencèrent à se retrancher, et les Suédois à faire deux ponts sur l'Iser avec des pilotis, qui furent achevés en quatre ou cinq jours. Les officiers de l'artillerie de l'armée du Roi apprirent d'eux à en faire de même; de sorte qu'il y eut trois ponts faits sans avoir de batteaux et sur une rivière fort creuse et assez large. Les bleds étant murs; l'infanterie alloit battre le grain quand la cavalerie alloit au fourage, de sorte qu'il n'y avoit point de nécessité. On demeura quatre semaines dans le camp, les ennemis étant fort près et les gardes à la vue les unes des autres : il s'y passa fort souvent des actions dans les convois de fourages et dans les partis (1).

Durant ce temps-là, l'armée de l'ennemi diminuoit beaucoup plus que la nôtre : quand on arriva dans ce camp, elle étoit beaucoup supérieure ; mais au bout des quatre semaines, elle avoit perdu beaucoup de gens. M. Konigsmarc, qui s'étoit séparé avec quelques troupes deux jours après la défaite de Mélander, s'étant emparé de Prague, les Impériaux y envoyèrent peu de troupes ; mais la prise de cette ville leur abattit beaucoup le cœur. On demeura en Bavière jusqu'à ce que les mauvais temps de l'arrière-saison obligèrent l'armée de se retirer. Il y arriva durant ce temps-là un accident aux Suédois, par une chasse que M. Wrangel voulut faire auprès de Munich, où il perdit quelques étendarts, sept ou huit cens chevaux et quantité d'officiers.

Après que les armées furent sorties de la Bavière, on repassa le Lech auprès de Landsberg ; on traversa le Danube à Donawert, et l'on alla vers Aischtet, en tirant vers le haut Palatinat. Pendant cette irruption en Bavière, où il y eut beaucoup de pays conquis et beaucoup d'intérêts différens, il n'y eut jamais rien qui causât la moindre aigreur. L'infanterie demeuroit toujours au centre, et la cavalerie de chaque armée rouloit d'une aile à l'autre. Les officiers généraux des deux armées commandoient à leur tour aux détachemens, et par là il n'y avoit aucune difficulté. Comme cette campagne avoit fort gêné l'Empereur et M. de Bavière, ils pressèrent fort la paix, qui se conclut bientôt à Munster. Alors M. de Turenne se retira avec l'armée vers la Souabe, et les Suédois marchèrent dans le pays de Nuremberg.

(1) Les détails de cette irruption en Bavière, que l'on trouve dans l'histoire du vicomte de Turenne, par Ramsay, ont été pris dans une relation manuscrite faite par un officier qui servit pendant toute cette campagne ; elle fesait partie des papiers du maréchal.

LIVRE DEUXIÈME.

DES GUERRES EN FRANCE.

[1649] Après la conclusion de la paix de Westphalie, l'armée du Roi se retira dans ses quartiers de Souabe et de Wirtemberg, et M. de Turenne y demeura pendant l'hiver. Dans cet intervalle les brouilleries de France s'échauffèrent et parvinrent à un tel point, que la Reine fit sortir le Roi hors de Paris, et l'armée royale prit ses quartiers tout autour de la ville, avec dessein de l'affamer. M. le prince de Conti, M. de Longueville, M. d'Elbeuf, M. de Bouillon (1) et quantité de personnes demeurèrent dans la capitale, persuadées que dans une minorité on ne pouvoit pas entreprendre une chose de si grande conséquence sans la participation des princes du sang et des grands du royaume. Aussitôt on envoya quelqu'un de la cour à M. de Turenne pour sçavoir ses sentimens, qui ne les déguisa point ; il manda même à M. le cardinal Mazarin de ne plus faire aucun fondement sur son amitié s'il continuoit d'agir ainsi ; que, quand il passeroit le Rhin avec l'armée pour retourner en France, ce ne seroit qu'avec le dessein de procurer la paix, et nullement pour aider à soutenir une action qu'il ne croyoit point que l'on dût entreprendre si légèrement.

Il se passa quinze jours ou trois semaines

---

(1) Dans ce même temps la Reine écrivit successivement les lettres suivantes à Turenne au sujet du duc de Bouillon :

« Mon cousin, quoiqu'il vienne d'arriver un bruit de Paris que M. votre frère a pris parti avec le parlement, qui est à présent dans une rébellion toute déclarée, je ne puis y ajouter foi quand je fais réflexion qu'il sçavoit ce que j'ai résolu pour ce qui regarde votre établissement, et que je voulois faire pour ses intérêts particuliers et pour ceux de toute la famille. Mais, quoi qu'il en soit, je suis si assurée que non seulement vous n'y prendrez aucune part, mais que vous détesterez son action, si elle se trouvoit véritable, que je vous fais ces lignes à autre fin que pour vous témoigner la confiance entière que j'ai en vous, et vous assurer de la continuation de mon affection, en vous remettant du surplus à mon cousin le cardinal Mazarin, que je sçai mieux que personne être le meilleur de vos amis ; cependant je demeure votre bonne cousine,

» ANNE.

» A Sainct-Germain-en-Laye, le 11 janvier 1649. »

Au même.

« Mon cousin, la faute où est retombé votre frère, le duc de Bouillon, dans le temps même qu'il sçavoit que j'avois fait ou résolu tout ce qui pouvoit regarder ses avantages et ceux de sa maison, me touche principalement pour le déplaisir que je sçai qu'elle vous causera ; car pour le reste, je suis tellement persuadée de votre affection et de votre attachement aux intérêts du Roi monsieur mon fils, et aux miens, que je suis certaine que votre zèle augmentera plutôt dans ces conjonctures, qu'il n'est à craindre qu'aucune considération de proximité y puisse apporter la moindre altération. Assurez-vous aussi que je redoublerai les effets de ma confiance et de ma bonne volonté, et que votre considération me sera toujours si recommandable, que je ne ferai point de difficulté, quelque grand que soit le crime de votre frère, de faire pour votre égard seul ce que vous pouvez souhaiter pour les honneurs de la maison, et me remettant à ce que j'ai chargé mon cousin le cardinal Mazarin de vous mander, je demeure, avec beaucoup de tendresse, votre bonne cousine,

» ANNE.

» A Sainct-Germain-en-Laye, le 28 janvier 1649. »

Au même.

« Mon cousin, quoique je vous aye déjà mandé les bonnes intentions que j'ai pour vous, et à votre considération pour toute votre maison, j'ai voulu néanmoins, dans l'occasion du voyage du sieur de Ruvigny par delà, vous faire cette lettre pour vous les expliquer encore plus particulièrement. Je vous dirai donc, touchant les honneurs de votre maison, que, dès la première fois que je vous verrai, je vous ferai jouir, sans autre délai, des prérogatives dont il avoit été remis de parler après la majorité du Roi, monsieur mon fils. A l'égard de la souveraineté de Sedan, et pour ce qui concerne le duc de Bouillon, votre frère, quoique sa faute soit aussi grande qu'elle se peut concevoir, d'autant plus qu'il n'ignoroit pas les intentions favorables pour tout ce qui pouvoit le regarder, je ne me disposerai pas seulement à l'oublier et à la pardonner, pour l'amour de vous, dès qu'il rentrera en son devoir, mais pour la même raison je le ferai jouir dès-lors desdites prérogatives qui avoient été remises à la majorité ; et touchant l'échange de Sedan, il y sera traité aussi favorablement, et aux mêmes conditions qui avoient été arrêtées en dernier lieu. Vous devez prendre toutes ces avances pour une pure marque d'affection que je vous porte, et être assuré qu'en toutes autres rencontres où j'aurai lieu de vous obliger, vous n'en recevrez pas des effets moins solides ; cependant je demeure votre bonne cousine,

» ANNE.

» A Sainct-Germain-en-Laye, le 29 janvier 1649. »

dans les voyages de la cour à l'armée, et de l'armée à la cour. M. de Turenne ne voulant rien donner à entendre à la cour que ce qui étoit sa véritable intention, ni faire croire aux ministres qu'il vouloit dépendre entièrement d'eux quand il seroit arrivé en France, pour autoriser une entreprise qu'il ne croyoit pas légitime en aucun temps, et principalement dans une minorité, d'autant plus que personne encore n'avoit pris les armes contre le Roi, ni témoigné aucune désobéissance ouverte. Il y avoit, à la vérité, des compagnies qui avoient marqué trop de chaleur; mais c'étoit plutôt par des intérêts particuliers que par un dessein formé de se révolter contre la cour.

M. de Turenne, ayant fait connoître ses sentimens à la cour, parla aux officiers, et, hors deux ou trois régimens, tous promirent de marcher où il vouloit. Aussitôt que la cour sçut qu'il alloit passer le Rhin, elle se découvrit tout à fait, ce qu'elle n'avoit pas fait jusqu'alors, n'ayant envoyé d'autre ordre que celui de ramener l'armée en France quand la paix seroit faite en Allemagne (1). La cour envoya donc des ordres exprès à tous les officiers de ne plus reconnoître M. de Turenne, fit tenir trois cens mille écus sur le Rhin, et promit de payer les quatre ou cinq montres dues : ce qui, avec la sollicitation de M. d'Erlac (2), ébranla six régimens allemans, qui allèrent pendant toute la

---

(1) Lettre du Roi à Monsieur le maréchal de Turenne, touchant les affaires du Roy en Allemagne :

« Mon cousin, aiant appris l'estat des affaires de delà par le retour du sieur Millet, j'ay bien voulu vous faire cette lettre pour vous dire, par l'advis de la Reyne régente, madame ma mère, que je trouve bon que vous retiriez auprez de vous les deux régimens de cavalerie qu'il vous avoit esté mandé d'envoyer au sieur d'Erlac, n'aiant pas besoin à présent de plus de troupes que celles qui sont prez de moi, pour réduire le prettendu parlement et ceux de Paris à la raison; que mon intention est que vous n'obmettiez aucune chose pour fortifier mon armée, afin que, la paix d'Allemagne estant exécutée, comme je n'en doubte pas qu'elle ne soit au plus tard avant la mi-mars, et en joignant aux troupes de mon armée, et à celles qui sont soubz la charge particulière dudit sieur d'Erlac, les garnisons des places que vous rendrez, vous soyiez en estat de servir puissamment contre les Espagnols, en cas qu'ils s'opiniastrassent à la continuation de la guerre; que cependant vous apportiez, de vostre part, tout ce qui dépendra de vous pour faciliter l'exécution de cette paix, et pour vous prévaloir pour mon service du licentyement des troupes, tant de l'armée de la couronne de Suède, que de celles de l'Empereur et de Bavière, estant très asseuré que le sieur Hervard employera volontiers tout son crédit pour fournir quelque somme considérable pour ce sujet;

» Et que, jusqu'à l'entière exécution de ladite paix, il n'est pas à propos que vous repassiez le Rhin, veu mesmes que l'ambassadeur de ma sœur la reyne de Suède, près de moi, est venu exprès me trouver en ce lieu pour me faire de fortes instances afin de laisser mon armée au-delà du Rhin, apréhendant que les bruicts de Paris ne m'obligent à l'appeler par deçà ;

» Que je désire plus que jamais de donner satisfaction aux troupes dont elle est composée, après avoir rendu des services considérables, comme elle faict dans l'Allemagne, et que sy, pour l'obliger à repasser le Rhin, il est nécessaire que le sieur Hervard s'engage en son nom pour ce que vous jugerez à propos de promettre à madite armée, je suis asseuré qu'il le fera selon que je lui ay prescrit et qu'il a bien expressément promis à son départ d'auprès de moi; que, lorsque vous verrez la paix d'Allemagne proche de son entière exécution, vous me depeschiez une personne expresse pour m'en donner advis, afin que par son retour je puisse vous faire sçavoir la marche que vous aurez à tenir, et la manière avec laquelle il sera pourveu à la subsistance de mon armée;

c'est ce que je vous diray par cette lettre; priant Dieu qu'il vous ayt, mon cousin, en sa saincte et digne garde.

» Escrit à Sainct-Germain-en-Laye, le 8 février 1649. »

(2) Lettre de Louis XIV, au sujet du maréchal de Turenne, à M. d'Erlac.

« Monsieur, sur les divers soubçons et les advis que j'ay eus que le maréchal de Turenne est engagé dans les desseins du duc de Bouillon, son frère, qui s'est déclaré par deçà contre mon service, j'adresse mes ordres aux sieurs Hervard et Millet, afin de concerter avec vous sur les moyens de le faire arrester et de conserver mon armée d'Allemagne à mon service ; et j'ay bien voulu vous faire cette lettre, pour vous dire, par l'advis de la Reyne régente, madame ma mère, que vous ayez à vous employer avec l'addresse convenable pour vous assurer de la personne dudict maréchal, selon et ainsi que vous adviserez, avec lesdicts sieurs Hervard et Millet, et le ferez mettre en lieu seur, où il soit tenu soubz bonne et seure garde jusqu'à nouvel ordre ; que, soit que vous arrestiez ledict maréchal ou non, vous ayez après les assurances que vous donneront les sieurs Hervard et Millet, qui sont engagés pour mon service, à prendre le commandement de madicte armée, en vertu de l'ordre qui sera ci-joinct, et pour employer à en détacher les troupes et les particuliers qui pourroient estre à la dévotion dudict maréchal, en sorte qu'il ne soit suivi d'aucun, s'il se peut, et, me remettant auxdicts sieurs Hervard et Millet de ce que je pourrois vous en donner plus particulièrement en cette occasion, je vous assure que le service que vous me rendrez me sera aussi considérable qu'il est important; et sur ce je prie Dieu qu'il vous ayt, monsieur d'Erlac, en sa saincte garde.

» Escrit à Sainct-Germain-en-Laye, le 16 janvier 1649.

» Louis.

» Et plus bas : Le Tellier. »

Ordre pour faire recognoistre ledict sieur d'Erlac par les troupes de l'armée d'Allemagne.

« Le Roy estant bien informé que le sieur vicomte de Turenne, mareschal de France et lieutenant-général pour Sa Majesté en son armée d'Allemagne, a esté sy mal conseillé que de s'engager à prendre party, ainsi que le duc de Bouillon, son frère, avec les factieux qui

nuit le joindre à Brisac; trois régimens d'infanterie se mirent sous Philisbourg. Il ne resta avec M. de Turenne que la moitié de l'armée et encore fort ébranlée, excepté cinq ou six régimens. Lui, voyant qu'il ne pouvoit plus marcher pour exécuter les desseins qu'il s'étoit proposés, et ne voulant pas aussi aller à la cour pour les raisons dites ci-dessus, donna ordre à quelques officiers généraux, demeurés auprès de lui, d'emmener le reste des troupes joindre M. d'Erlac. Il se retira (1) avec quinze ou vingt de ses amis en Hollande, où il demeura un mois (2) jusqu'à ce qu'il eût appris que le traitté de Ruel étoit fait; alors il s'embarqua en Zélande, alla descendre à Dieppe, et de là vint en poste à Paris.

Quoique l'accommodement fût fait, les partis étoient démeurés dans de grandes défiances l'un de l'autre. La cour songeoit à la campagne qui commençoit en Flandre, et laissoit les affaires au dedans du royaume dans une situation fort mal assurée. M. de Turenne s'y en alla deux jours après être arrivé à Paris; et comme le dessein de M. le cardinal étoit de tout dissimuler tant que la campagne dureroit, et que le refroidissement qui commençoit entre M. le prince et lui faisoit agir la cour avec moins de hauteur, M. de Turenne y fut assez bien reçu, y vécut à son ordinaire, et commença d'entrer en quelque liaison avec M. le prince, qui n'alla point commander l'armée cette campagne, mais qui fit un voyage en Bourgogne. M. de Turenne passa l'été quelquefois à Paris et d'autres fois à Compiègne où étoit la cour. Il recevoit beau-

se sont soulevez dans le parlement de la ville de Paris, contre l'autorité et le service de Sa Majesté, et ledict mareschal ayant, en ce faisant, faussé son serment et contrevenu à son debvoir naturel, et à celui des charges et du commandement dont Sa Majesté l'avoit honoré en ladicte armée, laquelle Sa Majesté estime et considère autant que les grands et signalez services que cette couronne en a receus le méritent, et voulant pourvoir à ce que les gens de guerre de ladicte armée ne soient desceus et engagés aux desseins dudict mareschal, par le crédit qu'il s'est acquis sur eux, et à faute de sçavoir les intentions de Sa Majesté, en sorte qu'il n'en puisse arriver aucun préjudice, Sa Majesté, par l'advis et aiant adressé ses ordres au sieur d'Erlac, gouverneur de Brissac et son lieutenant-général en ladicte armée, en l'absence dudict mareschal, et soubs son autorité en sa présence; sur cette occasion, a ordonné et ordonne très expressément aux généraux-majors de cavalerie et d'infanterie, et autres chefs et officiers des troupes, tant de cheval que de pied, de quelque nation qu'elles soient, dont elle est composée, de recognoistre ledict sieur d'Erlac en la dicte qualité de lieutenant-général pour Sa Majesté, représentant sa personne en ladicte armée, et de luy obéir comme ils feroient à la propre personne de Sa Majesté, les asseurant qu'elle leur en sçaura beaucoup de gré, et qu'elle recognoistra les preuves qu'ils continuent de lui donner de leur affection à son service.
» Faict à Sainct-Germain-en-Laye, le 16 janvier 1649.
» LOUIS.
» Et plus bas : LE TELLIER. »

(1) Le Roy écrivait à ce sujet au prince Palatin :
« Mon cousin, j'ay esté adverty par les lettres du sieur baron d'Avaugour, mon résident, comme vous avez esté surpris de ce que le mareschal de Turenne estoit tant oublié de son devoir, que d'avoir sollicité l'armée qu'il commandoit d'embrasser le party de la rébellion, et employer les gens de guerre qui sont à ma solde, contre mes propres intérêts; que vous ne vous estes pas contenté de regarder cet accident comme une chose fascheuse, mais que vous avez voulu contribuer au remède, en faisant marcher deux mil chevaux pour en assister le sieur d'Erlac, qui avoit receu les ordres du commandement de toute mon armée, affin qu'il se peust servir de ce renfort pour contenir ceux qu'on tascheroit de séparer du corps. Il est arrivé que la fidélité des Allemans a paru en ce rencontre, et que ledict mareschal de Turenne n'a pas plustost manifesté son dessein qu'il s'est trouvé abandonné de tous et s'est retiré avec ses gardes; néantmoins, cette prompte disposition que vous avez eue de m'obliger, a faict son effect, en ce que j'ay recogneu le fond de votre cœur et celuy de la reyne de Suède, ma sœur et cousine, de laquelle vous avez suivi les mouvemens : c'est ce qui m'a engagé à lui faire une lettre expresse pour la remercier, et vous escris celle-cy par l'advis de la Reyne régente, madame et mère, pour vous témoigner le ressentiment que j'ay d'une faveur si signalée, et que je ne manqueray jamais à la recognoistre par tous moyens possibles, vous asseurant de mon affection très particulière, et que vous en recevrez les effects en toutes rencontres, ainsy que ledict sieur d'Avaugour vous donnera des asseurances plus particulières de ma part; auquel me remettant de tout ce qu'il a charge de vous dire sur les occurrences présentes, je prieray Dieu, etc.
» Le 27 mars 1649, à Sainct-Germain. »

(2) La retraite de Turenne en Hollande fut, plus tard, utile à la France, comme on le voit par la lettre suivante, que le Roi lui écrivit au sujet des affaires de l'année 1651 :
« Mon cousin, ayant sujet de croire que la proposition qui m'a esté faite par ma cousine la duchesse de Longueville, de la part de mon cousin l'archiduc Léopold, d'une suspension d'armes pour la campagne de Luxembourg et rivière de Meuze, pourroit s'estendre à une générale, et par un temps durant lequel on pourroit traicter et conclure la paix d'entre les couronnes, je n'ay pas voulu négliger une occasion qui paroît favorable à cy; désirant concourir autant qu'il me sera possible à l'avancement d'un si bon œuvre, j'envoye exprès le sieur Croisy, conseiller d'Estat en nostre cour de parlement, pour traicter ladicte suspension générale avec les députés de l'archiduc qui s'y doivent trouver; et parce que vous pouvez beaucoup contribuer au succès de cette négotiation, je vous escris celle-cy, par l'advis de la Royne régente, madame ma mère, pour vous dire qu'ayant expliqué bien particulièrement mes intentions audict sieur de Croizy, vous pouvez lui donner créance et confiance entière en tout ce qu'il vous dira de ma part; auquel me remettant, je prieray Dieu qu'il vous ayt, mon cousin, en sa sainte garde.
» A Paris, le 11e jour de mars 1651. »

coup de civilités de M. le cardinal, et s'étoit souvent éclairci avec lui sur tout le passé, mais sans entrer dans aucun engagement d'amitié avec lui. Le ministre ne voulant point donner de soupçon à M. le prince, n'avoit point parlé clairement à M. de Turenne ; et M. de Turenne n'ayant point pris ses sûretés avec M. le cardinal, et voyant qu'il avoit toujours quelque réserve avec lui, penchoit plus du côté de M. le prince.

Au commencement de la campagne, l'armée d'Allemagne refusa d'obéir à M. d'Erlac, de sorte qu'il fut obligé de la quitter. Les officiers envoyèrent des députés à la cour pour la supplier de deux choses : l'une de leur payer ce qui étoit dû, et l'autre de renvoyer M. de Turenne pour les commander ; mais elle éluda la dernière demande. Après la levée du siége de Cambrai il ne se passa rien de considérable pendant tout le reste de la campagne. Le Roi revint à Paris, et la cour étoit si pleine de factions que son autorité diminua beaucoup. M. le prince revint de Bourgogne, et quelque temps après il se brouilla ouvertement avec M. le cardinal. Toute la cour prenant parti, M. de Turenne alla chez M. le prince, et par là fit une déclaration ouverte d'être de ses amis, ce qui l'engagea dans la suite à prendre part avec lui dans sa bonne ou mauvaise fortune. Il y eut en ce temps là divers raccommodemens de M. le prince avec la cour dont il prit le parti, pour pousser à bout M. le le coadjuteur. Durant un mois ou six semaines, il n'y eut presque pas de jour que les affaires ne prissent une différente face, tantôt à l'avantage, tantôt au désavantage de M. le prince ; mais comme je ne peux pas entrer dans le détail de ces matières, je me contenterai de dire que la cour, n'étant pas satisfaite du procédé de M. le prince, se lia avec tous ceux qui lui vouloient du mal, qui étoient en très-grand nombre.

[1650] Ces raccomodemens avec la cour ayant attiré toute la caballe, M. le cardinal s'en servit adroitement pour la regagner, et concerta avec ceux qui en étoient les principaux chefs et qui avoient grand crédit sur l'esprit de M. le duc d'Orléans, les moyens de faire arrêter M. le prince. Il y trouvoit d'ailleurs un très-grand obstacle par la liaison qui étoit entre M. le prince et M. de la Rivière qui avoit un grand pouvoir sur l'esprit de M. le duc d'Orléans. M. le cardinal surmonta enfin ces difficultés ; et ayant gagné M. le duc d'Orléans, on fit arrêter un jour de conseil M. le le prince, M. le prince de Conti et M. de Longueville, qu'on fit mener par les gendarmes du Roi au bois de Vincennes.

M. de Turenne avoit bien vu dans ces derniers temps que M. le prince se brouilloit avec tout le monde, et qu'il donnoit grand sujet de mécontentement à la cour, par le mariage de madame de Richelieu, et en soutenant Jersei contre la reine. M. le cardinal faisoit faire de temps en temps de grands complimens à M. de Turenne, lui promettant qu'il iroit commander, s'il le vouloit, la campagne prochaine, l'armée de Flandre ; et sçachant que depuis quelques jours il n'alloit plus guères chez M. le prince (qui en effet ne lui faisoit plus de part de sa conduite), M. le cardinal espéroit, comme il lui a dit depuis, qu'il ne se mettroit pas si promptement dans les intérêts de M. le prince. A l'instant même que le prince fut arrêté, M. le cardinal envoya M. de Ruvigni trouver M. de Turenne, pour l'assurer qu'il y avoit sûreté entière pour lui, et lui promit beaucoup de bons traitemens en tout ce qui le concerneroit. M. de Turenne, quoiqu'il fût persuadé qu'il y avoit sûreté pour lui à la cour, et qu'il fût bien vrai que M. le prince ne vivoit pas trop bien avec lui depuis quelque temps, ne voulant pas abandonner le prince dans son malheur, partit la nuit qu'il fut arrêté avec quatre gentilshommes, et n'ayant point d'argent, s'en alla chez M. de Varennes qui lui prêta six cens pistoles et l'accompagna à Stenai. M. de Chamilli, qui y commandoit pour M. le prince, reçut M. de Turenne dans la ville avec beaucoup de joie : trois ou quatre jours après la cour lui envoya Paris pour le convier à retourner avec toutes les promesses que l'on peut faire ; mais ne pouvant se contenter l'esprit s'il entendoit à aucune négociation durant le malheur de M. le prince, il renvoya Paris sans vouloir rien écouter, et résolut de prendre toutes les voies pour obliger la cour à relâcher M. le prince, et de n'oublier rien pour faire appréhender les malheurs que pouvoit causer son long emprisonnement.

Il envoya, suivant cette résolution, à toutes les troupes qui étoient à M. le prince et à tous les gouverneurs qu'il croyoit mécontens de la cour ou qui étoient de ses amis. De tous il ne put attirer que vingt ou trente officiers ; et des personnes de qualité il y eut M. de Duras et M. de Boutteville qui entrèrent dans les intérêts de M. le prince. M. de Turenne envoya aussi aux troupes qui avoient servi sous lui en Allemagne et qui étoient dispersées en divers endroits, mais il ne put gagner que trois régimens d'infanterie : celui de la couronne, celui de Turenne et celui Du Passage, qui quittèrent la Lorraine, marchèrent en corps avec leur bagage et le vinrent joindre à Stenai. Le régiment de Beauvau-Cavalerie vouloit venir joindre son colonel qui vint trouver M. de Turenne, dans les intérêts de qui il a toujours été; mais on enferma ce régiment dans une ville, et ce qui s'en put sauver le vint trouver. On logea ces troupes auprès de Stenai dans des quartiers; M. de Turenne n'ayant pas voulu presser les commandans de Stenai, de Clermont et de Damvilliers d'en recevoir, de peur qu'il ne semblât vouloir mettre de ses gens dans les places de M. le prince, et aussi parce que les commandans n'eussent pas voulu les recevoir à cause de la disposition de leurs garnisons. Celle de Damvillers commença à se déclarer contre M. le prince, et les soldats prirent M. le chevalier de La Rochefoucault, leur commandant, en criant vive le Roi. Quelques jours après, M. de La Ferté s'étant approché de Clermont, les soldats de la garnison firent prisonniers leurs officiers et se rendirent maîtres de la place qu'ils livrèrent à M. de La Ferté. Ceux de Stenai voulant en faire de même, m. de Turenne remontra à M. de La Moussaye l'importance qu'il y avoit de s'assurer de la citadelle. On y laissa entrer huit compagnies du régiment de Turenne, qui l'ont toujours gardée et en ont été les maîtres jusqu'à la sortie de prison de M. le prince, entre les mains de qui ils la remirent.

Il ne resta que cette place pour soutien de tout le parti; M. de Turenne en donna le commandement à M. de Varennes, en qui il s'est toujours fié sans aucune réserve. On fut obligé d'avoir recours aux Espagnols après avoir reçu une disgrace. Le régiment Du Passage fut défait en voulant entrer à Stenai; mais la compagnie des gardes de M. de Turenne, que le lieutenant nommé La Berge commandoit, passa en plein jour, força cinq cens chevaux, et, perdant la moitié de ses gens, entra dans Stenai après avoir fait l'action la plus vigoureuse qui se soit vue. M. de Turenne demanda à entretenir le gouverneur de Montmédi, ce qui se fit le lendemain. Ayant parlé franchement de la façon dont il s'étoit engagé dans cette affaire et du chemin qu'il y vouloit tenir, il a toujours trouvé dans ce gouverneur et en M. le comte de Fuensaldagne (qui gouvernoit toutes choses en Flandres quoique l'archiduc y fût), une parfaite sincérité, en cachant néanmoins leur impuissance à avoir de l'argent. Cette conférence avec le gouverneur de Montmédi fut suivie premièrement d'un secours de quinze cens chevaux et de quelque infanterie que l'on jetta dans Dun, et ensuite du traitté que madame de Longueville et M. de Turenne firent avec M. l'archiduc (1), ratifié par le roi

(1) Nous ne donnerons que le préambule de ce traité dont l'original existe aux manuscrits de la Bibliothèque du Roi. On le trouve du reste textuellement dans le recueil imprimé du comte Grimoard:

« L'expérience de tant d'années et les preuves que l'on en voit tous les jours, ayant donné à tout le monde une connoissance indubitable que l'aversion obstinée que M. le cardinal Mazarin a pour la paix des deux couronnes, et qui est si grande qu'elle l'a obligé à se porter à cette résolution extrême et violente de se saisir des personnes de MM. les princes de Condé et de Conty et de M. le duc de Longueville, sur le doute et la crainte qu'ils ne le troublassent ou l'empeschassent de continuer l'injuste dessein qu'il fait de tenir toute la chrestienté dans le feu et dans le sang, pour la seule considération de ses intérests particuliers et pour des fins et des passions opposées au bien général et aux désirs de tous les bons sujets des deux couronnes; et depuis, ledit sieur cardinal ayant encore tenté divers efforts pour augmenter ces obstacles et pour opprimer, sous les mesmes prétextes, S. A. madame la duchesse de Longueville, sans respecter ni son sexe, ni le sang royal, l'ayant obligée, tant pour sa propre conservation et pour la liberté de MM. les princes, ses frères, et de M. le duc, son mary, comme aussy pour arrester le cours des malheurs qui ensuite de tels attentats menaçoient la France, de rassembler ce qu'elle pouvoit de forces, et avec M. de Turenne, qui y a contribué de sa part de ses bonnes intentions et de tous les efforts de son crédit et de son pouvoir, de recourir à Sa Majesté Catholique par l'entremise du sérénissime archiduc Guillaume, afin qu'il luy plût les défendre et les assister en l'exécution d'une entreprise également légitime et glorieuse, puisqu'elle n'a aucun autre but ni fondement que d'établir une paix juste et égale, et par conséquent sûre entre les deux rois, et de procurer la liberté de mesdits sieurs les princes et mondit sieur le duc de Longueville: ce qui non-seulement est honorable, mais encore utile et agréable à la France;

» Sa Majesté Catholique se portant favorablement à de si bons desseins, puisqu'il est naturel et bienséant à un si grand monarque de donner sa protection à des princes persécutés contre toute sorte de justice et de raison, et de chercher tous les moyens possibles d'arriver à ladite paix que Sa Majesté Catholique a toujours tant souhaitée et à laquelle elle a si puissamment travaillé, bien que jusques à cette heure ç'ait esté inutilement à cause des oppositions de mondit sieur le cardinal, a promis et accordé librement les assistances que l'on luy a demandées pour procurer un effet si bon et si salutaire; et afin que l'on en convint mieux, M. don Gabriel de Tolede, muni d'un plein pouvoir de mondit sieur l'archiduc, a, pour et au nom et de la part de Sa Majesté Catholique, traicté, conclu et consenty avec S. A. madame la duchesse de Longueville et mondit sieur de Turenne, ce qui se trouve contenu dans les articles de son plein pouvoir cy inséré, ainsi qu'il en suit:

« Léopold Guillaume, par la grâce de Dieu archiduc d'Autriche, duc de Bourgogne et gouverneur et capitaine-général des Pays-Bas pour le Roy mon seigneur.

» Par la présente, je donne plein pouvoir au mestre-de-camp don Gabriel de Tolede et Analos, que j'envoye à madame la duchesse de Longueville, afin qu'au nom de Sa Majesté et au mien il puisse traiter et conclure quelque traité ou convention que ce puisse estre avec ladite dame duchesse et avec ceux qui suivront ce party, et pour l'entier accomplissement de ce qu'il traitera et conclucra, je m'oblige, en foy de prince, de l'approuver et de le ratifier; en témoin de quoi j'ay fait expédier la présente que j'ay signée de ma main, et icelle

d'Espagne. Cette princesse, après la prison de M. le prince, s'étant retirée en Normandie, et de là ayant passé en Hollande, s'en vint par le pays de Liége à Stenai, et se logea à la citadelle qui fut toujours gardée par quelques soldats de la vieille garnison et par les huit compagnies du régiment de Turenne, sans néanmoins que cela ait jamais choquée. M. de Turenne demeura toujours dans une parfaite intelligence avec elle, depuis le commencement jusqu'à la sortie de prison de M. le prince.

Pour commencer la négociation, M. de Turenne et M. le comte de Fuensaldagne se virent dans la ville de Marche, et la perte de Clermont et de Damvillers l'ayant un peu refroidi, l'obligea à presser fort pour avoir la citadelle de Stenai, qui étoit le seul lieu qui restoit au parti. Quoique M. de Turenne n'eût d'autre ressource que dans les Espagnols, il risqua plutôt de rompre la négociation que de livrer un lieu dans lequel il pût être hors de leur pouvoir quand il le vouloit : et comme son dessein avoit toujours été de ne demeurer avec eux, qu'autant que la parole qu'il avoit donnée de travailler à la liberté de M. le prince l'y obligeoit, il étoit bien aise de demeurer en lieu où il pût disposer de lui. Ainsi, après une contestation de six semaines, il ne conclut rien à Marche, durant les trois jours qu'il y demeura avec M. de Fuensaldagne ; mais la négociation continua par le moyen de dom Gabriel de Tolède, envoyé à Stenai pour traitter avec madame de Longueville et M. de Turenne. Le traitté fut conclu, dans lequel M. de Fuensaldagne promettoit, au nom du Roi Catholique, et madame de Longueville et M. de Turenne promettoient en leur nom, de ne se point accommoder que M. le prince ne fût hors de prison et que l'on n'eût offert une paix juste, égale et raisonnable à l'Espagne.

Les choses étant achevées de cette façon, on se prépara pour la campagne. Les Espagnols essayèrent d'obliger M. de Turenne à demeurer avec une armée dans la Champagne pendant qu'ils agiroient en Picardie ; mais lui, sçachant bien que leur pensée étoit de profiter des divisions de la France pour reprendre les places que le Roi tenoit sur eux, et que s'il demeuroit avec un corps séparé, l'armée du Roi tomberoit tout entière sur lui, il aima mieux prendre le parti de se joindre au corps de l'armée d'Espagne, afin de les obliger d'attaquer les villes de France, ou d'entrer dans le royaume pour faire diversion à la guerre de Bordeaux, ou pour animer les amis de M. le prince qui étoient dans le royaume. Après qu'il eut joint l'armée d'Espagne, on alla assiéger le Câtelet (1), qui ne dura que trois jours ; ensuite, ayant appris qu'une partie de la cavalerie qui étoit dans Guise en étoit sortie, on l'alla assiéger sept ou huit jours après, en présence de l'armée du Roi, qui, s'étant assemblée, s'approcha de l'armée d'Espagne.

Les deux armées étoient presque du même nombre, à sçavoir : de dix ou douze mille hommes et de six ou sept mille chevaux. Les pluyes qui survinrent gâtèrent tous les chemins, et le peu de chariots de vivres qu'avoient les Espagnols, mit l'armée en une telle nécessité de pain, que l'on ne put travailler que fort lentement au siége : dès le commencement les soldats n'avoient qu'une seule ration de pain en trois jours ; mais sur la fin la nécessité devint si grande, qu'elle les obligea de lever le siége et de se retirer à deux lieues de là, où les soldats de l'infanterie eurent beaucoup de peine à se traîner, à cause de la foiblesse où le manque de pain les avoit réduits.

Après que l'on eut eu des vivres et que l'on eut séjourné sept ou huit jours dans ce camp, on alla attaquer la Capelle, que l'on prit en dix jours ; et ensuite, le temps de la moisson étant venu, l'armée marcha vers Vervins ; et M. de Turenne s'étant avancé avec deux mille chevaux pour voir la contenance de l'armée du Roi, qui étoit à Marle, il apprit qu'elle en étoit délogée et qu'elle marchoit derrière les marais de Liesse ; il fit connoître à M. l'archiduc, qui arriva au camp, que si on avançoit encore à

---

fait sceller du sceau royal de mes armes, et contresigner du secrétaire d'Estat soubsigné.

» Signé LÉOPOLD GUILLAUME.

» (Scellé à costé du sceau de mondit sieur l'archiduc), et plus bas :

» Signé AUGUSTIN NAVARRO BURENA.

» A Bruxelles, le 14 de février 1650. »

(1) On répandit vers ce temps-là le couplet suivant :

Voici venir Turenne, recule,
Julie,
Monte sur ta mulle,
Prends ton habit gris,
Crainte qu'on te brûle
A la grève à Paris.
Porte cochère
Ne dure guère
Contre gens de telle manière,
Fière,
Qui taille croupière
Aux soldats de Mazarini,
Et oui par là mordienne ! jarnidienne !
Vertudienne !
Oui !

deux lieues de Vervins, qu'assurément l'armée de France se mettroit en quelque mauvaise posture, et qu'elle donneroit lieu d'entreprendre quelque chose sur elle. M. l'archiduc marcha deux lieues par delà Vervins, où l'on apprit que l'armée du Roi continuoit à se retirer. M. de Turenne prit trois mille chevaux et marcha à Château-Porcien et Rhetel, qui se rendirent; d'où il manda à l'armée d'Espagne que l'on trouveroit à vivre sur la rivière d'Aisne, où elle s'avança, et mit une garnison dans Rhetel de huit cens hommes, et Delliponti, qui étoit fort estimé en Flandre, pour y commander. Comme le séjour de l'armée autour de la ville ruinoit entièrement tous les bleds et ôtoit le moyen à la garnison de subsister, M. de Turenne fut d'avis de s'en éloigner et de remonter le long de la rivière d'Aisne, en s'approchant de Paris et de l'armée du Roi qui s'étoit retirée vers Rheims : son intention étoit toujours que l'armée d'Espagne entrât le plus avant qu'il se pourroit dans le royaume, croyant que M. le prince, qui étoit dans le bois de Vincennes, seroit mené à Paris, et qu'ainsi il ne seroit plus à la disposition de la cour ; et espérant aussi que si on le laissoit au bois de Vincennes, peut-être après quelque bon succès, il pourroit obliger l'armée d'Espagne de marcher jusques là. M. de Turenne ne donnoit conseil aux Espagnols pour les mouvemens de leur armée, que suivant les marches que faisoit l'armée du Roi et selon que la guerre le permettoit; car les armées étant égales, conseiller en partant de la Capelle de marcher jusqu'à Paris, ayant tout contraire en France et personne ne se déclarant pour M. le prince, auroit paru si emporté, qu'il eût perdu tout crédit auprès d'eux.

Après avoir donc marché jusqu'à Neufchâtel sur la rivière d'Aisne, les Espagnols firent avec raison difficulté de la passer avec toute leur armée, parce que celle du Roi étant entre Rheims et Soissons, derrière la rivière de Vesse, ils ne voyoient aucune apparence de rien exécuter, et que leur infanterie pâtissoit beaucoup, n'ayant plus le moyen de faire venir des convois ; M. de Turenne, laissant à Neufchâtel le corps de l'armée, prit trois mille chevaux et cinq cens mousquetaires pour voir en quelle posture seroit l'armée du Roi : il apprit, après avoir marché quelque temps, qu'elle étoit à Rheims, et que M. d'Hocquincourt étoit à Fismes, derrière la rivière de Vesse, avec dix régimens de cavalerie, et qu'il y avoit cent mousquetaires dans la ville; il s'y en alla en diligence, et après une grande résistance à un pont où il trouva à droite et à gauche des gués pour la cavalerie, il rompit entièrement tous les régimens qui s'opposoient à son passage, fit quatre ou cinq cens prisonniers, et obligea M. d'Hocquincourt, après avoir très-bien fait, de se retirer à Soissons avec beaucoup de peine. L'infanterie qui étoit dans Fismes se rendit, et M. de Turenne manda à l'archiduc ce qui s'étoit passé, et que s'il lui plaisoit de s'avancer à Fismes avec l'armée, qu'assurément elle y subsisteroit très-bien, y ayant beaucoup de moulins sur la rivière et une très-grande quantité de grains et de bestiaux.

L'armée d'Espagne y marcha, et on fit avancer M. de Bouteville jusqu'à la Ferté-Milon, qui mit des sauve-gardes dans ce village. Voyant l'armée de France renfermée dans Rheims, un corps derrière la Marne, et le chemin de Paris libre, M. l'archiduc et M. de Fuensaldagne se fussent assurément résolus d'y marcher, si M. le prince fût demeuré à Vincennes ; mais on apprit qu'après de grandes contestations entre M. Le Tellier et M. le duc d'Orléans, qui vouloit faire mener M. le prince à la Bastille, que M. Le Tellier l'avoit emporté, et que M. le prince avoit été conduit, avec une très-petite escorte, à Marcoussi, à huit lieues de Paris, sur le chemin d'Orléans. Alors il n'y avoit plus de raison de marcher à Paris avec le corps de l'armée, et il auroit été inutile et dangereux d'y aller avec des gens détachés, à cause de l'armée du Roi, qui eût pu en détacher un plus grand nombre et laisser tout son bagage dans les villes ; ce que l'armée d'Espagne ne pouvoit pas faire.

On envoya de Fismes faire des propositions de paix : dom Gabriel de Tolède fut à Paris, et M. de Verderonne vint à Fismes, de la part du duc d'Orléans ; mais tout cela ne produisit aucun effet. Pendant ce temps on eut avis que le traitté étoit conclu à Bordeaux, où le Roi étoit allé lui-même avec M. le cardinal Mazarin : M. de Bouillon, qui y avoit la principale autorité, y gouverna les affaires du parti avec l'approbation d'un chacun, et s'y conduisit avec toute la vigueur, prudence et fermeté qui se peut dans une conjoncture si difficile.

L'armée d'Espagne séjourna un mois à Fismes, afin de voir si ces propositions de paix ne produiroient aucun effet à Paris. Après ce temps-là, on tint conseil pour sçavoir quelle ville de la frontière on devoit assiéger en se retirant : les Espagnols avoient dessein d'aller à Rocroi ; mais M. de Turenne fut d'avis d'aller plutôt à Mousson, ville sur la Meuse, à deux lieues de Stenai, qui servoit beaucoup à sa conservation, et qui étendoit un peu plus les quartiers d'hiver sur cette frontière. Ainsi on détacha le marquis de Masingen, mestre-de-camp-général de l'armée d'Espagne, avec trois mille hommes de pied et deux mille chevaux, pour aller assiéger Mouson. Le reste de l'armée demeura sur la rivière d'Aisne, pour couvrir le siége et observer l'armée du Roi qui s'étoit assemblée vers Châlons. Comme le siége tira fort en longueur, à cause des grandes pluies et du peu d'artillerie qu'avoient les Espagnols, M. le maréchal Du Plessis, qui commandoit l'armée du Roi, marcha diligemment par Verdun, dans le dessein de secourir Mousson : ce qui obligea l'armée d'Espagne d'aller au siége. M. de Turenne demeura avec trois mille chevaux pour le couvrir, n'y ayant point de circonvallation, et étant nécessaire de tenir l'ennemi loin, de peur qu'il n'entreprît quelque secours. A la fin, après sept semaines de siége, durant une très-mauvaise saison, la ville de Mouson se rendit.

Après la prise de Mouson, l'armée d'Espagne demeura fort affoiblie par la longueur du siége, qui ne finit que fort avant dans le mois de novembre; M. de Turenne voyoit bien que dans le dessein que les généraux espagnols avoient de se retirer dans leurs quartiers d'hiver, il perdroit Rhetel et Château-Porcien pendant l'hiver, et que les troupes allemandes, que les Espagnols avoient levées depuis peu, périroient par les mauvais quartiers que l'on a accoutumé de donner en Flandre : il conseilla à M. le comte de Fuensaldagne de laisser toute l'armée entre la rivière de Meuse et celle d'Aisne; mais n'ayant pu l'y déterminer, il demeura lui-même sur la frontière avec cinq régimens allemans de cavalerie nouvellement levés, qui faisoient environ deux mille chevaux, et avec deux brigades des Lorrains, dont l'une étoit commandée par M. de Fauge, et l'autre par le comte de Ligneville, qui avoit été défait par M. le maréchal de La Ferté. Ces deux brigades faisoient deux mille cinq cens chevaux et mille chevaux du corps que M. de Turenne avoit levé en Allemagne. Pour l'infanterie, elle étoit composée de deux mille cinq cens hommes; une partie Wallons, et l'autre Lorrains, n'y ayant point d'infanterie françoise que le régiment de Turenne, commandé par Betbesé; celui de la Couronne, par Rochepare, et celui de Stenai commandé par le comte de Quintin : avec ces troupes et six pièces de campagne, M. de Turenne demeura entre la Meuse et l'Aisne. Outre celles-là, M. l'archiduc laissa douze cens hommes de pied dans Rhetel et deux cens chevaux sous le commandement de Delliponti, qui étoit sergent-major-général de bataille et homme de grande réputation en Flandre.

L'armée du Roi, durant le siége de Mouson et quelque temps après, demeura dans la Champagne à se rafraîchir, et y attendit toutes les troupes qui avoient été à Bordeaux : quand on les eut rassemblées, elle se trouva forte de six à sept mille chevaux et de huit mille hommes de pied, et l'on résolut de venir attaquer Rhetel. C'étoit assez avant dans le mois de décembre : l'armée arriva devant la place le vendredi, et le samedi on commença à faire les approches. On prit d'abord un fauxbourg, on s'approcha le long des maisons près de la muraille, et l'on battit une tour de la porte avec une pièce de douze; ensuite, ayant trouvé les poutres du pont, auxquelles il ne manquoit, pour s'en pouvoir servir, qu'à mettre des planches dessus, les assiégeans le firent et s'attachèrent à la porte : ils en furent repoussés la première fois; mais y étant retournés, les assiégeans battirent la chamade et demandèrent à parlementer le mardi au matin : tout le corps de l'armée étoit de l'autre côté de la rivière, et avoit laissé deux régimens pour faire une fausse attaque qui réussit.

M. de Turenne, sçachant que l'armée du Roi marchoit au siége de Rhetel, voulut y arriver deux ou trois jours après, afin de trouver l'armée séparée dans ses quartiers autour de la ville, les tranchées ouvertes et le canon en batterie : ce qui affoiblit toujours beaucoup. Après avoir marché quatre journées, le mardi il fit sept grandes lieues pour arriver à la vue de Rethel, ayant ouï le canon le matin et n'y ayant nulle apparence que la ville fût en état d'être forcée si tôt : il arriva à une heure de nuit à une lieue de la ville; après avoir poussé quelque cavalerie, il fit quelques prisonniers, qui lui dirent que la ville étoit rendue; il demeura toute la nuit en bataille, et fit tirer deux coups de canon pour voir si les assiégés ne répondroient point. Comme on fut sept ou huit heures sans entendre de bruit, et que les prisonniers s'accordoient tous à dire que la ville étoit rendue, on n'en douta plus, et l'armée reprit le chemin par lequel elle étoit venue, et alla loger à quatre lieues de là dans une vallée, n'ayant pas le moyen de demeurer dans la Champagne faute d'eau et de couvert.

Le mardi que la ville se rendit et le lendemain l'armée du Roi se mit ensemble et marcha une partie de la nuit du mercredi au jeudi; le matin elle arriva à la vue des Cravates que M. de Turenne avoit laissés une demie lieue derrière lui. Sur cette nouvelle il fit incontinent remonter ses troupes sur les hauts de Champagne, et comme l'armée du Roi marchoit dans la plaine, il la côtoya près d'une heure à une demie portée de canon, les Lorrains n'étant pas encore arrivés, qui avoient été un peu longs à sortir du quartier. Quoique ses forces ne fussent pas égales, on ne pouvoit prendre d'autre parti que celui de combattre: les régimens allemans avoient l'aile droite, et la cavalerie de M. Turenne avoit l'aile gauche, les Lorrains n'étant pas encore arrivés. Les armées marchèrent bien une heure de cette façon, M. de Turenne ne craignant rien, parce que l'infanterie du Roi n'étoit pas encore assez près pour faire prendre la résolution au général de marcher à lui. Bientôt les Lorrains arrivèrent, et M. de Turenne, voulant éviter que l'armée du Roi n'eût le temps de mettre son infanterie dans l'intervalle de ses deux ailes, fit promptement mettre la cavalerie lorraine à sa main gauche sur deux lignes, dont il y avoit douze escadrons à la première, et huit à la seconde; il marcha droit à l'aile droite de l'armée du Roi. M. de Beauveau, M. de Duras, M. de Bouteville et M. de Montausier commandoient les escadrons de la première ligne du corps de M. de Turenne. Les Lorrains, qui étoient commandés par leurs officiers, vinrent doubler si promptement à la gauche, qu'ils ne donnèrent le temps à la cavalerie de l'armée du Roi de leur opposer que trois escadrons, parce qu'ils avoient toujours réglé le premier escadron de leur aile droite au corps de M. de Turenne seul; cela étoit cause aussi qu'ils avoient beaucoup d'escadrons auprès de leur infanterie, et par là le même avantage contre la cavalerie de M. de Turenne, que les Lorrains avoient contre eux.

En cette disposition on marcha à la charge, et toute la première ligne approcha la tête des chevaux les uns contre les autres, sans tirer: il y eut quantité d'officiers tués de cette première charge, et presque tous les escadrons de l'armée du Roi de la première ligne furent rompus, mais avec si grande résistance que ceux des Lorrains étoient presque aussi rompus qu'eux. Les escadrons de l'armée du Roi qui étoient près de l'infanterie, demeurèrent entiers, n'ayant pas combattu; mais toute la première ligne des Lorrains, composée de sept escadrons, se mit en désordre contre les trois françois qui lui étoient opposés; il y eut aussi quelque escadron qui passa dans l'intervalle l'un de l'autre.

M. de Turenne n'avoit de ses troupes que deux escadrons de la seconde ligne, dont la première fut rompue par un escadron passé dans l'intervalle, son colonel ayant été tué; l'autre, commandé par le major, passa en avant et en rompit deux de l'ennemi; toute la seconde ligne des Lorrains se mêla avec la première, de sorte que quand la seconde ligne de l'armée du Roi, qui étoit composée de tous les régimens de la vieille armée d'Allemagne, vint en bon ordre, elle les trouva en grande confusion. M. de Turenne, qui avoit voulu mener les escadrons de la première ligne à la charge, et puis retourner à sa seconde ligne, fut obligé par la grande résistance à se mêler, de sorte que son cheval fut blessé de deux coups, et ainsi il n'étoit plus en état de se porter en aucun lieu qu'au petit pas. Messieurs de Beauveau, de Bouteville, de Duras, de Montausier, ayant rompu les escadrons qui leur étoient opposés, marchèrent jusques auprès du canon, et rompirent quelques escadrons de la seconde. Cependant à l'aile droite de M. de Turenne, commandée par la Fauge, cinq régimens allemans eurent quelque avantage à la première charge; mais ensuite toutes les troupes se mirent en confusion et commencèrent à prendre la fuite, ce qui donna moyen à quelques escadrons de l'aile gauche de l'armée du Roi de revenir à l'aile droite; et la seconde ligne ayant marché aux Lorrains qui étoient déjà en grande confusion, ils prirent la fuite. M. de Fauge, après avoir très bien fait son devoir, fut fait prisonnier; le comte de Ligneville blessé de deux coups au travers du corps; le prince palatin tué, et deux autres colonels. M. de Turenne, qui avoit marché entre les Lorrains et ses troupes, se trouva dans ce désordre au commencement seul, tous les gentilshommes qui étoient avec lui s'étant mêlés à cause de la grande résistance; il fut reconnu souvent, et son cheval blessé encore de deux autres coups, des cavaliers lui demandant s'il vouloit avoir quartier: La Berge, son lieutenant des Gardes, le joignit; ils furent suivis de sept ou huit cavaliers, dont trois prirent M. de Turenne et quelques autres son lieutenant, mais ils s'en démêlèrent heureusement, et ayant mis hors de combat quelques-uns de ceux qui les attaquoient, ils commencèrent à se retirer un peu de la presse; il n'y avoit plus de troupes de M. de Turenne en ce lieu là, et il étoit au milieu des escadrons de l'armée du Roi. La Berge, pour l'empêcher d'être pris, avoit été obligé quelquefois de dire qu'ils étoient eux deux de l'armée du Roi, et que c'étoient des Allemans qui ne les connaissoient pas qui les avoient voulu tuer. Enfin, par un bonheur extraordinaire, on les laissa aller; le cheval de M. de Turenne étoit blessé de cinq coups. Bientôt après il trouva Lavau, major du régiment de Beauveau, qui lui prêta un cheval, et il se sauva au milieu des plaines de Champagne sans que personne le suivit. Les deux ailes de son armée avoient été rompues et toute l'infanterie avoit jeté les armes, excepté le régiment de M. de Turenne, qui, sans vouloir avoir de quartier, se mêla avec l'infanterie de l'armée du Roi, et tous les officiers et soldats furent tués ou faits prisonniers, après avoir tenu ferme une heure entière sans aucune cavalerie pour le soutenir. Dom Estevan de Gamare, général d'artillerie d'Espagne, se trouva auprès de l'infanterie, où il fut pris, aussi bien que M. de Bouteville et M. de Quintin qui commandoit le régiment de Bourgogne.

Les choses étant entièrement désespérées, M. de Turenne ne put se retirer par le plus court chemin vers la rivière d'Aisne, à cause des troupes du Roi, qui, en suivant les fuyards de l'aile droite, lui avoient coupé le chemin; il fut obligé de s'en aller par les plaines de Champagne, et arriva à Bar-le-Duc avec cinq cens chevaux qu'il avoit rencontrés sur sa route; après avoir demeuré six heures à Bar, et donné ordre à la cavalerie qui étoit venue avec lui, et à M. de Duras, qui arriva un peu après avec cent chevaux, de se retirer dans le Luxembourg, il s'en alla avec douze ou quinze des mieux montés, droit à Montmédi, où il trouva une partie de la cavalerie sauvée de la bataille, leur donna quelques quartiers aux environs, et envoya rendre compte de toutes choses à Bruxelles. Il manda en même temps à madame de Longueville à Stenai qu'il étoit à Montmédi, et l'assura que si l'armée du Roi, après le gain de la bataille, marchoit vers Stenai, qu'il s'y en iroit aussitôt avec les troupes qu'il retenoit auprès de Montmédi, qui n'est qu'à deux lieues de Stenai. M. de Turenne ne voulut pas aller sitôt à Stenai, de peur que les Espagnols ne crussent qu'il ne se fioit pas entièrement à eux après la perte du combat, ou bien qu'il avoit si mauvaise opinion des affaires qu'il étoit bien aise de chercher à se mettre promptement en un lieu, d'où on pourroit plus aisément songer à un accommodement; la connoissance aussi des affaires de Flandre lui faisoit voir qu'il valoit bien mieux demeurer dans un lieu où les Espagnols étoient les maîtres, que d'aller à Stenai, parce que, quoique M. de Fuensaldagne, de qui tout dépendoit en Flandre, appuyât tout le parti, néanmoins tous les gens du pays, qui vouloient toujours que l'on employât les forces d'Espagne à reprendre les places que le Roi tenoit en Flandre, et non point à favoriser le parti, se servoient de ce mauvais événement pour appuyer leur opinion et décourageoient M. de Fuensaldagne. Si M. de Turenne, après ce malheur, y eût encore ajouté la méfiance de s'en allant à Stenai, il est sans doute que M. de Fuensaldagne eût changé de mesures, et qu'il eût fallu songer à un accommodement honteux. Mais la chose prit toute une autre face, et sçachant que M. de Turenne étoit à Montmédi, et tous les officiers de l'armée témoignant être fort contens de lui, on lui envoya de la part de M. l'archiduc un pouvoir pour disposer de toutes les charges de ceux qui avoient été tués à la bataille, et les quartiers tels qu'il les demanda pour ses troupes.

Peu de temps après, M. de Turenne s'en alla voir madame de Longueville à Stenai, où ils résolurent ensemble de demeurer dans la même pensée jusqu'à la liberté de M. le prince. M. de Lorraine et M. de Fuensaldagne vinrent ensuite à Namur pour conférer avec M. de Turenne: ils demeurèrent quatre jours ensemble pour donner ordre aux quartiers des troupes, et, s'en étant retournés à Bruxelles, M. de Turenne voulut traiter avec M. l'électeur de Cologne pour des quartiers dans le pays de Liége; mais n'ayant pu s'accommoder, il y mena ses troupes.

Durant ce temps là les désordres recommencèrent à Paris, et il y eut grande apparence de la liberté de M. le prince. Comme il y a beaucoup de gens qui ont écrit particulièrement toutes les caballes qui se formèrent alors, je n'en dirai rien, mais seulement que M. de Turenne, étant bien averti qu'il y auroit bientôt un changement, demeura auprès de ses troupes, ou dans les lieux un peu loin de Bruxelles. Comme il étoit dû par les Espagnols plus de trois cens mille escus pour accomplir le traitté fait avec eux, M. de Fuensaldagne en offrit cent mille à M. de Turenne; mais il ne jugea pas à propos de les recevoir, dans un temps où les affaires l'obligeroient peut-être à chercher les moyens de se dégager d'avec les Espagnols. Peu après il apprit par le sieur de La Berge, que Madame de Longueville lui envoya, que M. le prince étoit sorti du Havre et étoit à Paris[1]; il sçut aussi en même temps que M. le cardinal Mazarin, étant parti de la cour, étoit allé au Havre, croyant engager M. le prince

---

(1) Après sa sortie de prison, le prince de Condé écrivit à Turenne les lettres suivantes:

Première lettre.

« Les obligations que je vous ai sont si grandes que

dans ses intérêts, et voulant persuader qu'il lui donnoit sa liberté, quoiqu'il y fût obligé par les remontrances du parlement et la liaison de M. d'Orléans et du cardinal de Retz. M. le cardinal, n'ayant pu réussir dans ce projet, espéra que la Reine sortiroit avec le Roi hors de Paris pour l'aller trouver vers la Champagne; mais elle en fut empêchée par les gardes que M. d'Orléans et le peuple firent faire devant le Palais-Royal; ce qui obligea M. le cardinal d'aller à Sedan, ensuite au pays de Liége, et de là à Cologne, dont il revint comme il sera dit ci-après.

M. de Turenne, qui étoit à la Roche en Ardenne, s'en alla incontinent à Stenai, pour chercher les moyens de satisfaire à l'autre clause du traitté d'Espagne, qui étoit, après la liberté de M. le prince, de travailler à une paix juste, égale et raisonnable. Il envoya avertir M. le comte de Fuensaldagne, qu'encore que M. le prince fût en liberté, qui étoit le premier article du traitté, et que l'on pût, sur ce qu'on y avoit manqué en tous les temps à l'égard des sommes promises, prendre un prétexte bien raisonnable de se dégager du second, que néanmoins la manière obligeante dont il en avoit toujours usé, et la connoissance certaine que ce n'étoit que la nécessité, et non la mauvaise volonté qui l'avoit obligé à manquer, feroient qu'il ne partiroit point de Stenai qu'après avoir donné tout le temps raisonnable pour travailler à ce second article. Etant arrivé à Stenai, il trouva des lettres que M. le prince écrivoit à madame de Longueville, par lesquelles il témoignoit souhaiter fort de la voir et faisoit de grands complimens à M. de Turenne sur tout ce qui s'étoit passé.

[1651] Peu de jours après, madame de Longueville partit pour s'en aller à Paris, ayant envoyé à Bruxelles pour faire savoir aux Espagnols qu'elle travailleroit de bon cœur à la paix, et les remercioit de l'assistance qu'ils avoient donnée pour la liberté de M. le prince. M. de Turenne demeura à Stenai et ne fut point embar-

je n'ai point de paroles pour vous témoigner ma reconnoissance. Je souhaite avec passion que vous me donniez lieu de m'en revancher. Je vous jure que ce sera la chose du monde que je ferai de meilleur cœur, et que je ferai toutes choses pour vous servir. Je me remets à ce que je mande à ma sœur pour les affaires, et je ne vous dirai ici autre chose si ce n'est que vous pouvez disposer absolument de mon service, et que vous êtes l'homme du monde que j'honore le plus et que j'aime avec le plus de tendresse et de passion,

» LOUIS DE BOURBON.

» Je vous prie d'assurer MM. de Beauveau, de Duras et de Grandpré de mon service, et MM. de Saint-Romain et Sarrasin, et tous les officiers qui vous ont suivi.

» Ce 20 février 1651. »

Deuxième lettre au même.

« Monsieur,

» J'ai reçu la lettre que vous m'avez fait l'honneur de m'écrire, et vu celle que vous avez écrite à ma sœur; je m'assure qu'elle vous mande au long l'état de toutes choses; je vous supplie de me faire sçavoir le plus souvent que vous pourrez ce qui se passera de delà, soit pour la trève, soit pour la suspension d'armes. Les affaires ici n'ont pas encore pris l'assiette qu'on pourroit souhaiter, et nous y travaillons au mieux qu'il nous est possible: je vous en ferai sçavoir le détail au premier jour. Le contrat de M. de Bouillon sera signé dans quelques jours à sa satisfaction. Il restoit un article que j'ai fait résoudre avant-hier, qui l'avoit arrêté jusques ici et qui étoit très-important: c'étoit pour faire jurer monsieur votre frère: *foi de prince*; si bien que tout est à cette heure conclu. Pour vos intérêts particuliers, ma sœur m'en a entretenu fort au long; j'y travaillerai comme je dois, et je vous jure qu'ils me seront plus chers toujours que les miens, et que je ferai toutes choses pour vous le témoigner. Nous vous envoyons quel-

qu'argent; mandez-nous librement ce dont vous aurez besoin, et nous y pourvoirons à l'heure même. Assurez-vous, je vous conjure, de mon extrême amitié, et continuez-moi la vôtre, puisque je suis plus qu'homme du monde, Monsieur, votre très-affectionné serviteur,

» LOUIS DE BOURBON.

» A Paris, ce 18 mars 1651. »

Troisième lettre au même.

« L'embarras des affaires, ainsi que vous l'aurez déjà appris par monsieur votre frère, m'empêche de vous pouvoir répondre bien positivement sur l'affaire de la paix, aussi faut-il attendre le retour de celui qu'on a envoyé à Bruxelles pour sçavoir si l'archiduc a pouvoir; mais il me semble que vous avez déjà assez de sujet de prendre vos mesures avec les Espagnols pour vous retirer. Monsieur votre frère s'est chargé de vous faire sçavoir tous nos sentimens là-dessus; nous en avons eu une longue conférence avec ma sœur ensemble; cependant je vous supplie de me faire sçavoir à peu près le temps auquel il faudra que je tienne mon monde prêt pour entrer à Stenai, et comme on en usera pour la ville et les choses qu'il faudra mettre dans la place, soit pour les munitions de bouche, soit pour celles de guerre: j'en ai donné le gouvernement à M. de Marsin, je crois que vous ne désapprouverez pas le choix que j'en ai fait. Vous voyez qu'il est nécessaire que je sçache ces choses-là un peu de bonne heure, crainte d'être surpris. Je donnerai ordre au plus tôt pour vous faire avoir satisfaction pour vos troupes, mais je n'ai pu encore le faire, Monsieur et moi ne voyans pas encore la Reine. Vos autres intérêts me sont plus chers et plus considérables que les miens, et je ne vous fais pas un compliment quand je vous assure que je vous le ferai paroître de telle manière que vous le souhaiterez.

» Je suis, Monsieur, votre très-affectionné serviteur,

» LOUIS DE BOURBON.

» A Paris, ce 18 avril 1651. »

rassé de ce que madame de Longueville en partoit; ce n'est pas qu'ils ne fussent en bonne intelligence, mais n'étant point fort pressé pour ses intérêts particuliers, il ne vouloit sortir de l'affaire qu'avec honneur. Il écrivit à M. le prince qu'il trouvoit fort à propos que l'on envoyât promptement quelque personne de considération, avec ordre de travailler à la paix, et qu'il ne jugeoit point qu'on pût se retirer de bonne grâce d'avec les Espagnols avant que d'avoir fait voir, par des effets réels, que l'on y songeoit tout de bon et que l'on faisoit des ouvertures raisonnables. On envoya de la cour M. de Croissi à Stenai, et par les instances que M. de Turenne fit à Bruxelles, M. l'archiduc envoya M. Friquet. On pressa fort cette négociation, et l'on proposa, du côté de la France, que M. le duc d'Orléans iroit avec un plein pouvoir sur la frontière avec des personnes nommées, si M. l'archiduc y vouloit venir avec le même pouvoir de la part du roi d'Espagne, que les Espagnols avoient toujours dit qu'il avoit. D'ailleurs M. de Turenne fit sçavoir à M. le comte de Fuensaldagne que l'on satisferoit l'Espagne par raport au Portugal et à la Catalogne, pourvu que les autres conditions de la paix fussent raisonnables; mais on connut bien qu'il n'y avoit point de *plein pouvoir* en Flandre, et qu'apparemment les grandes espérances que l'on avoit conçues en Espagne des guerres civiles de France, avoient ôté toute pensée de songer promptement à la paix.

Après deux mois de négociation, M. de Turenne manda à M. de Fuensaldagne, qu'ayant fait de son côté tout ce à quoi il s'étoit obligé pour la paix, qu'il s'en alloit à Paris; il le remercia en même temps de l'assistance qu'il avoit reçue du Roi d'Espagne, et de la civilité avec laquelle il en avoit usé envers lui en toutes rencontres, et lui fit dire aussi qu'il donneroit ordre à trois ou quatre cens chevaux qui lui étoient restés de la bataille de Rhetel et qu'il avoit fait lever en Allemagne, de le venir trouver en France.

Pendant le séjour de M. de Turenne à Stenai, après le départ de madame de Longueville, il sentit, par les différentes lettres de M. le prince et par les avis qu'il avoit de Paris, qu'il changeoit souvent de pensée depuis sa sortie de prison, souhaittant quelquefois que M. de Turenne vînt bientôt à Paris, et d'autres fois désirant qu'il demeurât à Stenai, suivant l'envie qu'il avoit, ou de ravoir promptement la place que M. de Turenne par son retour lui eût remise entre les mains, ou de continuer en liaison avec les Espagnols. Quand madame de Longueville partit de Stenai, elle voulut engager M. de Turenne à lui donner sa parole de demeurer toujours dans les intérêts de M. le prince; mais lui qui croyoit, après avoir montré durant la prison de M. le prince un si grand désintéressement, pouvoir agir suivant qu'il le trouveroit plus à propos, dit à madame de Longueville qu'il ne pouvoit pas en donner, mais qu'après avoir fait sortir ses gens de Stenai, remis la place entre les mains de M. le prince, et satisfait aux Espagnols touchant l'article de la paix, qu'il s'en iroit à Paris où il verroit le prince et prendroit là ses mesures. En effet, M. de Turenne, depuis que madame de Longueville fut partie, jusqu'à ce qu'il s'en allât à Paris, n'a point voulu avoir d'autre conduite que de donner tout le temps nécessaire pour bien sortir d'avec les Espagnols touchant l'article de la paix, n'ayant eu nulle impatience d'aller à Paris, où néanmoins il sçavoit bien que tous ceux du parti de M. le prince prenoient des mesures pour leurs intérêts particuliers; mais il ne croyoit pas que de songer aux siens, en se hâtant d'y aller, pût bien s'accorder avec le temps qu'il vouloit donner pour convaincre les Espagnols que l'empêchement à la paix venoit de ce que M. l'archiduc n'avoit pas un plein pouvoir de traitter. M. de Turenne en ayant été pleinement instruit, et convaincu qu'il étoit inutile de demeurer davantage à Stenai, en partit et retourna à Paris. Sçachant que M. le prince et beaucoup de personnes de qualité vouloient venir au devant de lui, sans affecter qu'il ne le désiroit pas, il arriva à Paris un jour plus tôt qu'il ne l'avoit dit, n'aimant point ces sortes d'honneurs, qui assurément sont de mauvaise grâce quand on vient d'avec les Espagnols et que l'on entre en un lieu où le Roi et la Reine demeurent.

En ce temps là, la Reine ne se gouvernoit en secret que par les conseils de M. le cardinal, quoique au dehors tout paroissoit s'opposer à son retour en France. Le parlement même faisoit souvent des remontrances là-dessus; et quoique le Roi et la Reine y répondoient qu'on pouvoit s'assurer que le cardinal ne seroit plus rappelé à la cour, tous ceux cependant qui vouloient obtenir des grâces de la Reine s'adressoient à M. le cardinal à Cologne. M. le prince tenoit souvent des conseils à l'hôtel de Longueville, étoit assez bien avec M. le duc d'Orléans, et alloit fort rarement au Palais-Royal. M. le cardinal, quand il le fit sortir du Havre, crut qu'il s'ajusteroit avec lui. Depuis qu'il fut arrivé à Paris, il témoigna vouloir achever le mariage de M. le prince de Conti avec mademoiselle de

Chevreuse, qui étoit une des conditions sur laquelle M. le coadjuteur avoit travaillé à sa liberté. Quand M. de Turenne arriva à Paris, le mariage étoit rompu, M. le coadjuteur étoit fort mal avec M. le prince, qui, désirant le gouvernement de Guyenne pour lui, et de Provence pour M. le prince de Conti, se rapprochoit un peu de la cour, sans avoir pourtant, à ce qu'il disoit, aucune communication avec M. le cardinal; mais il est bien vrai que madame de Longueville et M. le prince de Conti négocioient avec le ministre par le moyen de madame la princesse palatine, et promettoient que M. le prince se radouciroit pour le retour de M. le cardinal, s'il avoit ce qu'il demandoit.

M. le prince vint voir M. de Turenne dès qu'il le sçut arrivé, le mena au Louvre et de là dîner avec lui, et après on s'assembla à l'ordinaire à l'hôtel de Longueville; mais M. de Turenne, après ce jour-là, ne voulut plus y retourner, ayant aisément reconnu, et par les avis qu'il avoit eus à Stenai, et par ce qu'il vit à Paris, qu'il ne s'agissoit que d'intérêts particuliers et de belles apparences au dehors qui pourroient tromper ceux qui ne voyoient pas clair. M. le prince assuroit M. de Turenne qu'il seroit toujours prêt à lui rendre le même service qu'il venoit de recevoir de lui, et le vouloit fort engager à avoir des prétentions à la cour, qu'il promettoit de solliciter avec soin. Cependant les troupes du Roi ayant reçu de bons quartiers d'hiver et étant rétablies, celles de M. de Turenne, qui seules avoient travaillé pour la liberté de M. le prince, demeuroient sans nul établissement ni quartiers. M. le prince s'offrit bien d'en parler, mais il ne s'y intéressa pas comme une chose qui le touchoit de près.

Il faudroit parler fort au long si l'on vouloit dire tous les changemens d'intérêts qui se firent dans les principaux personnages de la cour. Elle étoit en un état bien bas, se méfiant de presque tous les gens de qualité qui y alloient, et n'osant faire aucune action de vigueur en arrêtant ni même en témoignant aucune mauvaise volonté à personne. M. de Turenne, ayant agi en toute rencontre contre les intérêts de M. le cardinal de Mazarin, n'avoit nulle pensée de se raccommoder avec lui et ne faisoit aucune diligence à se mettre bien avec la Reyne; mais il voyoit si peu de règle dans les pensées de M. le prince, qu'il ne vouloit prendre aucun nouvel engagement avec lui. Long-temps même après son retour à Paris, madame de Longueville ayant voulu sçavoir de lui s'il demeureroit dans les intérêts de M. le prince, il lui dit que ce qu'il avoit fait par le passé lui donnoit lieu, le voyant en liberté, de bien méditer avant que de s'engager de nouveau. Il demeura toujours dans cette disposition, voyant assez souvent M. le prince, qui vivoit fort bien avec lui, mais qui étoit si combattu de diverses pensées, que M. de Turenne ne crut point, quoiqu'il s'accommodât ou qu'il rompît avec la cour, pouvoir prendre de liaison sûre avec lui. Ce n'est pas que M. le prince ne lui témoignât beaucoup de reconnoissance, et qu'en effet il n'ait toujours eu beaucoup d'estime pour lui et autant d'amitié que pour personne; mais M. de Turenne songeoit qu'il n'étoit pas raisonnable de s'engager contre la cour à une suite d'affaires, dont il sçavoit que le but n'étoit que de procurer les intérêts d'un petit nombre de personnes, sans aucune vue du bien public.

Ces considérations l'ont toujours fait demeurer ferme à ne se point mettre dans le parti de M. le prince, depuis sa sortie de prison; elles ne l'ont pas obligé non plus à faire des recherches du côté de la cour. Il souhaittoit que les affaires vinssent en état que M. de Bouillon et lui pussent s'y raccommoder; mais il ne faisoit pour cela aucun pas contre la bienséance. Pendant l'absence de M. le cardinal, ceux qui avoient le plus de pouvoir ne souhaitoient pas que M. de Bouillon et M. de Turenne s'attachassent fort à la cour, et quoique M. le prince fît de grandes avances aux deux frères, M. de Turenne avoit dans l'esprit que toutes choses lui étoient meilleures que d'entrer dans son parti, après les choses passées, et vouloit vivre à l'avenir éloigné de toute cabale.

Quelque temps avant que M. le prince eût le gouvernement de Guyenne, et sur la difficulté que l'on fit à la cour de donner celui de Provence à M. le prince de Conti, les soupçons commencèrent à augmenter de part et d'autre, et la caballe qui soutenoit M. le prince dans ses prétentions commença à s'affoiblir. M. le prince voyant qu'elle ne pouvoit pas lui procurer ce qu'il désiroit, se tourna contre elle et se lia plus qu'auparavant avec M. le duc d'Orléans, avec les mécontens et avec madame de Longueville, qui n'étoit pas satisfaite de ce que l'on différoit de donner le gouvernement de Provence à M. le prince de Conti, et qui n'avoit pas beaucoup d'envie de retourner en Normandie. Toutes ces choses ayant obligé M. le prince à n'aller plus chez la Reine, il eut avis que dans ce dernier réfroidissement il y avoit eu quelques murmures sourds qu'on vouloit l'arrêter; ces bruits, joints à une allarme qu'il eut une nuit, que l'on avoit vu quelques soldats marcher vers l'hôtel de Condé, l'obligèrent de s'en aller de grand matin à Saint-Maur, à deux lieues de Paris.

Cette journée-là tous ceux qui étoient entièrement attachés à ses intérêts s'en allèrent le trouver, et M. de Turenne alla chez la Reine. Comme durant le peu de jours qu'il demeura à Saint-Maur on parla de négociations, et que beaucoup de gens l'alloient voir qui ne lui avoient donné aucune parole, M. de Turenne s'y en alla aussi; il eut un entretien de deux heures avec lui dans le parc où ils se promenèrent tous deux, et il n'y eut point de complimens que M. le prince ne lui fît, en témoignant le grand désir qu'il avoit qu'il voulût entrer avec lui dans le parti, dont il lui montroit la grandeur par la quantité de provinces qui se déclareroient pour lui, et par l'état où étoit la cour. M. de Turenne demeura dans sa première pensée de ne prendre aucun engagement, et ne voulut pas s'éclaircir avec lui sur les raisons qui l'empêchoient d'entrer en cette affaire; lesquelles en effet étoient de telle nature qu'on les garde en soi pour y conformer sa conduite, et non point pour les divulguer, sçachant bien qu'elles ne feroient aucun effet, et ayant une entière connoissance du naturel des personnes qui devoient entrer dans la caballe.

Quelque temps après, M. le prince revint à Paris toujours fort mal avec la cour; ensuite les négociations n'ayant rien produit, il s'en alla à Montrond avec M. le prince de Conti et madame de Longueville; enfin en Guyenne, où il commença à se déclarer ouvertement contre la cour. Les principaux ministres qui s'étoient opposés aux établissemens de M. le prince, l'avoient poussé autant qu'ils avoient pu à sortir de Paris; et quand il faisoit quelques ouvertures d'accommodement, ils le tournoient du mauvais côté, toute cette caballe souhaitant son éloignement et que les choses se portassent à l'extrémité contre lui. Ces messieurs ne trouvoient pas aussi leur compte que M. de Bouillon et M. de Turenne demeurassent à la cour. Dans ce temps-là elle alla à Bourges et de là à Poitiers en se cachant aux deux frères, persuadée que ce traittement les mettroit dans le parti de M. le prince ou dans celui de M. d'Orléans qui se formoit à Paris. M. de Turenne fut toujours d'avis de demeurer plutôt quelque temps inutile que d'entrer dans toutes ces intrigues.

[1652] Cependant M. le duc d'Orléans et le parlement de Paris étoient allarmés du retour de M. le cardinal Mazarin, qui, ayant demeuré en Allemagne depuis la sortie de prison de M. le prince, s'en revint joindre la cour à Poitiers, avec quatre ou cinq mille hommes qu'il avoit levés, et de quelques troupes qu'il avoit prises sur la frontière. M. de Bouillon étoit au plus fort de ses affaires qu'il sollicitoit au parlement: ce qui retint M. de Turenne à Paris un mois plus qu'il n'eût désiré, car il vouloit arriver à la cour en même temps que M. le cardinal Mazarin. Aussitôt que les affaires de M. de Bouillon furent conclues, M. de Turenne, en allant à Poitiers, sçavoit que la cour seroit si changée par le retour du cardinal que M. de Bouillon et lui y seroient bien reçus, M. le cardinal ayant toujours écrit des choses fort avantageuses pour eux dès qu'il sçut qu'ils n'étoient point embarqués avec M. le prince, au lieu que ceux qui environnoient le Roi, dans l'absence du cardinal, n'avoient cherché qu'à nuire aux deux frères.

M. de Turenne trouva la cour entièrement gouvernée par M. le cardinal; mais les affaires étoient dans un grand trouble, tant par la guerre que M. le prince faisoit en Guyenne que par les troupes de M. le duc d'Orléans, qu'il avoit fait rassembler sur la rivière de Loire. D'ailleurs le parlement de Paris avoit mis à prix la tête de M. le cardinal Mazarin, et s'étoit entièrement lié aux intérêts de M. le duc d'Orléans. La cour quitta Poitiers pour aller à Saumur, escortée des troupes que M. le cardinal avoit emmenées. M. le maréchal d'Hocquincourt les mena ensuite devant Angers, qui se rendit après quelques jours de siége, et on prit aussi le pont de Cé. La cour s'en alla de là à Tours et ensuite à Blois. Dans le temps même M. de Nemours emmena six mille hommes de Flandre, composés des troupes de M. le prince, et de régimens allemans que les Espagnols lui avoient donnés. Ils ne trouvèrent aucune difficulté à traverser la France, n'y ayant point de troupes à leur opposer, et vinrent joindre les troupes de Gaston près d'Orléans, laquelle ville, par l'arrivée de Mademoiselle, demeura dans le parti des princes.

Dans ces circonstances, la cour assembla des troupes qui étoient vers Montrond et en fit venir de Champagne, et M. de Turenne en accepta le commandement. On crut à la cour qu'il feroit difficulté que M. le maréchal d'Hocquincourt le pût joindre avec le corps qui avoit ramené M. le cardinal Mazarin; mais voyant qu'il falloit aller au bien des affaires, dans un temps où elles étoient en si mauvais état, il n'en fit point de scrupule, et deux jours après, craignant que l'ennemi ne se saisît du pont de

Gergeau, il s'y en alla. M. de Palluau y étoit arrivé un jour auparavant par son ordre et avoit fait rompre une partie du pont. Comme M. de Turenne y arriva avec fort peu de gens, l'armée du Roi étant à six ou sept lieues de là, il fit raccommoder le pont pour donner jalousie aux ennemis et faire croire qu'il vouloit les attaquer, ne croyant pas que de leur côté ils songeassent à forcer ce pont. Cela ne l'empêcha pas d'y marcher; il ne s'y trouva au commencement que deux cens mousquetaires du régiment d'Uxelles, sans munitions. On se hâta d'y faire marcher trois ou quatre régimens d'infanterie qui étoient à deux heures de là; mais durant le temps qu'ils furent à y arriver, les ennemis firent leur plus grand effort et emportèrent plus de la moitié du pont. M. de Turenne, M. le maréchal d'Hocquincourt et beaucoup d'officiers firent une barricade dans ce qui leur resta du pont, n'ayant plus de soldats qui pussent tirer, faute de munitions, et le canon des ennemis les incommodant beaucoup. M. de Longpré y fut blessé d'un éclat, et beaucoup d'officiers. Enfin, après avoir soutenu ce poste long-temps contre toutes les troupes de l'ennemi, les régimens arrivèrent: ce qui obligea les ennemis à demeurer de l'autre côté de l'eau. La cour passoit assez proche de là pour aller à Sulli, et on fut plus de trois heures avant que cette infanterie arrivât: si l'ennemi eût fait un effort à cette barricade, il auroit certainement emporté le pont et eût fait courir grand hazard au Roi et à la Reine, qui eussent été obligés de se sauver avec peine, l'armée n'étant pas ensemble. On rompit le pont de Gergeau, et comme celui de Gien étoit de grande conséquence, on y marcha avec toute l'armée, qui y passa deux jours après la rivière de Loire, et la cour vint s'y établir.

On eut nouvelle en même temps que M. le prince étoit venu de Guienne joindre son armée avec six ou sept personnes avec lui; et après que les rebelles eurent fait grandes réjouissances de sa venue, il marcha à Montargis, qui se rendit aussitôt, n'y ayant personne dedans. Son armée étoit forte de six à sept mille hommes de pied et cinq mille chevaux, composée de troupes de M. d'Orléans, des siennes et de ce renfort de Flandre. Celle du Roi avoit quatre à cinq mille hommes de pied et quatre mille chevaux. C'étoit au mois d'avril, et il n'y avoit pas moyen de subsister ensemble à cause du fourage; de sorte que l'armée du Roi, après avoir passé la rivière de Loire à Gien, marcha derrière le canal de Briare pour pouvoir un peu s'élargir. M. le maréchal d'Hocquincourt se logea à Bleneau avec toutes ses troupes, et M. de Turenne avec les siennes à Briare; le lendemain il s'en alla dîner à Bleneau avec M. le maréchal d'Hocquincourt, qui lui dit qu'ayant envoyé des partis vers Château-Renard, on lui avoit rapporté que M. le prince marchoit vers la Bourgogne. Comme M. de Turenne l'eut quitté et fut revenu à son quartier, il sçut, à sept heures du soir, par un homme que M. le maréchal d'Hocquincourt lui envoya, que M. le prince marchoit droit à Bleneau; et, en effet, M. le prince, ayant appris que les quartiers du maréchal étoient un peu séparés, marcha droit à Châtillon, et de là au canal sur lequel M. le maréchal d'Hocquincourt avoit logé ses dragons: le prince, les ayant emportés sans nulle résistance, passe le canal avec toute son armée à l'entrée de la nuit. M. le maréchal d'Hocquincourt, ne croyant pas que sa marche pût être si diligente, et se fiant sur ce que ses dragons tiendroient plus de temps au passage du canal, avoit un peu attendu avant que de rassembler ses troupes; mais étant averti que les dragons étoient attaqués sur le canal, il manda promptement sa cavalerie qui étoit fort proche de lui et marcha où étoit l'alarme. Il trouva M. le prince passé, et voulant s'opposer à lui derrière un village qui étoit déjà assez loin du passage, il chargea deux ou trois fois avec sa cavalerie qui fut rompue; son infanterie, n'ayant pas eu le temps de venir au rendez-vous, se retira dans Bleneau. Le peu qui se trouva en campagne fut dissipé; mais comme c'étoit la nuit, la cavalerie ne perdit pas beaucoup de gens: son bagage fut tout pillé; et les ennemis n'osant les suivre que lentement, M. le maréchal d'Hocquincourt, après avoir fait tout ce qui se peut dans l'action, se retirant avec une bonne partie auprès de Bleneau, marchoit sur le chemin de Saint-Fargeau.

M. de Turenne, dès qu'il fut averti que l'ennemi marchoit, envoya promptement à sa cavalerie, qui étoit dans trois ou quatre villages à une lieue de lui, et leur manda de se rendre entre Bleneau et Ozouer où étoit M. de Navailles avec quatre régimens. Pour lui, il s'y en alla en diligence avec l'infanterie qu'il avoit dans son quartier. Comme il arriva sur les hauteurs auprès d'Ozouer, il apprit, par des gens qu'il envoya à M. le maréchal d'Hocquincourt pour lui dire qu'il marchoit, que l'ennemi étoit en pleine marche entre Ozouer et Bleneau. Il vit deux ou trois des quartiers de M. le maréchal d'Hocquincourt en feu; et comme c'étoit la nuit, on entendoit, en s'éloignant un peu des troupes, les timballes et les tambours de l'ennemi. Quelques gens s'étoient voulu flatter que ce n'étoit qu'un

28.

fort parti ; mais on connut bien en ce temps-là que toute l'armée de M. le prince y étoit. M. de Turenne n'avoit auprès de lui que deux régiments de cavalerie et deux mille hommes de pied, toute la cavalerie n'étant pas encore au rendez-vous, qui étoit, comme j'ai dit, entre Ozouer et Bleneau ; néanmoins M. de Turenne, voyant que s'il n'alloit au-devant de sa cavalerie elle seroit coupée par l'ennemi et par là son armée mise en déroute et toutes les affaires perdues, jugea qu'à la faveur de la nuit il pouvoit hasarder cette marche, quoique fort proche de l'ennemi, et s'en alla vers Bleneau, espérant trouver sa cavalerie en chemin. On n'avoit point de guides, et on écoutoit de temps en temps pour sçavoir si on ne s'approchoit pas trop de l'armée ennemie. A la pointe du jour il se trouva dans une grande campagne, et résolut d'y attendre sa cavalerie qu'il vit paroître comme le soleil se leva. Dès qu'il l'eut joint, il aima bien mieux marcher droit à M. le prince, quoiqu'inférieur à lui de deux tiers en troupes, que de l'attendre et lui donner le temps de défaire entièrement M. le maréchal d'Hocquincourt. Comme il eut marché un quart de lieue dans la plaine, il trouva un petit bois, et commanda à sa cavalerie et à son infanterie de faire halte en-deçà, et avec six escadrons il passa au-delà et vit toute l'armée de M. le prince qui s'avançoit, ayant cessé de poursuivre M. le maréchal d'Hocquincourt, sur l'avis qu'il eut que M. de Turenne marchoit à lui. Il commença à faire repasser ces six escadrons, sçachant bien que, s'il vouloit opiniâtrer à ce petit bois M. le prince, il n'avoit pas de l'infanterie capable de soutenir contre la sienne, et que M. le prince après avoir chassé par le feu son infanterie hors du bois, la cavalerie seule feroit peu de résistance, et surtout après avoir été endommagée par le feu qu'il eût fallu essuyer en soutenant l'infanterie.

Avant que M. le prince arrivât dans le bois, M. de Turenne fit retirer toute son infanterie et se mit en bataille dans une telle distance que l'infanterie de M. le prince, qui étoit dans le bois, ne pouvoit pas l'endommager, et de manière aussi qu'il ne pouvoit pas se mettre en bataille, ne lui ayant pas laissé assez de terrain. On demeura quelque temps en présence, M. le prince ayant étendu ses deux ailes, et faisant contenance de vouloir passer en bataille ce petit bois, où il n'y avoit, pour venir à M. de Turenne, qu'une petite chaussée qu'on relève pour discerner les héritages.

Comme on eut demeuré quelque temps en cette posture, et que l'armée de M. le prince ne paroissoit plus dans le bois, M. de Turenne, croyant qu'elle marchoit à couvert et qu'elle vouloit gagner un lieu plus éloigné de lui où elle pourroit se mettre en bataille, marcha dans la plaine vers le lieu où les ennemis filoient ; mais M. le prince, croyant qu'il se retiroit, commença à faire passer son armée : ce que M. de Turenne ayant vu, fait en diligence tourner tête, et revient en bataille au même lieu qu'il avoit quitté ; mais il empêcha de charger les ennemis. M. le prince repassa en même temps la chaussée, et M. de Turenne, ayant fait avancer son canon, fit un grand effet sur les troupes des ennemis, dont il y eut quantité d'officiers et de soldats tués.

En ce temps-là, M. le maréchal d'Hocquincourt, s'étant bien douté que M. de Turenne ne se seroit pas retiré, arriva avec sa cavalerie, au lieu de repasser la rivière de Loire, comme beaucoup de personnes lui conseilloient. M. de Bouillon vint aussi avec beaucoup de personnes de qualité de la cour qui étoit à Gien, où quelques gens s'étoient sauvés, assurant que l'armée étoit entièrement défaite. On attendit en présence les uns des autres jusquà la nuit, et on se retira de part et d'autre, l'armée du Roi à Briare, et celle de M. le prince à Châtillon, qui, n'ayant point attaqué l'infanterie demeurée dans Bleneau, vint la nuit d'après rejoindre l'armée. M. le prince partit quelques jours après de Châtillon ; son armée gagna Montargis, et il s'en alla à Paris, où il crut sa présence nécessaire. L'armée du Roi ayant marché à Saint-Fargeau, M. de Turenne crut qu'en faisant une grande diligence, celle du prince ne prendroit pas en son absence si promptement une résolution de marcher, et qu'on pourroit gagner le devant, se mettre entre Paris et les ennemis, pour assurer au Roi Corbeil et Melun, empêcher les recrues qu'on faisoit à Paris de venir à l'armée des princes, leur ôter la communication de cette capitale, et par là causer la perte totale du parti.

La cour alloit par Auxerre et par Sens pour gagner Melun, pendant que l'armée, laissant Montargis à gauche, approchoit assez près pour donner jalousie à l'armée des princes, et, marchant jour et nuit, arriva à Moret, où l'on apprit que les ennemis, partant de Montargis, vouloient gagner par La Ferté un ruisseau qui passe à Villeroi ; mais ayant délogé trop tard, comme M. de Turenne l'avoit prévu, faute de chefs et de ne pouvoir se résoudre assez tôt, l'armée du Roi passa la rivière à Moret, et de là, marchant par Fontainebleau, arriva à La Ferté une heure avant celle des princes, qui, n'osant plus continuer son chemin vers Villeroi, tourna à gauche vers Estampes, où elle se mit à couvert, après avoir laissé exécuter son dessein à l'armée du Roi, qui se logea à Chartres, où l'on prit quantité de prisonniers qui alloient de Paris à l'armée des rebelles.

La cour vint à Melun, et M. de Turenne étoit fort d'avis qu'elle s'en allât droit à Paris, où Monsieur et M. le prince étoient sans troupes et ne pouvoient plus faire aucun fondement sur leur armée : d'ailleurs il y avoit dans la ville de si grandes caballes contr'eux, que le peuple n'eût pas pris les armes contre le Roi appuyé de son armée. Il y eut des raisons qui l'en empêchèrent, qui n'étoient pas sans apparence : ainsi le Roi s'en alla à Sainct-Germain (1), où, avec des compagnies des gardes et des gens commandés de l'armée, on prit presque tous les passages auprès de Paris, après avoir défait quelques partis qui en étoient sortis, et les avoir repoussés jusqu'aux portes des fauxbourgs.

[Quelques jours après son arrivée à Saint-Germain, le Roi écrivit à M. de Turenne pour ordonner d'empêcher le pillage que fesaient les troupes de l'armée qu'il commandait :

« Mon cousin, recevant des plaintes de toutes parts des désordres extrêmes que commettent les troupes de mon armée que vous commandez, s'escartant de leur camp et allant piller à la campagne et dans les villages, n'espargnant pas même les maisons seigneurialles, et ne voullant point souffrir la continuation de cette licence, si préjudiciable à mon service et au repos de mes subjects, je vous fais cette lettre pour vous dire que mon intention est qu'aussytost que vous l'aurez receue, vous ayez à faire un ban portant deffense très expresse, sur peine de la vye, à tous officiers, chevaux-légers et soldats de s'écarter de leur camp pour aller piller dans la campagne, et à establir un corps de garde à la teste de votre camp, de cinquante chevaux, commandés par de bons officiers, qui s'employent à empescher les picoreurs de s'écarter, et particulièrement du costé de Paris, et à arrester ceux qui reviendront chargés de butin, désirant que les fassiez mettre entre les mains de leurs officiers pour être punis sur le champ, suivant la rigueur de nos ordonnances ; et parce que les troupes qui ont escorté la duchesse de Châtillon, allant à Paris, ont commis divers désordres en retournant joindre l'armée, et qu'entre autres choses ils ont pris neuf chevaux au fermier de la maison de Berny, appartenant au sieur de Bellièvre, président en ma cour de parlement, et cinq en celle de Seaux, appartenant au sieur marquis de Gesvres, capitaine des gardes de mon corps, je veux et entends que vous obligiez l'officier qui commandoit ladite escorte de les faire restituer et que vous l'en rendiez responsable en son propre et privé nom ; et affin que vous soyez informé de ce qui se passe icy, je vous diray qu'ensuite de la proposition que mon frère le roi de la Grande-Bretagne me fist à Corbeil, d'entendre à un accommodement avec mon oncle le duc d'Orléans et le prince de Condé, laquelle j'acceptay très vollontiers, ils ont envoyé vers moy, en ce lieu, le duc de Rohan et les sieurs de Chavigny et Goulas, lesquels ayant entendu cette après-dînée, ils ont fait des propositions si esloignées de raison qu'il n'y a point d'apparence qu'il en puisse réussir aucun accommodement, et ils se doivent retourner à Paris demain matin pour revenir le même jour au soir. C'est ce qui m'oblige de vous dire que je désire que vous redoubliez vos soins, essayiez de prendre sur les ennemis tous les advantages possibles, et surtout que vous empeschiez que, soubs prétexte de ce pourparler d'accommodement, les officiers des troupes ne quittent mon armée. A quoy m'assurant que vous donnerez l'ordre nécessaire, selon vos soins et vos affections accoustumées, je ne vous feray la présente plus longue que pour prier Dieu qu'il vous

---

(1) Avant d'aller à Saint-Germain, la cour séjourna quelque temps à Corbeil, comme on le voit par la lettre suivante, adressée au maréchal de Turenne, et dans laquelle on lui donne « ordre d'envoyer sur le chemin de Corbeil à Saint-Germain les troupes pour l'escorte du Roi allant audit Saint-Germain : »

« Mon cousin, je vous faicts cette lettre pour vous dire que vous ayez à envoyer demain, de très grand matin, à Chilly, la compagnie de gendarmes et celle de chevaux-légers de la Royne, madame ma mère, et celle de chevaux-légers de mon cousin le cardinal Mazarini, pour servir à mon escorte, allant dudit Chilly à Saint-Germain.

» Et que, pour le même effet, vous fassiez aussi trouver de très grand matin, à Bièvre, les unze compagnies du régiment de mes gardes françoises, et deux de celui de Suisses, pour m'y attendre à mon passage et me suivre jusqu'à Saint-Germain, les faisant, pour cet effet, marcher dans la nuit, en sorte qu'ils s'y puissent rendre précisément à huict heures du matin, désirant que les équipages de la cavalerie suivent ladite infanterie. Je vous dirai aussi que je donne présentement ordre au régiment d'infanterie écossaise de Douglas et aux compagnies de celuy de la couronne d'aller joindre madite armée, et je vous adresse des copies de tous les ordres que je leur ai fait expédier, afin que vous envoyiez au-devant pour les recevoir, en sorte qu'il ne leur puisse arriver d'inconvénient ; c'est ce que je vous dirai par cette lettre, priant Dieu qu'il vous ayt, mon cousin, en sa sainte et digne garde.

» Escript à Corbeil, le 26 avril 1652. »

ayt, mon cousin, en sa sainte et digne garde.
» Escript à Saint-Germain-en-Laye, le 28 avril 1652.
» Louis.
» Et plus bas : Le Tellier. »

Cette lettre précéda de quelques jours seulement la suivante, adressée aussi à M. le maréchal de Turenne, sur des excès commis par des cavaliers de l'armée qu'il commandait, qui avaient tué de sang-froid des habitants de Melun qui allaient à la recherche de leurs bestiaux pris :

« Mon cousin, j'ai receu avec un très grand desplaisir la plainte qui m'a esté faite par les habitans de Melun, avec une lettre du sieur vicomte de Montbas, qui me confirme ce que ladite plainte contient, qui est que, le onzième du présent mois, soixante ou quatre-vingts chevaux légers allemands, et autres troupes étrangères de mon armée que vous commandez, ayant emmené cent cinquante vaches des environs de ladite ville, dont les habitans avoyent desjà perdu plusieurs chevaux de labour, qui leur avoyent esté aussy emmenez ; et plusieurs des plus notables bourgeois de ladite ville estant allés avec des pauvres gens, à qui ces vaches appartenoient, tous sans armes, pour les retirer des mains de ceux qui les avoient volés, en leur offrant de l'argent pour cet effet, ils auroyent tué de sang-froid plusieurs desdits habitans et pauvres gens qui estoient avec eux ; ce qui, avec raison, a tellement touché ladite ville, qu'il en pourroit arriver beaucoup de préjudice à mon service, s'il n'y estoit pourveu ; et voullant que les coupables de cette cruauté et viollances soyent punis, et traiter favorablement ceux de ladite ville, non seulement en cette occasion, mais en toutes autres, pour les preuves qu'ils m'ont toujours rendues et qu'ils me donnent continuellement de leur fidélité et affection à mon service, je vous fais cette lettre pour vous dire qu'aussytost que vous l'aurez receue, vous ayez à faire rechercher exactement dans toutes les troupes de cavallerie de madite armée, qui sont les cavalliers et autres qui sont allez audit Melun y enlever des bestiaux, et ont tué lesdits habitans ; que vous les fassiez arrester et punir aussy exemplairement que leur insigne crime le mérite, et que cependant vous fassiez restituer auxdits habitans, et particulièrement tous les chevaux et bestiaux qui leur ont été pris, comme vous le verrez plus particulièrement par la lettre cy jointe dudit sieur de Montbas, à laquelle me remettant, je vous asseure que le soing que vous en prendrez me sera aussy agréable que la chose est de conséquence pour la justice et le bien de mon service ; désirant que vous me fassiez sçavoir s'il aura esté satisfait à ce qui est en cela de ma volonté. Et sur ce je prie Dieu qu'il vous ayt, mon cousin, en sa sainte et digne garde. »]

L'armée des princes demeura quelque temps à Estampes et celle du Roi à Chartres : comme Mademoiselle à son retour d'Orléans resta à Estampes deux jours, et que l'on eut avis que l'armée des princes n'avoit pas été au fourage, voulant faire revue devant elle, et que le même jour qu'elle viendroit à Chartres pour passer à Paris avec un passeport, l'armée iroit au fourage, M. de Turenne proposa à M. le maréchal d'Hocquincourt, qui le trouva fort à propos, de laisser tout le bagage à Chartres, de marcher toute la nuit, et de se trouver à deux ou trois heures de jour auprès d'Estampes, pour voir ce qu'il y auroit à entreprendre. M. de Turenne espéra toujours que M. le prince n'étant point à l'armée, les officiers-généraux ne prendroient pas une fort bonne posture devant un ennemi ; ce qui arriva : l'armée des princes n'alla point au fourage, et Mademoiselle ne la vit en revue que le matin que les troupes du Roi approchèrent d'Estampes. L'armée des princes étoit assurément beaucoup plus forte que celle du Roi. On marcha en diligence, espérant la trouver en campagne, et M. le maréchal d'Hocquincourt avoit l'avant-garde. En arrivant sur le haut d'Estampes, on vit que les ennemis se retiroient dans la ville ; on continua à marcher jusques sur la hauteur du fauxbourg, où l'on vit beaucoup d'infanterie et quelques escadrons ; on apperçut en même temps sur une hauteur, derrière le fauxbourg, beaucoup de cavalerie en bataille ; mais comme il y a deux ou trois fauxbourgs, une ville assez grande, un pays coupé de deux ruisseaux, et beaucoup de hauteurs, on pouvoit mal aisément discerner la posture de l'ennemi. On résolut d'attaquer ce fauxbourg où étoit ce corps d'infanterie qui avoit fait un retranchement tout autour, et il y avoit un ruisseau devant. Le combat fut fort opiniâtre : M. le comte Broglio, M. de Navailles et M. de Vaubecourt y firent très-bien, et l'infanterie combattit long-temps à coups de main ; quoique celle du Roi y fît parfaitement son devoir, ce ne fut que le régiment de Turenne qui emporta à la gauche l'infanterie des ennemis : beaucoup d'officiers et de soldats des autres régimens s'étant joints à leurs drapeaux, quatre ou cinq régimens de cavalerie entrèrent dans le fauxbourg et rompirent la cavalerie de l'ennemi qui soutenoit son infanterie ; on fit prendre au régiment d'Uxelles le poste du fauxbourg qui regardoit la ville, où le régiment de Son Altesse et de Languedoc étant enfermés, faisoient de grands efforts pour reprendre le poste, afin de pouvoir ensuite seconder leurs gens dans le fauxbourg : une fois même le régiment d'Uxelles avoit été si ébranlé qu'il commençoit à quitter son poste. M. de Turenne, ayant rencontré le régiment de cavalerie du mestre-de-camp, marcha en diligence avec lui pour soutenir ce régiment, et lui fit reprendre son poste qu'il garda toujours depuis. M. le maréchal d'Hocquincourt fit très-bien dans le fauxbourg ; et après trois heures de combat, on défit entièrement neuf régimens d'infanterie et quatre ou cinq escadrons de cavalerie, on prit deux mille prisonniers et quantité d'officiers.

Dès que l'action du fauxbourg fut passée, la cavalerie de l'ennemi, qui étoit sur une hauteur, rentra dans la ville ; l'armée du Roi s'en alla à une lieue de là et le lendemain à Chartres ; deux jours après on se logea à Palaiseau, afin d'ôter mieux la communication de Paris au corps d'armée qui étoit à Estampes, et on commanda quelque cavalerie de l'armée pour aller trouver la cour qui étoit à Saint-Germain, avec lequel corps et quelques compagnies des gardes, M. de Turenne reprit l'Isle-Adam, ensuite Saint-Denis, où on laissa garnison, et l'on poussa tout ce qui étoit sorti de Paris jusques dans les portes, après avoir fait beaucoup de prisonniers. M. le duc d'Orléans et M. le prince étant à Paris ne pouvoient avoir aucun secours de leur armée et n'avoient auprès d'eux que quelques recrues.

Comme il n'y avoit plus que les troupes demeurées à Estampes qui donnoient vigueur à Paris et à toutes les villes du parti en deçà de la Loire, M. de Turenne crut qu'il falloit s'y attacher principalement, et les obliger ou à sortir d'Estampes, afin qu'il pût leur livrer bataille, ou les y ruiner par la famine : il demanda les choses nécessaires à la cour ; mais elle ne put fournir à beaucoup près ce qu'il falloit pour avoir les outils et les munitions de guerre. Malgré ce manquement, M. de Turenne crut qu'il ne devoit pas rompre son entreprise, et qu'il n'y avoit point de temps mieux employé qu'à tâcher de dissiper ce corps d'armée, qui étoit le fondement de la guerre civile. Il marcha donc avec l'armée du Roi et alla se loger sur une montagne tout près d'Estampes : en y arrivant de bonne heure, il prit, avant qu'il fût nuit, toutes les maisons qui sont hors la ville, après beaucoup d'escarmouches.

Il y avoit dans la ville trois à quatre mille hommes de pied et trois mille chevaux. Il logea les troupes que M. le marquis d'Hocquincourt avoit commandées, et qui s'en étoit allé à son gouvernement, à main droite, sous les ordres de M. de Navailles, et se posta lui-même à main gauche, tenant toutes les hauteurs du côté d'Estampes ; il ne voulut pas s'éloigner d'un ruisseau de l'autre côté que l'on n'y fût bien retranché. On commença à faire une ligne contre la ville, qui n'en étoit éloignée que d'une bonne portée de mousquet ; on n'avoit pas besoin d'en faire par le dehors, n'y ayant point d'ennemi en campagne à craindre. Ceux de la ville faisoient souvent des sorties ; et comme le travail alloit fort lentement, à cause du défaut des outils, à peine le pouvoit-on mettre en état d'empêcher les chevaux de la sauter presque partout. En un jour que les soldats étoient au travail avec sept ou huit escadrons pour les soutenir, les assiégés sortirent de la ville, en tuèrent quatre-vingts ou cent, poussèrent la garde de ces sept ou huit escadrons et vinrent fort avant : presque toute la cavalerie étoit au fourage, mais tous les officiers y coururent, et on les repoussa assez vigoureusement : il y eut beaucoup de gens tués de part et d'autre.

Les lignes ayant été achevées, on s'appliqua à empêcher la cavalerie de l'ennemi de sortir de l'autre côté de la ville pour aller au fourage ; on prit les postes pour les resserrer en cet endroit, et il s'y passa tous les jours quelques actions. Les bleds de la Beausse, qu'on avoit ramassés dans Estampes, faisoient subsister les assiégés quelque temps ; mais à la fin ils commençoient à être fort incommodés pour les fourages, lorsque M. de Turenne apprit que M. de Lorraine, qui avoit rassemblé ses troupes en Alsace et en Flandre, s'étoit engagé dans le parti des princes et qu'il marchoit vers Paris. Comme il avoit assuré d'abord qu'il venoit pour servir la cour, on lui donna des vivres par toute la France pour son passage. Cette nouvelle fit changer à M. de Turenne toutes ses mesures ; et estimant qu'il ne pût mieux employer la campagne qu'à dissiper l'armée des princes, qui s'étoit trouvée, un mois auparavant, plus forte que celle du Roi, et composée de vieux régimens, il songea à faire quelque effort contre Estampes, pour voir s'il pourroit l'emporter avant le temps que M. de Lorraine approcheroit, sçachant bien que, dès qu'il seroit à sept ou huit lieues, il falloit se retirer. N'ayant point d'équipage d'artillerie, on lui envoya les chevaux du Roi, de la Reine et des personnes de qualité, et on commença à faire une batterie : les ennemis avoient, devant la muraille qu'on vouloit battre, une grande demi-lune, qu'on emporta la nuit après un très-grand combat; on en demeura maîtres jusqu'au jour, et au soleil levé les ennemis ressortirent de la ville, et ceux qui gardoient la demi-lune ayant pris l'épouvante, l'ennemi la regagna : il n'y avoit point de tranchée pour y aller, ni rien de couvert qu'un vallon, qui en étoit à deux cens pas. Toute l'infanterie étoit rebutée, et par le combat de la nuit, et par la perte de la demi-lune. M. de Turenne voyant, à la pointe du jour, que l'ennemi laissoit le logement de la demi-lune en repos, s'en alla chez lui, mais ayant entendu l'allarme il revint en grande diligence; il commanda à son régiment d'infanterie d'aller reprendre la demi-lune, lequel mettant ses drapeaux à la tête, sans aucunes troupes qui le secondassent, marcha par la campagne, et souffrant tout le feu de la courtine, entra dans le fossé de la demi-lune éboulée par le travail de la nuit, monta en haut, planta ses drapeaux sur le parapet, y entra, en chassa les ennemis et y établit un logement. Cette action se fit à la vue de toute l'armée, et fut estimée une des plus belles qui se soient faites depuis la guerre. Les assiégés laissèrent les choses en cet état jusqu'à deux heures après midi : alors ils sortirent de nouveau avec quatre bataillons et vingt escadrons de cavalerie, dans le dessein d'aller à la batterie et de reprendre la demi-lune; mais, après un combat qui dura fort long-temps, et où il y eut beaucoup d'officiers et de soldats tués ou blessés de part et d'autre, ils se retirèrent dans la ville sans avoir eu aucun avantage: on demeura ainsi maîtres de la demi-lune, dont on continua d'abattre les défenses.

Vers le fauxbourg où le régiment des gardes faisoit son attaque, on pratiquoit un logement pour attacher le mineur aux murailles de la ville; quand on apprit que M. de Lorraine (ayant conclu son traitté avec les princes qui le pressoient de hâter le secours d'Estampes) marchoit en diligence à Paris, il vint se loger avec son armée sur la rivière de Seine, un peu plus haut que Charenton; on lui fit promptement amener un pont de batteaux de Paris. M. de Turenne, ne pouvant plus demeurer devant Estampes, ayant un ennemi derrière soi, sans lignes de circonvallation ni moyen d'aller au fourage, manda à la cour qu'il étoit obligé de lever le siége. Comme il n'avoit point d'équipage d'artillerie, on lui renvoya de la cour des chevaux. En deux ou trois voyages il retira son canon des batteries, et fit emmener toutes les munitions à deux lieues d'Estampes, dans un petit bourg fermé, et après il s'y retira avec l'armée.

Comme M. de Lorraine sçut que l'on avoit levé le siége d'Estampes, il demeura dans son poste, et faisant valoir aux princes qu'il avoit fait lever le siége, il recommença à négocier avec la cour; mais comme il a continué cette manière d'agir depuis qu'il est sorti de son pays, on ne faisoit aucun fondement là-dessus. M. de Turenne ayant avis qu'il n'étoit point retranché et qu'il étoit logé dans une plaine, après avoir séjourné quatre jours depuis la levée du siége d'Estampes, commanda à son bagage de le suivre à Corbeil, où il le laissa. Ayant eu avis que M. de Lorraine avoit marché à Villeneuve-Saint-Georges, qui étoit un bien meilleur poste, il continua sa marche, traversa un bois, et sçut que toute l'armée de Lorraine, ayant pris l'allarme, étoit logée sur une hauteur et avoit un ruisseau devant elle qui n'étoit point guéable. M. de Turenne, malgré cet avantage, marcha à lui plus tôt. En arrivant sur une hauteur, vis-à-vis du camp de M. de Lorraine, le ruisseau entre deux, il envoya des partis le long de l'eau, pour voir s'il n'y avoit point de pont ou de gué; ayant appris qu'à une demi-lieue du camp des ennemis il y avoit un pont que l'on pouvoit raccommoder, il y marcha en diligence, y fit remettre quelques planches, et s'étant emparé d'une maison au-delà, commença à faire défiler ses soldats un à un sur ce pont.

M. de Lorraine ne vouloit pas bouger de son camp, ayant fait faire en diligence six redoutes du côté de la plaine, et étant couvert par les flancs de la rivière, d'un bois et du ruisseau. Les troupes du Roi étoient déjà passées à l'entrée de la nuit; et M. de Turenne, voyant que s'il ne gagnoit le pont sur la Seine, que M. de Lorraine avoit fait monter avec lui, l'armée d'Estampes viendroit joindre ce prince, avoit hâté sa marche pendant toute la nuit par des défilés, et se trouva au point du jour avec toute l'armée dans la plaine, où il n'y avoit plus rien qui pût l'empêcher d'aller au camp des ennemis. Si l'armée des princes eût joint celle des Lorrains, il ne falloit pas que l'armée du Roi se retirât, mais que la cour s'en servît pour l'escorter à Lyon. Les choses étoient dans une situation si critique, que deux ou trois heures auroient pu changer la face des affaires. Quand le point du jour fut venu, on se remit un peu de l'embarras causé par une marche pendant la nuit, et l'on s'avança en ordre droit au camp de M. de Lorraine. Ce prince, ayant négocié à son ordinaire tous les jours précédens, envoya son capitaine des gardes trouver M. de Turenne dès qu'il sçut qu'il marchoit à lui; cependant il faisoit travailler à faire les lignes entre ses redoutes du côté de la plaine. M. de Beaufort étoit dans son camp avec mille ou douze cens hommes des troupes des princes. M. de Turenne sentit d'abord que ce capitaine des gardes ne venoit que pour retarder sa marche, et comme il n'y avoit rien si fort à craindre qu'une négociation, sans s'approcher du camp des Lorrains, il ne perdit pas un moment et s'avança vers le camp, voulant s'assurer avant toutes choses si les troupes d'Estampes ne passoient pas sur le pont, et, à quelque prix que ce fût, attaquer M. de Lorraine avant qu'elles l'eussent joint, toutes les affaires de France dépendant de là.

On étoit bien à une lieue et demie du camp quand le capitaine des gardes arriva à l'armée du Roi, et l'on demeura près de trois heures avant que l'armée, qui marchoit en bataille, fût tout proche du camp de M. de Lorraine. Alors le capitaine des gardes s'en retourna, et revint souvent après trouver M. de Turenne, qui ne vouloit entendre à aucune négociation, à moins que M. de Lorraine ne sortît de France avec son armée. Le roi d'Angleterre (1), qui étoit arrivé le soir dans le camp de M. de Lorraine, envoya aussi de ses gens trouver M. le duc d'York, qui étoit avec M. de Turenne, lequel auroit mieux aimé combattre que de souffrir que l'armée d'Estampes joignît M. de Lorraine ; mais il désiroit bien plus encore le faire sortir de France avec son armée et le séparer entièrement de celle des princes, que de hazarder un combat douteux. Par le côté de la plaine, qui étoit le seul lieu accessible pour venir au camp, il y avoit un bois à la main droite, la rivière à gauche, et au front six redoutes achevées, lequel front étoit si étroit que M. de Lorraine, outre trois lignes de cavalerie, avoit encore mille chevaux de réserve ; son infanterie étoit dans les redoutes et cinq cens mousquetaires dans le bois. Il étoit de quinze escadrons plus fort que l'armée du Roi, qui avoit aussi quinze cens hommes de pied plus que lui. C'étoit une situation, comme il parut peu de temps après, où une petite armée pouvoit en combattre une bien forte avec avantage ; néanmoins M. de Lorraine, voyant l'armée du Roi à une demie portée de canon de lui, et tous les gens détachés pour l'attaque du

---

(1) Le Roi envoya au maréchal de Turenne des « ordres sur la cessation d'armes accordée aux ennemis pendant huit jours, par l'entremise du roi de la Grande-Bretagne. »

« Du 7e de juin 1652, à Melun.

» Mon cousin, le roy de la Grande-Bretagne m'ayant faict diverses et pressantes instances pour une cessation d'armes par deçà pendant quelques jours, me faisant cognoître que par ce moyen il pourroit s'employer utilement pour ménager un bon accommodement qui, restablissant le calme dans le royaume, pourroit donner lieu à une paix générale, j'ay accordé ladite cessation d'armes pour huit jours, à commencer de demain huitième du présent mois, à la prière dudit Roy, et pour cette bonne fin ; ce que j'ay faict d'autant plus volontiers qu'il m'a asseuré que le duc de Lorraine le seconderoit avec grand soin pour y parvenir, ledit Roy ayant mesme tiré parolle positive dudit duc que, ladite cessation estant accordée, il ne passera pas la rivière de Seyne, ou s'il l'avoit passée avec son armée ou partie d'icelle, il la repasseroit ; et que quand mesme mon oncle, le duc d'Orléans, et le prince de Condé, refuseroient de donner les ordres nécessaires aux trouppes qui sont dans Estampes pour cette cessation, il ne laisseroit pas d'observer ce que dessus. Et désirant faire exécuter ponctuellement de ma part ladite cessation, je vous fais cette lettre pour vous dire qu'aussitost que vous l'aurez reçue, vous ayez à vous retirer avec mon armée de devant Estampes, dont vous ferez savoir la cause à ceux qui y commandent, sans que l'apparence du prompt succès de l'entreprise que vous faites, par le bon ordre que vous y avez donné, estant logé à la porte de ladite ville, ni aucune autre considération vous fasse retarder votre départ d'un seul moment ; que de là vous alliez prendre le poste que vous jugerez estre le plus commode pour faire subsister madite armée pendant cette suspension, et pour l'employer ensuite. Sur quoi je vous ferai sçavoir mes intentions, et par ce que je charge le sieur de Varenne de cette despèche, je me remets sur lui de ce que je pourrois adjouter, et de dire qu'outre ce qui est porté ci-dessus, vous preniez entière créance à ce qu'il vous dira de ma part. Et sur ce je prie Dieu qu'il vous ait, mon cousin, etc. »

A Monsieur le maréchal de Turenne, pour lui dire de continuer la marche de l'armée, sans faire acte d'hostilité contre les troupes du duc de Lorraine.

« Du 10 juin 1652.

» Mon cousin, vous sçavez comme j'avois envoyé le sieur de Beaujeu vers mon frère le duc de Lorraine, et ledit de Beaujeu m'ayant rapporté, hier au soir, assurance de sa part qu'il se rendroit aujourd'hui près de moi avec mon frère le roi de la Grande-Bretagne, je renvoye présentement ledit sieur de Beaujeu vers mondit frère le duc de Lorraine, pour le convier d'effectuer ce dont il a donné parole. Et l'ayant chargé de vous aller trouver pour vous informer plus particulièrement de ce qui s'est passé avec ledit duc, j'ai bien voulu vous faire cette lettre pour vous dire que mon intention est que vous continuiez votre marche avec mon armée que vous commandez, ainsi que je l'ai approuvé et résolu, et néanmoins sans faire aucun acte d'hostilité contre les troupes de mondit frère le duc de Lorraine ; et qu'ayant commandé audit de Beaujeu de retourner vers vous, ce soir, pour vous faire sçavoir si ledit duc exécutera ce qu'il a promis, j'entends qu'en cas que ledit de Beaujeu vous rapporte qu'il n'est pas en résolution et en disposition de le faire, vous ayez à exécuter les résolutions qui furent hier prises avec vous.

» Et sur ce je prie Dieu, etc. »

bois et des redoutes, et d'autres qui marchoient droit à son pont, qu'il avoit sous lui à Villeneuve-Saint-Georges, manda à M. de Turenne qu'il signeroit tout présentement de sortir de France. Aussitôt M. de Turenne envoya de l'infanterie se saisir du pont sur la Seine, ayant fait dire par M. de Varennes, qu'avant toutes choses il vouloit en être assuré. Ensuite on fit faire halte à l'armée, et les deux généraux signèrent le traitté par lequel il fut dit que M. de Lorraine marcheroit tout présentement avec son armée et sortiroit de France en douze jours, suivant la route dont il étoit convenu. M. de Lorraine laissa M. le comte de Ligneville et son capitaine des gardes en ôtage pour la sûreté de sa parole, et, ce qu'il y avoit de plus sûr, son armée prit une marche dans laquelle elle laissoit celle du Roi en état d'empêcher sa jonction avec l'armée des princes, quand il eût voulu rompre son traité(1). Une heure après le traitté signé, l'armée de M. de Lorraine commença à défiler hors de ses retranchemens et à marcher devant l'armée du Roi qui demeuroit en bataille ; elle suivit sa route suivant le traitté. On permit à M. de Beaufort de s'en aller à Paris avec ce qu'il avoit de troupes des princes, dont la plupart se mirent dans l'armée du Roi pendant que le traitté se signoit. L'armée d'Estampes commençoit à paroître de l'autre côté de l'eau, et voyant l'armée du Roi entrer dans le camp de M. de Lorraine, qui prit la route de Brie, elle marcha vers Paris pour se mettre en sûreté et se logea vers Saint-Cloud.

Après que l'armée du Roi eut séjourné deux jours à Villeneuve elle marcha vers Lagni, où elle passa la rivière et se logea près de Dammartin, afin d'empêcher le passage d'un corps de troupes qu'on disoit devoir arriver de Flan-

(1) *A Monsieur le maréchal de Turenne, sur le traicté qu'il a fait avec le duc de Lorraine pour sa retraitte hors le royaume.*

« Du 16 juin 1652.

» Mon cousin, ayant esté informé par le sieur de Beaujeu du traité que vous avez fait avec mon frère le duc de Lorraine, et de tout ce qui s'est passé en cette occasion, j'ay bien voullu vous tesmoigner par cette lettre, que j'ay entièrement approuvé ledit traicté et que mon intention est qu'il soit ponctuellement exécuté ; que pour cet effet je renvoye vers vous ledit sieur de Beaujeu, et vous adresse un mémoire contenant la route que doibt tenir ledit duc avec son armée, en se retirant vers le Luxembourg ; que j'envoye aussi présentement vers vous le sieur de Bezançon pour accompagner ledit duc dans sa marche et faire fournir aux trouppes de son armée les vivres nécessaires, en s'employant à ce que ledit sieur duc se continue dans le meilleur ordre qu'il se pourra.

» Et par ce que j'ordonne audit sieur de Beaujeu d'agir auprès dudit duc pour la conclusion du traicté particulier, des conditions duquel il est convenu avec luy, suivant l'instruction que je luy ay faict donner, et les ordres que vous entendriez à debvoir adjouster, je me remets à ladite instruction et à ce qu'il vous dira de ma part sur ce qui concerne cette affaire, désirant que vous luy donniez entière créance. Je vous diray seullement qu'en cas que ledict duc différast d'exécuter ce qui est porté par le traicté que vous avez faict avec luy, ou qu'il y contrevinst, ce que je ne croy qui arrive, mon intention est que vous chargiez son armée et prenniez sur luy tous les advantages que vous pourrez, sans y perdre aucun moment de temps. Et sur ce je prie Dieu qu'il vous ayt, mon cousin, etc. »

Instruction donnée au sieur de Beaujeu, s'en allant vers M. de Turenne, touchant le traicté du duc de Lorraine.

« Le Roy ayant esté informé, par le sieur de Beaujeu, du traicté qu'a faict M. de Turenne, maréchal de France, lieutenant-général pour Sa Majesté en son armée, servant près sa personne, avec M. le duc de Lorraine, Sa Majesté l'a entièrement approuvé, et voullant qu'il soit exécuté selon sa forme et teneur, Sa Majesté a résolu de renvoyer ledict sieur de Beaujeu, sur ce subject, vers ledict sieur de Turenne, et luy a faict donner le présent mémoire pour luy servir d'instruction.

» Sa Majesté, pour l'exécution dudict traicté, adresse à M. de Turenne un mémoire des lieux où mondit sieur de Lorraine doibt loger, en se retirant du royaume et marchant vers le Luxembourg, et pour l'accompagner et faire fournir les vivres aux trouppes de son armée par les habitans des lieux, Sa Majesté ayant choysi le sieur de Bezançon, elle l'envoye aussy vers M. de Turenne pour recevoir ledict mémoire, avec un ordre de Sa Majesté de ce qu'il aura à faire en accompagnant ledict duc, lequel sera joinct audict mémoire.

» Et par ce que ledict duc est convenu avec ledict sieur de Beaujeu des conditions du traicté qui le concerne en particulier, l'intention de Sa Majesté est qu'auparavant que ladicte route et ordre de Sa Majesté soyent deslivrez audict sieur de Bezançon, M. de Turenne essaye d'induire ledict duc à se rendre auprès de Sa Majesté pour signer ledict traicté, et qu'il conviendra avec lui d'un poste où ledict duc laissera ce pendant les trouppes de son armée, observant de le choisir, en sorte que ledict duc ne puisse avoir jalouzie de l'armée de Sa Majesté pendant qu'il sera absent de la sienne.

» Et en cas que ledict duc fasse difficulté de venir trouver Sa Majesté, elle désire qu'il luy propose de sa bouche avec M. le cardinal Mazarin, lequel s'advancera au lieu dont l'on conviendra, avec pouvoir de Sa Majesté de conclure et signer ledict traicté avec luy.

» Que si ledict duc refuze de traicté particulier et qu'il ne veuille pas laisser d'exécuter celuy qu'il a faict présentement pour sa marche, l'intention de Sa Majesté est que ledict sieur de Turenne l'exécute de sa part, et mette ès mains dudict sieur de Bezançon la routte et l'ordre de Sa Majesté pour l'accompagner, suivant ledict traicté ; qu'en ce qui sera à faire avec ledict duc en cette occasion, ledict sieur de Beaujeu exécute les ordres qui luy seront donnez par M. de Turenne, auquel il fera voir la présente instruction, et se remettant aux ordres dudict sieur de Turenne de ce qu'il y pourroit adjouster, ledict sieur de Beaujeu sera asseuré qu'elle luy sçaura beaucoup de gré des services qu'il continuera de luy rendre en cette occasion.

» Faict à Melun, le 16 juin 1552. »

dre, en coulant le long de la rivière d'Oise ; M. le prince même s'étoit saisi de Poissi, afin de lui donner moyen de le joindre.

La cour après avoir demeuré quelque temps à Melun s'en vint à Lagni (1), où M. le maréchal de La Ferté vint la joindre avec trois mille hommes. On s'en alla à Saint-Denis, où la cour demeura, et on fit promptement venir des batteaux de Pontoise pour faire un pont à Epinai, afin de pouvoir marcher à l'armée de M. le prince, qui étoit campée auprès de Saint-Cloud. On trouva une isle dans laquelle on fit passer des mousquetaires sur un pont de batteaux, et ensuite on passa l'autre bras. M. le prince vint avec quelques escadrons et deux ou trois cens mousquetaires pour empêcher le passage, mais voyant qu'il y avoit beaucoup de canon déjà logé, et des mousquetaires que M. le maréchal de La Ferté avoit fait retrancher en diligence de l'autre côté de l'eau, il se retira en son camp, et à l'entrée de la nuit fit passer son armée sur deux ponts qu'il avoit à Saint-Cloud, et marcha dans l'intention d'aller à Charenton, croyant que le pont étant achevé, l'armée du Roi y passeroit toute la nuit, et qu'ainsi la rivière seroit toujours entre les armées ; mais le plus grand corps de l'armée étoit encore en-deçà de l'eau.

La cour eut un faux avis de Paris que l'armée des princes marchoit déjà par derrière Montmartre et cotoyoit les fauxbourgs de Saint-Martin ; M. le cardinal en fit promptement avertir M. de Turenne qui s'en vint en diligence à Saint-Denis toute la nuit, et commanda que l'armée le suivît ; il manda aussi à ce qui étoit dans l'isle de repasser en diligence. M. le maréchal de La Ferté, à cause que toutes ses troupes avoient passé l'eau, ne put suivre que cinq ou six heures après. Ainsi, à la pointe du jour, toute l'armée du Roi, hors le corps de M. le maréchal de La Ferté, se mit en bataille dans la plaine entre Saint-Denis et Paris. M. de Turenne s'étant avancé avec dix ou douze chevaux passa au travers de la Chapelle, et vit l'infanterie de l'arrière-garde du prince et quelques escadrons qui marchoient près du fauxbourg. On croyoit le corps de l'armée ennemie beaucoup plus avancé vers Saint-Antoine et Charenton ; mais la nuit l'ayant arrêté au cours de la Reine mère, elle ne put commencer sa marche qu'à la pointe du jour. Comme donc M. de Turenne eut vu l'arrière-garde, il fit promptement avancer quelques escadrons de cavalerie et commanda au reste de l'armée de suivre. On les joignit vers le fauxbourg Saint-Martin ; et comme leur infanterie filoit toujours, on chargea quatre ou cinq escadrons de l'arrière-garde que l'on rompit, et on prit beaucoup d'officiers et de cavaliers prisonniers ; on continua à les suivre tout le long des fauxbourgs jusqu'auprès celui de Saint-Antoine. Il y avoit une partie de leur avant-garde qui étoit déjà vers Charenton ; mais ayant eu l'alarme, elle vint se mettre en bataille auprès du fauxbourg Saint-Antoine où l'arrière-garde la joignit. M. le prince fit aussi tourner son canon ; et comme la cavalerie de l'armée du Roi avançoit, il en fit tirer quelques volées contre elle qui attendoit que l'infanterie

(1) *Lettre du Roy à M. le maréchal de Turenne, pour luy dire de marcher avec l'armée qu'il commande à Lagny et de là à Ponthoise, et sur ce qu'il y aura à faire.*

« Du 21 juin 1652, à Melun.

» Mon cousin, croyant que vous aurez marché à Lagny, suivant ce que vous avez sceu estre de mon intention, je vous faictz cette lettre pour vous dire que j'estime que vous devez partir dès demain matin dudit lieu de Lagny pour aller à Ponthoise, afin d'empêcher la jonction des trouppes des princes, qui sont présentement campées à Poissy et à Saint-Cloud, à celles des Espagnols venant de Flandre ;

» Que si, estant audict lieu de Ponthoise, vous appreniez que les trouppes des princes n'ayent point passé la rivière de Seyne audict lieu de Poissy, en ce cas vous la veniez passer à Melun ;

» Que si, allant audict Ponthoise, vous apreniez que les trouppes des princes ayent passé ladicte rivière de Seyne, vous marchiez droit à Creil pour y passer la rivière d'Oise, et alliez ensuite vous poster avec mon armée sur la rivière du Terrain qui passe à Beauvais, pour empêcher la jonction des trouppes desdicts princes à celles des Espagnols, et combattre celles qui se présenteront les premières et que vous trouverez le plus à propos ;

» Que comme mon oncle le duc d'Elbeuf et mes cousins les maréchaux d'Estrées, d'Aumont, sont bien advertis de la marche que doibvent faire les ennemis, vous teniez correspondance avec eux et que vous employez le sieur d'Ibgy en tout ce que vous jugerez bon estre pour mon service ;

» Que, partant de Lagny, vous y laissiez le sieur de Mespas avec son régiment de cavallerie, pour servir dans le corps de trouppes commandé par mon cousin le maréchal de La Ferté-Senneterre, lequel y doibt arriver lundy prochain, auquel jour je partiray de cette ville et me rendray en celle de Meaux ; et comme j'ay toute confiance en votre prudence et bonne conduite, et qu'il sera besoin que vous changiez de résolution selon les mouvemens que vous feront les ennemis, je remets à vous de prendre celle que vous jugerez la meilleure, selon les advis que vous aurez de ce que feront les ennemis, approuvant dès à présent tout ce que vous résoudrez et ferez sur ces occurrences, sans que vous vous arrêtiez aucunement sur la sureté de ma personne ; laquelle (Dieu aydant) sera entière où je seray, et désirant seulement que vous me teniez adverty de ce que vous ferez et me donniez votre bon advis comme quoy je debvray employer le corps commandé par mon cousin le maréchal de La Ferté-Senneterre lorsqu'il sera à Lagny, me remettant au sieur de Varennes de ce que je pourrois adjouster à la présente. Et sur ce je prie Dieu, etc. »

arrivât, laquelle, à cause des grands défilés qu'il y a autour de Paris, demeura un peu longtemps à venir, et donna le loisir à M. le prince de faire retirer toutes ses troupes dans le fauxbourg, où il trouva toutes les rues qui avoient des barricades faites: ce qui lui fut d'un grand avantage. Ces barricades s'étoient faites à dessein par les Parisiens, pour se garantir des coureurs de l'armée de M. de Lorraine, pendant qu'il étoit à Villeneuve-Saint-Georges. M. le prince fit mettre son infanterie derrière les murailles les plus avancées, et les fit percer afin que les mousquetaires pussent tirer, et il se mit en très-bonne posture.

Comme l'infanterie de l'armée du Roi arriva, on avoit cru qu'il seroit meilleur d'attendre le canon; mais la quantité de personnes de la cour qui pressoient, comme s'il n'y avoit qu'à avancer pour défaire entièrement les ennemis, obligea M. de Turenne de commander un bon nombre d'infanterie des gardes et d'autres régimens avec les gendarmes et chevaux-légers du Roi, et d'autres régimens de cavalerie, pour donner par deux rues différentes. On emporta les premiers retranchemens; mais comme il falloit passer un à un, et que l'on se mettoit en confusion pour suivre l'ennemi, on trouva dans les rues plus larges un corps de cavalerie où M. le prince se trouva et beaucoup de personnes de qualité, qui, chargeant cette cavalerie et infanterie qui entra en désordre, les repoussa sans résistance jusqu'à l'entrée du fauxbourg. M. de Saint-Maigrin, lieutenant des chevaux-légers de la garde, y fut tué (1). On attaquoit aussi en même temps cette infanterie de M. le prince, passée derrière les murailles et dans les maisons; le combat fut fort opiniâtre et on les emporta en beaucoup de lieux, mais ce fut après que le canon fut arrivé: on y prit même deux cens hommes dans une maison; mais les corps des régimens de l'ennemi demeurèrent toujours derrière les grandes traverses du fauxbourg d'où ils avoient rechassé les nôtres. On leur prit, à la main gauche, une barricade que l'on garda, où il y eut beaucoup de leurs soldats tués; mais on ne put pas passer outre en aucun endroit, toute l'infanterie ayant été fort rebutée dans ces attaques. En effet, M. le prince étant pressé, trouva par hazard un fauxbourg bien barricadé, son dessein ayant été d'aller passer au pont de Charenton.

Comme on étoit l'un devant l'autre, le corps de M. le maréchal de La Ferté arriva: on résolut de faire encore une attaque générale, étant renforcé de ces troupes-là. Mais en ce temps la ville de Paris ayant, par la sollicitation de Mademoiselle, ouvert les portes à l'armée de M. le prince, elle marcha par le milieu de la ville et s'en alla vers le fauxbourg Saint-Jacques. Le Roi étoit venu de Saint-Denis et demeura sur une hauteur jusqu'à la nuit; et comme on eut marché pour cette seconde attaque, on ne trouva plus de troupes dans ce fauxbourg, ce qui obligea l'armée à se retirer avec le Roi à Saint-Denis.

Pendant que l'armée des princes logeoit autour du fauxbourg Saint-Jacques, il arriva un grand désordre dans la Maison-de-Ville de Paris. Le mauvais état des affaires des princes leur fit presser l'armée d'Espagne de partir de Flandre pour venir à leur secours : elle partit d'auprès de Cambrai, et, passant entre Saint-Quentin et Ham, s'en vint à Chauni, où M. d'Elbeuf s'étant enfermé avec huit cens chevaux, ils le prirent prisonnier de guerre, et, en gardant des ôtages, laissèrent venir les cavaliers à pied et prirent tous leurs équipages et chevaux. M. de Lorraine, qui étoit demeuré sur la frontière de France depuis ce qui s'étoit passé à Villeneuve-Saint-Georges, marcha aussitôt par la Champagne pour joindre l'armée d'Espagne, laquelle, après la prise de Chauni, s'en vint à Fismes joindre M. de Lorraine.

La cour étoit à Saint-Denis quand on apprit la marche de l'armée d'Espagne, et on envoya en Normandie pour sçavoir si le Roi seroit reçu à Rouen; mais le mauvais état de ses affaires, causé par la marche de l'armée d'Espagne, fit croire qu'il n'y auroit point de sûreté pour le Roi à Rouen. On avoit, peu de jours auparavant, parlé de traitter avec M. le prince. M. de Turenne étoit d'avis que l'on se relâchât dans beaucoup de choses, et que, pourvu que l'autorité du Roi demeurât entière après l'accommodement, que l'on ne pourroit pas lui donner trop de choses pour sortir de cette affaire; mais,

---

(1) Le Roy escrivit, le 5 juillet, « à messieurs les maréchaux de Turenne et La Ferté-Sennecterre, pour envoyer un rolle de ceux qui furent tués ou blessés au combat du faubourg Sainct-Antoine. »

« Mon cousin, désirant estre informé qui sont les officiers de mon armée que vous commandez qui ont esté tués ou blessés en l'attaque de celle des princes, faicte le deuxième du présent mois, et faire dresser une relation exacte de tout ce qui s'est passé en cette journée, je vous faicts cette lettre pour vous dire que vous ayez à tirer, des commandans de chaque corps, un mémoire bien particulier, contenant les noms et la qualité des officiers qui ont esté tués ou blessés en cette occasion, pour en dresser un mémoire général et une relation exacte où toutes les particularités de cette action soyent exprimées et présentées. »

quoiqu'on se relâchât, la marche des Espagnols lui avoit ôté toute pente à s'accommoder. La cour se trouvoit dans une extrême peine ; l'armée du Roi ne montoit pas à plus de huit mille hommes; celle des princes étoit de cinq mille à Paris, et celle des Espagnols, jointe aux Lorrains, étoit de vingt mille. La Normandie ne vouloit point recevoir le Roi. Le soir qu'on eut cette nouvelle, M. de Turenne étoit au camp, et étant venu le lendemain à Saint-Denis, il apprit que la résolution avoit été prise de s'en aller avec la cour vers la Bourgogne et vers Lyon, menant seulement deux mille hommes pour l'escorter. Il sçut cette nouvelle par M. de Ruvigni, et lui dit aussitôt que tout étoit perdu si on prenoit cette résolution : il avoit assez de connoissance des affaires de Flandre pour sçavoir très-bien que le Roi, en se retirant par delà Paris, donneroit occasion aux Espagnols de s'avancer vers Soissons et Compiègne, qui n'eussent pas résisté après le départ de la cour pour Lyon. Il croyoit, au contraire, que si le Roi se résolvoit à demeurer sur la rivière d'Oise, et que son armée marchât vers Compiègne, toute l'armée d'Espagne n'oseroit marcher à Paris, de peur de laisser toute la Flandre dégarnie et l'armée du Roi entre elle et eux ; que s'ils envoyoient un secours considérable à M. le prince, leur armée en même temps se retireroit en Flandre et ne demeureroit pas au milieu de la France qu'avec un corps beaucoup plus fort que l'armée du Roi. M. de Turenne croyoit donc qu'il n'y avoit point d'autre salut pour l'Etat que de demeurer avec le Roi entre Paris et l'armée d'Espagne. Il avoit encore la pensée qu'à toute extrémité, le Roi, avec un corps d'armée, étoit bien mieux dans une de ses places de la rivière de Somme, qu'en s'en allant vers Lyon, pour laisser une conquête sûre aux Espagnols, depuis la Flandre jusqu'à Paris. On sçavoit aussi la mauvaise volonté de la Normandie, et que l'étonnement étoit si grand partout, qu'il y avoit peu de villes où on n'eût ouvert les portes aux ennemis : ce qui obligea M. de Turenne d'aller trouver M. le cardinal, qui donna tout aussitôt dans son sens; et allant voir la Reine, qui n'a jamais trouvé de conseil trop hasardeux, on résolut que la cour iroit à Pontoise et que l'armée marcheroit en diligence à Compiègne (1). Aussitôt qu'elle y

(1) *Mémoire envoyé à Messieurs les maréchaux de Turenne et de La Ferté-Senneterre, sur les nouvelles que l'on a apprises des ennemis et de leurs desseins.*

« Du 28 juillet 1652.

» Le Roy ayant sçu par le chevalier de Bezançon, qui vient d'arriver d'auprès du duc de Lorraine, que ledit duc est posté à six lieues de l'armée d'Espagne, qui est vers Nostre-Dame de Liesse, et que ledit duc dict que si les Espagnols s'approchent de lui, il aura de la peine de s'empescher de les joindre; qu'en tout cas, ce ne sera que pour s'advancer avec eux jusques à la Ferté-Milon, pour leur donner moyen de détacher le corps qu'ils ont destiné pour joindre à celuy des princes ont aux environs de Paris ; de sorte que, par ce que l'on apprend de la marche du comte de Fuensaldagne avec ladite armée d'Espagne, des discours que ledit duc tient, et des lettres interceptées dudit de Fuensaldagne, particulièrement de la dernière qui a esté envoyée auxdits maréchaux, l'on peut juger assurément qu'encores que le Roy ait envoyé audit duc, par les sieurs de Joyeuse et Bertet, tout ce qu'il a tesmoigné désirer pour son accommodement, néantmoins il se joindra avec les Espagnols, et qu'ils feront tous ensemble ce que lesdits sieurs maréchaux auront vu par la dernière lettre que ledit Fuensaldagne a projetté ; bien que Sa Majesté ne doute pas que lesdits sieurs maréchaux ne feissent ce qui leur est plus advantageux à son service, toutesfois a estimé à propos de leur faire sçavoir, par le présent mémoire, ce qu'elle juge debvoir estre fait sur cette occasion.

» Il semble, qu'en cas que la jonction de l'armée d'Espagne avec celle de Lorraine se fasse, et que les Espagnols destachent un corps pour envoyer auxdits princes, il seroit nécessaire que lesdits maréchaux se vinssent poster soubs Lagny, pour observer l'armée des ennemis, empescher, autant qu'ils le pourront, la jonction du corps qui sera détaché de l'armée d'Espagne à celui des princes, se remettant néantmoins à eux de faire ce que par leur prudence ils verront estre pour le mieux.

» Que cependant, qu'ils demeurent joints ensemble avec le sieur maréchal d'Aumont, jusques à ce qu'ils voyent certainement quel est le dessein des ennemis, et qu'ils aient subject de prendre une autre résolution selon les mouvements qu'ils feront, sans que ledit sieur maréchal de La Ferté-Senneterre se destache pour venir avec l'armée qu'il commande à Lagny, comme Sa Majesté luy avoit mandé de faire sur l'advis qu'elle avoit de la marche de l'armée des princes dans la Brie, qui n'a pas esté confirmée.

» Pour cette fois, Sa Majesté mande présentement audit mareschal d'Aumont, de demeurer joinct avec lesdits sieurs maréchaux, et de ne pas retourner sur la frontière que de concert avec eux.

» Sa Majesté luy mande aussi que si lesdits sieurs maréchaux jugeoient avec luy qu'il fust à propos qu'ils se séparassent, elle désireroit que pour incommoder les ennemis dans leur pays, pendant leur séjour dans le royaume, qu'il s'advançast avec les troupes qu'il a près de luy vers Sainct-Quentin, ou en telle autre poste qu'il trouvera plus à propos, pour entrer dans leur pays et s'en retirer lorsqu'il les y verroit retourner, et dont il pust asseurer les places qu'ils pourroient attaquer, ayant principalement l'œil sur Sainct-Quentin et sur Arras.

» Que, pour estre plus en estat de les endommager, il tirast de Sainct-Quentin et de Ham les gens de guerre qu'il y a jettés, et demandant au sieur maréchal d'Hocquincourt les troupes dont il le pouvoit assister, et aux gouverneurs des places frontières les compagnies de cavallerie qu'ils commandent.

» Qu'il mist aussi ensemble ce qu'il pourroit de paysans de la Thirache, qui sont gens aguerris et capables de faire le dégast chez les ennemis, pour se venger de celui qu'ils ont souffert.

arriva, on apprit par les partis que l'ennemi, ayant pris Chauni, marchoit à Fismes, étant joint à M. de Lorraine. M. le maréchal de La Ferté prit quelque cavalerie et s'en alla vers Chauni que les ennemis abandonnèrent, n'étant pas un lieu à garder. Il s'en revint par Soissons, que l'on assura par des troupes que l'on y mit. Les Espagnols étant à Fismes, et la communication n'étant pas libre entre Paris et eux, ils virent que s'ils vouloient y aller, comme M. le prince les en pressoient fort, ils ne le pourroient faire qu'avec toute l'armée, à quoi ils ne pouvoient pas consentir; d'ailleurs ils ne pouvoient en envoyer un détachement considérable vers Paris, sans être rencontré par l'armée du Roi. Toutes ces considérations unies leur firent résoudre à retourner en Flandre et à laisser un corps de troupes à M. de Lorraine, qui demeura sur la frontière.

En ce temps-là, M. de Turenne ayant eu avis comme M. de Bouillon, qui étoit à Pontoise avec la cour, étoit fort malade, s'y en alla en diligence; il y arriva le huitième jour de sa maladie, laquelle alla toujours en empirant : un transport au cerveau l'empêcha de parler pendant les derniers jours, mais il conserva toujours beaucoup de connoissance. Il fut fort aise de voir M. de Turenne, qui, outre l'étroite amitié qui étoit entre eux, faisoit une double perte, vu la posture en laquelle M. de Bouillon étoit à la cour. En ces derniers temps, il s'étoit fait encore plus particulièrement connoître pour être très-capable de grandes affaires, et, si on peut le dire, avoit pris une manière d'agir bien au-dessus de tous les autres, M. le cardinal Mazarin ayant une particulière confiance en lui; et comme le ministre avoit un grand crédit sur l'esprit du Roi et de la Reine, ce n'étoit que par son moyen que l'on pouvoit se rendre considérable à la cour. M. de Bouillon vécut jusqu'au quatorzième jour de sa maladie, et mourut, laissant un extrême déplaisir à tous ceux qui aimoient le bien de l'Etat. M. de Turenne en fut touché très-sensiblement, l'ayant toujours aimé et ayant été aimé de lui très-parfaitement.

Dans le temps que M. de Turenne étoit à Pontoise, on apprit que l'armée d'Espagne s'é-toit retirée, et que M. de Lorraine étoit demeuré avec le renfort que les Espagnols lui avoient laissé. Comme il y avoit toujours quelque négociation de la cour avec les princes et avec le parlement, on fit connoître que si M. le cardinal Mazarin s'éloignoit, que toutes choses se raccommoderoient. En faisant proposer cela de la part des princes, on laissoit entendre qu'il pourroit revenir un jour, et que ce n'étoit seulement que pour montrer au public que l'on n'avoit jamais voulu s'accommoder sans que le ministre sortît de France, puisque son retour à la cour étoit le prétexte de la guerre. M. de Turenne, à qui il en parla fort confidemment, ne le dissuada point de la pensée qu'il avoit d'aller à Sedan; mais il lui conseilla toujours de dire que c'étoit pour en revenir. M. de Turenne ne vouloit point être dans un intérêt que l'on auroit affoibli en le désavouant. Il savoit bien d'ailleurs que beaucoup de gens se serviroient de la dissimulation dont la cour et M. le cardinal voudroient qu'on usât, en disant qu'il ne reviendroit point, pour travailler plus ouvertement à empêcher tout de bon qu'il ne revînt; et hors le Roi et la Reine qui désiroient son retour, il y en avoit fort peu dans la cour qui travaillassent de bon cœur à l'empêcher.

M. le cardinal partit de Pontoise, les choses étant disposées de la façon que j'ai dit; M. de Turenne et M. Le Tellier s'en allèrent avec lui jusqu'où étoit l'armée, où il prit quelque escorte pour s'en aller vers Sedan. M. Le Tellier retourna à la cour, et M. de Turenne demeura à l'armée, qui s'avança ensuite vers Dammartin, pour se mettre entre Paris et l'armée de M. de Lorraine; lequel, en l'absence de M. le cardinal, commença à négocier à la cour. Quoiqu'elle ne s'y fiât pas entièrement, elle ne laissa pas d'écouter ses propositions; et comme il falloit que l'armée ne s'éloignât pas trop de Pontoise où étoit la cour, à cause de l'armée des princes qui étoit à Paris, elle ne marcha pas vers la Champagne pour pousser M. de Lorraine hors du royaume, à la faveur des villes que l'on avoit pour soi; mais M. le prince ayant envoyé de la cavalerie pour faire lever le siége de Montrond, on fit partir huit escadrons de l'armée

---

» Qu'il eust toujours une particulière correspondance avec lesdits sieurs maréchaux, et que, se séparant d'eux, il leur renvoyast les troupes commandées par le sieur de La Salle, y compris ce que commande le sieur marquis de Béthune, pour servir avec eux, comme avant qu'elles l'eussent joinct.

» A quoy Sa Majesté adjoustera seulement qu'elle estime que, lorsque lesdits maréchaux seront vers la Brie, il faut qu'ils fassent joindre à eux les trouppes estant soubs la charge du sieur de Montbas et celles venues nouvellement d'Alsace, estant soubs celle du sieur Biron, suivant les ordres qui en ont esté adressés audit sieur maréchal de La Ferté, se remettant toujours, Sa Majesté, sur la prudence desdits sieurs maréchaux, de tout ce qu'elle leur pourroit prescrire.

» Faict le 28 de juillet 1652. »

du Roi pour aller trouver M. de Palluau qui étoit devant Montrond.

Cependant M. de Lorraine, qui avoit promis aux Espagnols de se joindre à l'armée des princes qui étoit à Paris, faisoit traitter avec la cour (1), afin qu'on ne fît point attention aux mouvemens de son armée. Quoique celle du Roi l'observât, néanmoins les assurances qu'il donnoit d'un accommodement prompt faisoient qu'on n'agissoit pas avec tant de méfiance ; de sorte qu'il partit des environs de Châlons et marcha en diligence par la Brie, pour gagner la rivière de Seine entre Corbeil et Paris. L'armée du Roi passa la Marne à Lagni, et quoique beaucoup inférieure à celle de M. de Lorraine, on vouloit s'opposer à son passage vers Paris. M. de Turenne voulut marcher le lendemain du passage de la Marne, dans la pensée que M. de Lorraine s'avançoit sans en avoir de certitude ; mais comme on se relâche quelquefois, on séjourna ce jour-là, et le lendemain de bon matin on trouva M. de Lorraine tout proche de Brie-Comte-Robert. Si on eût marché le jour précédent, on l'auroit devancé ; mais les avantgardes s'étant trouvées les unes près des autres vers Brie-Comte-Robert, il se hâta de gagner le poste de Villeneuve, où il avoit dessein de se mettre, afin d'avoir communication avec Paris.

M. de Turenne, qui étoit à l'avant-garde, après avoir un peu attendu M. le maréchal de La Ferté, fut d'avis de marcher promptement pour arriver au poste de Villeneuve-Saint-Georges avant M. de Lorraine. En effet, on y marcha avec tant de diligence que l'on arriva en même temps que son armée ; mais comme il avoit un ruisseau à passer, et qu'il vit quelques escadrons de l'armée du Roi sur la hauteur de Villeneuve, il demeura de l'autre côté, et toute l'armée du Roi arriva le soir au camp de Villeneuve-Saint-Georges. On sçut dans le village qu'il y avoit des batteaux qui descendoient vers Paris ; et comme il étoit d'une conséquence extrême d'en avoir, ou pour faire un pont, ou pour passer avec des troupes au-delà de l'eau, M. de Turenne envoya le long de l'eau et les fit remonter avec une peine extrême vis-à-vis de Villeneuve-Saint-Georges. M. le prince s'avança à Charenton, croyant que M. de Lorraine étoit arrivé à Villeneuve-Saint-Georges, suivant qu'il lui avoit mandé le matin en partant de son camp ; ayant envoyé trois ou quatre de ses gens qui vinrent se jetter dans l'armée du Roi, croyant que c'étoit celle de M. de Lorraine, il reprit toute la nuit un autre chemin, et joignit avec ses troupes M. de Lorraine vis-à-vis d'Ablon. M. de Turenne et M. le maréchal de La Ferté, n'ayant pu empêcher cette jonction, résolurent d'attendre, dans le camp de Villeneuve, le parti que les ennemis prendroient, s'étant assurés des batteaux, et espérant qu'en quelque lieu que l'ennemi se mît, ayant un pont sur la rivière, ils trouveroient toujours quelque expédient de se mettre en bonne posture. La chose n'étoit pas sans grande difficulté, mais comme on étoit si près de l'ennemi, il n'y avoit rien de moins sûr que de songer à une retraite. Comme M. le prince et M. de Lorraine se furent joints, ils marchèrent pour prendre le même chemin qu'avoit fait M. de Turenne quand il avoit obligé M. de Lorraine à traitter. On croyoit ce jour-là qu'ils attaqueroient le camp comme on l'avoit cru le jour de leur jonction. L'armée du Roi n'avoit que vingt-huit escadrons et cinq mille hommes de pied ; les ennemis avoient quatre-vingts escadrons et huit mille fantassins. Au lieu d'attaquer, ils vinrent se retrancher à une portée de canon du côté de la plaine, et songèrent à affamer l'armée du Roi et à empêcher les fourages, ayant laissé dans Ablon cent cinquante mousquetaires pour empêcher la communication de la rivière. Ils croyoient qu'en venant se loger si près avec l'armée, on n'entreprendroit pas de sortir du camp ni de les attaquer. Comme on ne pouvoit pas demeurer dans le camp sans avoir la rivière libre, on résolut d'aller prendre ces cent cinquante mousquetaires. L'on partit la nuit, et à la pointe du jour le château se trouva pris avant que l'armée des princes pût être en ba-

---

(1) Le Roy écrivit la lettre suivante à messieurs les maréchaux de Turenne et de La Ferté-Senneterre, pour leur dire de laisser retirer le duc de Lorraine avec son armée, dans le cas où il leur donneroit l'assurance de se séparer de l'intérêt des princes.

« Mes cousins, le sieur de Joyeuse Saint-Lambert s'en allant retrouver mon frère le duc de Lorraine, et l'ayant chargé de lui faire cognoistre qu'en se séparant avec son armée de l'intérêt et des trouppes des princes', je lui ferai donner seureté pour se retirer avec les siennes, j'ai bien voullu vous le faire savoir par cette lettre, et vous dire qu'en cas que ledit sieur de Joyeuse vous donne asseurance de cette séparation de la part dudit duc, je trouve bon et désire que vous le laissiez marcher avec son armée, sans le suivre ni rien entreprendre contre lui ni ses trouppes : ce qu'il observera de sa part envers les miennes ; et que pour faire que mon cousin le maréchal de L'Hospital n'apporte point d'obstacle de son costé à sa marche, je vous adresse une lettre pour lui pour cette fin, laquelle vous lui ferez tenir avec l'advis de ce que vous aurez sceu dudit sieur de Joyeuse ; à quoi me remettant, je ne vous ferai la présente plus longue, que pour prier Dieu qu'il vous ayt, mes cousins, en sa saincte et digne garde. »

taille. Si elle étoit demeurée à son premier poste entre Villeneuve et Corbeil, il est certain qu'au bout de quatre jours il auroit fallu que l'armée du Roi se retirât en grande confusion vers Lagni, ne pouvant avoir de pain de munition que par la commodité de la rivière.

Après que le pont de batteaux fut fait, on travailla encore à un autre, étant impossible que les fourrageurs se servissent d'un seul pont : et comme ce lieu avoit été fort ruiné par l'armée de M. de Lorraine quelque temps auparavant, les trois ou quatre premiers jours que les armées étoient en présence, tous les chevaux de celle du Roi ne mangeoient que des feuilles de vigne ; de sorte que M. le prince crut qu'en la serrant de près avec le nombre de cavalerie qu'il avoit, il seroit impossible que l'on pût subsister que fort peu de jours dans ce poste. Il fit aussi deux ponts entre Villeneuve et Charenton, pour empêcher les fourrageurs qui alloient dans le Longboyeau ; mais après avoir bien fait palissader tous nos retranchemens, on envoyoit une bonne partie de la cavalerie au fourrage, qui alloit des deux côtés de la rivière, et ainsi les ennemis ne pouvoient leur dresser d'embuscade sûre. On envoya M. de Vaubecourt à Corbeil avec quelques troupes, lesquelles, avec d'autres qui vinrent de Montrond, faisoient environ deux mille en tout. Corbeil servit ainsi d'un entrepôt pour les fourrageurs, lesquels après avoir chargé demeuroient à ce village, et on leur faisoit sçavoir du camp de quel côté de la rivière il falloit qu'ils revinssent. Comme les armées étoient si proches que l'on voyoit ce qui sortoit du camp de l'ennemi, les fourrageurs de l'armée du Roi partoient la nuit et demeuroient deux jours dehors. Les troupes logées à Corbeil leur donnoient toute cette facilité, sans quoi certainement on n'eût pas pu demeurer dans le camp ; on fit aussi en ce temps-là descendre quelques batteaux de foin, ce qui fit demeurer cinq semaines dans le camp. Il y avoit souvent des escarmouches entre les armées, mais elles n'étoient pas considérables, et jamais aucun convoi des fourrageurs ne fut rencontré par les ennemis, qui étoient tous les jours dehors avec une partie de leur cavalerie.

A la fin, les chemins devinrent si mauvais par les pluies continuelles, que les chevaux ne pouvoient plus aller au fourrage si loin ; de sorte que l'on fut obligé de songer à déloger. On avoit fait faire beaucoup de ponts sur la rivière qui étoit au bas du camp, sur le chemin de Corbeil où on vouloit se retirer. Au commencement de la nuit, on fit marcher tout le bagage vers Corbeil, et trois heures après toute l'armée décampa sans que l'ennemi en eût connoissance que le lendemain qu'on arriva à Corbeil, où on avoit fait faire quelques redoutes par M. de Vaubecourt, sur une hauteur, pour y recevoir l'armée quand elle arriveroit. On ne séjourna point à Corbeil qu'un jour, et le lendemain on marcha vers la Brie, pour ensuite gagner la rivière de Marne au dessus de Paris, et tâcher d'aller vers l'Oise, la cour étant à Mantes en ce temps-là.

M. le prince étoit parti de son camp quelques jours auparavant la marche de l'armée du Roi, à cause d'un peu d'indisposition, et on a fort dit que sans cela il l'auroit attaquée dans sa retraite ; mais il est certain que de la manière qu'elle se fit, on ne pouvoit pas combattre entre le camp et Corbeil. L'armée du Roi marcha ensuite vers Meaux, et, passant la rivière de Marne, alla se poster auprès de Senlis. Celle des princes, en partant de Villeneuve-Saint-Georges, se logea entre Paris et Dammartin ; et certainement les diverses négociations, et même les passe-temps de Paris, empêchèrent M. le prince de prendre beaucoup d'avantages qu'il n'auroit pas négligés en une autre occasion. Après quelques jours d'indisposition, il résolut de partir avec son armée et celle de M. de Lorraine des environs de Paris, et s'en alla sur la frontière de Champagne : M. le comte de Fuensaldagne l'attendoit avec l'armée d'Espagne auprès de Laon. On s'est assez étonné de ce qu'il quittoit Paris si aisément, étant certain que c'est un fort grand avantage de s'y maintenir, quand on est assez malheureux pour faire la guerre à son Roi ; mais les diverses caballes qui n'alloient pas à son but, et un peu de manque de vue pour les choses qui devoient suivre son départ, aussi bien que les espérances qu'il concevoit de sa jonction avec les Espagnols, l'obligèrent à quitter Paris. Une autre chose y convioit fort M. le prince : touché de la façon dont M. de Lorraine vivoit avec son armée, et las des affaires du parlement, il désiroit se mettre dans une manière de vivre semblable à celle de M. de Lorraine. Ainsi ils marchèrent ensemble et joignirent M. de Fuensaldagne auprès de Laon ; comme on avoit mis cinq cens hommes de l'armée du Roi dans La Ferté-Milon, ils passèrent tout auprès sans l'attaquer.

L'armée du Roi, qui étoit en ce temps-là auprès de Senlis, et d'où l'on avoit envoyé de l'infanterie sous M. le comte d'Estrées pour se mettre dans Laon, ne bougea point de son poste, attendant la résolution des ennemis après leur jonction. Comme Paris resta un peu ébranlé par l'éloignement de M. le prince, quoique M. d'Orléans y demeurast, la cour recevoit divers avis pour sa conduite, selon les diverses vues que ceux qui étoient à Paris avoient, ou pour l'y faire aller ou pour l'en empêcher ; les courtisans étoient même partagés sur ce sujet, chacun ayant diverses pensées : ce qui seroit trop long à déduire. M. de Turenne ayant sçu l'état des choses, fit agréer à M. le maréchal de La Ferté de demeurer à l'armée, et il s'en alla à la cour, où la Reine lui ayant demandé à son arrivée son sentiment, si le Roi devoit aller à Paris, n'y ayant qu'elle et le Roi présens, il lui conseilla de n'en point perdre le temps ; et comme il avoit la connoissance de l'état de l'armée, et du peu de moyens qu'il y avoit d'avoir de l'argent pour la remettre sans être à Paris, il pressa fort cette raison qu'il joignit à beaucoup d'autres, qui étoient que l'autorité du Roi étoit si diminuée que l'on ne vouloit plus le recevoir en aucune grande ville ; que si l'hiver se passoit sans aller à Paris, toute la France se souleveroit ; que le Roi n ayant plus d'armée ni d'argent, ni de quartiers pour en remettre une sur pied, ce qu'il avoit ensemble se réduiroit peu à peu à rien, les officiers quittant tous les jours faute de subsistance. Ces raisons persuadèrent la Reine, de sorte que la cour quitta Mantes et s'en alla coucher à Saint-Germain, où l'on séjourna trois ou quatre jours, durant lequel temps il y vint des députés de la bourgeoisie de Paris pour supplier le Roi d'y venir. M. de Châteauneuf y vint aussi, mais avec une différente intention ; car il vouloit bien que le Roi allât à Paris, mais il souhaitoit qu'on y laissât Monsieur, qui soutenoit la caballe opposée au retour de M. le cardinal, et qui ne vouloit se raccommoder avec la cour qu'à condition que le ministre n'y revînt plus. M. de Châteauneuf prétendoit que le Roi ne verroit point Gaston les premiers jours ; mais qu'après tous les intéressés à empêcher le retour de M. le cardinal, unis en cela seul et séparés d'ailleurs en tout, s'accorderoient ensemble à supplier le Roi de ne point faire revenir M. le cardinal, et ne demanderoient autre grâce que celle-là. Le Roi et la Reine envoyèrent en ce temps-là M. d'Aligre à Paris ; mais il s'en revint à Saint-Germain, sans avoir rien reçu de positif sur la négociation.

M. de Turenne et M. Le Tellier étoient alors ceux à qui la Reine avoit le plus de confiance : ils furent d'avis de continuer la résolution d'aller à Paris, sans sçavoir celle que Monsieur prendroit. On lui envoya une personne de confiance, pour lui dire que le Roi étoit en chemin et qu'il arriveroit le soir à Paris ; cet envoyé revint, et trouva le Roi et la Reine entre Saint-Cloud et le bois de Boulogne, et rapporta que Monsieur ne prenoit aucune résolution que celle de demeurer à Paris. Sur cela on fit arrêter le carrosse de la Reine, laquelle étant avec le Roi fit sortir les femmes qui étoient dans son carrosse, et commanda à trois ou quatre personnes qui étoient là de s'approcher pour dire leur avis. Ceux qui s'y rencontrèrent furent le prince Thomas, M. le maréchal de Villeroi, M. le maréchal Du Plessis et M. de Turenne, lequel fut d'avis de continuer son chemin, et que le Roi et la Reine allassent ensemble jusqu'à la Croix du Tiroir ; que de là la Reine s'en iroit au Louvre et le Roi droit au Luxembourg, où étoit Monsieur, pour le convier de venir ou l'emmener même avec lui au Louvre, étant certain que Monsieur n'attendroit point cela et qu'il s'en iroit, qui est ce qu'on demandoit. Il eût été fort dangereux de laisser Monsieur au Luxembourg ; car au bout de deux jours, les réjouissances qui arrivent aux entrées du Roi étant passées, les choses eussent changé de face, et il eût été hors du pouvoir du Roi de faire sortir Monsieur de Paris, et principalement ayant pour lui le prétexte spécieux de n'avoir rien à demander, si ce n'étoit que M. le cardinal ne revînt plus à la cour. C'est ce qui obligeoit M. de Turenne à conseiller qu'il falloit se servir de l'entrée du Roi à Paris pour en faire sortir Monsieur.

On partit d'auprès du bois de Boulogne en cette résolution ; le Roi monta à cheval pour faire son entrée à Paris, et manda à Monsieur, par M. Damville, ce qui avoit été résolu ; lequel, apprenant que le Roi dans une demie heure alloit y entrer, l'envoya supplier de trouver bon qu'il y demeurât encore cette nuit-là, et que le lendemain il partiroit de bon matin. M. Damville vint retrouver le Roi comme il marchoit et étoit prêt d'entrer au faubourg ; de sorte que, dans cette assurance du départ de Monsieur le lendemain, il s'en alla au Louvre, où M. le cardinal de Retz et tout ce qu'il y avoit de gens de qualité à Paris l'attendoient, pendant qu'une foule incroyable de peuple marchoit au-devant de lui.

Dans le temps que M. de Turenne demeura à Paris, qui ne fut que cinq ou six jours, il vit M. le cardinal de Retz, qui lui témoigna souhaiter de se raccommoder avec M. le cardinal, et lui parla du mariage de mademoiselle de Retz avec son neveu, le priant même de le faire sçavoir à M. le cardinal, et l'assurant qu'il le prendroit pour témoin dans toutes les circonstances de cette liaison. M. de Turenne, qui sçavoit bien de s'entremettre d'une affaire comme celle-là, lui étoit assez inutile, et qu'il lui en pouvoit bien plus aisément arriver de l'embarras que quelque fruit considérable, dit à M. le cardinal de Retz qu'il feroit avertir M. le cardinal, qui étoit à Sedan, bien exactement de tout ce qu'il lui avoit dit, et que s'il y avoit une réponse positive, qu'il la lui feroit bientôt sçavoir; mais que s'il n'avoit point promptement de ses nouvelles, qu'il ne fît aucun fondement sur cette négociation, et qu'il prît ses mesures comme n'attendant aucune réponse par lui.

M. de Turenne étoit persuadé que M. le cardinal de Retz vouloit s'accommoder tout de bon en ce temps-là, et ne doutoit point que si une personne de grande créance en eût voulu faire son affaire, qu'il n'eût pu y réussir; mais M. de Turenne partit peu de jours après de Paris, et M. le cardinal de Retz n'ayant personne de la cour à qui il se fiât, ni qui se fiât à lui, on se donna tant de soupçon de part et d'autre que les mesures, au bout de deux ou trois mois, furent prises de l'arrêter : ce qu'on fit un jour qu'il vint au Louvre, où il n'entroit qu'avec grande méfiance depuis quelque temps. M. de Turenne, ayant envoyé M. de Varennes trouver M. le cardinal, lui fit dire tout ce qui s'étoit passé entre lui et M. le cardinal de Retz, dont il n'eut aucune réponse, de sorte qu'il ne se mêla plus du tout de cette négociation. Il partit de Paris et alla rejoindre l'armée auprès de Senlis, après avoir dit au Roi qu'il espéroit empêcher que les ennemis ne prissent leurs quartiers d'hiver en France.

Les ennemis étoient auprès de Laon, d'où ils partirent en grande diligence et allèrent investir Rhetel, dans lequel il y avoit peu de gens: la ville fut prise en peu de jours. Toutes les armées des ennemis jointes ensemble montoient bien à vingt-cinq mille hommes; celle du Roi ne passoit pas dix mille. Elle marcha le long de la Marne, et approchant de Châlons on apprit que les ennemis, après la prise de Rhetel, avoient assiégé Sainte-Menehould, dans lequel aussi il se trouva peu de gens; mais ils firent une bonne résistance. Quand on en sçut la prise, l'armée du Roi étoit auprès de Vitri et n'osoit pas s'approcher de trop près de celle des ennemis, qui de Sainte-Menehould marchèrent à Bar-le-Duc, où M. de Turenne avoit jeté six cens hommes de pied, et selon qu'il connoissoit la situation de la ville et du château, il falloit qu'une armée se séparât pour l'attaquer; de sorte qu'il résolut de marcher au secours, quoiqu'il crût que toute l'armée d'Espagne y étoit avec M. le prince : elle étoit néanmoins partie de Sainte-Menehould (1), avoit passé la Meuse et s'étoit retirée dans le Luxembourg. M. de Turenne, qui étoit auprès de Vitri quand l'armée du prince alla devant Bar, marcha toute la nuit droit à Saint-Disier, d'où il vouloit partir après avoir un peu fait reposer les troupes, pour aller secourir Bar, qui n'en est qu'à trois lieues; mais il apprit que la basse ville ayant été surprise, le château s'étoit rendu en vingt-quatre heures. Il est certain que M. le prince entreprit ce siège-là n'y ayant pas beaucoup songé, et on n'a point vu d'action où il ait commis l'armée avec si peu d'égard comme en celle-là, étant très-constant que si le siège eût duré, comme il le devoit selon toutes les apparences, il ne pouvoit pas sauver son canon, et il est fort vraisemblable que son armée ne se fût pas retirée bien aisément.

M. de Turenne, ayant appris la prise de Bar et que l'armée d'Espagne n'étoit plus avec M. le prince, résolut de s'approcher de lui et de le combattre au premier lieu où il en trouveroit l'occasion. Ainsi il marcha à Vaucouleurs, afin de se trouver du même côté de la rivière de Meuse que M. le prince, qui, après avoir pris le château de Void, s'approcha de Toul. Il y avoit quelques jours que M. d'Elbeuf avoit joint l'armée du Roi avec deux mille hommes des troupes de Picardie ou de nouvelles levées: avec ce renfort l'armée marcha à Vaucouleurs, où elle passa la rivière de Meuse, afin d'être du même côté qu'étoit M. le prince; et le lendemain matin on marcha vers Void, d'où ayant délogé dès la nuit, le prince se retira à Commerci, qui étoit un lieu dont il s'étoit saisi et où il y a deux bons châteaux. Mais ayant sçu que l'armée du Roi continuoit sa marche après lui, il y laissa garnison et se retira le long de la Meuse à Saint-Mihel, grande ville dont les murailles étoient à demi-démolies. Il tâcha de

---

(1) Le Roy écrivit à Messieurs les maréchaux de Turenne et La Ferté Senneterre, la lettre suivante, « au sujet des incendies que font les ennemis des villages voisins de Saincte-Mennehould. »

« Du 23 décembre 1652

» Mes cousins, ayant sçeu que les trouppes de l'armée ennemie, commandée par le prince de Condé, ont bruslé plusieurs villages des environs de Saincte-Mennehoud, et entre autres de ceux qui appartiennent au sieur comte de Vaubecourt, je vous faicts cette lettre pour vous dire que vous ayez à faire entendre audit prince de Condé, par un trompette, que si lesdites trouppes bruslent dans mon royaume, qui est une manière de faire la guerre non pratiquée jusqu'à présent par les Espagnols, j'ay résolu de faire user des mesmes voyes contre les biens dudit prince de Condé, et dans les lieux qui luy appartiennent et à ceux de son party, situés dans mon royaume; sur quoy vous me ferez sçavoir ce qu'il vous aura répondu, et la présente, etc. »

trouver quelque lieu propre à se poster ; mais comme il n'avoit pas beaucoup d'infanterie, et qu'on ne lui donna pas le temps de se retrancher, il fut obligé de se retirer jusqu'à Damviller, qui est une place qu'il tenoit à la frontière de Luxembourg, ayant laissé de son infanterie dans Bar-le-Duc, dans Ligni, dans Void et dans Commerci, qui tiennent tout un canton de pays. A la faveur de ces places, il pensoit y faire hiverner son armée, ou, si l'on en attaquoit une, que se mettant à couvert d'une autre, il incommoderoit fort les assiégeans, à cause de l'hiver dans lequel on étoit entré. Mais M. de Turenne, qui voyoit bien par les petites places qu'il prenoit, et où il mettoit des gens, quelle étoit son intention, marcha toujours droit à lui, laissant les places sans les attaquer, et ainsi, en cinq ou six jours de temps, il l'obligea de se retirer dans le pays de Luxembourg.

M. le maréchal de La Ferté (1) arriva en ce temps-là de Nanci à Saint-Mihel : cette marche, rompant à M. le prince toutes ses mesures, lui fit perdre l'espérance d'hiverner ni en Champagne, ni sur les frontières de Lorraine. Ayant séparé sa cavalerie et son infanterie de tous les corps qu'il avoit laissés dans les places, il ne les put rejoindre, et une partie de cette infanterie fut prise pendant l'hiver à discrétion.

De Saint-Mihel on marcha devant Ligni et devant Bar, où arriva M. le cardinal Mazarin, qui avoit toujours demeuré à Sedan depuis son départ de Pontoise. On laissa quelque infanterie pour attaquer Ligni ; et ayant emporté la basse-ville de Bar par assaut, le siège dura dix ou douze jours à la haute ville et au château. M. le prince vint avec quelque cavalerie jusqu'à Vaubecourt ; mais comme il sçut qu'on marchoit à lui, il se retira à Damviller. Après sept ou huit jours de siège et d'une fort bonne défense, Bar et Ligni se rendirent à discrétion, avec sept ou huit régimens qu'il y avoit dans ces deux lieux. De là l'armée marcha vers Sainte-Menehould ; mais la rigueur de la saison et le nombre d'hommes qu'il y avoit dans cette place empêchèrent qu'on ne l'assiégeât ; la gelée étoit si forte qu'il y mourut beaucoup de soldats de froid en marchant. La même saison obligea à ne point assiéger Rhetel, étant impossible de travailler à la terre : d'ailleurs l'armée de M. le prince, qui s'étoit jointe au corps que les Espagnols avoient ramené quand il alla assiéger Bar, empêcha aussi que l'on ne fît ce siège, parce que les ennemis, qui tenoient Château-Portien, auroient pu facilement secourir la place. Pour ne pas faire un si grand siège, on alla faire celui de Château-Portien, qui dura six ou sept jours, que les assiégés demandèrent pour avertir M. le prince s'il les vouloit secourir ; le prince, qui étoit logé avec toute son armée et celle d'Espagne à Aubenton et Rumigni, qui n'en est éloigné que de six ou sept lieues, tint conseil là-dessus et résolut enfin de ne pas marcher, de sorte que Château-Portien se rendit. On demeura presque toutes les nuits du siège à la campagne avec toute l'armée, par les plus grands froids qu'il est possible d'endurer.

L'armée des ennemis sçachant la prise de Château-Portien, marcha à Vervins, qu'ils prirent, n'y ayant que trente hommes de garnison. L'armée du Roi marcha droit à Marle, et de là à Vervins, où les ennemis n'ayant laissé qu'un régiment d'infanterie et un de cavalerie, la place se rendit en douze heures ; les ennemis se retirèrent dans leur pays, et on donna des quartiers à l'armée du Roi dans toutes les provinces.

[1653] M. le cardinal Mazarin, qui étoit venu à l'armée au commencement du siège de Bar, ne quitta point l'armée que le siège de Vervins ne fût fini, vers la fin de février ; après quoi il s'en retourna à Paris, où l'autorité du Roi étoit affermie depuis son retour. La prise de M. le cardinal de Retz (2), qui fut arrêté durant l'hiver et en l'absence de M. le cardinal Mazarin (3), avec sa participation, et conformément à ses ordres, n'avoit causé nulle émotion : il étoit en prison dans le château de Vincennes. Il ne se fit nul changement considérable à la cour pendant l'hiver ; on envoya une partie de l'armée dans les provinces, et il demeura peu de troupes

---

(1) Voyez les Mémoires de M. le duc d'Yorck, dans ce volume, à la suite de ceux de Turenne.

(2) Nous avons donné, dans l'édition des Mémoires de ce cardinal, les ordres du Roy, écrits de sa main, pour s'emparer de la personne du coadjuteur, *mort ou vif*, en cas de résistance de sa part. (Page 415 de notre édition, tome Ier de la 3e série de la Collection de MM. Michaud et Poujoulat.)

(3) Turenne ne parle pas, dans ses Mémoires, du mécontentement qu'il dut éprouver, si on en croit la correspondance suivante, pour n'avoir pas été informé de l'arrestation du cardinal de Retz.

Au père Arnolfiny à Cambray.

« Paris, 18 janvier 1653.

» Le mareschal de Turenne est mal satisfait de M. le cardinal, en ce qu'il n'a point eu de part au secret de l'emprisonnement du cardinal de Retz, qu'on avoit confié à M. d'Elbeuf et au mareschal de La Ferté, affin de faire advancer les troupes du costé de Paris en cas de nécessité ; et c'est ce qui a empesché qu'on n'ait esté droit à M. le Prince avant la jonction de vos troupes.

» L'abbé Fouquet est de retour depuis trois jours d'au-

29.

sur les frontières ; et comme on étoit rentré fort tard dans les quartiers d'hiver, tant du côté des Espagnols que de celui du Roi, on ne se mit en campagne qu'assez avant dans le mois de juin. M. le prince tenoit (1) Sainte-Menehould et Rhetel sur la rivière d'Aisne, qui sont des postes de son Eminence; on apprendra par lui la résolution de M. le cardinal pour l'establissement d'un conseil de finances dont Servien et le procureur-général prétendent estre les chefs, et Bourdeaux et Ménardeau nouveaux directeurs. Cette résolution de M. le cardinal pourroit bien changer aussi bien que celle d'estre ici lundi ou mardi, que l'on ne croit pas pouvoir estre de quinze jours, posé le cas qu'il y vienne, ayant tenté de faire sortir le Roy de Paris il n'y a pas bien long-temps; à quoi il n'a pas trouvé toute la complaisance et la disposition possible ; et il prévoit bien que les esprits commencent à se réchauffer, que les rentes lui seroient une pierre d'achoppement. Il n'a encore rien décidé pour le fait de la surintendance. On recherche ici fort Croissy, pour l'arrester, et mesme une lettre qu'il escrivoit à Bordeaux a esté interceptée, par laquelle on le prétend fort criminel.

» Le parlement veut s'assembler touchant les confrères exilés, mais on leur promet leur retour bientost. »

On voit aussi, par cette lettre, que si le cardinal de Retz fut arrêté en l'absence de Mazarin, ce ne fut pas sans son ordre, puisque trois jours avant l'arrestation de Retz, l'abbé Fouquet revenait d'auprès du cardinal ministre.

(1) Turenne, dans ses Mémoires, nous raconte les préparatifs de la cour pour s'opposer au prince de Condé, et les lettres suivantes peuvent servir à donner une idée de la position réelle du prince et de l'état de son parti, soit en Flandre, soit à Bordeaux.

A Monsieur Lenet.

« S. A. ne ressent plus aucune incommodité de ses douleurs passées ; je croy que les eaues de Spa, dont elle se sert tous les jours, font un bon effect. Nos affaires, pour la campagne, s'advancent fort par deçà. S. A. part lundi prochain de Bruxelles pour aller à Anvers. Si entre cy et le prochain ordinaire il y a ici quelque chose de nouveau, je ne manquerai de vous le mander, estant la personne du monde qui aime le plus vostre satisfaction et à contenter vostre curiosité.

» Tenez-moi tousjours, s'il vous plaist, dans l'honneur de vos bonnes grâces.

» Bruxelles, le 20 mai 1653.
» Caillet.

» M. l'Archiduc donne le bal demain, où monseigneur le prince et tout ce qu'il y a de beau monde assistera; on n'est pourtant pas bien asseuré que les princesses et grandes d'Espagne, qui sont ici, s'y trouvent, à cause des rangs qu'elles se disputent les unes aux autres; ce qui est cause que S. A. n'en a pas encore invité une seule, la pluspart des princesses s'estant mis dans la teste que les visites de S. A. régleroient leurs rangs ; ce que S. A. n'a pas voulu décider. »

Lettre de Son Altesse à Monsieur Lenet.

« J'ai reçu, par le dernier ordinaire, les duplicata et triplicata de vos despesches du premier de ce mois, et celles que vous m'avez escrites du 8 et du 15, sur lesquelles je n'ay rien à respondre, vous ayant mandé par mes précédentes tout ce que je pourrois vous dire par celle-ci. Seulement vous dirai-je ce que je vous ay desjà faict sçavoir par deux ou trois fois, et à madame de Tourville, en responce à sa première lettre, quelles estoient mes intentions sur la réformation des maisons de ma femme et de mon fils, vous ayant remis à vous et à elle le pouvoir d'en retrancher tous ceux dont vous croiriez qu'on se pourroit passer ; de quoi je vous laisse encore une entière disposition. Je vous mandois aussi que le pourvoi eût esté inutile, et qu'il falloit s'en passer comme je fais, de quoi je trouve ma despence grandement diminuée. Pour le regard de mon fils, je suis d'advis qu'il soit logé avec ma femme et que vous gardiez auprès de lui ceux que vous me marquez, mon intention estant, comme je vous l'ay desjà escrit, que Lafontaine continue à demeurer auprès de lui avec l'assiduité qu'il a fait jusques à cette heure, et que M. d'Auteuil, tant qu'il y sera, fasse simplement sa charge sans entreprendre de se rendre maistre de la maison de mon fils, dont je veux que ma femme soit seule la maistresse. Et bien que j'aie dans l'esprit de me déffaire de M. d'Auteuil, je ne puis néantmoins gouster l'expédient que vous m'en donnez, ni ayant point d'apparence que soubs prétexte de la réformation d'une maison, l'on commence par le principal domestique, qui seroit le traitter avec un peu trop d'infamie : il faut trouver un moyen un peu plus honnorable. Je croy qu'il seroit bon de l'envoyer en quelque négociation, ou du costé de Paris ou bien ailleurs, dont le prétexte fust quelques négociations; car estant une fois esloigné, il sera bien plus facile d'empescher son retour auprès de mon fils, et c'est un moyen qu'il vaut bien mieux tenir que de le chasser honteusement ; alors je serai bien aise que M. de Marchin en prenne soing de temps en temps, s'il me veut faire ce plaisir, sans que cela le destourne de son application et de ses soings pour la guerre, pour laquelle j'ai toute créance et toute confiance en lui.

» Désabuzez-vous encore une fois de l'espérance que vous avez en ceste escadre de Dunquerque, ne consistant en tout qu'en quatre frégattes dont je vous ay desjà escrit.

» Je vous envoie le billet de créance pour Vilars; je vous envoie aussi une seconde lettre de M. le président de Gourgues, à qui je vous prie de faire compliment de ma part, estant bien fasché du mauvais traictement duquel il se plaint ; il faut que M. de Marchin et vous le ménagiez, en sorte que la paix venant à se faire, ce ne soit pas une personne irréconciliable.

» L'on m'a escrit de Paris qu'un nommé La Clayette avoit esté envoyé de Guyenne à la cour par M. de Marchin, et qu'il négocioit quelque chose de sa part; vous pouvez croire si je suis aisé à persuader là dessus, et vous vous imaginez bien de quelle sorte j'ay reçu un advis de cette nature. Je vous prie de le dire à M. de Marchin et de l'asseurer que tel bruict ne sera capable de me donner le moindre ombrage de lui. Si néantmoins La Clayette, ou quelqu'autre, avoit esté despesché vers Paris, je serois bien aise d'en sçavoir le subject, affin de pouvoir plus asseurément respondre à tous ceux qui se mesleroient de faire courir de si faux et de si nombreux bruicts.

» Il ne me reste plus à vous dire que la Royne ayant traicté, dès l'an passé, avec le lieutenant-colonel Bardouille, pour la levée de son régiment de dragons, et le lieutenant-colonel s'estant si mal acquitté de ce qu'il devoit, qu'on a esté contrainct de le faire arrester, cela a empesché que le régiment ne s'est pas mis sur pied ;

tes fort considérables pour entrer en France, et principalement Rhetel, y ayant de là une communication aisée par La Capelle, que les Espagnols tenoient, aux autres places du Pays-Bas ; et M. le prince tenoit aussi Stenai sur la Meuse, qui lui donnoit la communication du Luxembourg. M. de Turenne, qui sçavoit bien la conséquence de ce poste-là, par la connoissance qu'il en avoit eue durant la guerre qu'il faisoit après la prison de M. le prince, fit trouver bon à M. le cardinal qu'en assemblant l'armée du Roi, il allât assiéger Rhetel, pour ôter par là aux ennemis le moyen de joindre l'armée qui étoit dans le Luxembourg et celle qui étoit sur la Sambre, derrière la Capelle. L'armée du Roi se logea (1) en passant la rivière d'Aisne,

au défaut de quoi j'ai proposé à Bardouille de retourner en Guyenne avec les cavaliers que j'y envoye, et que M. de Marchin lui pourroit donner jusques à cent cinquante de ces cavaliers pour faire un régiment, ce qu'il n'a pas voulu accepter ; et m'ayant demandé son congé pour se retirer chez lui, je le lui ai accordé, et comme je sçai qu'il est considéré de M. de Marchin, j'ai esté bien aise de vous dire comme la chose s'est passée, afin que vous la lui faciez entendre.

» Je vous envoye encore une lettre de Chouppes, par laquelle vous verrez les plaintes qu'il fait de vous et de M. de Marchin ; faites-la voir à mon frère et à ma sœur affin qu'ils ne trouvent pas estrange si je le prends au mot pour son congé. Faites-leur voir aussi la lettre que j'escris à Chouppes, et s'ils jugent à propos qu'elle lui soit rendue, vous la fermerez et la lui rendrez. Pour la lettre que j'escris à ma sœur et à mon frère, et que je vous envoie toute ouverte, vous la cacheterez avant de la leur rendre, sans qu'ils sçachent que vous ayez veu ce qu'elle contient.

» A Bruxelles, le dernier de may 1653.

» Louis de Bourbon. »

Au Mesme.

« 7 Juin 1653.

» Je suis bien aise d'avoir appris par vostre despesche du 22 du passé, l'arrivée de l'argent et des Irlandois, estant deux secours qui ne vous doivent pas estre peu utiles ; le plus advantageux de tous estant l'armée navalle, et toute l'espérance du salut de Bordeaux estant fondé là-dessus, il faut que vous la faciez entrer le plus diligemment que vous pourrez. Vous trouverez dans ce pacquet une lettre que j'escris pour ce subject à dom Louis, laquelle vous adresserez par un courrier exprès à M. le comte de Fiesque, en cas qu'il y ait quelque chose qui l'ait obligé d'aller droict en Espagne sans passer par Bordeaux, et que vous sçachiez qu'il soit arrivé ; sinon vous l'adresserez à Saint-Agoulin. Je vous envoie aussi une coppie de la dernière despesche de dom Louis au comte de Fuensaldagne, avec celle du mémoire qu'il lui a envoyé, qui contient en détail tout le secours que vous devez attendre de l'armée navalle d'Espagne ; vous verrez par là si cela se rapporte à ce que l'on vous en mande de Madrid ; car le comte de Garcie me dit, il y a quelque temps, que le marquis de Saincte-Croix, son beau-frère, n'iroit pas à Bordeaux, et que l'admiral ni les galions ne seroient pas du secours. A la vérité la lettre qu'il en avoit reçue est de vieille datte, et la résolution peut avoir changé depuis ce temps-là. Je croy que vous aurez aussi bientost quelques secours d'Angleterre, et je serois bien aise qu'il pust joindre celui d'Espagne pour entrer en rivière avec d'autant plus de force. Il ne faut pas que cette espérance vous face relascher de la moindre partie de ce que vous pouvez attendre de celui d'Espagne ; car celui d'Angleterre n'est pas encore asseuré.

» Vous ne sçauriez croire la joye que j'ay d'apprendre que vous et M. de Marchin commencez à vous bien remettre avec mon frère et ma sœur ; c'est ce que j'ai toujours souhaitté avec grande passion, mon intention estant, comme je vous l'ai desjà tesmoigné, que vous viviez avec eux dans le dernier respect et la dernière déférence ; mais aussi je crois qu'ils vous feront cette justice à l'un et à l'autre, que de soubsmettre à vostre pouvoir, sous leur aucthorité, toute la disposition des trouppes et des finances. Enfin ne négligez rien de toutes les choses qui pourront contribuer à leur satisfaction et à l'establissement d'une parfaite union, n'y ayant rien qui me mette tant en peine que les divisions, si petites qu'elles puissent être, bien que vous m'escriviez que j'en doibs être en repos. J'escris sur ce subject à mon frère et à ma sœur ; j'escris aussi au chevalier de Thodias et à Vilars, auxquels vous rendrez mes lettres.

» Quant au réglement des maisons de ma femme et de mon fils, je vous en ay desjà mandé mes volontés fort amplement, et je vous réitérerai seulement, par cette lettre, que je veux que mon fils loge avec ma femme, et que tous leurs domestiques soient congédiés jusques à la paix, à la réserve de ceux qui sont absolument nécessaires.

» Notre rendez-vous d'armée est pris pour le 15 de ce mois, et nous marcherons pour entrer en France bientost après. Ne vous estonnez pas si durant la campagne je ne vous escris pas si régulièrement que je fais à présent, car les occasions en seront beaucoup moins fréquentes qu'elles ne sont ici, et je vous prie que pendant la campagne vous ne m'escriviez en chiffres que les choses qui seront d'importance et succinctement, car je n'aurois pas le loisir de les deschiffrer si elles estoient trop longues. Je crois que vous entendrez bientost parler de nous et de bonne sorte.

» A Bruxelles, le 7 juin 1653.

» Louis de Bourbon. »

(1) Dès le 1er aoust 1653, l'avis suivant de la marche de l'armée fust envoyé à M. Le Tellier.

« Messieurs de Turenne et de La Ferté vont marcher vers Rethel, bien qu'une bonne partie des trouppes du premier ne l'ayent point encores joinct, et que l'autre n'a aucunes nouvelles de celles de Bourgogne, mesme que monsieur d'Espernon, par ses lettres du 11, ne mande point qu'elles ayent receu ordre de marcher ; mais on en laissera aux uns et aux autres pour suivre à mesure qu'elles arriveront.

» Quand on sera à Rethel, on verra ce qu'il y aura à faire tant par les forces que l'on aura que les nouvelles que l'on apprendra des ennemis, desquels jusqu'à présent on n'en a point de certaines ; mais comme il est impossible de rien entreprendre sans munitions de guerre, il est de la dernière importance qu'on en envoye promptement, puisque jusqu'à présent on n'a point de nouvelles des cent chevaux ni du sieur Deshayes qui debvoient estre partis de Paris il y a dix-huit jours, et que le mareschal de La Ferté n'a que trois mille six cens

à trois lieues plus avant que Rhetel, qui étoit justement l'endroit où l'armée de Flandre et celle de Luxembourg devoient se joindre.

M. de Turenne, qui avoit été long-temps à Stenai, voyoit fort bien que les ennemis pouvoient penser se joindre en ce lieu-là, et connoissoit que cette jonction étant empêchée par l'armée du Roi, il faudroit deux ou trois jours au moins aux ennemis pour se résoudre si l'armée qui étoit sur la Sambre iroit en Luxembourg, ou si celle du Luxembourg passeroit la Meuse pour joindre celle de la Sambre; et que, selon l'un ou l'autre parti, il falloit quatre ou cinq jours au moins pour la marche du corps qui iroit joindre l'autre : ce qui donnoit huit ou neuf jours de sûreté pour entreprendre le siége de Rhetel, sans avoir l'armée des ennemis sur les bras. On entreprit donc ce siége avec la moitié de l'armée du Roi ; M. le maréchal de La Ferté y étoit aussi avec une partie de son armée.

Il n'y avoit que huit ou neuf cens hommes dans Rhetel ; on prit les dehors en arrivant, et le siége ne dura que trois jours. Il n'y a rien eu dans toutes ces dernières campagnes de guerre de plus considérable que d'avoir assemblé l'armée du Roi dans le pays au-delà de Rhetel, et d'avoir empêché M. le prince de commencer la campagne sur la rivière d'Aisne ; il avoit cette année-là une armée beaucoup plus forte que celle du Roi. La guerre de Bordeaux continuoit encore, et s'il avoit marché sous Rhetel et l'avoit conservé, ayant à sa main gauche la Meuse, où il tenoit Mouson et Stenai, et à la main droite la frontière des Pays-Bas, d'où il pouvoit tirer des vivres, il auroit été impossible de couvrir tous les pays qui lui étoient exposés, comme Verdun, Saint-Dizier et Vitri, d'un côté, et de l'autre, Guise, Laon et Soissons, et en tête, Rheims et Châlons. L'armée du Roi n'avoit pas, cette campagne-là, plus de six à sept mille hommes de pied, avec lesquels il falloit tenir la campagne et garnir les places. M. de Turenne, plus d'un mois avant que de partir de Paris, consi-

déroit l'entrée de M. le prince par Rhetel comme le plus grand mal qui pût arriver ; c'est pourquoi dès qu'en assemblant l'armée du Roi auprès de Châlons, il sçut que M. le prince faisoit le rendez-vous de la sienne, il envoya à M. le maréchal de La Ferté, qui étoit auprès de Sainte-Menehould, pour le prier de marcher : ce qu'il fit ; et lui, par un autre côté, s'en alla passer à Château-Portien et se logea vers le château de Chaumont, où il y avoit deux cens hommes des ennemis qui se rendirent à discrétion, d'où l'on alla assiéger Rhetel le lendemain.

M. le prince, à qui les mesures furent rompues, n'ayant pas assez vu la conséquence de Rhetel, entra en France par la frontière de Picardie avec une armée de trente mille hommes, où il trouva de grands obstacles, et où certainement il n'y avoit pas la même facilité à faire quelque chose de considérable que du côté de la Champagne, quand on a Rhetel et les autres places de la Meuse, comme Mouson et Stenai. On étoit bien avant dans le mois de juin quand on prit Rhetel ; ce qui ôta l'excuse d'être prévenu à se mettre en campagne ; mais souvent les personnes les plus habiles font des fautes qu'il est plus aisé de remarquer que de prévenir.

Après la prise de Rhetel, comme l'armée des ennemis s'étoit mise ensemble vers la Capelle, l'armée du Roi tourna de ce côté-là et alla loger auprès de Vervins. En ce temps-là, le Roi, avec M. le cardinal, vint à l'armée, qui se logea à Ribemont, comme on sçut que celle des ennemis marchoit à Fonsomme. Pendant le séjour du Roi dans son armée à Ribemont, celle des ennemis fut toujours à Fonsomme ; et les gardes des deux armées n'étoient qu'à un quart de lieue l'une de l'autre : on demeura cinq ou six jours de cette manière, après quoi le Roi s'en alla à Paris.

Les ennemis, qui avoient séjourné à Fonsomme, ayant donné les ordres nécessaires pour la provision de leurs vivres et pour le corps qu'ils laissoient dans le pays, marchèrent et en-

---

livres de poudre, au lieu des six mille qu'on lui debvoit fournir, et du plomb et de la mesche à proportion.

» Le régiment du comte de Dampierre est entré dans Verdun, qui mettra ceste place en quelque sorte en seureté, et on verra de faire de mesme pour Vitri et Saint-Dizier.

» On envoye l'estat des troupes de l'armée que commande M. de Turenne, qui ne sont point encore arrivées au rendez-vous, afin qu'il plaise à la cour envoyer pour les faire diligenter.

» Il est nécessaire aussi de faire commandement aux officiers qui sont à Paris de s'en venir promptement à Rheims, où ils apprendront des nouvelles de l'armée.

» Il n'y a pas un grain de poudre ni aucun équipage d'artillerie près M. de Turenne, de sorte qu'il faudroit que les cent chevaux marchassent en diligence à Rheims, lesquels il a creu estre partis il y a longtemps, et faire suivre le reste au plustôt.

» Il faudroit sçavoir de M. le grand-maître où on pourra prendre des munitions de guerre au besoing.

» Comme on ne sçait point où a marché le corps de l'armée que commande M. de Turenne, qui est allé en Picardie, on supplie la cour de faire en sorte qu'il observe tellement la marche de l'armée des ennemis qu'ils puissent joindre celle du Roy devant que les ennemis entrent en France. »

trèrent en France avec un bon nombre de pionniers, et, laissant la rivière de Somme à leur main droite, et la rivière d'Oise à leur gauche, passèrent à une lieue de Ribemont, et allèrent loger entre Saint-Quentin et Ham. L'armée du Roi marcha le même jour et alla loger à Acheri, qui est à une lieue de La Fère, laissant ce jour-là la rivière d'Oise entre elle et les ennemis. Le lendemain, leur armée marcha de grand matin, et laissant Ham à main droite, s'avançoit vers Chauni. Elle étoit fort considérable, ayant seize mille hommes de pied, onze mille chevaux, et trente à quarante pièces de canon, sans compter un troisième corps qui étoit aux environs de Cambrai. Cette marche menaçoit beaucoup de lieux, car ils pouvoient aller ou à Compiègne, ou prendre les postes qui sont entre Compiègne et Pontoise, sur la rivière d'Oise, comme Creil et Pont-Sainte-Maxence, et de là s'avancer jusqu'aux portes de Paris pour y mettre toutes choses en confusion, les esprits y étant fort chancelans, et le Roi n'étant pas en sûreté si l'armée de l'ennemi en eût été proche. Ils pouvoient aussi aller à Beauvais, où il n'y avoit point de garnison; et le peu d'infanterie qu'il y avoit dans l'armée du Roi auroit obligé à ne mettre personne dans Saint-Quentin, ni à Ham, ni à Péronne, ni dans les autres places de la Somme, sur l'une desquelles ils se fussent facilement jettés si l'armée du Roi se fût éloignée d'eux.

M. de Turenne fut d'un sentiment contraire à celui de toute l'armée, et M. le maréchal de La Ferté y entra : c'étoit de ne point continuer à suivre la rivière d'Oise pour couvrir Compiègne, Creil et Pont-Sainte-Maxence, parce qu'on exposoit par-là aux ennemis celles des villes sur la Somme qu'ils auroient voulu assiéger, mais de passer la rivière d'Oise du même côté qu'étoient les ennemis et de se loger à deux heures d'eux dans un camp fort sûr. Il faut considérer que n'y ayant que sept mille hommes de pied dans l'armée du Roi et point d'infanterie dans les places, qu'on ne les pouvoit sauver qu'en se tenant toujours près de l'ennemi, et lui donnant à juger que l'on arriveroit toujours douze ou quinze heures après lui devant la place qu'il voudroit assiéger. Si on avoit mis de l'infanterie dans les places, l'armée n'auroit osé se tenir en campagne près de l'ennemi, et ainsi elle lui auroit donné le moyen d'entreprendre tout ce qu'il auroit jugé à propos. M. le prince commandant l'armée ennemie, on pouvoit s'attendre à toutes les vigoureuses résolutions qu'il y a à prendre, quand un ennemi se sépare et qu'il laisse tant de lieux exposés. Il valoit donc mieux se résoudre à cotoyer toujours l'ennemi (quoique cela fût un peu dangereux) que de prendre un des deux autres partis qu'on proposoit : c'étoit de marcher avec l'armée vers Compiègne sans passer l'Oise, ou de jeter de l'infanterie dans les places, et de s'éloigner de l'ennemi avec la cavalerie. Par le premier il est certain que les ennemis auroient pu assiéger la place la plus considérable sur la Somme, ayant un corps près de Cambrai avec des pionniers du pays toujours prêts, et l'armée du Roi n'auroit pu y arriver que quatre ou cinq jours après eux. Par l'autre, l'ennemi auroit eu moyen de marcher à Paris, ne voyant point d'armée en corps, ou bien auroit assiégé une place où il n'auroit eu qu'une plus forte garnison à craindre, mais point d'armée à appréhender. J'insiste un peu là-dessus, parce qu'assurément la résolution de passer la rivière, de ne mettre personne dans les places, et de s'aller loger proche de l'ennemi, a rendu cette entrée en France de nul effet; et souvent, pour appréhender trop de choses, on prend des partis différens de celui-ci qui réussissent fort mal. Ce n'est pas que celui-là soit bien sûr, car un ennemi peut marcher à vous et combattre; mais quand on a une bonne armée, quoique plus foible, et que l'on prend bien garde comme on campe et aux mouvemens de l'ennemi, c'est le parti le plus assuré.

L'armée de l'ennemi marcha de Chauni à Roye, et celle du Roi auprès de Noyon ne se retrancha point, mais, regardant bien à ce que les ennemis faisoient, se logea toujours en des lieux assez avantageux. On sçut qu'ils attaquoient Roye, où il n'y avoit point de soldats; le siége dura deux jours, et l'on ne songea pas à secourir la place, n'étant qu'une petite ville qu'on ne pouvoit pas garder. Quand ils eurent pris Roye, ils commencèrent à être fort embarrassés de la résolution qu'ils prendroient : ils n'osoient s'avancer dans le pays où ils n'avoient point de places, pendant qu'une armée ennemie logeoit à trois heures d'eux. Ils ne pouvoient aussi attaquer une place sur la Somme, où il faut se séparer à cause des marais, et où l'armée du Roi fût arrivée le même jour. Comme Corbie ne vaut rien, M. de Turenne y envoya cinq cens chevaux sous M. de Schomberg.

En ce temps-là on prit une lettre que l'on envoya à la cour pour déchiffrer, par laquelle on sçut certainement que les ennemis, avant que de ne rien entreprendre (leurs premières mesures ayant manqué), vouloient faire venir un corps de Cambrai avec une grande quantité de vivres; et comme on s'enquit diligemment par Bapaumes de ce qui se faisoit à Cambrai, on sçut que le corps étoit prêt à partir. L'armée du Roi laissant son bagage pour la suivre, passa la Somme à Ham, et marchant vers Peronne, M. de Turenne s'avança avec cinq mille chevaux jusques auprès de Bapaumes pour attendre ce corps, qui, ayant eu nouvelle de cette marche, se retira à Cambrai. L'armée de l'ennemi, sachant que l'on étoit entre eux et leur convoi, et ayant perdu le temps d'avancer dans le pays ou d'attaquer une place manquant de vivres, quitta Roye et marcha pour repasser la Somme à Cerisi, qui est entre Péronne et Corbie, ayant jeté beaucoup de fascines sur le marais. En moins de vingt-quatre heures toute l'armée avec le bagage fut passée du côté de leur pays, et ayant appris que l'armée du Roi étoit logée à une heure de Péronne proche du mont Saint-Quentin sans être retranchée, ils partirent la nuit et marchèrent tout droit avec résolution de combattre. On fut quelque temps en doute s'ils quittoient tout-à-fait les ponts qu'ils avoient faits pour passer la Somme, mais on vit par leur marche qu'ils les abandonnoient entièrement.

L'armée du Roi avoit le front à un ruisseau; mais les ennemis marchoient pour le prendre à la source, qui n'étoit qu'à une demie heure du champ, et ainsi venoient par le flanc de l'armée. C'étoit celle de M. le maréchal de La Ferté qui étoit du côté que les ennemis venoient, et il étoit impossible de se mettre en bonne posture devant eux, la situation du lieu ne le permettoit pas et donnoit un grand avantage aux ennemis qui avoient le moyen de s'étendre. M. de Turenne avança, ayant M. le chevalier de Créqui avec lui et deux ou trois de ses gens pour reconnoître les ennemis. Ayant vu qu'ils prenoient leur marche et qu'il n'y avoit point de temps à perdre, il fit considérer à M. le maréchal de La Ferté la mauvaise posture où il étoit, et, étant retourné à son armée, qui étoit à l'aile droite et un peu plus loin de celle des ennemis, il envoya Varennes, qui faisoit la charge de maréchal-des-logis de l'armée, pour voir comment étoit fait le pays par-delà un petit bois : il reconnut que c'étoit une assez grande plaine où une partie de l'armée pourroit être en bataille, et que les ennemis ne l'avoient pas encore occupée, mais commençoient à y faire avancer quelques escadrons, et que le bois pour y aller étoit fort clair. M. de Turenne envoya aussitôt avertir M. le maréchal de La Ferté qu'il marchoit à cette plaine et lui demander s'il lui plaisoit y venir prendre la gauche : ce qu'il jugea fort à propos, et ainsi M. de Turenne commença à marcher d'auprès du mont Saint-Quentin, et avec un grand front, passant au travers du bois, arriva dans un vallon à côté : il se mit en bataille dans ce vallon, où faisant promptement travailler l'infanterie à cinq ou six redoutes à la tête de l'armée, en deux heures on fut bien retranché.

L'armée de l'ennemi, voyant celle du Roi en cet état, et ayant été obligée de faire un peu d'halte pour attendre son infanterie, demeura sans avancer, et après quelques escarmouches commença à se loger sur une hauteur à un quart de lieue de l'armée du Roi. La nuit suivante on avança les travaux. On a dit que ce jour M. le prince vouloit combattre, mais que les Espagnols l'en empêchèrent : je crois que la difficulté vint par leur longue marche, et que l'armée du Roi ayant changé de poste, cela les obligea à faire un grand tour qui leur fit perdre du temps et en donna de celui du Roi de se bien retrancher : ce qui étant, il n'y avoit plus d'apparence que ni M. le prince ni les Espagnols eussent voulu combattre. Il est vrai qu'avant que d'avoir changé de poste l'armée du Roi couroit grand danger, les ennemis ayant toutes les hauteurs sur elle ; et assurément l'on auroit combattu ce jour-là avec mauvais succès. On demeura deux ou trois jours en présence, s'y faisant beaucoup d'escarmouches; et au bout de ce temps les ennemis marchèrent droit à Fonsomme, et envoyèrent trois mille chevaux sous M. de Duras pour investir Guise.

L'armée du Roi, ayant vu le matin que l'ennemi marchoit, passa la rivière de Somme à Péronne, et on fit sept lieues ce jour-là. M. de Turenne fit marcher en diligence M. de Beaujeu pour entrer dans Guise avec deux mille chevaux. Les ennemis avoient le chemin plus court de la moitié que l'armée du Roi pour arriver à Guise, mais leur armée s'arrêta à trois heures de là, sur la difficulté que firent les Lorrains de faire ce siège; du moins on a dit que ce fut là le sujet qui suspendit leur marche : il est certain que s'ils l'eussent continuée ils y seroient arrivés un jour avant l'armée du Roi, et on ne sçait pas si M. de Beaujeu y auroit pu entrer. Ce dessein ayant manqué, ils s'en vinrent loger à Caulaincourt, qui est entre le Castelet et Ham, et l'armée du Roi auprès de Ham, la rivière de Somme entre deux, où ayant séjourné plus de quinze jours et tenu beaucoup de conseils avec M. l'archiduc qui les vint joindre, ils partirent en diligence, et, laissant Guise à leur main gauche, ils allèrent assiéger Rocroi, où la situation est si avantageuse pour celui qui arrive le premier, à cause des grands bois qui sont autour de la place, que l'on ne voulut pas y marcher avec l'armée pour la secourir, et on aima mieux assiéger Mouson, où on arriva en très-grande diligence; les tranchées s'étant ouvertes en même temps aux deux places, Mouson fut pris quatre ou cinq jours avant Rocroi. Les ennemis y avoient seize cens hommes et des meilleurs régimens de l'armée. On ne fit point de circonvallation, et on ouvrit la tranchée le soir que l'on y arriva. Le siége dura dix-sept jours; et comme on marchoit vers Rocroi, on eut nouvelle qu'il capituloit. Les ennemis après la prise se retirèrent plus avant dans leur pays, et dans la pensée que l'on eut qu'ils pourroient assiéger la Bassée ou Béthune, n'ayant plus que cela à faire, on y mit un si grand nombre d'infanterie qu'ils ne purent assiéger ni l'une ni l'autre.

Les affaires de Bordeaux étant finies cet été-là, il en vint quelques troupes du Roi, avec lesquelles et ses gardes françoises et suisses, Sa Majesté fit faire le siége de Sainte-Menehould par MM. d'Uxelles, Castelnau et de Navailles. M. de Turenne marcha pour couvrir la Picardie et les places de Flandres, et M. le maréchal de La Ferté alla vers la Meuse pour s'opposer à M. de Lorraine, qui venoit avec quelques troupes pour secourir Sainte-Menehould, dont le siége continua jusqu'au commencement de décembre. Les troupes y furent assez rebutées par les sorties et par le mauvais temps, et on croit que le feu qui se mit aux poudres des assiégés ne nuisit pas à la prise de la place. Ainsi l'hiver vint, et les armées se retirèrent de part et d'autre, l'armée du Roi ayant pris, durant la campagne, Rhetel, Mouson et Sainte-Menehould, et les ennemis, Rocroi seulement, quoiqu'il n'y eût entre elles aucune proportion de forces, celles des ennemis étant beaucoup plus considérables.

LIVRE TROISIÈME.

DES GUERRES EN FLANDRE.

L'hiver se passa sans qu'il y eût rien de considérable à la cour, et l'autorité resta toute entière entre les mains de M. le cardinal Mazarin. Au printemps (1), le Roi alla se faire sacrer à Rheims, où on résolut de prendre le régiment des gardes françoises et suisses, et quatre ou cinq autres régimens d'infanterie, avec douze ou quinze cens chevaux, et d'en donner le commandement à M. Fabert, pour faire le siége de Stenai ; il fut résolu aussi que le Roi iroit à Sedan, afin d'en être proche ; que l'armée se tiendroit sur la frontière de Champagne, pour pouvoir se rendre aussitôt à Stenai, si celle des ennemis passoit dans le Luxembourg ; et qu'en cas qu'ils entreprissent quelque chose vers les frontières de Flandre, on pût aussi marcher de

---

(1) C'est aussi vers ce temps que l'on publia une « déclaration contre les gens de guerre et autres servant les ennemis et M. le prince de Condé, qui seroient trouvés dans Paris et à dix lieues à la ronde : »

« Du 15 avril 1654.

» Louis, par la grâce de Dieu roy de France et de Navarre, à tous ceux qui ces présentes lettres verront, salut : Comme depuis que le prince de Condé a pris les armes contre nous, et, s'estant joint aux Espagnols, ennemis de cette couronne, et eu le commandement de leurs armées, et receu d'eux son entretènement et celui des troupes qui dépendent de luy, il ne s'est pas contenté d'entreprendre contre nous et nos subjets les actes d'hostilité qui se pratiquent ordinairement à la guerre, mais a envoyé des gens exprès dans nos villes et places et dans nos provinces les plus advancées dans nostre royaume porter des paquets et faire des messages, lever des gens de guerre, débaucher ceux de nos trouppes, faire et entreprendre telles autres pratiques et menées contre notre service, envoyant jusqu'à notre bonne ville de Paris et aux environs des gens de ses trouppes et de celles des ennemis, lesquels y ayant entré avec toute liberté, comme il est fort aysé dans une si grande ville où l'abord est libre à tout le monde, y ont enlevé des prisonniers jusqu'aux portes de ladite ville et iceux menés aux places estant au pouvoir des ennemis et dudit prince de Condé, où ils ont tiré d'eux de grosses rançons, après les avoir tenus rigoureusement en prison et tué les autres qui leur faisoient résistance ; et quoique les défenses portées par nos ordonnances les deussent retenir et empescher de continuer ces pratiques et entreprises contre nos subjets et notre service, sans s'exposer a la peine de nosdites ordonnances et déclarations qui ont été depuis suivies de la condamnation rendue contre ledit prince de Condé et aucuns de ses complices et adhérans, néantmoins aucuns d'eux n'ont pas délaissé, prenant advantage de l'impunité du passé, de continuer encore dans la même audace, et estant guidés par les ennemis et par les gens dudit prince de Condé, ne laissent de venir journellement avec eux jusques dans nos maisons royales et autres lieux où nous nous trouvons ; en sorte qu'il importe à la sécurité de notre personne, aussi bien qu'à celle de nostre Estat, d'arrester le cours de ces entreprises, et voulant y pourvoir par notre auctorité, ainsi qu'une chose de cette conséquence le requiert : sçavoir faisons que nous, pour ces causes et autres bonnes considérations à ce nous mouvans, avons dict, déclaré et ordonné, disons, déclarons et ordonnons, par ces présentes, signées de nostre main, voulons et nous plaist que tous gens de guerre et autres, comme aussi tous vagabonds et gens sans adveu, servans les ennemis de cette couronne, faulteurs et adhérans dudit prince de Condé, soit nos subjects ou estrangers, qui seront trouvés dans notredite ville et faubourgs de Paris et à quinze lieues à la ronde d'icelle, vingt-quatre heures après la publication des présentes, seront pris et appréhendés et traictés comme espions selon la rigueur de nos ordonnances ; et à cette fin, le procès à eux faict en dernier ressort par les juges présidiaux et prévosts de nos très chers cousins les maréchaux de France, et qu'incontinent et sans délay il en sera faict une recherche exacte en ladite ville et faubourgs de Paris, et procédé à la capture et punition d'iceux de ladite qualité. Deffendons en outre à tous nos subjects, de quelque estat, dignité et condition qu'ils soient, de leur donner logement, retraicte, vivres ni assistances quelconques, sous crime de lèze-majesté. Si donnons en mandement à nos amés et féaux les gens tenant notre cour de parlement de Paris, que ces présentes ils aient à faire lire, publier et enregistrer, et le contenu en icelles garder et observer selon leur forme et teneur, mesme de procéder et faire procéder à ladite recherche, perquisition et punition desdits espions par lesdits prévosts des maréchaux et autres nos officiers qu'il appartiendra, car tel est nostre plaisir. En tesmoin de quoi nous avons fait mettre, etc. »

Une lettre du secrétaire du prince de Condé nous apprend aussi qu'il y avait déjà de grandes conférences pour la campagne qui allait s'ouvrir entre les Espagnols et le prince de Condé. Caillet écrivait le 9 mai 1654 :

« A ce mesme instant je viens de la cour parler à monseigneur l'archiduc, et ensuite de ce que monsieur le président Viole m'a dit de la part de monsieur le prince, ai mandé l'heure pour la conférence à tenir sur les choses de la campagne ; et pour ne se trouver fort bien, il supplie monsieur le prince que ce puisse estre pour demain pour les dix heures du matin : ce que je vous prie de vouloir bien adviser à monsieur le prince.

» CAILLET. »

ce côté. Il n'y avoit pas d'apparence que les ennemis fissent un siége aussi considérable que celui d'Arras. On croyoit que s'ils ne marchoient pas vers Stenai, ils ne pouvoient entreprendre que le siége de Béthune ou de La Bassée, et alors on auroit assiégé quelque place sur la frontière, comme la Capelle ou Landrecies.

Dans le temps que l'armée du Roi étoit auprès de La Fère, on apprit par M. Mondejeu, gouverneur d'Arras, qu'il étoit investi, sans qu'il en eût eu auparavant le moindre avis. Dans les guerres de Flandre, cela se peut aisément, parce que, le pays étant fort serré, les places sont si près les unes des autres, que les ennemis peuvent en menacer beaucoup à la fois, et les gouverneurs ne sçavent pas à laquelle on veut s'attacher. A la réserve de cent chevaux que M. de Mondejeu avoit mis dans la place, toute sa cavalerie, composée de cinq cens chevaux, étoit dans un camp volant que commandoit M. de Barre, qui étoit sur la rivière d'Authie, auprès de Dourlens, et avoit ordre de couvrir les places d'Arras, de Béthune et de La Bassée. Il avoit mis son infanterie dans les deux dernières places, comme étant les plus éloignées et les plus difficiles à secourir en cas que l'ennemi les eût assiégées, et il croyoit, aussi bien que le gouverneur d'Arras, qu'il auroit toujours assez de temps pour entrer dans la place avant que d'être investie, parce que c'est un pays de plaine et qu'il n'en étoit pas trop éloigné. Il ne put pas y réussir les deux ou trois premiers jours, mais ensuite, ayant envoyé M. d'Equancourt avec quatre cens chevaux, et M. de Saint-Lieu avec un pareil nombre, par différens endroits et à un jour distant l'un de l'autre, tous deux essayèrent de se jetter dans la place avec beaucoup de hardiesse; mais ayant trouvé la cavalerie de l'ennemi qui les attendoit sur deux lignes, la moitié de leurs gens fut prise ou contrainte de retourner, et l'autre moitié entra dans la place avec eux. M. de Turenne fit aussi détacher de son armée le chevalier de Créqui avec cinq cens chevaux, composés de son régiment, de celui de Bouillon, et de gens commandés, qui, après avoir fait un grand tour, ayant trouvé une barrière du camp des ennemis qui n'étoit pas fermée, y entra, et, quoiqu'il fût chargé par leur cavalerie, il se jetta dans la place avec deux cens cinquante chevaux : une grande partie des autres fut faite prisonnière, et sa dernière troupe, commandée par un colonel, fut perdue dans la nuit et ne le put pas suivre.

Quand on sçut que cette cavalerie étoit entrée dans Arras, on fut quelque temps en doute si les ennemis continueroient le siége; mais on apprit qu'ils faisoient travailler à leurs lignes, et que ce secours n'avoit empêché que quelques jours l'ouverture de la tranchée. L'armée du Roi s'avança auprès de Péronne, et comme on craignoit de ne pouvoir pas en tirer tous les vivres nécessaires, M. de Turenne ne fut pas d'avis que l'on s'approchât du camp des ennemis qu'après que l'on auroit donné tel ordre aux vivres que l'on ne fût pas obligé de combattre l'ennemi dans ses lignes sans raison, ni de se retirer faute de subsistance. Pour le premier, il n'y avoit pas d'apparence de combattre une armée beaucoup plus forte, qui n'avoit point ouvert de tranchée, et par conséquent point affoiblie ni par la désertion, ni par la nécessité, ni par un grand nombre de gens que l'on perd dans un siége; et pour l'autre, il étoit clair que de s'approcher de l'ennemi pour être après obligé de s'en retirer, feroit un très-mauvais effet et dans l'armée et dans la ville assiégée. Sans ces inconvéniens, il est sans doute qu'il eût été prudent de se rendre bientôt auprès des ennemis après qu'ils furent devant la place, parce qu'on leur eût empêché de faire un grand magazin de vivres dans leur camp; mais on crut ce dernier inconvénient moindre que les autres.

M. le cardinal, qui étoit avec le Roi à Sedan durant le siége de Stenai, pensa s'en venir à Péronne; mais il y envoya M. Le Tellier. M. de Turenne et M. le maréchal de La Ferté virent ce ministre le matin qu'ils marchèrent vers le camp de l'ennemi, et s'assurèrent tout-à-fait que, lui étant sur la frontière, toutes choses seroient bien réglées pour la subsistance de l'armée qui s'éloigna de neuf lieues, alla loger à la portée du canon du camp des ennemis, et se mit entre eux et Douai, d'où ils tiroient tous leurs vivres. L'armée du Roi n'avoit pas plus de quatorze ou quinze mille hommes, et celle des ennemis passoit vingt-cinq mille. M. de Turenne, à cause de la foiblesse de l'armée et du peu d'équipage d'artillerie et de vivres, ne fut jamais d'avis d'entreprendre autre chose d'abord, que le secours d'Arras (1), dont il a toujours cru que le siége seroit diffi-

---

(1) La levée du siége d'Arras fut une affaire assez importante pour que l'histoire ne dédaigne pas certaines particularités de détail que l'on trouve dans les lettres de Turenne. Nous en citerons textuellement quelques-unes :

A Monsieur Le Tellier.

« Monsieur, un gentilhomme qui est à M. le comte de Broglio s'en va à la cour; il y a déjà quelques jours

cile, et que si l'armée du Roi, assurée des vivres, s'approchoit du camp des Espagnols, elle pourroit peut-être ensuite trouver le moyen de forcer leurs lignes. Il ne fut point de l'opinion qu'il est parti de La Bassée. On est dans l'attente de savoir si M. le chevalier de Créqui sera entré dans Arras. Il y a aussi un autre corps considérable qui y est marché, de sorte que dans demain au soir on sera esclairci de choses bien importantes au regard de ce siége-là. On a envoyé les lettres du Roy aux gouverneurs, afin qu'ils fissent promptement sortir les trouppes. M. Du Bac m'a mandé aujourd'hui que le gouverneur d'Esdin avoit fait difficulté de laisser toutes celles du régiment de Picardie qu'il y avoit mis; comme nous marcherons auprès de l'ennemi, il manquera de voitures pour les vivres. On fait d'ici tout ce qu'on peut pour cela; mais il seroit nécessaire d'une personne d'autorité de la part de Son Eminence. Je suis fort incommodé de n'avoir personne ici qui fasse la charge d'intendant quand on est près des villes. Le pain se fournit bien aisément; mais quand on sera esloigné, il me sera bien nécessaire de laisser un homme d'autorité sur la frontière. Il n'y a rien au monde que l'on ne fasse pour pouvoir empescher qu'Arras ne se perde. J'escrivis à Son Eminence hier, et on ne manquera pas de l'informer de ce qui sera arrivé à ces deux derniers secours que l'on a envoyés. Je suis très-véritablement, Monsieur, votre très-humble et très-affectionné serviteur,

» TURENNE. »

» Au camp de Collincourt, le 8 juillet 1654. »

Au même.

« Monsieur, je ne sais si vous avez sceu que, pendant que monsieur le marquis de La Monstale travailloit à se faire recevoir à Rennes, il y est arrivé une grande émeute qui ne le regardoit pas, et mesme ils ont razé le temple qui estoit auprès de la ville. Ceux qui ne lui vouloient pas de bien ont tourné cette affaire contre lui, et le parlement s'est excusé sur ces grands désordres à ne vouloir recevoir ses lettres. M. le maréchal de La Meilleraye lui a conseillé d'aller à la cour, et l'a asseuré de toute assistance en cas qu'il eust des ordres du Roy. Je vous supplie très-humblement, Monsieur, de vouloir le considérer, et d'agir en cette affaire avec quelque bonté, lui disant le meilleur chemin que vous croirez qu'il ait à tenir pour venir à bout d'une affaire qui est si juste; vous m'obligerez très-sensiblement. C'est, Monsieur, votre très-humble et très-affectionné serviteur,

» TURENNE. »

Au même.

« Je vous envoye ces lettres que Son Altesse a receues d'Arras, et n'ai rien à ajouter aux deux duplicatas que je vous envoye. Hier on a déjà fait un pont sur la Scarpe, et il n'est pas nécessaire de cette quantité de batteaux; il sera toujours bon d'en faire venir quelques-uns à Bapaume. Une baterie des ennemis de huict pièces a commencé à tirer ce matin, et des prisonniers de l'ennemi dirent hier à nos nôtres que M. le prince avoit voulu venir au devant de l'armée, mais que les Espagnols avoient désiré de continuer le siége. Je suis très-véritablement, Monsieur, votre très-humble et très affectueux serviteur,

» TURENNE. »

» Vous ferez plaisir à M. de Nogent de mander à la cour que son fils, qui s'appelle Beaubrun, capitaine dans le régiment de son frère, a deffait un parti de l'ennemi de trente chevaux; il en avoit autant.

» Au camp de Mouchy-le-Preux, le 19 juillet 1654. »

Au même.

« Du 20 juillet 1654.

» On fit hier au soir passer deux cents chevaux qui allèrent trouver M. Broglio, afin qu'il vînt prendre le poste de.... On n'en a pas encore de nouvelles.

» TURENNE. »

Au même.

« Je vous ai mandé hier qu'il n'estoit pas besoin de faire venir des bateaux, parce que nous faisons des ponts sans cela sur la Scarpe; mais je vous supplie de faire avec le temps un amas d'outils à Bapaume.

» TURENNE.

» Au camp de Mouchy-le-Preux, ce 20 juillet 1654.

» Il faut user de plus de diligence qu'on pourra pour faire venir les vivres. »

Au même.

« Monsieur, je me donne l'honneur de vous faire ce mot par M. de Ciron. Le convoi qui est arrivé à Bapaume nous assistera extrêmement, et vous voyez bien qu'il estoit bien nécessaire qu'il y eust une personne d'autorité sur la frontière. Je crois que vous aurez sceu comme quatre ou cinq cents chevaux qui portoient de la poudre se sont brûlés, c'est-à-dire une partie, et le reste a jeté la poudre et les boulets qu'ils avoient. M. de Beaujeu est allé avec un corps considérable vers Béthune pour empêcher les convois d'Aire et de Saint-Omer. On a veu une assez grande nécessité de toutes choses à l'ennemi, trois ou quatre jours après que nous sommes arrivés à ce poste ici. Ils tâchent de surmonter ces difficultés par des convois qu'ils préparent de tous les costés; il ont fait passer de la poudre sur le chemin de Cambray à Arras, que trois ou quatre cents chevaux portoient devant eux. Vous jugez bien de l'incommodité qu'ils reçoivent en faisant un si grand siége. Toutes ces choses ici sont fort douteuses; on y fera le mieux que l'on pourra. Cependant ils ne tirent presque plus de canon contre la ville; ils attendent assurément des munitions : pour cela on est toujours à cheval pour les en empêcher. Comme vous escrivez à Son Eminence ce qui se passe, on ne lui écrit pas si souvent. Je suis très-véritablement, Monsieur, votre très-humble et très-affectionné serviteur,

» TURENNE. »

» Au camp, ce 23 juillet 1654. »

Au même.

« Monsieur, je n'estois pas au quartier quand vostre lettre a esté apportée; je ne suis revenu que le soir, estant allé promener à Lens où j'envoye la cavalerie avec un ordre d'aller avec celle qui est à Bapaume droit au mont Saint-Quentin, où ils se rendront le dimanche au matin, d'où ils escorteront les charrettes jusques à Bapaume, et de là ledit Vould aura l'ordre de les ramener

commune, qu'il faut faire agir les François d'abord, persuadé qu'ils ont la même patience que les autres nations quand on les conduit bien.

En deux jours on arriva à la vue du camp et d'en prendre ce qu'il trouvera à propos. Je suis, Monsieur, votre très-humble, etc.,

» TURENNE.

» Au camp de Mouchy-le-Preux, le 25 juillet 1654. »

Au même.

« Monsieur, je m'assure que vous avez beaucoup de déplaisir de la perte de M. de Beaujeu (voyez ci-après la lettre à Mazarin); je vous assure que le Roy y a perdu un des meilleurs officiers de France, et en mon particulier j'en ai un extrême regret. Dès que j'aurai une relation certaine du combat, je vous l'envoyerai; il a esté fort opiniastre; il y a plus de deux cens prisonniers de l'ennemi, et beaucoup d'officiers; comme M. de Beaujeu attendoit le convoi d'Aire, cette cavalerie de l'ennemi sortant du camp, le vindrent attaquer à la pointe du jour. J'avois neuf ou dix escadrons avec M. de Beaujeu, qui est ce qu'il avoit. Je suis véritablement, Monsieur, votre très-humble et très-affectionné serviteur,

» TURENNE.

» Au camp, ce 26 juillet 1654.

» Je vous suplie, Monsieur, d'escrire pour le régiment de M. de Beaujeu en faveur de M. de La Séyillie, qui en est premier capitaine et qui est un très-brave petit homme qui a fort bien fait en cette occasion avec son régiment; il est parent de M. de Beaujeu. »

A Monsieur Le Tellier.

« Au camp de Mouchy-le-Preux, le 30 juillet 1654.

» Monsieur, j'aurois toujours retenu ce message de Péronne pour voir s'il n'y auroit rien de nouveau à vous mander, mais comme par Bapaume on pourra toujours vous le faire savoir, je le renvoye. Il faut que la lettre soit perdue, par laquelle je vous mandois comme j'ai reçu les lettres interceptées que l'on vous avoit envoyées. Les ennemis sont depuis cinq ou six jours aux premières palissades et ne tirent presque plus de canon; hors les trois ou quatre premiers jours, ils n'ont tiré qu'avec deux pièces. Tous ceux qui se viennent rendre, disent qu'ils ont grande peine à advancer par delà ces palissades là, et asseurément qu'ils perdent beaucoup de gens, et il y a une grande distance de là au fossé de la ville. Je crois que deux ou trois personnes qu'on avoit envoyées sont entrées dans la ville; on l'a vu par les signaux qu'on leur avoit dit de faire quand ils y seroient. On n'a pas eu de nouvelles de la ville depuis celles que je vous ai envoyées; mais en avons tous les jours par les prisonniers ou par ceux qui se viennent rendre comme ceux de debors advancent. M. le comte Broglio et M. de Lislebonne sont avec un corps considérable vers Saint-Pole. Il est bien malaysé d'empescher la cavalerie qui passe chargée de quelque chose; ce sont toutes plaines et il n'y a pas un défilé ni passage; on y fait ce que l'on peut. Les ennemis tirent de grandes assistances du costé de Saint-Pole et des gouvernemens de Hesdin et d'Ourlens. On a esté obligé d'envoyer des messieurs avec un corps considérable, pour prendre des postes en ce pays-là et pour faire brusler les villages qui contribuent aux ennemis. Comme les ennemis savent qu'on est affoibli de cavalerie, ils des ennemis, près d'une hauteur qui s'appelle *Mouchi-le-Preux*. Comme les Espagnols y avoient quelque cavalerie, on craignit d'abord qu'ils ne se missent derrière en bataille, pour prennent peut-estre le temps de faire passer le convoi; on sera alerte pour les en empescher. Les ennemis auroient de tout en abondance si on n'estoit pas ici; et ayant à faire à une forte garnison, et ayant une ville bien fortifiée et une armée tout près d'eux, cela asseurément a porté de grandes difficultés. Il est malaysé de parler avec certitude de tout ceci. Je vous supplie me continuer l'honneur de vos bonnes grâces et de me croire, Monsieur, vostre très-humble, etc.

» TURENNE. »

Au même.

« Du camp de Mouchy-le-Preux, le 5 aoust 1654.

» On m'a assuré qu'il doibt bientost débarquer des Irlandois à Dunkerque qui viennent d'Espagne; c'est un corps assez considérable; on m'a dit qu'on est en traicté avec celui qui les commande: je crois qu'il seroit fort bon de voir de bonne heure avant qu'il eust joint l'armée, ce que l'on pourra faire avec lui, et je crois que M. Servien saura la chose du bail que l'on a fait avec lui ici. Qui eust pu empescher aux ennemis ces levées d'Irlandois ou les attirer à soi, leur inclination les y portant, les ennemis n'eussent pu entreprendre rien de considérable cette année. Il est arrivé ce matin un homme envoyé de M. de Mondprix; il a avallé la lettre que l'on pourra avoir à ce soir, si pressé que nous le croyions, et assure que les ennemis ne sont pas si près du fossé; M. le chevalier de Créqui fait là dedans tout ce qui se peut faire; il dit qu'il a esté depuis deux jours un peu blessé. J'ai reçu celle du 4 aoust. Le sieur Des Hayes m'a dit n'avoir rien laissé à Péronne de tout ce qu'il faut, quand il sera arrivé de Compiègne à Péronne, pour le faire voiturer à Bapaume.

» TURENNE. »

Au même.

« Au camp de Mouchy-le-Preux, le 6 aoust 1654.

» Je vous escrivis hier au soir au sujet de ces Irlandois; on dit qu'ils doivent arriver à Dunquerque; il seroit fort nécessaire, s'il vous plaisoit, de savoir, par le moyen de M. de Charost ou par quelque autre voie, le temps qu'ils arrivent à Dunquerque: c'est un corps d'infanterie assez considérable pour les prévenir à entreprendre sur les lignes avant qu'ils y fussent entrés.

» TURENNE. »

Au même.

« Au mesme camp, 7 aoust 1654.

» Je suplie M. Le Tellier de voulloir faire envoyer à Bapaume les munitions qu'il a destinées d'y faire porter; il seroit bon qu'elles y fussent devant samedi au matin sans faute, et que les charettes qui les auront menées à Bapaume vinssent jusqu'au camp avec l'escorte que l'on leur donnera à Bapaume: c'est pour éviter la longueur du temps d'en advertir de Bapaume ici et de leur envoyer des charettes.

» TURENNE. »

empêcher celle du Roi de passer un ruisseau; mais comme ce ruisseau étoit loin de la place, ils ne le firent point, parce qu'il auroit fallu lever le siége, ce qui ne pouvoit se faire si promptement que l'armée du Roi n'eût eu le temps de se mettre en bonne posture et faire appréhender avec raison l'issue d'un combat. On a néanmoins dit que M. le prince avoit voulu le faire, mais que les Espagnols n'y voulurent pas consentir. Aussitôt que leurs troupes nous virent faire divers ponts sur le ruisseau, ils se retirèrent dans leur camp après quelques escarmouches, et l'armée du Roi, s'étant avancée sur la hauteur, commença à s'y fortifier: ce qui fut fait dans la fin de ce jour-là et dans la nuit suivante.

Le camp avoit son aile droite sur la Scarpe, où on fit aussi promptement des ponts pour communiquer à La Bassée et empêcher les vivres de Douai. Tout le front du camp tenoit l'entre-deux de la Scarpe et d'un petit ruisseau qui descend à Arleux, et par le moyen de la cavalerie on gardoit autant que l'on pouvoit le chemin de Cambrai et de Douai, qui n'étant que des plaines, on empêchoit bien qu'il ne vînt des chariots, mais non pas que des cavaliers ne portassent en croupe des munitions de guerre. On manda aussi au comte de Broglio, gouverneur de La Bassée, de se venir loger à Lens, avec quinze cens ou deux mille hommes de garnison; et, par ce moyen, on empêchoit les vivres par le côté de Douai et de Lisle; il y avoit le côté de Saint-Paul qui demeuroit fort libre, par où les ennemis pouvoient avoir la communication avec Aire et Saint-Omer. Dès le soir que l'on arriva avec l'armée à Mouchi-le-Preux, on écrivit au gouverneur de Hédin de mettre des gens dans Saint-Paul; et si cela eût été fait, le siége d'Arras auroit assurément été levé sans qu'on eût été obligé d'attaquer les lignes; mais, ou les intérêts particuliers, ou la foiblesse de la garnison de Hédin empêchèrent le gouverneur de le faire. On y eût cependant remédié sans la mort de M. de Beaujeu, qui, ayant été promptement envoyé avec douze cens chevaux et quelque infanterie du comte de Broglio, pour garder le côté de Saint-Paul, rencontra les ennemis qui alloient faire un convoi à Aire, et sept ou huit cens chevaux l'ayant attaqué à la pointe du jour, comme ses gens repaissoient, il fut mis en désordre et tué sur la place (1); mais ses gens s'étant ralliés, les ennemis furent battus et beaucoup des leurs tués ou pris prisonniers. Comme les nôtres n'eurent plus de chefs, ils s'en revinrent à Béthune, et ne marchèrent point où ils avoient été commandés. Dans cet intervalle, les ennemis envoyèrent promptement de l'infanterie dans Saint-Paul: ce qui mit ce lieu en état de n'être pas pris sans que l'armée y allât; et l'on ne pouvoit quitter le côté de Douai, parce que les deux lieux sont justement à l'opposite.

Comme cette cavalerie fut retournée à Béthune, M. de Turenne envoya pour la commander M. de Lislebonne, qui la mena à Pernes, pour empêcher la communication du camp des ennemis avec Aire; mais le côté de Saint-Paul demeuroit toujours libre, d'où ils tiroient beaucoup de commodités. M. le comte de Broglio essaya de prendre cette place; mais il fut repoussé avec perte. Les choses restèrent quelque temps dans cette assiette, les ennemis trouvant de grandes difficultés au siége, à cause de la résistance des assiégés et de l'armée du Roi, qui étoit toujours campée près d'eux. Comme on sçavoit tous les jours les progrès du siége, on ne s'appliqua qu'à empêcher les convois, sans essayer de forcer les lignes, jusqu'à ce que les assiégés fussent fort pressés: on sçavoit que l'armée des Espagnols diminuoit beaucoup; mais leur circonvallation ne pouvoit guères être en meilleur état. Il ne s'y passa donc rien de fort considérable pendant l'espace d'un mois, hors quelques poudres qui se brûlèrent comme les ennemis les portoient en croupe, et quelques petits convois qui furent rencontrés; tout ce qui venoit de Cambrai à leur camp y arrivoit par des cavaliers qui passoient la nuit; et quoique notre cavalerie fût sur les avenues pour les attendre, on ne les rencontroit jamais, parce que les environs sont de grandes plaines. Cependant les assiégés deffendoient bien leurs dehors, et repoussèrent trois ou quatre fois les ennemis à une première palissade fort loin de la place, et gardoient si bien leur terrain qu'au bout de sept semaines de tranchée ouverte, les ennemis n'en étoient que sur la contrescarpe d'une demi-lune qui est devant le fossé, et n'avoient pris qu'un ouvrage à corne dont il falloit s'emparer avant que d'aller à cette demi-lune: les assiégés faisoient tout ce qui se peut faire pour se bien deffendre. M. le chevalier de Créqui, M. d'Equancourt et M. de Saint-Lieu furent blessés dans les dehors, où ils servoient très-

---

(1) Turenne rendit compte à Mazarin du combat où M. de Beaujeu perdit la vie, par la lettre suivante:

« Monsieur, je ne doute pas que Votre Eminence ne soit bien touchée de la perte de M. de Beaujeu: elle y a perdu un serviteur bien affectionné, et assurément je n'ai point cognu un plus brave ni un meilleur officier

bien ; M. de Mondejeu se conduisoit aussi bien qu'un gouverneur peut faire.

Le siége de Stenai continuoit toujours, et tiroit un peu en longueur par la bonne défense des assiégés. M. de Turenne et M. le maréchal de La Ferté, voyant que les ennemis ne laissoient pas d'avancer celui d'Arras, quoiqu'avec beaucoup de difficulté, résolurent de donner aux lignes, y étant aussi poussez par les nouvelles qu'ils avoient reçues de Mondejeu, qui faisoit semblant d'être un peu plus pressé qu'il ne l'étoit en effet : il n'est pas étrange que les gouverneurs en usent ainsi, parce que, n'étant pas assurés que les ennemis n'attaqueront pas avec plus de vigueur, et si leurs gens ne se relâcheront pas dans la défense, ils veulent toujours mettre les choses au pis, et faire entendre qu'ils se défendront moins de temps qu'ils ne le peuvent en effet. On avoit déjà commandé de tenir prêtes toutes les fascines et les clayes pour attaquer les lignes le jour d'après, lorsqu'on apprit le soir que Stenai capituloit ; et M. le cardinal manda que le Roi marcheroit en diligence à Péronne, et envoyeroit toutes les troupes qui avoient servi au siége de Stenai pour renforcer l'armée. M. de Turenne fut d'avis d'attendre ce renfort, parce que l'on sçavoit très-certainement que la ville pourroit encore se défendre, et on étoit si proche des ennemis qu'il ne pouvoit rien arriver dont on ne fût averti tous les jours. M. le cardinal voulut aussi pressentir si M. de Turenne ne seroit pas choqué si M. le maréchal d'Hocquincourt alloit commander les troupes qui venoient du siége de Stenai ; mais dans une situation aussi importante, M. de Turenne croyoit qu'il ne pouvoit pas y avoir trop de troupes ni trop de chefs ; M. le maréchal de La Ferté fut aussi du même avis. Ces troupes donc marchèrent en grande diligence après la reddition de Stenai, passèrent la Somme, et faisant d'assez grandes journées vinrent auprès de Bapaume.

Deux jours avant leur arrivée, M. le duc d'York et M. de Joyeuse, qui étoit colonel général de la cavalerie légère, étant allés promener avec M. de Turenne auprès du camp des ennemis, assez proche du quartier de M. le prince, virent deux troupes un peu éloignées de leur grande garde ; M. de Castelnau s'y trouva aussi avec quelques volontaires, et voulant pousser ces troupes, on fit avancer un escadron de notre garde pour soutenir les volontaires, lesquels s'étant engagés, ces deux troupes retournèrent, et, ayant rencontré une ravine, mirent ces messieurs en quelque confusion avec leurs carabines et commencèrent à les suivre. L'escadron qui les soutenoit prit l'épouvante, de sorte qu'ils se retirèrent deux ou trois cens pas assez pressés des ennemis. Il y eut sept ou huit volontaires blessez ou prisonniers ; M. de Joyeuse fut aussi blessé d'un coup de carabine au bras ; on croyoit au commencement sa blessure légère, mais ayant été porté à Paris, il en mourut au bout de six semaines. Aussitôt qu'on sçut que les troupes de Stenai étoient à trois lieues du camp des ennemis, M. de Turenne alla joindre M. le maréchal d'Hocquincourt avec deux mille chevaux ; comme ils eurent avis que les ennemis attendoient un grand convoi de Saint-Paul, ils logèrent la nuit à Aubigni, qui est à trois heures d'Arras, et le lendemain ils allèrent vers Saint-Paul, que l'on prit en arrivant. On y apprit que les ennemis attendoient trois mille hommes pour mener le convoi, et que même le siége alloit lentement, faute de munitions de guerre : cela les obligea à faire des efforts pour couper ce convoi, parce que si on l'avoit fait les ennemis eussent levé le siége.

Après que Saint-Paul fut pris, M. de Turenne et M. le maréchal d'Hocquincourt battirent tout un jour l'abbaye de Saint-Eloi, où les ennemis avoient cinq cens hommes qui se rendirent à discrétion ; comme elle n'étoit distante que d'une petite heure du camp des ennemis, et que M. le maréchal de La Ferté étoit demeuré à Mouchi-le-Preux avec l'armée, on a assuré que M. le prince avoit voulu tomber sur le corps qui attaquoit l'abbaye du Mont-Saint-Eloi, et que les Espagnols ne l'avoient pas trouvé à pro-

---

que lui ; on envoiera à Votre Eminence la relation du combat qui a esté fort opiniâtre. Le premier capitaine du régiment de Beaujeu s'appelle M. de La Séville, que l'on tient un très-brave gentilhomme, et qui commande ce régiment-là avec beaucoup de réputation ; il estoit au combat avec le régiment ; on m'a dit qu'il a fort bien faict. Je crois que s'il plaisoit au Roi de le gratifier du régiment, que ce seroit une chose bien raisonnable. On informe tous les jours M. Le Tellier de ce qui se passe, qui en fait part à Votre Eminence. On continuera à faire tout ce de quoi on s'avisera, sachant combien l'affaire d'Arras est considérable. Je supplie très-humblement Votre Eminence de me croire, avec une vérité et sincérité tout entière, Monsieur, de Votre Eminence, le très-humble et très-obéissant serviteur,

» TURENNE.

» Au camp, ce 25 juillet.

» Je supplie très-humblement Votre Eminence de demander à Sa Majesté la compagnie d'infanterie de M. de Beaujeu, qui peut être de quarante ou cinquante hommes, pour estre incorporée dans le régiment de la Couronne.

» TURENNE.

» Ce 26 juillet 1654. »

pos, mais on rencontre souvent des obstacles dans une grande circonvallation et après un long siége, qui empêchent d'exécuter les meilleurs projets.

Comme le Mont Saint-Eloi fut rendu, M. le maréchal d'Hocquincourt commença à se retrancher au camp de César, et M. de Turenne s'en retourna joindre l'armée à Mouchi-le-Preux, en marchant tout le long des lignes de l'ennemi plus de deux heures. Il n'en sortit que des escarmoucheurs que M. de Castelnau alla reconnoître de fort près, et la cavalerie marcha tout ce temps-là à la portée du canon des pièces de trois. On vit tout ce côté de lignes assez dégarni, qui étoit le quartier de Dom Fernando Solis; et assurément cette marche donna beaucoup de connoissance pour l'attaque et pour le chemin qu'il falloit prendre pour y donner. M. de Turenne étant arrivé au camp, envoya dire à M. le maréchal de La Ferté que la cavalerie de l'ennemi, qui avoit voulu mener le convoi, prenoit le chemin de Douay, et qu'apparemment ils essayeroient d'entrer la nuit dans les lignes. Il donna tous les ordres nécessaires pour l'empêcher, ayant fait monter toute la cavalerie à cheval; mais par la faute d'un officier, qui étoit posté sur la route avec un petit corps de cavalerie, et qui n'en donna point d'avis, M. de Boutteville, qui commandoit cette cavalerie chargée de poudres et de grenades, entra dans les lignes; ce qui ayant été sçu, il fut résolu de faire l'attaque le lendemain. Après avoir considéré toutes choses, on trouva qu'il étoit à propos de donner avec les armées toutes de front, et la nuit, M. de Turenne ayant toujours été d'avis de ne point tenter par divers côtés, parce que chacun s'attend à donner, et ainsi on laisse souvent passer le temps, et le jour vient; d'ailleurs, quand on ne se voit point, on entre aisément en soupçon que les autres sont repoussés. Le jour les ennemis mettent toutes leurs troupes ensemble, mais la nuit ils n'osent point entièrement dégarnir leurs quartiers; la plus grande difficulté qui s'y rencontre, c'est que les marches de nuit sont difficiles, et il est aisé de se perdre; c'est pourquoi il faut que les camps soient proche des lignes de l'ennemi, afin de ne pas tomber dans cet inconvénient.

On marcha donc à l'entrée de la nuit : M. de Turenne avoit l'avant-garde, et ayant passé la Scarpe sous le quartier de M. le maréchal de La Ferté, qui avoit commandé que l'on y fît quantité de ponts. On prit le même chemin que l'on avoit fait en revenant du Mont Saint-Eloi; on étoit bien averti de l'état des lignes de l'ennemi; ils avoient partout un fossé perdu, creux de cinq ou six pieds, et large de huit ou neuf, et entre ce fossé et celui de la ligne il y avoit un espace de quatre ou cinq pas remplis de trous ou puits ronds, et profonds de trois ou quatre pieds, et environ d'un pied de diamètre; quand on les avoit passés, on rencontroit la ligne qui étoit à l'ordinaire avec un fossé de sept ou huit pieds, et un parapet de la hauteur ordinaire; on avoit mis entre les trous comme de petites palissades, hautes seulement d'un pied et demi, pour embarrasser davantage les chevaux.

On résolut de donner avec l'infanterie sur deux lignes; et on avoit donné à chaque bataillon de la première ligne quatre ou cinq escadrons pour porter les fascines et les clayes que l'on vouloit mettre sur les trous : la cavalerie portoit aussi des outils. Ayant marché à une petite demi-lieue de la ligne, il n'y avoit plus que deux petites heures devant le jour. L'armée de M. de Turenne se rangea; celle de M. le maréchal de La Ferté se mit à la main gauche; M. le maréchal d'Hocquincourt venoit aussi d'auprès du Mont Saint-Eloi pour donner sur le même front. On s'approcha à deux cents pas de la ligne sans donner l'allarme, et deux cents hommes qui étoient à la tête de chaque bataillon de la première ligne, abordèrent le premier fossé : on leur fit une fort légère décharge, et néanmoins si les bataillons n'eussent marché au même instant pour seconder ces gens commandés, ils se fussent renversés : on ne trouva presque point de résistance; mais toutes les troupes avoient conçu cette action comme une chose si difficile, qu'il n'y avoit que les officiers et quelques soldats qui s'opiniâtroient à s'attacher au parapet, et le reste des régimens demeuroit à la campagne sans en oser approcher. De l'armée de M. le maréchal de La Ferté, il n'y eut que quelques régimens qui allèrent jusqu'au dernier fossé; mais pas un n'entra par son attaque : quand on eut forcé la ligne à leur main droite, ils vinrent entrer par là. On demeura bien une demi-heure à combler les fossés, la cavalerie qui étoit derrière les bataillons mettant pied à terre, et portant les clayes et les fascines, durant lequel temps il y avoit beaucoup de bruit de timballes et de trompettes derrière la ligne; mais un fort petit feu.

M. le comte de Broglio, M. de Castelnau et M. Du Passage commandoient l'infanterie de la première ligne de M. de Turenne; M. de Roncherolles deux bataillons de la seconde, et M. le duc d'York, M. de Lislebonne et M. d'Eclainvilliers étoient avec la cavalerie, laquelle, aussitôt que l'infanterie se fut rendue maîtresse de la ligne, commença à entrer par une barrière, menant les chevaux en main; et, un peu après, les régimens qui étoient sur la première ligne, qui étoient les gardes-suisses, Picardie, La Feuillade, Plessis-Praslin et Turenne, ayant fait chacun leur passage, la cavalerie qui étoit destinée pour suivre chaque régiment d'infanterie, entra par le passage que ces régimens lui avoient fait.

Il étoit fort peu devant le jour quand les ouvertures de la ligne furent faites, et les ordres étoient donnés que la cavalerie, après être entrée, formeroit ses escadrons près de la ligne, à la faveur de l'infanterie qui demeureroit en bataille; mais la grande joie que les troupes eurent de se voir dans la ligne, et que l'ennemi prenoit l'épouvante, comme aussi l'espérance du butin, obligeoient tous les soldats de courir en confusion dans le camp, l'infanterie à piller, et la cavalerie à suivre quelques escadrons ennemis qui se retiroient du côté du quartier des Lorrains.

L'armée de M. le maréchal d'Hocquincourt s'étant un peu égarée à cause de l'obscurité de la nuit, donna aux lignes un peu après la première attaque, et l'emporta avec peu de difficulté. M. le maréchal de La Ferté, dès qu'il vit un passage ouvert, entra avec sa cavalerie et s'avança avec quelques escadrons, coulant dedans la ligne à la main gauche: il y avoit aussi quelques officiers et soldats de notre infanterie qui le suivoient fort en désordre.

M. le prince ayant passé par le quartier des Espagnols, menoit de la cavalerie au secours de la ligne; il y avoit aussi de son infanterie qui le suivoit; mais ayant vu la ligne emportée en si peu de temps, et tout son camp déjà en si grand désordre, on dit que M. l'archiduc lui ayant demandé ce qu'il lui conseilloit de faire, il lui répondit *qu'il croyoit qu'il devoit se retirer*. Pour lui, il marcha droit où étoit M. le maréchal de La Ferté, qui fut obligé de faire retirer ses escadrons. M. de Turenne avoit rassemblé quelques troupes, voyant bien que si les ennemis revenoient il y arriveroit une grande confusion; tout ce qu'il put faire fut de les rassurer; quand la cavalerie, qui s'étoit avancée, s'en revint après avoir fait passer la ligne à deux pièces de vingt-quatre. Il est certain que si M. le prince eût pu mener quelques régimens d'infanterie avec sa cavalerie, il eût obligé toute l'armée du Roi à se jeter dans Arras, tant la confusion étoit grande dès que l'on fut entré dans les lignes; mais comme l'épouvante étoit très-grande dans son armée, tout ce qu'il put faire ce fut de pousser cette cavalerie de M. de La Ferté, et de prendre beaucoup de prisonniers de l'infanterie que j'ai dit qui l'avoit suivi, et donner, par ce moyen, le loisir à beaucoup d'infanterie espagnole de se retirer, les uns à Cambrai, les autres à Douai. Pour la cavalerie, ils en perdirent fort peu, mais ils laissèrent près de soixante pièces de canon ou dans leurs tranchées ou sur leurs lignes: je crois qu'il y eut bien deux ou trois mille soldats de leur infanterie tués ou prisonniers et tout leur bagage perdu. De l'armée du Roi il y eut quelques officiers tués ou blessés et trois ou quatre cents soldats; de prisonniers il y en eut quelques-uns, et des officiers des gardes. Quand M. le prince se retira, toute l'armée du Roi se mit à piller le camp des ennemis; de sorte qu'on ne les suivit pas plus loin que leur circonvallation.

La cour, qui étoit à Péronne, vint à Arras cinq ou six jours après la levée du siége (1); et

---

(1) Turenne fut complimenté par un grand nombre de personnages sur cette levée de siége; nous ne rapporterons, sur ce sujet, que les deux lettres suivantes:

Lettre du landgrave de Hesse au vicomte de Turenne.

« Monsieur, ces lignes ne serviront que pour témoigner à Votre Altesse, comme la nouvelle de cette fameuse levée du siége d'Arras dont l'heureux succès est dû principalement à votre courage et conduite, n'est pas sitôt venue jusques à moi que j'en ai conçu une joie d'autant plus parfaite que vous connoissez de longue main l'intérêt que je prens à ce qui vous touche, et particulièrement à la gloire que vous acquerrez par vos belles actions. Je prie Dieu, Monsieur, que les suites qui les doivent couronner soient également heureuses, et qu'elles continuent d'être aussi avantageuses pour le bien des affaires de votre Roi, que glorieuses à vous-même et à tous ceux qui ont l'honneur de vous appartenir. Je me dis de ce nombre par la qualité, Monsieur, de Votre Altesse, le très-humble et très-affectionné cousin et serviteur,

» **LANDGRAVE DE HESSE.**

» A Cassel, ce 4 septembre 1654. »

Lettre du duc François de Lorraine au vicomte.

« Monsieur, je croi qu'après la part que j'ai promis à Votre Altesse de prendre à tous ses intérêts, il est superflu de lui témoigner ma joie pour les bons succès de ses glorieuses entreprises, puisqu'elle en doit être persuadée d'ailleurs, et qu'à moins que je voulusse renoncer à moi-même, je ne sçaurois aussi ne me ressente comme miens propres tous ses bonheurs. J'ai sçu avec quel avantage vous en avez voulu rendre participant mon fils, et la générosité avec laquelle vous en avez usé à son endroit; mais je vous supplie aussi de croire que j'en ai tous les sentiments que je dois, et que Votre Altesse ne pouvoient obliger personne qui lui soit plus véritablement acquise que nous, je ferai gloire en mon par-

comme on ne pouvoit pas faire de grands siéges, n'ayant nuls préparatifs pour cela, et toute l'armée de l'ennemi s'étant retirée dans leurs places, le Roi reprit le chemin de Paris. M. le maréchal de La Ferté et M. le maréchal d'Hocquincourt le suivirent. M. de Turenne passa l'Escaut entre Cambrai et Bouchain ; et ayant marché jusques auprès de Condé, il sut que le Quesnoi, dont les ennemis avoient fait raser les dehors, étoit fort dégarni de gens ; il marcha trois lieues en arrière, et le prit le second jour ; ensuite il s'avança à Binches, méchante ville qui se rendit ; il y demeura douze ou quinze jours, ayant laissé une garnison au Quesnoi dont il ne s'éloigna pas jusqu'au mois de novembre, y ayant fait faire divers convois, à cause qu'elle est fort avancée dans le pays.

[Ce fut de cette ville que M. de Turenne écrivit une lettre à Son Eminence sur les opérations de l'armée ; elle est du mois de septembre :

« Après avoir passé l'Escaut, entre Cambrai et Bouchain, je suis venu auprès de Valenciennes, et croyant que le Quesnoi est une place que l'on peust fort bien garder et qui est de considération, et qui peust donner moyen à faire d'autres choses, faisant des magasins, je suis arrivé aujourd'hui près de la place. Je ne sais pas les gens qui sont dedans ; le corps de la place est aussi bon que d'aucune des places frontières ; il n'y a point de dehors, et il est impossible que l'on puisse jamais rien faire en avant sans avoir ceste place-là. On ouvre la tranchée à ce soir.

» Monsieur le prince est à Valenciennes avec les Lorrains et une partie de sa cavalerie ; tout le reste de l'armée, hors ce qu'ils ont jetté dans les places, peut estre ensemble à Valenciennes en dix heures. J'avois envoyé cinq cents chevaux vers Condé ; ils ont trouvé des troupes derrière la rivière, et je n'ai pas voulu employer trois ou quatre jours qu'il me falloit pour passer la rivière et prendre la place, parce que, après cela n'ayant nulle communication avec la frontière, il me falloit revenir pour avoir un convoi.

» M. le prince a présentement la direction de toutes choses sur la frontière ; l'archiduc s'estant retiré à Bruxelles.

» M. Brochet mandera à V. E. le suject pourquoi il servira Guise.

» Ce 6 septembre 1654.

» Turenne. »

ticulier de me faire paroître toujours comme je suis, Monsieur, votre très-humble serviteur,

» Le duc François de Lorraine »

« Depuis ma première écrite, la ville du Quesnoi s'est rendue ; il n'y avoit dedans qu'une compagnie et ses habitans : je mets M. Despense dedans en attendant les ordres de la cour ; et comme il est de grande conséquence d'avoir une personne dans le voisinage de Valenciennes qui vive doucement, je suis assuré que s'il plaist au Roi y laisser M. Despense, qu'il fera tout ce qui se peut pour conserver la place, laquelle a besoin de beaucoup de réparations et d'un homme fort diligent. Elle pourra servir à de grandes choses si on la maintient, de quoi je crois qu'on peut venir à bout, pourveu que l'on s'y applique ; je crois mesme qu'une personne de sa religion, en ce lieu-là, peut produire quelque bon effet à Valenciennes.

» M. Brochet ne s'en va pas à Guise à cause que l'on va donner la demi-montre ; j'envois demain y quérir un convoi ; le pain de munition valoit déjà un escu, quoique l'on en donnast à l'infanterie. On achèvera de faire moudre icy au jour, et quand le convoi sera arrivé on verra de quel costé on fait marcher et en quelle disposition l'ennemi se met. Comme M. Du Passage venoit investir le Quesnoi, il a battu un parti de soixante chevaux des Lorrains ; on nous en prend quelques-uns au fourage en ce pays.

» Au Quesnoi, le 6 septembre 1654.

» Turenne. »]

M. le prince ayant engagé les Espagnols à mettre leur armée ensemble, douze ou quinze jours après leur défaite à Arras, et ayant les places et les rivières pour lui, il se tint toujours à deux ou trois heures de l'armée du Roi ; de sorte que, pour conserver le Quesnoi, le fortifier et le garnir de munitions de guerre et de bouche, il y eut de très-grandes difficultés ; et l'armée pâtit beaucoup. Il est certain que, sans la défaite d'Arras, qui rend toujours pour quelque temps les armées moins entreprenantes, on n'eût pu conserver le Quesnoi : aussi, sans M. le prince, les Espagnols ne se seroient pas remis en corps d'armée, et il auroit pu arriver beaucoup de désordre dans leur pays ; mais leur armée étant rassemblée, on ne pouvoit pas marcher vers Bruxelles et le Brabant. La campagne finit ainsi, en conservant le Quesnoi, et les armées se retirèrent de part et d'autre.

Encore que l'on fût sorti depuis peu des guerres civiles, les hivers se passoient fort tranquillement, y ayant néanmoins beaucoup de personnes ennuyées ou mécontentes du mi-

30.

nistère de M. le cardinal Mazarin ; mais les maux et les incommodités que chacun avoit ressentis dans ces désordres du dedans du royaume, rendoient tous les particuliers si clairvoyans que les discours des gens turbulens ne pouvoient plus les émouvoir : comme quand il arrive de grandes révolutions, il semble que tous croyent qu'ils sont au pire état qu'ils puissent être, ainsi, au sortir des guerres civiles, de nouveaux troubles recommencent rarement, à cause des malheurs qu'on vient d'éprouver.

[1655] Dans l'hiver qui suivit cette campagne, il y eut une mésintelligence qui dura assez longtemps entre la cour et le parlement sur le sujet des lys, qui est une monnoie que le Roi vouloit faire faire, et à quoi le parlement s'opposoit ; et comme les choses sembloient se porter tout-à-fait à l'aigreur, M. le cardinal, en présence du Roi, pria M. de Turenne d'aller trouver M. le premier président, à cause de l'assemblée qui devoit se faire le lendemain (1). M. de Turenne trouva des expédiens pour tout accommoder, souhaittant fort que les choses ne passassent pas à l'extrémité ; outre que cela eût empêché les desseins de la campagne, il est certain que M. le prince en Flandre, et M. le cardinal de Retz à Rome, avoient beaucoup de partisans à Paris ; tous ensemble eussent rendu les choses malaisées à raccommoder, si elles fussent allées à une rupture ouverte. La cour partit de Paris pour aller à Compiègne, et de là à La Fère : Paris étoit plutôt las des troubles que guéri de ses préjugés. M. le cardinal de son naturel aimoit à tenir toutes choses en balance, à se raccommoder avec ceux qui avoient quelque sujet de mécontentement, et à ménager les esprits qu'il ne pouvoit gagner.

Pendant que le Roi étoit à La Fère, son armée se rassembla, et en même temps celle des ennemis. M. de Turenne prit quelques troupes et mena deux convois au Quesnoi ; il vit bien que si on n'assiégeoit Landrecies qu'il seroit impossible de maintenir le Quesnoi, et que c'étoit là la conquête la plus proportionnée aux forces que l'on avoit. M. le cardinal fut dans le même sentiment ; et on y fit venir M. le maréchal de La Ferté, de qui l'armée s'assembla vers Laon. M. le prince et M. l'archiduc étoient, il y avoit plus de quinze jours, hors de Bruxelles, et toute leur armée au rendez-vous ; celle de M. le prince sur la Sambre à cinq ou six heures de Landrecies, et celle de M. l'archiduc auprès de Mons, n'étant séparées que de quatre ou cinq heures l'une de l'autre, et les deux ensemble à peu près d'égale force à celle du Roi ; en sorte qu'il étoit fort dangereux de commencer un siége presque en leur présence ; mais la situation de Landrecies contribuant à y pouvoir réussir plus aisément qu'à une autre place, à cause que le Quesnoi, qui est plus avancé, éloignoit un peu les ennemis et les empêchoit de marcher si aisément pour s'opposer au siége, on résolut de l'entreprendre. M. de Turenne ayant donné rendez-vous à l'armée qu'il commandoit auprès de Guise, et M. le maréchal de La Ferté au même lieu, on se trouva à trois heures après midi avec toute l'armée à une portée de canon de Landrecies.

M. de Turenne n'avoit point voulu mettre l'armée ensemble avant ce rendez-vous à Guise, parce qu'il est certain que sa séparation en divers quartiers faisoit que l'ennemi avoit l'œil de plus d'un côté. Si l'armée du Roi eût été ensemble, celle de l'ennemi s'en seroit approchée ; et ainsi, n'étant pas inégales en forces, il eût été impossible d'entreprendre aucun siége. La première nouvelle qu'en eurent les ennemis fut que l'armée du Roi étoit devant Landrecies, où ils avoient jetté depuis peu deux régimens d'infanterie ; de sorte qu'il y avoit quinze cens hommes de pied et plus de cent chevaux dans la place : néanmoins, leur première pensée fut d'y envoyer quelque secours encore et se mettre promptement ensemble. M. le prince et M. l'archiduc s'étant vus pour en conférer, la tentative du secours ne réussit pourtant pas, à cause qu'il y eut quelque difficulté à rassembler les troupes.

L'armée du Roi étant arrivée devant la place, travailla avec tant de diligence à la circonvallation qu'elle fut achevée en trois jours. M. le maréchal de La Ferté étant tombé malade auprès de Guise, y demeura deux jours, et le troisième il vint rejoindre son armée au camp. Dans les cinq premiers jours on fit une telle diligence que la circonvallation fut en état, et qu'il y eut des vivres dans le camp pour un mois. M. le prince, qui avoit la principale part dans les résolutions de l'armée de Flandre, crut qu'en marchant en diligence et se mettant entre Guise et Landrecies, qu'il seroit impossible que l'armée du Roi eût investi la place en un camp nommé Vadencourt, et empêchât bien que l'on

---

(1) Le vicomte passe toujours rapidement et sous silence les services qu'il rend à l'État. Ce fut l'influence de son nom qui amena le rapprochement de la cour et du parlement. On a pu voir aussi, dans les passages nouveaux de notre édition des Mémoires de Retz et de Pierre Lenet, comment, à cette même date, le cardinal d'un côté et le prince de Condé de l'autre, tâchèrent de profiter du mécontentement général, dont ils étaient du reste parfaitement informés.

ne fit plus de convois; mais il y avoit suffisamment de toutes choses pour achever le siége. On voulut donner l'allarme au Roi et à la Reine, qui étoient à la Fère, à cause de cette approche des ennemis; mais le cardinal les ayant rassurés, ils partirent pour aller à Laon avec moins de précipitation qu'ils n'auroient fait dans le premier mouvement. Il agit ainsi à cause que beaucoup de gens disoient que la personne du Roi n'étoit pas en sûreté à la Fère.

La tranchée s'ouvrit à Landrecies le huitième jour, et y ayant deux attaques, une de M. de Turenne et l'autre de M. le maréchal de La Ferté, le troisième jour on arriva sur la contrescarpe d'un ouvrage à corne que les ennemis défendirent fort mal: on y fit deux logemens, on descendit le fossé de la corne, et après y avoir attaché des mineurs et fait sauter les deux faces, on emporta toute la tête de l'ouvrage. Les ennemis avoient un retranchement au milieu; on coula dans l'épaisseur du parapet; l'on conduisit des tranchées pour aller aux demi-lunes qui étoient aux deux côtés de l'ouvrage à corne. Tous ces ouvrages furent avancés avec tant de diligence et avec si peu de perte, que le dix-septième jour après la tranchée ouverte les mines jouèrent aux deux bastions de la place; et après avoir fait de petits logemens au bas des brèches, les assiégés se rendirent et sortirent au bout de deux jours avec bonne composition, au nombre d'environ douze cens hommes qui ne s'étoient pas trop bien défendus.

L'armée de l'ennemi ne fit durant ce temps-là rien de considérable: ils envoyèrent souvent contre les fourageurs où ils ne réussirent pas trop bien. M. de Bouteville fut battu par le marquis de Renel et le comte de Grandpré (1), qui commandoient l'escorte des fourageurs de l'armée du Roi. Celle des ennemis, qui étoit à Vadencourt, ayant appris que Landrecies capituloit, se retira en diligence vers Cambrai: on entendit toute la nuit qu'ils apprirent cette nouvelle, grand bruit dans leur camp, et assurément parmi le commun des soldats il y avoit un peu d'étonnement.

Après la prise de Landrecies, le Roi s'en vint à Guise, et on fit investir la Capelle; néanmoins, après que l'on eût fait considérer à M. le cardinal le peu d'importance de la place, et comme après sa prise on pourroit difficilement entrer dans le pays, parce que la saison s'avançoit et que l'armée de l'ennemi ruineroit les lieux par où il falloit que celle du Roi passât, il trouva bon que le Roi marchât avec son armée pour entrer dans le pays ennemi, et on jugea qu'il n'y avoit point de lieu plus commode pour les vivres que le long de la rivière de Sambre. Le Roi s'avança jusqu'à Thuyn. M. de Castelnau alla se saisir d'un poste auprès de Dinan, lequel on croyoit pouvoir garder; mais ayant trouvé qu'il ne se pouvoit fortifier, on l'abandonna. De là le Roi, s'en vint auprès de Bavay, où on tint un conseil de guerre pour voir ce qu'il y avoit à faire. Quelques-uns de la cour eussent bien désiré que l'on eût assiégé Avennes; mais n'y ayant point de préparatifs, M. de Turenne ni M. le maréchal de La Ferté n'en furent point d'avis; de sorte que l'on regarda aux moyens de passer l'Escaut pour s'approcher de l'ennemi, et voir s'il donneroit ouverture à faire quelque chose, ou en se séparant dans les places, ou en s'opposant au passage de la rivière.

Les Espagnols avoient tellement inondé le pays depuis Valenciennes jusqu'à Condé, et de Condé jusqu'à Saint-Guillain, qu'il n'y avoit pas d'apparence de tenter le passage en ces endroits, et leur armée étoit derrière pour l'empêcher; de sorte que l'on résolut de marcher en diligence entre Bouchain et Valenciennes (2). M. le maréchal de La Ferté avoit l'avant-garde, et étant parti la nuit d'auprès de Bavay, il arriva vers le midi à un lieu nommé Neuville, où ayant jetté deux ponts, et ne trouvant point de résistance, il commença à y faire passer son armée, dont quelques escadrons étoient déjà au-delà de l'eau, quand M. de Turenne arriva dans la fin du jour, et la nuit les armées passèrent l'eau avec leur bagage. Une partie de la cavalerie de l'ennemi s'avança à une demi-lieue de là; mais voyant que l'armée passoit, elle se retira auprès de Valenciennes où le corps de leur armée étoit arrivé ce jour-là. Ils jettèrent la nuit quelque infanterie dans Bouchain et commencèrent à se retrancher; mais ils le firent sans être bien résolus à garder ce poste si l'armée du Roi venoit à eux; en sorte que le lendemain, comme ils virent qu'on marchoit droit à leur camp, ils commencèrent à faire filer leur avant-garde droit à Condé; et comme on n'a d'ordinaire pas envie de se retirer que l'on ne sçache assurément si c'est toute l'armée qui marche, et que l'on se flatte souvent que c'est seulement un corps de cavalerie, M. le prince resta un peu long-temps avec son arrière-garde. Comme on ne voyoit pas leurs mouvemens, on croyoit qu'ils vouloient demeurer dans le retranchement, et M. de

---

(1) Depuis maréchal de Joyeuse.
(2) Ici Turenne passe sous silence les excellents avis qu'il donna dans le conseil de guerre, et que l'on trouvera mentionnés dans les Mémoires du duc d'Yorck.

Turenne attendoit le canon et l'infanterie pour les attaquer. Cependant il faisoit avancer M. de Castelnau avec son corps pour se saisir d'un bois proche de leur camp, et vouloit qu'il avançât dans leur flanc, qui paroissoit un peu découvert, n'y ayant que la tête de leur camp retranché, et ce flanc ne l'étant pas. Comme M. de Castelnau avançoit, il vit que l'armée de l'ennemi se retiroit et qu'il n'y avoit plus que quelques escadrons dans le camp; il le manda à M. de Turenne qui lui envoya ordre de suivre avec son corps. En quittant le camp des ennemis pour aller vers Condé, pays fort étroit (1), M. le prince, ayant laissé filer toutes les troupes, étoit demeuré avec sept ou huit escadrons à l'arrière-garde. L'armée de l'ennemi n'avoit pas mené de bagage au camp de Valenciennes, ce qui leur donnoit grande facilité à se retirer (2). M. de Castelnau s'avança avec quelques escadrons des siens, dont un ou deux ayant passé un défilé, M. le prince retourna lui-même avec peu de gens et fit repasser en confusion ce qui avoit déjà passé le défilé. On escarmoucha un peu à cette arrière-garde, et il ne s'y fit rien autre chose; car l'ennemi ayant passé la rivière d'Escaut auprès de Condé, laissa deux mille hommes dans la place, et se retira deux heures devant le jour vers Tournai.

L'avant-garde de l'armée du Roi arriva fort tard à la vue de leur camp, l'Escaut étant entre ces deux armées. Ce fut cette nuit-là que M. de Turenne écrivit à M. le cardinal qui étoit avec le Roi au Quesnoi, et lui fit une relation de ce qui s'étoit passé [par la lettre suivante :

M. de Turenne à M. le cardinal.

« V. E. sceut hier comme M. le maréchal de La Ferté fist faire hier le pont sur l'Escaut; je le trouvai comme la cavalerie achevoit de passer, et à ce matin toute l'armée a esté au-deçà. J'ai marché sur les huit heures du matin; on a trouvé l'armée de l'ennemi dans un vieux camp proche de Valenciennes; ils y ont fait travailler toute la nuit, et c'est le plus beau poste du monde. Il y a eu grande contestation entre M. le prince et les Espagnols : le premier voulant, à ce qu'il dict, y demeurer ; enfin les Espagnols l'ont emporté, et ont marché ; ils n'avoient point de bagages avec eux, ce qui est cause qu'ils n'ont point fait de perte considérable. On a suivi leur arrière-garde presqu'à Condé, où, ayant rompu le pont, leur dernier escadron a passé à la nage ; ils ont laissé le canon à Valenciennes ne pouvant le retirer, et y ont aussi mis de la trouppe, de sorte qu'ils sont extrêmement foibles. Dès que le canon et les ponts seront arrivés, on travaillera à un pont sur l'Escaut. Les ennemis sont logés sur la hauteur de Condé ; il n'y a que la rivière entre les armées. On travaillera aussi à un pont sur l'Escaut, plus haut que Condé, pour la communication du Quesnoi. On a toujours passé en suivant les ennemis soubs le canon de Valenciennes. Je ne sais s'ils se résoudront de demeurer à Condé ; on n'a point trouvé de fourage depuis estre parti de Banag. M. le prince vient présentement de demander un passeport pour un chirurgien et pour M. de Rochefort, qui est blessé ; il y a eu quelques volontaires et quelques cavaliers blessés. C'est M. de Castelnau à qui j'ai faict suivre l'arrière-garde de M. le prince. Il a trouvé qu'on a fait assez grande diligence ; si les basteaux et le canon estoient arrivés j'aurois fait travailler cette nuit au pont qui est tout proche du camp des ennemis; on verra demain si les ennemis se veulent retrancher soubs Condé. De garder la rivière je ne crois pas qu'ils le puissent; ils n'ont presque plus d'infanterie avec eux. Cette lettre est par un garçon qui passe la rivière à nage ; j'arrive présentement proche de Condé. Les ennemis avoient mis des gens dans Bouchain, et ont un régent espagnol dans Cambray et un autre dans Douay. On s'esclaicira demain de beaucoup de choses, et on verra le dessein des ennemis, c'est-à-dire s'ils s'opiniâtrent à garder Condé avec leur armée, ou s'ils en délogeront.

» Au camp, près de Condé, ce 11 août 1655.»]

La lettre tombant entre les mains de M. le prince, il trouva fort mauvais deux choses: l'une, qu'elle marquoit qu'il ne vouloit pas quitter le poste de Valenciennes; et l'autre, qu'un des escadrons de l'arrière-garde des ennemis avoit passé l'Escaut à la nage. Ce qui obligea M. de Turenne à mander la première circonstance, ce fut que beaucoup de gens de condition ayant parlé aux gens de M. le prince à l'arrière-garde, ils dirent le soir à M. de Turenne que si M. le prince eût été cru, il n'eût pas quitté le poste de Valenciennes; et pour ce qu'il mandoit de l'escadron qui avoit passé à nage, M. de Saint-Lieu, colonel, le lui avoit dit quand il l'aborda. En effet, quand l'ennemi rompit son pont sur l'Escaut, il y avoit quel-

---

(1) Il appelle le pays fort étroit lorsqu'il s'y trouve beaucoup de défilés, rivières, canaux, bois ou hauteurs.

(2) Ici Turenne cache la faute de Castelnau, comme il tait les bonnes actions qu'il fait lui-même. (A E.)

ques gens qui passèrent à nage. Pour le reste de la relation, M. de Turenne ne se nommoit en rien, ni n'appuyoit pas sur la retraitte précipitée des ennemis, ni sur le mauvais parti qu'ils prirent de venir à un poste au-devant de l'armée du Roi, pour le quitter en sa présence, et ensuite entrer dans une telle confusion, qu'ils abandonnèrent toutes les rivières et les pays du monde les plus avantageux, ayant une armée, laquelle, s'ils ne l'eussent pas affoiblie en prenant jalousie de leurs places sans sujet, n'étoit pas inférieure à celle du Roi.

M. le prince se sentit fort piqué de cette relation et envoya un trompette à M. de Turenne avec une lettre fort piquante, par laquelle il lui mandoit que s'il avoit été à l'avant-garde de son armée pendant que lui étoit à l'arrière-garde de la sienne, il eût mieux vu les choses et n'en eût jamais dit de si éloignées de la vérité. [Voici cette lettre :

Lettre de M. le prince à M. de Turenne.

« Monsieur, je vous advoue que je n'ay pas eu une petite surprise quand une lettre, que vous écrivez à M. le cardinal Mazarin, m'est tombée entre les mains. Je vous en envoie la copie, afin que vous voyiez que je n'ay pas peu de subject de me plaindre de vous. Je ne trouverai jamais estrange quand vous tirerez sur nous tous les advantages que vous pourrez, quand ils seront véritables; et même quand je les vois augmenter dans les relations de M. Renaudot, je donneray cela à la coutume; mais de voir dans une lettre escrite et signée de vostre main que la retraite que nous fîmes dernièrement a esté si précipitée que notre dernier escadron a esté obligé de passer la rivière à nage, que nous avons laissé le canon à Valenciennes pour ne l'avoir peu retirer, et que j'ay dit qu'il y avoit une grande contestation entre les Espagnols et moy, pour demeurer au poste de Valenciennes, ce sont des choses si éloignées de la vérité, qu'à moins que de cognoistre particulièrement vostre escriture, je n'aurois pas cru que cette lettre-là vînt de vous. Je n'ai parlé qu'à messieurs les comtes de Guiche, de Vivonne, Du Plessis, prince de Marcillac, Puis-Guillen, de Ranty, Fortelesse, Du Fay et Du Bouchet. Ils sont tous trop gens d'honneur pour dire que je leur ay parlé de la contestation que vous dites, et je me soubmets volontiers à leur tesmoignage. De vingt ou vingt-huit pièces de canon que nous avons dans l'armée, nous en avons envoyé deux à Valenciennes avec le corps de trouppes que nous y avons laissé; et si nous avions bien retiré les autres, il me semble que ces deux-là seroient aussi bien venues si nous l'avions voulu, puisqu'effectivement vous sçavez que vous ne nous avez pas pressés. Si vous aviez esté à la teste de vos trouppes, comme j'étois à la queue des miennes, vous auriez veu que nostre dernier escadron n'a pas passé la rivière à nage. M. le marquis de Persan et comte de Duras estoient à la teste, et moi je passay avec celui qui l'a passé immédiatement auparavant, et je vous assure que nous ne vîmes pas une seule de nos trouppes dans toute la prairie et qu'il n'y avoit que quelques débandés. Je ne crois pas que M. de Castelnau vous l'ait dict. Il sçait trop bien que depuis le premier pont où il attaqua nos troupes, elles ne se laissèrent pas pousser et qu'il les suivit jusques à la rivière, au petit pas, et que ses escadrons n'approchèrent pas les nostres de deux mille pas du depuis. Ces Messieurs, dont je vous ay parlé cy-dessus, qui sont de vostre armée, furent assez long-temps avec moy, et je leur laissai assez voir nostre marche pour qu'ils en rendent tesmoignage. Enfin, je ne prétens pas tirer advantage d'une retraicte qui n'as pas esté belle, parce que nous n'avons pas esté pressez; mais aussi je prétens que vous n'en tiriez pas des choses qui ne sont pas véritables. J'ay cru, pour satisfaire à ce que je doibs à mon honneur, vous devoir mander cecy et vous prier, quand vous parlerez à une auctorité des actions où j'auray quelque part, de les vouloir dire dans la vérité; j'en ay toujours usé de même dans celles où vous en avez eu, et quand vous avez servi sous moy, et depuis que nous nous faisons la guerre; j'en useray toujours de mesme et seray, etc. (1).

» Louis de Bourbon. »]

M. le prince écrivit aussi à beaucoup d'officiers de l'armée du Roi, comme voulant faire un manifeste, et manda à M. le maréchal de

---

(1) Cette lettre fut rédigée par P. Lenet; il en fit remettre la minute au prince de Condé qui l'approuva, comme on le voit par la lettre suivante du secrétaire du prince :
« Son Altesse s'étant trouvée occupée en bonne compagnie chez Madame de Grimberg, dans le temps que votre lettre, escripte du jour d'hier, est arrivée, elle m'a prié elle-même d'y répondre. Elle m'a seulement commandé de vous dire, Monsieur, qu'elle approuvoit toutes les choses que vous aviez faites. Je m'en vais tout présentement chez M. le duc de Fuensaldagne. Pour la lettre que vous demandez, je tâcherai de vous l'envoyer demain par la barque du matin.
» Caillet. »

La Ferté que M. de Turenne ne parloit pas de lui en bons termes dans sa relation.

[Les lettres à M. de La Ferté et à M. de Castelnau étoient ainsi conçues :

Lettre de M. le prince à M. le maréchal de La Ferté.

« Monsieur, je vous envoie la copie d'une lettre de M. de Turenne à M. le cardinal Mazarin, dont l'original m'est tombé entre les mains, par laquelle vous verrez ce qu'il dit de ce qui s'est passé dernièrement à notre retraite ; je crois que si vous aviez eu l'avant-garde vous n'en auriez pas usé de même, car vous l'auriez veu, ou si vous n'y eussiez peu arriver vous vous en seriez faict informer par des personnes qui l'auroient veu. Il dict que nous avons esté si pressés, que mon dernier escadron a passé la rivière à nage, que nous avons laissé nostre canon à Valenciennes pour ne l'avoir peu retirer, et que j'ai dict que j'avois eu une grande contestation avec les Espagnols pour demeurer au poste : pour le dernier, je prends à témoin messieurs le prince de Marcillac, comte de Guiche, Puis-Guillen, Ranty, Du Plessis, Vivonne, Fortelesse et Du Fay, si je leur en ay jamais parlé, et ce sont pourtant les seuls à qui j'ay parlé dans la marche ; pour le canon, nous avons esté si peu pressés que nous aurions esté bien misérables de le laisser. Il est vrai que de vingt à vingt-cinq pièces que nous avons à l'armée, nous en avons envoyé deux à Valenciennes avec le corps de troupes que nous y avons laissé, et qui est à présent retourné icy ; pour l'affaire du dernier escadron, M. de Castelnau sçait bien que du depuis le premier pont où nous tournâmes et où ses trouppes ne passèrent que long-temps après que nous l'eûmes quitté, ses escadrons ne virent plus les nostres, et tous ces messieurs que je vous ay nommés, et qui marchèrent long-temps avec mon dernier escadron, virent que nostre retraicte ne se fit jamais qu'au petit pas. Je passay la rivière avec le pénultième escadron, et MM. de Persan et de Duras avec le dernier ; je vous assure qu'ils n'ont point esté obligés de sécher après avoir passé la rivière à nage, et que nostre pont ne fust défaict que long-temps après qu'il fust passé. Je ne vous dis point cecy pour tirer aucun advantage de notre retraicte ; nous avons esté si peu pressés qu'elle ne le mérite pas. Je vous dis seulement pour vous désabuser d'une impression que vous pourriez avoir si M. de Turenne vous avoit dit la mesme chose qu'il a escripte à M. le cardinal Mazarin. Je ne demande ny louange ni vitupère, vous sçavez assez ce terme-là et vous n'ignorez pas quels doivent estre mes sentiments dans ce rencontre. Je vous demande la continuation de vostre amitié et de me croire toujours, etc.

» LOUIS DE BOURBON. »

Lettre de M. le prince à M. de Castelnault.

« Monsieur, je vous envoie la copie d'une lettre que M. le maréchal de Turenne escrit à M. le cardinal Mazarini, qui m'est tombée entre les mains : je ne puis mieux m'adresser qu'à vous pour vous demander tesmoignage de la vérité de ce qui s'est passé dans notre retraicte, puisque je vous ay toujours creu fort homme d'honneur et que vous avez veu de fort près tout ce qui s'est passé ; je ne vous parle pas de ce qu'il dit que j'aye dict que j'avois eu une grande contestation avec les Espagnols pour demeurer aux postes ; MM. de Marcillac, de Guiche, de Puis-Guillen, Du Plessis, de Vivonne, Fortelesse, Du Bouchet, de Ranty et Du Fay, qui sont les seuls à qui j'ai parlé, sçavent bien que je ne leur en ay rien dit ; je ne vous parleray point aussi de ce qu'il dit du canon. Vous sçavez bien que quand vous avez paru il y avoit long-temps que nostre artillerie estoit partie et que vous ne l'aviez pas seulement veue, et que nous en avons envoyé deux pièces seulement à Valenciennes avec le corps que nous y laissâmes en partant ; mais je parleray du dernier escadron, qu'il dit qui a passé la rivière à nage ; vous sçavez, Monsieur, que depuis le premier pont où vous nous attaquâtes fort vigoureusement et où les trouppes que j'y avois ne le défendirent pas mal, vos escadrons n'ont plus suivi les nostres que de deux mille pas ; quand vous parlastes à M. de Persan nos trouppes estoient presque passées, et ces messieurs, à qui vous permites de s'advancer jusqu'à moy, vous auront peu dire qu'ils ne virent plus que trois escadrons au-delà de l'eau ; vos escadrons ne parurent dans la prairie que long-temps après que tous les nostres furent passés, et je passay à la teste du pénultième, et MM. de Persan et de Duras à la teste du dernier. Je m'assure, Monsieur, que si on vous en parle vous en direz la vérité ; peut-estre que si le reste de l'avant-garde vous eust suivi de plus près, que vous nous auriez embarrassés davantage. Mais vous sçavez que nous nous sommes retirés fort à nostre aise, et qu'hors le petit combat qui fut au premier pont, rien ne nous a deub obliger à aller plus vite que le pas. Je ne demande aucun honneur de cette retraicte, mais je ne pré-

tends point aussy avoir de blasme ; je vous crois trop homme d'honneur et trop de mes amis pour en parler autrement, et je vous prie de croire que personne n'est tant que moi, etc.
» Au camp de Tournay, ce 18 aoust 1655.

» Louis de Bourbon. »]

M. de Turenne reçut la lettre de M. le prince devant beaucoup d'officiers et la leur montra aussitôt, sans rien dire sur l'heure au trompette. En effet, la lettre ne le fâcha pas, sentant qu'il n'avoit rien fait contre l'estime qu'il a pour M. de Condé, ni contre le respect que l'on doit à un prince du sang ; mais il vit bien que les choses ne lui ayant pas réussi, il s'échauffoit sur une matière bien légère. Aussi, comme M. le prince passoit un peu les bornes de ce qui se pratique, M. de Turenne dit à son trompette qu'il le feroit punir s'il lui apportoit de semblables lettres à l'avenir. Il ne récrivit point à M. le prince qui, dans la fin de cette campagne et dans la suivante, témoigna beaucoup d'aigreur contre lui, et ils ne s'écrivirent plus comme ils avoient fait les années précédentes.

On passa l'Escaut auprès de Condé, et comme il étoit inutile de suivre l'ennemi qui se mettoit sous Tournai, on attaqua Condé, qui fut pris le troisième jour de la tranchée ouverte. Les fortifications n'en étoient pas bonnes, et il n'y avoit que de petits travaux qui ne valoient guères mieux qu'un retranchement de camp ; mais comme il y avoit deux mille hommes dans la place, ils firent grand feu quand on travailloit, et tuèrent beaucoup de soldats et deux capitaines aux gardes, avec d'autres officiers. Durant ce siége, M. de Bussi, étant allé pour escorter les fourageurs avec trois régimens de cavalerie, en se retirant, fut chargé par quelque cavalerie de l'armée de l'ennemi qui étoit venue à Valenciennes, et fut battu avec fort peu de résistance.

On étoit si fort avancé dans le pays de l'ennemi qu'il avoit jalousie pour toutes les places : en les garnissant de troupes, il n'osoit s'approcher en corps d'armée, et il lui arrivoit ce qui arrive ordinairement, qui est que l'on craint beaucoup plus d'un ennemi qu'il ne peut exécuter ; et quoique l'on ait une grande expérience, on ne laisse pas d'appréhender des choses que l'on sçait bien que l'on ne feroit pas si on étoit à sa place ; mais comme il arriveroit de grands maux si un ennemi faisoit plus qu'on ne pense, on aime mieux remédier à ce que même on croit qu'il ne peut pas faire. L'ennemi envoya un corps pour couvrir Bruxelles. Comme l'armée du Roi avoit beaucoup de peine à avoir des vivres sans s'avancer plus loin que Condé, elle alla assiéger Saint-Guillain, qui n'en est qu'à trois lieues, et où les vivres pouvoient venir avec facilité.

Le Roi, qui avoit demeuré au Quesnoi durant cette marche de l'armée, vint au siège de Saint-Guillain, qui fut pris en peu de jours : on donna la même capitulation qu'à Condé, qui fut d'en laisser sortir la garnison et la conduire à la plus prochaine place. Le Roi, après avoir demeuré huit ou dix jours à l'armée, retourna à Guise, et son armée demeura plus de six semaines à faire travailler à la fortification de ces deux places, et à faire venir des convois pour les munir. Il falloit que tous les vivres vinssent de Guise ; car, encore que Landrecies et le Quesnoi donnassent de la facilité pour les convois, c'étoient des conquêtes si nouvelles et si dépourvues de vivres, qu'il falloit leur en apporter de France et pour l'armée aussi : de sorte qu'il y avoit quatre places auxquelles il falloit fournir le courant et ravitailler pour tout l'hiver, et, outre cela, donner le pain tous les jours : ce qui fit qu'on acheva la campagne avec peine.

[Vers ce temps, M. de Turenne écrivit à M. le cardinal Mazarin ce qui suit :

« J'eus nouvelles hier au soir de Condé, par lesquelles M. de Castelnau me manda que l'on venoit de lui amener des prisonniers qui disoient que l'armée des ennemis, après avoir esté deux jours ensemble à Seuse, avoit marché dans les villages. Les Lorrains sont vers Tournai, et M. le prince et les Espagnols alloient se mettre derrière Athe. Je ne crois pas que, pour leur marche, ils perdent la pensée d'assiéger Condé ; mais ils veulent attendre que l'armée du Roy ne soit pas si proche ; cependant la saison s'avance et ne sera plus propre à faire des siéges par force ; comme le mauvais temps les fait séparer, il rend aussi les chemins bien difficiles pour les convois ; je verrai avec MM. Gagon et Jaquier ce que l'on peut avoir de voitures. J'ai mandé à Votre Eminence que le dernier convoi mené à Landrecies n'estoit que de cinq cens sacs, et les deux siens menés par des chevaux de vivres, qui sont si foibles, et ceux de l'artillerie, qu'ils ne peuvent pas marcher, et le mauvais chemin outre cela, fait que l'on ne peut presque pas voiturer ; cent charettes et des chevaux de rouliers, qui fussent frais, meneroient chacun huit ou neuf sacs, et je crains que tous les chevaux de la frontière ne puissent faire en tout l'hiver ce que feroient une levée de chevaux comme celle-là. M. de Castelnau ne m'a demandé que de la mèche et des boulets, j'en ai envoié quatre milliers; et pour les boulets on attend le beau temps pour les faire partir. Comme l'armée oblige à emploier beaucoup de voitures, et que son séjour si avancé n'est pas nécessaire, les ennemis estant séparés, je me reculerai pour voir l'effort que je puisse faire avec les chevaux de vivres, dans Merci, et des paysans (*sic*).

» Au camp de Besançon, ce 20 octobre 1655.

» TURENNE.

» On a, depuis deux jours, battu trois petits partis des ennemis qui venoient autour de l'armée. J'ai dict à J. Lon, capitaine au régiment de La Villette, de prendre la poste pour porter cette lettre à Votre Excellence. »]

Les ennemis crurent long-temps que l'on vouloit avancer vers Bruxelles, ce qui leur ôta la pensée d'empêcher nos convois; d'ailleurs ils furent quelque temps à se remettre du mauvais succès de la campagne : à la fin, néanmoins, ils se rassemblèrent et vinrent sur la rivière de Sambre. M. de Turenne, ayant mis plus de quatre mille hommes de pied dans les places conquises, demeura jusqu'au sept ou huitième novembre en campagne. M. de Castelnau resta à Condé (1) avec un corps d'infanterie d'environ deux mille cinq cens hommes. L'armée se retira vers Ribemont, le mauvais temps empêchant qu'il n'y pût venir de convois, à cause que les chemins étoient trop rompus. Comme il se retiroit, il vint un secrétaire, nommé Ronseret, que M. le cardinal lui envoyoit, pour lui dire que M. d'Hocquincourt étoit allé à Péronne, et que l'on avoit avis qu'il traittoit avec les Espagnols pour cette place et pour Ham. Ronseret faisoit aussi entendre à M. de Turenne que l'on souhaitteroit qu'il s'approchât de Péronne avec l'armée; mais il ne lui porta nul ordre exprès. M. de Turenne lui dit qu'il croyoit que s'il s'approchoit avec l'armée, cela obligeroit M. d'Hocquincourt à prendre quelque résolution extrême, et que la chose pouvant se raccommoder, il ne falloit rien faire qui précipitât la résolution de M. d'Hocquincourt. L'armée de l'ennemi n'étoit pas ruinée, ayant toujours demeuré dans son pays; mais celle du Roi étoit fort affoiblie par les longues fatigues, par le manque des vivres et par la distance des lieux d'où il falloit faire venir les convois; de sorte que c'étoit un étrange contre-temps d'appréhender en ce temps-là, avec raison, que M. le prince et l'armée espagnole eussent à leur disposition Péronne et Ham, deux places sur la Somme, et des entrées très-considérables pour porter la guerre jusqu'auprès de Paris et dans la Normandie.

La présence de M. le prince durant cette conjoncture rendoit la guerre en partie civile. M. de Turenne, qui alla trouver la cour à Compiègne, conseilla à M. le cardinal de ne point faire approcher l'armée de Péronne, et de ne point donner sujet à M. le maréchal d'Hocquincourt à entrer en liaison avec les ennemis. M. le cardinal avoit souvent sur le cœur de voir que le Roi traitât avec un de ses sujets qui demandoit deux cens mille écus, et que le gouvernement d'une de ces deux places demeurât à son fils;

---

(1) On voit, par la lettre suivante du prince de Condé, qu'il était assez exactement informé des nouvelles de l'armée du Roi :

A Monsieur Lenet.

« J'avois laissé dans Condé un gentilhomme nommé Isault, avec son frère, qui étoit capitaine dans le régiment d'Enghien cavallerie, et qui avoit esté blessé à la retraicte de Valenciennes; comme celui-ci est venu à mourir de sa blessure, les ennemis m'ont envoyé son frère, qui dict avoir parlé à quantité d'officiers de leur armée; il m'asseure qu'ils n'ont pas présentement plus de huit mille hommes de pied en tout et que leur cavallerie est aussi fort diminuée; qu'il ne croit pas que leur dessein soit d'entreprendre plus aucune chose, et qu'ils laissent seulement le marquis de Castelnau dans le pays, avec quelques trouppes, et que le reste de leur armée s'en va dans des quartiers de rafraîchissement, ou au moins près de la frontière. Il dict qu'ils font beaucoup plus d'estat de Guilhain que de Condé; que leur dessein est de tascher à conserver l'un et l'autre; mais qu'ils ne croient pas pouvoir conserver Condé, que leur dessein est pourtant de maintenir autant qu'ils le pourront. Je ne vous donne ces nouvelles que comme je les ai reçues; mais tout ce que je vous puis dire est que ce gentilhomme est un garçon d'honneur et de condition, en qui on se peut fier; cela estant ainsi, je crois que si nous songeons de bonne heure à nous mettre en estat de reprendre Condé, en préparant les choses nécessaires pour cet effet, nous n'y aurons pas beaucoup de peine. Jerzé vous devoit advertir de tout cela, affin qu'il n'y ait rien dont vous ne soyez informé.

» J'ai enfin obtenu de ces messieurs de la ville qu'ils recevroient demain le régiment des Cerariens; ils travaillent aux billets. Il sera bon pourtant d'envoyer un ordre de M. l'archiduc, car ils le demandent fort.

» Dancart a dict que le cantadore des vivres lui avoit donné ordre de ne plus donner de pain à la cavallerie et mesme de ne pas faire leur descorte avec eux; si cela est, nous la perdrons toute, car il n'y a plus de bled à la campagne et je fis retirer dans la ville tout ce qui estoit aux environs et dans tous les chasteaux. Je m'asseure que les habitans de la ville et du pays et le gouvernement se loueront du bon ordre qu'on tient dans le pays, où je vous asseure qu'on n'a pris quoi que ce soit ; je vous prie d'y pourvoir, autrement les trouppes se ruineront.

» Du camp près Tournay, le 30 aoust au soir. ».

mais quand on regardoit Péronne et Ham entre les mains de M. le prince, toute l'armée d'Espagne prête à le soutenir, et l'assiette des esprits de presque toutes les personnes de qualité de France, qui ne demandoient qu'un désordre, ou pour se mettre contre la cour, ou pour se faire achetter très-cher, M. de Turenne crut devoir porter l'esprit de M. le cardinal à un accommodement. M. le prince et une partie de l'armée d'Espagne vinrent à Cambrai, et il y eut, durant quinze jours, auprès de M. le maréchal d'Hocquincourt, des envoyés du Roi et des Espagnols, à qui il donnoit des audiences séparées, ne se cachant point aux uns ni aux autres ce que chaque parti lui offroit, comme s'il eût été libre de choisir. Madame de Châtillon, qui avoit ménagé M. le maréchal d'Hocquincourt pour les intérêts de M. le prince, ayant été arrêtée, le maréchal, qui en étoit amoureux, se hâta de faire son accommodement avec le Roi, de peur qu'on ne traitât mal cette duchesse. C'est une longue histoire dont je n'entre point dans le détail : il suffit de dire que le traité fut enfin conclu, et qu'il fut arrêté que l'on donneroit à M. d'Hocquincourt deux cens mille écus et qu'il remettroit Péronne et Ham entre les mains du Roi. On accorda le gouvernement de la première à son fils, en qui M. le cardinal avoit beaucoup de confiance.

M. le prince, qui s'étoit avancé à deux ou trois heures de Péronne, et qui, le reste du temps, demeuroit avec un corps d'armée auprès de Cambrai, se retira vers la Sambre, ayant appris le traité. On fut en doute s'il attaqueroit la ville de Condé ou Saint-Guillain en se retirant, et pour cela l'armée du Roi s'étoit avancée jusqu'auprès de Saint-Quentin ; mais ayant appris qu'il se retiroit plus avant dans le pays, le Roi, après avoir été à Ham et à Péronne avec M. le cardinal, retourna à Paris, et M. de Turenne le suivit deux jours après, les quartiers d'hiver ayant été distribués à l'armée.

Ce fut cet hiver-là que l'on commença à mettre la cavalerie dans les villages, lui faisant payer sur les tailles à raison de vingt sols par cavalier, et un nombre certain de places pour les officiers, ce qui empêchoit la dépense des remises de l'argent et faisoit qu'il n'y eut point de non-valeurs. Les troupes se faisoient payer sur les lieux, et les cavaliers, étant dispersés par les villages, leur servoient de sauve-garde et y dépensoient une bonne partie de l'argent qu'ils en tiroient : ce qui a fait que beaucoup de villages du plat pays ont labouré avec plus d'assurance, et, contre l'opinion commune, une partie des villages de Champagne se sont remis par cette nouvelle façon de distribuer les troupes.

Cet hiver se passa dans une entière confiance du Roi et de la Reine pour M. le cardinal, qui avoit toujours une grande considération pour M. de Turenne, lequel sçavoit autant que personne les intérêts de la cour les plus cachés, et assurément, dans une affaire difficile, il eût eu la principale confiance, M. le cardinal, n'étant nullement contraint par le Roi ni par la Reine, et ayant une parfaite connoissance de tous les esprits de la cour, vivoit selon les sentiments dans lesquels il sçavoit qu'un chacun étoit, ayant une manière toute particulière de mener les esprits à son point.

[1656] Les convois que l'on avoit mis dans Condé et dans St.-Guillain, et le soin que M. de Castelnau prit pendant tout l'hiver d'en faire entrer beaucoup de petits par la commodité du Quesnoi, mirent ces places en état de n'avoir point de nécessité jusqu'au mois de mai, auquel temps M. de Turenne, étant sorti de Paris, s'en alla à la frontière et vint à Condé, y menant un grand convoi. En dix ou douze jours on mit une quantité de vivres dans les places avancées, suffisamment pour y entretenir l'armée et les garnisons. Les ennemis n'étant point en campagne, il n'y eut aucune difficulté pour ces convois.

Le Roi vint à La Fère, et M. le cardinal ayant souvent parlé à M. de Turenne des desseins de la campagne, on avoit remis jusqu'à ce qu'on fût sur la frontière, pour voir ce qu'on pourroit entreprendre. M. le maréchal de La Ferté envoya son corps de Lorrains ; mais s'étant trouvé incommodé lui-même, il ne put venir à l'armée que quelque temps après. La venue de dom Juan d'Autriche, étant comme un nouvel établissement, avoit empêché les ennemis de se mettre de bonne heure en campagne : cela fit songer à des entreprises un peu vastes. M. de Turenne proposa à M. le cardinal d'aller à Tournai, et de l'attaquer s'il étoit dégarni, ou si on le trouvoit trop bien pourvu, de revenir investir Valenciennes : le ministre ne s'y opposa point, quoiqu'il eût assez de raisons pour craindre un mauvais succès ; mais il vouloit bien hasarder quelque chose, persuadé qu'à la guerre il faut toujours tâcher de faire de nouvelles conquêtes, et que, dès que l'on se relâche, on court risque de tout perdre. Il y avoit beaucoup de troupes et de recrues qui n'avoient pas encore joint l'armée ; mais comme les ennemis n'étoient pas ensemble, il n'étoit pas dangereux d'avancer dans leur pays ; de sorte que M. de Turenne ayant rassemblé ce qui étoit sur la frontière, marcha en grande diligence à

Condé, et de là jusqu'à deux lieues de Tournai avec toute la cavalerie, faisant suivre l'infanterie, le canon et tout l'équipage des vivres que M. le marquis d'Uxelles commandoit. Quand on fut allé par delà Mortagne, ayant envoyé M. de Castelnau, qui passa par Saint-Guillain avec une partie de la cavalerie, pour investir Tournai, M. de Turenne sçut qu'il y avoit quelques régimens de l'ennemi campés auprès de Tournai; et comme la pensée de l'attaquer n'étoit que sur ce qu'il seroit sans garnison (n'y ayant point d'apparence de faire un siége qui durât quelque temps, si avant dans le pays ennemi, et par conséquent si éloigné de ses vivres et de ses munitions de guerre), il retourna à Condé; et ayant laissé son pont à Mortagne, qui est situé à l'endroit où la Scarpe et l'Escaut se joignent, avec un corps de troupes pour attendre quatre mille hommes qui venoient du côté d'Arras, il marcha le lendemain matin devant Valenciennes, ayant donné ordre à ce corps laissé à Mortagne, et aux troupes qu'il attendoit, de l'y venir joindre.

Il n'y avoit pas dans Valenciennes plus de mille hommes de pied et deux cens chevaux; mais comme c'est une grande ville, la bourgeoisie pouvoit servir de troupes. M. de Turenne fit passer M. le marquis d'Uxelles, qui commandoit le corps de M. le maréchal de La Ferté dans l'isle de Saint-Amand, et lui ordonna de s'avancer jusqu'à l'Escaut, au-dessus de la ville, sur le chemin de Bouchain. Il marcha lui-même par les campagnes qui regardent le Quesnoi et Cambrai, et investit la place par ce côté. Il y avoit en ce temps-là fort peu de difficulté à se communiquer par le haut de la rivière; et le même soir que M. de Turenne arriva devant la place, il passa sur un pont qui fut fait au quartier de M. le marquis d'Uxelles, et laissa M. de Castelnau au-dessous de la ville; on fit quitter aux ennemis deux redoutes qu'ils tenoient au-dessous de la ville, de façon que, dès la première nuit, la place étoit assez bien fermée. On commença, dès le lendemain matin, à travailler à la circonvallation; le troisième jour il y avoit assez de terre remuée partout pour empêcher un petit secours d'entrer dans la ville; quoique l'on parlât de quelque retenue d'eau qui se pouvoit faire à Bouchain, on n'avoit jamais cru qu'elle fût si grande qu'on la vit depuis. Les ennemis tentèrent un petit secours de sept ou huit cens hommes, la troisième nuit, par le quartier des Lorrains; mais il n'y entra personne: quelques-uns furent pris, et le reste se retira à Bouchain.

Le cinquième ou sixième jour, la circonvallation fut en très-bon état; premièrement avec un seul fossé, et après avec un double fossé et des palissades; mais comme il n'y avoit pas beaucoup d'infanterie pour une si grande enceinte, tout ne pouvoit pas se trouver en également bon état; on travailloit seulement aux principales avenues, et ce qui n'étoit pas si facile à attaquer se raccommodoit après. On commença les deux ou trois premiers jours à voir croître la rivière entre Bouchain et Valenciennes, et se déborder dans la prairie; mais ayant fait porter quantité de fascines, on tenoit le passage libre; si on eût vu au commencement l'eau haute, comme elle le devint depuis, on n'auroit pas songé à faire une communication ni à s'engager au siége: comme elle croissoit peu à peu, on y remédioit par un soin continuel, et presque toute la cavalerie de l'armée portoit deux ou trois fois par jour des fascines, outre des régimens entiers qui y furent occupés. A la fin, il y eut plus de mille pas de distance où il y avoit partout plus de dix pieds d'eau, et en certains endroits beaucoup davantage. Dans tout cet espace on fit un pont de fascines flottant dans quelques endroits, et en d'autres attaché avec des piquets, sur lequel l'infanterie a toujours passé, et la cavalerie dès qu'il étoit un peu raccommodé; il y venoit quelquefois de telles crues que l'on étoit dans l'eau jusqu'à la ceinture sur la digue; mais, par le travail de l'armée, cela se raccommodoit le même jour; c'étoit au-dessus de la ville, et cependant au-dessous on fit des ponts de communication, en sorte que le neuvième jour on étoit en état d'ouvrir la tranchée. Les vivres que l'on avoit menés dans les places avancées faisoient qu'il y en avoit d'abondance dans le camp, et de munitions de guerre. Les ennemis ne purent jetter aucun secours dans la place, quoiqu'elle soit au milieu de toutes leurs villes fortifiées. Comme M. de Turenne eut avis qu'ils s'étoient assemblés auprès de Douai et qu'ils alloient marcher vers le camp, on retarda de trois jours l'ouverture de la tranchée, afin d'avoir plus de temps de travailler à la digue et à la circonvallation. L'ennemi attendoit aussi que la tranchée fût ouverte pour s'approcher le lendemain; ils vinrent d'abord se loger à une lieue de l'armée, et, continuant à marcher, ils se postèrent au-dessus du camp des Lorrains, à une demie portée de canon des lignes: leur armée étoit un peu plus foible que celle du Roi; ils avoient au moins vingt mille hommes. La grande étendue de la circonvallation et la difficulté de rassembler les quartiers ôtèrent le moyen de songer seulement que l'on pût les attaquer; ils se retranchèrent dès le même jour; et on m'a dit que dom Juan d'Autriche avoit voulu attaquer les lignes en arrivant : elles se rendirent bien meilleures par leur présence, et il arriva à M. de Navailles encore quatre cens hommes de pied, ce qui obligea à faire une avance à la ligne, afin de gagner une petite hauteur qui étoit entre les ennemis et le camp des Lorrains. On demeura sept ou huit jours de cette façon; la tranchée ouverte dans un grand front faisoit qu'on étoit fort incommodé du canon de la ville; néanmoins on avança fort les premiers jours et on perdoit fort peu de gens; mais comme on approchoit des travaux de l'ennemi, on commença à perdre beaucoup de travailleurs; il y avoit deux attaques, et les ennemis ne firent point de sortie considérable. Quand on approcha de la contrescarpe des dehors, ils la défendirent très-bien, et on fut repoussé trois ou quatre fois en s'y voulant loger; les ennemis de dehors n'étant campés qu'à une demi-portée de canon de l'armée du Roi, obligeoient M. de Turenne à ne pas demeurer à la tranchée dès que la nuit venoit, ce qu'il eût fait sans cela; et il a toujours tenu pour certain que les ennemis donneroient aux lignes; de sorte que comme il ne manquoit rien pour continuer le siége, il ne le pressoit pas comme la principale affaire : on jugea à peu près du temps que les ennemis donneroient aux lignes, et que ce seroit l'avancement du siége qui leur feroit prendre leur parti.

M. le maréchal de La Ferté vint à l'armée huit ou dix jours après la tranchée ouverte, étant encore un peu indisposé; il fit fort travailler aux lignes de son quartier (1) et à la digue dont j'ai parlé; et au bout de trois semaines de tranchée ouverte, à l'attaque de M. de Turenne il y avoit une braiche sur le bord du fossé de la place, et une autre braiche dans le fossé de la demi-lune; et à l'attaque de M. le maréchal de La Ferté on avoit pris une tenaille. Ceux de la ville avoient fait leurs grands efforts; et on voyoit bien que depuis trois ou quatre jours ils commençoient à se relâcher. Enfin les ennemis prirent le matin les armes, et on vit marcher leurs bagages vers Bouchain; on ne douta point qu'ils ne donnassent la nuit aux lignes : leur camp étoit sur une éminence au-dessus du quartier des Lorrains; ils avoient à leur main gauche l'Escaut, sur lequel ils avoient fait cinq ou six ponts, la rivière étant fort étroite; et à leur main droite ils avoient un petit ruisseau qui vient de devers le Quesnoi et qui séparoit les Lorrains des autres quartiers de M. de Turenne; les ennemis avoient fait aussi divers ponts sur ce ruisseau.

On attendit toute la première nuit, ayant été averti par un homme qui se vint rendre, qu'ils vouloient marcher vers le quartier de M. le maréchal de La Ferté. Ce que M. de Turenne pouvoit faire, c'étoit de tenir de l'infanterie prête à marcher sur la digue, avec ordre de passer, si on attaquoit le quartier de delà, ou de marcher en deçà au lieu où ils verroient que seroit l'attaque. Dans une circonvallation très-grande, il n'y avoit pas plus de douze mille hommes de pied, et il falloit de l'infanterie aux deux attaques; de façon qu'il étoit impossible d'avoir aucun endroit bien garni : mais on comptoit sur un grand corps de cavalerie derrière la ligne, et sur l'infanterie qui marcheroit promptement de renfort, et aussi sur ce que ceux qui attaquent s'embarrassent souvent eux-mêmes, pour petite que soit la résistance.

La première nuit se passa sans allarme : tout le jour du lendemain on vit l'ennemi en bataille sans bagage, et la nuit vint que l'on étoit dans la même disposition où l'on avoit été le jour précédent. M. de Turenne étoit au quartier qui regardoit celui des ennemis; et M. le maréchal de La Ferté ayant poussé leur garde et pris quelques prisonniers, ils lui rapportèrent qu'on devoit attaquer son quartier; mais ayant les ennemis en présence, sans qu'il y eût rien qui les empêchât d'être en une demi-heure devant les retranchemens, il ne pouvoit rien changer à la disposition première. On étoit aussi averti qu'il y avoit un corps de trois ou quatre mille hommes, sous M. de Marsin, à Saint-Amand, qui devoient faire une attaque à part. M. de Turenne a toujours cru que les ennemis tenteroient une grande attaque au front des Lorrains, où ils pouvoient venir en bataille en sortant de leur quartier; et que cependant M. de Marsin, avec ce corps de Saint-Amand, marcheroit dans l'isle au-dessous de la ville; ce qui étoit deux grandes lieues de distance l'un de l'autre, et ainsi sans moyen de se pouvoir assister. Dom Juan d'Autriche et M. le prince ayant pris le dessein d'attaquer l'armée de M. le maréchal de La Ferté, commencèrent à passer la rivière à l'entrée de la nuit, laissant à leur ordinaire les gardes à la tête de leur quartier :

---

(1) On ne peut assez répéter ni admirer le silence du vicomte de Turenne sur toutes les fautes de ses rivaux : celle du maréchal de La Ferté causa le secours de Valenciennes; c'est le marquis de Puységur qui le raconte dans ses Mémoires.

celui des Lorrains étoit si proche de celui des ennemis, que l'on avoit fermé toutes les grandes barrières, et il n'y avoit en tout le front du camp des Lorrains que deux sorties, où il ne passoit qu'un cheval de front; ce qui étoit cause que l'on ne tenoit la nuit que dix ou douze chevaux hors des lignes. L'ennemi n'étant pas découvert, passa la rivière d'Escaut; et M. le maréchal de La Ferté n'ayant fait tenir personne hors des lignes, dans la croyance qu'il avoit que cela étoit inutile, l'ennemi passa l'eau, se mit en bataille, les Espagnols à main droite, et M. le prince à gauche.

La première allarme que l'on entendit, fut quand ils arrivèrent au premier fossé du retranchement : ils y donnèrent dans un grand front, et emportèrent la ligne avec peu de résistance de l'infanterie, qui fut fort mal secondée de la cavalerie. Au premier coup de mousquet, deux régimens de M. de Turenne passèrent la digue, et quatre autres suivoient; mais le régiment de Vervins, qui arriva le premier, trouva toutes les troupes de l'ennemi entrées dans la ligne, dans l'obscurité de la nuit; quoique M. le maréchal de La Ferté y vint avec quelques escadrons, il y trouva la confusion si grande qu'il n'y put faire aucun effet. Toutes les troupes de l'ennemi comblèrent les deux fossés, rompirent les palissades, et, le jour arrivant, ils marchèrent à la ville de Valenciennes, et firent poursuivre toutes les troupes qui s'enfuyoient par leur cavalerie : une grande partie de l'armée du maréchal de La Ferté fut faite prisonnière et le reste se sauva à Condé, quoique le maréchal eût fait tout ce qui se pouvoit : ce qui causa la grande perte, fut qu'il n'y avoit qu'un pont, où les bagages s'embarrassèrent. Les deux régimens que M. de Turenne avoit fait passer sur la digue, ayant été défaits par l'ennemi déjà entré dans la ligne, les autres s'arrêtèrent sur la digue, où M. de Turenne arriva un peu après le commencement du combat, lequel ne dura pas un quart d'heure, depuis le temps que les ennemis vinrent au bord du fossé jusqu'à celui qu'ils furent en bataille dans les retranchemens.

Dans ce moment le jour vint; M. de Turenne, ne sachant pas assurément ce qui s'étoit passé, y ayant envoyé en diligence ses gardes, qui furent tous pris ou tués, personne ne vint assez à temps pour défendre la ligne. Comme on vit, par des cris de joye qui se faisoient à Valenciennes, que la ville étoit secourue, et parce qu'il n'y avoit plus de feu à la ligne qu'elle étoit forcée, il envoya en diligence aux tranchées afin que l'on se retirât; mais comme il y avoit plus d'une lieue de là, on y arriva un peu tard, et quelques troupes de l'ennemi avoient déjà passé dans la ville; de sorte qu'il perdit la moitié des troupes qui y étoient. Le jour devenant plus grand, on vit toute l'armée de l'ennemi en bataille qui marchoit droit à la ville. M. de Turenne retira l'infanterie qui étoit sur la digue, et commanda que l'on prît tout le canon qui étoit sur les lignes, se servant des chevaux qui étoient de garde pour mener les pièces d'un lieu à un autre, en cas d'attaque : il commanda aussi que l'on fît abattre les lignes; et marchant avec les Lorrains vers le quartier de M. de Castelnau, il fit sortir M. de Navailles; et ainsi on se rejoignit au bord des retranchemens.

Les ennemis firent passer un corps de cavalerie dans la ville, et M. le prince passa lui-même en diligence, pendant que M. de Turenne, faisant rompre la ligne en quantité d'endroits, et ayant fait ferme avec quelques escadrons, sortit des retranchemens, y laissant quelques tentes et bagages. Comme on se rassembloit de tant de côtés, il étoit impossible qu'il n'y eût un peu de confusion d'abord; néanmoins, à une demi-heure de la ville, on se mit en bon ordre; ce que les troupes de l'ennemi voyant, s'arrêtèrent et ne suivirent pas avec grande ardeur, trouvant en beaucoup d'endroits quelque chose à prendre.

[Le maréchal de La Ferté-Senneterre écrivit au cardinal Mazarin, au sujet du secours de Valenciennes, la lettre suivante :

» Je suis au désespoir de survivre à la perte des lignes de Valenciennes et de celle de ces compagnies de gens-d'armes et de chevau-légers de Vostre Eminence, où le principal escheq est tombé, aussy bien que sur celles quy portent mon nom, pour la fermeté qu'elles ont eue de faire leur debvoir : il nous estoit aisé de fuir, et non pas de nous retirer, en gens de guerre, la digue ne pouvant supporter de la cavalerie, et le costé de la berge estant tout submergé par la levée des escluzes de la ville.

» Auparavant d'informer Vostre Eminence du destail comme tout s'est passé, je crois debvoir attendre qu'elle l'ayt esté par une personne moins intéressée que moy. M. le prince, dont je suis prisonnier, m'a donné la parolle qu'il m'enverroit sur la mienne dans le 15 d'aoust. Je m'en rapporte. Du moins sais-je bien que ce ne sera pas pour rien. Je l'attendrai venir avec grande patience et flegme. Et je puis asseurer Vostre Eminence que c'est une affaire que je me suis veu venir de loing, à laquelle il n'y avoit pas choix de party. Je seray toute ma vie, avec la dernière résignation, de Vostre Eminence, en quelque lieu où me porte ma destinée, Monseigneur, votre très-humble, très-obéissant serviteur et très-fidelle créature.

» LA FERTÉ-SENNETERRE.
» De Mons, ce 19 juillet 1656. »]

On marcha au Quesnoi avec cinq ou six pièces de canon : les ponts du dessous de la rivière, vers l'isle dont j'ai parlé, s'étant rompus, les troupes de M. le maréchal de La Ferté ne pouvoient se retirer vers le quartier de M. de Turenne, où M. de Marsin, qui avoit fait une attaque avec ses troupes de Saint-Amand, fut repoussé. Le désordre étant commencé dans l'armée du Roi de l'autre côté, fut aussi cause de la grande perte de l'armée, parce qu'il aidoit à leur couper le chemin du pont; et après avoir pris M. le maréchal de La Ferté, qui avoit très-bien fait, et presque tous les officiers-généraux, et quantité d'autres de son armée, les ennemis s'arrêtèrent à Valenciennes, n'ayant guères poursuivi avec leur cavalerie. Toute l'armée du Roi croyoit qu'on passeroit au-delà du Quesnoi, qu'on s'en iroit vers Landrecies et sur les frontières de France : le bagage commençoit déjà à filer par de là le Quesnoi; mais M. de Turenne envoya quelques troupes pour le faire arrêter, et ayant choisi un camp proche de la ville, s'y logea cette nuit. Le lendemain de grand matin, il fit mettre l'armée en bataille pour régler les ailes de la cavalerie et les bataillons de l'infanterie, afin que l'on se mît ensemble et que l'on se rassurât; car quoiqu'il n'y eût de perte notable que dans l'armée de M. le maréchal de La Ferté, il ne laissoit pas d'y avoir un grand étonnement. Quoique le bruit fût que les ennemis alloient assiéger Condé, M. de Turenne croyoit bien qu'ils pourroient venir à lui, et l'opinion de l'armée n'étoit pas que l'on attendît. Ils reçurent le lendemain de la levée du siège un renfort de deux mille hommes de pied allemans. Après avoir donné un jour entier pour se remettre en ordre et se débarrasser de leurs prisonniers, ils marchèrent droit à l'armée du Roi. Il est certain que si M. de Turenne n'eût craint que la perte du Quesnoi, il se seroit retiré sur les frontières, mais il voyoit une si grande suite à cette retraite, par le mécontentement général qu'elle causeroit en France, et dans la cour même, et par la présence de M. le prince, qu'il aima mieux attendre les ennemis que de commencer une retraite qui eût attiré tant d'accidens.

Il falloit passer deux petits ruisseaux pour venir du chemin par où venoient les ennemis au camp où étoit l'armée du Roi; et comme on scait bien que les armées ne s'approchent l'une de l'autre qu'avec beaucoup de précautions, et que cela donne du temps, M. de Turenne commanda que l'on ne prît point les armes; mais que l'on se tînt prêt, craignant que par la marche de quelque bagage il ne se fît quelque méchante contenance; et aussi il vouloit faire voir à son armée qu'il n'y avoit rien à craindre, encore que l'ennemi approchât. M. de Turenne en discourut avec les officiers généraux; mais on ne tint point de conseil de guerre pour sçavoir si on demeureroit dans ce poste, ou si on se retireroit. L'ennemi s'approcha à une portée de canon de l'armée du Roi ; M. de Turenne s'avança avec quelques régimens de la grande garde; et l'ennemi, voyant toutes les tentes tendues, et la grande garde à la tête, vit bien que l'armée n'étoit pas délogée, en quoi ils furent trompés, ayant commandé trois mille chevaux pour la suivre, et n'ayant jamais douté qu'après la défaite de Valenciennes (sçachant bien que ce qui estoit resté de l'armée de M. le maréchal de La Ferté étoit à Condé), que l'armée du Roi ne se retirât devant eux. Il est vrai qu'il étoit venu quinze cens hommes joindre l'armée du Roi le jour qu'elle partit de Valenciennes, lesquels étoient destinés pour mener un convoi au siége.

L'armée de l'ennemi, arrivant un peu tard, ne songea ce jour-là qu'à se loger; et M. de Turenne, n'ayant point d'outils pour faire de grands travaux, et n'en voulant point faire de petits qui n'eussent témoigné que de la crainte et n'eussent donné que peu de sûreté, ne fit pas travailler. Les ennemis demeurèrent deux jours en présence sans avoir rien tenté : tout ce temps-là on avoit nouvelle qu'ils vouloient attaquer l'armée, et aussi qu'ils pensoient à marcher entre le Quesnoi et Landrecies, pour empêcher les vivres et les fourages de l'armée du Roi; auquel cas M. de Turenne étoit d'avis de s'opposer à cette marche des ennemis et de combattre, quoique cela parût un peu téméraire en l'état qu'étoit l'armée; mais en prenant le parti de demeurer au Quesnoi, il falloit ne se relâcher en rien.

Deux ou trois mille hommes qui s'étoient sauvés de l'armée de M. le maréchal de La Ferté à Condé, ayant passé à Saint-Guillain, vinrent à Landrecies et de là au Quesnoi, le second jour que les armées étoient en présence; de sorte que les ennemis, ne jugeant pas à propos de rien entreprendre, marchèrent vers Condé. M. de Turenne, voyant qu'ils délogeoient, envoya mille chevaux chargés de farine à Saint-Guillain et à Condé : dans la dernière place il y avoit beaucoup de vivres au commencement du siége de Valenciennes, mais M. de Turenne en avoit fait venir une grande quantité pour avoir toutes ses provisions dans son camp.

M. Du Passage, qui commandoit dans Condé, n'avoit retenu que deux mille cinq cens hommes : les ennemis trouvèrent beaucoup de facilité à assiéger cette place, qui ne servoit qu'à aider à conserver les conquêtes ; mais le siége de Valenciennes étant levé, elle demeuroit si enclavée dans leur pays, qu'il étoit fort aisé à l'ennemi, sans séparer leurs quartiers, d'empêcher qu'on ne la secourût ; ainsi ils prirent leurs quartiers les uns après les autres, n'étant pas en peine qu'on y pût jetter des vivres, à cause de la situation. M. de Turenne en mit dans Saint-Guillain, voyant l'impossibilité de secourir Condé ; et ayant eu nouvelle du gouverneur qu'il n'y avoit des vivres que pour dix ou douze jours, ne crut pas qu'en l'état où étoit l'armée qu'il fût raisonnable de rien entreprendre : il en dit son sentiment à M. le cardinal, qui le trouva à propos, l'ayant vu à Guise là-dessus ; mais comme le gouverneur avoit plus de vivres qu'il n'en falloit, et que le siége tira en longueur, M. le cardinal fut d'avis que M. de Turenne marchât vers l'Escaut, et laissa à son choix, ou de donner jalousie au Catelet, ou de marcher vers la Lys.

Cette marche se fit dans le temps que Condé étoit prêt à capituler et à dessein de sauver les troupes qui y étoient. M. de Turenne, ayant passé l'Escaut, marcha à Arras et de là sur la rivière de Lys ; et il eût attaqué Saint-Venant, s'il n'eût eu nouvelle que Condé étoit rendu. La capitulation de la garnison fut qu'elle seroit ramenée en France par le pays de Luxembourg. Les ennemis, après avoir donné trois ou quatre jours de temps à abattre les fortifications, marchèrent assez proche de Cambrai pour donner jalousie qu'ils vouloient entrer en France, ou, en cas que l'armée du Roi allât couvrir la frontière, attaquer Béthune ou La Bassée. M. le cardinal avoit fait tous les efforts possibles pour remonter la cavalerie depuis l'action de Valenciennes. Il fit mettre de cette cavalerie qu'il avoit remontée dans les places de la frontière, et M. de Turenne ne bougea point de Lens, qui est à quatre lieues d'Arras et trois de La Bassée.

Les ennemis s'étant rafraîchis quelques jours dans les plaines entre Cambrai et Bapaume, marchèrent, laissant Arras à leur gauche, pour s'en venir vers Lens, où M. de Turenne avoit demeuré dix ou douze jours avec dessein d'y attendre les ennemis ; mais comme il vit qu'ils pouvoient venir par des hauteurs, à la faveur desquelles ils étoient maîtres d'un passage où l'on pouvoit les combattre, et qu'il falloit, faute de fourage, déloger de Lens devant eux, il aima mieux en partir avant qu'ils fussent en présence ; et comme il sçut leur arrivée à trois lieues de lui, il marcha vers Béthune. Il voyoit fort bien que cela faisoit un mauvais effet dans l'esprit de l'armée, encore un peu étonnée de se retirer sur la venue de l'ennemi ; mais ayant considéré la nécessité qu'il y avoit de décamper, il ne s'arrêta point à ce scrupule. Il avoit vu sur la carte un lieu nommé Houdain qui étoit dans la situation qu'il désiroit, pour avoir Arras assez proche de soi et donner la main à Béthune et à La Bassée : mais y étant arrivé, il y trouva une grande difficulté pour abreuver les chevaux et un campement fort incommode ; de sorte qu'il se retrancha un peu la nuit, et le lendemain alla chercher un lieu plus propre à se loger, qui étoit la Bussière, distant d'une lieue de Houdain. Comme il sçut, par des prisonniers, que les Espagnols étoient arrivés à Lens avec intention de le suivre, bien glorieux de sa retraite, et croyant qu'ils le feroient toujours marcher devant eux, M. de Turenne crut que le lieu de Houdain étoit meilleur pour attendre l'ennemi, non pas qu'il fût trop avantageux pour combattre, mais sa principale raison étoit que l'on y avoit Arras derrière soi pour en avoir des vivres. En demeurant à la Bussière, et l'ennemi se logeant à Houdain, il en ôtoit toute la communication : de façon que partant à minuit, afin qu'au point du jour il pût être en bataille (croyant que l'ennemi y marcheroit de bonne heure), il s'avança avec l'armée vers Houdain, et mettant l'aile droite sur une hauteur, l'infanterie et l'aile gauche descendoient dans la plaine, prenant la distance qu'il faut quand on se met en bataille. Il y avoit un ruisseau derrière ; mais M. de Turenne ne le voulut pas passer, craignant que l'ennemi ne se mît devant La Bassée, dont la situation est telle, qu'y arrivant dix heures devant l'ennemi, il est malaisé de la secourir, et M. de Turenne vouloit être en état d'y arriver bientôt après l'ennemi ; ce que le défilé du ruisseau eût empêché.

A huit ou neuf heures du matin, les ennemis commencèrent à paroître environ à une lieue et demie de l'armée du Roi : aussitôt qu'ils la virent en bataille, ils firent halte plus de trois heures, et tinrent conseil, après lequel ils marchèrent droit à nous. On croyoit combattre ce jour-là ; mais la nuit venant, ils se mirent en bataille à un petit quart de lieue de nous, étendant leurs ailes de cavalerie et leur infanterie dans le même ordre que celle qui leur étoit opposée. Dans la nuit, M. de Turenne voulut se saisir d'un village et y mettre son infanterie, afin de changer la forme de l'aile gauche qu'il ne trouvoit pas bien placée. Après avoir perdu trois ou quatre heures dans cet embarras, il crut que le meilleur étoit de laisser l'armée comme elle étoit, et fit fairè en deux heures quelques petits redans à la tête de l'aile gauche. On dit que l'ennemi s'étoit approché croyant que nous nous retirions. Comme le jour vint, les ennemis vinrent reconnoître, et il y eut quelques escarmouches, en quoi se passa toute cette journée. Le lendemain au matin ils marchèrent vers Lens avec beaucoup d'ordre : comme ce sont de grandes plaines, cela empêche la confusion dans la marche. Il y eut assez d'escarmouches dans leur retraite, ce qui commença un peu à faire changer la situation des esprits dans les deux armées. M. de Turenne au camp de Lens avoit fait souvent faire l'exercice à l'infanterie; ce qui y avoit remis un peu de vigueur. Les ennemis allèrent se loger auprès de Douai, d'où quelques jours après ils détachèrent un corps d'infanterie pour aller assiéger Saint-Guillain pendant qu'ils couvriroient le siége avec leur armée ; la situation du pays leur donnoit cette facilité et rendoit le secours de la place impossible ; comme ils attaquoient aussi avec peu de gens, le reste de leur armée suffisoit pour empêcher qu'on n'entreprît rien en Flandre. M. de Turenne, dès que l'ennemi fut délogé de devant lui, envoya Saint-Martin, lieutenant de l'artillerie, trouver M. le cardinal qui étoit à La Fère, afin de donner ordre à tenir de l'artillerie prête et des outils emmanchés, dans la pensée que M. de Turenne eut qu'il pourroit assiéger La Capelle qui étoit si éloignée du lieu où il étoit, qu'il croyoit que les ennemis n'en auroient aucun soupçon. M. le cardinal ayant laissé au choix de M. de Turenne les mesures qu'il falloit prendre, il partit d'auprès de Béthune, passa par Arras, fit semblant de marcher vers la rivière de Somme, pour dérober sa marche à la garnison de Cambrai et, coulant tout du long de la rivière, laissa son infanterie derrière et alla investir La Capelle.

M. le prince avoit détaché un corps sous le comte de La Suze, qui devoit se jetter dans la place; mais étant logé à deux heures de La Capelle, et n'ayant point de nouvelles de l'armée du Roi, il n'entra point, et ne l'essaya qu'après avoir appris que la ville étoit investie. M. de Turenne avoit pris en passant quinze cens hommes de pied qui venoient de Condé, avec lesquels et la cavalerie on commença à se retrancher. Quelques troupes du corps de M. de La Suze tâchèrent inutilement d'y entrer la première nuit; mais la seconde, le fils de M. de Chamilli, gouverneur, s'y jetta avec environ quatre-vingts chevaux, après avoir passé tout au travers des escadrons qui étoient autour de la place. L'infanterie arriva le second jour après la cavalerie ; et comme il n'y avoit pas plus de deux cens hommes dans la place, on emporta en une nuit la contrescarpe ; on prit trois demi-lunes, et passant le fossé, on attacha des soldats au bastion, qui étant très-bien revêtu, ils ne s'y purent pas tenir. Tous ces dehors que l'on prit étoient très-bien fraisés et palissadés ; cependant les ennemis s'étant rassemblés à Saint-Guillain, résolurent de faire lever le siége de La Capelle, et y marchèrent en diligence dans l'espérance qu'ils pourroient retomber sur Saint-Guillain, la situation du pays donnant sujet de se fier sur ces mesures.

M. de Turenne sçut que toute l'armée des ennemis, ayant levé le siège de Saint-Guillain, arrivoit à Avesnes, une heure après que tous les dehors de La Capelle furent emportés ; cela obligea à presser le siège. Quoique la place de La Capelle fût fort petite, la circonvallation avoit plus de trois lieues de tour; mais comme il y avoit des bois autour de la place qui empêchoient qu'une armée ennemie ne pût donner jalousie pour tous les endroits, on fit travailler en diligence à la tête par où l'ennemi pouvoit venir, qui avoit un grand front; et la nuit, comme on ne craignoit pas la place, on en tenoit l'armée fort près, afin d'aller promptement au quartier d'où les ennemis s'approcheroient. Ils s'avancèrent sans perdre temps à une heure de la circonvallation; mais étant fort fatigués d'une pluye continuelle pendant deux jours de marche qu'ils avoient faite en grande diligence, ils ne trouvèrent pas à propos de combattre, et demeurèrent deux jours à cette distance du camp de l'armée du Roi. Les soldats qui s'étoient avancés la première nuit jusqu'à la muraille du bastion, n'ayant pu y demeurer, on y fit des trous à coups de canon, dans lesquels les mineurs se logèrent, et la place se rendit le quatrieme jour en présence de l'armée ennemie.

Après la reddition de La Capelle, M. le prince envoya de ses troupes dans Rocroi, et les Espagnols se sentirent hors d'état de retourner sitôt devant Saint-Guillain. Ils allèrent se loger à Maubeuge, et le Roi avec M. le cardinal arrivant à Guise, ils trouvèrent à propos de faire jeter un grand convoi dans Saint-Guillain. Il y avoit grande apparence que les ennemis se remettroient dans leur vieux camp, devant cette place, qui étoit fort avantageux, pour empêcher que l'on n'y allât avec le convoi et même avec l'armée; néanmoins M. le cardinal ne laissa pas de croire que le Roi devoit hazarder ce voyage. Il partit donc de Guise avec l'armée, et venant se loger auprès du Quesnoi le lendemain, M. de Turenne s'étant avancé à une heure de la place, y envoya M. de Castelnau avec quatre ou cinq cens hommes de pied, des vivres pour huit mois et beaucoup de munitions de guerre. L'ennemi, ne s'étant pas trouvé en état de l'empêcher, marcha auprès de Mons qui n'est qu'à une heure de Saint-Guillain, et se montra devant la place deux heures après que les troupes qui avoient mené le convoi furent retirées. Il y avoit un méchant château que l'on prit dans cette marche. De là, le Roi s'en alla à Guise, et comme la saison étoit fort avancée, il retourna à Paris bientôt après.

Les ennemis ne furent plus en état d'assiéger Saint-Guillain, et l'armée du Roi demeura dans le Cambrésis jusqu'au commencement de novembre; alors elle repassa la Somme pour se mettre dans ses quartiers en France, et celle de l'ennemi se retira entre Mons et Namur, où après avoir demeuré quelque temps dans les villages, on la sépara dans les pays où elle a accoutumé d'être. L'armée du roi fut distribuée dans les villages, et on commença cette année-là à y mettre de l'infanterie, à qui on donnoit des places comme à la cavalerie, tant aux officiers qu'aux soldats.

[1657] Pendant l'hiver (1), les ennemis ayant pratiqué des intelligences avec quelques officiers irlandois qui étoient dans Saint-Guillain, et qui leur avoient promis de faire révolter les soldats quand ils en approcheroient, vinrent se mettre autour de la place avec quelques troupes tirées des garnisons, et attaquèrent les dehors qu'ils emportèrent. Quoique l'intelligence ne réussit point, ils continuèrent le siège et prirent la place en six ou sept jours de tranchée ouverte. M. de Schomberg y commandoit avec une garnison de six cens hommes, et s'en revint avec capitulation au Quesnoi. Il n'y eut rien de fort considérable à la cour cet hiver, où le plein pouvoir demeuroit entre les mains de M. le cardinal Mazarin.

Le traité ayant été fait avec le protecteur d'Angleterre, il promit de fournir six mille hommes que le Roi payeroit, pour entreprendre le siége de Dunkerque ou de Gravelines, et l'on convint que la première que l'on prendroit lui seroit remise entre les mains, et que si c'étoit Gravelines, que ce lui seroit un otage jusqu'à ce que Dunkerque fût pris, qu'on lui mettroit entre les mains, et Gravelines seroit rendu au Roi.

L'armée se mit en campagne au commencement de mai, avec intention de faire ce qui se pourroit du côté de la mer. M. de Turenne fut quelque temps à Amiens avant la cour, afin d'assembler l'armée. La lenteur des officiers à faire leurs recrues, et celle des Anglois qui ne débarquèrent auprès de Calais que bien avant le mois de mai, donnèrent du temps aux ennemis d'être ensemble en Flandre. Comme le Roi ne tenoit aucun passage pour y entrer, on n'espéroit le succès des entreprises du côté de la mer, que parce qu'elles se feroient de si bonne heure, que l'armée des ennemis ne pourroit pas être rassemblée. Ces mesures furent rompues du côté de la Flandre, qui est un pays si serré, qu'il n'y a point de projet apparent à y faire, quand on n'y tient point de passage, et qu'il y a une armée ennemie pour s'y opposer. M. le Maréchal de La Ferté étoit avec un corps d'armée vers le Luxembourg, afin d'attaquer Arlon, s'il le trouvoit dégarni, ou tout au moins avec intention d'y arrêter le corps d'armée de M. le prince qui hivernoit depuis quelques années en ce pays-là et en ceux de Gueldres, Juliers et Brabant.

M. le cardinal vint à Amiens, où M. de Turenne résolut avec lui que l'armée marcheroit vers la Lys; que le Roi s'en iroit à Montreuil, afin de donner jalousie à l'ennemi du côté de la mer, et que l'on retourneroit tout d'un coup sur Cambrai qui étoit entièrement dégarni. Pour donner plus d'apparence à ce dessein, et faire que les ennemis ne pourvussent pas à Cambrai, il falloit que les Anglois ne débarquassent qu'au même temps que l'armée du Roi arriveroit devant Cambrai, parce qu'autrement le séjour de l'armée dans le Boulenois auroit donné du soupçon à l'ennemi que l'on marchandoit à entrer en Flandre, et incontinent le feroit songer à mettre des gens dans Cambrai, où l'on pouvoit

---

(1) Nous avons placé à la fin des Mémoires de Turenne tous les documents inédits des années 1657 et 1658; et ceux qui se rapportent à l'année 1659, servent à compléter les Mémoires du maréchal et à conduire la narration jusqu'à la fin de 1659, époque du traité des Pyrénées. On pourra donc, par ces Mémoires, suivre l'histoire du maréchal de Turenne racontée par lui-même, comme on retrouve celle du grand Condé, pour le temps de sa jeunesse, dans le récit de Pierre Lenet, et dans ses longues lettres en forme de mémoires, pour les années où il fit la guerre au roi de France. Les trois premiers volumes de la 3e série de la Collection de MM. Michaud et Poujoulat, sont donc consacrés aux trois grandes renommées du règne de Louis XIV, à trois personnages qui prirent tous une part très active aux troubles de la Fronde : le cardinal de Retz, le grand Condé et Turenne.

aller en deux jours de marche. De l'autre côté, on ne jugeoit pas à propos que M. le maréchal de La Ferté repassât la Meuse et quittât le Luxembourg, de peur que M. le prince avec son corps d'armée, voyant qu'il avoit la tête tournée pour venir en Flandre, ne marchât aussi vers Cambrai Ces considérations faisoient que M. de Turenne, sans les Anglois et sans l'armée de M. le maréchal de La Ferté, vouloit se mettre devant Cambrai, aimant mieux hazarder à y laisser entrer quelque secours, et en ce cas-là ne continuer pas le siége, que de découvrir son dessein en y allant avec plus de précaution, et en faisant approcher les Anglois et M. de La Ferté : ce qui auroit engagé les ennemis à mettre la place dans un état que l'on n'auroit pu songer à l'attaquer. Étant parti d'auprès de Béthune, il marcha avec toute sa cavalerie, et en un jour et une nuit il arriva devant la place, ayant passé l'Escaut au-dessus de la ville, et fait le tour de la citadelle. Il rencontra M. de Castelnau qu'il avoit envoyé avec une bonne partie de la cavalerie entre Cambrai et Bouchain, et l'infanterie étant arrivée avec un pont de batteaux, le soir du même matin que M. de Turenne y étoit avec la cavalerie, on fit en une heure le pont pour se communiquer, et ayant distribué les outils le même jour, on commença à sept heures du soir à travailler aux lignes. On n'avoit aucune langue de l'ennemi, et M. de Turenne sçavoit bien qu'avec toute la diligence qu'une cavalerie peut faire, celle des Espagnols en Flandre ne pouvoit y être que le lendemain, auquel temps il croyoit pouvoir être fermé ou par des lignes, ou par les bagages de l'armée et par les charettes de vivres, de manière que nulle cavalerie ennemie ne pouvoit passer. Comme il venoit du côté de la Flandre pour investir Cambrai, il ne sçavoit rien de M. le prince, qu'il croyoit vers la Meuse. M. de Condé, pressé par les Espagnols de marcher en Flandre, qu'ils aimoient mieux sauver et laisser courir hazard aux places du Luxembourg, arriva le même matin avec toute sa cavalerie à Valenciennes, que M. de Turenne arrivoit devant Cambrai ; et en ayant été averti par divers courriers du gouverneur qu'il envoya à Bouchain, comme il commença à voir paroître l'armée du Roi, et aussi par les coups de canon de la citadelle et de la ville, il s'en vint à Bouchain avec sa cavalerie, qui n'est qu'à deux heures de Valenciennes, et il y en a autant de là à Cambrai. Il arriva vers les dix heures du matin à Bouchain, vit tout ce jour-là l'armée du Roi défiler vers Cambrai ; et quoique beaucoup de gens lui conseillassent d'attendre des troupes d'Espagne pour secourir la place, il jugea bien que la difficulté s'augmenteroit, s'il donnoit le temps de travailler aux lignes ; dès la même nuit que l'on avoit investi Cambrai, sur les onze heures du soir, il marcha par les plaines, qui est le seul pays qu'il y ait autour de Cambrai, droit à la citadelle, avec près de trois mille chevaux sans infanterie.

M. de Turenne, averti à l'entrée de la nuit qu'il étoit arrivé neuf escadrons de cavalerie à Bouchain, crut que c'étoient des troupes d'Espagne qui vouloient entrer dans la place, et pensant qu'ils éviteroient le lieu où étoit le camp, pour prendre le tour et entrer sans rencontrer personne, il s'alla poster dans l'endroit où ils devoient passer avec sept ou huit régimens de cavalerie, laissant toutes les troupes étendues le long de la plaine. On ne sçait pas bien si M. le prince fut égaré par le guide qui vouloit, à ce qu'on dit, le mener par un autre endroit, pour éviter le camp, mais il s'en vint par le grand chemin de Bouchain à la citadelle. Il avoit vingt-cinq ou vingt-six escadrons, trois escadrons de front, et les autres derrière sur trois colonnes. Ils ne trouvèrent à leur chemin que quatre ou cinq escadrons de cavalerie de l'armée du Roi, qui ayant fait quelques décharges, et une partie ne s'opposant pas au front, les laissèrent passer avec peu de perte. Un escadron de Clérembaut, avec lequel étoit M. de Varenne, chargea celui où étoit M. le prince, le suivit jusques sur la contrescarpe de la citadelle et fit beaucoup de prisonniers ; il y en eut aussi quelques-uns qui se trouvèrent embarrassés dans l'obscurité de la nuit ; mais M. le prince se trouva une heure devant le jour sur les fossés de la citadelle avec toutes ses troupes, à la réserve de vingt-cinq ou trente officiers et trois ou quatre cens cavaliers qu'il perdit. M. de Turenne étoit fort éloigné de là, et on lui avoit amené le lieutenant-colonel du régiment d'Enghien, qui fut pris comme M. le prince entroit dans le camp. Ayant marché vers ce côté, il ne put pas apprendre avant qu'il fût jour, s'il étoit entré ou non un corps dans Cambrai.

Le jour commençant à paroître, M. de Turenne vit toutes les troupes de l'ennemi en bataille sur la contrescarpe de la citadelle, et ordonna aussitôt à M. de Castelnau, qui étoit de l'autre côté de l'Escaut, de repasser en-deçà, et ne délibéra pas à lever le siége, ne l'ayant entrepris que sur l'assurance qu'il trouveroit peu de gens dans la place, et persuadé que s'il battoit le secours des Espagnols, qui ne pouvoit pas être fort considérable la première ni la seconde nuit, qu'il pourroit continuer aisément le

31.

siége; mais l'arrivée de M. le prince à Bouchain, le jour qu'il investit Cambrai, et la résolution que le prince prit d'entrer lui-même dans la place (ce qui fut une chose fort hardie) rompit tout-à-fait les mesures de M. de Turenne, et l'obligea d'assembler toutes les troupes. Ayant levé tous les ponts de l'Escaut, et remis dans les chariots tout ce qui put être déchargé dans un blocus d'une nuit, il commença à marcher entre Cambrai et le Câtelet.

Comme M. de Castelnau avoit achevé de passer l'Escaut et qu'il rechargeoit son pont, il y parut quelque cavalerie de l'armée d'Espagne, que M. le prince, étant arrivé à Bouchain, avoit fait hâter. Il n'y eut aucune escarmouche considérable à l'arrière-garde, et l'armée du Roi, après avoir séjourné deux jours auprès de Cambrai, se rapprocha de Saint-Quentin où le Roi, qui étoit en Picardie, arriva quelques jours après. Cette tentative de Cambrai ayant donné le temps aux ennemis de se mettre ensemble, les entreprises depuis la mer jusqu'à l'Escaut devinrent comme impossibles; de sorte que l'on fit avancer les Anglois vers Saint-Quentin, qui avoient débarqué au nombre de près de six mille hommes, et le Roi y vint avec M. le cardinal; M. de Turenne y étant allé, il fut résolu que l'on envoyeroit proposer à M. le maréchal de La Ferté d'attaquer Arlon ou Montmédi, croyant que l'attaque d'une petite place en Luxembourg pourroit faire prendre un mauvais parti à l'ennemi: ce que l'on aimoit mieux faire que de se mettre devant une grande place, après avoir donné le temps aux Espagnols de se rassembler, ce qui lui auroit donné moyen ou d'entrer en France, ou d'attaquer quelque place que l'on ne pouvoit pas bien garnir, quand une armée est occupée à un grand siége et qu'elle a beaucoup de places à garder. C'est ce qui fit prendre la résolution d'attaquer Montmédi, à quoi M. le maréchal de La Ferté donna les mains; et quoiqu'il y eût de grandes difficultés à cause du roc, néanmoins on se flatta que l'on y trouveroit peu de gens, comme en effet il n'y avoit pas plus de quatre cens hommes.

M. de Turenne envoya quatre mille hommes de pied à M. le maréchal de La Ferté, et fit approcher de lui le corps des Anglois, afin de s'opposer à l'armée des ennemis; et mettant quelque infanterie dans Landrecies et dans le Quesnoi, il se tint à la tête de la frontière afin d'empêcher que les ennemis n'entreprissent de secourir Montmédi, ni de rien faire de considérable. Le siége donc commença, et M. de Turenne y marcha une fois avec sa cavalerie, sur un avis que l'ennemi marchoit entre la Sambre et la Meuse pour y aller. Il y retourna une seconde fois, toute l'armée de l'ennemi ayant été jusqu'à Charlemont qui est sur la Meuse, d'où ils retournèrent en diligence par la Flandre jusqu'à Calais, pour une entreprise qu'ils avoient sur cette place, laquelle manqua; et M. le cardinal, qui étoit à La Fère avec le Roi, envoya promptement des mousquetaires de Sa Majesté à Ardres, lesquels, avec de la cavalerie que M. de Castelnau y envoya aussi, empêchèrent que l'ennemi, après avoir manqué son entreprise sur Calais, ne s'arrêtât à Ardres; mais s'étant rafraîchis près de quinze jours, ils se rapprochèrent encore de la frontière et vinrent jusqu'à Ribemont.

Le siége de Montmédi dura beaucoup plus que l'on ne l'avoit cru, à cause des rochers qui se trouvoient près de la contrescarpe; en sorte que les ennemis, étonnés de la longueur du siége, après toutes ces tentatives pour le secourir et d'avoir marché à Calais, se résolvoient encore de faire semblant d'entrer en France, après avoir envoyé M. de Marcin avec un corps en Luxembourg, pour tâcher de secourir Montmédi; mais ils ne demeurèrent qu'un jour à Ribemont, et se retirèrent de là dans leur pays. M. de Turenne envoya encore un renfort de troupes à Montmédi; de sorte qu'après plus de deux mois de tranchée ouverte la place se rendit, les ennemis n'ayant rien entrepris, et leur armée s'étant fort ruinée en diverses marches qui avoient fort mal succédé. On avoit resté quelque temps dans une fort mauvaise opinion du siége de Montmédi, ce qui obligea le Roi de s'en approcher; et ensuite la Reine, qui étoit demeurée à La Fère, s'y en alla trouver le Roi, lequel fut toujours à Stenai, allant de temps en temps se promener pour voir le siége.

Quand la place se rendit, toute l'armée des ennemis étoit entre la Sambre et la Meuse, et M. le cardinal proposa à M. de Turenne le siége de Rocroi: ce que les ennemis jugeant faisable, s'en approchèrent avec toute leur armée. M. de Turenne étoit à quatorze ou quinze lieues de l'endroit où étoit la cour, et sçavoit bien que l'on n'avoit rien de réglé pour les entreprises, la cour croyant toutes choses bonnes, pourvu qu'elles pussent réussir; mais lui, voyant que l'ennemi s'étoit avancé vers Rocroi, résolut de marcher de grand matin, de les prévenir, et d'arriver en Flandre avant eux. Il avertit, en commençant à marcher, M. le cardinal de son dessein; et toutes les troupes de M. le maréchal de La Ferté, tant celles qui étoient de son corps que celles qu'on lui avoit envoyées, demeurèrent auprès de Montmédi, à la réserve de la cavalerie que M. de Lislebonne et M. de Varennes commandoient. En partant de Rumigni, il prit sa marche auprès d'Avesnes, et de là passa la Sambre à Amiens, où il ne séjourna que le temps qu'il falloit pour donner loisir de repaître. Il passa auprès du Quesnoi, et alla traverser l'Escaut à la Neuville, à une heure au dessous de Bouchain, d'où il alla loger à Sailli sur la Scarpe, et envoya de là, dès la nuit, M. de Castelnau investir Saint-Venant, lui ayant donné ordre de passer de l'autre côté de la Lys. M. de Turenne arriva en même temps en deçà avec toute la cavalerie et quelques mousquetaires commandés. On fit de la Sambre, en trois jours, la marche jusqu'à Saint-Venant; le premier à la Neuville auprès de Bouchain, le second à Sailli sur la Scarpe, et le troisième devant Saint-Venant.

M. de Turenne sçavoit bien qu'il ne pourroit gagner le devant à l'ennemi que d'un jour, lequel, pouvant marcher par son pays, ne seroit point retardé en sa marche: ce qui fut cause qu'il ne voulut pas assiéger Armantières, parce que l'ennemi eût pu y être un jour plus tôt qu'à Saint-Venant. Cette diligence que fit l'armée du Roi ne fut point retardée par le bagage que l'on avoit presque tout renvoyé, à la réserve de quelques chariots et du canon qui marchoient avec l'armée. M. de Ciron qui le conduisoit eut ordre de M. de Turenne de prendre des outils qui devoient être à Saint-Quentin, et de s'en venir par Arras et Béthune droit à Saint-Venant.

Comme l'armée y fut arrivée, on trouva la place assez dégarnie, n'y ayant pas plus de trois cens hommes; et comme on n'avoit pu mener que fort peu de munitions et de vivres de guerre avec l'armée, M. de Turenne fit promptement venir ce qu'il put de La Bassée et de Béthune. M. le prince et dom Juan d'Autriche ne perdirent pas de temps, et ayant marché sans bagage, leur avant-garde arriva à quatre heures de Saint-Venant, le jour d'après que l'armée du Roi étoit arrivée devant la place, où l'on manquoit de toutes choses pour un siége. M. de Turenne prit de la cavalerie et s'en alla à La Bassée; d'où après, en repassant à Béthune, il mena quelques vivres au camp et un peu de munitions de guerre.

L'armée de l'ennemi arriva toute entière devant la place, le troisième jour après celle du Roi. L'on eut avis ce jour-là que le bagage de l'armée, conduit par sept ou huit régimens de cavalerie et quinze cens hommes de pied, étoit parti d'Arras et venoit au camp. M. de Turenne envoya cinq cens chevaux au devant, et manda à M. de Ciron qui le conduisoit, de prendre le tour par Lilers, où il campa le soir à une heure et demie de Saint-Venant; et le lendemain M. de Ciron, en étant parti assez tard, s'en vint le matin trouver M. de Turenne, avec une partie des troupes qu'il avoit mises à l'avant-garde, n'ayant pas nouvelles des ennemis, dont un corps de mille ou douze cens chevaux renforcé des garnisons d'Aire et Saint-Omer, sous la conduite de M. de Bouteville, eurent nouvelle par Aire que ces bagages étoient campés auprès de Lilers, et étant parti de la Motte-au-Bois, s'en vinrent par Aire droit à Lilers; ils trouvèrent le bagage dans la marche, une partie étant déjà assez près du camp. Comme ce sont tous défilés où la tête ne peut pas secourir la queue, trois régimens de cavalerie et le régiment d'infanterie d'Alsace, qui étoit à l'arrière-garde, furent chargés par cette cavalerie, rompus, et une partie du bagage pris; on sauva beaucoup de chevaux, mais il y eut beaucoup de régimens qui firent une perte fort considérable. On n'en eut que bien tard l'allarme au camp, et beaucoup de cavalerie y courut en désordre; ils prirent quelques prisonniers de l'ennemi qui s'étoient trop arrêtés et qui n'eurent pas le loisir de piller le reste du bagage.

Il y eut tout ce jour-là beaucoup d'abattement à cause de cette perte; il y arriva néanmoins des outils avec lesquels on commença à travailler en diligence; et comme le pays est fort couvert et serré, les ennemis ne pouvoient ni voir l'état auquel étoit l'armée du Roi, ni s'élargir pour venir en bataille l'attaquer, quoiqu'ils fussent fort proches et qu'on ne fût pas retranché; on ne rassembla aucun quartier, mais on se fioit, en leur opposant peu de troupes, à la difficulté qu'ils avoient à venir.

La tranchée n'étoit pas ouverte, et l'ennemi, croyant que c'étoit sa présence qui l'empêchoit, vint se loger à une portée de canon d'un village par lequel on entroit au camp, et qui étoit le lieu le plus aisé à l'attaquer. Il trouva, en venant s'y loger, qu'il y arrivoit quelques caissons qui portoient du pain de Béthune. Trois escadrons, qui les conduisoient, se mirent à l'arrière-garde, et faisant entrer le convoi en sûreté, furent chargés par beaucoup d'escadrons de l'ennemi qui faisoient l'avant-garde de leur armée, et furent renversés jusques dans la barrière qui étoit au village, dont quelques charettes de vivandiers, qui marchoient après le convoi, empêchoient l'entrée. C'étoit à quatre heures après midi, et cela vint si promptement, qu'il n'y eut que quelques mousquetaires qui étoient à la barrière qui tirèrent quelques coups. Toute l'infanterie étant au travail, se trouva fort loin de ce lieu-là. M. de Turenne étoit dans le camp, qui courut au bruit et n'avoit que douze ou quinze personnes avec lui, entre lesquelles étoit M. d'Humières qui, s'avançant, arriva à la barrière où les ennemis étoient déjà. M. de Turenne y arriva en même temps ; de manière que les ennemis, qui n'avoient point de dessein formé sur le camp, se retirèrent vers le leur qui n'étoit pas à plus de mille pas de là. S'ils avoient eu des dragons ou de l'infanterie à leur avant-garde, il est certain qu'ils pouvoient en ce temps-là mettre une grande confusion dans l'armée qui étoit fort séparée. M. de Turenne, voyant que l'ennemi n'avoit autre dessein que de l'empêcher d'ouvrir la tranchée et sauver par ce moyen la place, par l'appréhension que l'on avoit du voisinage de leur armée, dans un temps que celle du Roi n'étoit ni plus d'à moitié retranchée, ni pourvue de choses nécessaires pour un siége, connut fort bien que le retardement ne feroit que rendre les choses plus difficiles, et ôter les raisons d'entreprendre au lieu d'en fournir, de sorte qu'il ouvrit la tranchée dès le soir même.

La place, quoique de conséquence aux ennemis, à cause du passage de la Lys, n'étant pas de celles qui puissent faire appréhender les événemens des grands siéges, l'ennemi ne prit pas de résolution cette nuit ; il demeura tout le jour dans son camp. Après quelques escarmouches, et après que M. le duc d'Yorck et M. le duc de Glocestre eurent parlé avec beaucoup d'officiers françois de leur connoissance, la nuit suivante, les Espagnols marchèrent en diligence devant Ardres, ayant envoyé le jour auparavant les troupes qui étoient vers Aire, pour investir la place.

Toute la nuit que les ennemis délogèrent, on ne put pas sçavoir leur dessein, et même la nuit d'après, n'ayant point d'autre nouvelle que celle qu'ils marchoient vers Aire ; on crut qu'ils faisoient le tour du camp pour l'attaquer par un autre côté ; de sorte que les tranchées ne s'avançoient qu'à l'ordinaire : mais aussitôt que M. de Turenne sçut qu'ils arrivoient devant Ardres, il fit emporter la contrescarpe par son régiment d'infanterie qui étoit de garde (1). Il y avoit un grand fossé plein d'eau pour y aller ; de manière qu'il s'y noya quelques soldats, et on fit le logement, sans le combler qu'après qu'il fut fait : on y perdit bien cent soldats et près de vingt-cinq officiers tués ou blessés. Les assiégés qui en faisoient leur capitale défense s'y opiniâtrèrent fort, et ce fut une des plus difficiles actions qui se soit vue dans les siéges. Cela pressa si fort les ennemis, que la garde qui suivit ayant encore emporté un ouvrage, ils demandèrent à capituler, voyant toute la cavalerie de l'armée qui portoit des fascines pour remplir le fossé de la place. M. de Turenne, ayant parlé aux otages à la tête du travail, pressa si fort la reddition, que dans une heure on fut maître d'une porte. Il commanda à l'instant à quatre ou cinq mille chevaux de marcher à Ardres en passant près des portes d'Aire, afin que la place tirât le canon ; l'armée qui étoit devant Ardres vit que Saint-Venant étoit pris, et ainsi cessa de continuer le siége. C'est ce qui en effet sauva la place ; car les ennemis, sachant qu'il n'y avoit que des dehors en état de défense, ne firent qu'une faute, qui étoit de ne pas les emporter la première nuit qu'ils arrivèrent ; mais les ayant attaqués la seconde et ne trouvant personne pour les défendre, ils descendirent la même nuit dans le fossé par trois endroits, la descente n'étant pas difficile, et attachèrent des mineurs à une courtine et à un bastion : ce fut cette même nuit-là qu'ils entendirent le canon à Aire, et firent sommer diverses fois la place, et eurent nouvelle le matin que toute l'armée du Roi marchoit à Ardres ; ils crurent ainsi que l'avant-garde étoit à l'armée même, prirent l'allarme et se retirèrent dans la Flandre sur les onze heures du matin le même jour ; ils laissèrent quelques mineurs attachés au bastion, et quelques postes d'infanterie qu'ils ne purent retirer le jour. Il est certain qu'Ardres auroit été pris, n'y ayant pas deux cens hommes dans la place, si on l'avoit assiégée selon les règles.

M. de Turenne ayant marché ce jour-là sept lieues avec l'armée, apprit le soir que celle des ennemis s'étoit retirée en Flandre ; après s'être rafraîchi trois jours, il retourna par Saint-Venant passer la Lys, et fit prendre La Motte-au-Bois, château qui incommodoit fort Saint-Venant, et commanda qu'on le fit raser ; sachant que l'armée de l'ennemi étoit près de la Colme, mais incertain si elle avoit passé, et espérant en trouver une partie en deçà, il laissa son bagage dans le camp, avec ordre de marcher jusqu'à Cassel et d'y demeurer, et lui, avec l'armée, alla en un jour depuis Merville jusqu'à La Berge ; le temps fut si mauvais, qu'il n'y eut qu'une partie de l'avant-garde qui y put arriver avec peu d'ordre. On apprit, par des prisonniers, que toute l'armée des ennemis étoit au-delà de la rivière, et on les fut reconnoître le lendemain ; on vit qu'ils achevoient de s'y retrancher ; et le temps étant perdu d'entreprendre

---

(1) Le Vicomte tait ici la belle action qu'il fit, en faisant couper sa vaisselle pour la distribuer aux soldats. (A. E.)

quelque chose, l'armée alla à Wate, où M. de Turenne ayant appris que les ennemis quittoient le poste de Bourbourg et avoient gardé le fort de Rupt, il empêcha par sa diligence qu'ils ne coupassent les digues, résolut de passer la Colme et d'assiéger Mardyck. Il envoya le sieur Talon à Londres, pour en faire la proposition à M. le protecteur, ayant toujours eu ordre de la cour de s'approcher de la mer quand il le pourroit, et sachant bien que c'étoit l'intention d'exécuter le traité fait au commencement de la campagne. Comme on ne peut agir que selon le temps que l'ennemi donne, M. de Turenne crut ne devoir pas négliger celui-ci, quoique la saison fût fort avancée, pour commencer des conquêtes en Flandre.

Le mois de septembre fut presque fini quand M. Talon alla en Angleterre. On prit néanmoins le fort d'Hennin, qui étoit un passage, et l'on prépara toutes les choses nécessaires, tant vivres qu'artillerie, pour entreprendre un siége. L'armée séjourna neuf ou dix jours à Wate, pendant lesquels il ne se passa rien de considérable; ce séjour fit croire aux ennemis que l'on ne songeoit pas à aller plus avant; de sorte qu'ils avoient résolu d'abord de faire sauter le fort de Mardyck, et avoient commencé à creuser des mines sous les bastions, mais se flattant ensuite que l'incommodité de la saison et la difficulté des chemins empêcheroient le siége de la place, ils firent cesser le travail et y mirent garnison. M. de Turenne, qui ne pouvoit assiéger ni Gravelines, ni Dunkerque, dans une saison avancée, la première, à cause de la bonté de la place, et la dernière, à cause que l'ennemi étoit campé sous ses murs, résolut d'aller à Mardyck, sans avoir de nouvelles positives de ce que pensoit M. le protecteur; il savoit bien que la flotte d'Angleterre étoit à la rade, et aimoit mieux commencer une chose, quoique très-difficile, que d'achever la campagne sans rien faire davantage: ainsi, ayant envoyé son bagage sous Calais avec cinq ou six régimens de cavalerie, il marcha à Mardyck. Il falloit que toute l'armée passât sur une digue et s'avançât dans un pays où il n'avoit de retraite que par le même chemin par lequel on alloit; on commanda à toute la cavalerie de porter des palissades, et à l'infanterie des fascines, n'y ayant point de bois auprès de Mardyck, lequel est si proche de Dunkerque, où étoit l'armée des ennemis, qu'il falloit planter des palissades en y arrivant.

Les ennemis avoient dans la place six ou sept cens hommes, composés de trois régimens italiens, et le reste d'Espagnols et de Walons. On fut deux jours que les vaisseaux ne pouvoient pas entrer dans la fosse, à cause du vent, et que l'on voyoit passer des batteaux qui alloient de Dunkerque à Mardyck: ce qui rendoit le siége fort difficile; et aussi le manque de fourrage faisoit voir que l'armée ne pourroit pas y demeurer long-temps. M. de Turenne balança un jour entier s'il commenceroit le siége, et M. de Castelnau l'y ayant déterminé, l'on résolut d'ouvrir la tranchée et d'emmener du canon pour battre le fort du bois. Voyant que les ennemis vouloient l'abandonner, quelque cavalerie courut sur le bord de la mer, entre les deux forts; ayant ôté par ce moyen la communication de la mer, on poursuivit avec plus de plaisir la résolution qui étoit prise d'ouvrir la tranchée: ce qui se fit cette nuit où les gardes entrèrent, et on s'approcha fort près de la contrescarpe. Le lendemain on y fit une attaque générale, et on l'emporta de tous les côtés; et s'y étant logé, on commença, sans perdre de temps, à la percer pour descendre dans le fossé de la place; le matin, comme on y jetoit des fascines pour le combler, les ennemis demandèrent à capituler, et, n'étant point reçus à se rendre que prisonniers de guerre, après avoir rompu deux ou trois fois en cinq ou six heures la trève, ils acceptèrent la capitulation, et sortirent le lendemain au matin tous prisonniers de guerre, excepté le gouverneur et un capitaine espagnol venu en otage, que M. de Turenne renvoya; on laissa seulement aller à Dunkerque quelques officiers, pour solliciter la liberté des autres, qui furent renvoyés en France et dispersés dans les villes.

Après la prise de Mardyck (1), la conservation en étoit bien plus difficile que n'en avoit été la conquête, parce que M. de Turenne avoit mieux aimé passer par-dessus beaucoup de considérations, pour entreprendre quelque chose, que d'achever la campagne sans rien faire. Comme il avoit marché au siége de Mardyck sans avoir de réponse positive de M. le protecteur, s'il vouloit faire les choses nécessaires pour sa conservation, la place étant prise, il se rencontra beaucoup de difficultés à prendre un parti. L'ambassadeur d'Angleterre, qui étoit à la cour, arriva dans cet intervalle, et apporta les ordres à M. de Turenne de faire toutes choses possibles pour le siége de Dunkerque

---

(1) On publia vers ce même temps la relation de *la prise de Mardyck par le maréchal de Turenne*, avec les articles accordés au gouverneur de cette importante place, où les nostres ont fait plus de six cens prisonniers, entre lesquels se trouvent deux cent quarante-deux officiers.

ou de Gravelines ; quoique l'un et l'autre fussent impossibles, néanmoins M. le cardinal étoit bien aise de contenter M. le protecteur en faisant la proposition ; l'armée ennemie, campée sous Dunkerque, empêchoit de songer à ce siége. M. de Turenne résolut une fois de demeurer quelques jours dans le camp, pour fortifier Mardyck ; mais le manque de fourage et le temps qu'il faut pour mettre en état une place dénuée de toutes choses, lui faisoient songer aussi à raser la place ; mais ce parti, quoique le plus sûr, avoit de si mauvaises conséquences, à cause de l'alliance avec les Anglois, qu'il ne put s'y résoudre ; il se trouva dans cette situation où, lorsqu'il n'y a rien de bon à faire, on se contente de choisir le moins mauvais. J'ai oublié de dire que M. de Schomberg avoit été laissé à Bourbourg avec près de deux mille hommes, pour garder le passage et conserver cette place qui étoit entièrement rasée ; mais elle donnoit autant de difficulté à être mise en état que Mardyck. M. de Turenne crut qu'en s'approchant de Gravelines il pourroit peut-être trouver moyen de l'investir et d'y passer tout l'hiver, et par ce moyen conserver Mardyck et Bourbourg ; mais sa pensée n'étoit pas bien fondée, et dans tout ceci il n'y avoit aucuns principes bien sûrs sur lesquels on pût former une résolution ; il arriva aussi qu'il plut beaucoup la nuit et le jour que l'armée décampa ; de sorte qu'il fut impossible de s'arrêter près de Gravelines, et l'armée repassa au-delà de Bourbourg, où les chemins devinrent si mauvais que l'on fut obligé de laisser le canon. Toute l'armée, et principalement l'infanterie, se débanda entièrement pour aller chercher des lieux où il y avoit du bois pour se chauffer, après avoir été trois jours sur des digues, avec des incommodités qui ne se peuvent exprimer ; personne dans ce temps-là ne vouloit demeurer à Bourbourg, et, sans M. de Schomberg qui y resta, il est certain qu'il eût fallu abandonner la place. M. de Varenne avoit été blessé à Mardyck.

M. de Turenne, voyant qu'il falloit céder au mauvais temps, laissa près de deux mille hommes à Bourbourg, sept ou huit cens Anglois à Mardyck, et marcha à Ruminghen, lieu le plus proche où il pût trouver de la terre ferme pour camper, et résolut de faire des chemins pour porter les provisions de là à Bourbourg, espérant que le séjour de l'armée dans ce poste pourroit empêcher le siége de Mardyck ; il doutoit néanmoins lui-même de la réussite, et personne ne croyoit la chose faisable ; en effet, l'entreprise étoit difficile : c'é-toit dans le mois d'octobre ; Bourbourg étoit une place rasée qui manquoit de tout ; il falloit accommoder les canaux pour aller depuis Calais à la Rivière d'Aa, et y dresser des forts et des ponts ; enfin, il falloit envoyer les soldats du camp de Ruminghen à trois grandes heures de Bourbourg, pour travailler à tous les ouvrages, sans qu'il y eût en aucun lieu ni bois, ni couvert. Le long séjour de l'armée dans ce camp, qui dura près de six semaines, donna de la facilité à tous ces travaux. Jaquier, munitionnaire général, se chargea de rendre les canaux navigables, et en vint à bout avec le travail de beaucoup de gens de Calais. M. de Castelnau et M. le marquis d'Uxelles entreprirent chacun un fort sur la rivière d'Aa, qu'ils mirent en état, avec des ponts sur la rivière, et M. de Schomberg fit travailler à sa place.

Les ennemis, se flattant toujours que l'armée se retireroit, n'attaquèrent point Mardyck. L'ambassadeur d'Angleterre étoit fort en peine de la place, et s'il devoit demander qu'on l'abandonnât ; il avoit fort souhaité que l'armée du Roi retournât à Mardyck pour fortifier la place ; il en voyoit fort bien l'impossibilité, mais il vouloit se décharger de sa garde. M. de Turenne, voyant que les ennemis négligeoient la place, avoit proposé d'y envoyer des mineurs pour faire sauter les bastions ; mais l'ambassadeur d'Angleterre ayant représenté que cette conduite feroit voir à M. le protecteur que l'on ne vouloit point continuer le traité, M. de Turenne résolut de hasarder plutôt la prise de la place par les ennemis, que d'encourir une mésintelligence assurée avec les Anglois ; il y envoya donc deux ou trois cens François pour se poster sur la contrescarpe, qui étoit demeurée près d'un mois dans un tel état, que les ennemis l'auroient emportée en six heures.

Quelques jours après que les François y furent entrés, les ennemis firent une tentative, dont on n'a pas pu bien sçavoir la raison, si ce n'est qu'ils avoient quelque intelligence dans la place ; ils ne rasèrent point le bas fort, comme ils le pouvoient, demeurèrent toute la nuit assez près de la contrescarpe sans y faire d'attaque, et se retirèrent avec perte de quelques gens ; cela ne laissa pas de donner beaucoup de courage aux assiégés : on se ranima en Angleterre pour la conservation de la place. M. de Turenne y envoya encore quelque infanterie ; et il y vint quelques palissades de Londres, avec lesquelles on fit travailler au bas fort.

Vers la fin du mois de novembre, l'armée du Roi fut obligée de se retirer de Ruminghen, et celle des ennemis, qui avoit toujours été campée derrière Dunkerque, se retira aussi dans son païs, sans avoir pu rien entreprendre. M. le prince étant tombé malade, se fit porter à Gand, où il fut en danger; mais s'étant rétabli, on le mena à Bruxelles. Comme M. de Turenne faisoit retirer l'armée vers le Boulenois, il sçut par M. le cardinal, qui avoit de très-bonnes intelligences en Flandre, que les ennemis avoient toujours dessein d'attaquer Mardyck pendant l'hiver, que l'armée du Roi ne pourroit plus secourir la place; c'est pourquoi il y envoya un renfort d'infanterie françoise; et les régimens n'ayant plus guères de soldats (la désertion étant venue, à cause que l'on n'avoit rien touché durant toute la campagne, ce qui n'avoit jamais été depuis le commencement de la guerre), on fut obligé de commander des officiers de chaque corps, sans soldats, ce qui ne s'étoit point encore fait; et depuis, le Roi y envoya tous ses mousquetaires avec les compagnies de gendarmes et chevau-légers de M. le cardinal et ses gardes. Comme M. de Turenne revint avec l'armée sur la frontière, M. le maréchal d'Aumont, qui étoit dans son gouvernement du Boulenois, eut ordre de s'en aller à Mardyck, où il demeura bien avant dans le mois de janvier.

Les ennemis, ayant vu toutes ces précautions, n'entreprirent rien et se contentèrent de faire hiverner presque toute leur armée dans la Flandre, tant pour ne pas perdre temps à attaquer cette place quand ils en trouveroient l'occasion, que pour être plus près pour s'opposer à l'attaque des villes de Flandre, quand le Roi, favorisé des Anglois, le voudroit entreprendre. Son armée demeura jusqu'au commencement de janvier sur les frontières, après quoi elle fut séparée à l'ordinaire dans ses quartiers en diverses provinces de France. M. le prince, qui avoit été en quelque danger à Bruxelles, commença à se porter mieux; et les généraux ennemis s'y rassemblèrent, ayant laissé leurs frontières du côté de la Flandre avec des garnisons beaucoup plus fortes qu'à l'ordinaire.

[1658] Au commencement de mars (1), le gouverneur de Hédin étant mort, on donna ce gouvernement à M. de Moret. Le major, se trouvant à Paris, vint aussitôt le trouver pour recevoir ses ordres, et s'en alla ensuite sans aucun soupçon dans la place; M. de Moret y alla fort peu de jours après, et on lui refusa la porte: on apprit qu'il y avoit long-temps que ce major s'étoit rendu maître de l'esprit d'une partie des officiers, et voyant que le gouverneur étoit mal

(1) Voyez ci-dessus la note de la page 482.

sain, avoit pensé à s'emparer de la place. M. le maréchal d'Hocquincourt, depuis fort long-temps mécontent en Picardie, étant un homme qui prenoit des résolutions fort légèrement, s'en alla à Hédin, sçachant les intentions de Defargues, major de la place, y demeura quelque temps sans y avoir aucun pouvoir, et de là alla trouver M. le prince en Flandre. Ceux de Hédin, ne trouvant plus de sûreté à se raccommoder avec M. le cardinal après ce qu'ils avoient fait, traittèrent avec M. le prince et avec les Espagnols, qui leur envoyèrent des troupes qu'ils ne reçurent point dans la ville, mais ils les mirent quelque temps dans un camp fort proche; et insensiblement, après beaucoup d'allées et de venues pour négocier à Bruxelles, ils les introduisirent dans leurs fauxbourgs; ils traittèrent durant tout ce temps-là à la cour; mais on vit bien que c'étoit pour gagner du temps, et pour diminuer l'envie qu'on avoit de les aller attaquer promptement.

L'armée du Roi n'étant point encore en état de se mettre en campagne, M. le cardinal vit que cette négociation ne pouvoit nuire à rien. Le temps arriva que les troupes sortirent de leurs quartiers, et que le Roi s'en vint à Amiens avec la Reine. On eut par un commis de M. le Tellier, nommé Carlier, qui avoit fait divers voyages à Hédin, des nouvelles qui donnèrent moins d'espérance que jamais que la ville s'accommodât avec le Roi. Cette nouveauté commençoit à réveiller beaucoup de gens en France, où naturellement il se trouve toujours des mécontens; d'ailleurs la longue guerre et la disette où étoient les provinces, par la continuation des grandes charges et tailles, donnoient sujet au peuple de souhaiter un changement dans le ministère, et il le souhaittoit avec tant d'ardeur, qu'il ne regardoit pas s'il lui seroit avantageux ou dommageable.

Il y avoit eu auparavant des assemblées de noblesse en diverses provinces, avec quelques gentilshommes pour chefs, et surtout en Normandie. Quoique madame de Longueville fût dans une dévotion si grande qu'elle ne se mêloit d'aucune cabale, néanmoins son esprit avoit tant d'ascendant sur les personnes, qu'elle les faisoit pancher du côté où elle avouoit bien que son inclination la portoit, c'est-à-dire du côté de M. son frère. La retraite aussi quelquefois, comme le grand monde, fait éclore les semences des plus grandes affaires.

Les choses étoient ainsi désespérées quand la cour vint à Amiens, où le Roi demeura quelques jours, et on y assembla une partie de l'armée. En ce temps-là, se fit cette entreprise sur

Ostende, où M. le maréchal d'Aumont, qui avoit été durant l'hiver quelque temps dans Mardyck, s'engagea, sur la parole de quelques petites gens, qui furent trompés grossièrement par ceux d'Ostende, lesquels, ayant joué une farce dans la ville, firent semblant d'arrêter leur gouverneur, crièrent : Vive le Roi! dans les rues, et dirent mille injures des Espagnols ; ces gens crédules allèrent trouver M. d'Aumont, comme il étoit à la rade avec douze ou quinze cens hommes, et l'ayant assuré qu'il étoit maître de la ville s'il vouloit y venir, luy, sans prendre aucun ôtage, entra sur le pont avec une partie de ses gens; les Espagnols, qui étoient cachés dans les caves, en sortirent, et fermant le havre, prirent cinq ou six cens hommes avec M. le maréchal d'Aumont; mais le reste, qui n'étoit pas entré, se retira dans les navires.

Cette entreprise d'Ostende manquée, avec l'affaire de Hédin, faisoit concevoir de grandes espérances à M. le prince, et fit commencer la campagne avec de fort méchantes apparences de succès. La cour même, qui se trouvoit en ce temps-là à l'armée, décrioit au moins pour la plupart les affaires autant ou plus que les autres. Quoique la plupart des officiers de l'armée n'étoient pas encore venus, le Roi s'approcha de Hédin avec dix ou douze mille hommes ; ceux de dedans ayant quelques troupes espagnoles campées dans les dehors, sortirent pour escarmoucher, et on tira le canon sur le Roi même, qui s'étoit avancé; de manière que, par cette déclaration si ouverte, on ne songea plus à traitter avec Hédin, mais à s'y conduire comme avec une place ennemie.

Durant l'hiver, M. le cardinal avoit traitté avec l'ambassadeur d'Angleterre, qui pressoit extrêmement que l'on s'engageât devant Dunkerque, et on avoit signé les articles, par lesquels il fut arrêté que Dunkerque seroit mis entre les mains des Anglois; qu'ils fourniroient six mille hommes de pied et tiendroient la mer avec leur armée navale. Le traitté n'étoit que pour un an, dans lequel ils devoient continuer le même secours par terre, aider aussi par mer au siége de Gravelines, qui devoit demeurer au Roi, et ne prétendre point à d'autre place qu'à celle de Dunkerque. M. le cardinal souhaitta que l'on marchât en Flandre, et M. de Turenne, sans sçavoir si on pourroit assiéger Dunkerque, ou si on s'arrêteroit à Bergues, désiroit aussi de faire voir naïvement aux Anglois que l'on faisoit tout son possible pour l'exécution du traitté. Le Roi, qui étoit campé à une petite heure de Hédin, s'en alla rejoindre la Reine à Montreuil, pour retourner ensemble à Calais, avec deux ou trois mille hommes que M. de Castelnau commandoit ; et M. de Turenne, avec sept ou huit mille hommes, prit le chemin de Saint-Venant pour y passer la Lys, et ensuite marcher vers Bergues et Dunkerque.

En arrivant auprès de Béthune, il apprit de M. le marquis de Créqui, qui en étoit gouverneur, qu'il y avoit deux ou trois régimens de l'ennemi dans Cassel, à cinq heures de Saint-Venant sur le chemin de Bergues ; il lui donna sept ou huit cens chevaux et quelques mousquetaires commandés, avec lesquels s'avançant, il prit dans Cassel deux régimens d'infanterie irlandois, qui faisoient deux ou trois cens hommes. M. de Turenne y arriva peu de temps après avec l'avant-garde, et à cause des mauvais chemins il y séjourna un jour pour attendre son bagage; et s'il eût cru tous ceux du pays, il n'en auroit point mené, non plus que le canon, à cause de la difficulté qu'il trouveroit par les chemins, lesquels avoient été rendus plus mauvais qu'à l'ordinaire, à cause du grand hiver qui avoit duré si long-temps. Au mois de mai, M. de Turenne voyant bien que la diligence étoit fort nécessaire, et apprenant par les prisonniers que l'armée ennemie n'étoit pas ensemble, il fit suivre toute la nuit le bagage, et faisant raccommoder les chemins, s'avança sur la Colme, et laissant Bergues à main gauche, marcha par des pays fort inondés, auprès d'une petite redoute que les ennemis gardoient avec trente hommes et un capitaine; on fit un passage sur la rivière, et ayant trouvé quelques pilliers sur lesquels on mit des planches, on y mena quelques chevaux par la bride : ce que voyant ceux de la redoute et qu'on s'y avançoit avec cinquante ou soixante mousquetaires, ils se rendirent. C'étoit le seul passage dont on pût se servir, à cause du pays inondé qui est entre Furnes et Bergues. On ne voyoit de là à Dunkerque rien que de l'eau, et M. de Turenne s'en retourna avec peine à son quartier qui étoit à une heure de là, ayant laissé M. de Bellefons, lieutenant-général, avec quelque infanterie, afin de reconnoître les chemins de là à Dunkerque.

Il n'y avoit aucun homme dans le pays qui dit qu'il y eût un chemin; et M. de Turenne, ayant envoyé ce soir-là M. de Varenne le long de la Colme, laissa Bergues à droite, pour voir s'il y auroit moyen de communiquer par-là avec Mardick, où étoit M. de Castelnau. Il lui rapporta qu'à cause des eaux on ne pouvoit point passer : toute la nuit se passa sans qu'il crût qu'il y eût aucune apparence de pouvoir aller vers Dunkerque. Le matin, M. de Bellefons lui manda que les ennemis avoient quitté une autre redoute près de Bergues, et qu'il y avoit une digue par laquelle il croyoit que l'on pouvoit aller vers les forts, entre Bergues et Dunkerque. Les ennemis, depuis la prise de Mardick, avoient travaillé sur la digue de Bergues à Dunkerque, à deux grands forts qui étoient à une telle distance, qu'il est certain qu'étant en état de défense, on ne put point assiéger Bergues ni Dunkerque sans les prendre, n'étant chacun qu'à une portée de canon l'un de l'autre, et à la même distance chacun de ces deux villes. On n'avoit point eu d'information juste de leur état; de manière que cela avoit toujours paru le plus grand obstacle pour le siége de Dunkerque; mais, comme j'ai dit, la résolution étoit prise de faire toutes choses pour répondre avec netteté au traité des Anglois.

M. de Turenne se trouva de grand matin avec toute l'armée à cette redoute qui avoit été prise le soir auparavant, et faisant accommoder le pont sur la Colme, on s'avança vers ces forts. Les prisonniers de la redoute avoient dit que l'un étoit en état de défense et l'autre hors d'état. Après avoir fait combler beaucoup de fossés, les ennemis, voyant que l'armée s'avançoit entre Bergues et Dunkerque, commencèrent à abandonner les forts et la digue. M. de Castelnau étant arrivé avec les trois mille hommes qui étoient partis avec le Roi et trois mille anglois, étant dès le jour auparavant à une portée de canon des ennemis, ils firent sortir deux bataillons de Dunkerque, et environ six ou sept cens chevaux pour défendre le canal et les forts.

L'armée s'approchant avec beaucoup de difficulté entre Bergues et Dunkerque, les ennemis furent pris par derrière, et leurs forts n'étant point en défense, ils se retirèrent à Bergues et à Dunkerque, mais la plus grande partie entra dans la dernière place. M. de Turenne ayant marché avec peu de gens sur cette digue, envoya promptement un de ses gens à nage, pour avertir M. de Castelnau comme il avoit passé. Il s'en vint le trouver aussitôt; et comme il falloit à l'instant se résoudre au siége de Bergues ou de Dunkerque, le premier étant fort aisé et l'autre fort difficile, M. de Turenne, croyant que si on perdoit ce moment que l'on ne pourroit jamais y revenir, résolut, malgré toutes les difficultés, d'aller à Dunkerque. On ne put pas y marcher ce jour-là, à cause des eaux et des canaux; mais ayant travaillé aux ponts sur la Colme, sur le canal de Houscote à Dunkerque et sur celui de Furnes à la même ville, on se trouva le lendemain à deux heures après midi auprès des dunes.

Toutes les troupes de l'ennemi qui étoient dans le voisinage s'y jetèrent, de façon qu'il se trouva dans la place environ deux mille deux cens hommes de pied et sept à huit cens chevaux : M. le marquis de Lède y étoit aussi entré le jour auparavant que l'armée y arriva. M. le prince et don Juan étoient encore à Bruxelles, persuadés que l'entreprise étoit impossible, puisque nous n'avions ni Bergues, ni Furnes, ni Gravelines, dont la première n'étoit distante que d'une heure, l'autre de trois, la dernière de quatre; et la saison empêchant qu'il n'y eût aucune herbe pour faire paître les chevaux. On commença, dès ce soir-là, à prendre les quartiers; et durant les cinq ou six premiers jours, si quelque officier général des ennemis avec un peu de troupes se fût mis à Furnes ou à Bergues, difficilement eût-on pu faire les communications avant qu'il y fût entré beaucoup de troupes dans la ville : mais l'ennemi ayant cru au commencement que l'on assiégeroit Bergues, et ayant ensuite appris le siége de Dunkerque, envoya seulement deux ou trois régimens sous de méchans officiers, qui, ayant ordre d'entrer dans la ville, demeurèrent à Bergues, mandant l'impossibilité d'exécuter ce qu'on leur commandoit. Les Espagnols résolurent alors d'assembler promptement l'armée pour venir au secours.

Les premiers jours on essuya de très-grandes difficultés par l'assiette du camp, à cause des communications, par le manque de bois pour les soldats, et par celui du fourage pour la cavalerie. Comme on n'avoit que la mer, il est impossible d'en tirer les assistances nécessaires, à cause de la difficulté des débarquemens, et aussi les Anglois, hors quelques canons et cinq mille hommes d'infanterie qui ont très-bien servi, apportèrent fort peu de commodités au siége. Le Roi, qui étoit à Calais, dès qu'il sçut que l'on étoit devant Dunkerque, pressa M. le cardinal, qui y donna les mains, de manière qu'ils vinrent dans le vieux fort de Mardyck, trois jours après que l'on fut arrivé devant Dunkerque où l'armée prit ses quartiers. M. de Turenne se logea dans les dunes auprès de l'étang, et retint une bonne partie des troupes avec lui depuis la mer jusqu'au canal de Furnes, où il posta un régiment d'infanterie dans le grand fort entre Bergues et Dunkerque avec peu de cavalerie, et un corps de troupes du côté de la mer, par où les ennemis pouvoient venir.

M. de Castelnau demeura au-delà du canal de Bergues avec les troupes qu'il avoit menées avec lui et les Anglois. Il y eut des difficultés extrêmes à faire des ponts de communication : l'ennemi sortoit quelquefois de la ville avec sept ou huit escadrons; mais comme il n'y avoit point de tranchée ouverte, on n'étoit pas assez près de lui pour pouvoir rien entreprendre.

Ces premiers jours ayant été très-difficiles, il commença à venir au camp quelques barques avec des vivres, et ensuite de l'avoine pour la cavalerie qui étoit du côté des dunes : il y vint aussi des outils et quelques palissades, avec quoi on travailla à la circonvallation qui ne valut jamais rien, et principalement du côté des dunes. On fit aussi une estacade de gros piliers, liés par des chaînes que les matelots anglois venoient accommoder, lesquels ne pouvoient jamais résister aux grandes marées quand il y avoit beaucoup de vent. Mais toutes les nuits la cavalerie étoit de garde sur le bord de la mer : on mettoit des caissons quand la mer s'en alloit, et on les ôtoit avec les chevaux quand elle revenoit; de sorte qu'il n'y demeuroit jamais d'espace vuide. L'armée, qui étoit fort foible au commencement, grossissoit peu à peu par beaucoup de troupes qui vinrent de France. On avoit trouvé à propos de commencer le siége avec peu de troupes, plutôt qu'en les attendant de donner du temps aux ennemis de se rassembler : ce qui assurément auroit rompu le dessein, leur étant aisé de pourvoir à une place comme Dunkerque, et voyant bien que ce n'étoit que par là que la France maintenoit l'alliance des Anglois ; mais l'affaire de Hédin et d'Ostende leur avoit donné de la sécurité. Le Roi fut quelques jours à Mardick, où M. le cardinal faisoit pourvoir à toutes les munitions de guerre et avoines pour la cavalerie, et à faire apporter par mer des fascines et des plates-formes. Comme on commença à parler, avant que la tranchée fût ouverte, que les ennemis s'assembloient, il conseilla très-prudemment au Roi de s'en retourner à Calais, n'y ayant aucun lieu où il pût demeurer sûrement, et ce siége-là étant par la situation du pays d'une telle condition que la retraite étoit comme impossible, s'il arrivoit du malheur à un quartier de l'armée.

Trois ou quatre jours après le départ du Roi, de la Reine et de Monsieur, on ouvrit la tranchée du côté des dunes, dont on se servoit comme de place d'armes. La première nuit, les ennemis firent une sortie avec toute leur cavalerie : on eut beaucoup d'allarmes en plaçant les travailleurs, et les Anglois, qui n'étoient pas fort accoutumés aux siéges, quittoient le travail et couroient aussitôt à leurs armes. Comme les premières nuits ne sont guères dangereuses, on ne perdit presque personne. On vit le matin toute la cavalerie des ennemis dehors, et la face de la ville étant grande de ce côté-là, les ennemis avoient bien vingt pièces de canon qui voyoient les tranchées ; de sorte que jusqu'à onze heures ou midi, la cavalerie ennemie s'avançant à la faveur du canon, paroissoit comme des troupes en campagne, les unes devant les autres; mais dès qu'elle vouloit approcher des tranchées, la cavalerie du Roi la repoussoit avec tant de vigueur, qu'en diverses sorties que les ennemis ont faites, ils n'ont pas eu le moindre avantage ; et quoique notre cavalerie perdît beaucoup par le canon et même par la mousqueterie, en approchant de la contrescarpe, on les a toujours poussés jusques sur le bord.

Les Suisses relevèrent les gardes, et le quatrième jour que Picardie étoit en garde et que le régiment du Plessis avoit la tête de la tranchée, il faisoit un si grand vent que l'on ne pouvoit pas voir à cause du sable. Les ennemis sortirent, rasèrent un peu le bout de la tranchée, et blessèrent ou tuèrent cent hommes des nôtres. Les Anglois avoient une attaque à la main gauche, et la cinquième ou sixième nuit on fut sur les bords des premières palissades, que les Anglois attaquèrent fort vigoureusement ; mais quoiqu'ils allassent hardiment sur les palissades, ils ne sçavoient pas s'y loger, et revenoient toujours dans les tranchées avec beaucoup de perte ; on l'a aussi essayé trois ou quatre fois du côté des François sans y réussir. Vers le sixième ou septième jour de la tranchée ouverte, M. de Turenne eut avis que les ennemis s'assembloient, et que M. le prince et dom Juan arrivoient à Furnes avec l'armée.

On ne pouvoit rien faire de bon du côté des dunes pour la circonvallation ; et quoique l'on en prît quelques-unes avancées, on en voyoit toujours d'autres qui incommodoient; et l'incertitude si un ennemi viendra encore par quelque côté, fait toujours paroître les choses moins dangereuses que quand on le voit en présence. Les assiégés avoient fait diverses sorties avec leur cavalerie ; mais ils furent toujours repoussés avec tant de vigueur par la cavalerie de l'armée du Roi, que cela les empêchoit de rien faire de conséquence ; mais on perdit toujours de bons officiers, et principalement par leur canon, dont ils demeurèrent long-temps les maîtres. Tous les officiers généraux, qui étoient M. de Schomberg, M. de Créqui, M. de Varenne, M. d'Humiers, M. de Bellefons, M. de Gadagne, se signaloient toujours où ils se rencontroient, et le marquis de Créqui fit très-bien à une ou deux sorties de cavalerie, dans l'une desquelles M. le comte de Guiche, mestre-de-camp aux gardes, fut blessé, comme il y étoit couru volontaire : M. le comte de Soissons eut aussi un cheval tué, et pensa être pris prisonnier tout proche des palissades de la contrescarpe.

Au huit ou neuvième jour de la tranchée ouverte, on avoit déjà pris quelques palissades avancées sur le glacis de la contrescarpe, et essayé quelques logemens, où on n'avoit pu se maintenir, lorsqu'on vit un corps de cavalerie qui s'avançoit le long des dunes : on ne sçavoit pas si c'étoit toute l'armée. M. de Turenne marcha avec peu de gens le long de la mer ; dans ce temps-là ils poussèrent la garde de l'autre côté des dunes, qui n'étoit que d'un régiment de cavalerie ; et M. le maréchal d'Hocquincourt, s'étant avancé avec les coureurs, reçut un coup de mousquet par quelques soldats avancés à un petit travail, dont il mourut le soir. On ne sçut pas seulement qu'il fût blessé, que par des trompettes qui vinrent ; et cette cavalerie se retira auprès de l'Abbaye des dunes, qui est assez proche de Furnes, où étoit l'armée des ennemis, environ à deux heures du camp.

Les Suisses entrèrent ce jour-là aux tranchées, et on ne put pas se rendre maître de la contrescarpe. Le lendemain on vit toute l'armée des ennemis qui marchoit dans les dunes, et cet avantage qu'elles leur donnoient pour s'approcher du quartier-général, se faisoit encore bien mieux voir quand l'ennemi étoit proche ; de sorte que M. de Turenne s'avança de sept ou huit cens pas seulement, au-devant de son quartier avec les troupes qui y étoient, laissa toutes les autres dans la circonvallation, et occupa une haute dune, où il craignoit que les ennemis ne vinssent se mettre ; fit promptement planter des pieux sur l'estang vis-à-vis de ce lieu, l'autre estacade lui devenant inutile, à cause qu'il avoit fait avancer ses troupes. On fit aussi quelque petit retranchement sur le haut des dunes en présence ; mais on peut bien juger que tous ces travaux-là ne pouvoient être guère bons, étant faits en si peu de temps, et que des piliers plantés à la hâte où la marée revenoit, ne pouvoient guères bien tenir.

L'ennemi, s'étant avancé à une demi-heure de ce lieu où M. de Turenne s'étoit mis avec l'armée, fit halte, et on vit bien qu'il falloit loger. Dom Juan d'Autriche avoit la main droite qui regardoit la mer, et M. le prince de Condé avoit la gauche qui alloit sur le canal qui vient de Furnes à Dunkerque. Il y a de cet espace-là environ quinze cens pas de dunes qui sont accessibles, mais inégales, l'estang à la main droite, et à la main gauche une prairie de douze ou quinze cens pas, traversée de petits fossés qui vont jusqu'au canal de Furnes. M. le prince fit facilement la communication de ces petits fossés, et deux ou trois heures devant la nuit il fit un pont sur le canal avec beaucoup de barques qui lui vinrent de Furnes ; et ce pont tenoit à son aile gauche. M. de Turenne, allant le long de ce canal, les vit travailler au pont et le faire en une heure. Il fit retirer toutes les gardes avancées de ce côté-là, et voyant l'avantage que l'ennemi auroit de marcher d'un côté et d'un autre du canal vers Dunkerque, il sentit à l'instant qu'il n'y avoit rien à faire que de combattre les ennemis ; il envoya ses ordres à tous les quartiers, pour se rendre deux heures devant le jour au sien. Il commanda aux Anglois qui étoient entre Dunkerque et Mardick, d'envoyer leur bagage sous le fort, et aux troupes qui étoient en-deçà du canal de Dunkerque à Bergues, de mettre le leur sous un grand fort que les ennemis avoient commencé l'hiver, et que l'on gardoit.

Comme il y avoit six ou sept canaux entre les quartiers, il étoit bien plus facile à ceux de Dunkerque de faire quelque sortie sur eux quand ils étoient affoiblis, et ainsi il étoit fort dangereux de laisser une grande circonvallation sans troupes, ceux de la ville pouvant mettre le feu au camp et rompre les ponts de communication. Outre cela, la tranchée le mettoit en grande peine ; car une sortie des assiégés et un étonnement de troupes qui se croyoient abandonnées, l'armée marchant au-devant de l'ennemi, l'auroit obligé à lever le siége. D'ailleurs, comme on étoit tout proche du chemin couvert de la contrescarpe, et qu'il y avoit déjà quelques traverses de glacis prises, les sorties étoient fort à craindre, parce qu'on ne peut plus sortir des tranchées quand la tête est poussée, et la confusion s'y met aisément. L'ennemi ayant toutes les contrescarpes et le feu de la place, au lieu que les tranchées étoient fort resserrées, et si avancées que la cavalerie ne pouvoit plus agir, on ne pouvoit pas remédier à cela et continuer son dessein de combattre qu'en faisant entrer, comme l'on fit, une bonne garde de tranchées, qui fut deux bataillons de gardes françoises, qui eurent ordre d'essayer à se loger sur la contrescarpe, comme les jours précédens. Les Anglois entrèrent aussi à la main gauche avec une bonne garde, et il y eut huit escadrons de cavalerie commandés pour y être de renfort.

Les troupes marchèrent toute la nuit, selon l'ordre donné, et les dernières furent un peu devant le jour au quartier de M. de Turenne. La nuit se passa de cette façon, les ennemis ayant seulement envoyé donner une allarme ou deux. Il s'y trouva, de l'armée du Roi, sans compter ce qui demeura au camp, aux bagages et à la tranchée, huit à neuf mille hommes de pied et cinq ou six mille chevaux. Il y avoit dix bataillons françois et six anglois, et deux bataillons françois mêlés dans l'aile droite de la cavalerie, et des mousquetaires françois et anglois dans l'aile gauche avec dix pièces de canon, dont cinq alloient à l'aile droite, entre les dunes et la prairie, et les cinq autres le long de l'estang, lequel étoit très-large, parce que la mer étoit basse. Il y avoit cinquante-quatre escadrons de cavalerie légère et quatre de gendarmes.

Les premières lignes de l'aile droite et de l'aile gauche étoient composées chacune de quatorze escadrons ; les secondes lignes ; de dix chacune, quatre escadrons de gendarmes qui soutenoient l'infanterie, et six escadrons de réserve qui marchoient à une assez grande distance derrière toute l'armée. La première ligne d'infanterie étoit de dix bataillons, et la seconde de six, qui n'avoient point de commandés devant eux que cinquante mousquetaires des gardes, pour faire un peu éloigner la cavalerie ennemie qui étoit en petites troupes sur les dunes, un peu loin de leur armée.

M. de Castelnau commandoit l'aile gauche et avoit M. de Varennes qui menoit la première ligne de la cavalerie; et comme les Lorrains en faisoient une partie, M. de Ligneville commandoit quelques escadrons près de l'infanterie. M. le marquis de Créqui commandoit les escadrons de la droite de l'aile droite, et M. d'Humières étoit avec ceux qui étoient proches de l'infanterie. M. de Schomberg commandoit la seconde ligne de l'aile gauche, et M. d'Esquencourt la seconde ligne de l'aile droite. M. de Richelieu étoit à la réserve, et M. de Gadagne commandoit la première ligne de l'infanterie, et M. de Bellefons la seconde. L'infanterie angloise de la première et seconde lignes étoit commandée par M. le général Lockart, ambassadeur d'Angleterre en France, et par M. Morgan, général-major.

A une heure de jour on sortit en cet ordre de ce lieu, où M. de Turenne s'étoit avancé le jour précédent dans les dunes, et où les troupes l'étoient venu joindre la nuit; et comme les gardes des deux armées se voyoient, dès que l'armée du Roi commença à monter sur la première dune, les ennemis furent promptement avertis de sa marche; de manière que l'on vit revenir en diligence quelques chevaux qui étoient à la pâture, et former les escadrons et bataillons qui étoient dans le camp sans bagage. Leur armée étoit demeurée comme le jour précédent : dom Juan d'Autriche à la main droite, avec le marquis de Caracène et le duc d'Yorck, le duc de Glocestre et dom Estevan de Gamare; et à la main gauche, M. le prince de Condé avec ses officiers-généraux, M. de Coligni, M. de Bouteville, M. de Persan, M. de Guitaut et M. le comte de La Suze ; M. de Marsin, qui étoit le seul officier-général qui y manquoit, étoit avec un petit corps vers le Luxembourg. La cavalerie de l'aile gauche, qui étoit fort étendue vers le canal, ne pouvant pas être employée dans cette prairie à cause des fossés, M. le prince la mit sur cinq ou six lignes depuis les dunes jusqu'à ces fossés, où ni les uns ni les autres ne pouvoient marcher que deux ou trois escadrons de front. Il mit deux bataillons dans un lieu un peu couvert, tout devant sa cavalerie; et après, en remontant les dunes, il commençoit à y en avoir jusqu'à ce qu'ils joignissent l'infanterie de dom Juan d'Autriche, laquelle alloit jusqu'au bord des dunes qui regarde l'estang, et toute sa cavalerie étoit derrière son infanterie, de laquelle il avoit avancé un bataillon espagnol sur une dune assez haute, qui étoit près de cent pas devant toutes les autres.

On les vit se ranger en cet ordre-là : comme l'armée du Roi marchoit à eux, et comme la hauteur des dunes empêchoit de voir tous leurs mouvemens, M. de Turenne croyoit qu'il y avoit beaucoup de cavalerie derrière leur infanterie, et on lui dit après, que M. le prince, qui avoit cinq ou six lignes les unes derrière les autres, en vouloit prendre quelqu'une pour mettre derrière son infanterie, comme en effet ses gardes y étoient, et encore quelques escadrons. Le canon de l'ennemi n'étoit pas encore venu, et il devoit arriver ce soir-là avec leur bagage; et il pouvoit y avoir dans leur armée neuf à dix mille chevaux et cinq à six mille hommes de pied. M. le prince courut lui-même avertir dom Juan que l'armée du Roi marchoit, et il fit mettre ses troupes en ordre avec toute la diligence qu'il se peut.

Les choses étant disposées des deux côtés, l'armée du Roi marchoit au petit pas, et l'ennemi étant assez empêché à se mettre en bataille, tous les officiers-généraux y étoient occupés, et on voyoit bien qu'il n'en venoit point à leurs gardes avancées, lesquelles se retiroient vers le gros de l'armée sans escarmoucher. On voyoit bien aussi que plus de diligence à marcher apporteroit un grand avantage, ôtant toujours à l'ennemi un temps de se mettre en ordre ; mais un corps d'armée qui marche en bataille ne peut aller qu'un certain pas réglé, et souvent il faut un peu attendre les uns et les autres pour se pouvoir ranger. On avoit, comme j'ai dit, dans l'armée du Roi, cinq pièces de canon à chaque aile, qui marchoient à la tête des premiers escadrons, et étoient à une distance raisonnable de l'ennemi. On tiroit un coup ou deux de chacune, et après on atteloit en diligence pour reprendre la tête des escadrons. On fit quatre ou cinq décharges avant que de joindre les ennemis.

Les Anglois qui étoient à l'aile gauche, trouvant les premiers cette dune, qui étoit plus avancée, montèrent avec deux bataillons pour l'attaquer, et ils eurent quelque temps les piques croisées avec les Espagnols ; mais la grande résolution avec laquelle ils les attaquèrent, et quelques commandés d'infanterie du corps anglois qui vinrent par le flanc, obligea un régiment espagnol à se mettre en confusion et à s'enfuir : c'étoit celui de don Gaspard Boniface.

La cavalerie de l'ennemi soutint assez bien au commencement son infanterie ; mais les régimens de cavalerie de l'aile gauche, ayant promptement secouru les Anglois, et aussi quelques escadrons des nôtres ayant pris le long de l'estang, vinrent se mettre entre les deux lignes de l'ennemi : ce qui les mit en confusion, étant aussi chargés vigoureusement à la tête, dans le temps que les Anglois étoient montés sur la dune, et que ce régiment espagnol et celui qui le soutenoit commençoient à reculer. Les gardes, les Suisses, les régimens de Picardie et de Turenne commençoient à attaquer l'infanterie qui étoit devant eux, et les quatre escadrons de l'avant-garde marchèrent à ce qui avoit la tête du corps de M. le prince. Son infanterie ne fit qu'une fort méchante décharge, et l'infanterie de l'armée du Roi ne tira presque pas, et ne se mit en nulle confusion pour les rompre. La cavalerie rompit aussi les premiers escadrons de l'ennemi avec peu de résistance, et poussant trop avant, elle fut ramenée par celle de l'ennemi, où M. le prince se trouvant, il y eut un temps où les choses furent un peu en balance. Toute la cavalerie de l'ennemi avançant en bon ordre, à cause de ce petit succès ; mais n'y ayant eu que quatre escadrons poussés, la cavalerie se trouvoit derrière en bon ordre, et les gardes et les Suisses qui avoient trouvé fort peu de résistance, et qui étoient en fort bon ordre (quoique les derniers eussent été chargés par les gardes à cheval de M. le prince, dont il en demeura une partie sans qu'ils entrassent dans le bataillon), se tournèrent un peu à droite et reçurent avec un fort grand feu cette cavalerie de M. le prince qui s'avançoit. Le régiment de Montgommeri, infanterie, qui étoit aussi mêlé dans l'aile droite, fit une décharge, et ces régimens poussés se remirent. M. le prince y eut son cheval blessé et en prit diligemment un autre ; la confusion commençant déjà dans ses troupes, il eut grand' peine à se sauver. MM. de Bouteville et Coligni y furent pris ; M. de Meille pris et blessé, dont il mourut peu de jours après.

Ceci arrivant un peu après que la confusion se fut mise dans l'aile droite des ennemis, toute leur armée se mit en désordre sans se rallier, et hors quelques escadrons qui se débandèrent, toute l'armée les suivit un quart d'heure en fort bon ordre : une partie de leur infanterie se sauva par la main gauche dans le marais ; tout le reste fut pris : il y eut bien entre trois et quatre mille prisonniers de l'ennemi, et mille au plus tués ou blessés. De l'armée du Roi, il y eut quelques officiers et cavaliers tués des escadrons de la droite, et de la gauche des deux ailes, quelques soldats et officiers de l'infanterie angloise, et peu du reste de l'infanterie.

Comme on étoit engagé au siége, on ne put pas suivre fort long-temps ; néanmoins la cavalerie poussa jusqu'auprès de Furnes, derrière laquelle place les ennemis se retirèrent et s'y arrêtèrent, sçachant bien que l'armée du Roi s'arrêteroit au siége : il s'y sauva quantité de prisonniers, que les cavaliers et les officiers laissoient aller pour rançon ; et on sçut depuis que presque tous les officiers de l'ennemi le furent dans le combat ; don Juan et le marquis de Caracène, M. le duc d'York et M. le duc de Glocestre, son frère, étoient à l'aile droite, qui firent très bien, mais ils furent obligés de se sauver avec les autres.

M. de Turenne, retournant au camp, envoya M. de Pertuis en porter la nouvelle au Roi, qui étoit à Calais, lequel revint le lendemain à Mardyck, et le siége se continua. Les assiégés n'ayant point relâché de leur vigoureuse résistance, trois jours après la bataille, M. le marquis de Créqui se logea avec le régiment de Turenne sur la contrescarpe, où on perdit beaucoup de gens ; et depuis cela, M. de Schomberg, M. de Varenne, M. d'Humières, M. de Bellefons et M. de Gadagne avancèrent à leur garde autant qu'il se pouvoit. Comme il y avoit beaucoup de traverses, il n'y avoit point de garde où il ne fallût faire quelque chose de fort vigoureux à découvert. Les Anglois qui étoient à main gauche, quoiqu'ils fissent très bien leur devoir, ne purent jamais se loger sur la contrescarpe qu'après qu'elle fut abandonnée. M. de

Castelnau, qui avoit agi avec beaucoup d'utilité et de vigueur durant tout le siége, fut blessé, allant au fort Léon, dont il mourut. Comme depuis la bataille on ne craignoit plus d'engager beaucoup d'infanterie devant la ville, on avoit commencé une attaque à ce fort, qui servit plutôt à une diversion qu'à autre chose, on fit aussi abandonner aux ennemis un fort de bois, dans lequel ils avoient du canon, aussi bien que tout le long d'une digue qui avançoit dans la mer, de quoi ils incommodoient fort la tranchée; mais ils le quittèrent bientôt; de manière que six ou sept jours après la bataille, qui étoit le dix-huitième de l'ouverture de la tranchée, comme on étoit logé au pied de leur dernier ouvrage, ils demandèrent à capituler. On sçut que le marquis de Lède étoit mort le même jour, ayant été blessé cinq ou six jours auparavant.

Le Roi étant depuis cinq ou six jours à Mardyck, vint le lendemain avec M. le cardinal au quartier de M. de Turenne, où les ôtages étant donnés, la capitulation fut signée, et la garnison sortit un jour après et fut conduite à Saint-Omer : il y restoit mille hommes de pied en sept ou huit régimens, et six à sept cens chevaux. La ville fut, selon le traité, remise aux Anglois, et deux jours après M. de Turenne marcha à Bergues. Les ennemis étoient demeurés à Furnes, et avoient laissé huit ou neuf cens hommes dans Bergues. Le Roi, qui n'avoit bougé de Mardyck depuis la prise de Dunkerque, y vint comme l'armée y arrivoit; et la tranchée étant ouverte le lendemain, il vint encore se promener au quartier de M. de Turenne, et il paroissoit bien qu'il avoit fort mauvais visage; et en effet, il eut dès le soir une grande fièvre, et avoua qu'il en avoit quelque ressentiment depuis deux jours sans l'avoir voulu dire : c'est là où sa grande maladie commença; et étant porté à Calais, il y fut à l'extrémité.

La première nuit de la tranchée à Bergues, on emporta une redoute que les ennemis avoient proche de leur contrescarpe, et on se logea en un lieu, avec toute la garde de la tranchée, où on ne pouvoit pas aller de jour. Le lendemain, M. de Schomberg commanda la garde : on emporta la contrescarpe et tous les travaux de dehors, et on se logea sur le bord du fossé, lequel on commença à remplir, et il fit mener du canon à découvert près de la porte; de sorte que ceux de la ville, demandant à capituler, ne furent reçus que prisonniers de guerre. Il y avoit cinq vieux régimens d'infanterie et un régiment de cavalerie dans la place, qui faisoient entre huit et neuf cens hommes. Dès qu'ils eurent demandé à capituler, et qu'ils virent qu'on ne les vouloit recevoir que prisonniers de guerre, il leur prit un si grand étonnement, que beaucoup se jetèrent dans le marais pour se sauver; mais ils furent repris par les soldats, et le reste jettoit les armes et abandonna tous ses postes le long des murailles; et si M. de Turenne n'y fût arrivé, on alloit piller la ville : on fit enfermer tous ces soldats et officiers, et ils furent envoyés en France par Calais. Le lendemain M. de Turenne sçachant que l'ennemi quittoit les environs de Furnes, y envoya M. de Varenne avec deux mille hommes, et suivit quatre ou cinq heures aprs, avec fort peu de gens. Ceux de Furnes ayant tiré quelques coups, voyant qu'ils étoient abandonnés par leur armée qui étoit à Nieuport, et qu'elle n'y avoit laissé que quatre-vingts hommes, se rendirent à un trompette qu'il leur envoya, après avoir fort menacé les bourgeois qu'ils seroient pillés s'ils se défendoient, et dans l'instant mesme M. de Turenne entra dans la ville, et renvoya ces quatre-vingts hommes à Nieuport, où étoit don Juan d'Autriche. Il y demeura cette nuit-là, parce qu'ils ne se rendirent qu'à une heure de nuit, et s'en retourna le lendemain de grand matin au camp; et comme il avoit tenu M. le marquis de Créqui avec un corps à Rosebrugh, qui est sur le chemin de Bergues à Ypres, il lui ordonna de prendre le chemin de Dixmuyde par le dedans du païs; et lui, il marcha le long de la digue droit à la Fintelle et à la Kenoque, où se sépare le canal qui va à Ypres et à Dixmuyde.

Les ennemis, qui depuis la prise de Bergues s'étoient retirés entre Nieuport, Dixmuyde et Ypres, vouloient garder ces canaux là; mais la marche si prompte, qui ne leur donnoit aucun temps, les empêchoit d'oser s'arrêter en aucun lieu, n'ayant pas eu le temps de s'accommoder. Ils commençoient à travailler à une redoute à la Kenoque, et il y avoit quelque cavalerie derrière; et comme c'est un pays où on ne va que par des digues, le premier fortifié en un lieu y a grand avantage; mais le peu de temps qu'ils avoient pour disposer de leurs affaires, les faisoit toujours prendre des partis auxquels on voyoit bien que la nécessité les obligeoit, et ainsi ils étoient toujours embarrassés dès que l'on s'avançoit, étant aisé de connoître qu'ils ne s'arrêtoient que dans l'espérance qu'ils avoient que l'on n'iroit pas plus avant, et leur bagage étoit toujours quatre ou cinq heures derrière eux. L'armée du Roi ayant donc fait une grande marche de Bergues à la Kenoque, où un tiers de nos troupes passa à nage pour prendre des bestiaux qui étoient au-delà ; on marcha le lendemain de grand matin vers Dixmuyde, qui n'en est qu'à une bonne heure, et où on ne va aussi que par des digues.

La ville avoit été fort négligée, étant au cœur du pays, et l'on commençoit depuis huit ou dix jours à en raccommoder les contrescarpes. M. le prince, qui demeura long-temps à une porte pour voir arriver l'armée du Roi, vit bien qu'il n'étoit pas en état de la défendre ; il y laissa, néanmoins, trois ou quatre cens hommes, avec ordre, comme il parut depuis, de se rendre en cas que l'on passât la rivière et qu'ils vissent que l'on formât le siége. L'armée de l'ennemi étoit entre cette place et Nieuport ; mais ayant mis des gens dans Ypres, ils s'étoient beaucoup affoiblis, et outre cela ils ne trouvoient pas à propos, à cause de l'étonnement de leurs troupes, de faire tête en aucun endroit, quelque serré qu'il fût.

L'armée du Roi fit un pont auprès de Dixmuyde ; et ayant fait passer quelques troupes pour sommer la ville, M. de Moret arriva en ce temps-là, envoyé par M. le cardinal à M. de Turenne, pour lui dire que le Roi étoit à l'extrémité, et qu'il n'entreprît rien avant que de savoir l'état de la maladie de Sa Majesté ; peut-être que l'on eût songé à passer la rivière, si la ville ne se fût rendue. Les habitans envoyèrent demander à capituler, et M. de Turenne permit à la garnison de se retirer à leur armée ou à Nieuport ; ce qu'elle fit. M. le cardinal mandoit à M. de Turenne de lui envoyer quelques compagnies des gardes et deux ou trois des Suisses : ce qu'il fit. M. le comte de Soissons s'en alla avec ces compagnies de Suisses. On étoit fort en peine de la maladie du Roi, et toute l'armée avoit les sentimens qu'elle devoit, résolue de demeurer dans son devoir si quelque malheur arrivoit. Comme c'est une chose qui regarde le détail de la cour, beaucoup de personnes qui y étoient pourront parler de toutes les circonstances, lesquelles M. de Turenne a fort bien sues. Le Roi a toujours dans cette extrémité témoigné une grande tendresse à M. le cardinal, lequel fut un jour ou deux en peine des dispositions de Monsieur, auquel il parla de très-bon sens, et lui dit qu'il savoit qu'il y avoit des gens qui caballoient avec lui sur la maladie du Roi, et que si quelque malheur arrivoit, qu'il ne falloit pas qu'il se mît en peine, ni douter que lui et tout le royaume ne se soumissent. M. le cardinal, contre qui on crie, comme on fait d'ordinaire contre ceux qui gouvernent, trouva beaucoup d'amis en ce temps-là. Il y eut quelques femmes à qui la Reine sut fort mauvais gré des discours qu'elles avoient tenus durant la maladie du Roi, et de leur curiosité de voir comme il se portoit. Le Roi fut deux jours à l'extrémité, et revint par du vin émétique, parlant dans ses rêveries fort souvent de l'armée. Il commença après un grand effort de nature à reprendre un peu de vigueur, et il n'y eut d'alarme que ces deux jours ; car les réjouissances recommencèrent après, et l'on envoya des courriers partout annoncer la convalescence de Sa Majesté.

M. de Turenne ne bougea de l'armée auprès de Dixmuyde, et recevoit tous les jours de M. le cardinal des lettres sur l'état où étoit le Roi, dont la maladie fit arrêter l'armée neuf ou dix jours, sans rien entreprendre. On fit seulement avancer M. le marquis de Créqui fort proche de Nieuport. L'ennemi croyant que c'étoit le corps de l'armée, quitta son camp qui étoit à une demi-heure de Nieuport, derrière un canal où il commençoit à se retrancher, et se sépara. M. le marquis de Caracène entra à Nieuport avec une bonne partie de l'infanterie ; M. le prince s'en alla à Ostende, et dom Juan à Bruges. Sans la maladie du Roi, M. de Turenne se seroit mis entre Nieuport et Ostende le même jour que l'ennemi se sépara ; et comme on a su depuis qu'ils n'avoient ni vivres ni munitions de guerre dans cette place, et qu'on pouvoit couper tous leurs convois, il est certain que l'on eût pris les deux tiers de l'armée d'Espagne avec un peu de patience.

Le Roi commençant à se mieux porter, M. le cardinal manda à M. de Turenne qu'il s'en venoit à Bergues, et le pria de s'y en venir. C'étoit dans le commencement du mois de juillet, et M. le maréchal de La Ferté, qui avoit assemblé son corps ordinaire de troupes, qui pouvoit monter en tout à cinq ou six mille hommes, étoit vers Lens, et M. le cardinal lui avoit promis, dès le commencement de la campagne, qu'il prendroit quelque temps pour lui faire faire un siége ; de sorte qu'il lui manda de s'en venir à Cassel, et M. le cardinal s'y trouva avec M. de Turenne ; M. Le Tellier y étoit aussi ; et devant que de partir de Bergues, on étoit convenu qu'il n'y avoit point d'autre place à assiéger que Gravelines, M. de Turenne ayant fait voir à M. le cardinal qu'il espéroit couvrir avec l'armée Bergues, Furnes et Dixmuyde, et qu'il pouvoit donner la main à Gravelines, si l'ennemi y alloit : ce qu'on ne pouvoit pas faire au siége d'aucune autre place, où il eût fallu s'éloigner davantage des villes conquises. J'avois oublié de dire que M. de Turenne avoit déjà vu une fois M. le cardinal à Bergues depuis la maladie du Roi, où il lui avoit conté tout ce qui s'y étoit passé. Le ministre laissa partir le Roi pour aller à Paris avec la Reine; Sa Majesté étoit encore fort foible, mais elle se remit fort promptement; et le cardinal, voulant voir encore commencer quelque chose avant que de s'en aller, allongea son séjour dans le pays jusqu'à la prise de Gravelines. On alla donc à Cassel, où étoit M. le maréchal de La Ferté, qui dit à M. le cardinal, que, pourvu qu'il demeurât dans le voisinage, il entreprendroit ce qu'il voudroit, et ainsi il fit marcher des troupes pour investir Gravelines.

Depuis la bataille de Dunkerque, l'ennemi avoit retiré sa meilleure infanterie de Gravelines, et ayant le cœur du pays à défendre, n'avoit laissé dans cette place que sept ou huit cens hommes. M. de Turenne envoya sept ou huit régimens d'infanterie pour le siége, et demeura auprès de Dixmuyde. M. le marquis de Créqui étoit toujours avec un corps détaché près de Nieuport, où M. le duc d'York et M. le marquis de Caracène furent plus d'un mois, M. le prince à Ostende, et dom Juan à Bruges, et M. le prince de Ligne à Ypres. L'armée du Roi ne s'affoiblissoit que par les maladies, quoiqu'il fallût aller tous les jours au fourrage et que l'on fît beaucoup de courses dans le pays.

M. de Turenne envoya M. de Varenne, lieutenant-général, que M. le maréchal de La Ferté lui demanda comme une personne qui entendoit très-bien les siéges. Le troisième ou quatrième jour après la tranchée ouverte, il fut tué d'un coup de canon. Il avoit été toute sa vie avec M. de Turenne, et c'étoit un des meilleurs officiers qu'il y eût en France. M. le comte de Moret fut aussi tué du même coup. Il étoit lieutenant des gendarmes de M. le cardinal, et devoit avoir le gouvernement de Gravelines. M. de Turenne l'aimoit tendrement, et il n'y avoit point de gentilhomme en France à qui il eût sitôt ouvert son cœur, lui ayant reconnu en diverses affaires un procédé fort sincère, accompagné de beaucoup de jugement, sans laquelle qualité toutes les autres, et principalement à la cour, se rendent inutiles et à soi et à ses amis. Il n'est pas croyable combien il en a été touché, comme d'une perte qui ne se répare point.

On ne fit presque point de circonvallation à Gravelines, à cause que l'armée du Roi couvroit le siége. On demeura trois semaines devant la place, et la tranchée avoit été ouverte près de quinze jours avant que les ennemis changeassent de posture. Ils avoient toujours eu un corps sous M. de Marsin, qui regardoit le Luxembourg, lequel ils firent rapprocher de la Flandre, et levèrent trois ou quatre mille hommes de pied vers le Brabant; tout cela se trouva prêt à marcher vers le temps que j'ai dit. Ils avoient au commencement de la campagne un corps de cavalerie qui passoit douze mille chevaux; ils l'estimoient quatorze mille; lequel s'étant raccommodé, et ayant beaucoup de régimens qui n'avoient pas été à la bataille de Dunkerque, leur armée s'assembla vers Bruges, et s'approchant de la Lys pour s'éloigner du côté de Dixmuyde, où étoit l'armée du Roi, ils y joignirent M. de Marsin, avec une partie de ses nouvelles levées, passèrent par Ypres où étoit le corps de M. le prince de Ligne, et s'avancèrent vers Poperingue en corps d'armée, où étoient tous les généraux.

M. de Turenne, voyant que le côté de Nieuport et d'Ostende se dégarnissoit de troupes pour composer l'armée, changea de posture, et fit marcher M. le marquis de Créqui avec son corps, qui étoit proche de Nieuport, à la Fintelle, pour se tenir à la tête de l'armée de l'ennemi, qui étoit à Poperingue et qui s'avançoit à Rosebrugh. Ce corps avoit ordre de renvoyer ses bagages au camp, et étoit destiné pour Dixmuyde, y tenant toujours la main par des dragons et de la cavalerie qui étoit à la Kenoque, de peur que l'ennemi, qui avoit tout son bagage sous Ypres, ne dérobât une marche, laissant Bergues à main droite, pour aller secourir Gravelines, éloignée seulement de six à sept heures.

M. de Turenne tenoit deux brigades de cavalerie à Mardyck, qui avoient ordre de marcher à Gravelines dès qu'ils auroient langue des ennemis; et lui, avec peu de troupes, se tenoit auprès de Dunkerque, d'où il avoit répandu de petits corps séparés jusques par delà Furnes. On laissoit toujours une garde devant Dixmuyde, et, de l'autre côté, ce qui étoit à Mardyck voyoit le camp de Gravelines; il y a bien deux lieues de l'un à l'autre; mais c'est le pays qui fait que l'on peut se gouverner de cette façon. L'ennemi ne pouvant le traverser qu'en faisant des ponts, on étoit libre à se seconder sur une grande digue; les bagages qui étoient à côté n'embarrassoient point, et ces corps, à une demi-heure ou une heure les uns des autres, étoient aussi-tôt secourus par-dessus la digue; et la connoissance du pays fait voir que l'on ne peut pas se mettre entre deux.

On demeura en cette posture-là jusqu'à la fin du siége de Gravelines, qui dura vingt-cinq ou ving-six jours de tranchée ouverte. M. le marquis d'Uxelles y fut tué, qui étoit un homme de mérite, et qui étoit des premiers lieutenans-généraux de France. Il y eut bien aussi huit ou neuf cens hommes tués ou blessés au siége ; et comme c'est une des meilleures places qui se puisse voir, quoiqu'il y eût fort peu de gens dedans, ils ne laissèrent pas de faire une résistance qui donna assez de peine.

Les ennemis qui étoient à Rosebrugh, ayant sçu que Gravelines capituloit, se retirèrent vers Ypres, et de là le long de la Lys. M. le cardinal, qui avoit demeuré durant tout le siége à Calais, et qui avec un grand soin faisoit fournir toutes choses, quoiqu'il ne parût pas qu'il y eût aucun préparatif au commencement, s'en vint à Dunkerque avant que de s'en retourner trouver le Roi. On est obligé de dire qu'il n'y a personne, ni qui travaille tant, ni qui trouve tant d'expédiens avec une grande netteté d'esprit pour terminer beaucoup d'affaires de différentes sortes. Beaucoup de personnes qui auroient été en sa place s'en seroient retournées avec le Roi après la prise de Dunkerque, où il s'en vint ainsi que j'ai dit, et où M. de Turenne le trouva.

M. le maréchal de La Ferté, après la prise de Gravelines, laissa ses troupes à deux ou trois lieutenans-généraux et s'en retourna en France, où il avoit des affaires. On renvoya deux ou trois régimens d'infanterie auprès de Hédin, où il demeuroit un corps d'armée de dix mille chevaux et de neuf à dix mille hommes de pied, et un assez bel équipage d'artillerie et de vivres pour la campagne. M. le cardinal resta un jour entier à Dunkerque, et le Roi, qui s'étoit arrêté quelques jours à Compiégne, et qui étoit entièrement remis, le pressoit de l'aller trouver en diligence à Fontainebleau, où il s'en alloit avec la Reine et toute la cour. M. le cardinal dit à M. de Turenne de faire les choses qu'il trouveroit être le plus à propos, souhaitant que l'on pût faire en sorte de laisser beaucoup de troupes dans le pays, l'avertissant seulement qu'il avoit eu avis certain que les ennemis, après la prise de Dunkerque, s'attendoient assez à perdre Armentières.

M. de Turenne étoit toujours d'avis qu'on laissât quelques troupes auprès de Hédin, afin que s'il ne réussissoit à rien de considérable dans le pays, que l'on pût, en fortifiant ce corps-là, faire un blocus à Hédin tout l'hiver, et ce fut la raison pour laquelle on y envoya ces régimens. On destinoit M. le maréchal de Schulemberg pour avoir la direction de cette entreprise. Dans ces pensées, M. le cardinal partit de Dunkerque pour s'en aller à Paris, et M. de Turenne retourna joindre l'armée qui étoit à quatre heures de Dunkerque. L'ambassadeur d'Angleterre demeura dans cette place avec une grande garnison. Il y eut au plus deux mille soldats anglois sous M. Morgan qui suivirent l'armée, et M. de Turenne ordonna au corps de M. le maréchal de La Ferté de le suivre à Dixmuyde.

L'embarras de la sortie de Gravelines les retint un jour ; mais comme c'est un pays étroit, où l'on ne fait que s'embarrasser d'attendre trop de troupes à un rendez-vous, il passa avec l'armée, et alla loger au-delà de Dixmuyde, où ayant laissé ordre à M. de Schomberg de mettre ensemble sept ou huit régimens qu'il lui laissa pour demeurer sous les places de Dixmuyde, Furnes et Bergues, il marcha avec l'armée à Thiel, qui est à mi-chemin entre Bruges et Gand, avec dessein de marcher sur la Lys et sur l'Escaut, laissant l'ennemi loin derrière lui, qu'il sçavoit avoir dessein de couvrir Armentières et Courtrai ; afin qu'en donnant jalousie de ces grandes places de Gand et de Bruges, il le fît séparer ou prendre une posture qui lui donneroit occasion de faire quelque chose de considérable. L'ennemi, après la prise de Gravelines, s'étoit logé au-delà de la Lys et avoit laissé un grand corps dans Ypres, à sa tête. M. de Turenne, ayant un grand corps de cavalerie à l'avant-garde, arriva à Thiel de bonne heure, commanda que l'armée y logeât, et passa outre, marchant droit à Deynse, où il sçavoit qu'il y avoit un pont sur la Lys ; de là il vouloit, sans s'arrêter avec cette avant-garde, marcher droit à Oudenarde, quoiqu'il n'eût pas été dans le pays, le sçachant très-bien et par les gens du pays et par les cartes ; mais à l'entrée de la nuit le guide le perdit, de manière qu'il fut obligé de retourner au quartier, bien marri d'avoir manqué le dessein d'Oudenarde. Il ne laissa pas néanmoins d'envoyer M. de Gastion avec cinq ou six régimens à Deynse sur la Lys, avec ordre d'envoyer des partis vers Oudenarde, persuadé qu'il n'y avoit pas d'apparence de marcher plus outre, sans attendre l'arrière-garde qu'il avoit laissée à huit ou neuf heures de là.

On séjourna deux jours à Tiel, et comme M. de Turenne sçut que ces troupes de l'arrière-garde arrivoient à une heure de là, il partit de grand matin avec toute l'armée, laissant le bagage à Tiel, et ce corps de M. le maréchal de La Ferté qui faisoit l'arrière-garde, le venant joindre à la pointe du jour avec la réserve de l'armée qui y demeura, il commanda à tout ce corps d'y camper, ayant fait seulement changer

32.

le camp, en sorte qu'il pût être plus sûr et plus prêt à déloger, pour le venir joindre au premier ordre ; et marchant lui-même à la pointe du jour avec une partie de l'armée, sans bagage, il passa la rivière de la Lys à Deynse, où il apprit qu'il étoit arrivé un corps de cinq ou six régimens de l'ennemi à Oudenarde. Ayant envoyé beaucoup de partis pour donner jalousie à l'ennemi de tous les côtés, et laissé encore quelques régimens sous M. de Gastion à Deynse, il marcha le même jour à Gavre, qui est un château sur l'Escaut à trois heures de Deynse, où il arriva encore de fort bonne heure. L'ennemi n'ayant pas eu le temps de s'assembler derrière l'Escaut, il n'y parut que cinquante chevaux. Il s'y devoit trouver beaucoup de paysans ; mais les marches promptes ne donnent loisir qu'aux raisonnemens, sans laisser de temps pour apporter les remèdes. De quatre ou cinq mille paysans qui avoient ordre de se trouver à ce passage, il n'y en eut que deux ou trois cens qui s'enfuirent aussitôt, à la réserve de cinquante qui se mirent dans le château qui étoit de l'autre côté de l'eau.

Comme les dragons de l'armée du Roi arrivèrent sur le bord de l'eau, et la cavalerie de l'avant-garde, il y eut d'abord près de deux cens chevaux qui passèrent la rivière à la nage sous le château, dont ceux de dedans furent si effrayés qu'ils se rendirent tous aussitôt. M. de Turenne fit passer ensuite quatre régimens de la brigade de Podwitz avec tous les corps des régimens, et on courut jusqu'à quatre lieues de Bruxelles. Quelques régimens de l'ennemi, qui passoient vers Gand, laissèrent leur bagage, et cela mit une telle confusion, que les régimens qui étoient sous Oudenarde marchèrent aussi vers Bruxelles. C'étoit Dom Antoine de La Cueva qui les commandoit, qui en eut l'ordre. On fit travailler aussi au pont de bateaux sur l'Escaut, et M. de Turenne n'étoit pas encore résolu à rien, quand le lendemain de grand matin il sçut, par un homme qui étoit envoyé du gouverneur d'Oudenarde pour demander des sauves-gardes, comme la cavalerie en étoit sortie. Il prit aussitôt mille chevaux et deux cens dragons et passa l'Escaut, envoya dire au gouverneur par M. de Madaillan, qui servoit d'aide-de-camp près de lui, qu'il alloit l'assiéger, et qu'il se décidât à demeurer neutre et à donner passage à l'armée. Il s'approcha de la ville avec cette cavalerie et fit saisir par ses dragons quelques maisons tout proche de la porte. Il y eut un temps que l'on crut que le gouverneur se rendroit ; mais voyant le peu de gens qu'il y avoit, il recommença à tirer. M. de Turenne, après avoir demeuré trois ou quatre heures proche de la place, et voyant qu'il y avoit si peu de gens dedans, résolut de s'y en venir avec l'armée, et commanda à un parti de trois cens chevaux, sous le lieutenant-colonel de Bouillon, d'aller de l'autre côté de l'eau pour empêcher qu'on y jettât des troupes par Courtrai. Il s'en alla lui-même à l'armée, ayant envoyé quérir sept ou huit cens mousquetaires pour fortifier M. d'Humières qui n'avoit que deux cens dragons. Comme il étoit à une heure de là, ceux de la ville, ne voyant que fort peu de gens près de leurs portes, firent une sortie sur les dragons, et en tuèrent quelques-uns, mirent le feu aux maisons et les en chassèrent. M. de Turenne pensa en chemin qu'il y avoit quelque danger de laisser ce corps-là si proche de la ville, et que les ennemis auroient le temps de faire passer un corps par Tournai : c'est pourquoi il renvoya Saint-Martin, maréchal-des-logis de la cavalerie, dire à M. d'Humières qu'il se retirât à moitié chemin de la ville à l'armée : ce qu'il fit à l'entrée de la nuit ; et le lendemain de grand matin, ayant travaillé à défaire le pont toute la nuit, l'armée marcha tout le long de l'eau, en remontant droit à la ville, faisant tirer le pont après soi.

Le lieutenant-colonel de Bouillon battit à la pointe du jour deux régimens qui vouloient entrer dans la ville. La cavalerie de l'un des deux fut toute prise, mais les dragons y entrèrent, qui n'étoient pas plus de cent. L'armée arriva de bonne heure devant la ville du côté de Courtrai, et le corps qui avoit été le jour auparavant de l'autre côté, eut ordre de s'avancer à son même poste ; et M. de Turenne, ayant passé l'eau en batteau, le pont n'étant pas fait, alla visiter les postes ; et étant descendu le long de la côte, il y vit un lieu où il pouvoit venir des gens tout à couvert de Courtrai ; il y fit venir des dragons du Roi. Comme il visitoit ces lieux-là avec trente ou quarante chevaux, s'étant un peu éloigné du lieu où il avoit laissé les dragons, trois régimens de cavalerie, sous M. de Chamilli, que M. le prince avoit commandés pour entrer dans la ville, arrivèrent en plein jour au lieu où on ne faisoit que de mettre les dragons. M. de Péguilain, qui les commandoit, s'y étant rencontré, ils tinrent ferme dans une rue : ce qui arrêta tout court cette cavalerie, laquelle prit aussitôt l'épouvante. Il n'y en entra pas un dans la ville, et M. de Chamilli fut pris avec la moitié de ses gens. C'étoit le régiment de Condé et deux autres régimens, lesquels ayant voulu venir de l'autre côté de l'eau, le gouverneur de la place les avoit envoyés avertir qu'il n'y avoit personne du côté qu'ils abordèrent, comme en effet les troupes ne faisoient que d'y arriver un quart d'heure auparavant. On sçut, par les prisonniers, comme les ennemis s'étoient fort séparés; et ainsi on vit bien que sans lignes, ni presque de communication sur l'Escaut, que par un petit pont que l'on fit la nuit, que l'on pourroit aisément prendre la place.

M. de Turenne avoit mandé, le jour auparavant, à tout le corps qui étoit demeuré à Tiel avec le bagage, de marcher droit à Oudenarde, de façon qu'il y arriva le soir même; et ayant ouvert la tranchée, la nuit, en trois endroits différens, et approché, en deux heures, d'une demi-lune que l'on alloit prendre, ceux de la ville demandèrent à capituler: on les reçut comme les bourgeois le demandoient; mais trois régimens, qui étoient entrés de Courtrai le jour qu'on s'étoit approché de la ville de l'autre côté de l'eau, ne furent point reçus à autre composition que prisonniers de guerre.

Oudenarde étoit une ville où il y avoit un très-grand peuple, mais où il manquoit de tout pour sa défense: aussi est-elle si fort au milieu du pays, qu'elle n'étoit pas estimée comme une ville de guerre. Comme c'étoit une conquête fort avancée, la conservation en paroissoit assez difficile durant l'hiver, et M. de Turenne fut en doute un peu de temps s'il s'avanceroit vers Bruxelles avec l'armée, ou s'il retourneroit sur la Lys, où il sçavoit bien que Menin étoit une place à pouvoir accommoder, et dont la situation donnoit beaucoup de facilité pour la communication de Dixmuyde à Oudenarde. Aussi, il ne sçavoit si, en marchant promptement sur la Lys, il ne trouveroit pas occasion d'entreprendre sur Courtrai. Ce qui l'empêcha d'avancer vers Bruxelles, qu'il eût espéré pouvoir prendre, c'est que, n'ayant qu'un équipage de campagne et pour deux ou trois jours de vivres, il ne pouvoit faire un siége; de manière que la moindre résistance qu'il eût trouvée, étant obligé d'épuiser tout ce qu'il y avoit de vivres dans Oudenarde, et la ville n'étant point fortifiée, il eût fallu se retirer en arrière et quitter le pays au-devant d'Oudenarde et Oudenarde même; au lieu que se mettant en arrière, il vivoit par ce qu'il lui venoit de la mer, et prenoit des mesures plus sûres pendant six semaines ou deux mois pour la conservation d'Oudenarde. Il y laissa seulement deux régimens de cavalerie et quatre cens hommes de pied sous M. de Rochepaire, et marcha le lendemain la ville fut rendue. En remontant l'Escaut, qu'il laissoit à gauche, il fit suivre des batteaux, comme s'il eût voulu faire un pont pour assiéger Tournai ou pour entrer dans le Brabant. Il avoit toujours laissé M. de Gassion avec douze ou quinze cens hommes pour garder le pont de Deynse sur la Lys; il lui envoya ordre de le venir joindre au camp, à une heure et demie d'Oudenarde, d'où il vouloit partir à minuit, espérant que, par une marche prompte et qui ne seroit pas vue, il trouveroit quelque chose d'important à faire sur la Lys.

On n'eut nouvelle que quatre heures devant le jour que M. de Gassion arrivoit, et comme on ne vouloit pas marcher sans sçavoir où il étoit, pour ne le pas laisser trop en arrière, on partit seulement deux heures avant le jour, en prenant assez long-temps le chemin de Tournai où étoit M. le prince, dom Juan et une partie des troupes étant marchés vers Bruxelles; on fut environ à midi auprès de Menin. C'étoit au commencement de septembre; M. de Turenne ayant envoyé trente chevaux de sa garde pour sçavoir si les ennemis étoient à Menin; ils lui amenèrent deux prisonniers, qui lui dirent que M. le prince de Ligne étoit à une heure et demie de là, avec deux mille hommes de pied et quinze ou seize cens chevaux du même côté de la rivière. Il commanda les régimens de cavalerie qui étoient à l'avant-garde, pour les engager: c'étoit celui du comte de Roye et de Melun; et comme il y avoit beaucoup d'officiers qui venoient au logement, ils poussèrent aussi avec les premières troupes commandées. On les suivit au grand galop avec la cavalerie qui ne marchoit pas ce jour-là en trop bon ordre. M. le prince de Ligne avoit toujours été avec ce corps dans Ypres, et comme l'ennemi crut que l'armée du Roi vouloit aller vers Bruxelles, ce prince devoit entrer dans Tournai quand M. le prince en partiroit pour joindre dom Juan vers Bruxelles; il étoit en halte dès le matin en campagne pour se gouverner suivant ce qu'il apprendroit par Tournai, ou par des partis qu'il avoit envoyés vers l'armée du Roi, qui retournèrent sans aucune langue, hors une seule qui arrivoit dans le temps qu'on commençoit à pousser. Si on avoit attendu que quelques troupes fussent ensemble pour charger, il est sûr que les ennemis auroient eu le temps de se retirer; mais M. de Turenne ayant commandé aux premiers de s'engager sans attendre ni dragons ni infanterie, il leur ôta tout moyen de songer à autre chose qu'à faire tête comme ils se trouvoient disposés le long du chemin; tout ce pays là étoit fait de façon que l'on ne peut y aller que deux ou trois de front. Les premiers qui abordèrent furent des officiers qui avoient poussé à la tête, dont quelques-uns furent tués. Les régimens de l'ennemi, de Droot et de Louvigny, ayant monté à cheval, repoussèrent au commencement les premières troupes de la garde. Le comte de Roye se trouva à la tête de son régiment, qui fit fort bien, et chargea le régiment de Louvigny, dont le mestre-de-camp fut très-dangereusement blessé et fait prisonnier. Le comte de Roye y reçut deux coups de pistolet aux deux jambes et rompit les premiers escadrons de l'ennemi : les régimens de la Reine, Rennel et Créqui, suivoient, à la tête desquels M. d'Humières et M. de Gadagne se mirent, et le régiment de dragons de La Ferté. Les ennemis, voyant que les troupes se secondoient les unes les autres de si près, commencèrent à se mettre en confusion. Leur infanterie, qui étoit dans des camps fermés, ne fit qu'une méchante décharge et commença à jetter les armes. On les suivit jusqu'à un pont sur la Lys, qui est à un château que les ennemis tenoient, nommé Commines. Ils avoient quelque bagage et des chariots de vivres qui leur étoient venus de Lille, qui aidèrent encore à les mettre en confusion. Ainsi on prit presque toute leur infanterie, leurs armes et leurs drapeaux ; et pour la cavalerie, il ne s'en sauva que trois ou quatre cens chevaux à Ypres avec le prince de Ligne, et quelques cent ou cent cinquante se retirèrent à Lille, de mille ou douze cens chevaux qu'ils étoient, et de douze ou treize cens hommes de pied, dont presque tous les officiers furent pris, mais beaucoup de soldats dans les haies sans armes. Comme chacun est d'ordinaire bien aise de parler, quoique ce soit au désavantage de son parti, il y eut divers prisonniers qui dirent que la ville d'Ypres étoit dégarnie. M. de Turenne voulut au commencement faire avancer du canon pour prendre le château de Commines, mais il changea après de pensée, M. d'Humière lui ayant dit que l'on pouvoit faire quelque chose à Ypres. Ainsi l'on y marcha, de peur que, dès la même nuit, il n'y entrât des gens d'Armentières, ou de la garnison ordinaire qui étoit renforcée par les troupes de Saint-Omer et Aire, arrivées depuis deux jours, ou par celles de M. le prince à Tournai, qui n'en est qu'à cinq heures. D'ailleurs un secrétaire de M. le prince de Ligne ayant été pris, on trouva sur lui diverses lettres de M. le prince, écrites de Tournai le jour auparavant, et la nuit avant le combat, par lesquelles il mandoit la marche de M. de Turenne en remontant l'Escaut ; mais quoique beaucoup de gens aient dit qu'il l'avoit averti de repasser la Lys, et de se mettre en lieu pour pouvoir entrer dans Ypres, cela ne paroissoit pas par ces lettres. En effet, dans des guerres de campagne, il est impossible de pouvoir prescrire justement à un corps séparé comme il doit se gouverner dans chaque action, parce que tous les différens mouvemens de l'ennemi, et les diverses connoissances que l'on en a, doivent faire changer de conseil, et on ne peut donner à un homme qui commande que certaines règles générales, le reste dépendant de sa conduite et de la fortune. Ainsi M. le prince, à ce que je crois, n'avoit rien prescrit déterminément à M. le prince de Ligne, qui avoit envoyé divers partis pour prendre langue de l'armée du Roi ; mais ceux de Menin fermèrent la porte à un de ces partis, de peur qu'il ne pillât la ville, et un autre n'ayant pris aucune langue, n'arriva dans le camp des ennemis qu'un moment avant que nos premières troupes commencèrent à les charger. Ce fut la grande diligence avec laquelle on marcha aux ennemis qui les empêcha d'avoir nouvelles par leurs partis.

Afin donc d'empêcher qu'il ne se jettât personne dans Ypres, M. de Turenne envoya promptement dire à la brigade de M. de Podwitz, qui étoit composée de huit ou dix escadrons, et qui n'étoit pas ce jour-là à l'avant-garde, de faire rafraîchir leurs chevaux une heure ou deux, pendant lequel temps il s'en alla à Menin pour demander le passage pour les troupes ; et comme c'étoit une place à demi-rasée, les bourgeois n'en firent aucune difficulté. Il y a un pont sur la Lys, où, ayant fait raccommoder quelque peu de chose, M. de Podwitz passa avec douze ou quinze cens chevaux le jour même du combat, et fut presqu'à l'entrée de la nuit, ou au moins avant qu'elle fût finie, devant Ypres, sur le chemin qui venoit d'Armentières. En y arrivant il vit un régiment de deux ou trois cens dragons qui venoient d'Armentières pour y entrer, et leur fit couper en diligence le chemin, de sorte qu'il n'y entra que sept ou huit hommes ; le reste fut pris ou se retira à Armentières. M. de Turenne avoit aussi envoyé M. de Saint-Lieu dès le soir, avec une brigade de cavalerie, pour se mettre sur le chemin de Gand à Ypres ; mais ils ne rencontrèrent personne.

L'armée campa cette nuit-là auprès de Menin, qui est à quatre heures d'Ypres ; M. de Turenne commanda que l'on se tînt prêt sans marcher, en attendant qu'un corps qu'il avoit laissé pour faire tête à Tournai et pour couvrir les bagages de l'armée, l'eût joint, ou au moins qu'il sçût qu'il étoit en marche. Le matin on entendit grand bruit au camp, comme d'un magasin qui avoit sauté, et on apprit, par des gens qui étoient sur un clocher, que c'étoit à Ypres : cela fit encore hâter la résolution d'y aller. M. de Turenne laissa dans Menin mille hommes de pied et cinq cens chevaux, envoya ordre à M. de Gassion (qui, avec huit cens hommes de pied et cinq cens chevaux, étoit parti de Deynse et avoit rejoint le corps qui étoit auprès de Tournai), d'aller prendre à Oudenarde ce qui y étoit resté de troupes, étant trop foible. Il marcha lui-même droit à Ypres, commandant que tout, excepté ce qui étoit demeuré à Menin et ce qu'il avoit envoyé à Oudenarde, marchât avec le bagage. L'armée ne put arriver que fort tard devant Ypres. Douze ou quinze cens hommes étoient aussi demeurés sous M. Schomberg, pour garder les places de Bergues, Furnes et Dixmuyde, à qui ordre fut envoyé de venir à Ypres, et de s'approcher de l'armée, mettant ces places en sûreté. M. de Turenne étoit fort foible arrivant devant Ypres, et il vouloit conserver Oudenarde, qui n'étoit point en état de défense, et Menin, qui étoit le seul passage qu'il eût sur la Lys. Comme M. le cardinal étoit parti de Dunkerque, il avoit trouvé à propos, et M. de Turenne en étoit d'avis, de laisser quelques régimens d'infanterie à M. le maréchal de Schulemberg, pour voir si on pourroit faire un blocus à Hédin. On sçavoit bien que l'on pouvoit faire état d'avoir encore deux ou trois mille hommes d'infanterie de ce côté-là ; et l'ennemi étoit en si mauvais état par la bataille des dunes, par le combat du prince de Ligne, et par tant de régimens défaits et tant de partis battus, que l'on pouvoit hasarder d'attaquer une grande place avec peu de gens. Il n'y avoit pas d'outils pour se retrancher, et M. de Turenne avoit commandé à quelques régimens de cavalerie d'en chercher, en marchant par les maisons abandonnées des paysans.

Le soir que l'armée arriva devant Ypres on ne trouva point du tout de fourage ; mais le matin M. de Turenne fit le tour de la ville, et toutes les troupes arrivèrent. On rompit quelques avenues le mieux que l'on put, et quoique l'on apprit qu'il y avoit six ou sept cens chevaux dans la ville avec le prince de Ligne, on se flatta un peu sur le nombre d'infanterie, que l'on crut n'être que de trois ou quatre cens hommes, mais que l'on vit de mille ou douze cens, dont, à la vérité, il y avoit beaucoup de milice : et ainsi on s'engagea à s'y attacher. M. Talon, intendant de l'armée, fut envoyé à Dunkerque et Gravelines, pour faire venir des outils et des munitions de guerre et du canon, n'y ayant rien de tout cela en la quantité qu'il faut pour un siège dans une armée de campagne. M. de Turenne n'avoit pas dessein de s'attacher à Ypres, comme pour y borner toute la campagne, et d'abandonner Menin et Oudenarde ; il sçavoit bien que la foiblesse de l'ennemi arrivée par tant de pertes, l'avoit mis en état de n'être plus craint comme l'est une armée qui peut entreprendre, quand celle qui lui est opposée est engagée à un siége. Le commencement du siége d'Ypres étoit comme une espèce de blocus, tant parce que les outils et munitions manquoient, que parce qu'il étoit résolu d'en partir avec une partie de l'armée, si l'ennemi entreprenoit quelque chose. Pour être plus assuré de Menin, qui étoit le seul passage pour aller à Oudenarde, dès que M. de Schomberg fut arrivé avec douze ou quinze cens hommes qu'il avoit auprès de Dixmuyde, il l'envoya avec deux régimens de cavalerie et deux d'infanterie, pour renforcer la garnison de Menin, qui étoit une place qui ne pouvoit être maintenue que par beaucoup d'hommes ; il y avoit toujours eu mille ou douze cens chevaux détachés qui avoient été à Saint-Venant. Ils reçurent les ordres de M. le maréchal de Schulemberg, gouverneur d'Arras, que M. de Turenne pria de s'avancer sur la Lys pendant qu'il feroit le siége d'Ypres. Ce maréchal marcha avec cette cavalerie et quelques régimens demeurés auprès de Hédin ; et tirant près de deux mille hommes de pied de sa garnison d'Arras, il vint camper à deux heures d'Ypres, et le lendemain marcha à Menin. M. de Turenne laissa aussi sous ses ordres les troupes qui y étoient, en ayant seulement retiré M. de Schomberg avec deux régimens d'infanterie, en ayant fort peu pour le siége.

Deux jours après il vint quelques outils du côté de Calais, et M. le maréchal de Schulemberg en mena aussi deux ou trois mille. Après avoir fait quelques fossés devant les avenues les plus aisées, on commença le siége, ouvrant la tranchée à la faveur d'une grande hauteur qui est à cinq cens pas de la place, et derrière laquelle on peut mettre beaucoup de troupes à couvert ; on ouvrit deux tranchées, dont les gardes eurent la tête d'une, et les troupes de M. le maréchal de La Ferté, qui étoient sous deux ou trois lieutenans-généraux, eurent la tête de l'autre. J'oubliois à dire que la cavalerie de la ville avoit fait le soir auparavant une sortie, où M. de Charost fut fort blessé, et quelques officiers ; mais la sortie n'eut point d'effet, les assiégés ayant été repoussés jusques sur les palissades de la contrescarpe. Toutes les personnes de condition y coururent et y firent très-bien. Le second jour de la tranchée on s'approcha fort de la contrescarpe, et le troisième, croyant qu'il falloit diligenter, de peur que les ennemis n'eussent le loisir de se reconnoître et de faire quelque entreprise, ou pour le secours de la place, n'y ayant point de circonvallation, ou par quelque diversion, M. de Turenne résolut de faire emporter la contrescarpe, et renforça les deux attaques de cinq cens Anglois, dont il y avoit environ quinze cens dans le camp. A l'entrée de la nuit, les ayant mis derrière cette hauteur entre les deux attaques, ils marchèrent en même temps que les François et abordèrent la contrescarpe par un front de trois cens pas, avec beaucoup de grenades. Les ennemis ne firent pas beaucoup de résistance, ayant mis une partie de leurs forces dans les demi-lunes, dans l'une desquelles étoit M. le prince de Ligne avec beaucoup d'officiers. Les François et les Anglois, ne se contentant pas d'être maîtres de la contrescarpe, attaquèrent les demi-lunes et en prirent trois; quelques officiers de l'ennemi ayant été pris prisonniers, M. le prince de Ligne se sauva avec peine dans la ville, sur une planche qui traversoit le fossé plein d'eau. Il y eut un capitaine anglois qui, les suivant dans la ville, et croyant l'être des siens ou des François, fut pris, y étant entré assez avant. Au point du jour, toutes les contrescarpes du front des attaques et trois demi-lunes étant prises, on s'y trouva logé, quoique avec peu de communication pour y aller. M. de Schomberg, M. de Gadagne et M. d'Humières servirent à l'attaque des gardes, qui agirent toutes les nuits avec beaucoup de vigueur; et M. de Bellefons, M. Du Coudrai-Montpensier et M. Du Brezis servoient à l'attaque de Piémont, qui firent aussi très-bien leur devoir.

La quatrième nuit se passa à faire les communications pour aller aux contrescarpes et aux demi-lunes, et à descendre au fossé de la place. La cinquième, la cavalerie ayant porté beaucoup de fascines, et le fossé de la ville commençant à se remplir à l'attaque des gardes, ceux de la ville demandèrent à capituler; et M. le colonel Droot fut envoyé à M. de Turenne, avec quelques-uns des principaux bourgeois. Il accorda une capitulation fort honorable à M. le prince de Ligne, qui sortit le lendemain avec deux pièces de canon, six ou sept cens chevaux, et onze ou douze cens hommes de pied, qui furent conduits à Courtrai. Comme le siège alla fort vite, on y perdit mille hommes, qui furent tués ou blessés avec beaucoup d'officiers. Le siège ne dura que cinq jours; et durant les sept ou huit que l'on avoit demeuré devant la place avant que d'ouvrir les tranchées, les ennemis, ne croyant pas que l'on se résoudroit à l'attaquer, n'avoient pris aucunes mesures pour la secourir, ni même pour être en état de se trouver en bonne posture quand elle seroit prise: de sorte que M. le prince de Ligne et dom Juan d'Autriche se trouvèrent à Tournai aussi empêchés après le siège d'Ypres que devant, voyant bien que la saison n'obligeroit pas sitôt l'armée du Roi de sortir de la Flandre. M. de Turenne, pour ne pas perdre de temps, envoya dès le jour de la capitulation deux mille hommes, pour attaquer le château de Commines sur la Lys, qui est fort bon, et un passage considérable; et le lendemain que la garnison fut sortie d'Ypres, il marcha avec toute l'armée, en s'avançant sur la Lys pour favoriser le siège. C'étoit le colonel des gardes écossoises, nommé Rutherfort, qui commandoit, et qui, en trois jours, obligea ceux du château à se rendre, dont il sortit quatre-vingts hommes.

M. de Turenne y ayant laissé garnison, passa le lendemain la Lys avec l'armée, dont la cavalerie étoit fort fatiguée, ayant beaucoup manqué de fourage devant Ypres; il s'arrêta entre la Lys et l'Escaut, dans un lieu nommé Turcoin, où il demeura cinq ou six jours, y ayant trouvé beaucoup de grain; il donna durant ce temps des ordres pour la fortification de Menin et d'Oudenarde. C'étoit à la fin du mois de septembre, et quoique la saison fût fort avancée, il falloit mettre Oudenarde, où il n'y avoit rien de commencé, en état de défense, étant, comme chacun sçait, à quatre heures de Gand et à sept de Bruxelles; les maisons de deux ou trois faux-bourgs venans sur le bord des fossés, et y ayant une montagne du côté de Bruxelles, qui commande à une demie portée de mousquet tout un côté de la ville, personne ne sçauroit demeurer hors des murailles, ni de l'autre côté du fossé, qui est plein d'eau.

M. le maréchal de Schulemberg ayant demeuré à Menin jusqu'à cinq ou six jours après la prise d'Ypres, s'en retourna à Arras, à cause de l'incommodité de ses gouttes, laissant toutes les troupes qu'il avoit emmenées, même celles de sa garnison, à Menin. M. de Turenne, après avoir demeuré quelques jours à Turcoin, et laissé seulement mille ou douze cens hommes dans Ypres, sans désarmer aucuns habitans, se fiant sur l'armée qui restoit toujours opposée à celle de l'ennemi, marcha sur l'Escaut à un lieu nommé Epière, entre Oudenarde et Tournai; et ayant fait remonter des batteaux d'Oudenarde, il y fit deux ponts, se voulant appliquer principalement à la fortification d'Oudenarde, et à le pourvoir de munitions de guerre dont il manquoit beaucoup. Pour cet effet, il en fit venir de France par Dunkerque à Ypres. M. le cardinal, à qui il avoit mandé toutes choses, étant bien aise des bons succès, donnoit les ordres nécessaires pour cela.

La marche de l'armée du Roi sur l'Escaut remit les ennemis dans leur première confusion : M. le prince demeura à Tournai ; dom Juan d'Autriche et le marquis de Caracènes s'en allèrent avec quelque partie des troupes à Bruxelles et à Tenremonde, qui est un lieu sur l'Escaut entre Anvers et Gand, pour lequel les ennemis craignoient extrêmement. Ils mirent quelques troupes sur la rivière du Tenre pour couvrir Bruxelles, en attendant (faute de sçavoir ni de pouvoir rien faire de mieux) que les mauvais temps obligeassent l'armée du Roi de se retirer. Le lieu où elle étoit campée étoit fort plein de fourage, tant en deçà qu'au-delà de l'eau ; et le pain de munition qui venoit par Ypres, remontoit sur l'Escaut par Oudenarde. Ce fut seulement dès lors que l'on commença à travailler de bonne façon aux fortifications d'Oudenarde. M. de Rochepaire, que M. de Turenne avoit laissé pour y commander, étoit un homme très-intelligent, de manière qu'il trouva beaucoup de paysans ; et le chevalier de Clerville, fort entendu aux fortifications, y étant envoyé, on commença de grands travaux qui, dans l'opinion d'un chacun, ne pouvoient pas être en état avant que l'armée se retirât ; mais les ouvrages avançoient au-delà de toute attente : il y avoit plus de mille paysans qui travailloient tous les jours, outre les soldats, et l'armée étoit à quatre ou cinq lieues d'eux, pour couvrir les travaux : c'étoit une distance assez grande pour ne pas ruiner les environs, et par là incommoder la garnison durant l'hiver. L'armée demeura près de quatre semaines dans ce camp sur le bord de l'Escaut ; et comme elle étoit à trois heures de Tournai, où étoit M. le prince avec peu d'infanterie, mais deux ou trois mille chevaux, et à quatre de Courtrai, où il y avoit un grand corps de cavalerie, il se passoit tous les jours de petites actions et aux fourages et aux partis qui se rencontroient, dans lesquels l'armée du Roi avoit toujours de l'avantage.

Dans le commencement de novembre, dom Juan d'Autriche ayant eu avis que l'armée du Roi vouloit décamper d'Epière, où elle avoit demeuré quatre semaines, s'en vint à Courtrai avec le marquis de Caracène, et quelque cavalerie qu'il avoit amenée d'auprès de Gand, croyant par-là hâter davantage par son approche la retraite de l'armée. M. de Turenne avoit résolu de demeurer tout le temps qui se pourroit dans ce camp, et après de passer au-delà de l'Escaut, du côté de Bruxelles, quoique la saison étoit si avancée que cela parût fort difficile. Ce qui l'obligeoit ainsi à allonger le plus qu'il pourroit la campagne, c'est qu'il avoit reçu des lettres de M. le cardinal, qui lui mandoit que le Roi et la Reine partoient de Paris pour aller à Lyon, ayant vu les affaires de Flandre si bien établies, et y ayant quelque temps qu'il avoit promis à madame de Savoye que le Roi feroit ce voyage pour voir madame la princesse Marguerite, du mariage de laquelle avec Sa Majesté on lui avoit donné espérance depuis quelque temps. M. de Turenne voulant donc continuer le plus qu'il pourroit la campagne, quoique dans une très-mauvaise saison et fort avancée, il passa l'Escaut, et apprit le soir, avant que de passer le pont, que dom Juan étoit arrivé à Courtrai : ce qui ne lui fit pas changer de résolution, au contraire, lui en donna plus d'envie, afin de le faire retourner à Bruxelles. Dès la pointe du jour, l'armée commença à passer le pont. Il avoit commandé, à l'entrée de la nuit, M. de Podwitz avec deux mille chevaux et quelques dragons, pour aller passer la rivière de Tenre, qui est à quatre heures de l'Escaut et à pareille distance de Bruxelles. Les ennemis avoient deux ou trois régimens derrière, plutôt pour avertir du passage que pour le défendre. M. de Podwitz prit une partie d'un régiment d'infanterie qui vouloit se retirer et se logea dans Gramont, que les Espagnols abandonnèrent. M. de Turenne, après avoir passé l'Escaut, ne s'éloigna pas de la rivière avec l'infanterie et le bagage de l'armée, avec lequel il laissa aussi quelque cavalerie pour observer Tournai, où étoit toujours M. le prince ; il s'en alla avec une partie de la cavalerie vers Ninove, et envoya M. de Lislebonne avec deux mille chevaux et deux cens hommes de pied, pour voir si on pourroit obliger ceux d'Alost d'ouvrir ses portes. Deux cens fantassins que les ennemis avoient mis dans la place, ayant empêché les bourgeois de se rendre, M. de Turenne manda à M. de Lislebonne de le venir joindre à Ninove, ne voulant point dans cette saison entreprendre, avec quelque danger de n'y pas réussir, des choses qu'il croyoit inutiles, n'ayant pas intention de conserver cette place. Le mois de novembre étant déjà avancé, on ne songea plus à rien entreprendre, parce qu'il falloit se restraindre à ce que l'on avoit pris, de peur de tomber dans l'inconvénient que l'hiver eût produit, qui étoit que le corps de l'armée sortant du pays, où il étoit impossible qu'elle hivernât toute entière, si on eût voulu conserver des postes où il ne falloit pas un siége pour les reprendre, ne pouvant plus être secourus par l'armée, on les eût perdus sans doute avec les gens qu'on y auroit mis, et en même temps sa réputation, pour avoir si mal pris ses mesures; ainsi, quoique l'ennemi crût que l'on songeât à garder Ninove et Gramont, M. de Turenne n'a jamais eu cette pensée : il vouloit seulement y laisser des troupes, pendant que l'armée seroit en des lieux où elle pourroit les soutenir, jugeant aussi fort nécessaire de faire ruiner autant qu'il se pourroit ces lieux, afin que l'ennemi n'y pût pas tenir des troupes durant l'hiver, ou que, s'il le faisoit, ce fût en petit nombre et avec incommodité ; d'ailleurs, ce corps de trois ou quatre mille chevaux étant hors de l'armée, cela donnoit plus de commodité pour les fourrages, resserroit dom Juan et le marquis de Caracène dans Bruxelles, avec un corps de troupes, où ils ne se tenoient pas en grande sûreté ; réduisoit leur armée, dans leur propre pays, à souhaitter autant le quartier d'hiver que celle du Roi, et les rendoit ainsi incapables de rien entreprendre sur les places conquises quand on seroit retourné en France. Les troupes qui étoient dans Tournai et Courtrai étoient tellement incommodées, qu'elles avoient plus besoin de s'en aller vers la Meuse et de sortir de Flandre pour se rafraîchir que celles du Roi de s'en aller en France.

On demeura tout le mois de novembre dans ces lieux, et cependant on travailloit à Menin, mais avec moins d'application qu'à Oudenarde, dans laquelle place M. de Turenne laissa sept ou huit cens chevaux, et deux ou trois mille hommes de pied.

Au commencement de décembre, l'armée passa la Lys Harlebeck, à une heure de Courtrai, au-dessus d'Ypres; les places de Dunkerque, Gravelines, Bergues, Furnes et Dixmuyde se trouvoient si éloignées de l'ennemi que l'on ne songeoit à les maintenir qu'avec des garnisons ordinaires. Le Roi étoit alors à Lyon, et M. de Turenne pouvoit retenir en Flandre ou envoyer en France toutes les troupes qu'il jugeoit à propos, parce que le Roi et M. le cardinal avoient trouvé bon qu'il fît ce qu'il décideroit. Il laissa six à sept cens chevaux et quinze cens hommes de pied dans Menin, auxquels commandoit M. de Bellefons; il s'en alla à Ypres, y menant douze compagnies de gardes françoises et six régimens de cavalerie. Il laissa en tout cent compagnies de cavalerie dans les places conquises, et bien la moitié de l'infanterie, qui consistoit en cinq mille hommes. Il conduisit l'armée jusqu'à Etaire, d'où elle retourna en France sous la conduite de M. de Lislebonne, de M. de Wirtemberg et de M. Du Coudrai, qui ramenoit le corps de Lorraine. Il revint à Ypres, où il demeura jusqu'au commencement de février [1659]; alors il laissa M. d'Humières à Ypres, à qui le Roi en avoit donné le commandement à sa prière; M. de Bellefons dans Menin, avec ordre d'avoir l'œil à Oudenarde ; et M. de Schomberg à Bergues, Furnes à Dixmuyde. La communication demeurant libre entre toutes ces places, le corps anglois, qui pouvoit être de quinze cens hommes, fut renvoyé à Amiens, et la garnison de Dunkerque demeuroit forte de près de trois mille hommes de pied avec trois cens chevaux. M. de Turenne, voyant que les choses pouvoient aisément subsister de cette façon, les places étant pourvues de toutes choses durant l'hiver, et le commerce étant libre par tout le pays, revint enfin à Paris, où il arriva deux jours après le retour du Roi de Lyon.

DOCUMENTS INÉDITS

POUR SERVIR DE COMPLÉMENT

AUX MÉMOIRES

DU VICOMTE DE TURENNE,

POUR LES ANNÉES 1657, 1658 ET 1659.

1657.

Lettre au ministre Le Tellier.

« Monsieur, comme Son Eminence sera informée du détail de ce qui s'est passé ici, je ne vous en entretiendrai pas et vous suplierai de me continuer l'honneur de vos bonnes grâces. Ce que les Anglois ont manqué d'argent a presque causé un accident en présence des ennemis, et le mauvais temps et le manque de paiement les fait tomber tout d'un coup. Il y a eu trois ou quatre jours durant des choses assez difficiles à Saint-Venant ; quand l'armée de l'ennemi est arrivée à une heure de moi, je n'avois ni vivres, ni munitions de guerre, et pas un quart de la ligne faite, et à leur front point du tout.

» Je vous suplie de croire que je suis très-sincèrement, Monsieur, votre très-humble, etc.

» TURENNE.

» Ce 31 août.

» L'infanterie a tesmoigné beaucoup de vigueur devant Saint-Venant ; si la ville eust tenu un jour de plus, Ardres étoit perdu ; il est nécessaire ou qu'on y tienne des troupes de l'armée, ou qu'une personne.... »

Au même.

« Monsieur, j'ai receu les lettres qu'il vous a plu m'écrire avec la lettre et les ordres du Roy, touchant les officiers qui s'en sont allés sans congé ou qui n'ont point servi pendant la campagne, pour l'exécution desquels ordres je crois qu'il seroit besoing d'avoir des commissaires, afin qu'ils vissent dans chaque corps ce qu'il y manque d'officiers, et je dirai là-dessus ceux à qui j'ai donné congé. On ne doit point excuser ces choses-là ; mais je vous assure que l'extrême nécessité fait que beaucoup d'officiers se retirent. Il semble que l'ennemi prenne le parti de voir retirer l'armée du Roy, et ensuite d'entreprendre quelque chose : il n'y a que de l'argent qui puisse faire demeurer les officiers et les soldats. L'hiver et le pays ennemi obligent bien à se retirer ; mais quand on a les moyens on demeure derrière quelque temps ensemble, et cela donne beaucoup de jalousie à l'ennemi. La cour est si éloignée d'icy que toutes choses sont changées avant d'avoir une response : c'est ce qui m'empêche de mander à Son Eminence le détail de beaucoup de choses qui se passent avec l'ambassadeur d'Angleterre ; car en deux ou trois jours les affaires changent tout à fait, et cela feroit concevoir de bonnes ou de mauvaises espérances sur lesquelles on feroit fondement ; dans une affaire très-difficile comme celle-cy, je ferai ce que je pourrai.

» Nous faisons ici bien des travaux et des forts, et des canaux nouveaux qui sont entièrement nécessaires, et à quoi rien n'est contraire que la saison. Vous direz, s'il vous plait, à Son Eminence que ce qui m'a empêché d'attaquer le fort de Linck, c'est que le temps que j'y eusse employé m'étoit plus nécessaire à autre chose, qui est au travail des communications de Bourbourg, et peut-être encore qu'il sera trop court. Pour le temps que j'ay demeuré à Wate, je me préparois pour Mardyck, et comme l'ennemi avoit pourvu à Linck, j'eusse pu aisément m'y mécompter de beaucoup de jours. M. Talon est allé à Mardyck, j'y ay aussi envoyé des François pour y travailler ; les Anglois y faisant fort mauvaise garde. J'ay receu ce que vous m'envoyez pour M. Jacquier, ce qui estoit fort nécessaire, et M. d'Ormesson a envoyé en diligence pour les cinquante mille francs que le commis de M. de Charon a entre les mains. Je crois qu'il estoit à Paris, où peut-être vous aurez aussi mandé qu'il en partist, en cas qu'il fust retourné avec son argent. M. le prince et don Juan d'Autriche sont à Dunkerque et à Bergue, et toute l'armée est derrière eux dans les quartiers, qui avanceront dès que l'on fera quelque mouvement en arrière, à quoy la saison obligera. Il est impossible que Mardyck ne demeure fort exposé ; l'ambassadeur d'Angleterre a eu besoing de divers mouvemens là-dessus, dont j'escriray le détail à Son Eminence. J'ay esté un soir à Calais pour cela.

» Au camp de Ruminghen, le 25 octobre 1657.

» TURENNE.

» On n'employe point d'argent inutilement, mais je vous assure que j'emprunte de tous les costés, car on travaille en beaucoup d'endroits; j'oubliois à vous dire que le roy d'Angleterre est à Dunkerque. J'ai beaucoup de joie de ce que la santé de M. le cardinal est meilleure. »

Au même.

« Monsieur, je vous envoie la copie de la lettre que j'escris à Son Eminence; vous verrez par là l'estat des choses, comme je lui mande le retour de M. Locart pour savoir comme M. le protecteur prendra à l'avenir l'affaire de Mardyck; car il ne se faut pas lasser d'y envoyer des hommes et d'y faire travailler; vous voyez, Monsieur, comme cette affaire des vivres presse; je crois que vous aurez receu celle par laquelle je vous escrivois comme il estoit nécessaire qu'il vous pleust d'envoyer ici des commissaires. M. Talon est à Bourbourg, c'est ce qui est cause qu'il n'escrit pas par cette voie; jusqu'à ce que l'ennemi soit séparé, je crois qu'il ne faut pas songer à faire marcher des troupes hors de ce pays icy; les gardes s'attendent déjà à estre à Calais; il seroit nécessaire d'avoir promptement ordre du Roy pour les y mener, et les Suisses à Ardres. M. de Marost m'avoit dit que, lui s'en allant à Paris, il craignoit que les gardes n'eussent quelques différens avec son lieutenant de Roy; mais j'ai prié M. de Pardet, qui est allé aujourd'hui à Calais, d'en parler par advance à M. de Marost, et lui dire comme les gardes ne faisant point de gardes dans Calais, et estant comme troupes de l'armée, qu'elles n'auront rien à démesler avec le lieutenant de Roy, et qu'ils y vivront; en sorte qu'ils sont assurés qu'il n'aura nul sujet de se plaindre. J'ai oublié de mander à M. le cardinal que beaucoup de personnes qui viennent de l'armée de l'ennemi assurent que M. le prince avoit la fièvre; il est certain qu'il est allé en quelque ville, derrière l'armée; on ne sait pas s'il passera de là à Bruxelles. Tous les autres généraux sont à Dunkerque jusqu'à ce que l'ennemi soit séparé: tout ceci est fort incertain. La communication à Mardyck est impossible dans le mauvais temps, de sorte qu'il faut que ce soit la fortification de la place et la mer qui la défendent. J'ay veu M. de Lamoignon, qui est venu jusque dans mon quartier, dont j'ai eu beaucoup de joie; il s'en est retourné à Boulogne. M. d'Ormeston est à Calais, qui travaille avec grand soin pour les choses dont je le prie.

» Je suis de tout mon cœur, Monsieur, votre très-humble, etc.

» Ce 31 octobre 1657.

» TURENNE.

» Je vous suplie de parler à Son Eminence, afin que la compagnie de cavallerie de M. de Madevillier ne soit pas réformée; c'est un des meilleurs officiers de France, et qui n'a rien que cela. »

A Son Eminence monseigneur le cardinal Mazarin.

« N'ayant point de response de la lettre que je me suis donné l'honneur d'escrire à Votre Eminence par M. de Coulange, je luy dépêche en diligence Fisciat sur ce qui concerne les vivres, M. Jacquier, disant qu'il n'a point d'argent pour cette avance qu'il faut faire pour mettre dans Bourbourg; et qu'à moins qu'il ne plaise à Votre Eminence luy faire donner de l'argent comptant, ou que son frère lui mande de Paris qu'il est tombé d'accord avec M. le surintendant, qu'il lui est impossible de faire cette avance-là; et comme l'on voit aussi par ses estats que la fourniture de l'armée finit au cinquième de novembre, il demande un nouvel ordre d'augmentation de fonds. Votre Eminence voit bien comme ces choses pressent, et que sans cela tout demeure entièrement. On travaille icy à deux forts sur la rivière, aux communications de Bourbourg par eau, et à faire des ponts et à mettre la place en seureté. On ne peut plus demeurer icy, et je ne vois aucune autre posture à se mettre que d'avoir les gardes dans Calais, les Suisses à Ardres, et toute l'infanterie la plus proche que l'on peut, jusqu'à ce que l'ennemi se sépare. Pour la cavallerie, il la faudra mettre derrière pour quelques jours, le mieux que l'on pourra. Mardyck a esté quelques jours entièrement négligé par les Anglois; depuis j'y ai envoyé quatre cens François, et M. Talon y a esté, de sorte que l'on y travaille présentement. L'ambassadeur d'Angleterre doit revenir tous les jours; je l'attendois afin de me donner l'honneur d'escrire à Votre Eminence avec plus de fondement de tout cecy, qui est qu'il est fort nécessaire de sçavoir comment M. le protecteur prend à cœur la conservation de Mardyck; car en faisant tout ce que l'on peut, et personne ne remettant rien sur l'autre, c'est tout ce que l'on peut faire que de le conserver. M. Lokard est très bien instruit et peut faire prendre à M. le protecteur des mesures bien seures. La situation du pays, et pour Bourbourg et pour Mardyck, donne des difficultés que l'on ne peut surmonter qu'avec une grande patience et de la dépense. Il est certain que l'on n'est point volé et que l'on ne donne qu'au nécessaire. L'armée est dans une nécessité qui ne se peut pas dire, et si l'on relâche avant le temps, tout ce que l'on a fait est inutile. M. de Castelnau agit avec beaucoup de zèle et de capacité; cinq soldats, qui sont venus se rendre aujourd'hui, disent que les ennemis ont déjà marché trois fois pour insulter Mardyck; tout cecy est fort délicat, mais si l'on a les moyens d'avoir patience, on lassera peut-être les ennemis. Celle-ci est simplement pour les affaires des vivres, ce qui presse au dernier point. Je suplie très-humblement Votre Eminence qu'il luy plaise y vouloir donner ordre sans perdre de temps. Il seroit bien nécessaire d'avoir promptement un ordre du Roy pour mettre les gardes françoises dans Calais et les Suisses dans Ardres. M. de Charost en use le plus obligeamment du monde pour toute chose. Il est impossible de prendre présentement d'autres mesures que celles de demeurer vers Ardres, Calais et Boulogne le plus que l'on peut, et tâcher de faire craindre à l'ennemi d'entreprendre sur Mardyck, où l'on fait travailler autant que l'on peut. Il y a trois ou quatre forts qu'il faudra garder pour la communication de Bourbourg, qu'il faut pourvoir de tout, et donner moyen à ceux qui commandent dedans et aux soldats d'y demeurer. On a raccommodé les canaux qui y vont de Calais, dont les communications sont très difficiles. Votre Eminence sçait bien que dans la saison et du long des digues, qui durent beaucoup, que cela ne se fait point sans bien de la dépense; toutes choses sont incertaines jusqu'à ce que l'ennemi soit retiré. L'armée fait au-delà du possible dans la nécessité où elle est. La cavallerie n'a point eu de pain. Je suplie très-humblement encore une fois Votre Eminence de vouloir promptement donner ordre, et pour le magazin de Bourbourg, en faisant contenter M. Jacquin, et pour la continuation du pain.

» On a licentié l'artillerie; je ne retiens qu'un petit estat de quatre-vingts chevaux et de deux mille francs d'officier pour le mois de novembre. J'ai esté fort en peine de la maladie de Votre Eminence, et je suis asseuré qu'elle me fait l'honneur de ne pas douter que les douleurs qu'elle a eues me touchent très-sensiblement.

» La communication à Mardyck est impossible par terre dans le mauvais temps, de sorte qu'il faut que ce soit la fortification de la place et la mer qui la défendent.

» Turenne. »

A Monsieur Le Tellier.

« Monsieur, j'ai receu la lettre qu'il vous a plu m'escrire pour envoyer cinq compagnies de gardes françoises à Paris, à quoy je vous dirai que le moindre détachement d'infanterie présentement m'aueroit beaucoup de soldats; et quoyque je sache bien que cet affoiblissement d'infanterie n'est pas fort considérable, néanmoins il est de grande conséquence que l'ennemi ne sache pas qu'il y parte des corps de l'armée; car c'est un temps, et à cause de la saison, et à cause des chemins, que l'on prétend s'en faire plus appréhender que leur faire du mal; et comme ces compagnies du Luxembourg pourront promptement rejoindre, je vous suplie de faire considérer à Son Eminence que la force de l'infanterie, l'hyver en ce pays icy, sera des gardes françoises et des Suisses. On ne peut pas croire comme les Anglois tombent malades et sont en peu de temps hors de service; il y en a aussi beaucoup qui désertent de Bourbourg et de Mardyck; et jusqu'à ce qu'il y ait passé quelque temps, il faudra sousteinir tous ces petits forts par des commandés des gardes et des Suisses; l'ennemi, peut-être avec le temps rendra par sa séparation la chose plus aisée, mais on ne peut parler que des choses présentes. J'ai parlé à M. Talon, qui rendra compte à Son Eminence et à vous de cet ordre pour la réformation. Je crois qu'il n'y a guère d'officiers de cavallerie ou d'infanterie qui ne soient venus ou tost ou tard à la campagne, et hors toutes ces compagnies qui viendront fort foibles à Amiens et dont j'ay envoyé l'estat, je ne sache rien à dire. Je sais bien qu'il y a beaucoup de compagnies de cavallerie françoise qui ne viennent point à l'armée assez fortes en cavalliers, et tout ce que l'on peut faire c'est de les nommer au commencement. Pour l'infanterie, on fait l'estat auquel elle vient en campagne, et vous sçavez bien qu'ils n'y touchent pas beaucoup d'argent pour faire des recrues ni pour chausser leurs soldats; de sorte que la seule chose qu'il y a à leur dire, c'est en ce temps-là; car, pour à cette heure, il n'y a qu'à les plaindre de la misère où ils sont. J'ay dit à M. Talon que, dès qu'il aura des commissaires, il prenne l'information la plus exacte qu'il pourra des régimens et vous l'envoye promptement.

» Je vous suplie de croire que je suis, Monsieur, votre très-humble, etc.

» Turenne.

» 1er Novembre 1657. »

Au même.

« Monsieur, j'ay receu la lettre qu'il vous a plu m'escrire par le sieur de La Barge et ne vous répliqueray point toutes les choses que j'ay mandées à Son Eminence dans l'incommodité qu'il a; je ne crois pas que l'on luy doive conseiller ung voyage icy. Je ne sais pas le détail de ce que les ennemis ont perdu à Mardyck; les Anglois ont esté si lents à faire venir leurs palissades pour travailler au bas fort, qui est ce qui donne suject d'appréhender. Il faut que je me retire dans Ardres ou vers le Boullenois; et pour soustenir cette guerre, ne s'en point relâcher durant l'hiver, il faut faire estat de laisser toute l'infanterie en Picardie, et tenir les corps payés à Calais, Ardres et Boulogne; on ne revient plus à ces choses icy quand on s'en relâche. Les plus petits estats trouvent de la facilité à tenir de l'infanterie, parce que ce n'est une dépense excessive; et les François présentement se contenteroient d'une paye petite, pourvu qu'il y ayt moyen de vivre, mais il faut que ces choses-là soient suivies. Je ne serois point d'avis, jusqu'à ce que l'ennemi soit séparé, d'envoyer des troupes fort loin, parce que cela emmèneroit tous les soldats. M. de Charaux demande ung règlement pour les gardes avec le lieutenant de Roy; je crois qu'il seroit nécessaire avant de les envoyer à Calais. Je mande à M. le cardinal que j'ai faict payer, pour le mois de novembre, pour deux mille francs d'officiers d'artillerie, et que j'ai retenu quatre-vingts chevaux pour travailler à beaucoup de choses nécessaires, à quoy j'ay faict aussi donner ung mois. On a payé les François de Bourbourg et Mardyck pour quinze jours; les officiers qui sont allés à Mardyck ont eu quelque chose de plus; si je vous contois le détail de tous les travaux d'ici, il n'y auroit pas de fin; vous les verrez bien par l'argent, duquel je vous assure que personne ne s'enrichit et en use d'un très grand ménagement, et avec de très-grandes difficultés par la saison et par beaucoup d'autres circonstances; c'est, Monsieur, votre très-humble, etc.

» TURENNE.

» Au camp de Ruminghen, le 6 novembre 1657. »

Au même.

« Monsieur, j'escris à Son Eminence, et me donne l'honneur de vous faire ce mot: je suis venu à Calais, où on a embarqué sept ou huit cens hommes de renfort pour Mardyck; je crois que dans deux ou trois jours, si l'ennemi ne l'attaque, ce que je ne pense pas, qu'ils se résoudront à se retirer et mettre leurs trouppes plus en arrière; vous pourez, par les nouvelles de plusieurs gens de Flandre, savoir à quoi l'ennemi se dispose; je crois qu'il n'y auroit pas de temps à perdre d'envoyer les quartiers. Je mande à M. le cardinal qu'il me semble que l'on pourroit mettre deux ou trois régimens d'infanterie dans le Boulonnois et en loger bon nombre à Abbeville; c'est un bon endroit que ce coin de Normandie et de Picardie; le pays, depuis Amiens jusqu'à Boulogne, en deçà de la Somme, n'a pas esté ruiné; on pourroit y mettre beaucoup de cavallerie. Il faudra nécessairement quelqu'un qui ait l'œil en hiver à Bourbourg et aux forts qui en font la communication. Je crois que pour Mardyck, quand les Anglois verront les bastions en estat, qu'ils ne le négligeront plus et en prendront beaucoup de soin. Je mande à Son Eminence que je crois qu'elle trouvera bon, si les ennemis se retirent, que l'on m'envoye mon congé. J'ai vu avec M. d'Ormesson l'estat de la despense et du paiement des Anglois; il vous en informera particulièrement, et je vous suplierai d'estre bien persuadé que personne ne vous honore plus que je fais, et que je suis sincèrement, Monsieur, votre très-humble et très-affectionné serviteur,

» TURENNE.

» Ce 17 novembre 1757. »

Au même.

« Monsieur, vous aurez sceu ce que M. le cardinal m'escrivit par ce gentilhomme qu'il m'a envoyé; si ces nouvelles-là continuent, par l'ordinaire suivant, je ferai tout ce qui se poura, afin que si on ne peut pas demeurer avancé comme je suis, je demeure au moins un peu en arrière, qui sera vers les lieux où seront les quartiers. Vous verrez, par la copie d'une lettre que j'envoie, en quel estat est Mardyck; il y a bien deux mille hommes présentement; j'en ay envoyé une partie dès que le bas-fort a esté en estat de défense, sçavoir: le sieur de La Barque, pour dire l'estat des choses icy. Quand je croirai que les ennemis assiégeront Mardyck, je ne serois pas bien aise que l'armée fût séparée ni estre à Paris; quand cela ne sera point, j'ai assez d'affaires pour souhaiter de demeurer icy. Vous me ferez la grâce de lui parler de cette conformité-là, et de me croire très-sincèrement, Monsieur, votre très-humble,

» TURENNE.

» Je crois qu'il seroit bon d'envoyer promptement un règlement pour le lieutenant de Roi de Calais avec les gardes. »

Au même.

« Monsieur, comme les troupes ne peuvent plus demeurer à cette teste icy, il seroit entièrement nécessaire que l'on envoyast promptement les ordres des troupes qui doivent demeurer dans le Boulonnois: j'entens de l'infanterie, car je ne sçais pas si on y laissera d'autres régimens de cavallerie que celui de Villequier. Je pense que vous êtes bien persuadé de la nécessité que les troupes ont d'aller en quartier; avec cela il est tout à fait nécessaire que quelqu'un demeure: j'entens un lieutenant-général. Tout ce qu'il y aura à faire, si l'ennemi attaquoit Mardyck, ce seroit de faire embarquer les gardes qui sont à Calais; ils feront assurément la même chose d'Angleterre. Pour vous dire ce que je pense, je ne crois pas que les ennemis osent l'attaquer, y a plus de deux mille hommes effectifs dedans; j'y ai près de vingt officiers de mon régiment d'infanterie. Il y a vingt vaisseaux au port, et des troupes de France et d'Angleterre prestes à y mettre: tout cela est nécessaire, mais aussi c'est une grande entreprise en hiver à des gens qui ont si peu d'infanterie. Je n'ai rien à ajouster à ce que vous aura dit le sieur de La Barque, sur ce qui regarde mon corps et les ordres du quartier d'hiver, qui, assurément, eu esgard aux troupes, ne peut pas estre trop pressé. Faites moy l'honneur de me croire très-véritablement, Monsieur, votre très-humble, etc.

» TURENNE.

» A Ardres, ce 25 novembre 1657.

» Montosier a escrit à quelqu'un de mes gens que l'on lui avoit parlé de réforme de mon régiment de cavalerie. Ce n'est pas que je fasse de comparaison à celuy du Roy ni de M. le cardinal, mais jamais, quand les autres sont demeurés à douze compagnies, il n'a esté au-dessus; il fait présentement trois bons escadrons. Je vous recommande la compagnie de M. de Madvilliers. »

Au même.

« Monsieur, je renvoie le sieur de Coulange, qui arriva hier; je fais marcher toute la cavalerie, qui ne peut plus subsister, vers Nanci et Hesdin, et garde seulement le régiment de La Ferté d'infanterie; pour le reste de l'infanterie, je l'envoierai entre Calais et Boulogne, craignant de faire marcher en delà quelques régiments qui demeureroient dans le Boulonnois. Je m'en vais demain à Calais en bateau, renvoiant mes gens vers Montreuil; je verrai là quelque jour, s'il n'y a rien de nouveau du costé de Mardyck. Il y est marché, il y a sept ou huit jours, de l'infanterie de l'ennemi qui s'en va vers le Hainaut: on asseure qu'il y a sept régiments; je crois qu'ils sont fort foibles, mais néanmoins ils en auroient besoin s'ils vouloient assiéger présentement Mardyck. La chose s'y rend tous les jours plus malaisée pour eux. J'envoie encore beaucoup d'officiers à Mardyck, affin que l'ennemi ait cette nouvelle-là en même temps qu'il apprendra que la cavallerie s'esloigne. On donne dix escus aux lieutenans et quinze francs aux sergens qui s'embarquent. Je trouve ici un chacun de bonne volonté dans la plus grande misère du monde : ce sont des choses qui ont leur fin. Je vous supplie très-humblement, comme il est malaisé que l'on ne sache par beaucoup d'avis de Flandres, la pensée présente des ennemis sur Mardyck, de vouloir me mander, ou supplier M. le cardinal qu'il le fasse faire, et que je puisse en savoir des nouvelles. Les lettres me trouveront à Montreuil ou à Boulogne, ou peut-estre à Calais. S'il ne vous plaisoit point m'envoyer les lettres exprès, il les faudroit seulement faire tenir chez moi à Paris.

» La plus nécessaire chose pour celui qui demeure en ce pays ici, c'est d'avoir un ordre afin que les gardes qui sont à Calais, et les Suisses qui sont à Ardres, fissent ce qu'il leur ordonneroit pour sortir promptement au secours de Mardyck ou de Bourbourg. Je ne vois que cela en ce pays icy de capital; et si le cardinal me parle de M. le maréchal d'Omont, j'en serois très aise. Il y marche deux vieux régiments d'Angleterre à leur costé, qui seront sous les ordres du chevalier Reinolds qui commande à Mardyck ; mais je ne sçais pas la restriction qu'il y aura, et s'il les peut faire venir quand il veut. Je touche à M. le cardinal un mot de la réforme ; assurément il faudroit en voir un peu le détail, que je sçay qui est très fascheux ; mais aussi, par une règle générale, il y a des gens à qui on fera la plus grande injustice du monde, à des personnes d'infanterie même et de cavalerie, qui ont de bonnes compagnies, et qui seront réformés après avoir bien servi une longue campagne sans argent.

» Je vous supplie très-humblement de me croire, Monsieur, votre très-humble, etc.

» TURENNE.

» A Ardres, ce 27 novembre 1657.

» Il seroit fort nécessaire si M. le maréchal d'Omont ne prend pas sitost le commandement de ces troupes icy, qu'il y eust un ordre pour M. de Charost, afin de faire promptement embarquer ou envoyer à Bourbourg deux ou trois cens hommes des gardes, s'il voit qu'ils en ayent besoin, et aussi un même ordre à M. de Rouville d'envoyer des Suisses à Bourbourg si M. de Schomberg les demande. »

Au même.

« Monsieur, suivant les ordres du Roi, j'envoie à Calais deux compagnies des gardes françoises ; c'est M. de Renouart qui les commandera, qui se rencontre le premier faisant estat, et je n'ay point d'ordre contraire de faire partir, quand je m'en irai, les compagnies de Pradel, Pleurs, Pusange, Havarion et Autrequan, dont les quatre premières sont devant Podwitz ; j'envoie aussi cinq compagnies de gardes suisses à Ardres, suivant l'ordre que j'en ai. Celle-ci est pour M. Hébert, qui a appris la mort de M. Chasan, son frère, estimé fort brave garçon. Je me suis donné l'honneur de vous escrire hier par M. de Coulange en m'en allant ; il est fort nécessaire qu'il demeure icy quelque lieutenant-général, afin de donner ordre à ce qui pourroit survenir. Je crois que vous apprendrez que l'ennemi ne songe pas à Mardyck présentement. Je ne vois icy que M. de Sinville et M. d'Elarcour, M. de Castelnau s'en allant ; on saura ces jours icy si l'infanterie de l'ennemi se retire.

» Je suis de tout mon cœur, Monsieur, vostre très-humble, etc.

» TURENNE. »

Au même.

« Monsieur, je ne vous ferai que ce mot pour vous dire comme j'ai destiné les régiments d'Erbouville, de Béthune et de Dampierre pour demeurer dans Bourbourg ; les régiments s'y attendent. Je croyois m'estre donné l'honneur de vous le mander. Je respons à M. le cardinal sur les choses qu'il m'a fait l'honneur de me mander. Je n'ajousterai rien à celle-ci, que l'assurance de la continuation de mes services, Monsieur, votre très-humble et très-affectionné serviteur,

» TURENNE.

» Ce 5 décembre 1657. »

Au même.

« Monsieur, je vous supplie très-humblement de vouloir faire employer Desroches en Picardie-Saint-Martin lui a dit que s'il vous plaist le faire employer en Normandie, il sera fort aise que l'autre demeure en ce pays icy. J'ai fait avec le sieur Sugnier l'estat du pain pour l'infanterie, qui ne monte qu'à cinq mille cinq cens rations, à commencer du temps que je suis arrivé; je crois qu'il y en a si peu d'effectifs, que cette quantité leur suffira bien.

» Si on demeuroit plus long-temps ensemble, les régimens qui sont logés vers Dornsens auroient peine à subsister; mais je crois qu'il faut voir encore quelques jours le mouvement de l'ennemi avant que de rien changer. J'attends de sçavoir des nouvelles de ce que devient le corps de troupes de l'ennemi, qui est vers la Lys, avant que de faire marcher aucunes troupes; il y a des gens d'armes, et le régiment escossois que j'ai trouvé à Amiens, que j'ai laissé marcher.

» Je suis de tout mon cœur, Monsieur, votre très-humble, etc.

» TURENNE.

» A Amiens, ce 21 décembre 1657. »

Au même.

» Monsieur, j'ai receu hier une lettre de Son Eminence, par laquelle elle me mandoit que vous m'escriviez; mais je n'ai point receu la lettre, il faut qu'elle soit en chemin. C'est un aide-de-camp qui porte cette lettre que j'avois laissé à Bourbourg pour assister M. de Schomberg; il n'a rien touché du tout; j'en escris à Son Eminence. Je lui ai donné un mémoire de trois ou quatre articles, en quoi consistent toutes ses demandes. Le principal est que M. d'Ormesson ne manque pas d'argent; rien aussi ne leur est plus nécessaire que des habits; il y périra beaucoup de soldats de n'en avoir pas eu de bonne heure. Sur ce que M. le cardinal m'escrit du quartier d'hiver, je consulterai avec M. de Piètre, pour voir s'il se pourroit trouver de l'argent pour tenir ensemble quelques troupes de celles qui hivernent dans les quartiers icy: il n'y a que ce moyen seul d'en retenir, qui est de les payer et de les laisser dans les villages; c'est principalement les officiers qui n'ont pas un sou. Pour de l'infanterie, je n'en sache plus; les soldats sont si maltraités durant la campagne qu'au commencement de l'hiver ils ne sont en estat de servir. Un argent comptant ne raccommode point les choses, il faut une suite; et outre cela, l'opinion confirmée que chacun a que les troupes qui demeurent dans les lieux où il faut servir sont les plus abandonnées, fait prendre un train aux choses qu'il n'y a que des preuves contraires par les actions qui puissent faire changer de pensée.

» Je suis de tout mon cœur, Monsieur, votre très-humble, etc.

» TURENNE.

» A Amiens, ce 22 décembre 1657. »

Au même.

« Monsieur, depuis vous avoir escrit, il y a deux heures par un aide-de-camp qui vient de Bourbourg, j'ai pensé à M. Piètre et aux receveurs des élections de cette généralité; je trouve que l'on pourroit mettre ensemble toute la cavallerie de cette généralité et qu'ils leur avanceront cinq cens livres par compagnie, en l'envoyant au-delà de Hesdin, dans des lieux où ils ne tirent rien. Pour ce qui va dans la généralité de Soissons, j'envoyerois tous les brigadiers qui y vont, la cavallerie entre Saint-Quentin et Ham, qui est une élection d'où on ne tire presque rien. Il faudroit que l'intendant qui est dans cette généralité-là envoyast au moins mille francs par compagnie promptement à toutes ces trouppes-là. Ce qui va en Lorraine et Champagne, je le retiendrai quelques jours dans le Vermandois, dont on ne tire aussi presque rien. La plus grande difficulté est pour ce qui va en Normandie; car ils ne peuvent demeurer que sur la Picardie ou Normandie, et dans toutes les deux ils ruineront tous les quartiers. Il faudroit que de cette généralité on envoyast promptement au moins mille francs par compagnie de cavalerie, et quatre cens francs pour l'infanterie. Il ne se peut pas qu'avec tout cela la Picardie ne s'en sente beaucoup, et les discours sont bien plus aisés que l'exécution. Pour les troupes qui doivent aller en Auvergne et Bourbonnois et Nivernois, il faudroit les laisser marcher, j'entens la cavallerie, y en ayant icy assez, et on retiendroit l'infanterie quelques jours, ceci n'estant qu'une pensée qui ne peut pas durer long-temps faute de fourage pour la cavallerie; et s'il n'est pourvu promptement par de l'argent pour les troupes des généralités de Soissons et de Normandie, il est impossible qu'elles demeurent en corps, les officiers n'ayant pas le moyen non plus que les cavalliers de faire ferrer leurs chevaux. J'ai fait donner du pain à la cavallerie, et ai envoyé M. de Podwitz avec cinq régimens à la teste du païs. Je ferai marcher après-demain les régimens de la généralité de Soissons; pour celle de Normandie il faudroit, ou que les receveurs envoyassent promptement de l'argent, ou que l'on en avançast, que l'on reprendroit sur eux.

» J'escris une lettre toute conforme à ceci à Son Eminence, et suis de tout mon cœur, Monsieur, votre très-humble, etc.

» TURENNE.

» A Amiens, ce 22 décembre 1657.

» Il seroit bon d'avoir promptement response. J'ajouterai seulement une chose que je ne mande pas à M. le cardinal, qui est que les trois régimens de Picardie, la Marine et mon régiment que j'ai trouvé en delà d'Abbeville, tirant vers la Normandie, et qui y demeurent, perdroient tous leurs soldats si on les faisoit avancer; tout ce qui se peut, est de les laisser là tant que l'ennemi sera ensemble. »

Au même.

« Monsieur, il y a un gentilhomme qui est avec moi de cette année, arrivé du lieu que j'avois tenu à Mardyck et qui s'estoit fort brouillé avec M. Talon, et qui même escrivit contre lui ; je l'ai trouvé icy qui portoit des lettres de créance, et comme il est parti en même temps que ce gentilhomme de M. le cardinal, qui doit estre arrivé hier à Paris, je ne lui ai point voulu donner de lettres pour y aller, n'estant pas bien aise qu'il se serve de mon nom pour parler contre une personne que je suis persuadé y avoir fait ce qu'il a peu ; dans un lieu abandonné un temps aux Anglois, on ne peut quelquefois pas y faire davantage. M. Piètre vous envoie le mémoire de ce que je lui ai dit qu'il fît partir en diligence pour aller à Mardyck ; j'ai creu que ce seroit gagner du temps, et c'est toujours une despense nécessaire à faire que des mousquets, des outils et du plomb ; pour de la mèche et des grenades, on n'en peut pas avoir sans ordre de la cour. Je crois qu'il seroit nécessaire que M. Jacquier retint cent cinquante chevaux à la frontière, afin que cela fust prest s'il falloit se mettre ensemble dans les places d'Arras, Béthune et La Bassée ; on trouveroit des chevaux pour du canon, avec cette disposition. Je reviendrai au premier bruit. Les ennemis commencent à se séparer beaucoup, mais il n'y a pas apparence que ce soit pour entrer tout à fait en quartier d'hiver ; c'est pourquoi il faut assurément le plus de troupes que l'on peut à la frontière. Il n'y a que l'infanterie, qui est comme réduite à rien. Si sur la fin des campagnes on la soutenoit avec quelques moyens, elle ne se réduiroit pas en cet estat-là ; et ce ne sont pas des choses où on puisse remédier promptement, qui est ce que l'on demande toujours à la cour. Tout ce que je sçaurois, c'est de donner promptement ordre à quelques régimens afin qu'ils envoyassent aux recrues, lesquelles, estant dans le quartier d'hiver et dans des villages, pourroient se maintenir. Il arrivera aussi un bon effet, c'est que Mardyck se mettant en estat, l'armée des ennemis ne pourra plus l'attaquer, quand même on ne seroit pas si prest à estre en campagne. Je suis de tout mon cœur, Monsieur, vostre très-humble et très-obéissant serviteur,

» TURENNE.

» A Amiens, ce 24 décembre 1657. »

Au même.

« Monsieur, il y a M. de Cugnac qui est prisonnier à Amiens, qui offre, en lui permettant de s'en retourner de delà, de faire rendre la liberté à M. de Gadaigne et de payer de delà sa rançon ; et que s'il n'y peut pas faire consentir du costé où il va, qu'il s'en viendra se remettre en prison. Je croy que c'est une chose où il n'y a pas de difficulté, et estant parent de ma femme, je serois bien aise d'obtenir cela pour lui. Monsieur, vostre très-humble et très-obéissant serviteur,

» TURENNE.

» A Amiens, ce 29 décembre 1657. »

Au même.

« Monsieur, le sieur du Fresnoy m'a montré les ordres de la réforme, que j'ai aussi appris par la lettre qu'il vous a plu m'escrire. Je crois, sauf vostre meilleur avis, qu'il seroit mieux de les reformer dans leurs quartiers d'hiver, car les troupes estant encore en delà de la Somme, il s'en iroit assurément des gens du costé des ennemis. J'escris aussi une lettre conforme à celle-ci à Son Eminence, laquelle j'envoie par le même courrier, et je lui mande que, comme les régimens de Podwitz et Rochepaire sont tous allemands, que je crois qu'il ne trouvera pas mauvais que, dans le quartier d'hiver qu'ils reçoivent pour quatre compagnies, qu'ils entretiennent ce qu'ils pourront de leurs deux autres compagnies ; car des François se peuvent mettre dans cette compagnie réformée du Roy, mais des Allemands il faut qu'ils s'en retournent dans leur pays. M. le maréchal de La Ferté n'eu reforme point, ni de son régiment ni de Bignon, et pourveu qu'il n'en couste pas davantage au Roy, je crois que le but n'est pas de les licentier, mais de diminuer la dépense. Je prétens dans mon régiment de cavalerie faire subsister le paiement de dix compagnies ; le reste le mieux que je pourrai, que je crois estre la chose du monde la moins défendue. J'ai vu, dans l'establissement du quartier d'hiver imprimé, comme les compagnies d'infanterie sont payées à vingt hommes. Il vous plaira mander aux intendans que si les régimens, comme Picardie et mon régiment, en mènent davantage dans le quartier, que l'on ne soit pas obligé de les licentier. Je vous supplie très-humblement de faire cognoistre à Son Eminence, ainsi que je l'ai mandé, que je suis fort touché de voir nommer ces capitaines M. Rochepaire et Podwitz, qu'il y a dix ans qui sont avec moi. Si j'avois plus de bien que je n'ai, je n'en serois pas embarrassé, car je leur trouverois moyen de se retirer. Je viens de voir comme les deux capitaines de Rochepaire, qui sont retranchés, sont préscns et ont toujours très-bien servi, et un de Podwitz ; car pour l'autre compagnie, je crois qu'elle est vacante. Je vous avoue qu'il me semble que le Roy, ne payant pas quelques compagnies, doit au moins laisser la satisfaction au coronel de faire comme il l'entend. »

(Sans date, 1657.)

1658.

A Son Eminence.

« A Cassel, ce mercredi 22 mai 1658.

» J'ai dit à M. le marquis de Créqui d'escrire

par la voie de Béthune, quoiqu'elle soit bien longue. En y arrivant avec l'armée, j'appris, par un de ces partis, qu'il y avoit un grand corps à Cassel; je le fis partir incontinent avec des gens commandés des gardes, où estoit M. le comte de Guiche et les deux compagnies des Suisses qui sont à Saint-Venant. Je suivis après avec quelques troupes, croyant qu'il y auroit un grand corps à Cassel, y ayant aussi fait avancer M. de Varenne; il ne s'y trouva que le régiment de Glocestre, avec quelques commandés de Muscoi, qui faisoient environ trois cens hommes, avec l'infanterie et quelques officiers qui ont été conduits à Béthune. On en a fait une liste bien exacte. Il y avoit aussi quelque munition de guerre, et comme on ne peut pas surcharger l'équipage, il en a esté envoyé deux ou trois milliers de poudre à Béthune, et on fera prendre le plomb et la mèche qui restent aux soldats. Les chemins sont si rompus par la pluie, qu'il est impossible de dire de quelle manière on peut avancer le canon ni les pontons, ne pouvant presque pas marcher. Je crois que l'ennemi n'a pas encore guères de gens ensemble; mais comme le pays est petit, les choses changent d'un jour à l'autre. Le pays entre Bergue et Furne est fort inondé. Je ne puis rien dire de positif de ma marche, car le canon, les pontons, le bagage ont demeuré dehors cette nuit et ne sçauroient presque marcher. Je crois qu'il y a présentement fort peu de gens sur le canal de Dunkerque à Bergue, mais il y en peut marcher par Ypres et Furnes, de quoi je n'avois pas de nouvelles. Ces cinq derniers jours de pluie ont tout gasté, et assurément sans cela j'aurois fait une diligence de quoi l'ennemi auroit receu du préjudice. Je tascherai de marcher aujourd'hui de Cassel, et avancerai sur le chemin d'ici à Bergue; tout le pays d'autour est inondé, et il n'y reste de libre que le chemin de Bergue à Dunkerque, et une hauteur qui regarde la Flandre. On m'a dit à Cassel que ces forts entre Dunkerque et Bergue ne sont point en estat; mais je sçais bien que le canal est fort grand et le parapet fort bon. J'escris un duplicata de ceci à M. de Castelnau, par des soldats que j'envoie tout droit à Barbone.

» TURENNE. »

Au même.

« Du camp de Dunkerque, le 27 may 1658.

» Le vice admiral d'Angleterre a esté icy à ce matin et a emmené des ouvriers avec une grande chalne; il n'avoit point de palissades : j'ai été obligé de prendre le peu de bois que mes gens avoient pris dans une maison. Les gribanes ni les besardres ne peuvent pas rester sur l'estang sans se rompre. Je crois que de bonnes palissades, si on en porte demain au matin de Mardyck, que l'on soutiendra avec des graines, pourront suffire. Il faudroit aussi de petits bastimens anglois, dont ils ont fort peu.

» Il faut une extrême quantité d'avoine, et les premiers jours que l'on en manque mettent les chevaux si bas qu'ils ne se peuvent presque pas remettre; ce qui est venu de loin ne suffit pas pour deux régimens pour deux jours. Je sçais bien qu'il est difficile d'en avoir pour une armée, mais il est certain que l'ambassadeur d'Angleterre a pris des mesures trop courtes pour les provisions, et que l'on ne trouve rien à acheter dans toute l'armée navale; et quand on est en nécessité, il n'y a que les choses effectives qui servent; il n'a pas seulement du charbon que l'on achèteroit au prix de l'or. Il faut une quantité de fascines qui ne se peut pas dire, et de planches et de bois propres à servir aux plateformes et aux ponts.

» Dans l'équippage d'artillerie qui est venu avec moi, il n'y a pas d'officiers pour assiéger le moindre château, et il est difficile de trouver en peu de temps pour fournir à deux bonnes attaques. Dans les lieux environnés de places de l'ennemi comme on est, il ne faut pas languir dans les attaques, car les accidens ne sont pas réparables comme aux sièges qui ne se font pas à la teste l'ennemi.

» Il faut un intendant, ou quelqu'un qui en fasse la charge. Je n'ai qu'un seul aide-de-camp payé, qui est Tissiot.

» Il est nécessaire d'envoyer en diligence beaucoup d'outils; il n'y a presque que les pèles nécessaires. J'envoierai le compte de ceux que j'avois portés avec moi, qui sont distribués.

» Il faut encore de petites pièces pour mettre à la circonvallation, et très grand nombre de grosses pour le siège. Je crois que Son Eminence voit bien celui de Dunkerque comme un des plus grands et des plus considérables qui se puissent faire, par toutes ces circonstances, et dix fois plus difficile que celui qui a esté fait. Je la supplie très humblement de ne faire compte que sur les choses bien effectives, afin que les choses puissent réussir à la satisfaction; car ceci se doit faire avec abondance, ayant affaire à un ennemi puissant, estant environné de beaucoup de places de l'ennemi, et la place que l'on attaque ayant une grande garnison. Tout ce de quoi j'ai parlé est nécessaire, à un point que l'on peut sans cela recevoir fort aisément un affront; et en un lieu comme celui-ci, ils ne sont point à demi. Il faudroit que l'on fît des efforts extraordinaires d'Angleterre; tout le quartier des Anglois n'occupe que ce que faisoit la milice de Boutinois à l'autre siège, et encore on les aide avec de la cavallerie. Il faut faire estat d'avoir de l'avoine tous les jours pour sept ou huict mille chevaux.

» TURENNE. »

Au même.

« Ce 4 juin au matin.

» Comme on ouvre la tranchée à ce soir, j'ai

esté à ce matin pour voir le lieu le plus propre, et ayant fait avancer des troupes sur les dunes, l'ennemi a tiré beaucoup de canon, et ils ont asseurément plus de vingt pièces qui regardent la face que l'on attaque. Je supplie Votre Eminence de donner les ordres nécessaires afin que les munitions ne manquent point, et principalement les boulets. L'ambassadeur d'Angleterre m'a dit qu'il a renvoié aux dunes les pièces de quarante-huit; je lui ai dit de les redemander, et à moins d'avoir une grande quantité de canons, ce siége icy tireroit en grande longueur.

» Les ennemis ont beaucoup de travaux avancés, et M. le marquis de Heide ménage aussi bien son terrain qu'homme du monde. Votre Eminence voit bien qu'il faut beaucoup d'infanterie et de munitions, afin que l'on soit rafraîchi de troupes en temps; de son costé on fera tout ce que l'on pourra.

» Il y a des compagnies de gendarmes passées à Bourbonne. Je crois que celle de Votre Eminence y est, et on me mande que l'on ne sçait ce qu'est devenu M. de Courtin et s'il est mort ou prisonnier, les ennemis les ayant attaqués sur la digue près de Bourbonne. Je pense qu'ils n'ont perdu personne, M. de Schomberg estant avec de l'infanterie à son rencontre. Le régiment de Mongomerie n'y est pas; je crois que le meilleur seroit de le faire embarquer à Casins, et l'envoyer icy. Il est bien nécessaire de faire veoir à M. . . . . . la grandeur de ce siége, afin qu'il songe à envoyer encore des troupes.

» On n'a point de nouvelles des boulets de vingt-quatre, ni s'ils sont à la rade.

» Je rediraï encore à Votre Eminence, comme une chose très importante, qu'il faut charger dans des besauches les choses nécessaires pour ce camp; et si on est obligé d'en mettre dans de grands vaisseaux, il faut qu'ils abordent à Mondei, d'où on les-fera passer au camp.

» Je supplie très-humblement Votre Eminence de songer à ceci comme à un grand siége, lequel on tâchera d'abréger autant que l'on pourra; mais à la manière dont sont faits les dehors des ennemis, ils les défendront long-temps.

» TURENNE. »

Au même.

« Monsieur, comme on voyoit bien que, par les soins que Votre Eminence avoit pris, rien asseurément ne devoit manquer dans le camp devant le siége, j'ai dit depuis quelque temps à M. La Force de lui en mander les nouvelles, n'ayant point eu de besoin de faire sçavoir autre chose à Votre Eminence. Je crois que quand celui que M. le maréchal de La Force envoye et La Berge arriveront, que vous aurez seu par Guise la prise de la place, qui estoit réduite, quand elle s'est rendue, à la dernière extrémité. Toute l'armée, tant au siége qu'à la tranchée, a travaillé avec toute la diligence et la vigueur que l'on sçauroit souhaiter; et quoique la nécessité soit très grande, on n'a pas ouï dire une parolle de plainte. Comme Votre Eminence se trouve tout proche d'ici, en attendant de sçavoir d'elle ce que le Roi veut que l'on fasse, tant pour la garnison de la place que pour l'emploi de l'armée, il faut présentement quelque temps pour raser les tranchées et la circonvallation et raccommoder les brèches. Je crois que le corps de M. de Conserolles devoit venir joindre. J'ai envoyé présentement M. de Castelnau avec le sien prendre Emeri, qui est un fort bon château à deux lieues d'ici. J'ai beaucoup de joie de ce que je pense que Votre Eminence aura quelque satisfaction de ce que les choses se sont passées si heureusement.

» Il est arrivé un malheur au Quesnoy: Guionnet s'estant sauvé par l'intelligence de quelques gens dont il y en a de pris; sans la difficulté des escortes je l'eusse fait passer en France; estant bien gardé au Quesnoy, je le croyois bien en seureté pour quelque temps.

» On a eu nouvelles que les ennemis ont marché vers le Castelet; ils s'en vont se remettre derrière l'Escaut. On dit qu'à Paris on n'a tant parlé contre l'entreprise de Landrecies: toutes choses ont été si abondantes, qu'il n'y a eu sujet de douter du succès, quand les ennemis ont laissé mettre l'armée du Roi autour de la place sans s'y opposer. Comme on a emprunté de l'argent pour les dépenses, je ferai faire un mémoire bien exact de ce que l'on doit, afin qu'il plaise à Votre Eminence faire ordonner le payement. Il y a quantité de personnes qui ont très bien servi icy, dont vous serez informé par d'autres commodités. Je me contenterai de continuer à Votre Eminence la protestation de mes services très-humbles, et l'assurer que je l'honore avec le respect que je dois. C'est, Monsieur, votre, etc.

» Au camp, ce 14 juin.

» TURENNE. »

Au même.

« A Bergue, ce 2 juillet 1658.

» Vostre Eminence seust hier par M. de Moret, comme je fis dire, suivant qu'elle avoit trouvé à propos, à la garnison de Bergue que l'on ne les recevroit que prisonniers de guerre, ce qu'ils acceptèrent sur le soir; je les ai fait partir à ce matin, et M. Talon les a menés pour les embarquer à Mardyck. Il y a cinq régimens d'infanterie et trois compagnies de cavalerie; il ne s'en retourne à l'armée que le commandant de chaque régiment. Comme ils virent qu'ils n'avoient point d'autre capitulation, tous les soldats rompirent leurs armes, et même il s'en jetta dans le marct vers Linc, où il s'y est sauvé douze ou quinze officiers, et on en reprit quelques-uns, et laissèrent entrer qui vouloit dans la ville sans que j'eusse rien signé. J'ai couché la nuit dans la

33.

ville pour exécuter les choses en ordre. C'est une assez méchante place, et hors le soutien de Dunkerque, elle ne pourroit se soutenir contre un siége un peu considérable. J'y fais entrer le régiment d'infanterie de Clérambaut et laisse la chose en cet estat-là jusqu'à ce que Vostre Eminence me mande ce que le Roy ordonne touchant celui qui y commande.

» Il y a près de vingt milliers de poudre et d'autres munitions à proportion, deux pièces de vingt-quatre un peu gastées, et deux couleuvrines, point du tout de grains. Je croyois pouvoir dire à Vostre Eminence que les munitionnaires disent qu'ils ne voyent pas beaucoup de jour pour la fourniture en ce pays ici; mais comme on a la mer, on peut y remédier promptement. La consommation est grande et la campagne n'est pas avancée; quand on n'est pas en avance on tombe dans de grands inconvéniens, et il faut demeurer tout court. Je crois que je manœuvrerai vers Honelot, et de là peut-être sur le chemin d'Ypres, pour voir si l'ennemi ne quittera pas Furne, et quelle contenance il fera à sa teste.

» J'ai escrit à M. Lorant pour avoir des mortiers pour Line; c'est un lieu qui ne doit pas occuper beaucoup de gens à l'assiéger, et on ne peut y aller que sur une digue.

» J'envoie ce gentilhomme à Vostre Eminence, par qui elle me fera l honneur de mander ce qu'elle trouvera à propos que l'on fasse pour Bergue, et elle apprendra des nouvelles de la santé du Roy, et elle me donnera par lui ses ordres, me faisant l'honneur de m'escrire ce qu'elle juge à propos touchant la marche.

» TURENNE. »

Au même.

« Le long temps qu'il y a que je ne me suis pas donné l'honneur d'escrire à Vostre Eminence, est cause que j'ai assez de choses à lui mander tout d'un coup. Je lui avois mandé comme j'avois laissé M. de Gassion à Deinse; j'y passai la rivière de Lys et marchai avec l'avant-garde jusques sur l'Escaut, vis-à-vis d'un château nommé Gauvre, entre Gand et Oudenverde; il n'y avoit que des paysans de l'autre costé et cinquante chevaux; ils avoient eu ordre le matin d'assembler beaucoup de paysans pour fortifier le passage. Comme les basteaux n'estoient point arrivés assez tost, et que l'on eust nouvelles qu'il y paroissoit de la cavalerie de l'autre costé, la brigade de M. de Podwitz passa à nage; ils coururent fort avant dans le pays et prirent le bagage d'un régiment qui passoit. J'eus nouvelles, le matin, comme la cavalerie qui estoit sous Oudenverde s'estoit retirée; je passai l'Escaut avec peu de troupes, pensant les faire rendre; cela en fust sur le point, mais à la fin ils ne le voulurent pas. Mais doutant qu'ils envoieroient quelque cavalerie de l'autre costé de l'eau pour entrer dans la ville, j'envoiai le lieutenant-colonel de Buillon, qui deffit un régiment de cavalerie qui vouloit y entrer; un de dragons passa, qui se jeta dans la ville. J'en approchai, le lendemain, le pont de bateaux, et comme j'allois porter les dragons du Roy dans un village, un quart d'heure après qu'ils y furent, trois régimens venoient en pleine course pour s'y jetter, qui estoient celui de Condé, de Hollac et Louis Leire. M. de Pequillin fit très bien et les arresta dans la rue du village; en suite de quoi M. d'Humières les suivit avec sa cavalerie, et prirent la pluspart de ces trois régimens, et M. de Chamilli et Bléausne, officiers. L'infanterie étant arrivée, je fis ouvrir la tranchée le soir, et la même nuit l'estonnement prenant à ceux de dedans, ils demandèrent à capituler et se rendirent prisonniers de guerre. Il y avoit le régiment de La Suse, un de l'armée d'Espagne et celui de dragons qui estoit entré, tous trois fort foibles. Les habitans n'ont pas voulu se deffendre et ont esté très-bien traités; la ville n'est pas bien forte, mais se pourroit bien accommoder. Vostre Eminence sçait la conséquence de la place; ma pensée estoit de laisser peu de gens dedans, et de ne m'en pas esloigner jusqu'à ce que j'eusse veu ce qui me pourroit réussir davantage, pour prendre des mesures plus seures; et pour cela, je n'y ai séjourné qu'un jour et y ai laissé M. de Rochepaire, que je croiois le plus propre que j'eusse ici, avec deux compagnies de Suisses, le régiment de Bretagne, le régiment de cavalerie de Rochepaire et celui de Castelnau. Je suis persuadé que personne n'est si capable de bien vivre avec ces habitans-là que M. de Rochepaire, et en sera très-bien traité. Quand l'armée y a esté, j'allai loger à une heure et demie de là, le long de l'Escaut, sur le chemin de Tournai, et en partis deux heures devant le jour pour venir sur la Lys, afin de voir avec l'armée comme Menin se pouvoit accommoder, ayant laissé le corps de M. le maréchal de La Ferté pour faire teste à Tournai. J'aimois mieux voir quel establissement je pouvois prendre que de courir vers Bruxelles, où je ne doute pas que l'espouvante ne soit grande, et avec raison; car il estoit fort aisé d'y aller avec l'armée, et je crois aussi de la prendre, l'ennemi n'y ayant peu jetter personne à cause que j'estois devant lui. Comme j'arrivois auprès de Menin avec quelques régimens de l'avant-garde, j'appris que M. le prince de Ligne, avec son corps, estoit à deux heures de là; je fis promptement débander le peu de gens qu'il y avoit à la teste pour les engager, où il se trouva quelques officiers qui venoient au logement, et le frère de M. Colbert y fut pris, ayant poussé fort vigoureusement. M. de Gadaigne et M. d'Humières marchèrent avec les premiers escadrons au grand galop. Le régiment du comte de Trie soutenoit ces débandes de cavalerie et estoit à la teste de tout; et ce qui estoit devant lui ayant esté repoussé, il alla à la charge par un chemin estroit contre le régiment de Souvigni, dont le maistre-de-camp le reçut très-bien; mais néantmoins son régiment fut rompu, et le comte de Trie blessé de deux coups de pistolet aux deux jambes et son cheval de six, ne quittant point la teste du régiment; Souvigni fut pris par le comte de Trie, ayant esté blessé de trois coups, dont Lapalue, capitaine réformé au régiment de la Reine, lui en donna un qui lui cassa le bras, qu'il lui faudra couper, s'il n'en meurt. Je crois que Vostre Eminence a ouï parler de Souvigni, qui est asseurément un des plus estimés qui serve en Flandre, de quelque nation que ce soit. Quoique l'ennemi eust sept régimens d'infanterie postés dans les haies, et bien deux cens chevaux des meilleures troupes de Flandre, la cavallerie de l'avant-garde les emporta, et M. d'Humière et M. de Gadaigne y firent aussi bien qu'il se peut, M. de Gensin y a aussi très-bien faict, et M. de Renet, avec ses régimens de la Reine, le sien et Créqui : il est certain qu'il ne s'y peut rien voir de plus vigoureux que ce que l'on y a fait; et quoique ce soit mon neveu, je ne feindrai point de dire à Vostre Eminence que le comte de Trie s'y est fort signalé, et Souvigni m'a dit qu'il n'a jamais veu un plus brave homme.

» La déroute commençant, on les a suivis plus de trois lieues; toute l'infanterie a esté prise ou s'est jetée dans les haies; ils avoient tous leurs bagages et soixante ou quatre-vingts chariots de vivres; il y a très grande quantité d'officiers pris. Le frère de M. Colbert fut relâché, et on m'a assuré que ce qu'il avoit dit aux ennemis, qu'il n'y avoit que quatre cens chevaux des nostres, c'est ce qui a esté cause qu'ils ont attendu sans se retirer. M. de Chalais se signale toujours dans toutes les occasions; il y a eu quelques officiers des nostres blessés de cette première charge, où on fut repoussé deux fois. Le prince de Ligne s'est sauvé avec grande peine; les simballes sont prises et tous ses gens, et n'y avoit des troupes de M. le prince que le régiment de Rochefort, dont tous les officiers sont pris; le comte de Beutin et Cascar, deux coronels d'infanterie, sont pris, et aussi bien pour ceux là que pour les autres précédens, comme on est au milieu de la Flandre et que l'on ne sçait où les laisser, il n'est pas croyable combien il s'en perd, et je suis obligé d'en laisser aller sur leur parolle.

» Comme j'ai sceu qu'Ypres estoit entièrement dégarni, je m'en suis approché; et ayant envoyé M. de Podwitz devant, dès l'instant même que M. le prince de Ligne avoit esté battu, il a deffait un régiment de dragons qui vouloit y entrer. Je suis asseuré que si on avoit peu assembler tous ces prisonniers, il y en auroit eu comme à une bataille. Ce que je m'approche d'Ypres est sans autre fondement, sinon que n'y entrant personne, les bourgeois pourroient aisément s'espouvanter, et une si grande espouvante des ennemis me donnera peut estre moien de conserver dans ce temps-là Menin et Oudenverde; et comme ce sont choses où l'on ne va que par les rencontres de chaque jour, il n'y a rien de si incertain. J'envoie le chevalier de Clerville, qui passe par Saint-Venant, afin de me faire promptement haster le corps qu'avoit M. de Chusenberg, à qui j'en escris, afin qu'il vînt se loger à Menin, qui est un lieu qu'il faut absolument garder pour la communication d'Oudenverde, où on trouvera assez de vivres; mais il y manque de munition. Je crois que quand l'affaire d'Ypres ne réussiroit pas, qu'avec de l'application et en mettant beaucoup de munition et beaucoup de troupes dans Menin et dans Oudenverde, que l'on conserveroit ces lieux-là. Vostre Eminence sçait très-bien quelle en est la conséquence. Comme j'ai sceu que M. de Chusenberg n'est engagé à rien, cela fait que je parle de cette infanterie ici, car si cela estoit, on ne pourroit pas songer aux mêmes choses.

» J'escris ceci à Vostre Eminence, arrivant auprès d'Ypres, et n'y trouvant nul fourage et voiant cent inconvéniens qui peuvent arriver à ces places avancées, à moins qu'elles ne soient promptement renforcées. Je sçai aussi très-bien que les ennemis sont fort foibles et fort abbattus. Don Juan est allé à Bruxelles; M. le prince est à Tournai; on a trouvé au secrétaire de M. le prince de Ligne les lettres qu'il escrivoit à toutes heures à son maistre. Les ennemis avoient envoié leurs bagages sous Valenciennes.

» TURENNE.

» Au camp, ce 13 septembre 1658. »

Au même.

« Depuis que je me suis donné l'honneur d'escrire à Vostre Eminence par le chevalier de Clerville, je suis demeuré au loin d'Ypres et ai fait travailler à me fermer, avec le peu d'outils que l'on peut porter à la compagne. Jusques ici il n'y est entré personne, et dès que les outils m'arriveront, ou par Saint-Venant ou par Furnes, je ferai ouvrir la tranchée. Je verrai aussi quelle munition M. Talon me fera venir de Gravelines et Calais. J'ai tiré six milliers de poudre de Dixmude.

» Je receus hier une lettre de Dunkerque, par laquelle on me mandoit que monsieur le protecteur estoit mort. J'en dis le premier la nouvelle à M. Morgan, dont le fils aîné avoit esté déclaré protecteur; il a pensé à ses coronels, et il n'y aura pour cela nul bruict parmi eux, et je crois qu'ils se tiendront parmi eux aux plus grandes affaires d'Angleterre, souhaitant fort que les choses demeurent entre les mains du fils du protecteur. J'ai envoyé un homme de créance à M. l'ambassadeur d'Angleterre, qui n'est pas encore de retour.

» M. le maréchal de Chusemberg arriva hier avec la cavallerie qui avoit esté à Saint-Venant, et quinze cens hommes de la place, en comptant deux cens de Bapaume. Il s'avancera avec cela et un corps que j'y ai déjà à Menin, afin de soutenir ce poste-là et empêcher que l'ennemi n'aille à Oudenverde. J'avois déjà M. de Schomberg à Menin pour cela, et un corps assez considérable à Oudenverde. Il n'y a pas plaisir à se flatter, mais si l'on prend Spols en maintenant Menin et Oudenverde, je suis asseuré que Vostre Eminence ne trouvera pas cela mal. Un secours dans Ypres ou une entreprise sur les autres places changeroit cela.

» Sur la mort de M. le protecteur, Vostre Eminence me fera l'honneur de m'entretenir s'il y a un autre train à prendre que celui dans lequel je sçai bien qu'elle est, qui est d'être bien aise que la puissance, en Angleterre, demeure entre les mains de ceux qu'elle croira estre le moins bien avec les Espagnols. Je ne vois pas ce que les Espagnols peuvent faire si on maintient Oudenverde; on dit toujours ces choses-là, mais, à mon avis, ce ne peut pas avoir été avec tant de raison qu'à cette heure. Je ne doute pas que la mort de M. le protecteur ne leur donne de grandes espérances; mais elle vient quand leurs affaires sont bien bas.

» Il plaira à Vostre Eminence envoier de l'argent, et comme je lui ai mandé, il n'y a point de munitions du tout à Menin et très-peu à Oudenverde; le temps peut devenir mauvais, et en Flandre il n'y a point de remède contre cela. Je ne doute pas que Vostre Eminence ne les prévienne par les ordres d'envoyer promptement des munitions. On a fait même avec grande peine deux cens prisouniers à Dixmude; on en a laissé à Oudenverde, et comme on les a pris fort avant dans la Flandre, et que ce sont des . . . ., à moins de les enchaisner on ne pouvoit pas les mener; les régimens ne peuvent pas se remettre de cette campagne.

» Je crois avoir mandé à Vostre Eminence que le prince de Ligne est dans Ypres, et Druot, qui est un très-bon officier; il y a plus de trois cens chevaux, et je ne pense pas qu'il y ait plus de trois cens hommes de vieille infanterie, mais beaucoup de bourgeois et de la milice. J'espère que M. Talon me fera venir du canon; je n'ai que quatre pièces de vingt-quatre avec des munitions pour la campagne; il y a grande difficulté d'en faire venir par Saint-Venant.

» Ce 18 septembre 1658.
» TURENNE. »

A Monsieur Le Tellier.

« Monsieur, il y auroit bien des relations à faire de tout ce que par bonheur il se rencontre que l'on fait en ce pays. J'envoie le sieur de Madaillon trouver M. le cardinal, afin qu'il lui plaise informer Sa Majesté comme Ypres vient de demander à capituler. M. d'Humières a escrit, il y a quelques jours, à Son Eminence pour le gouvernement; je lui en parle d'une façon pour lui faire connoistre qu'il ne sçauroit pas m'obliger plus sensiblement que de lui faire cette grâce de le lui procurer auprès de Sa Majesté. Je vous supplie très-humblement de vouloir bien lui servir, et il m'a semblé que M. le cardinal est tout à fait bien persuadé de lui. Je ne vous fais que ce mot en haste pour cela, et je vous supplie de me continuer l'honneur de vostre amitié. C'est, Monsieur, vostre très-humble, etc.

» TURENNE.

» Au camp devant Ypres, ce 24 septembre 1658. »

Capitulation faicte à la réduction de la ville d'Ypres, du 26 septembre 1658, avec le clergé de la ville.

« Articles accordés par M. de Turenne, général de l'armée du Roy aux ecclésiastiques d'Ypres :

» 1. Premièrement, que dans ladite ville d'Ypres et diocèse d'Ypres sera privativement admise et exercée la religion catholique, apostolique et romaine, même entre les gens de la milice, et qu'au même effet ne sera commis en icelle ville autre gouverneur que de la mesme religion, subject de Sa Majesté très-chrétienne, et sans qu'on puisse transporter aucuns des manans de ladite ville en la subjection d'autre supérieur qui ne soit de ladite religion;

» 2. Que les images miraculeuses de Nostre-Dame, reliques, reliquaires, vases sacrés, cloches, tant celles de la ville que celles qui y sont réfugiées, ornemens et autres ustensiles, tant concernant le service divin ou public que la décoration des églises estant en cette ville ou diocèse, ne seront transportés ailleurs en façon que ce soit; ainsi demeureront à ceux à qui ils appartiennent, le tout sans charge d'aucune rédemption;

3. Que l'évêque, doyen et chanoines de l'église cathédrale, leurs suppôts, abbés, prévosts, abbesses, chapitres, religieux, religieuses, confréries et toutes autres personnes ecclésiastiques, églises, hôpitaux, pauvres escoles, tables et biens des pauvres, monts-de-piété et toutes autres fondations pieuses, de quel estat, condition, ordre qu'ils puissent être, tant de la ville que du diocèse, demeureront et seront maintenus en leurs dignités, honneurs, priviléges, qualités seigneuriales, juridictions, ordres, administration, franchises, exemptions, fonctions et collations des dignités, prébendes, bénéfices et offices quelconques, sans autre charge qu'auparavant; le mesme sera observé au regard de leurs successeurs, et ne s'introduira de droit de régale ou autre jusqu'à présent non pratiqué;

» 4. Il sera libre audit évesque d'aller par tout son diocèse pour faire ses visites et autres fonctions épiscopales, et à telle fin choisir lieu de demeure en telle ville ou bourgade de son diocèse qu'il trouvera convenir;

» 5. Seront aussi lesdits ecclésiastiques maintenus en possession de tous leurs biens, soient meubles ou immeubles, rentes, actions et crédits, ensemble, or et argent monnoyé et non monnoyé, de permission ou billon, enseignemens et papiers, et toutes autres choses à eux appartenant, sans aucune exception, selon qu'ils en ont jouy auparavant;

» 6. De même tous les bourgeois et habitans de la ville, et les réfugiés et enfermés en icelle, soient ecclésiastiques ou séculiers, de quel estat ou condition qu'ils puissent être, y compris les absens ou réfugiés ailleurs, retiendront pareillement la paisible propriété et jouissance de tous leurs meubles, bagues, joyaux, vaisselle, or et argent monnoyé et non monnoyé, tout estain, airain, avec tous autres ustensiles, nuls exceptés, trouvés en leurs maisons ou ailleurs, et généralement de tous leurs biens, meubles et immeubles, de quelle qualité et condition ils puissent estre, sans que lesdits habitans ou réfugiés puissent estre rechargés, touchant lesdits meubles, ou inquiétés par les gens de la guerre, ni aussi les meubles illec réfugiés qui suivront librement aux propriétaires, et cela sans aucune reconnaissance ou rédemption à qui que ce soit;

» 7. Entreront aussi lesdits ecclésiastiques, habitans et absens, en la possession et jouissance entière de tous leurs biens, quels qu'ils soyent, qui, à cause de cette guerre, pourroient avoir esté confisqués ou annotés, ensemble des arrérages qui n'auront esté reçus, nonobstant que le Roy en auroit disposé ou fait mercède ou récompense à autres personnes, soit pour la propriété, soit pour le revenu annuel, et cela en vertu du présent traicté, sans qu'il soit besoin à cet effect d'obtenir autre acte ou provision. Et comme il pourroit arriver qu'on rencontreroit quelque difficulté de rentrer en la jouissance des biens confisqués ou annotés, Sa Majesté sera très-humblement suppliée de faire dépêcher lettres particulières vers les occupans, comme il a esté fait en l'an 1648;

» 8. Sera pourveu aux abbayes, prélatures et autres cloistres et dignités de la ville et du diocèse comme ci-devant, et ensuitte de la bulle d'érection de l'évêché d'Ypres, la doyennie venant à vacquer, sera à l'élection dudit chapitre cathédral, s'il en a le droit;

» 9. Tous les cloistres et monastères, tant d'hommes que de filles, ne seront contraints de changer en aucune façon de régime, ains demeureront sujets aux mêmes supérieurs comme à présent, et ne pourront les religieux et religieuses, sans l'autorité de leurs supérieurs de cette province de Flandre, estre tirés de leurs cloistres ni envoyés en France ou ailleurs, pour admettre des estrangers en leur place au couvent;

» 10. Ne seront aussi les ecclésiastiques molestés à cause du serment aux charges quelconques qui n'ont esté pratiquées du temps qu'ils estoient sujects au Roy catholique;

» 11. Les bourgeois et habitans de la ville et les réfugiés en icelle, de quelle condition et qualité qu'ils soyent, ne pourront estre forcés à porter les armes contre leur volonté, ni envoyés en colonie, ni tenus pour esclaves, ains pour sujets du Roy, avec la mesme qu'ils ont eue auparavant sous le Roy catholique;

» 12. Seront observés, selon leur forme et teneur, les concordats faits respectivement par ceux du chapitre et de la cour épiscopale avec ladite ville, en date du premier juin mil cinq cens vingt-deux et du....

» 13. Que l'évesque et ceux du chapitre cathédral, et tous autres ecclésiastiques habitans de la ville d'Ypres et leurs maisons, seront à toujours libres et exempts de logement des soldats et contribution pour l'entretien d'iceux, aussi durant leur absence et vacation, ensuitte de ce qu'il a esté accordé par le Roy pour la maison dudit évesque, en date du 11 décembre 1648. Et à cet effet, lettres de sauve-garde seront présentement expédiées pour estre attachées à leurs portes, afin que personne n'en prétende cause d'ignorance, comme il a esté fait audit an 1648, maintenant lesdits ecclésiastiques à toujours libres et exempts de guet et garde, et leurs vinitiers, débitant leur vin en leur cave, jouiront en tout ce que dessus de la mesme franchise;

» 14. Lesdits ecclésiastiques seront exempts, comme dit est, de tous logemens des soldats, et à l'égard du logement de cour, ils jouiront de leurs priviléges à l'advenir comme ils en jouissoient lorsque ladite ville estoit en l'obéissance du Roy catholique;

» 15. Et quant aux suppôts de ladite cour épiscopale, ils ne seront logeables ou taxables plus avant que ceux du magistrat de ladite ville;

» 16. Que les articles accordés aux bourgeois habitans d'Ypres ou y réfugiés, touchant la liberté de demeurer sous la juridiction du Roy, ou de s'en retirer en dedans le terme de deux ans et de disposer de leurs biens et autres points accordés, faisant ou tendant en faveur ou privilége des bourgeois ou habitans de la ville d'Ypres, sont pareillement accordés auxdits ecclésiastiques.

» Son Altesse a promis et promet, au nom de Sa Majesté très-chrétienne, de faire observer et maintenir tout ce que dessus ponctuellement et inviolablement.

» TURENNE.

» (Et cacheté de son cachet en cire rouge.)

» Et plus bas:

» Par Son Altesse,

» DU HOM.

» Faict au camp devant Ypres, le 25 septembre 1658. »

A Monsieur Le Tellier.

» Au camp d'Ypres, ce 27 septembre 1658.

» Monsieur, j'envoye ce capitaine de mon régiment d'infanterie, qui s'appelle Perrin, pour porter la capitulation d'Ypres. Il y a près de trois sepmaines que je n'ai point reçeu de lettres de Son Eminence. Il y avoit dans la place plus de gens que je ne pensois; cela montoit à huit cens hommes de pied, dont cinq cens estoient de ces nouvelles levées, et bien cinq cens chevaux. J'avois fait quelque feu de ligne autour de la place, et je mande à M. le cardinal qu'outre deux mille escus que M. de Laffaye, qui estoit à Saint-Venant, m'avoit prestés, on n'a dépensé que peu de chose, dont je n'ai pas encore le compte. Pour des munitions de guerre, il n'y a esté employé que six milliers de poudre, outre ce que j'avois à la campagne. La ville a tenu cinq jours de tranchée ouverte et on a perdu assez de gens ; il y a beaucoup de malades, ayant laissé des gens à Oudenverde et Menin; je n'avois pas cinq mille hommes de pied en tout. La circonvallation est bien aussi grande que celle d'Arras. Je crois que mettant des hommes et des munitions dans Oudenverde, qu'il se maintiendra l'hiver; il faut en Flandre que les places le fassent d'elles-mêmes. On y travaille fort, mais comme cette place est de plus de conséquence qu'aucune que le Roy ait jamais tenue en Flandre, il faudroit de surplus, pour y faire travailler, que les peuples y vissent de l'abondance. La conservation de ce lieu-là doit, à mon advis, faire une révolution en Flandre. On me mande que M. de Mesme a eu ordre de se retirer d'Ignoi ; j'en suis bien marri; vous savez qu'il a eu la bonté de prendre cognoissance des affaires de nostre maison. On dit que vous venez à Compiègne et à Amiens, et je vous demande la continuation de l'honneur de vostre souvenir, et que vous me croyez, Monsieur, vostre très-humble, etc.

» TURENNE. »

Capitulation accordée aux gens de guerre sortant de la ville d'Ypres.

« 1er. Premièrement, qu'ils sortiront jeudy vingt six de septembre, à sept heures du matin, avec armes et bagages, enseignes déployées, mèches allumées à deux bouts, tambours battans, bale en bouche, deux pièces de canon à leur choix, avec des munitions pour tirer chacun douze coups et les chevaux nécessaires pour les tirer ;
» 2. Qu'ils seront conduits par le chemin le plus court, en toute assurance, jusqu'à la ville de Courtray ;
» 3. Que pour commencer leurs bagages et de toutes autres personnes qui voudront sortir de la ville avec eux, leur seront fournis cent chariots;
» 4. Que nuls officiers ny soldats, de quelle nation que ce soit, ayant servi le parti contraire, ne pourront estre retenus ni inquiétés, sous quel prétexte que ce puisse estre;
» 5. Que les prisonniers de part et d'autre, faits pendant le siége, seront remis promtement en liberté ;
» 6. Que les malades et blessés qui ne pourront pas sortir de la ville y resteront jusques à leur guérison, et lors seront conduits à la ville la plus prochaine de l'obéissance de Sa Majesté catholique ;
» 7. Que toutes munitions de guerre seront mises ès-mains de bonne foi;
» 8. Qu'ostages seront laissés des deux costés pour l'accomplissement du présent traicté.

» TARTANÇON, LE PRINCE DE LIGNE. »

Au même.

« Monsieur, j'ai receu des lettres de Son Eminence par lesquelles il me mande comme le voyage du Roy est résolu pour Lyon. Comme la Royne y va, il est malaisé qu'il ne soit pas long, et dans l'arrière-saison où l'on entre, il ne se peut pas que beaucoup de cavalerie et quelques régimens d'infanterie ne retombent vers la frontière. J'escris sur cela à M. le cardinal, afin que l'on y trouve quelque fonds pour faire subsister les trouppes, en attendant que la cour revienne pour donner ordre aux quartiers d'hiver ; mais si vous passez jusqu'en janvier sans revenir, et qu'il n'y ait ni argent ni ordre pour les quartiers sur les frontières, on se mettra en estat de ne pouvoir pas estre si tost en campagne, et il est certain que les ennemis en profiteront. Vous sçavez bien au vray s'il y viendra un corps considérable d'Allemagne et en quel temps. Il ne faut pas se laisser surprendre par cela, ni qu'il nous trouve en mauvais estat, car ils reprendroient des postes où l'on ne pourroit plus revenir. On pourroit faire travailler de bonne heure aux recreues aux régimens qui demeurent en Flandre. Je suis obligé de vous dire que Dampierre est un des bons qui soit en ce pays-ci. J'ai reçu la commission pour M. d'Humières, et ferai exécuter ce qui est porté par l'ordre du Roy pour la compagnie de Catteville. Je mande à M. le cardinal que l'on pourroit mettre Sassy à Menin. Comme il me parle de Rubertière, il semble qu'il n'y ait pas de difficulté pour son affaire de major à Ypres. Il a toute sa vie servi dans le régiment de Piedmont, et je ne le connois que de cette année, mais il est fort capable. Je mande à Son Eminence qu'en attendant les ordres du Roy, j'ai envoyé M. de Madaillon pour servir de major à Oudeverde. Je n'en connois de plus propre que lui à servir en un lieu comme celui-là. Il y mène sa compaguie et il la fera fort bonne pour marcher en campagne avec M. le chevalier de La Hillière. J'escris à M. le cardinal pour avoir de l'argent pour l'infanterie qui demeure en Flandre. Il est très-nécessaire de leur en donner en les establissant, car après cela, quelque argent qu'il y ait, on ne les fait pas revenir. Je n'ai point aussi de nouvelles de cette avoine qui devoit estre envoyée à Ypres ; on avoit fait son compte sur six mille sacs. Je ne doute pas que M. Colbert n'ait donné les assurances à M. Jacquier pour la continuation de son pain. Des gens qui vont faire l'amorce en Dauphiné, ne sont d'ordinaire guère inquiets pour ce qui se passe en Flandre.

» Conservez-moi l'honneur de vos bonnes grâces, et me croyez, Monsieur, vostre très-humble et très-affectionné,

» TURENNE.

» Au camp d'Epiers, ce 25 octobre 1658. »

Au même.

« Monsieur, j'escris à Son Eminence ce qui s'est passé depuis que je suis deçà l'Escaut, et je ne doute pas que vous ne sachiez par tous les advis qui viennent des Pays-Bas, que les ennemis sont fort empêchés; mais comme ils sont tous dans leurs places, l'hiver va mettre fin à tout, et on alonge le temps autant que l'on peut. Je crois que l'on recevra ici de vos nouvelles pour le paiement des troupes, et je ne m'esloignerai point de Flandre ou de la frontière, que je ne sache le Roi de retour. J'avois oublié de mander à Son Eminence que l'on a descouvert un lieutenant de Louville, qui avoit esté dans la compagnie d'un bastard de M. de Manicamp, qui avoit intelligence avec M. le prince; il avoit esté à Tournai et devoit faire enlever la grand'garde. On donne advis de quelque détachement de l'armée ou de quelque convoi; c'est son caporal à qui il s'étoit confié, qui l'a descouvert. Je n'estois pas à l'armée et estois allé vers Grammont. M. Ducoudrai m'a adverti comme il estoit arresté, et j'ai mandé que l'on le fît juger promptement : il a esté condamné à estre pendu et à estre exécuté aujourd'hui. M. de Coligni m'a envoyé demander aujourd'hui un passeport pour aller de Tournai à Bruxelles, où lui et dom Juan avec le marquis de Caracène, et Monsieur le prince à Tournai. Je crois qu'ils hasteront fort leurs troupes d'Allemagne, et je m'imagine qu'ils empescheront, s'ils peuvent, les troupes de l'Empereur de s'engager contre les Suédois, afin de pouvoir les attirer en deçà plus aisément, et que si le roi de Suède n'en veut qu'à l'électeur de Brandebourg, ils pourroient bien le laisser faire: l'événement du siége de Copenhague décidera tout cela. Je vous supplie de faire souvenir M. le cardinal, que le voyage du Roi estant long, comme il y a apparence, il faut nécessairement de l'argent pour soutenir un corps de troupes ensemble. L'armée empesche que l'on ne puisse pas tirer des contributions, de sorte que si l'on n'est pas assisté dans la fin de la campagne sur le quartier d'hiver, les troupes périront extrêmement. Il y a plus de douze cens hommes qui travaillent tous les jours à Oudenverde, et l'armée, qui en est proche, empesche que l'on ne puisse rien tirer du pays. Je suis très-véritablement, Monsieur, votre très-humble et très-affectionné serviteur,

» TURENNE.

» Ce 5 novembre 1658. »

Au même.

15 Novembre.

« Monsieur, j'envoie cet officier du régiment du Plessis d'infanterie; je vous supplie très-humblement de lui ordonner le plus que vous pourrez pour son voyage; c'est un des meilleurs officiers de l'infanterie. Il a une lettre pour son Eminence, dont j'ai envoyé le duplicata par l'ordinaire. Je n'ai point eu des nouvelles des ordres que l'on a donnés en partant pour donner de l'argent aux troupes en les mettant dans les villes; outre ce qui estoit dans Oudenverde, j'y ai mis quatre compagnies aux gardes, le régiment de Pagni et le Catalan, et les régiments de cavalerie de Melin et La Villette, et deux Lorrains, qui font six régiments avec les deux de Rochepaire et Castelnau. Il n'est pas croiable les travaux que l'on a faits à cette place-là; le chevalier de Clerville les a fort bien pris et y a agi avec soin. Je verrai, estant delà la Lys, ce que je laisserai de cavalerie dans les villes; car tout ce que l'on a pu faire, c'est de demeurer en campagne le plus qu'il se peut, et on ne sçauroit pas en Flandre laisser les troupes hors des villes, à moins que d'avoir pris tout le pays. M. le prince est à Bruxelles avec don Juan et le marquis de Caracène; ils ont resserré depuis peu les troupes qu'ils avoient prises, des portes jusqu'au fossé, et si l'hiver n'empeschoit pas de demeurer, on est tellement au milieu d'eux qu'ils ne peuvent, jusqu'à la Meuse, s'assembler en aucun endroit. M. de la Beauvoisi s'en ira bientost; il a esté bien aise de voir avec un peu de loisir toutes choses, et la cognoissance qu'il a du pays fait qu'il en juge mieux qu'un autre. Je demeurerai à Ypres jusqu'à ce que j'aie des nouvelles du retour de la cour. Je ne sçaurois pas dire si les ennemis feront repasser la Meuse à leurs troupes, au moins à une partie; je crois que c'est selon les nouvelles qu'ils auront des secours d'Allemagne, car s'ils venoient bientost; je pense qu'ils ne s'eslargiroient pas beaucoup, afin d'estre prêts à mettre en campagne. A son arrivée la Flandre leur a refusé de l'argent, et il est certain qu'un pays ne peut pas estre plus près d'un changement: ils ont présentement l'hiver devant eux, et le temps, selon que l'on s'en sert, apporte bien du changement aux affaires. Je mande à Son Eminence comme on a fait exécuter un lieutenant de Louville, qui avoit esté du bastard de M. de Manican, et qui avoit intelligence avec M. le prince pour enlever quelques gardes. Il y a eu depuis une entreprise sur Dixmude descouverte. Il sera nécessaire d'un règlement du Roi pour les contributions de Flandre. Ypres est le plus blessé présentement; ceux de Saint-Venant se faschent d'estre réservés, mais la nature de la chose y obligera; le séjour de l'armée fait que rien n'a pris d'assiette assurée; mais quand on le pourra, il sera fort aisé d'y pourvoir et avec moyen de contenter en partie un chacun. Je vous supplie de me continuer l'honneur de vos bonnes grâces et me croire très-véritablement, Monsieur, votre très-humble et très-affectionné serviteur,

» TURENNE.

» Il y est venu un officier anglois qui m'a dit, qu'il a vu, en passant dans la chambre du nouveau protecteur, M. Fairfaix, M. Lambert et M. Buquinguam. J'ai envoié quérir à Saint-Venant les fonds pour les nouveaux Anglois; il y a long-temps que les vieux n'ont reçu d'argent; ils commencent à en estre fort chagrins, et cela ne peut pas durer. »

Au même.

« Du camp d'Isengheim, le 24 novembre 1658.

» Monsieur, j'ai receu les deux lettres qu'il vous a plu me faire l'honneur de m'escrire, qui sont toutes deux du 1er novembre. Je vous envoie en diligence l'estat des troupes que je fais estat qui pourront demeurer en ce pays, et comme il est un peu grand pour la cavalerie, en cas qu'il y eust de la difficulté de les y maintenir, vous ordonnerez, s'il vous plaist, que l'on réserve quelques quartiers. J'ay envoié sçavoir à Bergues si j'y pourrois mettre les régimens de Wirtemberg. Je n'ay receu cet estat pour Oudenarde qu'en deçà de la Lys; et outre cela, ce qui y est demeuré de cavalerie y est bien plus propre, ces régimens de Wirtemberg, qui sont nouveaux, ne se maintenant pas si bien que les vieux régimens, et estant nécessaire d'avoir des gens effectifs dans cette garnison-là. Je vous envoie l'estat des officiers d'artillerie que j'ai retenus, et ce qu'il leur faut et pour les chevaux, pour le mois de novembre; et aussi ce qui a esté ordonné sur une somme de trente six mille livres, qu'un commis extraordinaire a apportée à Menin pour les nouveaux Anglois, pour les régimens écossois de la garde, pour celui de Douglas, et pour les Catalans. J'ai escrit, en envoyant le vieux corps anglois, à M. d'Ormesson, et en son absence à M. Pietre et à M. de Bar, pour leur réception, et aux premiers pour l'ordre du logement; et comme j'avois nouvelle d'une somme de cinquante mille francs qui vient, et que leur mois monte, selon la dernière revue, à trente-quatre mille francs, laquelle s'estant trouvée avoir passé jusqu'à Menin, et les Anglois ayant passé outre, j'escriray à MM. les surintendans pour les supplier de remplir lesdictes dix mille livres, lesquelles on employera icy à des usages nécessaires. Je mande à Son Eminence comme je renvoie le régiment d'Artois, sur la prière que M. le maréchal de Schulemberg m'en a faite, s'estant presque tout ruiné. Comme on dit qu'on ne met point de quartiers en Normandie, je ne vous diray rien pour mon régiment de cavalerie et celui d'infanterie, si ce n'est de vous supplier qu'ils soient des mieux et pas trop esloignés. Je vous assure que les villes, à moins d'un argent qui vienne toujours à point nommé, ce qui ne se fait jamais quand il a à passer par diverses mains, sont la ruine des troupes. Une marque d'un méchant officier, c'est quand quelqu'un dict qu'il fait aussi bon dans les villes, parce qu'il ne se soucie que d'avoir de l'argent et point du tout d'avoir des soldats, qui lui sont à charge durant l'hyver, et pourveu qu'il mène douze ou quinze gueux de recrues, à qui il n'a pas donné la moitié de ce que le Roy donne, il croit avoir satisfait et estre asseuré de n'estre pas cassé. Ce que vous voyez que la cavalerie se maintient si bien à cette heure, c'est que l'on garde durant l'hyver beaucoup plus de cavalerie que l'on n'a jamais fait; et autrefois les capitaines refaisoient presque toutes leurs compagnies au printemps, et on ne se maintenoit pas si bien avec quatre demies montres durant la campagne, que l'on fait à cette heure sans rien toucher. Il y a toute la même raison pour l'infanterie. M. Jacquier est à Arras, malade, et je n'ai encore eu aucunes nouvelles de cette fourniture d'avoine à Ypres. Vous verrez, par l'estat des troupes qui demeurent, le nombre de celles qui s'en iront. Il y reste fort peu de régimens d'infanterie, et je crois que, pour quelques-uns de ceux d'Oudenarde, que l'on pourroit leur faire faire des recrues de bonne heure. Ce qui reste dans les régimens d'infanterie qui sont ici, sont de bons hommes, et je crois que, leur donnant les moyens, ils se mettront chacun à plus de quatre cens hommes. Je ferai marcher un de ces jours tous les régimens en France; je demeurerai à Ypres, et il est bien nécessaire qu'ils trouvent leurs quartiers à la frontière. Je vous envoie aussi l'estat des régimens que j'ai donnés à M. de Genlis pour escorter les Anglois jusqu'à Amiens, et n'ai rien à vous adjouster que l'assurance de mon souvenir très-humble, estant très-véritablement, Monsieur, votre très-humble et très-affectionné serviteur,

» TURENNE.

» Je ne sçais pas encore s'il y pourra demeurer plus ou moins de cavalerie à Bergues, et si j'y laisserai le régiment de Gassion. Je ne compte point les deux régimens de Créqui et de Broglie, que je renvoyerai, l'un à Béthune et l'autre à Bassée. Je crois qu'il en faudra laisser encore quelqu'uns à Saint-Venant. On pourra peut-être se trouver un peu court pour Ypres, car il n'y a point de fourage.

» Je vous supplie de vous souvenir du sieur de Saint-Martin, maréchal-des-logis, général de la cavalerie, afin qu'il puisse estre mis comme l'année passée. »

Au même.

« Monsieur, j'ai reçu la lettre qu'il vous a plu me faire l'honneur de m'escrire du 17 mars, et deux jours auparavant j'avois faict partir le neveu de M. de Montpezat, avec l'estat des troupes qui demeurent en ce pays icy, et comme il n'y a que sept régimens d'infanterie, sans La Ferté, qui s'en retournent, je m'asseure qu'ils trouveront leurs ordres sur la frontière pour leur quartier. J'ay respondu à un mémoire que M. Talon m'a mandé, et comme il y a des régimens de cavalerie qui demeurent en ce pays ici, dont vous avez envoyé les quartiers, j'envoyerai le reste des trouppes, et ainsi ils demeureront libres. Je crois qu'ayant si peu d'infanterie à loger, que vous pourriez les mettre sur la frontière de Picardie et aux bords de la Normandie, et en supléant avec de l'argent à ce que vous ne les estendez pas tant, vous pourriez les mettre en estat de marcher de bonne heure; car je ne doute pas que si l'ennemi tire du secours d'Allemagne, qu'il ne vienne bientost aux places avancées, et c'est si fort au milieu de son pays qu'il peut le faire en toute saison. Si l'armée du Roy est preste, on a aussi cet avantage que l'on y peut subsister comme eux, pourvu que cela ne dure pas trop long-temps en attendant les herbes. Le travail d'Oudenarde ne peut plus s'avancer faute d'argent, et à la séparation de l'armée, s'il y en eust eu, cela eust sauvé beaucoup de soldats qui désertent les garnisons. Je croyois toujours qu'il en viendroit avant qu'il se fallût un peu esloigner. Les ennemis se mettent entre Bruxelles et Namur, pour se raccommoder et voir le temps qu'ils pourroient faire quelque chose. Je ferai partir toutes les trouppes qui ont leurs ordres de quartier, et les autres aussitost après, ne pouvant pas les tenir ensemble. Pour la cavalerie, ils sortent de campagne en très bon estat; vous pouvez bien juger que les officiers sont très pauvres, mais les cavalliers sont très-bien montés et bien vestus. M. le cardinal me mande que la cour sera de retour à Noël.

» Il y a beaucoup de malades dans l'infanterie, mais point de désertion. Je crois qu'ils trouveront des soldats cette année, au moins ceux qui s'y appliqueront. J'attends avec impatience de sçavoir comme toutes choses se passeront au voyage. Il se confirme de tous les costés que le Roy de Suède a été battu sur mer par les Hollandois. Je vous supplie de croire que je suis très-véritablement, Monsieur, etc.

» TURENNE.

» Du camp de Moildle, le 29 novembre 1658. »

Au même.

« Monsieur, depuis m'estre donné l'honneur de vous escrire, un garde que j'avois envoyé à MM. les surintendans est de retour, par lequel ils m'escrivent que les cinq cent mille francs pour envoyer en Flandre sont tout prests, mais qu'ils attendent un ordre de la cour pour l'envoi de ladite somme. Les avoines que M. Jacquier devoit fournir à Ypres ont aussi reçu du retardement, dont on escrit à M. Colbert à Paris. Je fais marcher toutes les trouppes à la frontière, tant cavalerie qu'infanterie, à la réserve de ceux qui demeurent dans ce pays icy, dont je vous ay envoyé l'estat, et celles pour lesquelles vous m'avez envoyé les quartiers y marchent; le reste qui ne l'a pas reçu attendra la distribution à la frontière. Je mande à M. le cardinal qu'il n'y a rien de plus important que, suivant les nouvelles que vous avez de Flandre, vous fassiez demeurer tous sur la frontière, ou escarter davantage les régimens d'infanterie qui s'en retourneront; si vous les mettez dans les villes, ils perdront tous leurs vieux soldats et n'auront que des recrues au printemps; à faute de l'argent pour les payer, on pourroit les serrer dans des bourgs et leur donner promptement les recrues, afin qu'ils se mettent en estat. Vous verrez bien le dessein des ennemis, et s'il est d'attendre les trouppes d'Allemagne avant que d'agir. Je demeure à Ypres, et je vois bien qu'il seroit plus sûr de retenir toute l'infanterie, mais aussi on n'auroit pas d'armée au printemps. Ce retardement d'argent fait perdre bien des soldats de garnison, et il n'y auroit rien eu de plus capital que de le recevoir trois semaines auparavant que les trouppes qui doivent s'en retourner fussent parties. Faites-moi l'honneur de croire que je suis très certainement, Monsieur, votre très-humble, etc.

» TURENNE.

» A Neufve-Eglise, ce 2 décembre 1658. »

1659.

A Monsieur Le Tellier.

« Monsieur, j'ai sceu de M. de Vilosel comme les ordres ont été envoyés à mon régiment d'infanterie qui estoit demeuré à la frontière, et de M. d'Ormesson, que le régiment de Gonterie estoit passé à son quartier de Sontègne. Je ne vois plus de troupes à la frontière qui n'ayent leurs quartiers. Dès que le payement aura été fait à Menin et à Oudenarde, on vous en envoyera l'estat. J'ai fait donner mille livres par compagnie de cavalerie; il y en a cent cinquante, et ne comptant les quatre d'Arras, six de Béthune et six de La Bassée. On a donné cinq cens livres aux mestres-de-camp présens, et deux cens livres pour l'estat-major des régimens où il n'y en a point, et cinq cens francs à chaque brigadier, dont il n'y en a que deux, qui sont M. de Penne et M. de Beauvoisi; l'infanterie ira à plus de cent mille francs, et on a fait outre cela dix mille francs aux Italiens, et quelques suppléments aux Escossois. Il commencera demain à y arriver de la farine de Dunkerque, et pour un si grand corps de cavalerie comme celuy qui est en ce pays-icy, le fourage a esté fourni par ordre sans y manquer. Je crois que monsieur le cardinal aura reçu une lettre par laquelle je lui mandois qu'il y est arrivé un grand désordre dans deux places de l'ennemi, à Alost et à Terremonde. Les bourgeois et les régimens espagnols se sont battus. On mande que de celui de Menesses il y a eu quatre capitaines de tués. On a envoié de Bruxelles le vicomte de Pienne, sergent de bataille, pour appaiser ce désordre-là; cela est venu pour les billets dont les régimens espagnols a accoustumé de prendre un nombre excessif, et c'est en quoi leur quartier d'hiver sera valant beaucoup. Si vous voyez de delà que les choses se disposent à la continuation de la guerre, il sera fort nécessaire de faire donner de bonne heure l'argent pour les recrues de l'infanterie, car les officiers prennent prétexte, et avec raison, de retarder leur marche pour des quartiers; et quand ils partent, avant qu'elles soient arrivées, elles viennent en si petit nombre et en si mauvais estat qu'elles sont presque inutiles. Comme vous n'estes point de retour à Paris, je n'ai pas adressé beaucoup d'officiers pour les recrues; mais si votre séjour à Lyon est plus long, en mandant à M. de Vesoul à quels régimens on en veut donner présentement, je le faisant sçavoir, je donnerai ordre à ce qui est de ce pays-ci pour ceux qui sont en France; je crois qu'il en faut souvent de nouvelles. Vous ferez, s'il vous plaist, considérer à M. le cardinal qu'il n'y a pas beaucoup de régimens d'infanterie françoise, et que le nombre des compagnies a esté diminué; de sorte que si vous en laissiez sans recrues, vous n'auriez pas beaucoup d'infanterie; il n'y a pas déserté de soldats, mais il en est mort un grand nombre dans les hôpitaux de blessures ou de maladies. A Ypres, on en a enterré plus de sept cens; ils font courir le bruict en Flandre qu'ils traictent avec l'Angleterre; mais je ne vois rien sur quoi on puisse poser de fondement; les troupes de l'ennemi se sont mises ces jours passés en quartiers d'hiver, et toutes choses dépendent de ce qui se fait à Lyon, où je crois que le commencement de janvier fera résoudre toutes choses; car asseurément le séjour de la cour plus long que ce temps-là, pourroit donner beaucoup d'avantage à l'ennemi, et je ne doute pas qu'il n'obligeât aussi les alliés à penser à eux. Le million d'or a esté remis à Anvers : on dit que M. le prince en a quatre cens mil escus. Je vous supplie très-humblement de continuer à croire que je suis très-sincèrement, Monsieur, votre très-humble et très-affectionné serviteur,

» TURENNE.

» A Ypres, 4 janvier 1659. »

Au même.

« Monsieur, je crois que vous aurez receu les lettres que je me suis donné l'honneur de vous escrire sur cet argent qui est arrivé, vous mandant en gros comme on le distribuoit, attendant que les garnisons soient toutes paiées pour vous en envoier le détail. La saison de la fortification estant passée, le chevalier de Clerville s'en retourne; il y a fort bien travaillé et avec grand soin; si vous n'estiez pas à la fin de janvier à Paris, il seroit d'une extrême conséquence que Son Eminence donnast ordre, et à ce qui concerne ce pays icy pour les vivres, munitions de guerre et entretènement des troupes, et aussi pour l'armée qui est retournée en France, afin qu'elle soit pressée de bonne heure, estant d'une conséquence extrême de l'estre plustost que les ennemis, et cela consiste à donner de l'argent promptement pour les receveurs de l'infanterie des corps qui sont en ce pays ici, et à raccommoder ceux qui sont allés en France, et comme il y dépend beaucoup des Anglois, entrer promptement en affaires avec eux, si on est asseuré de la paix. Vous voyez bien que le retardement de donner des moyens à l'armée de se remettre et de traiter avec les Anglois, est d'un grand préjudice, estant certain qu'après le partement de don Juan, M. le prince et le marquis de Caracène ne perdront pas un moment de temps. On a reçu trois mille septiers d'avoine que le sieur Jacquier a fait fournir à Dunkerque, qui sont arrivés ici, et j'ai envoyé une des deux compagnies suisses qui estoit à Bergue, qui est celle d'Affoi, à Oudenarde. Depuis que le renfort est arrivé de ces quatre cens hommes de Brouage, dont il y en a bien moitié hors de service, le sieur Robertot a reçu des ordres pour le pain de munition dans les places; et comme je crois que cela ralentira beaucoup ceux qui en faisoient la fourniture, il sera nécessaire, dans le mois qui vient, qu'il y ait de l'argent pour la fourniture des garnisons ou quelqu'un traite avec des gens qui s'en chargent; car hors Oudenarde, les garnisons de ce pays ici commenceront dans le mois de mars à n'avoir plus de pain. On soutient les choses dans le commencement de l'hiver, mais vers le printemps il faut de grandes ressources d'argent pour mettre les choses en estat. Je mande à M. le cardinal comme l'ambassadeur d'Angleterre me mande qu'il s'en va retirer un bataillon à Dunkerque, de ceux qui estoient à Amiens, où il ne demeurera que trois régimens. Le protecteur en retirant deux de ceux de Dunkerque, ce pourroit bien estre faute d'argent, ou ayant dessein d'envoier des troupes aux Suédois; peut-être aussi qu'estant prest à renouveller leur traité, ils veulent se faire rechercher. Le parlement doit se tenir à la fin de ce mois, et il est difficile à juger quels seront leurs sentimens; on assure néanmoins qu'il sera composé de beaucoup d'officiers de l'armée. On mande que M. le cardinal a eu bien fort la goutte. Je vous supplie de me continuer l'honneur de vos bonnes grâces, et me croire très-véritablement, Monsieur, votre très-humble et très-affectionné serviteur,

» TURENNE.

» A Ypres, ce 11 janvier 1659. »

Au même.

« Monsieur, j'escris à Son Eminence, et je lui mande qu'ayant sceu que le Roy et lui arriveront à Paris, et qu'il avoit trouvé bon que j'y allasse, que je suis parti de Flandres, y ayant laissé les choses en estat de n'y avoir rien à craindre, si ce n'est que l'ennemi fit venir une armée ou qu'il levast extraordinairement dans le pays; leurs troupes sont entrées depuis peu dans des garnisons fort ruinées. Je mande aussi à Son Eminence comme j'ai rencontré une voiture de trois cens mille livres, partie d'Amiens, et qu'elle sera menée avec les escortes nécessaires jusqu'à Ypres, et on n'y touchera point jusqu'à ce que, sur l'estat des troupes que je vous donnerai, vous ayez envoyé de nouveaux ordres pour le paiement. Vous pouvez estre asseuré que ce retardement ne nuira à quoi que ce soit. J'ai passé par Arras; M. le maréchal de Chuslemberg est venu me conduire fort loing, et m'a dit qu'il espéroit venir à Paris dans les premiers jours du caresme. J'aurai beaucoup de joie d'avoir l'honneur de vous voir et de vous assurer que je suis toujours très-sincèrement, Monsieur, votre très-humble et très-affectionné serviteur,

» TURENNE.

» A Amiens, ce 26 janvier 1659. »

Au même.

« Monsieur, je viens de sçavoir par M. de Ruvigni que M. le chancelier n'avoit point escrit par le dernier ordinaire, mais qu'il a assuré que ce seroit par celui d'aujourd'hui, sur l'affaire du sinode; et comme vous avez reçu celle que je m'estois donné l'honneur de vous escrire, j'espère que le brevet du Roy, signé par M. de La Vrillière, aura esté envoyé après la réception des lettres précédentes, vous assurant que M. le chancelier et M. le procureur général sont convenus du 15 octobre pour le jour, et pour la personne de M. Magdelaine, et pour le lieu. M. le chancelier avoit dit au commencement qu'il valloit mieux que ce fust Saumur à cause du chasteau; mais quand on a pensé que l'on souhaitoit plus que ce fust Loudun, il laissa aller la chose; tout ce que je crains est qu'en retardant la responce le brevet ne soit retardé, et dès que les choses vieillissent, il est à craindre qu'elles ne changent; j'espère que cette lettre sera inutile parce que le brevet aura esté expédié et qu'il sera en chemin. J'ai retardé ici quelques jours à cause de la maladie de ma sœur; je m'en vais demeurer à Verneuil, et je pense que je serai obligé de séparer les troupes de la frontière dans les villages. Sur le retardement de cette entrevue à la frontière, on a fait courir beaucoup de bruits, comme si cela devoit donner quelque atteinte à la paix, et il est aussi public que l'on parle de la jeune infanterie au lieu de l'aisnée. Tout est ici fort calme; mais j'ai veu des lettres de Londres, du 12 aoust, qui disent que la province d'Erfort s'estoit déclarée pour le Roy. On saura dans quelques jours la disposition de M. le prince en Flandre; on assure fort qu'il ne doute point de son accommodement avec satisfaction.

» Je suis très-véritablement, Monsieur, vostre très-humble, etc.

» TURENNE.

» A Paris, ce 17 aoust 1659. »

Au même.

« Monsieur, je suis revenu faire un tour de Verneuil icy, pour quelques affaires à la chambre des comptes, et je pars demain pour m'en aller en Picardie; on m'a assuré que le roi d'Angleterre est en quelque lieu sur les frontières incogun. Je voudrois de bon cœur qu'on le puisse assister à son restablissement; il est très-certain qu'il y a un soulèvement presque général contre le parlement; mais comme il a l'armée pour lui, cela est, en beaucoup de lieux, sans effet, et il n'y a qu'en une seule ville, qui s'appelle Chester, où il s'y est bien assemblé six mille hommes, contre lesquels Cambert va avec des troupes qu'il a tirées de Londres; et si ces soulevés pouvoient avoir un succès, et que le parti du Roy pût prendre pied, il y auroit grande apparence à son restablissement. Le parlement cependant ne s'oublie pas, lève de tous costés, et ceux qui sont armés les premiers ont beaucoup d'avantage dans un pays où il n'y a pas de places. On croit que les flottes obligeront les deux Rois à s'accorder contre le gré de tous deux, et que cette armée impériale, qui estoit destinée pour la Flandre, s'en va attaquer les Suédois dans la Poméranie, ce qui est une rupture toute ouverte de la paix de Munster. Il y est venu une personne ou deux de M. le prince secrètement à Paris, et ce que l'on peut recueillir et avec quelque certitude, c'est qu'il veut s'accorder, et il commence à demander des avis comme il se doit gouverner en revenant. Je ferai le mieux que je pourrai à la frontière, et peut-estre que je serai quelque jour à Paris suivant que j'y aurai à faire; il n'y a présentement rien du tout de considérable; on n'y parle point d'argent du tout, et nous attendons ce que l'on fera de delà, et on tâchera de se gouverner le mieux que l'on pourra dans un si grand changement de scène.

» Faites-moi l'honneur de me croire très certainement, Monsieur, vostre très-humble, etc.

» TURENNE.

» J'ai receu un mot de M. le cardinal le lendemain après la première conférence, et on a sceu la suite des autres par toutes les nouvelles de la ville.

» A Paris, ce 28 aoust 1659. »

Au même.

« Comme je m'en vas demain en Picardie, et que l'on m'a dit que vous ne reviendrez pas à ce soir, je vous suplie de me mander si M. le cardinal vous a parlé d'un sinode dont il m'avoit dit qu'il vous entretiendroit en s'en allant, afin que, suivant ce que vous manderez, je lui en escrive. Je passerai à Chantilli où je coucherai, et je ferai peut-estre un tour jusques aux villes de Flandre pour m'en revenir à Fontainebleau. Je vous suplie de me mander ce qui se pourra escrire, de ce que apportera ce courier que l'on attend vers Orléans, et me croyez très-sincèrement vostre très-humble, etc.

» TURENNE.

» On dit à Paris que Lenet assure fort que l'accommodement de M. le prince se rendra bien plus avantageux par l'entrevue. »

Au même.

« Monsieur, vous avez receu une lettre que je me suis donné l'honneur de vous escrire, il y a huict jours, touchant l'establissement de la cavallerie ; j'escris à Son Eminence, et je lui mande que comme on n'a mis l'infanterie dans les villages que pour lui donner le moyen de passer la campagne sans argent ; à cette heure, que cette raison cesse, que je crois qu'il ordonnera qu'elle soit mise dans les villes. On a mandé de Paris que M. le surintendant est parti pour la cour, et cela donne suject de croire ce qui s'escrit de tous costés, qu'elle passera une bonne partie de l'hiver en ce pays, et qu'on y veut travailler pour les fonds des quartiers d'hiver et d'autres despenses. Je continuerai à vous dire ce que j'ai mandé aussi à Son Eminence, qu'il seroit fort nécessaire d'avoir dans le commencement de novembre les quartiers pour les trouppes, car autrement on désolera toute la province, et il est certain qu'on ne doit pas faire estat cet hiver du logement de delà la Somme ; on leur a donné le mieux que l'on a peu le moyen de semer, mais c'est tout ce qui leur reste de bien, et vous savez que c'est près de la moitié de la Picardie. Je ne mande pas à Son Eminence ce détail, qui est qu'il n'y a eu personne dans le gouvernement de Montreuil, ni le Boulonnois ; mais ce premier ne consiste qu'en peu de villages tous ruinés par ceux de Hesdin. Le gouvernement d'Arras, de Béthune et de Bapaume n'ont pas reçu aussi de logement. Si vous faites les quartiers d'hiver de delà, comme je n'en doute pas, je vous supplie de vous souvenir de Saint-Martin et de Hautevine ; et comme dans cette fin de guerre je n'ai pas peu me deffaire de tous mes gens, il me seroit bien nécessaire d'avoir un quartier avec la subsistance pour eux ; je les ai à présent tous à Amiens ou à Paris, et n'en ai que dix ou douze dans un village. Ce commencement d'affaire de M. le duc d'Yorck m'a coûté dix mille francs ; si cela eust duré, j'aurois trouvé cinquante mille escus en ce pays avec beaucoup de facilité. Il ne faut pas, s'il vous plaist, parler de ces dix mille francs. Il y a long-temps que l'on fait courir mille différens bruits de ce que l'on a résolu de donner à M. le prince ; nous verrons en l'absence de la cour comme sera son retour. On ne sait rien ici de Bruxelles ; je crois aussi qu'ils n'y font rien qu'attendre ce qu'on résoudra d'eux de delà ; je suplie M. le cardinal de se souvenir de ce dont je lui ai parlé, et que la paix et cette nouvelle forme me donneroient quelque mortification, sans l'assurance de l'honneur de sa bonne volonté pour moi en ce rencontre. Il n'y a rien de considérable du costé d'Angleterre ni de Flandre ; pour ce qui se passe en Allemagne, vous en estes informé très promptement par Paris. On attendra de savoir les résolutions qui se prendront pour le retour de la cour, et suivant cela j'escrirai à M. le cardinal et ferai sur le sujet de M. le prince, s'il retournoit, la cour estant loin, ce que je croirai qui lui conviendra, et à moi aussi ; ayant l'honneur d'estre cogneu, je crois en estre bien entendu.

» Je suis très-véritablement, Monsieur, vostre très-humble, etc.

» TURENNE.

» A Amiens, ce 3 octobre 1659. »

Au même.

« Au camp, le 5 octobre 1659.

» Monsieur, j'ai receu les deux lettres que vous m'avez fait l'honneur de m'escrire par M. de Madaillon. M. d'Humières est tombé fort malade, et reviendra dès que sa santé lui pourra permettre. Sur la lettre que Son Eminence lui avoit escrite touchant Ypres, il avoit pensé d'y mettre pour major La Robertière, qui en est fort capable, et dont M. le cardinal a fort ouï parler ; j'en escris en cette conformité à Son Eminence, et je lui mande aussi que Vassi est un bon soldat, mais n'a point la capacité d'estre major dans une si grande place ; cela est fort important pour le service du Roy, et fort considérable à M. d'Humières qu'il y ait un homme entendu dans la place ; La Robertière l'est des plus que l'on puisse trouver et cognoistre pour cela. Je suis très-aise de la nouvelle que vous me mandez touchant la place que l'on va remplir. Son Eminence me parloit d'un voyage du Roy ; mais l'armée n'estant pas en estat d'agir, veu la saison, je lui mande que je ne crois pas qu'il y ait raison de le faire, ne voyant nul profit apparent qu'on en peust tirer, car le temps vient que l'on ne peut plus marcher en Flandre, et les grandes villes commencent à prendre vigueur n'ayant plus d'armée à craindre ; ce n'est pas que la conservation des places prises ne puisse, avec le temps, faire espérer un changement. Je vous demande la continuation de vos bonnes grâces, et que vous me croiez, Monsieur, votre très-humble, etc.

» TURENNE. »

Au même.

« Monsieur, je donne la lettre de licentiement pour la compagnie de Cateville, dans le régiment du Roy, et le cornette de la compagnie et le maréchal de logis estant deux vieux officiers que le corps ne voudroit pas perdre, ils m'ont prié qu'ils se peussent faire recevoir à deux places vacantes par mort, depuis peu, des mesmes charges, l'un maréchal-de-logis de Charost, et l'autre cornette de Vibrai. Je croi que Sa Majesté ne le trouvera pas mauvais; vous l'en avertirez, s'il vous plaist, afin que s'il commandoit le contraire, on les renvoyast chez eux; ce sont deux des plus anciens officiers du régiment, y ayant esté cavalliers et fort estimés. Je suis, de tout mon cœur, Monsieur, votre très-humble, etc.

» TURENNE.

» Ce 27 octobre 1659. »

Au même.

« Monsieur, je n'ai rien à ajouter à ce que je me donnai l'honneur de vous escrire il y a trois jours: je vous envoie encore une copie de celle que j'escris à M. le cardinal; j'en ai reçu une de lui aujourd'hui, par laquelle il me mande qu'il sera nécessaire que, dès qu'il n'y aura plus rien à faire ici, que je m'en aille vers vos quartiers, et m'offre de se servir de son équippage; je ne veux pas en mener, j'attendrai de voir tout réglé en ce pays icy, ce qui ira assez en longueur. Je suis de tout mon cœur, Monsieur, votre très-humble, etc.

» TURENNE.

» A Amiens, ce 30 octobre 1659. »

A Monsieur le cardinal Mazarin.

« A Amiens, ce 30 octobre 1659.

» Je me suis donné l'honneur d'escrire à Votre Éminence il y a trois jours, et je lui mandois comme M. Talon m'ayant dit qu'il vouloit envoyer son frère la trouver, j'attendois de lui mander par lui ce que je pensois du détail de l'entretien des trouppes, et même je lui ai spécifié quelque chose par cette dernière lettre. M. de Beauvizé envoie à cette heure un capitaine de son régiment, tant pour la supplier de se souvenir de luy, que pour offrir ce qu'il pourroit avoir pour entrer en quelque chose. J'ai reçu à ce matin une lettre de Votre Eminence, du 19 octobre, par laquelle il lui plaît de me parler de la réformation des trouppes; et comme elle ne trouve pas que cette diminution du tiers soit assez grande, je lui avois mandé par ma précédente, sans le savoir, comme l'on peut retrancher la moitié du payement, justement tant de la cavallerie que de l'infanterie, et je crois que c'est la diminution des dépenses qu'elle a voulu faire en mettant les compagnies de cavalerie à soixante maistres, et entretenant des officiers réformés dans les compagnies, outre ceux qui les commandent. Je supplie très-humblement Votre Eminence d'être persuadée qu'il y a une différence notable entre les corps dont les officiers demeurent à la tête des compagnies, et ceux dans lesquels on en réforme; et comme il est très-vrai que la grande dépense est des officiers, ils se contenteront d'aussi peu de places qu'on voudra leur donner, demeurans dans les compagnies, et un lieutenant, un cornette, poussant la chose jusque-là, n'aura pas deux ou trois places dans la même compagnie; et si on a besoin de trouppes au printemps, on trouve les corps en estat, au lieu que, réformant des compagnies, ce qu'il y a de bons officiers s'en vont, et les trouppes changent de telle façon que ce n'est plus la même chose. En donnant trente-cinq rations à chaque compagnie par jour, à raison de dix-huit sols la ration, cela ne monte qu'à quatre mille sept cens vingt-cinq livres, ce qui est moins que la moitié, et les régimens de qui on ne feroit point de considération dans quelques armées, on pourroit les casser. Hors la pensée que j'ai que peut-estre Votre Eminence serait bien aise d'avoir de bonnes trouppes au printemps, et un peu de pitié des officiers, de les voir réformer, et que Votre Eminence soit si loing, je n'ai intérêt qu'à mon régiment de cavallerie et à celuy d'infanterie, et j'ose bien m'attendre que Votre Eminence ne me refuseroit pas de leur donner la moitié de ce qu'ils ont touché l'année passée, tant à l'un qu'à l'autre. Je n'ay ni place ni moyen de les faire subsister. Votre Eminence comprend bien qu'avec cela il n'y a rien de si aisé que d'accommoder des officiers, et je m'assure aussi qu'outre l'esgard à la bonté des corps, elle fait un peu de différence des mestres-de-camp. Il y a ici Grancé, d'infanterie, qui n'est presque rien. M. le procureur-général revenant, si on pouvoit à peu près sçavoir les fonds dont il peut faire estat, et que l'on pût voir clair pour deux ou trois mois, Votre Eminence jugeroit si elle veut réformer divers régimens, et on gagneroit le printemps avec le moins de dépense que l'on pourroit. Les ennemis parlent de mettre leurs trouppes dans les villes, et Votre Eminence aura sceu comme l'armée en Angleterre a establi un conseil d'officiers et chassé le parlement. La garnison de Dunkerque a recognu ce nouvel establissement d'officiers. On aura l'œil le plus qu'il se pourra à ce qui se fera dans cette place-là. Je serois extrêmement aise d'avoir l'honneur d'aller trouver Votre Eminence au pays où elle est; quand toutes choses seront réglées ici, je m'y en irai tout aussitost; mais comme cela tirera en longueur, si elle m'ordonne de partir plus tost, je me mettrai en chemin dès que j'aurai receu ses ordres. »

A Monsieur Le Tellier.

« Monsieur, il y a le régiment du comte de Troie qui de cinq compagnies a esté remis à trois par la réforme; il y en a quantité qui de cinq ont esté remis à quatre, et je vous assure qu'il n'y en a pas un qui approche de la force de celui-là. Je vous suplie très-humblement d'en parler à M. le cardinal, et lui représenter comme il a entretenu l'hiver dernier une compagnie à ses dépenses, et il n'est pas si bien traité que beaucoup, ayant le meilleur régiment de l'armée.

» C'est, Monsieur, vostre très-humble et très-affectionné,

» TURENNE.

» A Amiens, ce 5 novembre 1659. »

Au même.

« Monsieur, vous saurez par M. de La Bourlie toutes les nouvelles de ce pays icy, et comme je suis assez en peine de n'avoir point eu de vos nouvelles depuis estre parti de Paris, et cela consiste en deux articles, qui est d'avoir de l'argent pour les troupes qui demeurent dans les garnisons, et savoir où se mettront celles que je serai obligé de renvoyer à la frontière de Picardie; il eust esté bien nécessaire qu'en quittant Oudenarde on eust peu leur laisser de l'argent, car il n'y aura pas de seureté pour les convois, et on renvoyera avec grande peine des soldats que l'on maintiendroit avec peu, et les commencemens donnent l'envie de quitter une garnison ou d'y demeurer. Je ne pourrois pas croire que je n'aye de vos nouvelles un de ces jours par lesquelles je sache que vous envoyez quelques fonds. On est fort incertain de savoir icy quand le Roy reviendra. Ma pensée seroit, s'il arrive à Paris dans le commencement de janvier ou devant, que laissant tout mon équippage en ce pays, que j'allasse promptement y faire un voyage, et suivant les nouvelles je reviendrois tout aussitost. Les choses demeurent dans la même disposition; tout dépend de la façon dont se passeront les choses à Lyon. Je vous suplie très-humblement de faire savoir chez moi à Paris ce que l'on peut dire de la longueur de vostre voyage et des autres circonstances, et me faire l'honneur de me croire avec beaucoup d'inclination et de sincérité, Monsieur, vostre très-humble, etc.

» TURENNE.

» Au camp, ce 20 novembre 1659. »

Au même.

« A Amiens, ce 4 décembre 1659.

» Monsieur, j'ai receu à ce matin tous les paquets de la réforme par un de vos couriers, et les officiers ont esté très aises de la voir si médiocre, et je vous assure que je me suis réjoui comme d'une grande affaire, que mon régiment d'infanterie ait esté conservé à vingt compagnies : cela ne me fera pas, s'il vous plaist, passer dans vostre esprit pour une personne qui est aise de peu de chose. J'ai esté en Flandre, et toutes choses se disposeront pour le mieux, attendant les nouvelles du temps que je m'en irai. Il y a une personne de grande qualité qui m'a escript pour la conservation d'une compagnie qui est à la queue d'un régiment; cela ne se peut pas dans l'ordre, ayant déjà mandé qu'elle ne fust pas des conservées. Je suplie très-humblement M. le cardinal de me faire la grâce de me donner l'entretènement de cette compagnie-là, et je lui mande que la chose m'est assez importante pour l'en importuner comme je fais, et que si l'on trouve la difficulté du logement, qu'avec l'argent que coûte une compagnie on la peut mettre dans une ville. Vous verrez, quand j'aurai l'honneur de vous voir, qu'il me seroit fort fâcheux que M. le cardinal ne me l'accordast pas. On fera pour le régiment de mestre-de-camp ce que vous ordonnerez par M. de Lespine; et je vous suplie de me croire, Monsieur, vostre très-humble, etc.

» TURENNE.

» Sur ce que j'ai veu que vous escrivez à M. Talon sur deux affaires qui sont arrivées, l'une au Quesnoy et l'autre à Bapaume, je lui mande qu'estant impossible qu'il aille présentement sur les lieux, que j'escrivois à M. Carlier comme vous le mandez sur le suject du Quesnoy, et aussi au lieutenant du roi de Bapaume, pour savoir la vérité touchant l'affaire de Cambrai. Je mande aussi à M. le cardinal, que ces Anglois qui sont à Abbeville, sont dans la plus grande nécessité qu'il est possible, et qu'en les licentiant, il seroit bien nécessaire de leur donner quelque chose pour les retirer des hostelleries, et aussi pour assembler ces soldats des garnisons pour les mettre dans les régimens des gardes écossoises et de Douglas; il faudroit quelque peu d'argent sur la frontière pour cela, mais je ne crois pas que je sois en ce pays quand cela arrivera. Sur ce qu'il vous platt me mander de l'entretien des troupes durant l'hiver, je ferai savoir aux commissaires ordonnés pour cela, ou leur prescrirai, s'ils n'en ont point d'ordre, ce qu'ils paieront d'effectif aux régimens que vous me marquez qui doivent estre paiés au-dessus de vingt par compagnie. On observera toutes les remarques que vous faites, et il en sera usé, à l'esgard du chevalier de Machaut, comme la Reine l'ordonne. Ce n'est pas de cette compagnie-là que je veux parler à M. le cardinal, je me suis souvenu de m'en expliquer ici de peur que vous ne le croyez. On dit tous les jours ici que M. le prince s'en va passer, et ayant eu ses passeports cela est assez croyable. Si je suis encore à la frontière quand il passera, je l'irai voir à la première ville où il abordera. Il ne s'y est rien passé du tout cet été qui l'ait concerné; vous savez avec quelle naïveté je suis sur son sujet, y ajoutant le respect que je lui dois. »

Au même.

« Monsieur, Vausin, qui fait les affaires des troupes de Lorraine, m'a prié de donner un billet pour retenir quarante-cinq mille livres, qui est mille francs par compagnie, y en ayant ce nombre-là de leurs troupes en Flandre; je l'ai donné de manière qu'il prendra cet argent-là à Luzarche. Le sieur Jossier, qui s'en va avec la voiture, y estoit présent quand je l'ai fait; il y a aussi un billet de moi pour retenir quatre mille francs pour le régiment de Marcon, ce qui fera quarante-neuf mille francs; s'il vous plaist le faire savoir en Flandre, afin que, dans la distribution de l'argent, on ne donne pas plus qu'il ne faut aux troupes lorraines; vous savez comme il y part tous les jours un courier pour Amiens, de façon que vos lettres pourront estre en Flandre long-temps avant l'argent.

» Ce samedi au soir. » TURENNE. »

Au même.

« A Amiens, ce 30 décembre 1659.

» Monsieur, je vous envoie la copie de la lettre que j'escris à Son Eminence, et je n'ai rien à vous ajouter autre chose. On dit que M. le prince mène avec lui Marcin, Bouteville, Guitaut et Persan. Je voudrois bien que les affaires d'ici me permissent de m'en aller à la cour présentement ou dans peu de jours: ce qui me fait craindre le retardement, c'est que l'on m'assure que M. le marquis de Caracène n'a point d'ordre encore pour la restitution des places. Vous voyez bien de quelle conséquence il m'est que M. le cardinal ait réglé mon affaire avant ce temps ici; je vois bien ensuite de ceci le train que les affaires peuvent prendre. Je vous supplie très-humblement de continuer à m'y obliger en ce que vous pourrez; c'est, Monsieur, votre très-humble et très-affectionné serviteur,

» TURENNE. »

FIN DES MÉMOIRES DU VICOMTE DE TURENNE.

MÉMOIRES
DU DUC D'YORCK
sur
LES ÉVÉNEMENS ARRIVÉS EN FRANCE
PENDANT LES ANNÉES 1652 A 1659.

NOTICE
SUR
LES MÉMOIRES DU DUC D'YORCK.

Le duc d'Yorck (1), plus célèbre encore par ses malheurs sous le nom de Jacques II, vint expier deux fois en France, les fautes commises par les derniers Stuarts sur le trône d'Angleterre. Sa malheureuse activité précipita le dénoûment si fatal de cette illustre et antique race. Mais au milieu des catastrophes qui traversèrent sa vie, Jacques avait constamment consigné par écrit les événements auxquels il avait assisté, et neuf ou dix volumes de manuscrits de sa main avaient été le fruit de cette journalière résignation. Objet de toute la sollicitude du royal annaliste, ces Mémoires échappèrent deux fois au naufrage de sa fortune. Une sorte de fatalité sembla pourtant s'attacher aux écrits même des Stuarts : déposés au collége des Ecossais à Paris, ils y étaient encore lorsqu'éclata la révolution française, et ils ne purent cette fois être préservés de la destruction. Ils furent confiés à un ami du supérieur de ce collége; mais en attendant une occasion favorable de les faire passer en Angleterre, cette personne fut arrêtée. Un dépôt pareil était plus que suffisant pour motiver contre le receleur les plus dangereuses accusations, dans un moment où la terreur pesait sur la France, et la femme de ce fidèle dépositaire s'en débarrassa en les brûlant.

Ainsi périt la source originale de tant de renseignements précieux sur les dernières années de la dynastie des Stuarts.

Mais bien avant la destruction de ces mémoires, Jacques II en avait extrait tous les récits qui se rapportaient aux événements arrivés en France, durant son premier séjour dans ce pays, c'est-à-dire pendant les années 1652 à 1659. C'est cet extrait même qui a été imprimé sous le titre de *Mémoires du duc d'Yorck*, et que nous reproduisons à la suite des Mémoires de Turenne.

L'authenticité de cet écrit du duc d'Yorck a été établie d'une manière trop évidente par la *préface* que le cardinal de Bouillon a écrite en tête de ces Mémoires, et par le *certificat* du supérieur du collége des Ecossais à Paris, pour qu'il soit nécessaire de s'étendre aujourd'hui davantage sur leur valeur historique. Nous nous bornerons donc à reproduire ici ces deux documents (2).

I.

PRÉFACE DU CARDINAL DE BOUILLON.

« Le Roi d'Angleterre Jacques II m'ayant fait l'honneur de me raconter, dans l'année 1695, plusieurs particularités et quelques actions considérables de la vie de feu M. de Turenne, mon oncle, qui m'étoient inconnues, n'étant pas rapportées dans les Mémoires que j'ai de lui, écrits de sa propre main (3), je pris la confiance de témoigner à ce prince que j'étois bien fâché que mon profond respect pour lui ne me permit pas de le supplier très-humblement de vouloir, par l'amitié qu'il conservoit pour feu M. de Turenne, mettre par écrit, aux heures qui lui seroient les moins incommodes, ces particularités et ces actions dont je n'avois aucune connoissance; et je lui ajoutai que je prendrois la liberté de demander cette faveur à tout autre qu'à Sa Majesté, que je devois encore plus respecter que la mémoire de feu M. de Turenne, que j'avois regardée jusqu'à ce moment-là comme la chose du monde qui m'étoit la plus chère; sur quoi Sa Majesté, par un effet tout particulier d'une bonté et générosité sans égale, me dit qu'elle me feroit avec joye ce plaisir, le plus tôt qu'il lui seroit possible, en me confiant même que, comme elle avoit déjà écrit en anglois assez exactement, par année, les mémoires de sa propre vie, elle en tireroit et traduiroit en françois tout ce qui concerneroit les campagnes qu'elle avoit faites dans l'armée de France, commandée par M. de Turenne, et de celles qu'elle avoit faites ensuite aux Pays-Bas dans l'armée d'Espagne, jusqu'à la publication de la paix des Pyrennées, et au rétablissement du Roi Charles II, son frère, sur le trône de la Grande-

---

(1) Jacques, duc d'Yorck, fils de Charles Ier, roi de la Grande-Bretagne, et d'Henriette-Marie de France, fille de Henri IV, roi de France, naquit au palais de Saint-James, le 24 octobre 1633; il mourut dans l'exil à Saint-Germain-en-Laye, le 16 septembre 1701.

(2) Nous nous sommes servis, pour notre édition, du texte publié par Ramzay à la suite de l'histoire de Turenne (2 vol. in-4°, 1735). La famille de Bouillon lui ayant communiqué un grand nombre de documents pour l'histoire du maréchal, il est probable qu'elle aura remis en même temps les Mémoires du duc d'Yorck.

(3) Cette déclaration du cardinal de Bouillon, lève toute incertitude sur l'existence des manuscrits autographes de Turenne, contenant les mémoires de sa vie.

Bretagne. Je fus agréablement surpris le vingt-septième du mois de janvier de l'année suivante mil six cens quatre-vingt-seize, lorsqu'étant allé à Saint-Germain-en-Laye rendre mes respects à ce grand et saint Roi, il me mena dans son cabinet, où il me dit qu'il m'avoit fait venir pour me tenir la parole qu'il m'avoit donnée l'année précédente, et me mit en même temps entre les mains le présent livre, dans lequel il m'assura qu'il avoit recueilli tout ce qu'il avoit remarqué dans ses Mémoires au sujet de feu M. de Turenne, depuis l'année mil six cens cinquante-deux inclusivement, jusqu'en mil six cens soixante; qu'il m'en faisoit un don avec plaisir, tant par rapport à la mémoire de feu M. de Turenne, qu'il me dit lui devoir être toute la vie très-chère et très-précieuse, parce qu'il le regardoit comme le plus parfait et le plus grand homme qu'il eût jamais connu, et le meilleur ami qu'il eût jamais eu (1), que par rapport à l'amitié dont il m'honoroit en particulier, il me recommanda cependant de ne donner jamais à qui que ce soit, durant son vivant, la lecture de ces Mémoires. Après avoir rendu à Sa Majesté très-humbles actions de grâces de ce bienfait, je lui promis d'exécuter ce qu'elle venoit de m'ordonner, et je l'ai très-fidèlement observé tant qu'il a vécu. Ce don de la main d'un si grand Roi me paroît si considérable et si honorable pour la mémoire de feu M. de Turenne, et pour toute notre maison, que dès ce jour-là, comme j'eus l'honneur de le dire à Sa Majesté en recevant d'elle ce précieux don, je pris la résolution de le substituer un jour à perpétuité à l'aîné de notre maison, et c'est ce que je fais aujourd'hui, étant à Rome, le seizième du mois de février de l'année mil sept cens quinze, y ayant, par un effet de la Providence divine, retrouvé ce précieux livre que je ne croyois jamais revoir.

» Signé LE CARDINAL DE BOUILLON,

» Doyen du Sacré Collége. »

II.

CERTIFICAT DES SUPÉRIEURS DU COLLÉGE DES ECOSSOIS A PARIS.

« Nous soussignés, prêtres administrateurs du Collége des Ecossois dans l'Université de Paris, à sçavoir : Louis Inesse, ci-devant premier aumônier de la feue reine de la Grande-Bretagne, et ancien principal du collége; Charles Whytford, principal; Thomas Inesse, sous-principal; Georges Inesse, procureur, et Alexandre Smith, préfet des études dudit collége; certifions à tous ceux à qui il appartiendra, que les Mémoires ci-dessus de feu roi Jacques II, de la Grande-Bretagne, sont conformes aux Mémoires originaux anglois, écrits de la propre main de Sa Majesté, et conservés, en vertu d'un brevet signé de sa main, dans les archives de notredit collége; et nous susdits, certifions en outre que le manuscrit ci-dessus, revu et corrigé par le susdit roi Jacques, traduit par son ordre, donné de sa main à feu S. A. E. le cardinal de Bouillon, le 27 du mois de janvier 1696, et écrit de la main du sieur Dempster, l'un des secrétaires de Sadite Majesté, est conforme par les faits, détails, circonstances, réflexions, et généralement tout (le tour du style seul et l'ordre de la relation exceptés), à une seconde traduction des mêmes Mémoires anglois originaux, faite par l'ordre de la feue reine de la Grande-Bretagne, signée de sa main, cachetée du sceau de ses armes, contresignée par mylord Caryll, secrétaire d'état, le 14 novembre 1704, et donnée le 15 janvier 1705, par le susdit Louis Inesse à S. A. E. le cardinal de Bouillon, pour servir à l'histoire du vicomte de Turenne. En foi de quoi, nous avons signé les présentes, et y avons apposé le sceau dudit collége.

» Fait à Paris, ce vingt-quatre décembre mil sept cens trente-quatre.

» Signé L. INESSE, Ch. WHYTFORD, Thom. INESSE, Geor. INESSE, Al. SMITH. »

(1) Le duc d'Yorck ne se trompait pas; voici en quels termes le maréchal de Turenne en parlait dans une lettre qu'il écrivit de Calais, le 10 décembre 1659 :

« Monsieur le duc d'Yorck est ici déguisé, il y avoit beaucoup de bruit en Angleterre. On avoit pris les armes pour le roi Charles dans la province de Chester ; mais le corps qui s'étoit assemblé a été entièrement défait par les troupes du parlement commandées par Lambert. J'eusse rendu à la maison royale de Stuart un service fort considérable si l'affaire eût un peu duré; j'avois même fait quelques avances pour cela, dont vous verrez les parties; si je ne suis remboursé par la cour, il ne faut pas parler de cela ; mais cette défaite renverse pour le présent toutes mes vues.

» TURENNE. »

MÉMOIRES
DU DUC D'YORCK.

LIVRE PREMIER.

DES GUERRES CIVILES EN FRANCE.

[1652]. Le duc d'Yorck étoit en France auprès de la Reine sa mère, en 1652, lorsque le retour du cardinal Mazarin ayant rendu la cour irréconciliable avec les ennemis de ce ministre, ce prince jugeant que la guerre alloit se rallumer avec beaucoup de violence, et ayant une extrême passion de se rendre capable de servir un jour utilement le Roi son frère, il résolut, s'il pouvoit obtenir sa permission et celle de la Reine, de faire la campagne en qualité de volontaire dans l'armée du Roi de France. Le chevalier Berkeley fut le seul qui ne s'opposa point à ce dessein à la première proposition qui en fut faite; mais à force d'insister, on y consentit. Cependant il restoit une difficulté bien plus difficile à vaincre que la première; rien n'étoit si rare que l'argent : la cour de France étoit alors à Angers, et dans une fort grande nécessité ; tellement que, sans le secours de trois cens pistoles que lui prêta un gentilhomme gascon, nommé Gautier, qui avoit servi en Angleterre, il lui auroit été impossible de se mettre en campagne.

Avec cette petite somme on travailla à son équipage : le Roi son frère lui donna un attelage de six chevaux, que le lord Crofts avoit amenés de Pologne; ils étoient trop petits pour le carosse, et servirent à monter deux ou trois valets de pied et autant de palfreniers ; on loua deux mulets pour porter jusqu'à l'armée un lit de camp et le petit bagage. Le duc ne devoit être accompagné que du chevalier Berkeley et du colonel Werden, et il n'avoit pas un seul cheval de main, pour pouvoir en changer en cas de nécessité. Ce peu de préparatifs se firent aisément avec le secret qu'il falloit pour ne point être arrêté, comme il en auroit couru risque, si son dessein d'aller à l'armée du Roi avoit été découvert; outre qu'il ne pouvoit pas, avec bienséance, prendre congé du duc d'Orléans son oncle, pour aller servir dans le parti contraire au sien. Pour éviter cet inconvénient, ce prince alla avec le Roi son frère à Saint-Germain-en-Laye, sous prétexte de chasse; et après y avoir resté deux ou trois jours, il se mit en chemin le vingt-un d'avril pour aller joindre l'armée.

Il passa au travers du fauxbourg Saint-Antoine, et ne put aller la première nuit plus loin que Charenton. Le jour suivant il alla à Corbeil. En arrivant au fauxbourg, il y trouva quelques compagnies du régiment aux gardes, auxquelles les habitans de la ville avoient fermé les portes. Le duc d'Yorck étant fort incertain d'y être reçu lui-même, hazarda de s'y présenter : on lui fit beaucoup de difficultés; mais à force de bonnes paroles, on lui permit d'entrer à pied, à condition qu'il laisseroit ses chevaux dans le fauxbourg. Ensuite ayant représenté aux magistrats les dangers auxquels ils s'exposoient, en continuant de refuser l'entrée aux troupes du Roi, ils se laissèrent à la fin persuader, quoiqu'il fût constant que s'ils eussent persisté, la cour, qui étoit alors arrivée à Melun, auroit eu bien de la peine à s'emparer de la place, tant à cause de sa forte situation que du voisinage de Paris ; et si le Roi, par cette avanture imprévue ne s'en étoit rendu le maître, ses affaires en auroient beaucoup souffert, au lieu que ce poste lui fut dans la suite d'une très-grande utilité en plusieurs occasions.

Aussitôt que la cour fut informée que ses troupes étoient entrées dans Corbeil, elle quitta Melun pour s'y rendre : le duc d'Yorck y étoit resté pour l'attendre, et son arrivée lui procura un petit secours d'argent dont il avoit grand besoin, n'ayant pas, en arrivant dans cette ville, vingt pistoles de reste. Son équipage fut augmenté d'un cheval et de deux mulets. Il partit le même soir pour Chartres avec plusieurs volontaires de la cour qui l'accompagnoient, et il y trouva l'armée qui n'étoit arrivée que peu d'heures avant lui. Avant que de commencer la relation de cette campagne et de celles qui la suivirent, il est nécessaire de reprendre un peu plus haut pour expliquer l'état des affaires en France.

La cour étoit réduite au commencement de cette année aux dernières extrémités : le nombre des sujets fidèles à leur Roi étoit petit; ceux même qui par leur intérêt devoient être le plus attachés au salut de l'Etat, étoient les principaux instrumens des troubles qui le déchiroient, sous le prétexte spécieux, qui a été dans tous les temps celui des rébellions, d'éloigner de la personne du Roi les mauvais conseillers. Pour rendre cette plainte plus plausible, on déclamoit principalement contre le ministre, en criant qu'il étoit honteux à la France de se laisser gouverner par un étranger, pendant que tant de princes du sang étoient et plus propres et plus capables que le cardinal de soutenir le ministère. Ces princes étoient à la tête des mécontens, suivis de la plupart des seigneurs et des personnes les plus qualifiées du royaume : les villes les plus considérables et la plupart des parlemens s'étoient déclarés pour eux ; et quoique le duc de Longueville n'eût pas pris ouvertement aucun parti, on sçavoit bien qu'il panchoit avec toute la Normandie du côté de celui des princes, et qu'il n'affectoit la neutralité que pour se ranger sans péril du côté des plus forts : quelques propositions qu'on lui pût faire de la part du Roi, il trouva toujours des excuses pour les éluder et pour se dispenser de le recevoir dans Rouen, lorsque les villes les plus considérables ne vouloient lui ouvrir leurs portes, et que les plus petites, comme Corbeil, suivoient le même exemple, tant le poison étoit universellement répandu dans le royaume.

Les Espagnols, toujours attentifs à profiter des désordres de la France, ne négligeoient rien pour les fomenter dans l'espérance de regagner en peu de temps les places qu'elle leur avoit prises, et qui lui avoit coûté tant d'années, tant de travaux, de sang et d'argent ; il y a même beaucoup d'apparence qu'ils avoient de plus vastes desseins, et qu'ils se flattoient d'accabler entièrement cette monarchie, ou au moins de l'affoiblir à un point qu'elle ne seroit pas capable de les attaquer de long-temps ; mais ils prirent de fausses mesures, et leurs précautions, toujours outrées, firent échouer tous leurs projets. Outre l'argent et les promesses magnifiques qu'ils répandoient parmi les chefs des mécontens, ils envoyèrent de Flandre, pour fortifier l'armée des princes, des troupes sous le commandement du duc de Nemours, qui étoit allé exprès à Bruxelles pour demander du secours. Elles entrèrent en France au commencement du printemps, au nombre d'environ sept mille hommes, cavalerie et infanterie, et passèrent la Seine à Mantes, dont le duc de Sully étoit gouverneur, et qui auroit pu, s'il eût voulu, leur refuser passage et retarder beaucoup leur jonction avec l'armée des princes assemblée aux environs de Montargis. Depuis cette jonction et la prise d'Angers par les troupes du Roi, il ne se passa rien de considérable jusqu'à l'affaire de Blesneau, excepté que M. de Turenne, que ces mémoires regardent particulièrement, prévint le dessein que les ennemis avoient de se rendre maîtres de Gergeau : ils s'étoient déjà saisis d'un bout du pont et n'auroient point tardé à s'emparer de la place, qui n'avoit pour toute défense qu'une porte et un fort petit nombre de soldats, si M. de Turenne n'y étoit arrivé fortuitement avec assez de troupes pour empêcher l'exécution de ce projet, dont le succès leur auroit été fort avantageux. Ils furent obligés de se retirer avec quelque perte, dont la plus considérable fut celle de M. Sirot, lieutenant-général, un de leurs meilleurs officiers.

La cour alla ensuite à Gien, où l'armée passa la Loire et prit des quartiers à l'entour de Blesneau. Celle des princes s'avança à Lorris. Ce fut dans cet intervalle que le prince de Condé partit secrètement de Guienne, où ses affaires étoient en mauvais état, pour venir à Paris où sa présence étoit plus nécessaire. Il ne fut accompagné dans ce dangereux voyage que de quatre ou cinq personnes : à peine y fut-il arrivé qu'il fut obligé de partir pour se mettre à la tête de l'armée des princes ; et ayant été informé de l'état où étoient les troupes du Roi, il résolut de les attaquer dans leurs quartiers qu'ils avoient été obligés d'étendre au large pour la commodité des fourages. M. de Turenne avoit les siens à Briare, et ceux du maréchal d'Hocquincourt étoient à Blesneau. Ce dernier ayant eu avis que l'armée des princes venoit à lui, ordonna à ses troupes, en cas d'allarme, de marcher au rendez-vous qu'il leur avoit marqué entre les quartiers de M. de Turenne et les siens ; il envoya en même temps des gardes avancées vers les ennemis, et posta des dragons dans un passage, par où, suivant toute apparence, ils devoient venir. M. de Turenne, ayant aussi été informé de leur dessein, alla lui-même trouver M. d'Hocquincourt, qui étoit le plus exposé, pour l'en avertir.

Les dragons sur lesquels on s'étoit reposé, et

qu'on crut pouvoir arrêter l'ennemi au passage, le soutinrent mal ; soit par lâcheté ou par trahison, ils ne furent pas plutôt attaqués qu'ils abandonnèrent le poste. M. le prince poursuivant son avantage, tomba sur le quartier de M. d'Hocquincourt, qui ne résista pas longtemps et fut forcé, mais avec assez peu de perte de part et d'autre. Les troupes battues se sauvèrent à la faveur de la nuit, perdirent tous leurs bagages, et leur terreur fut si grande, qu'elles oublièrent le rendez-vous qu'on leur avoit donné : la nuit empêcha les ennemis de les poursuivre ; mais ils comptoient de battre, dès qu'il feroit jour, M. de Turenne qu'ils sçavoient être près d'eux, s'il ne se retiroit pas. Le royaume entier auroit été dans un péril extrême, si cette armée eût été mise en déroute : le Roi pouvoit difficilement éviter de tomber avec toute sa cour entre les mains des princes ; et tout étoit à craindre dans un temps où l'ambition de quelques grands ne connoissoit point de bornes.

Aussitôt que M. de Turenne fut averti de l'approche des ennemis, il sortit de ses quartiers, marcha au rendez-vous, envoyant en même temps de petits partis qui ne tardèrent pas de l'informer que les quartiers de M. d'Hocquincourt avoient été forcés. La nuit fut si obscure, qu'il ne put pas bien connoître le poste qu'il avoit pris. Il étoit dangereux d'avancer, les ennemis étant si près ; et la retraite n'étoit pas moins hazardeuse parce qu'il ne connoissoit pas assez le pays ; il craignoit d'intimider ses troupes et de les mettre en désordre : il prit le parti de rester où il étoit, dans l'espérance de donner par là à ses troupes dispersées le temps de le rejoindre. A la pointe du jour, en découvrant les ennemis, il remarqua avec bien de la joye qu'il pouvoit occuper un poste très avantageux, où ils ne pouvoient venir l'attaquer qu'en passant un défilé fort étroit.

Il mit derrière ce défilé sa petite armée en bataille, ayant un bois d'un côté et un grand étang de l'autre. Quelques officiers lui proposèrent de poster le long du bois des petits partis d'infanterie, pour mieux défendre les passages. Il ne suivit point cet avis, parce que, comme il le dit depuis au duc d'Yorck, l'infanterie des ennemis étant de moitié plus nombreuse que la sienne, ils n'auroient pas eu beaucoup de peine à la chasser du bois, ce qui l'auroit obligé d'aller la secourir, et l'auroit si fort engagé qu'il n'auroit pu éviter la défaite entière de ses troupes. Il jugea plus à propos de laisser le bois dégarni, s'éloigna de plus de la portée du mousquet entre le bois et le défilé ; et dans cette situation attendit l'ennemi qui, lui voyant prendre de si justes mesures, n'osa point l'attaquer. On demeura de part et d'autre en bataille, se contentant de s'observer et de se canonner, jusqu'à ce que M. de Turenne feignant de se retirer, l'ennemi crut trouver l'occasion de le charger et marcha en bataille au défilé. Quinze ou vingt escadrons l'avoient déjà passé, quand M. de Turenne, faisant volte-face, marcha à eux et les obligea de se retirer avec d'autant plus de désordre et de précipitation qu'ils n'avoient point d'autre parti à prendre pour éviter d'être entièrement taillés en pièces ; et comme le gros de leur armée s'étoit avancé auprès du défilé, l'armée du Roi, reprenant son premier poste, fit avec son canon une terrible exécution sur les ennemis, qui étoient en foule l'un dessus l'autre ; cette canonnade dura tout le reste du jour.

Les troupes du maréchal d'Hocquincourt arrivèrent enfin sur le soir, et joignirent M. de Turenne, qui étoit encore en présence des ennemis, et la partie ne fut plus si inégale. On ne sçait point qui se retira le premier ; quoi qu'il en soit, M. de Turenne, dans cette action importante, sauva par sa conduite et par sa fermeté l'Etat, qui n'avoit point de ressource si cette armée eût été défaite, et qui au moins auroit souffert des secousses dont il se seroit difficilement relevé.

Après ce combat, le prince de Condé quitta l'armée pour aller à Paris, où il fut reçu avec de grands applaudissemens, son parti exagérant ses avantages fort au-delà de ce qui en étoit. Son absence préjudicia beaucoup aux intérêts de la caballe ; il ne resta personne pour commander l'armée en chef ; M. de Tavannes ne commandoit que les troupes de M. le prince, M. de Valon celles du duc d'Orléans, et M. de Clinchamps les Espagnols : quoiqu'ils eussent tous trois également du courage et de la capacité, aucun d'eux n'avoit assez de tête pour conduire une armée ; et il arriva ce qui arrive toujours lorsque l'on ne reconnoît point un chef auquel toutes les troupes obéissent ; quoique l'intérêt fut commun, les vues étoient différentes, et la jalousie gâtoit tout. M. de Turenne étoit trop habile pour ne pas profiter de cette mésintelligence : quoique les armées ne fussent point à une grande distance l'une de l'autre, il sçut amuser les ennemis et régler ses mouvemens si à propos, que faisant de grandes marches de concert avec la cour, il se glissa adroitement entre eux et Paris ; et quoiqu'il eût un grand tour à faire, sa diligence fut telle qu'il arriva à Chartres le vingt-quatrième avril, que les ennemis n'étoient qu'à Etampes. La cour alors pouvoit aller à Paris, comme il avoit été résolu; les personnes les plus considérables du parti du Roi dans cette ville, et même le cardinal de Retz, étoient de cet avis; mais soit que la cour manquât de résolution, soit que les artifices des ennemis du cardinal, qui vouloient l'effrayer, prévalussent, elle resta à Melun, et vint à Corbeil à peu près au même temps que M. de Turenne arriva à Chartres avec l'armée, où le duc d'Yorck le joignit.

Quelques jours se passèrent sans qu'il arrivât rien d'important : les partis qu'on envoyoit vers Etampes, amenoient souvent des chevaux qu'ils enlevoient au fourrage, et des prisonniers qui rapportèrent que toute l'armée ennemie étoit en quartier dans la ville et dans le fauxbourg. Mademoiselle envoya un trompette à M. de Turenne, lui demander un passeport pour aller à Paris : elle venoit d'Orléans, que sa présence et son crédit avoient fait déclarer pour les princes, et ne pouvoit retourner à Paris sans passer au travers des deux armées. M. de Turenne fit quelque difficulté de lui accorder le passeport sans la permission de la cour, où il dépêcha un exprès; mais avant son retour, ayant considéré qu'il pouvoit tirer quelque avantage de la demande que cette princesse lui faisoit, et sachant le jour qu'elle devoit arriver à Etampes, il lui envoya un passeport. On sçut par des partis que les ennemis n'avoient point été au fourage depuis deux ou trois jours, d'où M. de Turenne conjectura qu'elle devoit voir l'armée en bataille ce jour-là, qui étoit le troisième de mai; que le lendemain elle partiroit pour Paris; que les ennemis n'allant au fourage que le quatrième, ils seroient obligés d'en faire un grand après l'avoir différé si long-temps; que comme la plupart des officiers-généraux ne manqueroient point d'accompagner Mademoiselle une partie du chemin, ce fourage se feroit sans beaucoup de précautions. Toutes ces circonstances ayant été bien considérées, il résolut avec M. d'Hocquincourt de marcher toute la nuit avec l'armée : on ne laissa dans Chartres que cent chevaux et un régiment d'infanterie pour garder la ville et le bagage. En une heure de temps toute l'armée fut en mouvement : on commença à marcher à huit heures du soir avec un grand silence et beaucoup d'ordre : le dessein étoit de se poster entre l'armée ennemie et Orléans, pour couper les fourrageurs qu'on crut trouver en campagne de ce côté-là.

On passa tous les défilés avant le lever du soleil; M. d'Hocquincourt menoit l'avant-garde, étant son tour. Il fallut faire un petit circuit pour se mettre entre Etampes et Orléans; et l'armée y étant arrivée, commençoit à se mettre en bataille, lorsque des coureurs qui avoient été envoyés à la découverte, rapportèrent que les ennemis, au lieu d'être au fourage, avoient à une lieue de là leur armée en bataille, dans une plaine au-dessus d'Etampes. On prit aussitôt le parti de marcher à eux, dans la résolution de les combattre; mais dès qu'ils apperçurent l'armée du Roi, dont la marche leur avoit été jusques-là inconnue, ils commencèrent à se retirer dans la ville; on fit avancer la cavalerie au grand trot, dans l'espérance de charger l'arrière-garde avant qu'elle pût être à couvert; et l'infanterie et le canon eurent ordre de suivre avec toute la diligence possible.

Les ennemis, au lieu d'aller ce jour-là au fourage, comme on l'avoit jugé, firent sortir leur armée pour la faire voir en bataille à Mademoiselle, qui devoit partir le matin. Quand leurs généraux apperçurent l'armée du Roi, ils lui demandèrent son avis; elle répondit, qu'ils eussent à suivre les ordres de M. le duc d'Orléans et du prince de Condé, et se mit aussitôt en chemin. Ils firent rentrer l'armée dans la ville avec tant de diligence, qu'avant que M. de Turenne et M. d'Hocquincourt eussent gagné la hauteur au-dessus de la ville, les ennemis étoient en sûreté. Cette retraite précipitée fit prendre une nouvelle résolution d'attaquer les fauxbourgs : on envoya ordre à l'infanterie de s'y disposer en marchant, et de faire ses détachemens.

Etampes est situé dans un fond; une petite rivière coule le long de ses murailles et va tomber dans la Seine à Corbeil; le côté de la ville et du fauxbourg qui est sur la droite en venant de Chartres, est commandé par une petite hauteur, dont toute la plaine se peut découvrir du haut d'une tour ronde des plus élevées qui se voyent; les murailles sont flanquées de petites tours, qui ne sont point à l'épreuve du canon; elles ne sont entourées que d'un fossé sec du côté de Chartres; le fauxbourg vers Orléans est environné de la rivière et d'un ruisseau qui se joignent à la porte d'Orléans, par laquelle seule la ville peut avoir communication avec ce fauxbourg. Les ennemis y avoient neuf régimens d'infanterie, entre autres ceux de Condé, de Conti et de Bourgogne; les troupes auxiliaires des Pays-Bas, sçavoir : Berlo, Pleur, Vange, La Motte, Pelnitz, etc., et environ cinq cents chevaux. Ils s'y étoient retranchés à la faveur du ruisseau qui couvroit tout un côté, à la réserve d'un petit espace près de la porte, où ils avoient élevé une bonne ligne.

L'infanterie de l'armée du Roi attaqua les ennemis en arrivant; elle attendit à peine le canon, dont on tira deux ou trois coups contre les retranchemens, plutôt pour faire connoître qu'il étoit arrivé que pour l'exécution qu'on en pouvoit attendre. L'infanterie de M. d'Hocquincourt, qui avoit la droite, fit son attaque du côté du ruisseau : elle marcha jusqu'au bord, essuyant le feu des ennemis ; mais des officiers l'ayant sondé avec leurs piques, et trouvé plus profond qu'on n'avoit cru, on se retira en bon ordre, et on marcha un peu plus haut vers un moulin.

M. de Turenne fit attaquer par M. de Gadagne, lieutenant-colonel du régiment de la marine, près de la ville à la gauche, qui n'étant défendue que d'une ligne, fut emportée sans beaucoup de résistance. Il n'y eut que cet endroit qui fut mal défendu, quoiqu'il fût le plus de conséquence ; car étant pris, il n'y avoit plus de communication entre la ville et le fauxbourg. On fit immédiatement après des barricades au travers de la rue, vis-à-vis la porte : M. de Turenne fit entrer par là toute son infanterie, qui fit des passages à la cavalerie, à la tête de laquelle entra le maréchal d'Hocquincourt; mais il étoit venu avec tant de précipitation, qu'il oublia de donner ses ordres au reste de son aile sur ce qu'elle avoit à faire, tellement qu'elle suivoit toute entière dans le fauxbourg, si M. de Turenne, s'en étant aperçu, ne fût allé les arrêter tous, à la réserve de deux ou trois des premiers escadrons qui étoient déjà entrés. Il leur ordonna d'aller occuper la hauteur où sa cavalerie étoit postée, parce qu'il en avoit dans le fauxbourg plus que suffisamment pour soutenir l'infanterie; et s'il y en étoit entré un plus grand nombre, les ennemis qui étoient dans la ville en auroient pu prendre avantage en sortant par l'autre porte, et tomber sur la cavalerie qui étoit en dehors; car sans compter ce qu'ils avoient de troupes dans le fauxbourg, ils avoient dans la ville autant de cavalerie et d'infanterie qu'il y en avoit dans l'armée du Roi.

Cependant le régiment de Picardie avec le reste de l'infanterie de M. d'Hocquincourt, passa le ruisseau au moulin, attaqua les ennemis vigoureusement, qui se défendirent de même, et après avoir été forcés, firent ferme de muraille en muraille et de poste en poste. D'un autre côté, l'infanterie de M. de Turenne ayant achevé la traverse contre la ville, tourna à droite et attaqua en flanc le régiment de Bourgogne qui défendoit la ligne; mais quoique l'attaque fût des plus violentes et que le canon les désolât, ils disputèrent opiniâtrement toutes les murailles qui servoient de clôtures aux jardins, dont les derrières aboutissoient à la ligne : ils y avoient fait des ouvertures pour passer six hommes de front, en marchant le long de cette ligne. Ce fut là où leur résistance fut si vigoureuse, qu'ils chassèrent les attaquans des murailles qu'ils avoient gagnées, les repoussèrent si loin et les mirent dans un si grand désordre, que sans le régiment de Turenne, qui arrêta leur impétuosité et donna le temps aux autres de se rallier, on couroit risque de perdre tout l'avantage qu'on venoit de gagner ; mais l'effort des ennemis ayant été soutenu, on les poussa derechef de muraille en muraille, jusqu'à la dernière, où reprenant vigueur, ils repoussèrent une seconde fois les attaquans dans un clos voisin et en firent un grand carnage.

On les avoit poursuivis la dernière fois avec trop d'ardeur et si peu d'ordre, que les cavaliers et les fantassins étoient pesle-mesle. Les ennemis ne poussèrent pas plus loin leur avantage; ils se contentèrent d'avoir conservé leur dernière muraille, pendant que les attaquans se rallièrent à l'abri de celle qui étoit la plus proche, de sorte qu'il resta un clos entre deux : on se contenta pour un temps de faire grand feu de part et d'autre. Le duc d'Yorck, qui étoit présent à cette chaude attaque, y vit un officier des ennemis, nommé Dumont, qui étoit major de Condé, entreprendre une action capable d'arrêter le cours de cette victoire, s'il eût été soutenu : il sortit de son rang la pique à la main, et s'avançant vingt pas, qui étoit la largeur de l'enclos, il s'exposa à tout le feu des attaquans ; mais n'étant suivi de personne, il fut contraint de se retirer. Il fit jusqu'à trois fois cette dangereuse manœuvre sans recevoir la moindre blessure; elle donna de l'émulation aux troupes du Roi. Il étoit dangereux d'aller droit à la brèche ou à l'ouverture, qui étoit défendue par tant de braves gens. Un officier dont on a oublié le nom, sortit de l'ouverture de la muraille que les attaquans occupoient, et à la vue des ennemis s'avança jusques contre celle qu'ils défendoient ; il fut suivi d'autant des siens qui purent se mettre à couvert du feu. L'enclos, comme il a déjà été remarqué, étoit étroit, et il n'y avoit plus qu'une muraille entre les deux partis. Il se fit là une manière de combat singulière : la muraille étant bâtie de grosses pierres, on se les rouloit les uns sur les autres, et elle commençoit à diminuer considérablement, lorsque les troupes du Roi ayant reconnu une petite hauteur d'où on pouvoit battre les ennemis à revers, on tira sur eux si à propos, que, se voyant attaqués en flanc et de front, et la place n'étant pas tenable, ils abandonnèrent leur dernière muraille et se retirèrent dans une église voisine, où le régiment de Picardie avoit aussi poussé ceux qu'il avoit attaqués; ils ne pouvoient pas s'y défendre et demandèrent quartier, qui leur fut accordé. Leur cavalerie passa le ruisseau et se sauva, après avoir perdu le baron de Briole qui la commandoit, et le comte de Furstemberg, qui furent tués.

Pendant qu'on combattoit dans le fauxbourg, les ennemis qui étoient dans la ville firent quelques sorties pour forcer la barricade, et poussèrent si vivement les troupes du Roi, que si M. de Turenne ne s'étoit avancé lui-même pour les soutenir avec un escadron de sa cavalerie jusqu'à la portée du pistolet de la ville, la barricade couroit grand risque d'être emportée. Tout dépendoit de ce poste, dont la perte auroit entraîné la défaite entière des troupes qui étoient actuellement aux mains dans le fauxbourg; mais le secours que M. de Turenne donna si à propos, les munitions qu'il fit distribuer, et la fermeté de M. de Gadagne, rendirent inutiles les efforts des ennemis, qui firent encore deux autres sorties, où ils furent repoussés avec perte.

Des neuf régimens d'infanterie que les ennemis avoient dans ce fauxbourg, à peine se sauva-t-il un homme : il y en eut neuf cens de tués et dix-sept cens prisonniers. Les principaux de ces derniers furent : Briol, maréchal-de-camp, Montal, qui commandoit le régiment de Condé, Dumont, major du même régiment, que le duc d'Yorck reconnut être le même qui s'étoit distingué avec tant de bravoure à l'attaque de la dernière muraille, le baron de Berlo, maréchal de bataille, Vange, Pleur, La Motte. L'armée du Roi perdit au moins cinq cens hommes, parmi lesquels il n'y eut personne de remarque; le jeune comte de Quincé reçut un coup de mousquet au travers du corps, et le comte Carlo de Broglio un dans le bras, dont ils guérirent tous deux.

Cette action fut également hardie et heureuse; les généraux ne l'auroient point entreprise s'ils eussent connu la foiblesse de leur infanterie, qui ne montoit pas à deux mille hommes, au lieu qu'elle devoit être au moins de cinq mille; la marche s'étant faite soudainement et dans l'obscurité, tous les soldats qui étoient en détachement ne purent joindre l'armée que quand l'attaque fut finie. Les ennemis avoient trois mille hommes d'infanterie dans la ville, et un pareil nombre dans le fauxbourg, sans la cavalerie; mais le désordre qu'on remarqua parmi eux en arrivant sur la hauteur, la confusion avec laquelle ils se retirèrent, et le peu de concert qu'il y a d'ordinaire où le commandement est divisé, déterminèrent probablement à les attaquer.

Si les ennemis avoient été attentifs sur les fautes de l'armée du Roi, ils eussent pu profiter d'une belle occasion de la défaire dans sa retraite. M. d'Hocquincourt, sans se mettre en peine si M. de Turenne le suivoit avec l'arrière-garde, qu'il fut long-temps à rassembler, à cause du grand nombre de soldats qui s'amusoient à piller le fauxbourg, marcha avec l'avant-garde, sans faire aucune halte, droit à Etrechi : les ennemis pouvoient, sortant de la porte de Paris, se mettre entre l'un et l'autre et les battre tous deux; mais ils se contentèrent d'attaquer l'arrière-garde comme elle se retiroit du côté de la barricade, et la pressèrent si vivement que M. de Turenne fut obligé d'y aller en personne avec de la cavalerie pour la dégager. En arrivant sur la hauteur, le chevalier Berkeley l'avertit que l'avant-garde étoit partie; à quoi il répondit, en haussant les épaules, qu'il étoit trop tard d'y remédier. Le danger étoit d'autant plus grand qu'on avoit l'embarras des prisonniers qu'on amenoit. On marcha avec toute la diligence possible, et la crainte ne cessa qu'en arrivant à Etrechi. Le lendemain toute l'armée retourna à Chartres.

Ce succès releva considérablement les affaires du Roi et le courage du cardinal, qui envoya ordre à M. de Turenne de bloquer les ennemis dans Etampes, où ils commençoient à manquer de fourages. Avant que tout pût être prêt, ceux autour de Chartres étant entièrement consommés, il fallut que l'armée marchât à Palaiseau, où elle resta jusqu'au vingt-six, qu'elle vint camper près d'Etrechi, et le lendemain elle s'avança à une lieue d'Etampes. On travailla à une ligne de contrevallation à la portée du mousquet de la place, sur la croupe de la montagne; aussitôt que les ennemis s'en apperçurent, ils firent de fréquentes sorties pour interrompre l'ouvrage, dans l'une desquelles ils coupèrent environ cent travailleurs avant que la garde pût être à cheval; mais ils furent vigoureusement repoussés par le marquis de Richelieu qui la commandoit. Le lendemain, les lignes furent presque achevées : elles ne purent être que médiocres, à cause de la qualité du terrain fort pierreux et du manque d'outils et de bois, n'y en ayant point du tout aux environs.

On logea de l'infanterie dans les ruines du fauxbourg, que les ennemis avoient brûlé quand ils sçurent qu'on retournoit les attaquer.

L'armée étoit campée plus près de la place que la portée du canon, qui n'incommodoit point, parce qu'elle est dans un fond ; mais les ennemis pouvoient découvrir du haut d'une tour fort élevée, dont on a déjà parlé, tout ce qui se passoit dans le camp, ce qui leur étoit fort avantageux. On dressa un pont sur la rivière pour les empêcher d'aller au fourrage, et on se disposoit à en faire plusieurs autres qui les auroient resserrés et affamés en peu de temps, lorsque le duc de Lorraine vint rompre toutes ces mesures. Ce prince avoit donné au cardinal des assurances si positives de demeurer attaché à ses intérêts, qu'il envoya ordre au maréchal de La Ferté, gouverneur de la Lorraine, de permettre au duc de rassembler ses troupes, qui étoient dispersées ; mais elles ne furent pas plutôt en corps qu'il marcha droit en France et se déclara pour les princes, avec lesquels il avoit traité secrètement dans le même temps qu'il étoit en négociation avec le cardinal.

Ce contre-temps obligea M. de Turenne à changer de dessein et à attaquer Etampes de vive-force, prévoyant que, s'il ne la prenoit pas promptement, le duc de Lorraine viendroit la secourir. On travailla dans cette vue avec toute la diligence possible à élever des batteries, les unes sur les lignes et d'autres dans le fond, contre la porte d'Orléans, qu'on battit, et en même temps à la muraille entre cette porte et la grande tour, dans le dessein d'insulter un ouvrage avancé que les ennemis y avoient fait un peu plus près de la porte que de la tour. La nuit, M. de Gadagne, avec mille hommes commandés, y donna l'attaque, et après quelque résistance s'en rendit maître sans perte considérable, quoique les murailles de la place ne fussent qu'à la portée du pistolet. On avoit fait sortir du camp de la cavalerie qu'on plaça entre la ville et les lignes du côté de la hauteur, pour empêcher que M. de Gadagne ne fût surpris par derrière ; on la fit rentrer à la pointe du jour ; mais, aussitôt que le soleil fut levé, les ennemis sortirent le long du fossé pour attaquer l'ouvrage par-derrière pendant que de la place on l'attaquoit de front. Quoique M. de Gadagne fît tout ce qu'on pouvoit attendre d'un bon officier, il en fut chassé et ne fit sa retraite qu'avec beaucoup de peine le long du fossé, vers une barricade qu'il avoit fait faire devant la porte d'Orléans ; on le crut perdu, parce qu'il ne revint pas d'abord avec ses gens ; aussi n'échappa-t-il que par un grand bonheur, s'étant trouvé engagé au milieu de la cavalerie des ennemis avec deux ou trois sergens et autant de mousquetaires, qui ne l'abandonnèrent point et l'aidèrent avec beaucoup de bravoure à se dégager. Il ne fut point blessé, quoiqu'il reçût plus de vingt coups d'épée et de pique dans son buffle, dont la bonté le préserva. M. de Turenne étoit allé au camp quand cette affaire arriva, ayant été toute la nuit dans les lignes ; dès qu'il entendit l'allarme, il fit marcher toute l'infanterie de son quartier, et son régiment arrivant le premier, il lui ordonna de regagner l'ouvrage ; ce régiment marcha aussitôt à la vue des deux armées, et sans qu'on fît la moindre diversion, ni qu'on tirât un seul coup de canon pour favoriser l'attaque, il avança précédé de quelques soldats commandés, de ceux qui avoient été chassés de l'ouvrage ; mais un capitaine de Picardie qui les conduisoit ayant été tué, ils s'enfuirent et entraînèrent avec eux une partie des mousquetaires de la gauche du régiment. Cet accident ne fut point capable de le rebuter. Les capitaines prirent en main les drapeaux et allèrent à la tête de leurs soldats sans tirer un coup, jusqu'à ce qu'ils arrivèrent au pied de l'ouvrage, qui étoit plein d'ennemis. Alors les attaquans firent une décharge de toute leur mousqueterie, et s'étant avancés à la longueur de la pique, ils chargèrent l'ennemi avec tant de résolution et de bravoure qu'ils emportèrent l'ouvrage et s'y logèrent ; ils ne perdirent qu'un capitaine de leur régiment, un ou deux officiers subalternes et peu de soldats, quoiqu'ils eussent long-temps essuyé le feu des ennemis que rien n'empêchoit de tirer juste, puisque, pendant toute cette action, on ne tira pas un seul coup de canon ni de mousquet du côté de l'armée du Roi. Tous ceux qui furent témoins de cette action avouèrent qu'ils n'en avoient jamais vu une plus hardie et plus chaude ; M. de Turenne lui-même et les officiers les plus expérimentés crurent qu'il auroit été impossible de pousser si loin la bravoure, si les drapeaux n'avoient toujours été devant les yeux des soldats ; et ce fut en partie ce qui ensuite détermina les régimens à en prendre de nouveaux, les vieux corps aussi bien que les autres ayant jusques-là affecté une gloire mal entendue d'avoir leurs drapeaux si déchirés, que le plus souvent il ne restoit que le bâton. Le régiment de Turenne étoit le seul qui en avoit alors de plus entiers, sans excepter les gardes-françoises ; car il n'y avoit point de Suisses dans cette armée.

Il sembloit, après cette affaire, qu'on dût être en repos le reste de cette journée ; mais les ennemis, se souvenant de la facilité avec laquelle ils avoient regagné l'ouvrage le matin, et en considérant l'importance, résolurent de l'attaquer une seconde fois et d'insulter en même temps les lignes. L'après-midi, sur les trois heures, ils sortirent avec vingt escadrons et cinq bataillons. M. de Turenne, qui heureusement se trouva dans les lignes, commanda aux troupes de marcher à leurs postes, et envoya ordre à toute l'infanterie qui étoit au camp de le venir joindre; cependant, pour gagner du temps, il fit sortir des lignes trois escadrons commandés par le comte de Rennel, pour charger le premier corps des ennemis qui approchoit : ce qu'il fit avec beaucoup de fermeté, jusqu'à ce que ne pouvant plus soutenir une partie si inégale, il fût poussé jusques dans les lignes mêmes, dont le fossé étoit si peu considérable que des cavaliers, qui ne purent point entrer par l'avenue, sautèrent par-dessus, et il y eut fort peu de chevaux qui y tombèrent. Le comte de Schomberg, qui n'étoit alors que volontaire, fut blessé au bras droit en faisant ferme dans l'avenue, à laquelle il n'y avoit point de barrière, parce qu'il ne s'étoit pas trouvé assez de bois dans le pays pour en faire une. M. de Turenne, dans le temps qu'il fit sortir le comte de Rennel, avança lui-même avec deux escadrons qui lui restoient vers l'avenue, croyant que l'ennemi y feroit ses principaux efforts. Les choses se trouvèrent dans un triste état : il ne venoit point de troupes au secours; l'ennemi approchoit avec trois bataillons et plusieurs escadrons, dont quelques-uns n'étoient qu'à la portée du pistolet, attendant l'infanterie, qui n'étoit qu'à demi-portée du mousquet. Il n'y avoit dans les lignes pour se défendre que deux escadrons de cavalerie, quelques sentinelles d'espace en espace, qui, au lieu d'incommoder les ennemis, faisoient voir beaucoup de foiblesse; il n'y avoit point de canonniers aux batteries, et point d'espérance d'aucun renfort considérable d'infanterie qui pût arriver dans une nécessité si pressante, la plupart ayant été envoyés au fauxbourg d'Orléans à cause de l'action du matin. On se croyoit enfin si près d'être attaqué, que le duc d'Yorck, qui montoit un cheval d'amble, ne crut point avoir le temps d'en changer, quoiqu'on lui en eût amené un de bataille, ni de prendre ses armes, qu'il se fit mettre étant à cheval. Il arriva dans le même moment deux cens mousquetaires du régiment aux gardes : c'étoit tout ce qu'on avoit pu ramasser au camp. M. de Turenne leur recommanda, sans s'amuser à tirer tous ensemble, de bien ajuster leurs coups : ce qu'ils firent si à propos, que jamais un si petit nombre de soldats n'a fait tant d'exécution; ils jettèrent bas à la première décharge tant d'officiers et de cavaliers, et éclaircirent tellement les trois premiers escadrons, qu'ils jugèrent à propos de s'éloigner. Ils tirèrent ensuite sur l'infanterie, qui avançoit toujours; mais par bonheur elle trouva en avançant un petit rideau qui la couvroit jusqu'à la tête, dont l'abri lui parut si agréable, que ni exhortation, ni coups, ni menaces ne furent point capables de la faire aller plus avant; elle se contenta de faire grand feu sur les lignes, jusqu'à ce que la cavalerie des autres quartiers arrivant au secours des lignes, les ennemis songèrent à se retirer.

Ils ne furent pas plus heureux à l'attaque de l'ouvrage, car ayant plus de chemin à faire pour y arriver, ceux qui le gardoient eurent le temps de se préparer à les recevoir. M. de Traci, qui commandoit la cavalerie allemande qui étoit au service du Roi de France, ayant été averti dans son quartier de ce qui se passoit, jugea à propos de marcher entre les lignes et la ville; il rencontra ceux des ennemis qui alloient attaquer l'ouvrage; quoiqu'il n'eût que quatre escadrons, et qu'il fût fort inférieur en nombre, il les chargea si brusquement, que, les ayant arrêtés, il donna le temps à d'autres troupes commandées par le marquis de Richelieu de le venir seconder. Avec ce renfort les ennemis furent chargés une seconde fois et forcés de se retirer en grand désordre; mais comme ils étoient près de la ville, il auroit été dangereux de les pousser trop loin. La plupart des troupes du Roi arrivant aux lignes, et les ennemis se retirant, plusieurs officiers pressèrent M. de Turenne de les poursuivre, auxquels il répondit que, comme ils étoient trop près de leurs murailles, on ne pourroit pas leur faire grand mal, et qu'on s'exposeroit à perdre trop de monde, et au danger d'être forcé de se retirer en désordre.

Les ennemis furent si maltraités dans cette entreprise, où ils perdirent beaucoup de monde et plus de soixante officiers, qu'il ne leur prit plus envie de se commettre davantage. On les pressa vivement du côté de la porte d'Orléans et de l'ouvrage avancé qu'on leur avoit pris, et le mineur étoit déjà logé à la muraille quand on apprit que M. de Lorraine marchoit avec toute la diligence possible vers Paris, et qu'on lui préparoit un pont de batteaux un peu au-dessus de Charenton. Cette nouvelle obligea M. de Turenne à lever le siége, pour ne pas s'exposer à être enfermé entre deux armées ennemies; on retira d'abord le canon des batteries qui étoient les plus proches de la ville; mais on étoit si mal fourni d'attelages que, quoique la cour eût envoyé tous les chevaux de carosse qui s'y trouvèrent, jusqu'à ceux du Roi et de la Reine, qu'on ne put faire marcher que la moitié de l'artillerie le jour qu'on décampa, et il fallut attendre le retour des chevaux pour emmener l'autre.

On commença, le sept juin, l'armée étant en bataille, à retirer les troupes qui étoient dans l'ouvrage avancé ; M. de Navailles, qui y commandoit, fit sa retraite en bon ordre, quoique l'ennemi le pressât assez vivement. Ensuite l'armée se mit en marche, après avoir mis le feu aux huttes ; pendant que la première ligne faisoit halte, la seconde avançoit environ cinq cens pas, après quoi elle faisoit volte-face vers la ville ; ensuite la première s'ébranloit et marchoit à petits pas, jusqu'à ce qu'elle eût gagné les intervalles de la seconde ligne, et continuant jusqu'à ce qu'elle fût arrivée par delà, à la distance de cinq cens pas, elle faisoit halte et volte-face du côté de l'ennemi, comme avoit fait la seconde, qui recommençoit le même mouvement. De cette manière l'armée se retira l'espace d'une lieue, et le spectacle en étoit fort beau. Les ennemis suivirent la première ligne dans son premier mouvement, escarmouchant en grand nombre ; mais ensuite ils n'entreprirent rien qui pût donner de l'inquiétude. L'armée, étant arrivée à Etrechi, y resta deux ou trois jours ; elle fut camper ensuite à Iterville près de Corbeil, et de là à Balancourt, où M. de Turenne ayant appris que le duc de Lorraine étoit arrivé à Villeneuve-Saint-Georges, il marcha promptement, dans le dessein de l'attaquer avant qu'il pût être joint par les ennemis qu'on avoit laissés dans Etampes. Le quatorze, l'armée passa la Seine à Corbeil, et fit tant de diligence qu'elle surprit l'ennemi lorsqu'il s'y attendoit le moins. Ce fut sur les deux heures après midi qu'on se trouva en présence ; mais on ne put point combattre, parce qu'il se trouva un ruisseau entre deux, qui tombe de la Brie dans la Seine ; on le côtoya sans perdre de temps jusqu'à ce qu'on trouvât un passage. L'armée marcha toute la nuit, et, laissant les forêts sur la gauche, l'avant-garde arriva à la pointe du jour à Gros-Bois. Beaujeu, qui étoit envoyé par le cardinal auprès du duc de Lorraine, y vint avec Dagecourt, capitaine des gardes de ce prince, trouver M. de Turenne, pour lui faire des propositions de sa part, dont la principale et la plus pressante étoit qu'il n'avançât point ; mais il ne se laissa point surprendre à ses artifices, il continua sa marche, et ayant appris que le roi d'Angleterre étoit arrivé la même nuit dans l'armée du duc, pour travailler à la négociation qui étoit sur le tapis entre lui et le cardinal, il pria le duc d'Yorck de l'y aller trouver : ce qu'il accepta d'autant plus volontiers que le Roi, son frère, lui avoit fait dire qu'il seroit bien aise de lui parler, et qu'il avoit la parole de M. de Lorraine pour son retour.

Ce qui causa la venue du roi d'Angleterre à l'armée du duc de Lorraine, fut la prière qu'il fit à Sa Majesté d'être le médiateur entre lui et la cour de France, de vouloir être le garant du traitté qui étoit sur le point d'être conclu, et à cet effet de lui faire l'honneur de venir à son armée, pour, après l'affaire consommée, le mener à la cour, qui étoit à Melun. Le roi d'Angleterre, ayant reçu à Paris la lettre de M. de Lorraine par laquelle il lui faisoit ces propositions, fut immédiatement les communiquer à la Reine sa mère, qui étoit à Chaillot ; comme elle connoissoit que ce duc agissoit rarement de bonne foi, elle ne fut point d'avis que le Roi fût sa caution ; mais la passion qu'il avoit de contribuer à une affaire qui pouvoit être si avantageuse à la cour, le détermina par dessus toute autre considération. Il partit dans le même instant, prenant dans son carosse les lords Rochester, Jermin et Crofts ; il apprit, en arrivant à Charenton, que les deux armées étoient en présence, et on croit qu'il y trouva un exprès du duc pour le prier de se hâter. En arrivant à Villeneuve-Saint-Georges, il trouva ce prince fort intrigué et inquiet, à cause du voisinage importun de M. de Turenne. Ce fut alors que M. de Beaujeu et le capitaine des gardes lui furent envoyés avec les propositions ; cependant, dans l'incertitude du succès du traitté, M. de Lorraine se prépara au combat : il se posta avec tout l'avantage que le terrain pouvoit lui donner ; il fit faire pendant la nuit avec une diligence extrême cinq redoutes pour couvrir le front de son armée, qui étoit d'environ cinq mille hommes de cavalerie et trois mille d'infanterie, avec un petit train d'artillerie ; il mit la plus grande partie de son infanterie dans les cinq redoutes, et le reste en réserve derrière celle du milieu en un gros bataillon ; la plupart de son canon étoit sur une hauteur au-dessus de la ville, proche d'une justice ; sa cavalerie étoit sur deux lignes derrière les redoutes ; il avoit un grand bois à sa droite, la ville à sa gauche, par où on ne pouvoit point l'attaquer, parce qu'il y avoit une hauteur fort escarpée ; dans cette situation, où il montra beaucoup d'expérience et d'habileté, il attendit le combat ou la conclusion du traitté.

Le duc d'Yorck, en arrivant à Villeneuve-

Saint-Georges, fut trouver le Roi son frère, qui lui dit ce qui l'y avoit amené, et le pria de mettre tout en usage pour faire réussir le traité, de manière qu'il pût se tirer avec honneur d'une affaire si épineuse, étant fort embarrassé sur le parti qu'il devoit prendre en cas que les deux armées en vinssent aux mains; il ne lui convenoit point, à la veille d'une bataille, de se retirer sans en partager l'honneur; le duc de Lorraine l'avoit invité à venir l'aider à faire son traitté avec la France; il lui avoit des obligations particulières, et se trouvoit dans son quartier, où il avoit logé une nuit; d'un autre côté, il étoit sous la protection du Roi de France et dans ses Etats; il en recevoit pension, qui est le seul secours apparent qu'il eut dans cette conjoncture pour subsister; mais la principale considération étoit qu'en combattant pour le duc de Lorraine, il sembleroit soutenir la rébellion contre un roi légitime, et pour cette même raison il n'y demeuroit qu'avec une extrême répugnance, connoissant le mauvais effet que cela pouvoit faire dans le monde: cependant il ne voyoit point comment il se pouvoit retirer avec honneur. Dans cette perplexité, il demanda au duc d'Yorck quelle proposition il apportoit. Le duc lui répondit en peu de mots, que M. de Turenne demandoit qu'on cessât immédiatement de travailler au pont que M. de Lorraine faisoit faire sur la Seine; qu'il s'engageât de sortir des terres de France dans quinze jours, et qu'en même temps il engageât sa parole de ne jamais donner aucun secours aux princes; qu'à l'égard du premier article, M. de Varenne, qui étoit venu exprès avec lui, avoit ordre d'en voir lui-même l'exécution, et que sans ce préliminaire M. de Turenne ne vouloit rien entendre. Le Roi, qui sçavoit les engagemens que M. de Lorraine avoit avec les princes, répondit qu'il craignoit fort que ce duc ne voulût jamais signer des conditions si dures; le duc d'Yorck répliqua que M. de Turenne n'en démordroit assurément pas. Dans le même temps, M. de Lorraine entra dans la chambre; le duc d'Yorck lui présenta aussitôt le projet du traitté; il le reçut d'un air railleur, qui lui étoit ordinaire, mais qui étoit un peu forcé pour le coup: il consentit d'abord au premier article, et envoya sur-le-champ un officier avec M. de Varenne pour faire cesser l'ouvrage du pont; mais pour les autres, il protesta que rien ne le pourroit obliger à se soumettre à des conditions si honteuses. Le Duc lui demanda s'il souhaittoit qu'il portât cette réponse; il répondit qu'il n'en pouvoit point donner d'autre, et s'imaginant que ce jeune prince avoit plus d'inclination pour une bataille que pour un accommodement, il pria le roi d'Angleterre d'envoyer avec lui le lord Jermin, pour essayer d'obtenir de M. de Turenne des conditions plus supportables.

M. de Turenne cependant ne perdoit point de temps, et avançoit avec tant de diligence que le duc d'Yorck et le lord Jermin trouvèrent, à une lieue des Lorrains, son armée qui marchoit toujours en bataille. Ce prince lui rapporta la réponse de M. de Lorraine, et le lord Jermin n'obmit rien de ce qu'il crut capable de le faire désister de ce qui paroissoit trop rude dans ses propositions; mais il n'en voulut rien relâcher, et Jermin retourna porter au duc le résultat de sa tentative. Il pria instamment le duc d'Yorck d'y retourner avec lui, dans l'espérance de gagner du temps, et que M. de Turenne n'attaqueroit point qu'il ne fût revenu avec une réponse finale; mais il le refusa absolument, l'assurant que ce général n'étoit pas capable de perdre son temps, puisqu'il sçavoit que l'armée d'Etampes le suivoit de si près qu'on craignoit à tout moment de la voir paroitre de l'autre côté de la rivière; qu'ainsi il ne doutoit point que les deux armées seroient engagées avant qu'il pût être de retour; il ajouta en souriant que sa présence ne hâteroit pas le duc de Lorraine à finir plus tôt l'affaire, et que l'approche de M. de Turenne le détermineroit bien mieux à la conclure. Le lord Jermin partit, et l'armée, continuant de marcher, n'étoit pas plus éloignée des ennemis que la portée du canon, quand le roi d'Angleterre vint lui-même trouver M. de Turenne pour faire les derniers efforts. Le vicomte pria Sa Majesté de l'excuser s'il insistoit toujours sur les mêmes conditions qu'il avoit envoyées, et ajouta qu'il étoit persuadé qu'elle s'intéressoit trop fortement au bien des affaires de son Roi, pour le presser davantage d'y rien changer. Les armées étoient si proches que tous les momens étoient précieux; c'est pourquoi le roi Charles pria M. de Turenne d'envoyer pour la dernière fois à M. de Lorraine; il y consentit, et M. de Gadagne fut chargé de porter les conditions en écrit, et de lui dire qu'il falloit ou les signer ou combattre. Il partit, et trouva M. de Lorraine sur la hauteur, près de la Justice, où il avoit fait dresser des batteries. Ce prince, ayant lu le papier qu'il lui présenta, cria à ses canoniers de tirer; mais il parut bien qu'on leur avoit auparavant défendu d'obéir. M. de Gadagne lui dit nettement qu'ils n'oseroient point, et lui répéta ce qu'il lui avoit dit en l'abordant, qu'il falloit signer, ou qu'il alloit être attaqué dans l'instant; sur quoi le duc de Lorraine signa enfin le traitté, et M. de Gadagne s'en retourna le porter à M. de Turenne qui, au moment qu'il le reçut, fit faire halte à son armée, envoya demander des ôtages, et que le duc fit marcher ses troupes ; il donna M. de Ligneville et M. Dagecourt, son capitaine des gardes, pour garans de l'exécution du traité, qui devoient être rendus aussitôt que M. de Vaubecourt, qui eut ordre de suivre les Lorrains, donneroit avis qu'ils seroient sortis des terres de France.

Le roi d'Angleterre, après la ratification du traité, fut voir l'armée de M. de Turenne, alla ensuite prendre congé du duc de Lorraine et retourna à Paris. A peine fut-il parti que les deux généraux se rencontrèrent; après quelques complimens réciproquement froids, ils se séparèrent. M. de Lorraine fit immédiatement après marcher son armée, pendant que celle de M. de Turenne resta en bataille; les Lorrains entrèrent à sa vue dans un long défilé fort étroit, où ils étoient à la discrétion des François; mais M. de Turenne étoit plus religieux observateur de sa parole que M. de Lorraine, dont les troupes ne furent pas plutôt dans le défilé, que l'armée des princes parut de l'autre côté de la Seine, laquelle ayant été informée de ce qui venoit de se passer marcha à Paris.

M. de Turenne resta quelques jours à Villeneuve-Saint-Georges; il en partit le 21 de juin, marcha à petites journées à Lagni, où il passa la Marne le 1ᵉʳ de juillet, et fut camper à La Chevrette, à une lieue de Saint-Denis, où étoit la cour. Le maréchal de La Ferté avoit joint l'armée à Villeneuve-Saint-Georges avec trois ou quatre régimens de cavalerie et deux d'infanterie, dont un étoit à lui, et l'autre celui de Wall; il avoit amené ces troupes de Lorraine.

Le duc de Beaufort, grand favori de la populace de Paris, avoit été joindre M. de Lorraine à Villeneuve-Saint-Georges avec cinq cens Parisiens à cheval, ausquels, par le traitté, il étoit permis de se retirer; mais n'étant point fait mention de leur général, il ne se crut point en sûreté, et ne voulant point faire épreuve de la générosité de M. de Turenne, il prit un trompette avec lui, passa la Seine et courut à Paris où, pour irriter le peuple contre le roi d'Angleterre, il fit entendre malicieusement que c'étoit à sa persuasion que le duc de Lorraine avoit signé le traité. Si Sa Majesté y contribua, comme il étoit de son intérêt, il n'en fut pas originairement la cause, puisque M. de Lorraine le pria instamment de venir l'aider à le conclure. Cependant ce bruit fit telle impression sur la multitude, que ni le roi ni la reine d'Angleterre, ni aucun Anglois de leur cour n'osèrent, pendant plusieurs jours, sortir du Louvre, ni même regarder par les fenêtres, de peur de s'attirer quelque insulte, ou au moins quelques injures ; et l'animosité du peuple augmenta à un point que Leurs Majestés furent contraintes de quitter la ville secrètement, et de se retirer à Saint-Germain jusqu'à ce qu'elle fût appaisée.

L'armée des princes, ne pouvant plus tenir la campagne contre l'armée du Roi, après avoir manqué sa jonction avec les Lorrains, fut camper près de Saint-Cloud, derrière la Seine. M. de Turenne, n'ayant plus d'autres ennemis sur les bras, résolut de les attaquer partout, et fit travailler à un pont de batteaux le même jour qu'il arriva à La Chevrette. Comme la Seine y est fort large, il fallut du temps pour le faire; et pour empêcher que les ennemis n'interrompissent l'ouvrage, les deux régimens d'infanterie de M. de La Ferté furent postés dans une île à la pointe de laquelle on vouloit passer. Les ennemis n'osèrent rien entreprendre; l'armée du Roi avoit l'avantage du terrain de son côté, qui étoit plus élevé que l'autre; ils ne s'opposèrent ni à la construction du pont ni au passage. Il est vrai qu'ils firent d'abord quelque mouvement comme s'ils eussent eu quelque dessein : ils logèrent environ cent soldats derrière un petit rideau, et firent avancer quelques escadrons pour les soutenir; mais le canon les fit éloigner bien vite; les soldats, se croyant en sûreté, restèrent dans leur poste, d'où ils faisoient feu sur les travailleurs. La Fitte, major du régiment de cavalerie de La Ferté, hardi et bon officier, trouva un endroit qui n'étoit point profond, et l'ayant passé à la nage avec cinquante maîtres, coupa la retraite aux cens fantassins, en tailla la plupart en pièces, embarqua dans un batteau le reste qu'il avoit fait prisonniers, et repassa sans perdre un homme, avant que les ennemis, que le canon avoit éloignés à une distance considérable, pussent venir au secours de leurs gens. Depuis cette tentative, ils ne jugèrent pas à propos d'en faire d'autres ; et pour leur en ôter l'envie, on fit passer dans l'isle un renfort d'infanterie, avec quelques pièces de campagne. M. le prince, désespérant d'empêcher le passage à l'armée du Roi, dont le pont pouvoit probablement être achevé le lendemain, résolut de marcher à Charenton et de s'y poster derrière la Marne : pendant que sa cavalerie passoit sur le pont de Saint-Cloud, son infanterie passa sur un pont de batteaux qu'il avoit fait construire pour faire plus de diligence ; il marcha au travers du bois de Boulogne, mais, arrivant à la porte de la Conférence, les Parisiens refusèrent passage ; il fut obligé de marcher autour de la ville, comme il se l'étoit proposé, s'il ne pouvoit point passer au travers.

M. de Turenne, ayant été promptement informé de toutes choses par un exprès que les amis du Roi envoyèrent de Paris, et qu'ils firent descendre dans un panier de dessus les murailles, parce que les portes étoient fermées, il fit marcher l'armée du Roi, fut trouver le cardinal à Saint-Denis, avec lequel il fut résolu que l'armée continueroit de marcher avec toute la diligence possible pour attaquer M. le prince avant qu'il pût gagner Charenton. On ne jugea pas à propos d'attendre ni le canon ni l'infanterie de M. de La Ferté, qui étoient dans l'isle, le moindre délai pouvant faire perdre une si belle occasion. En arrivant à La Chapelle, on découvrit l'arrière-garde des ennemis : M. de Turenne s'avança pour les reconnoître, et trouvant que, pour favoriser leur retraite, ils avoient posté de l'infanterie dans les moulins et dans de petites maisons à l'entrée du fauxbourg Saint-Denis, il fit avancer des mousquetaires, qui les chassèrent dans le moment, et donnèrent lieu à la cavalerie de charger leur arrière-garde dans la rue même; elle se défendit d'abord avec assez de résolution, mais elle fut enfin mise en déroute; la plupart des officiers furent tués ou prisonniers, entr'autres Desmarais, maréchal-de-camp, qui avoit reçu plusieurs blessures, et le comte de Choiseuil, capitaine de cavalerie. La perte fut si peu considérable du côté de l'armée du Roi, qu'il n'y eut que le marquis de Lisbourg, lieutenant-colonel de Streff, blessé d'un coup de mousquet au travers du corps.

Après l'heureux succès de cette première attaque, on poussa les ennemis si vivement, qu'ayant atteint le reste de leur arrière-garde, qui étoit encore de deux ou trois cens chevaux, vers l'hôpital de Saint-Louis, on en tailla la plus grande partie en pièces avant qu'ils pussent rejoindre le corps de leur armée, qui se retiroit dans le fauxbourg Saint-Antoine.

Le prince de Condé se trouva forcé de prendre ce parti, ne voyant point d'apparence de pouvoir gagner Charenton, attendu la vigueur avec laquelle on le poussoit : ce fut pour lui un grand bonheur, dans une si grande extrémité, de trouver si à propos dans ce fauxbourg de bons retranchemens que les habitans y avoient faits depuis la guerre civile pour leur propre sûreté, sans quoi son armée étoit perdue sans ressource. Il n'eut que le temps de poster ses troupes, tant il étoit suivi de près par celles du Roi, dont l'ardeur fut arrêtée par les barricades de la rue qui s'étoient trouvées toutes faites; et l'infanterie, ne pouvant pas être encore arrivée, donna le loisir aux ennemis de se mettre en bataille dans la grande rue.

Le Roi, le cardinal et toute la cour, arrivèrent dans cet entretemps sur la hauteur de Charonne, d'où, comme d'un amphitéâtre, ils furent les spectateurs de la suite de cette scène sanglante. Aussitôt qu'ils virent l'infanterie arrivée, ils envoyèrent ordre à M. de Turenne d'attaquer, quoique ni l'infanterie de M. de La Ferté, ni le canon ne fussent point arrrivés, et que l'on manquât de toutes choses nécessaires pour rompre les murailles, combler les retranchemens et enfoncer les barricades. M. de Turenne les fit prier inutilement de se donner patience, représentant que l'ennemi ne pouvoit lui échapper, si les Parisiens, dont on croyoit être assuré, ne lui ouvreroient leurs portes; que le temps qu'il falloit pour avoir le canon n'en donneroit pas assez au prince de Condé pour se fortifier davantage; qu'il étoit dangereux, en attaquant sans les choses nécessaires, de recevoir un échec qui feroit avorter l'entreprise immanquable d'elle-même, quand le canon, les pioches et les autres instrumens à remuer la terre, qui ne pouvoient plus tarder long-temps, seroient arrivés ; mais l'impatience de la cour l'emporta sur toutes ces raisons : M. de Bouillon même, qui avoit nouvellement fait sa paix avec le cardinal, pressa M. de Turenne, son frère, plus que personne, son sentiment étant qu'il valoit mieux suivre aveuglément les ordres de la cour, que de s'exposer à la censure de certains courtisans, capables de jeter dans l'esprit du Roi des soupçons qu'il voulût épargner le prince, quelque irréconciliables qu'ils fussent dans le fond, après ce qui s'étoit passé. M. de Turenne n'étoit pas encore assez bien dans l'esprit du Roi, et dans cette réputation de probité qu'il a acquise depuis, pour oser refuser d'obéir à des ordres qui n'étoient point de son goût, et il ne se fioit pas encore sur sa capacité et son expérience autant comme il fit dans la suite en plusieurs occasions.

Les gardes françoises et le régiment de la marine, soutenus des gendarmes du Roi et des chevaux-légers, attaquèrent, à la droite de tout, la barricade d'une rue qui aboutissoit à la grande rue du fauxbourg où est le marché ; le succès répondit à la bravoure des attaquans : quoique les murailles fussent bordées à droite et à gauche, et les maisons remplies de soldats, on emporta la barricade, et on chassoit les ennemis de maison en maison, lorsque l'ambition imprudente du marquis de Saint-Maigrin, qui commandoit les gendarmes et les chevaux-légers, rendit ce premier avantage inutile : il voulut partager la gloire de l'infanterie ; et craignant qu'il n'y en eût point pour lui de reste, il passa avec précipitation dans cette rue au travers des soldats, sans leur donner le temps d'achever de déloger les ennemis, et pénétra en poussant les fuyards presque jusqu'au marché où M. le prince étoit en personne, qui remarquant la faute qu'avoit commise cette cavalerie, se mit à la tête de vingt-cinq officiers ou volontaires qui se trouvoient auprès de lui, la chargea si brusquement qu'elle se mit en désordre, se renversa sur l'infanterie, et essuya tout le feu que les ennemis faisoient des fenêtres. Ceux des troupes du Roi qui étoient entrés dans les premières maisons voyant ce désordre, les abandonnèrent, et les ennemis, reprenant courage, les poursuivirent jusqu'à la première barricade, que la présence de M. de Turenne empêcha d'être reprise, comme l'avoient été toutes les autres.

Saint-Maigrin ne fut pas le seul qui paya par sa mort la peine de sa témérité ; le marquis de Nantouillet et plusieurs personnes de qualité y furent aussi tués sur la place ; beaucoup d'autres moururent ensuite de leurs blessures, entre lesquels furent M. de Mancini, neveu du cardinal, qui promettoit beaucoup, et Fouillou, enseigne des gardes de la Reine. Les deux régimens d'infanterie avoient été si mal menés, que tout ce qu'on put en attendre fut qu'ils gardassent la première barricade qu'ils avoient prise.

Le régiment d'infanterie de Turenne fut employé à l'attaque de quelques maisons et jardins que l'ennemi occupoit sur la gauche ; les deux régimens d'Uxelles et de Carignan, qui ne composoient qu'un bataillon, insultèrent un peu plus loin, encore sur la gauche, les murailles d'un jardin qui aboutissoit à la grande rue ; et sur la gauche de tout le reste de l'infanterie commandée par M. de Navailles, consistant dans les régimens de Picardie, Plessis-Praslin, Douglas et Bellecense, attaqua la barricade qui étoit du côté de la rivière proche le jardin de Rambouillet.

Les ennemis furent d'abord chassés de plusieurs postes par le régiment de Turenne ; mais le mauvais succès de la droite l'empêcha de pousser plus loin, et il se contenta de conserver ce qu'il avoit gagné. Un escadron composé des régimens de Clare et de Richelieu, qui devoit le soutenir, surpris d'une grêle de mousqueterie des ennemis, qui d'une muraille voisine le prenoit en flanc et lui tua beaucoup de monde, se mit en désordre et prit la fuite ; mais les officiers courant après les fuyards, les arrêtèrent, et en un moment les firent retourner à leur poste en bon ordre, où ils se comportèrent pendant tout le reste de l'action avec une bravoure extrême, et d'autant plus extraordinaire qu'il arrive très-rarement que des troupes qui ont été une fois saisies de peur fassent bonne figure le reste de la journée. Cet escadron fut si maltraité, qu'il n'y eut pas un capitaine qui ne fût tué ou blessé ; du régiment de Richelieu il ne resta en vie que La Loge, capitaine-lieutenant, blessé d'un coup de mousquet au travers du corps, dont il guérit.

Les régimens d'Uxelles et de Carignan donnèrent de leur côté à peu près dans le même temps que se faisoient les autres attaques : les deux lieutenans-colonels furent tués d'abord ; mais cela ne les empêcha point d'aller droit à la muraille, malgré le grand feu qu'on faisoit sur eux ; ils se mirent dans les intervales des trous au travers desquels les ennemis tiroient : il se renouvella dans cet endroit un combat à peu près semblable à celui de la dernière muraille des jardins du fauxbourg d'Etampes ; les mousquets ne pouvant pas faire beaucoup d'exécution, on se rouloit les pierres l'un sur l'autre, on tiroit les pistolets, et on fourroit les épées au travers de ces trous, et le manque d'instrumens à démolir la muraille fut cause que cette manœuvre dura long-temps. Cependant la cavalerie qui soutenoit cette attaque se tint vis-à-vis de la grande rue, hors de la portée du mousquet, pour empêcher que les ennemis ne sortissent de la barricade qu'ils y avoient, pour charger l'infanterie qui étoit contre la muraille, et on ne jugea pas à propos de ne rien entreprendre contre cette barricade, parce qu'étant défendue par les maisons voisines que les ennemis occupoient, il étoit difficile et d'ailleurs inutile de la prendre s'ils n'étoient auparavant chassés de ces maisons.

M. de Navailles, de son côté, emporta la barricade qui lui étoit opposée ; il n'y trouva pas beaucoup de résistance, et délogea les ennemis des maisons qui étoient aux environs. On s'étoit contenté d'abord de s'y maintenir sans pousser plus avant, parce qu'on trouva que les ennemis avoient posté à l'opposite, dans une place assez large, une partie de leur cavalerie, et qu'il y avoit derrière des jardins et des maisons garnis d'infanterie. Les ennemis jugèrent aussi qu'il y auroit eu de la témérité pour eux d'attaquer les troupes du Roi, et prirent le parti de se retirer derrière les maisons et les jardins que leur infanterie occupoit ; mais M. d'Eclinvilliers, maréchal de camp, prenant leur retraite pour une fuite, passa au travers de la barricade gagnée avec la

35.

cavalerie qu'il commandoit, pour les aller poursuivre ; ils firent dans le même temps volte-face, et sçachant qu'on ne pouvoit venir à eux que deux à deux, ils la chargèrent avant qu'il pût escadronner, lorsqu'il n'avoit que la moitié de son monde passé, le battirent, le firent prisonnier, lui tuèrent plusieurs officiers et cavaliers ; et après avoir poursuivi le reste jusqu'à la barricade, ils se retirèrent au grand trot, essuyant un assez grand feu de l'infanterie des troupes du Roi qui s'étoit emparée des maisons.

Le canon et l'infanterie de M. de La Ferté arrivèrent à peu près dans ce tems-là : les deux régimens eurent ordre aussitôt de relever les gardes françoises et la marine qui avoient été si maltraités, et de garder les postes qu'on avoit gagnés de ce côté-là : le canon, dont il n'y avoit que six pièces, fut conduit aux moulins qui étoient un peu plus près que la portée du mousquet de l'entrée de la grande rue, où on commença à tirer avec beaucoup de succès sur les soldats et les bagages dont elle étoit remplie, et disparurent en un instant ; ensuite on battit les maisons qui commandoient le passage à la barricade ; comme elles étoient légèrement bâties, chaque boulet passoit à travers ; néanmoins les ennemis s'y maintinrent avec tant d'opiniâtreté qu'on ne put alors les en déloger, et firent toujours grand feu des fenêtres et des trous que le canon avoit percés.

Pendant cette canonnade, on entendit subitement un grand bruit de mousqueterie qui venoit de l'attaque où commandoit M. de Navailles ; M. de Turenne y courut ; mais l'affaire étoit finie avant qu'il y arrivât : jamais il n'y en eut une plus chaude pour le tems qu'elle dura, ni un feu plus violent. Voici quelle en fut l'occasion. M. de Beaufort avoit employé presque tout le matin à haranguer les Parisiens pour les exhorter d'ouvrir leurs portes à M. le prince et à ses troupes : son éloquence ayant été inutile, il sortit et ne put apprendre en arrivant au fauxbourg ce qui s'y étoit déjà passé, la chaleur de l'action où Saint-Maigrin avoit été tué, la bravoure avec laquelle M. le prince et les personnes de qualité qui l'avoient accompagné s'étoient signalés, sans être animés d'une noble émulation ; il résolut de faire quelque chose d'aussi remarquable, et proposa à M. de Nemours, avec lequel il étoit en querelle, de reprendre la barricade que M. de Navailles avoit emportée, comme une action de la dernière importance pour le parti. M. de Nemours accepta la proposition, et on se mit aussitôt en état de l'exécuter ; tout ce qu'il y avoit de personnes de qualité qui étoit encore en état de combattre, les suivirent : ils se mirent tous deux à la tête d'un bon corps d'infanterie et marchèrent avec beaucoup de résolution et de bravoure à la barricade : le régiment de Picardie étoit posté derrière. Il y avoit une maison de chaque côté du passage par où les ennemis devoient venir ; le régiment de Du Plessis-Praslin étoit dans l'une, et celui de Douglas dans l'autre : ils ne laissèrent pas de passer avec beaucoup d'intrépidité et de bravoure entre ces deux feux, qui furent violens et continus, sans s'arrêter, jusqu'à ce qu'ils arrivèrent à la barricade ; mais ils y trouvèrent une si vigoureuse résistance, qu'ils ne purent s'en rendre maîtres ; ils furent repoussés avec grande perte : M. de Nemours y reçut plusieurs blessures et eut un doigt emporté d'un coup de mousquet ayant la main sur la barricade ; M. de La Rochefoucault reçut un coup au coin de l'œil, dont la balle sortit au-dessous de l'autre, et courut risque de les perdre tous deux ; M. de Guitaud reçut un coup de mousquet dans le corps. Il y eut plusieurs autres personnes de qualité blessées et tuées, dont les noms ont été oubliés (1) : M. de Flamarin fut de ces derniers, et une avanture trop remarquable ne permet pas de l'oublier. Des diseurs de bonne avanture lui avoient prédit qu'il mourroit la corde au col ; ce qui est contre la coutume de France, où on coupe la tête aux gentilshommes qui y sont condamnés à mort : cependant il eut le malheur d'accomplir la prédiction, si on peut appeler ainsi les contes ridicules de cette sorte de gens, dont Dieu néanmoins peut bien se servir quelquefois pour punir des curiosités de cette nature, qui sont toujours criminelles (2). Ce gentilhomme étant tombé d'un coup de mousquet, et ayant été laissé pour mort auprès d'une des maisons que les troupes du Roi occupoient, les soldats jugeant à la richesse de ses habits qu'il avoit la bourse garnie à proportion, avoient fort envie de l'aller dépouiller ; mais les ennemis qui étoient dans des maisons voisines, ne leur permettant point de le faire sans trop de danger, ils s'avisèrent d'attacher au bout d'une pique une corde, et y faisant un nœud coulant, ils la lui passèrent à l'entour de la tête, et l'attirèrent

---

(1) Il existe aux Archives du royaume un état nominatif des personnes tuées ou blessées dans le parti du Roi et dans celui du prince de Condé, pendant le combat du faubourg Saint-Antoine.

(2) On n'en jugeait pas de même à la cour de Rome, car tous les ans on envoyait au jeune roi Louis XIV, de la part du Saint-Père, l'horoscope de sa vie pour l'année dans laquelle il allait entrer.

à eux de cette manière, dans la maison, comme il expiroit.

M. de Turenne trouva en arrivant que l'ennemi avoit été repoussé et que le poste étoit en bon état; il retourna à la batterie des moulins, malgré le feu de laquelle les ennemis tenoient toujours bon dans les maisons à la gauche de la barricade, à son égard. On découvrit un endroit qui n'étoit pas gardé, par où on pouvoit attaquer les maisons par derrière; comme toute l'infanterie étoit employée à l'attaque, M. de Turenne fit mettre pied à terre aux cavaliers, qui insultèrent les maisons si à propos et avec tant de valeur, que de plus de cent hommes des ennemis qui les avoient si long-temps défendues, il n'y en eut pas un qui ne fût tué ou pris.

Au même moment que les cavaliers commencèrent cette attaque, les deux régimens d'Uxelles et de Carignan, qui avoient toujours combattu contre la muraille des jardins, d'une manière si bizarre, commencèrent à se rendre maîtres de quelques-uns des trous que les ennemis avoient défendus avec beaucoup d'opiniâtreté. On les avoit enfin beaucoup élargis sans autre secours que celui des mains, qu'il avoit fallu faire suppléer au défaut de leviers et d'autres instrumens : sur quoi les ennemis jugeant qu'on avoit dessein de les forcer par les ouvertures, abandonnèrent toute la muraille, quoiqu'il y eût dans le jardin un escadron pour les soutenir : les attaquans s'en étant apperçu, firent un feu si violent que la cavalerie, suivant l'exemple des fantassins, se mit en fuite; mais n'y ayant qu'un espace fort étroit pour se retirer, et chacun s'empressant à qui se sauveroit le premier, ils bouchèrent le passage, et y restèrent du temps entassés confusément cavalerie et infanterie : on fit grand feu sur eux; la muraille fut abattue, ils perdirent beaucoup de monde, et ceux qui étoient postés derrière la barricade à l'entrée de la grande rue, surpris de voir en même temps les jardins de leur gauche forcés, et le feu qu'on faisoit sur eux des maisons qui étoient à leur droite, prirent l'épouvante et abandonnèrent la barricade, dont les troupes du Roi s'emparèrent. On ne jugea pas à propos de les poursuivre d'abord, parce qu'on avoit résolu de donner une attaque générale de tous côtés; on prépara toutes choses pour cet effet, pendant qu'on donnoit le temps aux troupes de respirer et de se remettre un peu des fatigues de tant d'actions, que la chaleur étouffante qu'il faisoit ce jour-là rendoit chaudes de toute manière.

Tout étant disposé en bon ordre, et le signal de trois coups de canon donné, on commença l'attaque : M. de La Ferté commandoit la droite et M. de Turenne la gauche. Ce dernier avançant avec un gros corps de cavalerie et d'infanterie, avoit résolu de prendre un peu sur la gauche du côté de la Bastille, et d'attaquer un endroit où il espéroit ne point trouver de fortes barricades; mais comme on étoit près d'attaquer, la Bastille tira sur les troupes du Roi, au grand étonnement de tous ceux qui s'étoient flattés que Paris demeureroit neutre, et qu'elle ne donneroit point retraite aux ennemis. On avoit commencé de soupçonner, ce qui se trouva aussitôt après être véritable, que les Parisiens avoient ouvert leurs portes aux princes; car en attaquant les barricades, les ennemis ne firent point mine de les vouloir défendre; ils se retirèrent de leurs postes en bon ordre, ne laissant à chacun que peu de soldats, qui à mesure qu'on avançoit à eux les abandonnoient pour suivre leurs gens dans la ville : on poursuivit les derniers jusqu'aux portes, et les généraux ne voyant plus rien à faire, prirent le parti de retourner à la Chevrette, où ils avoient laissé leurs bagages, pour rafraîchir les troupes, et on y fit conduire les blessés.

On ne peut pas dire exactement combien on perdit de monde dans ce combat; on croit qu'outre les blessés, qui furent en grand nombre, il y eut entre huit ou neuf cens hommes de tués; outre les personnes de qualité qui le furent, dont il a déjà été fait mention, il y en eut plusieurs autres dont on a oublié les noms, de même que des blessés : le comte d'Estrées, maréchal-de-camp; Pertuys, capitaine des gardes de M. de Turenne; le colonel Worden, gentilhomme du duc d'Yorck; Lisbourg, lieutenant-colonel de Streff; le chevalier de la Neuville, et plusieurs autres, guérirent de leurs blessures. On a estimé que les ennemis eurent plus de mille hommes tués sur la place, parmi lesquels il y eut un grand nombre d'officiers et de gens de qualité; de ces derniers, hors M. le prince, le duc de Beaufort et le prince de Tarante, il n'y en eut aucun qui ne fût ou tué ou blessé.

Le prince de Condé n'avoit jamais mieux rempli les devoirs d'un grand capitaine et d'un soldat intrépide que dans cette occasion; jamais il ne s'étoit exposé à de si grands périls, et ce fut effectivement son courage qui sauva dans les commencemens de l'action son armée d'une entière défaite. Il a depuis avoué au duc d'Yorck qu'il ne s'étoit jamais trouvé si long-temps dans le danger; mais ce qui rendit sa gloire plus éclatante, c'est qu'il eut affaire à M. de Turenne, que tout le monde convient avoir été le plus grand capitaine de son siècle, et qu'on peut avec justice comparer aux plus célèbres qui l'ayent jamais précédé.

Ce qui détermina les Parisiens à refuser l'entrée aux troupes de M. le prince, quand elles se présentèrent à la porte de la conférence, furent les raisons suivantes, que les fidèles sujets du Roi firent répandre par toute la ville : que quoiqu'on fût ennemi du cardinal et qu'on souhaitât sa perte, il seroit indigne de la gloire dont ils se piquoient d'être bons François, de souffrir qu'une armée, composée en partie de troupes espagnoles, entrât dans leurs murailles ; que ce seroit un spectacle odieux et capable d'exciter parmi le peuple une sédition dangereuse, que les croix de Bourgogne qu'on n'avoit coutume de voir que dans Notre-Dame, fussent portées en triomphe au milieu de leur ville ; qu'il sembleroit qu'on se fût déjà soumis au joug des Espagnols, quand on ne verroit partout que des écharpes rouges, qui rappelleroient le souvenir honteux de les y avoir soufferts pendant la rébellion, déguisée sous le titre spécieux d'une Sainte-Ligue ; qu'il étoit enfin contre l'intérêt de cette capitale d'y recevoir une armée sous quelque prétexte que ce pût être.

Quand la bataille commença dans le faux-bourg Saint-Antoine, les harangues de monsieur de Beaufort ne purent rien obtenir. M. le duc d'Orléans, croyant que tout fût perdu, avoit fait fermer son palais, et tenoit derrière ses jardins ses carosses prêts pour se sauver à Orléans ; mais Mademoiselle, pleine de courage et de résolution, considérant que la défaite de M. le prince entraînoit la ruine de tout le parti, fut à l'Hôtel-de-Ville et parla si vivement aux magistrats qui y étoient assemblés, que ses raisons, jointes aux clameurs et aux menaces de la populace qui l'avoit suivie, arrachèrent du maréchal de L'Hôpital et du prévôt des marchands l'ordre à la bourgeoisie qui gardoit la porte Saint-Antoine, de l'ouvrir et de laisser entrer dans la ville l'armée de M. le prince. Elle porta cet ordre elle-même, le voulut voir exécuter, et entrant ensuite dans la Bastille, fit tirer sur les troupes du Roi. Ce fut ainsi que le courage de cette princesse sauva le prince de Condé et son armée.

Il arriva, deux jours après cette affaire, un grand désordre dans Paris, à l'occasion d'un conseil qui se tint dans l'Hôtel-de-Ville, pour y faire déclarer le duc d'Orléans lieutenant-général du royaume, pour y conclure une union qui fût indissoluble (1), jusqu'à ce que le cardinal fût banni de France, pour rétablir le duc de Beaufort gouverneur de Paris, en la place du maréchal de L'Hôpital, et pour déposer Le Fèvre de sa charge de prévôt des marchands, et la donner à Broussel ; mais ce qui devoit affermir la faction, fut une des principales causes de sa ruine. Il se leva tout d'un coup une émotion si violente qu'elle faillit à exterminer toute l'assemblée. Une multitude, composée de personnes de toutes sortes de conditions, vint avec impétuosité dans la place de Grèves, criant qu'ils vouloient que les affaires se terminassent au gré du prince de Condé ; qu'on leur livrât tous les partisans du cardinal Mazarin ; comme ils virent qu'on n'avoit pas beaucoup d'égard à leurs demandes, ils se mirent en devoir de forcer la Maison-de-Ville, et le maréchal de L'Hôpital, secondé de quelques personnes résolues, en ayant défendu l'entrée, la populace mit le feu aux portes, qui s'étendit en peu de temps ; ils tiroient sur tous ceux qui paroissoient aux fenêtres, en tuèrent plusieurs. D'autres, appréhendant moins la fureur de ce peuple que l'horreur des flammes dont ils étoient menacés, et s'abandonnant à sa miséricorde, en furent impitoyablement massacrés, sans distinction de parti ; il confondoit le frondeur avec le royaliste, et, par un juste jugement de Dieu, il en périt beaucoup plus des premiers que des derniers.

Tous ceux qui ont été soupçonnés d'avoir excité cette sédition, l'ont également désavouée, se la rejettant les uns sur les autres ; et quoique le prince de Condé ait toujours soutenu de n'y avoir point trempé (2), toute la haine en retomba sur lui et sur ses partisans, et personne ne crut M. le duc d'Orléans capable d'y avoir eu aucune part. Ce désordre fut suivi d'un autre accident, qui fut encore d'un grand préjudice à la Fronde. Le duc de Nemours fut tué en duel par le duc de Beaufort, les liaisons du sang n'ayant pu appaiser la haine mortelle qu'ils se portoient depuis si long-temps. Pendant que cette sanglante tragédie se passoit dans le centre du royaume, les Espagnols, se servant de l'occasion, reprirent en peu de temps plusieurs places qu'ils avoient perdues les années précédentes. Ils

---

(1) Nous avons publié, dans notre édition des Mémoires de Retz, le texte du traité d'union conclu entre la ville de Paris, le duc d'Orléans et le prince de Condé. Voyez page 370, à la note.

(2) Lenet, dans la partie nouvelle de ses Mémoires, que nous avons publiés (tome II de la IIIe série de la Collection de MM. Michaud et Poujoulat), soutient aussi que le prince de Condé a toujours été faussement accusé d'avoir pris part à la sédition, et qu'il y fut entièrement étranger.

entrèrent de bonne heure en campagne; et ne trouvant point de troupes capables d'arrêter leurs progrès, ils les poussèrent sans beaucoup de difficultés.

La cour, qui demeura quelque temps à Saint-Denis, fut alarmée au dernier point d'apprendre que l'archiduc, à la sollicitation des princes, se disposoit à marcher en France au commencement de juillet, avec une armée de plus de vingt-cinq mille hommes. Après plusieurs délibérations sur un danger si pressant, il fut résolu, vers le 15 juillet, que la cour et l'armée qui étoit trop foible pour résister à des forces si considérables, marcheroient dans deux jours pour se retirer à Lyon.

Le duc d'Yorck et M. de Turenne vinrent à Saint-Denis le même jour que cette résolution avoit été prise dans le conseil. Avant que d'aller à la cour, ils furent chez M. le duc de Bouillon, pour apprendre de lui ce qui avoit été arrêté: il dit à M. de Turenne qu'il étoit d'opinion que la cour ne pouvoit chercher son salut ailleurs qu'à Lyon; que les raisons qui l'avoient déterminée à prendre ce parti, étoient qu'il n'y avoit point d'autre ville où le Roi pût être en sûreté, puisque c'étoit la seule grande ville qui voulût le recevoir; que l'armée espagnole, à laquelle on n'étoit pas en état de résister, venant en France, il étoit dangereux qu'elle n'enfermât la cour et l'armée entre elle et Paris; que tant que la personne du Roi seroit en sûreté, on pouvoit tout espérer, comme tout étoit à craindre si elle tomboit entre les mains des princes ou des Espagnols; que Lyon étoit l'endroit de la France d'où on pouvoit le mieux faire tête aux ennemis, puisque tous les environs étoient dévoués aux intérêts du Roi.

M. de Turenne, au contraire, trouva cet expédient dangereux; il dit que la retraite de la cour entraîneroit infailliblement la perte de toutes les places frontières de Picardie, Champagne et Lorraine, qui tenoient pour le Roi; que ces provinces se voyant abandonnées, chacune ne songeroit qu'à s'accommoder avec les Espagnols ou avec les princes; que les uns ou les autres auroient tout le temps d'en retirer tout l'avantage qu'il leur plairoit; qu'il étoit extrêmement dangereux qu'une pareille situation d'affaires n'inspirât aux peuples des pensées de diviser la France, au moins cette partie dont ils se trouveroient en possession; qu'après que les princes se seroient ainsi établis, leurs forces augmentant en même temps que leur réputation, la cour perdroit l'un et l'autre, et seroit à la veille d'être entièrement chassée du royaume. Il conclut, après plusieurs autres raisons, que le parti le plus prudent et le plus sûr étoit que le Roi se retirât à Pontoise avec la garde qui avoit coutume de l'accompagner, qui suffiroit, le poste étant aisé à garder, pour le mettre à couvert des entreprises des Parisiens, qui probablement n'en viendroient point à cette extrémité, puisqu'ils gardoient des bienséances qui marquoient toujours du respect; que la cour étant ainsi en sûreté, il marcheroit avec l'armée à Compiègne pour observer le mouvement des Espagnols, et qu'il espéroit, à la faveur de cette ville et des rivières qui l'environnent, retarder au moins leurs progrès, s'il ne les arrêtoit point tout court. Il ajouta qu'il étoit sûr que les Espagnols, naturellement soupçonneux et sujets à des précautions outrées, le voyant avancer à eux, ne manqueroient point, avec les raffinemens ordinaires de leur prudence, de s'imaginer du mystère dans cette démarche, et de croire qu'on n'oseroit point l'hazarder sans de bons fondemens, et que l'opinion qu'ils ont du tempérament de la nation, leur feroit craindre que les princes ne négociassent quelque traité secret, dont ils seroient les victimes. M. de Turenne ramena aisément son frère à son sentiment: ils furent ensemble trouver le cardinal qui s'y rendit aussi, après en avoir pesé et conçu la solidité. Le voyage de Lyon fut rompu; et le 17 juillet la cour alla à Pontoise; l'armée marcha en trois jours à Compiègne, et campa sous les murailles de cette ville.

L'armée espagnole s'étoit avancée jusqu'à Chauni, où le duc d'Elbeuf se laissa enfermer si mal à propos, avec sept ou huit cens chevaux, qu'il avoit assemblés dans son gouvernement de Picardie, que quand il crut pouvoir se retirer à l'approche des ennemis, ils lui coupèrent les passages; et la place étant foible, il fut obligé de capituler après deux jours de siége, à condition que ses cavaliers sortiroient à pied, et qu'ils laisseroient leurs chevaux aux Espagnols.

M. de Turenne avoit sagement prévu que sa démarche arrêteroit les ennemis; après la prise de Chauni, où ils ne mirent point de garnison, ils n'entreprirent point d'autre siége de ce côté-là, où ils pouvoient en faire sans opposition, et se contentèrent de manger le pays. On a cru qu'ils jugèrent qu'il étoit bien plus de leur intérêt de reprendre les places qu'ils avoient perdues en Flandre, que de faire des conquêtes dans la France; ils considérèrent que les princes seroient assez forts avec les secours qu'ils pourroient leur envoyer, pour tenir tête au Roi, au lieu que s'ils les mettoient en état de l'accabler, ce prince se trouveroit dans la nécessité de se mettre entre les mains des rebelles; ce qui, réunissant les forces des deux partis, les obligeroit de lâcher prise, et de rendre tout ce qu'ils auroient conquis, qui seroit trop éloigné des Pays-Bas pour être secouru; ils craignirent de prendre l'ombre pour la chose. Si ce ne furent point là leurs vues, leur conduite au moins donna lieu de le croire. Ils retournèrent en Flandre, y prirent plusieurs places, et laissèrent sur les frontières le duc de Lorraine avec ses troupes et un détachement des leurs, commandé par le duc de Wirtemberg, pour être à portée de secourir les princes quand on le jugeroit à propos.

Aussitôt que les Espagnols furent retournés chez eux, M. de Turenne revint aux environs de Paris. L'armée des princes campoit sous ses murailles; elle n'étoit pas assez forte pour hazarder une bataille, et elle craignoit qu'en s'éloignant de cette ville, le parti du Roi, qui augmentoit tous les jours, ne vînt à prévaloir; l'animosité des Parisiens se ralentissoit; ils commençoient à ouvrir les yeux et à reconnoître qu'ils avoient été séduits; et ce qui contribuoit le plus à les faire rentrer dans leur devoir, fut la sortie du cardinal hors du royaume : il s'étoit disposé à cette retraite en arrivant à Pontoise, la jugeant nécessaire pour les intérêts du Roi et pour les siens particuliers; par là il ôtoit tout prétexte à la rébellion; son rétablissement étoit certain si les affaires de Sa Majesté reprenoient le dessus; il comptoit sur la fermeté de la Reine, que rien ne pouvoit ébranler; il sçavoit que sa parole étoit inviolable : jamais princesse n'avoit montré plus de grandeur d'ame, plus de constance et de résolution dans les plus grands périls; elles étoient telles qu'il ne s'en trouve point dans l'histoire de plus héroïques. On a cru néanmoins que le cardinal auroit couru grand risque de ne point être appelé si M. de Bouillon avoit vécu plus long-temps; sa grande capacité, jointe à celle de M. de Turenne, qui se trouvoit à la tête de l'armée, pouvoit lui frayer le chemin au ministère. Il n'est pas sûr que les deux frères ayent eu ce dessein; mais il est constant qu'ils étoient les seuls capables de soutenir le poids des affaires dans une conjoncture si difficile. Quoi qu'il en soit, la mort de M. de Bouillon arrêta ces discours et la crainte ou l'espérance d'un pareil changement.

L'armée du Roi arriva à Tillet, à une lieue de Gonesse, vers le commencement d'août; elle y demeura jusqu'à la fin du même mois, M. de Turenne jugeant ce poste avantageux pour observer l'armée des princes, qui se tenoit toujours auprès de Paris, et pour empêcher la jonction des secours que les Espagnols pourroient envoyer. Il fut enfin averti que le duc de Lorraine revenoit une seconde fois avec ses troupes et le détachement d'Espagnols sous le commandement du duc de Wirtemberg, et qu'il avoit pris le chemin de Champagne et de Brie, pour joindre l'armée des princes; il marcha aussitôt vers la Marne; et ayant appris en chemin que les Lorrains avançoient, l'armée passa la rivière à Lagni, et campa au petit village de Saint-Germain, près de Cressi en Brie. M. de Turenne reçut ordre de la cour d'y rester jusqu'à nouvel ordre, et de ne rien entreprendre contre M. de Lorraine, à moins qu'il n'entreprît de marcher vers Paris, en décampant d'où il étoit, et qu'en ce cas il fît de son mieux pour empêcher sa jonction avec les princes. Cet ordre étoit fondé sur ce qu'on étoit en négociation avec M. de Lorraine, qui avoit envoyé son secrétaire pour le conclure, avec promesse en même temps qu'il demeureroit où il étoit, et qu'il n'avanceroit pas jusqu'à ce qu'on fût convenu, ou que le traité fût rompu. Il espéroit amuser la cour, la tromper par ses artifices, et trouver l'occasion ou d'entrer dans Paris, ou de joindre les princes sur le chemin, sans en venir à une bataille. M. de Turenne, qui le connoissoit mieux que la cour, ne donna pas comme elle dans le piége; il dit au secrétaire de M. de Lorraine, qui, en passant pour aller rendre compte à son maître de l'état de la négociation, lui apporta lui-même l'ordre en question, « *Que les promesses de M. de Lorraine et rien étoient pour lui la même chose.* » En effet, pour prouver la bonne opinion qu'il en avoit, il résolut de marcher le lendemain, 5 septembre, à Brie-Comte-Robert, pour être plus à portée de lui couper chemin en cas qu'il voulût marcher, comme il croyoit qu'il le feroit, et que suivant sa coutume il manqueroit à sa parole : il dit confidemment au duc d'Yorck que, quoique ses ordres fussent positifs de ne point quitter son poste, il étoit si persuadé que le duc de Lorraine vouloit tromper la cour, et qu'il étoit de l'intérêt du Roi son maître que l'armée marchât, qu'il aimoit mieux hazarder sa tête en désobéissant, que de donner lieu à M. de Lorraine d'aller à son but et de le duper. L'armée décampa le matin, et les maréchaux-des-logis arrivant à Brie-Comte-Robert, trouvèrent ceux des ennemis qui faisoient la même chose, leur armée étant déjà en marche pour y venir camper la même nuit. Ils retournèrent dans le même moment pour en informer M. de Turenne qui, avec l'avant-garde de l'armée, avoit passé un défilé; il en envoya aussitôt avertir M. de La Ferté, qui ce jour-là menoit l'arrière-garde, et le fit prier de le venir trouver pour consulter ensemble sur ce qui étoit à faire ; et comme il ne venoit pas assez vite, il alla à sa rencontre, et le trouva au défilé : ils résolurent, au lieu d'aller à Brie-Comte-Robert, de marcher directement à Villeneuve-Saint-Georges. M. de Turenne prit les devans avec toute sa cavalerie, ordonna à l'infanterie de le suivre en toute diligence avec le canon, et pria M. de La Ferté d'en faire autant ; il craignoit, avec raison, que M. de Lorraine, qui connoissoit l'importance du poste, ne le gagnât avant lui, et il ne doutoit pas que ses maréchaux-des-logis l'avertissant de la rencontre qu'ils avoient faite des siens, ne lui fissent prendre le même parti. Sa conjecture se trouva véritable : quelque diligence qu'il fît, l'avant-garde du duc arriva plus tôt que lui dans Villeneuve-Saint-George, et il se crut si assuré du poste, qu'il envoya à M. le prince une lettre datée du même lieu, pour l'informer qu'il s'en étoit rendu maître ; le duc d'Yorck l'apprit ensuite de l'officier qui l'avoit portée, étant avec M. de Turenne lorsqu'un parti qui l'avoit fait prisonnier le lui amena dans Villeneuve-Saint-George, et cet homme fut si surpris d'y trouver l'armée du Roi, qu'il ne pouvoit comprendre que cela fût possible.

Quoique les Lorrains eussent gagné les devans, qu'ils fussent maîtres de la ville, et qu'une partie de leurs troupes eussent passé l'Yères, M. de Turenne arrivant avec son avant-garde sur la hauteur qui commande le bourg et les rivières, les chassa et s'empara du pont. Leur armée étoit déjà si proche de l'autre côté de cette petite rivière, qu'elle tira le canon sur les premiers escadrons des troupes du Roi, quand ils arrivèrent sur le haut de la montagne, dont l'avant-garde leur servit plus que la diligence. M. de La Ferté arriva sur le soir avec le reste de l'armée ; et les ennemis ayant manqué le poste, se retirèrent une lieue plus haut le long de la rivière, vis-à-vis le château d'Ablon, où M. le prince les joignit peu de jours après, ayant fait passer ses troupes sur deux ou trois grands batteaux qu'il trouva par hasard sur la rivière.

Ce fut alors que les ennemis étant plus forts de la moitié que M. de Turenne, comptèrent sur une victoire certaine, le tenant comme dans un cul-de-sac entre la Seine et l'Yères, où ils ne croyoient pas qu'on pût leur échaper : ils sçavoient que n'ayant dans ses caissons que pour quatre ou cinq jours de pain tout au plus, et les fourages lui manquant, il ne pouvoit en tirer d'aucun endroit, tout le pays des environs étant ruiné, et ils espéroient de finir la guerre sans coup férir ; mais M. de Turenne avoit eu le bonheur d'arrêter à Villeneuve-Saint-George, la nuit même qu'il y arriva, vingt-quatre ou vingt-cinq batteaux qui furent le salut de l'armée, parce qu'ils serviroient à faire des ponts sur la Seine.

On ne perdit point de temps : le premier pont fut achevé en deux ou trois jours avec des travaux de l'autre côté de la Seine pour le couvrir ; et le second fut achevé peu de jours après. On surmonta des difficultés qui paroissoient invincibles ; on n'avoit ni bois ni argent ; l'industrie des officiers d'artillerie et la libéralité des joueurs suppléèrent à l'un et à l'autre : ces derniers prêtèrent trois cens pistoles, l'intendant de l'armée n'ayant pu fournir une si petite somme ; les autres abattirent les maisons du bourg pour en prendre les poutres et les planches. Cette communication de l'autre côté de la Seine donna du fourage à la cavalerie, qui en avoit manqué dès le premier jour. Pour se mettre d'autant plus en état de maintenir ce poste, on se retrancha du côté de Limai, qui étoit le seul par où les ennemis pouvoient attaquer l'armée ; elle étoit couverte d'un bois sur sa droite ; elle avoit la Seine à la gauche, l'Yères la garantissoit par derrière ; ainsi n'ayant que son front à garder, qui étoit vis-à-vis de Limai et de Gros-Bois, il ne fallut que faire des lignes entre les cinq redoutes que le duc de Lorraine y avoit élevées, et qui étoient encore entières.

Pendant qu'on travailloit à ces retranchemens et à la construction des ponts, l'armée ennemie décampa, après avoir mis garnison dans Ablon, et marcha du côté de Brie, dans le dessein d'y passer l'Yères, pour enfermer l'armée du Roi de tous côtés. Lorsqu'elle fit ce mouvement, M. de Turenne trouva à propos de faire attaquer le château d'Ablon, pour assurer la communication par eau avec Corbeil, d'où il espéroit tirer toute sorte de provisions : pour cet effet M. de Rennel fut envoyé avec un détachement de cavalerie et d'infanterie et deux pièces de canon ; mais avant qu'il fût arrivé au château, M. de Turenne qui l'avoit vu passer, fut averti qu'on découvroit quelques escadrons des ennemis entre le bois et Limai. Il envoya ordre aussitôt à Rennel de revenir au camp, et monta sur la hauteur pour reconnoître l'ennemi, croyant d'abord qu'il venoit à lui : en y arrivant, il apperçut l'infanterie qui commençoit à paroître ; et pour mieux juger si leur dessein étoit de l'attaquer immédiatement, il se mit avec le duc d'Yorck parmi les escarmoucheurs, qui éloignèrent ceux des ennemis, et donnèrent lieu d'observer de plus près leur contenance : M. de Turenne qui ne voyoit pas bien de loin, ne se fiant point à ses propres yeux, pria le duc d'Yorck de bien examiner ce qu'ils faisoient : ce prince fut le premier qui l'avertit qu'ils se retranchoient ; ce qui lui ayant été confirmé par plusieurs autres, il retourna au camp fort satisfait de ce que les ennemis n'attaquoient point ses lignes, qui n'étoient pas encore perfectionnées ; il y fit travailler sans relâche, et ordonna de les palissader ; ce qui ayant été exécuté en six heures de temps, on jugea à propos d'ouvrir les redoutes en dedans, parce que, de la manière que les Lorrains les avoient faites, il eût été difficile de les reprendre si les ennemis s'en fussent rendu les maîtres.

Dans le même temps que le prince de Condé marcha avec son armée à Limai, le duc de Lorraine avec la sienne avança au haut de l'Yères entre Brie et l'armée du Roi, qu'ils crurent tenir bloquée, de sorte qu'elle ne pouvoit leur échapper dans peu de temps, ne doutant point ou de l'affamer ou de la réduire à entreprendre quelque action désespérée. Après que M. le prince eut achevé ses retranchemens, qui étoient fort profonds et à la portée du canon de ceux de M. de Turenne, sa principale application fut de faire un pont de batteaux une lieue au-dessous des siens, pour interrompre les fourageurs, et empêcher la communication avec Corbeil de l'autre côté de la Seine, pendant que M. de Lorraine avoit des partis continuellement en campagne pour l'empêcher du côté de Brie ; mais avant que le pont des ennemis fut achevé, on se rendit maître du château d'Ablon, qui rendit toutes leurs précautions inutiles, et assura par eau la communication avec Corbeil ; on fit aussi bonne provision de fourage que l'on enleva à une bonne distance entre Juvisi et Paris.

Le pont des ennemis étant fini, les fourageurs ne purent sortir qu'avec de grosses escortes d'infanterie et de cavalerie, ce qui étoit d'autant plus pénible, qu'il falloit aller si loin qu'ils ne pouvoient revenir le même jour. Les généraux s'avisèrent enfin d'un expédient qui étoit et plus aisé et moins hazardeux. Deux mille chevaux qui étoient venus à Corbeil, après la prise de Montrond, eurent ordre d'y rester : on en détachoit tous les jours de petits partis qui rôdoient en descendant de l'un et de l'autre côté de la rivière, et qui se rencontrant avec ceux du camp qui faisoient la même chose en remontant, chacun retournoit de son côté après s'être communiqué ce qu'ils avoient découvert ; et quand ceux du camp rapportoient qu'il n'y avoit point de danger, on faisoit sortir les fourageurs qui alloient par-delà Corbeil, y passoient la rivière d'Essone ; après quoi ils fourageoient à leur aise, passoient la nuit en sûreté, revenoient à la ville, et retournoient au camp de l'un ou de l'autre côté de la Seine, où ils étoient avertis qu'il n'y avoit point de risque.

Cette méthode fut suivie avec tant d'exactitude et tant de bonheur, qu'il n'arriva point d'accident à aucun des convois, et on peut dire avec vérité que la monarchie françoise étoit réduite à cette extrémité, que son salut dépendoit de chacun de ces convois, la perte d'un seul étant capable de causer celle de toute l'armée.

Durant ce blocus, les petits partis de l'armée du Roi poussoient leurs courses fort loin du côté d'Orléans, et alloient quelquefois jusqu'aux portes de Paris, ce qui incommodoit beaucoup cette grande ville, dont le commerce étoit interrompu de ce côté-là, pendant que de l'autre les troupes des princes ne la pilloient pas moins. Les Parisiens supportèrent quelque temps ce voisinage importun avec assez de patience, sur les promesses que leur faisoit le prince de Condé de les en délivrer bientôt, et de terminer la guerre, en forçant M. de Turenne à se soumettre avec ses troupes ; mais l'effet ne répondant point aux espérances dont on les repaissoit journellement, ils panchèrent plus que jamais du côté de la cour, et reprirent des sentimens plus conformes à leur devoir : ils firent de sérieuses réflexions sur l'aveuglement avec lequel ils se laissoient dévorer par des étrangers, sans qu'il pût leur en revenir, ni à la nation, aucun autre avantage que d'être les dupes de quelques esprits ambitieux qui n'avoient en vue que de les engager dans leurs desseins d'usurper l'autorité royale.

Les partisans de la cour profitant de ces heureuses dispositions, fomentèrent adroitement la mésintelligence qui commençoit à naître entre les Parisiens et les princes ; le cardinal de Retz n'obmettoit rien de son côté pour l'augmenter : on se souvenoit toûjours du massacre de l'Hôtel-de-Ville ; et plusieurs désordres qui arrivèrent faisant connoître l'inclination des peuples, les boutte-feux qui les avoient si souvent mis en mouvement contre l'intérêt du Roi, perdirent tout crédit, ce qui relevant le courage de ses sujets fidèles, ils firent voir aux autres le précipice où l'ambition des princes alloit les jeter.

La prudence des généraux ayant assuré les fourages de l'armée du Roi, et les retranchemens étant tels qu'il auroit été dangereux aux ennemis d'entreprendre de les forcer, il ne se passa rien pendant le blocus que de fréquentes escarmouches qu'on ne pouvoit éviter, à cause de la proximité des lignes de l'une et de l'autre armée. Il y en eut une entre autres assez considérable, et qui pensa les engager, malgré les généraux, de part et d'autre. Le duc d'Orléans étant venu voir celle des princes, les jeunes gens de qualité qui l'avoient accompagné, voulurent montrer leur bravoure et sortirent des lignes pour faire le coup de pistolet contre les troupes du Roi qui, les voyant venir en grand nombre, sortirent aussi pour les combattre; la cavalerie escarmouchoit dans la plaine, et les fantassins se dispersèrent dans les vignes qui règnent depuis le bas du coteau jusqu'au haut de la montagne pour faire la même chose. L'affaire devint si sérieuse, et les volontaires de part et d'autre s'approchèrent de si près, que M. de Turenne fut obligé de détacher le marquis de Richelieu, avec plusieurs petits pelotons de cavalerie, pour aller les dégager; M. le prince s'en étant aperçu, fit faire de son côté la même chose. Il y eut de part et d'autre plusieurs tués et blessés. Un capitaine de Douglas, nommé Tivy, qui fut pris, s'échappa peu de jours après, et apporta à M. de Turenne la nouvelle que le prince de Condé étant tombé malade, s'étoit fait porter à Paris où les principaux de sa faction s'efforçoient toujours de le ranimer par les espérances de la ruine de l'armée du Roi. S'ils le crurent ainsi, ils se trompèrent bien grossièrement, car plus elle resta à Villeneuve-Saint-Georges, plus elle eut abondance de toutes choses qui lui venoient de Corbeil.

Il se fit dans cet entretems une très-belle action par le sieur Seguin, capitaine de cavalerie dans le régiment de Beauveau: il alloit souvent en parti, et étant sorti cette fois avec cent maîtres, il se mit en embuscade pour surprendre les fourageurs de l'ennemi, et les ayant laissé arriver et se mettre à l'ouvrage, il alloit pour les enlever, lorsque, découvrant fort près de lui un escadron sur la hauteur, il fut pour les charger, croyant qu'il fût le seul qui les escortoit; mais en approchant il en trouva quatre autres: il prit immédiatement son parti, dit en peu de paroles à ses gens qu'il étoit trop tard de songer à la retraite, et qu'il falloit chercher son salut dans la pointe de l'épée. Il les divisa en cinq petits corps, chacun sur deux rangs, et attaqua les ennemis avec tant de vigueur, qu'il les mit en déroute, en tua soixante sur place, fit cinquante prisonniers, et défit ainsi, malgré une si grande inégalité, le vieux régiment de Wirtemberg, dont le major et deux capitaines furent du nombre des prisonniers.

La cour qui étoit à Pontoise ou à Saint-Germain, ménageoit toujours ses intelligences dans Paris, d'où elle étoit bien informée de ce qui s'y passoit, et du mécontentement des Parisiens, de ce que les princes entretenoient la guerre à leurs portes; et la négotiation étant sur un bon pied, elle envoya demander aux deux généraux s'ils croyoient pouvoir dégager l'armée du poste où elle étoit sans rien hazarder, et trouver le moyen de joindre le Roi pour favoriser le traitté qui étoit sur le tapis avec les Parisiens.

On travailla aussitôt à disposer toutes choses pour décamper: on fit dresser douze ponts sur la petite rivière, sous prétexte de favoriser les fourages, et on envoya ordre aux troupes qui étoient à Corbeil de faire quelques redoutes sur la hauteur qui est devant la ville, pour persuader davantage aux ennemis qu'on ne songeoit qu'à assurer les fourageurs de tous côtés. Toutes ces choses étant exécutées, on commanda, le 4 octobre, une heure avant le coucher du soleil, que toutes les troupes se préparassent à marcher; dès qu'il fut nuit, on fit passer les bagages vers Corbeil avec un grand silence, par le chemin le plus bas, le long de la Seine; on avoit mis à la tête de la cavalerie et des dragons, avec ordre, en arrivant près de la ville, de se mettre en bataille sur la hauteur, derrière les redoutes.

Quand les bagages eurent passé les ponts, les troupes les suivirent en bon ordre; les gardes et les sentinelles ne furent relevées qu'après que toute l'armée fut de l'autre côté de la petite rivière, et on rompit les ponts pour empêcher les ennemis de s'en servir et de suivre l'armée du Roi, s'ils eussent découvert sa retraite; mais bien loin de la soupçonner, ils avoient résolu, ce même soir, d'insulter le lendemain le régiment de Nettencour qui étoit avec une garde de quarante chevaux dans l'ouvrage qui couvroit de l'autre côté de la Seine les têtes des deux ponts; pour en venir mieux à bout, ils avoient préparé de grands trains de bois qu'ils laissèrent dériver d'une lieue en haut au milieu de la rivière, afin que le choc qu'ils donneroient contre les ponts les pût entraîner. La chose réussit; le régiment de Nettencour voulant passer, comme il en avoit reçu l'ordre, les trouva rompus, et M. de Turenne en ayant été averti, lui fit ordonner d'aller à Corbeil le long de la rivière, ne jugeant pas à propos de retarder pour cet accident la marche des troupes; il passa heureusement à Corbeil, et joignit l'armée. Le lendemain un peu devant le jour, les soldats ennemis étant allés pour attaquer l'ouvrage, furent fort surpris de le trouver abandonné; mais ils le furent bien davantage de ne plus voir l'armée du Roi;

ils furent les premiers qui en avertirent leurs généraux : il étoit trop tard, et quand ils l'eussent sçu plutôt, ils ne pouvoient pas lui faire grand mal, parce qu'après qu'elle eut marché un peu plus d'une lieue, le terrain lui étoit si favorable, qu'elle n'avoit plus rien à craindre; elle étoit couverte d'un côté de la Seine, et de la forêt de Sennard de l'autre ; l'espace entre deux n'étoit pas si large qu'elle ne pût le remplir, de sorte que les ennemis ne pouvoient la déborder ni l'attaquer en flanc, et plus on approchoit de Corbeil, plus le terrain se rétrécissoit. Toute l'armée y arriva avant le lever du soleil ; quoiqu'on ne dût y rester qu'une nuit pour se reposer, on fit des retranchemens palissadés pour n'être point surpris, s'il prenoit envie aux ennemis de combattre. Le lendemain 6, au matin, on marcha à Chaume, où on arriva le soir, dans le dessein d'aller passer la Marne à Meaux, et de joindre ensuite la cour ou à Pontoise ou à Saint-Germain. Cette journée fut pénible et dangereuse : les ennemis pouvoient attaquer l'armée s'ils eussent voulu. On marcha toujours de manière qu'en un quart d'heure de temps toute l'armée pouvoit être en bataille : l'avant-garde alloit sur deux colonnes, le premier escadron à la tête de la colonne de la gauche étoit le premier de la première ligne, et celui à la tête de la colonne droite étoit le premier de la seconde ligne, suivant l'ordre de bataille; on observoit les distances ordinaires, comme si on avoit été prêt à combattre. L'infanterie suivoit dans le même ordre la cavalerie : la première ligne d'infanterie suivoit la première de cavalerie, et la seconde de même ; les gendarmes marchoient suivant leur poste entre les deux lignes d'infanterie, et l'autre aile de cavalerie suivoit l'infanterie dans le même ordre, de sorte que l'ennemi paroissant, l'armée se trouvoit prête à le recevoir en tournant à gauche. L'artillerie et les caissons marchoient sur la droite de l'infanterie, et les bagages sur la droite de tout. Les ennemis n'ayant rien entrepris ce jour-là, on marcha ensuite avec moins de contrainte à Presle, Tournam et Quincé; et le 11, ayant passé la Marne près de Meaux, on campa le même soir à Boretz, de-là on marcha à Mont l'évêque, et ensuite à Courteuil où on étoit à couvert de la rivière qui y passoit.

Cette retraite si surprenante pour les ennemis, acheva de ruiner leurs affaires auprès des Parisiens, qui, las de supporter le poids d'une guerre qui les accabloit, souhaitoient de plus en plus de la voir finir par le retour du Roi, dont les amis profitoient d'une si favorable conjoncture. Le prince de Condé et le duc de Lorraine jugèrent qu'il n'étoit pas de leur intérêt de demeurer davantage aux environs de Paris, puisqu'un plus long séjour achèveroit de leur faire perdre le peu d'amis qui leur restoient, et qu'ils ne pouvoient conserver qu'en s'éloignant; d'ailleurs l'hiver avançoit, et le pays étoit si ruiné, qu'il eût été presque impossible d'y faire subsister leurs troupes.

Ces considérations et peut-être quelques autres qu'on ne sçait pas, déterminèrent les princes à quitter Paris; ils ne trouvèrent point de meilleur expédient que de faire hiverner leurs troupes en Champagne et en Lorraine, les Espagnols devant les joindre à Rhetel, pour les aider à prendre les places qui seroient nécessaires pour couvrir et assurer leurs quartiers. A l'égard du duc d'Orléans et de Mademoiselle, il fut arrêté qu'ils resteroient à Paris et qu'ils employeroient leur crédit et leurs efforts pour empêcher cette ville d'y recevoir le Roi. Toutes ces résolutions furent aussitôt mises en exécution, car l'armée du Roi n'étant encore qu'à Courteuil près de Senlis, vers le 14 octobre, celle des ennemis passa auprès, prenant le chemin de la Champagne.

La cour crut qu'il étoit alors de son intérêt de retourner à Paris, et M. de Turenne alla exprès à Saint-Germain pour la déterminer à prendre ce parti ; il en représenta la nécessité, que l'occasion étant favorable il falloit en profiter, et ne pas donner le temps aux Parisiens de revenir du dégoût qu'ils avoient pour les princes, que leur absence et l'éloignement de leurs troupes pouvoient dissiper : il fit concevoir, pour appuyer son opinion, qu'il n'y avoit point d'espérance de trouver des quartiers d'hiver pour les troupes, si le Roi ne se rendoit maître de Paris; que sans cela on ne seroit point en état de faire tête, la campagne suivante, aux forces des ennemis, qui seroient très nombreuses ; que si Paris refusoit de recevoir le Roi, toutes les autres villes suivroient son exemple ; enfin il conclut en assurant que tout dépendoit du bon et du mauvais succès de cette affaire. Ses raisons qui ne sont ici touchées que légèrement, parurent si fortes au conseil, qu'elles furent approuvées. La cour partit de Saint-Germain, et étant arrivée au bois de Boulogne par le pont de Saint-Cloud, les autres étant rompus, il vint des personnes de Paris qui s'adressèrent à quelques membres du conseil pour représenter que l'entreprise étoit dangereuse, et qu'on hazardoit témérairement la personne du Roi. Ces messieurs prirent l'allarme et furent au carosse de la Reine dans lequel étoit le Roi, pour dissuader leurs Majestés d'aller plus loin.

Le carrosse arrêta : on appela M. de Turenne et le reste du conseil, pour délibérer sur ce qui était à faire : tous étoient d'opinion qu'il falloit retourner à Saint-Germain; il n'y eut que M. de Turenne qui persista dans la première résolution et dans les raisons qui l'avoient fait prendre, ajoutant qu'après la démarche qu'on venoit de faire, le retour seroit également préjudiciable aux affaires du Roi et à son honneur ; qu'il marqueroit un manque de résolution qui rendroit la cour méprisable, ôteroit le courage aux amis, relèveroit celui de ses ennemis; que tout seroit à craindre d'un changement où il paroîtroit tant de timidité, et qu'il regardoit ceux qui étoient venus apporter cet avis ou comme des ennemis couverts, qui vouloient empêcher que le Roi n'entrât dans Paris, ou comme des esprits foibles, dont les sentimens ne devoient point être suivis.

La Reine, qu'il étoit difficile d'effrayer, et dont le courage étoit à toute épreuve, suivit l'opinion de M. de Turenne contre l'avis de tout le reste du conseil : elle dit que dans une occasion si importante, il valoit mieux s'exposer elle et son fils aux dangers qu'il pouvoit y avoir, que de perdre leur réputation par une action aussi honteuse que seroit leur retour, qui ruineroit entièrement leurs affaires, et qu'il ne falloit jamais espérer de rentrer dans Paris si on perdoit cette occasion. Il fut résolu d'y aller : le Roi s'avança à la tête de ses gardes, entra dans la ville par la porte Saint-Honoré, et au lieu de l'opposition dont on avoit voulu lui inspirer la peur, il ne trouva partout que des acclamations qui marquoient la joye publique, et il fut accompagné jusqu'au Louvre par une foule de peuple qui ne cessoit de crier *vive le Roi!* Pendant que Sa Majesté entroit par une porte, M. le duc d'Orléans sortit par une autre, et Mademoiselle qui étoit rentrée dans son appartement des Tuilleries, eut ordre de sortir de Paris, auquel elle obéit.

M. de Turenne retourna aussitôt à l'armée, et sur la fin du mois se mit en marche pour suivre les ennemis qui s'étoient emparés de Château-Porcien et de Rhetel-sur-l'Aisne, où ils trouvèrent peu de résistance; de là ils furent attaquer Sainte-Menehoult qui se défendit bien ; mais elle fut enfin forcée de se rendre à composition : il n'y avoit outre la garnison ordinaire que quatre compagnies du régiment d'Yorck, qui s'y jettèrent avant qu'elle fût investie. Quand l'armée des princes quitta les environs de Paris, on envoya avec quelque cavalerie des troupes de M. de La Ferté, le régiment d'infanterie qui portoit son nom, et celui d'Yorck, avec ordre de marcher en toute diligence, et de se jetter dans Sainte-Menehoult et les places du Barois. Le maréchal alla lui-même à Nanci pour défendre autant qu'il pourroit son gouvernement, où il jugeoit, comme il arriva effectivement, qu'ils avoient dessein d'établir leurs quartiers d'hiver.

Dans la marche de l'armée du Roi vers la Champagne, elle campa le 2 novembre à Balieux où elle fut obligée de rester un jour, à cause que les soldats trouvant dans le chemin une grande quantité de vins nouveaux, ils s'envyvrèrent si généralement, qu'il n'en vint point au quartier suffisamment pour monter la garde ordinaire chez le général et chez le duc d'Yorck. Après les avoir rassemblés, on marcha le 4 à Dizy, proche Epernai, où on passa la Marne, le 5, pour se couvrir de cette rivière, les ennemis étant alors aux environs de Rhetel où le comte de Fuensaldagne les avoit joints avec une partie considérable de l'armée d'Espagne, ce qui obligeoit M. de Turenne de se tenir toujours à une distance raisonnable, et derrière quelque rivière ou quelque défilé, pour ne point courir risque d'être surpris. Le 6, l'armée marcha à Cheppes où, après avoir campé trois ou quatre jours, elle repassa la Marne et campa à Vitry-le-Bruslé. Le 16, elle marcha à Vitry-le-François, réglant toujours ses mouvemens sur ceux des ennemis.

Ce fut pendant que l'armée du Roi faisoit ces différens campemens que Sainte-Menehoult fut prise, vers le 13 novembre : les ennemis y licentièrent les troupes du duc d'Orléans qui étoient dans leur armée, et leur permirent de retourner en France, à condition qu'ils ne serviroient point le Roi le reste de cette campagne, ni aucune autre de ce côté-là : on les fit marcher vers les quartiers qui leur furent assignés en Picardie, et l'année suivante ils servirent dans les armées sur les autres frontières de France.

Les ennemis furent ensuite assiéger Bar-le-Duc; M. de La Ferté y avoit envoyé un nommé Roussillon pour y commander, avec une garnison capable de défendre la place plus long-temps qu'il ne fit : il fut néanmoins assez vain pour refuser un renfort de cinq cens hommes que M. de Turenne avoit envoyé à Saint-Disier pendant le siège de Sainte-Menehoult, avec ordre d'aller à Bar-le-Duc, si le gouverneur en avoit besoin; il remercia M. de Turenne du soin qu'il prenoit de lui, l'assura qu'il étoit en bon état si l'ennemi osoit l'attaquer, ce qu'il réitéra quand il fut investi, avec promesse de rendre bon compte de la place. Cette nouvelle fut apportée le 18 à M. de Turenne, qui étoit encore à Vitry-le-François ; il décampa aussitôt pour l'aller secourir avec toute la diligence possible ; et pour empêcher que l'ennemi ne fût averti de son approche, il repassa la Marne à Vitry, et côtoyant la rivière qui étoit à sa gauche, il arriva à la pointe du jour à Saint-Disier ; il y fit halte pendant six heures pour reposer ses troupes, et dans le moment qu'on alloit se mettre en marche, il reçut avis que la ville et le château s'étoient rendus ; ce qui fit arrêter l'armée.

Cette nouvelle fut d'autant plus désagréable qu'elle rompit le dessein qu'on avoit formé, non-seulement de secourir la place, mais encore de battre les ennemis, ou de les forcer à une retraite si précipitée, qu'au moins ils y auroient perdu canon et bagage. Jamais entreprise n'avoit été plus judicieusement concertée ; car, quoique l'armée du Roi fût de beaucoup inférieure en nombre à celle des ennemis, le terrain étoit si avantageux du côté qu'on marchoit à eux, qu'on ne couroit point de risque, le pays étant couvert de bois.

M. de Turenne avoit six mille hommes effectifs d'infanterie bien disciplinés ; l'armée avoit été renforcée de cavalerie aussi bien que d'infanterie qu'on avoit tirée des garnisons d'Artois, de Picardie et d'autres endroits qui pouvoient s'en passer depuis que les ennemis étoient sortis du cœur de la France. A la faveur des bois, et par la diligence de la marche, on tomboit sur les ennemis lorsqu'ils y songeoient le moins, et il leur auroit servi de peu d'en être averti ; car la situation de la place est telle, et tel est le désavantage du poste pour les assiégeans contre une armée qui vient secourir la place, que les retranchemens y sont inutiles et ne peuvent se défendre ; les bois s'étendent en longueur à une lieue de la ville ; il y a entre le bois et le château une plaine spacieuse, sur le niveau de laquelle est situé le château, et la ville haute est sur le bord d'une descente qui conduit à la basse ville ; dans le fond qui est étroit et entre deux collines, coule un petit ruisseau, et l'escarpe de chaque côté est rude et difficile ; de sorte que les troupes du Roi n'auroient eu à combattre que contre les ennemis qui étoient de leur côté du ruisseau, et qui auroient fort mal passé leur temps entre l'armée qui les auroit attaqués et le château, et entre le bois et le château, et leur retraite n'y pouvoit se faire qu'avec tant de confusion qu'ils se seroient culbutés l'un l'autre.

Quand M. de Turenne forma ce dessein, il crut trouver toute l'armée ennemie ensemble, et ne sçavoit pas, comme il l'apprit depuis, que Fuensaldagne, avec la plus grande partie de ses troupes, s'étoit retiré, ne sçachant point l'armée du Roi aussi forte qu'elle étoit, et croyant que le prince de Condé et le duc de Lorraine étoient assez forts pour prendre le Barois et y établir leurs quartiers d'hiver. Un si beau coup fut manqué par l'indiscrétion de M. de Roussillon, qui se laissa enlever les quatre meilleures compagnies de sa garnison dans la basse ville, quoiqu'elle fût défendue d'une assez bonne muraille, et environnée d'un fossé plein d'eau : il pouvoit au moins soutenir jusqu'à ce qu'il y eût brèche ; mais l'ennemi s'en étant rendu maître le même jour qu'il arriva devant la place, et ne jugeant pas à propos de faire son attaque de ce côté-là, il éleva le lendemain une batterie du côté de la plaine contre le château ; et à peine commença-t-elle à tirer, que le gouverneur, sans même attendre qu'il y eût brèche, demanda à capituler et convint de sortir le lendemain de la place.

M. de Lorraine perdit à ce siége M. Fauge, lieutenant-général et le meilleur officier de son armée, qui fut tué la nuit après la prise de la basse ville : il soupoit avec le prince de Condé dans une maison assez proche de la ville haute, et faisant débauche il s'enyvra si fort, que dans l'accès d'une vaine bravoure, il sortit par une porte de derrière, une serviette autour de la tête, pour se faire mieux remarquer, et pour que les assiégés eussent à tirer sur lui ; le prince de Condé et le chevalier de Guise coururent après pour le faire rentrer ; mais avant qu'ils pussent le joindre, il reçut un coup de mousquet qui le tua.

La prise si prompte de Bar-le-Duc donna le temps aux ennemis de s'emparer de Ligny, Voyd et Commerci, parce que M. de Turenne, ne sçachant point le départ de Fuensaldagne, n'osoit trop s'approcher de leur armée : on resta pour cette raison deux ou trois jours à Saint-Disier, pendant lesquels ils firent ces nouveaux progrès ; et ces trois places n'ayant que de foibles garnisons, ne firent que peu ou point de résistance.

L'armée du Roi avança de Saint-Disier à Stainville, où elle fut jointe par un renfort d'un régiment de cavalerie de trois cens maîtres, et d'un régiment d'infanterie de douze cens hommes des troupes du duc de Longueville, du régiment de cavalerie et de la compagnie d'ordonnance du comte de Bristol. Quoique ces troupes, excepté la compagnie d'ordonnance, ne fussent que de nouvelles levées incapables de rendre de grands services, le nombre ne laissa pas de donner de la réputation. Ce ne fut qu'à

Stainville, et le 25 de novembre, qu'on apprit le départ du comte de Fuensaldagne; sur quoi M. de Turenne résolut de livrer bataille aux ennemis, et en cas qu'ils voulussent l'éviter, les obliger à quitter les quartiers d'hiver, dans lesquels ils se croyoient si bien établis, qu'ils en avoient déjà fait la répartition : la suite va faire voir combien ils s'étoient trompés; car, quand on avança à eux le lendemain, ils se trouvèrent si peu en état de s'y maintenir, que n'osant faire tête à M. de Turenne ils décampèrent subitement, passèrent la Meuse auprès de Voyd, où M. le prince fut averti qu'on marchoit à lui, et laissant la rivière sur la gauche, avancèrent en toute diligence vers Luxembourg : on les suivit de si près, que le plus souvent l'armée du Roi arrivoit à midi où ils avoient passé la nuit précédente. On les poussa ainsi jusqu'au 30, qu'on arriva le matin à Saint-Mihel : on ne jugea pas à propos de les poursuivre plus loin, puisqu'étant à couvert de leur pays, ils étoient hors de danger.

M. de Turenne ne songea plus qu'à chercher les moyens de rafraîchir son armée, particulièrement l'infanterie, que tant de marches pénibles avoient beaucoup harrassée, et qui manquoit de pain : les ennemis, qu'on avoit toujours suivis, avoient mangé le pays partout; les caissons étoient vides, et il n'étoit pas possible aux commissaires des vivres d'en fournir alors. Il en envoya demander aux habitans de Saint-Mihel, qui ayant fait difficulté d'obéir, sur une prétendue impossibilité d'en fournir une assez grande quantité en un jour, il se trouva obligé, pour ne pas laisser périr de faim son armée, de faire entrer dans la ville son infanterie, les gendarmes et le canon, et de distribuer sa cavalerie dans les villages aux environs. Quoiqu'on y restât peu de temps, cela fit beaucoup de bien aux troupes; mais M. de La Ferté, en ayant été informé, vint lui-même de Nanci, qui en étoit éloigné de dix ou douze lieues, pour prier M. de Turenne de se retirer, se tenant si offensé qu'il eût pris des quartiers dans cette ville-là, qu'il ne lui pardonna pas de long-temps, et cette mésintelligence fut dans la suite très-préjudiciable aux affaires du Roi. Il fallut partir le lendemain de l'arrivée du maréchal, dont la colère augmentoit sur les plaintes que les habitans lui firent contre quelques soldats, il suivit la marche des troupes, accompagné de ses gardes, à la tête desquels il chargeoit les traîneurs, comme s'ils eussent été ennemis, et continuant ce manége jusqu'au quartier des gendarmes, qui n'étoient point encore ni en ordre ni en marche, un de la compagnie du comte de Bristol, nommé Manwaring, qui ne le connoissoit pas, voyant la violence avec laquelle il frappoit, crut que c'étoient les ennemis, et lui présenta le pistolet dans le ventre, dont l'amorce, heureusement pour l'un et pour l'autre, manqua : le pauvre gendarme fut blessé de cinq ou six coups et couché par terre, mais il en guérit. Berkeley, cornette de la même compagnie, en fut quitte à meilleur marché ; le grand bruit que faisoit le maréchal lui fit croire, aussi bien qu'à Manwaring, que les ennemis étoient entrés dans la ville; il avança le pistolet à la main au coin de la rue; mais reconnoissant le maréchal, il le baissa aussitôt et le salua, et comme il en étoit connu, il se tira mieux d'affaire que le gendarme.

On arriva, le soir, à un petit village appellé Villotte ; le lendemain on marcha à Thionville, entre Bar et Ligni. Le même soir on envoya un détachement de cavalerie et d'infanterie avec du canon, et toutes les choses nécessaires pour attaquer cette dernière place ; on éleva d'abord la batterie plus près que demie-portée du mousquet des murailles ; on fit des tranchées à droite et à gauche pour mettre l'infanterie à couvert, et un épaulement pour la sûreté de la cavalerie : tous ces ouvrages furent perfectionnés avant le lever du soleil. Les batteries commencèrent aussitôt à tirer ; il y eut une brèche raisonnable avant la nuit ; la difficulté étoit de passer le fossé qui étoit plein d'eau, profond et si large, que le débris de la brèche n'avoit pu le combler : on ne laissa pas de donner l'assaut, et à force de planches, d'échelles et de longues poutres, on passa le fossé, et on arriva à la brèche, que l'ennemi abandonna aussitôt pour se retirer dans le château, qui étoit plus fort. Le lendemain M. de Turenne marcha avec ses troupes à Bar-le-Duc, laissant M. de La Ferté avec les siennes au siége du château de Ligni.

La même nuit qu'on arriva à Bar, on dressa une batterie contre la basse ville, à la faveur de quelques maisons qui étoient presque sur le bord du fossé, n'y ayant qu'un très-petit chemin entre deux : le canon tira le matin, et quoiqu'il fût petit et en petit nombre, n'y en ayant que deux de douze, un de huit et deux de six livres de balle, comme les pièces étoient renforcées, et qu'on pouvoit leur donner double charge, M. de Champfort, lieutenant d'artillerie, en fit un si bon usage, qu'au coucher du soleil il y eut une bonne brèche.

Le régiment de Picardie devoit y donner l'assaut sous les ordres de M. de Tot, le plus ancien lieutenant-général de France, et le seul qui étoit dans cette armée. La brèche étoit contre la porte à la droite en entrant, qui n'étoit flanquée que de deux petites tours rondes qui étoient à côté : on préféra de battre cet endroit à tout autre, pour n'avoir point l'embarras de combler le fossé, et parce qu'il auroit fallu faire ailleurs une plus grande brèche, qui eût emporté plus de temps qu'on ne vouloit y employer, au lieu que par là on avoit la facilité de passer le fossé sur le pont de la place, et de sauter en bas où étoit le pont-levis du guichet, d'où on se pouvoit couler le long de la muraille pour aller à la brèche qui n'étoit pas loin.

Tout étant ainsi disposé, M. de Turenne fit tirer deux ou trois décharges de son canon sur la tour de la porte, qui seule défendoit la brèche, et dont la ruine auroit rendu l'attaque plus aisée. M. de Tot, qui eut ordre de la commencer, au lieu de faire marcher d'abord les gens commandés et de rester lui-même avec le corps du détachement, comme il avoit bu, suivant sa coutume, un peu trop pour un commandant, il suivit le sergent qui menoit la tête de l'attaque; en sautant de la petite porte du guichet, il fut tué d'un coup de mousquet. Cette place étoit fatale aux ivrognes ; mais le duc d'Yorck rend cette justice à la nation, d'assurer que le pauvre M. de Tot a été le seul officier françois qu'il ait jamais vu ivre dans les armées. Cet accident ne tarda rien : les attaquans passèrent à la file par le guichet, et arrivant à la brèche malgré le feu des ennemis, que le canon ne put point déloger de la tour de la porte, ils emportèrent non seulement la brèche, mais les chassèrent encore des barricades qu'ils avoient faites derrière et dans les rues, les poursuivant jusqu'à la ville haute.

Un accident qui arriva au gouverneur, qui s'appelloit Despiller, contribua beaucoup à la prise de cette basse ville : ne croyant pas qu'on voulût donner l'assaut ce soir-là, il étoit resté à la ville haute; mais le bruit de l'attaque l'ayant obligé d'y venir, et faisant marcher deux cens hommes pour fortifier ceux qui défendoient le poste, son cheval s'abbatit en descendant à la basse ville, et lui meurtrit si violemment la jambe, qu'il fut contraint de se faire porter en haut. On ne perdit pas beaucoup de monde à cet assaut; il n'y eut personne de remarque, outre M. de Tot, que le marquis d'Angeau, volontaire, qui fut tué; M. Poliac, premier capitaine de Picardie, qui commandoit le régiment en l'absence des officiers majors, eut un coup de mousquet dans l'épaule, et Godonviller, capitaine au même régiment, en reçut un dans le ventre; ils en guérirent tous deux.

Le cardinal Mazarin arriva au camp ce jour-là, et y amena un renfort de troupes qui avoient été tirées de diverses places, et étoient commandées par le duc d'Elbeuf et le maréchal d'Aumont. Le cardinal vit prendre la basse ville, qui servit de peu pour la prise de la ville et du château, et qu'on n'attaqua que pour y mettre l'infanterie à couvert, la saison étant trop rigoureuse pour camper : on y trouva abondance de vin et de pain, dont on avoit grand besoin. Pour la cavalerie, elle fut mise en de bons quartiers dans le pays, aux environs et assez près de la ville.

Quoique la gelée fût violente, le prince de Condé résolut de tenter le secours de la place; on fut averti de bonne heure de sa marche, et il fut arrêté par le cardinal et les généraux que M. de Turenne et M. de La Ferté marcheroient au-devant de l'ennemi avec la plupart de la cavalerie, environ trois mille fantassins et six pièces de campagne, et que le cardinal les suivroit à quelque distance, pendant que MM. d'Elbeuf et d'Aumont, avec le reste des troupes, continueroient le siége.

On apprit que les ennemis venoient par le chemin de Vaubecourt, qui n'est éloigné que de cinq lieues de Bar-le-Duc. L'armée du Roi marcha à eux; M. de Turenne, conduisant l'avant-garde, avança jusqu'à Condit qui n'est qu'à une lieue et demie de Vaubecourt. Dans le moment que les premières troupes y entrèrent pour y prendre leurs quartiers, on eut avis, par un parti qui amena des prisonniers, que le prince de Condé étoit nouvellement arrivé dans Vaubecourt, où il devoit rester la nuit, ne sçachant point qu'on étoit si proche ; M. de Turenne en envoya aussitôt avertir le maréchal de La Ferté, et lui dire qu'il étoit de sentiment d'aller immédiatement attaquer les ennemis, qu'on trouveroit assurément en grand désordre; que le quartier étant rempli de vin et de toutes sortes de provisions, les commandans pourroient difficilement rassembler leurs troupes et faire monter les cavaliers à cheval, et que leur surprise seroit si grande de se trouver attaqués dans le temps qu'ils croyoient l'armée du Roi bien loin, qu'on obtiendroit une victoire aisée : mais au lieu de consentir à cette proposition, il vint lui-même dire à M. de Turenne qu'il ne croyoit pas qu'il convînt d'entreprendre une affaire de si grande importance sans la participation du cardinal, qui n'étoit pas loin, et qu'il étoit d'avis qu'il falloit l'en avertir pour recevoir son consentement avant de rien faire. M. de Turenne fut obligé malgré lui de prendre ce parti : on dépêcha un exprès au cardinal pour l'informer de vive voix de la belle occasion qui se présentoit ; il le renvoya en diligence porter son consentement; mais quoiqu'il ne fût éloigné que d'une lieue ou deux tout au plus, l'occasion se perdit, car dans le moment qu'on marchoit aux ennemis, un autre parti rapporta qu'il y avoit lieu de croire que le prince avoit décampé, parce que le bourg étoit tout en feu et que la garde avancée ne paroissoit plus. On reconnut, en avançant, que Vaubecourt brûloit effectivement, et un autre parti confirma que les ennemis se retiroient avec une extrême précipitation; sur quoi M. de Turenne rebroussa chemin pour ramener les troupes dans leur quartier, ne jugeant pas à propos d'avancer plus loin. Le lendemain on apprit par des habitans de Vaubecourt que le prince de Condé, ayant été informé de l'approche de M. de Turenne, fit battre la générale et sonner à cheval, et que, voyant le peu de diligence que faisoient ses troupes pour quitter un si bon gîte, il fit mettre le feu à chaque coin du bourg pour les faire déloger plus promptement. Ce danger échappé si heureusement le rendit plus circonspect dans la suite; il ne jugea pas à propos de rester plus long-temps dans ce pays-là, voyant que l'armée du Roi étoit assez nombreuse pour continuer deux siéges à la fois, et venir en même temps avec la moitié des troupes à sa rencontre.

Quand on fut informé que les ennemis avoient tout à fait vuidé le pays, M. de La Ferté retourna à Bar avec la plupart de l'infanterie et une partie de la cavalerie, et M. de Turenne mit le reste en quartiers à Contrusson, Revigny-aux-Vaches, et autres villages qui n'étoient qu'à quatre lieues de Bar. Le cardinal prit son quartier dans le village de Fains, à une lieue de la ville; il y resta durant le siége, qui ne dura plus long-temps après la retraite du prince de Condé. Les assiégeans souffrirent néanmoins qu'on fît deux brèches avant de parler de se rendre; à la première qu'on crut insultable, les soldats trouvèrent en y montant à l'assaut, qu'il y avoit de l'autre côté une pique de profondeur qu'on ne pouvoit point sauter, ce qu'on n'avoit pu discerner de dehors. On fut obligé de dresser une nouvelle batterie du côté du château, où, après avoir fait une brèche assez considérable, les assiégés capitulèrent, rendirent la ville haute et le château, et demeurèrent prisonniers de guerre. Ceci arriva vers le 15 de décembre. On peut tirer de l'inutilité de la première brèche dont on vient de parler, une leçon dont les gouverneurs de places peuvent profiter pour les défendre: l'art peut faire ce que fait ici la nature du terrain; car si une muraille est raisonnablement forte et a de bons fondemens, on peut couper, derrière l'endroit qui est battu en brèche, un fossé bien profond et escarpé, qui la rendra inutile aux assiégeans.

Il se trouva parmi les troupes que M. de Lorraine avoit mises en garnison dans Bar-le-Duc, un régiment irlandois d'infanterie, qui se voyoit en danger de rester long-temps prisonnier de guerre, leur colonel étant mort le jour que la place s'étoit rendue; le lieutenant-colonel, qui se sauva, envoya offrir ses services au duc d'Yorck, en cas qu'il obtînt du cardinal la liberté du régiment, ce qui avoit été accordé: les deux compagnies dont il étoit composé, avec tous les officiers, furent incorporées dans le régiment de ce prince qui étoit à Ligni, où ils furent envoyés.

Après la prise de Bar-le-Duc, les troupes du maréchal de La Ferté marchèrent à Ligni pour hâter la prise du château, dont le siége avoit été poussé lentement pendant que l'autre duroit: on commençoit à battre en brèche; mais avant qu'elle fût suffisante, les boulets manquans, les assiégés en fortifièrent le haut d'une forte palissade. Alors M. de La Ferté fit attacher le mineur au même endroit où les ruines de la muraille favorisoient son logement; en peu de temps sa mine fut prête à jouer: les régimens d'Yorck et de Douglas furent commandés pour attaquer aussitôt qu'elle auroit fait son effet, et le régiment de La Ferté avoit ordre de les soutenir. Le comte d'Estrée, qui commandoit l'attaque, fit marcher sans attendre que la fumée fût dissipée pour voir l'effet de la mine: on passa sur la glace le fossé qui étoit fort large; quand on vint à la brèche on s'apperçut, mais trop tard, que la mine n'avoit emporté la partie extérieure de la muraille que jusqu'à l'endroit que les assiégés avoient palissadé; il n'y avoit pas moyen d'avancer; on fit retirer les troupes, mais par surcroît de malheur la glace rompit sous les pieds des soldats; la plupart tombèrent dans l'eau du fossé, ce qui donna loisir aux assiégés de faire grand feu sur eux. Ainsi, faute d'un peu de patience pour reconnoître l'effet de la mine, le régiment d'Yorck perdit quatre capitaines, quelques lieutenans et enseignes et environ cent soldats; et celui de Douglas, deux capitaines et près de cinquante soldats, sans les blessés. On attacha la nuit le mineur pour la seconde fois, et le lendemain, 22, le château capitula et se rendit aux mêmes conditions que Bar-le-Duc.

Le cardinal, que ces succès mettoient en goût, souhaita de les pousser plus loin, et qu'on terminât la campagne par la prise de Sainte-Menehoult. Après avoir laissé de bonnes garnisons dans Ligni et Bar-le-Duc, et en avoir réparé les brèches autant que la saison le pouvoit permettre, l'armée partit de Contrusson le 27, et arriva le lendemain à Sommyeure, où elle resta jusqu'au 30. On étoit obligé durant cette marche de cantonner les troupes dans les villages, la rigueur de l'hiver ne permettant pas de camper. La gelée fut si violente le jour qu'on arriva à Sommyeure, que les cavaliers furent obligés de marcher à pied pour s'échauffer : trente ou quarante soldats périrent ce jour-là de l'excès du froid; car aussitôt que quelqu'un de ceux qui n'étoient pas bien vêtus s'asseyoit pour se reposer, le froid le saisissoit, et il ne pouvoit plus se relever : le duc d'Yorck en vit plusieurs gelés à mort, et il en seroit péri un bien plus grand nombre sans le soin que prirent les officiers de faire mettre sur des chevaux ceux qu'ils voyoient prêts à succomber, pour les porter jusqu'aux premiers villages, où on en sauva plusieurs en leur donnant de l'eau de vie ou d'autres liqueurs. Ce qui rendoit ce froid plus vif et plus pénétrant, c'est qu'on marchoit dans ces vastes plaines de Champagne, où il n'y avoit aucun abri contre un vent de nord-est perçant qui souffloit directement au visage : ce fut aussi ce qui empêcha le siège de Sainte-Menehoult.

M. de Turenne représenta au cardinal les difficultés qu'il y avoit pour l'entreprendre dans un temps si cruel, qu'on ne pouvoit pas y trouver, comme à Bar et à Ligni, où mettre l'infanterie à couvert, ni du fourage aux environs pour la cavalerie, puisqu'il n'y avoit point de fauxbourgs, et que le pays avoit été mangé par les ennemis; que la place étant bonne et munie d'une grosse garnison, il faudroit y mettre le siège dans les formes, et qu'au lieu de terminer glorieusement la campagne, on hazardoit la ruine entière de l'armée et de lever honteusement le siège.

[1653] Le cardinal se rendit enfin à de si fortes raisons, marcha du côté de Rhetel par Miocour et de Grivy; et le premier jour de l'année 1653 on passa la nuit à Attigny, qui est située sur la rivière d'Aisne, qu'on passa le lendemain pour venir à Saux-aux-Bois. On trouva l'entreprise de Rhetel presqu'aussi difficile que celle de Sainte-Menehoult; ce qui fit prendre le parti d'attaquer Château-Porcien, deux lieues plus bas, parce qu'on y trouvoit les mêmes facilités qu'au siége de Bar-le-Duc, n'y ayant que le château qui fût de défense, et la ville, qu'on comptoit enlever d'abord, pouvant contenir et mettre à couvert assez de troupes pour en faire le siège.

M. de Turenne arriva le 6 janvier à Son, où il mit en quartiers et dans les villages circonvoisins la plupart de la cavalerie et une partie de son infanterie : il n'y a qu'une lieue et demie de là à Château-Porcien, et c'étoit le poste le plus propre pour empêcher qu'on ne jettât du secours, et le cardinal logea à Balhan. Le duc d'Yorck n'ayant pas été tout le temps à ce siège, il n'en sera point fait ici de détail, et on ne rapportera que ce qui se passa aux quartiers, où le service fut rude, à cause de l'approche du prince de Condé, qui vint pour tâcher de faire lever le siège. Pour l'en empêcher, toute la cavalerie qui étoit cantonnée aux environs de Son avoit ordre d'y marcher tous les soirs, d'y rester toute la nuit, et de rentrer dans ses quartiers après le lever du soleil : la cavalerie du maréchal de La Ferté faisoit la même chose, et cette manœuvre fatiguante dura autant que le siège, qui heureusement ne fut pas bien long. La ville ayant été prise d'abord, on ne tarda point à attacher le mineur au château; quand la mine fut prête, le gouverneur, qui s'appelloit Dubuisson, capitula et convint de rendre la place dans quatre jours, si elle n'étoit pas secourue. Les ennemis, qui en furent avertis, s'avancèrent jusqu'à Chaumont pour tenter le secours : on crut le dernier jour qu'on en viendroit aux mains; les partis rapportèrent qu'ils marchoient pour attaquer les troupes du Roi; on les mit en bataille dans le passage sur la plaine au-dessus du château; elles y restèrent jusqu'à midi, qu'on apprit que l'ennemi s'étoit retiré, et une heure après le château se rendit, suivant la capitulation, que la rigueur de la saison procura plus honorable à la garnison qu'elle n'eût été dans un autre temps; elle fit souhaiter d'avoir la place à quelque prix que ce fût, toute l'armée étant extraordinairement fatiguée, et le pays aux environs ruiné. L'infanterie souffroit plus que le reste ; on ne pouvoit lui fournir régulièrement le pain; le commissaire des vivres n'avoit pu faire de magasins dans aucune des villes voisines, et le soldat étoit contraint de manger de la chair de cheval, d'autres méchantes nourritures, et particulièrement des troncs de choux, qu'ils appelloient le pain du cardinal.

Cependant lorsqu'ils crurent entrer dans les quartiers d'hiver, après avoir passé l'Aisne le 13, et avoir été cantonnés à Poilcourt et dans les villages voisins, ensuite à Prouilli entre Rheims et Fismes, où on demeura deux ou trois jours, le cardinal ordonna que l'armée retournât du côté de l'Aisne, qu'elle passât le 20 à Pont-à-Vère pour aller reprendre Vervins, dont les Espagnols s'étoient emparés l'été précédent et y avoient mis garnison. La place n'étoit pas assez forte pour soutenir un siége, mais le quartier étoit bon et pouvoit incommoder le pays d'alentour, ce qui fit souhaiter au cardinal qu'on ne quittât point la campagne qu'elle ne fût prise. Jamais soldats ni officiers même ne marchèrent à une entreprise avec plus de répugnance et de murmures : après avoir supporté toute la rigueur de la gelée, on ne pouvoit soutenir que bien impatiemment la fatigue du dégel, au travers d'un pays montueux, dont la terre glaise rendoit les chemins impraticables, particulièrement entre Pont-à-Vère et Laon, où les bagages restèrent dans la boue ; et quoiqu'après avoir surmonté ces difficultés on entrât dans un pays plus ouvert, la continuation du dégel rendit les chemins également mauvais partout. Cette marche ruina la plupart des équipages et fit perdre beaucoup de bagages et de chevaux.

On arriva le 25 à Voulpaix, à une lieue de Vervins. Le duc d'Yorck, qui suivoit M. de Turenne partout, étant allé avec lui reconnoître la place, et s'étant avancé fort près avec un gentilhomme pour mieux faire ses remarques, il prit un petit parti de cavalerie de la place pour être de l'armée, et ne reconnut son erreur que quand les ennemis étant approchés à la portée du pistolet, ils tirèrent dans le moment qu'il alloit s'engager au milieu d'eux ; mais leur précipitation lui donna le temps, et au gentilhomme qui l'accompagnoit, de se sauver.

Le lendemain, on détacha environ mille fantassins et deux cens chevaux pour commencer l'attaque de la place, dont la garnison étoit de neuf cens hommes, six cens d'infanterie et trois cens de cavalerie. M. de Bassecour, colonel et brave homme, en étoit gouverneur. Les assiégeans se logèrent la première nuit à couvert des maisons et des jardins qui sont contre la ville ; le jour suivant on dressa une batterie sur le soir, ce qui obligea les ennemis de capituler, à condition de sortir de la place avec armes et bagages.

Ce petit siége coûta peu ou point de monde : quoiqu'il fût fort court, on murmuroit toujours de ce qu'après la prise de Chateau-Porcien on n'avoit pas envoyé les troupes directement en quartier d'hiver ; et comme l'ennemi, suivant sa coutume, disoit des injures du haut des murailles de Vervins contre le cardinal, les soldats, au lieu de prendre son parti, ne répondirent jamais qu'*Amen* à toutes leurs imprécations. Le 28 au matin, M. de Turenne ayant vu sortir Bassecour avec sa garnison, et ayant pris possession de la place, fit marcher l'armée à Creci-sur-Serre et de là à Laon, d'où toutes les troupes furent envoyées à leurs quartiers d'hiver ; et le cardinal, les généraux et toutes les personnes de qualité prirent le chemin de Paris, où ils arrivèrent le 3 février. C'est ainsi que finit cette longue campagne, pendant laquelle M. de Turenne acquit une gloire immortelle, en sauvant plusieurs fois la monarchie par ses conseils, par sa conduite et par sa valeur.

La campagne précédente ayant été si pénible et si longue, celle de cette année ne put commencer que tard : l'armée du Roi étoit entrée la dernière dans ses quartiers d'hiver, et la plupart des troupes avoient été distribuées dans le Poitou, l'Anjou, la Marche et dans d'autres provinces aussi éloignées : néanmoins elle prévint les ennemis, et fit le siége de Rethel avant qu'ils sçussent qu'elle étoit assemblée.

Cette ville est située sur la rivière d'Aisne qui arrose une partie de la Champagne, et après avoir coulé dans ces plaines, les plus vastes qui soient dans cette partie de l'Europe, elle perd son nom en tombant dans la rivière d'Oise. La place étoit considérable alors par l'entrée qu'elle donnoit aux ennemis dans toute cette province, et la facilité de pousser leurs courses jusqu'aux portes de Paris, et d'étendre fort loin les contributions ; quoique le prince de Condé en eût confié le gouvernement au marquis de Persan, fort brave officier, et que la garnison parût suffisante, elle ne l'étoit pas à proportion de l'importance de la place et du danger où elle étoit d'être attaquée : mille hommes davantage en auroient rendu le siége plus difficile, et pouvoient au moins la faire tenir assez long-temps pour donner celui de la secourir.

M. de Turenne, profitant de cette faute, fit attaquer brusquement le dehors dès la première nuit, lorsque les ennemis s'y attendoient le moins. Le gouverneur et les officiers principaux qui y étoient, dans le dessein d'observer où les assiégeans feroient leurs approches, furent si surpris de se voir insultez de tous côtez et avec tant de vigueur, qu'ils ne purent pas faire grande résistance ; les dehors furent emportés, et le gouverneur pensa y être pris avant qu'il pût se retirer dans la ville.

Quoique le fossé fût bon et les ouvrages hauts, comme ils n'étoient que de terre, et que les palissades n'étoient plantées que sur le parapet où elles sont le moins nécessaires, les assiégeans y marchoient plus volontiers, parce que, y étant une fois arrivés, l'avantage étoit égal de part et d'autre pour attaquer comme pour défendre, et le plus grand nombre l'emportoit :

on y perdit cependant plusieurs soldats et quelques officiers. Mais les assiégés, dont toute l'espérance consistoit dans la défense des dehors, avoient perdu courage après en avoir été chassés ; on éleva ensuite des batteries si près des murailles, qui n'étoient point des plus fortes, qu'on y fit en peu de temps deux brèches qui obligèrent les assiégés de capituler le 8 juillet. Ils sortirent le lendemain avec armes et bagages, et furent conduits à la garnison espagnole la plus proche. L'armée resta deux ou trois jours pour réparer les brèches ; et après avoir pourvu la ville de toutes les choses nécessaires, et y avoir laissé une bonne garnison, elle marcha vers Guise sur ce qu'on avoit été informé que les ennemis avoient marqué leur rendez-vous aux environs. Etant campée le 11 auprès de Noircourt, on fut averti par un exprès du gouverneur de Rocroy, qu'une partie de leur armée, qui marchoit au rendez-vous, s'étoit cantonnée dans plusieurs villages aux environs de Chimay, Glajon et Terlon, de l'autre côté des Ardennes ; les généraux résolurent de marcher à eux avec toutes les troupes et quelques pièces de campagne, ne laissant que cinq ou six cens hommes pour la garde des bagages. M. de Turenne, qui conduisoit l'avant-garde, fit toute la diligence possible ; mais en arrivant à Nost, presque au bout de la forêt, il sçut par des prisonniers qu'un petit parti lui amena, que les ennemis avoient été avertis de son dessein et de sa marche : ainsi on jugea à propos de retourner à Noircourt ; et après avoir employé trois jours dans cette marche, on rejoignit les bagages le quatorze.

Toute l'armée marcha le 17 à Haris, et delà à Saint-Algis, où le roi de France et le cardinal Mazarin la joignirent ; le 25 elle campa à Ribemont, et on apprit que l'armée d'Espagne, forte au moins de trente mille hommes, avec une artillerie et des provisions proportionnées, s'étant assemblée auprès de l'Arbre-de-Guise, marchoit pour entrer en France. Il se tint un conseil en présence du Roi et du cardinal pour délibérer sur la conduite qu'on devoit tenir contre une armée si puissante, celle de Sa Majesté n'étant que de six mille fantassins et d'environ dix mille chevaux. Plusieurs opinèrent de mettre toute l'infanterie, à la réserve d'un détachement de mille hommes, dans les villes frontières, avec quelque cavalerie, et que le corps de cavalerie et le détachement d'infanterie seroient toujours aux trousses des ennemis pour enlever leurs fourrageurs, leur couper les vivres et les fatiguer de sorte qu'ils ne pussent point faire le siége ; d'autres au contraire étoient de sentiment qu'il ne falloit point séparer l'armée avec laquelle on pourroit défendre le passage des rivières, s'ils avançoient dans le pays ; qu'il seroit d'une dangereuse conséquence de leur laisser prendre le chemin de Paris, qui ne venoit que d'être réduit à l'obéissance du Roi, pendant que Bordeaux étoit encore en rébellion.

M. de Turenne proposa un avis contraire à tous deux ; il jugeoit que le premier étoit dangereux, parce qu'en divisant les forces les ennemis pouvoient aisément chasser le peu qu'on en auroit en campagne, faire tout à leur aise le siége qu'il leur plairoit, et se retrancher de sorte qu'avant qu'on pût avoir rassemblé toutes les troupes, il ne seroit plus possible de les forcer ; que la diversion qu'on entreprendroit de faire en attaquant une de leurs places, deviendroit inutile, puisqu'ils auroient assez de temps pour achever leur siége et venir secourir la place que les troupes du Roi auroient attaquée, quelque peu considérable qu'elle pût être. A l'égard du second, qu'il n'étoit pas possible de défendre le passage des rivières contre une armée si supérieure en infanterie ; que cette conduite intimideroit les troupes, qui craindroient d'être forcées dans leurs postes, et qu'elle feroit encore un bien plus méchant effet dans Paris et dans les provinces ; que son sentiment étoit qu'il falloit tenir l'armée entière et observer les ennemis d'aussi près qu'on pourroit, de manière qu'on pût éviter le combat ; que par ce moyen on les empêcheroit de faire aucun siége de conséquence, parce qu'ils n'oseroient séparer leurs forces, et qu'avant qu'ils pussent s'être retranchés et avoir fait leur pont de communication, on choisiroit par où les attaquer ; qu'il ne croyoit pas qu'ils eussent dessein d'entrer bien avant dans le pays, parce que les troupes du Roi étoient en état de leur couper les convois, sans lesquels il leur seroit impossible de subsister. Ces conseils de M. de Turenne furent suivis, et la cour s'étant retirée, on les mit aussitôt en exécution.

Les Espagnols avancèrent d'abord entre la Seine et l'Oise, vinrent camper à Fonsomme et à Fervaques. Ils passèrent le premier jour d'aoust à la vue de l'armée du Roi, marchant vers Ham, la Somme à leur droite ; et ayant campé à Saint-Simon et à Clastres, ils employèrent un jour entier à passer les défilés. M. de Turenne, à leur approche, fit mettre l'armée en bataille ; et voyant qu'ils passoient outre, il la fit marcher le long de la rivière auprès de laquelle elle étoit, jusqu'à Mayot, proche La Fère. Le lendemain on travailla tout le jour à faire des ponts pour l'infanterie et des passages pour la cavalerie, dans le dessein de passer cette rivière, si les ennemis avançoient davantage dans le pays : on sçut le lendemain matin qu'ils marchoient toujours en avant. M. de Turenne voulut reconnoître lui-même quelle route ils prenoient avant de passer la rivière ; et s'étant avancé avec mille chevaux pour mieux pénétrer leur dessein, il envoya ordre ensuite à toute l'armée de le suivre en marchant le long de la rivière ; elle campa le 3 aoust à Fargnier, étant suffisamment couverte par des bois du côté des ennemis ; et sur ce qu'on apprit qu'ils s'étoient avancés jusqu'à Roye, elle marcha vers Noyon, où elle arriva le 5. On apprit que Roye avoit été prise et pillée ; il n'y avoit dedans que les bourgeois qui ne laissèrent point de se défendre, et ne se rendirent qu'après que les batteries furent dressées, que le canon eut tiré. Le 9, on fit avancer l'armée à Magny, où le pays étant fort couvert et serré, il n'y avoit rien à craindre. De là on envoya M. de Schomberg avec les gendarmes, au nombre de deux cent cinquante chevaux, et cent fantassins pour se jeter dans Corbie. On mit aussi trois cens hommes dans Péronne, et ce furent les seuls détachemens qu'on envoya dans des places pendant toute la campagne.

On fut informé que les ennemis s'approchoient de Corbie, sur quoi on se posta le 10 à Eperville, proche de Ham ; à peine y fut-on arrivé qu'on eut avis que le comte de Megen devoit sortir le lendemain de Cambray avec trois mille hommes pour conduire aux Espagnols, entre Péronne et Corbie, un grand convoi de vivres, des pionniers et toutes les munitions nécessaires pour un siége. L'armée décampa un peu avant le coucher du soleil, passa la Somme à Ham, et marcha toute la nuit dans le dessein d'intercepter le convoi. Pour faire plus de diligence, la cavalerie prit les devans, on n'en laissa que fort peu avec l'infanterie, qui avoit ordre de suivre avec l'artillerie et les bagages. La cavalerie arriva à Péronne à la pointe du jour ; on en tira les trois cens hommes d'infanterie qu'on y avoit jettés, et tous ceux dont la garnison pouvoit se passer, et continuant de marcher vers Bapaume, on fit halte à deux ou trois lieues de cette place, et on envoya des partis vers Cambray pour reconnoître la marche du convoi ; mais à midi ils rapportèrent qu'il étoit rentré dans la place, sur ce que, peu de temps après en être sorti, les ennemis avoient sçu que les troupes du Roi venoient à eux. On apprit en même temps que l'armée espagnole s'étoit avancée vers la Somme près de Bray ; sur quoi on retourna joindre l'infanterie au village de Manancourt, où coule un petit ruisseau qui passe par Mont-Saint-Quentin et tombe dans la Somme proche de Péronne ; on y campa la nuit, et ayant eu avis, le lendemain 12 au matin, que les ennemis jettoient des ponts sur la rivière le long de laquelle ils campoient, on jugea à propos de se retirer un peu en arrière, le long du même ruisseau, à Alesne, près du Mont-Saint-Quentin, dans la résolution toutefois qu'en cas que l'ennemi passât la Somme, on posteroit l'armée un peu au-dessus de Manancourt, dans un lieu que les deux généraux avoient marqué pour la mettre en bataille dès que l'ennemi approcheroit. Quoique la chose eût été ainsi arrêtée par tous deux, elle fut changée par l'un sans attendre l'avis de l'autre. M. de Turenne, suivant sa coutume, sortit de son quartier le 13 au lever du soleil, peu accompagné, pour visiter la garde de cavalerie qui étoit de l'autre côté du ruisseau ; et n'y recevant aucune nouvelle des partis qu'il avoit envoyés la nuit pour lui rapporter ce qu'ils découvriroient des mouvemens des ennemis, il alla à Péronne pour y détacher des partis de l'autre côté de la Somme, ne croyant pas qu'il fût possible que les ennemis avançassent vers l'armée du Roi sans en avoir été averti par Bapaume, ou par quelqu'un de ses partis. Ils avoient néanmoins fait tant de diligence que leur avant-garde avoit passé Bapaume avant la pointe du jour, de manière qu'il ne fut pas possible aux partis qui se trouvèrent coupés de tous côtez, de donner aucun avis. Les gardes avancées de M. de La Ferté donnèrent la première alarme, que ce maréchal prit si chaudement, qu'au lieu de marcher pour occuper le terrain dont on étoit convenu le jour précédent, il fit marcher l'aile gauche, qu'il devoit commander, au travers de l'aile droite, et la fit aller vers Péronne, pendant que cette dernière commençoit à avancer vers le terrain qui lui avoit été marqué. Les choses étoient dans ce désordre quand M. de Turenne retourna de Péronne, lequel trouvant que M. de La Ferté rangeoit sa gauche près du Mont-Saint-Quentin, il fit avancer son aile droite pour la joindre, étant trop tard de marcher au premier poste, parce que les ennemis en étoient déjà fort près, et avançoient avec d'autant plus de joye qu'ils connoissoient l'avantage qu'ils avoient de trouver l'armée de France en plaine, où elle ne pouvoit pas éviter le combat. En effet, elle auroit été infailliblement battue si elle y fût restée ; car quoique l'ordre de bataille fût excellent, suivant la nouvelle méthode, la seconde ligne étant à une distance proportionnée à la première, y ayant un bon corps de réserve de douze escadrons et de deux bataillons derrière le tout, et l'aile gauche étant rangée au pied du Mont-Saint-Quentin. Cependant les ennemis étant beaucoup supérieurs en nombre, ils pouvoient prendre la droite en flanc, le premier escadron de cette aile n'étant qu'à la portée du pistolet d'une colline, dont l'ennemi gagnant la hauteur pouvoit la désoler de son canon et de sa mousqueterie, et la charger ensuite en flanc.

M. de Turenne n'étoit pas le seul qui connoissoit le danger; toute la droite de l'armée en étoit dans une consternation extrême, et jamais on n'a vu une crainte d'être battu plus universelle. Il courut aussitôt qu'il s'en apperçut à M. de La Ferté, pour l'avertir que si l'armée restoit dans cette situation elle seroit absolument défaite; qu'il étoit résolu de marcher aux ennemis au haut de la montagne, puisqu'on ne pouvoit être ailleurs dans un terrain plus désavantageux que celui où on étoit; qu'il n'y avoit pas d'autre moyen de redonner courage aux soldats et qu'il le prioit de le suivre. Il revint immédiatement à sa droite, à la tête de laquelle il monta aussitôt sur la hauteur, et en y arrivant avec les premiers escadrons, il envoya M. de Varenne, ancien officier fort expérimenté, qui avoit servi sous lui dans toutes ses campagnes d'Allemagne, et en qui il avoit beaucoup de confiance, pour reconnoître le terrain où on devoit marcher. A peine eut-on avancé un mille qu'il rapporta à son général qu'il avoit découvert un poste fort avantageux qui n'étoit pas éloigné. M. de Turenne y fut, et trouva qu'il étoit tel en effet que l'ennemi n'oseroit l'y attaquer : il y avoit sur la droite un ruisseau qui vient de Roiset et tombe dans la Somme un peu au-dessus de Péronne; la gauche étoit bornée par une montagne si escarpée qu'on ne la pouvoit monter ni à cheval ni à pied, et la distance entre deux ne pouvoit contenir que vingt ou trente escadrons. Il y avoit devant un petit vallon, et du côté du ruisseau un ravin que la cavalerie n'auroit pu passer qu'avec peine; le village le plus près s'appelle Tincour ou Buires.

La différence du poste changea la contenance du soldat, il reprit sa gayeté ordinaire, et les ennemis ne l'y auroient pas attaqué impunément; car, quoiqu'ils fussent presque deux contre un, on travailla aussitôt à cinq redans, dont chacun pouvoit contenir cent hommes, et on plaça toute l'artillerie de manière que les ennemis auroient essuyé le feu de trente pièces de canon avant qu'ils eussent pu voir l'armée du Roi, qui, étant derrière, pouvoit les charger à son choix, avec de la cavalerie ou de l'infanterie, dans un terrain si étroit, que l'aile droite, commandée par M. de Turenne, formoit quatre ou cinq lignes qui se soutenoient l'une l'autre, pendant que M. de La Ferté, qui avoit sa gauche rangée le long du haut de la montagne, pouvoit seconder la droite en cas de nécessité.

Ce fut sur les deux ou trois heures après midi qu'on commença de voir l'armée espagnole marchant en bataille, et avançant par l'extrémité d'un bois qui s'étendoit depuis la portée du mousquet des redans de l'armée de France, tout le long du sommet de la montagne qui étoit sur la gauche, et qui resserroit le terrain par où elle croyoit aller l'attaquer d'abord; mais quand elle en fut environ à une demi-lieue elle fit halte, et la plupart de l'infanterie courut au ruisseau pour y étancher la soif ardente qu'elle souffroit, n'ayant point trouvé d'autre eau depuis qu'elle avoit quitté la Somme.

On a sçu depuis que le prince de Condé vouloit attaquer en arrivant, mais que le comte de Fuensaldagne s'y opposa, représentant la lassitude des troupes, principalement de l'infanterie, après une marche si pénible dans un pays aussi sec que la saison étoit chaude; qu'elle ne pouvoit combattre que le lendemain, vu la difficulté qu'il y auroit de la retirer de la rivière pour la remettre en bataille; que le repos d'une nuit la remettroit de la fatigue de la journée, qu'un si petit délai ne gâteroit rien, puisque l'armée de France ne pouvoit leur échapper; que si peu de temps ne pouvoit pas lui suffire pour rien faire qui la mît en sûreté, et que le reste de l'après-midi seroit employé à la reconnoître et à résoudre par où on attaqueroit.

Le prince céda à des raisons si fortes, l'armée espagnole campa la nuit en bataille; mais les officiers-généraux trouvèrent le lendemain celle du Roi si avantageusement postée, qu'ils ne songèrent plus à l'attaquer. Elles furent trois ou quatre jours en présence, dans une escarmouche presque continuelle, qui n'aboutit à rien. Le 13 d'août, on entendit à la pointe du jour sonner le boutte-selle et battre la générale dans l'armée ennemie; celle de France se mit aussitôt sous les armes, et M. de Turenne alla lui-même avec deux escadrons vers leur camp, pour observer leur marche et juger quelle place ils avoient dessein d'assiéger. Etant arrivé à la moitié du chemin entre les deux armées, il y laissa un escadron, et avançant un peu plus loin il s'arrêta, et envoya le duc d'Yorck avec M. de Castelnau et douze autres officiers et volontaires parfaitement bien montez, pour approcher des ennemis autant qu'il seroit possible, avec ordre de ne point combattre, et de se retirer en cas qu'on vînt à les pousser. Ils entrèrent dans le camp même des ennemis jusqu'aux huttes de l'infanterie avant que l'arrière-garde de la cavalerie fût dehors. Ils s'arrêtèrent et observèrent à leur aise le mouvement de toute l'armée; ensuite ils avancèrent jusqu'à la portée du pistolet des derniers escadrons, sans que de part ni d'autre on se mît en devoir de s'inquiéter; et après avoir reconnu clairement qu'ils marchoient vers Saint-Quentin, ils vinrent rejoindre M. de Turenne, qui envoya aussitôt M. de Beaujeu, un des lieutenans-généraux, avec douze cens chevaux et six cens fantassins, pour se jetter ou dans Guise, qu'il jugea qu'ils avoient dessein d'assiéger, ou dans telle autre place qui lui paroîtroit qu'ils voulussent attaquer. Beaujeu fit tant de diligence qu'il entra dans Guise au moment que la cavalerie des ennemis parut pour l'investir; se voyant ainsi prévenus, ils abandonnèrent l'entreprise, et après avoir resté quelques jours aux environs de cette place, ils retournèrent sur leurs pas, et furent camper à Caulancourt, à une lieue de l'abbaye de Vermand, et à deux de Saint-Quentin.

Aussitôt que M. de Beaujeu fut détaché, toute l'armée se mit en marche; on fit passer les bagages au travers de Péronne, et l'ennemi étant à telle distance qu'on ne craignoit point qu'il vînt tomber sur l'arrière-garde avant qu'on eût passé la Somme, toute l'armée défila au travers de la ville, et quoiqu'elle soit assez longue et qu'il n'y ait qu'un pont, M. de Turenne ne laissa pas d'avancer le même soir avec l'avant-garde jusqu'à Caulancourt, à une lieue de Ham; ce qui fit le même effet que si l'arrière-garde, qui ne put y arriver que le lendemain matin, y avoit été en même temps, parce que les ennemis crurent que toute l'armée étoit ensemble, comme M. de Turenne l'avoit assuré à ceux qui lui représentèrent qu'elle ne pouvoit pas arriver le soir à Caulancourt, en leur répondant qu'étant couvert de la Somme, les partis ennemis ne pourroient la découvrir et en rendre compte que par les feux, dont le grand nombre ne leur laisseroit aucun doute que toute l'armée ne fût ensemble. Aussi faut-il lui rendre cette justice, que jamais général ne prit dans les marches de plus justes mesures et ne pénétra mieux dans les desseins de l'ennemi. Cette diligence, aussi bien que celle de M. de Beaujeu, empêcha le siége de Guise.

Les Espagnols étant ainsi déconcertés, on ne jugea pas à propos d'avancer plus loin; on se tint, depuis la dernière allarme, plus que jamais sur ses gardes; et les ennemis étant venus camper à Caulancourt, sur ce que M. de Turenne fut averti que les fourageurs prenoient l'habitude de passer le ruisseau, derrière lequel étoit leur armée, et qu'ils alloient vers Ham avec peu d'escorte, il ordonna à M. de Castelnau d'aller avec mille chevaux pour tâcher de les surprendre. Il partit le soir avec dix escadrons, et marcha à Ham, où, étant arrivé aux portes, au lieu de passer outre, il s'y arrêta jusqu'à la pointe du jour, qu'il fit passer au travers de la ville deux petits partis pour aller à la découverte; il les suivit, et lui ayant été rapporté que les ennemis étoient au fourage, il envoya ordre à sa cavalerie d'avancer; mais avant qu'elle eût passé la ville et qu'on pût aller à eux, ils prirent l'allarme à la vue des partis, et se retirèrent n'ayant perdu que vingt ou trente hommes. Ainsi, ce que M. de Turenne avoit si bien projetté manqua par la faute du commandant, qui, quoique galand homme d'ailleurs et bon officier d'infanterie, ne sçavoit point mener la cavalerie.

Au lieu de retourner au camp, comme il le devoit faire après avoir manqué le coup, il avança dans la plaine jusqu'à une demi-lieue de l'armée ennemie, et y fit halte pendant une bonne heure: cette faute exposoit le détachement à une défaite inévitable, si les ennemis en eussent profité comme ils le pouvoient; il n'y avoit pas un seul officier, ni même un cavalier qui n'en craignît la conséquence: la plaine étoit si découverte, que les Espagnols pouvoient compter jusqu'au dernier homme, voir au moins qu'à une lieue et demie derrière il n'y avoit personne pour les soutenir, et rien ne pouvoit les empêcher de passer le ruisseau. M. de Castelnau, après avoir resté là si long-temps sans nécessité, se retira, et mit dans un village malhabilement une embuscade de cent chevaux, n'étant pas probable que les ennemis laissassent passer le ruisseau à leurs gens après une allarme si récente. Cependant M. de Turenne, inquiet de ce qu'on tardoit si long-temps, vint lui-même avec quatre ou cinq escadrons et environ quatre cens fantassins, passa au travers de Ham, et, avançant au-delà, disposa ses troupes de manière qu'elles pussent favoriser la retraite de M. de Castelnau, si les ennemis l'eussent poussé; mais il ne fut pas long-temps sans le voir revenir en meilleur état qu'il ne croyoit.

L'armée du Roi resta dans ce camp jusqu'au 1er de septembre, que l'on fut informé que l'ennemi avoit décampé de Caulancourt pour aller assiéger Rocroi, et qu'un gros détachement de cavalerie avoit pris les devans pour l'investir et empêcher qu'on n'y jettât du secours: la garnison en étoit foible, et la place étant située dans une petite plaine environnée de bois, quiconque y est posté le premier peut aisément empêcher d'y passer; et ce fut inutilement qu'on tenta de la secourir.

On résolut, pendant que les ennemis seroient occupés à ce siége, de faire celui de Mouson. L'armée passa l'Oise à La Fère, et arriva le 9 septembre à Remilli, à une lieue de Mouson. Le lendemain on passa la rivière au-dessous de la ville, et chacun prit ses quartiers : M. de Turenne au-dessous, et M. de La Ferté au-dessus. La cavalerie du premier s'étendoit sur une ligne depuis la rivière jusqu'au haut de la montagne, un peu hors de la portée du canon de la place, et il campoit lui-même avec son infanterie et ses gendarmes dans une petite vallée à demi-portée du canon; et dans un vallon plus étroit et plus près de la ville, il posta les deux régimens d'Yorck et de Guienne, et y fit ouvrir la tranchée la même nuit. M. de La Ferté commença ses approches en même temps; mais ses troupes se postèrent un peu plus loin de la place que celles de M. de Turenne.

Mouson est située sur la Meuse, entre Stenai et Sedan; elle a un pont couvert d'un ouvrage à corne; la ville est fortifiée d'une bonne muraille ancienne, flanquée de tours rondes, dont quelques-unes sont assez grosses, et celle qui est du côté de la montagne l'est plus que toutes les autres; elle a un très-bon fossé sec, qui presque partout est bien palissadé dans le milieu, et le côté extérieur est revêtu de pierres de taille; le côté de la ville le plus éloigné de la rivière étant commandé d'une montagne, est défendu d'une enveloppe de trois ou quatre bastions et d'un demi-bastion, et des deux côtés, jusqu'à la rivière, il y a plusieurs demi-lunes et autres dehors.

La garnison étoit d'environ quinze cens hommes d'infanterie et de deux ou trois cens chevaux : le gouverneur étoit un vieux colonel allemand nommé Wolf. La plupart de cette garnison avoit été mise dans la place par le comte de Briol, un des officiers du prince de Condé, qu'il avoit détaché en marchant à Rocroi, avec un corps de troupes, pour se jetter dans Mouson, Stenai, Clermont et Sainte-Menehoult, qui étoit à lui, ne doutant pas que l'armée du Roi n'en assiégeât une; et Briol, jugeant à sa marche qu'elle alloit à Mouson, se contenta d'en augmenter la garnison, et garda le reste des troupes qu'on lui avoit données pour pourvoir à la sûreté des autres places.

Les approches furent poussées la première nuit assez loin, et avec peu de perte, par le régiment de Picardie, et on éleva une batterie de cinq ou six pièces de canon. La nuit suivante, les régimens de La Feuillade et de Guienne montèrent la tranchée et l'avancèrent considérablement : dans le même temps, un régiment d'infanterie, qui étoit posté dans quelques maisons auprès du pont, eut ordre d'insulter l'ouvrage à corne qui le couvroit; l'ennemi jugea à propos de se retirer, et il fut emporté sans peine et sans perte. Ce fut le tour du régiment de Turenne la troisième nuit; il poussa la tranchée si loin, que la nuit suivante les régimens d'Yorck et de Palluau arrivèrent jusqu'au bord du fossé des dehors, et attachèrent le mineur à la face du demi-bastion de l'envelope, après avoir coupé les palissades du fossé : il travailla jusqu'après midi, qu'il appela pour demander de la chandelle et à boire, sans quoi il ne pouvoit plus travailler. Un sergent d'Yorck lui porta l'un et l'autre, à la faveur d'un grand feu de mousqueterie qu'on fit pendant qu'il alla et revint. Le régiment de Picardie monta la tranchée pour la seconde fois la nuit du 14 au 15. Ce jour-là le duc d'Yorck, allant à la tête des ouvrages, accompagné de messieurs d'Humières et de Créqui et de quelques autres, pendant le peu de temps qu'ils restèrent dans la première batterie, un boulet de canon, tiré de la place, passa entre trois barils de poudre sans y mettre le feu, qui auroit fait sauter tout ce qui étoit dans la batterie; mais le danger passa si vite qu'on n'eut pas le temps de l'appréhender. M. de Turenne, observant que les assiégés ne faisoient pas si grand feu de l'envelope comme de coutume, crut qu'ils y avoient peu de monde et qu'ils la vouloient abandonner, jugeant que la mine étoit prête à jouer; il ordonna qu'un sergent, suivi de quelques soldats, montât sur le soir pour l'endroit dont la fraise avoit été brisée par le canon, pour reconnoître si les ennemis abandonnoient l'envelope : le sergent y fut, et rapporta que les ennemis s'étoient retirés comme M. de Turenne l'avoit jugé. On fit feu sur le peu d'ennemis qui y restoient, et ils se retirèrent dans la ville. Les assiégeans occupèrent aussitôt le fossé de l'envelope et se contentèrent de faire des places d'armes pour se loger et faire feu sur la ville : les ennemis en firent cette nuit-là un fort grand de dessus les murailles; mais ce fut sans beaucoup d'effet, parce que les assiégeans étoient à couvert.

Il arriva au camp, le lendemain, un bataillon de dix compagnies du régiment des gardes, commandé par M. de Vautourneu; ils montèrent la tranchée, suivant leur privilége, la même nuit, relevant le régiment de Picardie. M. de Castelnau, qui étoit alors le seul lieutenant-général dans l'armée, fut, suivant sa coutume, pour commander : les gardes refusèrent de lui obéir, prétendans ne devoir être commandés que par le général. M. de Turenne, étant informé de cette contestation, fut pour tâcher de l'ajuster ; mais trouvant Vautourneu opiniâtre, il pria M. de Castelnau de se retirer à sa tente, lui disant qu'ayant fatigué beaucoup la nuit précédente, il avoit besoin de repos, et qu'il resteroit pour lui à la tranchée : Castelnau obéit. M. de Turenne demeura ; et ne voulant pas décider la question, il dépêcha un courrier pour en informer la cour, qui ordonna aux gardes d'obéir au lieutenant-général ; et cet ordre étant arrivé avant que ce fût leur tour de monter une seconde fois, il n'y eut plus de dispute. Celle-là fut avantageuse pour le service du Roi : les gardes, se piquans d'honneur, et étant encouragés par la présence du général, avancèrent beaucoup leurs travaux ; ils firent non-seulement une blinde le long du fond du fossé de l'envelope, par le moyen des palissades qu'ils y trouvèrent, qui s'étendoient directement jusqu'à la grande tour, mais ils y firent encore un logement depuis l'endroit où le fossé de l'envelope se joignoit à celui de la ville jusqu'à la demi-lune sur la droite, que les ennemis abandonnèrent, et d'où on eut dessein de passer dans le fossé de la ville pour y attacher le mineur.

Jusqu'ici on avoit avancé avec assez de diligence et de succès ; mais on trouva, à la descente du fossé de la place, plus de difficultés qu'on n'avoit cru. La nuit suivante on tâcha de continuer les travaux avec la promptitude accoutumée, en faisant un logement contre les palissades qui étoient au milieu du fossé ; lorsqu'on le crut perfectionné, les ennemis en chassèrent les assiégeans avec une grêle de grenades et une pluye de feu d'artifice et de feu ordinaire si continuelle, qu'il fut impossible d'y rester. Ce mauvais succès ne rebuta point : on suivit opiniâtrement le dessein de se loger, mais on y employa deux nuits inutilement : quand l'ouvrage étoit achevé, les ennemis jettoient tant de feux d'artifice et de matières combustibles, qu'ils détruisoient tout ce qu'on avoit fait. On fut obligé de chercher quelqu'autre expédient moins dangereux. On tenta la nuit suivante la descente du fossé, en poussant obliquement, d'où on étoit logé, une tranchée ; mais on se trouva exposé au feu d'un canon que les ennemis tiroient d'un flanc si bas, que l'artillerie des assiégeans ne pouvoit le démonter ; et on trouva de plus, quand on fut à moitié chemin, la muraille dont il a déjà été parlé, qui arrêtoit tout court, sans le secours du canon du flanc qui désoloit, et qui, dès qu'il fut jour, ruina toutes les blindes qu'on avoit faites. Ainsi il fallut avoir recours à la vieille méthode, de creuser un puits dans le logement qui avoit été fait dans le fossé de la demi-lune, pour descendre par ce moyen dans le fond du fossé : on y travailla avec tout l'empressement imaginable, et on s'efforça d'attacher le mineur à la muraille de la ville, à la faveur des madriers accommodés à l'épreuve du feu ; on les poussa jusques contre la muraille ; le mineur commença à y travailler, ayant à ses côtés des barils remplis de terre, pour le préserver de la mousqueterie des flancs, pendant que les madriers le garantissoient du feu, des pierres et des grenades que l'on jettoit sans cesse ; ce qui n'auroit pu le déloger, si les ennemis ne se fussent avisés d'une nouvelle invention, en attachant une bombe à une chaîne qu'ils firent descendre contre les madriers : le feu y prit si à propos, qu'elle les fit tous sauter, et ils jettèrent ensuite une si grande quantité de feu que le mineur fut brûlé.

Celui de l'autre attaque ne fut pas plus heureux : M. de La Ferté voulant se hâter, l'avoit fait attacher au corps de la place avant qu'il y eût un logement de fait contre la muraille pour le garantir ; les ennemis le découvrirent, et l'étouffèrent de la fumée qu'ils firent à l'embouchure de son trou, qui étoit déjà si profond, que le feu ne le put point atteindre. Il fit pendant ce siège une pluye continuelle et des tempêtes si violentes qu'elles renversèrent souvent les blindes et éboulèrent des endroits de la tranchée, qui étoit presque partout pleine d'eau, et il se passoit rarement trois heures sans pluye.

Lorsqu'on commença à creuser le puits dans le fossé de la demi-lune, on attacha en même temps le mineur au pied de la grande tour, à la faveur des madriers : il eut plus de bonheur que le premier, il se logea ; mais avant que ses chambres fussent perfectionnées, il envoya avertir M. de Turenne qu'il entendoit les ennemis qui contreminoient, et qu'ils arriveroient à lui dans peu d'heures, et beaucoup plus tôt qu'il ne pouvoit finir ; on lui ordonna de mettre quelques barils de poudre dans le trou qu'il avoit fait, et de le boucher le mieux qu'il seroit possible ; ce qui fut exécuté. M. de Turenne ne prétendoit que ruiner la contremine des assiégés, et sçavoit que cela n'abattroit point la tour ; et comme la poudre devoit faire son effet en arrière, il fit éloigner ceux qui pouvoient courir quelque danger, et se retira lui-même avec ceux qui l'accompagnoient, à la première batterie, qui étoit à demi-portée de mousquet de la tour.

On mit le feu à la mine, qui fit tout l'effet qu'on avoit attendu ; elle élargit seulement le trou qu'avoit fait le mineur, tua, comme on le sçut depuis, les contre-mineurs des ennemis, et jetta plusieurs grosses pierres avec autant de violence qu'auroit pu faire le canon : quelques-unes donnèrent contre la batterie derrière laquelle M. de Turenne, le duc d'Yorck et d'autres s'étoient mis à couvert, et ils en virent plusieurs voler beaucoup plus loin. On renvoya ensuite le mineur à son trou, avec un sergent pour le défendre, et six soldats qui s'y logèrent sans danger : cela s'exécuta de jour. Quand il fut nuit, on jugea à propos d'ouvrir le puits qui étoit creusé au niveau du fond du fossé de la place, car il auroit fallu trop de temps pour continuer à le creuser jusqu'à la muraille ; sa profondeur le mettoit à couvert du canon et de la mousqueterie, et on ne croyoit pas qu'il y eût autre chose à craindre que les grenades, les feux d'artifice ou le feu ordinaire ; mais à peine fut-il découvert, que les ennemis s'en étant apperçus à la lumière des feux qu'ils avoient allumés, pour voir ce qui se faisoit dans le fossé, qu'ils roulèrent du haut des murailles le long de deux pièces de bois qu'ils avoient attachées ensemble, une bombe qui tomba dans l'ouverture du puits, tua quatre ou cinq hommes qui y travailloient, et ébranla si violemment le logement qui étoit au-dessus où M. de Turenne, le duc d'Yorck, quelques officiers et plusieurs volontaires étoient alors, qu'ils crurent dans le moment qu'il seroit entièrement ruiné : il subsista néanmoins ; mais on fut plus d'un quart-d'heure avant qu'on pût y aller travailler, à cause de la fumée et de la poussière; et quoique les assiégés continuassent de tirer incessamment dessus, et de jeter une infinité de grenades, de toutes sortes de feux, et des bombes de temps en temps, dont aucune n'adressa si juste que la première, on ne laissa point de pousser la tranchée jusqu'aux palissades qui étoient au milieu du fossé ; mais la quantité prodigieuse de feu qui tomboit continuellement, obligea de couvrir le puits de planches, de fascines et de terre pour la sûreté des travailleurs. Quand on fut au pied de la palissade, on fut obligé de se cacher sous terre pour éviter les feux que les ennemis y jettoient sans cesse, et enfin on attacha le mineur au corps de la place.

On perdit cette nuit-là beaucoup de monde ; M. de La Feuillade fut blessé d'une grenade à la tête ; un coup de mousquet ayant percé le logement, la bale effleura la tête de M. d'Humières, passa au travers de la jambe d'un pionnier et frappa enfin la botte du duc d'Yorck, sans lui faire aucun mal. M. de Turenne resta toute la nuit sur la place, et il est certain que sans sa présence la chose n'auroit point réussi.

M. de La Ferté avoit de son côté si fort avancé son attaque, que sa mine étant prête le jour suivant, on la fit sauter l'après-midi : M. de Turenne, avec plusieurs de ses officiers et volontaires, alla par curiosité voir quel effet elle produiroit, mais il n'entra point dans les tranchées. La mine avoit été faite à l'angle entre la tour et la muraille, et l'intention étoit de renverser non-seulement l'angle, mais encore les parties de la muraille et de la tour qui en étoient les plus proches. Quand elle eut sauté et que la fumée fut dissipée, on vit qu'elle n'avoit abattu que l'angle et la muraille, et que la tour, à laquelle il n'y avoit qu'une fente, étoit encore debout ; mais ayant fait tirer six coups de canon à la fois de la batterie qui étoit sur le bord du fossé, cette partie de la tour tomba et appaisa la colère de M. de La Ferté, dont l'impatience inquiéta beaucoup le chevalier de Clerville, ingénieur, qui avoit la conduite de l'attaque. La tour n'étant point tombée d'abord, mit le maréchal en furie ; il menaça le pauvre ingénieur, qui ne se tira d'affaire qu'en abattant avec le canon ce que la mine avoit déjà ébranlé de la tour. La brèche étant bonne, on y fit un logement la nuit ; ce qui, joint aux deux mines qui étoient prêtes à jouer à l'attaque de M. de Turenne, détermina le gouverneur à battre la chamade le lendemain matin : il envoya des officiers pour dresser la capitulation, et il fut convenu qu'il sortiroit le lendemain avec sa garnison, armes et bagages, pour être conduit à Montmédi.

Ce siége dura dix-sept jours de tranchée ouverte : on y perdit peu de monde, mais beaucoup de chevaux, à cause du mauvais temps et que le terrain où on campoit étoit une terre fort grasse. Il n'y eut personne de qualité tué que le vidame de Laon, neveu de M. de Turenne, second fils du comte de Roussi, qui reçut un coup de mousquet dans la tête en montant la tranchée. La promptitude avec laquelle les François poussent les siéges et prennent les places, se doit particulièrement attribuer aux peines que se donnent leurs généraux ; au lieu que le duc d'Yorck a remarqué que ceux des Espagnols s'en rapportent à un sergent de bataille ou à quelqu'autre officier inférieur, par les avis, et, pour ainsi dire, par les yeux desquels ils se gouvernent. M. de Turenne vouloit tout voir lui-même ; il alloit reconnoître en personne et de bien près les villes qu'il vouloit assiéger ; il marquoit toujours l'endroit où il falloit ouvrir la tranchée, et y étoit présent ; il ordonnoit de quel côté il la falloit pousser, y alloit réglément matin et soir ; le soir, pour résoudre ce qui étoit à faire durant la nuit, et le matin, pour voir si ses ordres avoient été suivis, ayant toujours avec lui un lieutenant-général ou maréchal-de-camp qui devoit commander la tranchée pour l'instruire de ses intentions ; il retournoit pour la seconde fois à la tranchée après souper, et y restoit plus ou moins de temps, suivant que sa présence y étoit nécessaire. La diligence du général excite nécessairement tous les officiers de l'armée à une grande application à ce qui est de leur devoir. M. de Turenne n'avoit pas un seul ingénieur à son attaque : quand il en avoit dans d'autres siéges, il ne s'en servoit que comme d'inspecteurs sur les travaux : la plupart des officiers sçavoient comme on doit pousser la tranchée et faire un logement ; il y a un capitaine de mineurs qui a soin de les conduire suivant les ordres qu'on lui donne. Le duc d'Yorck a reconnu, non-seulement par sa propre expérience, mais encore par celle des plus habiles dans le métier de la guerre, qu'un général ne se doit jamais reposer entièrement sur quelque ingénieur que ce puisse être pour la conduite de la tranchée, parce qu'il n'est pas raisonnable de croire qu'un homme, qui doit y être à tout moment, veuille s'exposer autant que des officiers qui, n'y allant qu'à leur tour, se piquent plus aisément d'honneur et d'émulation pour faire avancer les travaux, outre qu'ils en acquièrent plus de capacité pour tout ce qui regarde un siège. Le feu prince d'Orange qui suivoit une maxime toute opposée, en se confiant uniquement à ses ingénieurs, et n'employant ses officiers qu'à la défense des tranchées, en avoit peu qui entendissent bien à assiéger une place, à moins que ce ne fût quelque personne dont l'application et l'industrie suppléât au défaut de la pratique : ainsi peu d'officiers ont jamais acquis beaucoup d'expérience parmi les Hollandois, et les habiles qui ont servi avec eux avoient appris ce qu'ils sçavoient dans d'autres pays.

On ne fit point de lignes de circonvallation au siége de Mouson, cela auroit emporté trop de temps, et auroit donné aux ennemis le temps de finir le leur et de venir tomber sur l'armée du Roi avant qu'elle eût achevé le sien : la petite rivière de Chiers la couvroit du côté du Luxembourg, et empêchoit les ennemis de pouvoir jetter du secours dans la place : le jour même qu'elle fut prise, qui étoit le 27, l'armée marcha à Amblemont pour tenter de faire lever le siége de Rocroi : elle avança jusqu'à Varnicourt, où on apprit que la ville s'étoit rendue.

Après ces deux siéges, il ne se passa rien de considérable entre les deux armées durant le reste de cette campagne. Outre que la saison étoit trop avancée pour entreprendre un siége de quelque conséquence, les Espagnols avoient beaucoup plus souffert devant Rocroi que les François devant Mouson. M. de Turenne les observa toujours de près ; ils ne firent que des marches et des contre-marches, consommèrent les fourages sur leur frontière, et les François en firent autant de l'autre côté de la Somme.

Pendant qu'on amusoit ainsi les ennemis, la cour ayant ramassé quelques troupes, outre celles de la maison du Roi et quelques autres qui furent détachées de l'armée, elle fit faire le siége de Sainte-Menehoult. M. de Navaille commandoit la maison du Roi, M. de Castelnau les troupes que M. de Turenne avoit envoyées, M. d'Uxelles celles qui avoient été détachées du régiment de M. de La Ferté ; mais quoique MM. de Navaille et d'Uxelles fussent, généralement parlant, autant capables qu'aucuns autres lieutenans-généraux en France, et que M. de Castelnau entendît parfaitement bien à faire un siége, ils ne purent néanmoins jamais s'accorder ensemble, et le cardinal fut obligé d'envoyer le maréchal du Plessis-Praslin pour y commander en chef ; après quoi le siége fut poussé avec plus de succès qu'auparavant. M. de La Ferté avec la plupart de sa cavalerie marcha pour empêcher le duc de Lorraine de jetter du secours dans la place, sur les avis qu'on eut qu'il avançoit de ce côté-là avec son armée.

M. de Turenne ayant fait camper ses troupes derrière la Somme entre Roye et Corbie, le duc d'Yorck voyant la campagne finie de ce côté-là, prit congé de M. de Turenne pour aller au siége de Sainte-Menehoult ; mais ayant été obligé de passer par Châlons-sur-Marne, où étoit la cour, il y fut arrêté, que malgré ses empressemens la ville capitula avant qu'il pût partir. Ce prince accompagna le Roi de France au château de Ham, à deux lieues de Sainte-Menehoult, où il fut avec Sa Majesté voir les approches et la brèche qu'on avoit faite au corps de la place avant qu'elle battît la chamade.

LIVRE DEUXIÈME.

DES GUERRES EN FLANDRE.

[1654] L'armée de France, commandée par M. de Turenne et le maréchal de La Ferté, ne fut pas assemblée assez tôt pour empêcher les Espagnols d'assiéger Arras : ils investirent cette place le 3 de juillet avec une armée de trente-deux mille hommes, et toutes les choses nécessaires pour une entreprise de cette importance. Il y a beaucoup d'apparence que l'avis qu'ils eurent de la foiblesse de la garnison, les détermina à ce siége; mais elle ne l'étoit pas assez pour empêcher que le gouverneur ne pût encore défendre ses dehors, quelque grands qu'ils fussent.

Les deux généraux firent un détachement d'environ mille chevaux pour jetter dans la place : Saint-Lieu y entra le premier avec environ deux cens maîtres, et passa au travers du quartier du prince de Condé le premier ou le second jour après qu'elle fut investie. Deux jours après, le baron d'Equancourt fit la même chose à la tête de trois cens chevaux par le quartier du duc de Lorraine; et le chevalier de Crequi avec le reste s'ouvrit peu de jours après le passage au travers du quartier des Espagnols, avant que leurs lignes fussent achevées : on n'osa point tenter d'y faire entrer de l'infanterie, à cause que la plaine qui règne à l'entour de la ville l'auroit aisément fait découvrir aux ennemis.

Une autre raison qui fit entreprendre le siége d'Arras, c'est que les François ayant commencé celui de Stenai, les ennemis espérèrent finir le leur avant que celui-là fût achevé, et qu'il occuperoit tant de troupes qu'on ne seroit pas en état de les interrompre. En effet, l'armée du Roi étoit si foible, que n'osant se commettre dans un pays ouvert avec une armée si supérieure, elle se tint proche de Péronne jusques vers le 16 de juillet, qu'on apprit que les ennemis avoient presque achevé leurs lignes : le duc d'Yorck y arriva avant qu'elle se mît en marche, pour servir en qualité de lieutenant-général sous M. de Turenne; et prit son jour, suivant la datte de sa commission, comme le plus jeune qui servoit dans cette armée.

Elle campa le premier jour de sa marche à Sains près de Sauchi-Cauchi, entre Cambrai et Arras, à environ cinq lieues de cette dernière place; le lendemain elle marcha à Mouchi-le-Preux. M. de Turenne prenoit ce détour pour se couvrir de quelque ruisseau, afin que si les ennemis venoient à lui il pût éviter le combat : il eut la précaution, en arrivant au ruisseau, qui étoit à demi-lieue de Mouchi, d'ordonner à l'armée d'y rester en bataille et de ne le point passer que sur le soir. Il fut avec de la cavalerie et des dragons reconnoître le terrain où il vouloit camper, et observer si les ennemis n'avoient pas dessein de l'attaquer. On passa le ruisseau fort tard, et on travailla toute la nuit à se retrancher avec tant de diligence, cavalerie et infanterie, chacun devant soi, qu'on se trouva dès le lendemain en quelque manière en état de défense; mais quand les lignes furent achevées il n'y eut plus rien à craindre. Le poste étoit très-avantageux, le front proportionné au nombre des troupes; le ruisseau couvroit la gauche et la Scarpe étoit à la droite; et quand même les ennemis fussent venus attaquer l'armée avant qu'elle fût retranchée, on étoit en état de les recevoir malgré l'inégalité du nombre, parce qu'on avoit assez bonne opinion de la valeur des troupes, pour ne les pas craindre quand ils ne pouvoient point les prendre en flanc en débordant la ligne. Le duc d'Yorck a entendu depuis, étant en Flandre et ailleurs, plusieurs personnes blâmer les Espagnols de ce qu'ils n'attaquèrent point les François le premier jour qu'ils prirent ce poste. Quelques-uns ont prétendu que le prince de Condé en fit la proposition; mais cela n'est pas bien sûr : quoi qu'il en soit, on marcha avec la même précaution que si on eût été sûr que les ennemis eussent voulu combattre.

M. de Turenne avoit son quartier à Mouchi, où étoit la plupart de son infanterie; sa cavalerie étoit campée sur deux lignes, et s'étendoit avec le reste de son infanterie jusqu'au ruisseau. M. de La Ferté avoit le sien à la droite de tout en bas, du côté de la Scarpe, au village de Peule, auprès duquel campoit une partie de son infanterie : l'autre étoit à Mouchi et sa cavalerie sur deux lignes entre l'un et l'autre village ; le corps de réserve étoit dans sa place ordinaire, derrière le quartier de M. de Turenne qui étoit au milieu de tout. Mouchi étoit une hauteur qui découvroit et commandoit le fond où couloit d'un côté la Scarpe et celui où étoit le ruisseau ; tellement que l'ennemi ne pouvoit approcher de jour qu'après avoir essuyé le feu de toute l'artillerie qui étoit plantée sur cette hauteur ; et pour assurer davantage les deux extrémités des lignes, on y avoit posté de l'infanterie aussi bien que dans le centre des ailes de cavalerie.

Quand les lignes furent achevées, on envoya presque tous les soirs de gros partis de cavalerie pour empêcher la communication des convois : car quoique les ennemis, en arrivant devant Arras, fussent pourvus abondamment de toutes sortes de provisions, autant que les armées avoient coutume de l'être en ce temps-là, un si grand corps de troupes avoit toujours besoin de quelque chose, soit que la poudre leur manquât ou qu'ils en voulussent une surabondance de provision. Dès que l'armée du Roi fut à Mouchi, ils détachèrent continuellement des partis pour leur en apporter de Cambrai, Douai et d'autres places voisines : on envoya inutilement des partis pour les couper ; on n'avoit jamais le bonheur de les surprendre parce que le pays étoit trop découvert. Les partis étoient rarement de moins de mille ou douze cens chevaux sous le commandement d'un lieutenant-général ; ceux qu'on détachoit de l'armée de M. de Turenne se postoient ordinairement entre le camp des ennemis et Bapaume, dans quelque vallée ou autre lieu où on pouvoit difficilement les découvrir. On avoit de tous côtés de petites gardes avancées qui alloient à la découverte, et des sentinelles partout pour n'être pas surpris. M. de La Ferté, dont les partis alloient entre les ennemis et Lens, faisoit observer la même chose ; mais ils ne furent pas plus heureux que les autres.

Néanmoins un convoi des ennemis manqua par un étrange accident. Une nuit que M. de Turenne visitoit avec le duc d'Yorck les gardes avancées, ils apperçurent une lueur soudaine et violente, semblable à celle de la poudre ; il sembloit que c'étoit au quartier de M. de La Ferté ; mais en avançant de ce côté-là pour s'informer de ce que ce pouvoit être, les sentinelles qui étoient sur la hauteur de Mouchi, qui avoient vu la même chose, assurèrent que la chose s'étoit passée beaucoup plus loin dans la plaine qu'ils ne s'étoient imaginés, et qu'il falloit que ce fût auprès de Lens. Le lendemain au matin on en fut éclairci, et on apprit qu'un régiment tout entier de cavalerie de cent vingt maîtres allant de Douai au camp des ennemis, et tous les officiers aussi bien que les cavaliers, portant chacun un sac de poudre en croupe, outre quatre-vingts chevaux chargés de grenades que des paysans à pied conduisoient, avoient tous été brûlés, sans qu'on pût sçavoir comment cet accident étoit arrivé. Ce fut un triste spectacle de voir arriver ces pauvres malheureux, les visages hideux et défigurés, et le reste du corps brûlé à un point qu'il y en eut peu qui en guérirent. Des partis qui coururent où ils avoient apperçu le feu, amenèrent au camp tous les hommes dans lesquels il y avoit encore quelque signe de vie, quelques chevaux des moins brûlés, et la paire de timbales qui appartenoit à ce régiment.

Le duc d'Yorck trouva depuis en Flandre un lieutenant de cavalerie qui lui expliqua comment cet accident étoit arrivé. Ce prince ayant demandé à cet officier par quel hazard il avoit le visage brûlé, il répondit que c'étoit par de la poudre, dans un tel temps, auprès d'Arras ; et le questionnant sur les particularités, il dit qu'étant à l'arrière-garde du régiment, il apperçut un cavalier qui avoit à sa bouche une pipe de tabac allumé, sur quoi il courut à lui, et la lui ôtant adroitement, il la jetta à terre, et donnant quelques coups de plat d'épée au cavalier qui, étant yvre, mit le pistolet à la main et le lui présenta ; qu'il se jetta promptement à bas de son cheval, appréhendant la suite, et que le cavalier tirant en même temps sur lui, il mit le feu au sac de poudre qu'il avoit derrière son cheval, qui, en sautant le communiqua au sac du cavalier, et successivement à tout le régiment ; mais qu'étant pied à terre, il en échappa mieux que les autres, dont la plupart furent tués sur le champ, et qu'il en fut quitte pour avoir le visage, les mains, et quelqu'autres parties du corps brûlées.

Le marquis de Richelieu rencontra un jour un autre convoi des ennemis sous le commandement du comte de Lorges ; mais le comte se fit jour au travers des troupes du marquis, le battit, prit trois ou quatre de ses capitaines, ne perdit que douze chevaux chargés de poudre, et gagna les lignes des assiégeans avec le reste. Une autre rencontre fut beaucoup plus désavantageuse, par la perte qu'on fit de M. de Beaujeu, lieutenant-général : il étoit en parti avec huit cens chevaux, et ayant été averti que les ennemis vouloient faire passer un convoi dans leur camp par le chemin de . . . . il y alla, y arriva à la pointe du jour, à peu près dans le même temps qu'un corps des ennemis égal au sien, commandé par M. Droot, colonel, qui ne sçavoit point que les François y étoient, et ses cavaliers ayant mis pied à terre en attendant des nouvelles du convoi, sans sçavoir que Droot étoit si proche d'eux, ils se trouvèrent attaqués si inopinément et si brusquement, que les deux premiers escadrons furent renversés avant qu'ils pussent monter à cheval. Beaujeu fut tué en allant mettre en ordre l'escadron le plus proche, que les ennemis rompirent aussi; et sans le régiment de Beauveau qui tint ferme, et battit le premier escadron des ennemis qui avoit fait le désordre, tout le parti auroit été entièrement défait. Cet avantage donna le temps aux autres de se mettre en bataille, et de recevoir l'attaque qui ne fut pas fort vigoureuse, Droot ayant été blessé à celle du régiment de Beauveau. Les ennemis ne sçachant point la force du parti auquel ils avoient affaire, jugèrent à propos de se retirer; les François ne songèrent point à les poursuivre, et auroient cru s'être assez heureusement tirés d'affaire sans la mort de M. de Beaujeu. Le nombre des tués et des blessés fut petit de part et d'autre; il y eut plus de désordre que de mal, et on peut dire qu'en cette occasion les deux partis furent battus.

Le duc d'Yorck étant allé en parti à son tour . . . . . . enleva un autre parti des ennemis. Il apprit en retournant vers le camp, par un petit détachement qu'il avoit fait, que cent chevaux des ennemis s'étoient mis en embuscade un peu devant le jour dans un village prochain; il marcha aussitôt de ce côté-là avec tout son parti, et approchant du village autant qu'il se pouvoit sans être découvert, il envoya quelques cavaliers pour les attirer hors de l'embuscade, avec ordre, quand ils avanceroient pour les charger, de se retirer; ce qu'ils exécutèrent avec tant d'adresse, que les ennemis se trouvèrent engagés tout contre les troupes du Roi avant qu'ils s'en appercurent, tellement qu'il n'en échapa pas un qui ne fût pris.

Pendant que toutes ces choses se passoient hors des deux camps, les ennemis ayant fini leurs lignes le 14, ouvrirent la tranchée la même nuit, poussèrent le siége avec toute la diligence possible, et pressèrent la place si vivement que quelque vigoureuse résistance que fît M. de Mondejeu, qui en étoit gouverneur, et qui étoit secondé avec toute la bravoure imaginable par messieurs de Saint-Lieu, de Créqui et d'Equancourt, les Espagnols ne laissoient pas de gagner tous les jours du terrain : ils étoient maîtres le . . . d'août des ouvrages extérieurs et intérieurs de la corne de Guiche, et le gouverneur envoyoit souvent des messagers pour informer de l'état de la place, dont quelques-uns arrivèrent au camp : un d'eux ayant avalé la lettre qu'il apportoit, envelopée dans un morceau de plomb, afin qu'en cas qu'il fût pris, on ne pût rien trouver sur lui, et arrivant lorsqu'on étoit fort inquiet d'apprendre ce qui s'étoit passé, ce pauvre homme ne rendant point le plomb, quoiqu'on lui eût donné plusieurs médecines, M. de La Ferté cria tout en colère : *il faut évantrer le coquin;* ce malheureux, qui l'entendit de la porte où il étoit, en eut si grande peur, qu'il rendit dans le moment son plomb, et les nouvelles qu'on y trouva firent différer l'attaque des lignes jusqu'à l'arrivée des troupes qui étoient devant Stenai.

Arras n'étoit pas si pressé qu'on l'avoit cru sur des lettres des ennemis qu'on avoit interceptées, dans lesquelles ils mandoient en Flandre qu'ils seroient maîtres de la place le jour de la Saint-Laurent au plus tard; ce qui, joint aux nouvelles qu'on eut en même temps que le siége de Stenai n'avançoit pas autant qu'on l'avoit espéré, et qu'ainsi il n'y avoit point d'apparence qu'on pût avoir les troupes qui y étoient employées avant ce jour-là, avoit fait prendre aux généraux la résolution de ne les pas attendre et d'attaquer les lignes sans elles.

On continua sur ce pied les préparatifs, pour s'en servir quand on le jugeroit à propos, et on ordonna aux escadrons et aux bataillons de se fournir chacun d'un certain nombre de fascines et de clayes dans deux jours; on fit cette provision, parce que les ennemis avoient creusé devant les fossés de leurs lignes, six rangs de trous d'environ deux pieds de diamètre et de trois de profondeur, pour empêcher la cavalerie d'en approcher, et on espéroit avec les clayes rendre ces trous inutiles; mais, comme on vient de le dire, ces craintes se dissipèrent par les nouvelles qu'on reçut du gouverneur d'Arras et par celles qu'on eut le jour suivant du camp devant Stenay, que la place seroit bientôt prise.

Le . . . . . d'août, on eut avis que le maréchal d'Hocquincourt, qui avoit succédé au commandement de l'armée depuis que M. Faber avoit pris Stenay, avançoit, et souhaittoit d'apprendre s'il viendroit joindre la grande armée, ou s'il iroit camper dans quelqu'autre lieu; sur quoi on lui répondit que M. de Turenne, avec quinze escadrons, iroit au-devant de lui, et que s'il vouloit avancer avec sa cavalerie à un certain endroit, ils iroient ensemble reconnoître un poste sur le ruisseau de Crinchon, auprès de Rivières, où on espéroit qu'en se retranchant un peu, l'armée de M. le maréchal d'Hocquincourt y seroit en sûreté.

Les deux généraux se rencontrèrent, le 17 d'août, à l'endroit dont on étoit convenu; mais au lieu d'aller reconnoître le poste, sur l'avis qu'ils eurent qu'il venoit aux ennemis un grand convoi par le chemin de Saint-Pol, sous le commandement de M. de Boutteville, ils marchèrent dans le même instant avec toute leur cavalerie pour le couper, et envoyèrent ordre à l'infanterie de M. d'Hocquincourt, à son canon et à ses bagages, qui étoient alors auprès de Bapaume, de marcher en toute diligence vers Saint-Pol, par le chemin de Buquoy, le long des bois, parce qu'ils n'avoient point de cavalerie pour les soutenir ; mais en arrivant auprès de Saint-Pol, on apprit que les ennemis, ayant été avertis de la marche des troupes du Roi, avoient fait rentrer le convoi dans Aire. Les deux généraux ne jugèrent pas à propos d'aller plus loin; mais pour ne pas perdre tout-à-fait leur peine, ils résolurent de s'emparer de Saint-Pol, où les ennemis avoient laissé quatre ou cinq cens cavaliers démontés, et d'attendre l'infanterie pour l'attaquer, le poste étant de conséquence. C'étoit par là que les ennemis avoient fait passer sûrement la plupart de leurs convois. Cette place leur servit pour se rafraîchir dans la communication continuelle qu'il y avoit eu entre leur armée et leurs garnisons circonvoisines. Il étoit important de la prendre, et elle ne coûta que fort peu de temps et de peine; car dès que l'infanterie et le canon furent arrivés et les batteries dressées, les ennemis capitulèrent, et, si on ne se trompe, furent faits prisonniers de guerre.

Le lendemain, qui étoit le 19, l'armée retourna du côté des lignes et campa à Aubigny, où étant arrivée de bonne heure, M. de Turenne, suivant sa coutume, prit un escadron ou deux de cavalerie et marcha vers les lignes des ennemis; étant arrivé auprès d'un vieux camp des Romains, que les gens du païs appellent le camp de César, où la Scarpe et un petit ruisseau se joignent, il trouva que les ennemis y avoient une garde avancée, qui, s'étant retirée de l'autre côté du ruisseau, lui donna la facilité de reconnoître à loisir ce poste, qui n'étoit éloigné des lignes que de deux portées de canon : il le trouva si propre pour son dessein, qu'il proposa à M. d'Hocquincourt de s'en saisir, le trouvant beaucoup meilleur que celui de Rivières. Le lendemain on y marcha; M. d'Hocquincourt, pour y être plus en sûreté, fit tirer une ligne depuis la rivière jusqu'au ruisseau, et trouvant que les ennemis avoient posté environ cinq cens hommes dans l'abbaye du Mont-Saint-Eloy, qui étoit vis-à-vis, de l'autre côté de cette rivière, il résolut de l'attaquer le jour suivant, malgré la proximité des lignes des assiégeans, afin que, s'en étant rendu maître, il pût d'autant plus les resserrer. Il passa pour cet effet de bon matin la rivière, qui n'étoit pas profonde en cet endroit, et rangea ses troupes en bataille entre l'abbaye et les lignes, à la réserve de l'infanterie qui étoit commandée pour l'attaque. Les ennemis d'abord firent mine de vouloir défendre les murailles du dehors; mais à l'approche de l'infanterie ils les abandonnèrent, se retirant dans le dedans de l'abbaye, qui étoit fermée d'une vieille muraille fort bonne et flanquée de tours rondes. On fit aussitôt dans la muraille du dehors des embrasures pour le canon; mais comme on trouva qu'il étoit à une distance trop éloignée pour faire une exécution suffisante, on approcha une petite batterie qui n'étoit pas beaucoup meilleure qu'une blinde, on y conduisit du gros canon qui en peu d'heures fit une brèche. Cependant les gardes françoises et suisses s'étant coulés, à la faveur d'une allée d'arbres et des murs d'un petit jardin, jusqu'à la portée d'un pistolet du pied de la muraille principale, ils y attachèrent le mineur, auquel on porta, pendant qu'il se logeoit, des planches pour se couvrir, et afin qu'il travaillât avec plus de sûreté, ils s'avancèrent à découvert pendant un demi-quart d'heure, faisant grand feu sur les trous de la muraille principale de l'abbaye, par où les ennemis tiroient, et se retirèrent ensuite sans avoir perdu que peu de monde. Le régiment de la marine trouva dans le même temps le moyen de se loger, à la faveur d'une petite levée de terre, contre la tour que le canon battoit, ce qui obligea les ennemis de capituler et de se rendre prisonniers de guerre. M. d'Hocquincourt se retira ensuite au-dessous du ruisseau, au camp de César, et M. de Turenne retourna à son camp avec ses quinze escadrons et deux compagnies de dragons.

Il résolut, en chemin faisant, de reconnoître les lignes des ennemis de ce côté-là. Il y marcha droit en descendant du Mont-Saint-Eloy, et en étant approché à la demi-portée du canon, il les côtoya toujours à la même distance le long de la Scarpe, jusqu'à ce qu'il les eût observées autant qu'il le jugea nécessaire de ce côté-là ; cependant les ennemis firent grand feu de leur canon ; il n'y eut point d'escadron qui ne perdît deux ou trois hommes sans les chevaux ; et quelques vieux officiers murmurèrent de ce qu'on les exposoit ainsi pour rien, à ce qu'ils croyoient : c'est la seule fois que le duc d'Yorck ait entendu, pendant qu'il a servi dans les armées de France, blâmer M. de Turenne d'exposer son monde sans nécessité. Mais ces messieurs reconnurent leur faute après qu'on eut forcé les lignes, puisque ce fut dans ce temps-là qu'il choisit, en s'exposant lui-même aussi bien que les autres, l'endroit par où on les attaqua; et s'il ne s'étoit pas approché avec toutes les troupes qu'il avoit avec lui, les gardes avancées des ennemis ne se seroient point retirées comme elles firent, et il n'auroit pu reconnoître toutes choses avec tant d'exactitude. Il avança si près avec quelques officiers volontaires, que le cheval de milord Germain fut tué sous lui d'un coup de mousquet tiré des lignes, dont la balle, après avoir passé au travers du corps de cet animal, le blessa rudement à la jambe.

M. de Turenne remarqua que le quartier de dom Fernando Solis étoit le moins fortifié, et le plus foible en monde, et résolut d'y faire la principale attaque. Pendant qu'on descendoit du mont Saint-Eloy, quelques officiers prirent la liberté de lui dire qu'il s'exposoit beaucoup en allant si près des ennemis dans un païs découvert, et ils pouvoient compter jusqu'à un homme, sortir de leurs lignes, l'attaquer et le défaire. Il avoua qu'ils le pouvoient, qu'il n'auroit pas osé hasarder autant du côté du prince de Condé; mais qu'ayant servi avec les Espagnols, il connoissoit leur flegme et leur coutume; qu'il étoit sûr qu'à son approche Fernando Solis n'oseroit rien entreprendre de son chef; qu'il envoyeroit au comte de Fuensaldagne qui étoit gouverneur des armes; que le comte iroit lui-même, ou en envoyeroit avertir l'archiduc, qui ne manqueroit pas de faire prier le prince de Condé, dont le quartier étoit directement opposé au sien, d'y venir délibérer dans un conseil qu'il feroit assembler pour résoudre ce qui étoit à faire; et que pendant que ces consultations se feroient entre tant de personnes différentes, on auroit loisir de reconnoître leurs lignes sans autre danger que celui du canon, et de se retirer. Tout se passa comme M. de Turenne l'avoit prévu : les Espagnols observèrent toutes ces formalités, et résolurent dans leur conseil de l'attaquer quand il n'en étoit plus temps; le prince de Condé a dit depuis au duc d'Yorck toutes ces particularités.

Les généraux reçurent une lettre du gouverneur, par laquelle il les avertissoit qu'il ne lui restoit que fort peu de poudre, et que, s'il n'étoit promptement secouru, il seroit forcé de capituler. Ces nouvelles hâtèrent la résolution qui fut prise d'attaquer les lignes : on ne s'y seroit jamais déterminé sans M. de Turenne, qui n'avoit en vue que le bien public et le service du Roi, au lieu que la plupart des autres officiers généraux n'avoient point d'autre motif que celui de leurs intérêts particuliers, qui les firent se déclarer ouvertement contre ce dessein, et opposer toutes les raisons dont ils purent s'aviser. M. de La Ferté, M. d'Hocquincourt, gouverneur de Péronne, M. de Navailles, gouverneur de Bapaume, M. de Bar, gouverneur de Dourlans, et presque tous les autres, à la réserve du duc d'Yorck et du comte de Broglio, regardoient cette entreprise comme un coup de désespoir, et ne l'approuvoient point, prétendant se disculper, si l'entreprise ne réussissoit pas, en disant qu'ils avoient été d'un sentiment contraire.

M. d'Hocquincourt et ses officiers proposèrent de ne faire qu'une simple tentative sans pousser l'affaire, comme un expédient pour sauver l'honneur de l'armée, ne croyant pas qu'il fût possible de réussir. M. de La Ferté, après même que la chose fut résolue, envoya un trompette à M. de Turenne, dans le dessein de l'intimider, comme il parut par la manière dont il s'y prit : le trompette entra brusquement dans la tente du vicomte pendant qu'il soupoit avec plusieurs officiers, et dit tout haut que son maître l'envoyoit pour lui rendre compte de ce qu'il avoit vu dans les lignes des ennemis d'où il revenoit ; qu'il se croyoit obligé en conscience de lui en faire un rapport fidèle; que les ennemis avoient considérablement élevé leurs retranchemens ; que le fossé extérieur seroit très-difficile à passer; que par de là ils avoient creusé tout le long plusieurs rangs de trous, dans les intervalles desquels ils avoient fiché des pieux; que les lignes étoient bien bordées de troupes pour les défendre. M. de Turenne lui commanda de se retirer, lui disant que, si ce n'étoit le respect qu'il avoit pour son maître, il l'auroit fait mettre aux fers pour avoir parlé de la sorte. Cette description, faite ainsi publiquement, auroit pu effrayer ceux qui l'entendirent, s'ils n'en avoient conpu la source et le motif; mais de pareils artifices n'étoient point capables d'ébranler la fermeté de M. de Turenne, et leur foiblesse le confirmoit d'autant plus dans sa résolution. Il convainquit ceux qui s'opiniâtrèrent à ne faire qu'une tentative, qu'au lieu de sauver leur réputation elle seroit en effet toute contraire, puisqu'en faisant une fausse attaque sans la pousser, il seroit visible à tout le monde qu'on n'auroit pas voulu combattre, et on les blâmeroit avec justice d'avoir sacrifié inutilement deux ou trois cens hommes qu'on y perdroit. Il représenta qu'en poussant l'affaire tout de bon, on n'attaquoit pas un seul endroit des lignes avec moins de quinze bataillons de front; que quelques-uns n'y trouveroient aucune opposition, ou tout au plus un petit nombre de gens dispersés, qui n'étant point capables de résister, on pourroit s'établir, et donner lieu aux troupes prochaines, qui n'auroient pu forcer le côté qui leur étoit opposé, d'entrer par le même endroit et d'y faire un passage à la cavalerie; qu'en attaquant la nuit, aucun quartier des ennemis n'oseroit venir au secours d'un autre; que chacun craignant pour soi à cause des fausses attaques, personne n'hazarderoit de quitter son terrain, et ne secoureroit tout au plus que son plus proche voisin, jusqu'à la pointe du jour, avant lequel on se seroit fait un passage au travers de leurs lignes; que la seule chose qu'il appréhendoit étoit qu'il n'arrivât quelque accident ou quelque désordre en marchant aux ennemis; mais qu'il étoit sûr que, si on étoit une fois rangé dans les endroits où il prétendoit attaquer, on ne manqueroit point de les forcer : ce qui donna le plus de poids à tant de bonnes raisons, c'est que la cour vouloit absolument qu'on entreprît le secours. Il fut enfin résolu malgré les détours et la répugnance de ceux qui s'y étoient opposés. Le jour fut pris pour la veille de saint Louis, et quoiqu'il n'y eût que les trois généraux qui le sçussent, toute l'armée eut ordre de se tenir prête, de se pourvoir de fascines, de clayes et de toutes les choses nécessaires pour cette entreprise. On fit des prières publiques à la tête de chaque bataillon et de chaque escadron pendant plusieurs jours; jamais il ne s'est vu dans une armée tant de marques d'une véritable dévotion, tant de confessions et communions.

Peu de jours avant l'attaque, M. de Turenne ne perdoit aucune occasion de s'entretenir avec les officiers de la manière dont il s'y falloit prendre, et de la résistance qu'on pourroit probablement trouver. Il les instruisoit de ce qu'il falloit faire, suivant les différentes occasions et les accidens qui pourroient arriver; il leur recommanda surtout de tenir les soldats en bon ordre, quand ils seroient entrés dans les lignes; de ne les point laisser avancer trop vite, parce que ce seroit le moment le plus chatouilleux, et le temps de crise; d'observer une grande attention et une exacte discipline, y ayant plus de danger d'en être chassé qu'il n'y auroit de peine à y entrer, parce qu'il falloit s'attendre que toutes les forces ennemies des quartiers voisins du lieu qui seroit forcé, y tomberoient sur les attaquans; qu'il ne falloit point songer d'aller droit à la ville; qu'il falloit au contraire marcher le long de la ligne, et en chasser les ennemis, avant que d'aller aux amis. On pourroit croire que c'es de cette manière d'entretiens des généraux, que les historiens leur font faire de grandes et de longues harangues sur le point de donner les batailles, lorsqu'ils y songeoient le moins; au lieu que ces discours familiers, comme ceux que faisoit M. de Turenne aux généraux et aux officiers, paroissent bien plus utiles, et instruisent d'autant mieux, qu'on a le temps de faire les objections et de les éclaircir. Le duc d'Yorck est témoin que M. de Turenne en usa ainsi, mais il ne sçait pas si les deux autres généraux firent la même chose de leur côté.

Tout ce qu'il y avoit de personnes de qualité à la cour, capables de tirer l'épée, voulurent partager l'honneur et le danger d'une si grande action. Deux jours auparavant, quelques-uns d'eux qui avoient dîné dans la tente de M. d'Humières avec M. de Turenne, où se trouvoit aussi le duc d'Yorck, demandèrent de voir les lignes des ennemis; M. de Turenne monta à cheval et fut à peine hors de ses lignes, qu'on apperçut un parti qui en poursuivoit un des ennemis qui étoit tombé sur les fourageurs qui retournoient au camp : M. de Turenne, les ayant observés, ordonna à ces messieurs de se mettre entre les fuyards et leurs lignes pour les couper, et commanda en même temps à la garde avancée de les soutenir; mais les ennemis, étant bien montés, gagnèrent leur garde avant qu'on pût les joindre; et comme on les suivoit toujours, ils rentrèrent dans leur camp et abandonnèrent quelques soldats qui coupoient des fascines dans un petit bois, à demi-portée de canon, et qu'on fit prisonniers. M. de Turenne se servit de cette occasion pour reconnoître cet endroit de leurs lignes qu'il n'avoit pas encore vu; mais il ne put y arrêter long-temps, à cause du grand feu de leur canon et de la diligence avec laquelle on les vit monter à cheval : c'étoit le quartier du prince de Condé. On se retira; on marcha vers le château de Neuville-Saint-Vât, éloigné d'une lieue, dans lequel on avoit de l'infanterie; et en descendant de la hauteur, on apperçut à environ une lieue l'escorte des fourageurs, qui étoit de douze escadrons, commandée par M. de L'Islebonne, qui retournoit au camp; et voyant en même temps de la cavalerie ennemie sortir des lignes, M. de Turenne se détourna un peu de son chemin et marcha vers M. de L'Islebonne, à qui il envoya ordre de venir à lui avec toute la diligence possible, espérant, si les ennemis avançoient, de pouvoir les régaler : car, outre l'escadron de la garde, il avoit encore avec lui environ soixante-dix officiers et volontaires; mais les ennemis restèrent sur le haut de la montagne, à la portée du canon de leurs lignes. Le prince de Condé y vint lui-même avec environ quatorze escadrons, et M. de Turenne, voyant qu'ils ne suivoient pas plus loin, envoya ordre à M. de L'Islebonne de retourner au camp, renvoya l'escadron de la garde à son poste, et s'en alla avec les officiers et volontaires au château de Neuville. Il n'eut pas fait beaucoup de chemin qu'il se détacha quelques coureurs de la hauteur où le prince de Condé étoit encore, pour gagner le haut d'une autre éminence sur laquelle marchoit M. de Turenne, afin de découvrir quelles forces il avoit derrière lui; ce qu'ayant remarqué, et ne voulant pas que les ennemis pussent voir qu'il n'étoit soutenu de personne, il ordonna à une dixaine de volontaires d'aller à eux: MM. Germain, Berklei, Bicara, Trigomar étoient de ce nombre; le reste de la troupe escadrona sur la montagne et fit face à l'ennemi; mais les jeunes volontaires, ne s'étant pas contentés de faire ce qu'on leur avoit ordonné, suivirent ces cavaliers écartés plus loin qu'ils ne devoient, jusqu'au fond qui étoit entre eux et les ennemis. Le prince de Condé détacha aussitôt un escadron qui étoit le régiment d'Estrées, à la tête duquel étoit le duc de Wirtemberg, pour leur couper la retraite: ce qui obligea M. de Turenne de détacher son petit escadron pour les dégager. Il fit courir de rechef après de M. de L'Islebonne pour lui ordonner de venir à lui, et envoya le même ordre à l'escadron de la garde. Ce fut tout ce qu'on put faire pour débarrasser les volontaires; mais pour les sauver, il falloit charger le duc de Wirtemberg, dont on défit l'escadron, malgré l'inégalité du nombre. On le poursuivit en bas dans une petite prairie et sur une petite hauteur, où les cavaliers faisant volte-face, ils firent une décharge de leurs carabines qui arrêta un peu les poursuivans, dont il y eut quelques-uns de tués. Les ennemis reprirent courage et chargèrent une seconde fois avec tant de vigueur, que le petit escadron plia, fut poussé et obligé de tourner le dos. L'escadron de la garde qui, en retournant à son poste, avoit vu le commencement de l'action, arriva au secours; aussitôt le duc d'Yorck et M. de Joyeuse se mirent à leur tête pour les faire charger l'ennemi en flanc; mais à peine eurent-ils commencé, que tout l'escadron s'enfuit, et les laissa tous deux engagés avec deux ou trois de leurs domestiques. Dans le même moment, M. d'Arci, gentilhomme de qualité, ayant eu son cheval tué sous lui, on tâcha de le dégager; le duc d'Yorck l'appela; mais voyant un cheval n'étoit point monté, il fit ce qu'il put pour l'attraper, et y perdit tant de temps, que, bien que ce prince et M. de Joyeuse fissent leurs efforts pour le mettre à couvert, ce fut en vain; et pour s'y être opiniâtrés trop long-temps, ils furent en grand danger d'être pris, ne se sauvèrent qu'avec peine, et M. de Joyeuse eut le malheur de recevoir un coup de mousquet au travers du bras, dont il mourut ensuite. Le duc d'Yorck se tira d'affaire sans aucun mal; mylord Germain pensa être pris en tâchant de sauver un gentilhomme nommé Beauregard, dont le cheval avoit été tué; il voulut le prendre en croupe sur le sien, mais le cheval, ne voulant point porter double, se cabrant et bondissant, il fut jetté bas; Germain lui dit de se tenir à son étrier, et le tira quelque peu hors des ennemis; mais étant poursuivi de trop près, il fut obligé de le laisser, et Beauregard fut fait prisonnier. M. Berklei aida à sauver M. de Castelnau, dont le cheval, ayant reçu cinq coups, ne le tira qu'à peine des mains des ennemis: ce que Berklei ayant remarqué, il descendit de son cheval qu'il lui donna, monta celui du page de Castelnau, et eut beaucoup de peine à se sauver. On fut poursuivi une demi-lieue par les ennemis, jusqu'à ce que M. de L'Islebonne arriva enfin avec ses douze escadrons; les ennemis, qui l'apperçurent, eurent le temps de se retirer sans être obligés de courir. Outre d'Arci et Beauregard, il y en eut d'autres faits prisonniers, et presque tous les pages qui portoient les manteaux de leurs maîtres; mais il y eut peu de tués et de blessés.

Toutes choses étant prêtes pour l'attaque des lignes, il fut résolu de faire le principal effort sur les quartiers de Fernand Solis, comme étant le plus foible et le plus éloigné de celui du prince de Condé. Ce quartier étoit au septentrion, au-dessus de la ville, et joignoit celui du comte de Fuensaldague. Pour favoriser ce dessein, il avoit ordonné trois fausses attaques en trois différens endroits, en on devoit commencer une heure avant le jour, le 25 d'août. Pour exécuter cette grande entreprise, M. de Turenne et M. de La Ferté commencèrent à passer la Scarpe avec l'avant-garde de leurs troupes, par le quartier de M. de La Ferté, comme le soleil se couchoit: c'étoit le jour de M. de Turenne pour conduire l'armée. Quoiqu'il y eût loin à marcher pour arriver au lieu destiné pour l'attaque, il n'arriva aucune confusion dans le chemin. La première ligne d'infanterie passa le pont qui étoit sur la gauche de tout et le plus près des ennemis; la cavalerie qui devoit la soutenir passa sur le pont qui étoit au-dessous, à la droite de celui-là; sur le troisième, le corps de réserve de cavalerie et d'infanterie; et sur le quatrième pont passa l'artillerie avec tout ce qui en dépend: de cette ma-

37.

nière, en faisant seulement face sur la gauche, l'armée se trouvoit en bataille prête à donner. Chaque bataillon avoit ses pionniers et ses détachemens à la tête, et chaque cavalier avoit derrière soi deux fascines pour les porter à l'infanterie, quand elle en auroit besoin. Le bagage eut ordre de ne point bouger du camp jusqu'à ce qu'il fît grand jour : on n'y avoit point laissé de troupes, et il devoit suivre comme il pourroit.

Cette marche fut faite avec tant d'ordre et d'exactitude, qu'on arriva précisément au lieu et à l'heure qu'on devoit joindre M. d'Hocquincourt avec ses troupes : on ne fit dans tout le chemin qu'une alte qui ne dura pas long-temps; on ne donna aucune allarme aux ennemis qui pût leur faire appercevoir la marche de l'armée, et les mousquetaires cachèrent soigneusement leurs mèches allumées. Le duc d'Yorck eut la curiosité d'avancer à quelque distance de l'infanterie pour découvrir s'il paroîtroit du feu, et n'en vit point du tout. A l'égard de l'ordre de bataille, on s'étendra principalement sur les particularités des troupes que conduisoit M. de Turenne : il divisa également les huit lieutenans-généraux entre la cavalerie et l'infanterie, qui en avoient chacune quatre; il en posta trois à la première ligne d'infanterie, composée de cinq bataillons. Le comte de Broglie commandoit Picardie et les Suisses, qui étoient les deux bataillons de la droite; M. de Castelnau menoit les bataillons de Plessis, de Turenne, qui avoient la gauche, et M. Du Passage celui de La Feuillade, qui étoit au centre de la cavalerie, qui les devoit soutenir, au nombre d'environ vingt-quatre escadrons; M. de Bar menoit la droite derrière M. de Broglie; le duc d'York étoit à la gauche derrière M. de Castelnau, et M. d'Eclinvillers étoit au milieu; M. de Roncherolles étoit à la tête de trois bataillons qui faisoient le corps de réserve d'infanterie, et celui de huit escadrons de cavalerie étoit sous les ordres de M. de L'Islebonne.

M. de La Ferté, qui s'étoit mis à la gauche, avoit une ligne de six bataillons, deux lignes de cavalerie derrière, et son corps de réserve n'étoit que de cavalerie. M. d'Hocquincourt, qui étoit à la droite, avoit quatre bataillons soutenus d'une ligne de cavalerie, derrière laquelle étoit une seconde ligne d'infanterie de quatre autres bataillons, avec quelque cavalerie sur les ailes, et un petit corps de réserve qui n'étoit que de trois ou quatre escadrons.

Il devoit y avoir trois fausses attaques : la première, composée des troupes de M. de Turenne, étoit de deux bataillons des régimens d'Yorck et de Dillon, et six escadrons, le tout commandé par M. de Traci, qui eut ordre d'approcher le plus près qu'il pourroit du quartier du prince de Condé sans être découvert; de ne point donner qu'il n'entendît qu'on avoit attaqué du côté de M. de Turenne, et alors de marcher droit à la barrière de ce côté-là, qu'on lui avoit montré quelques jours auparavant, et de tâcher de s'ouvrir un passage pour entrer dans la ville. La fausse attaque des troupes de M. de La Ferté, commandée par M. de La Guillottière, devoit tomber sur le quartier du comte de Fuensaldagne avec deux bataillons, six escadrons, deux compagnies de dragons et deux pièces de canon. Celle de M. d'Hocquincourt étoit la moindre, n'étant que de quatre escadrons commandés par M. de Saint-Jean, qui devoit la faire du côté du duc de Lorraine.

M. de Turenne, étant arrivé au rendez-vous, y trouva M. d'Hocquincourt en personne, qui lui dit que ses troupes arriveroient incessamment, et le pria de différer l'attaque d'un moment : M. de Turenne répondit qu'il ne pouvoit point attendre, vu qu'on étoit si près des lignes, que l'ennemi ne pouvoit pas manquer de le découvrir bientôt, et le pria de le suivre en toute diligence, quand ses troupes seroient arrivées; et les siennes étant rangées, il les conduisit lui-même à cheval pour attaquer.

La nuit étoit belle, le temps serein; la lune, qui avoit éclairé pendant la marche, se coucha dans le moment qu'on arriva au lieu destiné; elle avoit à peine disparu que la nuit devint obscure et qu'il se leva un petit vent frais, qui empêcha les ennemis de rien voir ni de rien entendre. Ils ne sçurent rien de la marche, jusqu'à ce qu'on fût à demi-portée de canon de leurs lignes. Ce fut alors que l'infanterie en bataille découvrit tout d'un coup les mèches allumées : elles formoient une illumination d'autant plus éclatante que le vent les soufflant les faisoit flamber au milieu des ombres de la nuit, et les soldats qui marchoient serrés venant à s'entrechoquer, le feu en sortoit avec plus d'abondance, et le vent agitant les étincelles en augmentoit la lumière. Aussitôt que les ennemis l'apperçurent, ils tirèrent trois coups de canon et allumèrent des fallots le long de la ligne. L'infanterie fit aussitôt son attaque ; mais, sans la vigueur des officiers qui les menoient, et la cavalerie qui, étant à leurs talons, les obligeoit à bien faire, ils ne se seroient point acquittés de leur devoir avec cette bravoure dont jusques-là le duc d'Yorck avoit toujours été témoin, car jamais ils n'avoient marqué tant de répugnance qu'en cette occasion : ils marchèrent néanmoins sans s'arrêter jusqu'au pied des lignes, où ils ne trouvèrent point autant de résistance qu'ils se l'étoient imaginé. Les cinq bataillons se rendirent maîtres en peu de temps de l'endroit qu'ils attaquoient. Ceux qui étoient destinés à faire des passages pour la cavalerie y travaillèrent aussitôt : chaque escadron, après avoir porté ses fascines au pied des trous qui lui étoient opposés, où l'infanterie les prenoit pour combler les deux fossés, faisoit volte-face, et alloit se mettre en bataille à quarante pas en arrière, attendant pour avancer quand les passages seroient faits. Dans cet entre-temps, un homme vint dire à l'oreille du duc d'Yorck, à la gauche de l'attaque, que M. de Turenne étoit blessé, que les affaires n'alloient pas bien sur la droite; sur quoi, pour encourager l'infanterie et leur faire connoître que la cavalerie étoit près d'eux, ce prince donna ordre aux timbaliers et aux trompettes des escadrons, à la tête desquels il étoit, de battre et de sonner : ce qui fut ensuite exécuté par le reste de la cavalerie, et anima beaucoup l'infanterie; mais son escadron et celui qui étoit auprès en souffrirent. Les ennemis, qui étoient dans un redan sur la gauche, firent grand feu sur l'endroit où ils avoient entendu le bruit, et le timbalier de l'escadron où il étoit fut le premier tué. Ce fut alors que M. de La Ferté, qui n'avoit pas mis ses troupes en ordre aussitôt que M. de Turenne, commença son attaque; mais soit qu'il fût moins heureux, soit qu'il trouvât plus de résistance, quoique les officiers eussent mené l'infanterie avec beaucoup de résolution jusques dans le fossé, ils ne purent point forcer les lignes, furent repoussés, s'enfuirent et cherchèrent à se mettre à couvert de la cavalerie que commandoit le duc d'Yorck.

Le désordre fut fort grand, les officiers d'un côté se plaignoient qu'ils avoient été abandonnés de leurs soldats, et ceux-ci croyoient qu'ils avoient suivi leurs officiers qui n'avoient point fait leur devoir. Ce qui est certain, c'est qu'ils furent battus et que la cavalerie souffrit beaucoup de leur mauvais succès, car le feu des mèches de l'infanterie attira sur les cavaliers toute la mousqueterie des ennemis beaucoup plus violemment qu'auparavant. Cependant l'infanterie de l'attaque de M. de Turenne ayant achevé un passage pour la cavalerie, et le régiment qui porte son nom ayant trouvé une barrière qu'il ouvrit et qui lui épargna la peine de faire un autre passage, M. de Turenne, qui en fut averti, ordonna à M. d'Eclinvillers de passer le premier avec quatre escadrons que le duc d'Yorck devoit soutenir; il y entra avec les trois premiers; et comme le quatrième y entroit aussi, ceux qui avoient battu l'infanterie de La Ferté, étant venus le long de la ligne, arrivèrent à cette barrière, et n'y voyant que cet escadron qui entroit, ils firent sur eux une décharge de mousqueterie et jettèrent quantité de grenades, et Bodervitz, colonel allemand, qui le commandoit, et son major, ayant été blessés, cet escadron fut repoussé, et les ennemis fermèrent la barrière sur le duc d'Yorck, qui, ne pouvant point passer, marcha sur la droite le long de la ligne, jusqu'à ce qu'il trouva un autre passage par lequel il entra à la tête du régiment de cavalerie de Turenne, qui, dans cette occasion, ne faisoit que deux escadrons; et trouvant les huttes des ennemis en feu, que Bout-de-Bois, colonel de La Feuillade, s'étoit avisé fort à propos d'y faire mettre, il avança plus loin pour observer à la faveur de cette lumière si les ennemis étoient encore en bataille derrière : ils y avoient effectivement quelque cavalerie, mais l'obscurité les empêcha réciproquement de se découvrir, et ce prince passa près d'eux, sans en être vu, avec deux escadrons; mais le troisième, qui étoit du régiment de Beauveau, tomba sur eux, les battit et prit leur colonel, qui étoit le marquis de Conflans. Immédiatement après, le jour commença à paroître; le duc d'Yorck, avançant toujours, pénétra jusqu'à la contrevallation, où, ne trouvant point de passage vers la ville, il la cotoya, l'ayant toujours à sa gauche, et n'en rencontra point qu'en arrivant à la rivière au-dessus de la ville, qui séparoit le quartier de Lorraine de celui de Fernand Solis, et trouvant que personne n'étoit encore entré dans le quartier de Lorraine, il changea d'avis et jugea qu'il étoit à propos de passer le pont et d'y aller : ce qu'il entreprit avec les deux escadrons de Turenne seulement, le reste des troupes qui devoient les suivre s'étant égarées. Il avança jusqu'à la tente du prince François de Lorraine sans trouver aucune opposition, et ce ne fut que de là qu'il commença à découvrir quatre ou cinq escadrons des ennemis en bataille sur une hauteur, à la portée du mousquet; sur quoi il fit halte jusqu'à ce qu'il lui vint du secours, rangea ses deux escadrons sur un front qui occupoit la distance qu'il y avoit entre les tentes et les lignes, et envoya trois ou quatre personnes pour chercher et lui amener la cavalerie qui lui manquoit. Pendant qu'il les attendoit, le duc de Buckingham vint lui demander pourquoi il ne vouloit pas pousser la victoire et charger cette cavalerie qui étoit devant lui. Ce prince répondit qu'il ne vouloit pas recevoir un affront et se commettre témérairement; que ce qu'il voyoit d'ennemis étoit double de son nombre, sans ce qu'il pouvoit y avoir derrière la hauteur sur laquelle ils étoient ; qu'en avançant, si on étoit battu, les ennemis se rendroient maîtres des ponts qu'on venoit de passer, les romproient, et que par ce moyen ils se sauveroient eux et leur bagages ; que s'ils venoient le charger où il étoit, la partie seroit bien égale, parce qu'ils ne pouvoient pas le prendre en flanc, outre qu'il avoit l'avantage du terrain ; en un mot, qu'il attendoit à tout moment de la cavalerie, et que, quand elle arriveroit, il iroit charger les ennemis. Les importunités de Buckingham ne servirent de rien ; le duc d'Yorck resta ainsi quelque temps en présence des ennemis, se regardant l'un l'autre, et la cavalerie qu'il attendoit n'arrivoit point. Cependant quelques-uns de ses cavaliers, s'étant écartés, tombèrent sur la tente du prince François, où ils trouvèrent, outre sa vaisselle, de l'argent qu'il y avoit pour un mois de paye de ses troupes. On pensa le payer bien chèrement, car les autres cavaliers, entendant le bruit que faisoient leurs camarades en prenant cet argent, quittèrent les rangs l'un après l'autre pour aller partager le pillage, malgré les défenses et les menaces de leurs officiers, qui seuls restèrent auprès du prince : ce qui se passant à la vue des ennemis, il s'attendoit à tout moment d'être chargé et battu. Etant dans cet embarras, et ne voyant revenir aucun de ceux qu'il avoit envoyés pour lui amener de la cavalerie, il crut qu'il étoit nécessaire d'y aller lui-même ; il recommanda à M. de Montallieur, lieutenant-colonel de Turenne de tenir bon sur la hauteur jusqu'à son retour, courut et trouva de l'autre côté du pont le second escadron de Villequier, qui alloit vers la ville ; il l'arrêta, et, se mettant à la tête, il repassa ; mais à peine la queue de l'escadron avoit passé le pont, et la tête commencé à escadronner au bout d'une petite chaussée, que la cavalerie qu'il avoit laissée pour faire face à l'ennemi descendit la hauteur en désordre : ce qui donna si fort l'épouvante à l'escadron de Villequier, qu'ils prirent aussi la fuite, sans qu'il fût possible de les arrêter. Le duc d'Yorck, se trouvant ainsi abandonné et voyant quatre escadrons de l'autre côté du pont, le repassa dans l'intention de revenir et de les amener dans le quartier de Lorraine ; mais avant qu'il les eût pu conduire au pont, le maréchal d'Hocquincourt y étoit arrivé avec toute sa cavalerie, et plusieurs escadrons des deux autres armées qui commençoient à le passer ; il jugea qu'il y auroit assez de cavalerie de ce côté-là, et, au lieu de les suivre, marcha d'un autre côté, entre la contrevallation et la ville, vers le quartier du comte de Fuensaldagne, avec ses quatre escadrons, deux desquels étoient de gendarmes commandés par M. de Schomberg, et les deux autres, le régiment de Gesvres, sous M. de Querneux. Etant arrivé sur une hauteur d'où il pouvoit voir tout autour de soi, il découvrit sur une hauteur, entre les deux lignes, plusieurs escadrons de cavalerie en bataille, qui faisoient face à l'endroit où il étoit. Ce prince crut d'abord qu'ils étoient ennemis ; mais voyant un escadron vêtu de rouge, il changea d'opinion et les prit pour les chevaux-légers du Roi ou pour ses gendarmes ; sur quoi il marcha à eux pour les joindre, jugeant par leur contenance qu'ils faisoient face à l'ennemi, qu'il ne pouvoit pas découvrir lui-même, y ayant sur sa gauche une hauteur qui l'en empêchoit ; mais en arrivant en bas, comme il commençoit à remonter l'autre hauteur, un officier lui vint dire de la part de M. de Turenne de l'aller joindre incessamment, et que ceux qu'il avoit pris pour amis étoient les ennemis qui lui faisoient face, et qu'il avoit grand besoin d'être renforcé. Le prince retourna sur ses pas, joignit fort à propos avec ses quatre escadrons M. de Turenne, qui n'en avoit que trois avec lui, et un bataillon de gens ralliés, que l'ennemi ou le pillage avoit écartés, et qu'il n'étoient les uns que pour faire montre.

Il est à propos de rapporter ici comment ce général se trouvoit en cette posture, et ce qui l'avoit amené à cet endroit-là. M. de La Ferté, ayant été repoussé dans son attaque, entra, comme il a déjà été dit, par l'endroit où on avoit passé avant lui, et ayant dessein de faire quelque chose de considérable, il se mit à la tête de dix ou douze escadrons, partie de ses troupes, et les autres de celles de M. de Turenne. Il étoit déjà grand jour, et il marcha entre les deux lignes vers le quartier du comte de Fuensaldagne ; il avança dans le même temps avec l'infanterie de ses troupes et de celles de M. de Turenne, parmi lesquelles étoit le bataillon des gardes françoises, qui étoit de l'armée de M. de La Ferté ; mais il venoit fort en désordre le long de la ligne de contrevallation. Il y avoit, dans une plaine, de la cavalerie ennemie en bataille, qui ne bougeoit pas ; M. de La Ferté l'ayant apperçue, descendit de la hauteur où il étoit pour les attaquer ; M. de Turenne, qui arriva dans cet entre-temps dans l'endroit d'où il venoit de partir, fut bien chagrin de le voir ainsi avancer, et auroit bien voulu l'arrêter, mais il étoit trop tard : tout ce qu'il put faire fut d'arrêter deux bataillons qui le suivoient, et de rallier celui des gardes : il dit à ceux qui étoient autour de lui qu'il craignoit fort que La Ferté ne se fît battre, et qu'après cela il n'eût lui-même beaucoup de peine à maintenir le terrain où il se trouvoit. La chose arriva comme il l'avoit prévu : M. de La Ferté fut battu ; et dans le même temps que les ennemis le chargèrent, ils détachèrent de la cavalerie pour dissiper l'infanterie qui étoit entre les lignes ; ils en taillèrent la plupart en pièces, prirent plusieurs officiers aux gardes ; mais ils ne poursuivirent point leur avantage, et ne firent même pas mine de vouloir avancer sur la hauteur où étoit M. de Turenne, et au contraire se retirèrent dans la plaine d'où ils étoient partis pour charger M. de La Ferté.

Les affaires étoient dans cet état, quand le duc d'Yorck joignit M. de Turenne, qui lui ordonna d'avancer entre les deux lignes, et d'étendre ses escadrons sur la gauche de ceux qui y étoient en bataille ; il lui fit le récit de tout ce qui venoit d'arriver, et lui dit qu'il craignoit, si les ennemis pouvoient rassembler de l'infanterie, qu'ils ne vinssent leur donner de l'occupation, y ayant peu de fond à faire sur celle qu'ils avoient avec eux. Il lui demanda ensuite où il avoit été, ce qu'étoit devenu son régiment de cavalerie, et ce prince lui rendit compte de tout ce qui lui étoit arrivé, et aux autres avec lesquels il s'étoit rencontré. Dans ce même temps environ, sept pièces de canon étant entrées dans les lignes, joignirent fort à propos M. de Turenne avec quelques escadrons, et on tira sur les ennemis avec succès. Il n'étoit pas néanmoins sans inquiétude, appréhendant toujours qu'ils ne vinssent avec de l'infanterie ; car voyant le peu d'ordre qu'observoit sa cavalerie, et presque toute l'infanterie en confusion et occupée au pillage, à un point qu'il n'y avoit que le peu de monde qui étoit avec lui qui fût en bonne contenance, ce n'étoit point sans sujet qu'il craignoit une révolution et un retour de fortune, s'il venoit à être battu avec ce peu de troupes ; mais cette inquiétude ne dura pas long-temps après que le canon eut commencé à tirer ; car, soit que les ennemis ne trouvassent point la place tenable où ils étoient, soit pour quelqu'autre raison, ils ne jugèrent point à propos d'y rester ; environ demi-heure après qu'on eut tiré sur eux le premier coup de canon, ils se retirèrent ; on vit néanmoins une fois paroître leur infanterie, mais elle disparut aussitôt, et ce fut peu de temps auparavant que la cavalerie se retirât.

Le duc d'Yorck a sçu depuis, par des personnes qui étoient avec le prince de Condé, qui fut l'homme qui donna tant d'inquiétude à M. de Turenne, et le seul des généraux ennemis qui fit ce qui se passa de plus considérable, qu'il eut dessein, s'il avoit pu rencontrer deux bataillons d'infanterie, de venir charger, comme M. de Turenne l'avoit cru ; qu'il avoit une fois ramassé ceux qu'on vit paroître ; mais qu'étant venus à la portée du canon, il fut impossible de les faire avancer. C'est une chose digne de remarque, que ces deux grands hommes, sans avoir été avertis ni l'un ni l'autre qu'ils fussent en présence, le jugèrent néanmoins, et le crurent sur leur conduite mutuelle. M. de Turenne assura que le prince de Condé étoit sur l'autre hauteur, parce que tout autre auroit poussé les troupes d'une autre manière : le prince de Condé dit de son côté la même chose de M. de Turenne, et que si ç'avoit été tout autre que lui, il l'auroit assurément chargé.

Cette même considération empêcha M. de Turenne de poursuivre le prince de Condé quand il se retira, et de le presser sur son arrière-garde ; il se contenta de ce qui s'étoit passé, et ne voulut point tenter plus avant la fortune, puisque son principal dessein étoit exécuté ; mais M. Bellefonds, avec quelque cavalerie de la garnison de la place, n'eut pas la même discrétion : il voulut faire quelque expédition sur l'arrière-garde du prince, pendant qu'il passoit la rivière pour entrer dans le quartier de l'archiduc, et il fut reçu si vertement, qu'il fut obligé de se retirer avec perte. Le prince passa à son aise, le reste des troupes prit exemple de ce mauvais succès, et ne voulut plus hazarder de le charger. Après qu'il eut passé au travers du vieux camp de M. de Turenne, il rallia ses troupes écartées derrière le ruisseau, et marcha à Cambrai. L'archiduc et le comte de Fuensaldagne se sauvèrent à Douai avec un escadron ou deux tout au plus ; ils passèrent au travers du bagage, où l'archiduc fut reconnu par quelques domestiques de M. de Turenne, et si on y avoit laissé seulement un escadron, on auroit pu probablement le prendre prisonnier.

Les troupes de M. d'Hocquincourt n'arrivèrent au rendez-vous que comme le jour commençoit à poindre ; il insulta les lignes sur la droite de l'endroit par où le duc d'Yorck étoit entré, et y trouva peu ou point de résistance ; la principale occupation de son infanterie fut de faire un passage pour sa cavalerie, à la tête de laquelle le maréchal entra, et marcha directement au pont, qu'il passa pour entrer dans le quartier de Lorraine, après que le duc d'Yorck en fut sorti. La plupart de la cavalerie des deux autres armées le suivit, et il ne trouva point d'opposition qu'en arrivant au ruisseau qui séparoit le quartier de Lorraine de celui du prince de Condé; il y trouva M. de Marsin en bataille de l'autre côté avec plusieurs escadrons, qui l'arrêtèrent un temps considérable; les ennemis avoient de l'infanterie ou des carabiniers qui défendirent le passage si long-temps, que la plupart de l'infanterie de ce quartier-là eut le loisir de se sauver; et lorsque la cavalerie qui étoit sortie de la ville l'obligea de se retirer, il le fit avec tant d'ordre, qu'il sortit des lignes sans être rompu, se servant toujours de ses fantassins ou de ses carabiniers, comme il avoit fait au ruisseau : en sortant des lignes, il les plaça derrière, d'où ils tirèrent sur la cavalerie des attaquans, qui, n'étant point menée en bon ordre, étoit tenue en respect par le feu des ennemis, à la faveur duquel Marsin se retira en bon ordre, et joignit le prince de Condé dans le temps qu'il ralloit son monde, comme il a déjà été dit.

Environ dans le même temps que M. de Marsin faisoit sa retraite, M. de Mondejeu, gouverneur d'Arras, étant sorti de la place, quelques vieux officiers l'ayant apperçu le prièrent de les vouloir mettre en meilleur ordre, parce que M. d'Hocquincourt et les autres officiers généraux, qui étoient présens, n'avoient pas trop bien fait leur devoir; mais il le refusa absolument, disant qu'il n'étoit venu là que comme volontaire; qu'il n'étoit pas raisonnable qu'il prétendit en aucune manière partager la gloire de ce jour avec ceux à qui seuls il appartenoit de conduire leurs troupes; qu'à son égard, il avoit acquis assez de réputation dans la résistance que sa place avoit faite, et qu'il n'étoit venu qu'avec intention de rendre service à ceux qui l'avoient secouru avec tant de bravoure.

Il reste à faire un détail de ce qui se passa aux fausses attaques; celles de M. de La Ferté et de M. d'Hocquincourt suivirent ponctuellement leurs ordres, et il ne leur arriva rien de considérable, sinon que la première eut la meilleure partie du butin qui se trouva dans le quartier du comte de Fuensaldagne, qu'elle devoit attaquer. Celle de M. de Turenne ne fut pas si heureuse; M. de Traci qui la commandoit, suivant exactement ses ordres, eut un sort bien différent; car lui ayant été ordonné de marcher sans bruit dans un fond à la demi-portée du canon des lignes, et d'y rester sans rien entreprendre, que quelque temps après que M. de Turenne auroit commencé la sienne, dont on supposoit qu'il devoit entendre le bruit, il arriva tout autrement à cause que le vent étoit contraire et assez grand; il ne put rien entendre, et le jour étant venu, il supposa que quelque accident avoit empêché l'exécution du dessein; il résolut néanmoins de rester encore quelque temps dans son poste, et vit enfin de la cavalerie qu'il crut que les ennemis envoyoient à la découverte; peu de temps après il apperçut un ou deux escadrons qu'il prit pour la garde avancée qui alloit à son poste; mais en voyant sortir encore un plus grand nombre, il crut avoir été découvert par les ennemis, et qu'ils venoient tomber sur lui; sur quoi il donna ordre à ses deux bataillons de se sauver de leur mieux dans le château de Neuville qui étoit proche, et avec sa cavalerie il se retira vers Bapaume. Il fit beaucoup de chemin avant qu'il pût s'appercevoir de son erreur; l'infanterie qui s'étoit retirée dans le château la reconnut plus tôt que lui : ils remarquèrent que la plupart de la cavalerie du quartier de Lorraine, et plusieurs de celui du prince de Condé, se retiroient par le chemin qui conduit à Cambrai; ils détachèrent les aide-majors de chaque régiment, avec chacun cinquante hommes, pour escarmoucher contre les ennemis dans leur passage; mais s'étant trop avancés, la cavalerie des ennemis les environna et les tua tous.

On ne peut pas dire fort exactement ce qu'il y eut de monde de tué de part et d'autre; ce qui en parut dans les lignes n'alloit point à plus de quatre cens hommes : on ne perdit aucun général; il n'y eut de colonel que M. de Puymarais, qui l'étoit de la cavalerie, qui fut tué : il étoit fils de M. de Bar, lieutenant-général, et avoit beaucoup de bravoure. On perdit peu de capitaines. L'escadron d'Eclinvilliers qui avoit si mal fait deux ou trois jours auparavant, lorsque M. de Joyeuse fut blessé, fut le plus maltraité; il étoit un de ceux que M. de La Ferté avoit avec lui quand il se fit battre, et voulant apparemment rétablir sa réputation, il chargea alors si vigoureusement, que les autres ayant plié avant lui, il souffrit beaucoup plus, et la plupart de leurs officiers furent tués sur la place. Le nombre des blessés ne fut pas grand; M. de Turenne reçut une contusion et un coup de mousquet dans ses armes, et eut un cheval tué sous lui. On ne se souvient point que, hors M. de Broglie, qui eut la cuisse percée d'une balle, il n'y eut aucun des autres généraux blessé; peu d'officiers subalternes le furent. Les volontaires se tirèrent heureusement d'affaire : il n'y eut que le marquis de Brevauté et La Clotte qui furent grièvement blessés, et en moururent; ils étoient avec le marquis d'Humières, qui fut attaqué vivement par un escadron des ennemis; Biscara et quelques autres furent fort blessés, de même le chevalier de

Saint-Gé et d'autres officiers de son régiment.

Du côté des ennemis il n'y eut de leurs généraux de blessé et pris que le baron de Bryolle, un des maréchaux de camp du prince de Condé : c'étoit un brave vieillard, qui bien qu'il eût le malheur d'être pris en combattant contre son Roi, montra néanmoins, peu de jours avant mourir, qu'il n'étoit point rebelle dans son cœur, et qu'il ne l'étoit que par accident : il envoya chercher son fils, qui avoit été fait prisonnier avec lui, lui dit, quelques heures avant d'expirer, comment il avoit été entraîné dans le méchant parti, et lui commanda, sous peine de sa malédiction, de ne se laisser jamais séduire, sous quelque prétexte que ce pût être, à prendre les armes contre son souverain ; cette exhortation d'un père mourant le toucha si vivement, qu'il protesta vouloir être bon sujet ; sur quoi il fut mis en liberté.

On fit environ trois mille prisonniers ; on en prit quinze cens dans le quartier de Lorraine : ils étoient dans une redoute où ils se trouvèrent enveloppés ; on trouva soixante-trois pièces de canon dans les lignes, de toute sorte de calibre, et tout ce qui appartenoit à un si grand train d'artillerie, tout le bagage des ennemis fut pris ; les soldats trouvèrent un grand butin, tous les officiers-généraux de cette armée se faisant servir en vaisselle d'argent, et chacun étant obligé d'avoir grand équipage, sans quoi on ne pouvoit subsister dans une si grande armée ; la quantité en étoit si considérable, que, quand l'armée passa l'Escaut quelque temps après sous Cambrai, on compta plus de sept mille, tant charrettes que chariots couverts, quoique l'armée ne fût pas alors de plus de vingt mille hommes, au lieu que quand on fut pour forcer les lignes, elle étoit de quatorze mille fantassins, onze mille chevaux et quatre cens dragons.

Le jour après que la ville fut secourue, le duc d'Yorck fut envoyé avec deux mille chevaux à Péronne, où étoit la cour, pour l'escorter à Arras, où il resta quelques jours, pendant lesquels l'armée campa dans les lignes des ennemis : on se servit de leurs huttes, et on y trouva une si grande abondance de fourage, que les ennemis avoient amassé, qu'il ne fut pas besoin d'en aller chercher pendant qu'on y resta.

Le dernier jour d'août, l'armée marcha vers Cambrai, campa à Sauchi-Cauchi, et la cour retourna en même temps à Péronne. Le 3 septembre l'armée marcha à Thun-Saint-Martin, où elle passa l'Escaut sur un pont qui y fut jetté. Le lendemain elle s'avança jusqu'à Saulfoi, à moitié chemin entre Cambrai et Valenciennes. Le jour suivant elle campa à Kiévrain, et le seize elle tomba sur le Quesnoy, entre Valenciennes et Landrecies : il y avoit un gouverneur ; mais la garnison étoit petite, la place d'elle-même n'étoit pas forte ; les dehors en avoient été démolis à la manière espagnole ; c'est-à-dire, pour la mettre seulement hors d'état de défense, et pour la pouvoir rétablir aisément. Cette ville se rendit dès le lendemain ; on fit aussitôt travailler à réparer les dehors ; on y ajouta de nouveaux ouvrages ; et après y avoir laissé une forte garnison, on marcha à Bavay, et le 11 septembre on arriva devant Binche, qui se rendit le même jour, n'y ayant que les bourgeois. On y resta jusqu'au 22, dans l'intention seulement de manger le pays, et pour donner le temps de fortifier le Quesnoy.

Pendant ces marches, M. de Turenne donna plus d'occupation aux lieutenans-généraux qu'ils n'avoient coutume d'en prendre ; avant cela il n'y avoit que celui de jour qui étoit en mouvement, et les autres ne faisoient qu'accompagner le général ; mais il ordonna alors que, de même que celui qui étoit de jour marchoit à la tête de la cavalerie de l'avant-garde, celui qui auroit été relevé marcheroit aussi à la tête de l'infanterie, et celui qui avoit été relevé avant lui, à la tête de l'autre aile de cavalerie, qui faisoit l'arrière-garde ; ainsi il y avoit tous les jours trois lieutenans-généraux en exercice. Il trouva cet ordre si aisé et si avantageux, que le duc d'Yorck le lui a toujours vu pratiquer, tant qu'il est resté depuis avec lui dans le service de France. Il les avertit de plus que, lorsqu'ils arriveroient à un défilé ou à un ruisseau, ils n'arrêteroient point, jusqu'à ce que ceux qui étoient devant eux fussent passés de l'autre côté ; mais qu'il se feroit un passage particulier sur la droite ou sur la gauche, observant toujours de mettre l'avant-garde entre eux et le côté par où les ennemis pouvoient venir. Il pouvoit ainsi faire de plus longues marches ; et depuis ce temps-là on passa toujours les défilés par trois endroits à la fois. Les cravattes des ennemis furent fort importuns pendant cette marche ; il étoit dangereux de s'écarter le moins que ce pût être : ils avoient quelquefois la hardiesse de se fourrer deux ou trois jusques dans les rangs, et quand ils le pouvoient, ils enlevoient toujours quelqu'un. . . .

On s'étonna pendant cette marche qu'une armée victorieuse et si considérable n'entreprît pas un siège d'importance cette même année ; mais on ne considéroit pas que la saison étoit fort avancée, et que, quoique le Quesnoy ne fût pas de lui-même considérable, cette place favorisoit beaucoup les desseins qu'on avoit pour la campagne prochaine, pour laquelle M. de Turenne avoit déjà formé son plan; le dessein étoit hardi de prétendre conserver cette place, située au milieu du pays ennemi, et ce fut ce qui rendit le projet des opérations de l'année suivante plus aisé à exécuter, et particulièrement le siége de Landrecies.

Les ennemis rassemblèrent sous le canon de Mons les débris de leur armée, d'où ils détachoient continuellement des partis pour inquiéter les fourageurs de l'armée de France, pendant qu'elle resta à Binche; mais M. de Turenne y donna si bon ordre, qu'ils ne firent pas grand mal, quoique leurs cravattes voltigeassent incessamment autour du camp, et dressassent de continuelles embuscades: il s'en fallut peu qu'ils n'enlevassent un jour une garde de cavalerie qu'on avoit avancée du côté de Mons; elle étoit de quatre escadrons postés derrière un ruisseau, et avoit une petite garde de trente maîtres sur une hauteur de l'autre côté. Le duc d'Yorck, allant la visiter, trouva que quatre autres escadrons la relevoient; il passa le ruisseau à la tête du détachement qui alloit relever la petite garde, et étant arrivé à son poste, on vit environ trente cavaliers ennemis venir d'un bois qui étoit sur la gauche; mais quand ils furent à demi-portée de canon, ils retournèrent en arrière, comme s'ils eussent craint qu'on ne les suivît: M. d'Humières et quelques autres officiers de la même garde qui étoient un peu avancés, se mirent à galopper, et ceux qui étoient plus près de ce prince ayant proposé de poursuivre les ennemis, et voyant les autres après, coururent aussi sans demander s'il l'approuvoit ou non; sur quoi il courut lui-même à toute bride, et ayant gagné la tête de tous, il eut toutes les peines du monde à arrêter leur ardeur: ils murmurèrent et se plaignirent de ce qu'il les empêchoit d'enlever tout le parti; mais il les assura qu'en les arrêtant, il les avoit garantis d'une embuscade, et qu'il n'étoit pas probable que les ennemis fussent venus si près, s'ils n'avoient eu le dessein de les attirer; en effet, à peine les eut-il arrêtés, que les ennemis firent volte-face, et tâchèrent à les engager en escarmouchant; mais quand ils virent qu'il n'y avoit rien à gagner, ils se retirèrent vers Mons, et un moment après on vit deux cens chevaux les suivre, qui s'étoient cachés dans un petit fond, derrière un bois qui n'étoit pas loin, et où les ennemis vouloient les surprendre. M. d'Humières et les autres officiers remercièrent le prince de ce qu'il n'avoit pas permis qu'ils allassent plus loin, parceque, pour peu qu'ils eussent avancé davantage, ils auroient été pour la plupart faits prisonniers, parce que la grande garde, qui étoit de l'autre côté du ruisseau, n'eût jamais pu venir assez à temps pour les dégager, le défilé pour passer le ruisseau et le village au-delà duquel la petite garde étoit postée, étant si long, que l'affaire auroit été finie avant qu'on eût pu arriver à leur secours.

On a oublié de dire que, quand l'armée partit d'Arras, les deux autres maréchaux l'avoient quitté. M. de Turenne, après avoir consumé les fourages autour de Binche, jugea à propos de retourner au Quesnoy, et de prévenir les pluies qui auroient rendu le chemin fort difficile pour le canon et la vaste quantité de bagages qui suivoient l'armée; il marcha vers Maubeuge, parce que le pays entre Binche et cette place est plus ouvert et moins embarrassé de défilés que le chemin de Bavay, par où il auroit toujours eu à ses trousses le prince de Condé, qui l'auroit d'autant plus gêné, qu'il étoit dangereux de faire devant lui un faux pas; et il étoit à craindre que, l'armée l'ayant sur ses ailes, il ne trouvât quelque occasion pendant la marche de l'attaquer avec avantage.

M. de Turenne, le jour qu'il décampa, fit marcher les bagages à la pointe du jour avec six ou huit escadrons, et les dragons de M. de La Ferté, qui marchoient à la tête ou sur les ailes, suivant la nécessité: à peine furent-ils en mouvement qu'il les suivit avec son avant-garde; et pour être d'autant plus hors d'insulte, il marcha avec plus d'ordre et de précaution qu'il n'avoit jamais fait: sa marche étoit disposée de manière qu'il pouvoit à toute heure se mettre en un moment en ordre de bataille, sans la moindre confusion.

Sur la droite de tout, marchoit la première ligne de l'aile qui avoit l'avant-garde ce jour-là; sur la gauche, étoit la moitié de la première ligne d'infanterie, sur la gauche de laquelle étoit la seconde ligne de cavalerie de l'aile qui faisoit l'avant-garde; sur la gauche encore, marchoit l'autre moitié de la première ligne d'infanterie, sur la gauche de laquelle étoit l'autre aile de cavalerie et la seconde ligne d'infanterie; et enfin sur la gauche de tout étoit le corps de réserve de cavalerie: de sorte qu'il marchoit de front quatre bataillons et cinq escadrons, chaque file ou colonne étant de...... bataillons et de...... escadrons.

Le gros canon étoit à l'avant-garde, et quelques petites pièces étoient à l'arrière-garde: quand on venoit à quelque défilé, l'arrière-garde faisoit volte-face avec ses pièces de campagne pendant que l'avant-garde défiloit, laquelle étant passée, faisoit aussi volte-face, laissant un espace suffisant aux autres qui devoient suivre, pour se mettre en bataille à mesure qu'ils passoient ; ils restoient en cet ordre jusqu'à ce que tout fût passé, et ensuite toute l'armée s'ébranloit en même temps pour continuer sa marche. Après qu'elle eut avancé un peu plus d'une lieue, on découvrit environ quarante escadrons des ennemis qui approchoient sur la droite : le gros de cette cavalerie avança plus près que la portée du canon, y ayant néanmoins un petit ruisseau entre deux ; ils se contentèrent de faire passer leurs cravattes, avec un escadron ou deux pour les soutenir ; les cravattes approchèrent si près, que plusieurs soldats sortirent de leurs rangs et se mirent dans les intervales de la cavalerie pour escarmoucher ; ils ne laissèrent pas de suivre toujours jusqu'à ce que l'armée arriva à un passage assez près de Maubeuge, espérant toujours trouver l'occasion de donner quelque échec ; mais M. de Turenne prit tant de soin et régla sa marche avec tant de précaution, que bien que le prince de Condé fût en personne à la tête de cette cavalerie, il ne put jamais mettre un seul escadron dans le moindre désordre : il fît presser un peu les dernières troupes à ce passage auprès de Maubeuge ; mais voyant la promptitude avec laquelle elles retournoient, et le bon ordre qu'elles gardoient toujours, il se retira et les laissa en repos, désespérant de retirer aucun profit de cette marche ; il ne passa point le défilé, pour ne pas s'exposer mal à propos, et retourna à son camp. Il étoit nuit avant qu'on arrivât à Maubeuge ; et quoique le camp fût marqué entre la ville et les bois, la grande obscurité et la confusion des bagages fut cause qu'il y en eut beaucoup dans le campement, et d'autant plus que le terrain n'avoit que peu d'étendue : personne ne put reconnoître le quartier qui lui avoit été destiné ; et M. de Turenne n'y pouvant apporter de remède, il plaça deux ou trois bataillons entre les bagages, du côté que les ennemis pouvoient venir, demeura toute la nuit debout avec eux, et dès qu'il fit jour il remit l'armée dans son ordre ; et le même jour, qui étoit le vingt-trois, elle marcha à Bavay. Le régiment entier des cravattes ennemis poursuivit un petit parti jusqu'à l'avant-garde, et s'engagea si fort qu'il courut risque d'être entièrement pris : les deux premiers escadrons coururent à eux, et les poursuivirent si vivement qu'ils ne trouvèrent pas d'autre moyen de se sauver qu'en se jettant dans les bois ; plusieurs abandonnèrent leurs chevaux pour ne pas être pris eux-mêmes ; néanmoins ils perdirent plus d'hommes et de chevaux dans cette occasion, qu'ils n'ont jamais fait devant et après dans aucune autre.

L'armée étant arrivée à Bavay, on travailla à démolir les murailles de cette petite ville, que les habitans avoient abandonnée la première fois qu'elle y campa. Il y a quatre anciens chemins des Romains qui y aboutissent : elle n'est qu'à trois ou quatre lieues du Quesnoy, et auroit pu incommoder si les ennemis y eussent mis des troupes pendant l'hyver. De Bavay l'armée marcha à Baudignies, et campa près du Quesnoy ; elle y resta jusqu'au 28 qu'elle alla à Cateau-Cambrésis, après avoir consommé les fourages des environs du Quesnoy. Pendant le temps qu'elle y resta, les travaux en furent perfectionnés, et les magasins remplis de toutes choses nécessaires, de manière qu'il auroit été très-difficile aux ennemis d'y rien entreprendre après qu'on seroit entré en quartier d'hyver.

Pendant que l'armée campa à Cateau-Cambrésis, une escorte qui couvroit les fourageurs pensa être défaite. Le comte de Renel qui la commandoit fut fait prisonnier à la première charge, en mettant en bataille les premiers escadrons que les ennemis renversèrent ; et si les autres, qui étoient de vieilles troupes, comme La Valette, Grammont et d'autres, n'avoient soutenu vigoureusement et avec beaucoup de bravoure, tout auroit été taillé en pièces et les fourageurs en grand péril ; mais quoiqu'ils vissent leur commandant pris et leurs premiers escadrons en déroute, ils marchèrent fièrement aux ennemis, les obligèrent de se retirer sans rien entreprendre davantage, et ramenèrent les fourageurs au camp sans en avoir perdu aucun. Le parti qui les avoit attaqués étoit sorti de Cambray, les forces étoient à peu près égales, et si les ennemis avoient poussé leur premier avantage, ils auroient défait l'escorte entière, et auroient pris autant de fourageurs qu'ils en auroient pu emmener. Cette aventure obligea M. de Turenne de prendre à l'avenir plus de précaution pour les assurer ; deux ou trois jours après il voulut aller lui-même les couvrir dans le même endroit où M. de Renel avoit été pris : il mena avec lui vingt escadrons, deux bataillons, et quatre pièces de campagne, espérant que les ennemis y viendroient avec le même nombre que la première fois. Il ne se trompa point dans sa conjecture. Peu de temps après avoir posté ses troupes pour la sûreté des fourageurs, on aperçut six escadrons des ennemis qui sortoient d'un bois assez proche où ils s'étoient embusqués : ils vinrent au grand galop comme s'ils eussent eu dessein de tomber sur deux ou trois escadrons des gendarmes qui étoient postés dans un petit fond, entre les bois et un village où plusieurs fourageurs chargeoient leur trousse. M. de Turenne étoit lui-même dans ce village avec une grande partie de sa cavalerie et un bataillon d'infanterie; mais y ayant un petit passage entre lui et l'endroit où étoient les gendarmes que commandoit M. de Schomberg, si les ennemis l'avoient attaqué brusquement, il auroit été battu avant qu'on eût pu venir à son secours : ainsi, considérant le danger où il étoit, il crut ne se pouvoir tirer d'affaire que par une contenance hardie, et marcha droit aux ennemis qui, le voyant avancer avec tant de fierté, et ne pouvant découvrir ce qu'il pouvoit y avoir dans le fond d'où il étoit parti, s'imaginèrent qu'il y avoit, suivant toute apparence, d'autres troupes derrière eux pour les soutenir, et se retirèrent aussitôt dans le bois : M. de Schomberg en fut fort aise, et s'arrêta sur une petite hauteur sans se mettre en devoir de les poursuivre, n'étant pas assez fort, et ne pouvant point sçavoir si les ennemis n'avoient point d'autres troupes dans le bois. On lui envoya d'autres troupes pour le fortifier, et il resta là jusqu'à ce que les fourageurs eurent achevé, et qu'on commença à s'en retourner.

On envoya depuis toujours de grosses escortes avec les fourageurs; les ennemis n'entreprirent plus de les inquiéter, et le soin qu'on prit des convois qu'on envoya au Quesnoy empêcha les Espagnols de songer à les enlever. Le duc d'Yorck eut le commandement du dernier qu'on y introduisit pendant qu'on étoit à Cateau-Cambrésis; on y resta encore quelques semaines sur la frontière, où on prit les deux châteaux d'Anvillers et de Girondelle proche de Rocroy : on les démolit, et ensuite on se retira en quartier d'hyver, la saison étant si avancée qu'il n'étoit plus à craindre que les ennemis entreprissent rien sur le Quesnoy.

[1655] Cette campagne commença par le siége de Landrecies; aussitôt que les François investirent cette place, les ennemis se postèrent entre cette ville-là et Guise, dans le dessein de leur ôter la communication avec leur païs; mais la précaution de M. de Turenne, qui avoit fait remplir de bonne heure les magasins du Quesnoy de toutes les choses nécessaires pour le siége, empêcha les Espagnols de pouvoir beaucoup lui nuire. Les convois alloient et venoient du Quesnoy au camp sans peine et sans danger, et tout le mal se réduisoit à empêcher que quelques officiers et volontaires pussent s'y rendre. Le duc d'Yorck, que des affaires avoient arrêté, fut de ce nombre : ainsi on ne fera point de relation particulière de ce siége, ni un détail fort exact de toute cette campagne, parce que ce prince a perdu un papier qui auroit beaucoup aidé à sa mémoire en plusieurs choses qu'il a présentement oubliées. Il resta à La Fère attendant l'occasion de quelque convoi qui pût favoriser le désir impatient qu'il avoit de se trouver à ce siége; mais il auroit été trop dangereux de tenter le passage; il n'y eut que M. de La Feuillade qui osa l'hazarder, et qui fut pris et blessé dangereusement : son mauvais succès ôta l'envie de suivre son exemple, et on ne songea plus à passer, jusqu'à ce que les ennemis décampèrent un jour ou deux avant que la place se rendît.

Ce siége fut heureux pour les soldats; les assiégez se contentèrent de se défendre à l'ordinaire et dans les formes. Ils n'entreprirent rien de vigoureux, et on perdit moins de monde qu'on ne pouvoit probablement espérer d'un siége de cette conséquence; ils capitulèrent dès que la mine eut fait brèche à la face d'un bastion, et on ne se souvient pas s'il y fut fait un logement; on ne perdit d'officier de conséquence que M. de Tracy, mestre-de-camp, qui, comme le plus ancien, commandoit la cavalerie allemande.

Après que la ville fut rendue, l'armée resta encore quelques jours pour combler les lignes et réparer la brèche et les dehors. Cependant les ennemis se retirèrent chez eux entre Mons et Valenciennes derrière les rivières, et ne se croyant point en état de risquer une bataille, ils ne se proposèrent que d'observer le mouvement des François, et d'empêcher qu'ils ne fissent quelqu'autre siége de conséquence.

Quand l'armée fut prête à décamper, le Roi et le cardinal y vinrent, et elle descendit le long de la Sambre jusqu'à La Bussière, petite ville dépendante du pays de Liége, à une lieue de Thuyn. Après avoir employé quelques jours à cette marche, et en avoir resté un ou deux à La Bussière, on retourna sur ses pas, et passant par Avènes on investit La Capelle; ensuite, n'estimant point qu'elle fût d'assez grande importance, on changea d'avis; on passa la Sambre et on avança dans le Haynaut jusqu'à Bavay, où on arriva le 11 d'aoust : cette place est entre Mons et le Quesnoy. On eut dessein d'avancer plus avant dans le pays, et de passer la Haisne; mais après avoir envoyé reconnoitre les passages, on trouva que les ennemis y avoient fait de grands retranchemens et parapets, et de distance en distance des plattes-formes à trois ou quatre cens pas les unes des autres, qui régnoient le long de la rivière depuis Saint-Guislain jusqu'à Condé. Les ennemis ont un avantage particulier pour faire ces retranchemens en Flandre; car, outre leurs troupes qu'ils y employent, ils y font travailler leurs paysans qui, apportant leurs bêches et les autres instrumens dont ils sçavent se servir pour relever leurs fossez, font en peu de jours des travaux fort profonds et d'une vaste étendue; ce qui donnoit plus de difficulté à forcer ceux-ci, étoit celle de pouvoir même approcher de la rivière, le pays étant fort bas et rempli de fossez; et à moins d'y faire de nouveaux passages, il n'y avoit que le chemin de la chaussée qui conduisoit au pont de Haisne. Néanmoins, dans un conseil qui se tint en présence du Roi, où se trouvèrent le cardinal, M. de Turenne, les maréchaux de La Ferté, de Villeroy, de Grammont et Du Plessis, et où le duc d'Yorck fut appelé, on fut sur le point de résoudre de forcer le passage au pont de Haisne, le cardinal ayant représenté combien il auroit été glorieux de l'exécuter, et d'avoir passé la rivière à la barbe d'une armée formidable ; mais le sentiment de M. de Turenne, qui étoit contre cette entreprise, prévalut, soit par la complaisance qu'on eut pour lui, soit par la force de ses raisonnemens; il en fit voir les difficultez telles, que les ennemis avoient un double avantage : il dit qu'on pouvoit, à la vérité, les forcer, mais qu'on y perdroit trop de monde; que cette considération n'étoit pas la seule qui l'obligeoit à dissuader cette entreprise ; qu'il croyoit qu'on pouvoit l'exécuter sans hazarder la vie de tant de soldats, en passant l'Escaut un peu au-dessous de Bouchain; qu'on laisseroit Valenciennes sur la droite; qu'on marcheroit à Condé où on passeroit l'Escaut une seconde fois; qu'ainsi on prendroit les ennemis en flanc, et que les grands retranchemens des Espagnols deviendroient inutiles. Ces raisons auxquelles il en ajouta beaucoup d'autres, ramenèrent le cardinal et tous les autres du conseil à son opinion : on marcha aussitôt de Bavay à Bouchain, et sur l'avis qu'en eurent les ennemis, ils marchèrent en même temps vers Valenciennes.

Le 13, sur l'après-midi, l'armée arriva à Neuville-sur-l'Escaut; le même jour les ennemis passèrent la rivière à Valenciennes, et se postèrent fort avantageusement, ayant leur droite couverte des bois de Saint-Amand, et la ville sur leur gauche : ils avoient devant eux une vieille ligne sur le mont Azin, qui s'étendoit de la ville jusqu'aux bois ; et au lieu de disputer le passage de la rivière, ils travaillèrent à réparer cette ligne qui se trouva le lendemain en bon état de défense. Cependant l'armée de France passa la rivière sur un pont de bateaux, et le 14 au matin marcha aux ennemis, après avoir laissé des troupes avec les bagages pour les assurer contre les courses de la garnison de Bouchain ; mais toutes ces peines furent inutiles.

Le duc d'York a sçu depuis, de quelques officiers qui étoient alors dans l'armée espagnole, qu'ils s'étoient proposé de défendre ce poste ; que le prince de Condé s'opposa à la résolution qu'on avoit prise d'y marcher, à moins qu'on n'eût dessein de le soutenir, quand on y seroit arrivé ; qu'il dit nettement aux Espagnols qu'il ne bougeroit point, s'ils ne lui permettoient de prendre ce parti ; qu'ils lui en donnèrent toutes les assurances qu'il pouvoit souhaiter; qu'il leur prédit qu'immanquablement les François marcheroient à eux quand ils seroient dans ce poste-là, et qu'alors il seroit trop tard de songer à la retraite, puisque par-là on exposeroit l'armée à une défaite entière. Les Espagnols ne laissèrent pas d'insister toujours et promirent de défendre le poste. On les y trouva en effet ; les partis informèrent de la manière de leur campement ; on marcha à eux aussitôt que l'armée fut mise en bataille, et étant arrivés à une lieue de leurs retranchemens, on fit alte pour attendre le canon et les munitions qui suivoient derrière.

Cependant M. de Turenne marcha avec un escadron ou deux pour reconnoître leurs lignes, et en approcha à la portée du canon. Les ennemis tirèrent sur lui leurs plus grosses pièces : ce qui le confirma dans l'opinion qu'il avoit qu'ils vouloient défendre ce poste ; il ordonna à M. de Castelnau de marcher avec son camp-volant composé d'environ douze escadrons et de deux ou trois bataillons, et de se poster sur la droite des ennemis dans le grand chemin de Saint-Amand, pour tâcher de les attaquer en flanc lorsqu'on les attaqueroit de front. A peine M. de Castelnau fut-il arrivé dans l'endroit qu'on lui avoit marqué, qu'il s'apperçut que les ennemis se retiroient vers Condé ; et sur ce qu'il en fit avertir M. de Turenne, il eut ordre de donner sur leur arrière-garde pour retarder leur marche, s'il étoit possible, afin qu'il eût le temps de venir lui-même avec le corps d'armée. On ne sçut que les ennemis se retiroient que par l'avis que M. de Castelnau en donna, parce que le terrain qui est entre les deux armées étant une hauteur sur laquelle ils avoient élevé leurs lignes, on ne pouvoit voir que les troupes qu'ils vouloient bien montrer.

Il est probable qu'aussitôt que l'archiduc et le comte de Fuensaldagne sçurent que les François avoient passé la rivière et qu'ils marchoient à eux, ils se repentirent de s'être engagés si avant. Quoi qu'il en soit, ils résolurent de retourner à Condé et d'y passer la rivière : ils prirent ce parti sans consulter le prince de Condé, et le premier avis qu'il en eut, fut par un adjudant qui vint lui dire que l'archiduc se retiroit ; qu'il le prioit de prendre soin de l'arrière-garde et de couvrir la retraite, quoique ce fût le tour des Espagnols de la soutenir ; et pour avoir moins d'embarras, ils firent entrer leur gros canon dans Valenciennes, et ne menèrent avec eux que de petites pièces de campagne.

Si M. de Castelnau eût fait son devoir, comme il le pouvoit, en suivant ses ordres, le prince de Condé auroit été réduit à de grandes extrémités : il est vrai qu'il ne manqua point du côté du courage et que ce ne fut que dans la conduite. Il marcha si promptement, qu'étant arrivé au pont de Beverage, où un ruisseau qui vient des bois tombe dans l'Escaut de l'autre côté de Valenciennes, et où M. de Marsin étoit posté avec quelques escadrons et des dragons, il n'attendit point son infanterie, mais s'efforça avec sa cavalerie seule de forcer le passage. Il attaqua le pont deux ou trois fois, et ayant été repoussé avec quelque perte, il se trouva contraint d'attendre son infanterie qui n'avoit pu venir assez à temps, à cause que la cavalerie avoit occupé le chemin devant elle. Quand les ennemis virent approcher son infanterie, ils se retirèrent et le laissèrent maître du pont qu'il passa. M. de Turenne arriva dans le même temps avec son avant-garde à l'arrière-garde de M. de Castelnau, auquel il envoya plusieurs ordres réitérés de presser les ennemis pour arrêter leur marche autant qu'il seroit possible pour les joindre ; mais de Castelnau se laissa amuser par quelques officiers du prince de Condé qui, étant à la queue de leurs troupes et le voyant avancer à la tête des siennes, demandèrent à lui parler sur parole ; à quoi ayant consenti, parce que c'étoient de ses anciennes connoissances, il ordonna à ses troupes de faire alte pour quelque temps, et pendant qu'ils se complimentèrent, le prince de Condé hâta ses troupes de passer, et de Castelnau fut pris pour dupe. Un homme qui étoit resté sur le haut d'un petit côteau ayant fait signe à ces officiers, ils prirent congé du lieutenant-général et galopèrent après leurs troupes. Cette civilité hors de saison donna le temps aux ennemis de passer la rivière avant qu'on pût les joindre. M. de Turenne arriva quelque temps après à l'endroit où M. de Castelnau avoit rangé ses troupes à la portée du canon de la rivière, au-delà de laquelle il vit l'armée en bataille proche de Condé. M. de Castelnau lui fit un récit de ce qui s'étoit passé, et ajouta que le dernier escadron des ennemis avoit été obligé de passer la rivière à la nage pour se sauver ; cette méprise causa quelque aigreur entre M. le prince et M. de Turenne par un accident qui arriva quelques jours après.

Les ennemis rompirent les ponts après avoir passé la rivière, et marchèrent, autant qu'on peut s'en souvenir, l'après-midi du même jour vers Tournai. L'armée de France campa cette nuit-là à Frane près de Condé, et le lendemain on travailla à construire des ponts une lieue au-dessous de la ville, pour l'attaquer aussitôt qu'ils seroient achevés. On résolut d'abord que les troupes que commandoient MM. de Castelnau et d'Uxelles seroient seules employées à ce siége, pendant que les deux maréchaux avec le reste de l'armée le couvriroient et feroient tête aux ennemis. On commença suivant ce projet à faire les approches ; mais la première nuit on trouva tant de résistance, la grande quatité de monde qu'il y avoit dans la place suppléant à sa foiblesse, que les deux maréchaux, étant avertis qu'il y avoit trop d'ouvrage pour si peu de troupes, vinrent eux-mêmes pour pousser une des attaques, laissant l'autre à la conduite de MM. de Castelnau et d'Uxelles.

Les assiégés avoient brûlé les maisons d'un petit faubourg, qui étoient devant la porte ; mais n'ayant point eu le temps d'en abattre les murailles, elles servirent d'un abri fort favorable pour ouvrir la tranchée à un peu plus de demi-portée de mousquet de la place. Un bataillon des gardes la monta la première nuit ; il étoit commandé par Vautourneux, le plus ancien capitaine des dix compagnies ; et à l'attaque du lieutenant-général, monta le régiment de.......

La nuit suivante un bataillon suisse monta la tranchée à une attaque, et le régiment de...... à l'autre. On poussa les travaux des deux côtés jusqu'à la portée du pistolet de la ville, et on perdit au moins autant de monde cette nuit-là que la précédente. La suivante, un autre bataillon des gardes releva les Suisses à l'attaque des maréchaux, et à celle des lieutenans-généraux, le régiment de.......... On fit une faute à la première, qui causa la perte de bien du monde. M. de La Ferté étoit de jour ; et allant sur le soir à la tranchée pour y voir l'état des choses, il crut qu'on étoit assez proche pour faire un logement au pied des palissades qu'il jugea, aussi bien que tous les autres officiers, être en-deçà du fossé sur le bord. Il ordonna qu'on s'y logeât : on se mit en devoir de le faire dès qu'il fut nuit ; mais on arriva au fossé sans y trouver de palissades, et on reconnut qu'elles étoient sur la berme ; on ne laissa pas de passer le fossé qui n'étoit ni profond ni large ; on s'efforça de se loger sur la berme au pied des palissades ; on y trouva beaucoup de résistance, et après avoir perdu beaucoup de soldats et d'officiers, il fallut se retirer et se contenter de faire un logement sur le bord du fossé. Il ne faut pas s'étonner de cette méprise, le fossé étant étroit et les palissades étant ordinairement posées le long de la banquette du chemin couvert on crut qu'elles y étoient, et il eût été très-difficile avec les meilleurs yeux du monde, de juger à une certaine distance l'endroit précisément où elles étoient plantées. Le comte de Henning, gouverneur de la place, demanda le lendemain à capituler, et on convint qu'il sortiroit le jour suivant avec armes et bagages. Ainsi il évacua la place, le 19, avec environ deux mille hommes d'infanterie et quelque cavalerie.

Pendant ce siége, M. de Bussi-Rabutin, mestre-de-camp, fut envoyé escorter les fourageurs avec sept ou huit escadrons : il les posta de l'autre côté de l'Escaut devant les villages où on fourageoit. Sur le soir, quand on eut presque fini, et que la plupart des fourageurs étoient retournés au camp avec leurs trousses, Bussi ayant aperçu deux escadrons des ennemis, il lui prit envie de les charger, à quoi il se trouva particulièrement excité par plusieurs volontaires et personnes de qualité qui étoient avec lui, entre lesquels étoient le prince de Marsillac et le comte de Guiche ; il marcha à eux avec tous les escadrons ; les ennemis se retirèrent assez précipitamment, et lorsqu'en les poursuivant il les eût presque atteints, ils firent soudainement volte-face, et on découvrit en même temps douze ou quatorze escadrons des ennemis qui sortoient d'un fond où ils s'étoient mis en embuscade. Bussi, aussi bien que les autres, fut si surpris, qu'il ne trouva point d'autre parti à prendre, que de crier : *Au défilé!* La partie n'étoit point tenable ; tous les escadrons firent d'eux-mêmes la même manœuvre, s'écriant de main en main : *Au défilé!* ils se rompirent, coururent à toute bride et se rallièrent en arrivant au défilé. Les ennemis se contentèrent de ce qu'ils purent prendre dans la poursuite, et ne les pressèrent pas fort loin. Cette cavalerie étoit la meilleure de l'armée de France, composée d'anciens officiers et de vieux cavaliers, et s'ils avoient pris tout autre parti, la perte auroit été beaucoup plus considérable : elle ne fut que d'environ cent maîtres et d'un étendart ou deux du régiment royal, lesquels ayant été pris par les troupes du prince de Condé, il les renvoya au Roi par un de ses trompettes ; mais Sa Majesté ne voulut pas les recevoir, et les compagnies qui les avoient perdus marchèrent sans étendart pendant tout le reste de la campagne.

Ce fut vers ce temps-là qu'une lettre que M. de Turenne avoit écrite au cardinal fut interceptée (1), par laquelle il donnoit un détail de ce qui s'étoit passé dans la retraite des Espagnols auprès de Valenciennes. Le prince de Condé entre les mains duquel elle tomba, l'ayant lue, envoya un trompette porter une lettre qu'il écrivit à M. de Turenne, pleine d'expressions dures. Il marquoit entre autres choses que, s'il n'avoit pas connu son écriture, il auroit plutôt cru la relation qu'il envoyoit au cardinal faite par un gazetier que par un général, et finissoit par cette invective, que si M. de Turenne avoit été à la tête de son armée, pendant que lui-même étoit à l'arrière-garde de la sienne, il auroit vu le contraire de ce qu'il avoit écrit, puisqu'aucun de ses cavaliers n'avoit été forcé de passer la rivière à la nage pour se sauver.

M. de Turenne fut irrité en lisant cette lettre, et dit au trompette qu'il ne devoit pas se charger de papiers de cette nature ; qu'il l'avertissoit que, s'il faisoit une pareille faute à l'avenir, ni sa livrée, ni son caractère ne le garantiroient du traittement qu'il méritoit ; qu'il le vouloit bien laisser retourner pour cette fois, quoiqu'il méritât d'être puni pour avoir osé apporter un papier si injurieux. On croit que le prince ne fut pas long-temps sans sçavoir que M. de Turenne n'avoit écrit que ce que de Castelnau lui avoit dit ; néanmoins il n'y eut plus entre eux les mêmes égards et ménagemens qui s'observent toujours entre des personnes de cette qualité, qui commandent l'un contre l'autre : ils ne vécurent plus avec cette civilité réciproque, comme ils avoient fait auparavant, et et jusqu'à la conclusion de la paix ils ne furent jamais sincèrement réconciliés.

Après la prise de Condé, où on laissa une garnison suffisante, l'armée marcha le 20 à Saint-Guislain et en fit le siége. M. de Turenne prit son quartier au village de Horn, et M. de La Ferté établit le sien de l'autre côté de la rivière ; le Roi et le cardinal vinrent à ce siége, et logèrent au château de Bossut, un peu au-dessous de la ville sur la même rivière. La situation de cette place est forte, étant dans un pays fort

(1) Voyez la partie nouvelle des Mémoires de Turenne, pages 470—72 de ce volume, où l'on trouve les lettres de Turenne et du prince de Condé à ce sujet.

bas, la rivière de Haisne passe au travers; de sorte qu'elle peut inonder la plupart des environs, comme les ennemis le firent alors, ce qui incommoda beaucoup les tranchées. Il fut aussi très difficile de faire les lignes de circonvallation, à cause qu'on ne pouvoit construire les ponts de communication qu'avec beaucoup de peine; les tranchées se comblèrent d'eau quand on approcha de la place; l'eau étant aussi haute que le terrain, on ne pouvoit ni le creuser ni s'en servir pour se couvrir, tellement que les approches n'étoient, à proprement parler, que des blindes de fascines; néanmoins, malgré tous ces obstacles, la place fut emportée en trois jours de tranchée ouverte.

Quand les généraux arrivèrent à leur quartier à Horn, la nuit étoit si noire qu'ils ne surent qu'au matin qu'ils n'étoient éloignés de la ville que d'une petite portée de canon, qui les éveilla de bonne heure; et les maisons qu'on leur avoit marquées n'étant bâties qu'à la légère, ils en furent bientôt délogés, particulièrement M. Du Passage qui fut obligé d'en chercher, comme beaucoup d'autres, hors de la portée du canon. Le duc d'Yorck fut le seul qui se hazarda de rester dans la sienne, qui n'étant qu'à un peu plus de la portée du mousquet de la place, ils n'y tirèrent point, supposant que personne ne voudroit y loger, et il y resta fort en sûreté pendant le siége.

Les gardes françoises, comme le régiment le plus ancien de l'armée, montèrent la tranchée les premiers suivant la coutume. Il arriva dans ce siége une dispute entre M. de Montpezat, le plus ancien lieutenant-général, et le grand-maître de l'artillerie, sur ce que le premier envoyant ses ordres à l'autre pour avoir quelques outils dont il avoit besoin pour la continuation de la tranchée, la première nuit qu'elle fut ouverte, le grand-maître refusa d'obéir, prétendant qu'il ne devoit recevoir d'ordre que du général même; M. de Montpezat s'en étant plaint le jour suivant, la contestation fut décidée en faveur des lieutenans-généraux; aussi long-temps qu'il resta à l'armée, il ne fit plus de fonction de grand-maître; on lui donna un brevet de lieutenant-général, et il ne servit qu'en cette qualité.

On perdit peu de soldats en ce siége; on ne se souvient point qu'il y eût aucun officier considérable de tué. M. le chevalier de Créquy et M. de Varenne furent blessés, et quelques autres, comme M. de Chavigny, aide-major du régiment des gardes, qui depuis s'est fait père de l'Oratoire; la blessure du chevalier de Créquy, qu'il reçut à la tête, fut dangereuse, mais il en guérit; Varenne reçut la sienne à l'attaque de M. de Turenne, en s'entretenant avec le duc d'Yorck. On poussa les approches en trois nuits, jusqu'au bord du fossé, et le lendemain, qui étoit le 25, le gouverneur de la place, dom Pedro Savali, demanda à capituler.

Pendant que l'armée de France étoit occupée à ce siége, les Espagnols divisèrent la leur; l'archiduc et le comte de Fuensaldagne, avec la plupart de l'infanterie espagnole et quelque cavalerie, se postèrent à Notre-Dame de Halle; le prince de Condé avec la plupart de ses troupes à Tournay; les Lorrains à Ath, et le prince de Ligne avec quatre ou cinq mille hommes à Mons. La saison se trouvant trop avancée, on ne jugea pas à propos de rien entreprendre davantage; on resta plusieurs jours dans les mêmes quartiers qu'on avoit pris au siége de St.-Guislain. La cour partit peu de jours après qu'elle fut rendue; pendant le séjour qu'on y fit, on s'appliqua à la fortifier, et Condé en même temps; et pour empêcher les ennemis d'assiéger ces deux places dans l'hiver, on consomma tous les fourages, et on mangea le pays aux environs; on n'envoya point de détachement pour couvrir les fourageurs qui fût moindre de deux mille chevaux, il y avoit toujours un lieutenant-général; M. de Turenne y alloit quelquefois lui-même. Quoique les ennemis fussent toujours aux aguets, ils n'enlevoient jamais qu'un homme ou deux qui le plus souvent étoient des maraudeurs. Pour relancer et contenir les cravattes qui donnoient le plus de peine, M. de Turenne ordonna qu'on détacheroit de chaque escadron trois ou quatre officiers des mieux montés pour accompagner les fourageurs, afin que quand ils les apercevroient ils pussent se joindre vingt ou trente ensemble qui suffiroient pour dissiper ces coureurs. Les fourageurs se trouvèrent ainsi moins exposés qu'auparavant, et on enleva beaucoup de cravattes.

Le dernier fourage qu'on fit fut le plus grand de tous et le plus dangereux: il fallut aller jusqu'à Chièvres et à l'abbaye de Cambron; le premier endroit n'étoit pas à plus d'une bonne lieue d'Ath. Le duc d'Yorck commandoit les troupes qui l'escortoient; comme il fallut marcher au milieu des quartiers des ennemis, et fort loin du camp, on lui donna quarante escadrons, cinq bataillons et deux pièces de canon. Ce prince usa de toutes les précautions possibles: il envoya devant le jour un parti de cavalerie vers un grand bois au travers duquel il falloit nécessairement passer, avec ordre d'y arrêter les fourageurs, et de les empêcher d'avancer plus loin, jusqu'à ce qu'il fût arrivé avec les troupes qu'il commandoit; cela fut exécuté: il passa au travers du bois, et les rangea en bataille sur la plaine avant que les fourageurs fussent dans le bois; il y laissa un bataillon pour empêcher que quelque parti de la garnison de Mons ne pût les enlever à leur tour quand ils seroient chargés. Il leur fit défendre de s'écarter ni de marcher plus vite que l'escorte, et ordonna de suivre sur le même front à droite et à gauche des escadrons; on marcha dans cet ordre jusqu'à ce qu'on arrivât à environ une lieue de Chièvres. Il y avoit bien dix mille fourageurs, la plupart la faulx à la main, leurs officiers à la tête, et qui formoient un front d'environ un quart de lieue; mais quand ils arrivèrent à la vue du pays qui n'avoit point été fouragé, il ne fut pas possible de les empêcher de se débander et de fourager avec toute la précipitation imaginable, ce que le duc ayant observé, il laissa sur la plaine, où il se trouvoit alors auprès d'un village, le reste de son infanterie et quelques escadrons avec les deux pièces de canon, et avec la plupart de la cavalerie il courut au grand trot après les fourageurs, et pendant qu'ils estoient à l'ouvrage il se posta devant eux entre Chièvres et Brugelet pour les couvrir du côté d'Ath, et envoya le comte de Grandpré avec de la cavalerie de l'autre côté, avec ordre de se poster au village de Leuze pour les garantir contre les partis qui pouvoient venir de Mons.

Il n'est pas hors de propos de faire ici mention du grand ordre et de la justice qui s'observent entre les fourageurs. Celui qui entre le premier dans un champ ou dans une prairie en est dans une possession incontestable, et aucun autre ne s'en approchera qu'à une distance suffisante pour lui fournir de quoi faire sa trousse et charger son cheval; et quiconque entre le premier dans une grange, ou vient à une meule de foin, personne ne se présente pour l'interrompre ou pour prendre la moindre chose, jusqu'à ce qu'il ait son affaire, tellement que le premier venu est le premier servi. Il survint une allarme sur le midi, causée par M. de Rochepaire, qui retournoit au camp avec un parti de mille chevaux sans avoir fait aucune chose; on crut d'abord que c'étoient les ennemis. Le duc d'Yorck le pria de rester avec lui, dans la pensée qu'il pourroit en avoir affaire.

Tous les fourageurs ayant chargé leurs chevaux, on retourna au camp sans autre perte que d'une dixaine, qui, ayant passé le ruisseau de Cambron contre les défenses, furent enlevez par un petit parti ennemi. Ce prince a sçu depuis du prince de Ligne, et de quelques autres officiers de l'armée espagnole, qu'ils avoient résolu de tomber ce jour-là sur les fourageurs de l'armée de France, et avoient, pour cet effet, établi un rendez-vous pour la cavalerie qui étoit à Tournay, Mons et Ath; mais qu'on fit tant de bruit en sortant du camp avec les fourageurs, que quelques partis du prince de Ligne lui rapportèrent que l'armée étoit en marche; qu'il en fit avertir les troupes qui s'étoient assemblées au rendez-vous, et qu'elles retournèrent dans leurs quartiers, appréhendant d'être rencontrées par l'avant-garde: cette erreur garantit, suivant toute apparence, l'escorte d'un grand danger; elle se seroit difficilement tirée d'affaire si toute cette cavalerie l'avoit attaquée.

Peu de jours après, tout le pays des environs étant mangé, l'armée passa la rivière et campa à Outrage le 14 septembre. Le 19 elle marcha à Leuze; on y resta le temps qu'il fallut pour consummer les fourages qui étoient aux environs, et cependant on prit le château de Briffeil, dont la garnison ne se rendit qu'après qu'elle vit le canon en batterie. On jugea ensuite à propos de sortir du pays ennemi, et on marcha, le 26, à Pommereuil, près du pont de Haisne. Le lendemain, après avoir passé la rivière on campa à Anzrt-sur-l'Haisneau, à environ une lieue de Kiévrain, qui est sur le même ruisseau: ce quartier-là et les environs avoient été tellement mangés, que dès la première nuit il fallut aller fourager à deux lieues pour trouver seulement de la paille; il ne sembloit pas qu'on pût seulement y subsister trois jours, néanmoins on y en resta quinze sans qu'il manquât aucune chose. Ce fut l'effet de la précaution qu'eut M. de Turenne, étant à Leuze, d'ordonner d'y faire provision de grains, dont on ne chargea pas seulement les chariots de l'armée, mais chaque cavalier en apporta un sac en croupe: ce qui la fit subsister si long-temps dans un si maigre pays, où on n'alla point au fourage plus de trois fois: le duc d'Yorck y commanda encore le dernier, et fut obligé d'aller près de Bouchain, avant de pouvoir trouver aucune chose; la plupart des fourageurs n'apportèrent que de la paille.

Après qu'on eut achevé les fortifications qu'on ajouta à Condé et à St-Guislain, et en avoir rempli les magasins de toutes sortes de provisions, l'armée marcha le 12 d'octobre à Barlaimont, et le 22 à l'abbaye de Marolles: on crut y rester quelque temps; mais, sur ce qu'on fut informé que quelques troupes ennemies venoient de ce côté-là, on trouva à propos de marcher à Vandegies-au-Bois, où M. de Turenne reçut ordre de marcher vers la Fère, sur ce que la cour avoit découvert que le maréchal d'Hocquincourt étoit en traitté avec le prince de Condé, pour lui livrer Ham et Péronne, dont il étoit gouverneur; et en arrivant, le 4 de novembre, à Mouy, il reçut ordre du cardinal de quitter l'armée, et d'aller joindre la cour à Compiègne, pour délibérer sur ce qui seroit à faire en cas que le maréchal d'Hocquincourt n'acceptât point les offres que le Roi lui avoit fait faire, et qu'il introduisît les ennemis dans ces deux places importantes.

M. de Turenne partit et laissa au duc d'Yorck le commandement de l'armée : il étoit le seul lieutenant-général qui y fût resté, tous les autres ayant eu congé de la quitter, sur ce qu'il n'y avoit plus d'apparence d'aucune action. Ainsi ce prince se trouva commander l'armée dans le même temps que la paix entre la France et Cromwel fut conclue et publiée, et que, par un des articles de ce traité, il devoit être nommément banni du royaume. L'armée resta quelques jours à Mouy ; le duc reçut ordre, le 10, de la conduire à Mondécour, entre Noyon et Chauni. M. de Turenne y retourna le 14, après que, par l'accommodement fait avec M. d'Hocquincourt, la cour fut hors d'inquiétude de ce côté-là, et donna permission à ce prince de quitter l'armée.

Le cardinal le reçut à Compiègne parfaitement bien ; il s'excusa de la paix qui avoit été conclue avec Cromwel, sur ce qu'il y avoit été obligé par une nécessité indispensable pour le bien de l'Etat et la sûreté de la couronne ; il lui dit qu'il n'avoit conclu une ligue avec lui que pour empêcher l'effet de celle que les Espagnols avoient proposée, par laquelle ils offroient de l'aider à prendre Calais, pour la lui laisser entre les mains ; qu'il avoit fallu prévenir les conséquences d'un traitté si dangereux en s'accommodant avec lui ; mais que, nonobstant les clauses qui avoient été insérées contre ce prince dans la paix qui avoit été conclue, il trouveroit toujours le Roi dans les mêmes sentimens d'estime et d'amitié pour lui. Il doit cette justice à la mémoire du cardinal, d'avouer qu'il auroit été un ministre fort mal habile, s'il n'avoit, dans une conjoncture si délicate, engagé Cromwel dans les intérêts de son maître, qui auroit eu lieu d'être fort mécontent de lui, s'il avoit laissé échapper cette importante occasion.

Ce prince partit le 23 pour Paris, où la cour retourna peu de jours après. Le cardinal, pour ne pas le réduire à la nécessité fâcheuse de sortir de France, considérant combien il étoit proche parent du Roi, et petit-fils, comme lui, de Henri IV, envoya demander à Cromwel son consentement pour qu'il pût continuer de servir dans les armées de France : le ministre craignoit d'ailleurs que si le duc d'Yorck sortoit du royaume, les Irlandois qui étoient dans le service ne le suivissent : Cromwel consentit qu'il servît, pourvu que ce fût en Italie ou en Catalogne, ne croyant pas qu'il fût de son intérêt qu'il se trouvât dans une armée où il devoit envoyer un corps considérable de troupes angloises ; et on lui proposa de commander en qualité de capitaine-général sous le duc de Modène, qui étoit généralissime des troupes françoises en Italie.

[1656] Quand la cour fut retournée à Paris, on témoigna au duc d'Yorck non-seulement le désir qu'on avoit de le retenir dans le service ; mais que si Cromwel ne vouloit pas consentir aux propositions qu'on lui avoit faites sur ce sujet, la pension de ce prince lui seroit toujours également payée en quelque endroit qu'il pût se retirer, pourvu qu'il ne servît point contre la France. Il accepta ensuite l'offre qui lui fut faite de servir en Italie comme capitaine-général, sous le duc de Modène, généralissime des troupes de France et de Savoye en Piémont ; il avoit une forte inclination d'acquérir de plus en plus de l'expérience dans les armes, et la tendre amitié que sa tante, la duchesse de Savoye, lui avoit témoignée en toutes occasions, lui faisoit embrasser ce parti avec d'autant plus d'agrément, qu'il avoit beaucoup de reconnoissance pour ses bontés, et qu'elle souhaittoit passionnément de l'avoir auprès d'elle.

Au commencement de février. . . . , sur la nouvelle que le Roi d'Angleterre étoit allé de Cologne en Flandre, tous les colonels irlandois qui avoient servi dans les armées de France sous M. de Turenne et M. de La Ferté, écrivirent au duc d'Yorck, pour l'assurer qu'ils étoient prêts de faire, en bons sujets et en gens d'honneur, tout ce qu'il leur ordonneroit : il les en remercia, leur recommanda de ne point souffrir en aucune manière que leurs soldats passassent en Flandre par bande ou à la file, quoique les Espagnols vinssent à les en solliciter, à l'occasion de ce que le Roi s'étoit retiré chez eux, et qu'ils conservassent leurs régimens entiers, tant pour le service de Sa Majesté, quand il en seroit besoin, que pour leur propre avantage, outre que leurs soldats ne pouvoient point se disperser tant qu'il seroit en France, sans porter un grand préjudice à ses affaires particulières, et que quand il seroit temps de se servir de leurs offres, il les en feroit avertir.

Quand on sçut que le Roi d'Angleterre étoit

non-seulement en Flandre, mais qu'il avoit signé un traitté avec l'Espagne, tout le monde crut que le duc d'Yorck s'y retireroit aussi. Ce prince avoit coutume de s'entretenir confidemment de ses affaires avec M. de Turenne, qui le conseilla d'écrire au Roi son frère, pour lui représenter qu'ayant servi en France, y ayant reçu son éducation, et contracté amitié avec les personnes les plus considérables à la cour et dans les armées, dont le crédit pourroit être un jour utilement employé pour l'avantage de Sa Majesté, il croyoit qu'il étoit de son intérêt de lui permettre de rester en France, au lieu qu'en la quittant, il hazardoit d'y perdre et les amis et le crédit qu'il y avoit; qu'il ne croyoit pas pouvoir lui rendre de grands services en Flandre, où il suffisoit aux Espagnols que Sa Majesté et le duc de Glocester y fussent; outre qu'il n'avoit été fait aucune mention de lui dans le traitté, et qu'ils n'avoient point témoigné souhaitter qu'il fût de la partie, que s'ils venoient à le demander dans la suite, Sa Majesté pouvoit consentir secrètement qu'il restât en France, et paroître fâchée contre lui de sa désobéissance apparente; que cela satisferoit les Espagnols, et que cette connivence ne seroit connue que de celui qui en porteroit la proposition et le consentement.

Le duc d'Yorck goûta fort cet avis, le communiqua à la Reine sa mère, qui l'approuva, et il résolut d'envoyer Charles Berkeley en faire la proposition au Roi son frère; mais le Roi, bien loin de consentir à la demande du duc, lui envoya immédiatement un ordre absolu de le venir joindre en Flandre avec toute la diligence possible. Il obéit aussitôt, et la cour de France y consentit.

[1657] Le commencement de cette campagne fut fort glorieux au prince de Condé. Comme il faisoit la revue de sa cavalerie à La Bussière sur la Sambre, d'où elle devoit aller au rendez-vous général de l'armée, il fut averti que M. de Turenne et M. de La Ferté avoient assiégé Cambrai, qu'il sçavoit n'avoir qu'une foible garnison : il marcha immédiatement et sans hésiter pour tâcher de la secourir, avant que les François pussent être informés de sa marche et qu'ils eussent perfectionné leurs lignes. Il prit ses mesures de manière qu'il arriva la nuit, et quoique les François fussent à cheval et en bon ordre, il se fit un passage au travers des deux lignes de cavalerie qui se trouvèrent dans son chemin et qui ne purent arrêter un corps de troupes si considérable, dont l'unique affaire étoit de pénétrer jusqu'à la ville : ce qui fut exécuté avec fort peu de perte. Il arriva à la contrescarpe, et le comte de Salazar, gouverneur de la place, s'attendoit si peu à ce secours, que le prince de Condé fut long-temps à la palissade avant qu'on lui ouvrît les barrières : cette surprise fut d'autant plus agréable pour lui, qu'il n'étoit pas un grand soldat, que sa garnison étoit foible, et que s'il n'avoit été secouru dans ce temps-là, il alloit abandonner la ville pour défendre la citadelle. Cette place étoit d'ordinaire pourvue de monde, et ce qui causa qu'elle ne le fût point alors, fut l'opinion qu'eurent les Espagnols que Cromwel envoyant six mille hommes de ses troupes pour se joindre aux François, ils avoient dessein d'attaquer quelque place maritime. Ainsi ils fortifièrent toutes leurs garnisons de ce côté-là, et le cardinal, ayant été informé que celle de Cambrai étoit foible, crut l'occasion d'autant plus favorable pour la prendre, qu'il avoit de longue-main une forte passion d'en devenir l'évêque et le prince : et véritablement, sans l'extrême diligence et le parti que prit subitement et par hasard le prince de Condé de la secourir, elle étoit prise; car s'il s'étoit trouvé à Bruxelles, lorsque les Espagnols furent avertis du siége, les François auroient achevé leurs lignes avant qu'ils eussent pu délibérer et résoudre sur les moyens de le faire lever. M. de Turenne, qui avoit compté sur la lenteur et la gravité ordinaire des Espagnols, fut extrêmement surpris de la promptitude du prince de Condé, et ayant appris par quelques prisonniers le nombre et la qualité des troupes qui étoient entrées dans la ville, jugea à propos d'en lever le siége, et en donna avis à la cour. Le prince de Condé, y ayant laissé une garnison suffisante, retourna à Bruxelles et envoya le reste de ses troupes au rendez-vous général, qui étoit auprès de Mons.

Ce mauvais succès déconcerta les mesures que les François avoient prises pour cette campagne : ils abandonnèrent le dessein d'entreprendre aucun autre siége considérable. Ils divisèrent leur armée : M. de La Ferté avec une partie fut attaquer Montmédi, et M. de Turenne avec l'autre marcha du côté de la mer pour joindre l'infanterie angloise qui étoit débarquée; après quoi il retourna sur ses pas pour observer les mouvemens des Espagnols, qui quittèrent, le 19 de juin, le voisinage de Mons pour aller camper sur la Sambre, un peu au-dessus de Thuyn. Le 22, l'armée passa la rivière; le lendemain elle campa proche de Philippeville, faisant mine de vouloir secourir Montmédi. M. de Turenne se hâta de gagner les devans; le dessein étoit de l'amuser et de lui donner le change, en tombant sur Calais

38.

qu'on espéroit emporter en peu d'heures par un endroit dont on connoissoit la foiblesse. Les Espagnols méditoient ce dessein dès avant le départ de l'archiduc, qui avoit envoyé des ingénieurs déguisés pour reconnoître les défauts de place. Ils n'avoient pu encore trouver l'occasion de l'attaquer; ils crurent enfin y réussir, et avoient pris des mesures si justes, que l'entreprise paroissoit immanquable : elle fut conduite avec tant de secret, que les ennemis n'en eurent pas le moindre soupçon. On avoit laissé en quittant Mons un corps de cavalerie derrière, qui, avec l'infanterie qu'on pouvoit tirer des garnisons voisines, suffisoit pour commencer l'affaire.

Après avoir engagé M. de Turenne à s'avancer vers Montmédi, l'armée d'Espagne retourna subitement sur ses pas et se mit en marche vers Calais le 26. Dom Juan, le prince de Condé et Caracène prirent les devans avec la cavalerie par le plus court chemin, et laissèrent le duc d'Yorck et Marsin avec l'infanterie pour suivre en toute diligence. Le bagage et le canon marchoient plus avant dans le païs : le prince de Ligne avoit été choisi pour l'exécution de cette entreprise et pour en avoir la principale conduite; il fut envoyé un jour devant la marche de l'armée pour se mettre à la tête des troupes qu'on avoit laissées derrière pour cet effet. Le duc d'Yorck marcha la première nuit jusqu'à Tilli avec l'infanterie; le 27, il arriva au fauxbourg de Mons; le 28, à Bruxelles; le 29, ayant passé l'Escaut à Tournai, il vint camper à Pont-à-Bouvines; le 31, il marcha le long des murailles de Lille, passa la Lys à Armentières et campa à Nieukerke. Le lendemain, 1ᵉʳ juillet, il arriva à Hasebrouk, et le 2, à Arques, à une lieue de Saint-Omer, où en arrivant il se proposoit d'être avant la nuit devant Calais; mais il reçut une lettre de Dom Juan, par laquelle il lui mandoit que l'entreprise avoit manqué, et lui ordonnoit de rester à Arques jusqu'à nouvel ordre. Le prince de Ligne étoit sorti de Gravelines aussitôt qu'il fut nuit pour exécuter le dessein à la marée basse, en se saisissant de la partie de la place hors des murailles qui joignoit au quai, après quoi on se pouvoit rendre maître de la ville en moins de douze heures; mais il arriva une demi-heure trop tard, et l'eau se trouva si haute qu'il fut impossible de passer, et il fut obligé de se retirer sans avoir fait aucune chose que de donner une chaude allarme à la ville et montrer au gouverneur l'endroit de sa place le plus foible, qu'il prit soin ensuite de fortifier de manière à ôter aux Espagnols l'espérance de la pouvoir surprendre.

Cette grande marche n'ayant produit aucun effet, la cavalerie et l'infanterie se rejoignirent à Querne, à une lieue d'Aire, le 4 juillet, et le canon et les bagages y arrivèrent un jour ou deux après. L'armée marcha le 6 à Bouré, proche Lillers, y resta quelques jours et fut camper vers le 12 à Brouai, le lendemain à Lens, ensuite à Reu sur la Scarpe, et le 15 à Sauchi-Cauchi entre Arras et Cambrai, et après y avoir campé jusqu'au 21, elle marcha à Marcoin.

Pendant qu'on perdit ainsi le temps à faire tant de marches inutiles, M. de La Ferté continua le siége de Montmédi qui fit plus de résistance qu'il n'avoit attendu, la place étant forte et ayant une bonne garnison. M. de Turenne de son côté observoit les mouvemens des Espagnols, sans pourtant s'éloigner du siége, pour empêcher qu'on ne jettât du secours dans la ville. L'armée, étant décampée de Marcoin, le 27, marcha au Catelet, le lendemain à Fervaques, le 29 à Origni sur l'Oise, où elle ne resta qu'un jour; elle alla encore camper ensuite à Eglancourt jusqu'au 8 d'août qu'elle marcha à Feron; le lendemain à Macon, proche de Chimai, et le 10 à Aublin, à une lieue de Marienbourg, où on sçut la prise de Montmédi, qui se défendit avec tant de bravoure et d'opiniâtreté, qu'elle ne capitula qu'après que les ennemis se furent logés dans un bastion et y eurent dressé une batterie de six canons. On apprit en même temps que M. de Turenne marchoit en Flandre pour y entreprendre un siége; il fallut recommencer à marcher le 14, et on n'arrêta point jusqu'au 20, qu'on arriva à Calonne sur la Lys, à une lieue de Saint-Venant, que M. de Turenne avoit assiégé, et dont les lignes étoient déjà si avancées, que cette considération et la disproportion des forces ne permirent point d'entreprendre le secours de cette place. On s'étudia seulement à couper les vivres aux ennemis et à empêcher le passage d'un convoi de quatre ou cinq cens chariots qui devoit passer le lendemain de Béthune à leur armée. On jugea à propos pour cet effet de décamper et de se poster à Montbernenson par où il étoit absolument nécessaire qu'il passassent. Le pays par où on devoit marcher étant fort couvert et entrecoupé de hayes et de fossés, on commanda des travailleurs pour marcher avec des bêches et des haches à la tête de chaque régiment, et leur faire des passages, afin que l'armée pût entrer en bataille dans la plaine qui n'étoit qu'à la portée du canon des ennemis. On étoit prêt à décamper dès la pointe du jour, et néanmoins on ne marcha que sur le midi : la raison de ce délai est d'autant plus difficile à deviner, que le succès du dessein dépendoit de la diligence. On ne manqua point d'en avertir dom Juan, et le duc d'Yorck lui représenta que le moindre retardement donneroit lieu au convoi d'entrer dans les lignes ; mais pour tout ce qu'on put dire, l'armée ne s'ébranla que vers midi. Le prince de Ligne, général de la cavalerie, étoit à la tête de la droite, le prince de Condé à la gauche, et le duc d'Yorck, que dom Juan avoit prié de faire ce jour-là la fonction de mestre-de-camp-général, étoit à la tête de l'infanterie. Dom Juan et le marquis de Caracène marchoient devant avec leurs trois compagnies de gardes, jusqu'à ce qu'arrivant auprès de la plaine, ils voulurent, suivant leur coutume, faire la sieste.

L'armée ne pouvoit aller que lentement dans un pays si fourré ; néanmoins le duc d'Yorck n'avoit plus qu'un enclos à passer pour arriver avec l'infanterie dans la plaine, lorsqu'il apperçut le convoi des ennemis, qui descendant de Montbernenson marchoit en toute diligence pour gagner les lignes. Ce prince ayant passé la dernière haye fit mettre son infanterie en bataille, et voyant que le prince de Ligne étoit aussi dans la plaine avec quatre ou cinq escadrons, il l'envoya avertir de l'approche du convoi, et qu'il n'avoit qu'à marcher pour le prendre entièrement, les ennemis n'ayant que trois escadrons d'escorte ; il répondit qu'il voyoit la chose aussi bien que lui ; que rien n'étoit plus aisé que d'enlever le convoi ; mais qu'il n'osoit l'attaquer sans ordre de dom Juan ou du marquis de Caracène. Le duc fut trouver lui-même le prince de Ligne, le conjura de ne point perdre une si belle occasion pour être trop scrupuleux ; mais il répliqua qu'il ne connoissoit point jusqu'où alloit la sévérité espagnole ; qu'en attaquant sans ordre il pourroit lui en coûter la tête, principalement s'il ne réussissoit pas, ou qu'il vînt à recevoir le moindre affront. Le duc lui répondit qu'il n'y avoit point de mauvais succès à craindre ; que M. de Turenne pouvoit bien faire sortir quelque cavalerie, mais qu'il n'hazarderoit point d'envoyer son infanterie hors des lignes. Il ajouta que si les Espagnols venoient à l'inquiéter pour cette action, il consentoit d'en prendre tout le blâme sur soi-même, et qu'il pouvoit légitimement s'excuser de ne l'avoir fait que par obéissance pour lui, puisqu'il faisoit ce jour-là la charge de mestre-de-camp-général ; mais toutes ces raisons ne purent rien gagner sur le prince de Ligne : l'occasion se perdit. Le convoi qui reconnut le danger redoubla sa diligence, et quand la plupart des chariots furent entrés dans les lignes, les trois compagnies des gardes vinrent se joindre au prince de Ligne, avec ordre d'attaquer le convoi ; il ne prit avec lui que la compagnie de ses propres gardes. Le duc d'Yorck y envoya la sienne ; mais les quatre premières, conduites par le comte de Colmanar, neveu de Caracène, jeune et sans expérience, marchèrent si précipitamment et en désordre, que si les trois escadrons ennemis eussent voulu disputer le terrain, ils les auroient battus. Berkeley, capitaine des gardes du duc, qui voyoit leur mauvaise manœuvre, les suivit en bon ordre et leur fut d'une grande utilité, car les trois escadrons françois ayant été forcés, ils les poursuivirent avec la même imprudence qu'ils avoient marché à eux, et s'engagèrent avec eux pesle-mesle jusques dans les lignes dont les ennemis n'avoient pas eu le temps de fermer la barrière ; mais ils en sortirent plus vite qu'ils n'y étoient entrés, et s'enfuirent sans s'arrêter jusqu'à ce qu'ils eurent gagné la compagnie de Berkeley, qui s'étoit avancée jusqu'à la portée du mousquet des lignes. Ils se rallièrent et devinrent si prudens et si flegmatiques, que, sans se piquer de conserver le poste d'honneur qui leur appartenoit, ils laissèrent à Berkeley celui de faire l'arrière-garde, et ils revinrent dans cet ordre joindre l'armée qu'ils trouvèrent en bataille dans la plaine à la portée du canon des ennemis, où, après avoir resté quelque temps, elle se retira un peu en arrière et fut camper à Montbernenson. Les ennemis ne perdirent point un seul chariot de leur convoi ; ils eurent quelques hommes tués, blessés et prisonniers. Le marquis de Renty, homme de qualité, et Quierneux, qui commandoit le régiment de Gesvres, moururent de leurs blessures.

Après avoir manqué le convoi et considéré que les ennemis étoient trop forts pour pouvoir espérer de forcer leurs lignes, on délibéra sur ce qui étoit à faire pour les obliger à lever le siége, ou quelle place on pouvoit attaquer et prendre avant qu'ils l'eussent fini : la chose fut arrêtée dans un conseil de guerre qui fut tenu le lendemain du jour qu'on arriva à Montbernenson. On résolut d'aller assiéger Ardres, mais on en remit l'exécution jusqu'au 25, de peur que les ennemis, n'ayant point encore ouvert la tranchée, ne quittassent cette entreprise pour venir engager dom Juan à combattre malgré lui. Ce délai, dont la raison étoit foible, fut fort préjudiciable ; M. de Turenne ne perdit point de temps et fit ouvrir la tranchée la même nuit qu'on arriva à Montbernenson. L'armée en partit le 25 au matin, et arriva devant Ardres le 27 avant midi. On s'attacha d'abord à établir les quartiers pour empêcher qu'il n'entrât du secours dans la place, où on sçavoit qu'il n'y avoit pas plus de trois cens fantassins. On perdit ce jour-là et la nuit à travailler à une circonvallation, qui, au jugement de tout le monde, étoit fort inutile, au lieu que si on avoit attaqué la place cette nuit-là, on l'auroit probablement emportée.

Cette lenteur des Espagnols m'engage à une digression qui peut entrer ici fort à propos, pour s'étonner moins des fautes qu'on leur a déjà vu commettre et de celles qui suivront. Dom Juan observoit en campagne les mêmes formalités que s'il avoit été à Bruxelles : il étoit partout d'un accès également difficile ; il dormoit, comme il a déjà été remarqué, aussi bien que le marquis de Caracène, fort près de la plaine quand le convoi passoit, et leurs domestiques, qui le virent descendre la montagne aussi bien que le reste de l'armée, n'osèrent jamais les éveiller pour les en avertir ; mais ce qui doit surprendre davantage, c'est que dom Juan et le marquis, qui avoient tous deux beaucoup de bon sens, d'esprit et de bravoure, pussent s'attacher à des formalités qu'ils sçavoient bien être préjudiciables au service de leur maître et à leur propre réputation. Le marquis étoit un fort bon officier, avoit servi long-temps, passé par tous les degrés, et devoit sa fortune à son mérite, et si dom Juan n'avoit pas eu le malheur, pour ainsi dire, d'être élevé comme fils d'Espagne, il étoit doué de qualités capables d'en faire un grand homme ; mais les scrupuleuses formalités gâtoient tout. Quand l'armée marchoit, ils n'alloient à la tête que quand l'ennemi étoit en présence. Quand les troupes étoient à moitié sorties du camp, ils montoient à cheval, marchoient à la tête de leurs trois compagnies de gardes, droit aux quartiers qui leur avoient été marqués, sans se mettre en peine de l'armée, ni de reconnoître la situation du terrain, ni de sçavoir les quartiers des généraux. Ainsi dans une allarme, ou à l'approche des ennemis, ils ne connoissoient ni le campement, ni même où étoit la grand'garde, ni les gardes avancées. Dom Juan avoit coutume le plus souvant en arrivant à son quartier, quelque bonne heure qu'il fût, de se mettre au lit ; il y soupoit et ne se levoit pas jusqu'au matin. Quand l'armée ne marchoit pas, il sortoit et montoit rarement à cheval.

Mais pour revenir au siége d'Ardres, il se tint un conseil de guerre au quartier du marquis de Caracène, pour résoudre par où on attaqueroit la place. Quand les généraux furent assemblés, on les fit tous monter au haut d'une tour qui s'y trouvoit, d'où on les pria de reconnoître la place avec des lunettes d'approche ; et sans examiner la chose de plus près, on résolut que les Espagnols attaqueroient une demi-lune entre deux bastions ; que le duc d'Yorck feroit la sienne à celui de la droite, et le prince de Condé à celui de la gauche, et que, pour ne point perdre de temps, on feroit en sorte d'attacher cette nuit même le mineur au corps de la place.

Le duc d'Yorck et le prince de Condé, ne se contentant point d'avoir vu la place du haut de la tour, furent la reconnoître de plus près. Don Juan et le marquis n'allèrent point en personne reconnoître leur attaque, ils envoyèrent seulement un major de bataille pour leur en rendre compte, n'étant point la coutume des généraux espagnols de s'exposer en de semblables occasions. Toutes choses étant disposées, on commença les attaques dès le soir, après un signal qui fut donné du quartier de don Juan. Les assiégés n'ayant point de monde pour défendre leurs dehors, on avança sans peine jusqu'au pied du fossé, où on fit un logement avant de tenter d'attacher le mineur. Le régiment du duc d'Yorck fut employé à l'attaque de ce prince ; le lord Muskery, qui le commandoit, avoit un capitaine et quelques soldats des autres bataillons pour le rendre plus fort. Le duc prit soin de lui envoyer des fascines et tout ce qui lui étoit nécessaire, et étant allé ensuite visiter les travaux avec le duc de Glocester, il trouva que le lord Muskery, avoit tout mis en bon état ; qu'il avoit presque fini son logement au bord du fossé vis-à-vis la pointe du bastion, et qu'il avoit déjà logé le corps du bataillon dans le fossé du ravelin qui couvroit la pointe du bastion. Ce prince crut qu'il étoit temps d'attacher le mineur ; mais ayant apperçu au clair de la lune qu'il y avoit de l'eau dans le fond du fossé, il envoya un sergent pour le sonder, qui rapporta que cette eau n'étoit pas assez profonde pour empêcher les mineurs. Il les fit descendre dans le fossé avec un sergent et quelques soldats pour porter les madriers à la faveur desquels ils devoient se loger. Le jour commençant à paroître, ce prince et le duc de Glocester se retirèrent et retournèrent à leurs quartiers. On ne donnera point de détail des autres attaques, et on dira seulement qu'ayant eu le même succès et ayant attaché leur mineur, on ne doutoit point que la place ne se rendît en moins de vingt-quatre heures. On fut dire à don Juan et au marquis de Caracène, qui étoit en carosse derrière leurs attaques, hors de la portée du canon, que le prince de Condé et le duc d'Yorck étoient allés visiter les travaux; don Juan répondit : *No hazen ben*, ils ne font pas bien.

Le matin, un peu après le soleil levé, on eut avis de la prise de Saint-Venant et que M. de Turenne avançoit pour venir secourir Ardres. On assembla immédiatement un *Junto*, et on résolut aussitôt de lever le siège. L'embarras étoit de retirer les troupes des attaques; on n'avoit pas eu le temps de faire des travaux et des tranchées, pour la communication, ainsi ils ne pouvoient en sortir qu'à découvert. On commença par retirer les mineurs : ce qui fut exécuté à l'attaque du duc par les soins du lord Muskery, qui, avant de faire connoître aux officiers qui étoient avec lui, les ordres qu'il avoit reçus, fit dire aux mineurs de revenir le mieux qu'ils pourroient, et que pour favoriser leur retraite il feroit faire grand feu sur les assiégés. Il fit croire aux soldats qu'il les retiroit, parce qu'il avoit été averti que cet endroit étoit contreminé, et ils arrivèrent au logement, à la faveur du feu de la mousqueterie, sans aucun accident. Il déclara ensuite l'ordre qu'il avoit reçu, et leur commanda, quand il donneroit le mot, de se retirer avec toute la diligence possible jusqu'à un endroit qu'il leur marqua, hors de la portée du mousquet, où ils devoient se rallier. Le duc d'Yorck de son côté commanda trente maîtres avec un lieutenant pour s'approcher de la place autant qu'ils pourroient sans s'exposer, jusqu'à ce qu'il vît les soldats revenir de l'attaque, et alors de galopper parmi eux pour apporter les officiers ou soldats qui viendroient à tomber. Le duc les suivit pour voir exécuter ses ordres, et trouva que comme ses soldats se retiroient de l'attaque, le lieutenant et ses cavaliers se tenoient tranquillement derrière une haye à la portée du mousquet de la place; le duc galoppa au lieutenant pour lui réitérer l'ordre qu'il lui avoit donné; il obéit, et, pour réparer sa faute, marcha jusqu'au bord du fossé, et quoique les assiégés fissent grand feu, il n'y eut d'officiers que le capitaine Keith et peu de soldats blessés, dont il n'en mourut aucun : ce qui fut aussi heureux qu'extraordinaire. On perdit quelques mineurs aux autres attaques; et après qu'on se fut retiré partout avec fort peu de perte, on fit marcher des bagages vers Gravelines, et toute l'armée suivit. Cette marche fut extrêmement pénible. En arrivant sur le bord du plat pays, on fut obligé de faire halte jusqu'à ce que le canon et le bagage fussent sur la seule digue ou chaussée qui conduit de Polincove à Gravelines, que les grandes pluies avoient rendue presque impraticable. La pluie qui continuoit sans cesse, la tempête, l'obscurité de la nuit, le chemin gras et bourbeux, et les fréquentes haltes qu'il fallut faire, désolèrent les troupes et les mirent dans un si grand désordre, qu'il ne fut pas possible aux officiers d'empêcher les soldats de se débander et de chercher du couvert où ils pouvoient. Il ne se trouva pas le matin dix hommes ensemble de chaque régiment; tout ce qu'on put faire, fut de les rassembler le lendemain. Le 30, l'armée campa à Broukerke; celle de France eut sa part du mauvais temps la nuit qu'ils marchèrent dans la plaine de Saint-Omer pour venir à Ardres, lorsque celle d'Espagne en leva le siège. Le 31, on passa à Colme, et on mit les troupes en quartier à Dringam et dans les villages circonvoisins, pour les remettre un peu de tant de fatigues. Le pays étoit si coupé qu'il eût été très-difficile d'y camper en bataille; mais l'ennemi étoit si éloigné qu'il n'y avoit point de risque. Le 2 septembre on marcha vers Mont-Cassel, et les troupes ayant été cantonnées dans les villages aux environs, on y resta jusqu'au 7, qu'ayant appris que M. de Turenne étoit vers La Motte-aux-Bois, on fit marcher l'armée à Wormhout, où on eut avis, le 12, que les François avoient pris La Motte-aux-Bois, et qu'ils s'approchoient une seconde fois de l'armée. Elle repassa la Colme le jour suivant, dans la résolution de défendre le passage de cette rivière le long de laquelle on campa. Les Espagnols étoient postés depuis le fort de Link jusques vers Spicker; le poste du duc d'Yorck s'étendoit ensuite depuis l'endroit où leur quartier se terminoit jusqu'à Bergue-Saint-Vinox, et le prince de Condé ensuite jusqu'à Bergue même. On rompit tous les ponts et on fit des travaux derrière les gués, jusqu'au 17, qu'on apprit que M. de Turenne avançoit pour les prendre en flanc, ayant passé la Colme au-dessus de Linck. On détacha aussitôt la plupart des régimens d'Espagnols natifs avec quelque cavalerie pour se jetter dans Gravelines. Les trois régimens italiens de don Tito del Prato, qui les commandoit, furent envoyés au fort de Mardick, et le reste de l'armée se retira derrière le canal qui va de Bergue à Dunkerque. Le prince de Condé ayant son quartier à Bergue, don Juan à Dunkerque, et le duc d'Yorck à Oudekerke, on planta le canon tout le long du canal, où l'on trouva des batteries toutes prêtes.

Un jour ou deux après que les Espagnols eurent quitté la Colme, les François arrivèrent devant Mardick et l'assiégèrent. Ce fut en partie en exécution du traité fait avec Cromwel, par lequel ils s'engageoient de le mettre en possession de quelque place maritime de la Flandre, et Mardick étoit la seule qu'ils pouvoient attaquer dans une saison si avancée, vu le soin qu'on avoit pris de munir Gravelines et Dunkerque de toutes les choses nécessaires pour une longue et vigoureuse défense.

Les François en arrivant devant Mardick travaillèrent immédiatement à leurs lignes du côté de Dunkerque et à leurs approches du côté du fort. Les fourages ayant été consommés aux environs, ils furent obligés le lendemain matin d'en aller chercher dans les trois grandes fermes qui n'étoient qu'à demi-portée du canon des retranchemens des Espagnols, et qui avoient été préservées par le crédit que trouvèrent auprès de quelques officiers de l'armée les propriétaires de ces maisons : il y avoit même une garde extraordinaire pour empêcher qu'on y touchât. Celui qui la commandoit ne put pas ne point juger, quand il vit les François en approcher avec de la cavalerie et de l'infanterie, à quelle intention ils y venoient; mais suivant la coutume des Espagnols, il se retira sans oser mettre le feu dans les fermes, parce qu'il n'en avoit point d'ordre. Le canon des lignes ayant tiré quand l'avant-garde des ennemis approcha, le duc d'Yorck, dont le quartier n'étoit éloigné que d'un demi-mille de là, y accourut, trouva qu'ils travailloient déjà à se couvrir et à se retrancher pour se défendre si on venoit les attaquer, et rencontrant le prince de Ligne qui faisoit ce jour là la fonction de mestre-de-camp-général, il lui demanda ce qu'il avoit dessein de faire, et s'il vouloit laisser fourager les ennemis tranquillement devant ses yeux. Il répondit, comme à son ordinaire, que sans les ordres du marquis de Caracène ou de don Juan, il n'osoit rien entreprendre; et sur ce que le duc lui répliqua qu'avant qu'ils pussent arriver, les François seroient retranchés et qu'on ne pourroit plus les déloger ni brûler le fourage, il répondit que cela étoit vrai, mais qu'il n'entreprendroit rien sans des ordres positifs. Le duc lui dit qu'il alloit donc lui-même attaquer les ennemis avec ses propres troupes, le priant seulement de faire border sa ligne par son infanterie; mais il répondit encore que le pont étant dans le quartier des Espagnols, il ne pouvoit pas lui permettre d'y passer, parce que s'il y avoit quelque chose à faire, c'étoit aux Espagnols à l'exécuter; ainsi toutes les propositions ne servirent à rien. Pendant qu'on attendoit les ordres de Dunkerque, les François fouragèrent sans autre inquiétude que celle du canon qui tira toujours sur eux, dont le bruit fit venir de Bergue le prince de Condé. Le duc d'Yorck l'informa aussitôt de ce qui s'étoit passé entre lui et le prince de Ligne, il n'en fut point du tout surpris, et assura le duc que, quand il auroit servi aussi long-temps que lui avec les Espagnols, il s'accoutumeroit à leur voir commettre beaucoup de fautes considérables sans s'en étonner. Les ennemis, après avoir fouragé tant qu'il leur plut, se retirèrent et laissèrent derrière eux environ cent chevaux que le canon leur avoit tués. On ne sçait point combien d'hommes ils perdirent, mais on ne trouva aucun corps mort, soit qu'ils les eussent emportés, soit qu'ils les eussent enterrés sur la place dans quelque endroit qu'on ne put découvrir.

Deux ou trois jours après, le fort de Mardick se rendit et fut, en conséquence du traitté fait avec Cromwel, mis le lendemain entre les mains de Reynold; et peu de temps après les François, ayant réparé les brèches et comblé les travaux, se retirèrent en quartier de rafraîchissemens et de fourages dans leur pays. L'armée d'Espagne continua de camper où elle étoit, et on publia qu'on reprendroit Mardick. La maladie causée par le mauvais air fut si générale, qu'à la réserve des Espagnols naturels, peu d'officiers et de soldats furent exempts de fièvre, et plus de la moitié se trouvèrent dans un même temps incapables de rendre aucun service. Les troupes que commandoit le duc d'Yorck en furent les plus maltraitées; il fut presque le seul des officiers ou volontaires de qualité et de toute sa maison qui n'en fut point attaqué. Le duc de Glocester quitta l'armée, malade, et le prince de Condé le fut à un point que les médecins craignirent pour sa vie. Peu de temps après le roi d'Angleterre vint à Dunkerque solliciter dom Juan au sujet de quelques affaires particulières, et pour le faire souvenir de quelques promesses qu'il avoit faites à Sa Majesté par rapport à l'Angleterre.

Les Anglois qui étoient dans Mardick travaillèrent à réparer les anciennes fortifications autour du fort : ce qui leur étoit d'autant plus facile que les fossés n'avoient point été comblés, et que l'on n'avoit applani qu'une petite partie du parapet. Dom Juan, en ayant été averti, résolut d'y marcher un soir avec toute l'armée, pour raser en un jour les ouvrages qu'ils avoient élevés en un mois. C'étoit plus par ostentation et pour faire croire au peuple qu'il avoit dessein de reprendre ce fort, que dans l'espérance que cela eût aucune suite. Le jour ayant été arrêté pour cette expédition, il sortit de Dunkerque le soir à la tête de l'armée, accompagné du roi d'Angleterre : l'obscurité étoit si grande qu'il fallut marcher aux flambeaux. Les ennemis, qui les apperçurent, crurent qu'on alloit les escalader ou au moins les assiéger, et se préparèrent à se défendre, allumant des fallots autour du fort. Quand on arriva un peu plus près que la portée du canon, l'armée éteignit les siens. Sa Majesté, dom Juan et le marquis de Caracène arrêtèrent avec la cavalerie, pendant que l'infanterie avançoit; les Espagnols étant commandés par . . . . . , maréchal de bataille, marchèrent à l'endroit des dehors qui regardent Dunkerque; le comte de Marsin avec l'infanterie du prince de Condé, du côté qui regarde Gravelines, et le duc d'Yorck, à la tête de la sienne, se posta au milieu des deux. Quand on approcha du fort, les ennemis firent un feu continuel de canon et de mousqueterie, et les petites frégates qui étoient dans le fossé ne cessèrent pas aussi de tirer. L'infanterie en souffrit peu, parce qu'elle se mit d'abord à l'abri des anciens dehors; mais les balles qui passoient par dessus elle tombèrent dans la cavalerie et y tuèrent du monde et des chevaux. Sa Majesté s'étant avancée pour voir ce que faisoit l'infanterie, le marquis d'Ormond, qui l'accompagnoit, eut son cheval tué sous lui d'un coup de canon. Chaque corps en arrivant à son poste fit passer ses travailleurs avec des soldats détachés pour les soutenir; mais le fossé étant trop profond du côté du duc d'Yorck, il fut obligé de leur faire prendre le tour par l'attaque des Espagnols; cependant il le fit combler avec des fascines, et fit faire un passage pour pouvoir les soutenir, si les ennemis sortoient sur eux. Dans le moment que les travailleurs commencèrent à applanir les ouvrages, les soldats détachés firent un feu continuel contre les ennemis; ce qu'ils continuèrent jusques vers la pointe du jour que les dehors étant rasés, on se retira en bon ordre et on arriva à Dunkerque lorsqu'il commença à faire grand jour. Les ennemis furent assurément plus surpris de la retraitte que de l'approche, et ils s'attendoient si peu qu'on les quittât, que les Espagnols étoient déjà partis que la garnison tiroit encore; il n'y eut pas plus de vingt cavaliers, un capitaine du régiment de Glocester et trois ou quatre soldats de tués; il y en eut huit ou dix de blessés. Les Anglois, dans le fort, comme on l'a su depuis, n'eurent qu'un homme de tué, et ils crurent si fort qu'on les alloit assiéger, qu'ils dépêchèrent un courrier à M. de Turenne pour l'en avertir. Il assembla ses troupes qui étoient en quartiers de fourage, et se mit en marche pour les venir secourir; mais, sur l'avis qu'il eut que les Espagnols s'é-toient retirés, il retourna dans ses quartiers.

Quelques jours après on fit une tentative pour enlever les frégates angloises qui étoient dans le fossé: on avoit eu dessein d'abord de les brûler; mais la chose s'étant trouvée trop difficile, on résolut d'essayer de surprendre les deux plus grosses, *la Rose* et *le Véritable-Amour*, de six ou de huit pièces de canon chacune. On arma pour cet effet douze chalouppes, qui sortirent dans un temps fort calme. Dom Juan fit avertir le Roi et le duc d'Yorck, et ils furent le long de la mer, accompagnés de toutes les personnes de qualité et des principaux officiers, pour voir quel seroit le succès de cette entreprise: il faisoit une espèce de brouillard. Etant arrivés vis-à-vis des frégates, on entendit crier en anglois: *De quel bord est la chalouppe?* Le matelot, voyant qu'on ne lui répondit point et qu'une autre chalouppe alloit aborder la frégatte, donna l'allarme, et tira un coup de canon qui cassa la jambe d'un des rameurs; cet accident et quelques coups de mousquet qui furent tirés en même temps donnèrent l'épouvante aux chalouppes, qui se retirèrent honteusement sans vouloir rien entreprendre davantage.

Le roi d'Angleterre, ayant achevé ce qu'il avoit à faire avec dom Juan et le marquis de Caracène, alla à Bruges, et ensuite à Gand et à Bruxelles. Le duc d'Yorck resta à Dunkerque pour commander l'armée. On avoit toujours entretenu les peuples dans l'espérance qu'on reprendroit Mardick; pour obtenir plus facilement un subside considérable de la province de Flandre, et pour rendre la chose plus vraisemblable, on fit de grands magasins de fascines, de gabions et de toutes les choses nécessaires pour un siège. Néanmoins il y eut ordre d'envoyer les troupes le premier jour de l'an dans les quartiers d'hyver, et le duc, qui étoit resté à Dunkerque tout ce temps-là, retourna à Bruxelles peu de jours après que dom Juan et le marquis de Caracène y furent arrivés.

[1658] Au commencement du printemps, on ne songea plus à Bruxelles qu'aux préparatifs pour la campagne, et comme la saison avançoit, les Espagnols s'appliquèrent à munir les places les plus exposées. On étoit informé de toutes parts que les François entreprendroient cette année un siège considérable; les Espagnols eurent beaucoup d'inquiétude, car, n'ayant pas suffisamment d'infanterie pour garnir toutes leurs places, il falloit en laisser quelques-unes avec de foibles garnisons. Le Roi les sollicita instamment de renforcer celles de Dunkerque, leur faisant entendre qu'on lui mandoit d'Angleterre que la première entreprise seroit le siège de cette place; que Cromwel en sollicitoit fortement les François; que tout se préparoit pour cet effet en France et en Angleterre, et que des lettres qu'il avoit fait intercepter lui confirmoient ces avis. Sa Majesté ne se contenta point de leur donner une fois ces avertissemens, elle les réitéroit chaque semaine sur la continuation des avis qu'elle recevoit d'Angleterre; mais les Espagnols n'y ajoutèrent point de foi, croyant qu'ils étoient faux et qu'ils étoient donnés dans le dessein de leur faire dégarnir Cambray ou quelques autres places du dedans du pays. Ils étoient encore si allarmés de l'entreprise sur Cambray de l'année dernière, que toutes les raisons du Roi ne purent point prévaloir sur leurs craintes, tant leur prévention étoit grande que le cardinal avoit toujours les mêmes vues sur cette place, et que rien n'étoit capable de lui faire changer ce dessein, quelqu'engagement qu'il pût avoir avec Cromwel, à moins que la place ne fût si bien munie qu'il jugeât le succès impossible.

Cette opinion et plusieurs raisonnemens plus spécieux que convainquans, leur firent croire que Dunkerque ne couroit point de risque cette année. Ils négligèrent d'y mettre une bonne garnison et les munitions nécessaires; et répandant en même temps la plupart de leur infanterie dans Aire et Saint-Omer, sur les frontières du Haynaut, et renforçant la garnison de Cambray d'un corps considérable de cavalerie et d'infanterie, ils négligèrent tellement Dunkerque, qu'ils laissèrent même imparfaits deux forts à quatre bastions chacun, qu'ils avoient commencés sur le canal entre Bergue et cette ville-là, qui en auroient rendu le siége beaucoup plus difficile, puisque les ennemis eussent été obligés de prendre l'un de ces deux forts avant de pouvoir assiéger la place dans les formes.

On ne peut s'empêcher de faire cette remarque, que de toutes les fortifications de cette nature, ou retranchemens, que les Espagnols ont faits pour la défense des rivières, on ne leur en a jamais vu tirer aucune utilité, soit à cause qu'ils ne les achevoient point à temps, soit parce qu'ils n'avoient point assez d'hommes pour les défendre, ou que les François, par des marches imprévues, venoient les attaquer en flanc, comme il a été rapporté en l'année 1655. Il est véritablement fort difficile d'en faire aucuns dans ce pays-là dont on puisse tirer avantage; car l'armée, qui est supérieure et maîtresse de la campagne, trouvera toujours, avec un peu de patience, les moyens de forcer les passages, ou d'entrer par quelqu'autre endroit dans le pays ennemi : d'où il faut conclure qu'un général ne doit point mettre toute sa confiance sur de pareilles précautions, quoiqu'il y ait des occasions où elles peuvent être nécessaires.

Les François, suivant leur coutume, entrèrent cette année les premiers en campagne, et, en marchant à Dunkerque, ils firent prisonniers de guerre le régiment du duc de Glocester dans Cassel où il avoit été imprudemment envoyé, la place n'étant d'aucune défense, par M. de Bassecour, maréchal-de-bataille, qui commandoit toutes les troupes dans les environs. Il fit marcher en même temps le régiment d'infanterie du duc d'Yorck, fort d'environ cinq cens hommes, avec quelques autres régimens foibles et de la cavalerie, qui étoient en quartier à Hondscotte, pour se jetter dans Saint-Omer, qu'il croyoit que les ennemis vouloient assiéger; mais quand par leur marche il découvrit qu'ils en vouloient à Dunkerque, il voulut, mais trop tard, y jetter du secours : tout ce qu'il put faire fut d'y entrer lui-même avec un peu de cavalerie.

Le marquis de Leede, gouverneur de la place, s'y jetta presque en même temps avec beaucoup de peine : il avoit été à Bruxelles y solliciter des secours d'hommes et de munitions, et il y étoit encore quand on reçut les premières nouvelles que les François marchoient à Dunkerque. On ordonna alors aux troupes qui étoient à Nieuport, Furnes et Dixmuyde, pour lesquelles places ils avoient eu de la crainte sans sujet, de marcher à Dunkerque, à la réserve du régiment d'infanterie du roi d'Angleterre, d'environ quatre cens hommes, qui étoit à Dixmuyde; mais ils ne purent point y entrer, la ville étoit déjà bloquée; le marquis de Leede s'y trouva assiégé : la force consistoit dans de grands dehors qui n'étoient que de terre et qu'il étoit aisé d'approcher; la garnison n'avoit aucune proportion avec le vaste terrain qu'il falloit défendre : elle n'étoit que de mille hommes d'infanterie et huit cens chevaux; il n'y avoit que fort peu de poudre et d'autres provisions. La nouvelle certaine de ce siége ayant été apportée à Bruxelles, sur la fin de may, n'étonna pas peu les Espagnols, principalement quand ils sçurent qu'il n'y avoit aucune espérance d'y pouvoir jetter du secours par mer, parce que la flotte angloise, commandée par le général Montaigu, fermoit l'entrée du port. Le seul moyen qui restoit pour sauver cette ville, étoit d'assembler l'armée; on résolut pour cet effet, dans un conseil de guerre où assistèrent tous les officiers généraux, que le rendez-vous général seroit à Ypres; les ordres furent envoyés à toutes les troupes d'y marcher en diligence ; et le 7 de juin, l'armée et les généraux s'y trouvèrent. On vint camper le 9 à Nieuport, le lendemain entre Oudekerque et Furnes, où le maréchal d'Hocquincourt arriva : il étoit nouvellement venu de France par Hédin. Cette ville, après la mort du gouverneur, s'étoit révoltée à la persuasion du lieutenant de Roi et de son beau-frère : ils avoient appelé les Espagnols à leur secours, avec lesquels ils convinrent de leur livrer la place, moyennant une certaine somme qui leur fut payée, et les Espagnols en prirent possession. Le maréchal d'Hocquincourt avoit de longue main une correspondance secrette avec le lieutenant de Roi, par rapport au dessein qu'il avoit de se révolter et d'attirer dans son parti la plupart de la noblesse et des peuples du Vexin et de la basse Normandie ; mais ces menées furent découvertes avant qu'il pût en venir à l'exécution : tel est ordinairement le sort de semblables entreprises ; il se trouva forcé de chercher son salut dans la fuite, et il y trouva la mort. On a cru que, si cette campagne n'avoit été si désavantageuse pour les Espagnols, il y auroit eu un soulèvement en ces quartiers-là.

Pour revenir aux mouvemens de l'armée d'Espagne, il fut résolu, le 11, dans un conseil de guerre, auquel assistèrent dom Juan, le prince de Condé, le marquis de Caracène, le maréchal d'Hocquincourt, le prince de Ligne (dom Estevan de Gamare et le duc d'Yorck ne s'y étant point trouvés par accident), que, le 13, on marcheroit dans les dunes avec toute l'armée, aussi près des lignes des ennemis qu'il se pourroit ; qu'on y camperoit pour être en état de les attaquer quand on le jugeroit à propos ; que, le 12, tous les officiers généraux marcheroient avec deux mille soldats commandés pour reconnoître le terrain et marquer le campement.

Mais avant d'entrer plus loin dans ce détail, il faut rapporter ce qui se passa dans le conseil de guerre, parce que la plupart de ceux qui y assistèrent ont voulu se disculper et s'excuser d'avoir donné l'avis qui fut suivi, ou d'avoir consenti à la résolution qu'on y prit. Le duc d'Yorck sçait ce qui suit d'une personne qui étoit de ce conseil, et qui aussi bien que les autres a souhaité de désabuser le monde de l'opinion qu'on auroit pu avoir qu'il y eût consenti. Qand tous les officiers généraux furent assis, dom Juan leur exposa le sujet pourquoi il les avoit assemblés, qui étoit pour les consulter sur les moyens de secourir Dunkerque. Il leur représenta l'état de la place et la nécessité d'en faire promptement lever le siège, et s'étant étendu sur ces deux chefs, il proposa de faire marcher l'armée à Zudcote, et de camper dans les dunes le plus près des lignes des ennemis qu'il seroit possible, pour pouvoir trouver l'occasion de les attaquer à propos. Cette proposition fut suivie d'un long silence, et personne ne se levant pour s'y opposer, dom Juan dit : « Puisque je vois que vous approuvez ce que je viens de proposer, examinons présentement la manière et le temps d'y marcher. » Ensuite il fut résolu d'aller le lendemain reconnoître les lignes des ennemis et le terrain pour camper.

Les généraux furent envoyés le 12, comme il avoit été résolu, avec quatre mille chevaux et l'infanterie détachée pour reconnoître les lignes des assiégeans et choisir le terrain pour le campement de l'armée. On fit halte à Zudcote pour marquer le camp ; ensuite le duc d'Yorck, le marquis de Caracène et dom Estevan de Gamare traversèrent les dunes avec quelque cavalerie jusqu'au bord de la mer, pendant que M. de Boutteville étoit allé avec les cravattes le long du grand chemin entre les dunes et les prairies, s'avançant si près vers la garde de cavalerie des ennemis qu'il escarmoucha avec eux et les obligea de reculer, ce qui donna lieu de reconnoître leurs lignes.

Comme il revenoit pour faire son rapport aux généraux, il rencontra le maréchal d'Hocquincourt, qui le pria instamment de retourner encore une fois et qu'il vouloit charger la garde de cavalerie des ennemis. M. de Boutteville eut beau lui dire qu'il avoit observé tout ce qu'on pouvoit souhaitter ; qu'il amenoit même quelques prisonniers qu'il avoit enlevés dans les dunes : toutes ses raisons ne gagnèrent rien sur son opiniâtreté, et il insista si fortement, que Boutteville ne put point le refuser. Cet entêtement ne l'exposa pas seulement au péril, mais attira encore tous les officiers généraux à une fort grande distance de leurs troupes ; car le prince de Condé, le voyant aller aux lignes, le suivit ; dom Juan apprenant qu'il y marchoit, en fit de même, et le duc d'Yorck, quoiqu'il eût observé avec le marquis tout ce qui se pouvoit, sur ce qu'on lui dit que ces messieurs alloient vers les lignes, galloppa pour les rejoindre, et arriva dans le moment que M. d'Hocquincourt poussoit la garde avancée des ennemis et la faisoit reculer. Ce fut dans cette action que Henry Jermin, du côté des Espagnols, et le marquis de Blanquefort, neveu de M. de Turenne, à présent comte de Feversham, du côté des François, furent tous deux blessés à la cuisse. Le maréchal d'Hocquincourt s'étoit avancé jusqu'à la portée du mousquet d'une redoute, quand les ennemis parurent sur une hauteur un peu en deçà de leurs lignes; et dans le moment que le duc d'Yorck approchoit de lui, ce maréchal reçut un coup de mousquet dans le ventre, tiré de la redoute, et mourut sur-le-champ. On se retira, les ennemis avancèrent, et le prince de Condé, n'étant pas sûr qu'on pût emporter le corps, s'empressa d'ôter les papiers qui étoient dans ses poches. Un gentilhomme du maréchal pria le duc de faire volte-face pour lui donner les moyens d'enlever le corps de son maître : ce prince fit tête aux ennemis, le corps fut emporté avec beaucoup de peine, ce qu'ils auroient pu empêcher en poussant un peu vigoureusement; mais tous les officiers généraux auroient encore couru grand risque d'être faits prisonniers. Ils n'a-voient avec eux que les cravattes, qui n'étoient point capables de soutenir une charge vigou-reuse, et ils étoient éloignés du gros de leurs troupes de plus d'un mille. Le marquis de Cara-cène vint avec trois compagnies de gardes pour les secourir, mais le danger étoit passé : il blâma la témérité avec laquelle on s'étoit exposé. On retourna à l'armée, mais si étonnés du malheur arrivé au maréchal d'Hocquincourt, que, sans songer à reconnoître davantage les lignes des ennemis, et sans même parler de quelle manière on prétendoit les attaquer, on se retira par Furnes.

Le lendemain, l'armée marcha au lieu destiné pour le campement. Elle avoit sa droite vers la mer, la gauche le long du canal de Furnes; l'in-fanterie formoit une ligne au-devant de la cava-lerie, qui s'étendoit depuis les dunes les plus proches de la mer jusqu'aux fossés qui sont le long du canal. La cavalerie étoit sur deux li-gnes derrière l'infanterie, et on avoit laissé le bagage à Furnes. L'artillerie n'étoit pas encore arrivée, ni tous les outils pour remuer la terre : à peine y avoit-il de la poudre suffisamment pour l'infanterie; ainsi dépourvue de tout ce qui étoit le plus nécessaire pour un combat, on campa à une moindre distance des lignes des ennemis que deux fois la portée du canon.

L'avant-garde de l'armée arriva au camp sur les onze heures du matin. On a sçu depuis qu'il étoit nuit avant que M. de Turenne pût croire que les Espagnols eussent même le dessein d'y venir camper; mais enfin on lui amena un pri-sonnier qui lui confirma qu'ils y étoient; sur quoi, sans balancer un moment, et sans consul-ter personne, il résolut de marcher le lende-main au matin pour les combattre. Il envoya ordre à ses troupes de se tenir prêtes, et aux Anglois qui étoient vers Mardick de le venir joindre. Ils marchèrent toute la nuit ayant un grand circuit à faire, et arrivèrent à la pointe du jour au lieu qui leur avoit été marqué.

Pendant que les François se préparoient tout de bon à donner bataille, les Espagnols étoient aussi tranquilles dans leur camp que s'ils avoient été fort éloignés de l'ennemi. On ne deffendit point le soir d'aller au fourage, comme c'est la coutume jusqu'à ce qu'on sçache l'intention du général, et les officiers généraux se doutoient si peu du dessein des ennemis, ou affectoient si fort de ne les point craindre, que le duc d'Yorck, soupant ce soir là avec le marquis de Caracène, et témoignant qu'il n'approuvoit point la ma-nière du campement sans lignes et sans la moin-dre chose qui les couvrît, et qu'il croyoit que si les François ne les attaquoient point cette même nuit, ils livreroient infailliblement bataille le lendemain matin, le marquis et dom Estevan de Gamare répondirent *que c'étoient ce qu'ils demandoient;* et le duc leur répliqua *qu'il connoissoit si bien M. de Turenne, qu'il pro-mettoit qu'ils auroient satisfaction.* En effet, le lendemain matin sur les cinq heures, la garde avancée vint avertir qu'ils avoient vu de la cavalerie sortir des lignes des ennemis, et qu'ils croyoient qu'ils venoient attaquer l'armée. On la fit mettre aussitôt sous les armes, et les gé-néraux allèrent les reconnoître. Le duc d'Yorck arriva le premier à la garde avancée, et ayant poussé jusqu'aux vedettes, il vit clairement et distinctement que l'armée ennemie sortoit des lignes; leur cavalerie, avec quatre petites pièces de campagne, avançoit le long du grand chemin entre les dunes et les prairies; l'infanterie fran-çoise sortoit sur la gauche, ayant applani quel-ques endroits de leur ligne autant qu'il falloit pour faire sortir un bataillon de front; et plus sur leur gauche proche de la mer avançoient les Anglois, que ce prince reconnut par leurs ha-bits rouges. Il retourna sur ses pas pour infor-mer les généraux de toutes ces circonstances, et rencontra, avant d'arriver au camp, dom Juan qui lui demanda quel pouvoit être le dessein des François; le duc lui répondit qu'ils se pré-paroient à donner le combat. Dom Juan témoi-gna de n'en rien croire, et dit qu'ils vouloient seulement enlever la garde avancée. Le duc l'as-sura que ce n'étoit point la coutume des Fran-çois de marcher avec un si grand corps d'infan-terie, composé des gardes françoises et suisses, des régimens de Picardie et de Turenne, qu'il connoissoit par leurs drapeaux aussi bien que les Anglois par leurs habits rouges, et avec un si gros corps de cavalerie et de l'artillerie à la tête, pour forcer simplement une grande garde.

Le prince de Condé, arrivant dans le même instant, rapporta à dom Juan les mêmes circonstances que le duc d'Yorck, et voyant le duc de Glocester, il lui demanda s'il s'étoit jamais trouvé à une bataille; il répondit que non, et le prince lui dit : « Dans une demi-heure vous verrez comment nous en perdrons une. » On ne pouvoit plus douter du dessein des ennemis : tous les officiers généraux se rendirent chacun à leur poste pour les combattre, où on étoit avec l'avantage du terrain, qu'on eût perdu en avançant plus loin vers eux.

L'infanterie, au nombre d'environ six mille hommes, divisée en quinze bataillons, étoit toute sur une ligne, à la réserve de deux régimens. Elle s'étendoit depuis une haute dune proche de la mer tout au travers des autres dunes jusqu'aux prairies qui sont contre le canal de Furnes. Les Espagnols naturels avoient la droite de tout ; le régiment de dom Gaspard Boniface étoit posté sur la plus haute dune proche de la mer; celui de dom Francisco de Ménesès, qui étoit derrière, faisoit face à la mer, pour empêcher que les ennemis n'attaquassent en flanc : sur la gauche de Boniface étoit le régiment de dom Diégo de Gomez, que commandoit alors dom Antonio de Cordoue; sur sa gauche suivoient les régimens de Seralvo ; ceux du roi d'Angleterre et du lord Bristol, qui ne composoient qu'un bataillon ; ensuite celui du duc d'Yorck commandé par Muskery. Il y avoit derrière ces deux bataillons les régimens de Richard Grace, et du lord Willoughby, qui ne faisoient qu'un bataillon qui servoit de réserve ; sur la gauche du régiment d'Yorck étoient trois régimens wallons, un bataillon allemand composé de quatre régimens, et ensuite, sur la dernière dune tirant vers le canal de Furnes, suivoit le régiment de Guilau, allemand, le premier de l'infanterie du prince de Condé ; et les autres, qui composoient trois bataillons, étoient rangés entre les dunes et le canal, dans les prairies du côté du grand chemin. Toute l'infanterie qui étoit postée sur les dunes avoit un grand avantage, en ce que les ennemis ne pouvoient venir à eux qu'en montant ces hauteurs de sable avec beaucoup de fatigue; de huit mille hommes de cavalerie qu'il devoit y avoir, il y en avoit plus de la moitié au fourage qui ne retourna qu'après la défaite. La cavalerie espagnole étoit sur deux lignes derrière l'infanterie entre les dunes; celle du prince de Condé étoit derrière son infanterie entre les dunes et les prairies : comme il y avoit plusieurs endroits où on ne pouvoit mettre que trois ou quatre escadrons de front, on ne peut dire précisément sur combien de lignes elle étoit rangée, et ce fut dans cette situation qu'on attendit les ennemis.

Leur infanterie étoit sur deux lignes de sept bataillons chacune: la première, commandée par M. de Gadagne, lieutenant-général, étoit composée d'un bataillon des gardes françoises qui avoit la droite, et marchoit le long des dunes du côté du grand chemin; ensuite un bataillon des gardes suisses qui marchoit sur les dunes ; le régiment de Picardie et celui de Turenne, qui étoit le dernier des troupes françoises de cette ligne qui étoit terminée par trois régimens anglois, dont le dernier s'étendoit jusqu'aux dunes les plus proches de la mer; et devant chaque bataillon de cette première ligne marchoient les enfans perdus.

Il y avoit cinq ou six escadrons entre les deux lignes de cette infanterie, et leur aile droite, composée d'autant d'escadrons que le terrain en pouvoit contenir, marchoit le long du grand chemin où les dunes finissoient, commandée par le marquis de Créquy, lieutenant-général ; et en beaucoup d'endroits, il n'y avoit que trois ou quatre escadrons de front : quatre pièces de canon, comme il a déjà été dit, étoient à la tête de la cavalerie de la droite. L'aile gauche de leur cavalerie, commandée par M. de Castelnau, marchoit le long de la mer avec deux pièces de campagne; et plusieurs frégates légères de la flotte angloise, s'approchant de la côte autant que la marée le pouvoit permettre, tiroient sans cesse le canon sur les troupes espagnoles qu'ils pouvoient découvrir dans les dunes.

Les Anglois que commandoit Morgen, maréchal-de-camp, attaquèrent les premiers, le général Lockart étant avec M. de Castelnau à la tête de l'aile gauche. Un peu avant qu'ils chargèrent, dom Juan envoya prier le duc d'Yorck d'aller à la droite et de prendre un soin particulier de l'endroit où il voyoit avancer les Anglois : il y marcha, et ne prit des troupes du milieu de la ligne où il étoit, que sa compagnie de gardes, et cent hommes détachés du régiment qui se trouvoit le plus près, avec deux capitaines et des subalternes pour en renforcer les Espagnols naturels. Il les posta auprès de Boniface, où il jugeoit que seroit le principal effort, et qu'il étoit le plus de conséquence de soutenir, parce que c'étoit la plus haute dune, et qu'elle avançoit un peu plus que les autres voisines, outre qu'elle les commandoit. Ce fut tout ce que ce prince put faire avant que les Anglois attaquassent ; ils avancèrent avec beaucoup de fierté et de courage ; mais avec tant de chaleur, qu'ayant devancé les François, ils auroient payé chèrement cette bravoure téméraire, si on avoit profité de leur imprudence ; mais ceux qui pouvoient tirer avantage de cette faute, soit qu'ils ne la remarquassent point, soit qu'ils eussent quelque raison qu'on ne sçait point, n'envoyèrent point de cavalerie pour les prendre en flanc, et laissèrent échapper cette occasion. Ce fut le régiment de Lockart qui chargea les Espagnols de Boniface. Fenwick, qui en étoit lieutenant-colonel, étant arrivé au pied de la dune, la trouvant fort escarpée, fit halte pour donner lieu à ses troupes, en prenant haleine, de monter ensuite avec plus de vigueur. Pendant qu'ils se préparoient ainsi, leurs enfans perdus, s'ouvrant sur la droite et sur la gauche pour donner lieu au gros de monter sur la hauteur, firent un feu continuel sur Boniface, et aussitôt que le régiment s'ébranla pour attaquer, ils commencèrent par un grand cri. Le lieutenant-colonel tomba d'abord d'un coup de mousquet qu'il reçut au travers du corps, ce qui n'empêcha point le major, nommé Hinton, de conduire le bataillon, qui n'arrêta point jusqu'à ce qu'il fût à la longueur de la pique ; et malgré la résistance vigoureuse des Espagnols, qui avoient l'avantage de la hauteur, et qui étoient frais, au lieu que les Anglois étoient fatigués et presque hors d'haleine d'avoir grimpé les sables; Boniface fut chassé au bas, laissant sur la place sept capitaines, de onze qu'il avoit ; et Klaughter et Farel, les deux capitaines du détachement que le duc d'Yorck avoit joint à ce régiment, et plusieurs officiers réformés dont la plupart étoient piquiers. Les Anglois, outre leur lieutenant-colonel, perdirent beaucoup d'officiers et de soldats. Après s'être reposés peu de temps, ils descendirent de la dune : ce que le duc d'Yorck ayant observé, il fut les charger avec ses gardes et ceux de dom Juan ; et étant arrivé à la longueur de la pique, il trouva que le terrain ne permettoit pas de les enfoncer qu'avec une peine extrême. Il ne laissa pas de tenter la fortune, mais ce fut sans succès ; il fut repoussé : tous ceux qui se trouvèrent à la tête de sa compagnie furent ou tués ou blessés ; et sans la bonté de ses armes, qui le sauvèrent, il y seroit demeuré. Les officiers de sa compagnie furent plus heureux que ceux de celle de dom Juan : il n'y eut que Berkley, qui étoit capitaine de la première, qui fut blessé. Le comte de Colmenero, qui étoit capitaine de la dernière, fut le seul qui se tira d'affaire sans accident ; tous les autres officiers furent ou tués ou blessés, et les gardes si maltraités, que le duc ne put jamais les rallier. Il en rassembla quarante des siens, qui étoient encore en état de combattre, avec lesquels il marcha au régiment de Boniface, où dom Juan, et ensuite le marquis de Caracène, avoient tâché de rallier les fuyards ; mais n'ayant pu en venir à bout, ils s'étoient retirés. Quand le duc arriva à ce régiment, ses premiers efforts ne purent point l'arrêter. Il apperçut un nommé Elvige, lieutenant du régiment du roi d'Angleterre, qui étoit du détachement des Anglois dont Boniface avoit été renforcé : il lui demanda ce qu'étoit devenu son capitaine ; il lui répondit qu'il étoit le seul officier qui restât sans être blessé. Ce prince lui ordonna de rester avec lui et d'assembler ses soldats. Il leur cria tout haut que le duc étoit là : tous ceux qui purent l'entendre le vinrent joindre. Le duc vit en même temps le major du régiment espagnol, il l'appela et lui dit que ses soldats devoient suivre l'exemple de ce peu d'Anglois qu'il voyoit, et que c'étoit vilain aux Espagnols de fuir pendant que les autres tenoient bon. Ce reproche les arrêta, et ils se mirent aussitôt en bon ordre. Le marquis de Caracène, arrivant dans cet entre-temps, demanda au duc d'Yorck pourquoi il ne chargeoit point l'ennemi avec sa cavalerie ; il répondit qu'il l'avoit déjà fait, mais qu'il avoit été battu. Il ajouta que, dans la situation où étoit l'ennemi, il étoit impossible de l'attaquer, et lui montra en même temps, de derrière la dune voisine, que ce qu'il lui disoit étoit juste.

Le marquis s'étant retiré aussitôt, le régiment de Lockart avança, non pas directement, mais en tournant sur la gauche, et on le perdit de vue, à cause de l'inégalité du terrain et de l'interposition d'une dune ; mais le duc avoit à peine rassemblé le régiment de Boniface et le peu de cavalerie qui lui restoit, que le bataillon anglois se trouva sur une même ligne avec les Espagnols sur leur droite, et il n'y avoit qu'une dune entre deux. Le duc fit face vers la mer, et marchant à la tête de son infanterie, il vit, en arrivant sur le haut d'une dune, que les Anglois la montoient de l'autre côté. Ce prince ordonna aussitôt au major de Boniface de les charger de front, pendant qu'avec ses quarante gardes il alloit les attaquer en flanc : ce qu'il fit si brusquement qu'il entra dans le bataillon, y fit beaucoup d'exécution, et le poussa jusqu'au bord de la dernière dune le long de la mer. Le bataillon de Boniface voyant les Anglois rompus, au lieu de les charger, ayant découvert du haut de la dune que toute l'armée étoit en déroute, chacun s'enfuit comme il put, mais il ne s'en sauva que fort peu.

C'est une chose remarquable que, quand le bataillon Anglois fut rompu, pas un homme ne demanda quartier et ne jetta ses armes ; chacun se défendit jusqu'au bout, et on n'étoit pas moins en danger des coups de crosses de mousquet que du feu qu'on en avoit essuyé. Un soldat auroit infailliblement assommé le duc d'Yorck d'un coup qu'il lui portoit, s'il ne l'avoit rompu en lui déchargeant un coup d'épée sur le visage, qui le renversa par terre. L'épée du duc de Glocester, son frère, qui l'avoit suivi et secondé toute la journée avec une bravoure digne de ses ancêtres, lui ayant tombé des mains, par un accident dont on ne se souvient point, un gentilhomme nommé Villeneuve, écuyer du prince de Ligne, qui étoit auprès de lui, l'ayant vu tomber, descendit de cheval, la ramassa et la donna au duc, qui, le pistolet à la main, le défendit jusqu'à ce qu'il fût remonté ; mais immédiatement après, ce pauvre gentilhomme reçut un coup de mousquet au travers du corps ; on le tira de la mêlée, et il eut le bonheur de guérir de cette blessure.

Un escadron françois étant entré dans les dunes pendant que le duc d'Yorck chargeoit les Anglois, il se trouva obligé de se retirer promptement : ils alloient le prendre en flanc, et lui auroit coupé infailliblement la retraite si dans le même temps le prince de Ligne ne les avoit chargés. Il ne les défit point, mais les ayant arrêtés, cela facilita la retraite du duc, et ensuite le prince de Ligne se retira lui-même.

Le régiment de Boniface ne fut pas le seul malheureux : tous les autres régimens d'Espagnols naturels se trouvèrent enveloppés par la cavalerie. Les Anglois ne les chargèrent point comme ils auroient dû, en marchant directement à eux. Deux de ces régimens anglois, voyant la résistance que faisoit Boniface, se contentèrent de marcher sur le flanc et de tirer sur les autres Espagnols naturels en passant, et en marchant sur la hauteur de la même dune après le régiment de Lockart.

Pendant que les choses se passoient ainsi le long de la mer, l'aile gauche ne fut pas moins maltraittée. Les quatre pièces de campagne que les ennemis avoient fait avancer le long du grand chemin, firent une terrible exécution et sur la cavalerie et sur l'infanterie. Les gardes-françoises et le régiment de la couronne, qui étoit commandé par M. de Montgommeri, furent tirés de la seconde ligne par M. de Turenne, placés à la droite des gardes dans la prairie, et attaquèrent trois petits bataillons des Espagnols entre les dunes et le canal, qui, après une foible résistance, s'enfuirent. La cavalerie françoise, pour profiter de ce désordre, avança devant l'infanterie, faisant un front aussi large que le terrain pouvoit le permettre, et étoit conduite par le marquis de Créqui, lieutenant-général ; mais celle du prince de Condé la vint charger si vigoureusement, qu'elle fut forcée de se retirer derrière l'infanterie, qui, avançant en bon ordre, empêcha de pousser plus loin cet avantage. Les ennemis furent ainsi repoussés jusqu'à la troisième fois ; mais il fallut enfin céder, parce que la cavalerie françoise étoit soutenue de son infanterie, et celle du prince de Condé avoit abandonné la sienne. Ce prince se retira après avoir fait tout ce qui se pouvoit, et en général et en soldat, jusques-là que dans la troisième attaque il fut en grand danger d'être pris.

A l'égard de ce qui se passa sur la droite du prince de Condé, dans les dunes, entre lui et les Espagnols naturels, le régiment de Guiscard ne fit point ferme pour soutenir l'attaque des Suisses : il tira pendant que les ennemis étoient encore à une fort grande distance. Une partie prit la fuite, et les quatre bataillons qui étoient proche firent la même chose sans attendre les ennemis. Cette infâme poltronnerie, et la défaite de Boniface, jetta l'épouvante dans la cavalerie qui étoit derrière ; la plus grande partie prit la fuite sans avoir vu l'ennemi ; les officiers firent inutilement des efforts pour les arrêter : mais le peu qui tint ferme se battit avec beaucoup de valeur, comme on le verra dans son lieu.

Le régiment qui suivoit les trois dont on a parlé, étoit celui du duc d'Yorck : il tint ferme un peu plus long-temps que ses voisins sur la gauche ; mais une voix s'étant élevée derrière, que l'infanterie eût à se sauver, ce bataillon se rompit, les soldats abandonnèrent leurs officiers et prirent la fuite. Le colonel Grace, voyant ce désordre, crut devoir songer à sauver son régiment, fit volte-face, se retira en trois divisions, et tenant ainsi tout son monde en bon ordre, il eut le bonheur de gagner le canal de Furnes, le long duquel il fit sa retraite sans perdre un seul homme ; mais le régiment d'Yorck eut un sort bien différend : quoique M. de Saint-Roch, avec son régiment de cavalerie, eût chargé et battu les gendarmes du cardinal, tuant de sa propre main Du Bourg, qui les commandoit, ceux qui devoient le soutenir l'ayant abandonné, et voyant d'autres escadrons qui venoient le charger, il fut forcé de se retirer comme il put. La cavalerie qui le poursuivoit joignit bientôt après le régiment d'Yorck, dont il ne se sauva pas un homme, hors mylord Muskery, qui le commandoit. A peu près dans ce même temps-là, le vieux colonel Michel, mestre-de-camp allemand, chargea avec son escadron le bataillon de Turenne, mais il ne put jamais l'enfoncer, et il soutint ses efforts avec tant d'ordre et de fermeté, que Michel fut tué avec la plupart de ses officiers, et son régiment repoussé, sans autre perte du côté de celui de Turenne, que du lieutenant-colonel Betbesé, qui fut tué à la tête de ses piquiers d'un coup de pistolet. Hors ces deux régimens, on ne se souvient point qu'il y en ait eu d'autre de la cavalerie espagnole qui ait fait son devoir en cette bataille.

Pour revenir au duc d'Yorck, il songea à la retraite quand il se vit entouré de tous côtés par la cavalerie françoise, sans aucunes troupes pour les combattre, et ne sçachant point ce qui pouvoit s'être passé sur la gauche, où étoit le prince de Condé, il résolut d'y aller : il n'avoit pas avec lui plus de vingt chevaux, le reste de ses gardes s'étant retiré avec le lieutenant, après qu'on eut quitté les Anglois. Ce petit nombre contribua plus qu'aucune autre chose à le faire échapper ; il en avoit suffisamment pour ne pas craindre les coureurs ennemis et leurs gens écartés, et n'en avoit pas assez pour donner envie de le venir observer : plusieurs crurent tellement qu'il étoit des leurs, que comme il marchoit, il rencontra quatre ou cinq cavaliers qui attaquèrent un de ses officiers nommé Victor, qui étoit lieutenant ; il crut que c'étoit de la cavalerie du prince de Condé, et leur cria en françois : *Laissez-le aller, c'est un de nos Anglois*; sur quoi ils le relâchèrent, lui rendirent son épée qu'ils lui avoient prise, et se retirèrent dans la croyance que le duc étoit un de leurs officiers. Ils étoient de l'armée de France : on étoit dans l'erreur de part et d'autre, et le duc ne reconnut la sienne que quand Victor lui dit ensuite que c'étoient des ennemis. Ce prince continua son chemin, et fit si bien qu'il passa au trot au travers de l'armée de France, jusqu'à ce qu'il joignit le colonel Grace et son régiment avant qu'il eût traversé les dunes ; et passant auprès des régimens de Turenne et de Picardie, il trouva, en arrivant au grand chemin, le long des dunes, toutes les troupes du prince de Condé en déroute.

Le duc d'Yorck ne se tira d'affaire qu'avec beaucoup de difficultés, car la foule des fuyards étant fort grande dans le village de Zudcote, au travers duquel passoit le grand chemin, il ne vit point d'autre moyen de se dégager qu'en prenant un autre chemin autour du village. M. de Morieul, un colonel des troupes de M. le prince, que le duc rencontra en quittant les dunes, n'ayant pas voulu suivre son exemple, fut pris un instant après. Ce prince regagna le grand chemin de l'autre côté du village, où il trouva dom Juan, le prince de Condé et le marquis de Caracène ; on fut obligé de faire volteface, pour donner le temps à dom Juan de monter un autre cheval, le sien étant devenu boiteux par accident ; après quoi on picqua des deux, et on n'arrêta plus que quand les ennemis cessèrent de poursuivre.

Tous les officiers-généraux, excepté dom Estevan de Gamare, agirent avec beaucoup de bravoure pendant cette bataille. Dom Juan resta si long-temps, qu'il courut risque d'être pris, et le marquis n'échappa qu'avec beaucoup de peine : un cavalier ennemi saisit la bride de son cheval avant qu'il fût hors des dunes ; mais lui ayant déchargé un coup de canne dans les yeux, il l'étourdit de manière qu'il lâcha les rênes et donna le loisir au marquis de se sauver. On a déjà parlé de la vigueur avec laquelle le prince de Ligne avoit chargé les ennemis ; mais on ne se souvient pas comment il se sauva ; et quant à dom Estevan de Gamare, qui commandoit en qualité de mestre-de-camp-général, il ne cessa point de courir à toutes jambes jusqu'à ce qu'il arriva à Nieuport.

On n'a point encore rien dit du bataillon qui étoit composé du régiment du roi d'Angleterre et de celui du comte de Bristol, et ce seroit faire injustice au premier des deux de passer ce qui suit sous silence. Ils étoient postés, comme il a été dit, à la gauche des Espagnols naturels : quand tout fut en déroute sur leur droite et sur leur gauche, la partie du bataillon qui composoit le régiment du Roi, tous Anglois, demeura ferme, quoique tous les soldats du régiment de Bristol, qui étoient irlandois, se fussent enfuis aussi bien que leurs officiers, qui prirent le même parti quand ils virent qu'ils ne pouvoient point les arrêter, à la réserve de Stroud, anglois, qui étoit capitaine-lieutenant, qui se vint mettre avec ses compatriotes, dont le lieutenant-colonel et le major les avoient aussi bien abandonnés que les Irlandois, le premier, sous prétexte d'aller chercher des ordres, et l'autre pour quelque cause qui ne valoit pas mieux. Il arriva au lieutenant-colonel ce qu'il méritoit ; car ayant été rencontré par des cavaliers françois écartés, ils le blessèrent d'un coup de mousqueton sous l'œil : la balle lui ressortoit par le col, et n'en échappa qu'à grande peine ; il fut démonté, et ayant été rencontré par hazard par un des gardes du duc d'Yorck, irlandois, et le seul qui s'étoit mal comporté dans cette occasion, il le tira d'embarras. Tous ces accidens n'étonnèrent point le régiment du roi d'Angleterre ; ils restèrent dans leur terrain, quoiqu'ils vissent passer sur leur gauche toute la première ligne de l'armée de France, et sur leur droite, les Anglois de Cromwel. M. de Rambure, qui commandoit la seconde ligne, avançant avec elle à la tête de son régiment, alloit attaquer le régiment du roi d'Angleterre; mais le voyant seul, il avança un peu devant ses troupes pour lui offrir quartier; les officiers répondirent qu'ils avoient été postés dans cet endroit par le duc, et qu'ils étoient résolus de s'y maintenir aussi long-temps qu'ils pourroient; il leur répliqua que leur résistance seroit vaine, puisque toute leur armée étoit en déroute; ils répondirent derechef qu'ils ne devoient point là-dessus en croire leurs ennemis; sur quoi il leur offrit, s'ils vouloient envoyer un ou deux officiers, qu'il les mèneroit sur une dune, d'où ils verroient eux-mêmes que ce qu'il leur disoit étoit vrai. Le capitaine Thomas Cook et Aston furent détachés: il les mena sur la hauteur, d'où ils virent qu'ils étoient les seuls qui restoient de toute l'armée. Ils furent en faire leur rapport au régiment; sur quoi ils offrirent de mettre les armes bas, à condition qu'ils ne seroient point mis entre les mains des Anglois, et qu'ils ne seroient ni dépouillés ni souillés, ce qui leur fut accordé; et M. de Rambure leur en ayant donné sa parole, qui fut exactement tenue, ils se rendirent et se trouvèrent bien plus heureux que l'autre régiment qui les avoit abandonnés, dont la plupart furent tués et le reste pris et dépouillé.

Il n'y eut pas plus de quatre cens hommes tués dans cette bataille du côté des Espagnols, dont les principaux furent le comte de La Motterie, le colonel Michel, la plupart des capitaines de Boniface, un de Saralvo, un autre de Gomez, dom Francisco Romero, avec deux ou trois de ses officiers; des troupes du roi d'Angleterre, trois capitaines, quelques lieutenans et enseignes, et des brigadiers de la compagnie des gardes du duc d'Yorck. Le prince de Condé ne perdit personne de qualité que le comte de Meille, lieutenant-général, et peu de capitaines. Des Espagnols, furent pris le marquis de Saralvo, Risbourg, Conflans, Belleveder, le prince de Robec, dom Antonio de Cordoue, dom Juan de Tolède, don Joseph Manriquez, don Louis de Zuniga, le baron de Limbec, Darchem et Baynes, tous mestres-de-camp de cavalerie ou colonels d'infanterie, M. de Montmorency, capitaine des gardes du prince de Ligne: la plupart ne furent pris que parce qu'ils furent abandonnés par leurs troupes, et qu'ils ne voulurent point s'enfuir avec elles. Il n'échappa que peu de capitaines et officiers subalternes des régimens espagnols naturels, qui se comportèrent

en braves gens; mais de leur cavalerie, ils ne perdirent point d'officiers à proportion. Du régiment du duc d'Yorck, mylord Muskery fut le seul officier qui échappa, et des soldats il n'en revint qu'une vingtaine; le régiment du Roi fut entièrement pris; il n'en revint que très-peu de celui du comte de Bristol, mais il ne perdit que cinq ou six de ses gardes.

Quant aux principaux officiers du prince de Condé, MM. de Coligny et de Boutteville, lieutenans-généraux, furent faits prisonniers avec Meille, qui mourut de ses blessures, et M. Desroches, capitaines. Il ne perdit que fort peu de son infanterie, qui ne fit rien qui vaille: elle étoit le long du canal, ce qui lui facilita les moyens de se sauver. Sa cavalerie souffrit peu, quoiqu'elle combattît avec beaucoup de valeur, et il ne perdit pas un seul colonel. On ne sçait pas combien les ennemis perdirent de monde, le nombre en fut peu considérable: ils n'eurent d'officiers tués que Betbesé, lieutenant-colonel du régiment de Turenne, cavalerie, Dubourg, dont on a déjà parlé, et M. de La Berge, major-général de l'infanterie. Des Anglois de Cromwel, Fenwick et Lockart, lieutenans-colonels, et deux capitaines, furent tués, et quelques lieutenans et enseignes blessés. La reconnoissance oblige de ne pas oublier ici que M. de Gadagne, lieutenant-général de l'armée de France, qui commandoit l'infanterie, ayant ouï dire après la deffaite, que le duc d'Yorck avoit été pris par les Anglois, il prit deux ou trois escadrons qui étoient commandés par ses intimes amis, et traversa les dunes pour aller à eux, dans la résolution de le retirer de leurs mains ou de gré ou de force, s'il y avoit été; mais il eut bien de la joye de trouver que c'étoit un faux bruit. Les Espagnols avoient heureusement laissé le canon et les bagages à Furnes, où, en arrivant après la deffaite, on crut la perte bien plus considérable qu'elle n'étoit; mais la plupart des officiers d'infanterie et des soldats se sauvèrent des mains des ennemis. Dom Antonio de Cordoue et plusieurs officiers de remarque furent de ce nombre, ceux qui les avoient pris les ayant relâchez pour un peu d'argent.

M. de Turenne, après sa victoire, rentra dans ses lignes, continua le siége, et la place ne tarda pas à se rendre. Elle auroit duré davantage si le marquis de Lede n'avoit été blessé et ne fût mort peu de jours après. On apprit à Furnes le 26, que Dunkerque avoit capitulé, et l'armée marcha le même jour à Nieuport: en y arrivant, tous les régimens se trouvèrent aussi complets qu'avant la bataille, hors celui du roi d'Angleterre et les Espagnols naturels. On tint aussitôt conseil pour résoudre ce qu'il y avoit à faire : dom Juan proposa de poster l'armée le long du canal entre Nieuport et Dixmude, et de tâcher d'en deffendre le passage. Ceux qui parlèrent après lui furent du même avis, et les autres ne s'y opposèrent point directement ; mais quand ce fut au duc d'Yorck à parler, il opina contre et donna ses raisons, représentant qu'on n'avoit point un corps d'infanterie suffisant pour deffendre le poste contre une armée victorieuse ; que les troupes étoient intimidées par une deffaite toute récente ; qu'il falloit considérer à quelles extrémités on seroit réduit si on étoit forcé ; qu'il seroit presque impossible d'assurer et de conserver les grandes villes ; que les ennemis seroient en état de choisir celles qu'il leur plairoit de prendre, et que beaucoup d'autres inconvéniens résulteroient d'une entreprise si hasardeuse. Il proposa ensuite de diviser l'armée, d'en mettre les troupes dans les grandes villes du voisinage qui étoient les plus exposées ; qu'ainsi celle qui seroit attaquée pourroit faire une vigoureuse résistance, et se deffendre au moins si long-temps que, quand elle viendroit à être prise, il seroit trop tard pour les ennemis d'entreprendre un autre siége, et que pendant qu'ils seroient occupez à en faire un, on auroit le loisir de rassembler les troupes, de profiter des occasions qui pourroient se présenter. On délibéra sur cette proposition, et il fut résolu de diviser l'armée : le duc d'Yorck et le marquis de Caracène furent laissez dans Nieuport qu'on croyoit que les ennemis assiégeroient, avec deux mille hommes d'infanterie et autant de cavalerie. Le prince de Condé fut à Ostende avec un corps de troupes suffisant pour deffendre cette forte place. Dom Juan se jetta dans Bruges avec de l'infanterie et un corps considérable de cavalerie, et le prince de Ligne avec le reste des troupes entra dans Ypres. Le duc d'Yorck sortant du conseil de guerre, le prince de Condé lui demanda pourquoi il se hazardoit à contredire dom Juan comme il venoit de faire ; il lui répondit que c'étoit parce qu'il n'avoit pas envie d'être obligé une seconde fois de s'enfuir comme à la bataille des dunes.

Les troupes s'étant séparées suivant la répartition ci-dessus, M. de Turenne vint peu de jours après à Dixmude dans le dessein de passer le canal qui va de Nieuport à Ostende pour en couper la communication. Tout étoit prêt pour faire le siège de cette première place, lorsque M. de Turenne reçut ordre du cardinal d'attendre jusqu'à nouvel ordre, le Roi étant dangereusement malade à Calais : cet accident sauva Nieuport ; il n'y avoit pas dans la place pour quinze jours de munitions quand M. de Créqui arriva dans le voisinage, tant la négligence des Espagnols avoit été si extraordinaire ; mais deux jours après il en arriva d'Ostende. Pour se mettre en état de soutenir plus long-temps le siége, on travailla à faire une nouvelle contrescarpe, cinq demi-lunes et une langue de serpent au delà du canal qui embrassoit les anciens dehors : ce qui fut achevé en huit jours. Ensuite on lâcha les écluses pour inonder le pays ; mais cela ne fit pas l'effet qu'on avoit espéré, parce que le terrain autour de la place étoit plus haut qu'on ne croyoit ; cependant on en tira encore quelque utilité. L'armée de France resta à Dixmude, et M. de Créquy à la portée du canon de Nieuport pendant tout le temps que le roi de France fut en danger. Les généraux de l'armée d'Espagne s'assemblèrent dans cet entretemps à Plaskendal, village sur le canal entre Bruges et Nieuport, et résolurent qu'aussitôt que l'armée ennemie quitteroit Dixmude, dom Juan, le prince de Condé et le marquis de Caracène assembleroient à Bruges autant de troupes qu'on en pourroit tirer des places où l'armée avoit été distribuée, pour observer les mouvemens de M. de Turenne ; que le duc d'Yorck resteroit à Nieuport avec un corps de cavalerie pour couvrir, autant qu'il seroit possible, cette place, Ostende et Bruges. Ce prince, en revenant à Nieuport avec le marquis de Caracène, eut une chaude allarme qui les fit gallopper tous deux, près de trois milles, de peur d'être coupés avant de pouvoir gagner la ville ; ce fut M. de Varennes, lieutenant-général de l'armée de France, qui la lui donna en faisant passer quelques cavaliers de l'autre côté du canal pour le reconnoître.

Peu de jours après, l'armée de France quitta Dixmude, mais M. de Créquy ne bougea point de son camp. Le marquis de Caracène, en conséquence de la résolution qui avoit été prise, alla joindre dom Juan et le prince de Condé, avec quelques escadrons et l'infanterie espagnole qui s'étoit échappée ou rachetée des mains des François. Peu de temps après, M. de Créquy se retira du voisinage de Nieuport pour aller joindre M. de Turenne ; mais sans un accident il ne seroit pas retourné à son aise. Le duc d'Yorck ayant été averti, sur le midi, qu'il plioit bagage, il fut lui-même pour le reconnoître, et ordonna en même temps qu'on fit un détachement de six cens fantassins pour le venir joindre incessamment dans la contrescarpe avec toute la cavalerie, ayant dessein de tomber sur l'arrière-garde de M. de Créquy. Ce prince découvrit qu'il décampoit effectivement, que les bagages étoient déjà partis, et les troupes en mouvement ; il envoya chercher l'infanterie qu'il avoit fait commander, sa compagnie des gardes et deux ou trois escadrons : la cavalerie arriva, mais l'infanterie fut si lente, qu'avant qu'elle fût venue, les ennemis étoient si éloignés de la ville, qu'il auroit été dangereux de les attaquer. Ainsi il ne se passa qu'une légère escarmouche entre quelques soldats écartés et quelques volontaires à cheval, qui, sans avoir reçu aucun ordre, chargèrent un petit parti de cavalerie qui couvroit l'arrière-garde sur la digue. Un des pages du duc, qui s'appelloit Littleton, s'engagea si chaudement qu'il fut fait prisonnier.

Le retardement de l'infanterie empêcha l'exécution du dessein de ce prince. Un petit navire chargé de vin et d'eau-de-vie étant échoué le matin sur la côte, tous les soldats y allèrent à la marée basse, et s'étant enivrés il ne fut pas possible aux officiers de les assembler pour le temps qui avoit été ordonné.

Le duc d'Yorck ne s'étant pas trouvé à ce qui se passa le reste de cette campagne, on n'en fera point de détail; on se contentera de dire en peu de mots que le corps d'armée que commandoit le prince de Ligne auprès d'Ypres fut surpris et deffait par M. de Turenne, qui tailla en pièces toute son infanterie, et le poursuivit jusques dans Ypres, qu'il assiégea et prit en peu de jours; il marcha ensuite à Oudenarde dont il se rendit maître : la place n'étoit pas forte, mais elle étoit de conséquence. Il y laissa une forte garnison de même qu'à Deynse et dans la plupart des places sur la Lys ; ainsi cet échec du prince de Ligne causa plus de dommage aux Espagnols que la perte de la bataille des dunes ; car, excepté la prise de Gravelines, les François auroient fait peu de progrès pendant le reste de cette campagne, après l'inaction dans laquelle ils étoient demeurés pendant la maladie du Roi à Calais ; mais cette seconde victoire les mit en état de prendre plusieurs places, comme le duc d'Yorck en fut informé depuis par une personne qui pouvoit le sçavoir.

Peu de temps après que le marquis de Créquy eut décampé des environs de Nieuport, le duc d'Yorck marcha avec ses troupes aux fauxbourgs de Bruges, réglant ses mouvemens sur ceux des ennemis, et se tenant toujours de l'autre côté du canal pour ne pas s'engager mal à propos dans quelque mauvais pas, en prenant garde surtout de se conserver une communication libre avec les places qui lui avoient été confiées. Le 16 de septembre il retourna à Nieuport, où il reçut l'agréable nouvelle de la mort de Cromwel. Il envoya aussitôt prier dom Juan d'envoyer quelque autre prendre le commandement qu'il avoit, parce qu'il étoit absolument nécessaire qu'il allât trouver le Roi, son frère, à Bruxelles, sur ce changement des affaires en Angleterre. M. de Marsin fut envoyé pour le relever, et étant arrivé à Nieuport, le duc en partit aussitôt et ne retourna plus à l'armée, la saison étant trop avancée lorsqu'il fut en état de quitter le Roi ; et sa présence ne se trouvant plus nécessaire dans son département, et toutes les troupes s'étant retirées de part et d'autre dans leurs quartiers d'hiver, il alla voir la princesse, sa sœur, à Bréda, avec laquelle il resta quelque temps.

La mort de Cromwel et les suites qu'on pouvoit en prévoir (son fils Richard n'ayant ni la vigueur, ni la capacité de son père) relevèrent le courage des royalistes, que le mauvais succès des entreprises qu'ils avoient faites pour le rétablissement du Roi avoient beaucoup abbatu. Ils oublièrent tous les dangers qu'ils avoient courus, et, méprisant ceux auxquels ils alloient s'exposer, ils travaillèrent tout de nouveau, et crurent enfin avoir trouvé le moment favorable d'exécuter leur dessein; mais de nouveau tous leurs projets échouèrent. Le roi Charles alla *incognito* en Espagne à Fontarabie, où l'on travailloit à la paix des Pyrennées. Le duc d'Yorck se retira à Boulogne-sur-Mer. Quelque temps après le capitaine Thomas Cook lui apporta des lettres de la Reine, sa mère : ces lettres donnoient avis au duc que M. de Turenne, qui étoit aux environs d'Amiens, souhaitoit de l'entretenir sur les affaires d'Angleterre. Le duc se rendit secrètement à Amiens, et M. de Turenne lui dit, en arrivant, qu'il auroit bien souhaitté de parler au Roi, son frère ; mais que, puisqu'il n'avoit pu découvrir où il étoit, il lui rendroit le même service en la personne du duc. Il lui offrit son régiment d'infanterie qu'il devoit rendre de douze cens hommes effectifs, et les gendarmes écossois, pour passer en Angleterre avec ce prince, des armes pour armer trois ou quatre mille hommes, six pièces de campagne, des munitions à proportion, et des vivres pour la subsistance de cinq mille hommes pendant six semaines ou deux mois; qu'il feroit trouver des vaisseaux pour transporter le tout en Anglerre, et donneroit des passeports pour faire marcher à Boulogne et y embarquer des troupes que le duc avoit en Flandre, à mesure qu'on auroit des vaisseaux ; que cependant il les falloit faire venir à Saint-Omer où elles trouveroient les passeports ; et pour faire les préparatifs plus sûrement, il offrit de mettre sa vaisselle d'argent en gage et d'employer tout son crédit pour trouver une somme capable de pousser l'affaire avec succès ; il conclut d'une manière toute obligeante, en disant au prince qu'il pouvoit aisément croire qu'il n'avoit là-dessus aucun ordre du cardinal, qui étoit à la conférence, et que ce qu'il faisoit étoit par une pure inclination qu'il avoit pour lui et pour sa maison royale. Le duc d'Yorck accepta la proposition avec beaucoup de joie et ne perdit point de temps à choisir l'endroit du débarquement.

Toutes ces choses ayant été résolues et mises en bon chemin, M. de Turenne donna au duc une lettre pour le lieutenant de roi de Boulogne, auquel il ordonnoit de lui fournir tous les vaisseaux qui se trouveroient dans son gouvernement, jusqu'aux bateaux pêcheurs. La Reine, sa mère, lui en procura une autre du maréchal d'Aumont à la même personne et pour la même fin, et l'affaire fut si avancée, qu'on étoit à la veille du jour qui avoit été pris pour l'embarquement, et que le duc de Bouillon et le comte d'Auvergne, neveux de M. de Turenne, étoient venus joindre le prince pour l'accompagner en qualité de volontaires dans cette expédition, lorsqu'il reçut nouvelle de la défaite des royalistes par Lambert ; sur quoi il partit de Boulogne pour aller trouver M. de Turenne qui étoit à Montreuil, et qui, ayant été informé de cet accident, ne jugea pas à propos qu'on entreprît aucune chose dans cette fâcheuse conjoncture. Il lui conseilla d'avoir patience et d'attendre une meilleure occasion, qui ne pouvoit pas tarder long-temps, vu la brouillerie et la confusion qui devoient nécessairement arriver en Angleterre. Le duc insistoit néanmoins pour y passer, croyant que le Roi, son frère, étoit débarqué dans le West ou dans le pays de Galles ; qu'il pouvoit être en danger, et qu'en ce cas il n'y avoit pas de moyen de le tirer d'embarras et de le sauver, ou de lui donner lieu d'entreprendre quelque chose d'important, qu'en faisant une diversion ; mais toutes ces raisons ne purent point gagner sur lui de le laisser partir ; et sur ce qu'il l'en prioit de la manière du monde la plus pressante, il répliqua qu'il étoit sûr que le Roi n'étoit point passé en Angleterre ; et que, quand il seroit vrai qu'il y fût, il n'étoit pas raisonnable que le duc se hasardât dans une entreprise où il n'y avoit pas la moindre apparence de succès. Il lui conseilla de retourner en Flandre et d'y attendre des nouvelles d'Angleterre et du Roi, son frère ; et sçachant qu'il n'avoit point d'argent, il lui donna trois cens pistoles et un passeport. Ainsi finit cette entreprise.

FIN DES MÉMOIRES DU DUC D'YORCK.

www.ingramcontent.com/pod-product-compliance
Lightning Source LLC
Chambersburg PA
CBHW051325230426
43668CB00010B/1145